REV. DR. HENRY B. MALONE

THE SACRED WRITINGS OF
ST. JOHN THE APOSTLE

THE BIBLICAL SCHOLARSHIP SERIES ON THE NEW TESTAMENT WRITING MODERN RECEIVED ECLECTIC TEXT COMPARED TO THE EARLY PAPYRI AND UNCIALS (4)

ISBN: 978-1-64314-784-0 (Paperback)
978-1-64314-785-7 (Hardback)
978-1-64314-792-5 (Ebook:)

Library of Congress Control Number: 2022923318

AuthorsPress
California, USA
www.authorspress.com

HOLLYWOOD BOOK REVIEWS

The Sacred Writings of St. John The Apostle

The Biblical Scholarship Series on the New Testament Writing Modern Received Eclectic Text Compared to the Early Papyri and Uncials (4)

by Henry B. Malone

Reviewed by: Tony Espinoza

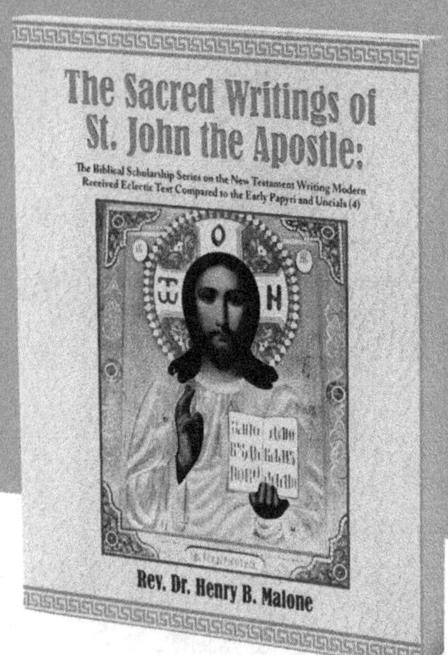

The wealth of information and open discussion the author's book elicits in readers and scholars alike will keep pastors and religious-based readers truly engaged, and the in-depth historical aspect of the author's work will keep readers invested as the text is explored in full.

— **Tony Espinoza**
Hollywood Book Reviews

The Sacred Writings of St. John the Apostle

The Biblical Scholarship Series on the New Testament Writing Modern Received Eclectic Text Compared to the Early Papyri and Uncials (4)

by Henry B. Malone

One of the things many people who come to terms with their belief system that is hard for them to fully lean into is the need for some doubt in their faith. Both faith and doubt can often create enough room for open discussion both with others and within ourselves, allowing us the room to look at new evidence as it is presented with an open mind. As Lillian Smith once said, "Faith and doubt both are needed - not as antagonists, but working side by side to take us around the unknown curve."

In author Henry B. Malone's *The Sacred Writings of St. John The Apostle: The Biblical Scholarship Series on the New Testament Writing Modern Received Eclectic Text Compared to the Early Papyri and Uncials (4)*, the author takes advanced and aspiring pastors and readers down the path which many serious and well-versed Biblical scholars have gone down themselves. Examining the process in which a scholar asks first what a text is before asking what it means, the author shares the Sacred Writings of Saint John the Apostle of Jesus, and explores the color-coded Greek Script of the original received texts that have existed since its inception.

The author did a remarkable and thoughtful job of capturing the research and scholarly pursuits that professional researchers are often in need of. The detail and history behind the texts themselves was so fascinating to read about, as the original Greek translations of the texts themselves showcase the development and history behind these faiths in great and layered detail. The book deals a lot with the *Book of Revelation,* and the author goes into great and at times minuscule detail to showcase everything from interpretations of the text, to the passages of the letters and the Gospel that St. John originally crafted.

This is the perfect read for those who enjoy scholarly and theological discussion, non-fiction books on Christianity and faith, and educational reads on Biblical studies. I found the author's work greatly enlightening, and not only did I appreciate the history and culture that the author's work interpreting and researching the original scripts found in these writings, but those who are studying to be a pastor or scholar of Biblical Studies will absolutely love the author's eye for detail.

Thought-provoking, enlightening, and captivating, author Henry B. Malone's *The Sacred Writings of St. John The Apostle: The Biblical Scholarship Series on the New Testament Writing Modern Received Eclectic Text Compared to the Early Papyri and Uncials (4)* is a must-read non-fiction Christian and theological read. The wealth of information and open discussion the author's book elicits in readers and scholars alike will keep pastors and religious-based readers truly engaged, and the in-depth historical aspect of the author's work will keep readers invested as the text is explored in full.

US REVIEW OF BOOKS

THE SACRED WRITINGS OF ST. JOHN THE APOSTLE

THE BIBLICAL SCHOLARSHIP SERIES ON THE NEW TESTAMENT WRITING MODERN RECEIVED ECLECTIC TEXT COMPARED TO THE EARLY PAPYRI AND UNCIALS (4)

by Rev. Dr. Henry B. Malone

book review by Mihir Shah

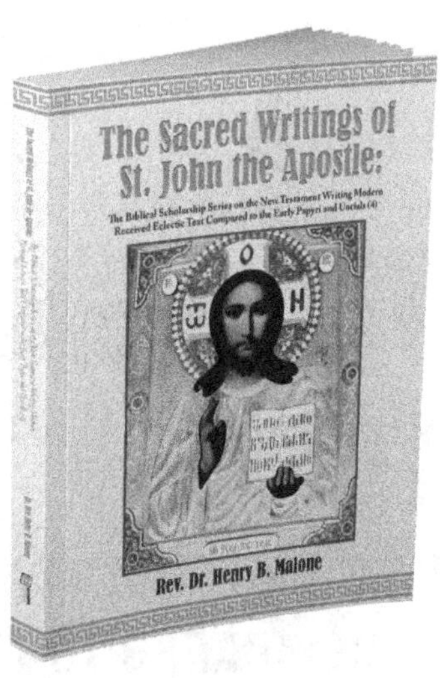

For those who are truly engaged and prepared to embrace scripture in its root form, Reverend Malone's comparisons to the early papyri and uncials will be thoroughly relished.

— Mihir Shah
The US Review of Books

THE SACRED WRITINGS OF ST. JOHN THE APOSTLE

The Biblical Scholarship Series on the New Testament Writing Modern Received Eclectic Text Compared to the Early Papyri and Uncials (4)

by Rev. Dr. Henry B. Malone

"Maybe not on purpose, but higher critical scholarship seems to have made every effort to erode the faith of the readers of Scripture."

"Thus says the Lord" is a phrase repeated countless times from the pulpit worldwide on Sunday mornings. Yet, the author establishes through his work that the original intent and language of the author gets lost in translation, a paraphrasing of scripture rather than an exact recounting of what is said by the Lord and his disciples. Acknowledging the modern translation of biblical scripture, Reverend Malone is adamant that these sacred writings are intended to be educational and informative for committed Bible students. At the core of the work is the author's desire to spread understanding of the truth, in its purest form, unfiltered and unhindered by any ulterior agenda.

An extensive preface precedes the writings themselves, giving significant context as to the author's motives as well as the uniqueness of the project. Once the text begins with a deep dive into the Book of Revelation, the work switches fully to Greek, covering all three epistles as well as the final "Gospel of Jesus Christ." As the literature progresses, Reverend Malone denotes the evolution of the eclectic modern text to show the origins of the most authentic New Testament Bibles.

In nearly every way, this scholarly work is an incredibly comprehensive and meticulous study of St. John the Apostle's writings. Upon first glance, the scripture can be daunting, but once the eyes adjust, the reader becomes privy to a deeply meaningful and analytical depiction of scripture. Simultaneously, the author breaks down the scripture with a version in Codex Alexandrinus and another in Codex Sinaiticus. The presence of these versions speaks to an ancient time with hallowed scripture through which the truth of mankind has been disseminated for centuries. Though the majority of the text is in Greek, right under each line, the author has systematically derived an exact translation. For those who are truly engaged and prepared to embrace scripture in its root form, Reverend Malone's comparisons to the early papyri and uncials will be thoroughly relished.

Upon examining the syntactical elements of this work, it is evident that not only has it been carefully crafted, but it takes what could perhaps be perceived by readers as dense and complex and presents it in a far more digestible manner. In the earlier parts, Malone deconstructs how best to process his efforts and alerts readers to potential pitfalls in the reading experience before they can even occur. Particularly in a modern era ruled by uncertainty and doubt, the author is determined to set the record straight on "what is truth," highlighting the responses of the apostles and evangelists of Christ. Nevertheless, Reverend Malone is resolute, unflinchingly consumed by his love for Jesus Christ. Never once does he point a finger maliciously at the myriad modern translations and the notion that they may lead unsuspecting believers astray. More than anything else, the author has lit the flames that will spark thought-provoking discussions and push readers to probe deeper into the meanings of scripture rather than simply taking what they receive at face value.

YOUR FIRST REVIEW

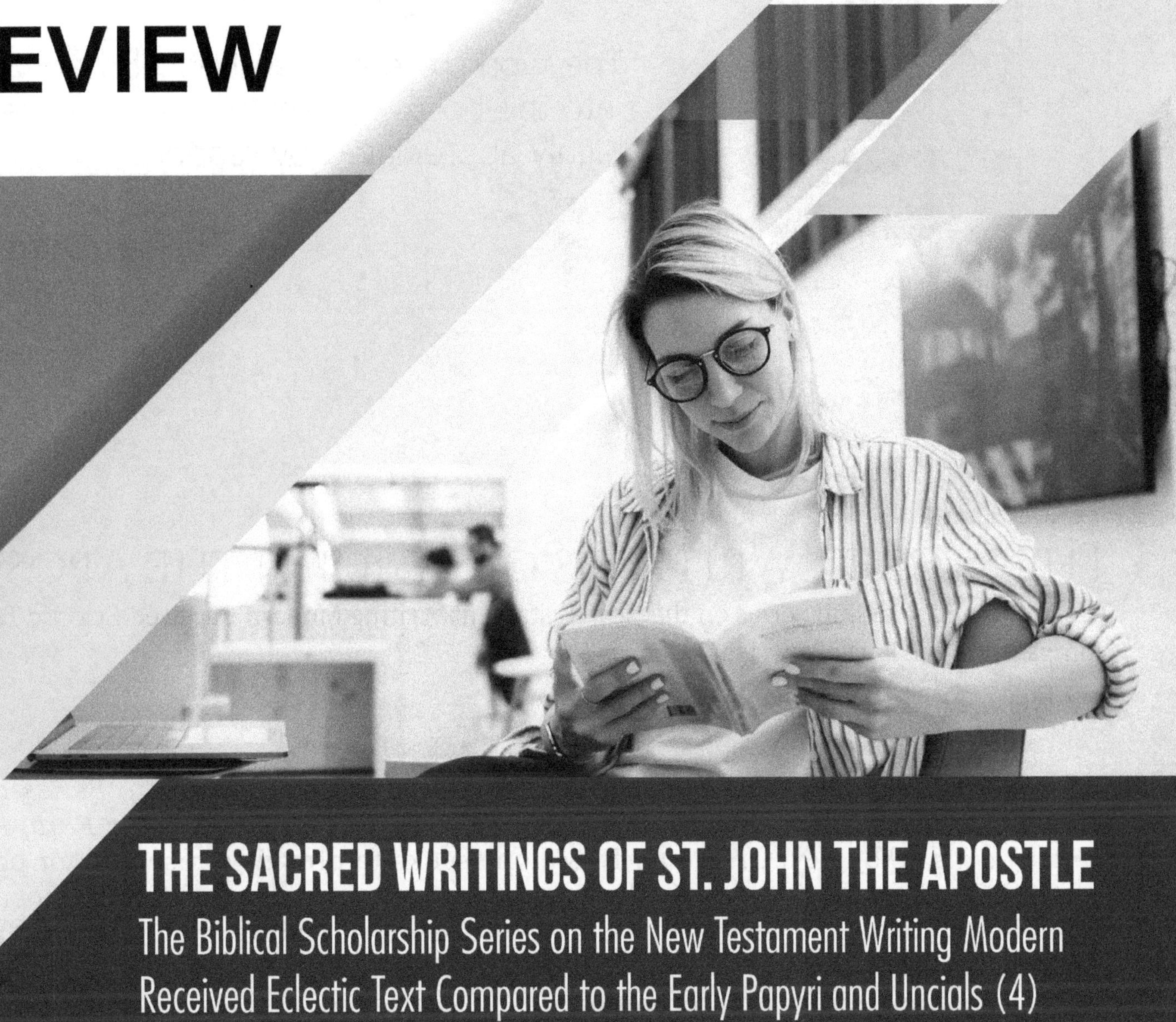

THE SACRED WRITINGS OF ST. JOHN THE APOSTLE

The Biblical Scholarship Series on the New Testament Writing Modern Received Eclectic Text Compared to the Early Papyri and Uncials (4)

by Rev. Dr. Henry B. Malone

Reviewed by Chelsea Burdick

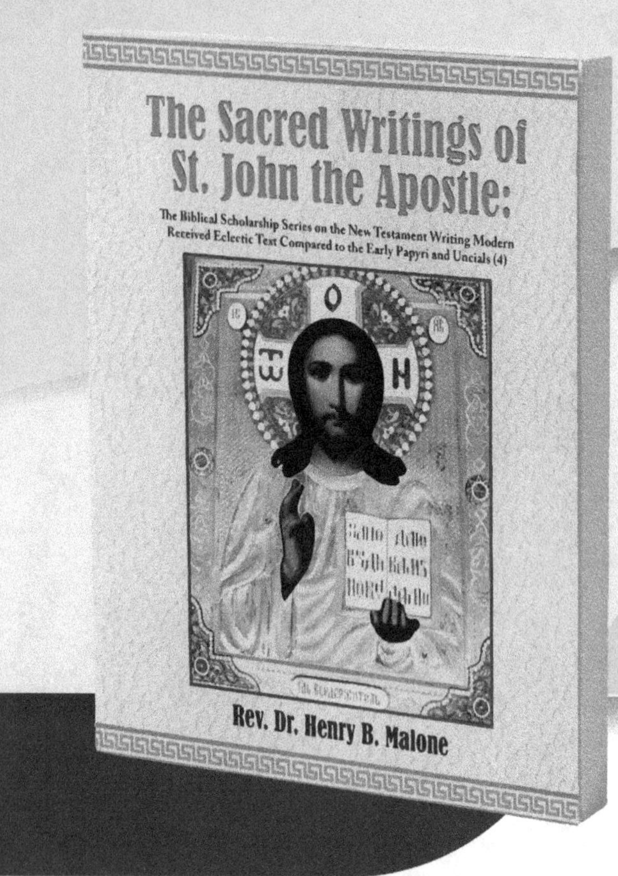

The work, research, and effort that went into this book is impressive and will be highly appreciated by readers.

— Chelsea Burdick
Your First Review

THE SACRED WRITINGS OF ST. JOHN THE APOSTLE

The Biblical Scholarship Series on the New Testament Writing Modern Received Eclectic Text Compared to the Early Papyri and Uncials (4)

by Rev. Dr. Henry B. Malone

The Sacred Writings of St. John the Apostle: The Biblical Scholarship Series on the New Testament Writing Modern Received Eclectic Text Compared to the Early Papyri and Uncials (4) by Rev. Dr. Henry B. Malone seeks to provide a resource for pastors and others in ministry to sturdy the original text and meanings of John's apostle. By combining historical research, language research, and religious research, Dr. Malone is able to provide information about the text, what it was intended to mean, as well common errors in interpretation. The analysis of this text requires extensive research to avoid misinterpretation and Dr. Malone provides just that in an easy to use guide to John the Apostle's writings.

The manuscript is quite clean and free of any grammatical errors. It has clearly been well proofread and edited. The writing style comes across as intelligent and reasonable. The claims and analysis texts that can be found throughout the book are easy to understand. Much of the text of the book is the texts written by John the Apostle. The text is provided in this book both in the original Greek as well as English. Multiple lines of Greek are provided based on different codices to provide the most well rounded and clear look at the original text and its original meaning. The average reader will most likely find this set up to be confusing but it is well organized and readers will adapt to the style easily.

The author has clearly completed extensive research in various fields, including language, religion, and history. He combines this research to provide his readers with the text in multiple languages including the original Greek. After providing the full original text, Rev. Dr. Henry B. Malone offers extensive analysis throughout the book that examines the history of the text and the contemporary events and traditions of that time. It also often looks at the validity of the texts and the original meaning. This analysis is indicative of Rev. Dr. Henry B. Malone's research of religious texts and it is what the intended audience is most likely looking for and will appreciate about this book.

The intended audience is most likely a mixture of people who work in religious ministry services, those interested in studying the original texts of John the Apostle, or those with an academic interest in the texts. Rev. Dr. Henry B. Malone absolutely has a clear understanding and relationship with his intended audience. The meticulous research and analysis that is found throughout this book is very likely what the intended audience would be looking for to enhance their own research.

Overall, *The Sacred Writings of St. John the Apostle: The Biblical Scholarship Series on the New Testament Writing Modern Received Eclectic Text Compared to the Early Papyri and Uncials (4)* by Rev. Dr. Henry B. Malone is a valuable text for those studying religion and the texts that are often held as sacred in a religion. Malone's analysis is well done and well researched. This book also has the ability to simplify the meaning of complex texts for those who might reference the text in their writing or sermons. The work, research, and effort that went into this book is impressive and will be highly appreciated by readers.

7-Point Report Card

Grading Items	Grade	Comments
Writing Style/Language	A	The writing style and language are academic in nature but appropriate for the intended audience.
Grammar/Mechanics	A	The manuscript is free of grammatical errors and has been closely proofread and edited.
Organization/Flow	A	The book provides the text of John the Apostle in English and Greek. In various places throughout the book, analysis is also provided.
Development/Progression	A	The book progresses naturally through John's writings. The analysis build on previously analysis throughout the book.
Research	A	The author is well versed in research methods and does an outstanding job researching the texts and providing context and analysis.
Audience	A	The intended audience is those in the ministry field or those interested in better understanding biblical and ancient texts.
Overall Impression	A	This book is intended to be used to develop a deeper understanding of the writings of John the Apostle. It is well researched and well written. This book will be a valuable resource for many.

Title	The Sacred Writings of St. John the Apostle: The Biblical Scholarship Series on the New Testament Writing Modern Received Eclectic Text Compared to the Early Papyri and Uncials (4)
Reviewer	Chelsea Burdick
Date	October 5, 2022

Final Average
A

JESUS AS TEACHER

Acknowledgements

My Lord and Savior Jesus Christ has seen fit to give me the time, resources, interest, and knowledge to do this work. I sincerely give thanks for His wonderful grace and word—to Him be the glory forever!

Without the patience and assistance of my wife Dianne and family including my grandsons this book would never have happened. They have given me the time, and space required for this effort and have done much of the proofing of it.

Certainly Professors from Concordia Seminary St. Louis, Wayne Schmidt, James Voelz, and Louis Brighten deserve a special thanks for their training and encouragement in my Greek development.

Table of Contents

Foreword

The Sacred Writings of St. John the Appostle

Scholar's Edition

The Scholar's Editions is written for clergy and lay people interested in discovering and comparing the original text with today's modern translation. With the evidence of early manuscripts, you are able to determine the reliability the modern Greek Eclectic Received Text and modern translations.

This work is written for those who know Biblical Greek, those who are learning the Biblical Greek, as well as those who are willing to work with the basics to further their knowledge in the Scriptures. It is written so that the readers additional investigations of the New Testament Scripture can be added to the text using the electronic format, available for use by all who purchase this book. It is hoped that the reader will develop his personal commentary and notes in the text provided. It can be gotten upon request from the author.

This is written to inform the serious Bible student, who should compare the ancient text to today's array of Bibles and interpretations of the text; and understand why and where they differ and yet are the same witness with good textual reliability.

It is written to give pastors help with their Greek, so that more time can be spent on what the text says in the Greek to enrich your message to your people, while proclaiming, "Thus says the Lord,…" Stay faithful to the meaning of the text.

This text begins with St. John's first writing the Book of Revelation. His second writings were the Epistles. The 2nd Epistle acts as the cover letter for the 1st Epistle, while the 3rd Epistle is an addendum to make special arrangements for the trip he is planning to take. The final writing of St. John is the Gospel of Jesus Christ according to St. John.

In the days of the Renaissance, the French scholar Erazmus from six or seven minuscules (in the possession of Forben at Basel in the early 17th century) prepared the first printing of the the Greek New Testament. Before this date, all Greek New Testaments were hand written copies of copies. This work by Erazmus, therefore is the first eclectic printed text. Only miniscule number one, used occasionally by Erazmus is considered to have genuine value. Doctor Reuben Swanson suggests that perhaps miniscule two deserves more credit then it has received. In haste to be the first to publish a printed text, it became necessary for Erazmus to translate the last few chapters of the Apocalypse from the Latin vulgate to Greek. His Greek sources we're deficient in the Apocrypha text. Erazmus' Greek edition for the New Testament became the basis for all subsequent early printings. Other like

Robert Stephanous, Beza and others continued to modify the text. The 1633 edition of these texts came to be called the Textus Receptus (received text). All critical editions from then to the current critical editions have been attempts to improve upon the Textus Receptus to recover as close as possible the original autograph. The Textus Receptus is truly an eclectic text continuing even to today found in the *Nestle-Aland Novum Testamentum Graece 28 ed.*

The top line of my Greek text is the eclectic modernTextus Receptus as it has evolved over the period of time from Erasmus to the latest edition of the Greek Text. This top line in color coded to shows the eclectic text evolution in progression—the chosen texts by scholars from the 16th century to the 21st century. This is the text from which that most reputable New Testament Bibles have for their origin. Note that there is no actual physical Greek manuscript available which gives this text. It has been created from the scholarly work of many lower textual critics. How good is it, and why did it change over time in some cases can be answered by Bruce Metzger's Textual Commentaries on the Greek New Testament.

I rely heavily on the ancient texts of Codices Vaticanus, Sinaiticus, Alexandrinus and the early pypyri and uncials of the early second, third and fourth centuries for my text comparison. These documents are discussed in Appendix B. Only what was chosen as the text by the scholars and Bible societies and their committees (without their footnotes) make up this work presented on the top line. Deviant readings of the comparison text are included in the appropriate text for you to translate and interpret. These will be obvious to the reader.

The top line Greek text is identified by book name, chapter, and verse at the beginning of each verse; e.g. (Rev.1:1). Lines following the chapter and verse are identifier as (W&H) for Wescott and Hort because it was the last in the line of eclictic texts made available to this writer. Differencess are shown by the color coding. This text is taken from data files made available by the Unbound Bible project. All verbs in this top line with the exception of those indicated as hiatus are parsed and the first person singular form is given above each verb. Verbs that were changed over time are color coded to help identify the changes. You will note that some decisions as to the best/oldest text are sometimes changed back to the earlier decision. I am following the published text.

The texts used to produce the top line in this text include the following:

1. The Holy Bible: Greek New Testament (Wescott-Hort) URL: http://www.ccel.org/ccel/bible/gntwh.html Author(s): Anonymous Publisher: Grand Rapids, MI: Christian Classics Ethereal Library This Bible translation was converted automatically from data files made available by the Unbound Bible project. The Unbound Bible Language: Greek Rights: Public Domain Date Created: 2002-12-31 CCEL [Text originating from this edition is color coded scarlet.]
2. Novum Testamentum Graece, 28th Revised Edition Editd by Institute for New Testament Textual Research, Deutsche Bibelgesellschaft, copyright 2012 Deutsche Bibelgesellschaft, Stuttgart, Printed in Germany ISBN 978-3-438-05140-0 Text originating from this edition is color coded deep red.]
3. Novum Testamentum Graece, 26. Auflage, nach dem 7. Revidierten Druk, copyright 1898 und 1979 Deutsche Bibelgsellschaft Stuttgart, Gewsamtherstellung Biblia-Druck Stuttgart, Printed in Germany ISBN 3 43805103 6 [Text originating from this edition is color coded red.]

4. Greek New Testament, 3rd corrected Edition, copyright 1966,1968,1975,1983 by United Bible Society, Frederal Republic of Germany,Biblia-Druck GmbH, Stuttgart;USB – 1988-25M, ISBN 3438051133 [Text originating from this edition is color coded red.]
5. The Interlinear Literal Translation of the GREEK New Testament with the Authorized Version by George Ricker Berry, PH.D. University of Chicago & Colgatre University Department of Semitic Languges, Chicago, WILCOX & Follett Company 1944. [Text originating from this edition is color coded blue.]
6. Apostolic Bible Polyglot, 1st Edition copyright 1996, by Charles Van der Pool, The Apostolic Press, Newport, OR, Printed in United States, 93765 apostolicbible.com [Text originating from this or earlier editions is color coded green.]

Those verbs marked with the word hiatus over them simply reflect the later decision to remove the nu (ν) at the end of the verb. It is postulated that they were included to prevent vowel sounds from clashing together, thus the term hiatus. But in later centuries indiscriminate use of nu appears to have become the norm. When developing the writing that shows progression of change in the eclectic text this seemed important, but comparisons of early texts shows that the earlier texts were inclined to use the nu and the removal of it took place in later centuries. There are very few early Greek text verbs that validate these nu removals.

There are no breath marks or accents recorded because in the original texts they were not originally used. This is where writing of language evolved. We see in Siniaticus and Vatacunis how the text over time had these accent and breath markes added to it as the Biblical Greek developed methods to express what was being pronounced at the time.

The second line is in English and is a first level translation of the top line only, and each verb (not hiatus verbs) is parsed. The gender of the verb is determined by the subject of the Greek verb and is may not be equivalent to our English assignment of gender. This method of translating is used to help the reader identify the subject.

Word order in Greek does not determine case assignment and is somewhat fluid. The symbol <> in the English line is used to identify certain Greek postpositive words like δε, and they always takes second position. The English word order will reflect the position change and the order in which the translation should be read. They will not match the Greek word they are under but are reversed.

Each verb parsed has recorded the person, gender, and number. The gender and number is according to Greek subject. So if read at a level one translation, the subject and the pronoun of the subject is identified twice. e.g.

Rev.1:2 ος εμαρτυρησεν
the one who he witnessed

The Greek verb οιδα parsed as a perfect, active, indicative, third person, singular or **i.e. (perf,act,ind,3p,sing)**; in English I translated in accordance with the parsing: *he having known*. It is identified as from the old Attic dialect and it is believed to have the sense of the present tense. In most English translations it is simple translated as *he knows;* as if this is simply present tense. I have translated it according to its parsing. If I have known, therefore I know is a generally good translation understanding given the following lexicon meanings: According to the Greek-English Lexicon of the New Testament and other Early Christian Literature, 3rd Edition (BDAG), edited by Frederick William Danker it has the following meanings: 1. *to have information about, know*; 2. *to be intimately acquainted with or stand in close relation, to know*; 3. *to know / understand how, can, be able;* 4. *to grasp the meaning of something, understand, recognize, come to know, experience*; 5. *to remember, recollect, recall be aware of*; 6. *to recognize merit, respect, honor*. I believe the parsed meaning is closer to the overall thought. (Appendix A for parsing abbreaviations)

The primary comparison text in Revelation is Codex Alexandrinus, assigned the symbol A and is considered by most reputable scholars as the best text for Revelation. I have given this text the color red to contrast it with the other lines of text. I had to convert this text from the Capital letters of Alexandrinus to small Greek letters for ease of comparison and my own understanding. There was one section where I was unable to make sense of this and it has been identified in the text.

The letter sigma in the ancient Codices is C, c not Σ, ς, σ as appears in what has been transcribed by many authors. I have retained the C, c even in the comparison texts and have change them in the Sinaiticus transcribed project text and also the uncials of the papyri texts. This may help you when examining the original documents in their capital letters and clear up some confusion.

The colon symbol " : " is used to mark end of line of the Codex text for A & B. When working with the original text lines, the numbers recorded as superscript or subscript after the colon (:25) gives the location or line number in the unical as you count down the line of the Codex column. Notes have been added to give the page and column to assist your research in the primary document of Alexandrinus or Vaticinus. Letter coloring of the Alexandrinus text line shows the visible challenges of the text and where it becomes unreadable. Red is legible, orange is light lettering and yellow very light or almost unreadable. These helps have not been added to Codes Sinaiticus because the text location can easily be found using the online text program.

Sinaiticus is the second text line under the English translation in Revelation. It is always identified by the symbol א at the beginning of the line. The text line I used was taken from the Sinaiticus program (online text) and some of this text is in blue. These blue script words in the online text have comments written concerning them but require you place the curser on the word in the online text to obtain the note. I am encouraging you to go online to retrieve the information offered about the recorded text words from the Sinaiticus project website. Information concerning this codex and its online address is found in appendix B.

Codes Sinaiticus was used by a worshiping community over a period of maybe 600 years so changes to vowel sounds were most likely made as the Greek language evolved over time. The changes to the text, by correctors and those who reinked the text, gives us a bird's eye view of how and why the text changes over time, yet stayed the same. In most cases it was simply how the elocution of the word changed over time.

The early pypyri and uncials are listed in numerical order following these codices discussed above. All manuscripts I have selected are from the 2nd to 4th centuries therefore are earlier than codices Vaticanus and Sinaiticus providing reliable hard archaeological evidence that these texts authored by St. John the Apostle were not developed by a community associated with him and produced after his death. They validate the text we have as authentic and highly reliable. The Papyrus designated P 52 dated to the beginning of the second century (A.D. 100-125) and found in Fayum or Oxyrhynus Egypt show a rapid dispersion of the Scripture. This was a copy from the original autograph (written in Ephesus) or not more than one or two copies removed from the original autograph. Its value is its early date and proof that codices were in use during the first century and were not a later development.

As late as the 1800s paleographers thought Christians did not use the codex but scrolls into the fourth century. This view changed in the beginning of the 1900s AD when Christian codices were discovered and handwriting matched the style of earlier centuries, but paleographers were reluctant to assign Christian codices to earlier than the third century. According to Comfort and Barrett, "When paleographers attempt to redate New Testament manuscripts to the late first century or early second century, there is still immediate opposition." This is probably because so many theories are disproved and the validity of the statements of the Early Church Fathers stand exonerated as opposed to the higher critic's speculations classified as theories and treated as fact. Much higher critic scholarship has been proven wrong, but not much is done to revisit the subject and correct it.

The Gospel according to St. John was the last writing of St. John and is discussed in the introduction to the Gospel. This Gospel is highly reliable and Codex Vaticanus is used as the primary comparison text. Codex Vaticanus is considered a very reliable text by many reputable scholars. It does not however contain all the books of the Bible or the New Testament. The manuscript has been preserved in most parts. Revelation is not one of them.

For John's Epistles I have maintained the Capital Greek lettering of Vaticanus to give you experience in using the Capital Script. I have also included photos of script issues and corrections as they appear and were done in the text.

My duplicating of the text in capital letters differs at the letter Omega. The capital letters in the codices, and papyri use a large ω rather than the Ω symbol. Where I have duplicated the text in the Epistles of John and elsewhere, the Ω was used in place of large ω. This has to do with line spacing, letter size and lining up with the available script. The capital lettering, also called Biblical Uncial or Biblical Majuscule lettering are at times challenging to discern in the older manuscripts.

See appendix A for abbreviations used in this work. A discussion of the *nomen sacrum*, the sacred text abbreviations, and their formation is included. Parsing abreatiation and Greek lettering substituting for numbers is also given in appendix A.

Every effort has been made to give an accurate rendering of the texts. I caution the user to check the data by personally consulting the manuscript(s) whenever the information is to be used authoritatively. Remember that letters within brackets are best guess only. The lettering in the brackets stop at the end of the text line in the direction of the bracket.

God bless your work in this text.

Rev. Dr. Henry B. Malone
St. John's Lutheran Church,
Salt Lake City, Utah 84111
rev.dr.hankmalone@gmail.com

Any and all profits from this work are assigned to St. John's SLC Mission to Akobo, South Sudan. If you would like to join us by supporting this mission with your prayers and financial donations, please do so. We and they need all the help we can get. Join us.

Authors Preface

THIS PRESENT WORK BEFORE you is an effort that has been in progess for the past 7 years. Each of the books will be a little different in presentation, as my presentation format evolved. The motivation for this work is both a love for God's Word and a desire to see that the actual words of the Gospel, unencumbered by the biases of translators and committees is made available to the reader. Many present English translations of the Bible seem more of a paraphrase than the actual words of the original author. It is hoped that this work will make available to the reader a more exact translation of the words that the original author transcribed in the Greek. When red-letter Bibles of different translations indicate a direct quote and it reads differently in the red lettering, when compared, the seeker may react with skeptism since the same quote is differently worded. (Is it really a quote?) This situation can be a hindrance to faith development for the novice.

For the past 400 or more years commentators and higher critics seem to grow more and more critical and skeptical of the honesty and the integrity of the Evangelists and the Christian Church, who are responsible and charged to pass down the faith and her documents unchanged. Their supposed search for truth has often failed to deliver clearly the message of the Apostles and Evangelists. Maybe not on purpose, but higher critical scholarship seems to have made every effort to erode the faith of the readers of Scripture. The commentaries, both conservative and very liberal scholars, have often failed to deliver the text fairly, ignoring the witness of the early church fathers and the Apostles and declaring verbal inspiration by the Holy Spirit foolishness. The question, "What is truth?" is answered by the Apostles and the Evangelists. The Apostles and Evangelists of Christ were motivated and driven by their love for Jesus Christ, and their deep desire to witness to the truth of His love and work of salvation. Higher criticism and skeptics won't believe the texts or the miracles performed by Christ and the early disciples. The miracles of Jesus fulfill the prophecies of the Christ and are primarly to establish that He is Son of God. We are reading salvation history and should expect to see God marvelously at work. Those miracles are beyond human understanding and the skeptic's belief system. Critics and skeptics place their reason over the Scripture making themselves unqualified to interpret the Scripture. What is left in the readers mind by these higher critics is that the Evangelist were trying to manipulate with words the hearts and minds of the reader. They often blatantly declare what was written to be a lie, trick, or a myth. Salvation and truth must go together. These witnesses were not following clever myths, but with their own eyes saw Christ's majesty.

The Apostles and Evangelist were not trying to make Christianity fit into the philosophy of the Greek and Roman cultures. They did want to share the Gospel of Jesus Christ and make disciples as directed by Christ the Lord in order to build His Church; but they did not change the message or the body of faith identified as truth. They remained faithful to the truth. It is with truth that they were trying to win disciples for Christ, but not at the expense of honesty. They were delivering the body of truth as they had received it. They neither developed it, made it up, nor did they hide it. Their purpose as living eye witnesses was to deliver exactly what they had received as the body of faith. (The whole truth, nothing but the truth, so help me God.)

The Evangelists' writings are often criticized as non-historic, or that they tell historical facts but create history and folk stories. Skepticism of these honest, truthful, and factual records. Critics and sceptics refuses to recognize or acknowledge the honest efforts, the reason for the writings as well as the principles of integrity that controlled these writers. The Holy Spirit does not lie. When the Christian says that He believes in verbal inspiration, he is treated as the fool by higher critical scholars, but Jesus tells His disciples that the Holy Spirit will cause you to remember all things. I have no reason to doubt God's word. It is as if skeptical critics believe these documents were written by a snake oil salesman. Those who heard or read the Evangelist's writings were the same people that had most likely heard Jesus and knew His work (both human and divine in their lives). They had witnessed His actions and heard His words, and they were the first reliable critics of these documents. They knew what He said. The Apostles' audience had listened carefully and had changed their lives based on their trust in the words and the actions of the Apostles, even if they had not seen or heard Christ directly. Passing down the teaching of the Apostles was not a systematic effort to evolve a higher Christology or more involved theology. The early Christian Community did not form the doctrine; the doctrine formed the early Christian Community.

Their charge was to pass the body of faith from one generation to the next without change. The early heresies forced the Christian community to look closer at the verbal and written witness of the Evangelists. Through study and discussion church leaders/early church fathers struggle to defend the faith and to explain the faith. Because of early heresies they were forced to examine more in depth Christian theology, especially Christology and to defend the faith.

In the book "The Nicene and Post-Nicene Fathers, second edition, volume 14, <u>The Seventh Ecumenical Council</u> by Henry R. Percival, reprinted May 1988, in its Historical Introduction (front of the book, page unnumbered) he records the response of the assembly. The Seven Ecumenical Councils, "the question the fathers considered was not what the supposed Holy Scriptures might mean, nor what they from *a' priori* arguments, thought would be consistent with the mind of God, but something entirely different, to wit, what they had received. They understood their position to be that of witness, not that of a exegetes. They recognize but one duty resting upon them in this respect—to hand down to other faithful men that good thing the Church had received according to the command of God. The first requirement was not learning but honesty. The question they were called upon to answer was not, What do I think probable, or even certain, from Holy Scripture? but, What have I been taught, what has been entrusted to me to hand down to others? When the time came, in the fourth Council, to examine the tome of Pope St. Leo, the question was not whether it could be proved to the satisfaction of the assembled fathers from Holy Scripture, but whether it was the traditional faith of the church. It was not the doctrine of Leo in the 5th century, but the doctrine of Peter in the first, and the church since then, that they desire to believe and to teach, and so, when they had studied the Tome, they cried out: "This is the faith of the fathers! This is the faith of the apostles!...Peter has the spoken by Leo! The apostles thus taught! Cyril thus taught!"

It is obvious from the above writing that we stand in good company presenting the text as it is and passing it to you in that manner. Be faithful to the text. Put your skepticism aside and let God's Word speak to you.

Pastor Hank

Introduction to the Book of Revelation

The Apocalypse, the book of Revelation, is the last book of the Bible and the completion of God's revelation to His Church until Christ's second coming. It is a lens through which all Scripture should be viewed. This book, Revelation, confirms that Christ was prophetically promised and that His incarnation, death, resurrection, and ascension happened so that God's creation could be restored to its original glory and righteousness. Revelation (11:15) states, "The kingdom of the cosmos has become our Lord's and His Christ's." Revelation is the culmination of the entire story of salvation proclaimed in the Christian Bible. It brings to the endpoint all that is written in both Old and New Testaments. It ties together all the revelations and promises from both the apostolic and prophetic writers concerning God's revealed final goal: the exalted reign of Jesus Christ and the fulfillment of the promise of the new heaven and new earth for the family of Christ. Fellowship with God and God with man is God's holy purpose.

Revelation focuses us on the final meaning and final answer to all that God desires to reveal. Revelation puts God's seal of approval and final confirmation of His written Word, and confirms the origin of God spoken and written Word, His Holy Spirit. This is emphasized both at the beginning and at the end of Revelation, and we should not reject or overlook this. Revelation points to the urgency of the last times; the times in which we now live. All things are being brought to an end. The urgency reminds the Christian to hold fast to faith in Jesus as Lord and Savior. It encourages the church to complete her mission of making disciples for Christ. We don't have a lot of time, so we need to learn this lesson well and do our commission.

All of Scripture testifies to Jesus Christ as Savior and God. The book of Revelation is a profound theological work, whose heart and center is Christology, the person, nature, and role of Jesus Christ. It is appropriate that the title of the writing identifies this as the revealing or unveiling of Jesus. The Christology of Revelation is based on and emphasizes the saving work of Jesus the Christ of God. This is implicit throughout Revelation, as it focuses on the exalted reign of Jesus our Savior, whose saving work as the Lamb of God actually takes away the sin of the world—His death is a vicarious sacrifice, and His resurrection conquers sin, death, and hell. Because of His sacrificial death, His resurrection, and His ascension; the Lord Christ is now in His state of exultation having become again Lord of all. The Revelation assumes everywhere that the meritorious work of Christ, His humiliation and vicarious atonement, has taken place. It assumes the reader knows and trusts His work. This book, therefore, is written for and to Christians, not unbelievers. Its purpose is both to build faith and sustain the Christian reader with a sure and certain hope in this time of trial and temptation. Our Lord's love for us and His control of all things makes our hope one of anticipation and high expectancy.

In the New Testament the word lamb, appears 34 times, "αμνος" 4 times and "αρνιον" 30 times. Of these 34, 29 are in Revelation, and all are in reference to "Christ the Lamb of God". This single term lamb, pictured in both New and Old Testaments, proclaims that, sacrificial atonement is fulfilled in the life, death and resurrection of Jesus the Christ. Christ is depicted as "the Lamb of God that takes away the sins of the world" and identified as such by John the Baptizer. This is much more than a title. It is Who He really is and central to God's revealed plan for Jesus the Christ as Savior in the christology of Revelation.

The four Gospels according to Matthew, Mark, Luke, and John, witness to the incarnation, humiliation, and resurrection of Jesus, while Revelation describe to us through words, pictures, and signs the exultation of Christ, and what this exalted reign of Christ means for His church. The four Gospels end at the resurrection and ascension of Christ. The book of Acts records the work of the Apostles and the history of the Early Apostolic Church. Revelation picks up and continues the story from the ascension to the second coming of our Lord, and into eternity. Revelation depicts how the church performs the mission of Christ in the world until His return. It is the ascended and exalted Lord. God works as His Spirit through the Apostles and His Church to which all baptized true believers are members, functioning as the living body of Christ on earth. They work in God's Kingdom while they live on this earth. Throughout Revelation Jesus is identified as the Judge of the world, the everlasting God, the Word of God, and the source of the creation of God; His is the new heaven and earth. Christology is expanded in Revelation to include the fact that the exalted Christ is the Lord of the cosmos, the Lord of history, the Lord of the living and the dead, the Lord of angels, and the Lord of the world and all of creation. This Christology extends and enriches the Christology of the New Testament leading to the final last written word of Gospel. The Gospel of Jesus Christ according to John—Disciple, Apostle, Son of Zebedee, brother of James and the Elder of Ephesus. He is the last living eyewitness to Jesus' life, death, and resurrection. The beloved disciple assures us by his witness of what He has seen and heard, what he has touched and experienced of this Jesus Christ, the Son of God being truly God and man. God is love and in Him there is no darkness at all. There is no room here for skepticism.

The Author of Revelation:

The Apostle John, the Son of Zebedee, the brother of James, the last living Apostle, the Elder, is the writer of the Book of Revelation. The author calls himself "John" but he nowhere indicates which John he is except, he is the one exiled on the island of Patmos, for this is where the vision is given, and he indicates this location and identifies himself as the writer. He must be well known to the seven churches which he names. They are located in Asia Minor and his authority there is unquestioned. There are several Johns mentioned in the New Testament. Skeptical higher critics and weak or timid theologians would have us believe that it was somebody else other than the John the Apostle. They always hedge this with maybe or could be. Interpreters in the modern era, especially those associated with the higher critical skeptic approach refuse to hear the testimony of the Early Church. The traditional view from the church fathers of the 2nd and 3rd century, (100 A.D. to 299 A.D) identify the authors of Revelation as John the son of Zebedee, one of the 12 Apostles. Irenaeus, a Syrian church father was a Bishop of Lyons in the Latin Western church. He testifies in his great work "*Against Heresies*" that John the Lord's disciple wrote Revelation. He also testifies that it was near the end of the reign of the Roman Emperor Domitian that Revelation was written. Emperor Domitian was the Emperor, who exiled the Apostle John to the copper mines on the island of Patmos. Irenaeus testifies that John was in Ephesus until the time of Trajan. It is believed that Irenaeus received this information from Polycarp, Bishop of Smyrna; he was a disciple of St. John in Ephesus.

Clemet the 1st of Alexandria says that after the death of Domitian, "John the Apostle" went back to Ephesus after his exile on Patmos. The earlier church father, Justin Martyr, taught for a time in Ephesus and moved on to Rome. He testified that the Apostle John was the author of Revelation. In the first two centuries the only possible witness against the Apostle John's authorship of Revelation is Papias, bishop of Hierapolis in Asia Minor. According to Irenaeus, Papias was a hearer of the Apostle John and companion of Polycarp. The preserved quotation by Eusebius may in fact be used to support John's authorship, but some higher critics have twisted this witness. Even if you should conclude that Papias was referring to two different Johns, both are held as having considerable authority. Both residing at Ephesus at the same time (unlikely). This still should not be used against St. John's authorship of Revelation, the Gospel, or his Epistles. Authorship is not the subject Papias is addressing.

It is not until the third century A.D. that there appears clear evidence of any church father speaking against the Apostle John's authorship. Eusebius says that Caius (early third century), rejected the Apostle John's authorship of Revelation and others like Cyril of Jerusalem, Gregory of Nazianzus, Chrysostom, and Theodoret. These later church fathers all influenced by Dionysius, more so based on the difference between the Gospel according to John and the Revelation. Highly influential dynamic theologians as they were did the same to inject the JEPD theory into the theology of the church that consumed much time and lead to all kinds of error. It too proved to be a red herring. Most early church fathers did not doubt the Apostle John's authorship. Tertullian, Hippolytus of Rome, and Origen to name some accepting the Apostle John's authorship (without question). The great church fathers of the fourth century including Athanasius, Jerome, and Augustine all accepted the Revelation as written by the Apostle John. The overwhelming evidence from the early church is in favor of the Apostle John's authorship of Revelation. There is little reason to doubt this evidence. John wrote his vision as he was directed and as lead by the Holy Spirit. This is not really his so much as the Holy Spirit's and the vision of Christ and His angels leading and directing the Apostle John to write what he saw and heard.

John did not plan out his writing, but wrote as the vision was received. This happened in the spirit and under the direction of Jesus and His Holy Spirit. St. John not only saw the vision but was caught up into it. This gift of God through John needs to be accepted and understood, for it reveals God's purpose and plan for these last times leading us into eternity. A careful analysis of the text reveals that the semiticisms in the Gospel according to John and in Revelation are due to the fact that God was using St. John's literary talent and abilty to give us a carefully crafted theological narrative. Revelation was written quickly and with great urgency to accomplish the task directed by God for Christ's Church. When God speaks His Apostle acts forthwith.

The Gospel according to John, composed late in his life and last of the Gospels was developed with clarity of thought and expressions, carefully screening out many natural Semitic idioms. Even then the Greek of John's Gospel is more Semitic than Hellenistic literary Greek.

The quantity and kind of semiticisms in Revelation account for much of the differences between the language of the Gospel according to John and Revelation. It should be said that John sometimes employed unconventional or anomalous grammar to make a point for theological impact or emphasis. These are not mistakes or bad grammar as judged by some higher critics. His literary thought patterns aided him in giving full expression and meaning to God's message. The Holy Spirit chose and developed the Apostle John into a highly skilled, literary craftsman. He thinks and expresses himself in visually inspired, artistic thought patterns. From a human perspective his writing should be considered a masterpiece of literature in the New Testament. It is not necessary to resort to the assumption that there were two different authors for the Gospel according to John and the Revelation. All of the Scriptures written by John are from the same thought patterns and writing techniques. There is as much similarity in the Gospel according to John and Revelation as there are differences.

According to Athanasius, John was known as "the theologian". In his gospel he refers to himself as, "the one whom Jesus loved" and other anonymous ways so as to mask naming or drawing attention to himself. In his Gospel and in Revelation he describes himself as an eyewitness of Jesus' life, death, resurrection, and ascension. It was he, John, the living eyewitness, who heard and saw the things that are written. As a living eyewitness he wrote for your and my learning and understanding, so that we might come to believe, trust and have fellowship with him and God. This is, in fact, the message as thus spoken and provided by our Lord and His last living eyewitness, the Apostle John.

The order of writings of John are best understood and well attested with Revelation being his first writing followed by the three epistles and then finally by the writing of the Gospel of Jesus according to John. This manuscript is therefore presented in this manner.

Location and Dating of the Writing:

Emperor Domitian had John exiled to Patmos, where he received his visions and then wrote Revelation. Revelation was written while John was at Patmos. He did not wait, but following the command he had received from God to write, did so with the vision fresh, and he did not delay. Under Domitian's successor, Nerva, John was allowed to return home to Ephesus, where he then composed his Epistles, resumed his position as Elder and spiritual father to the house churches of Asia Minor and lived to see the reign of Emperor Trajan. It was around A.D 96 that John returned from exile to Ephesus under Emperor Nerva and after Domitian's death on September 18, 96 A.D. Within a short time, just a few months before or after, St. John wrote his Epistles. Then later the Gospel of John was written in Ephesus.

The history and the rise of the New Testament canon is a shared history of the use and reception of the writings of John in the second century. Despite the fragmentation of that history in the succeeding centuries, John's witness lives on. Emperor Trajan's reign began in January A.D 98 and near this time all five of the Apostle John's writings were complete.

Earliest and Best Papyri and Unicals used in this Manuscript:

The earliest manuscript of Revelation is P 98, a papyrus fragment of 1:13-20 held at the French Institute of Oriental Archaeology in Cairo. It is dated to the early second century A.D. It is rather brief and of little significance for establishing the text of Revelation. It is, however, dated very close to the writing of the original autograph of Revelation. Of the six known Greek papyri manuscripts of Revelation, five are only small fragments. The sixth is by far the most important papyrus being of the third century and containing 9:10 – 17:2 with some lacunae (gaps). This is P 47 in the Chester Beatty Library collection in Dublin. There are eleven know uncial manuscripts of Revelation, dating from the fourth to the tenth centuries. Only two Early Uncials P 0163 and P 0169 were utilized for this work dating from the fourth century. There were an additional two early uncials used and their dating is middle to late third century, P 0207 and P 0308.

Ways of Interpreting the Visions:

Revelation has been interpreted by its readers/hearers in many different ways, but they all basically can be distilled to two basic ways to approach an understanding of these visions. One way is to look at them and interpret them in a linear progression with each item following depicted as the events unfolding in an orderly, chronological way. This method is labeled millenarian. The other way or method to interpret and understand this book is cyclic or a recapitulation approach. This method considers the prophecy of the book to be repetitive, so that the events are described several times with each description covering the same time period but from a different perspective. While the linear or millenarian method is popular, increasingly the recapitulation method is now gaining acceptance. The linear way of understanding Revelation might seem more rational and plausible, but the repetitions of many of the events make it difficult to view the visions as linear. An example of the problem with this method is that it presents the end of the world several times, through in different ways throughout the book. See (Rev.6:12-17; 11:15-19; 14:14-20; 16:17-21; and 19:1-21). The repetition of events suggests that Revelation should not be interpreted on a linear, chronological scale.

With the invention of instant replay, we might consider this to be one of the actual first verbal uses of the concept. The visions of the seven seals, the seven trumpet-angels, and the seven angels with censers are best seen as parallel events and covering the same time period of events on earth from Christ's ascension to eternity in heaven.

General Overview:

The subject matter of Revelation is stated in the first words of the text, "unveiling of Jesus Christ". The One directing John would have us know that the time is near. The reader/hearer is to be ready for what is to come to pass. This is a readiness that comes about through hearing / reading the message. The preparation consists of the baptismal sealing (Rev.7:2-3), of being washed in the blood of the Lamb (Rev.1:5; 7:9, 13-14; 19:13; 22:14) and through this cleansing to be ready for the coming of the Lord Jesus (Rev.22:12). As Christians stand prepared for the coming of their Lord, they are strengthened and encouraged by their God given faith (Rev.2:10) and motivated for service to engage in the mission which Christ Jesus has given; we witness to and in the world (Rev.10:11) by what we say and do.

Revelation ends with the promise of the Lord Jesus coming quickly, and with John's prayerful response, "Amen, come Lord Jesus." (Rev.22:20). This prayer is the conclusion to the Revelation, and it is the end for which St. John urges the reader/hearer to prepare. The goal is to lift up this prayer to God continually. The Holy Spirit leads God's people to continue this prayer now and until it is answered. This is the daily prayer of God's Church. It testifies to the longing of the Christian heart to be in the presence of God.

The Christian is strengthened through God's Word and Sacraments and is assured of his/her going to heaven because of the merits of Jesus. The Holy Spirit moves the believer to desire to enter heaven now. Revelation reveals the plan of God and motivates the Christian to desire to be in the glory of God. This in turn causes our desire to witness through this longing hope based in faith and trust in God's promises for our loved ones, the household of faith, and to all who we have opportunity to share this hope that is within us. The purpose of Revelation is to comfort and encourage the worshiping Christian to pray this prayer of longing and to witness through worship, prayer and daily living our loving hope that is within us even in tribulation.

The message of Revelation reveals two continuing phenomena. One is of terrifying sufferings and horror to be experienced on earth, while the other is the reign of Jesus Christ as Lord in His heavenly exalted glory as our Savior and King. God's people on earth are encouraged to cling to their Holy Spirit given faith. The Eternal heavenly glory of Christ calls them to be faithful to death. We are thus strengthened and encouraged for the work in Christ's Kingdom here on this earth. The tribulations and sufferings prophesied do not lead God's elect to pessimism and despair but to realism and hope because of their assured victory is certain.

The adversities and troubles prophesied will come to pass. All Scripture is fulfilled. It cannot be broken. Yes, Christians will suffer through the tribulation because of and along with unbelievers. The plagues and distresses of the visions demonstrate God's wrath and judgment for the purpose of driving the godless sinner to repentance. God's own people experience these same sufferings and plagues as they are God's tools to lead sinners to repentance for Christ's sake. Satan also uses this suffering and these plagues in his attempt to destroy the Church and her witness. While mankind's sin and rebellion against God prompts all the tribulations and suffering, the devil uses them and adds to them as he tries to destroy the Gospel witness of the church. In His permissive will, God lets the dragon do this, so that all these sufferings work together showing God's anger and judgment, which has the purpose of bringing the human race to repentance before it is too late. For the Christian the sufferings serve both as a reminder of God's judgment against sin, and presents opportunities to witness our faith/trust in the suffering and death of Christ, Who was without sin but vicariously endured God's judgment for the salvation of all people. Like Job we are loved and used by God for His purpose and glory. No real harm will come to us, only glory and honor to our God. To Him be the glory forever. Amen!

The prophetic message of Revelation reflects a negative view of the human race's history of being permeated in sin. This depressing reality is intermingled with the beautiful pictures of God's glory in heaven—Christ's exalted glory, and the saints before God's heavenly throne. It is against this backdrop of doom, darkness, and horror that these visions of the heavenly glory stand out in bold relief. Revelation pictures the doom and horror of all human sinful rebellion and the just results. Human beings without Christ are headed to a certain and terrifying end; the final judgment of God, hell.

The world rushes headlong to its destruction and humanity faces eternal damnation. Despite all human efforts and ambitions, human life here on earth will not improve into a happy state nor a conquering of our great enemies—sin, death, and the devil. God would have all be saved and come to the knowledge of salvation through Jesus Christ our Lord. The kingdom of the enthroned Christ is not a kingdom of this world. It is a kingdom of love, life, peace and rejoicing with our God and Savior where there is no death, devil, sorrow, or sin. Why do men choose eternal death and suffering? The time is short. Let us read, heed, and share the message of these visions and be about the work of God's Kingdom! There is no second chance; no do over.

Note of the Text Compiler / Editor / Translator on the use and purpose of this writing:

My hope for readers / users for this text is as an aid to study the texts of St. John for personal and group Bible Study and for Sermon preparation. In preparing to preach God's Word it is absolutely necessary to select the text, study the text and preach the text. "Thus says the Lord" is what the preacher claims, but if we have not considered what is the actual text we have short-changed your hearer and your God.

Four questions need to be answered and firmly set in your mind.

1. What is the actual text?
2. What does the original text say?
3. What does the text mean?
4. What does the text mean to the hearer and to me?

It is a great mistake to ask the question, "What is the mind of God?" This seeing around the text to discover what God is saying is a fool's game, that always leads first to troubled waters, then to heresy. Our charge as ministers and preachers is to preach the Word of God, not our opinion. Preaching is not about what we think, but what God has revealed in His Word. It is required that we be faithful and pass on the body of faith to those coming after us just as it has been given. "What was from the beginning is now, and ever will be."

This work was done to help you see what has happened over time with God's Word. You can see how faithfully it has been passed down to you. I have tried to selected the earliest and best manuscripts. There has been great consistency and effort to pass down the Scripture as they were received. The higher biblical critic has wasted much time, effort, and countless souls proclaiming their great knowledge about the minutia, exaggerating difference, and passing down judgments that continue to propagate past error and destroy faith. This is destructive to their souls and the souls of their readers/hearers. The idea that the Scripture is false is more than misleading. It kills faith. See the real evidence place before you. With good conscious you may proclaim, "Thus says the Lord!" Do not allow yourself to cause doubt.

My time has been well spent only if you use the text to better understand what has been passed down to us. I hope to have saved you time doing the mundane, so you can spend your time in the text to answer the four questions above. Only a first level translation has been done, but with the verbs parsed and the first-person present form above the verb, you should be better equipped for further study and an understanding of how other translators have reached their understanding as they have expressed their thoughts. May God's Spirit lead you to a better understanding of His Word. His will be done!

Pastor Hank Malone
rev.dr.hankmalone@gmail.com

Notes on Text production and reading:

1. The original text of the Vaticanus Manuscript (B) Vat.gr.1209 in electronic form is available on line at this web address: https://digi.vatlib.it/view/MSS_Vat.gr.1209
2. The original text of the Sinaiticus Manuscript (א) in electronic format can be found on the project's web address: https://codexsinaiticus.org./en/
3. All transcribed text of א in blue have text notes in the electronic format. If you go to the website and place your curser upon the electronic text in blue it will reveal the information recorded. My blue text is preserved for your info and further study.
4. The letter sigma in the old scripts was a "c" not a "σ, or ς or Σ " as is now presented in many transcribed Greek scripts. I have used C's for sigma as they appear in the Vaticanus, Sinaiticus and Alexandrinus manuscripts as well as the early papyri and uncials. Alexandrinus and the others texts have been transcribed in the lower case to match and compare the Wescott—Hort / UBS / Nestle-Aland eclectic text. The Vaticanus text has been left in Capitals in the Epistles of John for this production of comparative texts. Observations of how text is observed and how vowel changes take place are replicated in this text presentation when possible.
5. The symbol < > ,indicates word order reversal due to the Greek word 2nd position requirement.
6. The top line = eclectic text, verb text is color coded to highlight spelling changes in the evolving text—most recent to oldest. The blue script matches with the King James version time period. Green is the oldest text used and Violet being the most recent.
7. Superscript number in the top line indicates word order changes in the eclectic text while the actual word order used is the latest word order. Lower lines will utilized subscript to indicate their actual location for the manuscript and are moved to match the top line for comparison and evaluation.
8. For Revelation the 1st comparison line located directly under the English translation is Codex Alexandrinus (A). Codex Vaticanus is lost from the book of Revelation.
9. KAI (Greek word for and, even, also) at the end of a line in the Sinaiticus MSS is often abbreviated as 𝔎 . The Sinaiticus transcription uses K(ai) to indicate this kai abbreviation.
10. In a line of text if the Greek letter nu (ν) is the ending word of a line it may be dropped and its presence indicated by a line over the ending vowel. You will find this in the Capital Texts. (e.g., εμαρτυρησε̄ = εμαρτυρησεν)
11. Abbreviations are made up from the first and last letter or the first two and last letter or from the first letter and last two letters of the Greek word. In the manuscripts a line above these letters mark the abbreviation. Note, I have indicated the abbreviation with a line under the abbreviation. I do not have available the ability to mark it above them and ensure the mark and the letter stay together keeping them in line. See appendix A for abbreaviation information and examples.
12. Numerical subscripts used in top line indicate older eclectic text word order from present Wescott text. Subscripts in the lower comparison script lines show actual text word order for that ancient texts.

13. The Papyri texts and all texts should be evaluated on what is there, and not on the suggested text that is missing or illegible but which has been included as a best guess and given within brackets. An obvious observation but when working with multiple text is easily forgotten. Bracket, when only one is given ends at the end of the line (:).

Presentation Example:

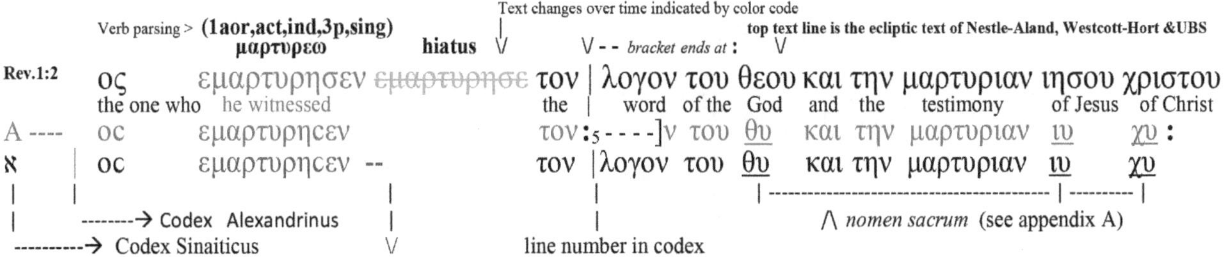

14. The Greek conjunction **οτι** = (because, for, that) can also be used as a quotation marker. Quotation marks do not appear elsewhere in this translation, because it would take too much of an editorial presupposition on my part. Participles are translated as participles and not subordinate cluses for the same reason. The English translation for **οτι** = that/"

15. μεν .... δε construction in Greek sentences as "on the one hand.....on the other." English translations often ignore this construction and translate **μεν** as indeed and δε as but or and missing this subtlety.

Αποκαλυψεις ϊωαννου
Revelation Chapter 1

(1aor,act,ind,3p,sing) διδωμι — (1aor,act,infin) δεικνυμι

Rev.1:1 αποκαλυψις ιησου χριστου ην εδωκεν αυτω ο θεος δειξαι τοις δουλοις αυτου α
revelation of Jesus of Christ the one He gave to Him the God to show to the slaves of Him what
A - - - καλυψις ιυ χυ ην εδωκεν αυτω :1 - --] δειξαι τοις δουλοις αυτου α
א αποκαλυψις ιυ χυ ην εδωκεν αυτω ο θς δειξαι τοις αγιοις αυτου α

(pres,act,impers,3p,sing) δει — (2aor,pass,infin) γινομαι — (1aor,act,ind,3p,sing) σημαινω — (1aor,act,ptc,nom,sing,masc) αποστελλω

W&H δει γενεσθαι εν ταχει και εσημανεν αποστειλας δια του αγγελου
it is necessary to happen with speed and He signified having sent through the angel
A δει γε : - - -]θαι εν ταχει και εσημανεν απο : - - -] ιλας δια του αγγελου
א δει γενεσθαι εν ταχει και εσημανεν αποστειλας δια του αγγελου

W&H αυτου τω δουλω αυτου ιωαννη
of Him to the slave of Him John
A αυτου του δουλου : - - -]υ ιωαννη
א αυτου τω δουλω αυτου ιωανει

(1aor,act,ind,3p,sing) μαρτυρεω — hiatus

Rev.1:2 ος εμαρτυρησεν ~~εμαρτυρησε~~ τον λογον του θεου και την μαρτυριαν ιησου χριστου
the one who he witnessed the word of the God and the testimony of Jesus of Christ
A ος εμαρτυρησεν τον :5 - - - -]ν του θυ και την μαρτυριαν ιυ χυ :
א ος εμαρτυρησεν τον λογον του θυ και την μαρτυριαν ιυ χυ

(2aor,act,ind,3p,sing) οραω — hiatus

W&H οσα ~~τε~~ ειδεν ~~ειδε~~
as many/much as ~~and/indeed~~ he saw
A -]σα ιδεν
א οσα ιδε

(pres,act,ptc,nom,sing,masc) αναγινωσκω — (pres,act,ptc,nom,pl,masc) ακουω — (pres,act,ptc,nom,pl,masc) τηρεω

Rev.1:3 μακαριος ο αναγινωσκων και οι ακουοντες τους λογους της προφητειας και τηρουντες
blest the one reading and the ones hearing the words of the prophecies and keeping
A μακαριος ο αναγινωσκων : - - -]οι ακουοντες τους λογους της : -]ροφητειας και τηρουντες
א μακαριος ο αναγινωσκων και οι ακουοντες τον λογον της προφητιας και τηρουντες

(perf,pass,ptc,acc,pl,neut) γραφω

W&H τα εν αυτη γεγραμμενα ο γαρ καιρος εγγυς
the things in her having been written for <> the time *(is)* near
A τα εν αυ : τη γεγραμμενα ο γαρ καιρος εγγυς :10
א τα εν αυτη γεγραμμενα ο γαρ καιρος εγγυς

Rev.1:4 ιωαννης ταις επτα εκκλησιαις ταις εν τη ασια χαρις υμιν και ειρηνη απο ~~του~~ ο
John to the seven churches the ones in the Asia grace to you all and peace from ~~of the One~~ the One
A - -]αννης ταις επτα εκκλησιαις ταις : εν τη ασια χαρις υμιν και ειρηνη : απο ο
א ιωανης ταις επτα εκκλησιαις ταις εν τη ασια χαρις υμιν και ειρηνη απο ο
Ꝑ 18 ιωανης τα[ι[ς επτα] εκ[κλης]ιαις : ταις εν τη] ασια χαρις υμειν και ειρ : νη απο ο

(pres,act,ptc,nom,sing,masc) ειμι — (imperf,act,ind,3p,sing) ειμι — (pres,mid,ptc,nom,sing,masc) ερχομαι

W&H ων και ο ην και ο ερχομενος και απο των επτα πνευματων α
being and the One He was and the One coming and from the seven Spirits the Ones
A ων και ο ην και ο ερχομενος : και απο των επτα πνευματων :
א ων και ο ην και ο ερχομενος και απο των επτα πνατωντων
Ꝑ 18 ων και ο ην και ο ερχομ : νος και απο τ[ων επτα πνευμα : των α]

(pres,act,ind,3p,sing)
ειμι
W&H ~~εστιν~~ ενωπιον του θρονου αυτου
~~it is~~ in front of of the Throne of Him
A ενωπιον του θρονου αυτου
ℵ ενωπιον του θρονου αυτου
P 18 εν[ω]πιον του θρονου αυ : τ]ου

Rev.1:5 και απο ιησου χριστου ο μαρτυς ο πιστος ο πρωτοτοκος ~~εκ~~ των νεκρων και ο αρχων
and from Jesus Christ the Witness the faithful the First Born ~~from out~~ of the deaths and the ruler
A και α- -:15 ιυ χυ ο μαρτυς ο πιστος ο πρωτοτο : κος των νεκρων και ο αρχων
ℵ και απο ιυ χυ ο μαρτυς ο πιστος ο πρωτοτοκος τω νεκρων και ο αρχω
P 18 και απο ιη χρ ο μαρτυς ο πι : στος ο πρωτοτοκος τω νεκρων : και ο αρχω

(pres,act,ptc,dat,sing,masc) (1aor,act,ptc,dat,sing,masc) (1aor,act,ptc,dat,sing,masc)
αγαπαω αγαπαω λυω
W&H των βασιλεων της γης τω αγαπωντι ~~αγαπησαντι~~ ημας και λυσαντι ημας εκ
of the kings of the earth to the One loving ~~having loved~~ us and having freed us from out
A τω : βασιλεων της γης τω αγαπωντι ημας : και λυσαντι ημας εκ
ℵ των βασειλειων της γης ⊤ αγαπωντι ημας και λυσαντι ⊤ εκ
P 18 των βασιλεων της γης : τω αγαπωντι ημας και λυσαντι η : μ]ας εκ

W&H ~~απο~~ των αμαρτιων [ημων] εν τω αιματι αυτου
~~from~~ of the sins of us by the blood of Him
A των αμαρτιων : εν τω αιματι αυτου
ℵ των αμαρτιων ημων εν τω αιματι αυτου
P 18 των αμαρτιων ημων εν : τ]ω αιματι αυτου

(1aor,act,ind,3p,sing) acc,sing acc pl acc,sing
ποιεω
Rev.1:6 και εποιησεν ημας βασιλειαν ~~βασιλεις~~ ~~βασιλειαν και~~ ιερεις τω θεω και πατρι αυτου
and He made us king ~~kings~~ ~~king~~ ~~and~~ priests to the God and Father of Him
A και εποιησεν :20 ημιν βασιλειαν ιερεις τω θω και πρι : αυτου
ℵ και εποιησεν ημας βασιλεια ⊤ ιερεις τω θω και πρι αυτου
P 18 και εποιησεν ημ[ας βα[σ[ιλ]εια ιερεις τω θω και π[α]τρι : αυτο]υ

W&H αυτω η δοξα και το κρατος εις τους αιωνας ~~[των αιωνων]~~ ~~τους αιωνας~~ αμην
to Him the glory and the power into the eaons ~~of the eaons~~ ~~the eaons~~ amen
A αυτω η δοξα και το κρατος : εις τους αιωνας αμην :
ℵ αυτω η δοξα και το κρατος εις το αιωνα των αιωνω αμην
P 18 αυτω1 η5 δοξα6 και4 το2 κρατος3 : εις7 το]υς αιωνας αμην

(2aor,mid,imper,2p,sing) (pres,mid,ind,2p,sing) (fut,mid,ind,3p,sing)
ειδον ερχομαι οραω
Rev.1:7 ιδου ερχεται μετα των νεφελων και οψεται αυτον πας οφθαλμος και
you yourself behold He is coming with the clouds and he will see Him all/every eye and
A ---]υ ερχεται μετα των νεφελων :25 και οψεται αυτον πας οφθαλμος :
ℵ ιδου ερχεται μετα των νεφελω και οψονται αυτον παρ οφθαλμος και
P 18 ιδου : ερχε[ται μετα των νεφελων : και οψε]ται αυτον πας οφθαλ : μος και

(1aor,act,ind,3p,pl) (fut,mid,ind,3p,pl)
εκκεντεω κοπτω
W&H οιτινες αυτον εξεκεντησαν και κοψονται επ᾽ αυτον πασαι αι φυλαι
the ones who Him they pierced through and they,themselves,will mourn over Him all the tribes
A οιτινες αυτον εξεκεντησαν και : κοψονται επ αυτον πασαι αι φυ : λαι
ℵ οιτινες ⊤ εξεκεντησαν και κοψονται ⊤ αυτον πασαι αι φυλαι
P 18 ο]ιτινες αυτον εξε

W&H της γης ναι αμην
of the earth yes amen
A της γης ναι αμην :
ℵ της γης ναι αμη

Rev.1:8
(pres,act,ind,1p,sing) ειμι ... (pres,act,ind,3p,sing) λεγω
εγω ειμι ~~και~~ το αλφα ~~Α~~ και το ω ~~Ω~~ ~~αρχη και τελος~~ λεγει ~~ο~~ κυριος
I I am ~~even~~ the Alpha ~~A~~ and the Omega ~~Ω First/Beginning and Last/Ending~~ He says ~~the~~ Lord
A -]γω ειμι το αλφα και το ω λεγει κς
א εγω ειμι το αλφα και εγω και το ω αρχη και τελος λεγει κς

W&H
(pres,act,ptc,nom,sing,masc) ειμι (imperf,act,ind,3p,sing) ειμι (pres,mid,ptc,nom,sing,masc) ερχομαι
ο θεος ο ων και ο ην και ο ερχομενος ο παντοκρατωρ
the God the One being and the One He was and the One coming the One almighty
A ο θς : -] ων και ο ην και ο ερχομενος ο παν :30 τοκρατωρ
א ο θς ο ων και ο ην και ο ερχομενος ο παντοκρατωρ

Rev.1:9
εγω ιωαννης ο ~~και~~ αδελφος υμων και συγκοινωνος ~~κοινωνος~~ εν τη θλιψει και ~~εν τη~~
I John the one ~~also~~ brother of you all and fellow partaker ~~partner~~ in the affliction and ~~in the~~
A εγω ιωαννης ο αδελφ[- - : υμων και συγκοινωνος εν τη θλι : ψει και
א εγω ιανης ο αδελφος υμων και συνκοινωνος εν τη θλιψι και

W&H
(1aor,mid,ind,1p,sing) γινομαι ... (pres,pass,ptc,dat,sing,fem) καλεω
βασιλεια και υπομονη εν ιησου ~~χριστου~~ ~~του~~ εγενομην εν τη νησω τη καλουμενη
kingdom and endurance in of Jesus ~~Christ~~ ~~of the~~ I became on the island to the one being called
A βασιλεια και υπομονη εν1 ——3 χω2 : - - -]νομην εν τη νησω τη καλουμε : νη
א βασιλεια και ϋπομονη ενι ιυ ⊤ εγενομην εν τη νησω τη καλουμενη

W&H
πατμω δια τον λογον του θεου και ~~δια~~ την μαρτυριαν ιησου ~~χριστου~~
Patmos because of the word of the God and ~~on account of~~ the testimony of Jesus ~~Christ~~
A πατμω δια τον λογον του θυ και :35 -]ην μαρτυριαν ιυ :
א πατμω δια τον λογο του θυ και δια την μαρτυριαν ιυ ⊤

Rev.1:10
(1aor,mid,ind,1p,sing) γινομαι ... (1aor,act,ind,1p,sing) ακουω
εγενομην εν πνευματι εν τη κυριακη ημερα και ηκουσα1 οπισω3 μου4 φωνην2
I myself became in spirit on the imperial/Lord's day and I heard behind me a voice
A ---]ω εγενομην εν πνι εν τη κυριακην : -μερα και ηκουσα φωνην
א εγενομην εν πνι εν τη κυριακη ημερα και ηκουσα οπισω μου φωνην

W&H
μεγαλην5 ως σαλπιγγος
great as/like a trumpet
A μεγαλην : -]ησενμου ως σαλιπγγος
א μεγαλην ως σαλπιγγος

Rev.1:11
(pres,act,ptc,gen,sing,fem) λεγω (pres,act,ind,1p,sing) ειμι
λεγουσης ~~εγω ειμι το Α και το Ω ο πρωτος και εσχατος και~~
saying ~~I I am the Alpha and the Omega the First and Last and~~
A λεγου :-ης
א λεγουσης ⊤

W&H
(pres,act,ind,2p,sing) βλεπω (1aor,act,imper,2p,sing) γραφω (1aor,act,imper,2p,sing) πεμπω
ο βλεπεις γραψον εις βιβλιον και πεμψον ταις επτα ~~επτα~~ εκκλησιαις εις
the one you see you write into a book and you send to the seven ~~seven~~ assemblies/churches to
A ο βλεπεις γραψον εις βιβλιον :40 και πεμψον ταις επτα εκκλησιαις : εις
א γραψον εις το βιβλιον ⊤ πεμψον ταις επτα εκκλησιαις εις

W&H
~~ταις εν ασια~~ εφεσον και εις σμυρναν και εις περγαμον και εις θυατειρα και εις
~~the ones in Asia~~ Ephesus and to Smyrna and to Pergamos and to Thyatira and to
A εφεσον και εις -μυρναν και εις : περγαμον και εις θυατειραν και εις :
א εφεσον και εις1 ζμυρναν6 και3 εις4 περγαμον2 και7 εις8 θυατειρα5

W&H σαρδεις και εις φιλαδελφειαν και εις λαοδικειαν
Sardis and to Philadelphia and to Laodicea
A σαρδειc και ειc φιλαδελφιαν και ειc: λαοδικιαν
א και10 ειc11 φιλαδελφια9 και ειc λαοδικιαν12

(1aor,act,ind,1p,sing)(pres,act,inf) (imperf,act,ind,3p,sing) (1aor,act,ind,3p,sing) (imperf,act,ind,3p,sing)
επιστρεφω βλεπω λαλεω λαλεω λαλεω
Rev.1:12 και ~~εκει~~ επεστρεψα βλεπειν την φωνην ητις ελαλει ~~ελαλησεν~~ ~~ελαλει~~
and ~~there~~ I turned toward to see the Voice which He was speaking ~~He spoke~~ ~~He was speaking~~
A και επεστρεψα βλε:45πειν την φωνην ητιc ελαλει
א και επεστρεψα βλεπιν την φωνην ητιc ελαλει

(1aor,act,ptc,nom,sing,masc) (2aor,act,ind,1p,sing)
επιστρεφω οραω
W&H μετ εμου και επιστρεψας ειδον επτα λυχνιας χρυσας
with me and having turned I saw seven lampstands golden
A μετ εμου : -]αι επιcτρεψαc ειδον επτα λυχνιαc : χρυcαc
א μετ εμ(ου) και΄ επιcτρεψαc ειδον επτα λυχνιαc χρυcαc

(perf,pass,ptc,acc,sing,masc)
ενδυω
Rev.1:13 και εν μεσω των ~~επτα~~ λυχνιων ομοιον υιον ανθρωπου ενδεδυμενον ποδηρη και
and in midst of the ~~seven~~ lampstands *(One)* like Son of Man having been clothed to a foot and
A και εν μεcω των λυχνιω : --] ωμα υιον ανου ενδεδυμενων : ---]ηρην και
א και μεcον των επτα λυχνιω ομοιον υν ανου ενδεδυμενον ποδηρη και
P 98 [P98 *the recto side of the fragment is badly damaged containing* Rev.1:13-2:21 *written on the back side of a papyrus scroll begins below*]

(perf,pass,ptc,acc,sing,masc)
περιζωννυμι
W&H περιεζωσμενον προς τοις μαστοις ζωνην χρυσαν
having been girded about with to the breasts a girdle golden
A περιεζωcμενον προc:50 τοιc μαζοιc ζωνημ χρυcαν
א περιεζωcμενον προc τοιc μαcθοιc ζωνην χρυcαν
P 98 περ]ιεζωcμενον προc τοιc μαcτοιc ζωνην : χρυ]cην

Rev.1:14 η δε κεφαλη αυτου και αι τριχες λευκαι ως ~~ωσει~~ εριον λευκον ως χιων και οι
but<> the One head of Him and the hairs white as ~~as if~~ wool white as snow and the
A η δε κε:1 φαλη αυτου και αι τριχεc λευκαι ωc ερω : λευκον ωc χιων και οι
א η δε κεφαλη αυτου και αι τριχεc λευκαι ωc εριο λευκον ωc χιων και οι
P 98 η δε κε[φαλη αυτου και αι τριχεc λευκαι : ωc] εριον λευκον [ωc χιων και οι

W&H οφθαλμοι αυτου ως φλοξ πυρος
eyes of Him as a flame of fire
A οφθαλμοι αυ:του ωc φλοξ πυροc
א οφθαλμοι αυτου ωc φλοξ πυροc
P 98 οφθαλμοι αυτου ωc : φλ]οξ πυροc

(pres,pass,ptc,gen,sing,fem) (perf,pass,ptc,nom,pl,masc)
πυροω πυροω
Rev.1:15 και οι ποδες αυτου ομοιοι χαλκολιβανω ως εν καμινω πεπυρωμενης ~~πεπυρωμενοι~~
and the feet of Him like fine burnished brass as in a furnace being made firey hot ~~having been made firey hot~~
A και οι ποδεc αυτου : ομοιοι χαλκολιβανω ωc εν καμινω:5 πεπυρωμενηc
א και οι ποδεc αυτου ομοιοι χαλκολιβανω ωc εν καμινω πεπυρωμενω
P 98 και [οι ποδεc αυτου ομοιοι χαλκολιβανω : ωc] εν καμινω πε[πυρωμεηc

W&H και η φωνη αυτου ως φωνη υδατων πολλων
and the voice of Him as a sound of waters of many
A και η φωνη αυτου : ωc φωνη υδατων πολλων
א και η φωνη αυτου ωc φωνη υδατων πολλων
P 98 και η φωνη αυτου ωc : φωνη υδατων π[ολλων

(pres,act,ptc,nom,sing,masc)
εχω
Rev.1:16 και εχων εν τη δεξια$_{1}$ χειρι$_{3}$ αυτου$_{2}$ αστερας$_{4}$ επτα και εκ του στοματος αυτου
and having in the right hand of Him stars seven and from out of the mouth of Him
A δεξια χειρι αυτου αστερες επτα και : εκ του στοματος αυτου
א και ειχεν εν τη δεξια χειρι αυτου αστερας επτα και εκ του στοματος αυτου
P [98] και ειχων εν τη δεξια χειρι : αυτου αστερες [ζ και εκ του στοματος αυτου

(pres,mid,ptc,nom,sing,fem) εκπορευομαι — (pres,act,ind,3p,sing) φαινω
W&H ρομφαια διστομος οξεια εκπορευομενη και η οψις αυτου ως ο ηλιος φαινει
sword two-mouthed sharp going out and the face of Him as the sun he shines
A ρομφαιαν: στομος οξια εκπορευομενη και η οψις :$_{10}$ αυτου ως ο ηλιος φαινιει
א ρομφαια διστομος οξεια εκπορευομενη και η οψις αυτου$_{1}$ ως$_{3}$ ο$_{4}$ ηλιος$_{5}$ φαινει$_{2}$
P [98] ρομ:φαια διστομος ο[ξεια εκπορευομενη και η οψις αυ:του ως ο ηλιος φ[αινει

W&H εν τη δυναμει αυτου
in the power of Him
A εν τη δυναμει: αυτου
א εν$_{6}$ τη δυναμει αυτου
P [98] εν τη δυναμει αυτου

(2aor,act,ind,1p,sing) οραω — (1aor,act,ind,1p,sing) πιπτω — (1aor,act,ind,3p,sing) τιθημι
Rev.1:17 και οτε ειδον αυτον επεσα προς τους ποδας αυτου ως νεκρος και εθηκεν
and when I saw Him I fell to the feet of Him as dead and He placed
A και οτε ειδον αυτον επεσα : προς τους ποδας αυτου ως νεκρος : και εθηκεν
א και οτε ειδον αυτον επεσα εις τους ποδας αυτου ωσι νεκρος και
P [98] και οτε ει:δον αυτον ε[π]εσα [προς τους ποδας αυτου ως νεκρος: και εθηκε

(1aor,act,ind,3p,sing) επιτιθημι — (pres,act,ptc,nom,sing,masc) λεγω — (pres,act,imper,2p,sing) φοβεω
W&H ~~επεθηκεν~~ την δεξιαν αυτου ~~χειρι~~ επ εμε λεγων μοι μη φοβου εγω
~~He placed~~ the right of Him ~~hand~~ upon me saying to me not you fear I
A την δεξιαν αυτου επ εμε: λεγων μη φοβου εγω
א επεθηκε την δεξιαν αυτου ⊤ επ εμε λεγων ⊤ εγω
P [98] την [δεξιαν αυτου επ εμε λεγων : μη φοβ[ο]υ εγω

(pres,act,ind,1p,sing)
ειμι
W&H ειμι ο πρωτος και ο εσχατος
I am the First and the Last
A ειμι ο πρωτο-:$_{15}$ τοκος και ο εσχατος και οξωμ και εικ :$_{16}$
א ειμι ο πρωτος και ο εσχατος
P [98] [ειμι ο πρωτος και ο εσχατος

(pres,act,ptc,nom,sing,masc) ζαω — (2aor,mid,ind,1p,sing) γινομαι — (2aor,mid,imper,2p,sing) ειδον — (pres,act,ptc,nom,sing,masc) ζαω
Rev.1:18 και ο ζων και εγενομην νεκρος και ιδου ζων
and the One living and I became dead and you yourself behold living
A νοα ζην νεκρος και ιδου ζων
א ⊤ ο ζων και εγενομην νεκρος και ιδου ζων
P [98] και εγε:νομην νεκρο[ς και ιδου ζων

(pres,act,ind,1p,sing) ειμι — (pres,act,ind,1p,sing) εχω
W&H ειμι εις τους αιωνας των αιωνων αμην και εχω τας κλεις του$_{1}$ θανατου$_{5}$ και$_{3}$ του$_{4}$ αδου$_{2}$
I am into the eons of the eons amen and I have the keys of the death and of the hades
A ειμι εις:τους αιωνας των αιωνων και εχω: τας κλις του θανατου και του αδου :
א ειμι εις τους αιωνας των αιωνων ⊤ και εχω τας κλεις του θανατου και : του αδου
P [98] ειμι εις τους αιωνας : των αιωνων [και εχω τας κλεις του θανατου και του αδου

	(1aor,act,imper,2p,sing) γραφω			(2aor,act,ind,2p,sing) οραω			(pres,act,ind,3p,pl) ειμι hiatus			(pres,act,ind,3p,sing) μελλω	(2aor,mid,infin) γινομαι	
Rev.1:19	γραψον	ουν ~~ουν~~	α	ειδες	και	α	εισιν ~~εισι~~	και	α	μελλει	γινεσθαι	μετα
	you write	therefore <>	the ones	you saw	and	the ones	they are	and	the ones	it is about to	to happen	after
A	γραψον	ουν	α	ιδες	και	α	εισιν	και	α	μελ :20 λει	γεινεσθαι	μετα
ℵ	γραψον	ουν	α	ειδες	και	α	εισιν	και	α δει	μελλειν	γενεσθαι	μετα
Ᵽ 98	γραψον	[ουν	α	ειδες	και	α	εισιν	και	α	μελλειν :	γενε[c]θαι	[μετα

W&H	ταυτα
	these *(things)*
A	ταυτα
ℵ	ταυτα
Ᵽ 98	ταυτα

						acc pl	gen,pl	(2aor,act,ind,2p,sing) οραω						
Rev.1:20	το	μυστηριον	των	επτα	αστερων	ους	~~ων~~	ειδες	επι	της	δεξιας	μου	και	τας
	the	mystery	of the	seven	stars	which	~~which~~	you saw	upon	the	right *(hand)*	of Me	and	the
A	το	μυστη : ριον	των	επτα	αστερων	ους		ειδες :	εν	-οι	δεξια	μου	και	τας
ℵ	το	μυστηριον	των	επτα	αστερων	ους		ειδες	επι	της	δεξιας	μου	κ(αι)	τας
Ᵽ 98	το	μυστηριον	των	ζ :	αστερων	[ους		ειδες	επι	της	δεξιας	μου	και	τας :

												(pres,act,ind,3p,pl) ειμι hiatus
W&H	επτα	λυχνιας	τας	χρυσας	οι	επτα	αστερες	αγγελοι	των	επτα	εκκλησιων	εισιν ~~εισι~~
	seven	lampstands	the	golden	the ones	seven	stars	angels	of the	seven	churches	they are
A	επτα	λυχνιας :	τας	χρυσας	οι	επτα	αστερες	αγγελοι :	των	επτα	εκκλησιων	εισιν
ℵ	επτα	λυχνιας	τας	χρυσας	οι	επτα	αστερες	αγγελοι	των	επτα	εκκλησιων	
Ᵽ 98	ζ	λυχνει[α]ς	[τας	χρυσας	οι	ζ	αστερες	αγγελοι	των :	ζ	εκκλησιων	ει[σιν

								(pres,act,ind,3p,pl) ειμι hiatus
W&H	και	αι₁	λυχνιαι₃	αι επτα₂	~~ας₄~~	επτα	εκκλησιαι	εισιν ~~εισι~~
	and	the	lampstands	the seven	~~which~~	seven	churches/assemblies	they are
A	και	αι	λυ :25 χνιαι	αι επτα		επτα	εκκλησιαι	εισιν :
ℵ	και₁	αι₄	λυχνι ₃	επτα₂		επτα₅	εκκλησιαι	εισιν
Ᵽ 98	και	αι	λυχνιαι	αι ζ		ζ	εκκλησιαι :	εις]ι[ν

Chapter 2

							(1aor,act,imper,2p,sing) γραφω		(pres,act,ind,3p,sing) λεγω	
Rev.2:1	τω αγγελω	τω	~~της~~₁	εν εφεσω	~~εφεσινης~~	~~εφεσω~~₃	εκκλησιας₂	γραψον₄	ταδε λεγει	ο
	to the angel	to the one	~~of the~~	in Ephesus	~~Ephesian~~	~~Ephesus~~	church/assembly	you write	these things He says	the One
A	-- ---]ελω	τω		εν εφεσω			εκκλησιαισιν :	γραψον	ταδε λεγει	ο
ℵ	τω αγγελω		της	εν εφεσω			εκκλησιας	γραψον	ταδε λεγει	ο
Ᵽ 98	τω αγγελω		της	εν εφεσω			εκκλησιας	γραψον	ταδε λεγ : ει	[ο
Ᵽ 115										

[P115 *contains 26 fragments of a codex of Revelation. P115 aligns with A and C in its textual witness, providing the best testimony to the original text.*]

[P115 *is a superior testimony to P47, which aligns with* ℵ *and together form the 2nd best witness to the book of* Revelation.]

	(pres,act,ptc,nom,sing,masc) κρατεω									(pres,act,ptc,nom,sing,masc) περιπατεω				
W&H	κρατων	τους	επτα	αστερας	εν τη	δεξια	αυτου		ο	περιπατων	εν	μεσω	των	επτα
	holding fast	the	seven	stars	in the	right *(hand)*	of Him		the One	walking around	in	midst	of the	seven
A	κρατων :	το--	--πτα	αστερας	εν τη	δεξια	αυτου :		ο	-εριπατων	εν	μεσω	των	επτα
ℵ	κρατων	τους	επτα	αστερας	εν τη	δεξια	αυτου	χειρι	ο	περιπατων	εν	μεσω	των	επτα
Ᵽ 98	κρατων	τους	ζ	αστερας	εν τη	δεξια	αυτου		ο :	[end of P98]				
Ᵽ 115	[P115 *begins here*]			αστερας	εν τη	δεξια	αυτου			περιπ]ατων	ε[ν	μεσω :	των	ζ

W&H λυχνιων των χρυσων
lampstands of the ones golden
A λυ:30χνιων των χρυσεων
א λυχνιω των χρυσων
P 115 λυχνιων των χρυσων

(perf,act,ind,1p,sing) οιδα ... (pres,pass,ind,2p,sing) δυναμαι
Rev.2:2 οιδα τα εργα σου και τον κοπον ~~σου~~ και την υπομονην σου και οτι ου δυνη
I have known the works of you and the labor ~~of you~~ and the steadfastness of you and that not you are being able
A οιδα τα εργα σου: και τον κοπον και την υπομονην σου : --- ---] ου δυνη
א οιδα τα εργα σου και τον κοπον σου και τη υπομονην σου κ(αι) οτι ου δυνη
P 115 οιδα τ]α εργα σου [και τον κο:πον σου και την υπομονην σου και οτι ο]υ δυνη

(1aor,act,infin) βασταζω ... (1aor,act,ind,2p,sing) πειραζω (1aor,mid,ind,2p,sing) πειραζω (1aor,act,ind,2p,sing) πειραζω (pres,act,ptc,acc,pl,masc) λεγω
W&H βαστασαι κακους και επειρασας ~~επειρασω~~ ~~επειρασας~~ τους λεγοντας
to tolerate evil ones and you tested ~~you,yourself,tested~~ ~~you tested~~ the ones saying
A βαστασαι κακους και επιρα:σας τους λεγοντας
א βαστασαι κακους και επιρασας τους λεγοντας
P 115 [βαστασαι κακους: και επιρασας τους λεγοντας

(pres,act,ptc,acc,pl,masc) φασκω (pres,act,inf) ειμι ... (pres,act,ind,3p,pl) ειμι hiatus (2aor,act,ind,2p,sing) ευρισκω
W&H ~~φασκοντας~~ εαυτους ~~ειναι~~ αποστολους και ουκ εισιν ~~εισι~~ και ευρες αυτους ψευδεις
~~asserting~~ themselves ~~to be~~ apostles and not they are and you found them liars
A εαυτους αποστ [------: ---]ουκ εισιν και ευρες αυτους ψευδ[--- :35
א εαυτους ⊤ αποστολους και ουκ εισιν και ευρες αυτους ψευδεις
P 115 εαυ]τους απο[στολους και ουκ:εισιν και ευρες αυτους ψευδεις:

(pres,act,ind,2p,sing) εχω ... (1aor,act,ind,2p,sing) βασταζω
Rev.2:3 και1,1a υπομονην4,4a εχεις5,5a και3,3a εβαστασας2,2a ~~και~~6a δια6,7a
and endurance you have and you bore ~~and~~ because of
A και υπομονην εχεις και εβαστασας: -ια
א και υπομονην εχις και θλιψις πασας και εβαστασας δια
P 115 και υπο]μον[ην ειχις και εβας: *[lines 2:4-12 missing]*

(perf,act,ind,2p,sing) κοπιαω (1aor, act,ind,2p,sing) κοπιαω
W&H το7,8a ονομα8,9a μου9,10a και10 ου13a ~~ουκ~~11 κεκοπιακες ~~κεκοπιακας~~11a ~~και~~12a
the name of Me and not you have become weary ~~you became weary~~ ~~and~~
A το ονομα μου και ου κεκοπια[--- :
א το ονομα μου και ου κεκοπιασας

(perf,act,ind,2p,sing) καμνω (1aor, act,ind,2p,sing) κοπιαω
W&H ~~κεκμηκας~~14a ~~εκοπιασας~~12
~~you have been wearied~~ ~~you became weary~~

(pres,act,ind,1p,sing) εχω ... (1aor,act,ind,2p,sing) αφιημι
Rev.2:4 αλλα ~~αλλ~~ ~~αλλα~~ εχω κατα σου οτι την αγαπην σου την πρωτην αφηκες
but ~~but~~ ~~but~~ I have against you that/" the love of you the first you have departed from
A αλλα ω κατα σου οτι την αγαπην1 σου3: -ην4 πρωτην2 αφηκας και5
א αλλα εχω κατα σου οτι την αγαπην σου την πρωτην αφηκες

(pres,act,imper,2p,sing) μνημονευω ... (perf,act,ind,2p,sing) πιπτω (perf,act,ind,2p,sing) εκπιπτω (1aor,act,imper,2p,sing) μετανοεω
Rev.2:5 μνημονευε ουν ποθεν πεπτωκας ~~εκπεπτωκας~~ και μετανοησον και τα
therefore <> you remember why/from where/how you have fallen ~~you have fallen from~~ and you repent and the
A μνημονευε ουν: ---]εν πεπτωκας και μετανοησον:40 --- -]α
א μνημονευε ουν ποθε πεπτωκες και μετανοησον και τα

(1aor,act,imper,2p,sing) (pres,mid,ind,1p,sing) (fut,act,ind,1p,sing)
ποιεω ερχομαι κινεω

W&H πρωτα εργα ποιησον ει δε μη ερχομαι σοι ~~ταχει ταχυ~~ και κινησω την λυχνιαν σου
first work do you but<> if not I am coming to you ~~quickly~~ quickly and I will remove the lampstand of you
A πρωτα εργα ποιηcον ει δε μη : ----]μαι cοι και κοινηcω την λυχνιαν : cου
א πρωτα εργα ποιηcο ει δε μη ερχομαι cοι και κινηcω τη λυχνιαν cου

(1aor,act,subj,1p,sing)
μετανοεω

W&H εκ του τοπου αυτης εαν μη μετανοησης
from out of the place of her if not/unless you should repent
A εκ του τοπου αυτηc εαν μη μετα:----]ηc
א εκ του τοπου αυτηc εα μη μετανοηcηc

(pres,act,ind,2p,sing) (pres,act,ind,2p,sing) (pres,act,ind,1p,sing)
εχω μισεω μισεω

Rev.2:6 αλλα τουτο εχεις οτι μισεις τα εργα των νικολαιτων α καγω μισω
but this you have that you hate the works of the Nicolaitans the ones I also I hate
A αλλα τουτο εχειc οτι μιcειc: -- ---]α των νικολαιτων καγω μιcω :45
א αλλα τουτο εχειc οτι μιcειc τα εργα των νικολαϊτων α καγω μιcω

(pres,act,ptc,nom,sing,masc) (1aor,act,imper,3p,sing) (pres,act,ind,3p,sing) (pres,act,ptc,dat,sing,masc)
εχω ακουω λεγω νικαω

Rev.2:7 ο εχων ους ακουσατω τι το πνευμα λεγει ταις εκκλησιαις τω νικωντι
the one having an ear let him hear what the Spirit He says to the churches/assemblies to the one conquering
A ο εχων ουc --κουcατω τι το <u>πνα</u> λεγει: ταιc εκκληcιαιc τω νικωντι :
א ο εχων ουc ακουcατω τι το <u>πνα</u> λεγει ταιc εκκληcιαιc τω νεικωντι

(fut,act,ind,1p,sing) (2aor,act,infin) (pres,act,ind,3p,sing)
διδωμι εσθιω ειμι

W&H δωσω αυτω φαγειν εκ του ξυλου της ζωης ο εστιν εν ~~μεσω~~ τω ~~του~~ παραδεισω
I will give to him to eat from out of the tree of the life the one it is in ~~midst~~ the ~~of the~~ paradise
A δωcω αυτω φαγειν εκ του ξυλου: τηc ζωηc ο εcτιν εν τω παραδειcω :
א δωcω φαγειν εκ του ξυλου τηc ζωηc ο εcτι εν ┬ τω παραδιcω

W&H ~~παραδεισου~~ του θεου ~~μου~~
~~of paradise~~ of the God ~~of me~~
A του <u>θυ</u> :50
א του <u>θυ</u>

(1aor,act,imper,2p,sing)
γραφω

Rev.2:8 και τω αγγελω τω ~~της~~1 εν σμυρνη ~~σμυρναιων~~3 ~~σμυρνη~~ εκκλησιας2 γραψον4 ταδε
and to the angel to the one ~~of the~~ in Smyrna ~~of Smyrna~~ ~~Smyrna~~ church/assembly write you and the ones
A και τω αγγελω τω εν cμυρνη εκκλη :1cιαc γραψον ταδε
א και τω αγγελω τηc ε ζμυρνη εκκληcιαc γραψο ταδε

(pres,act,ind,3p,sing) (2aor,mid,ind,3p,sing) (1aor,act,ind,3p,sing)
λεγω γινομαι ζαω

W&H λεγει ο πρωτος και ο εσχατος ος εγενετο νεκρος και εζησεν
He says the One first and the One last who He became dead and He lived
A λεγει ο πρωτοτο : κοc και ο εcχατοc οc εγενετο νεκροc: και εζηcεν
א λεγει ο πρωτοc και ο εcχατοc οc εγενετο νεκροc και εζηcεν

(perf,act,ind,1p,sing) (pres,act,ind,2p,sing)
οιδα ειμι

Rev.2:9 οιδα σου ~~τα εργα και~~ την θλιψιν και την πτωχειαν αλλα ~~αλλα~~ πλουσιος ~~δε~~ ει και
I have known of you ~~the works also~~ the tribulation and the poverty but ~~but~~ ~~but~~ <> rich you are and
A οιδα cου την θλιψιν και : την πτωχιαν αλλα πλουcιοc ει και:5
א οιδα cου τα εργα και την θλιψιν και την πτωχιαν αλλα πλουcιοc ει και

(pres,act,ptc,gen,pl,masc) λεγω (pres,act,inf) ειμι (pres,act,ind,3p,pl) ειμι
W&H την βλασφημιαν εκ των λεγοντων ιουδαιους ειναι εαυτους και ουκ εισιν αλλα
the blasphemy from out of the ones saying Jews to be themselves and not they are but
A την βλασφημιαν εκ των λεγοντων : ιουδαιους ειναι εαυτους και ουκ εισιν : αλλα
א την βλασφημιαν την εκ των λεγοντων ιουδαιων ειναι εαυτους και ουκ εισιν αλλα

W&H συναγωγη του σατανα
a synagogue of the Satan
A συναγωγη του σατανα
א συναγωγη του σατανα

(pres,pass,imper,2p,sing) φοβεω (pres,act,ind,2p,sing) μελλω (pres,act,inf) πασχω (2aor,mid,imper,2p,sing) ειδον (pres,act,ind,3p,sing) μελλω (pres,act,inf) βαλλω
Rev.2:10 μη ~~μηδεν~~ φοβου α μελλεις πασχειν ιδου ~~δη~~ μελλει βαλλειν
not ~~not at all~~ be you fearing the ones you are about to to suffer you,yourself behold/watch out ~~indeed~~ he is about to to cast
A μη φο : βου α μελλεις πασχειν ιδου μελλει : βαλλειν
א ⊤ μηδεν φοβου α μελλεις πασχειν ιδου μελλει βαλλει

(2aor,act,infin) βαλλω (1aor,pass,subj,2p,pl) πειραζω (pres,act,subj,2p,pl) εχω
W&H ~~βαλειν~~1 ο4 διαβολος5 εξ2 υμων3 εις6 φυλακην ινα πειρασθητε και εχητε
~~to cast~~ the devil *(some)* of of you all into prison so that you all might have been tested and you all might have
A ο διαβολος εξ υμων εις φυ : 10 λακην ινα πειρασθητε και εχητε
א βαλιν1 ο4 διαβολος5 εξ2 υμων3 εις6 φυλακην7 ινα πιρασθηται και

(fut,act,ind,2p,pl) εχω (pres,mid,imper,2p,sing) γινομαι
W&H ~~εξετε~~ θλιψιν ημερων δεκα γινου πιστος αχρι θανατου και δωσω σοι τον
~~you all will have~~ suffering of days ten you yourself be faithful until death and I will give you all the
A θλι : ψιν ημερων δεκα γινου πιστος : αχρι θανατου και δωσω σοι τον
א εξεται θλιψιν ημερων δεκα ⊤ πιστος αχρι θανατου και δωσω σοι το

W&H στεφανον της ζωης
crown of the life
A στε : φανον της ζωης
א στεφανον της ζωης

(pres,act,ptc,nom,sing,masc) εχω (1aor,act,imper,3p,sing) ακουω (pres,act,ind,3p,sing) λεγω (pres,act,ptc,nom,sing,masc) νικαω
Rev.2:11 ο εχων ους ακουσατω τι το πνευμα λεγει ταις εκκλησιαις ο νικων
the one having an ear let him hear what the Spirit He says to the churches the one conquering
A ο εχων ους ακου : σατω τι το πνευμα λεγει ταις εκκλησι : 15 αις ο νικων
א ο εχων ους ακουσατω τι το πνα λεγει ταις εκκλησιαις ο νικω

(1aor,pass,subj,3p,sing) αδικεω
W&H ου μη αδικηθη εκ του θανατου του δευτερου
not not/ certainly not/ in no way he should have been hurt from out of the death of the second
A ου μη αδικηθη εκ του : θανατου του δευτερου :
א ου μη αδικηθη εκ του θανατου του δευτερου

(1aor,act,imper,2p,sing) γραφω (pres,act,ind,3p,sing) λεγω (pres,act,ptc,nom,sing,masc) εχω
Rev.2:12 και τω αγγελω της εν περγαμω εκκλησιας γραψον ταδε λεγει ο εχων την
and to the angel of the in Pergamun church you write these things He says the One having the
A και τω αγγελω της εν περγαμω εκ : κλησιας γραψον ταδε λεγει ο εχων : την
א και τω αγγελω της εν περγαμω εκκλησιας γραψον ταδε λεγει ο εχων την

W&H ρομφαιαν την δισтομον την οξειαν
sword the two mouthed/double edged the sharp
A ρομφαιαν την διστομον την :20 οξιαν
א ρομφαιαν την διcτομον την οξειαν

(perf,act,ind,1p,sing) οιδα — (pres,act,ind,2p,sing) κατοικεω — (pres,act,ind,2p,sing) κρατεω
Rev.2:13 οιδα ~~τα εργω~~ ~~εργα~~ ~~σου και~~ που κατοικεις οπου ο θρονος του σατανα και κρατεις
I have known ~~the work~~ ~~works~~ ~~of you and~~ where you dwell where the throne of the Satan *(is)* and you hold fast
A οιδα που κατοικεις οπου ο θρο : νος του σατανα και κρατεις
א οιδα που κατοικειc οπου ο θρονοc του cατανα και κρατειc

(1aor,mid,ind,2p,sing) αρνεομαι
W&H το ονομα μου και ουκ ηρνησω την πιστιν μου και εν ταις ημεραις ~~εν αις~~ αντιπας
the name of Me and not you deny the faith of Me and in the days ~~in which~~ Antipas
A το ονο : μα μου και ουκ ηρνηcω την πιcτιν : μου και εν ταιc ημεραιc αντειπαc :
א το ονομα cου και ουκ ηρνηcω την πιcτιν μου εν ταιc ημεραιc εν ταιc αντιπαc

(1aor,pass,ind,3p,sing) αποκτεινω — (pres,act,ind,3p,sing) κατοικεω
W&H ο μαρτυς μου ο πιστος [μου] ος απεκτανθη παρ υμιν οπου₁ ο₃ σατανας₄ κατοικει₂
the witness of Me the faith of Me who he was killed among you all where the Satan he dwells
A ο μαρτυc μου ο πιcτοc μου οc απε :25 κτανθη παρ υμιν οπου ο cατανας : κατοικει
א ο μαρτυc μου ο πιcτοc οc απεκταθη παρ υμιν οπου ο cαταναc κατοικει
P 115 [P115 verso, *begins again*] ο cαταναc κατο[ι]κ[ει

(pres,act,ind,1p,sing) εχω — (pres,act,ind,2p,sing) εχω — (pres,act,ptc,acc,pl,masc) κρατεω
Rev.2:14 αλλ εχω κατα σου ολιγα οτι εχεις εκει κρατουντας την διδαχην βαλααμ ος
but I against of you a few things because/" you have there *(those)* holding fast the teaching of Balaam who
A αλλ εχω κατα cου ολιγα : οτι εχει εκει κρατουνταc την διδα : χην βαλααμ οc
א αλλ εχω ⊤ ολιγα οτι εχειc εκει κρατουνταc την διδαχην βαλααμ οc
P 115 αλλ εχω κατα cου ολι : γα οτι εχειc] εκει κρατ[ουνταc την διδαχην βαλα : αμ οc

(imperf,act,ind,3p,sing) διδασκω — (2aor,act,infin) βαλλω — (2aor,act,infin) εσθιω
W&H εδιδασκεν ~~εν~~ τω βαλακ βαλειν σκανδαλον ενωπιον των υιων ισραηλ φαγειν
he was teaching ~~in~~ to the Balak to cast a snar/death trap before/in front of of the sons of Israel to eat
A εδιδαcκεν τω βαλακ : βαcιλει cκανδαλον ενωπιον των :30 υιων ιηλ φαγειν
א εδιδαcκεν ⊤ βαλειν cκανδαλο ενωπιον των υιων ιcλ φαγειν
P 115 εδιδαc]κεν τω [βαλακ βαλειν cκανδαλον ενω : πιον των υι]ων ιcλ [φαγειν

(1aor,act,infin) πορνευσω
W&H ειδωλοθυτα και πορνευσαι
idol sacrifices and to fornicate
A ειδωλοθυτα : και πορνευcαι
א ειδωλοθυτα και πορνευcαι
P 115 ειδωλοθυτα και πορ : νευcαι

(pres,act,ind,2p,sing) εχω — (pres,act,ptc,acc,pl,masc) κρατεω — (pres,act,ind,1p,sing) μισεω
Rev.2:15 ουτως εχεις και συ κρατουντας την διδαχην ~~των~~ νικολαιτων ομοιως ~~ο μισω~~
so you have also you *(those)* holding fast the teaching ~~of the~~ Nicolaitans likewise ~~the one I hate~~
A ουτωc εχειc και cυ : κρατουνταc την διδαχην νικολαιτω : ομοιωc
א ουτωc εχειc και cυ κρατουνταc την διδαχην των νικολαΐτων ομοιωc
P 115 ουτ]ωc εχε[ιc και cυ κρατουνταc την διδα : [*2:16 – 26 missing*]

(1aor,act,imper,2p,sing) μετανοεω — (pres,act,ind,1p,sing) ερχομαι — (fut,act,ind,1p,sing) πολεμεω
Rev.2:16 μετανοησον ουν ει δε μη ερχομαι σοι ταχυ και πολεμησω μετ αυτων εν τη
therefore < > you repent but < > if not I am coming to you quickly and I will contend with/against them with the
A μετανοηcον ουν ει δε μη : ερχομαι cοι ταχυ και πολεμηcω με :35 τ αυτων εν τη
א μετανοηcον ει δε μη ερχομαι cυ ταχυ και πολεμηcω μετ αυτων εν τη

W&H ρομφαια του στοματος μου
sword of the mouth of Me
A ρομφαια του στομα:τος μου
א ρομφαια του στοματος μου

(pres,act,ptc,nom,sing,masc) εχω (1aor,act,imper,3p,sing) ακουω (pres,act,ind,3p,sing) λεγω (pres,act,ptc,dat,sing,masc) νικαω
Rev.2:17 ο εχων ους ακουσατω τι το πνευμα λεγει ταις εκκλησιαις τω νικωντι
the one having an ear let him hear what the Spirit It says to the churches the one overcoming
A ο εχων ους ακουσατω : τι το πνα λεγει ταις εκκλησιαις τω : νικουντι
א ο εχω ους ακουσατω τι το πνα λεγι ταις εκκλησιαις τω νικωντι

(fut,act,ind,1p,sing) διδωμι (2aor,act,infin) εσθιω (perf,pass,ptc,acc,sing,neut) κρυπτω (fut,act,ind,1p,sing) διδωμι
W&H δωσω αυτω ~~φαγειν απο~~ του μαννα του κεκρυμμενου και δωσω αυτω ψηφον
I will give to him ~~to eat from~~ of the manna the one having been hidden and I will give to him a stone
A δωσω αυτω του μαννα : του κεκρυμμενου και δωσω αυτω :40 ψηφον
א δωσω εκ του μαννα του κεκρυμμενου και ψηφον

(perf,pass,ptc,acc,sing,neut) γραφω (2 perf,act,ind,3p,sing) οιδα (2aor,act,ind,3p,sing) γινωσκω
W&H λευκην και επι την ψηφον ονομα καινον γεγραμμενον ο ουδεις οιδεν ~~εγνω~~
white and upon the stone a name new having been written the one no one he has known ~~he knew~~
A λευκην και επι την ψηφον:ονομα καινον γεγραμμενον : ο ουδεις οιδεν
א λευκην και επι τη ψηφον ονομα καινον γεγραμμενο ⊤ ουδεις οιδεν

(2 perf,act,ind,3p,sing) οιδα (pres,act,ptc,nom,sing,masc) λαμβανω
W&H ~~οιδεν~~ ει μη ο λαμβανων
~~he has known~~ if not/except the one receiving
A ει μη ο λαμβανων :
א ει μη ο λαμβανων

(1aor,act,imper,2p,sing) γραφω (pres,act,ind,3p,sing) λεγω
Rev.2:18 και τω αγγελω τω ~~της~~ εν θυατειροις εκκλησιας γραψον ταδε λεγει ο υιος του θεου
and to the angel to the ~~of the~~ in Thyatira church write you these things He says the Son of the God
A και τω αγγελω τω εν θυατιροις γραψον : ταδε λεγει ο υς του θυ
א και τω αγγελω της εν θυατειροις εκκλησιας γραψον ταδε λεγει ο υς του θυ

(pres,act,ptc,nom,sing,masc) εχω
W&H ο εχων τους οφθαλμους [αυτου] ως φλογα πυρος και οι ποδες αυτου ομοιοι
the One having the eyes of Him as a flame of fire and the feet of Him like
A ο εχων τους :45 οφθαλμους ως φλογα πυρος και : οι ποδες αυτου ομοιοι
א ο εχων τους οφθαλμους αυτου ως φλοξ πυρος κ(αι) οι ποδες αυτου ομοιοι

W&H χαλκολιβανω
fine burnished brass
A χαλκολιβανω :
א χαλκολιβανω

(perf,act,ind,1p,sing) οιδα
Rev.2:19 οιδα σου τα εργα και την αγαπην και την1 πιστιν5 και3 την4 διακονιαν2 και6 την
I have known of you the works and the love and the faith and the service and the
A οιδα σου τα εργα και την αγαπην : και την πιστιν και την διακονιαν : και
א οιδα σου τα εργα και την αγαπην και την πιστιν και ⊤ την

W&H υπομονην σου και τα εργα σου ~~και~~ τα εσχατα πλειονα των πρωτων
endurance of you and the works of you ~~and~~ the last more than the first
A υπομονην σου και τα εργα σου :50 τα εσχατα πλιονα των πρωτ[- - :1
א υπομονην και τα εργα σου τα εσχατα πλειονα τω πρωτων

(pres,act,ind,1p,sing) εχω (pres,act,ind,2p,sing) αφιημι (pres,act,ind,2p,sing) εαω (pres,act,ind,2p,sing) αφιημι

Rev.2:20 αλλα ~~αλλ~~ εχω κατα σου ~~ολιγα~~ οτι αφεις ~~εας~~ ~~αφεις~~ την γυναικα

but ~~but~~ I have against of you ~~a few things~~ that you allow ~~you allow~~ ~~you allow~~ the woman

A αλλα εχω κατα σου οτι αφεις τ- - - -: ναικα

א αλλ εχω κατα σου πολυ οτι αφεις την γυναικα

(pres,act,ptc,nom,sing,fem) λεγω (pres,act,ind,3p,sing) λεγω (pres,act,ind,3p,sing) διδασκω

W&H ιεζαβελ η ~~την~~ λεγουσα λεγει εαυτην προφητιν και διδασκει

Jezebel the one ~~the one~~ saying/calling she calls herself a prophetess and she teaches

A ιεζαβελ2 η3 λεγο- - -4: ευτην1 εαυτην προφητιν και διδασκε - :

א ιαζαβελ η λεγουσα αυτην προφητειαν ειναι και διδασκει

(pres,act,inf) διδασκω (pres,act,ind,3p,sing) διδασκω (pres,act,ind,3p,sing) πλαναω (pres,pass,inf) πλαναω (pres,act,ind,3p,sing) πλαναω

W&H ~~διδασκειν~~ ~~διδασκει~~ και πλανα ~~πλανασθαι~~ ~~πλανα~~ τους εμους δουλους

~~to teach~~ ~~she teaches~~ and she deceives ~~to be deceived~~ ~~she deceives~~ the ones my slaves

A πλανα τους εμους δουλους

א και πλανα τους εμους δουλους

(2aor,act,infin) πορνευw (1aor,act,infin) εσθιω

W&H πορνευσαι και1 φαγειν3 ειδωλοθυτα2

to commit fornication and to eat idol sacrifices

A πορ- - -:5 σαι και φαγειν ειδωλοθυτα

א πορνευσαι και φαγειν ειδωλοθυτα

(1aor,act,ind,1p,sing) διδωμι (1aor,act,subj,3p,sing) μεταμελομαι es,act,ind,3p,sing) θελω (1aor,act,infin) μεταμελομαι

Rev.2:21 και εδωκα αυτη χρονον ινα μετανοηση1 και6 ου7 θελει μετανοησαι

and I gave her time so that she might change her mind and not she is willing to change her mind

A και ε- -:κα αυτη χρονον ινα μετανοης- : και ουκ θελεν μετανοησαι :

א και εδωκα αυτη χρονο ινα μετανοηση ⊤

(1aor,act,ind,3p,sing) μετανοεω (1aor,act,infin) μετανοεω

W&H ~~μετανοησεν~~8 ~~μετανοησαι~~ εκ2 της3 πορνειας4 αυτης5

~~she repented~~ ~~to change her mind~~ from out of the fornication of her

A εκ της πορνιας αυτης

א εκ της πορνιας ταυτης

(2aor,mid,imper,2p,sing) ειδον (pres,act,ind,1p,sing) βαλλω (pres,act,ptc,acc,pl,masc) μοιχευω

Rev.2:22 ιδου ~~εγω~~ βαλλω αυτην εις κλινην και τους μοιχευοντας μετ αυτης εις

you yourself behold ~~I~~ I cast her into a bed and the ones committing adultery with her into

A ιδου βαλλ - : αυτην εις φυαλκην και τους μοι:10χευοντας μετ αυτης εις

א ιδου καλω αυτην εις κλινην κ(αι) τους μοιχευοντας μετ αυτης εις

(fut,act,ind,3p,pl) μετανοεω (pres,act,subj,3p,pl) μετανοεω

W&H θλιψιν μεγαλην εαν μη μετανοησουσιν ~~μετανοησωσιν~~ εκ των εργων αυτης

tribulation/affliction great if not/ except they will repent ~~they should repent~~ from out of the works of her

A θλιψιν μ-:γαλην εαν μη μετανοησουσιν εκ : των εργων αυτων

א θλιψιν μεγαλην εαν μη μετανοησουσιν εκ των εργων αυτης

(fut,act,ind,1p,sing) αποκτεινω (fut,mid,ind,3p,pl) γινωσκω

Rev2:23 και τα τεκνα αυτης αποκτενω εν θανατω και γνωσονται πασαι αι εκκλησιαι οτι

and the children of her I will destroy in/with death and they themselves will know all the churches/assemblies that/“

A τα τεκνα αυτης:αποκτενω εν θανατω και γνωσον:ται πασαι αι εκκλησιαι οτι

א και τα τεκνα αυτης αποκτενω εν θανατω και γνωσοται πασαι αι εκκλησιαι οτι

(pres,act,ind,1p,sing)(pres,act,ptc,nom,sing,masc) (pres,act,ptc,nom,sing,masc) (pres,act,ptc,nom,sing,masc)
ειμι ερευναω ερευναω ερευναω
W&H εγω ειμι ο εραυνων ~~ερευνων~~ ~~εραυνων~~ νεφρους
I I am the One searching dillegintly ~~searching dillegintly~~ ~~searching dillegintly~~ kidneys / secret thoughts / desires
A εγω ειμι:15 ο εραυνων νεφρους
א εγω ειμι ο ερευνων νεφρους

(fut,act,ind,1p,sing)
διδωμι
W&H και καρδιας και δωσω υμιν εκαστω κατα τα εργα υμων
and hearts and I will give to you all each according to the works of you all
A και καρδιας :15 και δωcω υμιν εκαcτω κατα τα εργα : υμων
א και καρδιας και δωcω υμιν εκαcτω κατα τα εργα ⊤

(pres,act,ind,1p,sing) (pres,act,ind,3p,pl)
λεγω εχω hiatus
Rev.2:24 υμιν δε λεγω τοις ~~και~~ λοιποις τοις εν θυατειροις οσοι ουκ εχουσιν ~~εχουσι~~ την
but <> to you all I say to the ones ~~also~~ rest to the ones in Thyatira as many as not they have the
A υμιν δε λεγω τοιc λοιποιc : τοιc εν θυατιροιc οcοι ουκ εχουcιν : την
א υμιν δε λεγω τοιc εν λοιποιc τοιc εν θυατειροιc οcοι εχουcιν την

(2aor,act,ind,3p,pl) (pres,act,ind,3p,pl)
γινωσκω λεγω
W&H διδαχην ταυτην ~~και~~ οιτινες ουκ εγνωσαν τα βαθεα του σατανα ως λεγουσιν
teaching this ~~and~~ the ones who not they knew the deep things of the Satan as they say
A διδαχην ταυτην οιτινεc ουκ :20 εγνωcαν τα βαθεα του cατανα ωc λε:γουcιν
א διδαχην ταυτην οιτινεc ουκ εγνωcαν τα βαθη του cατανα ωc λεγουcιν

(pres,act,ind,1p,sing) (fut,act,ind,1p,sing)
βαλλω βαλλω
W&H ου βαλλω ~~βαλω~~ εφ υμας αλλο βαρος
not I cast ~~I will cast~~ upon you all another burden
A ου βαλλω εφ υμαc αλλο βαροc :
א ου βαλω εφ υμαc αλλο βαροc

(pres,act,ind,2p,pl) (1aor,act,imper,2p,pl) (1aor,act,subj,1p,sing)
εχω κρατεω ηκω
Rev.2:25 πλην ο εχετε κρατησατε αχρις ου αν ηξω
nevertheless the one you all have you all hold fast to until when ever I should have arrived
A πληv ο εχετε κρατηcατε εωc ου αν ηξω :
א πλη ο εχεται κρατηcαται αχρι ου αν ηξω

(pres,act,ptc,nom,sing,masc) (pres,act,ptc,nom,sing,masc) (fut,act,ind,1p,sing)
νικαω τηρεω διδωμι
Rev.2:26 και ο νικων και ο τηρων αχρι τελους τα εργα μου δωσω αυτω εξουσιαν
and the one conquering and the one keeping until *(the)* end the works of Me I will give to him authority
A και ο νικων και ο τηρων αχρι τελουc : τα εργα μου δωcω αυτω εξουcιαν :25
א και ο νικων και ο τηρων αχρι τελοιc τα εργα μου δωcω αυτω εξουcιαν

W&H επι των εθνων
over the nations
A επι των εθνων
א ⊤ των εθνων

(fut,act,ind,3p,sing) (pres,act,ind,3p,sing)
ποιμαινω συντριβω
Rev.2:27 και ποιμανει αυτους εν ραβδω σιδηρα ως τα σκευη τα κεραμικα συντριβεται
and He will shepherd them with a rod iron as the vessels the potteries it breaks into pieces
A και ποιμανει αυτουc: εν ραβδω cιδηρα ωc τα cκευη τα κε:ραμικα cυντριβεται
א και ποιμανι αυτουc εν ραβδω cιδηρα ωc τα cκευη τα κεραμικα cυντριβεται
P[115] και ποιμανει αυτουc εν] ραβδω c[ιδηρα ωc τα cκε:υη τα κεραμικα cυντριβηται

(2fut,pass,ind,3p,sing) (perf,act,ind,1p,sing)
συντριβω λαμβανω
W&H ~~συντριβησεται~~ [2:28] ως καγω ειληφα παρα του πατρος μου
~~it shall be broken~~ as also I I have received from the Father of Me
A ως καγω ειλη:φα παρα του πρc μου
ℵ ως καγω ειληφα παρα του πατροc μου
P 115 ως καγω ειλη:φα παρα του πρc μου

(fut,act,ind,1p,sing)
διδωμι
Rev.2:28 και δωσω αυτω τον αστερα τον πρωινον
and I will give to him the star the morning
A και δωcω αυτω: τον αcτερα τον προινον :30
ℵ και δωcω αυτω τον αcτερα το πρωινον
P115 και δωc]ω αυτω [τον αcτερα: τον πρωινον

(pres,act,ptc,nom,sing,masc) (1aor,act,imper,3p,sing) (pres,act,ind,3p,sing)
εχω ακουω λεγω
Rev.2:29 ο εχων ους ακουσατω τι το πνευμα λεγει ταις εκκλησιαις
the one having an ear let him hear what the Spirit He says to the churches/assemblies
A ο εχων ουc ακουcατω τι το πνα λεγει: ταιc εκκληcιαιc
ℵ ο εχω ουc ακουcατω τι το πνα λεγι ταιc εκκληcιαιc
P115 ο εχων ουc ακουcατω τ]ι το πνα λεγει : [P115 *missing 3:1-9*]

Chapter 3

(pres,act,ind,3p,sing)
(1aor,act,imper,2p,sing) V (pres,act,ptc,nom,sing,masc)
γραφω λεγω εχω
Rev.3:1 και τω αγγελω της εν σαρδεσιν εκκλησιας γραψον ταδε λεγει ο εχων
and to the angel of the one in Sardis church/assembly you write but <>the ones He says the One having
A [και τω αγγελω: τηc εν cαρδεcιν εκκληcιαc γραψον: ταδε λεγει ο εχων
ℵ και τω αγγελω τηc ε cαρδεcιν εκκληcιαc γραψον ταδε λεγει ο εχων

(perf,act,ind,1p,sing)
οιδα
W&H τα επτα ~~επτα~~ πνευματα του θεου και τους επτα αστερας οιδα σου τα εργα οτι ~~το~~
the seven ~~seven~~ Spirits of the God and the seven stars I have known of you the works that/" ~~the~~
A τα επτα πνα του θυ : και τουc επτα αcτεραc οιδα cου τα εργα :35 οτι
ℵ τα επτα πνατα του θυ και τουc επτα αcτεραc οιδα cου τα εργα οτι

(pres,act,ind,2p,sing) (pres,act,ind,2p,sing) (pres,act,ind,2p,sing)
εχω ζαω ειμι
W&H ονομα εχεις οτι ζης και νεκρος ει
a name you have that you live and dead you are
A ονομα εχειc οτι ζηc και νεκροc ει:
ℵ ονομα εχειc οτι ζηc και νεκροc ει

(pres,mid,imper,2p,sing)(pres,act,ptc,nom,sing,masc) (1aor,act,imper,2p,sing) (1aor,act,imper,2p,sing) (1aor,act,imper,2p,sing)
γινομαι γρηγορεω στηριζω στηριζω στηριζω
Rev.3:2 γινου γρηγορων και στηρισον ~~στηριξον~~ ~~στηρισον~~ τα
you be watching and you strengthen ~~you strengthen~~ ~~you strengthen~~ the ones
A γινου γρηγορων και cτηριcον τα
ℵ γινου εγρηγορων και cτηριξον τα

(imperf,act,ind,3p,pl) (pres,act,ind,3p,sing) (imperf,act,ind,2p,pl) (2aor,act,infin) (pres,act,inf)
μελλω μελλω μελλω αποθνησκω αποβαλλω
W&H λοιπα α εμελλον ~~μελλει~~ ~~εμελλον~~ αποθανειν ~~αποβαλλειν~~
remaining the ones they were about to ~~it is about to~~ ~~they are about to~~ to die ~~to throw off~~
A λο:ιπα α εμελλον αποθανειν
ℵ λοιπα α εμελλον αποθανιν

(perf,act,ind,1p,sing) (perf,pass,ptc,acc,sing,neut)
ευρισκω πληροω
W&H ου γαρ ευρηκα σου ~~τα~~ εργα πεπληρωμενα ενωπιον θεου μου ~~μου~~
for <> not I have found of you ~~the~~ works having been completed before God of Me ~~of Me~~.
A ου γαρ ευ:ρηκα cου εργα πεπληρωμενα ενω:πιον του θυ μου
ℵ ου γαρ ευρηκα cου τα εργα πεπληρωμενα ενωπιον του θυ μου

(pres,act,imper,2p,sing) μνημονευω (perf,act,ind,2p,sing) λαμβανω (1aor,act,ind,2p,sing) ακουω (pres,act,imper,2p,sing) τηρεω (1aor,act,imper,2p,sing) μετανοεω
Rev.3:3 μνημονευε ουν πως ειληφας και ηκουσας και τηρει και μετανοησον
therefore <> you remember how you have received and you heard and you keep and you repent
A μνημονευε ου : $_{40}$ πως ειληφας και ηκουσας και τη--- : και μετανοησον
א μνημονευε πως ειληφας και ηκουσας και τηρει και μετανοησον

(1aor,act,subj,2p,sing) γρηγορεω (1aor,act,subj,1p,sing) ηκω
W&H εαν ουν μη γρηγορησης ηξω$_1$ ως$_4$ κλεπτης και ου μη
therefore <> if not you should have awakened I should have arrived as a thief and not not/certainly not/no way
A ε ν ουν μη γρηγο : ρησης ηξω ως κλεπτης και ου μη :
א εαν ουν μη μετανοησης ηξω επι σε ως κλεπτης και ου μη

(2aor,act,subj,2p,sing) γινωσκω (1aor,act,subj,1p,sing) ηκω
W&H γνως ποιαν ωραν ηξω επι$_2$ σε$_3$
you might have known at what hour I should have come upon you
A γνως ποιαν ωραν ηξω επι σε
א γνωση οιαν ωραν ηξω επι σε

(pres,act,imper,2p,sing) εχω (1aor,act,ind,3p,pl) μολυνω
Rev.3:4 αλλα ~~αλλ~~$_1$ εχεις$_3$ ολιγα$_2$ ονοματα$_4$ ~~και~~ εν σαρδεσιν α ουκ εμολυναν τα ιματια αυτων
but ~~but~~ you have a few names ~~and~~ in Sardis the ones not they defiled the clothes of them
A αλλα : εχεις ολιγα ονοματα εν σαρδεσιν : $_{45}$ α ουκ εμολυναν τα ιματια αυτων :
א αλλα εχις ολιγα ονοματα εν σαρδεσι α ουκ εμολυναν τα ιματια αυτων

(fut,act,ind,3p,pl) περιπατεω hiatus (pres,act,ind,3p,pl) ειμι
W&H και περιπατησουσιν ~~περιπατησουσι~~ μετ εμου εν λευκοις οτι αξιοι εισιν
and they will walk around with Me in white because/" worthy they are
A και περιπατησου μετ εμου εν - - - : κοις οτι αξιοι εισιν
א και περιπατησουσι μετ εμου εν λευκοις οτι αξιοι εισιν

(pres,act,ptc,nom,sing,masc) νικαω (fut,mid,ind,3p,sing) περιβαλλω (fut,act,ind,1p,sing) εξαλειφω
Rev.3:5 ο νικων ουτως ~~ουτος~~ - περιβαλειται εν ιματιοις λευκοις και ου μη εξαλειψω
the one conquering thus ~~thus~~ he shall be clothed in clothing white and not not/certainly not I will blot out
A ο νικων ου : τως περιβαλειται εν ιματιοις λευκοις : και ου μη εξαλειψω
א ο νικων ουτως περιβαλειται εν ιματιοις λευκοις και ου μη εξαλιψω

(fut,act,ind,1p,sing) ομολογεω (fut,mid,ind,1p,sing) εξομολογεω (fut,mid,ind,1p,sing) ομολογεω
W&H το ονομα αυτου εκ της βιβλου της ζωης και ομολογησω ~~εξομολογησομαι~~ ~~ομολογησομαι~~
the name of him from out of the Book of the Life and I will confess ~~I, myself will confess forth~~ ~~I will confess~~
A τοονομα α - : $_{50}$ ~~του εκ της~~ βιβλου της ζωης και ομολο : $_1$ - - - -
א το ονομα αυτου εκ της βιβλου της ζωης και ομολογησω

W&H το ονομα αυτου ενωπιον του πατρος μου και ενωπιον των αγγελων αυτου
the name of him before the Father of Me and in the presence of the angels of Him
A - ο ονομα αυτου ενωπιον του : - - - - - μου και ενωπιον των αγγελων : - - - ου
א το ονομα αυτου εμπροσθεν του πατρος μου και ενωπιον των αγγελων αυτου

(pres,act,ptc,nom,sing,masc) εχω (pres,act,ind,3p,sing) λεγω
Rev.3:6 ο εχων ους ακουσατω τι το πνευμα λεγει ταις εκκλησιαις
the one having an ear let him hear what the Spirit He says to the churches/assemblies
A ο εχων ους ακουσατω τι το πνα : - - - - - ταις εκκλησιαις : $_5$
א ο εχων ους ακουσατω τι το πνα λεγει ταις εκκλησιαις

(1aor,act,imper,2p,sing) γραφω (pres,act,ind,3p,sing) λεγω
Rev.3:7 και τω αγγελω της εν φιλαδελφεια εκκλησιας γραψον ταδε λεγει ο αγιος ο
and to the angel of the in Philadelphia church/assembly you write these things He says the One Holy the One
A - - - - ω αγγελω της εν φιλαδελφια ε:κ] κλησιας γραψον ταδε λεγει ο$_1$ αγιοc$_5$ ο$_4$
ℵ και τω αγγελω της εν φιλαδελφια εκκλησιαις γραψον ταδε λεγει ο$_1$ αγιοc$_4$ ο$_3$

(pres,act,ptc,nom,sing,masc) εχω (pres,act,ptc,nom,sing,masc) ανοιγω
W&H αληθινος ο εχων την κλειν ~~κλειδα~~ ~~κλειν του~~ δαυιδ ~~δαβιδ~~ ο ανοιγων και ουδεις
true the One having the key ~~key~~ –~~key~~- ~~of the~~ David ~~David~~ the one opening and no one
A αλη$_2$:-ινοc$_3$ εχων$_6$ την κλιν δαδ : ---]νοιγων ~~και~~ ~~ο~~υδειc
ℵ αληθινοc$_2$ ο$_5$ εχων$_6$ ┬ κλιν του δαδ και ανυγων και ουδιc

(fut,act,ind,3p,sing) κλειω (pres,act,ind,3p,sing) κλειω (pres,act,ptc,nom,sing,masc) κλειω (pres,act,ind,3p,sing) κλειω (pres,act,ind,3p,sing) ανοιγω
W&H κλεισει ~~κλειει~~ και κλειων ~~κλειει~~ και ουδεις ανοιγει
he will shut ~~he shuts~~ and shutting ~~He shuts~~ and no one he opens
A κλιcει κλειων : -]αι ουδειc ανοιγει
ℵ κλιcει και κλειω και ουδιc ανυξει

(perf,act,ind,1p,sing) οιδα (2aor,mid,imper,2p,sing) ειδον (perf,act,ind,1p,sing) διδωμι (perf,pass,ptc,acc,sing,fem) ανοιγω
Rev.3:8 οιδα σου τα εργα ιδου δεδωκα ενωπιον σου θυραν ηνεωγμενην
I have known of you the works you,yourself behold I have given before you a door having been opened
A οιδα cου τα εργαι :$_{10}$ δου δεδωκα ενωπιον cου θυραν
ℵ οιδα$_1$ cου$_4$ τα$_2$ εργα$_3$ ιδου$_5$ δεδωκα ενωπιον cου θυραν ηνεωγμενην

(perf,pass,ptc,nom,sing,fem) ανοιγω (pres,pass,ind,3p,sing) δυναμαι (1aor,act,infin) κλειω (pres,act,ind,2p,sing) εχω
W&H ~~ανεωγμενην~~ ην ~~και ην~~ ουδεις δυναται κλεισαι αυτην οτι μικραν εχεις δυναμιν
~~having been opened~~ the one ~~and the one~~ no one he is able to close it because little you have power
A ανε:ωγμενην ην ουδειc δυναται κλειcαι: αυτην οτι μικραν εχειc δυναμιν :
ℵ ην ουδειc δυναται κλειcαι οτι μικραν εχειc δυναμιν

(1aor,act,ind,2p,sing) τηρεω (1aor,mid,ind,2p,sing) αρνεομαι
W&H και ετηρησας μου τον λογον και ουκ ηρνησω το ονομα μου
and you kept of Me the word and not you, yourself, denied the name of Me
A και ετηρηcαc μου τον λογον και ουκ: ηρνηcω το ονομα μου
ℵ και ετηρηcαc μου τον λογον και ουκ ηρνηcω το ονομα μου

(2aor,mid,imper,2p,sing) ειδον (pres,act,subj,1p,sing) διδωμι (pres,act,ind,1p,sing) διδωμι
Rev.3:9 ιδου διδω ~~διδωμι~~ εκ της συναγωγης του σατανα των
you, yourself, behold I should give ~~I give~~ from out of the synagogue of the Satan of the ones
A ιδου διδω :$_{15}$ εκ τηc cυναγωγηc του cατανα των:
ℵ ιδου δεδωκα εκ τηc cυναγωγηc του cατανα των

(pres,act,ptc,gen,pl,masc) λεγω (pres,act,inf) ειμι (pres,act,ind,3p,pl) ειμι (pres,mid,ind,3p,pl) ψευδομαι (2aor,mid,imper,2p,sing) ειδον
W&H λεγοντων εαυτους ιουδαιους ειναι και ουκ εισιν αλλα ψευδονται ιδου
calling themselves Jews to be and not they are but they, themselves, lie you,yourself, behold
A λεγοντων εαυτουc ιουδαιουc ειναι : και ουκ ειcιν αλλα ψευδονται ιδου
ℵ λεγοντω εαυτουc ιουδαιουc ειναι και ουκ ειcιν αλλα ψευδονται ιδου

(fut,act,ind,1p,sing) ποιεω (fut,act,ind,3p,pl) ηκω (fut,act,ind,3p,pl) προσκυνεω (1aor,act,subj,3p,pl) προσκυνεω (fut,act,ind,3p,pl) προσκυνεω
W&H ποιησω αυτους ινα ηξουσιν και προσκυνησουσιν ~~προσκυνησωσιν~~ ~~προσκυνησουσιν~~
I will make them so that they will arrive and they will worship ~~they should worship~~ ~~they will worship~~
A ποι:ηcω αυτουc ινα ηξουcιν και προcκυ:νηcουcιν
ℵ ποιηcω αυτουc ινα ηξουcιν και προcκυνηcουcι

(2aor,act,subj,3p,pl) (1aor,act,ind,1p,sing)
γινωσκω αγαπαω
W&H ενωπιον των ποδων σου και γνωσιν οτι εγω ηγαπησα σε
before the feet of you and they should know that I I loved you
A ενωπιον των ποδων σου : 20 και γνωcιν οτι εγω ηγαπηcα cε
ℵ ενωπιον των ποδων cου και γνωcη οτι εγω ηγαπηcα cε

(1aor,act,ind,2p,sing) (fut,act,ind,1p,sing)
τηρεω τηρεω
Rev.3:10 οτι ετηρησας τον λογον της υπομονης μου καγω σε τηρησω εκ της ωρας του
because you kept the word of the endurance of Me also I you I will keep from out of the hour of the
A και : ετηρηcαc τον λογον τηc υπομονηc : μου καγω cε τηρηcω εκ τηc ωραc : του
ℵ οτι ετηρηcαc τον λογον τηc υπομονηc μου καγω cε εκ τηc ωραc του

(pres,act,ptc,gen,sing,fem) (pres,mid,inf) (1aor,act,infin)
μελλω ερχομαι πειραζω
W&H πειρασμου της μελλουσης ερχεσθαι επι της οικουμενης ολης πειρασαι
trial of the one being about to to come upon the inhabitated *(world)* whole to try
A πειραcμου τηc μελλουcηc ερχε : cθαι επι τηc οικουμενηc ολης πει : 25 ρασαι
ℵ πιραcμου τηc μελλουcηc ερχεcθε επι τηc οικουμενηc ολης πιραcαι
P 115 *[P 115 fragment begins again to 3:13]* ολης πειραc]αι

(pres,act,ptc,acc,pl,masc)
κατοικεω
W&H τους κατοικουντας επι της γης
the ones dwelling upon the earth
A τουc κατοικουνταc επι τηc γηc :
ℵ τουc κατοικουνταc επι τηc γηc
P 115 τ[ουc κατοικουνταc : επι τηc γηc

(2aor,mid,imper,2p,sing) (pres,act,ind,1p,sing) (pres,act,imper,2p,sing) (pres,act,ind,2p,sing) (2aor,act,subj,3p,sing)
ειδον ερχομαι κρατεω εχω λαμβανω
Rev.3:11 ~~ιδου~~ ερχομαι ταχυ κρατει ο εχεις ινα μηδεις λαβη τον
~~You behold~~ I come quickly you hold fast the ones you have so that no one he should take the
A ερχομαι ταχυ κρατει ο εχειc ινα μη : - -ιc λαβη τον
ℵ ερχομαι ταχυ κρατι ο εχιc ινα μηδιc λαβη το
P 115 ερχ]ομαι τα[χυ κρατει ο εχειc ινα : μηδειc λαβη τον

W&H στεφανον σου
crown of you
A cτεφανον cου
ℵ cτεφανον cου
P 115 cτε]φανον [cου

(pres,act,ptc,nom,sing,masc) (fut,act,ind,1p,sing)
νικαω ποιεω
Rev.3:12 ο νικων ποιησω αυτον στυλον εν τω ναω του θεου μου και εξω
The one overcoming I will make him a pillar in the temple of the God of Me and out not
A ο νικων : ποιηcω αυτον cτυλον εν τω ναω : του θυ μου και εξω
ℵ ο νικων ποιηcω αυτω cτυλον ┬ τω ναω του θυ μου και εξω
P 115 ο νικων ποιηcω : αυτον cτυλον εν τω] ναω τ[ο]υ θυ μου και : εξω

(2aor,act,subj,3p,sing) (pres,act,ind,1p,sing)
εξερχομαι γραφω
W&H ου μη εξελθη ετι και γραψω επ αυτον το ονομα του θεου μου και το ονομα
not not/certainly he should go out still and I write upon him the name of the God of Me and the name
A ου μη εξελθη ετι : 30 και γραψω επ αυτον το ονομα του : θυ μου και το ονομα
ℵ ου μη εξελθη και γραψω επ αυτον το ονομα του θυ μου και το ονομα
P 115 ου μη εξελθη ετι] και [γραψω επ αυτον *[P115 Rev.3:13-5:6 missing due to loss of one leaf]*

(pres,act,ptc,nom,sing,fem) (pres,act,ind,3p,sing)
καταβαινω καταβαινω
W&H της πολεως του θεου μου της καινης ιερουσαλημ η καταβαινουσα ~~καταβαινει~~
of the city of the God of Me of the New Jerusalem the one coming down ~~she comes down~~
A τηc πολεωc : -]ου θυ μου τηc καινηc ιαηµ η κατα : βαινουcα
ℵ τηc πολεωc του θυ μου τηc κενηc ιηλμ η καταβαινουcα

W&H εκ του ουρανου απο του θεου μου και το ονομα μου το καινον
from out of the heaven from the God of Me and the name of Me the new
A εκ του ουνου απο του θυ μου : και το ονομα μου το καινον :$_{35}$
א εκ του ουρανου απο του θυ μου και το ονομα μου το καινον

(pres,act,ptc,nom,sing,masc) εχω (1aor,act,imper,3p,sing) ακουω (pres,act,ind,3p,sing) λεγω
Rev.3:13 ο εχων ους ακουσατω τι το πνευμα λεγει ταις εκκλησιαις
the one having an ear let him hear what the Spirit He says to the churches/assemblies
A ο εχων ους ακουσατω τι το πνα λεγει : ταις εκκλησιαις :
א ⊤ εχων ους ακουσατω τι το πνα λεγι ταις εκκλησιαις

(1aor,act,imper,2p,sing) γραφω
Rev.3:14 και τω αγγελω της$_1$ εν λαοδικεια ~~λαοδικεων~~$_3$ ~~λαοδικεια~~ εκκλησιας$_2$ γραψον$_4$ ταδε
and to the angel of the one in Laodicea ~~Laodiceans~~ Laodicea church/assembly you write these things
A και τω αγγελω της εν λαοδικια εκκλη : σιας γραψον ταδε
א και τω αγγελω της εν λαοδικια εκκλησιας γραψο ταδε

(pres,act,ind,3p,sing) λεγω
W&H λεγει ο αμην ο μαρτυς ο πιστος και [ο] αληθινος η αρχη της κτισεως του θεου
He says the Amen the Witness the Faithful and the True the Beginning of the creation of the God
A λεγει ο αμην ο μαρ : τυς ο πιστος και αληθινος η αρχη της :$_{40}$ κτισεως του θυ
א λεγει ο αμη και ο μαρτυς ο πιστος και ο αληθινος και η αρχη της εκκλησιας του θυ

(2 perf,act,ind,1p,sing) οιδα (pres,act,ind,2p,sing) ειμι
Rev.3:15 οιδα σου τα εργα οτι ουτε ψυχρος ει ουτε ζεστος
I have known of you the works that neither cold you are nor hot
A οιδα σου τα εργα οτι : ουτε ψυχρος ει και ουτε ψυχρος ουτε : εστος
א οιδα σου τα εργα οτι ουτε ψυχρος ⊤ ουτε ζεστος

(2aor,act,ind,1p,sing) οφειλω (imperf,act,ind,2p,sing) ειμι (pres, optative, 3p,sing) ειμι (imperf,act,ind,2p,sing) ειμι
W&H οφελον ψυχρος ης ~~ειης~~ ~~ης~~ η ζεστος
oh that cold you were ~~you were~~ ~~you were~~ or hot
A οφελον ψυχρος ης η ζεστος
א οφελος ψυχρος ης η ζεστος$_1$

(pres,act,ind,2p,sing) ειμι (pres,act,ind,1p,sing) μελλω
Rev.3:16 ουτως οτι χλιαρος ει και ουτε$_1$ ~~ου~~ ζεστος$_4$ ουτε$_3$ ψυχρος$_2$ μελλω$_5$ σε
thus because luke warm you are and neither ~~not~~ hot nor cold I am about to you
A ουτ c : οτι χλιαρος ει και ουτε$_1$ ζεστος$_4$ ουτε$_3$ ψυχρος$_2$: μελλω$_5$ σε
א ουτως$_3$ οτι$_2$ χλιερος$_4$ ει και ουτε ζεστρος ουτε ψυχρος ει

(1aor,act,infin) εμεω
W&H εμεσαι εκ του στοματος μου
to vomit forth from out of the mouth of Me
A εμεσαι εκ του στο :$_{45}$ ματος μου
א παυσε του στοματος σου

(pres,act,ind,2p,sing) λεγω (pres,act,ind,1p,sing) ειμι (perf,act,ind,1p,sing) πλουτεω (pres,act,ind,1p,sing) εχω
Rev.3:17 οτι λεγεις οτι πλουσιος ειμι και πεπλουτηκα και ουδεν ~~ουδενος~~ χρειαν εχω και ουκ
because you say that rich I am and I have become rich and no ~~of nothing~~ need I have and not
A οτι λεγεις οτι πλουσιος :$_{45}$ ειμι και πεπλουτηκα και ουδεν χρειαν : εχω και ουκ
א οτι λεγεις πλουσιος ειμι και πεπλουτηκα και ουδεν ος χριαν εχω και ουκ

(2 perf,act,ind,2p,sing) (pres,act,ind,2p,sing)
οιδα ειμι
W&H οιδας οτι συ ει ο ταλαιπωρος και ελεεινος και πτωχος και τυφλος και γυμνος
you have known that you you are the one wretched and pitiable and poor and blind and naked
A οιδας οτι cυ ει ο ταλαιπω: ροc και ελεινοc και πτωχοc και τυ:- λοc και γυμνοc
ℵ οιδαc οτι1 ει3 ταλαιπωροc2 και4 ελεεινοc και πτωχοc και τυφλοc και γυμνοc

(pres,act,ind,1p,sing) (1aor,act,infin) (perf,pass,ptc,acc,sing,neut)
συμβουλευω αγοραζω πυροω
Rev.3:18 συμβουλευω σοι αγορασαι1a παρ3a εμου4a χρυσιον2a πεπυρωμενον5a εκ πυρος ινα
I advise you all to buy from Me gold having been made firey hot from fire so that
A cυμβουλευω coι: - -οραcαι παρ εμου χρυcιον πεπυρω:50μενον εκ πυροc ινα
ℵ cυμβουλευω coι αγοραcαι παρ εμου χρυcιον πεπυρωμενον εκ πυροc ινα

(1aor,act,subj,2p,sing) (2aor,mid,subj,2p,sing) (1aor,pass,subj,3p,sing)
πλουτεω περιβαλλω φανεροω
W&H πλουτησης και ιματια λευκα ινα περιβαλη και μη φανερωθη
you might become rich and garments white so that you, yourself, might be dressed and not he should be caused to be seen
A πλουτηcηc και :1 ιματια λευκα ινα π/εριβαλη και μη φα: νερωθη
ℵ πλουτηcηc και ιματια λευκα ινα περιβαλη κ(αι) μη φανερωθη

(1aor,act,infin) (1aor,act,imper,2p,sing)
εγχριω εγχριω
W&H η αισχυνη της γυμνοτητος σου και κολλουριον ~~κουλλυριον~~ εγχρισαι ~~εγχρισον~~
the shame of the nakedness of you and eye slave ~~eye slave~~ to rub in ointment ~~you rub in ointment~~
A η αιcχυνη τηc γυμνοτητοc cου: και κολλουριον εγχριcαι
ℵ η αιcχυνη τηc γυμνοτητοc cου και κολλυριον ενχριcαι

(pres,act,subj,2p,sing)
βλεπω
W&H τους οφθαλμους σου ινα βλεπης
the eyes of you so that you might see
A τουc οφθαλ :-ουc cου ινα βλεπηc
ℵ τουc οφθαλμουc cου ινα βλεπηc

(pres,act,ind,1p,sing) (pres,act,ind,1p,sing) (pres,act,ind,1p,sing) (pres,act,imper,2p,sing) (1aor,act,imper,2p,sing)
φιλεω ελεγχω παιδευω ζηλευω ζηλευω
Rev.3:19 εγω οσους εαν φιλω ελεγχω και παιδευω ζηλευε ~~ζηλωσον~~ ουν
I as many as even I love I rebuke and I chastise therefore < > you be zealous ~~you be zealous~~
A εγω οcουc εαν:5 φιλω ελεγχω και παιδευω ζηλευε ουν:
ℵ εγω οcουc αν φιλω ελεγχω και παιδευω ζηλωcον ουν
Ᵽ 0169 [P0169 *begins here in Rev.3:19 Recto side early 4th century text*] ω ζηλωcον ουν

(1aor,act,imper,2p,sing)
μετανοεω
W&H και μετανοησον
and you repent
A και μετανοηcον ιαογοcγη κλευεου :
ℵ και μετανοηcον
Ᵽ 0169 και μετα: νοηcον [P0169 *text in blue below was snipped then corrected by putting these words at the bottom of the column*]

(2aor,mid,imper,2p,sing) (perf,act,ind,1p,sing) (pres,act,ind,1p,sing) (1aor,act,subj,3p,sing)
ειδον ιστημι κρουω ακουω
Rev.3:20 ιδου εστηκα επι την θυραν και κρουω εαν τις ακουση της φωνης μου
You,yourself behold I stand at the door and I knock if anyone he should hear the voice of Me
A ιδου εcτηκα επι την:θυραν καὶ κρουω εαν τιc ακουc α τηc: φωνηc μου
ℵ ιδου εcτηκα επι την θυραν και κρουω εαν τιc ακουcη τηc φωνηc μου
Ᵽ 0169 ιδου εcτηκα επι:την θυραν και κρουω ε[α]ν τ[ιc] ακου[cη τηc φων]ηc μ[ου

(1aor,act,subj,3p,sing) (fut,mid,ind,1p,sing) (fut,act,ind,1p,sing)
ανοιγω εισερχομαι δειπνεω
W&H και ανοιξη την θυραν ~~και~~ εισελευσομαι προς αυτον και δειπνησω μετ αυτου
and he should open the door ~~even~~ I, Myself, will enter to him and I will dine with him
A και ανοιξη τ-ν θυραν : εισελ-υσομαι ρροc αυιον και διπνη :10 cω μετ αυτου
ℵ και ανοιξω την θυραν και εισελευcομαι προς αυτον και διπνηcω μετ αυτου
𝔓 0169 και ανοιξω την θυραν και εισελευcο : μαι προς αυτον και δει : πνηcω μετ αυτου

W&H και αυτος μετ εμου
and he with Me
A και αυτοc μετ εμου :
ℵ και αυτοc μετ εμου
𝔓 0169 και αυ :τοc μετ εμου

(pres,act,ptc,nom,sing,masc) (fut,act,ind,1p,sing) (fut,act,ind,1p,sing)
νικαω διδωμι καθαριζω
Rev.3:21 ο νικων δωσω αυτω καθισαι μετ εμου εν τω θρονω μου ως καγω
the one conquering I will give to him to sit down with Me on the throne of Me as also I
A ο νικων δωcω αυτω καθcιcαι μετ ε:μου εν τω θρονω μου ωc καγω
ℵ ο νικων δωcω αυτω καθιcαι μετ εμ(ου) εν τω θρονω μου ωc καγω
𝔓 0169 ο νεικων : δωcω αυτω καθειcαι : μετ εμου ε[ν] τω θρον[ω μ]ου : ωc καγω

(1aor,act,ind,1p,sing) (1aor,act,ind,1p,sing)
νικαω καθιζω
W&H ενικησα και εκαθισα μετα του πατρος μου εν τω θρονω αυτου
I conquered and I sat down with the Father of Me on the throne of Him
A ενι : κηcα και εκαθειcα μετα του πρc μου : εν τω θρονω αυτου
ℵ ενικηcα και εκαθιcα μετα του πρc μου εν τω θρονω αυτου
𝔓 0169 νενεικηcα : και κεκαθιcα μετα τ[ο]υ πρc μου εν τω θρονω : αυτου

(pres,act,ptc,nom,sing,masc) (1aor,act,imper,3p,sing) (pres,act,ind,3p,sing)
εχω ακουω λεγω
Rev.3:22 ο εχων ους ακουσατω τι το πνευμα λεγει ταις εκκλησιαις
the one having an ear let him hear what the Spirit He says to the churches/assemblies
A ο εχων ουc ακου :15 cατω τι το πνα λεγει ταιc εκκληcιαιc :
ℵ ο εχων ουc ακουcατω τι το πνα λεγει ταιc εκκληcιαιc
𝔓 0169 ο εχων ουc ακου : cατ]ω τι το πνα λεγει ταιc εκκληcιαιc

Chapter 4

(2aor,act,ind,1p,sing) (2aor,mid,imper,2p,sing) (perf,pass,ptc,nom,sing,fem)
οραω ειδον ανοιγω
Rev.4:1 μετα ταυτα ειδον και ιδου θυρα ηνεωγμενη εν τω ουρανω και η φωνη
after these things I saw and you,yourself behold a door having been opened in the heaven and the voice
A μετα ταυτα ιδον και ιδου θυρα ηνεωγμε : νη εν τω ουνω και η φωνη
ℵ μετα ταυτα ιδον κ(αι) ιδου θυρα ηνεωγμενη εν τω ουνω και ιδου η φωνη
𝔓 0169 μετα ταυτα ιδον και ιδου θυ : ρα ενεωγμενη εν : τω ουρανω και η φω : νη

(1aor,act,ind,1p,sing) (pres,act,ptc,gen,sing,fem) (pres,act,ptc,nom,sing,masc) (pres,act,ptc,nom,sing,fem)
ακουω λαλεω λεγω λεγω
W&H η πρωτη ην ηκουσα ως σαλπιγγος λαλουσης μετ εμου λεγων ~~λεγουσα~~
the first the one I heard as a trumpet speaking with me saying ~~saying~~
A η πρωτη : ην ηκουcα ωc cαλπιγγοc λαλουcηc : μετ εμου λεγων
ℵ η πρωτη ην ηκουcα ωc cαλπιγγοc λαλουcαν μετ εμου λεγων
𝔓 0169 η πρωτη ην ηκουcα : ωc cαλπιγγοc λαλουcηc : μετ εμου λεγων

(2aor,act,imper,2p,sing) (fut,act,ind,1p,sing) (pres,act,imper,3p,sing) (2aor,mid,infin)
αναβαινω δεικνυμι δει γινομαι
W&H αναβα ωδε και δειξω σοι α δει γενεσθαι μετα ταυτα
you come up here and I will show to you what it is necessary to happen after these *(things)*
A αναβαηοι ωδε και δει :20 ξω cοι οc α δει γενεcθαι μετα ταυτα :
ℵ αναβα ωδε και διξω cοι α δι γενεcθαι μετα ταυτα
𝔓 0169 αναβα : ωδε και δειξω cοι α δει : γε]νεcθα[ι μ]ετα ταυτα :

(2aor,mid,ind,1p,sing) γινομαι (2aor,mid,imper,2p,sing) ειδον (imperf,mid,ind,3p,sing) κειμαι

Rev.4:2 ~~και~~ ευθεως εγενομην εν πνευματι και ιδου θρονος εκειτο εν τω ουρανω
~~and~~ immediately I became in spirit and you,yourself behold a throne it was set in the heaven
A ευθεκος εγενομην εν πνι και ιδου : θρονος εκειτο εν τω ουνω
א ευθεως ⊤ εγενομην εν πνι και ιδου θρονος εκειτο εν τω ουνω
Ƥ 0169 κ]αι [ευ]θεως εγ[ε]νομην εν : πνι κα[ι] ιδου [θ]ρο : νος εκειτο [ε]ν τω ουνω :

(pres,mid,ptc,nom,sing,masc) καθημαι

W&H και επι τον θρονον καθημενος
and upon the throne a sitting *(One)*
A και επι : τον θρονον καθημενος
א και ο επι τον θρονον καθημενος
Ƥ 0169 και επι το[ν] θρονον κα : θημενον

(pres,mid,ptc,nom,sing,masc) καθημαι (imperf,act,ind,3p,sing) ειμι

Rev.4:3 και ο καθημενος ~~ην~~ ομοιος ορασει λιθω ιασπιδι και σαρδιω
and the One sitting ~~He was~~ like in appearance to a stone jasper and a sardius
A και ο καθη : μενος ομοιος ορασει λιθω ιασπιδι :25 και σαρδιω
א και ο καθημενος ομοιος ορασει λιθω ιασπιδι και σαρδιω
Ƥ 0169 και ο καθ[η* : [*επι τον θρονον] μενος ομοιος ορασει
[P0[169] *ends; * marks what & where scribe added*]

W&H ~~σαρδινω~~ και ιρις κυκλοθεν του θρονου ομοιος ορασει σμαραγδινω
~~a sardius~~ and a rainbow around the throne like in appearance to an emerald
A και ιερεις κυκλοθεν του : θρονου ομοιος ορασει σμαραγδινω :
א και ιερεις κυκλοθεν

Rev.4:4 και κυκλοθεν του θρονου θρονοι εικοσι ~~και~~ τεσσαρες ~~εικοσιτεσσαρες~~ και επι τους
and around the Throne thrones twenty ~~and~~ four ~~twentyfour~~ and upon the
A και κυκλοθεν του θρονου θρονους : εικοσι τεσσαρες και επι τους1
א του θρονου ⊤ ⊤

(2aor,act,ind,1p,sing) οραω (pres,mid,ptc,acc,pl,masc) καθημαι

W&H θρονους ~~ειδον τους~~ εικοσι ~~και~~ τεσσαρας ~~εικοσιτεσσαρες~~ πρεσβυτερους καθημενους
thrones ~~I saw the~~ twenty ~~and~~ four ~~twentyfour~~ elders sitting
A θρονους4 εικοσι2 : τεσσαρας3 πρεσβυτερους5 κα :30θημενους
א θρονους εικοσι τεσσαρες και πρεσβυτερους καθημενους

(perf,pass,ptc,acc,pl,masc) περιβαλλω (2aor,act,ind,3p,pl) εχω

W&H περιβεβλημενους ~~εν~~ ιματιοις λευκοις και ~~εσχον~~ επι τας κεφαλας αυτων στεφανους
having been clothed ~~in~~ garments white and ~~they had~~ upon the head of them crowns
A περιβεβλημενους ιμα : τιοις λευκοις και επι τας κεφαλας αυτων : στεφανους
א περιβεβλημενους εν λευκοις και επι τας κεφαλας αυτων στεφανους

W&H χρυσους
golden
A χρυσους
א χρυσεους

(pres,mid,ind,3p,pl) εκπορευομαι

Rev.4:5 και εκ του θρονου εκπορευονται αστραπαι και1 φωναι4 και3 βρονται2 και5 επτα λαμπαδες
and from out of the thrown they go out lightning and voices and thunders and seven lampstands
A και εκ του θρο : νου εκπορευονται αστραπαι και φω : ναι και βρονται και επτα λαμπαδες :35
א και εκ του θρονου εκπορευονται αστραπαι και φωναι και βρονται και επτα

(pres,pass,ptc,nom,pl,fem) καιω (pres,act,ind,3p,pl) ειμι
W&H πυρος καιομεναι ενωπιον του θρονου α ~~αι~~ εισιν τα επτα πνευματα του θεου
of fire be burning in front of the throne the Ones ~~the~~ They are the seven Spirits of the God
A πυρος καιομεναι ενωπιον του θρο:νου α εστιν τα επτα πνατα του θυ
א πυρος καιομεναι ενωπιον του θρονου ⊤ ⊤

Rev.4:6 και ενωπιον του θρονου ως ~~ως~~ θαλασσα υαλινη ομοια κρυσταλλω και εν μεσω του θρονου
and before the throne as ~~as~~ a sea glass like crystal and in midst of the throne
A και: ενωπιον του θρονου ως θαλασσα υαλινη:ομοια κρυσταλλω και εν μεσω του: θρονου
א και νωπιον του θρονου ως θαλασσα υαλινη ομοια κρυσταλλω και εν μεσω του θρονου

(pres,act,ptc,nom,pl,neut) γεμω
W&H και κυκλω του θρονου τεσσαρα ζωα γεμοντα οφθαλμων εμπροσθεν και οπισθεν
and around the thrown four living ones being covered with of eyes before and behind
A και κυκλω του θρονου τεσ:40 σερα ζωα γεμοντα οφθαλμων εμ:προσθεν και οπισθεν
א και κυκλω του θρονου τεσσαρα ζωα γεμοντα οφθαλμων ενπροσθεν και οπισθε

Rev.4:7 και το ζωον το πρωτον ομοιον λεοντι και το δευτερον ζωον ομοιον μοσχω και το τριτον
and the living one the first like to a lion and the second living one like to a calf and the third
A και το ζωον : το πρωτον ομοιον λεοντι και το ---:τερον ζωον ομοιον μοσχω και το:τριτον
א και το ζωον το πρωτον ομοιον λεοντι και το δευτερον ζωον ομοιον μοσχω και το τριτον

(pres,act,ptc,nom,sing,masc) εχω (pres,act,ptc,nom,sing,neut) εχω
W&H ζωον εχων ~~εχον~~ το προσωπον ως ανθρωπου ~~ανθρωπος~~
living one having ~~having~~ the face as of a man ~~a man~~
A ζωον εχων το προσωοπον ως α------υ :
א ζωον εχον το προσωπον ως ομοιον ανθρωπω

(pres,mid,ptc,dat,sing,masc) πεταομαι
W&H και το τεταρτον ζωον ομοιον αετω πετομενω
and the fourth living one like an eagle flying
A και το τεταρτον ζωον ομοιον αετω :45 πετομενω
א και το τεταρτον ζωον ομοιον αετω πετομενω

(pres,act,ptc,nom,sing,masc) εχω (pres,act,ptc,nom,sing,neut) εχω
Rev.4:8 και τα τεσσαρα ζωα εν καθ εν ~~εν~~ αυτων ~~εαυτο~~ εχων ~~εχον~~ ανα πτερυγας
and the four living ones one by one ~~one~~ of them ~~each~~ having ~~having~~ each one wings
A και τα τεσσορα ζωα εν: καθ εν αυτων εχων ανα πτερυγας
א και τα τεσσερα ζωα εν εκαστο αυτων ειχον ανα πτερυγας

(pres,act,ind,3p,pl) γεμω (pres,act,ptc,nom,pl,neut) γεμω (pres,act,ind,3p,pl) εχω
W&H εξ κυκλοθεν και εσωθεν γεμουσιν ~~γεμοντα~~ οφθαλμων και αναπαυσιν ουκ εχουσιν
six around and within they are full of ~~being full~~ of eyes and cessation from labor not they have
A εξ : κυκλοθεν και εσωθεν γεμουσιν : οφθαλμων και αναπαυσιν ουκ εχουσι- :50
א εξ κυκλοθεν και εσοθεν γεμουσιν οφθαλμω και αναπαυσιν ουχ εξοσαν

(pres,act,ptc,nom,pl,masc) λεγω (pres,act,ptc,nom,pl,neut) (pres,act,ptc,nom,pl,masc) λεγω
W&H ημερας και νυκτος λεγοντες ~~λεγοντα~~ ~~λεγοντες~~
day and night saying ~~saying~~ ~~saying~~
A ημερας και νυκτος λεγοντες
א ημερας και νυκτος λεγοντες

W&H αγιος αγιος αγιος ~~αγιος αγιος αγιος αγιος αγιος αγιος~~
Holy Holy Holy ~~Holy Holy Holy Holy Holy Holy~~
A αγιος :1 αγιος αγιος
א αγιος αγιος αγιος αγιος αγιος αγιος αγιος αγιος

(imperf,act,ind,3p,sing) (pres,act,ptc,nom,sing,masc) (pres,mid,ptc,nom,sing,masc)
ειμι ειμι ερχομαι
W&H κυριος ο θεος ο παντοκρατωρ ο ην και ο ων και ο ερχομενος
Lord the God the Almighty the One He was and the One being and the One coming
A κc ο θc ο παντοκρατωρ : ο ην και ο ων και ο ερχομενος
א κc ⊤ θc παντοκρατωρ ο ην και ο ων και ο ερχομενος

(fut,act,ind,3p,pl) hiatus (pres,mid,ptc,dat,sing,masc)
διδωμι καθημαι
Rev.4:9 και οταν δωσουσιν ~~δωσουσι~~ τα ζωα δοξαν και τιμην και ευχαριστιαν τω καθημενω
And whenever they will give the ones living glory and honor and thanks to the One sitting
A και οταν : δωcουcιν τα ζωα δοξαν και τιμην : και ευχαριcτειαc τω καθημενω
א και οταν δωcωcιν τα ζωα ⊤ και τιμην και ευχαριcτιαν τω καθημενω

(pres,act,ptc,dat,sing,masc)
ζαω
W&H επι του θρονου τω ζωντι εις τους αιωνας των αιωνων
upon the throne the One living into the eons of the eons
A επι :5 τω θρονω τω ζωντι ειc τουc αωναc : των αιωνων
א επι τω θρονω τω ζωντι ειc τουc αιωναc των αιωνων αμην

(fut,mid,ind,3p,pl)
πιπτω
Rev.4:10 πεσουνται οι εικοσι ~~και~~ τεσσαρες ~~εικοσιτεσσαρες~~ πρεσβυτεροι ενωπιον του
they will fall down the ones twenty ~~and~~ four ~~twenty-four~~ elders before the One
A πεcουνται οι εικοcι : τεccαρεc πρεcβυτεροι ενωπιον : του
א και πεcουνται οι εικοcι τεccαρεc πρεcβυτεροι ενωπιον του

(pres,mid,ptc,gen,sing,masc) (fut,act,ind,3p,pl) (pres,act,ind,3p,pl) hiatus
καθημαι προσκυνεω προσκυνεω
W&H καθημενου επι του θρονου και προσκυνησουσιν ~~προσκυνουσιν~~ ~~προσκυνουσι~~ τω ζωντι
sitting upon the throne and they will worship ~~they worship~~ to the One living
A καθημενου επι του θρονου και : προcκυνηcουcιν τω ζωντι
א καθημενου επι του θρονου και προcκυνηcουcιν τω ζωτι

(fut,act,ind,3p,pl) (pres,act,ind,3p,pl) hiatus
βαλλω βαλλω
W&H εις τους αιωνας των αιωνων και βαλουσιν ~~βαλλουσιν~~ ~~βαλουσι~~ τους στεφανους
into the eons of the eons and they will cast ~~they cast~~ the crowns
A ειc τουc :10 αιωναc των αιωνων και βαλουcιν : τουc cτεφανουc
א ειc τουc αιωναc των αιωνων αμη και βαλλουcιν τουc cτεφανουc

(pres,act,ptc,nom,pl,masc)
λεγω
W&H αυτων ενωπιον του θρονου λεγοντες
of them before the throne saying
A αυτων ενωπιον : του θρονου λεγοντεc
א αυτω ενωπιον του θρ νου εντεc

(pres,act,ind,2p,sing) (2aor,act,infin)
ειμι λαμβανω
Rev.4:11 αξιος ει ο κυριος και ο θεος ημων ~~και ο θεος ημων~~ ~~ο αγιος~~ λαβειν την δοξαν και
Worthy are You the Lord and the God of us ~~and the God of us~~ ~~the One Holy~~ to receive the glory and
A αξιοc ει ο κc : και ο θεοc ημων λαβειν την δοξαν : και
א αξιοc ει κε ο κc και θc ημω λαβειν την δοξα και

(1aor,act,ind,2p,sing)
κτιζω
W&H την τιμην και την δυναμιν οτι συ εκτισας τα παντα και δια το θελημα σου
the honor and the power because You You create the ones all *(things)* and according to the will of You
A την τιμην και δυναμιν οτι :15 cυ εκτιcαc τα παντα και δια θελημα : τι cου
א τιμην και την δυναμιν οτι cυ εκτιcαc τα παντα και δια το θελημα cου

(imperf,act,ind,3p,pl) (pres,act,ind,3p,pl) (1aor,pass,ind,3p,pl)
ειμι ειμι hiatus κτιζω
W&H ησαν ~~εισιν~~ ~~εισι~~ και εκτισθησαν
they were ~~they are~~ and they were created
A ηcαν και
א ηcαν και εκτιcθηcαν

Chapter 5

(2aor,act,ind,1p,sing) (pres,mid,ptc,gen,sing,masc) (perf,pass,ptc,acc,sing,neut)
οραω καθημαι γραφω
Rev.5:1 και ειδον επι την δεξιαν του καθημενου επι του θρονου βιβλιον γεγραμμενον εσωθεν
and I saw on the right of the One sitting upon the throne *(the)* Book having been written within
A και ιδον επι την δεξιαν : του καθημενου επι του θρονου : βιβλιον γεγραμμενον εcωθεν :
א και ειδον επι την δεξιαν του καθημενου επι του θρονου βιβλιον γεγραμμενο

(perf,pass,ptc,acc,sing,neut)
κατασφραγιζω
W&H και οπισθεν ~~εξωθεν~~ κατεσφραγισμενον σφραγισιν επτα
and on back ~~without~~ having been sealed up with seals seven
A και οπιcθεν κατεcφραγιcμενον :20 cφραγιcιν επτα :
א εμπροcθεν και οπιcθεν κατεcφραγιcμενον cφραγιcιν πτα

(2aor,act,ind,1p,sing) (pres,act,ptc,acc,sing,masc) (pres,act,ind,3p,sing) (1aor,act,infin)
οραω κηρυσσω ειμι ανοιγω
Rev.5:2 και ειδον αγγελον ισχυρον κηρυσσοντα εν φωνη μεγαλη τις ~~εστιν~~ αξιος ανοιξαι το
and I saw an angel strong proclaiming in a voice great who ~~he is~~ worthy to open the
A και ιδον αγγελον ιcχυρον κηρυccον : τα εν φωνη μεγαλη τιc αξιοc ανοι : ξαι το
א κ(αι) ειδον αγγελον1 ιcχυρο3 κηρυccοντα2 εν4 φωνη μεγαλη τιc αξιοc ανοιξε το

(1aor,act,infin)
λυω
W&H βιβλιον και λυσαι τας σφραγιδας αυτου
Book and to loose the seals of it
A βιβλιον και λυcαι ταc cφραγι : δαc αυτου
א βιβλιον και λυcαι ταc cφραγιδαc αυτου

(imperf,pass,ind,3p,sing) (imperf,pass,ind,3pl,sing) (imperf,pass,ind,3p,sing)
δυναμαι δυναμαι δυναμαι
Rev.5:3 και ουδεις εδυνατο ~~ηδυνατο~~ ~~εδυνατο~~ εν τω ουρανω ουδε επι της γης ουδε
and no one he was able ~~they were able~~ ~~he was able~~ in the heaven nor upon the earth nor
A και ουδειc ηδυνατο εν τω :25 ουνω ουδε επι τηc γηc ουδε
א και ουδειc εδυνατο εν τω ουνω ουτε επι τηc γηc

(1aor,act,infin) (pres,act,inf)
ανοιγω βλεπω
W&H υποκατω της γης ανοιξαι το βιβλιον ουτε ~~ουδε~~ βλεπειν αυτο
under the earth to open the book and not ~~nor~~ to see it
A υποκα : τω τηc γηc ανοιξαι το βιβλιον ουτε : βλεπειν αυτο
א ανοιξε το βιβλιον ουτε βλεπειν αυτο

(imperf,act,ind,1p,sing) (1aor,pass,ind,3p,sing) (1aor,act,infin) (2aor,act,infin)
κλαιω ευρισκω ανοιγω αναγινωσκω
Rev.5:4 και [εγω] εκλαιον πολυ ~~πολλα~~ ~~πολυ~~ οτι ουδεις αξιος ευρεθη ανοιξαι ~~και αναγνωναι~~
and I I was weeping much ~~much~~ ~~much~~ because no one worthy he was found to open ~~and to read~~
A [*this line has been omitted in the text*]
א και εκλααν πολυ οτι ουδειc αξιοc ευρεθηcεται ανοιξαι:

(pres,act,inf)
βλεπω
W&H το βιβλιον ουτε βλεπειν αυτο
the book and not /nor to look at it
A [*this line has been omitted in the text*]
א το βιβλιον ουτε βλεπειν αυτο

(pres,act, ind,3p,sing) (pres,act,imper,2p,sing) (2aor,mid,imper,2p,sing) (1aor,act,ind,3p,sing)
λεγω κλαιω ειδον νικαω
Rev.5:5 και εις εκ των πρεσβυτερων λεγει μοι μη κλαιε ιδου ενικησεν
and one from out of the elders he says to me not you weep you, yourself, behold He conquered
A και εις εκ των πρεσβυ:30τερων λεγει μοι μη κλαιε ιδου ενι:κησεν
ℵ και εις εκ των πρεσβυτερων λεγει μοι μη κλαιε ιδου ενικησε
P 24 ιδου εν[ικησεν]

(pres,act,ptc,nom,sing,masc) (1aor,act,infin) (1aor,act,infin)
ειμι ανοιγω λυω
W&H ο λεων ο ~~ων~~ εκ της φυλης ιουδα η ριζα δαυιδ ανοιξαι το βιβλιον και ~~λυσαι~~
the Lion the one ~~being~~ from out of the tribe of Judah the root of David to open the Book and ~~to loose~~
A ο λεων ο εκ της φυλης ιουδα:η ριζα δαιδ ανοιξαι το βιβλιον και
ℵ ο λεων εκ της φυλης ιουδα η ριζα δαδ ανοιξαι το βιβλιον και λυσαι
P 24 [δαυ]ειδ αν[οιξαι]

W&H τας επτα σφραγιδας αυτου
the seven seals of it
A τας: επτα σφραγιδας αυτου
τας επτα σφραγιδας αυτου
P 24 [αυτ]ου

(2aor,act,ind,1p,sing) (2aor,mid,imper,2p,sing)
οραω ειδον
Rev.5:6 και ειδον ~~και ιδου~~ εν μεσω του θρονου και των τεσσαρων ζωων και εν μεσω των
and I saw ~~and you behold~~ in midst of the throne also the four living ones and in midst of the
A και ιδου κην:35 εν μεσω του θρονου και των τεσ:σαρων ζωων και εν μεσω των:
ℵ και ειδον εν μεσω του θρονου και των τεσσαρων ζωων και εν μεσω των
P 24 κ[α]ι ειδον εν [μεσω ζωω]ν και εν μεσω των

(perf,act,ptc,nom,sing,neut) (perf,pass,ptc,nom,sing,neut) (pres,act,ptc,nom,sing,masc) (pres,act,ptc,nom,sing,neut)
ιστημι σφαζω εχω εχω
W&H πρεσβυτερων αρνιον εστηκος ως εσφαγμενον εχων ~~εχον~~ κερατα
elders the Lamb having stood as having been slaughtered having ~~having~~ horns
A πρεσβυτερων αρνιον εστηκος ως: εσφαγμενον εχων κερατα
ℵ πρεσβυτερων αρνιον εστηκως ως εσφαγμενον εχων κερατα
P 24 πρ[εσ]βυτερων: ω]ς εσφαγμενον εχων κερ[ατα

(pres,act,ind,3p,pl) (perf,pass,ptc,nom,pl,masc)
ειμι αποστελλω
W&H επτα και οφθαλμους επτα οι εισιν τα [επτα]1 πνευματα4 του2 θεου3 ~~τα~~5 απεσταλμενοι
seven and eyes seven the ones they are the seven Spirits of the God ~~the ones~~ having been sent
επτα: και οφθαλμους επτα οι εισιν τα [επτα] πνατα:40 του θυ απεσταλμενοι
ℵ επτα και οφθαλμους επτα οι εισιν τα επτα πνατα του θυ
P 24 εισιν] τα ζ πνα του θυ απεστα[λμενοι:

(perf,pass,ptc,nom,pl,neut)
αποστελλω
W&H ~~απεσταλμενα~~ εις πασαν την γην
~~having been sent~~ into all the earth
A εις πασαν την: γην
ℵ απεσταλμενα εις πασαν την γην

(2aor,act,ind,3p,sing) (perf,act,ind,3p,sing) (pres,act,ptc,nom,sing,masc)
ερχομαι λαμβανω καθημαι
Rev.5:7 και ηλθεν και ειληφεν ~~το βιβλιον~~2a εκ της δεξιας του καθημενου επι του θρονου1a
and He came and He having taken ~~the Book~~ from out of the right *(hand)* of the One sitting upon the throne
A και ηλθεν και ειληφεν εκ της: δεξιας του καθημενου επι του θρο:νου
ℵ και ηλθεν και ειληφεν εκ της δεξιας της καθημενου επι του θρονου
P 24 ηλ]θεν και ειληφεν εκ της δ[εξιας :
P 115 [P115 Recto, *continues from 2:12 gap caused by missing leaf*] επι του θρονου

(2aor,act,ind,3p,sing)
λαμβανω hiatus
Rev.5:8 και οτε ελαβεν ~~ελαβε~~ το βιβλιον τα τεσσαρα ζωα και οι εικοσι τεσσαρες
and when He took the Book the four living ones and the ones twenty four
א και οτε ελαβεν το βιβλιον τα τεσσερα ζωα και οι εικοσι τεσσαρες
A και οτε ελαβεν το βιβλιον τα τεσ:σερα ζωα και οι εικοσι τεσσαρες
P 24 και οτ]ε ελα[βεν
P 115 και οτε ελα]βεν το β[ιβλιον τα δ ζωα και οι : κδ

(1aor,act,ind,3p,pl) (pres,act,ptc,nom,pl,masc)
πιπτω εχω acc,sing acc,pl.
W&H ~~εικοσιτεσσαρες~~ πρεσβυτεροι επεσαν ενωπιον του αρνιου εχοντες εκαστος κιθαραν
~~twenty four~~ elders they fell down before the Lamb having each one a harp
A πρες:45βυτεροι επεσαν ενωπιον του αρ:νιου εχοντες εκαστος κιθαραν :
א πρεσβυτεροι επεσα ενωπιον του αρνιου εκαστος εχοντες κιθαραν
P 115 πρεσβυτεροι επε]σα εν[ωπιον του αρνιου εχοντες εκας:τος κιθαρα]ν

(pres,act,ptc,acc,pl,fem) (pres,act,ind,3p,pl)
γεμω ειμι
W&H ~~κιθαρας~~ και φιαλας χρυσας γεμουσας θυμιαματων αι εισιν αι προσευχαι των αγιων
~~harps~~ and bowls golden bring full of incenses the ones they are the prayers of the holy ones
A και φιαλας χρυσας γεμουσας θυμι:αματων αι εισιν αι προσευχαι των: αγιων
א και φιαλας χρυσεας γεμουσας θυμιαματων α εισιν ┬ προσευχαι των αγιων
P 115 και φιαλας χρυ[σεας γεμουσας θυμιαματων : αι εισιν αι πρ]οσευ[χαι των αγιων

(pres,act,ind,3p,pl) (pres,act,ptc,nom,pl,masc)(pres,act,ind,2p,sing)(2aor,act,infin) (1aor,act,infin)
αδω λεγω ειμι λαμβανω ανοιγω
Rev.5:9 και αδουσιν ωδην καινην λεγοντες αξιος ει λαβειν το βιβλιον και ανοιξαι τας
and they sing a song new saying worthy You are to take the Book and to open the
A και αδωσιν ωδην καινην:50λεγοντες αξιος ει λαβειν το βιβλιον:και ανοιξαι τας
א και αδουσιν ωδην καινην λεγοντες αξιος ει λαβιν το βιβλιον και ανοιξαι τας
P 115 και αδουσιν:ωδην καινην] λεγοντες [αξιος ει λαβειν το βιβλιον και : ανοιξαι τας

(2aor,pass,ind,2p,sing) (1aor,act,ind,2p,sing)
σφαζω αγοραζω
W&H σφραγιδας αυτου οτι εσφαγης και ηγορασας τω θεω ~~ημας~~ εν τω αιματι σου
seals of it because You were slaughtered and You bought to the God ~~us~~ by the blood of You
σφραγιδας αυτου: οτι εσφαγης και ηγορασας τω θεω:53 εν τω αιματι σου
א σφραγιδας αυτου οτι εσφαγης και ηγορασας τω θω ημας εν τω αιματι σου
P 115 σ]φραγ[ιδας αυτου οτι εσφαγης και ηγορασας τω θω εν τω α]ιμα[τι σου

W&H εκ πασης φυλης και γλωσσης και λαου και εθνους
from out of all/every tribe and tongue and people and nation
A εκ πασης φυλ [~~ης και~~ : γλωσσης και λαου και εθνους
א εκ πασης φυλης και γλωσσης και λαου και εθνους
P 115 εκ πασης φυλης και γλωσσης : [P115 *missing 5:10 – 6:4*]

(1aor,act,ind,2p,sing)
ποιεω acc,sing acc, pl
Rev.5:10 και εποιησας αυτους ~~ημας~~ τω θεω ημων βασιλειαν ~~βασιλεις~~ και ιερεις και
and You made them ~~us~~ to the God of us king ~~kings~~ and priests and
A [~~και εποι~~ : ησας αυτους βασιλειαν και ιερε[~~ις~~ ~~και~~ :
א και εποιησας αυτους τω θω ημων βασιλιαν και ιερατειαν και

(fut,act,ind,1p,pl)
βασιλευω
W&H βασιλευουσιν ~~βασιλευσομεν~~ επι της γης
they shall reign ~~we shall reign~~ over the earth
A βασιλευουσιν επι της γης
א βασιλευσουσιν επι της γης

(2aor,act,ind,1p,sing) (1aor,act,ind,1p,sing)
οραω ακουω
Rev.5:11 και ειδον και ηκουσα ~~ως~~ φωνην αγγελων πολλων κυκλω ~~κυκλοθεν~~ ~~κυκλω~~ του
and I saw also I heard ~~as~~ a voice of angels of many around ~~round~~ ~~around~~ the
A και [~~ειδον~~ : και ηκουσα φωνην αγγελων π[~~ολλων~~ : κυκλω του
ℵ και ειδον και ηκουσα ως φωνην αγγελων πολλων κυκλω του

(imperf,act,ind,3p,sing)
ειμι
W&H θρονου και των ζωων και των πρεσβυτερων και ~~και~~ ην ~~ην~~ ο αριθμος ~~ο~~ ~~αριθμος~~
throne and the living ones also the elders and ~~and~~ he was the number ~~the~~ ~~number~~
A θρονου και των ζω[~~ων~~ : και των πρεσβυτερων και ην ο [~~αρι~~ : θμος
ℵ θρονου και των ζωων και των πρεσβυτερων και ην ο αριθμος

W&H αυτων ~~αυτων~~ μυριαδες ~~μυριαδες~~ μυριαδων ~~μυριαδων~~ και χιλιαδες χιλιαδων
of them ~~of them~~ myriad ~~myriad~~ of myriads ~~of myriads~~ and thousands of thousands
A αυτων μυριαδες μυριαδ[~~ων~~ : και χιλιαδες χιλιαδων
ℵ αυτων μυριαδες μυριαδω και χιλιαδες χιλιαδων

(pres,act,ptc,nom,pl,masc) (pres,act,ind,3p,sing) (perf,pass,ptc,nom,sing,neut) (2aor,act,infin)
λεγω ειμι hiatus σφαζω λαμβανω
Rev.5:12 λεγοντες φωνη μεγαλη αξιον εστιν ~~εστι~~ το αρνιον το εσφαγμενον λαβειν
saying with a voice great worthy it is the Lamb the One having been slaughtered to receive
A λεγοντες [~~φω~~ : νη μεγαλη αξιος εστιν το αρνιον [~~το~~ : εσφαγμενον λαβειν
ℵ λεγοντες φωνη μεγαλη αξιον εστιν το αρνιον το εσφαγμενον λαβιν

W&H την δυναμιν και πλουτον και σοφιαν και ισχυν και τιμην και δοξαν και ευλογιαν
the power and riches and wisdom and strength and honor and glory and thanksgiving
A την δυναμι[~~ν~~ : και πλουτον και σοφιαν και ισχυ[~~ν~~ : και τιμην και δοξαν και ευλογιαν :
ℵ την δυναμι και πλουτον και σοφιαν και ισχυν και τιμην και δοξαν και ευλογιαν

(pres,act,ind,3p,sing)
ειμι
Rev.5:13 και παν κτισμα ο ~~εστιν~~ εν τω ουρανω και επι ~~εν~~ της ~~τη~~ γης ~~γη~~ και υποκατω της γης και
and every creature the one ~~he is~~ in the heaven and upon ~~in~~ the ~~the~~ earth ~~earth~~ and under the earth and
A και παν κτισμα ο εν τω <u>ουνω</u> και : επι της γης και υποκατω της γης :και
ℵ και παν κτισμα το ε τω <u>ουνω</u> και επι της γης και τα

(pres,act,ind,3p,sing) (1aor,act,ind,1p,sing)(pres,act,ptc,nom,pl,masc)
ειμι ακουω λεγω
W&H επι της θαλασσης της ~~α~~ [εστιν] και τα εν αυτοις παντα ηκουσα λεγοντας
upon the sea the one ~~the one~~ it is and the ones in them all I heard saying
A επι της θαλασσης εστιν και τα : εν αυτοις παντα ηκουσα λεγοντα : c
ℵ εν τη θαλασση και τα εν αυτοις παντα και ηκουσα λεγοντας

(pres,mid,ptc,dat,sing,masc)
καθημαι
W&H τω καθημενω επι του θρονου και τω αρνιω
to the One sitting upon the throne and to the Lamb
A τω καθημενω επι τω θροντω : αρνιω
ℵ τω καθημενω επι του θρονου και τω αρνιω

W&H η ευλογια και η τιμη και η δοξα και το κρατος εις τους αιωνας των αιωνων
the blessing and the honor and the glory and the might into the eons of the eons
A η ευλογια και η τειμη και η δοξα και το κρατος εις τους αιωνας : των αιωνων
ℵ η ευλογια και η τιμη και η δοξα παν το κρατορος εις τους αιωνας των αιωνων

(imperf,act,ind,3p,pl) (pres,act,ptc,nom,pl,neut)
λεγω λεγω
Rev.5:14 και τα τεσσαρα ζωα ελεγον ~~λεγοντα~~ αμην και οι ~~εικοσιτεσσαρες~~ ~~εικοσι~~ ~~τεσσαρες~~
and the four living ones they were saying ~~saying~~ Amen and the ~~twenty-four~~ ~~twenty~~ ~~four~~
A και τα τεσσαρα ζωα : ελεγον αμην και οι
ℵ και τα τεσσαρα ζωα ελεγον αμην και οι

(1aor,act,ind,3p,pl) (1aor,act,ind,3p,pl) (pres,act,ptc,dat,sing,masc)
πιπτω προσκυνεω ζαω
πρεσβυτεροι επεσαν και προσεκυνησαν ~~ζωντι εις τους αιωνας των αιωνων~~
elders they fell down and they worshipped (the One) ~~living into the eons of the eons~~
A πρεσβυτεροι :25 επεσαν και προσεκυνησαν :
א πρεσβυτεροι επεσαν και προσεκυνησαν

Chapter 6

(2aor,act,ind,1p,sing) (1aor,act,ind,1p,sing) (1aor,act,ind,1p,sing)
οραω ανοιγω ακουω
Rev.6:1 και ειδον οτε ηνοιξεν το αρνιον μιαν εκ των ~~επτα~~ σφραγιδων και ηκουσα ενος εκ
and I saw when It opened the Lamb one from out of the ~~seven~~ seals and I heard one from out
A και ιδον οτε ηνοιξεν το αρνιον μιαν : εκ των επτα σφραγιδων και ηκου : σα ενος εκ
א και ιδον οτε ηνυξεν το αρνιον μιαν εκ των επτα ⊤ και ηκουσα ενος

(pres,act,ptc,gen,sing,neut) (pres,mid,imper,2p,sing) (pres,act,imper,2p,sing)
λεγω ερχομαι βλεπω
W&H των τεσσαρων ζωων λεγοντος ως φωνη βροντης ερχου ~~και~~ ~~βλεπε~~
of the four living ones saying as a voice of thunder you come ~~and~~ ~~you see~~
A των τεσσαρων ζωων : λεγοντος ως φωνη βροντης[---- : τες ερχου [---]
א των τεσσαρω ζωων λεγοντων ως φωνην βροντης ερχου και ιδε

(2aor,act,ind,1p,sing) (2aor,mid,imper,2p,sing) (pres,mid,ptc,nom,sing,masc)
οραω ειδον καθημαι
Rev.6:2 και ειδον και ιδου ιππος λευκος και ο καθημενος επ αυτον ~~αυτω~~ ~~αυτον~~
and I saw and you, yourself, behold a horse white and the one sitting upon him ~~him~~ ~~him~~
A και ιδον και ιδου ιππ[~~oc~~ : λευκος -- και ο καθημενος επ αυτον :
א και ειδον και ιδου ιππος λευκος και ο καθημενος επ αυτον ο

(pres,act,ptc,nom,sing,masc) (1aor,pass,ind,3p,sing) (2aor,act,ind,3p,sing) (pres,act,ptc,nom,sing,masc) (1aor,act,subj,3p,sing)
εχω διδωμι εξερχομαι hiatus V νικαω νικαω
W&H εχων τοξον και εδοθη αυτω στεφανος και εξηλθεν ~~εξηλθε~~ νικων και ινα νικηση
having a bow and he was given to him a crown and he went out conquering and so that he might conquer
A εχων τοξον και εδοθη αυτω στε : φανος και εξηλθεν ο νικων και ινα : νικηση
א εχων τοξον και εδοθη αυτω στεφανος και εξηλθεν νικων και ενικησεν

(1aor,act,ind,1p,sing) (1aor,act,ind,1p,sing)
ανοιγω hiatus ακουω
Rev.6:3 και οτε ηνοιξεν ~~ηνοιξε~~ την₁ σφραγιδα₃ την δευτεραν₂ ηκουσα₄ του δευτερου ζωου
and when He opened the seal the second I heard the second living one
A και οτε ηνοιξεν την σφρα : γιδα την δευτεραν ηκουσα του δευ : τερου ζωου
א και οτε ηνυξεν την σφραγιδα την δευτεραν ηκουσα του δευτερου ζωου

(pres,act,ptc,gen,sing,masc) (pres,mid,imper,2p,sing) (pres,act,imper,2p,sing)
λεγω ερχομαι βλεπω
W&H λεγοντος ερχου ~~και~~ ~~βλεπε~~
saying you come ~~and~~ ~~you see~~
A λεγοντος ερχου
א λεγοντος ερχου και ιδε

(2aor,act,ind,3p,sing) (pres,mid,ptc,dat,sing,masc) (1aor,pass,ind,3p,sing) (2aor,act,infin)
εξερχομαι καθημαι διδωμι λαμβανω
Rev.6:4 και εξηλθεν αλλος ιππος πυρρος και τω καθημενω επ αυτον εδοθη [αυτω] λαβειν
and he came out another horse red and the one sitting upon him it was given to him to take
A και : εξηλθεν αλλος ιππος πυρος και : τω καθημενω επ αυτον εδοθη λα : βειν
א και ιδον εξηλθεν αλλος ϊππος πυρρος και τω καθημενω επ αυτον εδοθη αυτω λαβειν

(fut,act,ind,3p,pl) (1aor,act,subj,3p,pl)
σφαζω σφαζω hiatus
W&H την ειρηνην [εκ] ~~απο~~ της γης και ινα αλληλους σφαξουσιν ~~σφαξωσιν~~ ~~σφαξωσι~~ και
the peace from out ~~from~~ of the earth and so that one another they will slaughter ~~they might slaughter~~ and
A την ειρηνην της γης και ινα : αλληλους σφαξουσιν και
א την ειρηνην εκ της γης και εινα αλληλους σφαξωσιν και

(1aor,pass,ind,3p,sing)
διδωμι
W&H εδοθη αυτω μαχαιρα μεγαλη
she was given to him a sword great
A εδοθη : αυτω1 μαχαιρα3 μεγαλη2 :
א εδοθη αυτω μαχαιρα μεγαλη

(1aor,act,ind,1p,sing) (1aor,act,ind,1p,sing) (pres,act,ptc,nom,sing,masc)
ανοιγω hiatus ακουω λεγω
Rev.6:5 και οτε ηνοιξεν ~~ηνοιξε~~ την1 σφραγιδα3 την τριτην2 ηκουσα4 του τριτου ζωου λεγοντος
and when He opened the seal the third I heard the third living one saying
A και οτε ηνοιξεν την σφραγιδα την : τριτην ηκουσα του τριτου ζωου : λεγοντος
א και οτε ηνυξε την σφραγιδα την τριτην ηκουσα του τριτου ζωου λεγοντος
P 115 και οτ]ε ηνο[ιξε την σφραγιδα την _γ_ ηκουσα του _γ_ ζωου : λεγον]τ[ο]c

(pres,mid,imper,2p,sing) (pres,act,imper,2p,sing) (2aor,act,ind,1p,sing)(2aor,mid,imper,2p,sing)
ερχομαι βλεπω οραω ειδον
W&H ερχου ~~και~~ ~~βλεπε~~ και ειδον και ιδου ιππος μελας
you come ~~and~~ ~~you see~~ and I saw and you, yourself, behold a horse black
A ερχουι και ιδον και ι[~~δου~~ : ιππος μελας
א ερχου και ιδε και ειδον και ιδου ιππος μελας
P 115 ερχο[υ] και ιδ[ον και ιδου ιππος μελας

(pres,mid,ptc,nom,sing,masc) (pres,act,ptc,nom,sing,masc)
καθημαι εχω
W&H και ο καθημενος επ αυτον ~~αυτω~~ εχων ζυγον εν τη χειρι αυτου
and the one sitting upon him ~~him~~ having a balance *(scale)* in the hand of him
A και ο καθημενος [~~επ αυ~~ : τον εχων ζυγον εν τη χειρι αυτ [~~ου~~ :
א και ο καθημενος επ αυτον εχων ζυγον εν τη χιρι αυτου
P 24 [ο] καθημ[ενος]
P 115 και ο] κα[θη]με[ν]οc επ [αυτον εχων ζυγον εν τη χειρι αυτου :

(1aor,act,ind,1p,sing) pres,act,ptc,acc,sing,fem)
ακουω λεγω
Rev.6:6 και ηκουσα ως φωνην εν μεσω των τεσσαρων ζωων λεγουσαν χοινιξ σιτου δηναριου
and I heard as a voice in midst of the four living ones saying a choenix of wheat/grain for a denarius
A και ηκουσα ως φωνην εν μεσω [~~των~~ : τεσσαρων ζωων λεγουσαν χ [~~οινιξ~~ : σιτου δηναριου
א και ηκουσα ως φωνην εν μεσω τω τεσσαρων ζωων λεγουσαν χοινιξ σιτου δηναριου
P 24 κ]αι ηκους[α χοι]νιξ σιτου δηναριου
P 115 [και ηκουσα] φωνη[ν εν μεσω τω _δ_ ζωων λεγου : σαν χοινιξ αυ]του δη[ναριου]

(1aor,act,subj,2p,sing)
αδικεω
W&H και τρεις χοινικες κριθων δηναριου και το ελαιον και τον οινον μη αδικησης
and three choenixes of barley for a denarius and the wine and the oil not you should hurt/harm
A και τρεις χοι~~νι~~ : κες κριθων ιουδηναριου κα~~ι το~~ : ελαιον και τον οινον μη α~~δι~~ : κησης
א και τρις χοινικες κριθω δηναριου και το ελαιον και τον οινον μη αδικησης
P 24 κ[αι δην]αριου και το ελαιον και το[ν
P 115 [και _γ_ χοινικες : κριθων δηναριου] και [το ελαιον και τον οινον μη : [P115 *missing lines 6:7-8:2 due to loss of leaf*]

(1aor,act,ind,1p,sing) (1aor,act,ind,1p,sing)
ανοιγω hiatus ακουω
Rev.6:7 και οτε ηνοιξεν ~~ηνοιξε~~ την1 σφραγιδα3 την τεταρτην2 ηκουσα4 φωνην του τεταρτου ζωου
and when He opened the seal the fourth I heard a voice of the fourth living one
A και οτε ηνοιξεν τη~~ν σφρ~~ : ~~αγιδα τ~~ην τεταρτην ηκουσα φω : ~~νην~~ του τεταρτου ζωου
א και οτε ηνυξεν τη σφραγιδα την τεταρτην ηκουσα φωνην του τεταρτου ζωου
P 24 [και] οτε ηνυξεν την σφραγ[ιδα]

(pres,act,ptc,nom,sing,masc) (pres,act,ptc,acc,sing,fem) (pres,act,ptc,nom,sing,masc) (pres,mid,imper,2p,sing)(pres,act,imper,2p,sing)
λεγω λεγω λεγω ερχομαι βλεπω
W&H λεγοντος ~~λεγουσαν~~ ~~λεγοντος~~ ερχου ~~και~~ ~~βλεπε~~
saying saying ~~saying~~ you come ~~and~~ ~~you see~~
A λεγοντος : ~~ερχο~~]υ
א λεγοντος ερχου και ιδε

(2aor,act,ind,1p,sing) (2aor,mid,imper,2p,sing) (pres,mid,ptc,nom,sing,masc)
οραω ειδον καθημαι
Rev.6:8 και ειδον και ιδου ιππος χλωρος και ο καθημενος επανω [αυτου] ονομα αυτω [ο]
and I saw and you, yourself, behold a horse pale and the one sitting upon him name to him the
A και ιδον και ιδου ιππος χλω:ρος] και ο καθημενος επανω αυτου : ονομα αυτω ο
א και ιδο και ιδου ιππος χλωρος και ο καθημενος επανω αυτου ονομα αυτω
P 24 και] ειδ[ον

(imperf,act,ind,3p,sing) (pres,act,imper,2p,sing) (1aor,pass,ind,3p,sing)
ακολουθεω ακολουθεω διδωμι
W&H θανατος και ο αδης ηκολουθει ~~ακολουθει~~ μετ αυτου και εδοθη αυτοις ~~αυτω~~
Death and the Hades he was following behind ~~you follow behine~~ with him and she was given to them ~~to him~~
A αθανατος και ο αδης : ~~ηκ~~ολουθι μετ αυτου και εδοθη αυ:~~τοι~~ς
א θανατος και ο αδης ηκολουθι αυτω και εδοθη αυτοις

(1aor,act,infin)
αποκτεινω
W&H εξουσια1 επι3 το4 τεταρτον5 της6 γης7 αποκτειναι2 εν8 ρομφαια και εν λιμω και εν θανατω
authority over the fourth of the earth to destroy/kill with sword and with famine and with death
A εξουσια επι το τεταρτον της : ~~γη~~ς αποκτειναι εν ρομφαια και εν : ~~λι~~μω και εν θανατω
א εξουσια επι το τεταρτον της γης αποκτειναι εν ρομφαια και λιμω και θανατω

W&H και υπο των θηριων της γης
and by the wild animals of the earth
και τοτθταρτ ~~τ~~ων θηριων της γης :10
א και ϋπο των θηριω της γης

(1aor,act,ind,1p,sing) (2aor,act,ind,1p,sing)
ανοιγω hiatus οραω
Rev.6:9 και οτε ηνοιξεν ~~ηνοιξε~~ την πεμπτην σφραγιδα ειδον υποκατω του θυσιαστηριου τας
and when He opened the fifth seal I saw under the Altar the
A ~~και~~ οτε ηνοιξεν την πεμπτην σφρα:~~γι~~δα ιδον υποκατω του θυσιαστη:ριου τας
א και οτε ηνοιξεν την σφραγιδαν την ειδον υποκατω του υσιαστηριου τας

(perf,pass,ptc,nom,pl,masc)
σφαζω
W&H ψυχας ~~των ανθρωπων~~ των εσφαγμενων δια τον λογον του θεου και δια την
souls ~~of the men~~ of the ones having been slaughtered on account of the Word of the God and because of the
A ψυχας των εσφαγμενων : δια τον λογον του θυ και την
א ψυχας των ανθρωπω των εσφαγμενω δια τον λογον του θυ και δια την

(imperf,act,ind,3p,pl)
εχω
W&H μαρτυριαν του αρνιου ην ειχον
witness of the Lamb the one they were having
μαρτυριαν : ην ειχον
א μαρτυριαν ην εσχο

(1aor,act,ind,3p,pl) (imperf,act,ind,3p,pl) (pres,act,ptc,nom,sing,masc)
κραζω κραζω λεγω
Rev.6:10 και εκραξαν ~~εκραζον~~ φωνη μεγαλη λεγοντες εως ποτε ο δεσποτης ο αγιος
and they cried out ~~they were crying out~~ with a voice great saying until when the Master the One Holy
A και εκραξαν φωνη μεγαλη :15 λεγοντες εως ποτε ο δεσποτης ο αγι:ος
א και εκραξαν φωνη μεγαλη λεγοντες εως ποτε ο δεσποτης ο αγιος

(pres,act,ind,2p,sing) (pres,act,ind,2p,sing) (pres,act,ptc,gen,pl,masc)
κρινω εκδικεω κατοικεω
W&H και ~~ο~~ αληθινος ου κρινεις και εκδικεις το αιμα ημων εκ ~~απο~~ ~~εκ~~ των κατοικουν των
and ~~the One~~ True not You decide and You avenge the blood of us from out ~~on~~ ~~from out~~ of the ones dwelling of the ones
A και αληθεινος ου κρινεις και εκ:δικεις το αιμα ημων εκ των κατ:οικουν των
א και αληθινος ου κρινεις κ(αι) εκδικησεις το αιμα ημων εκ των κατοικουν των

W&H επι της γης
upon the earth
A επι της γης
א επι της γης

(1aor,pass,ind,3p,sing) διδωμι (1aor,pass,ind,3p,pl) διδωμι (sing,dat) (pl,dat) (sing) (pl) (sing) (pl)
Rev.6:11 και εδοθη ~~εδοθησαν~~ αυτοις εκαστω ~~εκαστοις~~ στολη ~~στολαι~~ λευκη ~~λευκαι~~ και
and it was given ~~they were given~~ to them to each one ~~to each~~ a robe ~~robes~~ white ~~white~~ and
A και εδοθη : αυτοις εκαστω στολη λευκη και
א και εδοθη αυτοις εκαστω στολη λευκη και

(1aor,pass,ind,3p,sing) ειπον (fut,mid,ind,3p,pl) αναπαυω (1aor,mid,subj,3p,pl) αναπαυω
W&H ερρεθη αυτοις ινα αναπαυσονται ~~αναπαυσωνται~~ ετι χρονον μικρον εως [~~ου~~
it was said to them so that they, themselves, will rest ~~they, themselves, might rest~~ yet a time a little until ~~not~~
A ερ:$_{20}$ρεθη αυτοις ινα αναπαυσονται ετι$_2$ χρο:νον$_1$ μικρον$_3$ εως
א ερεθη αυτοις ινα αναπαυσωνται επι χρονον μικρο εως

(1aor,pass,subj,3p,pl) πληροω (fut,mid,ind,3p,pl) πληροω (1aor,pass,subj,3p,pl) πληροω
W&H πληρωθωσιν ~~πληρωσονται~~ ~~πληρωθωσι~~] και οι συνδουλοι αυτων και οι
they have been completed ~~they will complete~~ ~~they have been completed~~ also the ones fellow slaves of them and the
A πληρωθωσιν : και οι συνδουλοι αυτων και οι
א πληρωσωσι και οι συνδουλοι αυτων και οι

(pres,act,ptc,nom,pl,masc) μελλω (pres,pass,inf) αποκτεννω
W&H αδελφοι αυτων οι μελλοντες αποκτεννεσθαι ως και αυτοι
brothers of them the ones being about to to be killed as also they
A αδελ:φοι αυτων οι μελλοντες αποκτεν:νεσθαι ως και αυτοι :$_{25}$
א αδελφοι αυτων οι μελλοντες αποκτεννεσθαι υπο αυτω ως και αυτοι

(2aor,act,ind,1p,sing) ειδον (1aor,act,ind,1p,sing) ανοιγω (2aor,mid,imper,2p,sing) ειδον
Rev.6:12 και ειδον οτε ηνοιξεν ~~ηνοιξε~~ την σφραγιδα την εκτην και ~~ιδου~~ σεισμος μεγας
and I saw when He opened the seal the sixth and ~~you, yourself, behold~~ earthquake great
A και ιδον οτε ηνοιξεν την σφρα: την εκτην και ιδου σισμος μεγας$_2$
א και ειδον οτε ενυξεν την σφραγιδα τη εκτην και σισμος μεγας

(2aor,mid,ind,3p,sing) γινομαι (2aor,mid,ind,3p,sing) γινομαι (2aor,mid,ind,3p,sing) γινομαι
W&H εγενετο και ο ηλιος$_1$ εγενετο$_3$ μελας$_2$ ως$_4$ σακκος τριχινος και η σεληνη ολη εγενετο
he happened and the sun he became black as sackcloth hair and the moon whole she became
A εγε:νετο$_1$ και$_3$ ο ηλιος εγενετο με:λας ως σακκος τριχινος και η σε:ληνη ολη εγενετο
א εγενετο και ο ηλιος$_1$ εγενετο$_3$ μελας$_2$ ως$_4$ σακκος τριχινος και η σεληνη ολη εγενετο

W&H ως αιμα
as blood
A ως αιμα
א ως αιμα

(1aor,act,ind,3p,pl) πιπτω (2aor,act,ind,3p,pl) πιπτω (pres,act,ind,3p,sing) βαλλω
Rev.6:13 και οι αστερες του ουρανου επεσαν ~~επεσον~~ εις την γην ως συκη βαλλει τους
and the stars of the heaven they fell ~~they fell~~ into the earth as a fig tree she casts the
A και οι: αστερες του ου επεσαν εις την γην : ως συκη βαλλει τους
א και οι αστερες του ουνου επεσαν επι την γην ως συκη βαλλουσα τους

(pres,pass,ptc,nom,sing,fem) σειω
W&H ολυνθους αυτης υπο$_1$ ανεμου$_3$ μεγαλου$_2$ σειομενη$_4$
untimely figs of her by wind great being shaken
A ολυνθους: αυτης πο ανεμου μεγαλου σαλευ :ομενη
א ολυθους αυτης απο ανεμου με μειγαλου σιομενη

(1aor,pass,ind,3p,sing) (pres,pass,ptc,nom,sing,neut)
αποχωριζομαι ελισσω
Rev.6:14 και ο ~~ο~~ ουρανος απεχωρισθη ως βιβλιον ελισσομενον και παν ορος και νησος
and the ~~the~~ heaven he vanished/split open as a book/scroll being rolled up and every mountain and island
A και ο ουνος απεχωρισθη : ως βιβλιον ελισσομενον και παν :35 ορος και νησος
ℵ και ο ουνος απεχωρισθη ως βιβλιον ελισσομενος και παν ορος και βουνος

(1aor,pass,ind,3p,pl)
κινεω
W&H εκ των τοπων αυτων εκινηθησαν
from out of the place of them they having been shaken
A εκ των τοπων αυτω :[λ -] εκεινησαν
ℵ εκ των τοπων εκινησαν

Rev.6:15 και οι βασιλεις της γης και οι μεγιστανες1 και5 οι6 χιλιαρχοι7 και2 οι3
and the kings of the earth and the ones great and the chief captains/commanders of thousands and the ones
A και οι βασιλεις της : γης και οι μεγιστανες οι χιλιαρχοι : και οι
ℵ και οι βασιλεις της γης και οι μεγιστανες και οι χιλιαρχοι και οι

W&H πλουσιοι4 και8 οι ισχυροι ~~δυνατοι~~ ~~ισχυροι~~ και πας δουλος και ~~πας~~ ελευθερος
rich and the ones strong/mighty ~~powerful~~ ~~strong/mighty~~ and every slave and ~~every~~ free men
A πλουσιοι και οι ισχυροι και : πας δουλος και ελευθερος
ℵ πλουσιοι και ισχυροι και πας δουλος ┬

(1aor,act,ind,3p,pl)
κρυπτω
W&H εκρυψαν εαυτους εις τα σπηλαια και εις τας πετρας των ορεων
they hid themselves in the caves and in the rocks of the mountains
A εκρυψαν :40 εαυτους εις τα σπηλαια και εις : τας πετρας των ορεων
ℵ εκρυψαν εαυτους εις τα σπηλεα και εις τας πετρας τω ορεων

(pres,act,ind,3p,pl) hiatus hiatus (2aor,act,imper,2p,pl) (1aor,act,imper,2p,pl)
λεγω πιπτω κρυπτω
Rev.6:16 και λεγουσιν ~~λεγουσι~~ τοις ορεσιν ~~ορεσι~~ και ταις πετραις πεσετε εφ ημας και κρυψατε
and they say to the mountains and to the rocks you all fall upon us and you all hide
A και λεγου : σιν τοις ορεσιν και ταις πετραις πε : σατε εφ ημας και κρυψατε
ℵ και λεγουσι τοις ορεσιν και ταις πετραις πεσεται εφ ημας και κρυψεται

(pres,mid,ptc,gen,sing,masc)
καθημαι
W&H ημας απο προσωπου του καθημενου επι του θρονου και απο της οργης του αρνιου
us from face of the One sitting upon the throne and from the wrath of the Lamb
A ημας : απο προσωπου του καθημενου :45 επι του θρονου και απο της οργης : του αρνιου
ℵ ημας απο προσωπου του καθημενου επι τω θρονω και επι της οργης του αρνιου

(1aor,act,ind,3p,sing) (pres,pass,ind,3p,sing) (1aor,pass,infin)
ερχομαι δυναμαι ιστημι
Rev.6:17 οτι ηλθεν η ημερα η μεγαλη της οργης αυτων ~~αυτου~~ και τις δυναται σταθηναι
because she came the day the great of the wrath of them ~~of Him~~ and who he is able to be caused to stand
A οτι ηλθεν η ημερα η με : γαλη της οργης αυτων και τις δυναται : ταθηναι
ℵ οτι ηλθεν η ημερα η μεγαλη της οργης αυτω και τις δυναται σταθηναι

Revelation Chapter 7

(2aor,act,ind,1p,sing) (perf,pass,ptc,acc,pl,masc)
οραω ιστημι
Rev.7:1 ~~και~~ μετα τουτο ~~ταυτα~~ ~~τουτο~~ ειδον τεσσαρας αγγελους εστωτας επι τας τεσσαρας
~~and~~ after this ~~these (things)~~ ~~this~~ I saw four angels having been stood upon the four
A μετα τουτο ιδον τεσ : ~~σαρα~~ς αγγελους εστωτας επι τας τεσ :50 σαρας
ℵ και μετα τουτο ιδον δ αγγελους εστωτας επι τας τεσσαρας

(pres,act,ptc,acc,pl,masc) (pres,act,subj,3p,sing)
κρατεω πνεω
W&H γωνιας της γης κρατουντας τους τεσσαρας ανεμους της γης ινα μη πνεη
corners of the earth holding fast the four winds of the earth so that not he should blow
A γωνιας της γης κρατουντας τους : τεσσαρες ανεμους της γης ινα μη πνεη :
ℵ γωνιας της γης κρατουντας τους τεσσαρας ανεμους της γης ινα μη πνευση

W&H ανεμος επι της γης μητε επι της θαλασσης μητε επι παν δενδρον
a wind upon the earth neither upon the sea nor upon all/every tree
A ανεμος μητε επι θαλασσης μητε επι : δενδρου
א ανεμος επι της γης μητε επι της θαλασσης μητε επι παν δενδρον

(2aor,act,ind,1p,sing) (pres,act,ptc,acc,sing,masc) (pres,act,ptc,acc,sing,masc)
οραω αναβαινω εχω
Rev.7:2 και ειδον αλλον αγγελον αναβαινοντα απο ανατολης ηλιου εχοντα σφραγιδα θεου
and I saw another angel ascending from rising of sun having seal of God
A και ιδον αλλον αγγελον : αναβαινοντα απο ανατολων ηλιου :5 εχοντα σφραγιδα θυ
א και ειδον αλλον αγγελον αναβαινοντα απο ανατολης ηλιου εχοντα σφ αγιδα θυ

(pres,act,ptc,gen,sing,masc) (1aor,act,ind,3p,sing) (1aor,pass,ind,3p,pl) (1aor,act,infin)
ζαω κραζω διδωμι αδικεω
W&H ζωντος και εκραξεν φωνη μεγαλη τοις τεσσαρσιν αγγελοις οις εδοθη αυτοις αδικησαι
living and he cried out a voice great to the four angels to the ones it was given to them to hurt
A ζωντος και εκρα : ξεν φωνη μεγαλη τοις τεσσαρσιν αγγελοις : οις εδοθη αυτοις αδικησαι
א ζωντος και εκραξεν φωνη μεγαλη τοις τεσσαρες αγγελοις οις εδοθη αυτοις αδικησαι

W&H την γην και την θαλασσαν
the earth and the sea
A την γην : και την θαλασσαν :
א την γην και την θαλασσα

(1aor,act,subj,2p,pl) (pres,act,ptc,nom,sing,masc)
λεγω αδικεω
Rev.7:3 λεγων μη αδικησητε την γην μητε την θαλασσαν μητε τα δενδρα αχρι
saying not you all hurt the earth neither the sea nor the trees until
A λεγων μη αδικησητ- : την γην και την θαλασσαν μητε τα :10 ενδρα αχρι
א λεγων μη αδικησεται την γην μηδε την θαλασσαν μηδε τα δενδρα

(1aor,act,subj,1p,pl)
σφραγιζω
W&H ~~αχρις ου~~ σφραγισωμεν τους δουλους του θεου ημων επι των μετωπων αυτων
~~until~~ we should have sealed the slaves of the God of us upon the foreheads of them
A σφραγισωμεν τους δου : λους του θυ ημων επι των μετωπων : αυτων
א αχρις σφραγισωμεν τους δουλους του θυ ημων επι των με τωπων αυτων

(1aor,act,ind,1p,sing) (perf,pass,ptc,gen,pl,masc)
ακουω σφραγιζω
Rev.7:4 και ηκουσα τον ~~των~~ αριθμον ~~αριθμων~~ των εσφραγισμενων εκατον τεσσερακοντα
and I heard the ~~of the~~ number number of the ones having been sealed a hundred forty
A εκατον τεσσαρακοντα
א και ηκουσαν τον αριθμον των εσφραγισμενων εκατο τεσσερακοντα

(perf,pass,ptc,nom,pl,masc)
σφραγιζω
W&H τεσσαρες ~~ρμδ~~ χιλιαδες εσφραγισμενοι εκ πασης φυλης υιων ισραηλ
four ~~144~~ thousands having been sealed from out every/all tribe of sons of Israel
A χιλιαδες : εσφραγισμενοι εκ πασης φυλης : υιων ιηλ
א χιλιαδες εσφραγισμενοι εκ πασης φυλης υιων ισλ

(perf,pass,ptc,nom,pl,masc)
σφραγιζω
Rev.7:5 εκ φυλης ιουδα δωδεκα ~~ιβ~~ ~~δωδεκα~~ χιλιαδες εσφραγισμενοι εκ φυλης ρουβην
from out of tribe Juda/Judah twelve ~~12~~ ~~twelve~~ thousand having been sealed from out of tribe of Reuben
A εκ φυλης ιουδα δωδεκα χιλι :15 αδες εσφραγισμενοι εκ φυλης ρουβην :
א εκ φυλης ιουδα δωδεκα χιλιαδες εσφραγισμενοι εκ φυλης ρουβην

(perf,pass,ptc,nom,pl,masc) σφραγιζω

W&H δωδεκα ιβ ~~δωδεκα~~ χιλιαδες ~~εσφραγισμενοι~~ εκ φυλης γαδ δωδεκα ιβ ~~δωδεκα~~ χιλιαδες
twelve -12- ~~twelve~~ thousand ~~having been sealed~~ from out of tribe of Gad twelve -12- twelve thousand
A δωδεκα χιλιαδες εκ φυλης γαδ δω : δεκα χιλιαδες
א δωδεκα χιλιαδες

(perf,pass,ptc,nom,pl,masc) σφραγιζω

W&H ~~εσφραγισμενοι~~
~~having been sealed~~

(perf,pass,ptc,nom,pl,masc) σφραγιζω

Rev.7:6 εκ φυλης ασηρ δωδεκα ιβ ~~δωδεκα~~ χιλιαδες ~~εσφραγισμενοι~~ εκ φυλης νεφθαλιμ
from out of tribe of Aser/Asher twelve -12- twelve thousand ~~having been sealed~~ from out of tribe of Nephthalim
εκ φυλης ασηρ δωδεκα : χιλιαδες εκ φυλης νεφθαλιμ
א εκ φυλης ασηρ δωδεκα χιλιαδες εκ φυλης νεφθαλι

(perf,pass,ptc,nom,pl,masc) σφραγιζω

W&H ~~νεφθαλειμ~~ δωδεκα ιβ ~~δωδεκα~~ χιλιαδες ~~εσφραγισμενοι~~ εκ φυλης μανασση
~~Nepthalim~~ twelve -12- twelve thousand ~~having been sealed~~ from out of tribe of Manasse/Mannsses/Manasseh
A δωδεκα : χιλιαδες εκ φυλης μαννασση
א δωδεκα χιλιαδες εκ φυλης μανασση

(perf,pass,ptc,nom,pl,masc) σφραγιζω

W&H δωδεκα ιβ ~~δωδεκα~~ χιλιαδες ~~εσφραγισμενοι~~
twelve -12- twelve thousand ~~having been sealed~~
A δωδεκα :20 χιλιαδες
א δωδεκα χιλιαδες

(perf,pass,ptc,nom,pl,masc) σφραγιζω

Rev.7:7 εκ φυλης συμεων δωδεκα ιβ ~~δωδεκα~~ χιλιαδες ~~εσφραγισμενοι~~ εκ φυλης λευι
from out of tribe of Symeon/Simeon twelve -12- twelve thousand ~~having been sealed~~ from out of tribe of Levi
A εκ φυλης συμεων δωδεκα : χιλιαδες εκ φυλης λευι
א εκ φυλης λευει

(perf,pass,ptc,nom,pl,masc) σφραγιζω

W&H δωδεκα ιβ ~~δωδεκα~~ χιλιαδες ~~εσφραγισμενοι~~ εκ φυλης ισσαχαρ ~~ισαχαρ~~
twelve 12 twelve thousand ~~having been sealed~~ from out of tribe of Issachar ~~Issachar~~
A δωδεκα χιλιαδες : εκ φυλης ισσαχαρ
א δωδεκα χειλιαδες εκ φυλης ισσαχαρ

(perf,pass,ptc,nom,pl,masc) σφραγιζω

W&H δωδεκα ιβ ~~δωδεκα~~ χιλιαδες ~~εσφραγισμενοι~~
twelve 12 ~~twelve~~ thousand ~~having been sealed~~
A δωδεκα χιλιαδες :
א δωδεκα χιλιαδες

(perf,pass,ptc,nom,pl,masc) σφραγιζω

Rev.7:8 εκ φυλης ζαβουλων δωδεκα ιβ ~~δωδεκα~~ χιλιαδες ~~εσφραγισμενοι~~ εκ φυλης ιωσηφ
from out of tribe Zabulon/Zebulun twelve 12 twelve thousand ~~having been sealed~~ From out of tribe Joseph
A εκ φυλης ζαβουλων δωδεκα χιλιαδες : εκ φυλης ιωσηφ
א εκ φυλης ζαβουλω δωδεκα χιλιαδες εκ φυλης ιωσηφ

(perf,pass,ptc,nom,pl,masc)
σφραγιζω
W&H δωδεκα ιβ δωδεκα χιλιαδες εσφραγισμενοι εκ φυλης βενιαμιν δωδεκα ιβ δωδεκα
twelve 12 twelve thousand having been sealed from out of tribe Benjamin twelve 12 twelve
A δωδεκα χιλιαδες :25 εκ φυλης βενιαμιςιν δωδεκα
ℵ δωδεκα χειλιαδες εσφραγισμενοι εκ φυλης βενιαμι δωδεκα

(perf,pass,ptc,nom,pl,masc)
σφραγιζω
W&H χιλιαδες εσφραγισμενοι
thousand having been sealed
A χιλιαδες εσφραγισμενοι :
ℵ χειλιαδες

(2aor,act,ind,1p,sing) (2aor,mid,imper,2p,sing) (1aor,act,infin) (imperf,pass,ind,3p,sing) (imperf,act,ind,3p,sing,Att.)
οραω ειδον αριθμεω δυναμαι δυναμαι
Rev.7:9 μετα ταυτα ειδον και ιδου οχλος πολυς ον αριθμησαι αυτον ουδεις εδυνατο ηδυνατο
after these (things) I saw and you behold a crowd great which to number it no one he was able he was able
A μετα ταυτα ιδον και2 οχλον πολυν1 αρι3 : θμησαι αυτον ουδεις εδυνατο
ℵ μετα ταυτα ιδον και ιδου οχλος πολυς ος αριθμησαι αυτο ουδις εδυνατο

(imperf,pass,ind,3p,sing) (perf,act,ptc,nom,pl,masc)
δυναμαι ιστημι
W&H εδυνατο εκ παντος εθνους και φυλων και λαων και γλωσσων εστωτες ενωπιον
he was able from out every nation and tribes and peoples and tongues having been caused to stand before
A εκ παν : τος εθνους και φυλων και λαων : και γλωσσων εστωτες επι
ℵ εκ παντος εθνους και φυλων και λαων και γλωσσων εστωτες ενωπιο

(perf,pass,ptc,acc,pl,masc) (perf,pass,ptc,nom,pl,masc)
περιβαλλω περιβαλλω
W&H του θρονου και ενωπιον του αρνιου περιβεβλημενους περιβεβλημενοι στολας λευκας
the throne and before the Lamb having been clothed having been clothed (with) robes white
A του θρονου :30 και ενωπιον του αρνιου περιβεβλη : μενους στολας λευκας
ℵ του θρονου και ενωπιον του αρνιου περιβεβλημενους στολας λευκας

W&H και φοινικες εν ταις χερσιν αυτων
and palms in the hands of them
A και φοινικες : εν ταις χερσιν αυτων
ℵ και φοινικας εν ταις χερσιν αυτω

(pres,act,ind,3p,pl) (pres,act,ptc,nom,pl,masc) (pres,act,ptc,nom,pl,masc)
κραζω κραζω λεγω (dat) (gen) (dat) (gen) (dat)
Rev.7:10 και κραζουσιν κραζοντες φωνη μεγαλη λεγοντες η σωτηρια1 τω του7 θεω θεου8 θεω
and they cry out crying out with voice great saying the salvation to the of the God God God
A και κραζουσι : φωνη μεγαλη λεγοντες η σωτηρια [----- :
ℵ και κραζουσιν φωνη μεγαλη λεγοντες η σωτηρια τω θω

(pres,mid,ptc,dat,sing,masc)
(gen) καθημαι (dat) (gen)
W&H ημων9 τω2 καθημενω3 επι4 τω του5 θρονω θρονου6 και10 τω αρνιω
of us to the One sitting upon the the throne throne and to the Lamb
A ημων τω καθημενω επι τω θρο :35 νω και τω αρνιω
ℵ ημων ┬ επι τω θρονω και τω αρνιω εις τους αιωνας των αιωνων αμη
(into the eaons of the eaons amen)

(plupf,act,ind,3p,pl) (plupf,act,ind,3p,pl) (plupf,act,ind,3p,pl)
ιστημι ιστημι ιστημι
Rev.7:11 και παντες οι αγγελοι ειστηκεισαν ειστηκεσαν ειστηκεισαν κυκλω του θρονου
and all the angels had having stood had having stood had having stood around the thrown
A και παντες οι αγγε : λο – στηκεισαν κυκλω του θρονου :
ℵ και παντες ┬ αγγελοι ιστηκισαν κυκλω του θρονου

(1aor,act,ind,3p,pl) (2aor,act,ind,3p,pl)
πιπτω πιπτω
W&H και των πρεσβυτερων και των τεσσαρων ζωων και επεσαν ~~επεσον~~ ενωπιον του θρονου
and the elders and the four living ones and they fell ~~they fell~~ before the throne
A και των πρεσβυτερων και των τες:σαρων ζωων και επεσαν ενωπιον:του θρονου
ℵ και των πρεσβυτερων και των τεσσαρω ζωων και επεσα ενωπιον του θρονου

(1aor,act,ind,3p,pl)
προσκυνεω
W&H επι τα προσωπα ~~προσωπον~~ αυτων και προσεκυνησαν τω θεω
upon the faces ~~faces~~ of them and they worshiped the God
A επι τα προσωπα αυτων :40 και προσεκυνησαν τω θεω
ℵ επι τα προσωπα αυτων και προσεκυνησαν τω θω

(pres,act,ptc,nom,pl,masc)
λεγω
Rev.7:12 λεγοντες αμην η ευλογια και η δοξα και η σοφια και η ευχαριστια και η τιμη και η
saying amen the blessing and the glory and the wisdom and the thanksgiving and the honor and the
A λεγοντες: αμη-- ευλογια και η δοξα και η ευχα:ριστια και η τιμη και η
ℵ λεγοντες αμην η ευλογια και η δοξα και η σοφια και ┬ ευχαριστια και η τιμη και η

W&H δυναμις και η ισχυς τω θεω ημων εις τους αιωνας των αιωνων [αμην]
power and the strengh to the God of us into the eons of the eons amen
A δυναμις: και η ισχυς τω θω ημων εις τους: αι---- των α-ω-ων αμην :45
ℵ δυναμις και η ισχυς τω θω ημων εις τους αιωνας των αιωνων αμην

(1aor,pass,ind,3p,sing) (perf,act,ptc,nom,pl,masc)
αποκρινομαι περιβαλλω
Rev.7:13 και απεκριθη εις εκ των πρεσβυτερων λεγων μοι ουτοι οι περιβεβλημενοι τας
and he did answer one from out of the elders saying to me these the ones having been clothed with the
A κα- α- - - --θη εις εκ των πρεσβυτερων: λεγων -οι ουτοι οι περιβε----------οι:
ℵ και απεκριθη εις τω πρεσβυτερων λεγων μοι ουτοι οι περιβεβλημενοι τας

(pres,act,ind,3p,pl) (2aor,act,ind,3p,pl)
ειμι hiatus ερχομαι
W&H στολας τας λευκας τινες εισιν ~~εισι~~ και ποθεν ηλθον
robes the white who they are and whence/from where they came
A τ-λας τας λευκας τινες εισιν : κ -- ------ν ηλθον
ℵ τολας τας λευκας τινες εισιν και ποθεν ηλθον

(perf,act,ind,1p,sing) (2aor,act,ind,1p,sing) (2 perf,act,ind,2p,sing) (2aor,act,ind,3p,sing) (pres,act,ind,3p,pl)
ειπον λεγω οιδα λεγω hiatus ειμι
Rev.7:14 και ειρηκα ~~ειπον~~ αυτω κυριε μου συ οιδας και ειπεν ~~ειπε~~ μοι ουτοι εισιν
and I having said ~~I said~~ to him lord of me you you have known and he said to me these they are
A και ειρηκα αυτω -- --- -υ οιδας: και ειπεν μοι ουτοι εισιν
ℵ και ειρηκα αυτω κε μου συ οιδας και ειπεν ουτοι εισιν

(pres,mid,ptc,nom,pl,masc) (1aor,act,ind,3p,pl)
ερχομαι πλυνω
W&H οι ερχομενοι εκ της θλιψεως της μεγαλης και επλυναν τας στολας αυτων και
the ones coming from out of the tribulation the great and they washed the robes of them and
A οι ερχομε:1νοι ακς θλιψεως μεγαλης και επλυ:ναν τας στολας αυτων και
ℵ οι ερχομενοι εκ της θλιψεως της μεγαλης και επλυναν τας στολας αυτων και

(1aor,act,ind,3p,pl)
λευκαινω
W&H ελευκαναν αυτας εν τω αιματι του αρνιου
they made white them in the blood of the Lamb
A ελευκα: ναν αυτας εν τω αιματι του αρνιου :
ℵ ελευκαναν αυτας ε τω αιματι του αρνιου

(pres,act,ind,3p,pl) ειμι — (pres,act,ind,3p,pl) λατρευω

Rev.7:15 δια τουτο εισιν ενωπιον του θρονου του θεου και λατρευουσιν αυτω ημερας και
on account of this they are before the throne of the God and they worship Him day and
A δια τουτο ειcιν ενωπιον του θρο:5νου του θυ και λατρευουcιν αυτω: ημεραc και
א δια τουτο ειcιν ενωπιον του θρονου του θυ και λατρευουcιν αυτω ημεραc και

(pres,mid,ptc,nom,sing,masc) καθημαι — (fut,act,ind,3p,sing) σκηνοω

W&H νυκτος εν τω ναω αυτου και ο καθημενος επι του ~~τω~~ θρονου σκηνωσει επ
night in the temple of Him and the One sitting upon the ~~the~~ throne He will live/spread tent over
A νυκτοc εν τω ναω αυτου: και ο καθημενοc επι του θρονου: cκηνωcει επ
א νυκτοc εν τω ναω αυτου και ο καθημενοc επι του θρονου γινωcκει

(fut,act,ind,3p,pl) πειναω — (fut,act,ind,3p,pl) διψαω — (2aor,act,subj,3p,pl) πιπτω

Rev.7:16 αυτους ου πεινασουσιν ετι ουδε διψησουσιν ετι ουδε μη πεση επ αυτους
them not they will hunger still nor they will thirst still and not not/certainly not they might fall upon them
A αυτουc ου πιναcου:cιν ετι ουδε μη διψηcουcιν ετι:10 ουδε μη πεcη επ αυτουc
א αυτουc ου πιναcουcιν ουδε διψαcουcιν ετι ουδε μη πεcη επ αυτουc

W&H ο ηλιος ουδε ~~ουδ'~~ παν καυμα
the sun nor ~~nor~~ any heat
A ο ηλιοc ουδε: παν καυμα
א ο ηλιοc ετι ουδε παν καυμα

(fut,act,ind,3p,sing) ποιμαινω — (fut,act,ind,3p,sing) οδηγεω

Rev.7:17 οτι το αρνιον το ανα μεσον ~~αναμεσον~~ ~~μεσον~~ του θρονου ποιμανει αυτους και οδηγησει
because the Lamb the One in midst ~~in midst~~ in midst of the throne He will shepherd them and He will lead
A οτι το αρνιον το ανα με:cον του θρονου ποιμανει αυτουc:και οδηγηcει
א οτι το αρνιον το ανα μεcον του θρονου ποιμανει αυτουc και οδηγηcει

(pres,act,ptc,acc,pl,fem) ζαω — (fut,act,ind,3p,sing) εξαλειφω

W&H αυτους επι ζωης ~~ζωσας~~ ~~ζωης~~ πηγας υδατων και εξαλειψει ο θεος παν δακρυον
them upon life ~~living~~ ~~of life~~ foundations of waters and He will wipe away the God every tear
A αυτουc επι ζωηc πη:γαc υδατων και εξαλιψει ο θc παν:15 δακρυον
א αυτουc επι ζωηc πηγαc ϋδατων και εξαλιψει ο θc παν δρακυον

W&H εκ ~~απο~~ των οφθαλμων αυτων
from out ~~from~~ of the eyes of them
A εκ των οφθαλμων αυτων:
א απο των οφθαλμων αυτων

Revelation Chapter 8

(1aor,act,ind,1p,sing) ανοιγω hiatus — (2aor,mid,ind,3p,sing) γινομαι

Rev.8:1 και οταν ~~οτε~~ ηνοιξεν ~~ηνοιξε~~ την σφραγιδα την εβδομην εγενετο σιγη εν τω ουρανω
and whenever ~~when~~ He opened the seal the seventh she became silent in the heaven
A και οταν ηνοιξεν την cφραγιδα την: εβδομην εγενετο cιγη εν τω ου:νω
א και οτε ηνοιξεν την cφραγιδα την εβδομην εγενετο cιγη εν τω ουνω

W&H ως ημιωριον
as/about half an hour
A ωc ειμιωρον
א ωc ειμιωριον

(2aor,act,ind,1p,sing) οραω ... (perf,act,ind,3p,pl) ιστημι ... hiatus ... (1aor,pass,ind,3p,pl) διδωμι

Rev.8:2 και ειδον τους επτα αγγελους οι ενωπιον του θεου εστηκασιν ~~εστηκασι~~ και εδοθησαν
And I saw the seven angels the ones before the God they have stood and they were given
A και ιδον τους : επτα αγγελους οι ενωπιον του θυ : εστηκασιν και εδοθη
א και ιδον τους επτα αγγελους οι ενωπιον του θυ εστηκασιν και εδοθηςα

W&H αυτοις επτα σαλπιγγες
to them seven trumpets
A αυτοις επτα : σαλπιγγες
א αυτοις επτα σαλπιγγες

(2aor,act,ind,3p,sing) ερχομαι (1aor,pass,ind,3p,sing) ιστημι ... (pres,act,ptc,nom,sing,masc) εχω

Rev.8:3 και αλλος αγγελος ηλθεν και εσταθη επι του θυσιαστηριου εχων λιβανωτον
And another angel he came and he was caused to stand upon/at the altar having a censor
A και αλλος αγγελος : ηλθεν και εσταθη επι το θυσιαστη : ριον εχων λιβανωτον
א και αλλος αγγελος ηλθεν και εσταθη επι του θυσιαστηριου εχων λιβανωτον

(1aor,pass,ind,3p,sing) διδωμι ... (fut,act,ind,3p,sing) διδωμι (1aor,act,subj,3p,sing) διδωμι

W&H χρυσουν και εδοθη αυτω θυμιαματα πολλα ινα δωσει ~~δωση~~ ταις προσευχαις
golden and it was given to him incense much so that he will give ~~he should give~~ *(it)* to the prayers
A χρυσουν : και εδοθη αυτω θυμιαματα πολλα : ινα δωσει ταις προσευχαις
א χρυσου και εδοθη αυτω θυμιαματα πολλα ινα δωσει ταις προσευχαις
P[115] [Verso of P[115] beginning again after 6:7 due to loss of one leaf] ινα] δω[σε]ι τα[ις προσευχαις

W&H των αγιων παντων επι το θυσιαστηριον το χρυσουν το ενωπιον του θρονου
of the holy ones all upon/at the altar the one golden the one before the throne
A των : αγιων παντων επι το θυσιαστη : ριον το χρυσουν το ενωπιον του : θρονου
א των αγιω παντων επι το θυσιαστηριον το χρυσουν ενωπιον του θρονου
P[115] των αγιω παντων ε : πι τ]ο θυσια[σ]τηρ[ιον το χρυσουν ενωπιον του θρο : νου

(2aor,act,ind,3p,sing) αναβαινω

Rev.8:4 και ανεβη ο καπνος των θυμιαματων ταις προσευχαις των αγιων εκ χειρος του
and he went up the smoke of the incenses with the prayers of the holy ones from out hand of the
A και ανεβη ο καπνος των : θυμιαματων ταις προσευχαις των : αγιων εκ χειρος του
א και αναβη καπνος των θυμιαματων ταις προσευχαις των αγιων εκ χιρος του
P[115] και αναβ[η καπνος των θυμιαματων ταις : προσευχαις τω[ν αγιων εκ χειρος του

W&H αγγελου ενωπιον του θεου
angel before the God
A αγγελου ενω : πιον του θυ
א αγγελου ενωπιον του θυ
P[115] αγγελου ενω : πιον του θυ

(perf,act,ind,3p,sing) λαμβανω ... (1aor,act,ind,3p,sing) γεμιζω *(masc)* *(neut)*

Rev.8:5 και ειληφεν ο αγγελος τον λιβανωτον και εγεμισεν αυτον ~~αυτο~~ εκ του πυρος του
and he has taken the angel the censer and he filled him ~~it~~ from out of the fire of the
A και ειληφεν ο αγγελος : τον λιβανωτον και εγεμισεν αυ : τον εκ του πυρος του
א και ειληφεν ο αγγελος το λιβανωτον και εγεμισεν αυτον εκ του πυρος του
P[115] και ειληφεν ο αγγελος τον λιβανω : τον και εγ[εμισεν αυτον εκ του πυρος του

(2aor,act,ind,3p,sing) βαλλω ... (2aor,mid,ind,3p,pl) γινομαι

W&H θυσιαστηριου και εβαλεν εις την γην και εγενοντο$_1$ βρονται$_4$ και$_3$ φωναι$_2$ και$_5$
Altar and he threw to the earth and they happened thunder and sounds and
A θυσιαστηριου : και εαλβεν εις την γην και εγενον : το βρονται και$_1$ φω : ναι$_4$ και$_3$
א θυσιαστηριου και εβαλεν εις την γη και εγενοντο βροται και φωναι και
P[115] θυσια : στηριου και εβαλ[εν εις την γην και εγενοντο βρον : ται κα[ι] φωναι κα[ι]

W&H αστραπαι και σεισμος
lightings and an earthquake
A αστραπαι2 και5 cισμοc
ℵ αcτραπαι και cειcμοc
P 115 [α]c[τραπαι] και cειcμοc

(pres,act,ptc,nom,pl,masc) εχω; (1aor,act,ind,3p,pl) ετοιμαζω

Rev.8:6 και οι επτα αγγελοι οι ~~οι~~ εχοντες τας επτα σαλπιγγας ητοιμασαν αυτους ~~εαυτους~~
and the seven angels the ones ~~the ones~~ having the seven trumpets they made ready themselves ~~themselves~~
A και οι επτα αγγελοι οι : εχοντεc ταc επτα cαλπιγγαc : ητοιμαcαν αυτουc
ℵ και οι επτα αγγελοι εχοντεc ταc επτα cαλπιγγαc ητοιμαcαν αυτουc
P 115 και οι ζ : αγ[γελοι] οι εχοντεc τα[c ζ cαλπιγγαc ητοιμαcαν: εα[υτουc

(1aor,act,subj,3p,pl) σαλπιζω; hiatus

W&H ινα σαλπισωσιν ~~σαλπισωσι~~
so that they could sound a trumpet
A ινα cαλπιcωcιν :
ℵ ινα cαλπιcωcιν
P 115 ινα cαλ]πιcω[cιν

(1aor,act,ind,3p,sing) σαλπιζω; hiatus; (2aor,mid,ind,3p,pl) γινομαι; (perf,pass,ptc,nom,sing,neut) μιγνυμι

Rev.8:7 και ο πρωτος ~~αγγελος~~ εσαλπισεν ~~εσαλπισε~~ και εγενετο χαλαζα και πυρ μεμιγμενα
and the first ~~angel~~ he trumpeted and they happened hail and fire having been mixed
A και ο πρωτοc εcαλπιcεν και εγε : 40 νετο χαλαζα και πυρ μεμιγμενα :
ℵ και ο πρωτοc εcαλπιcεν και εγενετο χαλαζα και πυρ μεμιγμενον
P 115 και ο πρωτοc αγγελοc : εcαλπιcεν και εγ]ενετ[ο χαλαζα και πυρ μεμιγμε : [να

(1aor,pass,ind,3p,pl) βαλλω; (2aor,pass,ind,3p,sing) κατακαιω

W&H εν ~~εν~~ αιματι και εβληθη εις την γην και το τριτον της ~~της~~ γης ~~γης~~ κατεκαη
in ~~in~~ blood and they were cast to the earth and the third of the ~~of the~~ earth ~~earth~~ she was burned
A εν αιματι και εβληθη ειc την γην : και το τριτον τηc γηc κατεκαη :
ℵ εν αιματι και εβληθη ειc τη γην και το τριτον τηc γηc κατεκαη
P 115 εν αιματι και εβληθη ειc την γην και το τριτον] : τηc γηc κατεκαη]

(2aor,pass,ind,3p,sing) κατακαιω; (2aor,pass,ind,3p,sing) κατακαιω; (2aor,pass,ind,3p,sing) κατακαιω

W&H ~~κατεκαη~~ και το τριτον των2 δενδρων κατεκαη και πας χορτος χλωρος κατεκαη
~~she was burned~~ and the third of the trees it was burned and all grass green he was burned
A και το τριτον των δενδρων κατ : εκαη και παc χορτοc χλωροc κατ : 45 εκαη
ℵ και το τριτον των δενδρων κατεκαη και παc χορτοc χλωροc κατεκαη
P 115 κα[ι το] τριτον τω[ν δενδρων κατε : καη και παc χ]ορτοc [χλ]ωροc [κατεκαη

(1aor,act,ind,3p,sing) σαλπιζω; (pres,pass,ptc,nom,sing,neut) καιω; (1aor,pass,ind,3p,siing) βαλλω

Rev.8:8 και ο δευτερος αγγελος εσαλπισεν και ως ορος μεγα πυρι καιομενον εβληθη
and the second angel he trumpeted and as a mountain large with fire being burned it was cast
A και ο δευτεροc αγγελοc : εcαλπιcεν και ωc οροc μεγα πυ : ρι καιομενον εβληθη
ℵ και ο δευτεροc εcαλπιcεν και ωc οροc μεγα πυρι καιομενον εβληθη
P 115 και ο δευτε : ροc αγγελοc εc]αλπι[cεν] και [ωc οροc μεγα πυρι και : [8 lines missing]

(2aor,mid,ind,3p,pl) γινομαι

W&H εις την θαλασσαν και εγενετο το τριτον της θαλασσης αιμα
into the sea and she became the third of the sea blood
A ειc την : θαλαccαν και εγενετο το τριτον : τηc θαλαccηc αιμα
ℵ ειc την θαλαccαν και εγενηθη το τριτον τηc θαλαccηc αιμα

(2aor,act,ind,3p,sing) αποθνησκω; hiatus; (pres,act,ptc,nom,pl,neut) εχω

Rev.8:9 και απεθανεν ~~απεθανε~~ το τριτον των κτισματων των εν τη θαλασση τα εχοντα
and it died the third of the creatures of the ones in the sea the ones having
A και απεθανεν : το τριτον των κτιcματων τω- εν τη θαλαccη τα εχοντα
ℵ και απεθανε το τριτο μεροc των κτιcματων των εν τη θαλαccη τα εχοντα

(2aor,pass,ind,3p,pl)
διαφθειρω
W&H ψυχας και το τριτον των πλοιων διεφθαρησαν
souls/lives and the third of the ships having been destroyed
A ψ : και το τριτον των πλοιων -------: ρησαν
א ψυχην και το τριτον των πλοιων διεφθαρησαν

(1aor,act,ind,3p,sing) (2aor,act,ind,3p,sing) (pres,pass,ptc,nom,sing,masc)
σαλπιζω πιπτω καιω
Rev.8:10 και ο τριτος αγγελος εσαλπισεν και επεσεν εκ του ουρανου αστηρ μεγας καιομενος
and the third angel he trumpeted and he fell from out of the heaven a star great burning
A και ο τριτος αγγ ---- : εσαλπισεν και επεσεν εκ του -------- : αστηρ μεγας καιομενος
א και ο τριτος αγγελος εσαλπισεν και επεσεν εκ του ουνου αστηρ μεγας καιομενος

(2aor,act,ind,3p,sing)
πιπτω
W&H ως λαμπας και επεσεν επι το τριτον των ποταμων και επι τας πηγας των υδατων
as a lamp and he fell upon the third of the rivers and upon the springs of the waters
A ω ---- : πας και επεσεν επι το τριτον ---- : ποταμων
א ως λαμπας και επεσεν επι το τριτον των ποταμων και επι τας πηγας των ϋδατων

(pres,pass,ind,3p,sing) (2aor,mid,ind,3p,pl)
λεγω γινομαι
Rev.8:11 και το ονομα του αστερος λεγεται ο αψινθος και εγενετο το τριτον των
and the name of the star he being called the Wormwood/Absinthium and it became the third of the
A και το ονομα του α--- : ρος λεγεται ο αψινθος και εγε----- :το το τριτον των
א και το ονομα του αστερος λεγεται αψινθιον και λεγεται και εγενετο το τριτον των
Ꝑ 115 [from Verso Ꝑ115 begins again after 8 missing lines] αψινθος και εγενετο το τρι]τον τω[ν

(2aor,mid,ind,3p,pl)
αποθνησκω
W&H υδατων εις αψινθον και πολλοι των ανθρωπων απεθανον εκ των υδατων οτι
waters into Wormwood and many of the men they, themselves, died from the water because
A υδατων εις α-------:10 και πολλοι των ανων απεθανο- : επι των υδατων οτι
א υδατων εις αψινθιον και πολλοι των ανων απεθανον εκ των υδατων οτι
Ꝑ 115 υδατων εις : αψινθιον και πολλοι τω]ν ανων [απεθανον εκ : των υδατων οτι

(1aor,pass,ind,3p,pl)
πικραινω
W&H επικρανθησαν
they became bitter
A επικρανθη --- :
א επικρανθησαν
Ꝑ 115 επι]κρανθη[σαν

(1aor,act,ind,3p,sing) (2aor,pass,ind,3p,sing)
σαλπιζω πλησσω
Rev.8:12 και ο τεταρτος αγγελος εσαλπισεν και επληγη το τριτον του ηλιου και το τριτον
and the fourth angel he trumpeted and it was struck the third of the sun and the third
A και ο τεταρτος αγγελος εσαλπισε - : και επληγη το τριτον του ηλιου : και το τριτον
א και ο τεταρτος αγ : γελος εσαλπισεν και επληγη το τριτον του ηλιου και το τριτον
Ꝑ 115 και ο τεταρτος αγ : γελος εσαλπισεν και ε]πληγη το τ[ριτον του ηλιου : και το τριτον

(1aor,pass,subj,3p,sing)
σκοτιζω
W&H της σεληνης και το τριτον των αστερων ινα σκοτισθη το τριτον αυτων και η
of the moon and the third of the stars so that she should be darkened the third of them and the
A της σεληνης και --:15 τριτον των αστερων ινα σκοτι : σθη το τριτον αυτων και η
א της σεληνης και το τριτον των αστερων ινα σκοτισθη το τριτον αυτων και η
Ꝑ 115 των ασ]τερων [ι]ν[α σκοτισθη το : τριτον αυτων και η

(2aor,pass,subj,3p,sing)
φαινω
W&H ημερα μη φανη το τριτον αυτης και η νυξ ομοιως
day not she might appear the third of her and the night likewise
A ημερα : μη φανη τοτε τρτον αυτης και : η νυξ ομοιως
א ημερα μη φανη το τριτον αυτης και η νυξ ομοιως
Ꝑ 115 η]μερα [μη φανη το τριτον αυτης : [και η νυξ ομοιως

(2aor,act,ind,1p,sing) (1aor,act,ind,1p,sing) (pres,mid,ptc,gen,sing,masc) (pres,mid,ptc,gen,sing,masc)
οραω ακουω πετομαι πετοαμαι
Rev.8:13 και ειδον και ηκουσα ενος αετου ~~αγγελου~~ ~~αετου~~ πετομενου ~~πετωμενου~~ εν
and I saw and I heard one eagle ~~angle~~ ~~eagle~~ flying ~~flying~~ in
A και ιδον και ηκουσα: ενος αετου πετομενου εν
ℵ και ειδο και ηκουσα αετου πετομενου
P 115 και ειδο και ηκουσα ενος α]:ετου πε[τομενου εν

(pres,act,ptc,gen,sing,masc) (pres,act,ptc,acc,pl,masc)
λεγω κατοικεω
W&H μεσουρανηματι λεγοντος φωνη μεγαλη ουαι ουαι ουαι τους κατοικουντας
mid-heaven saying with voice great woe woe woe the ones dwelling
A μεσου:ρανηματι λεγοντος φωνη μεγαλη:20 ουαι ουαι ουαι τοις κατοικουςιν:
ℵ μεσουρανηματι λεγοντος φωνη μεγαλη ουαι ουαι ουαι τουc κατοικουνταc
P 115 μεσουρανηματι λεγοντος:φωνη μεγαλη ουαι ουαι ουαι τοιc κατοικουcιν

(pres,act,ptc,dat,pl,masc)
κατοικεω
W&H ~~κατοικουσιν~~ επι της γης εκ των λοιπων φωνων της σαλπιγγος των τριων αγγελων
~~dwelling~~ upon the earth from out of the remaining voices of the trumpets of the three angels
A επι τηc γηc εκ των λοιπων φωνων:της cαλπιγγοc των τριων αγγελω:
ℵ επι τηc γηc εκ των λοιπων φωνων τηc cαλπιγγοc των τριων αγγελων
P 115 ε:πι τη[c γηc εκ των λοιπων φωνων τηc cαλπιγ:γοc τ[ων γ αγγελων

(pres,act,ptc,gen,pl,masc) (pres,act,inf)
μελλω σαλπιζω
W&H των μελλοντων σαλπιζειν
the ones being about to trumpet
A των μελλοντων cαλπιζειν:25
ℵ των μελλοντων cαλπιζειν
P 115 των μελλοντων cαλπιζειν

Revelation Chapter 9

(1aor,act,ind,3p,sing) (2aor,act,ind,1p,sing)
σαλπιζω οραω
Rev.9:1 και ο πεμπτος αγγελος εσαλπισεν ~~εσαλπισε~~ και ειδον αστερα εκ του ουρανου
and the fifth angel he trumpeted and I saw a star from out of the heaven
A και ο πεμπτοc αγγελοc εcαλπιcεν: και ιδον αcτερα εκ του ουνου
ℵ και ο πεμπτοc αγγελοc εcαλπιcεν και ειδον αcτεραc εκ του ουνου
P 115 Recto και:ο πεμπτοc αγγελοc εcαλπιcεν και ει]δον αcτερα [εκ του ουνου

(perf,act,ptc,acc,sing,masc) (1aor,pass,ind,3p,sing)
πιπτω διδωμι
W&H πεπτωκοτα εις την γην και εδοθη αυτω η κλεις του φρεατος της αβυσσου
having fallen to the earth and she was give to him the key of the shaft of the abyss
A πεπτω:κοτα ειc την γην και εδοθη αυτω:η κλιc του φρεατοc τηc αβυccου:
ℵ πεπτωκοταc ειc την γην και εδοθη αυτω η κλιc του φρεατοc τηc αβυccου
P 115 πεπτωκοτα ειc την γη]ν και εδοθη: αυτω η κλειc του φρεατοc τηc α]βυccου

(1aor,act,ind,3p,sing) (2aor,act,ind,3p,sing)
ανοιγω hiatus αναβαινω
Rev.9:2 και ηνοιξεν ~~ηνοιξε~~ το φρεαρ της αβυσσου και ανεβη καπνος εκ του φρεατος ως
and he opened the shaft/pit of the abyss and he came up smoke from out of the shaft/pit as
A και ηνοιξεν το φρεαρ τηc αβυccου:30 και ανεβη καπνοc εκ του φρεατοc:
ℵ και ανεβη καπνοc επι του φρεατοc ωc
P 115 και η[νοι:ξε το φρεαρ τηc αβυccου και α]νεβη καπ:νοc εκ του φρεατοc ωc
P 0207 και ηνοιξετο: φρεαρ τηc αβυc:cου και α[νε]βη: εκ του φρεατοc:ωcει

			(pres,pass,ptc,gen,sing,fem) καιω		(1aor,pass,ind,3p,sing) σκοτοω	(1aor,pass,ind,3p,sing) σκοτιζω		
W&H	καπνος	καμινου	~~καιομενης~~	μεγαλης	και εσκοτωθη	~~εσκοτισθη~~	ο ηλιος	και ο αηρ
	smoke	of a furnace	~~being burn~~	great	and he was darkened	~~he was darkened~~	the sun	and the air
	καπνος	καμινου		μεγαληc	και εσκο:τωθη		ο ηλιος	και ο αηρ
ℵ	καμινοc	καμινου		μεγαληc	και εσκοτιcθη		ο ηλιοc	και ο αηρ
P 115	καπνοc]	κ[α]μεινου		με:γαληc	και εσκοτιcθη		ο ηλιοc	και ι α]ηρ
P 0207	καπνοc	καμεινου		μεγα:ληc	και εσκο:τωθη		ο ηλιοc :	και ι ανηρ

W&H	εκ	του	καπνου	του	φρεατος
	from out of the		smoke	of the	shaft/pit
A	εκ	του	καπνου :	του	φρεατος
ℵ	εκ	του	καπνου	του	φρεατοc
P 115	εκ	του :	καπνου	του	φρεατοc
P 0207	απο	του	καπνου	του	θρεατοc

					(2aor,act,ind,3p,pl) εξερχομαι						(1aor,pass,ind,3p,sing) διδωμι		
Rev.9:3	και	εκ	του	καπνου	εξηλθον	ακριδες	εις	την	γην	και	εδοθη	αυταις	εξουσια
	and	from out of the		smoke	they came out	locusts	into	the	earth	and	she was given	to them	authority/power
A	και	εκ	του	καπνου :	εξηλθον	ακριδεc	εις	την	γην	και :35	εδοθη	αυταιc	εξουcια
ℵ	κ(αι)	εκ	του	καπνου	εξηλθον	ακριδεc	ειc	την	γην	και	εδοθη	αυτοιc	εξουcια
P 115	και	εκ	το]υ	καπνου	εξηλ:θον	ακριδεc	ειc	την	γην]	και	εδοθη	[α]υτοιc	ε:ξουcια
P 0207	και	εκ :	του	καπνου	ε:ξηλθον	ακριδεc :	ειc	την	γην :	και	εδοθη	αυταιc :	εξουcια

		(pres,act,ind,3p,pl) εχω				
W&H	ως	εχουσιν	εξουσιαν	οι σκορπιοι	της	γης
	as	they have	authority/power	the scorpions	of the	earth
A	ωc	εχουcιν :	εξουcιαν	οι cκορπιοι	τηc	γηc :
ℵ	ωc	εχουcιν	εξουcιαν	οι κορπιοι	τηc	γηc
P 115	ωc	εχουcιν	εξ]ουcιαν	οι cκο[ρπιο]ι	τηc :	γηc
P 0207	ωc	ε : χουcιν	εξ]ουcι:αν	οι cκορπιοι :	τηc	γηc

		(1aor,pass,ind,3p,pl) ειπον				(fut,act,ind,3p,pl) αδικεω	(1aor,act,subj,3p,pl) αδικεω hiatus			
Rev.9:4	και	ερρεθη	αυταις	ινα	μη	αδικησουσιν	~~αδικησωσιν αδικησωσι~~	τον	χορτον	της γης
	and	it was told	to them	so that	not	they will harm	~~they should harm~~	the	grass	of the earth
A	και	ερρεθη	αυταιc	ινα	μη	αδικηcου:cιν		τον	χορτον	τηc γηc
ℵ	και	ερρεθη	αυτοιc	ινα	μη	αδικηcωcιν		τον	χορτον	τηc γηc
P 115	κ[αι]	ερ:ρειθη	αυτ[αιc	ινα :	μη	αδικηcου[cιν :		τον	χορτον	τηc:γηc

W&H	ουδε	παν	χλωρον	ουδε	παν	δενδρον	ει μη	τους	ανθρωπους	~~μονους~~	οιτινες
	and not/nor	all/every	green *(thing)*	and not/nor	all/every	tree	if not/ except	the	men	~~only~~	the ones who
A	ουδε	παν :	χλωρον	ουδε	παν	δενδρον	ει μη :40	τουc	ανθυc		οιτινεc
ℵ	ουδε				παν	δενδρον	ει μη	τουc	ανθρωπουc		οιτινεc
P 115	ουδε]	παν	[χλωρον	ουδε	παν :	[δενδρον	ει μη	τουc	ανουc		οιτινεc
P 0207	μηδε	παν :	χλωρον	μηδε:	παν	δενδρον :	ει μη	τουc	αν:θρωπουc		οιτι:νεc

		(pres,act,ind,3p,pl) εχω							
W&H	ουκ	εχουσιν	την	σφραγιδα	του	θεου	επι	των	μετωπων ~~αυτων~~
	not	they have	the	seal	of the	God	upon	the	forehead ~~of them~~
A	ουκ	εχουcιν :	την	cφραγιδα	του	θυ	επι	των	με:τωπων
ℵ	ουκ	εχουcιν	την	cφραγιδα	του	θυ	επι	των	μετωπων
P 115	ουκ	εχουcι]	την	cφραγιδα]	του	θ[υ	επι	των	μετωπων
P 0207	ουκ	εχουcι :	την	cφραγιδα :	του	θυ	επι	του :	μετωπου αυτων :

(pres,act,subj,3p,pl) αποκτεινω — (fut,pass,ind,3p,pl) βασανιζω

Rev.9:5 και εδοθη αυταις ινα μη αποκτεινωσιν αυτους αλλ ινα βασανισθησονται
and it was given to them so that not they could kill them but so that they will be tortured
A και εδοθη αυτοις ινα μη : αποκτεινωσιν αυτους αλλ ινα β- : σανισθησονται
ℵ και εδοθη αυτοις ινα μη αποκτινωσιν αυτους αλλ ινα βασανισθησονται
P 115 και : εδοθη αυτοις ιν[α μη αποκ[τεινωσιν αυτους αλλ : ινα βασανισ]θω[σι]
P 0207 και εδοθη αυταις : ινα μη αποκτει : νωσιν αυτους : αλλ ινα βασανι : σθησονται

(1aor,pass,subj,3p,pl) βασανιζω — hiatus

W&H ~~βασανισθωσιν~~ ~~βασανισθωσι~~ μηνας πεντε και ο βασανισμος αυτων : ως βασανισμος
~~they might be torture~~ months five and the torture of them as torture
A μηνας πεντ- :45 και ο βασανισμος αυτων ως βασ- : νισμος
ℵ μηνας πετε και ο βασανισμος αυτων ως βασανισμος
P 115 μην[ας] ε και ο βασανισμος αυτων ως [P115 *has 7 lines missing*]
P 0207 μη : νας ε και ο βα : σανισμος αυτων : ως βασανισμος :

(1aor,act,subj,3p,sing) παιω

W&H σκορπιου οταν παιση ανθρωπον
of a scorpion when he should strikes/stings a man
A σκορπιου οταν πεση :
ℵ σκορπιου οταν πεση ανον
P 0207 σκορπιου οταν : παιση ανον

(fut,act,ind,3p,pl) ζητεω

Rev.9:6 και εν ταις ημεραις εκειναις ζητησουσιν οι ανθρωποι τον θανατον και ου μη ~~ουχ ου μη~~
and in the days those they will seak the men the death and not not/certainly not ~~not not not~~
A και εν ταις ημεραις εκειναις ζη------: σιν οι ανοι τον θανατον και ο- : μη
ℵ και εν ταις ημεραις εκειναις ζητησουσι οι ανοι τον θανατον και ου μη
P 0207 και εν ταις ημεραις : εκειναις ζητη : σουσιν οι ανοι : [τον θανατον] : και ου μ[η

(fut,act,ind,3p,pl) ευρισκω — (fut,act,ind,3p,pl) επιθυμεω — (2aor,act,infin) αποθνησκω — (pres,act,ind,3p,sing) φευγω

W&H ευρησουσιν αυτον και επιθυμησουσιν αποθανειν και φευγει1a ο4a θανατος5a
they will find him and they will desire greatly to die and he will flee the death
A ευρωσιν αυτον και επιθυμ : 50 *
ℵ ευρησουσιν αυτον και επιθυμησουσιν αποθανιν και φυγη ο θανατος
P 0207 ε]υρη : σουσιν [αυτ]ον : και επι[θυμησο]υ : σιν [αποθανειν] : και [****]ει ο θ[α : νατος

[A * *the 7th page of Revelation MS text-- marked on autotype facsimile codex Alexandrinus as page 152*]

[*I have been unable to transfer* and accurately translate or align *until* ***10:8*** *which corresponds with page 152 right hand column line 21*]

W&H απ2a αυτων3a
from them
ℵ απ αυτων
P 0207 απ αυτων :

(pres,act,ptc,gen,pl,masc) τρεχω

Rev.9:7 και τα ομοιωματα των ακριδων ομοια ιπποις ητοιμασμενοις εις πολεμον και επι τας
and the likeness of the locusts like horses running/charging into war and upon the
ℵ και τα ομοιωματα των ακριδω ομοιοι ιπποις ητοιμασμενοις εις πολεμον και επι τας
P 0207 και τα ομοιωμα : τα των ακριδων ομοια ιπποις : ητοιμασμενοις : εις πολεμον : και επι τας

W&H κεφαλας αυτων ως στεφανοι ομοιοι χρυσω ~~χρυσοι~~ και τα προσωπα αυτων ως
heads of them as crowns like gold ~~golden~~ and the faces of them as
ℵ κεφαλας αυτων ως στεφανοι ομοιοι χρυσω και τα προσωπα αυτων ως
P 115 [P115 *continues after 7 lines missing from 9:6* to here] και τα προσωπ]α
P 0207 κεφα : λας αυτων ως στε : φανοι χρυσοι και τα προσωπα : αυτων ως

W&H προσωπα ανθρωπων
faces of men
ℵ προσωπα ανων
P 115 ανων
P 0207 προ : σωπα ανω

(imperf,act,ind,3p,pl) εχω (imperf,act,ind,3p,pl) ειμι
Rev.9:8 και ειχον τριχας ως τριχας γυναικων και οι οδοντες αυτων ως λεοντων ησαν
and they were having hair as hair of women and the teeth of them as of lions they were
ℵ και ειχαν τριχας ως τριχας γυναικων και οι οδοντες αυτων ως λεοτων ησαν
P 115 [και ειχαν τριχας ως τριχας γυναικ]ων και [οι οδοντες : αυτων ως λεοτων ησα]ν
P 0207 και ειχον τριχας ως τριχας γυναικων : και οι οδοντες : αυτων ως λεον : των ησαν

(imperf,act,ind,3p,pl) εχω
Rev.9:9 και ειχον θωρακας ως θωρακας σιδηρους και η φωνη των πτερυγων αυτων
and they were having breastplates as breastplates irons and the sound of the wings of them
ℵ και ειχο θωρακας ως θωρακας σιδηρους κ(αι) η φωνη των πτερυγων αυτων
P 115 και εσχ[ον θωρακας : ως θωρακας σιδηρο]υς και η φ[ωνη των : πτερυγων αυτων
P 0207 και ειχον θωρακας : σιδηρους και : η φωνη των : πτερυγων αυτων :

(pres,act,ptc,gen,pl,masc) τρεχω
W&H ως φωνη αρματων ιππων πολλων τρεχοντων εις πολεμον
as sound of chariots' horses many running into war
ℵ ως φωνη αρματων ιππων πολλων τρεχοντων εις πολεμον
P 115 ως] φωνη αρ[ματων ιππων : [πολλων τρεχοντων εις πολεμον
P 0207 ως φωνη αρ : ματων ιππων : πολλων τρε : χον των εις πο : λεμον

(pres,act,ind,3p,pl) εχω (imperf,act,ind,3p,sing) ειμι
Rev.9:10 και εχουσιν ουρας ομοιας σκορπιοις και κεντρα και ~~ην~~ εν ταις ουραις αυτων
and they have tails like to scorpions and stingers and ~~she was~~ in the tails of them
ℵ και εχουσιν ουρας ομοιοις σκορπιοις και κεντρα και εν ταις ουραις αυτων
P 47 verso και εχουσιν ουρας ομοιας σκορπι] : οις και κε]νδρα [και] εν ταις ουρ[αις αυ : των
P 115 και εχου] : σιν ουρας ομοιας σκορπιοις και κεντρ]α και : εν ταις ουραις αυτων
P 0207 και εχου : σιν ουρας ομοι : ας σκορπιοις : και κεν[τ]ρα εν : ταις ουραις αυτων :

(pres,act,ind,3p,pl) εχω (1aor,act,infin) αδικεω
W&H ~~και~~ η εξουσια αυτων ~~εχουσι~~ αδικησαι τους ανθρωπους μηνας πεντε
~~and~~ the authority/power of them ~~they have~~ to injure the men for months five
ℵ η εξουσια αυτων αδικησαι τους ανθρωπους μηνας πεντε
P 47 η ε]ξουσια αυτων αδικησαι τους : αν]θρωπους μηνας ε
P 115 η εξουσια αυ]των αδι : κησαι τους ανους μηνας ε]
P 0207 η εξουσια αυτων : αδικησαι τους : ανους μηνας ε

(pres,act,ind,3p,pl) εχω hiatus
Rev.9:11 εχουσιν ~~εχουσι~~$_{1a}$ επ ~~εφ~~ ~~επ~~$_{3a}$ αυτων βασιλεα$_{2a}$ τον αγγελον$_{5a}$ της αβυσσου ονομα
they have over ~~over~~ ~~over~~ them a king the angel of the abyss name
ℵ εχουσιν εαυτων τον βασιλεα τον αγγελον της αβυσσου ω ονομα
P 47 εχουσιν επ αυ : των τον βασιλεα τον αγγελον της αβυσ : σου ω ονομα
P 115 ε επ αυτων : τον βασιλεα τον αγγελον της αβυσσου ω ονο]μα
P 0207 εχουσιν επ αυ : των τον βασι : λεα τον αγγελον : της αβυσσου : ονομα

(pres,act,ind,3p,sing) εχω
W&H αυτω εβραιστι αβαδδων και εν ~~δε~~ τη ελληνικη ονομα εχει απολλυων
to him in Hebrew Aboddon and ~~and~~ <> in the Greek for name he has Apollyon
ℵ αυτω εβραιστι αβαδδων και εν τη ελληνιδι$_1$ ονομα$_3$ εχι$_2$ απολλυων$_4$
P 47 αυ εβραειστι βαττων και : εν τη ελληνικη$_1$ ονομα$_3$ εχει$_2$ απολ : λυων$_4$
P 115 Verso εβραι[στι αββαδων και εν τη ελληνικη ονομα : απολλυων
P 0207 αυτω : εβραιστι αβαδδων : και εν τη ελληνι : κη ονομα εχει : απολλυων

(2aor,act,ind,3p,sing) (2aor,mid,imper,2p,sing) (pres,mid,ind,3p,sing)
απερχομαι ειδον ερχομαι

Rev.9:12 η ουαι η μια απηλθεν ιδου ερχεται ετι δυο ουαι μετα ταυτα
the woe the first she passed away you, yourself, behold she comes yet two woes after these *(things)*
ℵ ουαι ┬ μια απηλθεν ιδου ερχεται ετι δυο ουαι μετα ταυτα
P 47 ουαι η μια απηλθεν ειδου ερχε:ται ετι δυο ουαι μετα ταυτα
P 115 η ουαι η μια απηλθεν ιδου : ερχετ[αι ετι β ουαι μετα ταυτα
P 0207 η ουαι : η μια απηλθεν : ιδου ερχεται : ετι αι δυο ουαι : μετα δε αυτα

(1aor,act,ind,3p,sing) hiatus (1aor,act,ind,1p,sing)
σαλπιζω ακουω

Rev.9:13 και ο εκτος αγγελος εσαλπισεν ~~εσαλπισε~~ και ηκουσα φωνην μιαν εκ των
and the sixth angel he trumpeted and I heard a voice one from out of the
ℵ ο εκτος αγγελος εσαλπισε και ηκουσα φωνη
P 47 ο ϛ αγγε:λος εσαλπισεν και ηκουσα φωνην μι:αν εκ των
P 115 και ο εκτος αγγελος: ε[σ]αλπισεν [και ηκουσα φωνην μιαν εκ των:
P 0207 και ο εκτος αγ:γελος εσαλπισεν : και ηκουσα φω:νην μια εκ των :

W&H ~~τεσσαρων~~ κερατων του θυσιαστηριου του χρυσου του ενωπιον του θεου
~~four~~ horns of the Altar of the gold the one before the God
ℵ του θυσιαστηριου του χρυσου του ενωπιον του θυ
P 47 κερατων του θυσιαστηρι:ου του χρυσου του ενωπιον του θυ :
P 115 κερατων [του θυσιαστηριου του χρυσου του ε:νωπιον τ[ου θυ
P 0207 κερατ τ ων του θυ:σιαστηριου του:χρυσου του ενω:πιον του θυ

(pres,act,ptc,nom,pl,neut) (pres,act,ptc,nom,sing,fem) (pres,act,ptc,nom,sing,masc) (imperf,act,ind,3p,sing)
λεγω λεγω εχω εχω

Rev.9:14 λεγοντα ~~λεγουσαν~~ τω εκτω αγγελω ο ~~ος~~ εχων ~~ειχε~~ την σαλπιγγα
saying ~~saying~~ to the sixth angel the one ~~who~~ having ~~he had~~ the trumpet
ℵ λεγοντα τω εκτω αγγελω ο εχων την σαλπιγγα
P 47 λεγουσαν τω ϛ αγγελω ο εχων την : σαλπιγγαν
P 115 λεγοντα τω εκτω αγγελω ο : εχων τ[ην σαλπιγγα
P 0207 λε : γοντα τω αγγε : λω ο εχων την : σαλ]πιγγα

(1aor,act,imper,2p,sing) (perf,pass,ptc,acc,pl,masc)
λυω δεω

W&H λυσον τους τεσσαρας αγγελους τους δεδεμενους επι τω ποταμω τω μεγαλω ευφρατη
you loose the four angels the ones having been bound at the river the great Euphrates
ℵ λυσον τους τεσσαρες αγγελους τους δεδεμενους επι τω ποταμω τω μεγαλω ευφρατη
P 47 λυσον τους αγγελους: τους δεδεμενους επι του ποταμου:του μεγαλου ευφρατου
P 115 λυσον τους δ αγγελους τους δεδεμενους επι τω ποταμω τω μεγαλω ευφρατη
P 0207 λυσον : του δ αγγελους: τους δεδενους : επι τω ποταμω :τω μεγαλω ευ:φρατη

(1aor,pass,ind,3p,pl) (perf,pass,ptc,nom,pl,masc)
λυω ετοιμαζω

Rev.9:15 και ελυθησαν οι τεσσαρες αγγελοι οι ητοιμασμενοι εις την ωραν και ημεραν
and they were loosed the four angels the ones having been made ready for the hour and day
ℵ και ελυθησαν οι τεσσαρες αγγελοι ητοιμασμενοι εις την ωραν
P 47 και ελυθη : σαν οι δ αγγελοι οι ητοιμασμενοι : εις την ωραν και ημεραν
P 115 και ελυ[θη σαν οι δ αγγελοι οι ητοιμα:σ]μ[ε]νοι εις την [ωραν και την ημεραν
P 0207 και ελυθη : σαν οι δ αγγελοι οι ητοιμασμε : νοι εις την ωραν:και ημεραν

(pres,act,subj,3p,pl) hiatus
αποκτεινω

W&H και μηνα και ενιαυτον ινα αποκτεινωσιν ~~αποκτεινωσι~~ το τριτον των ανθρωπων
and month and year so that they might kill the third of the men
ℵ και μηνα και ενιαυτο ινα μη *(not)* αποκτινωσιν το τριτον των ανων
P 47 και μηνα : και ενιαυτο ινα αποκτεινωσιν : το γ των ανων
P 115 και μηνα και ε]νιαυ[τ]ον ινα αποκτεινωσιν το γ : των ανων
P 0207 και μηνα και ενιαυ[τον : [P0207 *ends here copied 2nd half of 3rd century about 250 – 280 AD*]

Rev.9:16 και ο αριθμος των στρατευματων του ιππικου δισμυριαδες ~~δυο μυριαδες~~ μυριαδων
and the number of the ones of the armies of the cavalry two myriads ~~two myriads~~ of myriads
א και ο αριθμος των στρατευματων του ιππικου δυο μυριαδων μυριαδας
P 47 και ο αριθμος των : στρατευματων του ιππικου δυ[ο : μυριαδες μυριαδας
P 115 και] ο α[ριθμος των στρατευματων : [P[115] *10 lines missing continues @ Rev.9:18*]

(1aor,act,ind,1p,sing)
ακουω
W&H ~~και~~ ηκουσα τον αριθμον αυτων
~~and~~ I heard the number of them
א ηκουσα τον αριθμον αυτων
P 47 ηκουσα [τον : αριθμον αυτων

(2aor,act,ind,1p,sing) **(pres,mid,ptc,acc,pl,masc)** **(pres,act,ptc,acc,pl,masc)**
οραω **καθημαι** **εχω**
Rev.9:17 και ουτως ειδον τους ιππους εν τη ορασει και τους καθημενους επ αυτων εχοντας
and thus I saw the horses in the vision and the ones sitting upon them having
א και ουτως ειδον τους ιππους εν τη ορασει και τους καθημενους επανω αυτω εχοντας
P 47 [Leaf 1, recto, *two lines missing*]

W&H θωρακας πυρινους και υακινθινους και θειωδεις και αι κεφαλαι των ιππων ως κεφαλαι
breastplates firey and dark red or dark blue and sulphurous and the heads of the horses as heads
א θωρακας πυρινους και υακινθινους και θυωδεις και αι κεφαλαι των ιππων ως κεφαλαι

(pres,mid,ind,3p,sing)
εκπορευομαι
W&H λεοντων και εκ των στοματων αυτων εκπορευεται πυρ και καπνος και θειον
of lions and from out of the mouths of them it goes out fire and smoke and sulfur/brimstone
א λεοντων και εκ των στοματων αυτω εκπορευεται πυρ και καπνος και θιον
P 47 [P[47] *continues here*] εκ των στ[ομα]των αυτ[ων εκπορευ : εται πυρ και καπνος και θιο[ν

(1aor,pass,ind,3p,pl)
αποκτεινω
Rev.9:18 απο των τριων πληγων τουτων απεκτανθησαν το τριτον των ανθρωπων εκ του πυρος
from the three plagues these they killed the third of the man from out of the fire
א απο των πληγων τουτων απεκτανθησαν το τριτον των ανων εκ του πυρος
P 47 απο : των γ πληγων απεκτανθη το γ : των αθν εκ του πυρος

(pres,mid,ptc,gen,sing,neut)
εκπορευομαι
W&H και του καπνου και ~~εκ~~ του θειου του εκπορευομενου εκ των στοματων αυτων
and of the smoke and ~~from~~ of the brimstone/sulfur of the going out from out of the mouths of them
א και του καπνου και του θειου του εκπορευομενου εκ των στοματων αυτων
P 47 και εκ του κ[α : πνου και εκ του θειου του εκπορευο : μενου εκ των στοματων
P 115 [των αυ]των:

(pres,act,ind,3p,sing)
ειμι **hiatus**
Rev.9:19 η ~~αι~~ ~~η~~ γαρ εξουσια ~~αυτων~~ των ιππων ~~των ιππων~~ εν τω στοματι αυτων εστιν ~~εστι~~
for <> the ~~the the~~ authority / power ~~of them~~ of the horses ~~of the horses~~ in the mouth of them it is
א η γαρ εξουσια των ιππων εν τω στοματι αυτων εστιν
P 47 ην (who) γαρ η : εξουσια των ιππων εν τω στοματι αυ : των εστιν
P 85 [*What was found begins on next line from Rectoof leaf*]
P 115 [η γαρ εξουσια] των [ιππων εκ του : στο]ματι αυ[των εστι

W&H και ~~και αι~~ ~~γαρ~~ εν ταις ουραις αυτων αι γαρ ~~αι γαρ~~ ουραι αυτων ομοιαι οφεσιν
and ~~and~~ ~~for <> the ones~~ in the tails of them for <> the ~~for <> the~~ tails of them like snakes
א και εν ταις ουραις αυτω αι γαρ ουραι αυτων ομοιαι οφεσιν
P 47 και [εν] ταις ουραις αυτων αι : γαρ ουραι αυτων ομοιαι οφεσιν
P 85 [*Recto*] ομ]οι[αι οφεσιν
P 115 κ]αι εν ταις [ουραις αυτων αι] γαρ ουραι [αυτων ο]φεσιν

(pres,act,ptc,nom,pl,fem) εχω — (pres,act,ind,3p,pl) αδικεω

W&H εχουσαι κεφαλας και εν αυταις αδικουσιν
having heads and with them they hurt/injure
ℵ εχουσας κεφαλας και εν αυταις αδικουσιν
P 47 εχουσαι : κεφαλας και εν αυταις αδικουσιν
P 85 εχουσαι : κε]φαλας [και εν αυταις αδικου:σι]ν
P 115 [[ε]]χου[σαι κεφαλας και: ε]ν αυταις αδ[ικουσι

(1aor,pass,ind,3p,pl) αποκτεινω

Rev.9:20 και οι λοιποι των ανθρωπων οι ουκ απεκτανθησαν εν ταις πληγαις ταυταις
and the rest of the men the ones not they were killed by the plagues these
ℵ και οι λοιποι των ανων οι ουκ απεκτανθησαν εν ταις πληγαις αυτων ταυταις
P 47 και : οι λοιποι των αθν οι ουκ απεκτανθη : σαν εν ταις πληγες αυτων ταυταις:
P 85 και : ο[ι λοιποι των ανθρωπων: οι ο]υκ απ[εκτανθησαν εν ταις:πλ]ηγαις [ταυταις
P 115 και οι λοιποι τ[ων ανων οι ου:κ α[π]εκτανθη : σαν εν] ταις π[ληγαις ταυταις

(1aor,act,ind,3p,pl) μετανοεω — (fut,act,ind,3p,pl) προσκυνεω

W&H ου ~~ουδε ουτε ου~~ μετενοησαν εκ των εργων των χειρων αυτων ινα μη προσκυνησουσιν
not ~~but<>not and not not~~ they repented from out of the works of the hands of them so that not they will worship
ℵ ουδε μετενοησα εκ των εργων τω χιρων αυτων ινα μη προσκυνησουσι
P 47 ουδε μετενοησαν εκ των εργων:τω χειρων αυτων ινα μη προσκυ:νησουσιν
P 85 ουδε μετενοησαν : [four lines missing]
P 115 ου : μ[ετενοησαν εκ των] εργω[ν των χειρων αυτων: ιν[α] μ[η προσκυνη]σωσι

(1aor,act,subj,3p,pl) προσκυνεω — hiatus

W&H ~~προσκυνησωσιν προσκυνησωσι~~ τα δαιμονια και τα ειδωλα τα χρυσα και τα αργυρα
~~they should have worshiped~~ the demons and the idols the ones gold and the ones silver
ℵ τα δαιμονια και τα ιδωλα τα χρυσαια και τα αργυρα
P 47 τα δαιμονια τα χρυσεα : και τα αργυρεα
P 115 [τα δαιμονια και τα : ειδω[λα τα χρυσα κ]αι τα α[ργυρα

(pres,act,inf) βλεπω — (pres,pass,ind,3p,pl) δυναμαι

W&H και τα χαλκα και τα λιθινα και τα ξυλινα α ουτε βλεπειν δυνανται ουτε
and the ones brass and the ones stone and the ones wooden the ones neither to see they being able nor
ℵ και τα χαλκεα και τα$_1$ λιθινα$_2$ και$_3$ τα$_4$ ξυλινα$_5$ α$_6$ ουτε βλεπειν δυνανται ουτε
P 47 και τα χαλκεα και τα: λιθινα και ξυλινα α ουτε βλεπειν δυ : νανται ουτε
P 85 [four lines missing] κ]αι ξ[υλινα α ουτε βλεπειν δυ : ναντα[ι ουτε
P 115 και τα χαλκεα και : τα λιθινα [και τα ξυλινα α ουτε βλεπειν δυ : νανται ου[τε

(pres,act,inf) ακουω — (pres,act,inf) περιπατεω

W&H ακουειν ουτε περιπατειν
to hear nor to walk around
ℵ ακουειν ουτε περιπατει
P 47 ακουειν ουτε περιπα : τειν
P 85 ακουειν ουτε: περιπ[ατειν
P 115 ακουειν ουτε περιπατει

(1aor,act,ind,3p,pl) μετανοεω

Rev.9:21 και ου μετενοησαν εκ των φονων αυτων ουτε εκ των φαρμακων αυτων ουτε εκ
and not they repented from out of the murders of them nor from out of the sorceries of them nor from out
ℵ και ου μετενοησαν εκ των φωνων αυτων ουτε εκ των φαρμακω αυτων ουτε εκ
P 47 και ου μετενοησαν εκ των φο : νων αυτων ουτε εκ των φαρμακων : αυ]των ουτε εκ
P 85 και ου μετενο : ησαν [εκ των φονων αυτων : ουτε [εκ των φαρμακων [noted as accidently omitted]
P 115 και ου μετενοησαν [εκ των φονων αυτων ουτε εκ : των φαρμα[κων αυτων ουτε εκ

W&H της πορνειας αυτων ουτε εκ των κλεμματων αυτων
of the fornication of them nor from out of the thievery of them
ℵ της πονηριας αυτων ουτε εκ των κλεμματων αυτων
P 47 της πορνειας αυ : των]
P 85 [noted as accidently omitted]
P 115 της πορνει : ας αυτων ου[τε εκ των κλεμματων αυτων

Revelation Chapter 10

(2aor,act,ind,1p,sing) οραω (pres,act,ptc,acc,sing,masc) καταβαινω (perf,pass,ptc,acc,sing,masc) περιβαλλω
Rev.10:1 και ειδον αλλον αγγελον ισχυρον καταβαινοντα εκ του ουρανου περιβεβλημενον
and I saw another angel strong coming down from out of the heaven having been clothed
ℵ και ειδον αλλον αγγελο ισχυρον καταβαινοντα εκ του ουνου περιβεβλημενο :
P 47 και ιδον αλλον αγγελο ισχυ : ρον] καταβαινοντα εκ του ουρανου : περιβεβλημ]ενον
P 85 κα[ι] ειδον αλλον αγγελον ι : σχυρ[οε καταβαινοντα εκ : του [ουρανου περιβεβλημε : νο[ν
P 115 και ειδον αλλον αγγελον ισχυρον κατα]βαινον : τα εκ του ουνου περιβεβλημενον

(acc) (gen)
W&H νεφελην και η ιρις επι την κεφαλην ~~κεφαλης~~ αυτου ~~αυτου~~ και το προσωπον αυτου
with a cloud and the rainbow upon the head ~~head~~ of Him ~~of Him~~ and the Face of Him
ℵ νεφελην και η θριξ επι της κεφαλης αυτου και το προσωπον αυτου
P 47 νεφελην και η : ιρις επι κε]φαλης αυτου και το : [missing line]
P 85 νεφελην και η ιρις : ε]π[ι την κεφαλην αυτου : και] το : προ[σωπον αυτου
P 115 νεφελ]ην και η : ιριξ επι της κεφαλης αυτου και το προσω]πον αυ:του

W&H ως ο ηλιος και οι ποδες αυτου ως στυλοι πυρος
as the sun and the feet of Him as pillars of fire
ℵ ως ο ηλιος και οι ποδες αυτου ως στυλοι πυρος
P 47 [leaf 2, verso two lines missing]
P 85 ως ο η]λιος κα[ι οι ποδες αυτου:ως] στυλοι [πυρος
P 115 ως ο ηλιος και οι ποδες αυτου ως στυ[λοι πυρ[ος :

(pres,act,ptc,nom,sing,masc) εχω (imperf,act,ind,3p,sing) εχω (perf,pass,ptc,acc,sing,neut) ανοιγω (perf,pass,ptc,acc,sing,neut) ανοιγω
Rev.10:2 και εχων ~~ειχεν~~ εν τη χειρι αυτου βιβλαριδιον ηνεωγμενον ~~ανεωγμενον~~
and having ~~He was having~~ in the hand of Him a little scroll/book having been opened ~~having been opened~~
ℵ και εχων εν τη χειρι αυτου βιβλαριδιον ηνεωγμενον
P 47 [leaf 2, verso two lines missing] τη χειρι α]υτ[ου] βι[βλιο]ν ηνεωγμ[ενο]ν :
P 85 και εχων : εν] τη χειρ[ι αυτου βιβλαριδιον : ην]εωγ[μενον
P 115 και εχων εν τη χειρι αυτου βιβλαριδιον] ηνεωγμε:νον

(1aor,act,ind,3p,sing) τιθημι hiatus (gen) (acc) (gen) (acc)
W&H και εθηκεν ~~εθηκε~~ τον ποδα αυτου τον δεξιον : επι της ~~την~~ θαλασσης ~~θαλασσαν~~ τον δε
and He placed the foot of Him the right upon the ~~the~~ sea ~~sea~~ but <> the
ℵ και εθηκε τον ποδα αυτου το δεξιον επι της θαλασσης τον δε
P 47 και ε]θηκε τον ποδα αυτου τον δεξι:ο]ν επι της θαλασσης τον δε
P 85 και εθηκεν : [End of Recto inscriptions Verso begins at 10:4]
P 115 και εθηκεν τον ποδα αυτου το]ν δεξιον επι της θαλασσης τον δε

(gen) (acc) (gen) (acc)
W&H ευωνυμο]ν επι της ~~την~~ γης ~~γην~~
left upon the ~~the~~ earth ~~earth~~
ℵ ευωνυμον επι της γης
P 47 ευωνυ : μον επι της γης
P 115 ευωνυμο]ν επι της γης :

(1aor,act,ind,3p,sing) κραζω hiatus (pres,act,ind,3p,sing) μυκαομαι (1aor,act,ind,3p,sing) κραζω (1aor,act,ind,3p,pl) λαλεω
Rev.10:3 και εκραξεν ~~εκραξε~~ φωνη μεγαλη ωσπερ λεων μυκαται και οτε εκραξεν ελαλησαν
and He cried out with voice great as a lion he roars and when He cried out they spoke
ℵ και εκραξεν φωνη μεγαλη ωσπερ λεων μυκατε και οτε εκραξεν ως ελαλησαν
P 47 και εκραξεν φωνη:μεγαλη ωσπερ λεων μυκαται και ο:τε εκραξεν ως ελαλησαν
P 115 και εκραξε φωνη μεγαλη ω]σπερ λεων μ[[υ]] : καται και οτε εκραξεν ελαλη]σαν

W&H αι επτα βρονται τας εαυτων φωνας
the seven thunders the ones of themselves voices
א ⊤ επτα φωναι ταις εαυτων φωναις
P 47 αι βρονται τας : εαυτων φωναις
P 115 αι ζ βροντα[ι :

(1aor,act,ind,3p,pl) λαλεω (imperf,act,ind,1p,sing) μελλω (imperf,act,ind,1p,sing) μελλω
Rev.10:4 και οτε ελαλησαν αι επτα βρονται ~~τας φωνας εαυτων~~ ημελλον ~~εμελλον~~
and when they spoke the seven thunders ~~the voices themselves~~ I was about to ~~I was about to~~
א και οσα ελαλησαν αι επτα βρονται εμελλον
P 47 και ηκουσα οσα ελαλη : σαν αι επτα βρονται και ημελλον αυτα
P 115 ημελλον

(pres,act,inf) γραφω (1aor,act,ind,1p,sing) ακουω (pres,act,ptc,acc,sing,fem) λεγω (1aor,act,imper,2p,sing) σφραγιζω
W&H γραφειν και ηκουσα φωνην εκ του ουρανου λεγουσαν ~~μοι~~ σφραγισον α
to write and I heard a voice from out of the heaven speaking ~~to me~~ you seal the ones
P 47 γρα : φειν και ηκουσα φωνην εκ του ουρα : νου λεγουσης σφραγισον οσα
P 115 γραφειν και ηκουσα] φωνην : εκ του ουνου λεγουσαν] σφραγισον [α

(1aor,act,ind,3p,pl) λαλεω (1aor,act,subj,2p,sing) γραφω
W&H ελαλη : σαν αι επτα βρονται και μη αυτα ~~ταυτα~~ γραψης
they spoke the seven thunders and not them ~~the same things~~ you should write
P 47 ελαλη : σαν αι ζ βρονται και μη αυτας ~~ταυτα~~ γραψης :
P 85 [*Verso side inscriptions begin here*] [μη αυτα γραψης]
P 115 ελαλη : σαν αι ζ βρονται και μη αυτα ~~ταυτα~~ γρ[αψ[ης :

(2aor,act,ind,1p,sing) οραω (perf,act,ptc,acc,sing,masc) ιστημι (1aor,act,ind,3p,sing) αιρω hiatus
Rev.10:5 και ο αγγελος ον ειδον εστωτα επι της θαλασσης και επι της γης ηρεν ~~ηρε~~
and the angel the one I saw standing upon the sea and upon the land He took *(lifted up)*
א και ο αγγελος ον ειδον εστωτα επι της θαλασσης και επι της γης ηρεν
P 47 και ο αγγελος ον ειδον εστωτα επι της : θαλασσης και επι της γης ηρεν
P 85 [και ο αγγε] : λος ον ειδον εστωτ]α επι τ[ης : θαλασσης και επι τη]ς γης η[ρεν :
P 115 και [*P115 has 11 missing lines at this point and continues again @ Rev.10:8*]

W&H την χειρα αυτου την δεξιαν εις τον ουρανον
the hand of Him the right *(one)* into the heaven
א την χειρα αυτου την δεξιαν εις τον ουρανον
P 47 την : χειρα αυτου την δεξιαν εις τον: ουρανον
P 85 την χειρα αυτου τη]ν δεξ[ιαν:εις τον ουρανον

(1aor,act,ind,3p,sing) ομνυμι (pres,act,ptc,dat,sing,masc) ζαω (1aor,act,ind,3p,sing) κτιζω hiatus
Rev.10:6 και ωμοσεν εν τω ζωντι εις τους αιωνας των αιωνων ος εκτισεν ~~εκτισε~~ τον
and He swore an oath by the One living into the eons of the eons the One He created the
א και ωμοσε ⊤ τω ζωντι εις τους αιωνας των αιωνω ος εκτισεν τον
P 47 και ωμοσεν τω ζωντι εις : τους αιωνας των αιωνων ος εκτισε : τον
P 85 και ωμο[σεν εν τω ζωντι εις : τους] αιων[ων: των α ος εκτισεν] τον

W&H ουρανον και τα εν αυτω και την γην και τα εν αυτη και την θαλασσαν και τα εν
heaven and the ones in it and the earth and the ones in her and the sea and the ones in
א ουνον και τα εν αυτω και την γην και τα εν αυτη ⊤
P 47 ουρανον και τα εν αυτω και τ[ην : γην και τα εν αυτη και την θαλα[σ:σαν και τα εν
P 85 [ουρανον] : [*six lines missing*]

(fut,mid,ind,3p,sing)
ειμι
W&H αυτη οτι χρονος ουκετι ~~ουκ~~ εσται ~~ετι~~
her because time no longer ~~not~~ he, himself, shall be ~~yet~~
א ⊤ οτι χρονος ουκετι εστιν
P 47 αυτη οτι χρονος ου[κε : τι εσται

(pres,act,subj,3p,sing)
μελλω
Rev.10:7 αλλ ~~αλλα~~ ~~αλλ~~ εν ταις ημεραις της φωνης του εβδομου αγγελου οταν μελλη
but ~~but~~ ~~but~~ in the days of the voice of the seventh angel when he should be about to
א αλλ εν ταις ημεραις της φωνης του₁ εβδομου₃ αγγελου₂ του₄ οταν₅ μελλη
P 47 αλλ εν ταις ημεραις τη[ς φω : νης του αγγελου του ζ_ οταν [μελ : λει

(pres,act,inf) (1aor,pass,ind,3p,sing) (1aor,pass,subj,3p,sing) (1aor,act,ind,3p,sing)
σαλπιζω τελεω τελεω ευαγγελιζω
W&H σαλπιζειν και ετελεσθη ~~τελεσθη~~ το μυστηριον του θεου ως ~~ο~~ ευηγγελισεν
to trumpet and it be ended ~~it should be ended~~ the mystery of the God as ~~the one~~ He told the good news
א σαλπιζειν και ετελεσθη το μυστηριον του θυ ως ευηγγελισεν
P 47 σαλπιζειν και ετελεσθη [το μυ : στηριον του θυ ως ευηγγε[λισε :
P 85 [*continues again here*] μυστηριον θυ ως ευηγ]γελισεν :

(acc) (dat) (acc) (dat)
W&H τους εαυτου δουλους ~~αυτου~~ τους ~~τοις~~ προφητας ~~προφηταις~~
the ones His own slaves ~~of Him~~ the ones ~~to the ones~~ prophets ~~prophets~~
א τους εαυτου δουλους και *(and)* τους προφητας
P 47 τους εαυτου δουλους κ[αι τους : προφητας
P 85 τους εαυτου δουλους] και τους : προφητας

(1aor,act,ind,1p,sing) (pres,act,ptc,acc,sing,fem)
ακουω λαλεω hiatus
Rev.10:8 και η φωνη ην ηκουσα εκ του ουρανου παλιν λαλουσαν ~~λαλουσα~~ μετ εμου και
and the voice the one I heard from out of the heaven again speaking with me and
א και η φωνη ην ηκουσα εκ του ουνου παλι λαλουσαν μετ εμου και
P 47 και φωνη [ην ηκουσα : [Leaf 2, recto *two lines missing*]
P 85 και η φωνη] ην η : κουσα εκ ουρανου παλ]ι λαλου : σαν μετ εμου και
P 115 [P 115 *begins again from 10:5 here*] λαλουσαν μετ ε]μου και

(pres,act,ptc,acc,sing,fem) (pres,act,imper,2p,sing) (2aor,act,imper,2p,sing) (perf,pass,ptc,acc,sing,neut)
λεγω hiatus υπαγω λαμβανω ανοιγω
W&H λεγουσαν ~~λεγουσα~~ υπαγε λαβε το βιβλιον ~~βιβλαριδον~~ το ηνεωγμενον εν
saying you go you take the book/scroll ~~little scroll/book~~ the one having been opened in
A εν
א λεγουσαν υπαγε λαβε το βιβλαριδιον το ηνεωγμενον εν
P 47 [*missing two top lines* end here] βιβλι]ον το ανεω[γμ]ενον εν
P 85 λεγο]υσαν υ : παγε λαβε το βιβλαριδιον] το η : ηνεωγμενον εν
P 115 λε[γουσα υπαγ]ε λαβε το βι : βλαριδιον το] ηνεωγμε[νον εν

(perf,act,ptc,gen,sing,masc)
ιστημι
W&H τη χειρι του ~~του~~ αγγελου του εστωτος επι της θαλασσης και επι της γης
the hand of the ~~of the~~ Angel the one having stood upon the sea and upon the land
A τη χειρι του αγγελου του εστωτος :₁ επι της θαλασσης και επι της γης :
א τη χειρι του αγγελου του εστωτος επι της ⊤ γης
P 47 τη χειρι του : αγγελου του εστωτος επι της θ[αλας : σης και επι της γης
P 85 τη χειρι] του αγ : γελου του εστωτος επι της θ]αλας : σης και επι της γης
P 115 τη χ]ειρι του α[γγε : λου του εστωτο]ς επι της θ[αλα[σσης και επ]ι της γ[ης :

(1aor,act,ind,1p,sing) (2aor,act,infin) (2aor,act,imper,2p,sing)
απερχομαι διδωμι διδωμι
Rev.10:9 και απηλθα προς τον αγγελον λεγων αυτω δουναι ~~δος~~ μοι το βιβλαριδιον
and I went forth to the angel saying to him to give ~~you give~~ to me the book/scroll
A και απηλθα προς τον αγγελον λεγων : αυτω δουναι μοι το βιβλαριδιον :
א και απηλθον προς το αγγελον λεγων αυτω δουναι μοι το βιβλιον
P 47 και απηλθα [προς : τον αγγελον λεγων αυτω δουναι [μοι : το βιβλιον
P 85 κ]αι απηλ[θα : προς τον αγγελο]ν λεγων α[υ : τω δουναι μοι το] βιβλαρ[ιδι : ον
P 115 και απηλθα πρ]ος το αγγελ[ον λεγ]ων αυτω δου : ναι μοι το βιβλαρ[ιδιον

(pres,act,ind,3p,sing) (2aor,act,imper,2p,sing) (2aor,act,imper,2p,sing) (fut,act,ind,3p,sing)
λεγω λαμβανω κατεσθιω πικραινω

W&H και λεγει μοι λαβε και καταφαγε αυτο και πικρανει σου την κοιλιαν
and He says to me you take and you eat it and it will be bitter of you the stomach
A και λεγει μοι λαβε και καταφαγε αυτο :5 και πικρανει σου την καρλιαν
ℵ και λεγει μοι λαβε αυτο και καταφαγε ⊤ και πικρανι σου την κοιλιαν
P 47 και λεγει μοι λαβε αυτο και : καταφαγε και πικρανει σου την κοι : λιαν
P 47 και λεγει λαβ]ε αυτο κα[ι : καταφαγε και π]ικρανι [σου την : κοιλιαν
P 115 κ[αι λεγει μοι λαβε και κ[α : ταφαγε αυτο και πι]κρανε[ι σου την κοιλ]ιαν

(fut,mid,ind,3p,sing)
ειμι

W&H αλλ εν τω στοματι σου εσται γλυκυ ως μελι
but in the mouth of you it will be sweet as honey
A αλλ εν : τω στοματι σου εσται γλυκυ ωc μελι :
ℵ αλλα εν τω στοματι σου εσται γλυκυ ωc μελι
P 47 αλλ εν τω στοματι σου εσται γλυ : κυ ωc μελι
P 85 αλλ εν τ]ω στομ[ατι : [end of P85]
P 115 αλλ : εν τω στοματι σου ε]cται γ[λυκυ ωc μελ]ι

(2aor,act,ind,1p,sing) (2aor,act,ind,1p,sing)
λαμβανω κατεσθιω

Rev.10:10 και ελαβον το βιβλαριδιον εκ της χειρος του αγγελου και κατεφαγον αυτο και
and I took the book/scroll from out of the hand of the angel and I ate it and
ℵ και ελαβον το βιβλιον εκ τηc χειροc του αγγελου και κατεφαγον αυτο και
P 47 και ελαβον το βιβλιδιον ε : κ τηc χειροc του αγγελου και κατε : φαγον αυτο και
P 115 και ελα : βον το βιβλαριδιον] εκ τη[c χειροc του αγ]γελου και : κατεφαγον αυτο και

(imperf,act,ind,3p,sing) (2aor,act ,ind,1p,sing) (1aor,pass,ind,3p,sing)
ειμι εσθιω πικραινω

W&H ην εν τω στοματι μου ως μελι γλυκυ και οτε εφαγον αυτο επικρανθη η κοιλια μου
it was in the mouth of me as honey sweet and when I ate it it was made bitter the stomach of me
ℵ ην εν τω στοματι μου ωc μελει γλυκυ και οτε εφαγον αυτο εγεμιcθη η κοιλια μου
P 47 ην εν τω στοματι : μου ωc μελι γλυκυ και οτε εφαγον : αυτο επικρανθη η κοιλια μου
P 115 ην εν τω στομ]ατι μου ωc : μελι γλυκυ και οτε εφαγον αυτο εγε]μ[ι]cθη η κοιλι : α μου

(pres,act,ind,3p,pl) (pres,act,ind,3p,sing) (pres,act,impers,3p,sing) (1aor,act,infin)
λεγω λεγω δει προφητευω

Rev.10:11 και λεγουσιν ~~λεγει~~ μοι δει σε παλιν προφητευσαι επι λαοις και επι
and they say ~~he says~~ to me it is necessary *(for)* you again to prophecy to peoples and to
ℵ και λεγουcιν μοι δι cε παλιν προφητευcαι επι λαοιc και
P 47 και : λεγουcιν μοι δει cαι παλιν προφητευ : cαι επι λαοιc και
P 115 και λεγουcιν μοι δει cε παλ]ιν προφητευc[αι : επι λαοιc και

W&H εθνεσιν και γλωσσαις και βασιλευσιν πολλοις
nations and tongues and kings many
ℵ εθνεcιν και γλωccαιc και βαcιλευcιν πολλοιc
P 47 εθνεcιν και γλωccαιc : και βαcιλευcιc πολλοιc
P 115 εθνεcιν και γλωc]cαιc και βαcιλ[ευcιν πολλοιc

Revelation Chapter 11

(1aor,pass,ind,3p,sing) (plupf,act,ind,3p,sing) (pres,act,ptc,nom,sing,masc)
διδωμι ιστημι λεγω

Rev.11:1 και εδοθη μοι καλαμος ομοιος ραβδω ~~και ειστηκει ο αγγελος~~ λεγων
and he was gave to me a reed like a staff ~~and he had having stood the angel~~ saying
ℵ και εδοθη μοι καλαμοc ομοιοc ραβδω λεγει
P 47 και εδοθη μοι : κ]αλαμοc ραβδω λεγων
P 115 και εδοθη μοι καλαμ]οc ομοιοc ραβδω : [verso] [λεγων

(pres,act,imper,2p,sing) (1aor,mid,imper,2p,sing) (1aor,act,imper,2p,sing)
εγειρω εγειρω μετρεω

W&H εγειρε ~~εγειραι~~ και μετρησον τον ναον του θεου και το θυσιαστηριον
you are caused to stand ~~you were caused to stand~~ and you measure the Temple of the God and the Altar
ℵ εγειρε και μετρηcον το ναον του θυ και το θυcιαcτηριον
P 47 εγειρε : και μετρηcον τον ναον του θυ και : το θυcιαcτηριον
P 115 εγειρε και μετρηcον τον ναον του θυ και] : [το θυcιαcτηριον

(pres,act,ptc,acc,pl,masc)
προσκυνεω

W&H και τους προσκυνουντας εν αυτω
and the ones worshiping doing obeisance in/at/before Him
א και τους προσκυνουντας εν αυτω
P 47 και τους προσκυ : νουντας εν αυτω
P 115 και τους προσκυνουντας εν αυ] τω

(2aor,act,imper,2p,sing)
εκβαλλω

Rev.11:2 και την αυλην την εξωθεν ~~εσωθεν~~ ~~εξωθεν~~ του ναου εκβαλε εξωθεν ~~εξω~~ και μη
and the court the one outside ~~without~~ ~~outside~~ of the temple you throw out outside ~~without~~ and not
א και της αυλης της εσωθε του λαου και εκβαλε εσω και μη
P 47 και την εσωθεν : τ]ου ναου εκβαλε εξω και μη
P 115 κα[ι της αυλης της εξω του ναου και εκβαλε και μη :

(2aor,act,subj,2p,sing) (1aor,pass,ind,3p,sing) hiatus
μετρεω διδωμι

W&H αυτην μετρησης οτι εδοθη τοις εθνεσιν ~~εθνεσι~~ και την πολιν την αγιαν
her you should measure because she was given to the nations and the city the holy
א αυτην μετρηcηc οτι εδοθη και τοις εθνεcιν και την πολιν την αγιαν
P 47 αυ :τ]ην μετρηcηc οτι εδοθη και τοις : εθν]εcιν και την πολιν την αγιαν :
P 115 αυτην [μετρηcηc οτι εδοθη και τοις : εθνεcιν κ[αι την πολιν την αγιαν

(fut,act,ind,3p,pl) hiatus
πατεω

W&H πατησουσιν ~~πατησουσι~~ μηνας τεσσερακοντα [και] δυο
they will trample months forty and two
א πατηcουcιν μηνας τεccερακοντα δυο
P 47 πατη]cουcιν μηνας μβ
P 115 πατηcουcιν : μηνας μβ

(fut,act,ind,1p,sing) (fut,act,ind,3p,pl)
διδωμι προφητευω

Rev.11:3 και δωσω τοις δυσιν ~~δυσι~~ μαρτυσιν μου και προφητευσουσιν ημερας χιλιας διακοσιας
and I will give to the two witnesses of Me also they will prophecy days a thousand two hundred
א και δωcω τοιc δυcιν μαρτυcιν μου και προφητευcουcι ημεραc χιλιας διακοcιαc
P 47 και δω : cω τοιc β μαρτυcιν μου και προ : *(missing four lines)*
P 115 [και δωcω τοιc β μαρτυcιν μου:κα]ι προφη[τευcουcιν ημεραc αcξ

(perf,pass,ptc,nom,pl,masc)
περιβαλλω

W&H εξηκοντα περιβεβλημενους σακκους
sixty having been clothed *(in)* sackclothes
א εξηκοντα ┬ περιβεβλημενουc cακκουc
P 47 [*leaf 3, verso four lines missing*]
P 115 περιβεβλη : μ]ενοι cακ[κο[υ[c

(pres,act,ind,3p,pl)
ειμι

Rev.11:4 ουτοι εισιν αι δυο ελαιαι και αι ~~αι~~ δυο λυχνιαι [αι] ενωπιον του κυριου ~~κυριου~~ θεου
these they are the two olive trees and the ~~the~~ two lamp stands the ones before the Lord ~~Lord~~ God
א ουτοι ειcιν οι δυο ελαιαι και ┬ δυο λυχνιαι ενωπιον του κυ
P 47 [leaf 3, verso *four lines missing*]
P 115 ουτοι ειcιν αι β ελαιαι και αι β : λυ]χνιαι [αι ε]νω[πιον του κυ

(perf,act,ptc,nom,pl,masc) (perf,act,ptc,nom,pl,fem)
ιστημι ιστημι

W&H της γης εστωτες ~~εστωσαι~~
of the earth having stood ~~having stood~~
א της γης εcτωτεc
P 47 [*four lines missing*]
P 115 της γης εcτωτεc

(pres,act,ind,3p,sing) (1aor,act,infin) (pres,mid,ind,3p,sing)

θελω αδικεω εκπορευομαι

Rev.11:5 και ει τις αυτους θελει αδικησαι πυρ εκπορευεται εκ του στοματος αυτων

And if anyone them he wishes to harm/injure fire it goes out from out of the mouth of them

ℵ και ει τιc$_1$ αυτουc$_3$ θελει$_2$ αδικηcαι$_4$ πυρ εκπορευεται εκ του cτοματοc αυτων

P47 και] ει τιc αυτουc θεληcει αδικηcαι : πυρ] εκ πορευεται εκ του cτοματοc : αυτων

P115 και ει τιc αυτ]ουc θελ[ει αδικηcαι πυρ εκπορευεται : εκ του cτ]οματοc [αυτων

(pres,act,ind,3p,sing) (1aor,act,subj,3p,sing) (pres,act,subj,3p,sing) (pres,act,ind,3p,sing)

κατεσθιω θελω θελω θελω

W&H και κατεσθιει τους εχθρους αυτων και ει τις$_1$ θεληση ~~θελη~~$_3$ ~~θελει~~

and it devours the enemies of them and if anyone he should have desired ~~he should desire~~ ~~-he wishes~~

ℵ και κατεcθιει τουc εχθρουc αυτων και η τιc θεληcη$_1$

P47 και κατεcθιει τουc εχθρουc αυ:των και ει τιc θεληcει$_1$

P115 και κατεcθιει τουc εχθρουc: αυτων] και ει τ[ιc θεληcη

(1aor,act,infin) (pres,act,impers,3p,sing) (1aor,pass,infin)

αδικεω δει αποκτεινω

W&H αυτους$_2$ αδικησαι$_4$ ουτως δει αυτον αποκτανθηναι

them to harm thus it is necessary him to be kill

ℵ αυτουc$_3$ αδικηcαι$_2$ ουτωc$_4$ δι αυτον αποκτανθηναι

P47 αυτουc$_3$: αδικηcαι$_2$ ουτωc$_4$ δει αυτον αποκκτανθηναι

P115 αυτουc αδικηcαι ουτωc δει : αυτον α]πoκ[τ]α[νθηναι

(pres,act,ind,3p,pl) (1aor,act,infin) (pres,act,subj,3p,sing)

εχω κλειω βρεχω

Rev.11:6 ουτοι εχουσιν την εξουσιαν κλεισαι τον ουρανον ινα μη$_1$ υετος$_3$ βρεχη$_2$ ~~εν~~$_4$

these they have the authority to shut/lock the heaven so that not rain he might rain ~~in~~

ℵ ουτοι εχουcιν εξουcιαν κλειcαι τον ουρανον ινα μη υετοc βρεχη

P47 ουτοι : εχουcιν την εξουcιαν κλειcαι τον ουρα:νον ινα μη υετοc βρεχη

P115 ουτοι εχουcιν την εξουcιαν : [P115 *start of eight lines missing from 11:6 to 11:13*]

(pres,act,ind,3p,pl) (pres,act,inf)

εχω στρεφω

W&H τας ~~τας~~ ημερας$_5$ της$_7$ προφητειας$_8$ αυτων$_6$ και$_9$ εξουσιαν εχουσιν επι των υδατων στρεφειν

the ~~the~~ days of the prophecy of them and authority they have over the waters to turn

ℵ ταc ημεραc τηc προφητιαc αυτων και εξουcιαν εχουcιν επι των υδατων cτρεφειν

P47 ταc ημεραc : τηc προφητιαc αυτων και εξουcιν ε : ξουcιαν επι των υδατων cτρεφειν :

(1aor,act,infin) (1aor,act,subj,3p,pl)

πατασσω θελω

W&H αυτα εις αιμα και παταξαι την γην εν ~~εν~~ παση πληγη οσακις εαν θελησωσιν

them into blood and to strike the earth with ~~with~~ every plague as often as if they should have desired

ℵ αυτα ειc αιμα ┬ παταξαι την γην εν παcη πληγη οcακιc εαν θεληcωcι

P47 αυτα ειc αιμα και παταξαι την γην : παcη πληγη οcακιc εαν θελωcιν

(1aor,act,subj,3p,pl) (pres,act,ptc,acc,sing,neut)

τελεω hiatus αναβαινω

Rev.11:7 και οταν τελεσωσιν ~~τελεσωσι~~ την μαρτυριαν αυτων το θηριον το αναβαινον εκ

and whenever they should complete the witness of them the beast the one ascending from out

ℵ και οταν τελεcωcιν την μαρτυριαν αυτων$_1$ τοτε$_4$ το$_2$ θηριον$_3$ αναβαινον$_5$ εκ

P47 και : οταν τελωcιν την μαρτυριαν αυ:των τοτε το θηριον το αναβαινον ε:κ

(fut,act,ind,3p,sing) (fut,act,ind,3p,sing) (fut,act,ind,3p,sing)

ποιεω νικαω αποκτεινω

W&H της αβυσσου ποιησει$_1$ μετ$_3$ αυτων$_4$ πολεμον$_2$ και$_5$ νικησει αυτους και αποκτενει αυτους

of the abyss it will make with them war and it will conquer them and it will kill them

ℵ τηc αβυccου ποιηcει μετ αυτων πολεμον και νικηcει αυτουc κι αποκτενει αυτουc

P47 τηc αβυccου ποιηcει$_1$ μ[ε:τ$_3$ αυτων$_4$ πολεμον$_2$ και$_5$ νεικηcει αυτουc και α:ποκτενει αυτουc

Rev.11:8 και το πτωμα ~~πτωματα~~ αυτων επι της πλατειας της ~~της~~ πολεως της μεγαλης ητις

and the corpse ~~corpses~~ of them upon the street of the ~~of the~~ city the one great which

ℵ και τα πτωματα αυτων επι τηc πλατιαc τηc πολεωc τηc μεγαληc ητιc

P47 και τα πτωματα : αυτων επι τηc πλατειαc τηc πολε:ωc τηc μεγαληc ητιc

(pres,pass,ind,3p,sing)
καλεω
W&H καλειται πνευματικως σοδομα και αιγυπτος οπου και ο κυριος αυτων
she being called spiritually Sodom and Egypt where also the Lord of them
ℵ καλειται _πνικως_ σοδοκαι εγγυς ο ποταμος μα και αιγυπτος οπου και ο _κς_
P 47 καλειτα[ι: πνευματικως σοδομα και αιγ[υ:πτος οπου ο _κς_

(1aor,pass,ind,3p,sing)
σταυροω
W&H ~~ημων~~ ~~αυτων~~ εσταυρωθη
~~of us~~ ~~of them~~ He was crucified
ℵ ┬ εσ(τρ)ωθη
P 47 _εστρω_

(pres,act,ind,3p,pl) (fut,act,ind,3p,pl) (pres,act,ind,3p,pl)
βλεπω βλεπω βλεπω
Rev.11:9 και βλεπουσιν ~~βλεψουσιν~~ ~~βλεπουσιν~~ εκ των λαων και φυλων και γλωσσων και
And they see ~~they will see~~ ~~they see~~ from out of the peoples and tribes and tongues and
ℵ και βλεπουςιν εκ $των_1$ $φυλων_4$ $κ(αι)_3$ $λαων_2$ ┬ $γλωccων_5$ και
P 47 κα[ι β[λ]ε : πουςιν εκ των λαων κα[ι φυλων : και γλωccων και

W&H εθνων το ~~τα~~ πτωμα ~~πτωματα~~ αυτων ημερας τρεις και ημισυ και τα πτωματα αυτων ουκ
nations the ~~the~~ corpse ~~corpses~~ of them days three and a half and the corpses of them not
ℵ εθνων το πτωμα αυτων ημεραc τρειc και ημιcυ και τα πτωματα αυτω ουκ
P 47 εθνων τ[ο πτω:μα αυτων ημεραc _γ_ κα[ι ημιcυ: και τα πτωματα αυ[των ουκ :

(pres,act,ind,3p,pl) (fut,act,ind,3p,pl) hiatus (1aor,pass,inf)
αφιημι αφιημι τιθημι
W&H αφιουσιν ~~αφησουσιν~~ αφησουσι τεθηναι εις μνημα
they allow ~~they will allow~~ to have been put into a tomb
ℵ αφιουcιν τεθηναι ειc μνημα
P 47 [Leaf 3, *recto two lines missing*]

(pres,act,ptc,nom,pl,masc) (pres,act,ind,3p,pl) (fut,act,ind,3p,pl) (pres,pass,ind,3p,pl)
κατοικεω χαιρω χαιρω ευφραινω
Rev.11:10 και οι κατοικουντες επι της γης χαιρουσιν ~~χαρουσιν~~ επ αυτοις και ευφραινονται
And the ones dwelling upon the earth they rejoice ~~they will rejoice~~ over them and they are celebrated
ℵ και οι κατοικουντεc επι τηc γηc χαιρουcιν επ αυτοιc κ(αι) ευφραινονται
P 47 *two lines missing* γηc χαιρουcιν επ α[υτοιc και: ευφραινονται

(fut,pass,ind,3p,pl) (fut,act,ind,3p,pl)
ευφραινω πεμπω
W&H ~~ευφρανθησονται~~ και δωρα πεμψουσιν αλληλοις οτι ουτοι οι δυο προφηται
~~they will be celebrated~~ and gifts they will send to one another because these the two prophets
ℵ κ(αι) δωρα πεμπουcιν αλληλοιc οτι ουτοι οι προφηται $οι δυο_2$
P 47 και δωρα π[εμψου:cιν αλληλοιc οτι οι προφητα[ι : οι _β_

(1aor,act,ind,3p,pl) (pres,act,ptc,acc,pl,masc)
βασανιζω κατοικεω
W&H εβασανισαν τους κατοικουντας επι της γης
they tortured the ones dwelling upon the earth
ℵ $εβαcανιcαν_4$ τουc κατοικουνταc επι τηc γηc
P 47 εβαcανιcαν τουc κα : τοικουνταc επι τηc γηc

Rev.11:11 και μετα [τας] τρεις ημερας και ημισυ πνευμα ζωης εκ του θεου εισηλθεν [εν] ~~επ~~ ~~επι~~
and after the three days and a half a Spirit of Life from out of the God entered in ~~into~~ ~~into~~
ℵ και μετα τριc ημεραc και ημιcου πνα ζωηc εκ του _θυ_ ειcηλθε ειc εcτηcαν
P 47 και : μετα ταc τριc ημεραc ημιcυ : πνα ζωηc εκ του _θυ_ ειcηλθεν : ειc

(2aor,act,ind,3p,pl) (2aor,act,ind,3p,sing)
ιστημι επιπιπτω
W&H αυτοις και εστησαν επι τους ποδας αυτων και φοβος μεγας επεπεσεν
them and they were caused to stand upon the feet of them and fear great he fell
ℵ αυτουc και επι τουc ποδαc αυτων και φοβοc μεγαc επεcε
P 47 αυτουc και εcτηcαν επι τουc :ποδαc αυτων και φοβοc μεγαc: επεcεν

(2aor,act,ind,3p,sing) (pres,act,ptc,acc,pl,masc)
επιπιπτω θεωρεω

W&H ~~επεσεν~~ επι τους θεωρουντας αυτους
~~he fell~~ upon the ones seeing them

א επι τουc θεορουταc αυτουc

P 47 επι τουc θεωρουνταc : αυτουc

(1aor,act,ind,3p,pl) (pres,act,ptc,gen,sing,fem) (pres,act,ptc,acc,sing,fem)
ακουω hiatus (gen) (acc) λεγω λεγω

Rev.11:12 και ηκουσαν ~~ηκουσα~~ φωνης ~~φωνην~~ μεγαλης εκ του ουρανου λεγουσης ~~λεγουσαν~~ αυτοις
and they heard a voice ~~a voice~~ great from out of the heaven saying ~~saying~~ to them

א και ηκουcαν φωνηc μεγαληc εκ του <u>ουνου</u> λεγουcηc αυτοιc

P 47 και ηκουcα φωνηc με : γαληc εκ του ουρανου λεγουcηc : αυτοιc

(2aor,act,imper,2p,pl) (2aor,act,imper,2p,pl) (2aor,act,ind,3p,pl)
αναβαινω αναβαινω αναβαινω

W&H αναβατε ~~αναβητε~~ ωδε και ανεβησαν εις τον ουρανον εν τη νεφελη και
you all come up ~~you all come up~~ here and they went up into the heaven in the cloud and

א αναβατε ωδε και ανεβηcαν ειc τον <u>ουνον</u> εν τη νεφελη και

P 47 αναβατε ωδε και ανεβη : c]αν ειc τον ουρανον εν τη νεφε : λ]η και

(1aor,act,ind,3p,pl)
θεωρεω

W&H εθεωρησαν αυτους οι εχθροι αυτων
they beheld them the enemies of them

א εθεωρηcαν αυτουc οι εχθροι αυτων

P 47 εμετρηcαν αυτουc οι : εχθροι αυτων

(2aor,mid,ind,3p,sing)
γινομαι

Rev.11:13 και εν εκεινη τη ωρα ~~ημερα~~ εγενετο σεισμος μεγας και το δεκατον της πολεως
and in that the hour ~~day~~ he happened an earthquake great and the tenth of the city

א και εν εκινη τη ωρα εγενετο cιcμοc μεγαc και το δεκατον τηc πολεωc

P 47 και εν αυτη : τη] ωρα εγενετο cειcμοc με : γαc] και το δεκατον τηc πο : λεω]c

P 115 Verso και εν εκεινη τη ημερα εγενετο cειcμ]οc : μεγαc και το δεκατον τηc πολεωc

(2aor,act,ind,3p,sing) (1aor,pass,ind,3p,pl)
πιπτω hiatus αποκτεινω

W&H επεσεν ~~επεσε~~ και απεκτανθησαν εν τω σεισμω ονοματα ανθρωπων χιλιαδες επτα
she fell and they were destroyed in the earthquake names of men a thousand seven

א επεcεν και απεκτανθηcα εν τω cιcμω ονοματα <u>ανων</u> χιλιαδεc επτα

P 47 επεcεν και απεκταν : θηcα εν τω cιcμω ονομα : τα ανθρ]ωπων χειλιαδεc <u>ζ</u> :

P 115 επε]cεν : και απεκτανθηcαν εν τω cειcμω ο]νο : ματα <u>ανων</u> χιλιαδεc <u>ζ</u>

(2aor,mid,ind,3p,pl) (1aor,act,ind,3p,pl)
γινομαι διδωμι

W&H και οι λοιποι εμφοβοι εγενοντο και εδωκαν δοξαν τω θεω του ουρανου
and the rest afraid they became and they gave glory to the God of the heaven

א και οι λοιποι εν φοβω εγενοτο και εδωκαν δοξαν τω <u>θω</u> του ουρανου

P 47 [και οι λοιποι εμφοβοι εγενοντο και] : εδωκαν δοξαν τω <u>θω</u>] του ο[υρανου :

P 115 και οι λ]οιποι εμ : φοβοι εγενοτο και εδωκαν δοξαν] τω : <u>θω</u> του ουνου

(2aor,act,ind,3p,sing) (2aor,mid,imper,2p,sing) (pres,mid,ind,3p,sing)
απερχομαι ειδον ερχομαι

Rev.11:14 η ουαι η δευτερα απηλθεν1a ιδου6a η2a ουαι3a η4a τριτη5a ερχεται7a ταχυ
the woe the second she passed you, yourself, behold the woe the third she comes quickly

א η ουαι η δευτερα παρηλθεν ιδου1 η3 ουαι4 η5 τριτη6 ερχεται2 ταχυ7

P 47 η ουαι η δ]ευτερα α[πηλθεν ειδου1 η3] ουαι4 η5 τριτη6 ερχε : ται2 ταχυ7

P 115 η ουαι η δευτερ]α απαρηλ : θεν ιδου1 η2 ουαι3 η4 τριτη5 ερχ]ετ[αι6 τα]χυ7

(1aor,act,ind,3p,sing) σαλπιζω hiatus (2aor,mid,ind,3p,pl) γινομαι

Rev.11:15 και ο εβδομος αγγελος εσαλπισεν ~~εσαλπισε~~ και εγενοντο φωναι μεγαλαι εν τω
and the seventh angel he trumpeted and they happened voices great in the
ℵ και ο εβδομος αγγελος εσαλπισεν και εγενετο φωναι μεγαλαι εν τω
P 47 και ο ζ αγγελος : εσαλπισεν και εγενοντο φωναι με : γαλαι εν τω
P 115 και : ο εβδομος αγγελος εσαλπισεν και ε]γεν[οντο : φωναι μεγαλαι εν τω

(pres,act,ptc,nom,pl,masc) λεγω (pres,act,ptc,nom,pl,fem) λεγω (2aor,mid,ind,3p,sing) γινομαι (2aor,mid,ind,3p,pl) γινομαι (2aor,mid,ind,3p,sing) γινομαι

W&H ουρανω λεγοντες ~~λεγουσαι~~ εγενετο ~~εγενοντο~~ ~~εγενετο~~ η βασιλεια
heaven saying ~~saying~~ she happened ~~they happened~~ ~~she happened~~ the kingdom
ℵ ουνω λεγουσαι εγενετο η βασιλια
P 47 ουρανω λεγουσαι εγενετο : η βασιλεια
P 115 ουνω λ]εγουσαι [εγε : νετο η βασιλεια
P 0308 [P0308 *small text too small to determine character late third century from recto*] η βασιλει[α

(fut,act,ind,3p,sing) βασιλευω

W&H του κοσμου του κυριου ημων και του χριστου αυτου και βασιλευσει εις τους
of the universe of the Lord of us and of the Christ of Him and He will reign into the
ℵ του κοσμου του κυ ημων και του χυ αυτου και βασιλευσει εις τους
P 47 του κοσμου του κυ ημων και: του χυ αυτου και βασιλευσει εις τους
P 115 του κοσμου του κυ ημ[ων:και του χρυ αυτου και βασιλε]υ[σ]ει ε[ις :
P 0308 του κος:[μ]ου του κυ ημ[ων και: [τ]ου χρυ αυτο[υ και βασι : λευσει εις το[υς

W&H αιωνας των αιωνων
eons of the eons (*αιωνας των αιωνων = forever*)
ℵ αιωνας των αιωνω αμην *(amen)*
P 47 αι:ωνας των αιωνω
P 115 [*P115 8 lines missing from end of 11:15 to 11:18*]
P 0308 αιω:νας των αι[ωνων αμην

(pres,mid,ptc,nom,pl,masc) καθημαι

Rev.11:16 και οι εικοσι ~~και~~ τεσσαρες πρεσβυτεροι [οι] ενωπιον του θεου καθημενοι επι τους
and the twenty ~~and~~ four elders the ones before the God sitting upon the
ℵ και ⊤ εικοσι τεσσαρες πρεσβυτεροι οι ενωπιον του θυ οι καθηνται επι τους
P 47 και οι κδ πρεσβυτε:ροι οι ενωπιον του θυ καθηνται
P 0308 και οι κδ πρ[εσβυτεροι : ενωπιον [του θυ κα:θημενο[ι επι τους

(2aor,act,ind,3p,pl) πιπτω (2aor,act,ind,3p,pl,or,1p,sing) πιπτω (1aor,act,ind,3p,pl) προσκυνεω

W&H θρονους αυτων επεσαν ~~επεσον~~ επι τα προσωπα αυτων και προσεκυνησαν τω θεω
thrones of them they fell down ~~they fell down~~ upon the faces of them and they worshiped to the God
ℵ θρονους αυτω και επεσαν επι τα προσωπα αυτων και προσεκυνησαν τω θω
P 47 επεσαν : επι τα προσωπα αυτων και προσε : κυνησαν τω θω
P 0308 θρο:νους α[υτων επεσαν : επι [τα προσωπα αυτων: κ[αι προσεκυνησαν : [11:17]

(pres,act,ptc,nom,pl,masc) λεγω (pres,act,ind,1p,pl) ευχαριστεω (pres,act,ptc,nom,sing,masc) ειμι (imperf,act,ind,3p,sing) ειμι

Rev.11:17 λεγοντες ευχαριστουμεν σοι κυριε ο θεος ο παντοκρατωρ ο ων και ο ην
Saying we give thanks to You Lord the God the Almighty the One being and the One He was
ℵ λεγοντες ευχαριστουμεν σοι κς ο θς ⊤ παντοκρατωρ ο ων και ην
P47 λεγοντες ευχαρι : στουμεν σοι ο κς ο θς ο θς παντοκρα:τωρ ο ων και ο ην
P0308 [P0308 *continues again in 11:17 verso side here*] ο ων κ]αι ο ην

(pres,act,ptc,nom,sing,masc) ερχομαι (perf,act,ind,2p,sing) λαμβανω (1aor,act,ind,2p,sing) βασιλευω

W&H ~~και ο ερχομενος~~ οτι ειληφας την δυναμιν σου την μεγαλην και εβασιλευσας
~~and the One coming~~ because/" You have taken the power of You the great and You reigned
ℵ και οτι ειληφας τη δυναμιν σου την μεγαλην και εβασιλευσας
P 47 και οτι ειληφας την:δυναμιν σου την μενουσαν και ε:βασιλευσας
P 0308 και [οτι : ειλη]φας την δυν[αμιν:σου] την μεγαλ[ην: και εβ]ασιλευσας

(1aor,pass,ind,3p,pl) (2aor,act,ind,3p,sing) (1aor,pass,inf)
οργιζομαι ερχομαι κρινω

Rev.11:18 και τα εθνη ωργισθησαν και ηλθεν η οργη σου και ο καιρος των νεκρων κριθηναι
and the nations they were furious and she came the wrath of You and the time of the dead to be judged
ℵ και τα εθνη ωργισθη και ηλθε η οργη σου και ο κ(αι)ρος των νεκρων κριθηναι
P 47 και τα εθνη οργισθη κα[ι:ηλθε η οργη σου και καιρος των [νε:κρων κριθηναι
P 115 [P115 8 lines missing ends here, Recto] και ηλθε η οργη σου και ο κ]αιρ[ος:των νεκρων κριθηναι
P 0308 κα[ι:τα εθν]η ωργισθησα[ν:και ηλθ]εν η οργη σου:και ο καιρ]ος των νε:κρων κριθηναι

(2aor,act,infin)
διδωμι

W&H και δουναι τον μισθον τοις δουλοις σου τοις προφηταις και τοις αγιοις και τοις
and to give the reward to the slaves of You to the prophets and to the holy ones and to the ones
ℵ και δουναι τον μισθον τοις δουλοις σου τοις προφηταις και τοις αγιοις και
P 47 και δουναι τον μ[ι:σθον τοις δουλοις σου τοις προφη[ταις: και τοις αγιοις και τους
P 115 και δου]ναι τον:μισθον τοις δουλοις σου τοις π]ροφητα[ις:και τοις αγιοις και
P 0308 και δουναι τον μι]σθον: τοις δουλοις σο]υ και:τοις προφηταις] και: [P0308 ends here]

(pres,pass,ptc,dat,pl,masc)
φοβεω

(acc) (dat) (acc) (acc) (dat) (acc) (dat) (acc)
W&H φοβουμενοις το ονομα σου τους ~~τοις~~ ~~τους~~ μικρους ~~μικροις~~ και τους ~~τοις~~ μεγαλους
fearing/respecting the name of You the ones ~~the ones~~ ~~the ones~~ small ~~small~~ and the ones ~~the ones~~ great
ℵ φοβουμενοις το ονομα σου τους μικρους και τους μεγαλους
P 47 φοβουμε[νους:το ονομα σου τους μεικρους κ[αι: τους μεγαλους
P 115 φοβο]υμενοις τ[ο:ονομα σου τους μικρους και τους] μεγαλου[ς:

(1aor,act,infin) (pres,act,ptc,acc,pl,masc)
διαφθειρω διαφθειρω

(dat)
W&H ~~μεγαλοις~~-και διαφθειραι τους διαφθειροντας την γην
~~great~~ and to destroy the ones destroying the earth
ℵ και διαφθειραι τους διαφθειροντας τη γην
P 47 κ[αι: διαφθειραι [τους: διαφθειροντας την γην
P 115 και διαφθειραι τους διαφθειρ]οντας την γη[ν:

(2aor,pass,ind,3p,sing) (1aor,pass,ind,3p,sing)
ανοιγω οραω

Rev.11:19 και ηνοιγη ο ναος του θεου ο εν τω ουρανω και ωφθη η κιβωτος της
and he was opened the Temple of the God the One in the heaven and she was seen the Ark of the
ℵ και ηνυγη ο ναος του θυ εν τω ουρανω ανω και ωφθη η κιβωτος της
P 47 [και η:νυγη ο ναος του θυ ο εν τω ο[υρανω: και ωφθη η κιβωτος της
P 115 και ηνοιγη ο ναος του] θυ ο ε[ν: τω ουρανω και ωφθη η κιβωτο]ς τη[ς

(2aor,mid,ind,3p,pl)
γινομαι

W&H διαθηκης αυτου ~~του κυριου~~ εν τω ναω αυτου και εγενοντο στραπαι και φωναι και
Covenant of Him ~~of the Lord~~ in the Temple of Him and they happened lighting and voices and
ℵ διαθηκης του θυ ε τω ναω αυτου και εγενετο αστραπαι και φωναι και
P 47 δ[ιαθη:κης του κυ εν τω [ναω αυτου και: [Leaf 4, recto *two lines missing*]
P 115 δι]αθη[:κης αυτου εν τω ναω αυτου και] εγενοντο1 αστραπαι4 και3 φ[ω:αι2 και5

W&H βρονται και σεισμος και χαλαζα μεγαλη
thunders and an earthquake and hail great
ℵ βροται και σεισμος και χαλαζα μεγαλη
P 47 [P47 *continues here*] μεγαλη
P 115 βροτα]ι κ[αι σ]εισμος: και χαλαζα μεγαλη

Revelation Chapter 12

(1aor,pass,ind,3p,sing) (perf,pass,ptc,nom,sing,fem)
οραω περιβαλλω

Rev.12:1 και σημειον μεγα ωφθη εν τω ουρανω γυνη περιβεβλημενη τον ηλιον και η σεληνη
and a sign great it was seen in the heaven a woman having been clothed with the sun and the moon
ℵ και σημιον μεγα ωφθη εν τω ουνω γυνη περιβεβλημενη τον ηλιον και την σεληνην
P 47 και σημιον μεγ[α ωφθη:εν τω ουρανω γυνη περιβε[βλημε:νη τον ηλιον και η σεληνην
P 115 και ση]με[ι]ον με:γα ωφθη εν τω ουνω γυν]η περιβεβλη:μενη τον ηλιον και η σελ]ηνη

W&H υποκατω των ποδων αυτης και επι της κεφαλης αυτης στεφανος αστερων δωδεκα
under the feet of her and upon the head of her a crown of stars twelve
ℵ υποκατω των ποδων αυτηc και επι τηc κεφαληc αυτηc cτεφανοc αcτερων δωδεκα
P 47 υ[ποκα:τω των ποδων αυτηc και επ τ[ηc: κεφαληc αυτηc cτεφανοc αcτε:ρων ιβ
P 115 υποκα:τω των ποδων αυτηc και] επι τηc κε:φαληc αυτηc cτεφανοc αcτερω[ν ι[β:

(pres,act,ptc,nom,sing,fem) (pres,act,ind,3p,sing) (1aor,act,ind,3p,sing) (pres,act,ptc,nom,sing,fem)
εχω κραζω κραζω ωδινω
Rev.12:2 και εν γαστρι εχουσα και κραζει ~~εκραζεν~~ ωδινουσα και
and in womb having *(one)* and she cries out ~~she cried out~~ suffering birth pains and
ℵ και εν γαcτρι εχουcα και κραζει ωδινουcα και
P 47 και εν γαcτρι εχουcαν και κρα:[[ζ]]ει ωδεινουcα και
P 115 verso [και εν γαcτρι εχουcα εκραζεν ωδινουcα] : και

(pres,pass,ptc,nom,sing,fem) (2aor,act,infin)
βασανιζω τικτω
W&H βασανιζομενη τεκειν
being tortured to give birth
ℵ βαcανιζομενη τεκειν
P 47 βαcα[νιζομενη τεκειν

(1aor,pass,ind,3p,sing) (2aor,mid,imper,2p,sing) (pres,act,ptc,nom,sing,masc)
οραω ειδον εχω
Rev.12:3 και ωφθη αλλο σημειον εν τω ουρανω και ιδου δρακων μεγας πυρρος εχων
And it was seen another sign in the heaven and you, yourself, behold a dragon great red having
ℵ κ(αι) ωφθη αλλο cημιον εν τω ουνω κ(αι) ιδου δρακων$_1$ μεγαc$_3$ πυρροc$_2$ εχων$_4$
P 47 και ωφθη αλλο cημειον εν τω: ουρανω και ιδου δρακων$_1$ με:γαc$_3$ πυρροc$_2$ εχων$_4$
P 115 και ωφθη αλλο: cημειο[ν εν τω ουνω και ιδου δρακων$_1$ μεγ[αc$_3$ πυρ:ροc$_2$ εχων$_4$

W&H κεφαλας επτα και κερατα δεκα και επι τας κεφαλας αυτου$_1$ επτα$_3$ διαδηματα$_2$
heads seven and horns ten and upon the heads of him seven diadems
ℵ κεφαλαc επτα και κερατα δεκα και επι ταc κεφαλαc αυτου επτα διαδηματα
P 47 κεφαλαc ζ και κερατα ι και : επι ταc κεφαλαc ζ διαδηματα :
P 115 κεφαλαc ζ και κερατα ι : κα]ι επι ταc [κεφαλαc αυτου ζ διαδηματα :

(pres,act,ind,3p,sing) (2aor,act,ind,3p,sing)
συρω βαλλω
Rev.12:4 και η ουρα αυτου συρει το τριτον των αστερων του ουρανου και εβαλεν αυτους
And the tail of him drags down the third of the stars of the heaven and he is cast them
ℵ και η ουρα αυτου cυρι το τριτον των αcτερων το τριτο του ουρανου και εβαλεν αυτουc
P 47 και η ουρα αυτου cυρει το τριτον των:αcτερων του ουρανου και εβαλλεν:αυτουc
P 115 κ]αι η ουρ[α αυτου cυρει το τριτον των αcτερων : τ]ου [ο]υνου κ[αι εβαλεν αυτουc

(perf,act,ind,3p,sing) (pres,act,ptc,gen,sing,fem) (2aor,act,infin)
ιστημι μελλω τικτω
W&H εις την γην και ο δρακων εστηκεν ενωπιον της γυναικος της μελλουσης τεκειν
to the earth and the dragon he has stood before the women the one being about to to give birth
ℵ ειc την γην και ο δρακων εcτηκεν ενωπιον τηc γυναικοc τηc μελλουcηc τεκειν
P 47 ειc την γην και ο δρακων: ε]cτηκεν ενωπιον τηc γυναικοc : τ]ηc μελλουcηc τεκειν
P 115 ειc την γην και:ο δρακων: ιc[τηκεν ενωπιον τηc γυναικοc :τη[c] μ[ε]λ[λο]υ[cηc τεκειν

(2aor,act,subj,3p,sing) (2aor,act,subj,3p,sing)
τικτω κατεσθιω
W&H ινα οταν τεκη το τεκνον αυτης καταφαγη
so that when she should have given birth the child of her he should have devour
ℵ ινα οταν τεκη το τεκνον αυτηc καταφαγη
P 47 ινα οταν : τ]εκη το τεκνον αυτηc καταφαγη
P 115 ινα οταν τεκη το τεκνον αυ:τηc κα[ταφαγη

(2aor,act,ind,3p,sing) (pres,act,ind,3p,sing) (pres,act,inf)
τικτω μελλω ποιμαινω
Rev.12:5 και ετεκεν υιον αρσεν ~~αρρενα~~ ος μελλει ποιμαινειν παντα τα εθνη εν ραβδω
and she gave birth a Son a male ~~a male~~ Who He is about to to shepherd all the nations with rod
ℵ και ετεκεν υιον αρρενα οc μελλει ποιμενιν παντα τα εθνη εν ραβδω
P 47 και] ετεκεν υιον αρρενα οc μελλει : ποιμ]αινειν παντα τα εθνη εν ρα:βδω]
P 115 και ετεκεν υιον αρcεν οc: μελλε[ι ποιμαινειν παντα τα εθνη εν ραβ:δω]

(1aor,pass,ind,3p,sing)
αρπαζω
W&H σιδηρα και ηρπασθη το τεκνον αυτης προς τον θεον και προς τον θρονον αυτου
iron and He was snatched up the Child of her to the God and to the Throne of Him
ℵ σιδηρα και ηρπαγη το τεκνον αυτηс προс τον θν και προс τον θρονον αυτου
Ᵽ 47 σιδηρα και ηρπαсθη το τε:κνον] αυτηс προс το θν και:προс τ]ον θρονον αυτου
Ᵽ 115 σιδ[ηρα και ηρπαсθη το τεκνον αυτηс:προ]с το[ν θν και προс τον θρονον αυτου :

(2aor,act,ind,3p,sing) φευγω — (pres,act,ind,3p,sing) εχω — (perf,pass,ptc,acc,sing,neut) ετοιμαζω
Rev.12:6 και η γυνη εφυγεν εις την ερημον οπου εχει εκει τοπον ητοιμασμενον απο του
and the woman she fled into the desert where she has there a place having been prepaired from/because of of the
ℵ και η γυνη εφυγεν εις την ερημον οπου εχι εκει τοπον ητοιμαсμενον απο του
Ᵽ 47 και η γυ : νη εφυγεν] εις την ερημο[ν:[οπου εχι εκει τοπον ητοιμαсμενον]: απο του
/\ [*leaf 5, verso begins*]

(pres,act,subj,3p,pl) τηρεω — (pres,act,subj,3p,pl) εκτηρεω
W&H θεου ινα εκει τρεφωσιν ~~εκτρεφωσιν~~ αυτην ημερας χιλιας διακοσιας εξηκοντα
God so that there they might guard/keep/nourish ~~they might nourish/keep~~ her days thousand two hundred sixty
ℵ θυ ινα εκει τρεφουсιν αυτον ημεραс χιλιαс διακοсιαс εξηκοντα
Ᵽ 47 θυ ινα εκει] τρεφουсιν αυ:την η]μεραс αсξ

(2aor,mid,ind,3p,sing) γινομαι — (1aor,act,infin) πολεμεω
Rev.12:7 και εγενετο πολεμος εν τω ουρανω ο μιχαηλ και οι αγγελοι αυτου του πολεμησαι
and he happened war in the heaven the Michael and the angels of him of the to wage war
ℵ και εγενετο πολεμοс εν τω ουνω ο μιχαηλ και οι αγγελοι αυτου πολεμηсαι
Ᵽ 47 και εγενε : το π]ολεμοс εν τω ουρανω ο μιχα:ηλ] και οι αγγελοι αυτου πολεμη:сαι

(1aor,act,ind,3p,pl) πολεμεω — (1aor,inf) πολεμεω — (1aor,act,ind,3p,sing) πολεμεω
W&H ~~επολεμησαν~~ ~~του πολεμησαι~~ μετα ~~κατα~~ ~~μετα~~ του δρακοντος και ο δρακων επολεμησεν
~~they waged war~~ ~~of the to wage war~~ with ~~against~~ ~~with~~ the dragon and the dragon he waged war
ℵ μετα του δρακοντοс και ο δρακων επολεμηсεν
Ᵽ 47 μετα του δρακοντοс και ο δρα:κων επολεμηсεν

hiatus
W&H ~~επολεμησε~~ και οι αγγελοι αυτου
and the angels of him
ℵ και οι αγγελοι αυτου
Ᵽ 47 και οι αγγελοι αυ:του

(1aor,act,ind,3p,sing) ισχυω — (1aor,act,ind,3p,sing) ισχυω — (1aor,pass,ind,3p,sing) ευρισκω
Rev.12:8 και ουκ ισχυσεν ~~ισχυσαν~~ ουδε ~~ουτε~~ ~~ουδε~~ τοπος ευρεθη αυτων ~~αυτω~~
and not he prevailed ~~they prevailed~~ and <> not/nor ~~nor~~ ~~and <> not/nor~~ a place he was found of them ~~for him~~
ℵ και ουκ ιсχυсαν προс$_1$ ουδε$_3$ τοτε$_4$ ευρεθη$_4$ αυτον$_2$
Ᵽ 47 και ουκ ιсχυсαν ουδε τοποс$_1$ ευρεθη$_3$ αυ:των$_2$
Ᵽ 115 [*continuing from Rev.12:8 after 8 missing linesafter 12:5 on verso*] αυτων

W&H ετι εν τω ουρανω
still in the heaven
ℵ ετι$_5$ εν τω ουνω
Ᵽ 47 εν$_5$ τω ουρανω
Ᵽ 115 ετι εν τω ο]υν[ω]

(1aor,pass,ind,3p,sing) βαλλω — (pres,pass,ptc,nom,sing,masc) καλεω
Rev.12:9 και εβληθη ο δρακων ο μεγας ο οφις ο αρχαιος ο καλουμενος διαβολος και ο
and he was cast the dragon the great the serpent the ancient the one being called devil and the
ℵ και εβληθη ο δρακω ο μεγαс οφιс ο αρχαιοс ο καλουμενοс διαβολοс ο
Ᵽ 7 και ε:βληθη ο δρακων ο$_1$ μεγαс$_4$: οφιс$_2$ ο$_3$ ο καλουμενοс διαβολοс και
Ᵽ 115 και εβ[ληθη ο δρακων: ο$_1$ μ]εγαс$_4$ ο$_3$ οφιс$_2$ ο$_5$ αρχαιοс ο κα[λουμενοс διαβολοс : και ο

(pres,act,ptc,nom,sing,masc) πλαναω — (1aor,pass,ind,3p,sing) βαλλω

W&H σατανας ο πλανων [την οικουμενην ολην εβληθη εις την γην και οι αγγελοι αυτου
Satan the one deceiving the inhabited *(earth)* whole he were cast into the earth and the angels of him
ℵ σατανας ο πλανων την οικουμενην ολην εβληθη εις την γη και οι αγγελοι αυτου
P[47] σατα : νας ο πλανων την οικουμενην : ολην εβληθη εις την γην και : οι αγγελοι
P[115] c]ατανας ο πλανων [την οικουμενην ο:λην ε]βληθη εις την γη και οι αγγελοι αυ:του

(1aor,pass,ind,3p,pl) βαλλω

W&H μετ αυτου εβληθησαν
with him they were cast
ℵ μετ αυτου εβληθηcαν
P[47] μετ αυτου εβληθηcαν :
P[115] μ]ετ αυτου εβληθηcαν

(1aor,act,ind,1p,sing) ακουω — (2aor,mid,ind,3p,sing) γινομαι

Rev.12:10 και ηκουσα φωνην μεγαλην₁ εν₃ τω₄ ουρανω₅ λεγουσαν₂ αρτι₆ εγενετο η σωτηρια και
and I heard a voice great in the heaven saying now she happened the salvation and
ℵ και ηκουcα φωνην μεγαλη εν τω ουνω λεγουcαν αρτι εγενετο η cωτηρια και
P[47] και ηκουcα φωνην μεγαλη εν : τω ουρανω λεγουcαν αρτι εγε:νετο η cωτηρια και
P[115] κ[αι ηκουcα φω:νην] μεγαλη εν τω [ο]υνω [λεγουcαν αρτι ε:γε]νετο η cωτηρια και

(1aor,pass,ind,3p,sing) βαλλω

W&H η δυναμις και η βασιλεια του θεου ημων και η εξουσια του χριστου αυτου οτι εβληθη
the power and the kingdom of the God of us and the authority of the Christ of Him because he was cast
ℵ η δυναμιc και η βαcιλια του θυ ημω και η εξουcια του χριcτου αυτου οτι εβληθη
P[47] η δυναμιc : και η βαcιλεια του θυ ημων κα[ι η : cωτηρια του χυ αυτου οτι εβλη:θη
P[115] η δυναμιc και η βα:cιλεια το]υ θυ ημω[ν] και η [εξουcια του χρυ αυ]του οτι εβληθη

(1aor,pass,ind,3p,sing) καταβαλλω — (pres,act,ptc,nom,sing,masc) κατηγορεω

W&H ~~κατεβληθη~~ ο κατηγωρ των αδελφων ημων ο κατηγορων αυτους ~~αυτων~~ ενωπιον του
~~He was knocked down~~ the accuser of the brothers of us the one accusing them ~~them~~ before the
ℵ ο κατηγοροc των αδελφω ημων ο κατηγορων αυτων ενωπιον του
P[47] ο κατηγοροc των αδελφων η : μων ο κατηγορων αυτουc ενω[πι:ον του
P[115] ο κατηγοροc : των αδελφω ημω]ν ο [κατηγορων αυτων ενωπιον : του

W&H θεου ημων ημερας και νυκτος
God of us day and night
ℵ θυ ημω ημεραc και νυκτοc
P[47] θυ ημων ημεραc κα[ι νυ:κτοc
P[115] θυ ημω η]με[ραc και νυκτοc

(1aor,act,ind,3p,pl) νικαω

Rev.12:11 και αυτοι: ενικησαν αυτον δια το αιμα του αρνιου και δια τον λογον της μαρτυριας
and they they overcame him through the blood of the Lamb and through the word of the witness
ℵ και ουτοι ενικηcαν αυτον δια το αιμα του αρνιου κ(αι) δια τον λογον τηc μαρτυριαc
P[47] και ουτοι ενικηcαν αυ[τον : δια το αιμα του αρνιου και [τον:λογον τηc μαρτυριαc
P[115] και ουτοι : *[missing annotation as to why – continues again at 12:12]*

(1aor,act,ind,3p,pl) αγαπαω

W&H αυτων και ουκ ηγαπησαν τη[ν ψυχην : αυτων αχρι θανατου
of them and not they loved the life of them unto death
ℵ αυτω και ουκ ηγαπηcα την ψυχην αυτω αχρι θανατου
P[47] α[υτων : και ουκ ηγαπηcα την ψυχην αυτων αθρι θα[νατου

(pres,mid,imper,2p,pl) ευφραινω (pres,act,ptc,nom,pl,masc) σκηνοω
Rev.12:12 δια τουτο ευφραινεσθε ~~οι~~ ουρανοι και οι εν αυτοις σκηνουντες ουαι
On account of this you all celebrate ~~the~~ heavens and the ones in them dwelling woe
ℵ δια τουτο ευφρενεcθε ουνοι και οι$_{1}$ εν$_{3}$ αυτοιc$_{4}$ ουαι$_{5}$
P^{47} δια του : [*Leaf 5, recto two lines missing*]

(pres,act,ptc,dat,pl,masc) κατοικεω (2aor,act,ind,3p,sing) καταβαινω
W&H την ~~τοις~~ ~~κατοικουσιν~~ γην και την θαλασσαν οτι κατεβη ο διαβολος προς υμας
the ~~to the ones~~ ~~dwelling~~ land and the sea because he has been cast down the devil to you all
ℵ ειc$_{6}$ την$_{7}$ κατοικουντεc$_{2}$ γην$_{8}$ και την θαλαccαν οτι κατεβη ο διαβολοc προc υμαc
P^{47} [*two lines missing*] θα]λαccαν οτι κ[ατεβη ο διαβολοc προc : υμαc

(pres,act,ptc,nom,sing,masc) εχω (perf,act,ptc,nom,sing,masc) οιδα (pres,act,ind,3p,sing) εχω
W&H εχων θυμον μεγαν ειδως οτι ολιγον καιρον εχει
having wrath great having known that little time he has
ℵ εχων θυμον ειδωc οτι ολιγον καιρον εχει
P^{47} εχων θυμον μεγαν [ειδωc : οτι ολιγον καιρον εχει
P^{115} [*recto*] θυμον μεγαν ιδωc οτι ολιγον] καιρ[ο]ν [εχει :

(2aor,act,ind,3p,sing) οραω (1aor,pass,ind,3p,sing) βαλλω (1aor,act,ind,3p,sing) διωκω hiatus
Rev.12:13 και οτε ειδεν ο δρακων οτι εβληθη εις την γην εδιωξεν ~~εδιωξε~~ την γυναικα
and when he saw the dragon that he was cast to the earth he persued the woman
ℵ και οτε ειδεν ο δρακων οτι εβληθη ειc την γην εδωκεν την γυναικα
P^{47} και οτε ει[δεν : ο δρακων οτι εβληθη ειc την γην : απηλθεν εδωκεν την γυναικαν :
P^{115} και οτε ειδεν ο δρακων οτι εβληθ]η ειc την : γην εδιωξεν την γυναικα

(2aor,act,ind,3p,sing) τικτω hiatus
W&H ητις ετεκεν ~~ετεκε~~ τον αρσενα
the one who she gave birth to the male
ℵ ητιc ετεκεν το αρcενα
P^{47} ητιc ετεκεν τον αρcενα
P^{115} ητιc ετ]εκεν τον : αρcενα

(1aor,pass,ind,3p,pl) διδωμι (pres,mid,subj,3p,sing) πετομαι
Rev.12:14 και εδοθησαν τη γυναικι αι δυο πτερυγες του αετου του μεγαλου ινα πετηται εις την
and they were given to the woman the two wings of the eagle of the great so that she might fly into the
ℵ και εδοθηcαν τη γυναικι δυο πτερυγεc αετου του μεγαλου ινα πετηται ειc την
P^{47} και εδοθη : cαν τη γυναικι δυο πτερυγαc του αε : του του μεγαλου ινα πετητε ειc : την
P^{115} και εδοθηcαν τη γυναικ]ι δυο πτερυ : γεc του αετου του μεγαλου ινα πετηται ειc την

(pres,pass,ind,3p,sing) τρεφω
W&H ερημον εις τον τοπον αυτης οπου ~~οπως~~ τρεφεται εκει καιρον και καιρους και
desert to the place of her where ~~that where~~ she is being provided for there a time and times and
ℵ ερημον ειc τοπον αυτηc οπου τρεφεται εκει και κερουc και
P^{47} ερημον ειc τον τοπον αυτηc : οπου τρεφεται εκει καιρον και και : ρουc και
P^{115} ε[ρη : μον ειc τον τοπον αυτηc οπου τρεφ]εται εκε[ι : καιρον και κερουc και

W&H ημισυ καιρου απο προσωπου του οφεως
a half time from face of the serpent
ℵ ημιcου καιρου απο προcωπου του οφεωc
P^{47} ημιcυ καιρου απο προcω : που του οφεωc
P^{115} ημιcυ και]ρου απο προ : cωπου του οφεωc

(2aor,act,ind,3p,sing)
βαλλω
Rev.12:15 και εβαλεν ο οφις$_1$ εκ$_5$ του$_6$ στοματος$_7$ αυτου$_8$ οπισω$_2$ της$_3$ γυναικος$_4$ υδωρ$_9$ ως
and he cast the serpent from out of the mouth of him after the woman water as
א και εβαλεν ο οφις εκ του στοματος αυτου οπισω της γυναικος υδωρ ως
P 47 και εβαλεν ο οφις α:πο του στοματος αυτου οπισω της: γυναικος υδωρ ως
P 115 και εβαλεν ο ο]φις εκ του στο:ματος αυτου οπισω της γυναικος] υδω[ρ] ως:

(1aor,act,subj,3p,sing)
ποιεω
W&H ποταμον ινα αυτην ~~ταυτην~~ ~~αυτην~~ ποταμοφορητον ποιηση
a river so that her ~~her~~ ~~her~~ carried off by a river he should make
א ποταμον ινα αυτην ποταμοφορητο ποιηση
P 47 ποταμον ινα: αυτην ποταμοφορητον ποιηση:
P 115 ποταμον ινα αυτην [μισσινγ τεξτ] ποτα]μοφορ[η:τον ποιηση

(1aor,act,ind,3p,sing) (1aor,act,ind,3p,sing) (2aor,act,ind,3p,sing)
βοηθεω ανοιγω καταπινω hiatus
Rev.12:16 και εβοηθησεν η γη τη γυναικι και ηνοιξεν η γη το στομα αυτης και κατεπιεν ~~κατεπιε~~
and she helped the land the woman and she opened the earth the mouth of her and she swallowed
א και εβοηθησεν η γη τη γυναικι και ηνοιξεν η γη το στομα αυτης και κατεπιε
P 47 και εβοηθησεν η γη τη γυναικι και: ηνοιξεν το στομα της και κατεπι:ε]ν
P 115 και εβοηθησεν η γη τ]η γυνα[ι:κι και ηνοιξεν η γη το στομα αυτης] και: κατεπιεν

(2aor,act,ind,3p,sing)
βαλλω
W&H τον ποταμον ον εβαλεν ο δρακων εκ του στοματος αυτου
the river which he cast the dragon from out of the mouth of him
א τον ποταμον ον εβαλεν ο δρα κω εκ του στοματος αυτου
P 47 τον ποταμον ον εβαλεν ο δρα: κων απο του στοματος αυτου:
P 115 τον ποταμον ον εβαλεν ο δρ]ακω[ν: εκ του στοματος αυτου

(1aor,pass,ind,3p,sing) (2aor,act,ind,3p,sing) (1aor,act,infin)
οργιζω απερχομαι hiatus ποιεω
Rev.12:17 και ωργισθη ο δρακων επι τη γυναικι και απηλθεν ~~απηλθε~~ ποιησαι πολεμον μετα των
and he was angry the dragon with the woman and he went away to make war with the
א και ωργισθη ο δρακων επι τη γυναικι και απηλθε$_1$ ποιησαι$_3$ πολεμον$_2$ μετα$_4$ των
P 47 και ωργισθη ο δρακων τη γυναι:κι] και απηλθεν ποιησαι πολεμον: μ]ετα των
P 115 και ωργισθη ο] δρα: [P115 *6 lines missing continues again @ 13:1*]

(pres,act,ptc,gen,pl,masc) (pres,act,ptc,gen,pl,masc)
τηρεω εχω
W&H λοιπων του σπερματος αυτης των τηρουντων τας εντολας του θεου και εχοντων
rest of the seed of her the ones keeping the comandments of the God and having
א επιλοιπων του σπερματος αυτης των τηρουντων τας εντολας του θυ και εχοντων
P 47 λοιπων του σπερμα:τος] αυτης των τηρουντων τας: εντο]λας του θυ και εχοντων:

W&H την μαρτυριαν ~~του~~ ιησου ~~χριστου~~
the witness ~~of the~~ of Jesus ~~Christ~~
א την μαρτυριαν του θυ
P 47 την μ]αρτυριαν ιυ

(1aor,pass,ind,3p,sing) (1aor,pass,ind,1p,sing)
ιστημι ιστημι
Rev.12:18 και εσταθη ~~εσταθην~~ επι την αμμον της θαλασσης
and he stood ~~I stood~~ upon the sand of the sea
א και εσταθη επι την αμμον της θαλασσης
P 47 και εσταθη: επι τη]ν αμμον της θαλασσης:

Revelation Chapter 13

(2aor,act,ind,1p,sing) (pres,act,ptc,acc,sing,neut) (pres,act,ptc,acc,sing,neut)
οραω αναβαινω εχω
Rev.13:1 και ειδον εκ της θαλασσης θηριον αναβαινον εχον$_1$ κερατα$_5$ δεκα$_6$ και$_4$
and I saw from out of the sea a beast ascending having horns ten and
A και ιδον εκ της θαλασσης θηριον : αναβαινον εχον κερατα δεκα και :
א και ειδον εκ της θαλασσης θηριον αναβαινον εχον κερατα δεκα και
P 47 και ειδον] εκ τη[c] θαλαccηc θηρι : ον [P47 Leaf 6, recto *three lines missing*]

W&H κεφαλας$_2$ επτα$_3$ και$_7$ επι των κερατων αυτου δεκα διαδηματα και επι τας κεφαλας αυτου
heads seven and upon the horns of him ten diadems and upon the heads of him
A κεφαλας επτα και επι των κερατων : αυτου δεκα διαδηματα και επι τας: κεφαλας αυτου
א κεφαλας επτα και επι των κερατων αυτων$_1$ δεκα$_3$ διαδηματα$_2$ και$_4$ επι τας κεφαλας αυτου
P 47 [P47 *after three lines missing* P47 *begins again here*] αυτ]ου
P 115 [P115 *begins after 6 lines missing between 12:17 & 13:1*] αυτων ι διαδηματα] και επι τας κεφαλ[ας αυτου :

W&H ονοματα ~~ονομα~~ βλασφημιας
names ~~name~~ of blasphmey
A ονοματα βλαcφημιας :
א ονομα βλαcφημιας
P 47 ονομα βλαcφημειας
P 115 ονοματα βλαcφ]ημιας

(2aor,act,ind,1p,sing) (imperf,act,ind,3p,sing)
οραω ειμι
Rev.13:2 και το θηριον ο ειδον ην ομοιον παρδαλει και οι ποδες αυτου ως αρκου και
and the beast the one I saw it was like a leopard and the feet of it as a bear and
A και το θηριον ο ιδον ην ομοιον παρ: δαλι και οι ποδες αυτου ως αρκου : και
א και το θηριον ο ειδον ην ομοιον παρδαλι και οι ποδες αυτου ως αρκου και
P 47 και: το θ]ηριον ο ειδον ομοιον παρδαλει: και] οι ποδες αυτου ως αρκου και
P 115 και το θηριον [ο ειδον ην: ομοιον παρδ]αλει και οι ποδες αυτο[υ ως αρκου : και

(1aor,act,ind,3p,sing)
διδωμι
W&H το στομα αυτου ως στομα λεοντος και εδωκεν αυτω ο δρακων την δυναμιν αυτου και
the mouth of it as mouth of a lion and he gave to it the dragon the power of him and
A το στομα αυτου ως στομα λεοντος: και εδωκεν αυτω ο δρακων την: δυναμιν αυτου και
א το στομα αυτου ως στομα λεοντω και εδωκεν αυτω┬ δρακων την δυναμιν αυτου και
P 47 το: στομα αυτου ως στομα λεοντος και: εδωκεν αυτω ο δρακων την δυναμιν: αυτου και
P 115 το στομα α]υτου ω[ς c]τομα λεοντος και: εδωκεν αυτω ο δ]ρακων την δυναμιν α[υτου : και

W&H τον θρονον αυτου και εξουσιαν μεγαλην
the throne of him also authority great
A τον θρονον : αυτου και εξουσιαν μεγαλην [:
א το θρονον αυτου και εξουσιαν μεγαλην
P 47 τον θρονον αυτου και εξου: σιαν μεγαλην
P 115 τον θρο]νον αυτου και εξουσιαν [μεγα : λην

(2aor,act,ind,1p,sing) (perf,pass,ptc,acc,sing,fem)
οραω σφαζω
Rev.13:3 και ~~ειδον~~ μιαν εκ των κεφαλων αυτου ως ~~ωσει~~ εσφαγμενην εις θανατον και η πληγη
and ~~I saw~~ one from out of the heads of it as ~~as~~ having been slaughtered to death and the wound
A και μιαν εκ των κεφαλων αυτου : ως εσφαγμεν[η]ν εις θανατον : και η πληγη
א και μιαν εκ τω κεφαλων αυτου ως εσφαγμενην εις θανατον και η πληγη
P 47 και μιαν εκ τω κε : φαλων αυτου ως εσφαγμενην εις : θανατον και η πληγη
P 115 και μια]ν εκ τω κεφα[λ]ων αυτου ω[ς : ει εσφαγμενην ε]ις[θανατον και η π]λη[γη :

(1aor,pass,ind,3p,sing) (1aor,pass,ind,3p,sing)
θεραπευω θαυμαζω
W&H του θανατου αυτου εθεραπευθη και εθαυμασθη ~~εν~~ ολη η ~~τη~~ γη οπισω του θηριου
of the death of it it was healed and she was amazed ~~in~~ whole the ~~to the~~ earth after the beast
A του θανατου αυτου : εθεραπευθη και εθαυμασθη ολη : η γη οπισω του θ[ηριουω]
א του θανατου θανατου εθεραπευθη και εθαυμασεν ολη η γη οπισω του θηριου
P 47 του θανατου : αυτου εθεραπευθη και εθαυμα : cθη ολη η γη οπισω του θηριου

(1aor,act,ind,3p,pl) (1aor,act,ind,3p,sing)
προσκυνεω διδωμι hiatus
Rev.13:4 και προσεκυνησαν τω ~~τον~~ ~~τω~~ δρακοντι ~~δρακοντα~~ οτι ~~ος~~ ~~τω~~ εδωκεν ~~εδωκε~~
and they worshiped/did obeisance to the ~~the~~ ~~to the~~ dragon ~~dragon~~ because ~~who~~ ~~to the one~~ he gave
A και προσεκυνησαν τω δρακοντι οτι εδωκεν:
א και προσεκυνησα τω δρακοντι οτι εδωκεν
P 47 και : προσεκυνησεν τω δρακοντι οτι : εδωκεν
P 115 και προς : [P115 *lines missing without comment from 13:4 to 13:6*]

(1aor,act,part,nom,sing,masc) (1aor,act,ind,3p,pl)
διδωμι προσκυνεω *(dat) (acc) (dat) (dat) (acc) (dat)*
W&H ~~δεδωκοτι~~ την ~~την~~ εξουσιαν τω θηριω και προσεκυνησαν τω ~~το~~ ~~τω~~ θηριω ~~θηριον~~ ~~θηριω~~
~~having given~~ the ~~the~~ authority to the beast and they worshiped the ~~the~~ ~~the~~ beast ~~beast~~ ~~beast~~
A την εξουσιαν τω θηριω: και προσεκυνησαν το θηριον :
א την εξουσιαν τω θηριω και προσεκυνησαν τω θηριω
P 47 την εξουσιαν τω θηριω: και

(pres,act,ptc,nom,pl,masc) (pres,pass,ind,3p,sing) (1aor,act,infin)
λεγω δυναμαι πολεμεω
W&H λεγοντες τις ομοιος τω θηριω και τις δυναται πολεμησαι μετ αυτου
saying who *(is)* like the beast and who he is able to wage war with it
A λεγοντες τις ομοιος τω θηριω και τις δυναται πολεμησαι μετ αυ: του
א λεγοντες τις ομοιος τω θηριω και τις δυναται πολεμησαι μετ αυτου
P 47 τις δυναται πολεμησαι με: τ αυτου

(1aor,pass,ind,3p,sing) (pres,act,ptc,nom,sing,neut) (1aor,pass,ind,3p,sing)
διδωμι λαλεω διδωμι
Rev.13:5 και εδοθη αυτω στομα λαλουν μεγαλα και βλασφημιας και εδοθη αυτω εξουσια
and it was given to it a mouth speaking great *(things)* and blasphemies and it was given to it authority
A και εδοθη αυτω στομα λαλουν : μεγαλα και βλασφημας και εδοθη : αυτω εξουσια
א και εδοθη αυτω στομα λαλουν μεγαλα και βλασφημιας και εδοθη αυτω ⊤
P 47 και εδοθη αυτω στομα λα: λουν τα μεγαλα και βλασφημιας : και εδοθη αυτω εξουσια

(1aor,act,infin)
ποιεω
W&H ~~πολεμον~~ ποιησαι μηνας τεσσερακοντα [και] δυο
~~war~~ to act /do /make months forty and two
A ποιησαι μηνας τες : σερακοντα και δυο
א ποιησαι ο θελει μηνας τεσσερακοντα δυο
P 47 ποιησαι: μηνας <u>μβ</u>

(1aor,act,ind,3p,sing) (1aor,act,infin)
ανοιγω hiatus βλασφημεω
Rev.13:6 και ηνοιξεν ~~ηνοιξε~~ το στομα αυτου εις βλασφημιας προς τον θεον βλασφημησαι το
and it opened the mouth of it for blasphemies against the God to blaspheme the
A και ηνοιξεν το στομα αυτου εις βλασφημιας προς: τον <u>θν</u> βλασφημησαι το
א και ηνοιξε το στομα αυτου εις βλασφημιας προς τον <u>θν</u> βλασφημησαι
P 47 και ηνοιξεν το στομα : αυτου εις βλασφημησαι προς τον <u>θν</u> : βλασφημησαι το
P 115 [P115 *continues from 13: 4 from Verso here*] <u>θν</u> : βλασφ[ημησαι το

(pres,act,ptc,acc,pl,masc)
σκηνοω
W&H ονομα αυτου και την σκηνην αυτου και τους εν τω ουρανω σκηνουντας
name of Him and the Tabernacle of Him and the ones in the heaven tabernacling/living/encamping
A ονομα αυτου : και την σκηνην αυτου τους εν τω: <u>ουνω</u> σκηννουντας
א αυτον και την σκηνην αυτου ⊤ τους ε τω <u>ουνω</u> σκηνουτες
P 47 ονομα αυτου κα[ι: την σκηνην αυτου εν τω ουρα: νω
P 115 ονομα αυτου και την σκηνην αυτου τους εν τω <u>ουνω</u> σκηνουτας

(1aor,pass,ind,3p,sing) (1aor,act,infin) (1aor,act,infin)
διδωμι ποιεω νικαω
Rev.13:7 [και εδοθη αυτω₁ ποιησαι₃ πολεμον₂ μετα₄ των αγιων και νικησαι αυτους]
and it was given to it to make war with the holy ones and to conquer them
A και εδοθη αυτω :
א και εδοθη αυτω ποιησαι πολεμον μετα των αγιων και νικησαι αυτους
P 47 *(line appears to have been skipped by the coppiest first three words in next line are the same)*
P 115 και εδοθ[η αυτω ποιησαι πολεμον μετα των: α]γιων κα[ι νικησαι αυτους

	(1aor,pass,ind,3p,sing) δίδωμι										
W&H	και	εδοθη	αυτω	εξουσια	επι	πασαν	φυλην	και λαον	και γλωσσαν	και	εθνος
	and	it was given	to it	authority	over	every	tribe	and people	and tongue	and	nation
A				εξουσια	επι	πασαν	φυλην	και λαον:	και γλωσσαν	και	εθνος
ℵ	και	εδοθη	αυτω	εξουσιαν	επι	πασαν	φυλην	και λαον	και γλωσσα	και	εθνος
P47	και	εδοθη	αυτω	εξουσια	επι	[πα:σαν	φυλην			κα[ι	εθνος :
P115	και	εδοθη	αυτω	ε:ξουσιαν	ε[πι	πασαν	φυλην	και λαον	και γλωσ:σαν	και	[εθνος

	(fut,act,ind,3p,pl) προσκυνεω					(pres,act,ptc,nom,pl,masc) κατοικεω			
Rev.13:8	και προσκυνησουσιν	αυτον	~~αυτω~~	παντες	οι	κατοικουντες	επι της	γης	~~ων~~
	and they will worship	it	~~to it~~	all	the ones	dwelling	upon the	earth	~~the ones who~~
A	και προς:κυνησουσιν	αυτον		παντες	οι	κατ:οικουντες	επι της	γης	
ℵ	και προσκυνησουσιν		αυτω	παντες	οι	κατοικουντες	επι της	γης	ων
P47	κ]αι προσκυνησουσιν	αυτο[ν		παν:τ]ες	οι	κατοικουντες	επι τ[ης :	γ]ης	ων
P115	και προσκυνησουσιν	αυτον		παντες :	οι	κατοικουν[τες	επι της	γης	

		(perf,pass,ind,3p,sing) γραφω											
W&H	ου ου	γεγραπται	το	ονομα	αυτου	εν	τω	~~τη τω~~	βιβλιω	της	ζωης	του	αρνιου
	not not /certainly not	having been written	the	name	of him	in	the	~~the the~~	Book	of the	Life	of the	Lamb
A	ου αι	γειρα:πται	το	ονομα	αυτου	εν	τω		βιβλιω:	της	ζωης	του	αρνιου
ℵ	⊤	γεγραπται	τα	ονοματα	αυτω	εν	⊤		βιβλω	της	ζωης	του	αρνιου
P47	ου	γεγραπται	τα	[ονομα:τα	αυτων	εν	τη		βιβλι[ω	της	ζωης :	[*2 lines missing*]	
P115	ου ου	γεγραπται	το :	ον[ο]μα		εν	τ[ω		βιβλω	της	ζωης	του	αρνιου

			(perf,pass,ptc,gen,sing,neut) σφαζω			
W&H	του	~~του~~	εσφαγμενου	απο	καταβολης	κοσμου
	the One	~~the One~~	having been slaughtered	from	founding	of universe / world
A	του		εσφαγμε:νου	απο	καταβολης	κοσμου :
ℵ	του		εσφαγμενου	απο	καταβολης	κοσμ(ου)
P115	του :		εσφαγμενο]υ	[απο	καταβολης	κοσμου

		(pres,act,ind,3p,sing) εχω		(1aor,act,imper,3p,sing) ακουω
Rev.13:9	ει τις	εχει	ους	ακουσατω
	if anyone	he has	an ear	let him hear
A	ει τις	εχει	ους	ακουσατω
ℵ	ει τις	εχει	ους	ακουσατω
P47	[P47 *end two lines missing*]			α]κο[υ]σατω
P115	ει τις	εχει :	ους	ακου]σατω

			(pres,act,ind,3p,sing) εχω		(pres,act,ind,3p,sing) συναγω		(pres,act,ind,3p,sing) υπαγω			
Rev.13:10	ει τις	εις	~~εχει~~	αιχμαλωσιαν	~~συναγει~~	εις αιχμαλωσιαν	υπαγει	ει τις	εν	μαχαιρη
	if anyone	into	~~he has~~	captivity	~~he gathers~~	into captivity	he departs	if anyone	with	sword
A	ει τις	εις :		αιχμαλωσιαν		εις αιχμαλωσιαν :	υπαγει	ει τις	εν	μαχαιρη
ℵ	ει τις	εις		αιχμαλωσιαν			υπαγει	ει τις	εν	
P47	[ει τι]ς	[εις]		αιχ[μαλωσιαν			υ]:παγει	ει τις	εν	μαχαιρη
P115	ει τις	εις		αιχμαλωσιαν			υπαγει :	ει τις	εν	μ]αχαιρ[η

		(fut,act,ind,3p,sing) αποκτεινω	(pres,act,impers,3p,sing) δει				(fut,act,ind,3p,sing) αποκτεινω		(pres,act,ind,3p,sing) ειμι		
W&H	~~μαχαιρα~~	αποκτενει	δει	αυτον	εν	μαχαιρη	αποκτανθηναι	ωδε	εστιν	η	υπομονη
	sword	he will kill	it is necessary	him	with	a sword	to be killed	here	she is	the	endurance
A		αποκτα[ενει:θην	δι	αυτον	εν	μαχαιρη	αποκταν:θηναι	ωδε	εστιν	η	υπομονη:
ℵ	μαχαιρα	αποκτεινει	δει	αυτον	εν	μαχαιρα	αποκτανθηναι	ωδε	εστιν	η	υπομονη
P47		απ[οκτενει :	δει	αυτον	εν	μαχαιρη	αποκτ[ανθη:ναι	ωδε	εστιν	η	υπομονη
P115		αποκτανθηναι		αυτον	εν	μαχαι:ρη	αποκτανθηνα[ι	ωδε	εστιν	η	υπομονη

W&H	και	η	πιστις	των	αγιων
	and	the	faith	of the	holy ones/saints
A	και	η	πιστις	των	αγιων :
ℵ	και υ	η	πιστις	των	αγιων
P47	κα[ι	η	πι:στις	των	αγιων
P115	και	η :	πιστις	των	α]γιων

		(2aor,act,ind,1p,sing) οραω			(pres,act,ptc,acc,sing,neut) αναβαινω					(imperf,act,ind,3p,sing) εχω	hiatus			
Rev.13:11	και	ειδον	αλλο	θηριον	αναβαινον	εκ της	γης	και	ειχεν	~~ειχε~~	κερατα	δυο	ομοια	αρνιω
	and	I saw	another	beast	ascending	from out of the	earth	and	it was having		horns	two	like	a lamb
A	και	ιδον	αλλο	θηριον	αναβαινον:	εκ της	γης	και	ειχεν		κερατα	δυο:	ομοια	αρνιω
א	και	ειδον	αλλο	θηριον	αναβαινον	εκ της	γης	και	ειχεν		κερατα	δυο	ομοια	αρνιω
P 47	και	ειδον	αλλο	θη:ριον	αναβαινων	εκ της	γης	και	ει:χεν		κερατα	β	ομοια	αρνιω
P 115	και	[ειδον	αλλο	θηριον	ανα:βαινον	εκ τη]ς	γης	και	ει[χεν		κερατα	β	ομοια:	αρνιω

		(imperf,act,ind,3p,sing) λαλεω		
W&H	και	ελαλει	ως	δρακων
	and	it was speaking	as	a dragon
A	και	ελαλει	ως	δρα : κων
א	και	ελαλει	ως	δρακων
P 47	και	λα : λει	ως	δρακων
P 115	και	ε]λ[α]λει	ως	δ[ρακων

								(pres,act,ind,3p,sing) ποιεω				(pres,act,ind,3p,sing) ποιεω		
Rev.13:12	και	την	εξουσιαν	του	πρωτου	θηριου	πασαν	ποιει	ενωπιον	αυτου	και	ποιει	την	γην
	and	the	authority	of the	first	beast	all	it exercises	before	it	and	it makes	the	earth
A	και	την	εξουσιαν	του	πρω:του	θηριου	πασαν	ποιει	ενωπιον :	αυτου	και	ποιει	την	γην
א	και	την	εξουσιαν	του	πρωτου	θηριου	πασαν	ποιει	ενωπιον	αυτου	και	ποιει	την	γην
P 47	και	την	εξουσιαν :	του	πρωτου	θηριου	πασαν	ποιει	ε : νωπιον	αυτου	και	ποιει	την	γην:
P 115	και	την	εξου:σιαν	του	π]ρωτου	θη[ριου	πασαν	ποιει	ενωπι :	*[missing 4 line from 13:12 to 13:13]*				

					(pres,act,ptc,acc,pl,masc) κατοικεω		(fut,act,ind,3p,pl) προσκυνεω	(1aor,act,subj,3p,pl) προσκυνεω		
W&H	και	τους$_1$	εν$_3$	αυτη$_4$	κατοικουντας$_2$	ινα$_5$	προσκυνησουσιν	~~προσκυνησωσιν~~	το	θηριον
	and	the ones	on	her	dwelling	so that	they will worship	~~they should worship~~	the	beast
A	και	τους :	εν	αυτη	κατοικουντας	ινα	προς:κυνησουσιν		το	θηριον
א	και	τους	εν	αυτη	κατοικουντας		προσκυνιν		το	θηριον
P 47	και	τους	εν	αυτη	κατοικουντας	ι:να	προσκυνησουσιν		το	θηριον

				(1aor,pass,ind,3p,sing) θεραπευω					
W&H	το	πρωτον	ου	εθεραπευθη	η	πληγη	του	θανατου	αυτου
	the	first	of the one	she was healed	the	wound	of the	death	of it
A	το	πρωτον :	ου	εθεραπευθη	η	πληγη			αυτου
א	το	πρωτον	ου	εθεραπευθη	η	πληγη	του	θανατου	αυτου
P 47	το :	πρωτον	ου	εθεραπευθη	η	πληγη :	του	θανατου	

		(pres,act,ind,3p,sing) ποιεω						(pres,act,subj,3p,sing) ποιεω				
Rev.13:13	και	ποιει	σημεια	μεγαλα$_{1a}$	ινα$_{3a}$	και$_{2a}$	πυρ	ποιη$_1$		εκ$_{3,4a}$	του$_{4,5a}$	ουρανου$_{5,6a}$
	and	it made	signs	great	so that	also	fire	it should make		from out	of the	heaven
A	και	:ποιει	σημεια	μεγαλα	ινα	και	πυρ :	ποιη		εκ	του	<u>ουνου</u>
א	και	ποιει	σημια	μεγαλα	ινα	και	πυρ	ποιη$_1$	καταβαινειν$_5$	εκ$_2$	του$_3$	<u>ουνου</u>$_4$
P 47	και	ποιει	σημει:α	μεγαλα	ινα	και	πυρ	ποιησῃ		ε:κ	του	ουρανου
P 115	*[end of 4 missing lines P115 begins again here]*						πυρ	ποι]η	καταβα[ινειν			

	(pres,act,inf) καταβαινω							
W&H	καταβαινειν$_{2,7a}$	εις$_6$	~~επι~~$_{8a}$	την	γην	ενωπιον	των	ανθρωπων
	to come down	into	~~upon~~	the	earth	in front of	the	men
A	καταβαινειν :	εις		την	γην	ενωπιον	των	<u>ανων</u> :
א		εις$_6$		την	γην	ενωπιον	των	<u>ανων</u>
P 47	καταβηναι		επι	την :	γην	ενωπιον	των	ανθρωπων :
P 115		εις		την	γην	ενωπιον :	των	<u>ανων</u>

(pres,act,ind,3p,sing) πλαναω (pres,act,ptc,acc,pl,masc) κατοικεω

Rev.13:14 και πλανα τους εμους τους κατοικουντας επι της γης δια τα σημεια α

and it deceives the ones of mine the ones dwelling upon the earth because of the signs the ones

A και πλανα τους κατοικουντας επι : της γης δια τα σημεια α

ℵ και πλανα τους κατοικουντας επι της γης δια τα σημια α

P 47 και πλανα τους κατοικουντας:επι της γης δια τα σημεια α

P 115 και πλ[ανα τους κατοικουντας επι:της γ]ης δια τα σημ[εια α

(1aor,pass,ind,3p,sing) διδωμι (1aor,act,infin) ποιεω (pres,act,ptc,nom,sing,masc) λεγω (pres,act,ptc,dat,pl,masc) κατοικεω

W&H εδοθη αυτω ποιησαι ενωπιον του θηριου λεγων τοις κατοικουσιν επι της γης

it was given to it to do in front of of the beast saying to the ones dwelling upon the earth

A εδοθη αυτω : ποιησαι ενωπιον του θηριου:λεγων τοις κατοικουσιν επι της:γης

ℵ εδοθη αυτω ποιησαι ενωπιον του θηριου λεγων τοις κατοικουσιν επι της γης και

P 47 εδο : θη αυτω ποιησαι ενωπιον του θη:ριου λεγων τοις κατοικουσιν επι της:γης

P 115 εδοθη αυτω ποιησαι : ενω]πιον του θη[ριου λεγων τοις κατοικουσιν ε:πι] της γης

(1aor,act,infin) ποιεω (pres,act,ind,3p,sing) εχω (imperf,act,ind,3p,sing) εχω (1aor,act,ind,3p,sing) ζαω

W&H ποιησαι εικονα τω θηριω ος ο εχει ειχε την πληγην της μαχαιρης και εζησεν

to make an image to the beast the one who ~~the one~~ it has ~~it was having~~ the wound of the sword and it lived

A ποιησαι εικονα αι τω θηριω: ος εχει την πληγην της μαχαιρης : και εζησεν

ℵ ποιησαι εικονα τω θηριω ο εχει πληγης της μαχαιρης και εζησεν

P 47 ποιησαι εικονα τω θηριω: ος εχει την πληγην της μαχα:ιρη]ς και ζησας

P 115 π[οιησαι εικονα τω θηριω ος εχει την:πληγης τη[ς μαχαιρης και εζησεν

(1aor,pass,ind,3p,sing) διδωμι (2aor,act, infin) διδωμι (1aor,act,subj,3p,sing) λαλεω

Rev.13:15 και εδοθη αυτη ~~αυτω~~1a δουναι3a πνευμα2a τη4a εικονι του θηριου ινα και λαληση

and it was given to her ~~to it~~ to give spirit/breath to the image of the beast so that even she should speak

A και εδοθη αυτη δουναι : πνευμα τη εικονι του θηριου ινα και : λαληση

ℵ και εδοθη αυτω δουναι πνα τη εικονι του θηριου ινα και λαληση

P 47 και εδοθη αυτω δου : ναι πνα τη εικονι του

P 115 και ε : δοθη αυτω δ[ουναι πνα τη εικονι του θηριου :

(1aor,act,subj,3p,sing) ποιεω (1aor,act,subj,3p,pl) προσκυνεω

W&H η εικων του θηριου και ποιηση [ινα] οσοι εαν ~~αν~~ μη προσκυνησωσιν

the image of the beast and she should make so that as many as would ~~would~~ not they would worship

A η εικων του θηριου και ποι :ηση ινα οσοι εαν μη προσκυνη :σωσιν

ℵ η εικων του θηριου και ποιησει οσοι αν μη προσκυνησουσιν

P 47 ποιησαι ο:σοι αν μη προσκυνησωσιν

hiatus (dat) (acc) (dat) (dat) (acc) (dat) (1aor,pass,subj,3p,pl) αποκτεινω

W&H ~~προσκυνησωσι~~ τη ~~την~~ ~~τη~~ εικονι ~~εικονα~~ ~~εικονι~~ του θηριου ~~ινα~~ αποκτανθωσιν

to the ~~the~~ ~~to the~~ image ~~image~~ ~~image~~ of the beast ~~so that~~ they should be killed

A την εικονα του θηριου απο : κτανθωσιν

ℵ τη εικονι του θηριου αποκτανθωσιν

P 47 τ[η ει:κονι τ]ου θηριου αποκτανθ[ωσιν :

P 115 απ]οκτα[νθωσιν

(pres,act,ind,3p,sing) ποιεω

Rev.13:16 και ποιει παντας τους μικρους και τους μεγαλους και τους πλουσιους και τους πτωχους

and it makes all the small ones and the great ones also the rich ones and the poor ones

A και ποιει παντας τους:μικρους και τους μεγαλους και τους: πλουσιους και τους πτωχους:

ℵ και ποιει παντας τους μικρους και μεγαλους και τους1 πτωχους5 και3 τους4 πλουσιους2

P 47 [Leaf 7, recto *three lines missing*]

P 115 και ποιει παντας τους μικρους και:τους] μεγ[αλους και τους πλουσιους

(2aor,act,subj,3p,pl) (1aor,act,subj,3p,sing)
διδωμι διδωμι

W&H και τους ελευθερους και τους δουλους ινα δωσιν δωση αυτοις χαραγμα επι
and the free men and the slaves so that they would give it would give to them a mark upon
A και τους ελευθερουϲ και τ[~~ουϲ δου~~ :λουϲ ινα δωϲιν αυτοιϲ χα[~~ραγμα~~ : επι
ℵ και₆ τουϲ ελευθερουϲ και τουϲ δουλουϲ ινα δωϲιν αυτω χαργμα επι
P⁴⁷ θερουϲ και τουϲ] δ[ουλουϲ ινα δω : ϲιν αυ]τω χαρ[α]γμα επι
P¹¹⁵ και τουϲ [*begins again with Recto in 13:17*]

W&H της χειρος αυτων της δεξιας η επι το ~~των~~ μετωπον ~~μετωπων~~ αυτων
the hand of them the right or upon the ~~the~~ forehead ~~-forehead~~ of them
A τηϲ χειροϲ αυτων τηϲ [~~δεξιαϲ~~ :η επι το μετωπον αυτων
ℵ τηϲ χειροϲ αυτων τηϲ δεξιαϲ η επι το μετωπον αυτων
P⁴⁷ τηϲ χειροϲ : αυτων] τηϲ δεξιαϲ η επι των μετωπων : αυτ]ων

(pres,act,subj,3p,sing) (1aor,act,infin) (1aor,act,infin) (pres,act,ptc,nom,sing,masc)
δυναμαι αγοραζω πωλεω εχω

Rev.13:17 [και] ινα μη τις δυνηται αγορασαι η πωλησαι ει μη ο εχων το χαραγμα ~~η~~
and so that not anyone he would be able to buy or to sell if not/ except the one having the mark ~~or~~
A [και ινα : μη τιϲ δυνηται αγοραϲαι η [πωληϲαι : ει μη ο εχων το χαραγμα :
ℵ Τ ινα μη τιϲ δυνηται αγοραϲαι η πωληϲαι ει μη ο εχων το χαραγμα₁ η₄
P⁴⁷ και ινα μη τιϲ δυνηται αγορα : ϲαι η πωληϲαι ει μη ο εχων το χαραγμα :

W&H το ονομα του θηριου η τον αριθμον του ονοματος αυτου
the name of the beast or the number of the name of it
A τ[ο ονο]μα του θηριου η τον αριθμ[ον του : ονοματοϲ αυτου
ℵ το₅ ονομα₆ αυτου₇ του₂ θηριου₃ η₈ το₉ αριθμον₁₀ του ονοματοϲ αυτου
P⁴⁷ η το ονομα του θηριου η τον αριθμον : του ονοματοϲ αυτου
P¹¹⁵ [P¹¹⁵ *begins Recto side at end of line of 13:17*] αυτου

(pres,act,ind,3p,sing) (pres,act,ptc,nom,sing,masc) (1aor,act,imper,3p,sing)
ειμι εχω ψηφιζω

Rev.13:18 ωδε η σοφια εστιν ο εχων ~~τον~~ νουν ψηφισατω τον αριθμον του θηριου
here the wisdom she is the one having ~~the~~ understanding let him figure out the number of the beast
A ωδε η ϲοφ[ια εϲτιν : ο εχων νουν ψηφιϲατω τον [αρι:θμον του θηριου
ℵ ωδε η ϲοφια εϲτιν ο εχων ουϲ ψηφιϲατω τον αριθμο του θριου
P⁴⁷ ωδε η ϲοφια εϲτιν : ο εχων ουϲ ψηφιϲατω τον αριθμον του : θηριου
P¹¹⁵ ωδε η ϲοφια εϲτιν ο εχων νο]υν ψηφιϲ[α : τω τον αριθμον του θριου

(pres,act,ind,3p,sing)
ειμι hiatus

W&H αριθμος γαρ ανθρωπου εστιν ~~εστι~~ και ο αριθμος αυτου εξακοσιοι εξηκοντα εξ ~~χ ξ ς~~
for <> number of a man he is and the number of him six hundred sixty six ~~600 60 6~~
A αριθμοϲ γα[ρ : <u>ανου</u> εϲτιν και ο αριθμοϲ αυτο[υ : εξακοϲιοι εξηκοντα εξ :
ℵ αριθμοϲ γαρ <u>ανου</u> εϲτιν εξακοϲιαι εξηκοτα εξ
P⁴⁷ αριθμοϲ γαρ ανθρωπου εϲτιν : εϲτιν δε <u>χ ξ ς</u>
P¹¹⁵ αριθμο]ϲ γαρ <u>ανου</u> : εϲτιν και ο αριθμοϲ αυτου εϲτιν] <u>η*ξ ι ς</u>

[* *There appears to be a dot or line above this letter, either indicating a deletion or the signification of some unknown numeral* (η = 8), *not extant in full.*]

[*It is not part of the numeral* * χ ι ς = (616)]

Revelation Chapter 14

(2aor,act,ind,1p,sing) (2aor,mid,imper,2p,sing) (perf,act,ptc,acc,sing,neut) (perf,act,ptc,nom,sing,neut)
οραω ειδον ιστημι ιστημι

Rev.14:1 και ειδον και ιδου το αρνιον εστος ~~εστηκος~~ επι το ορος σιων και
and I saw and you,yourself, behold the Lamb having stood ~~having stood~~ upon the Mountain of Zion and
A και ιδον και ιδου το αρνιον εϲτοϲ : επι το οροϲ ϲιων και
ℵ και ειδον κ(αι) ιδου το αρνιον εϲτοϲ επι το οροϲ ϲιων και
P⁴⁷ και ειδον και ειδου αρ : νιον εϲτωϲ επι το οροϲ ϲειων και
P¹¹⁵ και ειδον και ιδου το αρνιον εϲτο]ϲ επι το ορο[ϲ : ϲιων και

(pres,act,ptc,nom,pl,fem) εχω

W&H μετ αυτου εκατον τεσσερακοντα ~~τεσσαρακοντα~~ τεσσαρες χιλιαδες εχουσαι το ονομα
with Him one hundred forty ~~forty~~ four thousand having the name
A μετ αυτου : εκατον τεσσερακοντα τεσσαρες : χιλιαδες εχουσαι το ονομα
א μετ αυτου εκατον τεσσερακοντα τεσσαρες χιλιαδες εχουσαι το ονομα
Ꝑ 47 με:τ αυτου ρ μ δ χιλιαδες εχουσαι το ονο:μα
Ꝑ 115 μετ αυτου ρ μ δ χιλιαδε]ς εχουσα[ι: το ονομα

(perf,pass,ptc,acc,sing,neut) γραφω

W&H αυτου και το ονομα του πατρος αυτου γεγραμμενον επι των μετωπων αυτων
of Him and the name of the Father of Him having been written upon the foreheads of them
A αυτου : και το ονομα του πρς αυτου γεγο : γραμμενον επι των μετωπων : αυτων
א του και το ονομα του πρς αυτου γεγραμμενον επι των μετωπω αυτω
Ꝑ 47 αυτου και το ονομα του πρς αυτου : γεγραμμενον επι των μετωπων : αυτων
Ꝑ 115 του και το ονομα του πρς α]του γε : γραμμενον επι των μετωπω]ν αυτω

(1aor,act,ind,1p,sing) ακουω

Rev.14:2 και ηκουσα φωνην εκ του ουρανου ως φωνην υδατων πολλων και ως φωνην
and I heard a voice from out of the heaven as a voice of waters many and as a voice
A και ηκουσα φωνην : εκ του ουνου ως φωνην υδατων : πολλων και ως φωνην
א και ηκουσα φωνην εκ του ουρανου ως φωνη υδατων πολλων και ως φωνην
Ꝑ47 και ηκουσα φωνην ως εκ του : ουρανου ως φωνη υδατων πολλων : και ως φωνην
Ꝑ 115 και ηκουσα φωνην εκ του ουνου ως] φωνην υ : [δατων πολλων και ως φωνην

(1aor,act,ind,1p,sing) ακουω (pres,act,ptc,gen,pl,masc) κιθαριζω

W&H βροντης μεγαλης και η φωνη ην ηκουσα ως κιθαρωδων κιθαριζοντων
of thunder great and the voice the one which I heard as of harpers harping
A βροντης : μεγαλης και η φωνη ην ηκουσα : ως κιθαρωδων κιθαριζοντων :
א βροντης ⊤ και η φωνη ην ηκουσα ως κιθαρωδων κιθαριζοντων
Ꝑ 47 βροντης μεγαλης και : φωνην ηκουσα ως φωνην κιθα[ρω:δων κιθαραιζοντων
Ꝑ 115 βροντης μεγα] : λης και η φωνη ην ηκο]υσα ω[ς φωνην κι : θαρωδων κιθαριζοντω]ν

W&H εν ταις κιθαραις αυτων
with the harps of them
A εν ταις κιθαραις αυτων
א εν ταις κιθαραις αυτω
Ꝑ 47 εν ταις κιθαραις : αυτων
Ꝑ 115 εν [ταις κιθαραις αυτων

(pres,act,ind,3p,pl) αδω

Rev.14:3 και αδουσιν ως ωδην καινην ενωπιον του θρονου και ενωπιον των τεσσαρων ζωων
and they sing as a song/an ode new in front of the Throne and in front of of the four living ones
A και αδου : σιν ως ωδην καινην ενωπιον : του θρονου και ενωπιον των : τεσσαρων ζωων
א και αδουσιν ωδη καινην και ενωπιον του θρονου και ενωπιον τω των τεσσαρων ζωων
Ꝑ 47 και αδουσιν ωδην καιν[ην : και ενωπιον του θρονου και ενωπ[ιον : τ]ων δ ζωων
Ꝑ 115 και αδουσιν ωδη]ν κ[αινην ενωπι : ον του θρονου και] ενωπιον τω[ν τεσσαρων ζωων

(imperf,pass,ind,3p,sing) δυναμαι (imperf,act,ind,3p,sing,Att.) δυναμαι (2aor,act,infin) μανθανω

W&H και των πρεσβυτερων και ουδεις εδυνατο ~~ηδυνατο~~ μαθειν την ωδην
and the elders and no one he was able ~~he was able~~ to learn the song/ode
A και των πρεσβυ : τερων και ουδεις εδυνατο μαθειν : την ωδην
א και ενωπιον των πρεσβυτερων και ουδεις εδυναο μαθειν την ωδην
Ꝑ47 και των πρες[βυτε : ων και ουδεις εδυνατο μα[θειν : την ωδην
Ꝑ115 και των πρε]σβυτεων [και ουδεις εδυ : νατο μαθειν την] ωδην

(perf,pass,ptc,nom,pl,masc) αγοραζω

W&H ει μη αι εκατον τεσσερακοντα ~~τεσσαρακοντα~~ τεσσαρες χιλιαδες οι ηγορασμενοι
if not/except the hundred forty ~~forty~~ four thousand the ones having been redeemed
A ει μη αι εκατον τεσσε : ρακοντα τεσσαρες χιλιαδες οι ηγο : ρασμενοι
א ει μη αι εκατον τεσσερακοτα μιαν χιλιαδες οι ηγορασμενοι
Ꝑ 47 ει μη αι ρμδ χε[ιλιαδες : οι ηγορασμενοι
Ꝑ 115 ει μ[η αι ρμδ χιλια : δες οι ηγορασμενοι]

W&H απο της γης
from the earth
A απο της γηc
ℵ απο τηc γηc
P 47 απο τηc γη[c
P 115 απο τηc [γηc

(pres,act,ind,3p,pl) εμι … (1aor,pass,ind,3p,pl) μολυνω … (pres,act,ind,3p,pl) εμι (pres,act,ind,3p,pl) εμι
Rev.14:4 ουτοι εισιν οι μετα γυναικων ουκ εμολυνθησαν παρθενοι γαρ εισιν ουτοι ~~εισιν~~ οι
these they are the ones with women not they were defiled for <> virgins they are these ~~they are~~ the ones
A τιιcν οι μετα γυ : ναικων ουκ εμολυνθηcαν παρ :θενοι γαρ ειcιν ουτοι οι
ℵ ουτοι ειcιν οι μετα γυναικων ουκ εμολυνθηcαν παρθενοι γαρ ειcιν ουτοι
P 47 ει : cιν οι μετα γυναικω[ν εμο : λυνθηcαν παρθενοι γαρ [ειcιν :
P 115 ουτοι ειcιν : [P[115] *4 lines missing beginning again 14:5*]

(pres,act,ptc,nom,pl,masc) ακολουθεω … (pres,act,ind,3p,pl) υπαγω (pres,act,subj,3p,sing) υπαγω (1aor,pass,ind,3p,pl) αγοραζω
W&H ακολουθουντες τω αρνιω οπου αν υπαγει ~~υπαγη~~ ουτοι ηγορασθησαν
following the Lamb wherever might He goes ~~He might go~~ these they were redeemed
A ακολουθουν : τες τω αρνιω οπου αν υπαγει ουτοι : ηγοραcθηcαν
ℵ ακολουθουντες τω αρνιω οπου α υπαγη ουτοι ηγοραcθηcαν
P 47 [leaf 7, verso *two lines missing*] cθηcαν

W&H απο των ανθρωπων απαρχη τω θεω και τω αρνιω
from *(among)* the men first fruits to the God and to the Lamb
A απο των α<u>νων</u> απαρ : χη τω <u>θω</u> και τω αρνιω
ℵ απο των ανθρωπων απαρχηc τω <u>θω</u> και εν τω αρνιω
P47 απο των [α]νθρω[πων α : παρχηc τω <u>θω</u> και τω αρνι[ω

(1aor,pass,ind,3p,sing) ευρισκω … (pres,act,ind,3p,pl) ειμι
Rev.14:5 και εν τω στοματι αυτων ουχ ευρεθη ψευδος ~~δολος~~ ~~ψευδος~~ αμωμοι ~~γαρ~~ εισιν
and in the mouth of them not he was found a lie ~~guile~~ ~~a lie~~ ~~for~~ <> unblemished they are
A και εν[~~τω~~ : cτοματι αυτων ουχ ευρεθη ψευ : δοc αμωμοι ειcιν :
ℵ και εν τω cτοματι αυτων ουχ ευρεθη ψευδοc αμωμοι γαρ ειcιν
P 47 και εν : τω cτοματι αυτων ουχ ευρεθη [ψευ : δοc αμωμοι γαρ ειcιν
P 115 και εν τω cτοματι αυτων ουχ] ευρεθη ψ[ευδοc : αμωμοι γαρ ειcιν

~~ενωπιον του θρονου και του θεου~~ *(only in the received text)*
~~before the throne and the God~~

(2aor,act,ind,1p,sing) οραω … (pres,mid,ptc,acc,sing,masc) πετομαι … (pres,act,ptc,acc,sing,masc) εχω
Rev.14:6 και ειδον αλλον αγγελον πετομενον εν μεσουρανηματι εχοντα ευαγγελιον αιωνιον
and I saw another angel flying in mid-heaven having good news everlasting
A και ιδον αλλον αγγελον πετομεν[~~ον~~ : εν μεcουρανηματι εχοντα ευαγ : γελιον αιωνιον
ℵ και ειδον αγγελον πεταμενον εν μεcωουρανηματι εχοντα ευαγγελιον αιωνιον
P 47 και ειδον [αγ : γελον πεταμενον εν μεcουρανη : ματι εχοντα ευαγγελιον αιωνιον :
P 115 και αλ]λον ιδον αγγ[ελον : πετομενον εν μεcουρανημ]ατι εχοντα [ευαγ : γελιον αιωνιον

(1aor,act,infin) ευαγγελιζω … (pres,mid,ptc,acc,pl,masc) καθημαι (pres,act,ptc,acc,pl,masc) κατοικεω (pres,mid,ptc,acc,pl,masc) καθημαι
W&H ευαγγελισαι επι τους καθημενους ~~κατοικουντας~~ ~~καθημενους~~ επι της γης και
to announce over the ones sitting ~~dwelling~~ ~~sitting~~ upon the earth and
A ευαγγελιcαι [~~επι~~ : τουc κατθικουηταc επι τηc γηc : και
ℵ ευαγγελιcαcθε επι τουc καθημενουc επι τηc γηc και
P 47 ευαγγελιcαcθαι επι τουc καθημε : νουc επι τηc γηc και
P 115 ευαγγελιcαι] επι τουc κατοι[κουν : ταc επι τηc γηc και

W&H επι ~~επι~~ παν εθνος και φυλην και γλωσσαν και λαον
over ~~over~~ every nation and tribe and tongue and people
A επι παν εθνοc και φυλην και : γλωccαν και λαον
ℵ επι παν εθνοc και φυλην και γλωccα και λαον
P 47 επι παν εθνοc : και φυλην και γλωccων και λαον :
P 115 επι παν εθ]νοc και φυλ[ην : και γλωccαν και λαον

(pres,act,ptc,nom,sing,masc) (pres,act,ptc,nom,pl,neut) (pres,act,ptc,nom,sing,masc) (1aor,pass,imper 2p,pl)
λεγω λεγω λεγω φοβεω
Rev.14:7 λεγων ~~λεγοντα~~ ~~λεγων~~ εν φωνη μεγαλη φοβηθητε τον θεον και
saying ~~saying~~ ~~saying~~ in a voice great you all fear the God and
A λεγων φωνη : μεγαλη φοβηθητε τον θν κ[~~αι~~
א εν φωνη μεγαλη φοβηθητε τον θν και
P[47] λεγοντα εν φωνη μεγαλη φοβηθη : τε τον θν και
P[115] λεγων εν φωνη μ[ε : γαλη φοβηθητε τον θν και

(2aor,act,imper,2p,pl) (2aor,act,ind,3p,sing) (1aor,act,imper,2p,pl)
διδωμι ερχομαι προσκυνεω
W&H δοτε αυτω δοξαν οτι ηλθεν η ωρα της κρισεως αυτου και προσκυνησατε τω
you all give to Him glory because/" she came the hour of the judgment of Him and you all worship to the One
A ~~δο~~ : τε αυτω δοξαν οτι ηλθεν [~~η~~ ~~ωρα~~ : της κρισεως αυτου και προς[~~κυνη~~ : σατε τω
א δοτε αυτω δοξαν οτι ηλθεν η ωρα της κρισεως αυτου και προσκυνησατε τω
P[47] δοξασατε αυτω δοξαν : οτι ηλθεν η ωρα της κρισεως αυτου : και προσκυνησατε τω
P[115] δ]οτε αυτ[ω] δοξαν : οτι ηλθεν η ωρα της κρισεως αυτ]ου [και : προσκυνησατε τω

(1aor,act,ptc,dat,sing,masc)
ποιεω
W&H ποιησαντι τον ουρανον και την γην και θαλασσαν και πηγας υδατων
having made the heaven and the earth and sea and fountains of water
A ποιησαντι τον [~~ουρανον~~ : και την γην και θαλασσαν κ[~~αι~~ ~~πη~~ : γας υδατων :
א ποιησαντι τον ουρανον και την γην και την θαλασσαν και πηγας υδατων
P[47] ποιησαντι τον : ουρανον και την γην και την θαλας : σαν και πηγας υδατων
P[115] ποιησαντι το]ν ουν[ον : και την γην και θαλασσαν και πη]γας υ[δατων [P[115] *continues @ 14:10*]

(1aor,act,ind,3p,sing)(pres,act,ptc,nom,sing,masc) (2aor,act,ind,3p,sing) (2aor,act,ind,3p,sing)
ακολουθεω λεγω πιπτω πιπτω
Rev.14:8 και αλλος [αγγελος] δευτερος ηκολουθησεν λεγων επεσεν επεσεν
and another angel second he followed after saying she fell she fell
A και αλλ]ος$_1$ αγγελος$_3$ δευτερος$_2$ ηκολου : θησε]ν$_4$ λεγων επεσεν επεσεν
א και αλλος ⊤ δευτερος ηκολουθησεν ⊤ λεγων επεσεν
P[47] και αλλος β : η]κολουθει λεγων επεσεν :

hiatus
W&H ~~επεσε~~ βαβυλων ~~η πολις~~ η μεγαλη η ~~οτι~~ εκ του οινου του θυμου της πορνειας
Babylon ~~the city~~ the great the one ~~because~~ from out of the wine of the wrath of the fornications
A βαβυ : λων] η μεγαλη η εκ του οινου του : θυμ]ου της πορνειας
א βαβυλων η μεγαλη εκ του οινου του θυμου της πορνιας
P[47] βαβυλων η μεγαλη εκ του οινου του : θ]υμου της πορνειας

(perf,act,ind,3p,sing)
ποτιζω
W&H αυτης πεποτικεν παντα τα εθνη
of her she has given to drink all the nations
A αυτης πεποτι : κε]ν παντα τα εθνη :
א αυτης πεπτωκαν παντα τα εθνη
P[47] αυτης πεπτω : κε]ν παντα τα εθνη

(1aor,act,ind,3p,sing)
ακολουθεω
Rev.14:9 και$_1$ αλλος ~~αλλος~~ αγγελος$_3$ τριτος$_2$ ηκολουθησεν$_4$
and another ~~another~~ angel third he followed after
A ~~και~~ ~~α~~]λλος αγγελος τριτος ηκολουθη : ~~σε~~]ν
א κ(αι) αλλος ⊤ δευτερος τριτος ηκολουθησεν λεγων επεσεν βαβυλων η μεγαλη εκ του οινου
P[47] και αλλος αγγελος : τ]ριτος ηκολουθησεν

א του θυμου της πορνιας αυτης πεπτωκαν παντα τα εθνη κ(αι) αλλος αγγελος ηκολουθησεν τριτος

(pres,act,ptc,nom,sing,masc) (pres,act,ind,3p,sing)
λεγω προσκυνεω
W&H αυτοις λεγων εν φωνη μεγαλη ει τις$_1$ προσκυνει$_4$ το$_2$' θηριον$_3$' και$_5$' την εικονα
to them saying with a voice great if anyone he worships the beast and the image
A αυταω λεγων εν φωνη μεγαλη : ~~ει~~] τις προσκυνει το θυσιαστηριον : κ]αι την εικονα
א αυτοις λεγων εν φωνη μεγαλη ει τις προσκυνι το θηριον και την εικονα
P[47] αυτοις λεγων : εν] φωνη μεγαλη ει τις προσκυνι το : θ]ηριον και την εικονα

(pres,act,ind,3p,sing)
λαμβανω

W&H αυτου και λαμβανει χαραγμα επι του μετωπου αυτου η επι την χειρα αυτου
of it and he receives a mark upon the forhead of him or upon the hand of him
A αυτου και λαμβανει: χαραγμα επι του μετωπου αυτου η επι: την χειρα αυτου
ℵ αυτου και λαμβανι χαραγμα επι τω μετωπω αυτου η επι τη χειρα αυτου
P 47 αυτου και: λα]μβανει χαραγμα επι του με: τω]που αυτου η επι της χειρο[ς : αυτου]

(fut,mid,ind,3p,sing)
πινω
(perf,pass,ptc,gen,sing,masc)
κεραννυμι

Rev.14:10 και αυτος πιεται εκ του οινου του θυμου του θεου του κεκερασμενου
also he he, himself, will drink from out of the wine of the wrath of the God the One having been mixed
A και αυτος πιεται : εκ του οινου του θυμου του θυ του : κεκερασμενου
ℵ και αυτος πιεται εκ του οινου του θυμου του θυ του κεκερασμενου
P 47 και αυτος πιεται εκ τ[ου: οινου του] θυμου του θυ του κε : [*two lines missing*]

(fut,pass,ind,3p,sing)
βασανιζω

W&H ακρατου εν τω ποτηριω της οργης αυτου και βασανισθησεται εν πυρι και θειω
undiluted in the cup of the wrath of Him and he will be tortured by fire and sulfur
A ακρατου εκ του πο: τηριου την οργημ αυτου και βασα: νισθησεται εν πυρι και θειω :
ℵ ακρατου ε τω ποτηριω της οργης αυτου και βασανισθησεται εν πυρι και θειω
P 47 [Leaf 8, recto *two lines missing*] εν πυ]ρι και [θε]ιω
P 115 [P115 *begins again here skipping from 10:7 now from Verso side*] σεται εν πυρι και θειω

W&H ενωπιον ~~των~~$_1$ αγγελων$_3$ αγιων$_2$ και$_4$ ενωπιον του αρνιου
before ~~the~~ angels holy and before the Lamb
A ενωπιον των αγγελων και ενω: πιον του αρνιου
ℵ ενωπιον αγγελω αγιων και ενωπιον του αρνιου
P 47 ενωπιον [αγ]γε[λω : αγιων] και ενωπιον του αρνιου
P 115 ενωπιον αγγελω αγιων και ενω[πιον αρνιου

(pres,act,ind,3p,sing)
αναβαινω

Rev.14:11 και ο καπνος του βασανισμου αυτων$_1$ εις$_3$ αιωνας$_4$ αιωνων$_5$ αναβαινει$_2$ και$_6$ ουκ
and the smoke of the torture of them into eons of eons he goes up and not
A και ο καπνος του: βασανισμου αυτων εις αιωνας : αιωνων αναβαινει και ουκ
ℵ και ο καπνος του βασανισμου αυτω εις εωνας των αιωνων αναβαινει και ουκ
P 47 και ο κα: πνος του βασανισμου αυτων εις αιωνας : των αι[ω]νων αναβαινει και ουκ
P 115 και καπνος βα: σανισ]μου [αυ]των ε[ις αιωνας αιωνων : αναβαινει κ]αι ουκ

(pres,act,ind,3p,pl)
εχω
(pres,act,ptc,nom,pl,masc)
προσκυνεω

W&H εχουσιν αναπαυσιν ημερας και νυκτος οι προσκυνουντες το θηριον και την εικονα
they have rest day and night the ones worshiping the beast and the image
A εχου: σιν αναπαυσιν ημερας και νυ: κτος οι προσκυνουντες το θηριον: και την εικονα
ℵ εχουσιν αναπαυσιν ημερας και νυκτος οι προσκυνουντες το θηριον και τη εικονα
P47 εχουσιν α: ναπαυσιν ημερας και νυκτος οι προς: κυνουντες το θηριον και την εικονα :
P115 ε[χουσιν αναπαυ: σιν ημερας] και [νυκτος οι προσκυνουν : [P115 *11 lines missing starting again @ 14:14*]

(pres,act,ind,3p,sing)
λαμβανω

W&H αυτου και ει τις ~~ειτις~~ λαμβανει το χαραγμα του ονοματος αυτου
of it and if anyone ~~if anyone~~ he receives the mark of the name of it
A αυτου και ει τις : λαμβανει το χαραγμα του ονομα: τος αυτου
ℵ αυτου και ει τις λαμβανει το χαραγμα του ονοματος αυτου
P47 αυτου και ει τις λαμβανει το χαραγμα : του ονοματος αυτου

(pres,act,ind,3p,sing)
ειμι
(pres,act,ptc,nom,pl,masc)
τηρεω

Rev.14:12 ωδε η ~~η~~ υπομονη των αγιων εστιν ~~ωδε~~ οι τηρουντες τας εντολας
here the ~~the~~ endurance of the holy ones she is ~~here~~ the ones keeping the commandments
A ωδε η υπομονη : των αγιων εστιν οι τηρουντες τας : εντολας
ℵ ωδε η υπομονη των αγιων εστι των τηρουντων τας εντολας
P 47 ωδε εστιν η υ: πομονη των αγιων οι τηρουντες τας εντολας

W&H του θεου και την πιστιν ~~του~~ ιησου
of the God and the faith ~~of the~~ of Jesus
A του θυ και την πιστιν ιυ :
ℵ του θυ και την πιστιν ιυ
P 47 του θυ και την πιστιν ιυ

(1aor,act,ind,1p,sing) (pres,act,ptc,gen,sing,fem) (1aor,act,imper,2p,sing)
ακουω λεγω γραφω
Rev.14:13 και ηκουσα φωνης εκ του ουρανου λεγουσης ~~μοι~~ γραψον μακαριοι οι
and I heard a voice from out of the heaven saying ~~to me~~ you write blessed the ones
A και ηκουςα φωνης εκ του ουνου : λεγουςης γραψον μακαριοι οι
ℵ και ηκουςα φωνης1 εκ3 του4 ουνου5 λεγουςης2 γραψο6 μακαριοι οι
P 47 και : ηκουςα φωνης εκ του ουρανου λεγου : ςης γραψον μακαριοι οι

(pres,act,ptc,nom,pl,masc) (pres,act,ind,3p,sing)
αποθνησκω λεγω
W&H νεκροι οι εν κυριω αποθνησκοντες απ αρτι ~~απαρτι~~ ~~απ αρτι~~1a ναι3a λεγει2a το4a πνευμα
dead the ones in Lord dying from now on ~~henceforth~~ ~~from now on~~ yes it says the Spirit
A νε : κροι οι εν κω αποθνηςκοντες απ αρ : τι ναι λεγει το πνα
ℵ νεκροι οι εν κω αποθνηςκοντες απ αρτι ⊤ λεγει το πνα
P 47 νεκροι εν κω : αποθνηςκοντες απ αρτι λεγει το πνα :

(2 fut,pass,ind,3p,pl) (1aor,mid,subj,3p,pl) (fut,act,ind,3p,pl)
αναπαυω αναπαυω αναπαυω
W&H ινα αναπαησονται ~~αναπαυσωνται~~ ~~αναπαυσονται~~ εκ των κοπων
so that they will be caused to rest ~~they, themselves should be caused to rest~~ ~~they will rest~~ from out of the labors
A ινα αναπαηςον : ται εκ των κοπων
ℵ ινα αναπαηςονται εκ των κοπω
P 47 οτι αναπαηςονται εκ των κοπων :

(pres,act,ind,3p,sing)
ακολουθεω
W&H αυτων τα γαρ ~~δε~~ εργα αυτων ακολουθει μετ αυτων
of them for ~~but~~ < > the works of them they follow with them
A αυτων τα γαρ : εργα αυτων ακολουθει μετ αυτων :
ℵ αυτων τα γαρ εργα αυτων ακολουθι μετ αυτων
P 47 αυτων τα γαρ εργα αυτων ακολουθει : μετ αυτων

(2aor,act,ind,1p,sing) (2aor,mid,imper,2p,sing) (pres,mid,ptc,acc,sing,masc)
οραω ειδον καθημαι
Rev.14:14 και ειδον και ιδου νεφελη λευκη και επι την νεφελην καθημενον
and I saw and you, yourself, behold a cloud white and upon the cloud *(one)* sitting
A και ιδον και ιδου νεφελη λευκη και : επι την νεφελην καθημενον :
ℵ και ιδου νεφελη λευκη και επι την νεφελην καθημενον
P 47 και ειδον και ειδου νεφε : λη λευκη και επι ο την νεφελην κα : θημενον

(pres,act,ptc,nom,pl,masc) (pres,act,ptc,nom,sing,masc)
καθημαι *(acc)* *(nom)* *(acc)* *(nom)* εχω
W&H ~~καθημενος~~ ομοιον ~~ομοιος~~ υιον ~~υιο~~ ανθρωπου εχων επι της κεφαλης αυτου στεφανον
~~*(one)* sitting~~ like ~~like~~ Son ~~Son~~ of Man having upon the head of Him a crown
A ομοιον υν ανθυ εχων επι την κε : φαλην αυτου στεφανον
ℵ ομοιον υιο ανθρωπου εχοτα επι της κεφαλης αυτου στεφανον
P 47 ομοιον υιω ανθρωπου ε : χοτα επι της κεφαλης αυτου στ [ε : φανον
P 115 [P115 *continuing after 11 missing lines from 14:11*] επι της κεφαλης αυτου στεφανον

W&H χρυσουν και εν τη χειρι αυτου δρεπανον οξυ
golden and in the hand of Him a sickle sharp
A χρυςουν : και εν τη χειρι αυτου δρεπανον οξυ :
ℵ χρυςουν και εν τη χειρι αυτου δρεπανον οξυ
P 47 χρυςουν και εν τη χειρι αυ : του δρεπανον οξυ

(2aor,act,ind,3p,sing) (pres,act,ptc,nom,sing,masc)
εξερχομαι κραζω
Rev.14:15 και αλλος αγγελος εξηλθεν εκ του ναου κραζων εν$_1$ φωνη$_3$ μεγαλη$_2$
and another angel he went out from out of the Temple crying out with a voice great
A και αλλος αγγελος εξηλθεν$_1$ κραζων$_5$: εκ$_2$ του$_3$ ναου$_4$ εν$_6$ φωνη$_7$ μεγαλη :
ℵ και αλλος αγγελος εξηλθεν εκ του ναου αυτου κραζω εν φωνη μεγαλη
P[47] και αλλος αγ : γελος εξηλθεν εκ του ναου α[να : κραζων φωνη μεγαλη

(pres,mid,ptc,acc,sing,masc) (1aor,act,imper,2p,sing) (1aor,act,imper,2p,sing) (2aor,act,ind,3p,sing)
καθημαι πεμπω θεριζω ερχομαι
W&H τω$_4$ καθημενω επι της νεφελης πεμψον το δρεπανον σου και θερισον οτι ηλθεν
to the One sitting; upon the cloud You send the sickle of You and You reap because/" she has come
A τω καθημενω επι της νεφελης : πεμψον το δρεπανον σου και θε : ρισον οτι ηλθεν
ℵ τω καθημενω επι της νεφελης πεμψον το δρεπανον σου και θερισον οτι ηλθεν
P[47] τω κα[θη : μενω επι της νεφελης πεμ[ψον : δρεπανον σου και θερισο[ν οτι ε : ξλθεν

(1aor,act,inf) (1aor,pass,ind,3p,sing)
θεριζω ξηραινω
W&H ~~σοι~~ η ωρα ~~του~~ θερισαι οτι εξηρανθη ο θερισμος της γης
~~to You~~ the hour ~~of the~~ to reap because/" he is cause to have been dried up the harvest of the earth
A η ωρα θερισαι : οτι εξηρανθη ο θερισμος της γης :
ℵ η ωρα του θερισμ(ου) οτι εξηρανθη ο θερισμος της γης
P[47] ο θερισμος οτι ε[ξηρανθη : [leaf 8, verso] ο θερισμος της γης

(2aor,act,ind,3p,sing) (pres,mid,ptc,acc,sing,masc) gen acc
βαλλω καθημαι
Rev.14:16 και εβαλεν ο καθημενος επι της νεφελης ~~νεφελην~~ το δρεπανον αυτου επι την γην
and He threw the One sitting upon the cloud ~~cloud~~ the sickle of Him upon the earth
A και εβαλεν ο καθημενος επι της νε : φελης το δρεπανον αυτου επι την : γην
ℵ και εβαλεν ο καθημενος επι της νεφελης το δρεπανον αυτου επι την γην
P[47] και εβαλεν ο επι της : νε]φελης το δρεπαν[ον αυτου επι την γην :

(1aor,pass,ind,3p,sing)
θεριζω
W&H και εθερισθη η γη
and she was harvested the earth
A και εθερισθη η γη :
ℵ και εθερισθη η γη
P[47] και εθερισθη η γη

(2aor,act,ind,3p,sing) (pres,act,ptc,nom,sing,masc)
εξερχομαι εχω
Rev.14:17 και αλλος αγγελος εξηλθεν εκ του ναου του εν τω ουρανω εχων και αυτος
and another angel he went out from out of the Temple of the one in the heaven having also himself
A και αλλος αγγελος εξηλθεν εκ του : ναο]υ του εν τω ουνω εχων και : αυτος
ℵ και αλλος αγγελος εξηλθεν εκ του ναου του εν τω ουνω εχων και αυτος
P[47] και α[λ]λος αγγ[ελος εξηλ : θεν εκ του ναου αυτου εν τω ουρα[νω εχων : και αυτος

W&H δρεπανον οξυ
a sickle sharp
A δρεπανον οξυ
ℵ δρεπανον οξυ
P[47] δρεπανον οξυ

(2aor,act,ind,3p,sing) (pres,act,ptc,nom,sing,masc)
εξερχομαι εχω
Rev.14:18 και αλλος αγγελος [εξηλθεν] εκ του θυσιαστηριου [ο] εχων εξουσιαν επι του πυρος
and another angel he went out from out of the Altar the one having authority over the fire
A και αλλος [αγγελ : ος εκ του θυσιαστηριου ο εχων εξου : σιαν επι του πυρος
ℵ και αλλος αγγελος εξηλθεν εκ του θυσιαστηριου εχω εξουσιαν επι του πυρος
P[47] και αλλος α[γγελος : εξηλθεν εκ του θυσιαστηριου εχων εξουσιαν ε : πι του πυρος

(1aor,act,ind,3p,sing) φωνεω — (pres,act,ptc,dat,sing,masc) εχω — (pres,act,ptc,dat,sing,masc) λεγω

W&H και εφωνησεν φωνη κραυγη μεγαλη τω εχοντι το δρεπανον το οξυ λεγων
and he cried out voice with a cry great to the one having the sickle the sharp saying
A και εφωνησεν : φωνη μεγαλη τω εχοντι το δρεπα : νον το οξυ λεγων
ℵ και εφωνησεν φωνη μεγαλη τω εχοντι το δρεπανον το οξυ λεγω
P 47 και εφωνησεν κραυ[[γ]]η με : γαλη τω εχοντι το δραπανον το οξυ λεγων :

(1aor,act,imper,2p,sing) πεμπω — (1aor,act,imper,2p,sing) τρυγαω

W&H πεμψον σου το δρεπανον το οξυ και τρυγησον τους βοτρυας της αμπελου της γης
you send of you the sickle the one sharp and you harvest the bunches of the vine of the earth
A το δρεπανον το οξυ και τρυγηcον : τουc βοτρυαc τηc αμπελου τηc γηc :
ℵ πεμψον1 το3 δρεπανον4 cου2 το5 οξυ και τρυγηcον τουc βοτρυαc τηc αμπελου τηc γηc
P 47 πεμψον cου το δρεπανον το οξυ και τρυ : γηcον τουc βοτρυαc και αμπελου τηc : γηc
P 115 [P115 *continues from rectro side* after skip from 14:16] αμπελου τηc γηc

(1aor,act,ind,3p,pl) ακμαζω

W&H οτι ηκμασαν αι σταφυλαι αυτης
because they are ripened the grapes of her
A οτι ηχμαcαν αι cταφυλαι αυτηc :
ℵ οτι ηκμαcαν αι cταφυλαι αυτηc
P 47 οτι ηκμαcαν αι cταφυλαι αυτηc :
P 115 οτι ηκμαcαν αι cταφυλα]ι α[υ]τη[c :

(2aor,act,ind,3p,sing) βαλλω — (1aor,act,ind,3p,sing) τρυγαω — hiatus

Rev.14:19 και εβαλεν ο αγγελος το δρεπανον αυτου εις την γην και ετρυγησεν ετρυγησε την
and he threw the angel the sickle of him to the earth and he harvested the
A και εβαλεν ο αγγελοc το δρεπανον : αυτου ειc την γην και ετρυγηcεν : την
ℵ και εβαλεν ο αγγελοc το δρεπανο αυτου επι τηc γηc και ετρυγηcεν τη
P 47 και εβαλεν ο αγγελοc το δρεπανον αυτου : επι την γην και ετρυγηcεν την
P 115 και εβαλεν ο αγγελοc το δρεπανον αυτου] ειc την : γηc και ετρυγηcεν την

(2aor,act,ind,3p,sing) βαλλω

W&H αμπελον της γης και εβαλεν εις την ληνον του θυμου του θεου τον μεγαν
vine of the earth and he threw into the winepress of the wrath of the God the great
A αμπελον τηc γηc και εβαλεν : ειc την ληνον του θυμου του θυ : τον μεγα
ℵ αμπελον τηc γηc και εβαλεν ειc τη ληνον του θυμου cου θυ την μεγαλη
P 47 αμπελον : τηc γηc και εβαλεν ειc τη ληνον του θυ : μου cου θυ την μεγαλου
P 115 αμπελον τηc] γηc και ε : βαλεν ειc τη ληνον του θυμου του θ[υ] τον με[γ]αν :

(1aor,pass,ind,3p,sing) πατεω — (2aor,act,ind,3p,sing) εξερχομαι

Rev.14:20 και επατηθη η ληνος εξωθεν εξω της πολεως και εξηλθεν αιμα εκ της
And she was trampled upon the winepress outside outside of the city and it went out blood from out of the
A και επατηθη η ληνοc εξω : θεν τηc πολεωc και εξηλθεν αιμα : εκ τηc
ℵ και επατηθη η ληνοc εξω τηc πολεωc και εξηλθε αιμα εκ τηc
P 47 και επατηθη η : ληνοc εξωθεν τηc πολεωc και εξηλθε : αιμα εκ τηc
P 115 και επατηθη η ληνοc εξωθε]ν εξω τηc π[ολ]εωc και : εξηλθε ν αιμα εκ τηc]

W&H ληνου αχρι των χαλινων των ιππων απο σταδιων χιλιων εξακοσιων
winepress as far as the bridles of the horses from furlongs one thousand six hundred
A ληνου αχρι των χαλινων : των ιππων απο cταδιων χιλιων : εξακοcιων :
ℵ ληνου αχρι των χαλινω των ιππων απο cταδιων χιλιων διακοcιων
P 47 ληνου μεχρι των χαλινων : των ιππων απο cταδιων χειλιων εξα : κοcιων
P 115 ληνου αχ[ρι] των χ[α : λινω των ιππων απο cταδ]ιων βχ [βχ = 2600 P115 Vol 2 P W Comfort]

Revelation Chapter 15

(2aor,act,ind,1p,sing) (pres,act,ptc,acc,pl,masc)
οραω εχω
Rev.15:1 και ειδον αλλο σημειον εν τω ουρανω μεγα και θαυμαστον αγγελους επτα εχοντας
And I saw another sign in the heaven great and wonderful angels seven having
A και ιδον αλλο σημειον εν τω ου[ρανω : μεγα και θαυμαστον αγγελουc : επτα εχονταc
ℵ και ιδον αλλο σημιον εν τω ουνω μεγα και θαυμαcτον αγγελουc επτα εχονταc
P 47 και ειδον αλλο σημειον εν τω ου : ρανω μεγα και θαυμαcτον αγγελουc : ε]πτα εχονταc
P 115 [και ειδον: αλλο σημειον εν τω ουνω μ]εγα και θ[αυμαcτον : [P115 *13 lines missing to 15:4*]

(1aor,pass,ind,3p,sing)
τελεω
W&H πληγας επτα τας εσχατας οτι εν αυταις ετελεσθη ο θυμος του θεου
plagues seven the last because in them he was completed the wrath of the God
A πληγαc επτα ταc : εcχαταc οτι εν αυταιc ετελεcθη : ο θυμοc του θυ :
ℵ πληγαc επτα ταc εcχαταc οτι εν αυταιc ετελεcθη ο θυμοc του θυ
P 47 πληγαc ζ ταc εcχα : τ]αc οτι1 εν3 αυταιc4 ετελεcθη2 ο5 θυμοc : το]υ θυ

(2aor,act,ind,1p,sing) (pref,pass,ptc,acc,sing,fem) (pres,act,ptc,acc,pl,masc)
οραω μιγνυμι νικαω
Rev.15:2 και ειδον ως θαλασσαν υαλινην μεμιγμενην πυρι και τους νικωντας εκ του θηριου
and I saw as sea glassy having been mixed with fire and the ones conquerering from out of the beast
A και ιδον ωc θαλαccαν υαλινην με : μιγμενην πυρι και τουc νικων : ταc εκ του θηριου
ℵ και ειδον ωc θαλαccαν υαλινην μεμιγμενη πυρι και τουc νικωνταc εκ του θηριου
P 47 και ειδον ωc θαλαccαν υελινην : με]μιγμενην πυρι και τουc νεικων : τα]c εκ του θηριου

W&H και εκ της εικονος αυτου και ~~εκ του χαραγματος αυτου~~ εκ του αριθμου του
and from out of the image of it and ~~from out of the mark of it~~ from out of the number of the
A και εκ τηc εικονοc : αυτου και εκ του αριθμου του
ℵ και τηc εικονοc αυτου και εκ του αριθμου του
P 47 και τηc εικονοc : αυτου κ]αι εκ του αριθμου του

(perf,act,ptc,acc,pl,masc) (pres,act,ptc,acc,pl,masc)
ιστημι εχω
W&H ονοματος αυτου εστωτας επι την θαλασσαν την υαλινην εχοντας κιθαρας
name of it having been caused to stand upon the sea the glass having harps
A ονο : ματοc αυτου εcτωταc επι την θαλαc : cαν την υαλινην εχονταc κιθα : ραc
ℵ ονοματοc αυτ[ ] εcτωταc επι την θαλαccαν την υαλινην εχονταc κιθαραc
P 47 ονομα : τοc αυτο] εcτωταc επι την θαλαc : cαν την υ]αλινην εχονταc κιθαρα[c
[Leaf 9, recto *scribe lost place here and recopied 15:2a*] /|\

W&H του θεου
of the of God
A του θυ
ℵ κυ του θυ
P 47 του θυ :

(pres,act,ind,3p,pl)
αδω hiatus
Rev.15:3 και αδουσιν ~~αδουσι~~ την ωδην μωυσεως του δουλου του θεου και την ωδην του αρνιου
and they sing the song of Moses the slave of the God and the song of the Lamb
A και αδουcιν την ωδην μω : υcεωc του δουλου του θυ και την : ωδην του αρνιου
ℵ και αδονταc την ωδην μωυcεωc του δουλου του θυ και την ωδην του αρνιου
P 47 και] αδωcιν την ωδην μωυcεωc του δου : λου του θυ και την ωδην του αρνιου

(pres,act,ptc,nom,pl,masc)
λεγω
W&H λεγοντες μεγαλα και θαυμαστα τα εργα σου κυριε ο θεος ο παντοκρατωρ δικαιαι και
saying great and wonderful the works of You Lord the God the One almighty righteous and
A λεγοντεc μεγαλα : και θαυμαcτα τα εργα cου κε ο θc : ο παντοκρατωρ δικαιαι και
ℵ λεγοντεc μεγαλα και θαυμαcτα τα εργα cου κε ο θc ο παντοκρατωρ δικαιαι και
P 47 λε : γοντεc μεγαλα και θαυμαcτα τα εργα cου : κε ο θc ο παντοκρατωρ δικαιαι και

W&H αληθιναι αι οδοι σου ο βασιλευς των αιωνων ~~εθνων~~ ~~αγιων~~ ~~εθνων~~
true the paths of You the King of the eternals ~~nations~~ ~~-holy ones~~ ~~nations~~
A αληθει:ναι αι οδοι σου ο βασιλευς των[αιωνων :
ℵ αιω αληθιναι αι οδοι σου βασιλευ των νων
P 47 αλη : θειναι αι οδοι σου ο βασιλευς των αιωνων :

(1aor,pass,subj,3p,sing) φοβεω (fut,act,ind,3p,sing) δοξαζω (1aor,act,subj,3p,sing) δοξαζω
Rev.15:4 τις ου μη φοβηθη ~~σε~~ κυριε και δοξασει ~~δοξαση~~ το ονομα σου
who not not / certainly not he should have fear ~~You~~ Lord and He will glorify ~~he should have glorified~~ the Name of You
A τις ου μη φοβηθη κε και δοξασει : το ονομα σου
ℵ ις σε ου φοβηθη κε και δοξαση το ονομα σου
P 47 τις σε ου φοβηθη κε και δοξισει το ονο : μα σου

(pres,act,ind,2p,sing) ειμι (fut,act,ind,3p,pl) ηκω (fut,act,ind,3p,pl) προσκυνεω
W&H οτι μονος οσιος ~~ει~~ οτι παντα τα εθνη ηξουσιν και προσκυνησουσιν ενωπιον
because only One holy ~~You are~~ because all the nation they will arrive and they will worship/do obeisance before
A οτι μονος οσιος : οτι παντα τα εθνη ηξουσιν και προς :κυνησουσιν ενωπιον
ℵ οτι μονος οσιος οτι παντα τα εθνη ηξουσιν και προσκυνησουσιν ενωπιον
P 47 οτι μονος συ οτι παντα τα εθνη η : ξουσιν και προσκυνησουσιν ενωπιον :
P 115 [P115 *13 missing lines from 15:1 to 15:4 resume at* σου]

(1aor,pass,ind,3p,pl) φανεροω
W&H σου οτι τα δικαιωματα σου εφανερωθησαν
You because of the righteous acts of You they were caused to be seen
A σου κε οτι : τα δικαιωματα σου εφανερωθησαν:
ℵ σου οτι δικ(αι)ωματα ενωπιο σου εφανερωθησαν
P 47 σου οτι τα δικαιωματα σου εφανερωθη :
P 115 σου οτι τα δικαιωματα σου εφαν]ερωθη[σαν

(2aor,act,ind,1p,sing) οραω (2aor,mid,imper,2p,sing) ειδον (2aor,pass,ind,3p,sing) ανοιγω
Rev.15:5 και μετα ταυτα ειδον και ~~ιδου~~ ηνοιγη ο ναος της σκηνης του
and with these *(things)* I saw and ~~you, yourself, behol~~ he was opened the Temple of the Tabernacle of the
A και μετα ταυτα ειδον και ηνοιγη ο ναος : της σκηνης του
ℵ και μετα ταυτα ειδον και ηνυγη ο ναος της σκηνης του
P 47 και μετα ταυτα ειδον και ηνοιγη ο ναος : της σκηνης του
P 115 και : μετα ταυτα ειδον και ηνοι]γη ο ναο[ς της σκηνης : του

W&H μαρτυριου εν τω ουρανω
Testimony in the heaven
A μαρτυριου εν τω : ουρανω
ℵ μαρτυριου εν τω ουνω
P 47 μαρτυριου εν τω ου]νω :

(2aor,act,ind,3p,pl) εξερχομαι (pres,act,ptc,nom,pl,masc) εχω
Rev.15:6 και εξηλθον οι επτα αγγελοι [οι] ~~οι~~ εχοντες τας επτα πληγας εκ του ναου ~~οι~~
and they went out the seven angels the ones ~~the ones~~ having the seven plagues from out of the Temple ~~the ones~~
A και εξηλθον οι επτα αγγε : λοι οι εχοντες τας επτα πληγας εκ του : ναου
ℵ και εξηλθον οι επτα αγγελοι εχοντες τας επτα πληγας εκ του ναου
P 47 και εξηλθον οι ζ αγγελοι εχοντες τας ζ : πληγας εκ του ναου
P 115 και εξη[λθον οι : ζ αγγελοι οι εχοντες τας ζ πληγ[α]ς [εκ του : ναου

(imperf,act,ind,3p,pl) ειμι (perf,pass,ptc,nom,pl,masc) ενδυω (perf,pass,ptc,nom,pl,masc) περιζωννυμι
W&H ~~ησαν~~ ενδεδυμενοι λιθον καθαρον λαμπρον και περιεζωσμενοι
~~they were~~ having been clothed in linen clean bright and having clothed oneself around
A ενδεδυμενοι λιθον καθαρο[ν : λαμπρον και περιεζωσμενοι
ℵ ενδεδυμενοι$_1$ λινους$_3$ καθαρους$_2$ λαμπρους$_4$ και περιεζωσμενοι
P 47 ενδεδυμενοι λι : νους καθαρον λαμπρον και περιεζω : μενοι
P 115 ενδεδυμενοι λινον] καθαρα[ν λαμπρον : και περιεζωσμενοι

W&H περι τα στηθη ζωνας χρυσας
around the breasts girdles of gold
A πε:ρι τα στηθη ζωνας χρυσας:
א περι τα στηθη ζωνας χρυσας
P 47 περι τα στηθη ζωνας χρυσας:
P 115 περ]ι τα στηθ[η ζωνας : χρυσας

(1aor,act,ind,3p,sing)
διδωμι hiatus
Rev.15:7 και εν εκ των τεσσαρων ζωων εδωκεν ~~εδωκε~~ τοις επτα αγγελοις επτα φιαλας χρυσας
and one from out of the four living ones he gave to the seven angels seven bowles golden
A και εν εκ των τεσσαρων ζωων : εδωκεν τοις επτα αγγελοις επτα : φιαλας χρυσας
א και ⊤ εκ των τεσσαρω ζωων εδωκεν τοις επτα αγγελοις φιαλας χρυσας
P 47 και εκ των δ εδωκαν τοις ζ αγγελοι[ς : ζ φιαλας χρυσας
P 115 και εν εκ των δ ζωων εδωκε τοις [P 115 *ends here at 15:7*]

(pres,act,ptc,acc,pl,fem) (pres,act,ptc,gen,sing,masc)
γεμω ζαω
W&H γεμουσας του θυμου του θεου του ζωντος εις τους αιωνας των αιωνων
being filled of the wrath of the God of the One living into the eons/eternities of the eons/eternities
A γεμουσας του θυμου : του θυ του ζωντος εις τους αιωνας : των αιωνων
א γεμουσας του θυμου του θυ του ζωντος εις τους αιωνας των αιωνων αμην
P 47 γεμουσας του θυμ[ου : του θυ του ζωντος εις τους αιωνας [των : αιωνων

(1aor,pass,ind,3p,sing)
γεμιζω
Rev.15:8 και εγεμισθη ο ναος καπνου εκ της δοξης του θεου και εκ της δυναμεως αυτου
and he was filled the Temple of smoke from out of the glory of the God and from out of the power of Him
A και εγεμισθη ο ναος : καπνου εκ της[-]δοξης του θυ : και εκ της δυναμεως αυτου
א και εγεμισθη ο ναος καπνου εκ της δοξης του θυ κ(αι) εκ της δυναμεως αυτου
P 47 και εγεμισθη ο ναος εκ το[υ κα : πνου εκ της δοξης του θυ και ε[κ της : δυναμεως αυτου

(imperf,pass,ind,3p,sing) (imperf,act,ind,3p,sing,Att.) (imperf,pass,ind,3p,sing) (2aor,act,infin)
δυναμαι δυναμαι δυναμαι εισερχομαι
W&H και ουδεις εδυνατο ~~ηδυνατο~~ ~~εδυνατο~~ εισελθειν εις τον ναον αχρι
and no one he was able ~~he was able~~ ~~he was able~~ to enter into the Temple until
A και : ουδεις εδυνατο εισε[~~λθειν~~ ε]ις τον : ναον αχρι
א και ουδις ηδυνατο$_1$ εισελθειν$_5$ εις$_2$ τον$_3$ ναον$_4$ αχρι$_6$
P 47 και ουδε[ις εδυ : νατο εισελθειν εις τον ναο[ν αχρι:

(1aor,pass,subj,3p,pl)
τελεω
W&H τελεσθωσιν αι επτα πληγαι των επτα αγγελων
they should be ended the seven plagues of the seven angels
A τελεσθωσιν αι [επτα πλη : γαι των επτα αγγελων:
א τελεσθωσιν αι επτα πληγαι των επτα αγγελων
P 47 τελεσθωσιν αι ζ πληγα[ι των ζ : αγγελων

Revelation Chapter 16

(1aor,act,ind,1p,sing) (pres,act,ptc,gen,sing,fem)
ακουω λεγω
Rev.16:1 και ηκουσα$_{1,1a}$ μεγαλης$_{3,3a}$ φωνης$_{2,2a}$ εκ$_{4,4a}$ του ναου λεγουσης τοις επτα αγγελοις
and I heard a great voice from out of the Temple saying to the seven angels
A και ηκουσα μεγαλης φωνης εκ του : ναου λεγουσης τοις επτα αγγελοις :
א κ(αι) ηκουσα$_1$ φωνης$_3$ μεγαλης$_2$ εκ$_4$ του ναου λεγουσης τοις επτα αγγελοις
P 47 και ηκουσα [μεγαλης : [leaf 9, verso *two lines missing*]

(pres,act,imper,2p,pl) (pres,act,imper,2p,pl) (1aor,act,imper,2p,pl)
υπαγω εκχεω εκχεω
W&H υπαγετε και εκχεετε ~~εκχεατε~~ τας επτα φιαλας του θυμου του θεου εις
you all go out and you all cause to flow out ~~you all cause to flow out~~ the seven bowls of the Wrath of the God into
A υπαγετε και εκχεετε τας επταφι : αλας του θυμου του θυ εις
א υπαγεται και εκχεεται τας επτα φιαλας του θυμου του θυ εις
P 47 *two lines missing* φιαλας του θυ]μου τ[ου θ]υ

W&H την γην
the earth
A την γην :
א τη γην

(2aor,act,ind,3p,sing) απερχομαι — (1aor,act,ind,3p,sing) εκχεω hiatus — (2aor,mid,ind,3p,sing) γινομαι

Rev.16:2 και απηλθεν ο πρωτος και εξεχεεν ~~εξεχεε~~ την φιαλην αυτου εις ~~επι~~ την γην και εγενετο
And he went out the first one and he caused to flow out the bowl of him into ~~upon~~ the earth and it happened
A και απηλθεν ο πρωτος και εξεχεεν: την φιαλην αυτου εις την γην : και εγενετο
א ⊤ ⊤ και εγενετο
P 47 κ[αι απηλθεν ο:πρωτος και εξεχενη την φι[αλην αυ : του εις την γην και εγενετο

(pres,act,ptc,acc,pl,masc) εχω

W&H ελκος κακον και πονηρον επι ~~εις~~ τους ανθρωπους τους εχοντας το χαραγμα του θηριου
sore bad and evil upon ~~to~~ the men the ones having the mark of the beast
A ελκος κακον και πονηρον : επι τους ανθυς τους εχοντας το:χαραγμα του θηριου
א ελκον$_1$ πονηρον$_4$ και$_3$ κακον$_2$ επι τους αθρωπους τους εχοτας το χαραγμα του θηριου
P 47 ελ[κον πο : νηρον και κακον επι τους αθρωπου[c: τους εχοτας το χαραγμα του θηριου

(pres,act,ptc,acc,pl,masc) προσκυνεω

W&H και τους$_{1,1a}$ προσκυνουντας$_{5,5a}$ τη$_{2,2a}$ εικονι$_{3,3a}$ αυτου$_{4,4a}$
and the ones worshipping to the image of it
A και τους προς:κυνουντας τη εικονι αυτου :
א και τους προσκυνουντας την εικονα αυτου
P 47 και : τους προσκυνουντας την εικονι αυτου:

(1aor,act,ind,3p,sing) εκχεω hiatus

Rev.16:3 και ο δευτερος ~~αγγελος~~ εξεχεεν ~~εξεχεε~~ την φιαλην αυτου εις την θαλασσαν
And the second ~~angel~~ he caused to flow out the bowl of him into the sea
A και ο δευτερος εξεχεεν την φιαλ[η]ν: αυτου εις την θαλασσαν
א εις τη φιαλην αυτου εις την θαλασσαν
P 47 και ο β εξεχεεν την φιαλην αυτου εις:την θαλασσν

(2aor,mid,ind,3p,sing) γινομαι — (2aor,act,ind,3p,sing) αποθνησκω

W&H και εγενετο αιμα ως νεκρου και πασα ψυχη ζωης απεθανεν τα εν τη θαλασση
and it became blood as of a dead one and all/every soul of life it died the ones in the sea
A και εγε:νετο αιμα ως νεκρου και πασα ψυ:χη εζωης απεθανεν τα εν τη θα:λασση
א και εγενετο αιμα ωςι νεκρου και πασα ψυχη ζωσα απεθανεν επι της θαλασσης
P 47 και εγενετο αιμα ως:νεκρου και πασα ψυχη ζωσα απεθα:νον εν τη θαλασσης

(1aor,act,ind,3p,sing) εκχεω hiatus

Rev.16:4 και ο τριτος ~~αγγελος~~ εξεχεεν ~~εξεχεε~~ την φιαλην αυτου εις τους ποταμους και ~~εις~~
and the third ~~angel~~ he caused to flow out the bowl of him into the rivers and ~~into~~
A και ο τριτος εξεχεεν: την φιαλην αυτου εις τους ποτα[~~μους~~:και
א και ο τριτος εξεχεεν την φιαλην αυτου επι τους ποταμους και
P 47 και ο γ εξεχεεν την:φιαλην αυτου επι τους ποταμους και:επι

(2aor,mid,ind,3p,sing) γινομαι

W&H τας πηγας των υδατων και εγενετο αιμα
the springs of the waters and it became blood
A τας πηγας των υδατων και ε:γενοντο αιμα
א τας πηγας των υδατω και εγενετο αιμα
P 47 τας πηγας των υδατων και ε:γενετο αιμα

(1aor,act,ind,1p,sing) ακουω — (pres,act,ptc,gen,sing,masc) λεγω — (pres,act,ind,2p,sing) ειμι — (pres,act,ptc,nom,sing,masc) ειμι

Rev.16:5 και ηκουσα του αγγελου των υδατων λεγοντος δικαιος ~~κυριε~~ ει ο ων και
And I heard the angel of the waters saying righteous ~~Lord~~ You are the One being and
A και ηκουσα του αγ:γελου των υδατων λεγοντος: δικαιος ει ο ων και
א και ηκουσα των αγγελου των υδατω λεγοντος δικαιος ει ο ων και
Ᵽ 47 και ηκουσα του αγγελου: των υδατω λεγοντος δικαιος ει ο ων : και

(imperf,act,ind,3p,sing) ειμι — (1aor,act,ind,2p,sing) κρινω

W&H ο ην [ο] οσιος οτι ταυτα εκρινας
the One He was the One holy because these *(things)* You judged
A ο ην οσιος οτι: ταυτα εκρινας
א ο ην ο οσιος οτι ταυτα εκρινας
Ᵽ 47 ος ην και οσιος οτι ταυτα εκρινας :

(1aor,act,ind,3p,sing) εκχεω — (perf,act,ind,2p,sing) διδωμι — (1aor,act,ind,2p,sing) διδωμι

Rev.16:6 οτι αιμα αγιων και προφητων εξεχεαν και αιμα αυτοις δεδωκας ~~εδωκας~~
because of blood of holy ones and prophets they caused to flow out and blood to them You have given ~~You gave~~
A οτι αιμα αγιων και:προφητων εξεχεαν και αιμα αυ:τοις δεδωκας
א οτι αιματα αγιων και προφητων εξεχεαν και αιμα₁ εδωκας₃ αυτοις₂
Ᵽ 47 οτι αιμα αγιων και προφητων εξε:χεαν και αιμα εδωκας

(2aor,act,infin) πινω — (pres,act,ind,3p,pl) ειμι — hiatus

W&H πιειν αξιοι ~~γαρ~~ εισιν ~~εισι~~
to drink ~~for~~ <> worthy they are
A πειν αξιοι εισιν :
א πιοπερ₄ αξιοι εισιν
Ᵽ 47 πι:ειο]ν αξιοι εισιν

(1aor,act,ind,1p,sing) ακουω — (pres,act,ptc,gen,sing,masc) λεγω

Rev.16:7 και ηκουσα ~~αλλου εκ~~ του θυσιαστηριου λεγοντος ναι κυριε ο θεος ο παντοκρατωρ
and I heard ~~another from out~~ of the Altar saying yes Lord the God the Almighty
A και ηκουσα του θυσιαστηριου λεγον:τος ναι κε ο θς ο παντοκρατωρ:
א και ηκουσα του θυσιαστηριου λεγοντος ναι κε ο θς ο παντοκρατωρ
Ᵽ 47 και ηκουσα του θυσια:στ]ηριου λεγοντος ναι κε ο θς ο παν:τ]οκρατωρ

W&H αληθιναι και δικαιαι αι κρισεις σου
true and righteous the judgments of You
A αληθειναι και δικαιαι αι κρισις σου :
א αληθιναι και δικαιαι αι κρισις σου
Ᵽ 47 αληθιναι και δικαιαι: αι] κρισις σου

(1aor,act,ind,3p,sing) εκχεω — hiatus — (1aor,pass,ind,3p,sing) διδωμι

Rev.16:8 και ο τεταρτος ~~αγγελος~~ εξεχεεν ~~εξεχεε~~ την φιαλην αυτου επι τον ηλιον και εδοθη
and the fourth one ~~angel~~ he caused to flow out the bowl of him upon the sun and it was given
A και ο τεταρτος εξεχεεν την φι:αλην αυτου επι τον ηλιον και εδο:θη
א και ο τεταρτος αγγελος εξεχεεν την φιαλην αυτου επι τον ηλιον και εδοθη
Ᵽ 47 και ο δ εξεχεεν την: φι]αλην αυτου επι τον ηλιον και:εδοθ]η

(1aor,act,infin) καυματιζω

W&H αυτω καυματισαι τους ανθρωπους εν πυρι
to him to scorch the men with fire
A αυτω καυματισαι τους ανθυς : εν πυρι
א αυτω καυματισαι τους ανους πυρι
Ᵽ 47 καυματισαι τους ανθρωπους : εν πυρι]

(1aor,pass,ind,3p,pl) καυματιζω ... (1aor,act,ind,3p,pl) βλασφημεω

Rev.16:9 και εκαυματισθησαν οι ανθρωποι καυμα μεγα και εβλασφημησαν ~~οι ανθρωποι~~ το ονομα
and they were burned the men heat great and they blasphemed ~~the men~~ the Name
A και εκαυματιcθηcαν οι:ανοι καυμα μεγα και εβλαcφημη:cαν ενωτνομ
א και εκαυματιcθηcαν οι ανοι καυμα μεγα και εβλαcφημηcαν το ονομα
P 47 και εκαυματιcθηcαν οι:ανθρωπ]οι καυμα μεγα και εβλα: [leaf 10, *recto, three lines missing*]

(pres,act,ptc,gen,sing,masc) εχω ... (1aor,act,ind,3p,pl) μετανοεω (2aor,act,infin) διδωμι

W&H του θεου του εχοντος την εξουσιαν επι τας πληγας ταυτας και ου μετενοησαν δουναι
of the God the One having the authority over the plagues these and not they repented to give
A του θυ του εχ[ον]τος:την εξουcιαν επι ταc πληγαc ταυ[ταc:και ου μετενοηcαν δουναι
א το α[ ] αυ εχοντοc την εξουcιαν επι ταc πληγαc ταυταc και ου μετενοηcαν δουναι
P 47 [leaf 10, recto, *three lines missing*]

W&H αυτω δοξαν
to Him glory
A αυτω [~~δοξαν~~ :
א αυτω δοξαν
P 47 [*three lines missing*]

(1aor,act,ind,3p,sing) εκχεω hiatus

Rev.16:10 και ο πεμπτος ~~αγγελος~~ εξεχεεν ~~εξεχεε~~ την φιαλην αυτου επι τον θρονον του θηριου
and the fifth one ~~angel~~ he caused to flow out the bowl of him upon the throne of the beast
A και ο πεμπτος εξεχε[~~εν~~ ~~τη~~]ν φιαλ[~~ην~~: αυτου επι τον θρονον του θηριου :
א και ο πεμπτος εξεχεεν την φιαλην αυτου επι τον θρονον του θηριου
P 47 και ο ε εξε]χεεν [την] φιαλ[ην] αυ[του επι : τον θρονο]ν και θηριου

(2aor,mid,ind,3p,sing) γινομαι ... (perf,pass,ptc,nom,sing,fem) σκοτοω / σκοτοομαι (imperf,mid,ind,3p,pl) μασαομαι

W&H και εγενετο η βασιλεια αυτου εσκοτωμενη και εμασωντο τας γλωσσας αυτων
and it happened the kingdom of it having become darkened and they were gnawing the tongues of them
A και εγενετο η βαcιλεια αυτου εcκο:τωμενη και εμαcωντο ταc γλω[ccαc αυτω[ν]
א και εγενετο η βαcιλεια αυτου εcκοτωμενη και εμαcωτο ταc γλωccαc αυτων
P47 και εγενετο η βα[cι:λε]ια αυτου εcκοτωμενην και εμα:cωντο ταc γλωccαc αυτων

W&H εκ του πονου
from out of the pain
A εκ του πονου
א απο του πονου
P 47 εκ του πο:νου

(1aor,act,ind,3p,pl) βλασφημεω

Rev.16:11 και εβλασφημησαν τον θεον του ουρανου εκ των πονων αυτων και εκ των ελκων
and they blasphemed the God of the heaven from out of the pains of them and from out of the sores
A και εβλα:cφημηcαν τον θν του ουρ[~~αν~~]ου εκ: των πονων αυτων και εκ των: ελκων
א και εβλαcφημηcαν τον θν του ουρανου εκ των πονων αυτων και
P 47 και εβλαcφημουν τον θν του ου:ρανου εκ των πονων αυτων και εκ των:ελκων

(1aor,act,ind,3p,pl) μετανοεω

W&H αυτων και ου μετενοησαν εκ των εργων αυτων
of them and not they repented from out of the works of them
A αυτων [~~κ~~]αι ου μετε[~~νοηcαν~~ : εκ των εργων αυτων :
א ου μετενοηcαν
P 47 αυτων και ου μετενοηcαν ε:κ των εργων αυτων

(1aor,act,ind,3p,sing)
εκχεω hiatus
Rev.16:12 και ο εκτος ~~αγγελος~~ εξεχεεν ~~εξεχεε~~ την φιαλην αυτου επι τον ποταμον τον μεγαν [τον]
And the sixth one ~~angel~~ he caused to flow out the bowl of him upon the river the great the
A και ο εκτος εξεχεεν την φιαλην α[~~υτου~~ : επι τον ποταμον τον μεγαν τον :
א και ο εκτος εξεχεεν την φιαλην αυτου επι τον ποταμον τον μεγαν
Ƥ 47 και ο ς εξεχεν : την φιαλην αυτου επι τον ποταμον : τον μεγαν τον

(1aor,pass,ind,3p,sing) (1aor,pass,subj,3p,sing)
ξηραινω ετοιμαζω
W&H ευφρατην και εξηρανθη το υδωρ αυτου ινα ετοιμασθη η οδος των βασιλεων
Euphrates and it caused to be dried up the water of it so that she should be prepared the road of the kings
A ευφρατην και εξηρανθη το υδωρ : αυτου ινα ετοιμαcθη η οδ[~~οc των~~ : βαcιλεων
א ευφρατη και εξηρανθη το υδωρ αυτου ινα ετοιμαcθη η οδοc τω βαcιλεων
Ƥ 47 ευφρατην και εξηρανθη : το υδωρ αυτου ινα ετοιμαcθη η οδοc : τω βαcιλεων

W&H των απο ανατολης ηλιου
of the ones from place of the rising of sun
A των απο ανατολ[ηc ηλιου :
א των απο ανατοληc ηλιου
Ƥ 47 των απο ανατοληc ηλι : ου

(2aor,act,ind,1p,sing)
οραω
Rev.16:13 και ειδον εκ του στοματος του δρακοντος και εκ του στοματος του θηριου
and I saw from out of the mouth of the dragon also from out of the mouth of the beast
A και ιδον εκ του cτοματοc το[υ δρακον : τοc και εκ του cτοματοc του [θηριου :
א και εδοθη εκ του cτοματοc ⊤
Ƥ 47 και ειδον εκ του cτοματοc του δρακον : τοc και εκ του cτοματοc του θηριου

W&H και εκ του στοματος του ψευδοπροφητου πνευματα τρια ακαθαρτα ως βατραχοι
and from out of the mouth of the false prophet spirits three unclean as frogs
A και εκ του cτοματοc του ψευδ[οπρο : φητου πνευματα τρια ακαθα[ρτα : ωc βατραχοι
א ⊤ του ψευδοπροφητου <u>πνατα</u> τρια ακαθαρτα ειωcει βατραχουc
Ƥ 47 και : εκ του cτοματοc του ψευδοπροφητου : <u>πνα</u> τρια ακαθαρτα ωcει βατραχουc

W&H ~~βατραχοις~~ ~~βατραχοι~~
~~frogs~~ ~~frogs~~

(pres,act,ind,3p,pl) (pres,act,ptc,nom,pl,neut) (pres,mid,ind,3p,sing) (pres,act,inf)
ειμι hiatus ποιεω εκπορευομαι εκπορευομαι
Rev.16:14 εισιν ~~εισι~~ γαρ πνευματα δαιμονιων ποιουντα σημεια α εκπορευεται ~~εκπορευεσθαι~~ επι
for <> they are spirits of demons doing signs which it goes out ~~to go out~~ unto
A ειcιν γαρ πνευ[ματα : δαιμονιων ποιουντα cημεια [~~α εκπο~~ : ρευεται επι
א ειcιν γαρ <u>πνατα</u> δαιμονιων ποιουντα cημεια εκπορευεcθαι ειc
Ƥ 47 ει : cιν γαρ <u>πνα</u> δαιμονιων ποιουντα cημει : α εκπορευεcθαι επι

(2aor,act,infin)
συναγω
W&H τους βασιλεις ~~της γης~~ και της οικουμενης ολης συναγαγειν αυτους εις τον πολεμον
the kings ~~of the earth~~ and of the inhabited *(earth)* whole to bring together them for the war/battle
A τουc βαcιλειc τηc [~~οικου~~ : μενηc ολης cυναγαγειν αυτο[~~υc~~ : ειc τον πολεμον
א τουc βαcιλειc τηc οικουμενηc οληc cυναγαγειν αυτουc ειc πολεμον
Ƥ 47 τουc βαcιλειc τηc : οικουμενηc οληc cυναγαγειν αυ : τουc ειc πολεμον

W&H της ημερας ~~εκεινης~~ της μεγαλης του θεου του παντοκρατορος
of the day ~~of that~~ of the great the only God the Almighty
A τηc ι[-- -- : ραc$_1$ μεγαληc$_2$ του$_3$ <u>θυ</u> του παντοκρατοροc :
א τηc ημεραc τηc μεγαληc του <u>θυ</u> του παντοκρατοροc
Ƥ 47 τηc$_1$ ημ[ε : ραc$_3$ μεγαληc$_2$ του$_4$ <u>θυ</u> του παντοκρατοροc

(2aor,mid,imper,2p,sing) (pres,mid,ind,1p,sing) (pres,act,ptc,nom,sing,masc) (pres,act,ptc,nom,sing,masc)
ειδον ερχομαι γρηγορεω τηρεω

Rev.16:15 ιδου ερχομαι ως κλεπτης μακαριος ο γρηγορων και τηρων τα ιματια
You,yourself, behold I am coming as a thief blessed the one staying awake and keeping the garments
A ιδ[~~ου~~ : ερχομαι ως κλεπτης μακαριος ο γρ[ηγο:ρων και τηρων τα ιματια
ℵ ιδου ερχεται ως κλεπτης μακαριος ο τε γρηγορων κ(αι) τηρων τα ιματια
P 47 ειδ[ου : ερχομαι ως κλεπτης μακαριος [ο: γρηγορων και τηρων τα ιματι[α

(pres,act,subj,3p,sing) (pres,act,subj,3p,pl)
περιπατεω βλεπω

W&H αυτου ινα μη γυμνος περιπατη και βλεπωσιν την ασχημοσυνην αυτου
of him so that not nacked he should walk around and they should see the shame of Him
A αυτου: ινα μη γυμνος περιπατη και βλεπω:σιν την ασχημοσυνην αυτου :
ℵ αυ:του ινα μη γυμνος περιπατη και βλεπωσιν την ασχημοσυνην αυτου
P 47 αυ:του ινα μη γυμνος περιπατ[η και: βλεπωσιν την ασχημοσυνη[ν αυτου :

(2aor,act,ind,3p,sing) (pres,pass,ptc,acc,sing,masc)
συναγω καλεω

Rev.16:16 και συνηγαγεν αυτους εις τον τοπον τον καλουμενον εβραιστι αρμαγεδων
and he brought together them to the place the one being called in Hebrew Armageddon
A και συνηγαγεν αυτους εις τον τοπα: μον τον καλουμενον εβραιστι : αρμαγεδων
ℵ και συνηγαγον αυτους εις τοπον το καλουμενον εβραϊστι αρμαγεδω
P 47 [leaf 10, verso, *two lines missing*]

(1aor,act,ind,3p,sing) (2aor,act,ind,3p,sing)
εκχεω εξερχομαι

Rev.16:17 και ο εβδομος ~~αγγελος~~ εξεχεεν ~~εξεχεε~~ την φιαλην αυτου επι ~~εις~~ τον αερα και εξηλθεν
and the seventh ~~angel~~ he caused to flow out the bowl of him upon ~~into~~ the air and she came out
A και ο εβδομος : εξεχεεν την φιαλην αυτου επι τον: αερα και εξηλθεν
ℵ και οτε εξεχεεν την φιαλην αυτου επι τον αερα και εξηλθεν
P 47 εβδομος εξεχεεν την] φ[ιαλην] α[υτου επι τον: αε]ρα και εξηλθεν

(pres,act,ptc,nom,sing,fem) (2 perf,act,ind,3p,sing)
λεγω γινομαι

W&H hiatus ~~εξηλθε~~ φωνη μεγαλη εκ ~~απο~~ του ναου απο του θρονου λεγουσα γεγονεν
a voice great from out ~~from~~ of the Temple from the Throne saying it has happened
A φωνη εκ του ναου: απο του θρονου λεγουσα γεγονεν :
ℵ φωνη μεγαλη εκ του ναου του θυ λεγουσα γεγονεν
P 47 φωνη μεγ[αλη εκ του:ναου απο του θρονου λεγους[α γεγονεν :
P 0163 [P 0163 *only citation Rev. is 16:17-20 recto side*] του ναο]υ απο του : θρονου λεγουσα : γεγονεν

(2aor,mid,ind,3p,pl)
γινομαι

Rev.16:18 και εγενοντο₁ αστραπαι₆ και₅,₁a φωναι₂,₄a και₃,₃a βρονται₄,₂a και₇,₅a σεισμος₈
and they happened lightings and voices and thunders and an earthquake
A και εγενοντο αστραπαι και φωναι : και βρονται και σισμος
ℵ και εγενοντο₁ αστραπαι₄ και₃ φωναι₆ και₅ βρονται₂ και₇ βρονται και σισμος
P 47 και εγενοντο αστραπαι και₁ φωναι₄ και₃: βρονται₂ και₅ σεισμος
P 0163 και εγε:νοντο αστραπαι: και φωναι και βρον:ται κ[αι σ]εισμος

(2aor,act,ind,3p,sing) (2aor,act,ind,3p,sing) (2aor,mid,ind,3p,pl)
γινομαι γινομαι γινομαι

W&H εγενετο μεγας οιος ουκ εγενετο αφ ου ~~οι~~ ανθρωποι εγενοντο επι της γης
he happened great such as not it happened from when ~~the~~ men they happened upon the earth
A εγενετο : μεγας οιος ουκ εγενετο αφ ου αν[~~θρωποι~~: εγενοτο επι της γης
ℵ εγενετο μεγας οις ουκ εγενοντο αφ ου ανθρωποι εγενοντο επι της γης
P 47 εγενετο μεγας οι:ος ουκ εγενοντο αφ ου ανθρωπος εγε:νοντο επι της γης
P 0163 εγ[ε [P 0163 *cont'd at Rev.16:19*]

W&H τηλικουτος σεισμος ουτως μεγας
so terrible an earthquake so great
A τηλικουτος: σισμος ουτω μεγας
ℵ τηλικουτος σισμος ουτω μεγας
P 47 τηλικουτος σει : σμος ουτως μεγας

Rev.16:19
(2aor,act,ind,3p,sing) γινομαι ... (1aor,act,ind,3p,pl) πιπτω
και εγενετο η πολις η μεγαλη εις τρια μερη και αι πολεις των εθνων επεσαν
and she happened the city the great into three parts and the cities of the nations they fell down
A και εγενε[το: η πολις η μεγαλη εις τρια μερη και:αι πολεις των εθνων επεσαν:
א και εγενετο η πολις η μεγαλη εις τρια μερη κ(αι) η πολις των εθνω επεσεν
P 47 και εγενετο η πο:λις η μεγαλη εις τρια μερη και αι πο:λις αι των εθνω επεσαν

(2aor,act,ind,3p,pl) πιπτω ... (1aor,pass,ind,3p,sing) μιμνησκω ... (2aor,act,infin) διδωμι
W&H επεσον και βαβυλων η μεγαλη εμνησθη ενωπιον του θεου δουναι αυτη
they fell down and Babylon the great she was remembered before the God to give to her
A και βαβυλων η μεγαλη εμνησθ[η: ενωπιον του θυ δουναι αυτη
א και βαβυλων η μεγαλη εμνησθη ενωπιον του θυ του δουναι αυτη
P 47 και βαβυ : λων η μεγαλη εμνησθη ενωπιον : του θυ του δουναι αυτη
P 0163 [P0163 *continues again from verso side*] λη εμνη[σθη ενω : πιον του θυ δου:ναι αυτα

W&H το ποτηριον του οινου του θυμου της οργης αυτου
the cup of the wine of the anger of the wrath of Him
A τ[ο πο:τηριον του οινου του θυμου τη[ς : οργης αυτου
א ποτηριο οινου του θυμου της οργης
P 47 το ποτηριον οι:νου του θυμου της οργης αυτου
P 0163 το ποτη:ριον του οινου : του θυμου της : ο]ργης αυτ[ο]υ

Rev.16:20
(2aor,act,ind,3p,sing) φευγω ... (1aor,pass,ind,3p,pl) ευρισκω
και πασα νησος εφυγεν και ορη ουχ ευρεθησαν
and all/every island she fled and mountains not they were found
A και πασα νησος ε[φυγεν: κα[ι] ορη ουχ ευρεθησαν
א και πασα νησος εφυγεν και ορη ουχ ευρεθησαν
P 47 και:πασα νησος εφυγεν και ορη ουχ ευρε:θη
P 0163 και : [P0163 *ends here middle fourth century dating*]

Rev.16:21
(pres,act,ind,3p,sing) καταβαινω
και χαλαζα μεγαλη ως ταλαντιαια καταβαινει εκ του ουρανου επι τους ανθρωπους
and hail great as a talent weight *(90 lbs.)* she came down from out of the heaven upon the men
A και χαλα[ζα: μεγαλη ως ταλαντιαια καταβαιν[ει: εκ του ουνου ειπ ους ανους
א και χαλαζα μεγαλη ⊤ ταλαντιαια καταβαινει εκ του ουνου επι τους ανους
P 47 και χαλαζα μεγαλη ως ταλαντιαια: καταβαινει εκ του ουρανου επι τους:ανθρωπους

(1aor,act,ind,3p,pl) βλασφημεω
W&H και εβλασφημησαν οι ανθρωποι τον θεον εκ της πληγης της χαλαζης οτι μεγαλη
and they blasphemed the men the God because of the plague of the hail because great
A και ε[βλα:σφ[η]μησαν οι ανοι τον θν εκ της:π[ληγης της χαλαζης οτι μεγαλη:
א και εβλασφημησαν οι ανοι τον θν εκ της πληγης της χαλαζης οτι μεγαλη
P 47 και εβλασφημησαν οι αν:θρωποι τον θν εκ της πληγης της χα:λαζης οτι μεγαλη

(pres,act,ind,3p,pl) ειμι
W&H εστιν η πληγη αυτης σφοδρα
she is the plague of her exceeding
A εστιν η πληγη αυτης σφοδρα:
א εστιν η πληγη αυτης σφοδρα
P 47 εστιν η πληγη αυ:της σφοδρα

Revelation Chapter 17

Rev.17:1
(2aor,act,ind,3p,sing) ερχομαι ... (pres,act,ptc,gen,pl,masc) εχω ... (1aor,act,ind,3p,sing) λαλεω
και ηλθεν εις εκ των επτα αγγελων των εχοντων τας επτα φιαλας και ελαλησεν
and he came one from out of the seven angels the ones having the seven bowls and he spoke
A και ηλθεν εις εκ των επτα αγγε [λων τ:ων εχοντων τας επτα φιαλας: και ελαλησεν
א και ηλθεν εις των επτα αγγελων των εχοντω τας επτα φιαλας και ελαλησεν
P 47 και ηλθεν εις των ζ: α]γγελων των εχοντων τας ζ φιαλας: και] ελαλησεν

hiatus (pres,act,ptc,nom,sing,masc) λεγω (adv) (fut,act,ind,1p,sing) δεικνυμι
W&H ελαλησε μετ εμου λεγων ~~μοι~~ δευρο δειξω σοι το κριμα της πορνης της μεγαλης
with me saying ~~to me~~ come here I will show to you the judgment of the harlot of the great
A μετ εμου λεγων : δευρο δειξω σοι το κριμα της πορν[~~ης~~ :
א μετ εμου λεγων δευρο διξω σοι το κριμα της πορνης της μεγαλης
Ꝑ 47 μετ εμου λεγων δευρο : διξω] σοι το κριμα της πορνης της : μεγα]λης

(pres,mid,ptc,gen,sing,fem) καθημαι
W&H της καθημενης επι ~~των~~ υδατων ~~των~~ πολλων
the one sitting upon ~~the~~ waters ~~the~~ many
A επι υδατων πολλων
א της καθημενης επι υδατων πολλων
Ꝑ 47 της καθημενης επι υδα : των πολλων

(1aor,act,ind,3p,pl) πορνευω (1aor,pass,ind,3p,pl) μεθυω (pres,act,ptc,nom,pl,masc) κατοικεω
Rev.17:2 μεθ ης επορνευσαν οι βασιλεις της γης και εμεθυσθησαν$_{1}$ οι$_{8}$ κατοικουντες$_{9}$
with her they committed fornication the kings of the earth and they became drunk the ones dwelling *(on)*
A μεθ ης επορ : νευσαν οι βασιλεις της γης και γη[~~εμ~~ : εθυσθησαν οι κατοικουντες
א μεθ ης εποιησα πορνιαν οι βασιλεις της γης και εμεθυσθησαν οι κατοικουντες
Ꝑ 47 μεθ ης επορ[νευσαν [P[47] *ends here*]

W&H την$_{10}$ γην$_{11}$ εκ$_{2}$ του$_{3}$ οινου$_{4}$ της$_{5}$ πορνειας$_{6}$ αυτης$_{7}$
the earth from out of the wine of the fornications of her
A [~~την~~ : ν εκ του οινου της πορνειας α[~~υτης~~ :
א την γην εκ του οικου της πορνιας αυτης

(1aor,act,ind,3p,sing) αποφερω (2aor,act,ind,1p,sing) οραω (pres,mid,ptc,acc,sing,fem) καθημαι
Rev.17:3 και απηνεγκεν με εις ερημον εν πνευματι και ειδον γυναικα καθημενην επι θηριον
and he carried me into desert/wilderness in spirit and I saw a woman sitting upon a beast
A κα[~~ι~~] α[~~πη~~]νεγκεν με εις ερημον[- : εν πνι και ιαδ γυναικα καθημε[~~νην~~ : ~~επι~~ ~~θηρ~~]ιον
א και απηνεγκεν με εις ερημον εν πνι και ειδον γυναικα καθημενην επι θηριον

(pres,act,ptc,nom,pl,neut) γεμω (pres,act,ptc,acc,sing,neut) γεμω (pres,act,ptc,acc,sing,masc) εχω
W&H κοκκινον γεμοντα ~~γεμον~~ ονοματα ~~ονοματων~~ βλασφημιας εχων κεφαλας επτα
a scarlet being full of ~~being full of~~ names ~~of names~~ of blasphemy having heads seven
A κοκκινον γεμοντα : ~~ονομα~~]τα βλασφημιας εχων κε~~φαλας~~] επτα
א κοκκινον γεμοτα ονοματα βλασφημιας εχοντα κεφαλας επτα

W&H και κερατα δεκα
and horns ten
A και κερατα δεκα
א και κερατα δεκα

(imperf,act,ind,3p,sing) ειμι (imperf,act,ind,3p,sing) ειμι (perf,pass,ptc,nom,sing,fem) περιβαλλω
Rev.17:4 και η γυνη ην ~~-η-~~ ~~ην~~ περιβεβλημενη πορφυρουν ~~πορφυρα~~ και κοκκινον και
and the woman she was ~~the one~~ ~~she was~~ having been clothed purple ~~purple~~ and scarlet and
A και η γυ : ~~νη~~ ~~η~~]ν περιβεβλημενη πορφυρουν : ~~και~~ ~~κ~~]οκκινον και
א και η γυνη ην περιβεβλημενη πορφυρου και κοκκινον κ(αι)

(perf,pass,ptc,nom,sing,fem) χρυσοω (pres,act,ptc,nom,sing,fem) εχω
W&H κεχρυσωμενη χρυσιω και λιθω τιμιω και μαργαριταις εχουσα$_{1}$ ποτηριον$_{3}$ χρυσουν$_{2}$ εν$_{4}$
having been adorned with gold and with stone precious and pearls having a cup golden in
A κεχρυσιωμε : ~~νη~~ ~~χ~~]ρυσιω και λιθω τιμιω και μαρ : ~~γαρι~~]ταις εχουσα ποτηριον χρυσου : ~~ν~~ ~~εν~~]
א κεχρυσωμενη χρυσω και λιθω τιμιω και μαργαριταις εχουσα ποτηριον χρουσουν εν

W&H τη χειρι αυτης γεμον βδελυγματων και τα ακαθαρτα ~~ακαθαρτητος~~ ~~τα ακαθαρτα~~ της
the hand of her full of abominations and the unclean things ~~uncleanness~~ ~~the unclean things~~ of the
A τη χειρι αυτης γεμον βδελυγ:~~μα~~]των και τα ακαθαρτα της
א τη χειρι αυτηc γεμω βδελυγματων και τα ακαθαρτα τηc

W&H πορνειας αυτης
fornication of her
A πορ:~~νε~~]ιας αυτηc
א πορνιαc αυτηc και τηc γηc

(perf,pass,ptc,nom,sing,neut)
γραφω
Rev.17:5 και επι το μετωπον αυτης ονομα γεγραμμενον μυστηριον βαβυλων η μεγαλη η μητηρ
and upon the forehead of her a name having been written a mystery Babylon the Great the Mother
A και επι το μετωπον: ~~α~~]υτηc ονομα γεγραμμενον: ~~μ~~]υcτηριον βαβυλων η μεγαλη η μητηρ :
א και επι το μετωπον αυτηc ονομα γεγραμμενον μυcτηριον βαβυλων η μεγαλη η μητηρ

W&H των πορνων και των βδελυγματων της γης
of the harlots and of the abominations of the earth
A των πορνων και των βδελυγμα:των τηc γηc
א των πορνων και των βδελυγματων τηc γηc

(2aor,act,ind,1p,sing) (pres,act,ptc,acc,sing,fem)
οραω μεθυω
Rev.17:6 και ειδον την γυναικα μεθυουσαν εκ του αιματος των αγιων και εκ του αιματος
and I saw the woman being drunk from out of the blood of the holy ones and from out of the blood
A και ιδα την γυναικα:μεθυουcαν εκ του αιματοc των: αγιων και εκ του αιματοc
א και ειδα τη γυναικα μεθυουcατω αιματι των αγιων και εκ του αιματοc

(1aor,act,ind,1p,sing) (2aor,act,ptc,nom,sing,masc)
θαυμαζω οραω
W&H των μαρτυρων ιησου και εθαυμασα ιδων αυτην θαυμα μεγα
of the witnesses of Jesus and I was amazed having seen her with wonder great
A των: μαρτυριων ιυ και εθαυμαcα ιδων : αυτην θαυμα μεγα
א των μαρτυρων ιυ και εθαυμαcα θαυμα μεγα ειδων αυτην

(2aor,act,ind,3p,sing) (1aor,act,ind,2p,sing) (fut,act,ind,1p,sing)
λεγω hiatus θαυμαζω λεγω
Rev.17:7 και ειπεν ~~ειπε~~ μοι ο αγγελος δια τι ~~διατι~~ εθαυμασας εγω₁ ερω₃ σοι₂ το₄ μυστηριον
and he said to me the angel on account of what ~~why~~ did you wonder I I will tell to you the mystery
A και ειπεν μοι : ο αγγελοc δια τι εθαυμαcαc εγω ερω : cοι το μυcτηριον
א και ειπεν μοι ο αγγελοc δια τι εθαυμαcαc εγω₁ ερω₃ cοι₂ το μυcτηριον

(pres,act,ptc,gen,sing,neut) (pres,act,ptc,gen,sing,masc)
βασταζω εχω
W&H της γυναικος και του θηριου του βασταζοντος αυτην του εχοντος τας επτα κεφαλας
of the woman and the beast of the one carrying her of the one having the seven heads
A τηc γυναικοc: και του θηριου του βαcταζοντοc αυτην: του εχοντοc ταc επτα κεφαλαc
א τηc γυναικοc και του θηριου του βαcταζοντοc αυτη του εχοντοc ταc επτα κεφαλαc

W&H και τα δεκα κερατα
and the ten horns
A και: τα δεκα κερατα :
א και τα δεκα κερατα

(2aor,act,ind,2p,sing)(imperf,act,ind,3p,sing) (pres,act,ind,3p,sing) (pres,act,ind,3p,sing) (pres,act,inf)
οραω ειμι ειμι hiatus μελλω αναβαινω
Rev.17:8 το ~~το~~ θηριον ο ειδες ην και ουκ εστιν ~~εστι~~ και μελλει αναβαινειν εκ
the ~~the~~ beast the one you saw it was and not it is and it is about to to ascend from out
A το θηριον ο ιδεc η και ουκ εcτιν : και μελλει αναβαινειν εκ
א το θηριον ο ειδεc ην και ουκ εcτιν και μελλει αναβαινι εκ

(pres,act,ind,3p,sing) (pres,act,inf) (fut,pass,ind,3p,pl) (fut,mid,ind,3p,pl)
υπαγω υπαγω θαυμαζω θαυμαζω
W&H της αβυσσου και εις απωλειαν υπαγει ~~υπαγειν~~ και θαυμασθησονται ~~θαυμασονται~~
of the abyss and into distruction it departs ~~to depart~~ and they will be amazed ~~they themselves will wonder~~
A της αβυς:σου και εις απωλειαν υπαγει και:θαυμαcθηcονται
א της αβυccου κ(αι) εις απωλιαν υπαγειν και θαυμαcοται

(pres,act,ptc,nom,pl,masc) (perf,pass,ind,3p,sing)
κατοικεω γραφω
W&H οι κατοικουντες επι της γης ων ου γεγραπται το ονομα επι το βιβλιον της
the ones dwelling upon the earth of the ones not it has been written the name in the Book of the
A οι κατοικουντες: επι της γης ων ου γεγραπται το:ονομα επι το βιβλιον της
א οι κατοικουντες επι της γης ω ου γεγραπται τα ονοματα επι το βιβλιον της

(pres,act,ptc,nom,pl,masc) (imperf,act,ind,3p,sing)
βλεπω ειμι
W&H ζωης απο καταβολης κοσμου βλεποντων το θηριον οτι ~~ο τι~~ ~~οτι~~ ην και
Life from foundation of universe seeing the beast because ~~the one which~~ ~~because~~ it was and
A ζωης απο:καταβολης κοσμου βλεποντων το:θηριον οτι ην και
א ζωης απο καταβολης κοσμου βλεποντω το θηριον οτι ην και

(pres,act,ind,3p,sing) (fut,mid,ind,3p,sing) (pres,act,ind,3p,sing) (fut,mid,ind,3p,sing)
ειμι παρειμι ειμι παρειμι
W&H ουκ εστιν και παρεσται ~~καιπερ~~ ~~εστιν~~ ~~παρεσται~~
not it is and it will be present ~~and yet~~ ~~it is~~ ~~it will be present~~
A ουκ εστιν και παρ:εσται
א ουκ εστιν και παλιν παρεστε

(pres,act,ptc,nom,sing,masc) (pres,act,ind,3p,pl) (pres,mid,ind,3p,sing)
εχω ειμι καθημαι
Rev.17:9 ωδε ο νους ο εχων σοφιαν αι επτα κεφαλαι$_1$ επτα$_4$ ορη$_2$ εισιν$_3$ οπου$_5$ η γυνη καθηται
here the mind the one having wisdom the seven heads seven mountains they are where the woman she sits
A ωδε ο νους ο εχων σοφιαν:αι επτα κεφαλαι επτα ορη εισιν οπου:η γυνη καθηται
א ωδε ο νους ο εχων σοφιαν αι επτα κεφαλαι επτα ορη εισι οπου η γυνη καθηται

(pres,act,ind,3p,pl)
ειμι
W&H επ αυτων και βασιλεις επτα εισιν
upon them and kings seven they are
A επ αυτων και βασι:λεις επτα εισιν
א επ αυτων και$_1$ βασιλεις$_3$ επτα$_2$ εσιν$_4$

(1aor,act,ind,3p,pl) (2aor,act,ind,3p,pl) (pres,act,ind,3p,pl)
πιπτω πιπτω ειμι
Rev.17:10 οι πεντε επεσαν επεσον και ο εις εστιν ο αλλος ουπω
the five they fell they fell and the one he is the other not yet
A οι πεντε επεσαν ο εις: εστιν ο αλλος ουπω
א οι πεντε επεσαν ο εις εστιν ο αλλος ουπω

(2aor,act,ind,3p,sing) (2aor,act,subj,3p,sing) (pres,act,impers,3p,sing) (1aor,act,infin)
ερχομαι hiatus ερχομαι δει μενω
W&H ηλθεν ~~ηλθε~~ και οταν ελθη ολιγον αυτον δει μειναι
he came and when he should have come a little while him it is necessary to remain
A ηλθεν και οταν: ελθη ολιγον αυτον δει μειναι:
א ηλθεν και οταν ελθη ολιγο αυτον$_1$ ζει$_3$ μινε$_2$

(imperf,act,ind,3p,sing) (pres,act,ind,3p,sing) (pres,act,ind,3p,sing)
ειμι ειμι hiatus ειμι hiatus
Rev.17:11 και το θηριον ο ην και ουκ εστιν ~~εστι~~ και αυτος ογδοος εστιν ~~εστι~~ και εκ των
and the beast the one it was and not it is also he an eighth he is and from out of the
A και το θηριον ο ην και ουκ εστιν και αυτος: ογδοος εστιν και εκ των
א και το θηριον ο ην και ουκ εστιν ουτος ο ογδοος εστιν και εκ των

(pres,act,ind,3p,sing) ειμι hiatus (pres,act,ind,3p,sing) υπαγω
W&H επτα εστιν ~~εστι~~ και εις απωλειαν υπαγει
seventh he is and into destruction he departs
A επτα εστιν : και εις απωλειαν υπαγει
א επτα εστι και εις απωλιαν υπαγει

(2aor,act,ind,2p,sing) οραω (pres,act,ind,3p,pl) ειμι (2aor,act,ind,3p,pl) λαμβανω
Rev.17:12 και τα δεκα κερατα α ειδες δεκα βασιλεις εισιν οιτινες βασιλειαν ουπω ελαβον
and the ten heads the ones you saw ten kings they are the ones who a kingdom not yet they received
A και τα δεκα : κερατα α ειδες δεκα βασιλεις εισιν οιτι : νες βασιλειαν ουκ ελαβον
א και τα δεκα καιρατα α ειδες δεκα βασιλεις εισιν οιτινες βασιλιαν ουτω ελαβο

(pres,act,ind,3p,pl) λαμβανω hiatus
W&H αλλα ~~αλλ~~ εξουσιαν ως βασιλεις μιαν ωραν λαμβανουσιν ~~λαμβανουσι~~ μετα του θηριου
but ~~but~~ authority as kings one hour they receive with the beast
A αλλα εξουσιαν : ως βασιλεις μιαν ωραν λαμβανουσιν : μετα του θηριου
א αλλα εξουσιν ως βασιλεις βα μιαν ωραν λαμβανουσι μετα του θηριου

(pres,act,inf) εχω (pres,act,ind,3p,pl) εχω
Rev.17:13 ουτοι μιαν γνωμην εχιν ~~εχουσιν~~ και την δυναμιν και ~~την~~ εξουσιαν αυτων τω
these one opinion to have ~~they have~~ and the power and ~~the~~ authority of them to the
A ουτοι μιαν γνωμην : εχουσιν και την δυναμιν και εξου : σιαν αυτων τω
א ουτοι μιαν γνωμη εχουσιν και την δυναμιν και τη εξουσιαν αυτων τω

(pres,act,ind,3p,pl) διδωμι (fut,act,ind,3p,pl) διδωμι
W&H θηριω διδοασιν ~~διαδιδωσουσιν~~
beast they give ~~they will give~~
A θηριω διδοασιν τ
א θηριω διδοασι

(fut,act,ind,3p,pl) πολεμεω hiatus (fut,act,ind,3p,sing) νικαω
Rev.17:14 ουτοι μετα του αρνιου πολεμησουσιν ~~πολεμησουσι~~ και το αρνιον νικησει αυτους οτι
these with the Lamb they will make war and the Lamb it will conquer them because
A ουτοι : μετα του αρνιου πολεμησουσιν και : ο αρνιον νικησει αυτους οτι
א ουτοι μετα του αρνιου πολεμησουσιν και το αρνιον νικησι αυτους οτι

(pres,act,ind,3p,sing) ειμι hiatus
W&H κυριος κυριων εστιν ~~εστι~~ και βασιλευς βασιλεων και οι μετ αυτου κλητοι και
Lord of lords He is and King of kings and the ones with Him called and
A κς κυ[ρ : ιων εστιν και βασιλευς βασιλεων : και οι μετ αυτου κλητοι και
א κς κων εστιν κ(αι) βασιλευς βασιλεων και οι μετ αυτου κλητοι και

W&H εκλεκτοι και πιστοι
chosen and faithful
A εκλεκτ[~~οι και πιστοι~~ :
א εκλεκτοι και πιστοι

(pres,act,ind,3p,sing) λεγω (2aor,act,ind,2p,sing) οραω (pres,mid,ind,3p,sing) καθημαι
Rev.17:15 και λεγει μοι τα υδατα α ειδες ου η πορνη καθηται λαοι και οχλοι εισιν ~~εισι~~
and he says to me the waters the ones you saw where the harlot she sits people and crowds they are
A και ειγεα μοι τα υδατα α ειδες ου η πορ : νη καθηται λαοι και οχλοι εισιν
א και λεγει μοι ταυτα ⊤ α ειδε ου ⊤ πορνη καθηται και λαοι και οχλοι εισιν

W&H και εθνη και γλωσσαι
and nations and tongues/languages
A και : εθνη και γλωccαι
א και εθνη και γλωccαι

(2aor,act,ind,2p,sing) οραω (fut,act,ind,3p,pl) μισεω
Rev.17:16 και τα δεκα κερατα α ειδες και ~~επι~~ το θηριον ουτοι μισησουσιν την πορνην και
and the ten hornes the ones you saw also ~~upon~~ the beast these they will hate the harlot and
A και τα δεκα κερατα : α ειδεc και το θηριον ουτοι μιcη[~~coυcιν~~ : την πορνην και
א και τα δεκα κερατα α ειδεc και το θηριον ουτοι μιcηcουcιν την πορνην και

(perf,pass,ptc,acc,sing,fem) ερημοω (fut,act,ind,3p,pl) ποιεω (fut,act,ind,3p,pl) ποιεω
W&H ηρημωμενην ποιησουσιν αυτην και γυμνην ~~ποιησουσιν αυτην~~ και τας σαρκας
having been made desolate they will make her and naked ~~they will make her~~ and the flesh
A ηρημωμενην ποι : ηcουcιν αυτην και γυμνην και ταc : cαρκαc
א ηρημωμενην ποιηcουcιν αυτην και γυμνη και ταc cαρκαc

(fut,act,ind,3p,pl) εσθιω (fut,mid,ind,3p,pl) κατακαιω
W&H αυτης φαγονται και αυτην κατακαυσουσιν [εν] πυρι
of her they, themselves will eat and her they will burn up with fire
A αυτηc φαγονται και αυτην : κατακαυcουcιν εν πυρι
א αυτηc φαγονται και αυτην κατακαυcουcιν πυρι

(1aor,act,ind,3p,sing) διδωμι (1aor,act,infin) ποιεω (1aor,act,infin) ποιεω
Rev.17:17 ο γαρ θεος εδωκεν εις τας καρδιας αυτων ποιησαι την γνωμην αυτου και ποιησαι μιαν
for <> the God He gave into the hearts of them to do the will/opinion of Him and to make one
A ο γαρ θc εδω : κεν ειc ταc καρδιαc αυτων ποιηcαι : την γνωμην αυτου και λουαι μια :
א ο γαρ θc εδωκεν ειc ταc καρδιαc αυτου ποιηcαι την γνωμη αυτου και ποιηcε μιαν

(2aor,act,infin) διδωμι (1fut,pass,ind,3p,pl) τελεω
W&H γνωμην και δουναι την βασιλειαν αυτων τω θηριω αχρι τελεσθησονται
decision and to give the kingdom of them to the beast until they shall be completed
A την γνωμην αυτου και δουναι την : βαcιλειαν αυτω τω θηριω αχρι τελεcθη : cονται
א γνωμην κ(αι) δουναι την βαcιλιαν αυτων τω θηριω αχρι τελεcθηcονται

(1aor,pass,subj,3p,sing) τελεω
W&H ~~τελεσθη~~ οι ~~τα~~ λογοι ~~ρηματα~~ του θεου
~~it should be fulfilled~~ the ~~the~~ words ~~sayings~~ of the God
A οι λογοι του θυ
א οι λογοι του θυ

(2aor,act,ind,2p,sing) οραω (pres,act,ind,3p,sing) ειμι (pres,act,ptc,nom,sing,fem) εχω
Rev.17:18 και η γυνη ην ειδες εστιν η πολις η μεγαλη η εχουσα βασιλειαν επι
and the woman the one you saw she is the city the great the one having a kingdom over
A και η γυνη ην [ε : ιδεc εcτιν η πολιc η μεγαλη η εχουcα : βαcιλειαν επι
א και η γυνη ην ειδεc εcτι η πολιc η μεγαλη εχουcα βαcιλεια επι

W&H των βασιλεων της γης
the kings of the earth
A των βαcιλεων τηc γηc :
א των βαcιλειων τηc γηc

Revelation Chapter 18

(2aor,act,ind,1p,sing) (pres,act,ptc,acc,sing,masc) (pres,act,ptc,acc,sing,masc)
οραω καταβαινω εχω
Rev.18:1 ~~και~~ μετα ταυτα ειδον αλλον αγγελον καταβαινοντα εκ του ουρανου εχοντα εξουσιαν
~~and~~ after these *(things)* I saw another angel coming down from out of the heaven having authority
A μετα ταυτα ειδον αλλον αγγελον κατα:βαινοντα εκ του ουνου εχοντα εξου:σιαν
ℵ μετα ταυτα ειδον αλλον αγγελον καταβαινοντα εκ του ουρανου εχοτα εξουσιαν$_1$

(1aor,pass,ind,3p,sing)
φωτιζω
W&H μεγαλην και η γη εφωτισθη εκ της δοξης αυτου
great and the earth she was enlightened from out of the glory of him
A μεγαλην και η γη εφωτισθη εκ της: δοξης αυτου
ℵ μεγαλην$_4$ και$_5$ η$_6$ γη$_7$ εφωτισθη$_8$ εκ$_2$ της$_3$ δοξης$_9$ αυτου

(1aor,act,ind,3p,sing) (pres,act,ptc,nom,sing,masc) (2aor,act,ind,3p,sing) (2aor,act,ind,3p,sing)
κραζω λεγω πιπτω πιπτω hiatus
Rev.18:2 και εκραξεν εν ισχυρα φωνη ~~μεγαλη~~ λεγων επεσεν επεσεν ~~επεσε~~
and he cried out in a strong voice ~~great~~ saying she fell she fell
A και εκραξεν εν ισχυρα : φωνη λεγων επεσεν επεσεν
ℵ και εκραξεν ισχυρα φωνη λεγων επεσε

(2aor,mid,ind,3p,sing)
γινομαι
W&H βαβυλων η μεγαλη και εγενετο κατοικητηριον δαιμονιων ~~δαιμονων~~ και φυλακη παντος
Babylon the great and she became a habitation of demons ~~of demons~~ and a prison all
A βαβυ:λων η μεγαλη και εγενετο κατοικη:τηριον δαιμονιων και φυλακη παν:τος
ℵ Βαβυλων η μεγαλη και εγενετο κατοικητηριον δαιμονιων και φυλακη παντος

(perf,pass,ptc,gen,sing,neut)
μισεω
W&H πνευματος ακαθαρτου και φυλακη παντος ορνεου ακαθαρτου και μεμισημενου
spirits unclean and prison all of birds unclean and having been hated
A πνευματος ακαθαρτου και$_1$ φυλακη$_4$ παντος$_5$ θη$_6$: ρνου$_7$ ακαθαρτου$_8$ και$_3$ με:μισημενου$_2$
A *(numbering is the Codex Alexandrinus word order with scribel error = repeat of words 8 & 9 and aligned with W&H text)* -- και$_9$ μεμεισημενου$_{10}$:
ℵ πνατος ακαθαρτου και φυλακη παντος ορνεου ακαθαρτου και μεμισημενου

(2 perf,act,ind,3p,pl) (perf,act,ind,3p,sing)
πινω πινω
Rev.18:3 οτι εκ$_{1a}$ [του$_{4a}$ οινου$_{5a}$] του$_{2a}$ θυμου$_{3a}$ της$_{6a}$ πορνειας αυτης πεπτωκαν ~~πεπωκεν~~
because from out of the wine of the wrath of the fornication of he they have drunk ~~he has drunk~~
A οτι$_1$ εκ του θυμου της πορνειας αυτης : πεπτωκαν
ℵ οτι εκ του οινου του θυμου της πορνιας αυτης πεπτωκασιν

(1aor,act,ind,3p,pl)
πορνευw
W&H παντα τα εθνη και οι βασιλεις της γης μετ αυτης επορνευσαν και οι εμποροι
all the nations and the kings of the earth with her they committed sexual sin and the merchants
A παντα τα εθνη και οι βασι:λεις της γης μετ αυτης επορνευσαν : και οι εμποροι
ℵ παντα τα εθνη κ(αι) οι βασιλεις της γης μετ αυτης επορνευσαν και οι εμποροι

(1aor,act,ind,3p,pl)
πλουτεω
W&H της γης εκ της δυναμεως του στρηνους αυτης επλουτησαν
of the earth from out of the power of the luxury of her they became rich
A της γης εκ της δυναμε:ως του στρηνους αυτης επλουτησαν :
ℵ της γης μετα της επορνευσα εκ της δυναμεως του στρηνους αυτης επλουτησαν

(1aor,act,ind,1p,sing) (pres,act,ptc,acc,sing,fem) (1aor,act,imper,2p,pl) (1aor,act,imper,2p,pl)
ακουω λεγω εξερχομαι εξερχομαι
Rev.18:4 και ηκουσα αλλην φωνην εκ του ουρανου λεγουσαν εξελθατε ~~εξελθετε~~$_{1,1a}$
and I heard another voice from out of the heaven saying you all go out ~~you all go out~~
A και ηκουσα αλλην φωνην εκ του ου:νου λεγουσαν ιεξελθατε
ℵ και ηκουσα αλλη φωνην εκ του ουνου λεγουσαν εξελθαται

(1aor,act,subj,2p,pl)
συγκοινωνεω
W&H ο$_{4,4a}$ λαος$_{5,5a}$ μου$_{6,6a}$ εξ$_{2,2a}$ αυτης$_{3,3a}$ ινα$_{7,7a}$ μη συγκοινωνησητε ταις αμαρτιαις αυτης
the people of Me from out of her so that not you all should take part in the sins of her
A ο$_2$ λαος$_3$ μου$_4$ αυτης$_1$: ινα$_5$ μη συνκοινωνηση αι : ταις αμαρτιαις αυτης
א ο λαος μου εξ αυτης ινα μη συνκοινωνησηται ταις αμαρτιαις αυτης

(2aor,act,subj,2p,pl)
λαμβανω
W&H και$_{1'}$ εκ$_{5'}$ των$_{6'}$ πληγων$_{7'}$ αυτης$_{8'}$ ινα$_{2'}$ μη$_{3'}$ λαβητε$_{4'}$
and from out of the plagues of her so that not you all should receive
A και εκ των : πληγων αυτης ινα μη λαβητε
א και εκ των πληγων αυτης ϊνα μη λαβηται

(1aor,pass,ind,3p,pl) (1aor,act,ind,3p,pl) (1aor,pass,ind,3p,pl)
κολλαω ακολουθεω κολλαω
Rev.18:5 οτι εκολληθησαν ~~ηκολουθησαν~~ ~~εκολληθησαν~~ αυτης αι αμαρτιαι αχρι του
because they became joined together ~~they followed~~ ~~they became joined together~~ of her the sins as far as the
A οτι εκολ : ληθησαν αυτης αι αμαρτιαι αχρι του :
א οτι εκολληθησαν αυτης αι αμαρτιαι αχρι του

(1aor,act,ind,3p,sing)
μνημονευω
W&H ουρανου και εμνημονευσεν ~~αυτης~~ ο θεος τα αδικηματα αυτης
heaven and He remembered ~~of her~~ the God the unrighteousness of her
A ουνου και εμνημονευσεν ο θς τα : αδικηματα αυτης
א ουνου και εμνημονευσεν ο θς τα αδικηματα αυτης

(2aor,act,imper,2p,pl) (1aor,act,ind,3p,sing) (1aor,act,imper,2p,pl)
αποδιδωμι αποδιδωμι διπλοω
Rev.18:6 αποδοτε αυτη ως και αυτη απεδωκεν ~~υμιν~~ και διπλωσατε [τα] ~~αυτη~~ διπλα κατα τα
you all give back to her as also she she gave back ~~to you~~ and you all double the ~~her~~ double according to the
A αποδοτε αυτη : ως και αυτη απεδωκεν και διπλωσατ[ε : διπλα κατα τα
א αποδοτε αυτη ως και αυτη απεδωκεν διπλωσατε τα διπλα κατα τα

(1aor,act,ind,3p,sing) (1aor,act,imper,2p,pl)
κεραννυμι hiatus κεραννυμι
W&H εργα αυτης εν τω ποτηριω ω εκερασεν ~~εκερασε~~ κερασατε αυτη διπλουν
works of her in the cup in which she mixed you all mix to her double
A εργα αυτης εν τω ποτη : ριω ω εκερασεν κερασατε αυτη διπλουν :
א εργα αυτης εν τω ποτηριω αυτης ω εκερασεν κερασαται αυτη διπλου

(1aor,act,ind,3p,sing) (1aor,act,ind,3p,sing) (2aor,act,imper,2p,pl)
δοξαζω στρηνιαω hiatus διδωμι
Rev.18:7 οσα εδοξασεν αυτην ~~εαυτην~~ και εστρηνιασεν ~~εστρηνιασε~~ τοσουτον δοτε αυτη
so much as she glorified her ~~herself~~ and she lived sensually by so much you all give to her
A οσα εδοξασεν αυτην και εστρηνιασεν : τοσουτον δοτε αυτη
א οσα εδοξασεν αυτην και εστρηνιασεν τοσουτον δοτε αυτη

(pres,act,ind,3p,sing) (pres,mid,ind,1p,sing)
λεγω καθημαι
W&H βασανισμον και πενθος οτι εν τη καρδια αυτης λεγει οτι καθημαι βασιλισσα και
torment and mourning because in the heart of her she says because/" I, myself, sit a queen and
A βασανισμον και : πενθος οτι εν τη καρδια αυτης λεγει : οτι καθημαι βασιλισσα και
א βασανισμο και πενθος οτι ε τη καρδια αυτης λεγει οτι καθημε βασιλισσα και

(pres,act,ind,1p,sing) (2aor,act,subj,1p,sing)
ειμι οραω
W&H χηρα ουκ ειμι και πενθος ου μη ιδω
a widow not I am and sorrow not not /certainly not I should see
A χηρα ουκ : ειμι και πενθος ου μη ιδω :
א χηρα ουκ ειμι και πενθος ου μη ειδω

(fut,act,ind,3p,pl)
ηκω
Rev.18:8 δια τουτο εν μια ημερα ηξουσιν αι πληγαι αυτης θανατος και πενθος και λιμος και
on account of this in one day they will arrive the plagues of her death and sorrow and famine and
A δια τουτο εν μια ημερα ηξουσιν αι πλη:γαι αυτης θανατος και πενθος και [~~λιμος~~:και
א δια τουτο εν μια ημερα ηξουσιν αι πληγαι αυτης θανατος και πενθος και λιμος και

(fut,pass,ind,3p,sing) (1aor,act,ptc,nom,sing,masc) (pres,act,ptc,nom,sing,masc)
κατακαιω κρινω κρινω
W&H εν πυρι κατακαυθησεται οτι ισχυρος [κυριος] ο θεος ο κρινας ~~κρινων~~ αυτην
by fire she will be burned up because/" strong *(is the)* Lord the God the One judging ~~judging~~ her
A εν πυρι κατακαυθησεται οτι ισχυ:ρος ο θς ο κρινας αυτην:
א εν πυρι κατακαυθησεται οτι ισχυρος1 ο2 κς5 ο4 θς3 ο6 κρινας αυτην

(fut,act,ind,3p,pl) (fut,mid,ind,3p,pl) (fut,mid,ind,3p,pl) *(acc)* *(dat)*
κλαιω κλαιω κοπτω
Rev.18:9 και κλαυσουσιν ~~κλαυσονται~~ ~~αυτην~~ και κοψονται επ αυτην ~~αυτη~~ οι βασιλεις της
and they will weep ~~they, themselves, will weep~~ ~~for her~~ and they will mourn over her ~~her~~ the kings of the
A και κλαυσονται και κοψονται επ αυτην: οι βασιλεις της
א και κλαυσονται και κοψονται επ αυτην οι βασιλεις της

(1aor,act,ptc,nom,pl,masc) (1aor,act,ptc,nom,pl,masc) (pres,act,subj,3p,pl)
πορνευω στρηνιαω βλεπω
W&H γης οι μετ αυτης πορνευσαντες και στρηνιασαντες οταν βλεπωσιν τον καπνον της
earth the ones with her having sexually sinned and having lived luxuriously when they should see the smoke of the
A γης οι μετ αυτης πορ:νευσαντες και στρηνιασαντες: οταν βλεπωσιν τον καπνον της
א γης οι μετ αυτης πορνευσαντες ┬ οταν ιδωσιν τον καπνον της

W&H πυρωσεως αυτης
burning of her
A πυ:ρωσεως αυτης
א πτωσεως αυτης

(perf,act,ptc,nom,pl,masc) (perf,act,ptc,nom,pl,masc)
ιστημι λεγω
Rev.18:10 απο μακροθεν εστηκοτες δια τον φοβον του βασανισμου αυτης λεγοντες ουαι ουαι
from afar having stood because of the fear of the torment of her saying woe woe
A απο μακροθεν εστη:κοτες δια τον φοβον του βασανισμου:αυτης λεγοντες ουαι ουαι
א απο μακροθεν εστηκοτες δια τον φοβον του βασανισμου αυτης λεγοντες ουαι ουαι

(2aor,act,ind,3p,sing)
ερχομαι
W&H η πολις η μεγαλη βαβυλων η πολις η ισχυρα οτι ~~εν~~ μια ωρα ηλθεν η κρισις σου
the city the great Babylon the city the strong because/" ~~in~~ in one hour she came the Judge of you
A η πολις : η μεγαλη βαβυλων η πολις η ισχυρα: οτι μιαν ωρα η η κρισις σου
א η πολις η μεγαλη βαβυλων η πολις η ισχυρα οτι μια ωρα ηλθεν η κρισις σου

(pres,act,ind,3p,pl) (pres,act,ind,3p,pl)
κλαιω hiatus πενθεω
Rev.18:11 και οι εμποροι της γης κλαιουσιν ~~κλαιουσι~~ και πενθουσιν επ αυτην οτι τον γομον
and the ones merchants of the earth they cry and they mourn over her because the cargo
A και οι: εμποροι της γης κλαιουσιν και πεν:θουσιν επ αυτη οτι τον γομον
א και οι εμποροι της γης σου κλαιουσιν και πενθουσιν επ αυτην οτι τον γομον

(pres,act,ind,3p,pl)
αγοραζω
W&H αυτων ουδεις αγοραζει ουκετι
of them no one they buy any more
A αυτων:ουδεις αγοραζει ουκετι
א αυτων ουδεις αγοραζει ουκετι

Rev.18:12 γομον χρυσου και αργυρου και λιθου τιμιου και μαργαριτων ~~μαργαριτου~~ και βυσσινου
cargo of gold and of silver and stone precious and of pearls ~~of pearl~~ and of fine linen
A γομον χρυ:σου και αργυρου και λιθου τιμιου: και μαργαριταις και βυσσινου
א γομον χρυcου και αργυρου και λιθου τιμιου και μαργαριτων και βυccινω

(gen. sing)
W&H ~~βυσσου~~ και πορφυρας ~~πορφυρου~~ και σιρικου και κοκκινου και παν ξυλον θυινον και
~~of linen~~ and of purple ~~of purple~~ and of silk and of scarlet and all wood citron scented and
A και: ~~πορφυρας~~ ~~και~~ σιρικου και κοκκινου και παν σκευ:ες θυινον και
א και πορφυραc και cιρικου και κοκκινου και παν ξυλον θυϊνον και

W&H παν σκευος ελεφαντινον και παν σκευος εκ ξυλου τιμιωτατου και χαλκου και σιδηρου
all vessel ivory and all vessel from out of wood very valuable and of bronze and of iron
A παν σκευος ελεφαν:τινον και παν σκευος εκ αιεου τιμι:ωτατου και χαλκου και σιδηρου:
א παν cκευοc ελεφαντινον και παν cκευοc εκ ξυλου τιμιωτατου και χαλκου και cιδηρου

W&H και μαρμαρου
and of marble
A και μαρμαρου

Rev.18:13 και κινναμωμον και αμωμον και θυμιαματα και μυρον και λιβανον και οινον και ελαιον
and cinnamon and spice and incenses and ointment and frankincense and wine and oil
A και κινναμωμον: και αμωμον και θυμιαματα: και μυρον και λιβανον και οινον: και ελαιον
א και κιναμωμου και αμωμον και θυμιαματα και μυρον και λιβανον και οινον και ελαιον

W&H και σεμιδαλιν και σιτον και κτηνη και προβατα και ιππων και ρεδων και σωματων
and fine meal and grain and cattel and sheep and of horses and of carriages and of bodies
A και cεμιδαλιν και cιτον: και κτηνη και προβατα και ιππων: και ρεδων και cωματων
א και cεμιδαλιν και cιτον και κτηνη και προβατα και ιππων και ρεδων και cωματων

W&H και ψυχας ανθρωπων
and souls of men
A και ψυ:χας <u>ανωπων</u>
א κ(αι) ψυχαc <u>ανων</u>

(2aor,act,ind,3p,sing)
απερχομαι
Rev.18:14 και η οπωρα σου της επιθυμιας της ψυχης ~~σου~~ απηλθεν απο σου και παντα τα λιπαρα
and the fruit of you of the lust of the soul ~~of you~~ she went out from you and all the sumptuous things
A και η οπωρα cου της επι:θυμιας της ψυχης απηλθεν απο cου: και παντα τα λιπαρα
א και η οπωρα cου τηc επιθυμιαc τηc ψυχηc απηλθεν απο cου και παντα τα ριπαρα

(2aor,mid,ind,3p,sing) (2aor,act,ind,3p,sing)
απολλυμι απολλυμι
W&H και τα λαμπρα απωλετο ~~απηλθεν~~ απο σου και ουκετι ου μη[1,1a]
and the bright things it perished/ was lost ~~it departed/perished~~ from you and no more not not / certainly not
A και τα λαμπρα: απωλετο απο cου και ουκετι ου μη:
א και λαμπρα απωλοντο απο cου και ουκετι ου μη

(fut,act,ind,3p,pl) (1aor,act,subj,2p,sing)
ευρισκω ευρισκω
W&H αυτα[3,3a] ευρησουσιν ~~ευρησης~~[2,2a]
them they will find ~~you should find~~
A αυτα ευρηcουcιν
א αυτα ευρηcουcιν

(1aor,act,ptc,nom,pl,masc) (fut,mid,ind,3p,pl)
πλουτεω ιστημι
Rev.18:15 οι εμποροι τουτων οι πλουτησαντες απ αυτης απο μακροθεν στησονται
the merchants of these *(things)* the ones having become rich from her from afar off they, themselves, will stand
A οι εμποροι τουτων : οι πλουτησαντες απ αυτης απο μα : κροθεν στησονται
א οι εμποροι τουτων οι πλουτησαντες απ αυτης απο μακροθεν στησονται

(pres,act,ptc,nom,pl,masc) (pres,act,ptc,nom,pl,masc)
κλαιω πενθεω
W&H δια τον φοβον του βασανισμου αυτης κλαιοντες και πενθουντες
on account of the fear of the tourment of her weeping and mourning
A δια τον φοβον : του βασανισμου αυτης κλαιοντες : και πενθουντες
א δια τον φοβον του βασανισμου αυτης κλαιοντες και πενθουτες

(pres,act,ptc,nom,pl,masc) (perf,pass,ptc,nom,sing,fem)
λεγω περιβαλλω
Rev.18:16 ~~και~~ λεγοντες ουαι ουαι η πολις η μεγαλη η περιβεβλημενη βυσσινον και πορφυρουν
~~and~~ saying woe woe to the city the great the one having been clothed *(with)* fine linen and purple
A λεγοντες ουαι : ουαι η πολις η μεγαλη περιβεβλη : μενη$_1$ βυσσινον$_6$ και$_3$ πορφυρουν$_4$
א λεγοντες ουαι ουαι η πολις μενη βυσσινον και πορφυρουν

(perf,pass,ptc,nom,sing,fem)
χρυσοω
W&H και κοκκινον και κεχρυσωμενη [εν] χρυσιω και λιθω τιμιω και μαργαριτη ~~μαργαριταις~~
and scarlet and having been adorned with gold and stone precious and a pearl ~~pearls~~
A και$_5$ κοκκινον$_2$: και$_7$ κεχρυσωμενη$_8$: χρυσιω και λιθω τιμιω και μαρ : γαριτη
א και κοκκινον και κεχρυσωμενον εν χρυσω και λιθω τιμιω και μαργαριτη

(1aor,pass,ind,3p,sing)
ερημοω
Rev.18:17 οτι μια ωρα ηρημωθη ο τοσουτος πλουτος και πας κυβερνητης και πας ο
because one hour she was made desolate the such great wealth and all steersman and all the one/everyone
A οτι μια ωρα ηρημωθη ο το : σουτος πλουτος : και πας κυβερνητης και πας ο
א οτι μια ωρα ηρημωθη ο τοσουτος πλουτος και πας κυβερνητης και πας ο

(pres,act,ptc,nom,sing,masc)
πλεω
W&H επι τοπον ~~των~~$_{1a}$ πλεων ~~πλεων~~ $_{3a}$ ~~πλοιων~~$_{2a}$ ~~ο ομιλος~~ και ναυται και οσοι την
to a place ~~of the~~ sailing ~~sailing~~ ~~of ships the company~~ - and sailors and as many as the
A επι : τοπον πλεων και ναυται και οσοι : την
א επι τον τοπον πλεω και ναυται και οσοι την

(pres,act,ind,3p,pl) (2aor,act,ind,3p,pl)
εργαζομαι ιστημι
W&H θαλασσαν εργαζονται απο μακροθεν εστησαν
sea they work from afar off they stood
A θαλασσαν εργαζονται απο μα : κροθεν εστησαν
א θαλασσαν εργαζονται απο μακροθεν εστησαν

(1aor,act,ind,3p,pl) (imperf,act,ind,3p,pl) (pres,act,ptc,nom,pl,masc) (pres,act,ptc,nom,pl,masc)
κραζω κραζω βλεπω λεγω
Rev.18:18 και εκραξαν ~~εκραζον~~ βλεποντες τον καπνον της πυρωσεως αυτης λεγοντες
and they cried out ~~they were crying out~~ seeing the smoke of the burning of her saying
A και εκραξαν βλε : ποντες τον τοπνον της πυρωσεως : αυτης λεγοντες
א και εκραζον λεγοτες τον καπνον της πυρωσεως αυτης λεγοντες

W&H τις ομοια τη πολει τη μεγαλη
what *(is)* like the city the great
A τις ομοια τη πο : λει τη μεγαλη
א τις ομοια τη πολι τη μεγαλη

(2aor,act,ind,3p,pl) (1aor,act,ind,3p,pl) (imperf,act,ind,3p,pl) (pres,act,ptc,nom,pl,masc)
βαλλω κραζω κραζω κλαιω
Rev.18:19 και εβαλον χουν επι τας κεφαλας αυτων και εκραξαν ~~εκραζον~~ κλαιοντες και
and they threw dust upon the heads of them and they cried out ~~they were crying out~~ weeping and
A και εβαλον χουν : επι τας κεφαλας αυτων και εκραξαν :
ℵ και εβαλον χουν επι της κεφαλης αυτων και εκραζον κλαιοντες και

(pres,act,ptc,nom,pl,masc) (pres,act,ptc,nom,pl,masc) (1aor,act,ind,3p,pl)
πενθεω λεγω πλουτεω
W&H πενθουντες ~~και~~ λεγοντες ουαι ουαι η πολις η μεγαλη εν η επλουτησαν παντες οι
mourning ~~and~~ saying woe woe the city the great in the one they became rich all the ones
A λεγοντες ουαι ουαι η πολις η μεγαλη : εν η επλουτησαν παντες οι
ℵ πενθουντες λεγοντες ουαι η πολις η μεγαλη εν η επλουτησαν παντες οι

(pres,act,ptc,nom,pl,masc) (1aor,pass,ind,3p,sing)
εχω ερημοω
W&H εχοντες τα πλοια εν τη θαλασση εκ της τιμιοτητος αυτης οτι μια ωρα ηρημωθη
having the ships in the sea from out of the abundance of her for *(in)* one hour she was made desolate
A εχοντες : τα πλοια εν τη θαλασση εκ [~~της τιμ~~ιοτητος αυτης οτι μια ωρ[~~α ηρημωθη~~
ℵ εχοντες τα πλοια εν τη θαλασση εκ της τιμιοτητος αυτης οτι μια ωρα ηρημωθη

(pres,pass,imper,2p,sing)
ευφραινω
Rev.18:20 ευφραινου επ αυτη ουρανε και οι αγιοι και ~~και~~ οι ~~οι~~ αποστολοι και οι προφηται
you celebrate over her heaven and the ones holy and ~~and~~ the ~~the~~ apostles and the prophets
A ευφραινου εν αυτη ουραν[ε ~~και οι αγιοι~~ : και οι αποστολοι και οι πρ[~~οφηται~~ :
ℵ ευφρενου επ αυτη ουραναι και οι αγιοι και οι αποστολοι και οι προφηται

(1aor,act,ind,3p,sing)
κρινω
W&H οτι εκρινεν ο θεος το κριμα υμων εξ αυτης
because He judged the God the judgment of you all away from/against her
A οτι εκρινεν ο <u>θς</u> το κριμ[~~α υμων~~ : εξ αυτης
ℵ οτι εκρινε ο <u>θς</u> το κριμα υμω εξ αυτης

(1aor,act,ind,3p,sing) (2aor,act,ind,3p,sing)
αιρω βαλλω
Rev.18:21 και ηρεν εις αγγελος ισχυρος λιθον ως μυλινον ~~μυλον~~ μεγαν και εβαλεν εις την
and he lifted one angel strong a stone as millstone ~~millstone~~ great and he threw *(it)* into the
A και ηρεν εις α[~~γγελος ισχυρος~~ : λιθον ως μυλινον μεγαν κ[~~αι εβα~~λεν εις την
ℵ και ηρεν εις αγγελος$_1$ λιθον$_3$ ϊσχυρο$_2$ ως$_4$ λιθον μεγα και εβαλεν εις τη

(pres,act,ptc,nom,sing,masc) (fut,pass,ind,3p,sing)
λεγω βαλλω
W&H θαλασσαν λεγων ουτως ορμηματι βληθησεται βαβυλων η μεγαλη πολις και
sea saying thus with violence she will be thrown *(down)* Babylon the great city and
A θαλασσαν λεγων [~~ουτως~~ : ορμηματι βληθησεται βαβυλω[~~ν~~ : η μεγαλη πολις και
ℵ θαλασσαν λεγω οτι ουτως ορμηματι βληθησεται βαβυλων η μεγαλη πολις και

(1aor,pass,subj,3p,sing)
ευρισκω
W&H ου μη ευρεθη ετι
not not / certainly not she should be found still
A ου μη ευρε[~~θη ετι~~ :
ℵ ου μη ευρεθη ετι εν αυ

Rev.18:22 και φωνη κιθαρωδων και μουσικων και αυλητων και σαλπιστων ου μη
and a voice of harpists and musicians and flute players and trumpeters not not/certainly not/in no way
A και φωνη κιθαρωδων και μο[~~υσικων~~ :
ℵ τη φωνη κιθαρωδων και μουσικων και αυλητω και σαλπιγγων ου μη

(1aor,pass,subj,3p,sing) ακουω
W&H ακουσθη εν σοι1 ετι13 και14 πας15 τεχνιτης16 [πασης17 τεχνης18] ου19 μη20
she should be heard in you yet and all/every craftsman of every craft not not / certainly not/in no way
A ακουcθη εν coι ετι και παc τεχ -- -- :
א ακουcθη εν coι ετι και παc τεχνιτηc ου μη

(1aor,pass,subj,3p,sing) ευρισκω — (1aor,pass,subj,3p,sing) ακουω
W&H ευρεθη21 εν22 σοι23 ~~ετι24~~ ετι2 και3 φωνη4 μυλου5 ου6 μη7 ακουσθη8 εν9 σοι11 ετι12
he should be found in you ~~yet~~ yet and a voice of a mill not not/certainly not she should be heard in you still
A νη μυλου ου μη ακουcθη εν co[~~ι ετι~~ :
א ευρεθη εν coι ετι

(2aor,pass,subj,3p,sing) φαινω
Rev.18:23 και φως λυχνου ου μη φανη εν σοι ετι και φωνη νυμφιου και νυμφης
and light of a lamp not not/certainly not it should shine in you yet and a voice of a bridegroom and of a bride
A και φων η νυμφιου και νυμφηc :
א και φωc λυχνου ου μη φανη εν coι ετι και φωνην νυμφιου και νυμφηc

(1aor,pass,subj,3p,sing) ακουω — (imperf,act,ind,3p,pl) ειμι
W&H ου μη ακουσθη εν σοι ετι οτι [οι] εμποροι σου ησαν οι μεγιστανες
not not/certainly not she should be heard in you yet because/" the merchants of you they were the great ones
A ου μη ακουcθη εν coι ετι οτι εμ : ποροι cου ηcαν οι μεγιcτανεc
א ου μη ακουcθη εν coι ετι οτι οι εμποροι cου ηcαν οι μεγιcτανεc

(1aor,pass,ind,3p,pl) πλαναω
W&H της γης οτι εν τη φαρμακεια σου επλανηθησαν παντα τα εθνη Rev.18:24 και εν αυτη
of the earth because in the sorcery of you they were deceived all the nations and in her
A τηc γ[~~ηc~~ : οτι εν τη φαρμακια cου επλανηθη : cαν παντα τα εθνη και εν αυτη :
א τηc γηc οτι εν τη φαρμακια cου επλανηθηcαν παντα τα εθνη και εν αυτη

(1aor,pass,ind,3p,sing) ευρισκω — (perf,pass,ptc,gen,pl,masc) σφαζω
Rev.18:24 αιμα προφητων και αγιων ευρεθη και παντων των εσφαγμενων επι της γης
blood of prophets and of holy ones it was found and of all of the ones having been slaughtered upon the earth
A αιμα προφητων και αγιων ευρεθη : και παντων των εcφαγμενων : επι τηc γηc
א αιμα προφητων και αγιων ευρεθη και παντων των εcφαγμενων επι τηc γηc

Revelation Chapter 19

(1aor,act,ind,1p,sing) ακουω — (pres,act,ptc,gen,pl,masc) λεγω
Rev.19:1 ~~και~~ μετα ταυτα ηκουσα ως φωνην1 μεγαλην4 οχλου2 πολλου3 εν5 τω ουρανω λεγοντων
~~and~~ after these *(things)* I heard as a voice great crowd of many in the heaven saying
A μετα ταυτα ηκ[~~ουcα~~ : ωc φωνην μεγαλην οχλου πολλου : εν τω ουνω λεγοντων
א μετα ταυτα ηκουcα ωc φωνην μεγαλην οχλου πολλου εν τω ουνω λεγοτων

(pres,act,ptc,gen,sing,masc) λεγω
W&H ~~λεγοντος~~ αλληλουια η σωτηρια και η1a δοξα5a ~~και η τιμη~~ και3a η4a δυναμις2a ~~κυριω~~ του
~~saying~~ hallelujah the salvation and the glory ~~and the honor~~ and the power ~~to Lord~~ of the
A αλληλουια : η cωτηρια και η δοξα και η δυναμιc : του
א αλληλουϊα η cωτηρια και η Τ δυναμιc του

W&H ~~τω~~ ~~του~~6a θεου ~~θεω~~ ~~θεου~~ ημων
~~to the~~ ~~of the~~ God ~~God~~ ~~God~~ of us
A θυ ημων
א θυ ημων

(1aor,act,ind,3p,sing) κρινω

Rev.19:2 οτι αληθιναι και δικαιαι αι κρισεις αυτου οτι εκρινεν την πορνην την μεγαλην ητις
because/“ true and righteous the judgments of Him because He judged the harlot the great she who
A οτι αληθειναι και δι:καιαι αι κρισεις αυτου οτι εκρινεν: την πορνην την μεγαλην ητις:
א οτι αληθιναι και δικαιαι αι κρισεις αυτου οτι εκρινεν την πορνν την μεγαλην ητις

(imperf,act,ind,3p,sing) φθειρω; (1aor,act,ind,3p,sing) εκδικεω; hiatus

W&H εφθειρεν την γην εν τη πορνεια αυτης και εξεδικησεν ~~εξεδικησε~~ το αιμα των δουλων
she harmed the earth with the fornication of her and He avenged the blood of the slaves
A εκρινεν την γην εν τη πορνια αυτ[~~ης~~: και εξεδικησεν το αιμα των δου:λων
א εφθιρεν τη γην εν τη πορνια αυτης και εξεδικησεν το αιμα τω δουλων

W&H αυτου εκ ~~της~~ χειρος αυτης
of Him from out ~~of the~~ hand of her
A αυτου εκ χειρος αυτης:
א αυτης εκ χιρος αυτης

(perf,act,ind,3p,pl) ειπον; (pres,act,ind,3p,sing) αναβαινω

Rev.19:3 και δευτερον ειρηκαν αλληλουια και ο καπνος αυτης αναβαινει εις τους αιωνας
and a second *(time)* they have said Hallelujah and the smoke of her she ascends into the eons/ages
A και δευτερον ειρηκαν αλληλουια: και ο καπνος αυτης αναβαινει εις: τους αιωνας
א και δευτερον ειρηκα αλληλουΐα και ο καπνος αυτης αναβαινει εις τους αιωνας

(1aor,act,ind,3p,pl) πιπτω; (2aor,act,ind,3p,pl) πιπτω

W&H των αιωνων Rev.19:4 και επεσαν ~~επεσον~~ οι πρεσβυτεροι
of the eons/ages and they fell down ~~they fell down~~ the elders
A των αιωνων: και επεσαν οι₁ πκοσι₂ πρ[~~εσβυ~~₄:
א των αιωνων και επεσαν οι πρεσβυτεροι

(1aor,act,ind,3p,pl) προσκυνεω

Rev.19:4 οι εικοσι ~~και~~ τεσσαρες ~~εικοσιτεσσαρες~~ και τα τεσσαρα ζωα και προσεκυνησαν
the twenty ~~and~~ four ~~twenty four~~ and the four living ones and they worshipped
A τεσσαρες₃ τεροι₅ και τα τεσσερα ζωα και προς:εκυνησαν
א οι εικοσι τεσσαρες και τα τεσσερα ⊤ και προσεκυνησαν

(pres,mid,ptc,dat,sing,masc) καθημαι; (dat) (gen) (dat) (gen); (pres,act,ptc,nom,pl,masc) λεγω

W&H τω θεω τω καθημενω επι τω ~~του~~ θρονω ~~θρονου~~ λεγοντες αμην αλληλουια
the God the One sitting upon the ~~the~~ throne ~~throne~~ saying Amen hallelujah
A τω θω τω καθημενω: επι τω θρονω λεγοντες αμην: αλληλουια:
א τω θω τω καθημενω επι τω θρονω λεγοντες αμην αλληλουια

(2aor,act,ind,3p,sing) εξερχομαι; hiatus; (pres,act,ptc,nom,sing,fem) λεγω; (pres,act,imper,2p,pl) αινεω; (dat) (acc)

Rev.19:5 και φωνη απο ~~εκ~~ του θρονου εξηλθεν ~~εξηλθε~~ λεγουσα αινειτε τω ~~τον~~ θεω ~~θεον~~
and a voice from ~~from out~~ of the Throne she went out saying you all praise to the ~~the~~ God ~~God~~
A και φωνη απο του θρονου εξηλθεν: λεγουσα αινειτε τω θω
א και φωναι₁ εκ₃ του₄ θρονους₅ εξηλθο₂ λεγουσαι₆ αινειται τω θω

(pres,pass,ptc,nom,pl,masc) φοβεω

W&H ημων παντες οι δουλοι αυτου ~~και~~ οι φοβουμενοι αυτον ~~και~~ οι μικροι και οι μεγαλοι
of us all the slaves of Him ~~and~~ the ones fearing Him ~~and~~ the small and the great
A ημων παν:τες οι δουλοι αυτου και οι φοβουμε:νοι αυτον οι μικροι και οι μεγαλοι:
א ημων παντες οι δουλοι αυτου οι φοβουμενοι αυτο οι μικροι και οι μεγαλοι

(1aor,act,ind,1p,sing)
ακουω
Rev.19:6 και ηκουσα ως φωνην οχλου πολλου και ως φωνην υδατων πολλων και ως φωνην
and I heard as voice of crowd many and as a voice of waters many and as a sound
A και ηκουσα ως φωνην οχλου πολλ[~~ου~~ : και ως φωνην
א και ηκουσα ως φωνην οχλου πολλου και ως φωνην υδατων πολλων και ως φωνην

(pres,act,ptc,gen,pl,masc) **(1aor,act,ind,3p,sing)** **hiatus**
λεγω **βασιλευω**
W&H βροντων ισχυρων λεγοντων αλληλουια οτι εβασιλευσεν ~~εβασιλευσε~~ κυριος ο θεος
of thunders strong saying hallelujah because/ " He reigned Lord the One God
A βροντων ισχυρ : λεγον ων αλληλουια οτι εβας[λευσεν κς θος
א βροντων ισχυρων λεγουσων αλληλουϊα οτι εβασιλευσεν$_1$ ο$_2$ κς$_5$ ο$_4$ θς$_3$

W&H [ημων] ο παντοκρατωρ
of us the Almighty
A ο παντοκρατωρ :
א ημων$_6$ ο παντοκρατωρ *(numberical subscript is א word order)*

(pres,act,subj,1p,pl) **(pres,act,subj,1p,pl)** **(fut,act,ind,1p,pl)** **(2aor,act,ind,3p,sing)**
χαιρω **αγαλλιαω** **διδωμι** **ερχομαι**
Rev.19:7 χαιρωμεν και αγαλλιωμεν και δωσομεν την δοξαν αυτω οτι ηλθεν ο γαμος
we should rejoice and we should be extremely joyful and we will give the glory to Him because he came the marriage
A χαιρωμεν και αγαλλιωμεν : ~~και δωσ~~]ομεν την δοξαν αυτω οτι : ~~ηλθεν~~]ο γαμος
א χαιρωμεν και αγαλλιωμεν και δωμεν την δοξαν αυτων οτι ηλθεν ο γαμος

(1aor,act,ind,3p,sing)
ετοιμαζω
W&H του αρνιου και η γυνη αυτου ητοιμασεν εαυτην
of the Lamb and the wife of Him she prepaired herself
A του αρνιου και η γυ : ~~νη αυτ~~] ου ητοιμασεν εαυτιη
א του αρνιου και η γυνη αυτου ητοιμασεν εαυτη

(1aor,act,ind,3p,sing) **(2aor,mid,subj,3p,sing)**
διδωμι **περιβαλλω**
Rev.19:8 και εδοθη αυτη ινα περιβαληται βυσσινον$_1$ λαμπρον$_{4,1a}$ καθαρον$_{2,3a}$ ~~και~~$_{3,2a}$ το$_{5,4a}$ γαρ
and it was give her so that she should dress with fine linen bright clean ~~and~~ for <> the
A και : ~~εδοθ~~]η αυτη ινα περιβαλητε βυσσι : ~~νον~~] λαμπρον καθαρον το γαρ
א και εδοθη αυτη ινα περιβαληται βυσσινον λαμπρον καθαρον το γαρ

(pres,act,ind,3p,pl)
ειμι
W&H βυσσινον τα δικαιωματα$_{1',1a'}$ των$_{3',3a'}$ αγιων$_{4',4a'}$ εστιν$_{2',2a'}$
fine linen the righteousness of the holy ones they are
A βυσ : ~~σιν~~]ον τα δικαιωματα των αγιων : ~~εσ~~]τιν
א βυσσινον τα δικαιωματα των αγιων εστιν

(pres,act,ind,3p,sing) **(1aor,act,imper,2p,sing)**
λεγω **γραφω**
Rev.19:9 και λεγει μοι γραψον μακαριοι οι εις το δειπνον του γαμου του αρνιου
and he says to me you write blessed the ones to the supper of the wedding of the Lamb
A και λεγι μοι γραψον μακα : ~~ριοι~~] οι εις το διπνον του γαμου του : ~~αρ~~]νιου
א και λεγε μοι γραψον μακαριοι οι εις το διπνον ⊤ του αρνιου

(perf,pass,ptc,nom,pl,masc) **(pres,act,ind,3p,sing)** **(pres,act,ind,3p,pl)**
καλεω **λεγω** **ειμι** **hiatus**
W&H κεκλημενοι και λεγει μοι ουτοι οι λογοι αληθινοι$_{1,1a}$ του$_{3,3a}$ θεου$_{4,4a}$ εισιν$_2$ ~~εισι~~$_{2a}$
having been invited and he says to me these the words true of the God they are
A κεκλημενοι : ~~και~~] λεγει μοι ουτοι οι λογοι οι αληθει : νοι του θυ εισιν
א κεκλημενοι ⊤ ουτοι οι λογοι μου αληθινοι$_1$ του$_3$ θυ$_4$ εισιν$_2$

(1aor,act,ind,1p,sing) (2aor,act,ind,1p,sing) (1aor,act,infin) (pres,act,ind,3p,sing)
πιπτω πιπτω προσκυνεω λεγω
Rev.19:10 και επεσα ~~επεσον~~ εμπροσθεν των ποδων αυτου προσκυνησαι αυτω και λεγει μοι
and I fell down ~~I fell down~~ before the feet of him to worship him and he says to me
A και επεσα εμπρο:σθεν των ποδω αυτου προσκυ:νησαι αυτω και λεγει μοι
א και επεcα εμπροcθεν των ποδων αυτου προcκυνηcαι αυτω και λεγει μοι

(pres,act,imper,2p,sing) (pres,act,ind,1p,sing) (pres,act,ptc,gen,pl,masc)
οραω ειμι εχω
W&H ορα μη συνδουλος σου ειμι και των αδελφων σου των εχοντων την μαρτυριαν ~~του~~
look you *(do)* not a fellow slave of you I am and the brother of you the ones having the wittiness ~~of the~~
A ορα μη:cυνδουλοc cου ειμι και των αδελ:φων cου των εχοντων την μαρ:τυριαν
א ορα μη cυνδουλοc cου ειμι και των αδελφων ⊤ των εχοντων την μαρτυριαν

(1aor,act,imper,2p,sing) (pres,act,ind,3p,sing)
προσκυνεω ειμι hiatus
W&H ιησου τω θεω προσκυνησον η γαρ μαρτυρια ~~του~~ ιησου εστιν ~~εστι~~ το πνευμα της
of Jesus to the God you do worship for <> the witness ~~of the~~ Jesus she is the spirit of the
A ιυ των θω προσκυνηcον: η γαρ μαρτυρια ιυ εcτιν το πνευμα τηc:
א ιυ τω θω προcκυνηcον η γαρ μαρτυρια ιυ εcτι το πνα τηc

W&H προφητειας
prophets
A προφητειαc:
א προφητιαc

(2aor,act,ind,1p,sing) (perf,pass,ptc,acc,sing,neut) (2aor,mid,imper,2p,sing) (pres,mid,ptc,dat,sing,masc)
οραω ανοιγω ειδον καθημαι
Rev.19:11 και ειδον τον ουρανον ηνεωγμενον και ιδου ιππος λευκος και ο καθημενος επ
and I saw the heaven having been opened and you behold a horse white and the One sitting upon
A και ιδον τον ουνον ηνεωγμενον: και ιδου ιπποc λευκοc και ο καθημε:νοc επ
א και ειδον το ουνον ηνεωγμενον και ιδου ιπποc λευκοc και ο καθημενοc επ

(pres,pass,ptc,nom,sing,masc) (pres,act,ind,3p,sing)(pres,act,ind,3p,sing)
καλεω κρινω πολεμεω
W&H αυτον$_{1,1a}$ πιστος$_{3,3a}$ [καλουμενος$_{2,2a}$] και$_{4,4a}$ αληθινος και εν δικαιοσυνη κρινει και πολεμει
him Faithful being named and True and in righteousness He judges and He contends
A αυτον πιcτοc και αληθεινοc:και εν δικαιοcυνη κρινει και πολεμει:
א αυτον πιcτοc καλουμενοc και αληθινοc και εν δικαιοcυνη κρινει και πολεμι

Rev.19:12 οι δε οφθαλμοι αυτου ~~ως~~ φλοξ πυρος και επι την κεφαλην αυτου διαδηματα πολλα
but <> the eyes of Him ~~as~~ flame fire and upon the head of Him diadems many
A οι δε οφθαλμοι αυτου ωc φλοξ πυροc:και επι την κεφαλην αυτου διαδη:ματα πολλα
א οι δε οι οφθαλμοι αυτου φλοξ πυροc και επι την κεφαλην αυτου διαδηματα πολλα

(pres,act,ptc,nom,sing,masc) (perf,pass,ptc,acc,sing,neut) (2 perf,act,ind,3p,sing)
εχω γραφω οιδα
W&H εχων ονομα ~~ονοματα~~ γεγραμμενον ο ουδεις οιδεν ει μη αυτος
having a Name ~~names~~ having been written the One no one he knows if not/except Himself
A εχων ονομα γεγραμμε:νον ο ουδειc οιδεν ει μη αυτοc:
א εχων ονομα οιδε η μη αυτοc

(perf,pass,ptc,nom,sing,masc) (perf,pass,ptc,acc,sing,neut) (perf,pass,ptc,acc,sing,neut) (perf,pass,ind,3p,sing)
περιβαλλω ραινω βαπτω καλεω
Rev.19:13 και περιβεβλημενος ιματιον ρεραντισμενον ~~βεβαμμενον~~ αιματι και κεκληται
and having been dressed a garment having been sprinkled ~~having been dipped~~ in blood and it has been named
A και περιβεβλημενοc ιματιον βεβ[~~αν~~:μενον αιματι και κεκληται
א και περιβεβλημενοc ιματιον περιρεραμμενον αιματι και κεκλη

(pres,pass,ind,3p,sing)
καλεω
W&H ~~καλειται~~ το ονομα αυτου ο λογος του θεου
~~it is called~~ the Name of Him the Word of the God
A το ονο:μα αυτου ο λογος του θυ
א το ονομα αυτου ο λογος του θυ

(imperf,mid,ind,3p,sing)
ακολουθεω
Rev.19:14 και τα στρατευματα τα ~~τα~~ εν τω ουρανω ηκολουθει αυτω εφ ιπποις λευκοις
and the armies the ones ~~the ones~~ in the heaven it was following behind Him upon horses white
A και τα στρα:τευματα τα εν τω ουνω ηκολουθει αυ:τω εφ ιπποις λευκοις
א και τα στρατευματα εν τω ουνω ηκολουθι αυτω εφ ιπποις λευκοις

(perf,pass,ptc,nom,pl,masc)
ενδυω
W&H ενδεδυμενοι βυσσινον λευκον ~~και~~ καθαρον
having been put on fine linen white ~~and~~ clean
A ενδεδυμε:νοι$_1$ βυσσινον$_3$ λευκοι$_2$ καθαρον$_4$:
א ενδεδυμενοις βυσσινον λευκον και καθαρον

(pres,mid,ind,3p,sing)
εκπορευομαι
Rev.19:15 και εκ του στοματος αυτου εκπορευεται ρομφαια ~~διστομος~~ οξεια ινα εν αυτη
and from out of the mouth of Him she proceeds out a sword ~~double-edged~~ sharp/swift so that with her
A και εκ του στοματος αυτου εκπορευ:εται ρομφαια οξια ινα εν αυτη
א και εκ του στοματος αυτου εκπορευεται ρομφαια οξεια ινα εν αυτη

(1aor,act,subj,3p,sing) (1aor,act,subj,3p,sing) (fut,act,ind,3p,sing)
πατασσω πατασσω ποιμαινω
W&H παταξη ~~παταση~~ τα εθνη και αυτος ποιμανει αυτους εν ραβδω σιδηρα
He should strike down ~~she should strike down~~ the nations and He He will shepherd them with a rod iron
A πατα:ξη τα εθνη και αυτος ποιμανει αυτους: εν ραβδω σιδηρα
א παταξει τα εθνη και αυτος ποιμανει αυτους εν ραβδω σιδηρα

(pres,act,ind,3p,sing)
πατεω
W&H και αυτος πατει την ληνον του οινου του θυμου ~~και~~ της οργης του θεου του παντοκρατορος
and He He tramples the winepress of the wine of the wrath ~~and~~ of the anger of the God of the Almighty
A και αυτος πατει την:ληνον του οινου του θυμου της ορ:γης του θυ του παντοκρατορος
א και αυτος πατει την ληνον του οινου$_1$ του$_4$ θυμου$_5$ της$_2$ οργης$_3$ του$_6$ θυ του παντοκρατορος

(pres,act,ind,3p,sing) (perf,pass,ptc,acc,sing,neut)
εχω γραφω
Rev.19:16 και εχει επι το ιματιον και επι τον μηρον αυτου το ονομα γεγραμμενον βασιλευς
and He has upon the garment and upon the thigh of Him the Name having been written King
A και:εχει επι τον μηρον αυτου ονομα: γεγραμμενον βασιλευς
א και εχει επι το ιματιον και τον μηρον αυτου ονομα γεγραμμενον βασιλευς

W&H βασιλεων και κυριος κυριων
of kings and Lord of lords
A βασιλεων: και κς κυριων :
א βασιλεων και κς κων

(2aor,act,ind,1p,sing) (perf,act,ptc,acc,sing,masc) (1aor,act,ind,3p,sing) hiatus (pres,act,ptc,nom,sing,masc)
οραω ιστημι κραζω λεγω
Rev.19:17 και ειδον ενα αγγελον εστωτα εν τω ηλιω και εκραξεν ~~εκραξε~~ [εν] φωνη μεγαλη λεγων
and I saw one angel having stood in the sun and he cried out in a voice great saying
A και ιδον ενα αγγελον εστωτα εν τω:ηλιω και εκραξεν φωνη μεγαλη: λεγων
א και ειδον αλλον αγγελο εστωτα εν τω ηλιω και εκραξεν εν φωνη μεγαλη λεγων

(pres,mid,ptc,dat,pl,neut) πετaομαι; hiatus; (particle of exhortation)

W&H πασιν ~~πασι~~ τοις ορνεοις τοις πετομενοις εν μεσουρανηματι δευτε ~~και~~
to all the birds to the ones themselves flying in mid-heaven you all come now ~~and~~
A πασι τοις ορνεοις τοις πετο : μενοις εν μεσουρανηματι δευτε :
ℵ πασιν τοις ορνεοις τοις πετομενοις εν μεσουρανηματι δευτε

(1aor,pass,imper 2p,pl) συναγω

W&H συναχθητε εις το δειπνον το ~~του το~~ μεγα ~~μεγαλου~~ του θεου
you all be gathered together to the supper the ~~of the the~~ great ~~great~~ of the God
A συναχθητε εις το δειπ ο μεγα του θυ :
ℵ συναχθητε εις το διπνον το μεγα του θυ

(2aor,act,subj,2p,pl) εσθιω

Rev.19:18 ινα φαγητε σαρκας βασιλεων και σαρκας χιλιαρχων και σαρκας ισχυρων
so that you all may eat flesh of kings and flesh of chiliarchs/commanders of 1000 men and flesh of strong ones
A ινα φαγητε σαρκας βασιλεων : και σαρκας χιλιαρχων : και σαρκας ισχυρων :
ℵ ινα φαγηται σαρκας βασιλεων και σαρκας χιλιαρχω και σαρκας ισχυρω

(pres,mid,ptc,gen,pl,masc) καθημαι

W&H και σαρκας ιππων και των καθημενων επ αυτους ~~αυτων~~ και σαρκας παντων
and flesh of horses and of the ones sitting upon them ~~them~~ and flesh of all
A και σαρκας ιππων και των καθημε : νων επ αυτους και σαρκας παντων :
ℵ και σαρκας ιππω και των καθημενων επ αυτοις κ(αι) σαρκας παντων

W&H ελευθερων τε και δουλων και μικρων και μεγαλων
free both and slave also small and great
A ελευθερων τε και δουλων και μι : κρων και μεγαλων :
ℵ ελευθερων τε και δουλων και μικρω και των μεγαλω

(2aor,act,ind,1p,sing) οραω; (perf,pass,ptc,acc,pl,neut) συναγω

Rev.19:19 και ειδον το θηριον και τους βασιλεις της γης και τα στρατευματα αυτων συνηγμενα
and I saw the beast and the kings of the earth and the armies of them having been gathered
A και ιδον το θηριον και τους βασιλεις : της γης και τα στρατευματα αυτον : συνηγμενα
ℵ και ιδον το θηριο και τους βασιλεις της γης κατα τα στρατευματα αυτων συνηγμενα

(1aor,act,infin) ποιεω; (perf,mid,ptc,gen,sing,masc) καθημαι

W&H ποιησαι τον πολεμον μετα του καθημενου επι του ιππου και μετα του στρατευματος αυτου
to make the war with the One sitting upon the horse and with the army of Him
A ποιησαι τον πολεμον : μετα του καθημενου επι του ιππου : και μετα του στρατευματος αυτου :
ℵ ποιησαι τον πολεμον μετα του καθημενου επι του ιππου και μετα του στρατευματος αυτου

(1aor,pass,ind,3p,sing) πιαζω; (1aor,act,ptc,nom,sing,masc) ποιεω

Rev.19:20 και επιασθη το θηριον και μετ αυτου ~~τουτου~~ ο ψευδοπροφητης ο ποιησας τα σημεια
and it was seized the beast and with him ~~this one~~ the false prophet the one having done the signs
A και επιασθη το θηριον και οι μετ αυτου : ο ψευδοπροφητης ο ποιησας τα ση : μεια
ℵ και επιασθη το θηριον και μετ αυτου ο ψευδοπροφητης ο ποιησας τα σημια

(1aor,act,ind,3p,sing) πλαναω; (2aor,act,ptc,dat,pl,masc) λαμβανω

W&H ενωπιον αυτου εν οις επλανησεν τους λαβοντας το χαραγμα του θηριου και τους
before it by which he deceived the ones having received the mark of the beast and the ones
A ενωπιον αυτου εν οις επλανη : σεν τους λαβοντας το χαραγμα του : θηριου και τους
ℵ ενωπιον αυτου εν οις επλανησεν τους λαβοντας το χαραγμα του θηριου και τους

(pres,act,ptc,acc,pl,masc) (pres,act,ptc,nom,pl,masc) (1aor,pass,ind,3p,pl)
προσκυνεω ζαω βαλλω
W&H προσκυνουντας τη εικονι αυτου ζωντες εβληθησαν οι δυο εις την λιμνην του
worshiping to the image of it living they were thrown the two into the lake of the
A προσκυνουντας : τη εικονι αυτου ζωντες εβληθηcαν : οι δυο ειc την λιμνην του
א προcκυνουταc την εικονα αυτου ζωντεc εβληθηcαν οι δυο ειc την λιμνην του

(pres,pass,ptc,gen,sing,fem)
καιω
W&H πυρος της ~~την~~ καιομενης εν θειω
fire of the one ~~the one~~ be burning with sulfur
A πυροc : τηc καιομενηc εν θειω
א πυροc τηc κεομενηc εν θιω

(1aor,pass,ind,3p,pl)
αποκτεινω
Rev.19:21 και οι λοιποι απεκτανθησαν εν τη ρομφαια του καθημενου επι του ιππου τη
and the rest they were killed by the sword of the One sitting upon the horse by the One
A και οι λοιποι : απεκτανθηcαν εν τη ρομφαια του : καθημενου επι του ιππου τη
א και οι λοιποι απεκτανθηcαν εν τη ρομφαια του καθημενου επι του ιππου τη

(2aor,act,ptc,dat,sing,fem)(pres,act,ptc,dat,sing,fem) (2aor,act,ptc,dat,sing,fem)
εξερχομαι εκπορευομαι εξερχομαι
W&H εξελθουση ~~εκπορευομενη~~ ~~εξελθουση~~ εκ του στοματος αυτου και παντα
going forth ~~going out~~ ~~going forth~~ from out of the mouth of Him and all
A εξελ : θουcη εκ του cτοματοc αυτου και παν : τα
א εξελθουcη εκ του cτοματοc αυτου και παντα

(1aor,pass,ind,3p,pl)
χορταζω
W&H τα ορνεα εχορτασθησαν εκ των σαρκων αυτων
the birds they were filled from out of the flesh of them
A τα ορνεα εχορταcθηcαν εκ των : cαρκων αυτων :
א τα ορνεα εχορταcθηcα εκ των cαρκων αυτων

Revelation Chapter 20

(2aor,act,ind,1p,sing) (pres,pass,ptc,acc,sing,masc) (pres,pass,ptc,acc,sing,masc)
οραω καταβαινω εχω
Rev.20:1 και ειδον αγγελον καταβαινοντα εκ του ουρανου εχοντα την κλειν ~~κλειδα~~ ~~κλειν~~ της
and I saw an angel coming down from out of the heaven having the key ~~key~~ ~~key~~ of the
A και ιδον αγγελον καταβαινοντα εκ του : ουνου εχοντα την κλιν τηc
א και ειδον αγγε καταβαινοντα ⊤ εχοντα την κλιν τηc

W&H αβυσσου και αλυσιν μεγαλην επι την χειρα αυτου
abyss and chain a great/heavy in the hand of him
A αβυc : cου και αλυcιν μεγαλην επι την : χειρα αυτου
א αβυccου και αλυcεcιν μεγαλη εν τη χειρι αυτου

(1aor,act,ind,3p,sing) (pres,act,ind,3p,sing)
κρατεω hiatus ειμι
Rev.20:2 και εκρατησεν ~~εκρατησε~~ τον δρακοντα ο ~~τον~~ οφις ~~οφιν~~ ο ~~τον~~ αρχαιος ~~αρχαιον~~ ος εστιν
and he held fast the dragon the ~~the~~ serpent ~~serpent~~ the ~~the~~ old ~~ancient~~ who he is
A και εκρατηcεν τον δρα :25 κοντα ο οφιc ο αρχαιοc οc εcτιν
א και εκρατηcεν τον δρακοντα τον οφι τον αρχαιον ο εcτι

(1aor,act,ind,3p,sing)
hiatus δεω
W&H ~~εστι~~ διαβολος και ο σατανας και εδησεν αυτον χιλια ετη
devil and the Satan and he bound him a thousand years
A δια : βολοc και ο cαταναc και εδηcεν : αυτον χιλια ετη
א ο διαβολοc και ο cαταναc και εδηcε αυτον

Rev.20:3
(2aor,act,ind,3p,sing) βαλλω; (1aor,act,ind,3p,sing) κλειω hiatus; (1aor,act,ind,3p,sing) σφραγιζω
και εβαλεν αυτον εις την αβυσσον και εκλεισεν ~~εκλεισε αυτον~~ και εσφραγισεν επανω
and he cast him into the abyss and he closed ~~him~~ and He secured by a seal over
A και εβαλεν αυτον : εις την αβυσσον και εκλεισεν και : εσφραγισεν εμμενω
א εις την αβυσσον και εκλισεν κ(αι) εσφραγισεν επανω

W&H
(1aor,act,subj,3p,sing) πλαναω (pres,act,subj,3p,sing) πλαναω; (1aor,pass,ind,3p,sing) τελεω
αυτου ινα μη πλανηση1,1a πλανα ετι4,4a τα2,2a εθνη3,3a αχρι5,5a τελεσθη
him so that not he should have deceived ~~he should deceive~~ still the nations until it should be completed
A εαυτον :30 ινα μη πλανηση ετι τα εθνη αχρι : τελεσθη
א αυτου ινα μη πλανησει ετι τα εθνη αχρι τελεσθη

W&H
(pres,act,impers,3p,sing) δει (1aor,pass,infin) λυω
τα χιλια ετη ~~και~~ μετα ταυτα δει1',1a' λυθηναι3',3a' αυτον2',2a' μικρον4',4a' χρονον
the thousand years ~~and~~ after these *(things)* it is necessary to free him a little time
A τα χιλια ετη μετα ταυτα δει : λυθηναι αυτον μικρον χρονον :
א τα χιλια ετη μετα ταυτα δι1 λυθηναι3 αυτον2 μικρον4 χρονον

Rev.20:4
(2aor,act,ind,1p,sing) οραω (1aor,act,ind,3p,pl) καθιζω (1aor,pass,ind,3p,sing) διδωμι
και ειδον θρονους και εκαθισαν επ αυτους και κριμα εδοθη αυτοις και τας ψυχας των
and I saw thrones and they sat down upon them and judgment it was given to them and the souls of the ones
A και ιδον θρονους και εκαθεισαν επ αυ : τους και κριμα εδοθη αυτοις και τας :35 ψυχας των
א και ειδον θρονους και εκαθισαν επ αυτους και κριμα εδοθη αυτοις και τας ψυχας των

W&H
(perf,pass,ptc,gen,pl,masc) πελεκιζω
πεπελεκισμενων δια την μαρτυριαν ιησου και δια τον λογον του θεου και
having been beheaded on account of the witness of Jesus and on account of the Word of the God and
A πεπελεμημενων δια την : μαρτυριαν ιυ και δια τον λογον του : θυ και
א πεπελεκισμενω δια την μαρτυριαν ιυ και δια τον λογον του θυ ειτινες

W&H
(1aor,act,ind,3p,pl) προσκυνεω (acc) (dat) (acc) (dat) (acc) (dat)
οιτινες ου προσεκυνησαν το ~~τω~~ θηριον ~~θηριω~~ ουδε ~~ουτε~~ την ~~τη~~ εικονα αυτου και ουκ
those who not they worshiped the ~~to the~~ beast ~~beast~~ nor ~~and not~~ the ~~the~~ image of it and not
A οιτινες ου προσεκυνησαν : το θηριον ουδε την εικονα αυ[--]υ : και ουκ
א ουν ⊤ προσεκυνησα το θηριον ουδε τη εικονα αυτου και ουκ

W&H
(2aor,act,ind,3p,pl) λαμβανω
ελαβον το χαραγμα επι το μετωπον ~~αυτων~~ και επι την χειρα αυτων και
they received the mark upon the forehead ~~of him~~ and upon the hand of them and
A ελαβον το χαραγμα επι το μ[- :40 τωπον και επι την χειρα αυτων : και
א ελαβον το χαραγμα επι το μετωπον και επι την χειρα αυτων και

W&H
(1aor,act,ind,3p,pl) ζαω (1aor,act,ind,3p,pl) βασιλευω
εζησαν και εβασιλευσαν μετα του ~~του~~ χριστου ~~τα~~ χιλια ετη
they lived and they reigned as kings with the ~~the~~ Christ ~~the~~ a thousand years
A εζησαν και εβασιλευσαν μετα : του χυ χιλια ετη
א εζησαν και εβασιλευσαν μετα του χυ χιλια ετη

[εζησαν = [[1]*they lived;* [2]*they became alive;* [3]*they came back to life*]]

Rev.20:5
(1aor,act,ind,3p,pl) ζαω (1aor,act,ind,3p,pl) αναζαω (1aor,pass,subj,3p,sing) τελεω
~~και~~ οι ~~δε~~ λοιποι των νεκρων ουκ εζησαν ~~ανεζησαν~~ αχρι ~~εως~~ τελεσθη τα
~~and but~~ <> the rest of the dead not they lived ~~they came back to life~~ until ~~till~~ she should have ended the
A οι λοιποι των νεκρ[-- : ουκ εζησαν αχρι τωελεσθη τα

W&H χιλια ετη αυτη η αναστασις η πρωτη
thousand years this the resurrection the first
A χιλια ετη: αυτη η αναστασις η πρωτη
א λια ετη αυτη η αναστασις η πρωτη

(pres,act,ptc,nom,sing,masc) εχω
Rev.20:6 μακαριος και αγιος ο εχων μερος εν τη αναστασει τη πρωτη επι τουτων1 ο4 δευτερος5
blessed and holy the one having part in the resurrection the first over these the second
A μακαριος :45 και αγιος ο εχων μερος εν τη αναστα:σει τη πρωτη επι τουτων ο δευτε:ρος
א μακαριος και αγιος ο εχων μερος εν τη αναστασι τη πρωτη επι τουτων ο δευτερος

(pres,act,ind,3p,sing) εχω (fut,mid,ind,3p,pl) ειμι
W&H ~~ο~~2 θανατος3 ουκ5 εχει εξουσιαν αλλ εσονται ιερεις του θεου και του χριστου και
~~the~~ death not he has authority but they will be priests of the God and of the Christ and
A θανατος ουκ εχει εξουσιαν: αλλ εσονται ιερεις του θυ και του χυ: και
א θανατος ουκ εχει εξουσιαν αλλα εσοται ιερεις και του θυ και του χυ και

(fut,act,ind,3p,pl) βασιλευω hiatus
W&H βασιλευσουσιν ~~βασιλευσουσι~~ μετ αυτου [τα] χιλια ετη
they will reign as king with Him the thousand years
A βασιλευουσιν μετ αυτου χιλια [--- :50
א βασιλευσουσιν μετ αυτου τα χιλια ετη

(1aor,pass,subj,3p,sing) τελεω (fut,pass,ind,3p,sing) λυω
Rev.20:7 και οταν τελεσθη τα χιλια ετη λυθησεται ο σατανας εκ της φυλακης αυτου
and when it should be completed the thousand years he will be set free the Satan from out of the prison of him
A και οταν τελεσθη τα χιλια ετη:1 λυθησεται ο σατανας εκ της φυ:λακης αυτου
א και οταν τελεσθησε τα χιλια ετη λυθησεται ο σατανας εκ της φυλακης αυτου

(fut,mid,ind,3p,sing) εξερχομαι (1aor,act,infin) πλαναω
Rev.20:8 και εξελευσεται πλανησαι τα εθνη τα εν ταις τεσσαρσιν ~~τεσσαρσι~~ γωνιαις της γης
and he will go forth to deceive the nations the ones in the four corners of the earth
A και εξελευσεται πλα:νησαι τα εθνη τα εν ταις τεσσαρ[--- : γωνιαις της γης
א και εξελευσεται πλανησαι παντα τα εθνη εν ταις τετρασι γωνιαις ⊤

(2aor,act,infin) συναγω
W&H τον γωγ και ~~τον~~ μαγωγ συναγαγειν αυτους εις τον πολεμον ων ο αριθμος
the Gog and ~~the~~ Magog to gather together them for the war of the ones whom the number
A τον γωγ και μ[---- :5 συναγαγειν αυτους εις τον πο:λεμον ων ο αριθμος
א τ ωγ και μαγωγ κ(αι) συναγαγειν αυτους εις τον πολεμον ων ο αριθμος

W&H αυτων ως η αμμος της θαλασσης
of them as the sand of the sea
A αυτων ως: η αμμος της θαλασσης
א αυτων ως η αμμος της θαλασσης

(2aor,act,ind,3p,pl) αναβαινω (1aor,act,ind,3p,pl) κυκλευω
Rev.20:9 και ανεβησαν επι το πλατος της γης και εκυκλευσαν την παρεμβολην των αγιων και την
and they went up over the breadth of the earth and they surrounded the camp of the holy ones and the
A και ανε:βησαν επι το πλατος της γης και ε:κυκλευσαν την παρεμβολην των:10 αγιων και την
א και ανεβησαν επι το πλατος της γης και εκυκλωσαν την παρεμβολην των γιων και την

(perf,pass,ptc,acc,sing,fem) αγαπαω (2aor,act,ind,3p,sing) καταβαινω
W&H πολιν την ηγαπημενην και κατεβη πυρ εκ ~~απο~~3a του4a ~~θεου~~5a ~~εκ~~1a ~~του~~ ουρανου2a
city the one having been loved and it came down fire from out ~~from~~ of the ~~God~~ ~~from out~~ heaven
A πολιν την ηγαπη:μενην και κατεβη πυρ εκ του ου:νου
א πολιν την ηγαπημενην

(2aor,act,ind,3p,sing) κατεσθιω

W&H και$_{6a}$ κατεφαγεν αυτους

and it consumed them

A και κατεφαγεν αυτουϲ :

א και κατεβη

(pres,act,ptc,nom,sing,masc) πλαναω (1aor,pass,ind,3p,sing) βαλλω

Rev.20:10 και ο διαβολος ο πλανων αυτους εβληθη εις την λιμνην του πυρος και θειου οπου

and the devil the one deceiving them he was thrown into the lake of the fire and sulfur where

A και ο διαβολοϲ ο πλανων αυτουϲ εβλη:θη ειϲ την λιμνην του πυροϲ και : θιου οπου

א ⊤ ⊤ του πυροϲ και του θιου οπου

(fut,pass,ind,3p,pl) βασανιζω

W&H και το θηριον και ο ψευδοπροφη της και βασανισθησονται ημερας και νυκτος

also the beast and the false prophet *(are)* of the one and they will be tortured day and night

A και το θηριον και ο ψευ:δοπροφη τηϲ και βαϲανιϲθηϲον:ται ημεραϲ και νυκτοϲ

א το θηριον και οπου ο ψευδοπροφη τηϲ και βαϲανιϲθηϲονται ημεραϲ και νυκτοϲ

W&H εις τους αιωνας των αιωνων

into the eons/ages of the eons/ages

A ειϲ τουϲ:αιωναϲ των αιωνων :

א ειϲ τουϲ αιωναϲ τω αιωνων

(2aor,act,ind,1p,sing) οραω (pres,mid,ptc,acc,sing,masc) καθημαι

Rev.20:11 και ειδον θρονον$_1$ μεγαν$_3$ λευκον$_2$ και$_4$ τον καθημενον επ αυτου ου απο

and I saw a throne great white and the One sitting upon him the One Whom from

A και ειδον θρονον μεγαν λευκον: και τον καθημενον επ αυτου: ου απο

א και ειδον θρονον μεγαν λευκον και τον καθημενον επανω αυτου ου απο

(2aor,act,ind,3p,sing) φευγω (1aor,pass,ind,3p,sing) ευρισκω

W&H του προσωπου εφυγεν η γη και ο ουρανος και τοπος ουχ ευρεθη αυτοις

of the face she fled the earth and the heaven and a place not he was found for them

A του προϲωπου εφυγεν η γη: και ο ουρανοϲ και τοποϲ ουχ ευ:ρεθη αυτοιϲ

א του προϲωπου εφυγεν η γη και ο ουνοϲ και τοποϲ ουχ ευρεθη αυτοιϲ

(2aor,act,ind,1p,sing) οραω (pres,act,ptc,acc,pl,masc) ιστημι

Rev.20:12 και ειδον τους νεκρους$_1$ τους ~~τους~~ μεγαλους$_4$ και$_3$ τους μικρους$_2$ εστωτας$_5$ ενωπιον του

and I saw the dead the ones ~~the~~ great and the small standing before the

A και ιδον τουϲ νεκρ[--- : τουϲ μεγαλουϲ και τουϲ μικρου:ϲ εϲτωταϲ ενωπιον του

א και ειδον τουϲ νεκρουϲ και μεγαλουϲ και τουϲ μικρουϲ εϲτωταϲ ⊤ επι του

(1aor,pass,ind,3p,pl) ανοιγω (1aor,pass,ind,3p,pl) ανοιγω (1aor,act,ind,3p,pl) ανοιγω

W&H θρονου ~~θεου~~ και βιβλια ηνοιχθησαν ~~ηνεωχθησαν~~ ~~ανεωχθησαν~~ και$_1$ αλλο$_3$

throne ~~of God~~ and books they having been opened ~~they having been opened~~ ~~they opened~~ and another

A θρονου: και βιβλια ηνοιχθηϲαν και αλλο

א θρονου και βιβλια ηνεωχθη ⊤

(1aor,pass,ind,3p,sing) ανοιγω (1aor,pass,ind,3p,sing) ανοιγω (1aor,pass,ind,3p,sing) ανοιγω (pres,act,ind,3p,sing) ειμι hiatus

W&H βιβλιον$_2$ ηνοιχθη ~~ηνεωχθη~~$_4$ ~~ανεωχθη~~ ο εστιν ~~εστι~~ της ζωης και

book it having been opened ~~it having been opened~~ ~~it having been opened~~ the one he is of the of life and

A βι:βλιον ηνοιχθη ο εϲτιν τηϲ ζωηϲ:και

א ο εϲτιν τηϲ ζωηϲ και

(1aor,pass,ind,3p,pl) κρινω — (perf,act,ptc,nom,sing,masc) γραφω

W&H εκριθησαν οι νεκροι εκ των γεγραμμενων εν τοις βιβλιοις κατα τα εργα
they were being judged the dead from out of the ones having written in the books according to the works
A εκριθησαν οι νεκροι εκ των : γεγραμμενων εν τοις βιβλιοις :$_{30}$ κατα τα εργα
א εκριθησαν οι νεκροι εκ των γεγραμμενων εν ταις βιβλοις κατα τα εργα

W&H αυτων
of them
A αυτων
א αυτων

(1aor,act,ind,3p,sing) διδωμι

Rev.20:13 και εδωκεν η θαλασσα τους$_{1,1a}$ νεκρους$_{4,4a}$ τους εν$_{2,2a}$ αυτη$_{3,3a}$ και$_{5,5a}$ ο θανατος και ο
and she gave up the sea the dead the ones in her and the death and the
A και εδωκεν : η θαλασσα τους νεκρους τους εν αυ : τη και ο θανατος και
א και εδωκεν η θαλασσα τους νεκρους τους εν αυτη και οτα θανατος και ο

(1aor,act,ind,3p,pl) διδωμι — (1aor,pass,ind,3p,pl) κρινω

W&H αδης εδωκαν τους$_{1',1a'}$ ~~εαυτων~~$_{2a'}$ νεκρους$_{4',3a}$ τους εν$_{2'}$ αυτοις$_{3'}$ και$_{5',4a'}$ εκριθησαν
hades they gave up the ones ~~of their~~ dead the ones in them and they were judged
A αδης εδωκ[-- : τους νεκρους τους εν αυτοις και : εκριθησαν
א αδης εδωκαν τους νεκρους τους εν αυτοις και κατεκριθησαν

W&H εκαστος κατα τα εργα αυτων
each according to the work of them
A εκαστος κατα τα εργα :$_{35}$ αυτων
א εκαστος κατα τα εργα αυτων

(1aor,pass,ind,3p,pl) βαλλω

Rev.20:14 και ο θανατος και ο αδης εβληθησαν εις την λιμνην του πυρος ουτος$_{1,1a}$ ο$_{3a}$
and the death and the hades they were thrown into the lake of the fire this the
A και ο θανατος και ο αδης : εβληθησαν εις την λιμνην του : πυρος ουτος ο
א και ο θανατος και ο αδης εβληθησα εις την λιμνην του πυρος και ουτος ο$_{1}$

(pres,act,ind,3p,sing) ειμι

W&H θανατος$_{5,4a}$ ο$_{3,4a}$ δευτερος$_{4,5a}$ εστιν$_{2,2a}$ η$_{6}$ η$_{6a}$ λιμνη ~~λιμνη~~ του ~~του~~ πυρος ~~πυρος~~
death the second he is the ~~the~~ lake ~~lake~~ of the ~~of the~~ fire ~~fire~~
A θανατος ο δευτερος : εστιν η λιμνη του πυρος
א θανατος$_{3}$ δευτερος$_{2}$ εστιν$_{4}$ η λιμνη του πυρος

(1aor,pass,ind,3p,sing) ευρισκω — (pres,pass,ptc,nom,sing,masc) γραφω — (1aor,pass,ind,3p,sing) βαλλω

Rev.20:15 και ει τις ουχ ευρεθη εν τη βιβλω της ζωης γεγραμμενος εβληθη εις την
and if anyone not he was found in the book of the life having been written he was cast into the
A και ει τις : ουχ ευρεθη εν τη βιβλω της ζωης :$_{40}$ γεγραμμενος εβληθη εις την
א και ει τις ουχ ευρεθησεται εν τη βιβλω της ζωης γεγραμμενος εβληθη εις την

W&H λιμνην του πυρος
lake of the fire
A λι : μνην του πυρος :
א λιμνην του πυρος

Revelation Chapter 21

(2aor,act,ind,1p,sing)
οραω
Rev.21:1 και ειδον ουρανον καινον και γην καινην ο γαρ πρωτος ουρανος και η πρωτη
and I saw heaven new and earth new for <> the first heaven and the first
A και ιδον ουρανον καινον και γην καινην : ο γαρ πρωτος ουνος και η πρωτη
א κ(αι) ειδον ουνον κενο και γην κενην ο γαρ πρωτος ουνος και η πρωτη

(1aor,act,ind,3p,pl) **(2aor,act,ind,3p,sing)** **(pres,act,ind,3p,sing)**
απερχομαι **παρερχομαι** **hiatus** **ειμι**
W&H γη απηλθαν ~~παρηλθεν~~ ~~παρηλθε~~ και η θαλασσα ουκ εστιν ετι
earth they passed away ~~s/he passed away~~ and the sea not she is yet
A γη : απηλθαν και τη θαλαςςα ουκ ιδον :$_{45}$ ετι
א γη απηλθαν και η θαλαςςα ουκ εςτιν ετι

(2aor,act,ind,1p,sing)
οραω
Rev.21:2 και ~~εγω~~ ~~ιωαννης~~$_1$ την$_3$ πολιν$_4$ την$_5$ αγιαν$_6$ ιερουσαλημ$_7$ καινην$_8$ ειδον$_2$
and ~~I~~ ~~John~~ the city the Holy Jerusalem New I saw
A και την πολιν την αγιαν ιλημ : καινην ιδον
א και την πολιν τη αγιαν ιηλμ κενη ειδον

(pres,act,ptc,acc,sing,fem) **(perf,pass,ptc,acc,sing,fem)**
καταβαινω **ετοιμαζω**
W&H καταβαινουσαν$_{9,1a}$ εκ$_{13}$ του$_{14}$ ουρανου$_{15}$ απο$_{10,2a}$ του$_{11,3a}$ θεου$_{12,4a}$ ητοιμασμενην$_{16,5a}$
coming down from out of the heaven from of the God having been made ready
A καταβαινουςαν εκ του : ουρανου απο του θυ ητοιμαςμενην :
א καταβαινουςαν εκ του ουνου απο του θυ ητοιμαςμενην

(perf,pass,ptc,acc,sing,fem)
κοσμεω
W&H ως νυμφην κεκοσμημενην τω ανδρι αυτης
as a bride having been beautified by the husband of her
A ωc νυμφην κεκοςμημενην : τω ανδρι αυτηc :$_{50}$
א ωc νυμφην κεκοςμημενη τω ανδρι αυτηc

(1aor,act,ind,1p,sing) **(pres,act,ptc,gen,sing,fem)** **(2aor,mid,imper,2p,sing)**
ακουω **λεγω** **ειδον**
Rev.21:3 και ηκουσα φωνης μεγαλης εκ του θρονου ~~ουρανου~~ λεγουσης ιδου η σκηνη
and I heard a voice great from out of the Throne ~~of heaven~~ saying you,yourself behold the Tabernacle
A και ηκουςα φωνηc μεγ[------ --- ---:$_1$ θρονου λεγουςηc ιδου η c[-------
א κ(αι) φωνη μεγαλη εκ του θρονου λεγουςα ιδου η cκηνη

(fut,act,ind,3p,sing)
σκηνοω
W&H του θεου μετα των ανθρωπων και σκηνωσει μετ αυτων και αυτοι λαοι αυτου
of the God *(is)* with the men and He will dwell/tabernacle with them and they people of Him
A --- : θυ μετα των ανθων και cκ[--------- : μετ αυτων και αυτοι λαοι αυ[----
א του θυ μετα των ανων και εςκηνωςεν μετ αυτων και αυτοι λαοι αυτου

(fut,mid,ind,3p,pl) **(fut,mid,ind,3p,sing)**
ειμι **ειμι**
W&H εσονται και αυτος ο θεος$_{1,1a}$ μετ$_{3,3a}$ αυτων$_{4,4a}$ εσται$_{2,2a}$
they will be and Himself the God with them He will be
A ---- : ται και αυτοc ο θc μετ αυτω[- :$_5$ αυτων εc
א εcονται αυτοc ο θc$_1$ μετ$_3$ αυτων$_4$ εcται$_2$

	(fut,act,ind,3p,sing) εξαλειφω										
Rev.21:4	και εξαλειψει	~~ο θεος~~	παν	δακρυον	εκ	~~απο~~	των	οφθαλμων	αυτων	και ο	θανατος
	and He will wipe away	~~the God~~	all/every	tear	from out	~~from~~	of the	eyes	of them	and the	death
A	και εξαλιψει	ο	π--	---:κρυον	εκ		των	οφθαλμων	α[---- :	και ο	θανατος
א	και εξαλιψει		παν	δρακυ	εκ		των	οφθαλμων	αυτων	και ο	θανατος

	(fut,mid,ind,3p,sing) ειμι									(fut,mid,ind,3p,sing) ειμι			
W&H	ουκ εσται	ετι	ουτε	πενθος	ουτε	κραυγη	ουτε	πονος	ουκ	εσται	ετι	~~οτι~~	τα πρωτα
	not he will be	yet	nor	sorrow	nor	crying	nor	distress	not	s/he will be	yet	~~but~~	the first *(things)*
A	ουκ εσται	ετι	ο[--- :	πενθος	ουτε	κραυγη	ουτε	πο[--- :	ουκ	εσται	ετι		τα πρωτα
א	ουκ εσται	ετι	ουτε1	πενθος4	ουτε3	κραυγη2			ουκ	εσται		οτι	τα προβατα

	(1aor,act,ind,3p,pl) απερχομαι	(2aor,act,ind,3p,pl) απερχομαι
W&H	απηλθαν	~~απηλθον~~
	they passed away	~~they passed away~~
A	απηλθα[- :10	
א	απηλθεν	[= *because the sheep passed away*] *interesting variant???*

	(pres,act,ind,3p,sing) ειπον		(pres,act,ptc,nom,sing,masc) καθημαι		*(dat)*	*(gen)*	*(dat)*	*(gen)*		(2aor,mid,imper,2p,sing) ειδον		(pres,act,ind,1p,sing) ποιεω		
Rev.21:5	και ειπεν	ο	καθημενος	επι	τω	~~του~~	θρονω	~~θρονου~~		ιδου	καινα1	ποιω3	παντα2	και4
	and He says	the One	sitting	upon	the	~~the~~	Throne	~~Throne~~		you,yourself behold	new	I make	all things	and
A	και ειπεν	ο	καθημενος	επι	τω		[--- :νω		και	ιδου	καινα	ποιω	παντα :	και
א	και ειπεν	ο	καθημενος	επι	τω		θρονω			ιδου	κενα	ποιω	παντα	κ(αι)

	(pres,act,ind,3p,sing) λεγω		(1aor,act,imper,2p,sing) γραφω							(pres,act,ind,3p,pl) ειμι hiatus
W&H	λεγει	~~μοι~~	γραψον	οτι	ουτοι	οι	λογοι1',1a	πιστοι4',4a	και3',3a	αληθινοι2',2a	εισιν5',5a ~~εισι~~
	He says	~~to me~~	you write	because/"	these	the	words	faithful	and	true	they are
A	λεγει		γραψον	οτι	ουτοι	οι	λογο[- :	πιστοι	και	αληιθινοι	εισιν
א	λεγει	μοι	γραψον	οτι	ουτοι	οι	λογοι	πιστοι	και	αληθινοι	εισιν

	(2aor,act,ind,3p,sing) λεγω			(2 perf,act,ind,3p,pl) γινομαι	(2 perf,act,ind,3p,sing) γινομαι	(2 perf,act,ind,1p,pl) γινομαι		(pres,act,ind,1p,sing) ειμι					
Rev.21:6	και	ειπεν	~~ειπε~~	μοι	γεγοναν	~~γεγονεν~~	~~γεγονα~~	εγω	~~ειμι~~	το	αλφα	~~Α~~	και το
	and	He said		to me	they have happened	~~it has happened~~	~~we have happened~~	I	~~I am~~	the	Alpha	~~Alpha~~	and the
A	και	ει:πεν		μοι	γεγοναν			εγω	ειμι	το	αλφα :15		και το
א	και	λεγει		μοι	γεγονα			εγω		το	αλφα		και το

								(pres,act,ptc,dat,sing,masc) διψαω	(fut,act,ind,1p,sing) διδωμι			
W&H	ω	~~Ω~~	η	αρχη	και το	τελος	εγω	τω διψωντι	δωσω	εκ	της πηγης	του
	Omega	~~Omega~~	the	Beginning	and the	End	I	to the one thirsting	I will give	from out	of the fountain	of the
A	ω		η	αρχη	και το	τελος	εγω	τω : διψωντι	δωσω	εκ		του
א	ω		η	αρχη	και το	τελος	εγω	τω διψωντι	δωσω	εκ	της πηγης	του

W&H	υδατος	της	ζωης	δωρεαν
	water	of the	life	without cost / freely
A	υδατος	της :	ζωης	δωρεαν:
א	υδατος	της	ζωης	δωρεας

		(pres,act,ptc,nom,sing,masc) νικαω	(fut,act,ind,3p,sing) κληρονομεω				(fut,mid,ind,1p,sing) ειμι					(fut,mid,ind,3p,sing) ειμι
Rev.21:7	ο	νικων	κληρονομησει	ταυτα	~~παντα~~	και	εσομαι	αυτω	θεος	και	αυτος	εσται
	the one	conquering	he will inherit	these *(things)*	~~all (things)~~	and	I will be	to him/his	God	and	he	he will be
A	ο	νικων	κληρονομησε	ταυτα		και	[--- :μαι	αυτων	θς	και		εσται
א	ο	νικω	κληρονομησι	ταυτα		και	εσομαι	αυτω	θς	και	αυτος	εσται

W&H μοι ~~ο~~ υιος
to Me ~~the~~ a son
A μοι υς :20
א μου υς

(perf,pass,ptc,dat,pl,masc) βδελυσσομαι

Rev.21:8 τοις ~~τοις~~ δε δειλοις και απιστοις ~~και αμαρτωλοις~~ και εβδελυγμενοις και
but <> to/~~for the~~ the ones cowardly and unfaithful ~~and sinful ones~~ and have been vile /corrupt ones and
A τοις δε δειλοις και απιστοις και εβδε:λυγμενοις και
א τοις δε ως διλοις και απιστοις και εβδελυγμενοις και π

W&H φονευσιν και πορνοις και φαρμακοις ~~φαρμακευσιν~~ και ειδωλολατραις και πασιν τοις
murderers and sexually immoral ones and sorcerers ~~sorcerers~~ and idolaters and all the
A φονευσι και πορν[--- : και φαρμακοις και ιδωλολατραις: και πασι τοις
א φονευσει κ(αι) πορνοις και φαρμακοις και ιδωλολατραις και πασιν τοις

(perf,pass,ptc,dat,sing,fem) καιω

W&H ψευδεσιν το μερος αυτων εν τη λιμνη τη καιομενη πυρι και θειω
liars the part of them (*is*) in the lake the one having been burning (*with*) fire and sulfur
A ψευεσται το μερος : αυτων εν τη λιμνη τη καιομενη :25 πυρι και θειω
א ψευδεσιν το μερος αυτων εν τη λιμνη τη καιομενη πυρι και θιω

(pres,act,ind,3p,sing) ειμι

W&H ο εστιν ο1 θανατος4 ο3 δευτερος2
the one he is the death the second one
A ο εστιν ο θανατος : ο δευτερος :
א ο εστιν ο θανατος ο δευτερος

(2aor,act,ind,3p,sing) ερχομαι (pres,act,ptc,gen,pl,masc) εχω

Rev.21:9 και ηλθεν ~~προς με~~ εις εκ ~~εκ~~ των επτα αγγελων των εχοντων τας επτα φιαλας
and he came ~~to me~~ one from out ~~from out~~ of the seven angels of the ones having the seven bowls
A και ηλθεν εις εκ των επτα αγγελων: των εχοντων τας επτα φιαλας:
א κ(αι) ηλθεν εις εκ τω επτα αγγελων τω εχοντων τας επτα φιαλας

(pres,act,ptc,gen,pl,masc) γεμω (pres,act,ptc,acc,pl,fem) γεμω (1aor,act,ind,3p,sing) λαλεω hiatus

W&H των ~~τας~~ γεμοντων ~~γεμουσας~~ των επτα πληγων των εσχατων και ελαλησεν ~~ελαλησε~~
of the ~~the~~ being full of ~~being full of~~ of the seven plagues of the last ones and he spoke
A των γεμοντων των επτα πληγων :30 των εσχατων και ελαλησεν
א των γεμοντων των επτα πληγων τω εσχατων και ελαλησεν

(pres,act,ptc,nom,sing,masc) λεγω (*adverbial imparitive*) (fut,act,ind,1p,sing) δεικνυμι

W&H μετ εμου λεγων δευρο δειξω σοι1a την4a νυμφην1,5a την4,2a γυναικα5,3a του2,6a αρνιου3
with me saying you come here I will show to you the bride the wife of the Lamb
A μετ ε:μου λεγων δευρο δειξω σοι πην νυμ:φην την γυναικα του αρνιου
א μετ εμου λεγων δευρο διξω σοι την νυμφην την γυναικα του αρνιου

(1aor,act,ind,3p,sing) αποφερω hiatus (1aor,act,ind,3p,sing) δεικνυμι hiatus

Rev.21:10 και απηνεγκεν ~~απηνεγκε~~ με εν πνευματι επι ~~επ~~ ορος μεγα και υψηλον και εδειξεν ~~εδειξε~~
And he carried away me in spirit unto ~~to~~ a mountain great and high and he showed
A και απη:νεγκεν με εν πνι επι ορο- μεγα: και υψηλον και εδειξεν
א και απηνεγκεν με εν πνι επι ορος μεγα και υψηλον και εδιξε

(pres,act,ptc,acc,sing,fem)
καταβαινω

W&H μοι την πολιν ~~την μεγαλην~~ την αγιαν ιερουσαλημ καταβαινουσαν εκ του ουρανου
to me the city ~~the great~~ the Holy Jerusalem coming down from out of the heaven
A μοι την πο[--- :35 την αγιαν ιλημ καταβαινουcαν εκ : του ου
ℵ μοι την πολιν την αγιαν ιηλμ καταβαινουcαν εκ του ουνου

W&H απο του θεου
from the God
A απο του θυ
ℵ απο του θυ

(pres,act,ptc,acc,sing,fem)
εχω

Rev.21:11 εχουσαν την δοξαν του θεου ~~και~~ ο φωστηρ αυτης ομοιος λιθω τιμιωτατω ως λιθω
having the glory of the God ~~and~~ the brilliance of her like a stone most precious as stone
A ο φωcτηρ αυτη- : ομοιος λιθω τιμιωτατω ωc λιθω :
ℵ εχουcαν τη δοξαν απο του θυ ο φωcτηρ αυτηc ομοιοc λιθω τιμιωτατω ωc λιθω

(pres,act,ptc,dat,sing,masc)
κρυσταλλιζω

W&H ιασπιδι κρυσταλλιζοντι
to jasper being clear as crystal
A ιαcπιδι κρυcταλλιζοντι
ℵ ιαcπιδι κρυcταλλιζοντι

pres,act,ptc,nom,sing,fem)
εχω
(pres,act,ptc,nom,sing,fem)
εχω

Rev.21:12 εχουσα ~~τε~~ τειχος μεγα και υψηλον εχουσα πυλωνας δωδεκα και επι τοις πυλωσιν
having ~~also~~ a wall great and high having gates twelve and at the gates
A εχουcα: τιχοc μεγα και υψηλον εχουcα πυ:40λωναc δωδεκα και [*line is not recorded appears to be*]
ℵ εχοντι τιχοc μεγα και υψηλο εχονταc πυλωναc δωδεκα και επι τουc πυλωναc

(perf,pass,ptc,acc,pl,neut)
επιγραφω

W&H αγγελους δωδεκα και ονοματα επιγεγραμμενα α εστιν ~~εστι~~
angels twelve and names having been written in which they are
A [*an eye skip copy error to me*] ονοματα επι:γεγραμμενα α εcτιν τα ονομα [-- -- :
ℵ αγγελουc ιβ και ονοματα αυτων γεγραμμενα α εcτιν

W&H των δωδεκα φυλων των υιων ισραηλ
the twelve tribes of the sons of Israel
A των δωδεκα φυλων υιων ιηλ :
ℵ των ιβ φυλων υιων ιcλ

Rev.21:13 απο ~~απ απο~~ ανατολης πυλωνες τρεις και απο βορρα πυλωνες τρεις
from ~~from from~~ east gates three and from north gates three
A απο ανατοληc πυλωνεc τρειc : και απο βορρα πυλωνεc τρειc :45
ℵ απο ανατοληc πυλωνεc τρειc και απο βορρα πυλωνεc γ και απο βορρα

W&H και απο νοτου πυλωνες τρεις και απο δυσμων πυλωνες τρεις
and from south gates three and from west gates three
A και απο νοτου πυλωνεc τρειc : και απο δυcμων πυλωνεc τρειc :
ℵ πυλωνεc γ και απο νοτου πυλωνεc τρειc και

(pres,act,ptc,nom,sing,masc) (pres,act,ptc,nom,sing,neut)
εχω εχω (gen) (dat)
Rev.21:14 και το τειχος της πολεως εχων ~~εχον~~ θεμελιους δωδεκα και επ ~~εν~~ αυτων ~~αυτοις~~
and the walls of the city having ~~having~~ foundations twelve and upon ~~on~~ them ~~them~~
A και το τειχος της πολεως εχων : θεμελιους δωδεκα και επ αυτω- :
א και το τιχος της πολεως ┬ θεμελιους ιβ και επ αυτων

W&H δωδεκα ονοματα των δωδεκα αποστολων του αρνιου
twelve names of the twelve apostles of the Lamb
A δωδεκα ονοματα των δωδεκα :50 [~~αποστολων του αρνιου~~]
א δωδεκα ονοματα των ιβ αποστολων του αρνιου

(pres,act,ptc,nom,sing,masc) (imperf,act,ind,3p,sing) (1aor,act,subj,3p,sing)
λαλεω εχω hiatus μετρεω
Rev.21:15 και ο λαλων μετ εμου ειχεν ~~ειχε~~ μετρον καλαμον χρυσουν ινα μετρηση την
and the one speaking with me he was having a measure reed golden so that he should measure the
A ~~και ο λαλ~~]:1 ~~ων μετ εμου ειχ~~]εν μετρον:2 [~~καλαμον χρυσουν ι~~]να μετρηση την
א και ο λαλω μετ εμου ειχεν μετρον καλαμο χρυσουν ινα μετρηση την

W&H πολιν και τους πυλωνας αυτης και το τειχος αυτης
city and the gates of her and the wall of her
A πολιν : ~~και τους π~~]υλωνας αυτης και το : ~~τειχος α~~]υτης
א πολιν και τους πυλωνας αυτης και το τειχος αυτης

(pres,mid,ind,3p,sing)
κειμαι
Rev.21:16 και η πολις τετραγωνος κειται και το μηκος αυτης οσον ~~τοσουν εστιν~~
and the city square/four-cornered she,herself,lies and the length of her as much as ~~so much as she is~~
A και η πολις τετρα:5 ~~γωνος κ~~]ειται και το μηκος αυτης : ~~οσο~~]ν
א και η πολις αυτης τετραγωνος κειται και το μηκος οσον

(1aor,act,ind,3p,sing)
μετρεω hiatus [*1 σταδιων = 607ft*]
W&H ~~οσον και~~ το πλατος και εμετρησεν ~~εμετρησε~~ την πολιν τω καλαμω επι σταδιων
~~as much as and~~ the breadth and he measured the city with the reed at furlongs/stadiums
A το πλατος και εμετρη : ~~σεν την~~] πολιν τω καλαμω επι στα : ~~διων~~
א το πλατος και εμετρησε την πολιν τω καλαμω επι σταδιων

(pres,act,ind,3p,sing)
ειμι hiatus
W&H δωδεκα χιλιαδων το μηκος και το πλατος και το υψος αυτης ισα εστιν ~~εστι~~
twelve thousands the length and the breadth and the height of her equal it is
A ~~δ~~]ωδεκα χιλιαδων το μη : ~~κος κα~~]ι το πλατος και το υψος :10 ~~αυτης ισ~~]α εστιν :
א δωδεκα χιλιαδω το μηκος και το πλατος και το υψος αυτης εισα εστιν

(1aor,act,ind,3p,sing)
μετρεω hiatus
Rev.21:17 και εμετρησεν ~~εμετρησε~~ το τειχος αυτης εκατον τεσσερακοντα τεσσαρων πηχων μετρον
and he measured the walls of her a hundred forty four cubits a measure
A ~~και εμετ~~]ρησεν το τειχος αυτη εκα : ~~το~~]ν τεσσερακοντα πηχων : ~~μετρ~~]ον
א και εμετρησεν το χιλος αυτης εκατο μ δ πηχεων μετρο

(pres,act,ind,3p,sing)
ειμι
W&H ανθρωπου ο εστιν αγγελου [μετρον ανθρωπου ο εστιν αγγελου = *the measure of a man is the same as an angle*]
of a man the one he is of an angle
A ανου ο εστιν αγγελου :
א ανου ο εστιν αγγελου

(imperf,act,ind,3p,sing)
ειμι

Rev.21:18 και ~~ην~~ η ενδωμησις ~~ενδομησις~~ του τειχους αυτης ιασπις και η πολις χρυσιον
and ~~she was~~ the foundation ~~foundation~~ of the wall of her jasper and the city gold
A ~~και~~ ~~η εν~~]δωμησιc του τειχουc αυ :15 ~~της ιασπι~~]c και η πολιc χρυcιον
א και ην ενδωμαcι του τιχουc αυτηc ειαcπιc και η πολιc χρυcιον

W&H καθαρον ομοιον ~~ομοια~~ ~~ομοιον~~ υαλω καθαρω
clean/pure like ~~like~~ ~~like~~ glass pure
A κα : ~~θαρον~~] ομοιον υαλω καθαρω
א καθαρον ομοιο υαλω καθαρω

(perf,pass,ptc,nom,pl,masc)
κοσμεω

Rev.21:19 ~~και~~ οι θεμελιοι του τειχους της πολεως παντι λιθω τιμιω κεκοσμημενοι ο θεμελιος ο
~~and~~ the foundations of the walls of the city with every stone precious having been adorned the foundation the
A οι θε[~~μελ~~]ιοι του τειχουc τηc πολεωc : ~~παν~~]τι λιθω τιμιω κεκοcμημενοι : ~~ο θεμ~~]ελιοc ο
א και οι θεμελιοι του τιχουc τηc πολεωc παντι λιθω τιμιω κεκοcμημενοι ο θεμελιοc ο

W&H πρωτος ιασπις ο δευτερος σαπφιρος ο τριτος χαλκηδων ο τεταρτος σμαραγδος
first jasper the second sapphire the third agate/chalcedony the fourth emerald
A πρωτοc ιαcπιc :20 ~~ο δευ~~]τεροc cαπφειροc : ο[~~τρι~~]τοc χαλκηδων : ο[~~τε~~]ταρτοc cμαραγδοc :
א ειc ιαcπιc και ο δευτεροc cαπφειροc και ο γ χαλκηδων ο δ cμαραγδοc

Rev.21:20 ο πεμπτος σαρδονυξ ο εκτος σαρδιον ~~σαρδιος~~ ο εβδομος χρυσολιθος ο ογδοος
the fifth sardonyx the sixth sardius ~~sardius / carnelian~~ the seventh chrysolite the eigth
A ο [~~πε~~]μπτοc cαρδιονυξ : ο ε[~~κτ~~]οc cαρδιον ο εβδομοc χρυcο :25 ~~λιθοc~~] ο ογδοοc
א ο ε cαρδονυξ ο ϛ cαρδιον ο ζ χρυcολιθοc ο η

W&H βηρυλλος ο ενατος τοπαζιον ο δεκατος χρυσοπρασος ο ενδεκατος υακινθος ο
beryl the ninth topaz the tenth chrysoprasus/green quartz the eleventh jacinth/hyacinth the
A βηριλλοc : ~~ο ε~~]νατοc τοπαζιον : ~~ο δε~~]κατοc χρυcοπραcον :~~ε — ο εν~~]δεκατοc υακινθοc : ~~ο~~
א βηρυλλοc ο θ τοπαδιον ο ι χρυcοπραcοc ο ια υακινθοc ο

W&H δωδεκατος αμεθυστος
twelfth amethyst
A ~~δωδ~~]εκατοc αμεθυcτοc
א ιβ αμεθυcτινοc

(imperf,act,ind,3p,sing)
ειμι

Rev.21:21 και οι δωδεκα πυλωνες δωδεκα μαργαριται ανα εις εκαστος των πυλωνων ην εξ
and the twelve gates twelve pearls each one one each of the gates he was of
A και οι :30 ~~δωδε~~]κα πυλωνεc δωδεκα μαργαριται : ~~ανα ει~~]c εκαcτοc των πυλωνων ην : ~~εξ~~
א και οι ιβ πυλωνεc ⊤ μαργαρειται ανα ειc εκαcτοc των πυλωνων ων ην εξ

(gen) (nom) (gen)
W&H ενος μαργαριτου ~~μαργαριται~~ ~~μαργαριτου~~ και η πλατεια της πολεως χρυσιον
one pearl ~~pearl~~ ~~pearl~~ and the streets of the city gold
A ~~ενο~~]c μαργαριτου : ~~και η πλ~~]ατεια τηc πολεωc χρυcιον :
א ενοc μαργαριτου και η πλατια τηc πολεωc χρυcιον

W&H καθαρον ως υαλος διαυγης
pure as glass transparent
A ~~καθα~~]ρον ωc υαλοc διαυγηc
א καθαρον ωc υαλοc διαυτηc

			(2aor,act,ind,1p,sing) οραω						[κυριος ο θεος in LXX = יהוה (ה) אלהים] [ο κυριος ο θεος ο παντοκρατωρ = God the Father only]					
Rev.21:22	και	ναον ουκ	ειδον	εν	αυτη		ο γαρ	κυριος	ο θεος	ο	παντοκρατωρ	ναος	αυτης
	And	a Temple not	I saw	in	her		for <> the	YHWH	the only God	the	Almighty	Temple	of her
A	και :35 ~~ναον~~]ουκ		ιδον	εν	αυτη		ο γαρ	κς	ο θς	ο	παν:τοκρατωρ ο	ναος	αυτης
א	και	ναο ουκ	ειδον	εν	αυτη	οτι	ο	κς	ο θς	ο	παντοκρατωρ	ναος	αυτης

	(pres,act,ind,3p,sing) ειμι	hiatus			
W&H	εστιν	~~εστι~~	και	το	αρνιον
	He is		and	the	Lamb
A	εστιν :		~~και τ~~]ο		αρνιον
א	εστι		και	το	αρνιον

					(pres,act,ind,3p,sing) εχω							(pres,act,subj,3p,pl) φαινω		
Rev.21:23	και η	πολις	ου	χρειαν	εχει	του	ηλιου	ουδε της	σεληνης	ινα	φαινωσιν	~~εν~~	αυτη
	and the	city	not	need	she has	of the	sun	neither of the	moon	so that	they should shine	~~in~~	her
A	και η	πολις	ου	χρειαν :	~~εχει~~]	του	ηλιου	ουδε της	σεληνης :	~~ινα~~]	φαινωσιν		αυτη
א	και η	πολις	ου	χριαν	εχει	του	ηλιου	ουδε της	σεληνης	ϊνα	φαινωσιν	⊤	αυτη

						(pres,act,subj,3p,sing) φωτιζω							
W&H	η	γαρ	δοξα	του	θεου	εφωτισεν	αυτην	και ο	λυχνος	αυτης		το	αρνιον
	for <> the		glory	of the	God	He would shine upon	her	and the	lamp	of her	*(is)*	the	Lamb
A	η	γαρ	δοξα	του :40	~~θεου ε~~]φωτισεν		αυτην	και ο	λυχνος :~~αυτη~~]ς			το	αρνιον
א	η	γαρ	δοξα	του	θυ	εφωτισε	αυτην	και ο	λυχνος	αυτης		το	αρνιον

		(fut,act,ind,3p,pl) περιπατεω	hiatus				(pres,pass,ptc,gen,sing,neut) σωζω			
Rev.21:24	και1	περιπατησουσιν10	~~περιπατησουσι~~	τα2	εθνη3	~~των~~4	~~σωζομενων~~5	δια	~~δια~~	~~εν~~6
	and	they will walk around		the	nations	~~of the ones~~	~~being saved~~	on account of	~~on account of~~	~~in~~
A	και	[~~π~~]εριπατησου:~~σιν~~		~~τ~~]α	εθνη			δια		
א	και	περιπατησουσιν	δ	τα	εθνη			δια		

														(pres,act,ind,3p,pl) φερω	hiatus
W&H	του	~~τω~~7	~~του~~	φωτος	~~φωτι~~8	~~φωτος~~	αυτης9	και11	οι	βασιλεις	της	γης	φερουσιν	~~φερουσι~~
	of the	~~to the~~		light	~~light~~	~~light~~	of her	and	the	kings	of the	earth	they bring	
A	του			φωτος			αυτης :	~~και~~	~~ο~~]ι	βασιλεις	της	γης	φερουσιν	
א	του			φωτος			αυτης	και	οι	βασιλεις	της	γης	φερουσιν	

W&H	την	δοξαν	~~και την τιμην~~	αυτων	εις	αυτην
	the	glory	~~and the honor~~	of them	into	her
A	~~την~~]	δοξαν		αυτων	εις	αυτην
א	την	δοξαν		αυτων	εις	αυτην

						(1aor,pass,subj,3p,pl) κλειω						(fut,mid,ind,3p,sing) ειμι	
Rev.21:25	και	οι	πυλωνες	αυτης	ου μη	κλεισθωσιν	ημερας	νυξ	γαρ	ουκ	εσται	εκει
	and	the	gates	of her	not not/certainly not	they should be closed	by day	night	for <>	not	she,herself, will be	there
A	και :45	~~οι πυ~~]λωνες		αυτης	ου μη	κλεισθωσιν :	~~ημερ~~]ας	νυξ	γαρ	ουκ	εσται	εκει :
א	και	οι	πυλωνες	αυτης	ου μη	κλεισθωσιν	ημερα	νυξ'	γαρ	ουκ	εστε	εκει

		(fut,act,ind,3p,pl) φερω	hiatus								
Rev.21:26	και	οισουσιν	~~οισουσι~~	την	δοξαν	και	την	τιμην	των εθνων	εις	αυτην
	and	they will bring		the	glory	and	the	honor	of the nations	into	her
A	~~και οι~~]σουσιν			την	δοξαν	και	την :	~~τιμην~~]	των εθνων	εις	αυτην
א	και	οισουσιν		τη	δοξαν	και	την	τιμην	των εθνω	εις	αυτην

(pres,act,ptc,nom,sing,neut)
(2aor,act,subj,3p,sing) εισερχομαι — (pres,act,ptc,nom,sing,masc) ποιεω — ποιεω

Rev.21:27 και ου μη εισελθη εις αυτην παν κοινον και [ο] ποιων ~~ποιουν~~
and not not / certainly not he should enter into her anything profane and the one doing ~~doing~~
A και: ~~ουμ~~]η εισελθη εις αυτην παν κοι:50 - - -] και ποιων
א και ου μη εισελθωσιν εις αυτην παν κοινον και ο ποιωσει

(perf,pass,ptc,nom,pl,masc) γραφω

W&H βδελυγμα και ψευδος ει μη οι γεγραμμενοι εν τω βιβλιω της ζωης του αρνιου
abomination and a lie if not/except the ones having been written in the Book of the Life of the Lamb
A βδελυγμα και ψευ[— : -- -- -- γεγρ[- ρνιο-
א βδελυγμα και ψευδος ει μη οι γεγραμμενοι εν τω βιβλιω της ζωης του ουνου

Revelation Chapter 22

(1aor,act,ind,3p,sing) δεικνυμι hiatus

Rev.22:1 και εδειξεν ~~εδειξε~~ μοι1a ~~καθαρον~~3a ποταμον2a υδατος4a ζωης λαμπρον ως κρυσταλλον
and he showed to me ~~pure~~ a river of water of life bright as crystal
A και εδειξεν μοι π[- - - - - - - - - - - - - - - :1 λαμπρον ως κρυσταλ [- - -
א και εδιξεν μοι ποταμον υδατος ζωης λαμπρον ως κρυσταλλον

(pres,mid,ptc,acc,sing,masc) εκπορευομαι

W&H εκπορευομενον εκ του θρονου του θεου και του αρνιου
going out from out of the Throne of the God and of the Lamb
A - - -: ρευομενον εκ του θρο~~νου του θυ~~: και του αρνιου
א εκπορευομενο εκ θρονου του θυ και του αρνιου

Rev.22:2 εν μεσω της πλατειας αυτης και του ποταμου εντευθεν και εκειθεν ~~εντευθεν~~ ξυλον ζωης
in midst of the street of her and of the river on this side and from there ~~on this side~~ *(is)* a Tree of Life
A εν με[~~σω της πλατειας~~: αυτης και του ποταμ[~~ου εντευθεν~~:5 και εκειθεν ξυλον [~~ζωης~~
א ε μεσω της πλατιας αυτης και του ποταμου ενθεν ┬ και

(pres,act,ptc,nom,sing,neut) ποιεω — (pres,act,ptc,nom,sing,neut) αποδιδωμι

W&H ποιουν καρπους δωδεκα κατα μηνα ~~ενα~~ εκαστον αποδιδουν τον καρπον αυτου
making fruits twelve according to month each one bearing the fruit of it
A ~~ποιουν~~: καρπους δωδεκα κατα μη[~~να~~ ε: στον αποδιδουν τον καρπ[~~ον αυτου~~ :
א ποιουν καρπους ιβ κατα μηνα εκαστον αποδιδους τους καρπους αυτου

W&H και τα φυλλα του ξυλου εις θεραπειαν των εθνων
and the leaves of the tree *(are)* for healing of the nations
A και τα φυλλα το ξυλου εις θεραπ[~~ειαν~~ : των εθνων
א και τα φυλλα των ξυλων εις θεραπειαν εθνων

(fut,mid,ind,3p,sing) ειμι

Rev.22:3 και παν καταθεμα ~~καταναθεμα~~ ~~καταθεμα~~ ουκ εσται ετι και ο θρονος του θεου και
and every curse ~~curse~~ ~~curse~~ not it will be yet also the Throne of the God and
A και παν καταθεμ[α ~~ουκ~~:10 εσται ετι και ο θρονος του θυ κα[~~ι~~]
א και παν καταγμα ουκ εσται ┬ και θρονος του θυ και

(fut,mid,ind,3p,sing) ειμι — (fut,act,ind,3p,pl) λατρευω

W&H του αρνιου εν αυτη εσται και οι δουλοι αυτου λατρευσουσιν αυτω
of the Lamb in her it will be and the slaves of Him they will worship/serve Him
A [~~του~~: αρνιου εν αυτη εσται και οι δουλοι: αυτου λατρευσουσιν αυτω
א του αρνιου εν αυτη εσται και οι δουλοι αυτου λατρευσουσιν αυτω

(fut,mid,ind,3p,pl)
οραω

Rev.22:4 και οψονται το προσωπον αυτου και το ονομα αυτου επι των μετωπων αυτων
and they will see the face of Him and the Name of Him upon the forehead of them (*it will be*)
A και οψ [ον: ται το προσωπον αυτου και το ονο: μα αυτου επι των μετωπων αυτων:15
א και οψοται το προσωπον αυτου και το ονομα αυτου και επι των μετωπων αυτων

(fut,mid,ind,3p,sing) (pres,act,ind,3p,pl)
ειμι εχω hiatus

Rev.22:5 και νυξ ουκ εσται ετι ~~εκει~~ και$_{1,1a}$ ουκ$_{3,3a}$ εχουσιν$_4$ ~~εχουσι~~$_{4a}$ χρειαν$_{2,2a}$ φωτος$_7$ λυχνου$_{5,5a}$
and night not she will be still ~~there~~ and not they have need of light of a lamp
A και νυξ ουκ εσται ετι και ου χουσιν: χριαν φωτος λυχνου
א και νυξ ουκ εσται ετι και ουκ εχουσιν χρεια φωτος λυχνου

(fut,act,ind,3p,sing) (pres,act,ind,3p,sing)
φωτιζω φωτιζω

W&H και$_6$ φως ~~φωτος~~ ηλιου$_8$ οτι κυριος ο θεος φωτισει ~~φωτιζει~~ [επ] αυτους και
and light ~~light~~ of a sun because YHWH the only God He will shine ~~He shines~~ upon them and
A και φως ηλιου: οτι κος ο θς φωτισει επ αυτους και:
א κ(αι) φωτος ηλιου οτι κς ο θς φωτιει επ αυτους και

(fut,act,ind,3p,pl)
βασιλευω

W&H βασιλευσουσιν εις τους αιωνας των αιωνων
they will reign into the eons/eternities of the eons/eternities
A βασιλευσουσιν εις τους αιωνας: των αιωνων
א βασιλευσουσιν εις τους αιωνας τω αιωνων

(2aor,act,ind,3p,sing)
λεγω

Rev.22:6 και ειπεν μοι ουτοι οι λογοι πιστοι και αληθινοι και ο κυριος ο θεος των πνευματων
and he said to me these the words faithful and true and the YHWH the only God of the spirits
A και ειπεν μοι:20 ουτοι οι λογοι πιστοι και αληθεινοι και ο κς ο θς των πνευματων
א και ειπεν μοι ουτοι οι λογοι πιστοι και αληθινοι και ο κς ο θς των πνατων

(1aor,act,ind,3p,sing) (1aor,act,infin)
αποστελλω hiatus δεικνυμι

W&H των ~~αγιων~~ προφητων απεστειλεν ~~απεστειλε~~ τον αγγελον αυτου δειξαι τοις δουλοις
of the ~~holy~~- prophets He sent the angel of Him to show to the slaves
A των: προφητων απεστειλεν τον αγγελον: αυτου δειξαι τοις δουλοις
א των προφητων απεστιλε με τον αγγελον αυτου διξαι τοις δουλοις

(pres,act,impers,3p,sing) (2aor,mid,infin)
δει γινομαι

W&H αυτου α δει γενεσθαι ενταχει ~~εν ταχει~~
of Him the things it is necessary to happen in haste ~~in quick~~
A αυτου [α ~~δει~~ γενεσθαι ενταχει
א αυτου α δι γενεσθαι ενταχει

(2aor,mid,imper,2p,sing) (pres,mid,ind,1p,sing) (pres,act,ptc,nom,sing,masc)
ειδον ερχομαι τηρεω

Rev.22:7 και ιδου ερχομαι ταχυ μακαριος ο τηρων τους λογους της προφητειας
and you yourself behold I come quickly blessed the one keeping the words of the prophecy
A και ιδου ερχομαι:25 ταχυ μακαριος ο τηρων τους λογους: της προφητειας
א και ιδου ερχομαι ταχυ μακαριος ο τηρω τους λογους της προφητας

W&H του βιβλιου τουτου
of the book this
A του βιβλιου τουτου:
א του βιβλιου τουτου

(pres,act,ptc,nom,sing,masc) (pres,act,ptc,nom,sing,masc) (1aor,act,ind,1p,sing)
ακουω βλεπω ακουω

Rev.22:8 καγω ~~και εγω~~ ~~καγω~~ ιωαννης ο$_1$ ακουων$_5$ και$_4$ βλεπων$_2$ ταυτα$_3$ και$_6$ οτε ηκουσα και
and I ~~and I~~ ~~and I~~ John the one hearing and seeing these *(things)* and when I heard and
A καγω ιωαννηc ο ακουων και βλε:πων ταυτα και οτε ηκουcα: και
א καγω ιωαννηc ο$_1$ ακουων$_4$ και$_3$ βλεπων$_2$ ταυτα$_5$ και οτε ηκουcα και

(1aor,act,ind,1p,sing) (1aor,act,ind,1p,sing) (1aor,act,infin)
βλεπω πιπτω προσκυνεω

W&H εβλεψα επεσα προσκυνησαι εμπροσθεν των ποδων του αγγελου του
I saw I fell down to worship before the feet of the angel of the one
A εβλεπον επεcα προcκυν [~~ηcαι εμ~~:$_{30}$προ ποδων του αγγελου του
א εβλεψα επεcα προcκυνηcαι εμπροcθεν των ποδων του αγγελου του

(pres,act,ptc,gen,sing,masc)
δεικνυμι

W&H δεικνυοντος μοι ταυτα
showing to me these *(things)*
A δεικνυ:οντοc μοι ταυτα
א δικνυντοc μοι ταυτα

(pres,act,ind,3p,sing) (pres,act,imper,2p,sing) (pres,act,ind,1p,sing)
λεγω οραω ειμι

Rev.22:9 και λεγει μοι ορα μη συνδουλος σου ~~γαρ~~ ειμι και των αδελφων σου των προφητων
and he says to me look out no fellow slave ~~for~~ <> of you I am and the brothers of you of the prophets
A και λεγει μοι: ορα μη cυνδουλοc cου ειμι και:των αδελφων cου των προφ [~~ητων~~:
א και λεγει μοι ορα μη cυνδουλοc cου ειμι και τω αδελφων cου τω προφητων

(pres,act,ptc,gen,pl,masc) (1aor,act,imper,2p,sing)
τηρεω προσκυνεω

W&H και των τηρουντων τους λογους του βιβλιου τουτου τω θεω προσκυνησον
and of the ones keeping the words of the book of this to the God you give worship/ do obeisance
A και των τηρουντων τουc λογ[~~ου~~]c:$_{35}$ του βιβλιου τουτου τω θω προ [~~cκυνηcον~~:
א και των τηρουντων τουc λογουc του βιβλιου τουτου ·τω θω προcκυνηcον

(1aor,act,subj,2p,sing)
σφραγιζω

Rev.22:10 και λεγει μοι μη σφραγισης τους λογους της προφητειας του βιβλιου τουτου
and he said to me not you should seal up the words of the prophecy of the book this
A και λεγει μοι μη cφραγιcηc τουc: λογουc τηc προφητειαc τ[~~ου βιβλιου~~: τουτου
א και λεγει μοι μη cφραγιcηc τουc λογουc τουτουc τηc προφητειαc του βιβλιου τουτου

(pres,act,ind,3p,sing)
ειμι

W&H ~~οτι~~ ο καιρος γαρ εγγυς εστιν
~~because~~ for <> the time near he is
A ο καιροc γαρ εγγυc [~~εcτιν~~:
א ο καιροc γαρ ενγυc εcτιν

(pres,act,ptc,nom,sing,masc) (1aor,act,imper,3p,sing) (pres,act,ptc,nom,sing,masc) (1aor,pass,imper 3p,sing)
αδικεω αδικεω ρυποω ρυπαινομαι

Rev.22:11 ο αδικων αδικησατω ετι και ο ρυπαρος ~~ρυπων~~ ρυπανθητω
the one being unjust/hurtful let him be unjust/hurtful yet and the one filthy ~~being filthy~~ let him be filthy
A ο αδ- -ον αδικπcατω ετι κα- -:
א ο αδικων αδικηcατω ετι και ο ρυπαροc ρυπανθητω

(1aor,act,imper,3p,sing) (1aor,act,imper,3p,sing)
ρυποω ρυπαινομαι

W&H ~~ρυπωσατω~~ ~~ρυπαρευνθητω~~ ετι και ο δικαιος δικαιοσυνην ~~δικαιοσυνην~~
~~let him be filthy~~ ~~let him be filthy~~ still and the righteous one righteousness ~~righteousness~~
A και οc δικαιοc υνην
א ετι και ο δικαιοc δικαιοcυνην

(1aor,act,imper,3p,sing) (1aor,pass,imper 3p,sing) (1aor,act,imper,3p,sing) (1aor,pass,imper 3p,sing)
ποιεω δικαιοω ποιεω αγιαζω
W&H ποιησατω ~~δικαιωθητω~~ ~~ποιησατω~~ ετι και ο αγιος αγιασθητω ετι
let him do ~~let him be righteous~~ ~~let him do~~ still and the holy one let him be holy still
A ποιηcατω ετι:---] ο αγιοc αγιαcθητω ετι:
א ποιηcατω ετι και ο αγιοc αγιαcθητω ετι

(2aor,mid,imper,2p,sing) (pres,mid,ind,1p,sing) (2aor,act,infin)
ειδον ερχομαι αποδιδωμι
Rev.22:12 ~~και~~ ιδου ερχομαι ταχυ και ο μισθος μου μετ εμου αποδουναι εκαστω
~~and~~ you, yourself, behold I am coming quickly and the reward of Me (*is*) with Me to reward to each one
A - δου ερχομαι ταχυ κ[- - - - - - - - - - - - : μετ εμου αποδουναι ε[---- :
א ιδου ερχομαι ταχυ και ο μιcθοc μου μετ εμου αποδοθηναι εκαcτω

(pres,act,ind,3p,sing) (fut,mid,ind,3p,sing)
ειμι ειμι
W&H ως το εργον1 εστιν3 αυτου2 ~~εσται~~
as the work it is of him ~~it will be~~
A ωc το εργον εcτιν αυτου :
א ωc το εργον εcτι αυτου

(pres,act,ind,1p,sing)
ειμι
Rev.22:13 εγω ειμι το αλφα ~~Α~~ και το ω ~~Ω~~-1,1a Ο6,5a πρωτος7,6a και8,7a Ο9,8a εσχατος10,9a η αρχη2,2a
I I am the Alpha ~~Alpha~~ and the Omega ~~Omega~~ the First and the Last the Beginning
A εγω τ - - λφα και το ω πρωτ[- - : και ο - -χατοc η αρχη
א εγω το αλφα και το ω ο πρωτοc κ(αι) ο εcχατοc η αρχη

W&H και3,3a το4 τελος5,4a
and the End
A και το[- - - - - :
א κ(αι) το τελοc

(pres,act,ptc,nom,pl,masc) (pres,act,ptc,nom,pl,masc) (fut,mid,ind,3p,sing)
πλυνω ποιεω ειμι
Rev.22:14 μακαριοι οι πλυνοντες ~~ποιουντες~~ τας στολας ~~εντολας~~ αυτων ινα εσται η
blessed the ones washing ~~doing~~ the robes ~~commandments~~ of them so that she,herself, will be the
A μακ---ο- ο- πλυνοντεc - - - - - - - - : 50 - υτων ιν- - cται η
א μακαριοι οι πλυνοντεc ταc cτολαc αυτων ινα εcται η

W&H εξουσια αυτων επι το ξυλον της ζωης και τοις πυλωσιν
authority of them over the Tree of the Life and by the gates
A εξου- -α α[- - - - : 51 επι το ξυλον τηc - - - - και - οι - πυ :1
א εξουcια αυτω ωc δε η εξουcια επι το ξυλον τηc ζωηc και τοιc πυλωcιν

(1aor,act,subj,3p,pl)
εισερχομαι
W&H εισελθωσιν εις την πολιν
they should have enter into the city
A ειcελθωcιν ειc την πολιν :
א ειcελθωcιν ειc την πολιν

Rev.22:15 εξω ~~δε~~ οι κυνες και οι φαρμακοι και οι πορνοι και οι φονεις και οι ειδωλολατραι
~~but~~ <> outside the dogs and the sorcerors and the fornicators and the murderers and the idolaters
A εξω οι κυνεc και οι φαρμακοι : και οι πορνοι και οι φονειc και : οι ιδωλολατραι
א εξω οι κυνεc και οι φαρμακοι και οι πορνοι και οι φονειc και οι ιδωλολατραι

(pres,act,ptc,nom,sing,masc) (pres,act,ptc,nom,sing,masc)
φιλεω ποιεω
W&H και πας ~~ο~~ φιλων και ποιων ψευδος
and everyone ~~the one~~ loving and making/doing a lie
A και πας φιλων :5 και ποιων ψευδος :
א και πας$_1$ φιλων$_4$ και$_3$ ποιων$_2$ ψευδος$_5$

(1aor,act,ind,1p,sing) (1aor,act,infin)
πεμπω μαρτυρεω
Rev.22:16 εγω ιησους επεμψα τον αγγελον μου μαρτυρησαι υμιν ταυτα επι ταις εκκλησιαις
I Jesus I sent the angel of Me to witness to you all these *(things)* concerning the churches
A εγω ις επεμψα τον αγγελον μου : μαρτυρησαι υμιν ταυτα επι ταις : εκκλησιαις
א εγω ις επεμψα το αγγελον μου μαρτυρησαι ϋμιν ταυτα επι ταις εκκλησιαις

(pres,act,ind,1p,sing)
ειμι
W&H εγω ειμι η ριζα και το γενος ~~του~~ δαυιδ ~~δαβιδ~~ ο αστηρ ο λαμπρος ο πρωινος ~~ορθρινος~~
I I am the root and the offspring ~~of the~~ of David ~~of David~~ the Star the Bright the Morning one ~~morning~~
A εγω ειμι η ριζα και : το γενος δαδ ο αστηρ ο λαμηρος και :10 ο προπινος
א εγω ειμι η ριζα και το γενος δαδ ο αστηρ ο λαμπρος ο πρωινος

(pres,act,ind,3p,pl) (pres,mid,imper,2p,sing) (2aor,act,imper,2p,sing) (pres,act,ptc,nom,sing,masc)
λεγω ερχομαι ερχομαι ακουω
Rev.22:17 και το πνευμα και η νυμφη λεγουσιν ερχου ~~ελθε~~ και ο ακουων
and the Spirit and the bride they say You come ~~You come~~ and the one hearing
A και το πνα και η νυμφη λε : γουσιν ερχου και ο ακουων
א και π πνα και νυμφη λεγουσι ερχου και ο ακουων

(2aor,act,imper,3p,sing) (pres,mid,imper,2p,sing) (2aor,act,imper,2p,sing) (pres,mid,imper,2p,sing) (pres,act,ptc,nom,sing,masc)
λεγω ερχομαι ερχομαι ερχομαι διψαω
W&H ειπατω ερχου ~~ελθε~~ ~~ερχου~~ και ο διψων
let him say You come ~~you come~~ ~~you come~~ and the one thirsting
A ειπατω : ερχου και ο διψων
א ειπατω ερχου και ο διψων

(pres,mid,imper,3p,sing) (2aor,act,imper,3p,sing) (pres,act,ptc,nom,sing,masc) (2aor,act,imper,3p,sing) (pres,act,imper,3p,sing)
ερχομαι ερχομαι θελω λαμβανω λαμβανω
W&H ερχεσθω ~~ελθετω~~ ~~και~~ ο θελων λαβετω ~~λαμβανετω~~
let him come ~~let him come~~ ~~and~~ the one wishing let him take ~~let him take~~
A ερχεσθ ο θελων : λαβετω
א ερχεσθω ο θελων λαβετω

W&H ~~το~~ υδωρ ζωης δωρεαν
the Water of Life freely
A υδωρ ζωης δωρεαν :
א υδωρ ζωης δωρεαν

(pres,act,subj,1p,sing) (pres,mid,ind,1p,sing) (pres,act,ptc,dat,sing,masc)
μαρτυρεω συμμαρτυρεω ακουω
Rev.22:18 μαρτυρω ~~συμμαρτυρουμαι~~ ~~γαρ~~ ~~μαρτυρω~~ εγω ~~εγω~~ παντι τω ακουοντι τους
I should witness ~~for~~ ~~I give evidence in support of~~ ~~I should witness~~ I ~~I~~ to everyone the ones hearing the
A μαρτυρω εγω παντι τω ακουοντι τους :15
א η μαρτυρω εγω παντι τω ακουοντι τους

(2aor,act,subj,3p,sing) (pres,act,subj,3p,sing)
επιτιθημι επιτιθημι
W&H λογους της προφητειας του βιβλιου τουτου εαν τις επιθη ~~επιτιθη~~ επ ~~προς~~ ~~επ~~
words of the prophecy of the book this if anyone he should have added ~~he should add~~ to ~~to~~ ~~to~~
A λογους της προφητειας του βιβλιου : τουτου εαν τις επιθη επ
א λογους της προφητειας του βιβλιου τουτου εαν τις επιθησει επ

(fut,act,ind,3p,sing) επιτιθημι　　(perf,pass,ptc,acc,pl,fem) γραφω
W&H αυτα επιθησει1a ο4a θεος5a επ2a αυτον3a τας6a πληγας τας γεγραμμενας εν τω βιβλιω τουτω
them He will add the God to him the plagues the ones having been written in the book this
A αυτα επι : θησει ο θς τας πληγας τας γεγραμμε : νας εν τω βιβλιω τουτω[4]:
א αυτον ο θς τας πληγας τας γεγραμμενας ε τω βιβλιω τουτω

(2aor,act,subj,3p,sing) αφαιρεω　　(pres,act,subj,3p,sing) αφαιρεω　　(2aor,act,subj,3p,sing) αφαιρεω
Rev.22:19 και εαν τις αφελη ~~αφαιρη~~ αφελη απο των λογων του
and if anyone he should have taken away ~~he should take away~~ he should have taken away from the words of the
A και εαν τις αφελη απο των λογων του :20
א και αν τις αφελη απο των λογων τουτων του

(fut,act,ind,3p,sing) αφαιρεω　　(fut,act,ind,3p,sing) αφαιρεω　　(pres,act,imper,3p,sing) αφαιρεω
W&H βιβλιου της προφητειας ταυτης αφελει ~~αφαιρησει~~ ~~αφελοι~~ ο θεος το μερος
book of the prophecy this He will take away ~~He will take away~~ ~~He remove~~ the God the part
A βιβλιου της προφητειας ταυτης : αφελει ο θεος το μερος
א βιβλιου της προφητιας ταυτης αφελι ο θς το μερος

W&H αυτου απο του ξυλου ~~βιβλιου του ξυλου~~ της ζωης και εκ της πολεως της αγιας ~~και~~
of him from the Tree ~~book the Tree~~ of the Life and from out of the city the holy ~~and~~
A αυτου απο του : ξυλου της ζωης και της πολεως :
א αυτου απο του ξυλου της ζωης και εκ της πολεως της αγιας

(perf,pass,ptc, gen,pl,masc) γραφω
W&H των γεγραμμενων εν τω βιβλιω τουτω
the ones having been written in the book this
A της αγιας των γεγραμμενων εν : τω βιβλιω τουτω :25
א των γεγραμμενων εν τω βιβλιω τουτω

(pres,act,ind,3p,sing) λεγω　　(pres,act,ptc,nom,sing,masc) μαρτυρεω　　(pres,act,ind,3p,sing) ερχομαι　　(pres,mid,imper,2p,sing) ερχομαι
Rev.22:20 λεγει ο μαρτυρων ταυτα ναι ερχομαι ταχυ αμην ~~ναι~~ ερχου κυριε ιησου
He said the One witnessing to these things yes I come quickly amen ~~yes~~ You come Lord Jesus
A λεγει ο μαρτυρων ταυτα ναι ερχο : μαι ταχυ αμην ερχου κε ιυ :
א λεγι ο μαρτυρων ταυτα ειναι ναι ερχομαι ταχυ ερχου κε ιηυ

Rev.22:21 η χαρις του κυριου ~~ημων~~ ιησου [χριστου] μετα ~~παντων~~ των αγιων ~~υμων~~ ~~αμην~~
the grace of the Lord ~~of us~~ Jesus Christ *(be)* with ~~all~~ of the holy ones ~~of you~~ ~~Amen~~
A η χαρις του κυ ιυ μετα των γιων :28
א η χαρις του κυ ιυ μετα των αγιων αμην

Epistles of John INTRODUCTION

Background for the writting:

In Ephesus the cults having the greatest influence were the cult of Artemis and the cult of the emperor. The cult of Artemis extended beyond the religious life; it influenced the civic, and economic life establishing a dominate influence on the overall culture. Artemisium, themple of Artemis, was located outside the city about two kilometers. It was considered one of the seven wonders of the world. It was the pride of the city and was the last and most significant temple there. The Artemisium was four times the size of Athens' Parthenon, constructed with one hundred and twenty-seven columns, each two meters in diameter and twenty meters high. It was adorned with decorative artwork from the best of the artisans of the day.

Artemis was acclaimed as a benevolent hearer of prayer. Her subjects heralded her as, savior, ruling lady, heavenly goddess, queen of universe. Terms describing her included greatest, holiest, most manifest. In images she is shown wearing a zodiac necklace symbolic of her susposed mastry of fate. Her worship ceremonies were explicit and public, often involving the whole community in unified celebration of the gods. The significance of this lay in the rituals which all could observe and in which many citizens participated. Public worship included religious processions, games, festivals, and feasts. For the Roman government her temple served as the province's largest fortified bank. The cult of Artemis of Ephesus exercised a great deal of influence on the economic activity in Ephesus as well as all of Asia Minor and the financial industry and stability of the region. Every aspect of life was thought to depend upon one's reverence for Artemis.

The cult of the Roman emperors also referred to as The Imperial Cult played a significant part of life in Ephesus at John's time and is a significant part of the context of the Christian life. The history of Imperial Cults in Asia Minor began with Octavian, who defeated Mark Antony at Actium in 31 BC. To show allegiance to Octavian the inhabitants of Asia Minor sought permission to establish a provincial cult in his honor in Pergamum. In 23 AD Tiberius gave permission for the establishment of it in Asia. The Senate at Rome chose Smyrna as the second site for this. Ephesus was given permission to establish a third provincial cult by Domitian. The need for this third cult was to enable the province to show its allegiance for the new ruling family of the Flavians. Games were established. The celebration began with a festival for Domitian that identified him with Zeus.

The message to the people was obvious, the gods and goddesses of the region supported the emperors. The emperor cult united every other cultic system to the empire. The emperors were not a threat to the worship of the diverse deities of the empire, but joined the ranks of the divine and played their own particular role. The cult of the emperors affected almost every aspect of life in Asia. This cultic system joined to the emperor stabilized the empire and gave effective meaning and strength to the empire. It pictured a relationship between the emperor and the region's gods. The cult of the emperor, along with politics and diplomacy built the reality of the Roman empire.

The attempted intrusion of philosophical and religious dogma:

Helenism and other cultural philosophies of the day taught that God was immutable (*unchangeable*) and impassiblenessle (*incapable of suffering or pain*). Many believed that a divine being could certainly for a time take human form and even enter into a man, but could never become truly man, participate in human weakness, suffer and die. Jesus' humanity appears easy for us today to accept, but that was not true in the first century.

Plato (427-347 BC), the famous Greek philosopher whose ideas were well established over the time of his teaching before John's ministry in Ephasus. The time, about 500 years of exposure and general acceptance with modifications gave birth to Platonic dualism in its later Neoplatonic form. It postulated that this material world and everything in it had a corresponding spiritual counterpart in the perfect, eternal world of ideal forms. Individual things in this world are merely the fleeting, temporary manifestations of their higher, perfect, eternal "forms" or "ideals" that constitute true and absolute being. Corresponding to this metaphysical system is a theory of knowledge that the human soul existed in this world of ideal forms before it was birthed into this world in a human body in which it temporarily resides. The ultimate goal for a person was to acquire the mystical gnosis (knowledge) needed for his or her soul to escape the prison of the body at death and return to the eternal world. We see adptations of this in Mormonism with their theory of preexistance and Islam and their teaching that Jesus was not really crucified. We also see this in easter religions.

By the time Jesus entered into the world, various Greek philosophers had expounded Plato's ideas into a variety of theories that were applied to religious thought. Applied to the Christian gospel was that Christ-spirit who dwelt "above" in the spiritual world of perfect forms could not really have become a material human being, for such perfection could not mingle with the corruption of human flesh. This thinking of applying the Christ-spirit gives rise to Cerinthianism and Docetism. Both of these schools of thought attempted to understand Jesus in ways that were compatible with the philosophies of the age. It is to these distortions of the Christian witness, that John addresses as he acts to counter the heresies being taught to his flock. It appears that this is why some secessionists left the community of faith. They succumbed to lies and denied that the human Jesus was the Christ, the Son of God,true God and true man. They refused to connect any importance to Jesus life in the flesh.

The papyri and uncial documents used for comparison with present ecliptic texts for the Epistles St. John.

P 9 1 John 4:11-12, 14-17 early 3rd century 225 to 250 AD Judged by Comfort & Barrett as a manuscript written very carelessly in a common hand. The handwriting is crude and irregular and contains some unintelligible spellings.

Early Uncials

P 0232	2John 1-9	early 3rd century	210 to 225 AD	Textual character is Alexandrian
P 0251	3 John 12-15	4th /5th century	350 to 425 AD	Textual character too small to determine.

Validity of this work:

In conjunction with Codex Vaticanus and Sinaiticus the texts of the earliest Greek manuscripts were used to validate the accuracy of the Epistles of St. John the Apostle/Evangelist/Disciple of our Lord Jesus Christ with todays evolving eclictic text of the Textus Receptus. Here the reader can see the reliability of the sacred scripture. That these original autographs, written in the early third century, matching the best of early 4th century, Codex Vaticanus, validates the care of the copiest and correctors confirming reliability and speaks more to the authority and authenticity of the text and exposes cynics, skeptics, and higher critics for what they are at times, blind guides and false teachers. What higher critics often raise as facts are simply a favorite hypothesis of the moment. Let us not allow ourselves any radical skepticisms about sources of the earliest period of Christianity.

The writings of John are not the expression of a community, but the individual author inspired by the Holy Spirit to form the Christian community. Distinguishing between the manifold possibilities and what is probable is highly problematic, since we should not simply neglect the clear information that we do have or pass over it in silence as is often done today by modern theologians. There is nothing anomalous about the authorship or problematic with the Apostle John calling himself Elder. Arguments against this view have very little substance. The uniform testimony of the early church fathers and the hard evidence of the manuscripts in our possession attribute their composition to the Apostle John. Our Papyri evidence of the Gospel of St. John can take us back to within twenty-five years of his writing, eliminating a Johannine community authorship so cherished by higher critics. The writing style and structure are St. John's.

The circumstance for the Letters of St. John are as follows:

a. Returning from exile on Patmos St. John goes to Ephesus and writes (either on the way or at first arriving at Ephesus) letters to the churches of Asia Minor. He served as the elder spiritual father to these churches for decades, but during his exile under Domitian they have been without his leadership and guidance. False teaching has persuaded some to abandon their faith and their life in the community. One local church leader has presumed to advance his own teaching and ignore John's apostolic instruction. He is refusing to take direction and is expelling from the church community any who question his actions.

b. Having returned from Patmos John acts with pen and ink to give clear guidance and to prepare for his arrival and visits. His preference is to deliver his teaching orally with personal visits and worship, but he is aware of his aged condition and the probability that he will be with the Lord very soon. The second Epistle of John acts as the cover letter for First Epistle of John and Third Epistle of John is a situation-specific addendum addressed to Gaius a dear friend of John's.

c. The Apocalypse was the first written communication from John to these house churches followed now by these Epistles. In these last days, John, the elder, their spiritual father, sends these words of grace from God, and declares they must remain faithful to the teachings they had first received. He will then write for them the Fourth Gospel confirming what they had been taught of God's loving visitation (the breaking into their time and space to work His plan of salvation through Jesus, Who fulfilled the law and the prophets). God's Word, the Logos, both God's message and messenger, established His new covenant of grace and fellowship. St. John writes Scripture, authoring documents having authority as from the Ruling Apostle, equivalent to that of His prior instruction given in Revelation. He gives us an apostolic summary and interpretation of the person and work of Jesus. The ruling Apostle possessing Christ's authority would with these writings declares the very Word and will of God.

d. Reception of the Sacred Writings of John:

John's writings were accepted as Scripture bearing the full authority of the Word of God for faith and life, because they were. They were equal in standing with the writings of the prophets and the apostles before him. There is no evidence that any Christian church leader opposed or rejected the Gospel according to John in the second century, least of all for it being gnostic or docetic, nor not being authentic. Orthodox sources throughout most of the second century have an instinctive respect for John's Gospel. In Egypt, the Fourth Gospel was most highly prized of all in the second and third century. It is true that opposition to John's Gospel emerges from the heterodox; that should be expected. It is a foolish mistake to assume, as some higher critics have, that John's works were late in rising to prominence, allegedly because they were viewed as sympathetic to heterodox views. This is not at all historically accurate. The Muratorian Fragment were more than just signs of a collective recognition and reception of the Gospel, 1John, and Revelation, but they include, not exclude the second and third epistles.

John's Personal History at and after exile to Patmos:

The Apostle John was exiled to the copper mines of Patmos by Emperor Domitian where he wrote Revelation. Under Domitian's successor, Nerva, and by decree of the Roman Senate, John was allowed to go home to Ephesus. He composed his three Epistles and lived to see the reign of Trajan. He composed His Gospel, the last of five works, about two years after the Epistles. John saw the great growth of the Christian Church in Asia Minor and died a natural death at a very old age. He went from being known as a son of thunder, to the disciple of love because of Jesus' discipleship.

ΙΩΑΝΟΥ Α Plate 1437 colomb 3 line 1 of Vat.gr.1209

1 John 1 https://digi.vatlib.it/view/MSS_Vat.gr.1209

(imperf,act,ind,3p,sing) ειμι (perf,act,ind,1p,pl) ακουω (perf,act,ind,1p,pl) οραω
1Jn.1:1 ο ην απ αρχης ο ακηκοαμεν ο εωρακαμεν τοις οφθαλμοις ημων ο
the One He was from beginning the One we have heard the One we have seen with the eyes of us the One
ℵ ο ην απ αρχηc: ο ακηκοαμεν : ο εωρακαμεν: τοιc οφθαλμοιc: ημων ο
B 1:1a Ο ΗΝ ΑΠ ΑΡΧΗC Ο ΑΚΗΚΟ:[2] ΑΜΕΝ Ο Ε^{Ω} ΟΡΑΚΑΜΕΝ ΤΟΙC:[3] ΟΦΘΑΛΜΟΙC ΗΜΩΝ Ο

(1aor,mid,ind,1p,pl) θεαομαι (1aor,act,ind,3p,pl) ψηλαφαω
W&H εθεασαμεθα και αι χειρες ημων εψηλαφησαν περι του λογου της ζωης
we ourselves observed and the hands of us they touched concerning the Word of the Life
ℵ εθεαcα: μεθα και αι χειρεc: ημων εψηλαφη:cαν περι του λο:γου και η ζωηc
B.1:1b Ε:[4] ΘΕΑCΑΜΕΘΑ ΚΑΙ ΑΙ ΧΕΙΡΕC:[5] ΗΜΩΝ ΕΨΗΛΑΦΗCΑΝ :[6] ΠΕΡΙ ΤΟΥ ΛΟΓΟΥ ΤΗC ΖΩ:[7] ΗC

(1aor,pass,ind,3p,sing) φανεροω (perf,act,ind,1p,pl) οραω (pres,act,ind,1p,pl) μαρτυρεω (pres,act,ind,1p,pl) απαγγελλω
1Jn.1:2 και:η ζωη εφανερωθη και εωρακαμεν και μαρτυρουμεν και απαγγελλομεν
and the life She made known and we have seen and we are testifying and we are informing / proclaiming
ℵ και η ζωη εφανερωθη και εωρακαμεν και μαρτυρουμεν και απαγγελλομεν
B.2:2a ΚΑΙ Η ΖΩΗ ΕΦΑΝΕΡΩ:[8] ΘΗ ΚΑΙ Ο ΕΩΡΑΚΑΜΕΝ ΚΑΙ:[9] ΜΑΡΤΥΡΟΥΜΕΝ ΚΑΙ Α:[10] ΠΑΓΓΕΛΛΟΜΕΝ
/\ (O changed to Ω)

(impf,act,ind,3p,sing) ειμι (1aor,pass,ind,3p,sing) φανεροω
W&H υμιν την ζωην την αιωνιον ητις ην προς τον πατερα και εφανερωθη ημιν
to you all the Life the Eternal which She was to/with the Father and She was made known to us
ℵ υμιν την ζωην την αιωνιον ητιc ην προc τον πατερα και εφανερωθη ημιν
B.2:2b ΥΜΙΝ:[11] ΤΗΝ ΖΩΗΝ ΤΗΝ ΑΙΩΝΙΟΝ:[12] ΗΤΙC ΗΝ ΠΡΟC ΤΟΝ ΠΑΤΕ:[13] ΡΑ ΚΑΙ ΕΦΑΝΕΡΩΘΗ ΗΜΙΝ:[14]

(perf,act,ind,1p,pl) οραω (perf,act,ind,att,1p,pl) ακουω (pres,act,ind,1p,pl) απαγγελλω
1Jn.1:3 ο εωρακαμεν και ακηκοαμεν απαγγελλομεν και υμιν ινα και υμεις κοινωνιαν
the One we have seen and we have heard we are informing also you all so that also you all fellowship
ℵ οι εωρακαμεν4 και3 ακηκοαμεν2 και5 απαγγελλομεν και υμιν ινα και υμιc κοινωνιαν
B.1:3a Ο ΕΩΡΑΚΑΜΕΝ ΚΑΙ ΑΚΗ:[15] ΚΟΑΜΕΝ ΑΠΑΓΓΕΛΛΟ:[16] ΜΕΝ ΚΑΙ ΥΜΙΝ ΙΝΑ ΚΑΙ:[17] ΥΜΕΙC ΚΟΙΝΩΝΙΑΝ
/\ (O changed to ω)

(pres,act,subj,2p,pl) εχω
W&H εχητε μεθ ημων και η κοινωνια δε η ημετερα μετα του πατρος και μετα
you all might have with us and but the <> fellowship the one ours *(is)* with the Father and with
ℵ εχηται μεθ ημω και η κοινωνια δε η ημετερα υμω μετα του πατροc και μετα
B.1:3b ΕΧΗ :[18] ΤΕ ΜΕΘ ΗΜΩΝ ΚΑΙ Η ΚΟΙ:[19] ΝΩΝΙΑ ΔΕ Η ΗΜΕΤΕΡΑ:[20] ΜΕΤΑ ΤΟΥ ΠΑΤΡΟC ΚΑΙ:[21] ΜΕΤΑ

W&H του υιου αυτου ιησου χριστου
the Son of Him Jesus *(the)* Christ/Messiah
ℵ του υιου αυτου ιυ χυ
B.1:3c ΤΟΥ ΥΙΟΥ ΑΥΤΟΥ:[22] ΙΥ ΧΥ

(pres,act,ind,1p,pl) γραφω (perf,pass,ptc,nom,sing,fem) πληροω
1Jn.1:4 και ταυτα γραφομεν ημεις ινα η χαρα ημων η πεπληρωμενη
and these things we write to you all so that the joy of us she having been fulfilled
ℵ και ταυτα γραφομεν ημειc ινα η χαρα ημων η πεπληρωμενη
B.1:4a ΚΑΙ ΤΑΥΤΑ ΓΡΑΦΟ:[23] ΜΕΝ ΗΜΕΙC ΙΝΑ Η ΧΑΡΑ:[24] ΗΜΩΝ Η ΠΕΠΛΗΡΩΜΕ:[25] ΝΗ

(pres,act,ind,3p,sing) εἰμι — (perf,act,ind,att,1p,pl) ακουω — (pres,act,ind,1p,pl) απαγγελλω

1Jn1:5 και$_1$ εστιν$_3$ αυτη$_2$ η$_4$ αγγελια ~~επαγγελια~~ ην ακηκοαμεν απ αυτου και αναγγελλομεν
and she is this the message ~~message~~ the one we have heard from Him and we are informing
א και εστι αυτη η αγγελιας ην ακηκοαμεν απ αυτου και αναγγελλομεν
B.1:5a ΚΑΙ ΕCΤΙΝ ΑΥΤΗ Η :[26] ΑΓΓΕΛΙΑ ΗΝ ΑΚΗΚΟΑΜΕ :[27] ΑΠ ΑΥΤΟΥ ΚΑΙ ΑΝΑΓΓΕΛ :[28] ΛΟΜΕΝ

(pres,act,ind,3p,sing) ειμι hiatus — (pres,act,ind,3p,sing) ειμι

W&H υμιν οτι ο θεος φως εστιν ~~εστι~~ και σκοτια$_1$ ουκ$_4$ εστιν$_5$ εν$_2$ αυτω$_3$ ουδεμια$_6$
you all that/" the God light He is and darkness not it is in Him none
א υμιν οτι ο <u>θc</u> φωc εστι και cκοτια1 ουκ4 εcτιν5 εν2 αυτω3 ουδεμια6
B.1:5b ΥΜΙΝ ΟΤΙ Ο <u>ΘC</u> :[29] ΦΩC ΕCΤΙΝ ΚΑΙ CΚΟΤΙΑ :[30] ΟΥΚ ΕCΤΙΝ ΕΝ ΑΥΤΩ ΟΥ :[31] ΔΕΜΙΑ
/\ (N *not reinked)*

(2aor,act,subj,1p,pl) λεγω — (pres,act,ind,1p,pl) εχω — (pres,act,subj,1p,pl) περιπατεω

1Jn.1:6 εαν ειπωμεν οτι κοινωνιαν εχομεν μετ αυτου και εν τω σκοτει περιπατωμεν
if we should have said that fellowship we are having with Him and in the darkness we should walk
א εαν ειπωμεν οτι κοινωνιαν εχομεν μετ αυτου και εν τω cκοτι περιπατωμεν
B.1:6a ΕΑΝ ΕΙΠΩΜΕΝ :[32] ΟΤΙ ΚΟΙΝΩΝΙΑΝ ΕΧΟΜΕ :[31] ΜΕΤ ΑΥΤΟΥ ΚΑΙ ΕΝ ΤΩ :[32] CΚΟΤΕΙ ΠΕΡΙΠΑΤΩΜΕ :[33]

(pres,mid,ind,1p,pl) ψευδομαι — (pres,act,ind,1p,pl) ποιεω

W&H ψευδομεθα και ου ποιουμεν την αληθειαν
we are lying and not we are doing the truth
א ψευδομεθα και ου ποιουμεν την αληθιαν
B.1:6b ΨΕΥΔΟΜΕΘΑ ΚΑΙ ΟΥ ΠΟΙΟΥΜΕΝ ΤΗΝ ΑΛΗΘΕΙΑΝ :[34]

(pres,act,subj,1p,pl) περιπατεω — (pres,act,ind,3p,sing) ειμι — (pres,act,ind,1p,pl) εχω

1Jn.1:7 εαν δε εν τω φωτι περιπατωμεν ως αυτος εστιν εν τω φωτι κοινωνιαν εχομεν μετ
but <> if in the Light we might walk as He He is in the light fellowship we have with
א εαν δε εν τω φωτι περιπατωμεν ως αυτος εστιν εν τω φωτι κοινωνιαν εχομεν μετ
B.1:7a ΕΑΝ ΔΕ ΕΝ ΤΩ ΦΩΤΙ ΠΕΡΙΠΑΤΩΜΕΝ ΩC ΑΥΤΟC :[35] ΕCΤΙΝ ΕΝ ΤΩ ΦΩΤΙ ΚΟΙ :[36] ΝΩΝΙΑΝ ΕΧΟΜΕΝ ΜΕΤ

(pres,act,ind,3p,sing) καθαριζω

W&H αλληλων και το αιμα ιησου ~~χριστου~~ του υιου αυτου καθαριζει ημας απο πασης
one another and the blood of Jesus ~~Christ~~ the Son of Him it purifies us from all
א αλληλων και το αιμα <u>ιυ</u> του <u>υυ</u> αυτου καθαριζει ημας απο πασης
B.1:7b ΑΛ :[37] ΛΗΛΩΝ ΚΑΙ ΤΟ ΑΙΜΑ <u>ΙΥ</u> :[38] ΤΟΥ ΥΙΟΥ ΑΥΤΟΥ ΚΑΘΑ :[1] ΡΙΖΕΙ ΗΜΑC ΑΠΟ ΠΑCΗC :[2]
(bottom of 3rd colum plate 1437 Manuscript – Vat. Gr. 1209) /|\ (top of 1st column plate 1438 Manuscript – Vat.gr. 1209) /|\

W&H αμαρτιας
sin
א αμαρτιας
B.1:7c ΑΜΑΡΤΙΑC

(2aor,act,subj,1p,pl) λεγω — (pres,act,ind,1p,pl) εχω — (pres,act,ind,1p,pl) πλαναω — (pres,act,ind,3p,sing) ειμι

1Jn.1:8 εαν ειπωμεν οτι αμαρτιαν ουκ εχομεν εαυτους πλανωμεν και η αληθεια ουκ εστιν εν
if we should have said that/" sin not we have ourselves we are deceiving and the Truth not she is in
א εαν ειπωμεν οτι αμαρτιαν ουκ εχομεν εαυτους πλανωμεν και η αληθεια ουκ εστιν εν
B.1:8a ΕΑΝ ΕΙΠΩΜΕΝ :[3] ΟΤΙ ΑΜΑΡΤΙΑΝ ΟΥΚ ΕΧΟ :[4] ΜΕΝ ΕΑΥΤΟΥC ΠΛΑΝΩ :[5] ΜΕΝ ΚΑΙ Η ΑΛΗΘΕΙΑ ΟΥ :[6] Κ ΕCΤΙΝ ΕΝ

W&H ημιν
us
א ημιν
B.1:8b ΗΜΙΝ

(pres,act,subj,1p,pl) ομολογεω | (pres,act,ind,3p,sing) ειμι hiatus | (2aor,act,subj,3p,sing) αφιημι

1Jn.1:9 εαν ομολογωμεν τας αμαρτιας ημων πιστος εστιν ~~εστι~~ και δικαιος ινα αφη
if we should confess the sins of us faithful He is and righteous so that He should have forgiven

א εαν ομολογωμε τας αμαρτιας ημω πιστος Τ και δικαιος ινα αφη
B.1:9a ΕΑΝ :[7] ΟΜΟΛΟΓΩΜΕΝ ΤΑΣ ΑΜΑΡΤΙΑΣ ΗΜΩΝ ΠΙΣΤΟΣ :[8] ΕΣΤΙΝ ΚΑΙ ΔΙΚΑΙΟΣ ΙΝΑ :[9] ΑΦΗ
Λ (N not reinked)

(1aor,act,subj,3p,sing) καθαριζω

W&H ημιν τας αμαρτιας και καθαριση ημας απο πασης αδικιας
us the sins and He would have cleansed us from all unrighteousness

א ημιν τας αμαρτιας και καθαριση ημας απο πασης αδικιας
B.1:9b ΗΜΙΝ ΤΑΣ ΑΜΑΡ :[10] ΤΙΑΣ ΚΑΙ ΚΑΘΑΡΙΣΗ ΗΜΑΣ :[11] ΑΠΟ ΠΑΣΗΣ ΑΔΙΚΙΑΣΕ :[12]

(2aor,act,subj,1p,pl) λεγω | (perf,act,ind,1p,pl) αμαρτανω | (2aor,act,subj,1p,pl) ποιεω

1Jn.1:10 εαν ειπωμεν οτι ουχ ημαρτηκαμεν ψευστην ποιουμεν αυτον και ο λογος αυτου
If we should say that not we have sinned a liar we would have made Him and the word of Him

א εαν ειπωμεν οτι ουχ ημαρτηκαμεν ψευστη ποιουμεν αυτο και ο λογος αυτου
B.1:10a ΑΝ ΕΙΠΩΜΕΝ ΟΤΙ ΟΥΧ Η :[13] ΜΑΡΤΗΚΑΜΕΝ ΨΕΥΣΤΗΝ :[14] ΠΟΙΟΥΜΕΝ ΑΥΤΟΝ ΚΑΙ :[15] Ο ΛΟΓΟΣ ΑΥΤΟΥ

(pres,act,ind,3p,sing) ειμι

W&H ουκ εστιν εν ημιν
not he is in us

א ουκ εστιν εν ημι
B.1:10b ΟΥΚ Ε :[16] ΣΤΙΝ ΕΝ ΗΜΙΝ

1 John 2 Plate 1438 colomb 1 line 17 of Vat.gr.1209

(pres,act,ind,1p,sing) γραφω | (2aor,act,subj,2p,pl) αμαρτανω | (2aor,act,subj,3p,sing) αμαρτανω

1Jn2:1 τεκνια μου ταυτα γραφω υμιν ινα μη αμαρτητε και εαν τις αμαρτη
children of me these *(things)* I write to you all so that not you all should sin and if any he should have sinned

א τεκνια μου ταυτα γραφω υμιν ινα μη αμαρτητε και εαν τις αμαρτη
B.2:1a ΤΕΚΝΙ :[17] Α ΜΟΥ ΤΑΥΤΑ ΓΡΑΦΩ :[18] ΥΜΙΝ ΙΝΑ ΜΗ ΑΜΑΡΤΗ :[19] ΤΕ ΚΑΙ ΕΑΝ ΤΙΣ ΑΜΑΡΤΗ :[20]

(pres,act,ind,1p,pl) εχω

W&H παρακλητον εχομεν προς τον πατερα ιησουν χριστον δικαιον
an advocate/comforter we have to/with/before the Father Jesus Christ *(the)* righteous

א παρακλητον εχομεν προς τον πρα ιν χν δικαιον
B.2:1b ΠΑΡΑΚΛΗΤΟΝ ΕΧΟΜΕΝ :[21] ΠΡΟΣ ΤΟΝ ΠΑΤΕΡΑ ΙΝ :[22] ΧΝ ΔΙΚΑΙΟΝ

(pres,act,ind,3p,sin) ειμι hiatus

1Jn.2:2 και αυτος ιλασμος εστιν ~~εστι~~ περι των αμαρτιων ημων ου περι των
and this One propitiation/atonement He is concerning the sins of us not concerning the ones

א και αυτος ιλασμος εστιν περι των αμαρτιων ημων ου περι των
B.2:2a ΚΑΙ ΑΥΤΟΣ (Ε)ΙΛΑΣΜΟΣ ΕΣΤΙΝ ΠΕΡΙ :[23] ΤΩΝ ΑΜΑΡΤΙΩΝ ΗΜΩ :[24] ΟΥ ΠΕΡΙ ΤΩΝ
Λ *(erased, not reinked)*

W&H ημετερων δε μονον αλλα και περι ολου του κοσμου
but <> ours only but also concerning whole/all of the world

א ημετερων δε μονον αλλα και περι ολου του κοσμου
B.2:2b ΗΜΕΤΕΡΩ :[25] ΔΕ ΜΟΝΩΝ ΑΛΛΑ ΚΑΙ :[26] ΠΕΡΙ ΟΛΟΥ ΤΟΥ ΚΟΣΜΟΥ :[27]

(pres,act,ind,1p,pl) **γινωσκω** **(perf,act,ind,1p,pl)** **γινωσκω**

1Jn,2:3 και εν τουτω γινωσκομεν οτι εγνωκαμεν αυτον εαν τας εντολας αυτου
and in this we know that we have known Him if the commandments of Him

א και εν τουτω γινωσκομεν οτι εγνωκαμεν αυτον εαν τας εντολας αυτου

B.2:3a ΚΑΙ ΕΝ ΤΟΥΤΩ ΓΕΙΝΩ :[28] CKOMEN ΟΤΙ ΕΓΝΩΚΑ :[29] MEN ΑΥΤΟΝ ΕΑΝ ΤΑC :[30] ΕΝΤΟΛΑC ΑΥΤΟΥ
^ (E not reinked)

(pres,act,subj,1p,pl) **τηρεω**

W&H τηρωμεν
we should keep

א φυ λαξωμεν

B.2:3b TH :[31] ΡΩΜΕΝ

(pres,act,ptc,nom,sing,masc) V **λεγω** **(perf,act,ind,1p,sing)** **γινωσκω** **(pres,act,ptc,nom,sing,masc)** **τηρεω** **(pres,act,ind,3p,sing)** **ειμι**

1Jn.2:4 ο λεγων οτι εγνωκα αυτον και τας εντολας αυτου μη τηρων ψευστης εστιν
the one saying that/" I have known Him and the commandments of Him not keeping a liar he is

א ο λεγων οτι εγνωκα αυτον και τας εντολας αυτου μη τηρων ψευστης εστι

B.2:4a Ο ΛΕΓΩΝ ΟΤΙ :[32] ΕΓΝΩΚΑ ΑΥΤΟΝ ΚΑΙ ΤΑC :[33] ΕΝΤΟΛΑC ΑΥΤΟΥ ΧΑ Η ΤΗ :[34] ΡΩΝ ΨΕΥCΤΗC ΕCΤΙΝ :[35]
^ ^ ^ *(reinking may have changed letters see below)* V

hiatus **(pres, act, ind,3p,sing)** **ειμι**

W&H ~~εστι~~ και εν τουτω η αληθεια ουκ εστιν
and in this one the truth not she is

א και εν τουτω η αληθια του θυ ουκ εστιν

B.2:4b ΚΑΙ ΕΝ ΤΟΥΤΩ Η ΑΛΗΘΕΙ :[36] Α ΟΥΚ ΕCΤΙΝ

(pres,act,subj,3p,sing) **τηρεω**

1Jn2:5 ος δ αν τηρη αυτου τον λογον αληθως εν τουτω η αγαπη του θεου
but<> whoever he should keep of Him the word truly in this one the love of the God

א ος δ αν τηρη αυτου τον λογον αληθως εν τουτω η αγαπη του θυ

B.2:5a OC Δ ΑΝ ΤΗ :[37] ΟΗ ΑΥΤΟΥ ΤΟΝ ΛΟΓΟΝ :[38] ΑΛΗΘΩC ΕΝ ΤΟΥΤΩ Η :[39] ΑΓΑΠΗ ΤΟΥ ΘΥ
^ (O could be a ρ)

(perf,pass, ind,3p,sing) **τελειοω** **(pres,act,ind,1p,p1)** **γινωσκω** **(pres,act,ind,1p,pl)** **ειμι**

W&H τετελειωται εν τουτω γινωσκομεν οτι εν αυτω εσμεν
she has been made perfect in this one we know that in Him we are

א τετελειωται εν τουτω γινωσκομεν οτι εν αυτω εcμεν

B.2:5b ΤΕΤΕ :[40] ΛΕΙΩΤΑΙ ΕΝ ΤΟΥΤΩ Γ~~(Ε)~~Ι :[1] ΝΩCΚΟΜΕΝ ΟΤΙ ΕΝ ΑΥ :[2] ΤΩ ΕCΜΕΝ
^ *(erased)* ^ *(begins column 2 plate 1438)*

(pres,act,ptc,nom,sing,masc) **λεγω** **(pres,act,inf)** **μενω** **(pres,act,ind,3p,sing)** **οφειλω** **(1aor,act,ind,3p,sing)** **περιεπατεω** **hiatus**

1Jn.2:6 ο λεγων εν αυτω μενειν οφειλει καθως εκεινος περιεπατησεν ~~περιεπατησε~~ και
the one saying in Him to remain he ought as that One He walked even

א ο λεγων εν αυτω μενιν οφειλει καθως εκεινος περιεπατησεν και

B.2:6a Ο ΛΕΓΩΝ ΕΝ :[3] ΑΥΤΩ ΜΕΝΕΙΝ ΟΦΕΙΛΕΙ :[4] ΚΑΘΩC ΕΚΕΙΝΟC ΠΕΡΙΕ :[5] ΠΑΤΗCΕΝ ΚΑΙ
^ (N is not reinked)

(pres,act,inf) **περιπατεω**

W&H αυτος ~~αυτως~~ περιπατειν
this one so to walk

א αυτωc περιπατειν

B.2:6a ΑΥΤΟC :[6] ΠΕΡΙΠΑΤΕΙΝ

(pres,act,ind,1p,sing) γραφω
1Jn2:7 αγαπητοι ~~αδελφοι~~ ουκ εντολην καινην γραφω υμιν αλλ εντολην παλαιαν ην
beloved ~~brothers~~ not a commandment new I write to you all but a commandment an old one which
א αγαπητοι ουκ εντολην καινην γραφω υμιν αλλ εντολην παλαιαν ην
B.2:7a ΑΓΑΠΗ :[7]ΤΟΙ ΟΥΚ ΕΝΤΟΛΗΝ ΚΑΙ :[8]ΝΝΗ ΓΡΑΦΩ ΥΜΙΝ ΑΛΛ Ε :[9]ΤΟΛΗΝ ΠΑΛΑΙΑΝ ΗΝ
/\ *(scribble error)*

(imperf,act,ind,2p,pl) εχω — (pres,act,ind,3p,sing) ειμι — (1aor,act,ind,2p,pl) ακουω
W&H ειχετε απ αρχης η εντολη η παλαια εστιν ο λογος ον ηκουσατε ~~απ αρχης~~
you all were having from beginning the commandment the one old it is the word which you heard ~~from beginning~~
א ειχετε απ αρχηc η εντολη η παλαια εστιν ο λογος ον ηκουσατε
B.2:7b ΕΙ :[10]ΧΕΤΕ ΑΠ ΑΡΧΗC Η ΕΝΤΟ :[11]ΛΗ Η ΠΑΛΑΙΑ ΕCΤΙΝ Ο ΛΟ :[12]ΓΟC ΟΝ ΗΚΟΥCΑΤΕ

(pres,act,ind,1p,sing) γραφω — (pres,act,ind,3p,sing) ειμι
1Jn2:8 παλιν εντολην καινην γραφω υμιν ο εστιν αληθες εν αυτω και εν υμιν
again a commandment new I write to you all which he is true in Him and in you all
א παλιν εντολην καινην γραφω υμιν ο εστιν αληθες και εν αυτω και εν υμιν
B.2:8a ΠΑ :[13]ΛΙΝ ΕΝΤΟΛΗΝ ΚΑΙΝΗΝ :[14]ΓΡΑΦΩ ΥΜΙΝ Ο ΕCΤΙΝ :[15]ΑΛΗΘΕC ΕΝ ΑΥΤΩ ΚΑΙ :[16]ΕΝ ΥΜΙΝ

(pres,act,ind,3p,sing) παραγω — (pres,act,ind,3p,sing) φαινω
W&H οτι η σκοτια παραγεται και το φως το αληθινον ηδη φαινει
because the darkness she passes away and the Light the True One already It is shining
א οτι η cκοτια παραγεται και το φως τον αληθινον ηδη φαινει
B.2:8b ΟΤΙ Η CΚΟΤΙΑ :[17]ΠΑΡΑΓΕΤΑΙ ΚΑΙ ΤΟ ΦΩC :[18]ΤΟ ΑΛΗΘΕΙΝΟΝ ΗΔΗ ΦΑΙ :[19]ΝΕΙ
/\ *(E not reinked)*

(pres,act,ptc,nom,sing,masc) λεγω — (pres,act,inf) ειμι — (pres,act,ptc,nom,sing,masc) μισεω
1Jn.2:9 ο λεγων εν τω φωτι ειναι και τον αδελφον αυτου μισων εν τη
the one saying in the Light to be and the brother of him hating in the
א ο λεγων εν τω φωτι ειναι και τον αδελφον αυτου μειcων ψευcτηc1 και3 εν4 τη5
B.2:9a Ο ΛΕΓΩΝ ΕΝ ΤΩ ΦΩ :[20]ΤΙ ΕΙΝΑΙ ΚΑΙ ΤΟΝ ΑΔΕΛ :[21]ΦΟΝ ΑΥΤΟΥ ΜΕΙCΩΝ :[22] ΕΝ ΤΗ
/\ (E *not reinked*)

(pres,act,ind,3p,sing) ειμι
W&H σκοτια εστιν εως αρτι
darkness he is until now
א cκοτια6 εcτιν2 εως αρτι
B.2:9b CΚΟΤΙΑ ΕCΤΙΝ Ε :[23]ΩC ΑΡΤΙ

(pres,act,ptc,nom,sing,masc) αγαπαω — (pres,act,ind,3p,sing) μενω
1Jn.2:10 ο αγαπων τον αδελφον αυτου εν τω φωτι μενει και σκανδαλον εν αυτω ουκ
the one loving the brother of him in the Light he remains and a cause of offense in him not
א ο αγαπω τον αδελφον αυτου εν τω φωτι μενει και cκανδαλον ουκ
B.2:10a Ο ΑΓΑΠΩΝ ΤΟΝ :[24]ΑΔΕΛΦΟΝ ΑΥΤΟΥ ΕΝ :[25]ΤΩ ΦΩΤΙ ΜΕΝΕΙ ΚΑΙ :[26]CΚΑΝΔΑΛΟΝ ΕΝ ΑΥΤΩ :[27]ΟΥΚ

(pres,act,ind,3p,sing) ειμι
W&H εστιν
there is
א εcτιν εν αυτω
B.2:10b ΕCΤΙΝ

(pres,act,ptc,nom,sing,masc) (pres,act,ind,3p,sing) (pres,act,ind,3p,sing)
μισεω εiμι hiatus περιπατεω
1Jn.2:11 ο δε μισων τον αδελφον αυτου εν τη σκοτια εστιν ~~εστι~~ εν τη σκοτια περιπατει
but <> the one hating the brother of him in the darkness he is in the darkness he is walking
א ο δε μισω τον αδελφον αυτου εν τη σκοτια εστι και εν τη σκοτια περιπατει
B.2:11a Ο ΔΕ ΜΕΙCΩ :[28] ΤΟΝ ΑΔΕΛΦΟΝ ΑΥΤΟΥ :[29] ΕΝ ΤΗ CΚΟΤΙΑ ΕCΤΙΝ :[30] ΕΝ ΤΗ CΚΟΤΙΑ ΠΕΡΙΠΑ :[31] ΤΕΙ
/\ (*E not reinked*) /\ (N not reinked)

(perf,act,ind,3p,sing)(pres,act,ind,3p,sing) (1aor,act,ind,3p,sing)
οιδα υπαγω τυφλοω
W&H και ουκ οιδεν που υπαγει οτι η σκοτια ετυφλωσεν τους οφθαλμους αυτου
and not he has known where he is going forth because/" the darkness she made to not understand the eyes of him
א και ουκ οιδεν που υπαγει οτι η σκοτια ετυφλωσεν τους οφθαλμους αυτου
B.2:11b ΚΑΙ ΟΥΚ ΟΙΔΕ ΠΟΥ :[32] ΥΠΑΓΕΙ ΟΤΙ Η CΚΟΤΙΑ ΕΤΥ :[33] ΦΛΩCΕΝ ΤΟΥC ΟΦΘΑΛ :[34] ΜΟΥC ΑΥΤΟΥ
/\ (N not reinked)

(pres,act,ind,1p,sing) (perf,pass, ind,3p,pl)
γραφω αφιηυι
1Jn.2:12 γραφω υμιν τεκνια οτι αφεωνται υμιν αι αμαρτιαι δια το ονομα αυτου
I write to you all little children because they have been forgiven to you all the sins through the Name of Him
א γραφω υμιν τεκνια οτι αφεονται υμιν αι αμαρτιαι δια το ονομα αυτου
B.2:12a ΓΡΑΦΩ :[35] ΥΜΙΝ ΤΕΚΝΙΑ ΟΤΙ ΑΦΕ :[36] ΩΝΤΑΙ ΥΜΙΝ ΑΙ ΑΜΑΡΤΙ :[37] ΑΙ ΔΙΑ ΤΟ ΟΝΟΜΑ ΑΥΤΟΥ :[38]

(pres,act,ind,1p,sing) (perf,act,ind,2p,pl) (pres,act,ind,1p,sing)
γραφω γινωσκω γραφω
1Jn.2:13 γραφω υμιν πατερες οτι εγνωκατε τον απ αρχης γραφω υμιν νεανισκοι οτι
I write to you all fathers because/" you all have known the One from beginning I write to you all young men because/"
א γραφω υμιν πατερες οτι εγνωκατε τον απ αρχης γραφω υμιν νεανισκοι οτι
B.2:13a ΓΡΑΦΩ ΥΜΙΝ ΠΑΤΕΡΕC :[39] ΟΤΙ ΕΓΝΩΚΑΤΕ ΤΟΝ Α :[40] Π ΑΡΧΗC ΓΡΑΦΩ ΥΜΙ :[41] ΝΕΑΝΙCΚΟΙ ΟΤΙ
/\ (*small superscript sigma*)

(perf,act,ind,2p,pl) (1aor,ind,act,1p,sing)(pres,act,ind,1p,sing) (perf,act,ind,2p,pl)
νικαω γραφω γραφω γινωσκω
W&H νενικηκατε τον πονηρον εγραψα ~~γραφω~~ υμιν παιδια οτι εγνωκατε τον πατερα
you all have conquered the evil one I wrote ~~I write~~ to you all young children because you all have known the Father
א νενικηκατε το πονηρον εγραψα υμιν παιδια οτι εγνωκατε τον πατερα
B.2:13b ΝΕΝ(Ε)Ι :[42] ΚΗΚΑΤΕ ΤΟΝ ΠΟΝΗΡΟ :[1] ΕΓΡΑΨΑ ΥΜΙΝ ΠΑΙΔΙΑ :[2] ΟΤΙ ΕΓΝΩΚΑΤΕ ΤΟΝ ΠΑ :[3] ΤΕΡΑ
/\ (*E not reinked*) /|\ top of column 3 plate 1438 of Manuscript Vat.gr.1209

(1aor,ind,act,1p,sing) (perf,act,ind,2p,pl) (1aor,ind,act,1p,sing)
γραφω γινωσκω γραφω
1Jn.2:14 εγραψα υμιν πατερες οτι εγνωκατε τον απ αρχης εγραψα υμιν νεανισκοι οτι ισχυροι
I wrote to you all fathers because you have known the One from beginning I wrote to you all young men because strong
א εγραψα υμιν πατερες οτι εγνωκατε τον απ αρχηc εγραψα υμιν νεανιcκοι οτι ιcχυροι
B.2:14a ΕΓΡΑΨΑ ΥΜΙΝ ΠΑ :[4] ΤΕΡΕC ΟΤΙ ΕΓΝΩΚΑΤΕ :[5] ΤΟ ΑΠ ΑΡΧΗC ΕΓΡΑΨΑ Υ :[6] ΜΙΝ ΝΕΑΝΙCΚΟΙ ΟΤΙ Ι :[7] CΧΥΡΟΙ

(pres,act,ind,2p,pl) (pres,act,ind,3p,sing) (perf,act,ind,2p,pl)
εiμι μενω νικαω
W&H εστε και ο λογος [του θεου] εν υμιν μενει και νενικηκατε τον πονηρον
you all are and the Word of the God in you all He remains and you all have conquered the evil one
א εcτε και ο λογοc του θυ εν υμιν μενει και νενικηκατε τον πονηρο
B.2:14b ΕCΤΕ ΚΑΙ Ο ΛΟΓΟC :[8] ΕΝ ΥΜΙΝ ΜΕΝΕΙ ΚΑΙ ΝΕ :[9] ΝΕΙΚΗΚΑΤΕ ΤΟΝ ΠΟΝΗ :[10] ΡΟΝ
/\ (small OC) /\ (*E not reinked*)

(pres,act,imper,2p,pl) (pres,act,ind or subj,3p,sing)
αγαπαω αγαπαω
1Jn.2:15 μη αγαπατε τον κοσμον μηδε τα εν τω κοσμω εαν τις αγαπα τον κοσμον
not love you all the world and not/nor the *(things)* in the world if anyone he loves/should love the world
א μη αγαπατε τον κοcμον μηδε τα εν τω κοcμω εαν τιc αγαπα τον κοcμον
B.2:15a ΜΗ ΑΓΑΠΑΤΕ ΤΟΝ :[11] ΚΟCΜΟΝ ΜΗΔΕ ΤΑ ΕΝ ΤΩ :[12] ΚΟCΜΩ ΕΑΝ ΤΙC ΑΓΑΠΑ :[13] ΤΟΝ ΚΟCΜΟΝ

(pres,act,ind,3p,sing)
ειμι
W&H ουκ εστιν η αγαπη του πατρος εν αυτω
not she is the love of the Father in him
א ουκ εστι η αγαπη του πατροc εν αυτω
B.2:15b ΟΥΚ ΕCΤΙ :[14] Η ΑΓΑΠΗ ΤΟΥ ΠΑΤΡΟC :[15] ΕΝ ΑΥΤΩ

1Jn.2:16 οτι παν το εν τω κοσμω η επιθυμια της σαρκος και η επιθυμια των οφθαλμων
because/" all the one in the world the lust of the flesh and the lust of the eyes
א οτι παν το εν τω κοcμω η επιθυμια της cαρκοc και η επιθυμια των οφθαλμω
B.2:16a ΟΤΙ ΠΑΝ ΤΟ ΕΝ :[16] ΤΩ ΚΟCΜΩ Η ΕΠΙΘΥΜΙ :[17] Α ΤΗC CΑΡΚΟC ΚΑΙ Η ΕΠΙ :[18] ΘΥΜΙΑ ΤΩΝ ΟΦΘΑΛΜΩ :[19]

(pres,act,ind,3p,sing) (pres,act,ind,3p,sing)
ειμι ειμι hiatus
W&H και η αλαζονεια του βιου ουκ εστιν εκ του πατρος αλλ εκ του κοσμου εστιν ~~εστι~~
and the vain glory of the life not she is from out of the Father but from out of the world she is
א και η αλαζονια του βιου ουκ εcτι εκ του πατροc αλλ εκ του κοcμου εcτιν
B.2:16b ΚΑΙ Η ΑΛΑΖΟΝΙΑ ΤΟΥ ΒΙΟΥ :[20] ΟΥΚ ΕCΤΙΝ ΕΚ ΤΟΥ ΠΑ :[21] ΤΡΟC ΑΛΛΑ ΕΚ ΤΟΥ ΚΟ :[22] CΜΟΥ ΕCΤΙΝ
(N not reinked) Λ

(pres,pass,ind,3p,sing) (pres,act,ptc,nom,sing,masc)
παραγω ποιεω
1Jn.2:17 και ο κοσμος παραγεται και η επιθυμια [αυτου] ο δε ποιων το θελημα
and the world he is passing away and the lust of him but<> the one doing the will
א και ο κοcμοc παραγεται και η επιθυμια αυτου ο δε ποιων το θελημα
B.2:17a ΚΑΙ Ο ΚΟ :[23] CΜΟC ΠΑΡΑΓΕΤΑΙ ΚΑΙ Η :[24] ΕΠΙΘΥΜΙΑ ΑΥΤΟΥ Ο ΔΕ :[25] ΠΟΙΩΝ ΤΟ ΘΕΛΗΜΑ

(pres,act,ind,3p,sing)
μενω
W&H του θεου μενει εις τον αιωνα
of the God he remains into the ages
א του θυ μενει εις τον αιωνα
B.2:17b ΤΟΥ :[26] ΘΥ ΜΕΝΕΙ ΕΙC ΤΟΝ ΑΙΩ :[27] ΝΑ

(pres,act,ind,3p,sing) (1aor,act,ind,2p,pl) (pres,mid,ind,3p,sing)
ειμι hiatus ακουω ερχομαι
1Jn.2:18 παιδια εσχατη ωρα εστιν ~~εστι~~ και καθως ηκουσατε οτι ~~ο~~ αντιχριστος ερχεται
young children last hour she is and as you all heard that/" ~~the~~ antichrist he is coming
א παιδια εcχατη ωρα εcτιν και καθωc ηκουcατε οτι αντιχριcτοc ερχεται
B.2:18a ΠΑΙΔΙΑ ΕCΧΑΤΗ Ω :[27] ΡΑ ΕCΤΙΝ ΚΑΙ ΚΑΘΩC :[28] ΗΚΟΥCΑΤΕ ΟΤΙ ΑΝΤΙ :[29] ΧΡΕΙCΤΟC ΕΡΧΕΤΑΙ
Λ (N not reinked) Λ (E not reinked)

(perf,act,ind,3p,pl) (pres,act,ind,1p,pl) (pres,act,ind,3p,sing)
γινομαι γινωσκω ειμι
W&H και νυν αντιχριστοι πολλοι γεγονασιν οθεν γινωσκομεν οτι εσχατη ωρα εστιν
even now antichrists many they have happened from where we know that last hour she is
א και νυν αντιχριcτοι πολλοι γεγοναcιν οθεν γινωcκομεν οτι εcχατη ωρα εcτιν
B.2:18b ΚΑΙ :[30] ΝΥΝ ΑΝΤΙΧΡΙCΤΟΙ ΠΟΛ :[31] ΛΟΙ ΓΕΓΟΝΑCΙΝ ΟΘΕΝ :[32] ΓΙΝΩCΚΟΜΕΝ ΟΤΙ Ε :[33] CΧΑΤΗ ΩΡΑ ΕCΤΙΝ

(2aor,act,ind,3p,pl) (imperf,act,ind,3p,pl) (imperf,act,ind,3p,pl)(plupf,act,ind,3p,pl)
εξερχομαι ειμι ειμι μενω
1Jn.2:19 εξ ημων εξηλθαν αλλ ουκ ησαν εξ ημων ει γαρ εξ1 ημων3 ησαν2 μεμενηκεισαν4 αν
from us they went out but not they were from of us for <> if from us they were they would have had remained
א εξ ημων εξηλθαν αλλ ουκ ηcαν εξ ημων ει γαρ1 εξ3 ημων4 ηcαν2 μεμενηκιcαν5 αν
B.2:19a ΕΞ Η :[34] ΜΩΝ ΕΞΗΛΘΑΝ ΑΛΛ ΟΥ :[35] Κ ΗCΑΝ ΕΞ ΗΜΩΝ ΕΙ ΓΑΡ :[36] ΕΞ ΗΜΩΝ ΗCΑΝ ΜΕΜΕ :[37] ΝΗΚΕΙCΑΝ ΑΝ

(1aor,pass,subj,3p,pl) (pres,act,ind,3p,sing)
φανεροω ειμι hiatus
W&H μεθ ημων αλλ ινα φανερωθωσιν οτι ουκ εισιν ~~εισι~~ παντες εξ ημων
with us but so that they might be made known that/" not he is all from out of us
א μεθ ημων αλλ ινα φανερωθωcιν οτι ουκ ειcιν παντεc εξ ημων
B.2:19b ΜΕΘ ΗΜΩ :[38] ΑΛΛ ΙΝΑ ΦΑΝΕΡΩΘΩ :[39] CΙΝ ΟΤΙ ΟΥΚ ΕΙCΙΝ ΠΑΝ :[40] ΤΕC ΕΞ ΗΜΩΝ
Λ (N not reinked)

(pres,act,ind,2p,pl) εχω (perf,act,ind,2p,pl) οιδα (acc,sing) (acc. pl)

1Jn.2:20 και υμεις χρισμα εχετε απο του αγιου ~~και~~ οιδατε παντες ~~παντα~~
and you all an anointing you all have from the Holy One ~~and~~ you all have known all / every ~~all (things)~~

ℵ και υμις χρισμα εχετε απο του αγιου και οιδαται παντες
B.2:20a ΚΑΙ ΥΜΕΙΣ :[41] ΧΡΕΙΣΜΑ ΕΧΕΤΕ ΑΠΟ ΤΟΥ :[1] ΑΓΙΟΥ ΟΙΔΑΤΕ ΠΑΝΤΕΣ :[2]
∧ (E not reinked) ∧ (top of column 1, plate 1439, Manuscript Vat. gr. 1209)

(1aor,act,ind,1p,sing) γραφω (perf,act,ind,2p,pl) οιδα (perf,act,ind,2p,pl) οιδα

1Jn.2:21 ουκ εγραψα υμιν οτι ουκ οιδατε την αληθειαν αλλ οτι οιδατε αυτην και οτι
not I wrote to you all because/" not you all have known the Truth but because you all have known It and because

ℵ ουκ εγραψα υμιν οτι ουκ οιδατε την αληθιαν αλλ οτι οιδαται αυτην και οτι
B.2:21a ΟΥΚ ΕΓΡΑΨΑ ΥΜΙΝ ΟΤΙ :[3] ΟΥΚ ΟΙΔΑΤΕ ΤΗΝ ΑΛΗ :[4] ΘΕΙΑΝ ΑΛΛ ΟΤΙ ΟΙΔΑΤΕ :[5] ΑΥΤΗΝ ΚΑΙ ΟΤΙ

(pres,act,ind,3p,sing) ειμι hiatus

W&H παν ψευδος εκ της αληθειας ουκ εστιν ~~εστι~~
every lie from out of the Truth not he is

ℵ παν ψευδος εκ της αληθιας ουκ εστιν
B.2:21a ΠΑΝ ΨΕΥ :[6] ΔΟΣ ΕΚ ΤΗΣ ΑΛΗΘΕΙΑΣ :[7] ΟΥΚ ΕΣΤΙΝ

(pres,act,ind,3p,sing) ειμι (pres,mid,ptc,nom,sing,masc) αρνεομαι (pres,act,ind,3p,sing) ειμι

1Jn.2:22 τις εστιν ο ψευστης ει μη ο αρνουμενος οτι ιησους ουκ εστιν ο χριστος
who he is the liar if not the one denying that Jesus not He is the Christ

ℵ τις εστιν ο ψευστης ει μη ο αρνουμενος οτι ις ουκ εστιν ο χς
B.2:22a ΤΙΣ ΕΣΤΙΝ :[8] Ο ΨΕΥΣΤΗΣ ΕΙ ΜΗ Ο ΑΡ :[9] ΝΟΥΜΕΝΟΣ ΟΤΙ ΙΣ ΟΥ :[10] Κ ΕΣΤΙΝ Ο ΧΣ

(pres,act,ind,3p,sing) ειμι (pres,mid,ptc,nom,sing,masc) αρνεομαι

W&H ουτος εστιν ο αντιχριστος ο αρνουμενος τον πατερα και τον υιον
this one he is the antichrist the one denying the Father and the Son

ℵ ουτος εστιν ο αντιχριστος ο αρνουμενος κ(αι) τον πρα και τον υν
B.2:22b ΟΥΤΟΣ Ε :[11] ΣΤΙΝ Ο ΑΝΤΙΧΡΕΙΣΤΟΣ :[12] Ο ΑΡΝΟΥΜΕΝΟΣ ΤΟΝ :[13] ΠΑΤΕΡΑ ΚΑΙ ΤΟΝ ΥΙΟΝ :[14]
∧ (E not reinked)

(pres,mid,ptc,nom,sing,masc) αρνεομαι (pres,act,ind,3p,sing) εχω (pres,act,ptc,nom,sing,masc) ομολογεω

1Jn.2:23 πας ο αρνουμενος τον υιον ουδε τον πατερα εχει ο ομολογων τον υιον
every the one denying the Son and not/neither the Father he has the one professing the Son

ℵ πας ο αρνουμενος τον υν ουδε τον πατερα εχει ο ομολογων τον υν
B.2:23a ΠΑΣ Ο ΑΡΝΟΥΜΕΝΟΣ ΤΟ :[15] ΥΙΟΝ ΟΥΔΕ ΤΟΝ ΠΑΤΕΡΑ :[16] ΕΧΕΙ Ο ΟΜΟΛΟΓΩΝ ΤΟ :[17] ΥΙΟΝ

(pres,act,ind,3p,sing) εχω

W&H και τον πατερα εχει
also the Father he has

ℵ και τον πατερα εχει
B.2:23b ΚΑΙ ΤΟΝ ΠΑΤΕΡΑ :[18] ΕΧΕΙ

(1aor,act,ind,2p,pl) ακουω (pres,act,imper,3p,sing) μενω (1aor,act,subj,3p,sing) μενω

1Jn.2:24 υμεις ~~ουν~~ ο ηκουσατε απ αρχης εν υμιν μενετω εαν εν υμιν μεινη
~~therefore~~ <> you all the One you all heard from beginning in you all let Him remain if in you all He should have remained

ℵ υμεις ο ηκουσατε απ αρχης εν υμιν μενετω εαν ┬ υμιν μινη
B.2:24a ΥΜΕΙΣ Ο ΗΚΟΥΣΑ :[19] ΤΕ ΑΠ ΑΡΧΗΣ ΕΝ ΥΜΙΝ ΜΕ :[20] ΝΕΤΩ ΕΑΝ ΕΝ ΥΜΙΝ ΜΕΙ :[21] ΝΗ

(1aor,act,ind,2p,pl) ακουω (fut,act,ind,2p,pl) μενω

W&H ο απ αρχης ηκουσατε και υμεις εν τω υιω και [εν] τω πατρι μενειτε
the One from beginning you all heard also you all in the Son and in the Father you all will remain

ℵ ο1 απ3 αρχης4 ακηκοατε2 και5 υμεις6 ε7 τω8 υιω13 και10 εν11 τω12 πατρι9 μενειτε14

B.2:24b Ο ΑΠ ΑΡΧΗΣ ΗΚΟΥΣΑ :[22] ΤΕ ΚΑΙ ΥΜΕΙΣ ΕΝ ΤΩ ΥΙΩ :[23] ΚΑΙ ΤΩ ΠΑΤΡΙ ΜΕΝΕΙΤΕ :[24]

(pres,act,ind,3p,sing) ειμι (1aor,mid,ind,3p,sing) επαγγελλω

1Jn.2:25 και αυτη εστιν η επαγγελια ην αυτος επηγγειλατο ημιν την ζωην την αιωνιον
and this she is the promise the One He He, Himself, promised to us the Life the eternal

ℵ και αυτη εστιν η επαγγελια ην αυτος επηγγειλατο ημιν την ζωην την αιωνιον

B.2:25a ΚΑΙ ΑΥΤΗ ΕΣΤΙΝ Η ΕΠΑΓ :[25] ΓΕΛΙΑ ΗΝ ΑΥΤΟΣ ΕΠΗΓ :[26] ΓΕΙΛΑΤΟ ΥΜΙΝ ΤΗΝ ΖΩ :[27] ΗΝ ΤΗΝ ΑΙΩΝΙΑΝ

(1aor,act,ind,1p,sing) γραφω (pres,act,ptc,gen,pl,masc) πλαναω

1Jn.2:26 ταυτα εγραψα υμιν περι των πλανωντων υμας
these *(things)* I wrote to you all concerning the ones deceiving/misleading you all

ℵ ταυτα εγραψα υμιν περι των πλανωτων υμας

B.2:26a ΤΑΥ :[28] ΤΑ ΕΓΡΑΨΑ ΥΜΙΝ ΠΕΡΙ ΤΩΝ :[29] ΠΛΑΝΩΝΤΩΝ ΥΜΑΣ

(2aor,act,ind,2p,pl) λαμβανω (pres,act,ind,3p,sing) μενω (pres,act,ind,2p,pl) εχω

1Jn.2:27 και υμεις το χρισμα ο ελαβετε απ αυτου μενει3 εν2 υμιν4 και ου χρειαν εχετε
and you all the anointing the one you all received from Him He remains in you all and not need you all have

ℵ και υμις το χρισμα ο ελαβετε απ αυτου μενει εν υμιν και ου χριαν εχετε

B.2:27a Κ :[30] ΥΜΕΙΣ ΤΟ ΧΑΡΙΣΜΑ Ο :[31] ΕΛΑΒΕΤΕ ΑΠ ΑΥΤΟΥ ΜΕ :[32] ΝΕΙ ΕΝ ΥΜΙΝ ΚΑΙ ΟΥ ΧΡΕΙ :[33] ΑΝ ΕΧΕΤΕ
/|\ *(fancy K at end of line is shorthand for KAI)* /\ *(A replaced with E at reinking)*

(pres,act,subj,3p,sing) διδασκω (pres,act,ind,3p,sing) διδασκω

W&H ινα τις διδασκη υμας αλλ ως το αυτου χρισμα διδασκει υμας περι παντων
so that anyone he should teach you all but as the of Him anointing He is teaching you all concerning all *(things)*

ℵ ινα τις διδασκη υμας αλλ ως το αυτου πνα διδασκει υμας περι παντω

B.2:27b ΙΝΑ ΤΙΣ ΔΙΔΑ : ΣΚΗ ΥΜΑΣ ΑΛΛΑ -- ΤΟ ΑΥ :[34] ΤΟΥ ΧΡΕΙΣΜΑ ΔΙΔΑΣΚΕΙ :[35] ΥΜΑΣ ΠΕΡΙ ΠΑΝΤΩΝ
/\ *(E not reinked)*

(pres,act,ind,3p,sing) ειμι hiatus (pres,act,ind,3p,sing) ειμι hiatus (1aor,act,ind,3p,sing) διδασκω

W&H και αληθες εστιν ~~εστι~~ και ουκ εστιν ~~εστι~~ ψευδος και καθως εδιδαξεν υμας
and true she is and not he is a lie and as He has taught you all

ℵ και αληθης εστι και ουκ εστιν ψευδος και καθως εδιδαξεν υμας

B.2:27c ΚΑΙ :[36] ΑΛΗΘΕΣ ΕΣΤΙΝ ΚΑΙ ΟΥ :[37] Κ ΕΣΤΙΝ ΨΕΥΔΟΣ ΚΑΙ ΚΑ :[38] ΘΩΣ ΕΔΙΔΑΞΕΝ ΥΜΑΣ :[39]
/\ ------------ *(reinking of N's not done)* ----/\

(pres,act,ind,2p,pl) μενω (fut,act,ind,2p,pl) μενω

W&H μενετε ~~μενειτε~~ εν αυτω
you all remain ~~you all will remain~~ in Him

ℵ μενετε εν αυτω

B.2:27c ΜΕΝΕΤΕ ΕΝ ΑΥΤΩ

(pres,act,ind,2p,pl) μενω (1aor,pass,subj,3p,sing) φανεροω (2aor,act,subj,1p,pl) εχω

1Jn.2:28 και νυν τεκνια μενετε εν αυτω ινα εαν ~~οταν~~ φανερωθη σχωμεν
even now little children you all remain in Him so that if ~~from where~~ He should be claused to be made known we should have

ℵ ινα εαν φανερωθη σχωμεν

B.2:28a ΚΑΙ :[40] ΝΥΝ ΤΕΚΝΙΑ ΜΕΝΕΤΕ :[41] ΕΝ ΑΥΤΩ ΙΝΑ ΕΑΝ ΦΑ :[1] ΝΕΡΩΘΗ ΣΧΩΜΕΝ
(bottom of column 1, plate 1439, Vat.gr.1209) /\ *(top of column 2 plate1439 Vat.gr.1209)* /\

W&H
(pres,act,subj,1p,pl) εχω — (1aor,pass,subj,1p,pl) αισχυνομαι
~~εχωμεν~~ παρρησιαν και μη αισχυνθωμεν απ αυτου εν τη παρουσια αυτου
~~we might have~~ confidence and not we should be shamed before Him in the presence of Him
א B.2:28b
παρρησιαν και μη αιcχυνθωμεν1 απ6 αυτου5 εν2 τη3 παρουcια4 αυτου7
ΠΑΡ :[2] ΡΗCΙΑΝ ΚΑΙ ΜΗ ΑΙCΧΥΝ :[3] ΘΩΜΕΝ ΑΠ ΑΥΤΟΥ ΕΝ ΤΗ :[4] ΠΑΡΟΥCΙΑ ΑΥΤΟΥ

1Jn2:29
(2aor,act,ind,2p,pl) οραω — (pres,act,ind,3p,sing) ειμι hiatus — (pres,act,ind,2p,pl) γινωσκω — (pres,act,ptc,nom,sing,masc) ποιεω
εαν ειδητε οτι δικαιος εστιν ~~εστι~~ γινωσκετε οτι πας ο ποιων
if you all saw that righteousness He is you all know that / " all the ones doing
א B.2:29a
εαν ειδητε οτι δικαιος εστιν γινωσκετε οτι και πας ο ποιων
ΕΑΝ :[5] ΕΙΔΗΤΕ ΟΤΙ ΔΙΚΑΙΟC Ε :[6] CΤΙΝ ΓΕΙΝΩCΚΕΤΕ ΟΤΙ :[7] ΠΑC Ο ΠΟΙΩΝ
(N not reinked) ^ ^ (E not reinked)

W&H
(perf,pass,ind,3p,sing) γενναω
την δικαιοσυνην εξ αυτου γεγεννηται
the righteousness from out of Him he has been born
א B.2:29b
την δικαιοcυνην εξ αυτου γεγεννηται
ΤΗΝ ΔΙΚΑΙ :[8] ΟCΥΝΗΝ ΕΞ ΑΥΤΟΥ ΓΕ :[9] ΓΕΝΝΗΤΑΙ

1 John 3

1Jn.3:1
(2aor,act,imper,2p,pl) οραω — (perf,act,ind,3p,sing) διδωμι — (1aor,pass,subj,1p,pl) καλεω
ιδετε ποταπην αγαπην δεδωκεν ημιν ο πατηρ ινα τεκνα θεου κληθωμεν
you all see/behold what sort of love He has given to us the Father so that children of God we should be called
א B.3:1a
ειδετε ποταπην αγαπην δεδωκε ημιν ο πατηρ ινα τεκνα θυ κληθωμεν
ΙΔΕΤΕ ΠΟΤΑ :[10] ΠΗΝ ΑΓΑΠΗΝ ΔΕΔΩΚΕΝ :[11] ΥΜΙΝ Ο ΠΑΤΗΡ ΙΝΑ ΤΕΚΝΑ :[12] ΘΥ ΚΛΗΘΩΜΕΝ
(N is *indicated by horizontal line at end of verse over the* E) ^

W&H
(pres,act,ind,1p,pl) ειμι — (pres,act,ind,3p,sing) γινωσκω — (2aor,act,ind,3p,sing) γινωσκω
και εσμεν δια τουτο ο κοσμος ου γινωσκει ημας οτι ουκ εγνω αυτον
and we all are on account of this the world not he knows us because not he knew Him
א B.3:1b
και εcμε δια τουτο ο κοcμοc ου γινωcκει υμαc οτι ουκ εγνω αυτον
ΚΑΙ ΕCΜΕΝ :[13] ΔΙΑ ΤΟΥΤΟ Ο ΚΟCΜΟC :[14] ΟΥ ΓΕΙΝΩCΚΕΙ ΗΜΑC :[15] ΟΤΙ ΟΥΚ ΕΓΝΩ ΑΥΤΟΝ :[16]
^ (E not reinked)

1Jn.3:2
(pres,act,ind,1p,pl) ειμι — (1aor,pass,ind,3p,sing) φανεροω — (fut,mid,ind,1p,pl) ειμι — (perf,act,ind,1p,pl) οιδα
αγαπητοι νυν τεκνα θεου εσμεν και ουπω εφανερωθη τι εσομεθα οιδαμεν ~~δε~~
beloved now children of God we are and not yet He caused to be seen what we, ourselves, will be ~~but~~ <> we all have known
א B.3:2a
αγαπητοι νυν τεκνα θυ εcμεν κ(αι) ουπω εφανερωθη τι εcομεθα οιδαμεν
ΑΓΑΠΗΤΟΙ ΝΥΝ ΤΕΚΝΑ :[17] ΘΥ ΕCΜΕΝ ΚΑΙ ΟΥΠΩ Ε :[18] ΦΑΝΕΡΩΘΗ ΤΙ ΕCΟΜΕ :[19] ΘΑ ΟΙΔΑΜΕΝ

W&H
(1aor,pass,subj,3p,sing) φανεροω — (fut,mid,ind,1p,pl) ειμι — (fut,mid,ind,1p,pl) οραω — (pres,act,ind,3p,sing) ειμι hiatus
οτι εαν φανερωθη ομοιοι αυτω εσομεθα οτι οψομεθα αυτον καθως εστιν ~~εστι~~
that if He was caused to be seen like Him we ourselves will be because we will see Him as He is
א B.3:2b
οτι εαν φανερωθη ομοιοι αυτω εcομεθα οτι οψομεθα αυτον καθωc εcτιν
ΟΤΙ ΕΑΝ :[20] ΦΑΝΕΡΩΘΗ ΟΜΟΙΟΙ ΑΥ :[21] ΤΩ ΕCΟΜΕΘΑ ΟΤΙ ΟΨΟ :[22] ΜΕΘΑ ΑΥΤΟΝ ΚΑΘΩC Ε :[23] CΤΙΝ
(N *not reinked*) ^

1Jn.3:3
(pres,act,ptc,nom,sing,masc) εχω — (pres,act,ind,3p,sing) αγνιζω
και πας ο εχων την ελπιδα ταυτην επ αυτω αγνιζει εαυτον καθως εκεινος
and all/every the one having the hope this in Him he sanctifies himself as this One
א B.3:3a
και παc ο εχων την ελπιδα ταυτην επ αυτω αγνιζι εαυτον καθωc εκινοc
ΚΑΙ ΠΑC Ο ΕΧΩΝ :[24] ΤΗΝ ΕΛΠΙΔΑ ΤΑΥΤΗΝ :[25] ΕΠ ΑΥΤΩ ΑΓΝΙΖΕΙ ΕΑΥ :[26] ΤΟΝ ΚΑΘΩC ΕΚΕΙΝΟC

W&H
(pres,act,ind,3p,sing) ειμι hiatus
αγνος εστιν ~~εστι~~
holy He is
א B.3:3b
αγνοc εcτιν
Α :[27] ΓΝΟC ΕCΤΙΝ

(pres,act,ptc,nom,sing,masc) (pres,act,ind,3p,sing) (pres,act,ind,3p,sing)
ποιεω ποιεω ειμι
1Jn.3:4 πας ο ποιων την αμαρτιαν και την ανομιαν ποιει και η αμαρτια εστιν η
all/every the one doing the sin also the lawlessness he does also the sin she is the
א πας ο ποιων την αμαρτιαν και την ανομιαν ποιει και η αμαρτια εστι και η
B.3:4a ΠΑC Ο ΠΟ :[28] ΙΩΝ ΤΗΝ ΑΜΑΡΤΙΑΝ ΚΑΙ :[29] ΤΗΝ ΑΝΟΜΙΑΝ ΠΟΙΕΙ ΚΑΙ :[30] Η ΑΜΑΡΤΙΑ ΕCΤΙΝ Η

W&H ανομια
lawlessness
א ανομια
B.3:4b ΑΝΟ :[31] ΜΙΑ

(perf,act,ind,2p,pl) (1aor,pass,ind,3p,sing) (1aor,act,subj,3p,sing)
οιδα φανεροω αιρω
1Jn.3:5 και οιδατε οτι εκεινος εφανερωθη ινα τας αμαρτιας ~~ημων~~ αρη και
and you all have known that that One He was made known so that the sins ~~our~~ He should bear and
א και οιδαμεν οτι εκεινος εφανερωθη ινα τας αμαρτιας ημων αρη και
B.3:5a ΚΑΙ ΟΙΔΑΤΕ ΟΤΙ ΕΚΕΙ :[32] ΝΟC ΕΦΑΝΕΡΩΘΗ ΙΝΑ :[33] ΤΑC ΑΜΑΡΤΙΑC ΑΡΗ ΚΑΙ :[34]

(pres,act,ind,3p,sing)
ειμι hiatus
W&H αμαρτια εν αυτω ουκ εστιν ~~εστι~~
sin in Him not she is
א αμαρτια εν αυτω ουκ εστιν
B.3:5b ΑΜΑΡΤΙΑ ΕΝ ΑΥΤΩ ΟΥ :[35] Κ ΕCΤΙΝ
(N not reinked) /\

(pres,act,ptc,nom,sing,masc)(pres,act,ind,3p,sing) (pres,act,ptc,nom,sing,masc) (perf,act,ind,3p,sing)
μενω αμαρτανω αμαρτανω οραω
1Jn.3:6 πας ο εν αυτω μενων ουχ αμαρτανει πας ο αμαρτανων ουχ εωρακεν αυτον
all/every the one in Him remaining not he sins all/every the one sinning not he has seen Him
א πας ο εν αυτω μενων ουχ αμαρτανι πας ο αμαρτανων ουχ εωρακεν αυτον
B.3:6a ΠΑC Ο ΕΝ ΑΥΤΩ :[36] ΜΕΝΩΝ ΟΥΧ ΑΜΑΡΤΑ :[37] ΝΕΙ ΠΑC Ο ΑΜΑΡΤΑΝΩ :[38] ΟΥΧ ΕΩΡΑΚΕΝ ΑΥΤΟΝ
(when reinked changed from Ο to Ω) /\

(perf,act,ind,3p,sing)
γινωσκω
W&H ουδε εγνωκεν αυτον
and not/nor he has known Him
א ουδε εγνωκεν αυτον
B.3:6a ΟΥ :[39] ΔΕ ΕΓΝΩΚΕΝ ΑΥΤΟΝ :[40]

(pres,act,imper,3p,sing) (pres,act,ptc,nom,sing,masc) (pres,act,ind,3p,sing)
πλαναω ποιεω ειμι hiatus
1Jn.3:7 τεκνια μηδεις πλανατω υμας ο ποιων την δικαιοσυνην δικαιος εστιν ~~εστι~~ καθως
little children no one let him deceive you all the one doing the righteousness righteous he is as
א τεκνια μηδεις πλανατω υμας ο ποιων την δικαιοcυνην δικαιος εστιν καθως
B.3:7a ΤΕΚΝΙΑ ΜΗΔΕΙC ΠΛΑΝΑ :[41] ΤΩ ΥΜΑC Ο ΠΟΙΩΝ ΤΗΝ :[42] ΔΙΚΑΙΟCΥΝΗΝ ΔΙΚΑΙΟC :[1] ΕCΤΙΝ ΚΑΘΩC
(end of column 2 plate 1439 Manuscript Vat.gr.1209) /|\ (top of column 3 plate 1439 Manuscript Vat.gr.1209) /|

(pres,act,ind,3p,sing)
ειμι
W&H εκεινος δικαιος εστιν
that One righteous He is
א εκεινος δικαιος εστιν
B.3:7a ΕΚΕΙΝΟC :[2] ΔΙΚΑΙΟC ΕCΤΙΝ

(pres,act,ptc,nom,sing,masc) (pres,act,ind,3p,sing) (pres,act,ind,3p,sing)
ποιεω ειμι αμαρτανω
1Jn.3:8 ο ποιων την αμαρτιαν εκ του διαβολου εστιν οτι απ αρχης ο διαβολος αμαρτανει
the one doing the sin from out of the devil he is because from beginning the devil he sins
א ο ποιων την αμαρτιαν εκ του διαβολου εστι οτι απ αρχηc ο διαβολοc αμαρτανι
B.3:8a Ο ΠΟΙΩΝ :[3] ΤΗΝ ΑΜΑΡΤΙΑΝ ΕΚ ΤΟΥ :[4] ΔΙΑΒΟΛΟΥ ΕCΤΙΝ ΟΤΙ Α :[5] Π ΑΡΧΗC Ο ΔΙΑΒΟΛΟC Α :[6] ΜΑΡΤΑΝΕΙ

(1aor,pass,ind,3p,sing) (1aor,act,subj,3p,sing)
φανεροω λυω
W&H εις τουτο εφανερωθη ο υιος του θεου ινα λυση τα εργα του διαβολου
for this He was made known the Son of the God so that He should untie the work of the devil
א εις τουτο εφανερωθη ο υς του θυ ινα λυση τα εργα του διαβολου
B.3:8b ΕΙC ΤΟΥΤΟ :[7] ΕΦΑΝΕΡΩΘΗ Ο ΥΙΟC ΤΟΥ :[8] ΘΥ ΙΝΑ ΛΥCΗ ΤΑ ΕΡΓΑ ΤΟΥ :[9] ΔΙΑΒΟΛΟΥ

(perf,pass,ptc,nom,sing,masc) (pres,act,ind,3p,sing)
γενναω ποιεω
1Jn.3:9 πας ο γεγεννημενος εκ του θεου αμαρτιαν ου ποιει οτι σπερμα αυτου
all/every the one having been born from out of the God sin not he does because seed of Him
א πας ο γεγεννημενος εκ του θυ αμαρτια ου ποιει οτι σπερμα αυτου
B.3:9a ΠΑC Ο ΓΕΓΕΝ :[10] ΝΗΜΕΝΟC ΕΚ ΤΟΥ ΘΥ Α :[11] ΜΑΡΤΙΑΝ ΟΥ ΠΟΙΕΙ ΟΤΙ :[12] CΠΕΡΜΑ ΑΥΤΟΥ

(pres,act,ind,3p,sing) (pres,pass,ind,3p,sing) (pres,act,inf) (perf,pass,ind,3p,sing)
μενω δυναμαι αμαρτανω γενναω
W&H εν αυτω μενει και ου δυναται αμαρτανειν οτι εκ του θεου γεγεννηται
in him it remains and not he is able to sin because from out of the God he has been begotten
א εν αυτω μενει και ου δυναται αμαρτανιν οτι εκ του θυ γεγεννηται
B.3:9b ΕΝ ΑΥ :[13] ΤΩ ΜΕΝΕΙ ΚΑΙ ΟΥ ΔΥΝΑ :[14] ΤΑΙ ΑΜΑΡΤΑΝΕΙΝ ΟΤΙ :[15] ΕΚ ΤΟΥ ΘΥ ΓΕΓΕΝΝΗΤΑΙ :[16]

(pres,act,ind,3p,sing)
ειμι hiatus
1Jn.3:10 εν τουτω φανερα εστιν εστι τα τεκνα του θεου και τα τεκνα του διαβολου πας ο
in this well-known He is the little child of the God also the little child of the devil all/every the one
א εν τουτω φανερα εστιν τα τεκνα του θυ και τα τεκνα του διαβολου πας ο
B.3:10a ΕΝ ΤΟΥΤΩ ΦΑΝΕΡΑ ΕCΤΙ :[17] ΤΑ ΤΕΚΝΑ ΤΟΥ ΘΥ ΚΑΙ ΤΑ :[18] ΤΕΚΝΑ ΤΟΥ ΔΙΑΒΟΛΟΥ :[19] ΠΑC Ο

(pres,act,ptc,nom,sing,masc) (pres,act,ind,3p,sing) (pres,act,ptc,nom,sing,masc)
ποιεω ειμι hiatus αγαπαω
W&H μη ποιων δικαιοσυνην ουκ εστιν εστι εκ του θεου και ο μη αγαπων τον αδελφον
not doing righteousness not he is from out of the God and the one not loving the brother
א μη ποιων δικαιοσυνην ουκ εστι εκ του θυ και ο μη αγαπων τον αδελφον
B.3:10b ΜΗ ΠΟΙΩΝ ΔΙΚΑΙ :[20] ΟΧΥΝΗΝ ΟΥΚ ΕCΤΙΝ ΕΚ :[21] ΤΟΥ ΘΥ ΚΑΙ Ο ΜΗ ΑΓΑΠΩΝ :[22] ΤΟΝ ΑΔΕΛΦΟΝ

W&H αυτου
of him
א αυτου
B.3:10c ΑΥΤΟΥ :[23]

(pres,act,ind,3p,sing) (1aor,act,ind,2p,pl) (pres,act,subj,1p,pl)
ειμι ακουω αγαπαω
1Jn3:11 οτι αυτη εστιν η αγγελια ην ηκουσατε απ αρχης ινα αγαπωμεν αλληλους
because this she is the message the one you all heard from beginning so that we should love one another
א οτι αυτη εστιν η επαγγελια ην ηκουσαται απ αρχης ινα αγαπωμεν αλληλους
B.3:11a ΟΤΙ ΑΥΤΗ ΕCΤΙΝ Η ΑΓΓΕ :[24] ΛΙΑ ΗΝ ΗΚΟΥCΑΤΕ ΑΠ ΑΡ :[25] ΧΗC ΙΝΑ ΑΓΑΠΩΜΕΝ ΑΛ :[26] ΛΗΛΟΥC

(imperf,act,ind,3p,sing) (1aor,act,ind,3p,sing)
ειμι σφαζω hiatus
1Jn.3:12 ου καθως καιν εκ του πονηρου ην και εσφαξεν εσφαξε τον αδελφον αυτου και
not as Cain from out of the evil one he was and he slaughtered the brother of him and
א ου καθως καιν εκ του πονηρου ην και εσσφαξεν τον αδελφον αυτου και
B.3:12a ΟΥ ΚΑΘΩC ΚΑ :[27] ΙΝ ΕΚ ΤΟΥ ΠΟΝΗΡΟΥ ΗΝ :[28] ΚΑΙ ΕCΦΑΞΕΝ ΤΟΝ ΑΔΕΛ :[29] ΦΟΝ ΑΥΤΟΥ ΚΑΙ
/\ (N *not reinked*)

(1aor,act,ind,3p,sing) (imperf,act,ind,3p,sing)
σφαζω ειμι
W&H χαριν τινος εσφαξεν αυτον οτι τα εργα αυτου πονηρα ην τα δε του αδελφου
because of what he slaughtered him because of the work of him evil it was but<>the one of the brother
א χαριν τινος εσφαξεν αυτον οτι τα εργα αυτου πονηρα ην τα δε του αδελφου
B.3:12b ΧΑΡΙΝ :[30] ΤΙΝΟC ΕCcΦΑΞΕΝ ΑΥΤΟΝ :[31] ΟΤΙ ΤΑ ΕΡΓΑ ΑΥΤΟΥ ΠΟ :[32] ΝΗΡΑ ΗΝ ΤΑ ΔΕ ΤΟΥ ΑΔΕΛ :[33] ΦΟΥ

W&H αυτου δικαια
of him righteous
א αυτου δικαια
B.3:12c ΑΥΤΟΥ ΔΙΚΑΙΑ

(pres,act, imper,2p,pl) θαυμαζω (pres,act,ind,3p,sing) μισεω
1Jn.3:13 μη θαυμαζετε αδελφοι ~~μου~~ ει μισει υμας ο κοσμος
not do you all marvel brothers ~~of me~~ if he hates you all the world
א και μη θαυμαζετε αδελφοι ει μισι υμας ο κοσμος
B.3:13a ΜΗ :[34] ΘΑΥΜΑΖΕΤΕ ΑΔΕΛΦΟΙ :[35] ΕΙ ΜΕΙCΕΙ ΥΜΑC Ο ΚΟCΜΟC :[36]
(Ε *not reinked*) /\ *(the EI spellings appear to have dropped the E is probably due to evolving language enucation)*

(perf,act,ind,1p,pl) οιδα (perf,act,ind,1p,pl) μεταβαινω (pres,act,subj,1p,pl) αγαπαω
1Jn 3:14 ημεις οιδαμεν οτι μεταβεβηκαμεν εκ του θανατου εις την ζωην οτι αγαπωμεν
we we have known that we have departed from out of the death into the life because We should love
א ημεις οιδαμεν οτι μεταβεβηκεν εκ του θανατου εις την ζωην οτι αγαπωμε
B.3:14a ΗΜΕΙC ΟΙΔΑΜΕΝ ΟΤΙ ΜΕ :[37] ΤΑΒΕΒΗΚΑΜΕΝ ΕΚ ΤΟΥ :[38] ΘΑΝΑΤΟΥ ΕΙC ΤΗΝ ΖΩΗΝ :[39] ΟΤΙ ΑΓΑΠΩΜΕΝ

(pres,act,ptc,nom,sing,masc) αγαπαω (pres,act,ind,3p,sing) μενω
W&H τους αδελφους ο μη αγαπων μενει εν τω θανατω
the brothers the one not loving he remains in the death
א τους αδελφους ο μη αγαπω μενει εν τω θανατω
B.3:14b ΤΟΥC :[40] ΑΔΕΛΦΟΥC ημων Ο ΜΗ ΑΓΑΠΩΝ :[41] ΜΕΝΕΙ ΕΝ ΤΩ ΘΑΝΑΤΩ :[42]

(pres,act,ptc,nom,sing,masc) μισεω (pres,act,ind,3p,sing) ειμι hiatus (perf,act,ind,2p,pl) οιδα
1Jn3:15 πας ο μισων τον αδελφον αυτου ανθρωποκτονος εστιν ~~εστι~~ και οιδατε
all/every the one hating the brother of him a murder/man killer he is and we have known
א πας ο μισω τον αδελφον αυτου ανθρωποκτονος εστιν και οιδατε
B.3:15a ΠΑC Ο ΜΕΙCΩΝ ΤΟΝ ΑΔΕΛ :[1] ΦΟΝ ΕΑΥΤΟΥ ΑΝΘΡΩ :[2] ΠΟΚΤΟΝΟC ΕCΤΙΝ ΚΑΙ :[3] ΟΙΔΑΤΕ
/|\ /\ *(E not reinked)* /|\
(bottom of column 3, plate 1439 of Manuscript – Vat.gr.209) *(top of column 1, plate 1440 of Manuscript Vat,gr,1209)*

(pres,act,ind,3p,sing) εχω (pres,act,ptc,acc,sing,fem) μενω
W&H οτι πας ανθρωποκτονος ουκ εχει ζωην αιωνιον εν αυτω μενουσαν
that all/every murder/man killer not he has life eternal in him remaining
א οτι πας ανθρωποκτονος ουκ εχει ζωην αιωνιον εν εαυτω μενουσαν
B.3:15b ΟΤΙ ΠΑC ΑΝΘΡΩ :[4] ΠΟΚΤΟΝΟC ΟΥΚ ΕΧΕΙ :[5] ΖΩΗΝ ΑΙΩΝΙΟΝ ΕΝ ΑΥΤΩ :[6] ΜΕΝΟΥCΑΝ

(perf,act,ind,1p,pl) γινωσκω
1Jn.3:16 εν τουτω εγνωκαμεν την αγαπην ~~του θεου~~ οτι εκεινος υπερ ημων την ψυχην αυτου
in this we have known the love ~~of the God~~ because that One on behalf of of us the life of Him
א εν τουτω εγνωκαμεν την αγαπην οτι εκεινος υπερ ημων την ψυχην αυτου
B.3:16a ΕΝ ΤΟΥΤΩ :[7] ΕΓΝΩΚΑΜΕΝ ΤΗΝ ΑΓΑ :[8] ΠΗΝ ΟΤΙ ΕΚΕΙΝΟC ΥΠΕΡ :[9] ΗΜΩΝ ΤΗΝ ΨΥΧΗΝ ΑΥ :[10] ΤΟΥ

(1aor,act,ind,3p,sing) τιθημι (pres,act,ind,1p,pl) οφειλω (2aor,act,infin) τιθημι (pres,act,inf) τιθημι
W&H εθηκεν και ημεις οφειλομεν υπερ των αδελφων τας ψυχας θειναι ~~τιθεναι~~
He took off and we we ought on behalf of the brothers the life to have taken off ~~to take off~~
א εθηκεν και ημις οφειλομεν υπερ των αδελφων τας ψυχας θειναι
B.3:16b ΕΘΗΚΕΝ ΚΑΙ ΗΜΕΙC :[11] ΟΦΕΙΛΟΜΕΝ ΥΠΕΡ ΤΩΝ :[12] ΑΔΕΛΦΩΝ ΤΑC ΨΥΧΑC :[13] ΘΕΙΝΑΙ

(pres,act,subj,3p,sing) εχω (pres,act,subj,3p,sing) θεωρεω (pres,act,ptc,acc,sing,masc) εχω
1Jn.3:17 ος δ αν εχη τον βιον του κοσμου και θεωρη τον αδελφον αυτου χρειαν εχοντα
but<>who ever he may have the means of life of the world and he should see the brother of him need having
א ος δ αν εχη τον βιον του κοσμου και θεωρη τον αδελφον αυτου χριαν εχοντα
B.3:17a ΟC Δ ΑΝ ΕΧΗ ΤΟΝ :[14] ΒΙΟΝ ΤΟΥ ΚΟCΜΟΥ ΚΑΙ :[15] ΘΕΩΡΗ ΤΟΝ ΑΔΕΛΦΟΝ :[16] ΑΥΤΟΥ ΧΡΕΙΑΝ ΕΧΟΝΤΑ :[17]

(1aor,act,subj,3p,sing) κλειω — (pres,act,ind,3p,sing) μενω

W&H και κλειση τα σπλαγχνα αυτου απ αυτου πως η αγαπη του θεου μενει εν αυτω

and he should shut the bowls of compassion of him from him how the love of the God she remains in him

ℵ και κλιση τα σπλαγχνα αυτου απ αυτου πως η αγαπη του θυ μενει εν αυτω

B.3:17b ΚΑΙ ΚΛΕΙCΗ ΤΑ CΠΛΑΓ :[18] ΧΝΑ ΑΥΤΟΥ ΑΠ ΑΥΤΟΥ :[19] ΠΩC Η ΑΓΑΠΗ ΤΟΥ ΘΥ ΜΕ :[20] ΝΕΙ ΕΝ ΑΥΤΩ

(pres,act, subj,1p,pl) αγαπαω

1Jn.3:18 τεκνια ~~μου~~ μη αγαπωμεν λογω μηδε τη γλωσση αλλα ~~αλλ~~ εν εργω και αληθεια

children ~~of me~~ not should we love with word and not/neither with the tongue but in work and truth

ℵ τεκνια μη αγαπωμεν λογω και τη γλωσση αλλα εν εργω και αληθια

D.3:18a ΤΕΚΝΙΑ :[21] ΜΗ ΑΓΑΠΩΜΕΝ ΛΟΓΩ :[22] ΜΗΔΕ ΤΗ ΓΛΩCCΗ ΑΛΛ ΕΝ :[23] ΕΡΓΩ ΚΑΙ ΑΛΗΘΕΙΑ

(letters ΛΟΓ can not be read) ^ ^ *(Η can not be read)* *(ΙΑ can not be read)* ^

(fut,mid,ind,1p,pl) γινωσκω — (pres,act,ind,1p,pl) γινωσκω — (pres,act,ind,1p,pl) ειμι

1Jn.3:19 ~~και~~ εν τουτω γνωσομεθα ~~γινωσκομεν~~ οτι εκ της αληθειας εσμεν και εμπροσθεν

~~and~~ in this we, ourselves, will know ~~we know~~ that from out of the Truth we are and in front of

ℵ και ε τουτω γνωcομεθα οτι εκ τηc αληθειαc εcμεν και εκπροσθεν

B.3:19a ΕΝ :[24] ΤΟΥΤΩ ΓΝΩCΟΜΕΘΑ :[25] ΟΤΙ ΕΚ ΤΗC ΑΛΗΘΕΙΑC Ε :[26] CΜΕΝ ΚΑΙ ΕΜΠΡΟCΘΕΝ :[27]

(fut,act,ind,1p,pl) πειθω

W&H αυτου πεισομεν την καρδιαν ημων

Him We will be persuaded the heart of us

ℵ αυτου πειcομεν ταc καρδιαν ημων

B.3:19b ΑΥΤΟΥ ΠΕΙCΟΜΕΝ ΤΗΝ :[28] ΚΑΡΔΙΑΝ ΗΜΩΝ

(Ν can not be read) ^

(pres,act,subj,3p,sing) καταγινωσκω — (pres,act,ind,3p,sing) ειμι

1Jn.3:20 οτι εαν καταγινωσκη ημων η καρδια οτι μειζων εστιν ο θεος της καρδιας

that if she might condemn of us the heart that greater He is the God of the/than heart

ℵ οτι εαν καταγινωcκη ημων η καρδια οτι μειζων εcτιν ο θc τηc καρδιαc

B.3:20a ΟΤΙ Ε :[29] ΑΝ ΚΑΤΑΓΙΝΩCΚΗ Η :[30] ΜΩΝ Η ΚΑΡΔΙΑ ΟΤΙ ΜΕΙ :[31] ΖΩΝ ΕCΤΙΝ Ο ΘC ΤΗC ΚΑΡ :[32] ΔΙΑC

(pres,act,ind,3p,sing) γινωσκω

W&H ημων και γινωσκει παντα

of us and He knows all *(things)*

ℵ ημων και γινωcκι παντα

B.3:20b ΗΜΩΝ ΚΑΙ ΓΕΙΝΩ :[33] CΚΕΙ ΠΑΝΤΑ

(ΓΕ very faint text)

(pres,act,subj,3p,sing) καταγινωσκω — (pres,act,ind,1p,pl) εχω

1Jn.3:21 αγαπητοι εαν η καρδια ημων μη καταγινωσκη ~~ημων~~ παρρησιαν εχομεν προς τον θεον

beloved if the heart of us not she condemns ~~us~~ confidence we have before the God

ℵ αδελφοι εαν η καρδια ημων μη καταγινωσκω ημω παρρησιαν εχομεν προς τον θν

B.3:21a ΑΓΑΠΗΤΟΙ :[34] ΕΑΝ Η ΚΑΡΔΙΑ ΜΗ ΚΑΤΑ :[35] ΓΙΝΩCΚΗ ΠΑΡΡΗCΙΑΝ :[36] ΕΧΕΙ ΠΡΟC ΤΟΝ ΘΝ

(Κ can not be read)

(pres,act,subj,1p,pl) αιτεω — (pres,act,ind,1p,pl) λαμβανω — (pres,act,ind,1p,pl) τηρεω

1Jn.3:22 και ο εαν αιτωμεν λαμβανομεν απ αυτου οτι τας εντολας αυτου τηρουμεν

and what ever we might ask we receive from Him because the commandments of Him we obey

ℵ και ο εαν αιτωμεθα λαμβανομεν απ αυτου οτι τας εντολας αυτου τηρωμεν

B.3:22a ΚΑΙ :[37] Ο ΑΝ ΑΙΤΩΜΕΝ ΛΑΜΒΑ :[38] ΝΟΜΕΝ ΑΠ ΑΥΤΟΥ ΟΤΙ :[39] ΤΑC ΕΝΤΟΛΑC ΑΥΤΟΥ :[40] ΤΗΡΟΥΜΕΝ

(ΒΑ can not be read) ^

(pres,act,ind,1p,pl)
ποιεω

W&H και τα αρεστα ενωπιον αυτου ποιουμεν
and the *(things)* pleasing in front of Him we do
א και τα αρεστα ενωπιον αυτου ποιουμεν
B.3:22a ΚΑΙ ΤΑ ΑΡΕ :[41] ΣΤΑ ΕΝΩΠΙΟΝ ΑΥΤΟΥ :[42] ΠΟΙΟΥΜΕΝ

(pres,act,ind,3p,sing) εἰμι (1aor,act,subj,1p,pl) πιστευω

1Jn3:23 και αυτη εστιν η εντολη αυτου ινα πιστευσωμεν τω ονοματι του υιου αυτου
and this she is the commandment of Him so that we should trust/believe in the Name of the Son of Him
א και αυτη εστιν η εντολη αυτου ινα πιστευωμεν τω ονοματι του υυ αυτου
B.3:23a ΚΑΙ ΑΥΤΗ Ε :[1] CΤΙΝ Η ΕΝΤΟΛΗ ΑΥΤΟΥ :[2] ΙΝΑ ΠΙΣΤΕΥCΩΜΕΝ ΤΩ :[3] ΟΝΟΜΑΤΙ ΤΟΥ ΥΙΟΥ ΑΥ :[4] ΤΟΥ
/\ *(Bottom column 1 plate 1440 Vat. Gr. 1209)* /\ *(Top column 2 plate 1440 Vat.gr.1209)*

(pres,act,sub or ind,1p,pl) αγαπαω (1aor,act,ind,3p,sing) διδωμι

W&H ιησου χριστου και αγαπωμεν αλληλους καθως εδωκεν εντολην ημιν
Jesus Christ and we should love one another as He gave commandment to us
א ιυ χυ και αγαπωμεν αλληλους καθως εδωκεν εντολην ημιν
B.3:23b ΙΥ ΧΥ ΚΑΙ ΑΓΑΠΩΜΕΝ :[5] ΑΛΛΗΛΟΥC ΚΑΘΩC ΕΔΩ :[6] ΚΕΝ ΕΝΤΟΛΗΝ ΗΜΙΝ

(pres,act,ptc,nom,sing,masc) τηρεω (pres,act,ind,3p,sing) μενω

1Jn.3:24 και ο τηρων τας εντολας αυτου εν αυτω μενει και αυτος εν αυτω και εν τουτω
and the one keeping the commandments of Him in Him he remains and He in him and in this
א και ο τηρων τας εντολας αυτου εν αυτω μενει και αυτος εν αυτω και εν τουτω
B.3:24a ΚΑΙ :[7] Ο ΤΗΡΩΝ ΤΑC ΕΝΤΟΛΑC :[8] ΑΥΤΟΥ ΕΝ ΑΥΤΩ ΜΕΝΕΙ :[9] ΚΑΙ ΑΥΤΟC ΕΝ ΑΥΤΩ ΚΑΙ :[10] ΕΝ ΤΟΥΤΩ

(pres,act,ind,1p,pl) γινωσκω (pres,act,ind,3p,sing) μενω (1aor,act,ind,3p,sing) διδωμι

W&H γινωσκομεν οτι μενει εν ημιν εκ του πνευματος ου ημιν εδωκεν
we know that/" He remains in us from out of the Spirit the One to us He gave
א γινωσκομεν οτι μενει εν ημιν εκ του πνς ου1 ημιν3 εδωκε2
B.3:24b ΓΙΝΩΣΚΟ :[11] ΜΕΝ ΟΤΙ ΜΕΝΕΙ ΕΝ ΗΜΙΝ :[12] ΕΚ ΤΟΥ ΠΝΕΥΜΑΤΟC ΟΥ :[13] ΗΜΙΝ ΕΔΩΚΕΝ

1 John 4

(pres,act,imper,2p,pl) πιστευω (pres,act,imper,2p,pl) δοκιμαζω

1Jn.4:1 αγαπητοι μη παντι πνευματι πιστευετε αλλα δοκιμαζετε τα πνευματα ει εκ
beloveds not every spirit believe you all but test you all the spirits if from out
א αγαπητοι μη παντι πνι πιστευετε αλλα δοκιμαζετε τα πνατα ει εκ
B.4:1a ΑΓΑ :[14] ΠΗΤΟΙ ΜΗ ΠΑΝΤΙ ΠΝΕΥ :[15] ΜΑΤΙ ΠΙCΤΕΥΕΤΕ ΑΛΛΑ :[16] ΔΟΚΙΜΑΖΕΤΕ ΤΑ ΠΝΕΥ :[17] ΜΑΤΑ ΕΙ ΕΚ

(pres,act,ind,3p,sing) εἰμι (perf,act,ind,3p,pl) εξερχομαι

W&H του θεου εστιν οτι πολλοι ψευδοπροφηται εξεληλυθασιν εις τον κοσμον
of the God it is because many lying prophets they have gone forth into the world
א του θυ εστι οτι πολλοι γευδοπροφηται εξεληλυθασιν εις τον κοσμον
B.4:1b ΤΟΥ ΘΥ ΕCΤΙΝ :[18] ΟΤΙ ΠΟΛΛΟΙ ΨΕΥΔΟΠΡΟ :[19] ΦΗΤΑΙ ΕΞΕΛΗΛΥΘΑCΙΝ :[20] ΕΙC ΤΟΝ ΚΟCΜΟΝ

(pres,act,ind or imper,2p,pl) γινωσκω (pres,act,ind,3p,sing) ομολογεω

1Jn.4:2 εν τουτω γινωσκετε το πνευμα του θεου παν πνευμα ο ομολογει ιησουν
by this you all know the Spirit of the God every spirit the One it professes Jesus
א εν τουτω γινωσκομεν το πνευμα του θεου παν πνα ο ομολογει ιν
B.4:2a ΕΝ ΤΟΥ :[21] ΤΩ ΓΕΙΝΩCΚΕΤΕ ΤΟ :[22] ΠΝΕΥΜΑ ΤΟΥ ΘΥ ΠΑΝ :[23] ΠΝΕΥΜΑ Ο ΟΜΟΛΟΓΕΙ :[24] ΙΝ

(perf,act,ptc,acc,sing,masc) ερχομαι (pres,act,ind,3p,sing) ειμι hiatus
W&H χριστον εν σαρκι εληλυθοτα εκ του θεου εστιν ~~εστι~~
Christ in flesh having come from out of the God He is
א χν εν σαρκι εληλυθοτα εκ του θυ εστιν
B.4:2b XN EN CAPKI ΕΛΗΛΥ :[25] ΘΕΝΑΙ ΕΚ ΤΟΥ ΘΥ ECTIN :[26]

(pres,act,ind,3p,sing) ομολογεω (perf,act,ptc,acc,sing,masc) ερχομαι
1Jn.4:3 και παν πνευμα ο μη ομολογει τον ιησουν ~~χριστον εν σαρκι εληλυθοτα~~ εκ του θεου
and all/every spirit the one not he professes the Jesus ~~Christ in flesh having come~~ from out of the God
א και παν πνα ο μη ομολογει τον ιησουν εκ του θυ
B.4:3a ΚΑΙ ΠΑΝ ΘΝΕΥΜΑ Ο ΜΗ :[27] ΟΜΟΛΟΓΕΙ ΚΑΙ ΙΗCΟΥ :[28] ΕΓΟΥΚΕCΤΙ - ΚΑΙ ΤΟΥ :[29] ΘΥ
/\ /\ /\ (not ledgeable) /\ /\ ------------------ (not ledgeable)------------------------/\

(pres,act,ind,3p,sing) ειμι (pres,act,ind,3p,sing) ειμι hiatus (perf,act,ind,2p,pl) ακουω (pres,mid,ind,3p,sing) ερχομαι
W&H ουκ εστιν ~~εστι~~ και τουτο εστιν ~~εστι~~ το του αντιχριστου ο ακηκοατε οτι ερχεται
not He is also this one he is the one of the antichrist the one you all have heard that/" he comes
א ουκ εστιν και τουτο εστιν το του αντιχριστου οτι ακηκοαμεν οτι ερχεται
B.4:3b ΟΥΚ ECTIN ΚΑΙ ΤΟΥ :[30] ΤΟ ECTIN ΤΟ ΤΟΥ ΑΝΤΙ :[31] ΧΡΙCΤΟΥ Ο ΑΚΗΚΟΑΤΕ :[32] ΟΤΙ ΕΡΧΕΤΑΙ
/\ (N not reinked) /\ (N not reinked)

(pres,act,ind,3p,sing) ειμι
W&H και νυν εν τω κοσμω εστιν ηδη
and now in the world he is now/already
א και νυν εν τω κοσμω εστιν ηδη
B.4:3b ΚΑΙ ΝΥΝ :[33] ΕΝ ΤΩ ΚΟCΜΩ ECTIN :[34] ΗΔΗ
/\/\ (TI not ledgeable)

(pres,act,ind,2p,pl) ειμι (perf,act,ind,2p,pl) νικαω (pres,act,ind,3p,sing) ειμι
1Jn.4:4 υμεις εκ του θεου εστε τεκνια και νενικηκατε αυτους οτι μειζων εστιν ο
you all from out of the God you all are children and you all have conquered them because greater He is the One
א υμεις εκ του θεου εστε τεκνια και νενικηκατε αυτουc οτι μειζων εστι ο
B.4:4a ΥΜΕΙC ΕΚ ΤΟΥ ΘΥ :[35] ΕCΤΕ ΤΕΚΝΙΑ ΚΑΙ ΝΕ :[36] ΝΙΚΗΚΑΤΕ ΑΥΤΟΥC :[37] ΟΤΙ ΜΕΙΖΩΝ ΕCΤΙΝ Ο :[38]
/\ (Y not ledgeable)

W&H εν υμιν η ο εν τω κοσμω
in you all than the one in the world
א εν υμιν η ο εν τω κοσμω
B.4:4b ΕΝ ΥΜΙΝ Η Ο ΕΝ ΤΩ ΚΟ :[39] CΜΩ
/\ /\ (not ledgeable

(pres,act,ind,3p,sing) ειμι hiatus (pres,act,ind,3p,pl) λαλεω
1Jn.4:5 αυτοι εκ του κοσμου εισιν ~~εισι~~ δια τουτο εκ του κοσμου λαλουσιν και ο
they from out of the world he is on account of this from out of the world they speak and the
א αυτοι εκ του κοσμου εισιν δια τουτο εκ του κοσμου λαλουσιν και ο
B.4:5a ΑΥΤΟΙ ΕΚ ΤΟΥ ΚΟ :[40] CΜΟΥ ΕΙCΙΝ ΔΙΑ ΤΟΥΤΟ :[41] ΕΚ ΤΟΥ ΚΟCΜΟΥ ΛΑΛΟΥ :[42] CΙΝ ΚΑΙ Ο
(N not reinked) /\ (N not reinked) /\

(pres,act,ind,3p,sing) ακουω
W&H κοσμος αυτων ακουει
world of them he hears
א κοσμος αυτων ακουει
B.4:5b ΚΟCΜΟC ΑΥΤΩΝ :[43] ΑΚΟΥΕΙ

(pres,act,ind,1p,pl) (pres,act,ptc,nom,sing,masc) (pres,act,ind,3p,sing) (pres,act,ind,3p,sing)
ειμι γινωσκω ακουω ειμι

1Jn4:6 ημεις εκ του θεου εσμεν ο γινωσκων τον θεον ακουει ημων ος ουκ εστιν
we from out of the God we are the one knowing the God he hears us the one not he is

א ημις εκ του θυ εσμε ο γινωσκων τον θν ακουει ημων ος ουκ εστιν
B.4:6a HMEIC EK TOY :[1] ΘY ECMEN O Γ INΩCKΩN :[2] TON ΘN AKOYEI HMΩN :[3] OC OYK ECTIN
(E not reinked)
(bottom column 2, plate 1440 Manyscruot – Vat.gr.1209) (top of column 3, plate 1440, Manuscript – Vat.gr.1209)

(pres,act,ind,3p,sing) (pres,act,ind,1p,pl)
ακουω γινωσκω

W&H εκ του θεου ουκ ακουει ημων εκ τουτου γινωσκομεν το πνευμα της
from out of the God not he hears us from out of this we know the Spirit of the

א εκ του θυ ουκ ακουει ημω εκ τουτου γινωσκομεν το πνα της
B.4:6b EK TOY :[4] ΘY OYK AKOYEI HMΩN :[5] EK TOYTOY ΓEINΩCKO :[6] MEN TO ΠNEYMA THC :[7]
(E not reinked)

W&H αληθειας και το πνευμα της πλανης
Truth and the spirit of the error/delusion

א αληθειας και το πνα της πλανης
B.4:6c AΛHΘEIAC KAI TO ΠNEY :[8] MA THC ΠΛANHC :[9]

(pres,act,ind or subj,1p,pl) (pres,act,ind,3p,sing)
αγαπαω ειμι hiatus

1Jn.4:7 αγαπητοι αγαπωμεν αλληλους οτι η αγαπη εκ του θεου εστιν ~~εστι~~ και πας ο
beloveds we should love one another because the love from out of the God she is and all/every the one

א αγαπητοι αγαπωμεν αλληλους οτι η αγαπη εκ του θυ εστιν και πας ο
B.4:7a AΓAΠHTOI AΓAΠΩMEN :[10] AΛΛHΛOYC OTI H AΓAΠH :[11] EK TOY ΘY ECTIN KAI ΠAC :[12] O
(N not reinked)

(res,act,ptc,nom,sing,masc) (perf,pass,ind,3p,sing) (pres,act,ind,3p,sing)
αγαπαω γενναω γινωσκω

W&H αγαπων εκ του θεου γεγεννηται και γινωσκει τον θεον
loving from out of the God he has been begotten and he knows the God

א αγαπων εκ του θυ γεγεννηται και γινωσκει τον θν
B.4:7b AΓAΠΩN EK TOY ΘY ΓE :[13] ΓENNHTAI KAI ΓEINΩ :[14] CKNEI TON ΘN
(E not reinked)

(pres,act,ptc,nom,sing,masc) (2aor,act,ind,3p,sing) (pres,act,ind,3p,sing)
αγαπαω γινωσκω ειμι

1Jn.4:8 ο μη αγαπων ουκ εγνω τον θεον οτι ο θεος αγαπη εστιν
the one not loving not he knew the God that/" the God love He is

א ο μη αγαπων ουκ εγνω τον θεον οτι ο θς αγαπη εστι
B.4:8a O MH AΓA :[15] ΠΩN OYK EΓNΩ TON ΘN :[16] OTI O ΘC AΓAΠH ECTIN :[17]

(1aor,pass,ind,3p,sing)
φανεροω

1Jn.4:9 εν τουτω εφανερωθη η αγαπη του θεου εν ημιν οτι τον υιον αυτου τον μονογενη
in this she was made known the love of the God in us that the Son of Him the only begotten

א εν τουτω εφανερωθη η αγαπη του θυ εν ημιν οτι το υν αυτου τον μονογενη
B.4:9a EN TOYTΩ EΦANEPΩ :[18] ΘH H AΓAΠH TOY ΘY EN :[19] HMIN OTI TON YION AY :[20] TOY TON MONOΓENH

(perf,act,ind,3p,sing) (1aor,act,subj,1p,pl)
αποστελλω ζαω

W&H απεσταλκεν ο θεος εις τον κοσμον ινα ζησωμεν δι αυτου
He has sent the God into the world so that we may live through/on account of of Him.

א απεσταλκεν ο θς εις τον κοσμον ινα ζωμεν δι αυτου
B.4:9b A :[21] ΠECTAΛKEN O ΘC EIC TON :[22] KOCMON INA ZHCΩMEN :[23] ΔI AYTOY

(pres,act,ind,3p,sing) ειμι — (perf,act,ind,1p,pl) αγαπαω

1Jn.4:10 εν τουτω εστιν η αγαπη ουχ οτι ημεις ηγαπηκαμεν τον θεον αλλ οτι
in this she is the love not that we we have loved the God but that
ℵ εν τουτω εστιν η αγαπη του θυ ουχ οτι ημις ηγαπησε τον θν αλλ οτι
B.4:10a ΕΝ ΤΟΥΤΩ Ε:[24]CTIN Η ΑΓΑΠΗ ΟΥΧ ΟΤΙ:[25]ΗΜΕΙC ΗΓΑΠΗΚΑΜΕΝ:[26]ΤΟΝ ΘΝ ΑΛΛ ΟΤΙ
/\ (Θ not legible)

(1aor,act,ind,3p,sing) αγαπαω — (1aor,act,ind,3p,sing) αποστελλω — hiatus

W&H αυτος ηγαπησεν ημας και απεστειλεν ~~απεστειλε~~ τον υιον αυτου ιλασμον
He, Himself He loved us and He sent the Son of Him a propitiation /an atoning sacrifice
ℵ αυτος ηγαπησεν ημας και απεσταλκεν τον υν αυτου ιλασμον
B.4:10b ΑΥΤΟC:[27] ΗΓΑΠΗCΕΝ ΗΜΑC ΚΑΙ:[28]ΑΠΕCΤΕΙΛΕΝ ΤΟΝ ΥΙΟΝ:[29]ΑΥΤΟΥΝ ΙΛΑCΜΟΝ
/\ (ΗΓ not legible) (Π not legible) /\ /\ (N not reinked) /\ (N not reinked)

W&H περι των αμαρτιων ημων
concerning the sins of us
ℵ περι τω αμαρτιων ημω
B.4:10c ΠΕΡΙ:[30] ΤΩΝ ΑΜΑΡΤΙΩΝ ΗΜΩΝ:[31]

(1aor,act,ind,3p,sing) αγαπαω — (pres,act,ind,1p,pl) οφειλω — (pres,act,inf) αγαπαω

1Jn.4:11 αγαπητοι ει ουτως ο θεος ηγαπησεν ημας και ημεις οφειλομεν αλληλους αγαπαν
beloved if thus the God He loved us also we we ought one another to love
P 9 [P9 begins here recto] ο θς ταπρισεν η[μας και ημεις:οφιλομεν αλλη[λους αγαπαν:
ℵ αγαπητοι ει ουτως ο θς ηγαπησεν ημας και ημις οφιλομεν αλληλους αγαπαν
B.4:11a ΑΓΑΠΗΟΙ ΕΙ ΟΥΤΩC Ο:[32]ΘC ΗΓΑΠΗCΕΝ ΗΜΑC Κ:[33] ΗΜΕΙC ΟΦΕΙΛΟΜΕΝ ΑΛ:[34]ΛΗΛΟΥC ΑΓΑΠΑΝ
(possible abbreviation or shorthand for ΚΑΙ) V /\

(perf,mid,ind,3p,sing) θεαομαι — (perf,act,subj,1p,pl) αγαπαω

1Jn.4:12 θεον ουδεις πωποτε τεθεαται εαν αγαπωμεν αλληλους ο θεος εν ημιν
God no one ever he has seen if we should have loved one another the God in us
P 9 ουδεις πωποτε τ[εθεαται : τονειν εαν αγαπ[ωμεν αλλη:λους ο θς ημιν
ℵ θν ουδεις πωποτε τεθεαται εαν αγαπωμεν αλληλους ο θς εν ημιν
B.4:12a ΘΝ:[35]ΟΥΔΕΙC ΠΩΠΟΤΕ ΤΕΘΕ:[36]ΑΤΑΙ ΕΑΝ ΑΓΑΠΩΜΕΝ:[37] ΑΛΛΗΛΟΥC Ο ΘC ΕΝ ΗΜΙΝ:[38]

(pres,act,ind,3p,sing) μενω — (pres,pass,ptc,nom,sing,fem) τελειοω — (pres,act,ind,3p,sing) ειμι

W&H μενει και η αγαπη αυτου τετελειωμενη1 εν3 ημιν4 εστιν2
He remains and the love of Him being made perfect in us she is
P 9 [μενει και α:γαπη] αυτου τ[ετελειωμενη : [P 9 continues @ 4:14]
ℵ μενει και η αγαπη αυτου τετελειωμενη εν ημιν εστιν
B.4:12b ΜΕΝΕΙ ΚΑΙ Η ΑΓΑΠΗ ΑΥ:[39]ΤΟΥ ΤΕΤΕΛΕΙΩΜΕΝΗ:[40] ΕΝ ΗΜΙΝ ΕCΤΙΝ

(pres,act,ind,1p,pl) γινωσκω — (pres,act,ind,1p,pl) μενω

1Jn.4:13 εν τουτω γινωσκομεν οτι εν αυτω μενομεν και αυτος εν ημιν οτι εκ
in this we know that / " in Him we remain and He in us because from out
ℵ εν τουτω γινωσκομεν οτι εν αυτω μενομεν και αυτος εν ημιν οτι εκ
B.4:13a ΕΝ ΤΟΥ:[41]ΤΩ ΓΕΙΝΩCΚΟΜΕΝ ΟΤΙ:[42] ΕΝ ΑΥΤΩ: ΜΕΝΟΜΕΝ ΚΑΙ:[1]ΑΥΤΟC ΕΝ ΗΜΙΝ ΟΤΙ ΕΚ:[2]
(Ε not reinked) /\ (bottom of column 3 plate 1440 Manuscript – Vat.gr.1209) /\ /\ (top of column 1 plate 1441, Manuscript Vat.gr.1209)

(perf,act,ind,3p,sing) διδωμι

W&H του πνευματος αυτου δεδωκεν ημιν
of the Spirit of Him He has given to us
ℵ του πνς αυτου δεδωκεν ημιν:
B.4:13b ΤΟΥ ΠΝΕΥΜΑΤΟC ΑΥΤΟΥ:[3]ΔΕΔΩΚΕΝ ΗΜΙΝ

(perf,mid,ind,1p,pl) θεαομαι — (pres,act,ind,1p,pl) μαρτυρεω — (perf,act,ind,3p,sing) αποστελλω — hiatus

1Jn.4:14 και η μεις τεθεαμεθα και μαρτυρουμεν οτι ο πατηρ απεσταλκεν ~~απεσταλκε~~
and the one you all we have seen and we testify that the Father He has sent
P 9 [P9 *begins again from 4:12b here verso*] απεσταλκεν
א και η μεις τεθεαμεθα και μαρτυρουμεν οτι ο πατηρ απεσταλκεν :
B.4:14a ΚΑΙ Η :[4] ΜΕΙC ΤΕΘΕΑΜΕΘΑ ΚΑΙ :[5] ΜΑΡΤΥΡΟΥΜΕΝ ΟΤΙ Ο :[6] ΠΑΤΗΡ ΑΠΕCΤΑΛΚΕΝ
Λ (*N not reinked)*

W&H τον υιον σωτηρα του κοσμου
the Son *(to be)* Savior of the world
P 9 τ]ο[ν υν σωτη:ρα του κοσμ]ου
א τον υιον cωτηρα: του κοσμου
B.4:14b ΤΟΝ :[7] ΥΙΟΝ CΩΤΗΡΑ ΤΟΥ ΚΟ:[8] CΜΟΥ

(1aor,act,subj,3p,sing) ομολογεω — (pres,act,ind,3p,sing) ειμι

1Jn.4:15 ος εαν ομολογηση οτι ιησους [χριστος] εστιν ο υιος του θεου ο θεος εν αυτω
whoever he should have confessed that/" Jesus Christ He is the Son of the God the God in Him
P 9 ος εαν ομολο:γηcη οτι ιη] c χc εστιν ο [υ]c του:θυ ο θc εν] αυτω
א ος αν: ομολογηcη οτι ιc : εστιν ο υc του θυ: ο θc εν αυτω
B.4:15a ΟC ΕΑΝ ΟΜΟΛΟΓΗ:[9] CΗ ΟΤΙ ΙC ΧC ΕCΤΙΝ Ο ΥΙ:[10] ΟC ΤΟΥ ΘΥ Ο ΘC ΕΝ ΑΥΤΩ:[11]

(pres,act,ind,3p,sing) μενω

W&H μενει και αυτος εν τω θεω
He remains and He in the God
P 9 μενει και1:αυ]τω5 εν4 τω2 θc3 εστιν6
א με:νι και αυτοc εν τω : θω
B.4:15b ΜΕΝΕΙ ΚΑΙ ΑΥΤΟC ΕΝ ΤΩ :[12] ΘΩ

(perf,act,ind,1p,pl) γινωσκω — (perf,act,ind,1p,pl) πιστευω — (pres,act,ind,3p,sing) εχω

1Jn.4:16 και ημεις εγνωκαμεν και πεπιστευκαμεν την αγαπην ην εχει ο θεος εν
and we we have known and we have believed the love the one He has the God in
P 9 και ημειc : εγνκαμε]ν και πεπιστευκα:μεν την] αγαπην ην εχι ο χθc* :εν
א και ημιc εγνω:καμεν και πεπι:cτευκαμεν την: αγαπην ην εχει ο:θc εν
B.4:16a ΚΑΙ ΗΜΕΙC ΕΓΝΩΚΑ:[13] ΜΕΝ ΚΑΙ ΠΕΠΙCΤΕΥΚΑ:[14] ΜΕΝ ΤΗΝ ΑΓΑΠΗΝ ΗΝ Ε:[15] ΧΕΙ Ο ΘC ΕΝ
[P 9 * *may be* XPC]

(pres,act,ind,3p,sing) ειμι — (pres,act,ptc,nom,sing,masc) μενω — (pres,act,ind,3p,sing) μενω

W&H ημιν ο θεος αγαπη εστιν και ο μενων εν τη αγαπη εν τω θεω μενει και
us the God love He is and the one remaining in the love in the God he remains and
P 9 ημιν ο θ]c α[γ]απη εστιν και ο μενων:[17] εν τη αγαπη εν τω:θω : μενει και
א ημιν ο θc αγαπη εστιν και ο μενων εν τη αγαπη εν τω θω μενι και
B.4:16b ΗΜΙΝ Ο ΘC Α:[16] ΓΑΠΗ ΕCΤΙΝ ΚΑΙ Ο ΜΕΝΩΝ :[17] ΕΝ ΤΗ ΑΓΑΠΗ ΕΝ ΤΩ ΘΩ:[18] ΜΕΙΝΕΙ ΚΑΙ

(pres,act,ind,3p,sing) μενω

W&H ο θεος εν αυτω [μενει]
the God in him He remains
P 9 ο θ]c εν αυτω [μεν:ει
א θc εν αυτω μενι
B.4:16c Ο ΘC ΕΝ:[19] ΑΥΤΩ ΜΕΝΕΙ ΚΑΙ ΟΘCΕΝ ΑΥΤΩ:[20]

(perf,pass,ind,3p,sing) τελειοω — (pres,act,subj,1p,pl) εχω

1Jn.4:17 εν τουτω τετελειωται η αγαπη μεθ ημων ινα παρρησιαν εχωμεν
by this she has been perfected the love with us so that confidence we should have
P 9 εν τουτω τετ]ελειωται η [P9 *ends here*]
א εν τουτω τετελειωται η αγαπη μεθ ημων1 ινα4 παρρησιαν5 εχομεν6
B.4:17a ΜΕΝΕΙ ΕΝ ΤΟΥΤΩ ΤΕΤΕ:[21] ΛΕΙΩΤΑΙ Η ΑΓΑΠΗ ΜΕΘ Η:[22] ΜΩΝ ΙΝΑ ΠΑΡΡΗCΙΑΝ Ε:[23] ΧΩΜΕΝ

(pres,act,ind,3p,sing) εἰμι (pres,act,ind,1p,pl) εἰμι
W&H εν τη ημερα της κρισεως οτι καθως εκεινος εστιν ~~εστι~~ και ημεις εσμεν
in the day of the judgment because as that one He is also we we are
ℵ εν$_2$ ημιν$_3$ της$_{10}$ κρισεως$_{11}$ οτι καθως εκεινος εστιν και ημεις εσομεθα
B.4:17b ΕΝ ΤΗ ΗΜΕΡΑ ΤΗϹ :[24] ΚΡΙϹΕΩϹ ΟΤΙ ΚΑΘΩϹ Ε :[25]ΚΕΙΝΟϹ ΕϹΤΙΝ ΚΑΙ ΗΜΕΙϹ :[26] ΕϹΜΕΝ

W&H εν τω κοσμω τουτω
in the world this
ℵ εν τω κοσμω τουτω
B.4:17b ΕΝ ΤΩ ΚΟϹΜΩ :[27] ΤΟΥΤΩ

(pres,act,ind,3p,sing) εἰμι (pres,act,ind,3p,sing) βαλλω
1Jn.4:18 φοβος ουκ εστιν εν τη αγαπη αλλ η τελεια αγαπη εξω βαλλει τον φοβον οτι ο
fear not He is in the love but the perfect love out she casts the fear because the
ℵ φοβος ουκ εστιν εν τη αγαπη αλλ η τελεια αγαπη εξω βαλλει το φοβον οτι ο
B 4:18a ΦΟΒΟϹ ΟΥΚ Ε :[28]ϹΤΙΝ ΕΝ ΤΗ ΑΓΑΠΗ ΑΛΛΑ :[29] Η ΤΕΛΕΙΑ ΑΓΑΠΗ ΕΞΩ ΒΑΛ :[30]ΛΕΙ ΤΟΝ ΦΟΒΟΝ ΟΤΙ Ο :[31]

(pres,act,ind,3p,sing) εχω (pres,pass,ptc,nom,sing,masc) φοβεω (perf,pass,ind,3p,sing) τελειοω
W&H φοβος κολασιν εχει ο δε φοβουμενος ου τετελειωται εν τη αγαπη
fear punishment he has but <> the one being afraid not he has been perfected in the love.
ℵ φοβος κολασιν εχει ο δε φοβουμενος ου τετελειωται εν τη αγαπη
B 4:18b ΦΟΒΟϹ ΚΟΛΑϹΙΝ ΕΧΕΙ Ο :[32] ΔΕ ΦΟΒΟΥΜΕΝΟϹ ΟΥ ΤΕ :[33] ΤΕΛΕΙΩΤΑΙ ΕΝ ΤΗ ΑΓΑΠΗ :[34]

(pres,act,ind,1p,pl) αγαπαω (1aor,act,ind,3p,sing) αγαπαω
1Jn.4:19 ημεις αγαπωμεν ~~αυτον~~ οτι αυτος πρωτος ηγαπησεν ημας
we we love ~~Him~~ because/" He first He loved us
ℵ ημεις αγαπωμεν τον θν οτι αυτος πρωτος ηγαπησεν ημας
B 4:19a ΗΜΕΙϹ ΑΓΑΠΩΜΕΝ ΟΤΙ :[35] ΑΥΤΟϹ ΠΡΩΤΟϹ ΗΓΑΠΗ :[36] ϹΕΝ ΗΜΑϹ

(2aor,act,subj,3p,sing) ειπον (pres,act,ind,1p,sing) αγαπαω (pres,act,ptc,nom,sing,masc) μισεω (pres,act,ind,3p,sing) ειμι
1Jn.4:20 εαν τις ειπη οτι αγαπω τον θεον και τον αδελφον αυτου μισῃ ψευστης εστιν
if anyone he said that/" I love the God and the brother of him hating a liar he is
ℵ εαν τις ┬ αγαπω τον θν και τον αδελφον αυτου μειση ψευστης εστιν
B 4:20a ΕΑΝ ΤΙϹ ΕΙΠΗ :[37] ΟΤΙ ΑΓΑΠΩ ΤΟΝ ΘΝ ΚΑΙ :[38] ΤΟΝ ΑΔΕΛΦΟΝ ΑΥΤΟΥ :[39] ΜΕΙϹΗ ΨΕΥϹΤΗϹ ΕϹΤΙΝ :[40]
/\ (E not reinked)

(pres,act,ptc,nom,sing,masc) αγαπαω (perf,act,ind,3p,sing) οραω hiatus
W&H ο γαρ μη αγαπων τον αδελφον αυτου ον εωρακεν ~~εωρακε~~ τον θεον ον
for<>the one not loving the brother of him the one whom he has seen the God the One Whom
ℵ ο γαρ μη αγαπων τον αδελφον αυτου ον εωρακεν τον θν ον
B 4:20b Ο ΓΑΡ ΜΗ ΑΓΑΠΩΝ ΤΟΝ :[41] ΑΔΕΛΦΟΝ ΑΥΤΟΥ ΟΝ Ε :[42] ΩΡΑΚΕΝ ΤΟΝ ΘΝ ΟΝ
(O changed to Ω when reinked) /\ /\ (N not reinked)

(perf,act,ind,3p,sing) οραω (pres,pass,ind,3p,sing) δυναμαι (pres,act,inf) αγαπαω
W&H ουχ εωρακεν ~~πως~~ ου δυναται αγαπαν
not he has seen ~~How~~ not he is able to love
ℵ ουχ εωρακεν ου δυνατε αγαπαν
B 4:20c ΟΥ :[43] Χ ΕΩΡΑΚΕΝ ΟΥ ΔΥΝΑΤΑΙ :[1] ΑΓΑΠΑΝ
/\ (O changed to Ω at reinking) /\ /\
(bottom column 1, plate 1441, manuscript -Vat. Gr. 1209) /\ /\ (top column 2, plate 1441, manuscript – Vat. Gr. 1209)

(pres,act,ind,1p,pl) εχω (pres,act,ptc,nom,sing,masc) αγαπαω (pres,act,ind or subj,3p,sing) αγαπαω
1Jn.4:21 και ταυτην την εντολην εχομεν απ αυτου ινα ο αγαπων τον θεον αγαπα
and this the commandment we have from Him so that the one loving the God he should love
ℵ και ταυτην την εντολην εχομε απ αυτου ινα ο αγαπων τον θν αγαπα
B 4:21a ΚΑΙ ΤΑΥΤΗΝ :[2] ΤΗΝ ΕΝΤΟΛΗΝ ΕΧΟΜΕΝ :[3] ΑΠ ΑΥΤΟΥ ΙΝΑ Ο ΑΓΑΠΩ ΤΟ ΘΝ ΑΓΑΠΑ :[4]
(crunched as correction under scripts at end)
(See below) V

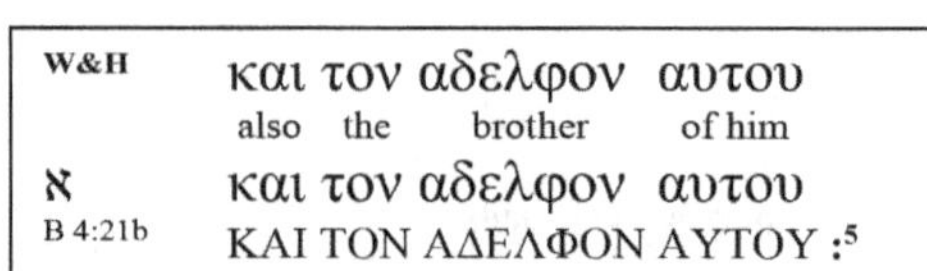
W&H και τον αδελφον αυτου
also the brother of him
ℵ και τον αδελφον αυτου
B 4:21b ΚΑΙ ΤΟΝ ΑΔΕΛΦΟΝ ΑΥΤΟΥ :[5]

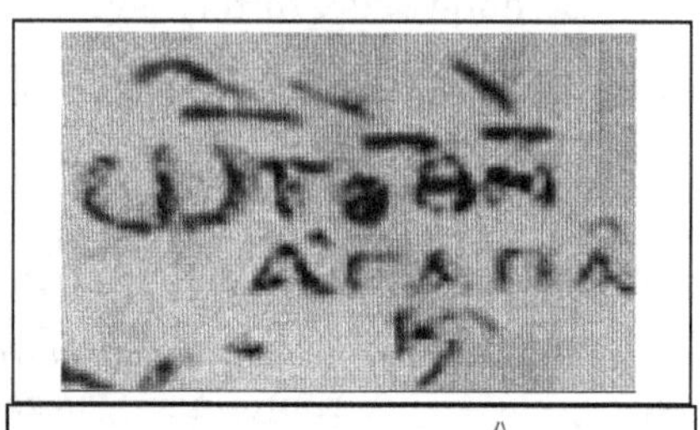
(KAI short hand bottom of script)--> /\

1 John 5

(pres,act,ptc,nom,sing,masc) (pres,act,ind,3p,sing) (perf,pass,ind,3p,sing)
πιστευω ειμι γενναω

1Jn.5:1 πας ο πιστευων οτι ιησους εστιν ο χριστος εκ του θεου γεγεννηται και πας ο
everyone the one believing that Jesus He is the Christ from out of the God he has been begotten and all/every the one
א πας ο πιστευων οτι ις εστιν ο χς εκ του θυ γεγεννηται και πας ο
B 5:1a ΠΑΣ Ο ΠΙΣΤΕΥΩΝ ΟΤΙ ΙϹ :[6] ΕϹΤΙΝ Ο ΧϹ ΕΚ ΤΟΥ ΘΥ ΓΕ :[7]ΓΕΝΝΗΤΑΙ ΚΑΙ ΠΑϹ Ο

(pres,act,ptc,nom,sing,masc) (1aor,act,ptc,acc,sing,masc) (pres,act,ind or subj,3p,sing) (perf,pass,ptc, acc,sing,neut)
αγαπαω γενναω αγαπαω γενναω

W&H αγαπων τον γεννησαντα αγαπα ~~και~~ τον γεγεννημενον εξ αυτου
loving the One having begotten he should love ~~and~~ the one having been born from out of Him
א αγαπων τον γεννησαντα αγαπα τον γεγεννημενο εξ αυτου
B 5:1b ΑΓΑ :[8]ΠΩΝ ΤΟΝ ΓΕΝΝΗϹΑΝΤΑ :[9] ΑΓΑΠΑ ΤΟΝ ΓΕΓΕΝΝΗΜΕ :[10]ΝΟΝ ΕΞ ΑΥΤΟΥ

(pres,act,ind,1p,pl) (pres,act,subj,1p,pl)
γινωσκω αγαπαω

1Jn.5:2 εν τουτω γινωσκομεν οτι αγαπωμεν τα τεκνα του θεου οταν τον θεον
in this we know that/" we should love the children of the God when the God
א εν τουτω γεινωσκομεν οτι αγαπωμεν τα τεκνα του θυ οτα τον θν
B 5:2a ΕΝ ΤΟΥΤΩ :[11] ΓΕΙΝΩϹΚΟΜΕΝ ΟΤΙ ΑΓΑ :[12]ΠΩΜΕΝ ΤΑ ΤΕΚΝΑ ΤΟΥ :[13]ΘΥ ΟΤΑΝ ΤΟΝ ΘΝ
/\ *(E not reinked)*

(pres,act,subj,1p,pl) (pres,act,ind,1p,pl) (pres,act,ind or subj,1p,sing)
αγαπαω ποιεω τηρεω

W&H αγαπωμεν και τας εντολας αυτου ποιωμεν ~~τηρωμεν~~
we should love and the commandments of Him we do ~~we should keep~~
א αγαπωμε και τας εντολας αυτου τηρωμεν
B 5:2b ΑΓΑΠΩ :[14]ΜΕΝ ΚΑΙ ΤΑϹ ΕΝΤΟΛΑϹ :[15]ΑΥΤΟΥ ΠΟΙΩΜΕΝ

(pres,act,ind,3p,sing) (pres,act,ind or subj,1p,sing)
ειμι τηρεω

1Jn.5:3 αυτη γαρ εστιν η αγαπη του θεου ινα τας εντολας αυτου τηρωμεν και
for <> this she is the love of the God so that the commandments of Him we should keep and
א αυτη γαρ εστιν η αγαπη του θυ ινα τας εντολας αυτου τηρωμεν και
B 5:3a ΑΥΤΗ :[16]ΓΑΡ ΕϹΤΙΝ Η ΑΓΑΠΗ ΤΟΥ :[17]ΘΥ ΙΝΑ ΤΑϹ ΕΝΤΟΛΑϹ ΑΥ :[18]ΤΟΥ ΤΗΡΩΜΕΝ ΚΑΙ

(pres,act,ind,3p,sing)
ειμι

W&H αι εντολαι αυτου βαρειαι ουκ εισιν
the commandments of Him heavy/burdensom not she is
א αι εντολαι αυτου βαρειαι ουκ εισιν
B 5:3b ΑΙ ΕΝ :[19]ΤΟΛΑΙ ΑΥΤΟΥ ΒΑΡΕΙΑΙ ΟΥ :[20]Κ ΕΙϹΙΝ

(perf,pass,ptc,nom,sing,neut) (pres,act,ind,3p,sing) (pres,act,ind,3p,sing)
γενναω νικαω ειμι

1Jn.5:4 οτι παν το γεγεννημενον εκ του θεου νικα τον κοσμον και αυτη εστιν
because everyone the one having been born from out of the God he conquers the world and this she is
א οτι παν το γεγεννημενον εκ του θυ νικα τον κοσμον και αυτης εστιν
B 5:4a ΟΤΙ ΠΑΝ ΤΟ ΓΕΓΕΝ :[21]ΝΗΜΕΝΟΝ ΕΚ ΤΟΥ ΘΥ ΝΙ :[22]ΚΑ ΤΟΝ ΚΟϹΜΟΝ ΚΑΙ ΑΥ :[23]ΤΗ ΕϹΤΙΝ

(1aor,act,ptc,nom,sing,fem)
νικαω

W&H η νικη η νικησασα τον κοσμον η πιστις ημων
the victory the one having conquered the world the faith of us
א η νικη η νικησασα τον κοσμον η πιστις ημων
B 5:4b Η ΝΕΙΚΗ Η ΝΕΙ :[24]ΚΗϹΑϹΑ ΤΟΝ ΚΟϹΜΟΝ :[25]Η ΠΙϹΤΙϹ ΗΜΩΝ
/\ *(not reinked* /\ *or erased)*

(pres,act,ind,3p,sing) (pres,act,ptc,nom,sing,masc) (pres,act,ptc,nom,sing,masc) (pres,act,ind,3p,sing)
ειμι νικαω πιστευω ειμι
1Jn.5:5 τις εστιν [δε] ο νικων τον κοσμον ει μη ο πιστευων οτι ιησους εστιν ο
but <> who he is the one conquering the world if not / except the one believing that Jesus He is the
ℵ τις$_1$ εστιν$_3$ δε$_2$ ο$_4$ νικων τον κοσμον ει μη ο πιστευων οτι ις εστιν ο
B 5:5a ΤΙC Ε :[26]CTIN ΔΕ Ο ΝΙΚΩΝ ΤΟΝ ΚΟ :[27]CΜΟΝ ΕΙ ΜΗ Ο ΠΙCΤΕΥΩΝ :[28] ΟΤΙ ΙC ΕCΤΙΝ Ο
/\ *(not reinked)*

W&H υιος του θεου
Son of the God
ℵ υς του θυ
B 5:5b ΥΙΟC ΤΟΥ :[29] ΘΥ

(pres,act,ind,3p,sing)(2aor,act,ptc,nom,sing,masc)
ειμι ερχομαι
1Jn.5:6 ουτος εστιν ο ελθων δι υδατος και αιματος ιησους ~~ο~~ χριστος ουκ εν τω
this He is the One having come by means of water and blood Jesus ~~the~~ Christ not in the
ℵ ουτος εστιν ο ελθων δια υδατος και αιματος και πνς ις χς ουκ εν τω
B 5:6a ΟΥΤΟC ΕCΤΙΝ Ο ΕΛΘΩΝ :[30] ΔΙ ΥΔΑΤΟC ΚΑΙ ΑΙΜΑΤΟC :[31] ΙC ΧC ΟΥΚ ΕΝ ΤΩ

W&H υδατι μονον αλλ εν τω υδατι και εν τω αιματι και
water only but in the water and in the blood and
ℵ υδατι μονον αλλ εν τω υδατι και τω αιματι και
B 5:6b ΥΔΑΤΙ :[32]ΜΟΝΩ ΑΛΛ ΕΝ ΤΩ ΥΔΑΤΙ :[33] ΚΑΙ ΕΝ ΤΩ ΑΙΜΑΤΙ ΚΑΙ :[34]

(pres,act,ind,3p,sing) (pres,act,ptc,nom,sing,neut) (pres,act,ind,3p,sing)
ειμι hiatus μαρτυρεω ειμι
W&H το πνευμα εστιν ~~εστι~~ το μαρτυρουν οτι το πνευμα εστιν η αληθεια
the Spirit He is the One testifying that the Spirit She is the Truth
ℵ το πνα εστιν το μαρτυρουν οτι το πνα εστιν η αληθεια
B 5:6c ΤΟ ΠΝΕΥΜΑ ΤΟ ΜΑΡ :[35]ΤΥΡΟΥΝ ΟΤΙ ΤΟ ΠΝΕΥΜΑ :[36] ΕCΤΙΝ Η ΑΛΗΘΕΙΑ

(pres,act,ind,3p,sing) (pres,act,ptc,nom,sing,neut)
ειμι μαρτυρεω
1Jn.5:7 οτι τρεις εισιν οι μαρτυρουντες ~~εν τω ουρανω ο πατηρ ο λογος και το αγιον πνευμα~~
because three He is the Ones testifying ~~in the heaven the Father the Word and the Holy Spirit~~
ℵ οτι τρεις εισιν οι μαρτυρουτες
B 5:7a ΟΤΙ :[37] ΤΡΕΙC ΕΙCΙΝ ΟΙ ΜΑΡΤΥΡΟΥΝ :[38] *(This omitted text STRUCK OUT & IN BLUE is a 14th century addition now referred to as the Johannine Comma.)*

(pres,act,ind,3p,sing) (pres,act,ind,3p,sing) (pres,act,ptc,nom,pl,masc)
ειμι ειμι μαρτυρεω
~~και αυτοι οι τρεις εν εισιν και τρεις εισιν οι μαρτυρουντες εν επι τη γη~~
~~and these the three One He is and three He is the ones witnessing on upon the earth~~

(pres,act,ind,3p,sing)
ειμι
1Jn.5:8 το πνευμα και το υδωρ και το αιμα και οι τρεις εις το εν εισιν
the Spirit and the water and the blood and the three into the One He is
ℵ το πνα και το υδωρ και το αιμα και οι τρεις εις το εν εισιν
B 5:8a ΤΟ ΠΝΕΥΜΑ ΚΑΙ :[39] ΤΟ ΥΔΩΡ ΚΑΙ ΤΟ ΑΙΜΑ :[40] ΚΑΙ ΟΙ ΤΡΕΙC ΕΙC ΤΟ ΕΝ ΕΙCΙΝ :[41]

(pres,act,ind,1p,pl)
λαμβανω
1Jn.5:9 ει την μαρτυριαν των ανθρωπων λαμβανομεν η μαρτυρια του θεου μειζων
if the testimony of the men we receive the testimony of the God greater
ℵ ει την μαρτυριαν του θυ των ανθρωπων λαμβανομεν η μαρτυρια του θυ μειζω
B 5:9a ΕΙ ΤΗΝ ΜΑΡΤΥΡΙΑΝ ΤΩΝ :[42] ΑΝΘΡΩΠΩΝ ΛΑΜΒΑΝΟΜΕΝ :[1] Η ΜΑΡΤΥΡΙΑ ΤΟΥ ΘΥ ΜΕΙ :[2]ΖΩΝ
(bottom of column 2 plate 1441. Manuscript – Vat.gr. 1209) /\ *(top of column 3 plate 1441. Manuscript – Vat.gr.1209)* /\ *(ΜΕ not legible)* /\

(pres,act,ind,3p,sing) (perf,act,ind,3p,sing)
ειμι μαρτυρεω
W&H εστιν οτι αυτη εστιν η μαρτυρια του θεου οτι μεμαρτυρηκεν περι του υιου αυτου
she is because this she is the testimony of the God that / " He has born witness concerning the Son of Him
ℵ εστιν οτι αυτη εστιν η μαρτυρια του θυ οτι μεμαρτυρηκεν περι του υυ αυτου
B 5:9b ΕCΤΙΝ ΟΤΙ ΑΥΤΗ Ε :[3]CΤΙΝ Η ΜΑΡΤΥΡΙΑ ΤΟΥ :[4]ΘΥ ΟΤΙ ΜΕΜΑΡΤΥΡΗΚΕΝ :[5] ΠΕΡΙ ΤΟΥ ΥΙΟΥ ΑΥΤΟΥ :[6]
(N as shorthand at end of line and not reinked) /\

(pres,act,ptc,nom,sing,masc) πιστευω (pres,act,ind,3p,sing) εχω

1Jn.5:10 ο πιστευων εις τον υιον του θεου εχει την μαρτυριαν εν αυτω ~~εαυτω~~ ο μη
the one believing in the Son of the God he has the testimony in him ~~himself~~ the one not
א ο πιστευω εις τον υν του θυ εχει την μαρτυριαν εν εαυτω ο μη
B 5:10a Ο ΠΙΣΤΕΥΩΝ ΕΙΣ ΤΟΝ ΥΙ :[7] ΟΝ ΤΟΥ ΘΥ ΕΧΕΙ ΤΗΝ ΜΑΡ :[8] ΤΥΡΙΑΝ ΕΝ ΑΥΤΩ Ο ΜΗ

(pres,act,ptc,nom,sing,masc) πιστευω (perf,act,ind,3p,sing) ποιεω (perf,act,ind,3p,sing) πιστευω

W&H πιστευων τω θεω ψευστην πεποιηκεν αυτον οτι ου πεπιστευκεν εις την
believing in the God a liar he has made Him because not he has believed in the
א πιστευων τω θω ψευστην πεποιηκεν αυτον οτι ουκ επιστευκεν εις την
B 5:10b ΠΙ :[9] ΣΤΕΥΩΝ ΤΩ ΘΩ ΨΕΥΣΤΗΝ :[10] ΠΕΠΟΙΗΚΕΝ ΑΥΤΟΝ ΟΤΙ :[11] ΟΥ ΠΕΠΙΣΤΕΥΚΕΝ ΕΙΣ :[12] ΤΗΝ
(TH is not Vaticanus text should be ΤΑΧΝ) Λ

(perf,act,ind,3p,sing) μαρτυρεω

W&H μαρτυριαν ην μεμαρτυρηκεν ο θεος περι του υιου αυτου
testimony the one He has testified the God concerning the Son of Him
א μαρτυριαν η εμαρτυρηκεν ο θς περι του υυ αυτου
B 5:10c ΜΑΡΤΥΡΙΑΝ ΗΝ ΜΕ :[13] ΜΑΡΤΥΡΗΚΕΝ Ο ΘΣ ΠΕΡΙ :[14] ΤΟΥ ΥΙΟΥ ΑΥΤΟΥ

(perf,act,ind,3p,sing) ειμι (1aor,act,ind,3p,sing) διδωμι

1Jn.5:11 και αυτη εστιν η μαρτυρια οτι ζωην αιωνιον εδωκεν$_{1}$ ο$_{3}$ θεος$_{4}$ ημιν$_{2}$ και$_{5}$ αυτη η
and this she is the witness that life eternal He gives the God to us and this the
א και αυτη εστι η μαρτυρια οτι ζωην αιωνιον εδωκεν$_{1}$ ο$_{3}$ θς$_{4}$ ημιν$_{2}$ κ(αι)$_{5}$ αυτη η
B 5:11a ΚΑΙ ΑΥ :[15] ΤΗ ΕΣΤΙΝ Η ΜΑΡΤΥΡΙΑ Ο :[16] ΤΙ ΖΩΗΝ ΑΙΩΝΙΟΝ ΕΔΩ :[17] ΚΕΝ Ο ΘΣ ΗΜΙΝ ΚΑΙ ΑΥΤΗ :[18] Η

(perf,act,ind,3p,sing) ειμι

W&H ζωη εν τω υιω αυτου εστιν
life in the Son of Him she is
א ζωη εν τω υιω αυτου εστιν
B 5:11b ΖΩΗ ΕΝ ΤΩ ΥΙΩ ΑΥΤΟΥ :[19] ΕΣΤΙΝ

(pres,act,ptc,nom,sing,masc) εχω (perf,act,ind,3p,sing) εχω (pres,act,ptc,nom,sing,masc) εχω (perf,act,ind,3p,sing) εχω

1Jn.5:12 ο εχων τον υιον εχει την ζωην ο μη εχων τον υιον του θεου την ζωην ουκ εχει
the one having the Son he has the life the one not having the Son of the God the life not he has
א ο εχων τον υν εχει την ζωην ο μη εχων τον υν του θυ την ζωην ουκ εχει
B 5:12a Ο ΕΧΩΝ ΤΟΝ ΥΙΟΝ :[20] ΕΧΕΙ ΤΗΝ ΖΩΗΝ Ο ΜΗ ΕΧΩΝ :[21] ΤΟΝ ΥΙΟΝ ΤΟΥ ΘΥ ΤΗΝ ΖΩ :[22] ΗΝ ΟΥΚ ΕΧΕΙ

(1aor,act,ind,1p,sing) γραφω (perf,act,subj,2p,pl) οιδα (pres,act,ind,2p,pl) εχω

1Jn.5:13 ταυτα εγραψα υμιν$_{1}$ ινα$_{11}$ ειδητε$_{12}$ οτι$_{13}$ ζωην$_{14}$ εχετε$_{16}$ αιωνιον$_{15}$ ~~και~~$_{17}$ τοις$_{2}$
These (things) I wrote to you all so that you should have seen that life you all have eternal ~~and~~ to the ones
א ταυτα$_{16}$ εγραψα$_{17}$ υμιν$_{18}$ ινα$_{1}$ ειδητε$_{2}$ οτι$_{3}$ ζωην$_{4}$ εχετε$_{6}$ αιωνιον$_{5}$ τοις$_{7}$
B 5:13a ΤΑΥΤΑ :[23] ΕΓΡΑΨΑ ΥΜΙΝ ΙΝΑ ΕΙΔΗ :[24] ΤΕ ΟΤΙ ΖΩΗΝ ΕΧΕΤΕ ΑΙΩ :[25] ΝΙΟΝ ΤΟΙΣ

(pres,act,ptc,dat,pl,masc) πιστευω (pres,act,subj,2p,pl) πιστευω

W&H πιστευουσιν$_{3}$ εις$_{4}$ το$_{5}$ ονομα$_{6}$ του$_{7}$ υιου$_{8}$ του$_{9}$ θεου$_{10}$ ~~ινα~~$_{18}$ ~~πιστευητε εις το ονομα του~~
believing in the Name of the Son of the God ~~so that you might believe in the Name of the~~
א πιστευουσιν$_{8}$ εις$_{9}$ το$_{10}$ ονομα$_{11}$ του$_{12}$ υιου$_{13}$ του$_{14}$ θυ$_{15}$
B 5:13b ΠΙΣΤΕΥΟΥΣΙΝ :[26] ΕΙΣ ΤΟ ΟΝΟΜΑ ΤΟΥ ΥΙΟΥ :[27] ΤΟΥ ΘΥ

W&H ~~υιου του θεου~~
~~Son of the God~~

(pres,act,ind,3p,sing) ειμι (pres,act,ind,1p,pl) εχω (pres,mid,subj,1p,pl) αιτεω

1Jn.5:14 και αυτη εστιν η παρρησια ην εχομεν προς αυτον οτι εαν τι αιτωμεθα
and this she is the confidence which we have toward Him that if anything we, ourselves, might ask
א και αυτη εστιν η παρρησια ην εχομεν προς αυτο οτι εαν τι αιτωμεθα
B 5:14a ΚΑΙ ΑΥΤΗ ΕΣΤΙΝ :[28] Η ΠΑΡΡΗΣΙΑ ΗΝ ΕΧΟΜΕΝ :[29] ΠΡΟΣ ΑΥΤΟΝ ΟΤΙ ΕΑΝ ΤΙ :[30] ΑΙΤΩΜΕΘΑ

(pres,act,ind,3p,sing)
ακουω

W&H κατα το θελημα αυτου ακουει ημων
according to the will of Him He hears us

א κατα το θελημα αυτου ακουει ημων

B 5:14b ΚΑΤΑ ΤΟ ΘΕ :[31] ΛΗΜΑ ΑΥΤΟΥ ΑΚΟΥΕΙ Η :[32] ΜΩΝ

(perf,act,ind,1p,pl) οιδα (pres,act,ind,3p,sing) ακουω (pres,mid,subj,1p,pl) αιτεω (perf,act,ind,1p,pl) οιδα (pres,act,ind,1p,pl) εχω

1Jn.5:15 και εαν οιδαμεν οτι ακουει ημων ο εαν αιτωμεθα οιδαμεν οτι εχομεν τα
and if we have known that He hears us what ever we might ask we have known that we have the

א ⊤ κ(αι) εαν ϊδωμεν οτι ακουει ημων * ⊤ ο εαν αιτωμεθα οιδαμεν οτι εαν εχωμεν τα

B 5:15a ΚΑΙ ΑΝ ΟΙΔΑΜΕΝ Ο :[33] ΤΙ ΑΚΟΥΕΙ ΗΜΩΝ Ο ΑΝ ΑΙ :[34] ΤΩΜΕΘΑ ΟΙΔΑΜΕΝ ΟΤΙ Ε :[35] ΧΟΜΕΝ ΤΑ

[* א *placed at top of text column as correction of an omission error*]

(perf,act,ind,1p,pl)
αιτεω

W&H αιτηματα α ητηκαμεν απ αυτου
requests the ones we have asked from Him

א αιτηματα α ητηκαμεν απ αυτου

B 5:15b ΑΙΤΗΜΑΤΑ Α :[36] ΗΤΗΚΑΜΕΝ ΑΠ ΑΥΤΟΥ :[37]

(2aor,act,subj,3p,sing) οραω (pres,act,ptc,acc,sing,masc) αμαρτανω

1Jn.5:16 εαν τις ιδη τον αδελφον αυτου αμαρτανοντα αμαρτιαν μη προς θανατον
if anyone he might have seen the brother of him sinning a sin not to death

א εαν τιc ιδη τον αδελφον αυτου αμαρτανοντα αμαρτιαν μη προc θανατον

B 5:16a ΕΑΝ ΤΙC ΙΔΗ ΤΟΝ ΑΔΕΛΦΟΝ :[38] ΑΥΤΟΥ ΑΜΑΡΤΑΝΟΝΤΑ :[39] ΑΜΑΡΤΙΑΝ ΜΗ ΠΡΟC ΘΑ :[40] ΝΑΤΟΝ

(fut,act,ind,3p,sing) V αιτεω (fut,act,ind,3p,sing) διδωμι (pres,act,ptc,dat,sing,masc) αμαρτανω (pres,act,ind,3p,sing) ειμι

W&H αιτησει και δωσει αυτω ζωην τοις αμαρτανουσιν μη προς θανατον εστιν
he will ask and He will give to him life to the ones sinning not unto death there is

א αιτηcιc και δωcειc αυτω ζωην τοιc αμαρτανουcιν μη προc θανατον εcτιν

B 5:16b ΑΙΤΗCΕΙ ΚΑΙ ΔΩ :[41] CΕΙ ΑΥΤΩ ΖΩΗΝ ΤΟΙC Α :[42] ΜΑΡΤΑΝΟΥCΙΝ ΜΗ ΠΡΟC :[1] ΘΑΝΑΤΟΝ ΕCΤΙΝ

(bottom of column 3 plate 1441, Manuscript -Vat.gr. 1209) /|\ (top of column 1, plate 1442, Manuscript – Vat.gr. 1209) /|\

(pres,act,ind,1p,sing) λεγω (1aor,act,subj,3p,sing) ερωταω

W&H αμαρτια προς θανατον ου περι εκεινης λεγω ινα ερωτηση
a sin unto death not concerning that I speak so that he should inquire/ask

א αμαρτια προc θανατον ου περι εκεινηc λεγω ινα ερωτηcη

B 5:16c ΑΜΑΡ :[2] ΤΙΑ ΠΡΟC ΘΑΝΑΤΟΝ ΟΥ :[3] ΠΕΡΙ ΕΚΕΙΝΗC ΛΕΓΩ ΙΝΑ :[4] ΕΡΩΤΗCΗ

(pres,act,ind,3p,sing) ειμι hiatus (pres,act,ind,3p,sing) ειμι

1Jn.5:17 πασα αδικια αμαρτια εστιν ~~εστι~~ και εστιν αμαρτια ου προς θανατον
all/every iniquity sin she is and there is a sin not to death

א παcα αδικια αμαρτια εcτιν και εcτι αμαρτια ου προc θανατον

B 5:17a ΠΑCΑ ΑΔΙΚΙ :[5] Α ΑΜΑΡΤΙΑ ΕCΤΙΝ ΚΑΙ Ε :[6] CΤΙΝ ΑΜΑΡΤΙΑ ΟΥ ΠΡΟC :[7] ΘΑΝΑΤΟΝ

(perf,act,ind,1p,pl) οιδα (1aor,pass,ptc,nom,sing,masc) γενναω (pres,act,ind,3p,sing) αμαρτανω

1Jn.5:18 οιδαμεν οτι πας ο γεγεννημενος εκ του θεου ουχ αμαρτανει αλλ ο
we have known that all/every the one having been born from out of the God not he sins but the One

א οιδαμε οτι παc ο γεγεννημενοc εκ του θυ ουχ αμαρτανι αλλ ο

B 5:18a ΟΙΔΑΜΕΝ Ο :[8] ΤΙ ΠΑC Ο ΓΕΓΕΝΝΗΜΕΝΟC :[9] ΕΚ ΤΟΥ ΘΥ ΟΥΧ ΑΜΑΡ :[10] ΤΑΝΕΙ ΑΛΛΑ Ο

(1aor,pass,ptc,nom,sing,masc) γενναω (pres,act,ind,3p,sing) τηρεω (pres,mid,ind,3p,sing) απτω

W&H γεννηθεις εκ του θεου τηρει αυτον ~~εαυτον~~ και ο πονηρος ουχ απτεται αυτου
having been borned from out of the God He keeps him ~~himself~~ and the evil *(one)* not he touches him

א γεννηθειc εκ του θυ τηρι εαυτον και ο πονηροc ουχ απτεται αυτου

B 5:18b ΓΕΝΝΗΘΕΙC :[11] ΕΚ ΤΟΥ ΘΥ ΤΗΡΕΙ ΑΥΤΟΝ :[12] ΚΑΙ Ο ΠΟΝΗΡΟC ΟΥΧ Α :[13] ΠΤΕΤΑΙ ΑΥΤΟΥ

(perf,act,ind,1p,pl) οιδα — (pres,act,ind,1p,pl) ειμι — (pres,mid,ind,3p,sing) κειμαι

1Jn.5:19 οιδαμεν οτι εκ του θεου εσμεν και ο κοσμος ολος εν τω πονηρω κειται
we have known that from out of the God we are and the world whole in the wickedness/evil he lies

א οιδαμεν οτι εκ του θυ εςμεν και ο κοςμοc ολοc εν τω πονηρω κειται

B 5:19a ΟΙΔΑ:[14]ΜΕΝ ΟΤΙ ΕΚ ΤΟΥ ΘΥ ΕCΜΕΝ:[15]ΚΑΙ Ο ΚΟCΜΟC ΟΛΟC ΕΝ:[16] ΤΩ ΠΟΝΗΡΩ ΚΕΙΤΑΙ

(perf,act,ind,1p,pl) οιδα — (pres,act,ind,3p,sing) ηκω (perf,act,ind,3p,sing) διδωμι

1Jn.5:20 οιδαμεν δε οτι ο υιος του θεου ηκει και δεδωκεν ημιν διανοιαν ινα
but <> we have known that the Son of the God is come and He has given to us deep thought/understanding so that

א οιδαμε δε οτι ο υc του θυ ηκει και δεδωκε ημιν διανοιαν ινα

B 5:20a ΟΙ:[17]ΔΑΜΕΝ ΔΕ ΟΤΙ Ο ΥΙΟC:[18]ΤΟΥ ΘΥ ΗΚΕΙ ΚΑΙ ΔΕΔΩ:[19]ΚΕΝ ΗΜΙΝ ΔΙΑΝΟΙΑΝ Ι:[20]ΝΑ

(pres,act,subj,1p,pl) γινωσκω — (pres,act,ind,1p,pl) ειμι

W&H γινωσκομεν τον αληθινον και εσμεν εν τω αληθινω εν τω υιω αυτου ιησου
we might know the True One and we are in the One True in the Son of Him Jesus

א γινωcκομε το αληθινον και εcμεν εν τω αληθινω εν τω υιω αυτου ιυ

B 5:20b ΓΕΙΝΩCΚΩΜΕΝ ΤΟΝ:[21] ΑΛΗΘΙΝΟΝ ΚΑΙ ΕCΜΕΝ:[22] ΕΝ ΤΩ ΑΛΗΘΙΝΩ ΕΝ ΤΩ:[23] ΥΙΩ ΑΥΤΟΥ ΙΥ

/\ *(Ω replaces O at reinking)*

(pres,act,ind,3p,sing) ειμι

W&H χριστω ουτος εστιν ο αληθινος θεος και ~~η~~ ζωη αιωνιος
Christ this One He is the True God and ~~the~~ life eternal.

א χυ ουτοc εcτιν ο αληθινοc θc και ζωη αιωνιοc

B 5:20c ΧΩ ΟΥ:[24]ΤΟC ΕCΤΙΝ Ο ΑΛΗΘΙΝΟC:[25] ΘC ΚΑΙ ΖΩΗ ΑΙΩΝΙΟC:[26]

(1aor,act,imper,2p,pl) φυλασσω

1Jn.5:21 τεκνια φυλαξατε εαυτα απο των ειδωλων ~~αμην~~
children you all guard yourselves from the idols ~~Amen~~

א τεκνια φυλαξατε εαυτα απο των ειδωλων

B5:21a ΤΕΚΝΙΑ ΦΥΛΑΞΑΤΕ Ε:[27]ΑΥΤΑ ΑΠΟ ΤΩΝ ΕΙΔΩΛΩΝ

(bottom column 1 plate 1442, Man. Vat.gr. 1209) /\

B ΙΩΑΝΟΥ = *(Plate 1442 Vat.gr.1209 Ending to 1st. John)*

Α

~~Ιωαννου επιστολη καθολικη πρωτη~~
~~John Epistle General First~~

Above Closing lined through subscriptions is found in the following manuscripts:
Elizvir 1624; Griesbach 1805; Lachman 1842-1850; Tischendorf, Eighth Edition 1865-1872; Wadsworth 1870

ΙΩΑΝΟΥ Β = *(Top 2nd Column Plate 1442 Vat.gr.1209)*

2 John 1

(pres,act,ind,1p,sing)
αγαπαω
2Jn.1:1 ο πρεσβυτερος εκλεκτη κυρια και τοις τεκνοις αυτης ους εγω αγαπω εν αληθεια
the elder *(to)* elect/chosen lady and to the little childre of her whom I I love in truth
P 0232 [P0232 *begins here recto*] κυρια και τοιc τεκνοιc αυ:τηc ουc εγω αγαπω εν αλη:θεια
א ο πρεcβυτεροc εκλεκτη κυρια και τοc τεκνοιc αυτηc ουc εγω αγαπω εν αληθια
B1:1a Ο ΠΡΕCΒΥΤΕΡΟC ΕΚΛΕ:[2] ΚΤΗ ΚΥΡΙΑ ΚΑΙ ΤΟΙC ΤΕ:[3] ΚΝΟΙC ΑΥΤΗC ΟΥC ΕΓΩ:[4] ΑΓΑΠΩ ΕΝ ΑΛΗΘΕΙΑ

(perf,act,ptc,nom,pl,masc)
γινωσκω
W&H και ουκ εγω μονος αλλα και παντες οι εγνωκοτες την αληθειαν
and not I alone but also all the ones having known the truth
P 0232 και ουκ εγω μονος αλλα: παντεc οι εγνωκοτεc την α:ληθειαν
א και ουκ εγω μονοc αλλα και πατεc οι εγνωκοτεc την αληθειαν
B1:1b ΚΑΙ :[5] ΟΥΚ ΕΓΩ ΜΟΝΟΣ ΑΛΛΑ :[6] ΚΑΙ ΠΑΝΤΕC ΟΙ ΕΓΝΩΚΟ:[7] ΤΕC ΤΗΝ ΑΛΗΘΕΙΑΝ

(pres,act,ptc,acc,sing,fem) **μενω** — **(fut,mid,ind,3p,sing)** **ειμι**
2Jn.1:2 δια την αληθειαν την μενουσαν εν ημιν και μεθ ημων εσται εις τον αιωνα
because of the truth the One remaining in us and with us He will be into the eons/eternity
P 0232 δια την αληθεια την: μενουcαν εν ημειν και με:θ ημων εcται ειc τον αιωνα :
א δια την αληθειαν την μενουcαν εν ημιν και μεθ ημων εcται ειc τον αιωνα
B1:2a ΔΙΑ :[8] ΤΗΝ ΑΛΗΘΕΙΑΝ ΤΗΝ ΜΕ :[10] ΝΟΥCΑΝ ΕΝ ΗΜΙΝ ΚΑΙ :[11] ΜΕΘ ΗΜΩΝ ΕCΤΑΙ ΕΙC :[12] ΤΟΝ ΑΙΩΝΑ

fut,mid,ind,3p,sing)
ειμι
2Jn.1:3 εσται μεθ ημων χαρις ελεος ειρηνη παρα θεου πατρος και παρα ~~κυριου~~ ιησου
He will be with us grace mercy peace from God Father and from ~~Lord~~ Jesus
P 0232 εcται μεθ ημων χαριc ελαιοc: ειρηνη παρα θυ παρc και παρα : ιηυ
א εcται μεθ ημων χαριc ελεοc ειρηνη απο θυ πατροc και ⊤ κυ ιυ
B1:3a ΕCΤΑΙ ΜΕ :[13] Θ ΗΜΩΝ ΧΑΡΙC ΕΛΕΟC :[14] ΕΙΡΗΝΗ ΠΑΡΑ ΘΥ ΠΑΤΡΟC :[15] ΚΑΙ ΠΑΡΑ ΙΥ

W&H χριστου του υιου του πατρος εν αληθεια και αγαπη
Christ the Son of the Father in truth and love
P0232 χρυ ου υυ του παρs εν α:ληθεια αγαπη
א χυ του υυ αυτου του πατροc εν αληθεια και αγαπη
B1:3b ΧΥ ΤΟΥ ΥΙ:[16] ΟΥ ΤΟΥ ΠΑΤΡΟS ΕΝ ΑΛΗ :[17] ΘΕΙΑ ΚΑΙ ΑΓΑΠΗ

(2aor,pass,ind,1p,sing) **χαιρω** — **(perf,act,ind,1p,sing)** **ευρισκω** — **(pres,act,ptc,acc,pl,masc)** **περιπατεω**
2Jn.1:4 εχαρην λιαν οτι ευρηκα εκ των τεκνων σου περιπατουντας εν αληθεια
I have been rejoiced greatly because I have found from out of the children of you walking around in truth
P 0232 εχαρην λειαν: οτι ευρον εκ των τεκνων: cου περιπατουνταc εν αλη: θεια
א εχαρην λιαν οτι ευρηκα εκ των τεκνων cου περιπατουνταc εν αληθεια
B1:4a ΕΧΑ :[18] ΡΗΝ ΛΕΙΑΝ ΟΤΙ ΕΥΡΗΚΑ :[19] ΕΚ ΤΩΝ ΤΕΚΝΩΝ CΟΥ :[20] ΠΕΡΙΠΑΤΟΥΝΤΑC ΕΝ Α :[21] ΛΗΘΕΙΑ
Λ *(E not reinked)*

(2aor,act,ind,1p,pl)
λαμβανω
W&H καθως εντολην ελαβομεν παρα του πατρος
as commandments we received from the Father
P 0232 καθωc εντολην ελαβο:μεν π]αρα του παρc
א καθωc εντολην ελαβον παρα του πατροc
B1:4b ΚΑΘΩC ΕΝΤΟ :[22] ΛΗΝ ΕΛΑΒΟΜΕΝ ΠΑΡΑ :[23] ΠΑΤΡΟC

(pres,act,ind,1p,sing) ερωταω (pres,act,ptc,nom,sing,masc) γραφω

2Jn.1:5 και νυν ερωτω σε κυρια ουχ ως εντολην γραφων σοι καινην αλλα ην
and now I am asking you Lady not as a commandment I write to you a new but the one
P^{0232} και νυν:ερωτω σε κυρια ουχ ω]c ε:[ντοληv$_1$ γραφων$_3$ καινην$_2$ [P^{0232} *stops here continues @ 1:6a*]
א και νυν ερωτω cε κυρια ουχ ωc εντοληv$_1$ γραφων$_3$ coι$_4$ καινη$_2$ αλλα$_5$ εντοληv ην
B1:5a ΚΑΙ ΝΥΝ ΕΡΩ:[24]ΤΩ CE ΚΥΡΙΑ ΟΥΧ ΩC EN:[25] ΤΟΛΗΝ ΓΡΑΦΩΝ COI ΚΑΙ:[26]ΝΗΝ ΑΛΛΑ HN
/\ *(end of line shorthand for KAI given below)*

(imperf,act,ind,1p,pl) εχω (pres,act,subj,1p,pl) αγαπαω

W&H ειχομεν απ αρχης ινα αγαπωμεν αλληλους
we were having from beginning so that we would love one another
א ειχαμεν απ αρχηc ινα αγαπωμεν αλληλουc
B1:5b ΕΙΧΟΜΕΝ :[27]ΑΠ ΑΡΧΗΣ ΙΝΑ ΑΓΑΠΩ:[27]ΜΕΝ ΑΛΛΗΛΟΥC

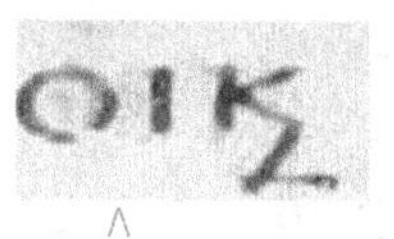
/\

(pres,act,ind,3p,sing) ειμι (pres,act,subj,1p,pl) περιπατεω

2Jn.1:6 και αυτη εστιν η αγαπη ινα περιπατωμεν κατα τας εντολας αυτου
and this she is the love so that we should walk according to the commandments of Him
P 0232 [P^{0232} *continues verso*] η αγαπη ινα περιπατωμεν:κατα ταc εντολαc αυτου
א και αυτη εcτιν η αγαπη ινα περιπατωμε κατα ταc εντολαc αυτου$_1$ ινα$_2$ καθωc$_3$
B1.6a ΚΑΙ ΑΥ:[28]ΤΗ ΕCΤΙΝ Η ΑΓΑΠΗ ΙΝΑ:[29]ΠΕΡΙΠΑΤΩΜΕΝ ΚΑΤΑ:[30]ΤΑC ΕΝΤΟΛΑC ΑΥΤΟΥ:[31]

(pres,act,ind,3p,sing) ειμι (1aor,act,ind,2p,pl) ακουω

W&H αυτη$_1$ η$_3$ εντολη$_4$ εστιν$_2$ καθως$_5$ ηκουσατε απ αρχης ινα
this the commandment she is as you all heard from beginning so that
P 0232 αυτη:η εντολη εcτιν ινα καθωc η:κουcατε απ αρχηc ινα
א αυτη$_4$ η$_6$ εντο$_7$ εcτιν$_5$ αυτου$_8$ ινα καθωc ηκουcατε απ αρχηc ινα
B1.6b ΑΥΤΗ Η ΕΝΤΟΛΗ ΕCΤΙ :[32] ΚΑΘΩC ΗΚΟΥCΑΤΕ Α:[33]Π ΑΡΧΗC ΙΝΑ

(pres,act,subj,2p,pl) περιπατεω

W&H εν αυτη περιπατητε
in it you all should walk
P 0232 εν αυτη : περιπατηται
א εν αυτη περιπατηcητε
B1.6c ΕΝ ΑΥΤΗ:[34] ΠΕΡΙΠΑΤΗΤΕ

(2aor,act,ind,3p,pl) εξερχομαι (2aor,act,ind,3p,pl) εισερχομαι (pres,act,ptc,nom,sing,masc) ομολογεω

2Jn.1:7 οτι πολλοι πλανοι εξηλθον ~~εισηλθον~~ εις τον κοσμον οι μη ομολογουντες
because many deceitful ones they went out ~~they entered~~ into the world the ones not professing/acknowledging
P 0232 οτι πολλοι πλα:νοι εξηλθον εις τον κοcμον: οι μη ομολογουντεc
א οτι πολλοι πλανοι εξηλθον εις τον κοcμο οι μη ομολογουντεc
B1.7a ΟΤΙ ΠΟΛ:[35]ΛΟΙ ΠΛΑΝΟΙ ΕΞΗΛΘΟΝ:[36] ΕΙC ΤΟΝ ΚΟCΜΟΝ ΟΙ ΜΗ:[37] ΟΜΟΛΟΓΟΥΝΤΕC

(pres,mid,ptc,acc,sing,masc) ερχομαι (pres,act,ind,3p,sing) ειμι

W&H ιησουν χριστον ερχομενον εν σαρκι ουτος εστιν ο πλανος και ο αντιχριστος
Jesus Christ coming in flesh this one he is the deceitful one and the antichrist
P^{0232} ιην χρν: ερχομενων εν cαρκι ου[τος] ε:cτιν ο πλανοc και ο αντιχρι:cτοc
א ιν χν ερχομενον εν cαρκι ουτοc εcτιν ο πλανοc κ(αι) αντιχριcτοc
B1.7b ΙΝ ΧΝ:[38] ΕΡΧΟΜΕΝΟΝ ΕΝ CΑΡΚΙ:[39]ΟΥΤΟC ΕCΤΙΝ Ο ΠΛΑΝΟC:[40]ΚΑΙ Ο ΑΝΤΙΧΡΕΙCΤΟC:[41]
(E not reinked) /\

(pres,act,ind,2p,pl) (1aor,act,subj,2p,pl) (1aor,mid,ind,1p,pl)
βλεπω απολλυμι εργαζομαι
2Jn.1:8 βλεπετε εαυτους ινα μη απολεσητε α ειργασαμεθα αλλα μισθον πληρη
you all see/ watch yourselves so that not you all should lose the *(things)* we worked for but a reward/wage full
P [0232] βλεπεται αυτουc ινα: μη απολεcηται α ειρ γαcαcθαι: αλλα μιcθον πληρη
א βλεπετε εαυτουc ινα μη αποληcθε α ειργαcαcθαι αλλα μιcθον πληρη
B1.8a ΒΛΕΠΕΤΕ ΕΑΥΤΟΥC Ι :[42] ΝΑ ΜΗ ΑΠΟΛΕCΗΤΕ Α ΕΙΡ :[1] ΓΑCΑΜΕΘΑ ΑΛΛΑ ΜΙCΘΟΝ :[2] ΠΛΗΡΗ
(bottom of column 2 plate 1442, Man.-Vat. Gr. 1209) /|\ *(top of column 3, plate 1442, Manscript – Vat.gr. 1209)* /|\

(2aor,act,subj,2p,pl)
απολαμβανω
W&H απολαβητε
you all should receive
P [0232] απ[ολαβη]:ται
א απολαβητ
B1.8b ΑΠΟΛΑΒΗΤΕ

(pres,act,ptc,nom,sing,masc) (pres,act,ptc,nom,sing,masc) (pres,act,ind,3p,sing)
προαγω μενω εχω
2Jn.1:9 πας ο προαγων και μη μενων εν τη διδαχη του χριστου θεον ουκ εχει
all/every the one going forth and not remaining in the teaching of the Christ God not he has
P [0232] πας ο προαγων [κα]ι μ[η] με:νων εν τη διδαχη του κυ χρυ θν ουκ εχει
א πας ο προαγων και μη μενων και μη εν τη διδαχη του χυ θν ουκ εχει
B1.9a ΠΑC :[3] Ο ΠΡΟΑΓΩΝ ΚΑΙ ΜΗ ΜΕ :[4] ΝΩΝ ΕΝ ΤΗ ΔΙΔΑΧΗ ΤΟΥ :[5] ΧΥ ΘΝ ΟΥΚ ΕΧΕΙ
/\ *(X replaces N, does not look like an overwrite)*

(pres,act,ptc,nom,sing,masc) (pres,act,ind,3p,sing)
μενω εχω
W&H ο μενων εν τη διδαχη ~~του χριστου~~ ουτος και τον πατερα και τον υιον εχει
the one remaining in the teaching ~~of the Christ~~ this one both the Father and the Son he has
P [0232] ο μενων:[6] εν τη δ[ιδαχη: [P [0232] *ends here*]
א ο μενω εν τη διδαχηουτος και τον πατερα και τον υν εχει
B1.9b Ο ΜΕΝΩΝ :[6] ΕΝ ΤΗ ΔΙΔΑΧΗ ΟΥΤΟC ΚΑΙ :[7] ΤΟΝ ΠΑΤΕΡΑ ΚΑΙ ΤΟΝ ΥΙ :[8] ΟΝ ΕΧΕΙ
(I not reinked) /\

(pres,mid,ind,3p,sing) (pres,act,ind,3p,sing) (pres,act,ind,2p,pl)
ερχομαι φερω λαμβανω
2Jn.1:10 ει τις ερχεται προς υμας και ταυτην την διδαχην ου φερει μη λαμβανετε
if anyone he comes to you all and this the teaching not he brings not receive you all
א ει τιc ερχεται προc υμαc και ταυτην την **ε διδαχην ου φερι μη λαμβανετε
B1.10a ΕΙ ΤΙC ΕΡΧΕΤΑΙ :[9] ΠΡΟC ΥΜΑC ΚΑΙ ΤΑΥΤΗΝ :[10] ΤΗΝ *ΤΗΝ ΔΙΔΑΧΗΝ ΟΥ :[11] ΦΕΡΕΙ ΜΗ ΛΑΜΒΑΝΕΤΕ :[12]
(B1.10$_a$ **ΤΗΝ not reinked) (** א ε corrector deleted)*

(pres,act,infin) (pres,act,ind,2p,pl)
χαιρω λεγω
W&H αυτον εις οικιαν και χαιρειν αυτω μη λεγετε
him into house and to rejoice with him not you all speak.
א αυτον εις οικιαν και χαιρειν αυτω μη λεγετε
B1.10b ΑΥΤΟΝ ΕΙC ΟΙΚΙΑΝ ΚΑΙ :[13] ΧΑΙΡΕΙΝ ΑΥΤΩ ΜΗ ΛΕΓΕ :[14] ΤΕ

(pres,act,ptc,nom,sing,masc) (pres,act,infin) (pres,act,ind,3p,sing)
λεγω χαιρω κοινωνεω
2Jn.1:11 ο1 λεγων3 γαρ2 αυτω4 χαιρειν κοινωνει τοις εργοις αυτου τοις πονηροις
for <> the one saying to him to rejoice he shares with the works of him with the wicked/evil
א ο λεγω γαρ αυτω χαιρειν κοινωνι τοιc εργοιc αυτου τοιc πονηροιc
B 1.11a Ο ΛΕΓΩΝ ΓΑΡ ΑΥΤΩ :[15] ΧΑΙΡΕΙΝ ΚΟΙΝΩΝΕΙ ΤΟΙC :[16] ΕΡΓΟΙC ΑΥΤΟΥ ΤΟΙC ΠΟ :[17] ΝΗΡΟΙC

(pres,act,ptc,nom,sing,masc)(pres,act,inf) (1aor,pass,ind,1p,sing) (pres,act,ind,1p,sing)
εχω γραφω βουλομαι ελπιζω
2Jn.1:12 πολλα εχων υμιν γραφειν ουκ εβουληθην δια χαρτου και μελανος αλλα ελπιζω
many *(things)* having to you all to write not I had intended by means of paper and ink but I hope
א πολλα εχω υμιν γραφειν ουκ εβουληθην δια χαρτου και μελανος αλλα ελπιζω
B1.12a ΠΟΛΛΑ ΕΧΩΝ :[18] ΥΜΙΝ ΓΡΑΦΕΙΝ ΟΥΚ ΕΒΟΥ :[19] ΛΗΘΗΝ ΔΙΑ ΧΑΡΤΟΥ ΚΑΙ :[20] ΜΕΛΑΝΟC ΑΛΛΑ ΕΛΠΙΖΩ :[21]

(2aor,pass,infin) (2aor,act,infin) (1aor,act,infin)
γινομαι ερχομαι λαλεω

W&H γενεσθαι ~~ελθειν~~ προς υμας και στομα προς στομα λαλησαι ινα η χαρα υμων
to happen/come ~~to come~~ to you all and mouth to mouth to speak so that the joy of us
ℵ γενεcθαι προc υμαc και στοματι προc cτομα λαληcαι ινα η χαρα ημων
B1.12b ΓΕΝΕCΘΑΙ ΠΡΟC ΥΜΑC :[22] ΚΑΙ CΤΟΜΑ ΠΡΟC CΤΟΜΑ :[23] ΛΑΛΗCΑΙ ΙΝΑ Η ΧΑΡΑ Υ :[24] ΜΩΝ

(CC old script NEW double Σ Σ is result of between the lines corrector addition which we see as C's below)

	(perf,pass,ptc,nom,sing,fem)	(pres,act,subj,3p,sing)
	πληροω	ειμι
W&H	πεπληρωμενη	η
	having been fulfilled	she might be
ℵ	πεπληρωμενη	ην
B	ΠΕΠΛΗΡΩΜΕΝΗ :[25]	Η

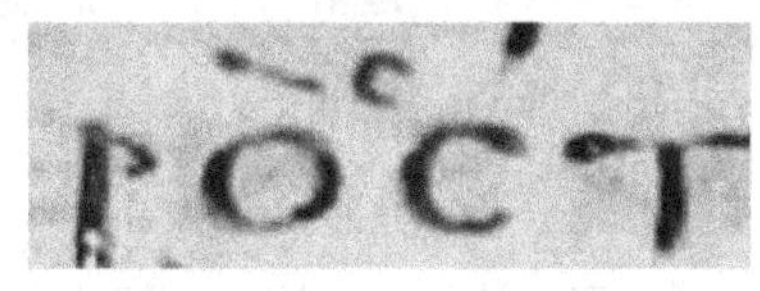

(pres,mid,ind,3p,sing)
ασπαζομαι

2Jn.1:13 ασπαζεται σε τα τεκνα της αδελφης σου της εκλεκτης ~~αμην~~
he greets you the children of the sister of you of the elect ~~Amen~~
ℵ ασπαζετε cε τα τεκνα τηc αδελφηc cου τηc εκλεκτηc
B1.13a .ΑCΠΑΖΕΤΑΙ CΕ ΤΑ ΤΕ :[27] ΚΝΑ ΤΗC ΑΔΕΛΦΗC COY :[28] ΤΗC ΕΚΛΕΚΤΗC :

ΙΩΑΝΟΥ = *(Bottom of Column Plate 3 1442 Vat.gr.1209)*

Β

ℵ ιωαννου β

Ιωαννου επιστολη καθολικη δετερα
John Epistle General Second

Above Closing lined through subscriptions is found in the following manuscruots:
Elizvir 1624
Griesbach 1805
LLachmann 1842-1850
Tischendorf, Eighth Edition 1865-1872
Wadsworth 1870

ΙΩΑΝΟΥ Γ *(Text starts Top of Column 1, Plate 1443*

3 John 1

(pres,act,ind,1p,sing)
αγαπαω

3Jn.1:1 ο πρεσβυτερος γαιω τω αγαπητω ον εγω αγαπω εν αληθεια
the Elder to Gaius the one beloved the one I I love in truth
ℵ ο πρεcβυτεροc γαιω τω αγαπητω ον εγω αγαπω εν αληθια
B 1:1a :[1] Ο ΠΡΕCΒΥΤΕΡΟC ΓΑΙΩ :[2] ΤΩ ΑΓΑΠΗΤΩ ΟΝ ΕΓΩ :[3] ΑΓΑΠΩ ΕΝ ΑΛΗΘΕΙΑ :[4]

(pres,mid,ind,1p,sing) (pres,pass,inf) (pres,act,inf) (pres,pass,ind,3p,sing)
ευχομαι ευοδοω υγιαινω ευοδοω

3Jn.1:2 αγαπητε περι παντων ευχομαι σε ευοδουσθαι και υγιαινειν καθως ευοδουται
beloved concerning all things I desire you to be successful and to be healthy as she be successful
ℵ αγαπητε περι παντων ευχομε cε ευοδουcθε και υγιαινειν καθωc ευοδουται
B 1:2a ΑΓΑΠΗΤΕ ΠΕΡΙ ΠΑΝΤΩΝ :[5] ΕΥΧΟΜΑΙ CΕ ΕΥΟΔΟΥ :[6] CΘΑΙ ΚΑΙ ΥΓΙΑΙΝΕΙΝ ΚΑ :[7] ΘΩC ΕΥΟΔΟΥΤΑΙ

W&H σου η ψυχη
of you the soul
א σου η ψυχη
B 1:2b ΣΟΥ :[8] Η ΨΥΧΗ

(2aor,pass, Ind, 2,sing) χαιρω (pres,mid,ptc,gen,pl,masc) ερχομαι (pres,act,ptc,nom,sing,masc) μαρτυρεω

3Jn.1:3 εχαρην γαρ λιαν ερχομενων αδελφων και μαρτυρουντων σου τη αληθεια
for <> you were rejoiced greatly coming of brothers and testifying of you the truth
א εχαρην λιαν ερχομενων αδελφω και μαρτυρουντων σου τη αληθεια
B 1:3a ΕΧΑΡΗΝ ΓΑΡ ΛΕΙ :[9] ΑΝ ΕΡΧΟΜΕΝΩΝ ΑΔΕΛ :[10] ΦΩΝ ΚΑΙ ΜΑΡΤΥΡΟΥΝ :[11] ΣΟΥ ΤΗ ΑΛΗΘΕΙΑ
Λ *(Ε not reinked)*

(pres,act,ind,2p,sing) περιπατεω
W&H καθως συ εν αληθεια περιπατεις
as you in truth you walk
א καθως συ εν αληθεια περιπατεις
B 1:3b ΚΑΘΩΣ :[12] ΣΥ ΕΝ ΑΛΗΘΕΙΑ ΠΕΡΙΠΑ :[13] ΤΕΙΣ

(pres,act,ind,1p,sing) εχω (pres,act,ind,1p,sing) ακουω
3Jn.1:4 μειζοτεραν τουτων ουκ εχω χαριν ινα ακουω τα εμα τεκνα εν τη αληθεια
greater of these *(things)* not I have joy so that I hear the *(things)* my children in the truth
א μιζοτεραν τουτων ουκ εχω χαραν ινα ακουω τα εμα τεκνα εν αληθεια
B 1:4a ΜΕΙΖΟΤΕΡΑΝ ΤΟΥ :[14] ΤΩΝ ΟΥΚ ΕΧΩΝ ΧΑΡΙΝ :[15] ΙΝΑ ΑΚΟΥΩ ΤΑ ΕΜΑ ΤΕ :[16] ΚΝΑ ΕΝ ΤΗ ΑΛΗΘΕΙΑ
Λ *(Ν is Xed out and not reinked)*

(pres,act,ptc,acc,sing,masc) περιπατεω
W&H περιπατουντα
are walking
א περιπατουντα
B 1:4b ΠΕ :[17] ΡΙΠΑΤΟΥΝΤΑ

(pres,act,ind,2p,sing) ποιεω (1aor,act,subj,2p,sing) εργαζομαι
3Jn.1:5 αγαπητε πιστον ποιεις ο εαν εργαση εις τους αδελφους και ~~εις~~ τουτο ~~τους~~
beloved faithfully you do what ever you might work for the brothers and ~~to~~ this ~~the~~
א αγαπητε πιστο ποιεις ο εαν εργαση εις τους αδελφους και τουτο
B 1:5a ΑΓΑΠΗ :[18] ΤΕ ΠΙΣΤΟΝ ΠΟΙΕΙΣ Ο ΕΑΝ :[19] ΕΡΓΑΣΗ ΕΙΣ ΤΟΥΣ ΑΔΕΛ :[20] ΦΟΥΣ ΚΑΙ ΤΟΥΤΟ

W&H ξενους
strangers
א ξενους
B 1:5b ΞΕΝΟΥΣ :[21]

(1aor,act,ind,3p,pl) μαρτυρεω (fut,act,ind,2p,sing) ποιεω
3Jn.1:6 οι εμαρτυρησαν σου τη αγαπη ενωπιον εκκλησιας ους καλως ποιησεις
the ones they testified of you to the love in front of assembly/church ear good things you will do
א οι εμαρτυρησαν σου τη αγαπη ενωπιον εκκλησιας ους καλως ποιησεις
B 1:6a ΟΙ ΕΜΑΡΤΥΡΗΣΑΝ ΣΟΥ :[22] ΤΗ ΑΓΑΠΗ ΕΝΩΠΙΟΝ ΕΚ :[23] ΚΛΗΣΙΑΣ ΟΥΣ ΚΑΛΩΣ ΠΟΙ :[24] ΗΣΕΙΣ
Λ *(C inserted as correction above line see below)*

(1aor,act,ptc,nom,sing,masc) προπεμπω
W&H προπεμψας αξιως του θεου
having sent on the way worthily of the God
א προπεμψας αξιως του θυ
B 1:6b ΠΡΟΠΕΜΨΑΣ Α :[25] ΞΙΩΣ ΤΟΥ ΘΥ

(2aor,act,ind,3p,pl) (pres,act,ptc,nom,pl,masc)
εξερχομαι λαμβανω
3Jn.1:7 υπερ γαρ του ονοματος ~~αυτου~~ εξηλθον μηδεν λαμβανοντες απο των
for <> because of the Name ~~of Him~~ they have gone forward nothing taking/receiving from the
א υπερ γαρ γαρ του ονοματος εξηλθαν μηδεν λαμβανοντες απο των
B 1:7a ΥΠΕΡ ΓΑΡ :[26] ΤΟΥ ΟΝΟΜΑΤΟΣ ΕΞΗΛ :[27] ΘΑΝ ΜΗΔΕΝ ΛΑΜΒΑΝΟΝ :[28] ΤΕΣ ΑΠΟ ΤΩΝ

W&H εθνικων
Gentiles
א εθνικω
B 1:7b ΕΘΝΙΚΩΝ :[29]

(pres,act,ind,1p,pl) (pres,act,inf) (pres,act,inf)
οφειλω υπολαμβανω απολαμβανω
3Jn.1:8 ημεις ουν οφειλομεν υπολαμβανειν ~~απολαμβανειν~~ τους τοιουτους ινα συνεργοι
therefore <>We we ought to help ~~to receive~~ the ones like that so that coworkers
א ημεις ουν οφιλομεν υπολαμβανιν τους τοιουτους ινα συνεργοι
B 1:8a ΗΜΕΙΣ ΟΥΝ ΟΦΕΙΛΟΜΕΝ :[30] ΥΠΟΛΑΜΒΑΝΕΙΝ ΤΟΥΣ :[31] ΤΟΙΟΥΤΟΥΣ ΙΝΑ ΣΥΝΕΡ :[32] ΓΟΙ

(pres,mid,subj,1p,pl)
γινομαι
W&H γινωμεθα τη αληθεια
we might become to the truth
א γινωμεθα τη εκκλησια
B 1:8b ΓΙΕΙΝΩΜΕΘΑ ΤΗ Α :[33] ΛΗΘΕΙΑ

(1aor,act,ind,1p,sing) (pres,act,ptc,nom,sing,masc)
γραφω φιλοπρωτευω
3Jn.1:9 εγραψα τι τη εκκλησια αλλ ο φιλοπρωτευων αυτων διοτρεφης ουκ
I wrote something to the church but the one desiring to be first of them Diotrephes not
א εγραψα τι τη εκκλησια αλλ ο φιλοπρωτευων αυτων διοτρεφης ουκ
B 1:9a ΕΓΡΑΨΑΣ ΤΙ :[34] ΤΗ ΕΚΚΛΗΣΙΑ ΑΛΛ Ο ΦΙ :[35] ΛΟΠΡΩΤΕΥΩΝ ΑΥΤΩΝ :[36] ΔΙΟΤΡΕΦΗΣ ΟΥΚ

(pres,mid,ind,3p,sing)
επιδεχομαι
W&H επιδεχεται ημας
he obeys / welcomes us
א επιδεχεται ημας
B 1:9b ΕΠΙ :[37] ΔΕΧΕΤΑΙ ΗΜΑΣ

(2aor,act,subj,1p,sing) (fut,act,ind,1p,sing) (pres,act,ind,3p,sing)
ερχομαι υπομιμνησκω ποιεω
3Jn.1:10 δια τουτο εαν ελθω υπομνησω αυτου τα εργα α ποιει λογοις πονηροις
on account of this if /when I should have come I will remind him the works the ones he does words with evil
א δια τουτο εαν ελθω υπομνησω αυτου τα εργα α ποιει λογοις πονηροις
B 1:10a ΔΙΑ ΤΟΥ :[38] ΤΟ ΕΑΝ ΕΛΘΩ ΥΠΟΜΝΗ :[39] ΣΩ ΑΥΤΟΥ ΤΑ ΕΡΓΑ Α ΠΟΙ :[40] ΕΙ ΛΟΓΟΙΣ ΠΟΝΗΡΟΙΣ :[41]

(pres,act,ptc,nom,sing,masc) (pres,mid,ptc,nom,sing,masc) (pres,mid,ind,3p,sing)
φλυαρεω αρκεω επιδεχομαι
W&H φλυαρων ημας και μη αρκουμενος επι τουτοις ουτε αυτος επιδεχεται
talking nonsense against us and not being satisfied concerning these neither he he welcomes
א φλοιαρων ημας και μη αρκουμενος επι τουτοις ουτε αυτος επιδεχετε
B 1:10b ΦΛΥΑΡΩΝ ΗΜΑΣ ΚΑΙ ΜΗ :[42] ΑΡΚΟΥΜΕΝΟΣ ΕΠΙ ΤΟΥ :[1] ΤΟΙΣ ΟΥΤΕ ΑΥΤΟΣ ΕΠΙ :[2] ΔΕΧΕΤΑΙ

(bottom of column 1, plate 1443, Manuscript – Vat.gr. 1209) Λ Λ *(top of column 2, plate 1443, Manuscript – Vat. Gr. 1209)*

(pres,mid,ptc,acc,pl,masc) (pres,act,ind,3p,sing) (pres,act,ind,3p,sing)
βουλομαι κωλυω εκβαλλω
W&H τους αδελφους και τους βουλομενους κωλυει και εκ της εκκλησιας εκβαλλει
the brothers and the ones intending he prevents and from out of the assembly/church he casts out
א τους αδελφους και τους βουλομενους κωλυει και της εκκλησιας εκβαλλει
B 1:10c ΤΟΥΣ ΑΔΕΛ :[3] ΦΟΥΣ ΚΑΙ ΤΟΥΣ ΒΟΥΛΟ :[4] ΜΕΝΟΥΣ ΚΩΛΥΕΙ ΚΑΙ :[5] ΕΚ ΤΗΣ ΕΚΚΛΗΣΙΑΣ ΕΚ :[6] ΒΑΛΛΕΙ

(pres,mid,imper,2p,sing) μιμεομαι — (pres,act,ptc,nom,sing,masc) αγαθοποιεω — (pres,act,ind,3p,sing) ειμι

3Jn.1:11 αγαπητε μη μιμου το κακον αλλα το αγαθον ο αγαθοποιων εκ του θεου εστιν
beloved not you imitate the bad/evil but the good the one doing good from out of the God he is
א αγαπητε μη μιμου το κακον αλλα το αγαθον ο αγαθοποιων εκ του θυ εστιν
B 1:11a ΑΓΑΠΗΤΕ ΜΗ ΜΕΙ :[7] ΜΟΥ ΤΟ ΚΑΚΟΝ ΑΛΛΑ ΤΟ :[8] ΑΓΑΘΟΝ Ο ΑΓΑΘΟΠΟΙΩΝ :[9] ΕΚ ΤΟΥ ΘΥ ΕCΤΙΝ
Λ *(E inserted compressed at end of line but not reinked)*

(pres,act,ptc,nom,sing,masc) κακοποιεω — (perf,act,ind,3p,sing) οραω — hiatus

W&H ο ~~δε~~ κακοποιων ουχ εωρακεν ~~εωρακε~~ τον θεον
but <> the one doing evil not he has seen the God.
א ο κακοποιων ουχ εωρακεν τον θν
B 1:11b Ο ΚΑΚΟ :[10] ΠΟΙΩΝ ΟΥΧ ΕΩΡΑΚΕΝ :[11] ΤΟΝ ΘΝ
Λ *(O at reinking changed to Ω)*

(perf,pass,ind,3p,sing) μαρτυρεω

3Jn.1:12 δημητριω μεμαρτυρηται υπο παντων και υπο αυτης της αληθειας και ημεις δε
to Demetrius he has been witnessed by all and from herself the truth and also <> we
א δημητριω μεμαρτυρηται υπο παντων και υπο αυτης της αληθιας και ημεις δε
B 1:12a ΔΗΜΗΤΡΙΩ ΜΕ :[12] ΜΑΡΤΥΡΗΤΑΙ ΥΠΟ ΠΑΝ :[13] ΤΩΝ ΚΑΙ ΥΠ ΑΥΤΗC ΤΗC :[14] ΑΛΗΘΕΙΑC ΚΑΙ ΗΜΕΙC ΔΕ :[15]

(pres,act,ind,1p,pl) μαρτυρεω — (perf,act,ind,2p,sing) οιδα — (pres,act,ind,3p,sing) ειμι hiatus

W&H μαρτυρουμεν και οιδας οτι η μαρτυρια ημων αληθης εστιν ~~εστι~~
we testify and you have known that the testimony of us true it is
P 0251 [P0251 *folio one begins*] και οιδας οτι η μαρτυ] : [ρ]ια ημ[ων αληθης εστιν :
א μαρτυρουμεν και οιδας οτι η μαρτυρια ημων αληθης εστιν
B 1:12b ΜΑΡΤΥΡΟΥΜΕΝ ΚΑΙ ΟΙ :[16] ΔΑC ΟΤΙ Η ΜΑΡΤΥΡΙΑ Η :[17] ΜΩΝ ΑΛΗΘΗC ΕCΤΙΝ :[18]

(imperf,act,ind,1p,sing) εχω — (pres,act,inf) γραφω — (pres,act,ind,1p,sing) θελω

3Jn.1:13 πολλα ειχον γραψαι σοι αλλ ου θελω δια μελανος και καλαμου
many *(things)* I was having to write to you but not I desire by ink and pen
P0251 π]ολλα ειχον γ[ραψειν αλλ : ο]υ θελω δια μ[ελανος και : κα]λαμου₁
א πολλα ειχον γραψαι σοι αλλ ου θελω δια μελανος και καλαμου
B 1:13a ΠΟΛΛΑ ΕΙΧΟΝ ΓΡΑΨΑΙ COI :[19] ΑΛΛΘ ΟΥ ΘΕΛΩ ΔΙΑ ΜΕΛΑ :[20] ΝΟC ΚΑΙ ΚΑΛΑΜΟΥ
Λ *(Θ is crossed out as correction in text with slanted line through it)*

(pres,act,inf) γραφω

W&H σοι γραφειν
to you to write
P0251 σοι₃ : γραφε[ιν₂
א σοι γραφει
B 1:13a COI :[21] ΓΡΑΦΕΙΝ

(pres,act,ind,1p,sing) ελπιζω — (2aor,act,infin) οραω — (fut,act,ind,1p,pl) λαλεω

3Jn.1:14 ελπιζω δε ευθεως₁ σε₃ ιδειν₂ και₄ στομα προς στομα λαλησομεν
but <> I hope immediately you to see and mouth to mouth we will talk.
P0251 ελ]πιζω δε ευθε[ως σε ιδειν : κα]ι στομα προς [στομα λα : λ]ησωμεν
א ελπιζω δε ευθεως σε ιδειν και στομα προς στομα λαλησομεν
B 1:14a ΕΛΠΙΖΩ ΔΕ ΕΥ :[22] ΘΕΩC CE ΙΔΕΙΝ ΚΑΙ CΤΟ :[23] ΜΑ ΠΡΟC CΤΟΜΑ ΛΑΛΗCΟ :[24] ΜΕΝ
Λ *(C appears inserted after being left out at time of reinking)*

(pres,mid,ind,3p,pl) ασπαζομαι — (pres,mid,imper,2p,sing) ασπαζομαι

3Jn.1:15 ειρηνη σοι ασπαζονται σε οι φιλοι ασπαζου τους φιλους κατ ονομα
peace to you they, themselves, greet you the friends let them greet you the friends by name
P 0251 ειρ[ηνησοι ασ]παζονται σε οι [φιλοι : α]σπαζου τους [φιλους κατ : ονομα :
א ειρηνη σοι ασπαζονται σε οι φιλοι ασπαζου τους φιλους κατ ονομα
B 1:15a ΕΙΡΗΝΗ COI ΑCΠΑ :[25] ΖΟΝΤΑΙ CE ΟΙ ΦΙΛΟΙ Α :[26] CΠΑΖΟΥ ΤΟΥC ΦΙΛΟΥC :[27] ΚΑΤ ΟΝΟΜΑ :
(3Jn.1:15 use to be the ending of 3Jn.1:14)

γ

א ἰωαννου

B **ΙΩΑΝΟΥ Γ**

~~Ιωαννου επιστολη καθολικη τριτη~~

~~John Epistle General Third~~

[Above Closing lined is found in the following manuscripts below but removed by the 25th edition Nestle-Aland, 1963 therefore my strike through above:]

Elizvir 1624 Tischendorf, Eighth Edition 1865-1872 LLachmann 1842-1850

Griesbach 1805 Wadsworth 1870

Introduction to the Gospel according to St. John

The Witness of St. John in this Gospel is that Jesus Christ is a flesh and blood man and the true living only begotten Son of God. That He and the Father are One and that they have sent forth Their Holy Spirit as the One Who calls, gathers and enlightens and sanctifies the whole Christian Church on earth and keeps it in the one true faith. God's Holy Spirit speaks and moves His Evangelist to write the words of this text. There is much to learn from John's writings, and he has been used well to proclaim the Gospel in this narrative describing the historic salvation actions of God to save sinful man. This is not secular, but salvation history. God's purpose and requirements for real personal fellowship with Him is that we trust and accept His word and follow His commands. "God so loved the world that He gave His only begotten Son, that whoever believes in Him might have eternal life." To know God is eternal life, which is in His Son Jesus and obtained by faith in His word and work. Simply stated but exclusive. This narrative about Jesus is how God did the work required to save us. What He requires is that we trust His Word and follow His commands. God does not change.

The Origin Gospel according to John:

The church father Irenaeus (180 AD) gives us the earliest written testimony concerning the writing of the Gospel according to John. Irenaeus writes: "Afterwards, John, the disciple of the Lord, who also had leaned uon His breast, did himself publish a Gospel during his residence at Ephesus in Asia." He also reports that John lived in Ephesus to an old age, dying there during the reign of Trajan.

The church father and translator Jerome give us further information:

> John, the apostle whom Jesus loved most, the son of Zebedee, and brother of the apostle James, whom Herod, after our Lord's passion, beheaded, most recently of all, at the request of the bishop of Asia, wrote a Gospel against Cerinthus and other heretics, and especially against the then-arising doctrine of the Ebionites, who assert that Christ did not exist prior to Mary. On this account he was compelled to maintain His divine birth.
>
> But there is said to be yet another reason for this work, in that, when he had read the volumes of Matthew, Mark, and Luke, he approved, indeed, the substance of the history and declared that the things they said were true, but that they had given the history of only one year, the one, that is, which follows the imprisonment of John and in which he was put to death.
>
> So skipping this year, the events of which had been set forth by these, he related the events of the earlier period before John was shut up in prison, so that it might be manifest to those who should diligently read the volumes of the four Evangelists. This also takes away the διαφωνια, discrepancy, which seems to exist between John and the other.

The struggle to split John the son of Zebedee from John the disciple whom Jesus loved is wrong and simply splitting hairs that don't exist. John the son of Zebedee is the disciple whom Jesus loved. Jerome was an eminent scholar, translator, and church father trusted by Emperor Constantine to accompany and assist his mother Helena in her quest to identify the religious sites in the Holy Land. Those who are separated by almost 2000 years from the events, maybe should trust those who were separated by 200 to 400 or less years from the events and had available better documents.

Gospel of Jesus Christ κατα John

John Chapter 1

		(imperf,act,ind,3p,sing) **ειμι**				**(imperf,act,ind,3p,sing)** **ειμι**					**(imperf,act,ind,3p,sing)** **ειμι**	
Jn.1:1	εν αρχη	ην	ο λογος	και	ο λογος	ην	προς	τον	θεον	και	θεος	ην	ο λογος
	in beginning	He was	the Word	and	the Word	He was	with	the	God	and	God	He was	the Word
B	εν αρχη	ην	ο λογος	και	ο λογος	ην	προς	τον	θν	και	θς	ην	ο λογος
ℵ	εν αρχη	ην	ο λογος	και	ο λογος	ην	προς	τον	θν	και	θς	ην	ο λογος
P66	εν αρχη	ην	ο λογος	και	ο λογος	ην	προς	το[ν	θν]	και	θς	ην	ο λογος
P75	εν αρχη	ην	ο λογος	και	ο λογος	ην	προς	τον	θν	και	θς	ην	ο λογος

		(imperf,act,ind,3p,sing) **ειμι**				
Jn.1:2	ουτος	ην	εν αρχη	προς	τον	θεον
	this One	He was	in beginning	with	the	God
B	ουτο	ην	εν αρχη	προς	τον	θν
ℵ	ουτος	ην	εν αρχη	προς	τον	θν
P66	ουτος	ην	εν αρχη	προς	τον	θν
P75	ουτος	ην	εν αρχη	προς	τ[ον	θν]

				(2aor,mid,ind,3p,sing) **γινομαι**				**(2aor,mid,ind,3p,sing)** **γινομαι**				**(2 perf,act,ind,3p,sing)** **γινομαι**
Jn.1:3	παντα	δι	αυτου	εγενετο	και	χωρις	αυτου	εγενετο	ουδε	εν	ο	γεγονεν
	all things	through	Him	it happened	and	without	Him	it happened	not even	one *(thing)*	the one/what	he has happened
B	παντα	δι	αυτου	εγενετο	και	χωρις	αυτου	εγνετο	ουδε	εν	ο	γεγονεν
ℵ	πατα	δι	αυτου	εγενε	και	χωρις	αυτου	εγενετο	ουδεν		ο	γεγονεν
P66	παντα	δι	αυτου	εγενετο	και	χωρις	α[υτου]	εγνετο	ουδεν		ο	γεγονεν
P75	παντα	δι	αυτου	εγενετο	και	χωρις	αυτου	εγνετο	ουδε	εν	ο	γεγονεν

			(imperf,act,ind,3p,sing) **ειμι**			**(imperf,act,ind,3p,sing)** **ειμι**				
Jn.1:4	εν αυτω	ζωη	ην	και	η ζωη	ην	το	φως	των	ανθρωπων
	in Him	life	she was	and	the life	she was	the	Light	of the	men
B	εν αυτω	ζωη	ην	και	η ζωη	ην	το	φως		
ℵ	εν αυτω	ζωη	εστιν	και	η ζωη	ην	το	φως	των	ανθρωπων
P66	αυτω	ζωη	ην	και	η ζωη	ην	το	φως	των	ανθρωπων
P75	εν αυτω	ζωη	εστιν	και	η ζωη	ην	το	φως	των	ανων

						(pres,act,ind,3p,sing) **φαινω**					**(2aor,act,ind,3p,sing)** **καταλαμβανω**
Jn.1:5	και	το φως	εν	τη	σκοτια	φαινει	και	η σκοτια	αυτο	ου	κατελαβεν
	and	the Light	in	the	darkness	She shines	and	the darkness	it	not	she overpowered
B	και	το φως	εν	τη	σκοτια	φαινει	και	η σκοτια	αυτο	ου	κατελαβεν
ℵ	και	το φως	εν	τη	σκοτια	φαινει	και	η σκοτια	αυτο	ου	κατελαβεν
P66	και	το φως	εν	τη	σκοτια	φαινει	και	η σκοτια	αυτο	ου	κατελαβεν
P75	και	το φως	εν	τη	σκοτεια	φαινει	και	η σκοτεια	αυτο	ου	κατελαβεν

	(2aor,mid,ind,3p,sing) **γινομαι**		**(perf,pass,ptc,nom,sing,masc)** **αποστελλω**				*(dative of possession)*		
Jn.1:6	εγενετο	ανθρωπος	απεσταλμενος	παρα	θεου		ονομα	αυτω	ιωαννης
	he happened	a man	having been sent	from	God		name	to him	John
B	εγενετο	ανθρωπος	απεσταλμενος	παρα	θυ		ονομα	αυτω	ιωανης
ℵ	εγενετο	ανθρωπος	απεσταλμενος	παρα	θυ	ην	ονομα	αυτω	ιωαννης
P66	εγενετο	ανθρωπος	απεσταλμενος	παρα	θυ		ονομα	αυτω	ιωαννης
P75	εγενετο	ανθρωπος	απεσταλμενος	παρα	θυ		ονομα	αυτω	ιωανης

		(2aor,act,ind,3p,sing) **ερχομαι**				**(1aor,act,subj,3p,sing)** **μαρτυρεω**						
Jn.1:7	ουτος	ηλθεν	εις	μαρτυριαν	ινα	μαρτυρηση	περι	του	φωτος	ινα	παντες
	this one	he came	for	a witness	so that	he should witness	concerning	the	Light	so that	all
B	ουτος	ηλθεν	εις	μαρτυριαν	ινα	μαρτυρηση	περι	του	φωτος	ινα	παντες
ℵ	ουτος	ηλθεν	εις	μαρτυριαν	ινα	μαρτυρηση	περι	του	φωτος	ινα	παντες
P66	ουτος	ηλθεν	εις	μαρτυριαν	ινα	μαρτυρηση	περι	του	φωτος	ινα	παντες
P75	ουτος	ηλθεν	εις	μαρτυριον	ινα	μαρτυρηση	περι	του	φωτος	ινα	παντες

	(1aor,act,subj,3p,pl) πιστευω		
W&H	πιστευσωσιν	δι	αυτου
	they should believe	through	him
B	πιϲτευϲωϲιν	δι	αυτου
ℵ	πιϲτευϲωϲιν	δι	αυτου
P66	πιϲτευϲωϲιν	δι	αυτου
P75	πιϲτευϲωϲιν	δι	αυτου

		(imperf,act,ind,3p,sing) ειμι					(1aor,act,subj,3p,sing) μαρτυρεω		
Jn.1:8	ουκ	ην	εκεινος	το φως	αλλ	ινα	μαρτυρηση	περι	του φωτος
	not	he was	that One	the Light	but	so that	he should witness	concerning	the Light
B	ουκ	ην	εκεινοϲ	το φωϲ	αλλ	ινα	μαρτυρηϲη	περι	του φωτοϲ
ℵ	ουκ	ην	εκινοϲ	το φωϲ	αλλ	ινα	μαρτυρηϲη	περι	του φωτοϲ
P66	ουκ	ην	εκεινοϲ	το φωϲ	αλλ	ινα	μαρτυρηϲη	περι	του φωτοϲ
P75	ουκ	ην	εκεινοϲ	το φωϲ	αλλ	ινα	μαρτυρηϲη	περι	του φωτοϲ

	(imperf,act,ind,3p,sing) ειμι					(pres,act,ind,3p,sing) φωτιζω			(pres,mid,ptc,acc,sing,masc) ερχομαι	
Jn.1:9	ην	το φως	το	αληθινον	ο	φωτιζει	παντα	ανθρωπον	ερχομενον	εις
	it was	the Light	the One	True	the One	He shines upon	every	man	coming	into
B	ην	το φολοϲ	το	αληθεινον	ο	φωτιζει	παντα	ανθρωπον	ερχομενον	ειϲ
ℵ	ην	το φωϲ	το	αληθεινον	ο	φωτιζει	παντα	ανθρωπον	ερχομενον	ειϲ
P66	ην	το φωϲ	το	αληθεινον	ο	φωτιζει	παντα	ανθρωπον	ερχομενον	ειϲ
P75	ην	το φολοϲ	το	αληθινον	ο	φωτιζει	παντα	ανον	ερχομενον	ειϲ

W& H	τον κοσμον
	the world
B	τον κοϲμον
ℵ	τον κοϲμον
P66	τον κοϲμον
P75	τον κοϲμον

		(imperf,act,ind,3p,sing) ειμι			(2aor,mid,ind,3p,sing) γινομαι			(2aor,act,ind,3p,sing) γινωσκω
Jn.1:10	εν τω κοσμω	ην	και ο κοσμος	δι αυτου	εγενετο	και ο κοσμος	αυτον	ουκ εγνω
	in the world	He was	and the world	through Him	it happened	and the world	Him	not he knew/acknowledged
B	εν τω κοσμω	ην	και ο κοσμος	δι αυτου	εγενετο	και ο κοσμος	αυτον	ουκ εγνω
ℵ	εν τω κοϲμω	ην	και ο κοϲμοϲ	δι αυτον	εγενετο	και ο κοϲμοϲ	αυτο	ουκ εγνω
P66	εν τω κοσμω	ην	και ο κοσμοϲ	δι αυτου	εγενετο	και ο κοσμος	αυτον	ουκ εγνω
P75	εν τω κοϲμω	ην	και ο κοϲμοϲ	δι αυτου	εγενετο	και ο κοϲμοϲ	αυτον	ουκ εγνω

			(2aor,act,ind,3p,sing) ερχομαι					(2aor,act,ind,3p,pl) παραλαμβανω
Jn.1:11	εις τα	ιδια	ηλθεν	και	οι	ιδιοι αυτον	ου	παρελαβον
	to the ones	His own	He came	and	the ones	His own Him	not	they welcomed/received
B	εις τα	ιδια	ηλθεν	και	οι	ιδιοι αυτον	ου	παρελαβον
ℵ	ειϲ τα δι	ιδια	ηλθεν	και	οι	ιδιοι αυτον	ου	παρελαβον
P66	εις τα	ιδια	ηλθ[εν]	και	οι	ιδιοι αυτον	ου	παρελαβον
P75	εις τα	ιδια	ηλθεν	και	οι	ιδιοι αυτον	ου	παρελαβον

			(2aor,act,ind,3p,pl) λαμβανω		(1aor,act,ind,3p,sing) διδωμι					(2aor,mid,infin) γινομαι	
Jn.1:12	οσοι	δε	ελαβον	αυτον	εδωκεν	αυτοις	εξουσιαν	τεκνα	θεου	γενεσθαι	τοις
	but <> as many as		they received	Him	He gave	to them	authority	children	of God	to become	the ones
B	οϲοι	δε	ελαβε^{ο}ν	αυτον	εδωκεν	αυτοιϲ	εξουϲιαν	τεκνα	θυ	γενεϲθαι	τοιϲ
ℵ	οϲοι	δε	ελαβον	αυτον	εδωκεν	αυτοιϲ	εξουϲιαν	τεκνα	θυ	γενεϲθε	τοιϲ
P66	οϲο[ι]	δε	ελαβε^{ο}ν	αυτον	εδωκεν	αυτοιϲ	εξουϲιαν	τεκνα	θυ	γενεϲθαι	τοιϲ
P75	οϲοι	δε	ελαβον	αυτον	εδωκεν	αυτοιϲ	εξουϲιαν	τεκνα	θυ	γενεϲθαι	τοιϲ

(pres,act,ptc,dat,pl,masc)
πιστευω
W& H πιστευουσιν εις το ονομα αυτου
believing in the Name of Him
B πιστευουcιν ειc το ονομα αυτου
א πιcτευουcι ειc το ονομα αυτου
P66 πιστευουcιν ειc το ονομα αυτου
P75 πιcτευουcιν ειc το ονομα αυτου

Jn.1:13 οι ουκ εξ αιματων ουδε εκ θεληματος σαρκος ουδε εκ θεληματος ανδρος
the ones not from out of blood nor from out of will of flesh nor from out of will of a man/husband
B οι ουκ εξ αιματω ουδε εκ θεληματοc σαρκοc
א οι ουκ εξ αιματω ουδε εκ θεληματοc σαρκοc ουδε θεληματοc ανδροc
P66 οι ουκ εξ αιματω ουδε εκ θελημα[τοc] σαρκοc ουδε εκ θεληματοc ανδ[ροc]
P75 οι ουκ εξ αιματω ουδε εκ θεληματοc σαρκοc ουδε εκ θεληματος ανδρος

(1aor,pass,ind,3p,pl)
γενναω
W& H αλλ εκ θεου εγεννηθησαν
but from out of God they have been begotten
B αλλ εκ θυ εγεν[ν]ηθηcαν
א αλλ εκ θυ εγεννηθηcαν
P66 αλλα εκ θυ εγεννηθηcαν
P75 αλλ εκ θυ εγενηθηcαν

(2aor,mid,ind,3p,sing) (1aor,act,ind,3p,sing) (1aor,mid,ind,1p,pl)
γινομαι σκηνοω θεαομαι
Jn.1:14 και ο λογος σαρξ εγενετο και εσκηνωσεν εν ημιν και εθεασαμεθα την δοξαν
and the Word flesh He became and He tented with/among us and we saw the glory
B και ο λογοc cαρξ εγενετο και εcκηνωcεν εν ημιν και εθεαcαμεθα την δοξαν
א και ο λογοc cαρξ εγενετο και εcκηνωcεν εν ημιν και εθεαcαμεθα την δοξα
P66 και ο [λογοc] cαρξ εγενετο και εcκηνωcεν εν ημειν και εθεαcαμεθα την δοξαν
P75 και ο λογοc cαρξ εγενετο και εcκηνωcεν εν ημιν και εθεαcαμεθα την δοξαν

W& H αυτου δοξαν ως μονογενους παρα πατρος πληρης χαριτος και αληθειας
of Him a glory as *(the)* Only Begotten from *(the)* Father full of grace/favor and truth
B αυτου δοξαν ωc μονογενουc παρα πατροc πληρηc χαριτοc αληθειαc
א αυτου δοξαν ωc μονογενουc παρα πρc πληρη[c] χαριτοc και αληθιαc
P66 αυτου δοξαν ωc μονογενουc παρα πατροc πληρηc χαριτοc αληθειαc
P75 αυτου δοξαν ωc μονογενουc παρα πατροc πληρηc χαριτοc και αληθειαc

(pres,act,ind,3p,sing) (2 perf,act,ind,3p,sing) (pres,act,ptc,nom,sing,masc)
μαρτυρεω κραζω hiatus λεγω
Jn.1:15 ιωαννης μαρτυρει περι αυτου και κεκραγεν ~~κεκραγε~~ λεγων ουτος
John he witness concerning Him and he has cried out saying this One
B ιωανηc μαρτυρει περι αυτου και κεκραγεν λεγων ουτοc
א ιωαννηc μαρτυρι περι αυτου και κεκραγεν ουτοc
P66 ιωαννηc μαρτυρι περι αυτου και κεκραγεν λεγω[ν] ουτοc
P75 ιωανηc μαρτυρει περι αυτου και κεκραγε λεγων ουτοc

(imperf,act,ind,3p,sing)(pres,act,ptc,nom,sing,masc) (2aor,act,ind,1p,sing) (pres,mid,ptc,nom,sing,masc)
ειμι λεγω λεγω ερχομαι
W& H ην ο ~~ον~~ ειπων ~~ειπον~~ ο οπισω μου ερχομενος εμπροσθεν
He was the One ~~Whom~~ saying ~~I said~~ the One after me coming before
B ην ο ειπων ο οπιcω μου ερχομενοc εμπροcθεν
א ην ο οπιcω μου ερχομενοc οc εμπροcθεν
P66 ην ον ειπον ο οπιcω μου ερχομενοc εμπροcθεν
P75 ην ο ον ειπον ο οπιcω μου ερχομενοc εμπροcθεν

		(2perf,act,ind,3p,sing) γινομαι			**(imperf,act,ind,3p,sing)** ειμι	
W& H	μου	γεγονεν	οτι	πρωτος	μου	ην
	me	He has been	because	first	of me	He was
B	μου	γεγονεν	οτι	πρωτος	μου	ην
ℵ	μου	γεγονεν	οτι	πρωτος	μου	ην
P 66	μου	γεγονεν	οτι	πρωτος	μου	ην
P 75	μου	γεγονεν	οτι	πρωτος	μου	ην

										(2aor,act,ind,1p,pl) λαμβανω				
Jn.1:16	οτι	~~και~~	εκ	του	πληρωματος	αυτου	ημεις	παντες		ελαβομεν	και	χαριν	αντι	χαριτος
	because	~~also~~	from out	of the	fullness	of Him	we	all		we received	also	grace	upon/on behalf of	grace
B	οτι		εκ	του	πληρωματος	αυτου	ημεις	παντες		ελαβομεν	και	χαριν	αντι	χαριτος
ℵ	οτι		εκ	του	πληρωματος	αυτου	ημεις	παντες		ελαβομεν	και	χαριν	αντι	χαριτος
P 66	οτι		εκ	του	πληρωματος	αυτου	ημεις	παντες		ελαβομεν	και	χαριν	αντι	χαριτος
P 75	οτι		εκ	του	πληρωματος	αυτου	ημεις	παντες		ελαβομεν	και	χαριν	αντι	χαριτος

							(1aor,pass,ind,3p,sing) διδωμι							
Jn.1:17	οτι	ο	νομος	δια	μωυσεως	~~μωσεως~~	εδοθη	η	χαρις		και	η	αληθεια	δια	ιησου
	for	the	Law	through	Moses	~~Moses~~	he has been given	the	grace		and	the	truth	through	Jesus
B	οτι	ο	νομος	δια	μωυσεως		εδοθη	η	χαρις		και	η	αληθια	δια	<u>ιυ</u>
ℵ	οτι	ο	νομος	δια	μωυσεως		εδοθη	η	χαρις		και	η	αληθια	δια	<u>ιυ</u>
P 66	οτι	ο	νομος	δια	μωυσεως		εδοθη	η	χαρις	δε	και	η	αληθια	δια	<u>ιυ</u>
P 75	οτι	ο	νομος	δια	μωυσεως		εδοθη	η	χαρις		και	η	αληθια	δια	<u>ιυ</u>

		(2aor,act,ind,3p,sing) γινομαι
W& H	χριστου	εγενετο
	Christ	she happened
B	<u>χυ</u>	εγενετο
ℵ	<u>χυ</u>	εγενετο
P 66	<u>χυ</u>	εγενετο
P 75	<u>χυ</u>	εγενετο

			(perf,act,ind,3p,sing) οραω	hiatus					
Jn.1:18	θεον	ουδεις	εωρακεν	~~εωρακε~~	πωποτε	~~ο~~	μονογενης	θεος	~~υιος~~
	God	no one	he has seen		at any time	~~the~~	only begotten	God	~~Son~~
B	<u>θν</u>	ουδεις	εο^ω^ρακεν		πωποτε		μονογενης	<u>θς</u>	
ℵ	<u>θν</u>	ουδεις	εωρακεν		πωποτε		μονογενης	<u>θς</u>	
P66	<u>θν</u>	ουδεις	εωρακεν		πωποται		μονογενης	<u>θς</u>	
P75	<u>θν</u>	ουδεις1	εορακεν3		πωποτε2	ο4	μονογενης	<u>θς</u>	

	(pres,act,ptc,nom,sing,masc)	ειμι							**(1aor,mid,ind,3p,sing)** εξηγεομαι
W& H	ο	ων	εις	τον	κολπον	του	πατρος	εκεινος	εξηγησατο
	the One	being	in	the	bosom	of the	Father	that One	He made fully known
B	ο	ων	εις	τον	κολπον	του	πατρος	εκεινος	εξηγησατο
ℵ			εις	το	κολπον	του	πατρος	εκεινος	εξηγησατο
P66	ο	ων	εις	τον	κολπον	του	<u>πρς</u>	εκινος	εξηγησατο
P75	ο	ων	εις	τον	κολπον	του	πατρος	εκεινος	εξηγησατο

			(pres,act,ind,3p,sing) ειμι						**(1aor,act,ind,3p,pl)** αποστελλω			
Jn.1:19	και	αυτη	εστιν	η	μαρτυρια	του	ιωαννου	οτε	απεστειλαν	προς	αυτον	οι ιουδαιοι
	and	this	she is	the	witness	of the	John	when	they sent	to	him	the Jews
B	και	αυτη	εστιν	η	μαρτυρια	του	ιωανου	οτε	απεστειλαν	προς	αυτο	οι ιουδαιοι
ℵ	και	αυτη	εστιν	η	μαρτυρια	του	ιωαννου	οτε	απε[ς]τιλαν			οι ιουδαιοι
P66	και	αυτη	εστιν	η	μαρτυρια	του	ιωαννου	οτε	απε[ς]τιλαν			οι ιουδαιοι
P75	και	αυτη	εστιν	η	μαρτυρια	του	ιωανου	οτε	απεστειλ[[α]]ν	προς	αυτο	οι ιουδαιοι

(1aor,act,subj,3p,pl) ερωταω — (pres,act,ind,2p,sing) ειμι

W& H εξ ιεροσολυμων ιερεις και λευιτας ινα ερωτησωσιν αυτον συ τις ει
from out of Jerusalem priests and Levites so that they might ask him you who you are
B εξ ιεροσολυμων ιερεις και λευειτας ινα ερωτησωσιν αυτον συ τις ει
ℵ εξ ιεροσολυμων ιερις και λευειτας ινα επερωτησωσιν αυτον συ τις ει
P66 εξ ιεροσολυμων ιερεις και λευειτας ινα επερωτησωσιν αυτον συ τις ει
P75 εξ ιεροσολυμων ιερεις και λευειτας ινα ερωτησουσιν αυτον συ τις ει

(1aor,act,ind,3p,sing) ομολογεω — hiatus — (1aor,mid,ind,3p,sing) αρνεομαι — (pres,act,ind,1p,sing) ειμι

Jn.1:20 και ωμολογησεν ~~ωμολογησε~~ και ουκ ηρνησατο και ωμολογησεν οτι$_1$ εγω$_4$ ουκ$_2$ ειμι$_3$
and he professed/acknowledged and not he denied even he professed that/" I not I am
B και ωμολογησεν και ουκ ηρνησατο και ωμολογησεν οτι εγω ουκ ειμι
ℵ και ωμολογησεν και ουκ ηρνησατο οτι εγω ουκ ιμι
P66 και ωμολογησεν και ουκ ηρνησατο και ωμολογησεν οτι εγω ουκ ιμι
P75 και ωμολογησεν και ουκ ηρνησατο και ωμολογησεν οτι εγω ουκ ειμι

W& H ο$_5$ χριστος
the Christ
B ο χς
ℵ ο χς
P66 ο χς
P75 ο χς

(1aor,act,ind,3p,pl) ερωταω — (pres,act,ind,2p,sing) ειμι — (pres,act,ind,3p,sing) λεγω

Jn.1:21 και ηρωτησαν αυτον τι ουν$_1$ [συ]$_4$ ηλιας$_2$ ει$_3$ και$_5$ λεγει
and they asked him therefore <> what you Elias/Elijah are you and he says
B και ηρωτησαν αυτον$_1$ τι$_4$ ουν$_3$ συ$_2$ ηλειας$_5$ ει και λεγει
ℵ και επηρωτησαν παλιν τι ου ηλιας ει λεγει
P66 και ηρωτη[σα]ν αυτον τις ουν συ ηλειας ει και λεγει
P75 και ηρωτησαν αυτον τι ουν συ ηλειας ει και λεγει

(pres,act,ind,1p,sing) ειμι — (pres,act,ind,2p,sing) ειμι — (1aor,pass,ind,3p,sing) αποκρινομαι

W& H ουκ ειμι ο προφητης ει συ και απεκριθη ου
not I am the prophet are you you and he did give answer no
B ουκ ειμι ο προφητης ει συ και απεκριθη ου
ℵ ουκ ειμι προφητης ει συ και απεκριθη ου
P66 ουκ ειμι ο προφητης ει συ και απεκριθη ου
P75 ουκ ειμι ο προφητης ει συ και απεκριθη ου

(2aor,act,ind,3p,pl) λεγω — (2aor,act,ind,3p,pl) λεγω — (pres,act,ind,2p,sing) ειμι — (2aor,act,subj,1p,pl) διδωμι — (1aor,act,ptc,dat,pl,masc) αποστελλω

Jn.1:22 ειπαν ~~ειπον~~ ουν αυτω τις ει ινα αποκρισιν δωμεν τοις πεμψασιν
therefore <> they said ~~they said~~ to him who you are so that an answer we might give to the ones having sent
B ειπαν ουν αυτω τις ει ινα αποκρισιν δωμεν τοις πεμψασιν
ℵ ειπον ουν αυτω τις ει ινα αποκρισιν δωμεν τοις πεμψασιν
P66 ειπαν ουν αυτω συ τις ει ινα αποκρισιν δωμεν τοις πεμψασιν
P75 ειπαν ουν αυτω συ τις ει ινα αποκρισιν δωμεν τοις πεμψασιν

(pres,act,ind,2p,sing) λεγω

W& H ημας τι λεγεις περι σεαυτου
us what say you concerning yourself
B ημας τι λεγεις περι σεαυτου
ℵ ημας τι λεγεις περι σεαυτου
P66 ημας τι λεγεις περι σεαυτου
P75 ημας τι λεγεις περι σεαυτου

	(2aor,act,ind,3p,sing) φημι			(pres,act,ptc,gen,sing,masc) βοαω				(1aor,act,imper,2p,pl) ευθυνω			
Jn.1:23	εφη	εγω	φωνη	βοωντος	εν τη	ερημω		ευθυνατε	την	οδον	κυριου
	he said	I	a voice	crying aloud	in the	wilderness		you all make straight	the	path	of Lord
B	εφει	εγω	φωνη	βοωντος	εν τη	ερημω		ευθυνατε	την	οδον	κυ
ℵ	εφη	εγω	φωνη	βοωντος	εν τη	ερημω		ευθυνατε	την	οδον	κυ
P5		*[εγ]ω	φων[η]	βο[ωντος	εν τη	ερημω		ευ]θυνατ[ε	την	οδον	κυ
P66	εφη	εγω	φωνη	βοωντος	εν τη	ερημω	ευθυναται		την	οδον	κυ
P75	εφη	εγω	φωνη	βοωντος	εν τη	ερημω		ευθυνατε	την	οδον	κυ

[P5 * *begins*]

		(2aor,act,ind,3p,sing) λεγω		
W& H	καθως	ειπεν	ησαιας	ο προφητης
	as	he said	Isaiah	the prophet
B	καθωc	ειπεν	ηcαιαc	ο προφητηc
ℵ	καθωc	ειπεν	ηcαιαc	ο προφητηc
P5	καθωc	ειπ]εν	ηcα[ιαc	ο προφητηc]
P66	καθωc	ειπεν	ηcαιαc	ο προφητηc
P75	καθωc	ειπεν	ηcαιαc	ο προφητηc

			(perf,pass,ptc,nom,pl,masc) αποστελλω	(imperf,act,ind,3p,pl) ειμι				
Jn.1:24	και	~~οι~~	απεσταλμενοι	ησαν	εκ	των	φαρισαιων	
	and	~~the ones~~	having been sent ones	they were	from out	of the	Pharisees	
B	και		απεcταλμενοι	ηcαν	εκ	των		φαρειcαιων
ℵ	και		απεcταλμενοι	ηcαν	εκ	των	φαριcαιων	
P5	[και		απεcτ]αλμενοι	[ηcαν	εκ	των		φαρειcαιω]ν
P66	και		απεcταλμενοι	ηcαν	εκ	των	φαριcαιων	
P75	και		απεcταλμενοι	ηcαν	εκ	των	φαριcαιων	

		(1aor,act,ind,3p,pl) ερωταω				(2aor,act,ind,3p,pl) λεγω	(2aor,act,ind,3p,pl) λεγω				(pres,act,ind,2p,sing) βαπτιζω		
Jn.1:25	και	ηρωτησαν		αυτον	και	ειπαν	~~ειπον~~	αυτω	τι	ουν	βαπτιζεις	ει	συ
	also	they asked		him	and	they said	~~they said~~	to him	therefore <> why		you are baptizing	if	you
B	και	ηπωτηcαν		αυτον	και	ειπαν		αυτω	τι	ουν	βαπτιζειc	ει	cυ
ℵ	και						ειπον	αυτω	τι	ουν	βαπτιζειc	ει	cυ
P5	και	ηπω[τηcαν		αυτον					τι	ουν	βα]πτιζειc	ει	[cυ]
P66	και		ηρωτηcαν	αυτον	και	ειπαν		αυτω	τι	ουν	βαπτιζειc	ει	cυ
P75	και	ηπωτηcαν		αυτον	και	ειπαν		αυτω	τι	ουν	βαπτιζειc	ει	cυ

		(pres,act,ind,2p,sing) ειμι									
W& H	ουκ	ει	ο χριστος	ουδε	~~ουτε~~	ηλιας		ουδε	~~ουτε~~	ο	προφητης
	not	you are	the Christ	and not	~~nor~~	Elijah		and not	~~nor~~	the	prophet
B	ουκ	ει	ο χc	ουδε			ηλειαc	ουδε		ο	προφητηc
ℵ	ουκ	ει	ο χc	ουδε		ηλιαc		ουδε		ο	προφητηc
P5	[ουκ	ει	ο χc	ουδε			ηλειαc]	ουδε		ο	προ[φητηc]
P66	ουκ	ει	ο χc	ουδε			ηλειαc	ουδε		ο	προφητηc
P75	ουκ	ει	ο χc	ουδε			ηλειαc	ουδε		ο	προφητηc

	(1aor,pass,ind,3p,sing) αποκρινομαι					(pres,act,ptc,nom,sing,masc) λεγω			(pres,act,ind,1p,sing) βαπτιζω					
Jn.1:26	απεκριθη	αυτοις	ο	ιωαννης		λεγων		εγω	βαπτιζω	εν		υδατι	μεσος	~~δε~~
	he did give answer	to them	the	John		saying		I	I baptize	with		water	~~but~~ <> midst	
B	απεκριθη	αυτοιc	ο		ιωανηc	λεγων		εγω	βαπτιζω	εν		υδατι	μεcοc	
ℵ	απεκριθη	αυτοιc	ο	ιωαννηc			λεγω	εγω	βαπτιζω	εν	τω	υδατι	μεcοc	
P5	[απεκριθη	αυτοιc	ο]	ιωανν[ηc		λεγων		εγω	βαπτιζω	εν		υ]δατι	μ[εcοc]	
P66	απεκριθη	αυτοιc	ο	ιωαννηc		λεγων		εγω	βαπτιζω	εν		υδατι	μεcοc	
P75	απεκριθη	αυτοιc	ο	ιωαννηc				εγω	βαπτιζω	εν		υδατι	μεcοc	

		(pres,act,ind,3p,sing) στηκω	(perf,act,ind,3p,sing) στηκω				(2 perf,act,ind,2p,pl) οιδα
W& H	υμων	στηκει	~~εστηκεν~~	ον	υμεις	ουκ	οιδατε
	of you all	He stands	~~He has stood~~	Whom	you all	not	you all have known
B	υμων	στηκει		ον	υμειc	ουκ	οιδατε
ℵ	υμων		εστηκει	ον	υμειc	ουκ	οιδατε
P5	[υμων	στηκει		ον	υμειc]	ουκ	οιδα[τε]
P66	υμων		εστηκεν	ον	υμειc	ουκ	οιδαται
P75	υμων	ιcτηκει		ον	υμειc	ουκ	οιδατε

		(pres,act,ind,3p,sing) ειμι				(pres,mid,ptc,nom,sing,masc) ερχομαι				(2 perf,act,ind,3p,sing) γινομαι			(pres,act,ind,1p,sing) ειμι
Jn.1:27	~~αυτος~~	~~εστιν~~	~~ο~~	οπισω	μου	ερχομενος	~~ος~~	~~εμπροσθεν~~	~~μου~~	~~γεγονεν~~	ου$_1$	ουκ$_3$	ειμι$_4$
	He	~~He is~~	~~the One~~	after	me	coming	~~Who~~	~~before~~	~~me~~	~~He has happened~~	of Whom	not	I am
B				οπιcω	μου	ερχομενοc					ου	ουκ	ειμι
ℵ				οπιcω	μου	ερχομενοc					ου	ουκ	ειμι
P5			[ο	οπιcω	μου	ερχομεν]οc					[ο]υ	ο[υκ	ειμι]
P66			ο	οπιcω	μου	ερχομενοc					ου	ουκ	ειμι
P75			ο	οπιcω	μου	ερχομενοc					ου	ουκ	ειμι

					(1aor,act,subj,1p,sing) λυω						
W& H	[εγω]$_2$	αξιος$_5$		ινα	λυσω	αυτου	τον	~~το~~	ιμαντα	του	υποδηματος
	I	worthy		so that	I might untie	of Him	the		strap	of the	sandal
B	εγω	αξιοc		ινα	λυcω	αυτου	τον		ιμαντα	του	υποδηματοc
ℵ		αξιοc		ινα	λυcω	αυτου	τον		ιμαντα	του	υποδηματοc
P5		[αξιοc		ινα	λυcω	αυ]του	τον		[ιμαντα	του	υποδηματοc]
P66	εγω		ικανοc	ινα	λυcω	αυτου	τον		ιμαντα	του	υποδηματοc
P75			ικανοc	ινα	λυcω	αυτου	τον		ιμαντα	του	υποδηματοc

				(2aor,mid,ind,3p,sing) γινομαι						(imperf,act,ind,3p,sing) ειμι		
Jn.1:28	ταυτα	εν	βηθανια	εγενετο	περαν	του	ιορδανου		οπου	ην	ο	ιωαννης
	these things	in	Bethania	it happened	on the other side	of the	Jordan		where	he was	the	John
B	ταυτα	εν	βηθανια	εγενετο	περαν	του	ιορδανου		οπου	ην	ο	
ℵ	ταυτα$_1$	εν$_3$	βηθανια$_4$	εγενετο$_2$	περαν$_5$	του	ιορδανου	ποταμου	οπου	ην	ο	ιωαννηc
P5	ταυτα	εν	β[ηθανια	εγενετο	πε]ραν	του	ιο[ρδανου		οπου	ην	ο	ιωανν]ηc
P66	ταυτα$_1$	εν$_3$	βηθανια$_4$	εγενετο$_2$	περαν$_5$	του	ιορδανου		οπου	ην	ο	ιωαννηc
P75	ταυτα	εν	βηθανια	εγενετο	περαν	το[υ]	ιορδανου		οπου	ην	ο	ιωαννηc

		(pres,act,ptc,nom,sing,masc) βαπτιζω
W& H		βαπτιζων
		baptizing
B	ιωανηc	βαπτιζων
ℵ		βαπτιζων
P5		βαπτι[ζων]
P66		βαπτιζων
P75		βαπτιζων

						(pres,mid,ptc,acc,sing,masc) ερχομαι					(pres,act,ind,3p,sing) λεγω
Jn.1:29	τη επαυριον	βλεπει	~~ο ιωαννης~~	τον	ιησουν	ερχομενον		προς	αυτον	και	λεγει
	the next day	he sees	~~the John~~	the	Jesus	coming		to/toward	him	and	he says
B	τη επαυριον	βλεπι		τον	ιν		ερχομενο	προς	αυτον	και	λεγει
ℵ	τη επαυριον	βλεπι		τον	ιν		ερχομενο	προς	αυτον	και	λεγει
P5	[τη επαυριον	βλε]πει		τον	ιην	[ερχομενον		προς	αυτον]	και	λεγει
P66	τη επαυριον	βλεπει		τον	ιν	ερχομενον		προς	αυτον	και	λεγει
P75	τη επαυριον	βλεπι		τον	ιν	ερχομενον		προς	αυτον	και	λεγει

	(pres,act,imper,2p,sing) ειδον						(pres,act,ptc,nom,sing,masc) αιρω					
W& H	ιδε	ο	αμνος	του	θεου	ο	αιρων		την	αμαρτιαν	του	κοσμου
	you behold	the	Lamb	of the	God	the One	taking		the	sins	of the	world
B	ιδε	ο	αμνοc	του	θυ	ο	αιρων		την	αμαρτιαν	του	κοcμου
ℵ	ιδε	ο	αμνοc	του	θυ	ο		ερων	την	αμαρτιαν	του	κοcμου
P5	[ιδε	ο	αμνοc	του	θυ	ο	αιρων]		την	αμαρ[τιαν	του	κοcμου]
P66	ιδε	ο	αμνοc	του	θυ	ο	αιρων		την	αμαρτιαν	του	κοcμου
P75	ιδε	ο	αμνοc	του	θυ	ο	αιρων		την	[α]μαρτιαν	του	κοcμου
P106	*ιδε	ο	αμνοc	του	[θυ	ο	αιρων		την]	αμαρτιαν	του	κ[ο]cμ[ο]υ

[P106 * *begins here*]

		(pres,act,ind,3p,sing) ειμι hiatus			(2aor,act,ind,1p,sing) λεγω				(2aor,mid,ind,3p,sing) ερχομαι		
Jn.1:30	ουτος	εστιν ~~εστι~~	υπερ ~~περι~~	ου	εγω	ειπον	οπισω	μου	ερχεται	ανηρ	ος
	this one	He is	as to ~~concerning~~	of Whom	I	I said	after	me	He comes	a Man	Who
B	ουτοc	εcτιν	υπερ	ου	εγω	ειπον	οπιcω	μου	ερχεται	ανηρ	οc
ℵ	ουτοc	εcτιν	υπερ	ου	εγω	ειπον	οπιcω	μου	ερχεται	ανηρ	οc
P5	[ουτοc]	εcτιν	υπερ	[ου	εγω	ειπον	οπιcω	μου]	ερχεται	α[νηρ	οc]
P66	ουτοc	εcτιν	υπερ	ου	εγω	ειπον	οπιcω	μου	ερχεται	ανηρ	οc
P75	ουτοc	εcτιν	υπερ	ου	εγω	ειπον	οπιcω	μου	ερχεται	ανηρ	οc
P106	ο[υτ]οc	εcτιν	[υ]περ	ου	εγω	ειπο[ν	ο]πιcω	μ[ου	ερχ[ετ]αι	ανηρ	οc

			(2 perf,act,ind,3p,sing) γινομαι				(imperf,act,ind,3p,sing) ειμι
W& H	εμπροσθεν	μου	γεγονεν	οτι	πρωτος	μου	ην
	before	me	He has happened	because	before/foremost	of me	He was
B	εμπροcθεν	μου	γεγονεν	οτι	πρωτοc	μου	ην
ℵ	εμπροcθεν	μου	γεγονεν	οτι	πρωτοc	μου	ην
P5	[εμπροcθεν	μου]	γεγον[εν	οτι	πρωτοc	μου	ην]
P66	εμπροcθεν	μου	γεγονεν	οτι	πρωτοc	μου	ην
P75	εμπροcθεν	μου	γεγονεν	οτι	πρωτοc	μου	ην
P106	εμπρο[c]θεν	μου	γεγο[ν]εν	οτι	πρω[τ]οc	μο[υ]	ην

			(plupf,act,ind,1p,sing) οιδα				(1aor,pass,subj,3p,sing) φανεροω					(2aor,mid,ind,1p,sing) ερχομαι
Jn.1:31	καγω	ουκ	ηδειν	αυτον	αλλ	ινα	φανερωθη	τω	ισραηλ	δια	τουτο	ηλθον
	and I	not	I had known	Him	but	so that	He might be made known	to the	Israel	on account of	this One	I came
B	καγω	ουκ	ηδειν	αυτον	αλλ	ινα	φανερωθη	τω	ιcραηλ	δια	τουτο	ηλθον
ℵ	καγω	ουκ	ηδειν	αυτον	αλλ	ινα	φανερωθη	τω	ιcλ	δια	τουτο	ηλθον
P5	[καγω]	ουκ	ηδ[ειν	αυτον	αλλ	ινα	φανερω]θη	[τω	ιηλ	δια	τουτο	ηλθον]
P66	καγω	ουκ	ηδειν	αυτον	αλλ	ινα	φανερωθη	τω	ιcραηλ	δια	τουτο	ηλθον
P75	καγω	ουκ	ηδειν	αυτον	αλλ	ινα	φανερωθη	τω	ιηλ	δια	τουτο	ηλθον
P106	καγω	ουκ	[η]δειν	αυτον	[αλλ]	ι[ν]α	φανερωθη	[τω	ιcρα]ηλ	δια	το[υ]το1	ηλθον3

				(pres,act,ptc,nom,sing,masc) βαπτιζω
W& H	εγω	εν	~~τω~~ υδατι	βαπτιζων
	I	with	~~the~~ water	baptizing
B	εγω	εν	υδατι	βαπτιζων
ℵ	εγω	εν	υδατι	βαπτιζων
P5	εγ[ω	εν	υδατι	βαπτιζων]
P66	εγω	εν	υδατι	βαπτιζων
P75	[ε]γ[ω	εν	υδατι	βαπτιζων]
P106	εγω2	[εν	υδα]τι	βαπτιζων

		(1aor,act,ind,3p,sing) μαρτυρεω		(pres,act,ptc,nom,sing,masc) λεγω		(perf,mid,ind,1p,sing) θεαομαι			(pres,act,ptc,acc,sing,neut) καταβαινω
Jn.1:32	και	εμαρτυρησεν	ιωαννης	λεγων	οτι	τεθεαμαι	το	πνευμα	καταβαινον
	and	he witnessed	John	saying	that / "	I have seen	the	Spirit	coming down
B	και	εμαρτυρηcεν	ιωανηc	λεγων	οτι	τεθεαμαι	το	πνεγμα	καταβαινον
ℵ	και	εμαρτυρηcεν	ιωαννηc		οτι	τεθεαμαι	το	πνα1	καταβαινον4
P5	[και	εμαρτυρηcεν	ιωαννηc	λεγων	οτι	τεθεαμαι	το	πνα	καταβαινον]
P66	και	εμαρτυρηcεν	ιωαννηc	λεγων	οτι	τεθεαμαι	το	πνα	καταβαινον
P75	και	εμαρτυρηcεν	ιωαννηc	λεγων	οτι	τεθεαμαι	το	πνα	καταβαινον
P106	και	εμαρτυ[ρηcεν	ι]ωαννη[c]		οτι	τεθεαμαι	το	πνα	καταβαιν[ο]ν

							(1aor,act,ind,3p,sing) μενω			
W& H	ως ~~ωσει~~	περιστεραν	εξ		ουρανου	και	εμεινεν		επ	αυτον
	as ~~as~~	a dove	from out		of heaven	and	It remained		upon	Him
B	ωc	περιcτεραν	εξ		ουρανου	και	εμεινεν		επ	αυτον
ℵ	ωc2	περιcτεραν3		εκ5 του6	ουρανου7	και		μενο	επ	αυτον
P5	[ωc	περιcτεραν	εξ		ουρανου	και	εμεινεν		επ	αυτον]
P66	ωcει	περιcτεραν	εξ		ουρανου	και	εμεινεν		επ	αυτον
P75	ωc	περιcτεραν	εξ		ουρανου	και	εμεινεν		επ	αυτον
P106	ωc	περιcτεραν	εξ		ο[υ]ρανου	και	εμ[εινε]ν		επ	[αυ]τον

		(plupf,act,ind,1p,sing) οιδα			(1aor,act,ptc,nom,sing,masc) πεμπω		(pres,act,inf) βαπτιζω			
Jn.1:33	καγω	ουκ ηδειν αυτον	αλλ	ο	πεμψας	με	βαπτιζειν	εν	υδατι	εκεινος
	and I	not I had known Him	but	the One	having sent	me	to baptize	with	water	that One
B	καγω	ουκ ηδειν αυτον	αλλ	ο	πεμψαc	με	βαπτιζειν	εν	υδατι	εκινοc
ℵ	και εγω	ουκ ηδειν αυτον	αλλ	ο	πεμψαc	με	βαπτιζειν	εν τω	υδατι	εκινοc[1]
P5	[καγω	ουκ ηδειν αυτον]	αλλ	ο	π[εμψαc	με	βαπτιζειν	εν	υ]δατ[ι]	ε[κεινοc][1]
P66	καγω	ουκ ηδειν αυτον	αλλ	ο	πεμψαc	με	βαπτιζειν	εν τω	υδατι	εκεινοc
P75	καγω	ουκ ηδειν αυτον	αλλ	ο	πεμψαc	με	βαπτιζειν	εν	υδατι	εκεινοc
P106	καγω	ουκ ηδειν αυ[το]ν	α[λλ]	ο	πεμψαc	με	βαπτιζειν	[εν τω]	υδατι	εκεινοc[1]

			(2aor,act,subj,2p,sing ορασ)			(pres,act,ptc,acc,sing,neut) καταβαινω		(pres,act,ptc,acc,sing,neut) μενω		
W& H	ον	αν	ιδης	το	πνευμα	καταβαινον	και	μενον	επ	αυτον
	Whom ever		you should have seen	the	Spirit	coming down	and	remaining	upon	Him
B	ον	αν	ιδηc	το	πνευμα	καταβαινον	και	μενον	επ	αυτον
ℵ	ον[5]	αν[6]	ιδηc[7]	το[8]	πνα[9]	καταβαινον[10]	και[11]	μενον[12]	επ[13]	αυτον[14]
P5	ον[5]	αν[6]	ι]δηc[7]	το[8]	[πνα[9]	καταβαινον[10]	και[11]	μεν]ον[12]	επ[13]	αυ[τον[14]
P66	ον[5]	αν[6]	ειδηc[7]	το[8]	πνα[9]	καταβαινον[10]	και[11]	μενον[12]	επ[13]	αυτον[14]
P75	ον	αν	ιδηc	το	πνα	κ]αταβαινον	και	μενον	επ	αυτον

			(pres,act,ind,3p,sing) λεγω	
W& H	ουτος	μοι	ειπεν	εφ
	this One	to me	He said	upon
B	ουτοc	μοι	ειπεν	εφ
ℵ	ουτοc[15]	μοι[2]	ειπεν[3]	εφ[4]
P5	[ουτοc[15]	μοι[2]	ειπεν[3]	εφ][4]
P66	[ο]υτοc[15]	μοι[2]	ειπεν[3]	εφ[4]
P75	ουτοc			
P106		μοι	ειπεν	[εφ ον εαν ιδηc το πνα καταβα[ινον κ]αι μενον επ αυτον ουτοc

	(pres,act,ind,3p,sing) ειμι		(pres,act,ptc,nom,sing,masc) βαπτιζω			
W& H	εστιν	ο	βαπτιζων	εν	πνευματι	αγιω
	He is	the One	baptizing	with	Spirit	Holy
B	εστιν	ο	βαπτιζων	εν	πνευματι	αγιω
ℵ	εστιν[16]	ο	βαπτιζων	εν	πνι	αγιω
P5	[εστιν[16]	ο	βαπτιζ]ων	εν	π[νι	αγιω]
P66	εστιν[16]	ο	βαπτιζων	εν	πνι	αγιω
P75	εστιν	ο	βαπτιζων	εν	πνι	αγιω
P106	[εστιν	ο]	βαπτιζων	[ε]ν	πνι	αγιω

		(perf,act,ind,1p,sing) οραω		(perf,act,ind,1p,sing) μαρτυρεω			(pres,act,ind,3p,sing) ειμι					
Jn.1:34	καγω	εωρακα	και	μεμαρτυρηκα	οτι	ουτος	εστιν	ο	υιος		του	θεου
	and I	I have seen	and	I have witnessed	that	this One	He is	the	Son		of the	God
B	καγω	εωρακα	και	μεμαρτυρηκα	οτι	ουτοc	εστιν	ο	υιοc		του	θυ
ℵ	καγω	εωρακα	και	μεμαρτυρηκα	οτι	ουτοc	εστιν	ο		εκλεκτοc	του	θυ
P5	[καγω	εωρακα	και	μεμ]αρτυρηκα	ο[τι	ουτοc	εστιν	ο		εκλεκτο]c	του	θυ
P66	καγω	εωρακα	και	μεμαρτυρηκα	οτι	ουτοc	εστιν	ο	υc		του	θυ
P75	καγω	εορακα	και	μεμαρτυρηκα	οτι	ουτοc	εστιν	ο	υc		του	θυ
P106	[καγω]	εωρακα	και	[με]μαρτυρη[κα	οτι]	ουτοc	εστιν	ο		[ε]κλεκ[τοc	του	θυ]

			(plupf,act,ind,3p,sing) ιστημι					
Jn.1:35	τη επαυριον	παλιν	ειστηκει	~~ο~~	ιωαννης	και	εκ	των
	the next day	again	he having had stood	~~the~~	John	and	from out	of the
B	τη επαυριον	παλιν	ειcτηκει		ιωανηc	και	εκ	των
ℵ	τη επαυριον	παλι	ιcτηκι	ο	ιωαννηc	και	εκ	των
P5	τη ε[παυριον		ιcτηκειι	ο	ιωανν]ηc	και	εκ	[των]
P66	τη επαυριον	παλιν	ιcτηκει	ο	ιωαννηc	και	εκ	των
P75	τη επαυριον	παλιν	ειcτηχει		ιωαννηc	και	εκ	των
P106	τη επαυρι[ον	παλιν	ειcτηχει]*					

[P106 * *verso ends; recto begins* @ 1:40]

W& H μαθητων αυτου δυο
disciples of him two
B μαθητων αυτου δυο
ℵ μαθητων αυτου δυο
P5 [μαθητων αυτου δ]υο
P66 μαθητων αυτου δυο
P75 μαθητων αυτου β

(1aor,act,ptc,nom,sing,masc) (pres,act,ptc,dat,sing,masc) (pres,act,ind,3p,sing) (2aor,act,imper,2p,sing--*used as interjection*)
εμβλεπω περιπατεω λεγω οραω
Jn.1:36 και εμβλεψας τω ιησου περιπατουντι λεγει ιδε ο αμνος του θεου
and having looked straight at the Jesus walking around he says you behold the Lamb of the God
B και εμβλεψας τω ιυ περιπατουντι λεγει ιδε ο αμνος του θυ
ℵ και εμβλεψας τω ιυ περιπατουντι λεγει ιδε ο αμνος του θυ
P5 και εμ[βλεψας τω ιηυ περιπατο]υντι λεγε[ι ιδε ο αμνος του θυ]
P66 και εμβλεψας τω ιυ περιπατουντι λεγει ιδε ο αμνος του θυ
P75 και εμβλεψας τω ιυ περιπατουντι λεγει ιδε ο αμνος του θυ

P66 [[ο αι[ρ]ων την αμαρτιαν του κοσμου]]*
[P66 * *the phrase in double brakets was deleted by dots above the letters*]

(1aor,act,ind,3p,pl) (pres,act,ptc,gen,pl,masc) (1aor,act,ind,3p,pl)
ακουω λαλεω ακολουθεω
Jn.1:37 και ηκουσαν1 οι3 δυο4 μαθηται5 αυτου2 λαλουντος6 και ηκολουθησαν τω ιησου
and they heard the two disciples of him speaking and they followed the Jesus
B και ηκουσαν οι δυο μαθηται αυτου λαλουτος και ηκολουθησαν τω ιυ
ℵ ηκουσαν οι δυο μαθηται αυτου λαλουτος και ηκολουθησαν τω ιυ
P5 [και ηκο]υσαν οι δυο [μαθηται λαλουντος και η]κολουθη[σαν τω ιηυ]
P66 και ηκουσαν οι δυο1 μαθηται3 αυτου2 λαλουντος4 και ηκολουθησαν τω ιυ
P75 και ηκουσαν οι δυο1 μαθηται3 αυτου2 λαλουντος4 και ηκολουθησαν τω ιυ

(2aor,pass,ptc,nom,sing,masc) (1aor,mid,ptc,nom,sing,masc) (pres,pass,ptc,acc,pl,masc)
στρεφω θεαομαι ακολουθεω
Jn.1:38 στραφεις δε ο ιησους και θεασαμενος αυτους ακολουθουντας
and <> turning the Jesus also having looked straight at them be coming from behind
B στραφεις δε ο ις και θεασαμενος αυτους ακολουθουντας
ℵ στραφεις ο ις και θεασαμενος αυτους ακολουθουντας
P5 [στραφεις δ]ε ο ιης και θε[ασαμενος αυτους ακ]ολουθουντας
P66 στραφεις δε ο ις και θεασαμενος αυτους ακολουθουντς αυτω
P75 στραφεις δε ο ις και θεασαμενος αυτους ακολουθουντας

(pres,act,ind,3p,sing) (pres,act,ind,2p,pl) (2aor,act,ind,3p,pl)(2aor,act,ind,3p,pl)
λεγω ζητεω λεγω λεγω
Jn 1:38:39:38 λεγει αυτοις τι ζητειτε οι δε ειπαν ~~ειπον~~ αυτω ραββι ο
He says to them what *do* you all seek and <> the ones they say ~~they say~~ to Him Rabbi the One
B λεγει αυτοις τι ζητειτε οι δε ειπαν αυτω ραββει ο
ℵ λεγει τι ζητειτε οι δε ειπον αυτω ραββει ο
P5 [λεγει αυτοις τι ζητει]τε οι δε ειπαν [τω ραββει ο]
P66 λεγει αυτοις τι ζητειται οι δε ειπαν αυτω ραββει ο
P75 λεγει αυτοις τι ζητειτε οι δε ειπαν αυτω ραββει ο

(pres,pass,ind,3p,sing) (pres,pass,ptc,nom,sing,neut) (pres,pass,ptc,nom,sing,neut) (pres,act,ind,2p,sing)
λεγω μεθερμηνευω ερμηνευω μενω
W& H λεγεται μεθερμηνευομενον ~~ερμηνευομενον~~ διδασκαλε που μενεις
it being said being translated ~~being interpreted~~– Teacher where are You staying
B λεγεται μεθερμηνευομενον διδασκαλε που μενεις
ℵ λεγεται ερμηνευομενον διδασκαλε που μενεις
P5 [λεγεται ερ]μηνευομε[νον διδασκαλε που μεν]εις
P66 λεγεται μεθερμηνευομενον διδασκαλε που μενεις
P75 λεγεται μεθερμηνευομενον διδασκαλε που μενεις

	(pres,act,ind,3p,sing)		(pres,mid,imper,2p,pl)		(fut,mid,ind,2p,pl)	(2aor,act,imper,2p,pl)	(2aor,act,ind,3p,pl)		
	λεγω		ερχομαι		οραω	οραω	ερχομαι		
Jn.1:39:40:39	λεγει	αυτοις	ερχεσθε	και	οψεσθε	~~ιδετε~~	ηλθαν	ουν	και
	He says	to them	you all come	and	you,yourselves, will see	~~see you all~~	therefore <> they came		and
B	λεγει	αυτοιϲ	ερχεϲθε	και	οψεϲθε		ηλθαν	ουν	και
א	λεγει	αυτοιϲ	ερχεϲθε	και		ιδετε	ηλθον	ουν	και
P5	λεγει	[αυτοιϲ	ερχεϲθε	και	οψε]ϲθε		ηλθαν	[ουν	και]
P66	λεγει	αυτοιϲ	ερχεϲθαι	και	οψεϲθαι		ηλθαν	ουν	και
P75	λεγει	αυτοιϲ	ερχεϲθε	και	οψεϲθε		ηλθαν	ουν	και

	(2aor,act,ind,3p,pl)	(2aor,act,ind,3p,pl)		(pres,act,ind,3p,sing)				(1aor,act,ind,3p,pl)		
	οραω	οραω		μενω				μενω		
W& H	ειδαν	~~ειδον~~	που	μενει	και	παρ	αυτω	εμειναν	την	ημεραν
	they saw	~~they saw~~	where	He is staying	and	with	Him	they remained	the	day
B	ειδα° ν		που	μενει	και	παρ	αυτω	εμειναν	την	ημεραν
א	ιδον		που	μαινει	και	παρ	αυτω	εμιναν	την	ημεραν
P5	[ειδαν]		[που	μενει	κ]αι	παρ	αυτω	[εμειναν	την	ημεραν]
P66		ειδον	που	μενει	και	παρ	αυτω	εμειναν	την	ημεραν
P75	ειδαν		που	μενει	και	παρ	αυτω	εμειναν	την	ημεραν

				(imperf,act,ind,3p,sing)		
				ειμι		
W& H	εκεινην	ωρα	δε	ην	ως	δεκατη
	that	hour	~~and~~<>	it was	about	tenth
B	εκεινην	ωρα		ην	ωϲ	δεκατη
א	εκεινην	ωρα		ην	ωϲ	δεκατη
P66	εκεινην	ωρα		ην	ωϲ	δεκατη
P75	εκεινην	ω[ρα		ην	ωϲ	δεκατη]

	(imperf,act,ind,3p,sing)											(1aor,act,ptc,gen,pl,masc)	
	ειμι											ακουω	
Jn.1:40:41:40	ην	ανδρεας	ο	αδελφος	σιμωνος	πετρου	εις	εκ	των	δυο	των	ακουσαντων	παρα
	he was	Andrew	the	brother	of Simon	Peter	one	from out of	the	two	of the ones	having heard	from
B	ην	ανδρεαϲ	ο	αδελφοϲ	ϲιμωνοϲ	πετρου	ειϲ	εκ	των	δυο	των	ακουϲαντων	παρα
א	ην	ανδρεαϲ	ο	αδελφοϲ	ϲιμωνοϲ	πετρου	ειϲ	εκ	των	δυο		ακουϲαντων	παρα
P5	[ην	ανδ]ρεαϲ	ο	α[δελφοϲ	ϲιμωνοϲ	πετρου	ειϲ	εκ		δ]υο	των	α[κουϲαντων	παρα
P66	ην	ανδρεαϲ	ο	αδελφοϲ	ϲιμωνοϲ	πετρου	ειϲ	εκ	των	δυο	των	ακουϲαντων	παρα
P75	ην	ανδρεαϲ	ο	αδελφοϲ	ϲιμωνοϲ	πετρου	ειϲ	εκ	των	δυο	των	ακουϲαντων	παρα
P106						[πετρου	ειϲ	εκ	τ]ων	δυο	των	ακου[ϲαντω]ν	παρα

			(1aor,act,ptc,gen,pl,masc)	
			ακολουθεω	
W& H	ιωαννου	και	ακολουθησαντων	αυτω
	John	and	having followed	Him
B	ιωανου	και	ακολουθηϲαντων	αυτω
א	ιωαννου	και	ακολουθηϲαντω	αυτω
P5	[ιωαννο]υ	και	α[κολουθηϲαντων	αυτω]
P66	ιωαννου	και	ακολουθηϲαντων	αυτω
P75	ιωαννου	και	ακολουθηϲαντων	αυτω
P106	ιωαννου	και	ηκολουθηϲαντων	αυτω

	(pres,act,ind,3p,sing)										(pres,act,ind,3p,sing)
	ευρισκω										λεγω
Jn.1:41:42:41	ευρισκει	ουτος	πρωτον	~~πρωτος~~	τον	αδελφον	τον	ιδιον	σιμωνα	και	λεγει
	he finds	this one	first	~~first~~	the	brother	the one	his own	Simon	and	he says
B	ευρεϲκει	ουτοϲ	πρωτον		τον	αδελφον	τον	ιδιον	ϲιμωνα	και	λεγει
א	ευριϲκει	ουτοϲ		πρωτοϲ	τον	αδελφον	τον	ιδιον	ϲιμωνα	και	λεγει
P5	[ευριϲκει]*										
P66	ευριϲκει	ουτοϲ	πρωτον		τον	αδελφον	τον	ιδιον	[ϲιμωνα	και	λεγει
P75	ευριϲκει	ουτοϲ	πρωτον		τον	αδελφον	τον	ιδιον	ϲιμωνα	και	λεγει
P106	ευριϲκαμε[ν]		πρωτο[ν		το]ν	αδελφον	τον	ιδιον	[ϲι]μων[α]	και	λεγει

[P5 * *stops here and begins again* @ 16:14]

		(perf,act,ind,1p,pl) ευρισκω			(pres,act,ind,3p,sing) ειμι hiatus	(pres,pass,ptc,nom,sing,neut) μεθερμηνευω	
W& H	αυτω	ευρηκαμεν	τον	μεσσιαν ~~μεσιαν~~	ο εστιν ~~εστι~~	μεθερμηνευομενον	χριστος
	to him	we have found	the	Messiah	the One He is	being translated	Christ
B	αυτω	ευρηκαμεν	τον	μεσσιαν	ο εστιν	μεθερμηνευομενον	χc
ℵ	αυτω	ευρηκαμεν	τον	μεσσιαν	ο εστιν	μεθερμηνευομενον	χc
P66	αυτω	ευρηκαμεν	τον	μεσσιαν	ο εστιν	μεθερμηνευομενον	χc
P75	αυτω	ευρηκαμεν	τον	μεσσιαν	ο εστιν	μεθερμηνευομενον	χc
P106	αυτ[ω]	ευρισκ[ει]	τον	μ[ε]σσιαν	ο εστιν	[με]θερμηνευ[ο]μενο[ν]	χρc

		(2aor,act,ind,3p,sing) αγω					(1aor,act,ptc,nom,sing,masc) εμβλεπω					(2aor,act,ind,3p,sing) V λεγω hiatus	(pres,act,ind,3p,sing) ειμι	
Jn.1:42:43:42	~~και~~	ηγαγεν	αυτον	προς	τον	ιησουν	εμβλεψας	~~δε~~	αυτω	ο	ιησους	ειπεν ~~ειπε~~	συ	ει
	~~and~~	he led	him	to	the	Jesus	~~and~~ <> looking straight at		him	the	Jesus	He said	you	you are
B		ηγαγεν	αυτον	προς	τον	ιν	εμβλεψαc		αυτω	ο	ιc	επεν	cυ	ει
ℵ		ηγαγεν	αυτον	προς	τον	ιν	εμβλεψαc		αυτω	ο	ιc	ειπεν	cυ	ει
P66	ουτος	ηγαγεν	αυτον	προς	τον	ιν	εμβλεψαc		αυτω	ο	ιc	ειπεν	cυ	ει
P75		ηγαγεν	αυτον	προς	τον	ιν	εμβλεψαc	δε	αυτω	ο	ιc	ειπεν	cυ	ει
P106		ηγαγεν	α[υ]τον	προς	τον	ιη[ν]	εμβλε]ψαc		αυτω	ο	ιηc	ειπεν	cυ	ε[ι]

						(fut,pass,ind,2p,sing) καλεω			(pres,pass,ind,3p,sing) ερμηνευω	
W& H	σιμων	ο	υιος	ιωαννου ~~ιωνα~~	συ	κληθηση	κηφας	ο	ερμηνευεται	πετρος
	Simon	the	Son	of John ~~Jonah~~	you	you will be called	Cephas;	the one	he being interpreted	a rock/Peter
B	cιμων	ο	υιοc	ιωανου	cυ	κληθηcη	κηφαc	ο	ερμηνευεται	πετροc
ℵ	cιμων	ο	υιοc	ιωαννου	cυ	κληθηcη	κηφαc	ο	ερμηνευεται	πετροc
P66	cιμων	ο	υc	ιωαννου	cυ	κληθηcη	κηφαc	ο	ερμηνευεται	πετροc
P75	cιμων	ο	υιοc	ιωαννου	cυ	κληθηcη	κηφαc	ο	ερμηνευεται	πετροc
P106	[cιμων	ο]	υιοc	ιωαννου	c[υ]	κληθη[cη	κηφαc]	ο	ερμηνευ[ετα]ι	πετροc

		(1aor,act,ind,3p,sing) εθελω	(2aor,act,infin) εξερχομαι		(pres,act,ind,3p,sing) ευρισκω
Jn.1:43:44:43	τη επαυριον	ηθελησεν$_1$	εξελθειν$_4$	εις την γαλιλαιαν	και ευρισκει
	the next day	He desired	to go out/forth	to the Galilee	and He finds
B	τη επαυριον	ηθεληcεν	εξελθειν	ειc την γαλειλαιαν	και ευριcκει
ℵ	τη επαυριον	ηθεληcεν	εξελθιν	ειc την γαλιλαιαν	και ευριcκει
P66	τη επαυριον	ηθεληcεν	εξελθειν	ειc την γαλιλαιαν	και ευριcκει
P75	τη επαυριον	ηθεληcεν	εξελθειν	ειc την γαλιλαιαν	και ευριcκει
P106	τη επα[υ]ριον	η[θελ]ηcεν	εξελθειν	ειc την γαλιλαιαν	και ευριcκει

			(pres,act,ind,3p,sing) λεγω				(pres,act,imper,2p,sing) ακολουθεω	
W& H	φιλιππον	και	λεγει	αυτω	ο$_2$	ιησους$_3$	ακολουθει	μοι
	Philip	and	He says	to him	the	Jesus	you follow	Me
B	φιλιππο	και	λεγει	αυτω	ο	ιc	ακολουθε	μοι
ℵ	φιλιππο	και	λεγει	αυτω		ιc	ακολουθι	μοι
P66	φιλιππον	και	λεγι	αυτω	ο	ιc	ακολουθει	μοι
P75	φιλιππον	και	λεγει	αυτω	ο	ιc	ακολουθει	μοι
P106	φιλιππον	κ[αι	λεγει	αυ]τω	ο	ιηc	ακολουθει	μοι

	(imperf,act,ind,3p,sing) ειμι						
Jn.1:44:45:44	ην	δε ο φιλιππος	απο	βηθσαιδα	εκ της	πολεως	ανδρεου και πετρου
	and <> he was the	Philip	from	Bethsaida	from out of the	city	of Andrew and Peter
B	ην	δε ο φιλιπποc	απο	βηθcαιδα	εκ τηc	λεωc	ανδρεου και πετρου
ℵ	η	φιλιπποc	απο	βηθcαιδαν	τηc	πολεωc	ανδρεου και πετρου
P66	ην	δε ο φιλιπποc	απο	βηθcαιδαν	εκ τηc	πολεωc	ανδρεου και πετρου
P75	ην	δε ο φιλιπποc	απο	βηθcαιδα	εκ τηc	πολεωc	ανδρεου και πετρου
P106	ην	[δε ο φιλι]πποc	απο	βηθcαιδα	εκ τη[c	πολεωc]	ανδρεου και πετρου

(pres,act,ind,3p,sing) (pres,act,ind,3p,sing) (1aor,act,ind,3p,sing)
ευρισκω λεγω γραφω hiatus
Jn.1:45:46:45 ευρισκει φιλιππος τον ναθαναηλ και λεγει αυτω ον εγραψεν ~~εγραψε~~ μωυσης
he finds Philip the Nathanael and he says to him the One he wrote Moses
B ευρισκει φιλιππος τον ναθαναηλ και λεγει αυτω ον εγραψεν μωυσης
א ευρισκει φιλιππος τον ναθαναηλ και λεγει αυτω ον εγραψεν
P66 ευρισκι φιλιππος τον ναθαναηλ και λεγει αυτω ον εγραψεν μωυσης
P75 ευρισκει φιλιππος τον ναθαναηλ και λεγει αυτω ον εγραψεν μωυσης
P106 ε[υρισκ]ει φιλιππος τον ναθαναη[λ και λεγ]ει αυτω ον εγραψεν μω[υσης]

(perf,act,ind,1p,pl)
ευρισκω
W& H ~~μωσης~~ εν τω νομω και οι προφηται ευρηκαμεν ιησουν ~~τον~~ υιον του ιωσηφ τον απο
-Moses in the Law and the prophets we have found Jesus -the Son of the Joseph the one from
B εν τω νομω και οι προφηται ευρηκαμεν ιν υιον του ιωσηφ τον απο
א μωσης εν τω νομω και οι προφηται ευρηκαμεν ιν υν του ιωσηφ τον απο
P66 εν τω νομω και οι προφηται ευρηκαμεν ιν υν του ιωσηφ τον απο
P75 εν τω νομω και οι προφηται ευρηκαμεν ιν υιον του ιωσηφ τον απο
P106 [εν τω νο]μω και οι προφηται ε[υρηκαμε]ν ιην υιο[ν] του ιωσηφ [τον απο

W& H ναζαρετ
Nazareth
B ναζαρετ
א ναζαρετ
P66 ναζαρετ
P75 [ναζα]ρεθ
P106 [ναζα]ρεθ

(2aor,act,ind,3p,sing) (pres,pass,ind,3p,sing) (pres,act,inf)(pres,act,ind,3p,sing)
λεγω δυναμαι ειμι λεγω
Jn.1:46:47:46 και ειπεν αυτω ναθαναηλ εκ ναζαρετ δυναται τι αγαθον ειναι λεγει
and he said to him Nathanael from out of Nazareth is it possible anything good to be he says
B και ειπεν αυτω ναθαναηλ εκ ναζαρετ δυναται τι αγαθον ειναι λεγει
א ειπεν αυτω ναθαναηλ εκ ναζαρετ δυναται1 τι3 αγαθον2 ειναι4 λεγει
P66 και ειπεν αυτω ναθαναηλ εκ ναζαρεθ δυναται τι αγαθον ειναι λεγει
P75 και ειπεν αυτω ναθαναηλ εκ ναζαρεθ δυναται τι αγαθον ειναι λεγει
P106 και ειπεν αυ[τω ναθαναηλ εκ ναζαρ]εθ δ[υ]νατ[αι]*
[P106 * *recto ends*]

(pres,mid,imper,2p,sing) (pres,act,imper,2p,sing)
ερχομαι οραω
W& H αυτω ο φιλιππος ερχου και ιδε
to him the Philip you come and you see
B αυτω ο φιλιππος ερχου και ιδε
א αυτω φιλιππος ερχου και ιδε
P66 αυτω ο φιλιππος ερχου και ειδε
P75 αυτω [ο]φιλιππος ερχου και ιδε

(2aor,act,ind,3p,sing) (pres,mid,ptc,acc,sing,masc) (pres,act,ind,3p,sing)
οραω ερχομαι λεγω
Jn.1:47:48:47 ειδεν ~~ο~~ ιησους τον ναθαναηλ ερχομενον προς αυτον και λεγει περι αυτου
He saw the Jesus the Nathanael coming to Him and He says concerning him
B ειδεν ις τον ναθαναηλ ερχομενον προς αυτον και λεγει περι αυτου
א ιδων ο ις τον ναθαναηλ ερχομενον προς αυτον λεγει περι του
P66 ιδεν ο ις τον ναθαναηλ ερχομενον προς αυτον και λεγει περι αυτου
P75 ιδεν ο ις τον ναθαναηλ ερχομενον προς αυτον και λεγει περι αυτου

(2aor,act,imper,2p,sing) (pres,act,ind,3p,sing)
οραω ειμι hiatus
W& H ιδε αληθως ισραηλιτης εν ω δολος ουκ εστιν ~~εστι~~
behold you truly an Israelite in whom deceit not he is
B ιδε αληθως ισραηλειτης εν ω δολος ουκ εστιν
א ναθαναηλ ιδε αληθως ισδραηλειτης εν ω δολος ουκ εστιν
P66 ιδε αληθως ισραηλειτης εν ω δολος ουκ εστιν
P75 ιδε αληθως ισραηλειτης εν ω δολος ουκ εστιν

(pres,act,ind,3p,sing) (pres,act,ind,2p,sing) (1aor,pass,ind,3p,sing)
λεγω γινωσκω αποκρινομαι
Jn.1:48:49:48 λεγει αυτω ναθαναηλ ποθεν με γινωσκεις αποκριθη ~~ο~~ ιησους και
he says to Him Nathanael from where me do You know He did give answer ~~the~~ Jesus and
B λεγει αυτω ναθαναηλ ποθεν με γεινωσκεις απεκριθη ις και
א λεγει αυτω ναθαναηλ ποθε με γινωσκεις απεκριθη ο ις και
P66 λεγει αυτω ναθαναηλ ποθεν με γινωσκεις απεκριθη ις και
P75 λεγει αυτω ναθαναηλ ποθεν με γεινωσκεις απεκριθη ις και

(2aor,act,ind,3p,sing) (1aor,act,infin) (pres,act,ptc,acc,sing,masc) (2aor,act,ind,1p,sing)
λεγω φωνεω ειμι οραω
W& H ειπεν αυτω προ του σε φιλιππον φωνησαι οντα υπο την συκην ειδον σε
He said to him before the you Philip to have called being under the fig tree I saw you
B ειπεν αυτω προ του cαι φιλιππον φωνηcαι οντα υπο την cυκην ειδον cε
א ειπεν αυτω προ του cε φιλιππον φωνηcαι οντα υπο την cυκην ιδον cε
P66 ειπεν αυτω προ του cε φιλιππον φωνηcαι οντα υπο την cυκην ειδον cε
P75 ειπεν αυτω προ του cε φιλιππον φωνηcαι [ο]ντα υπο την cυκην ειδον cε

(1aor,pass,ind,3p,sing) (pres,act,ind,3p,sing) (pres,act,ind,2p,sing)
αποκρινομαι λεγω ειμι
Jn.1:49:50:49 απεκριθη αυτω ναθαναηλ ~~και λεγει αυτω~~ ραββι συ ει ο υιος του θεου συ
he did give answer to Him Nathanael ~~and he says to Him~~ Rabbi You You are the Son of the God You
B απεκριθη αυτω ναθαναηλ ραββει cυ ει ο υιοc του θυ cυ
א απεκριθη ναθαναηλ και ειπεν ραββει cυ ει ο υc του θυ cυ
P66 απεκριθη αυτω ναθαναηλ ραββει cυ ει ο υιοc του θυ cυ
P75 απεκριθη αυτω ναθαναηλ ραββει cυ ει ο υιοc του θυ cυ

(pres,act,ind,2p,sing) (pres,act,ind,2p,sing)
ειμι ειμι
W& H ~~ει ο~~ βασιλευς ει του ισραηλ
~~you are the~~ King You are of the Israel
B βασιλευ^{c} ει του ιcραηλ
א ει ο βαcιλευc του ιηλ
P66 ει ο βαcιλευc του ιcραηλ
P75 βαcιλευc ει του ιηλ

(1aor,pass,ind,3p,sing) (2aor,act,ind,3p,sing) (2aor,act,ind,1p,sing) (2aor,act,ind,1p,sing)
αποκρινομαι λεγω λεγω οραω
Jn.1:50:51:50 απεκριθη ιησους και ειπεν αυτω οτι ειπον σοι οτι ειδον σε υποκατω της
He did give answer Jesus and He said to him because / " I said to you that/" I saw you underneath the
B απεκριθη ις και ειπεν αυτω οτι ειπον cοι οτι ειδον cε υποκατω τηc
א απεκριθη ις και ειπεν αυτω οτι ειπο cοι οτι ειδον cε υποκατω τηc
P66 απεκριθη ις και ειπεν αυτω οτι ειπον cοι οτι ειδον cε υπο τηc
P75 απεκριθη ις και ειπεν αυτω οτι ειπον cοι οτι ειδον cε υποκατω τηc

(pres,act,ind,2p,sing) (fut,mid,ind,2p,sing) (fut,act,ind,2p,sing)
πιστευω (dat,sing) (gen,pl) οραω οραω
W& H συκης πιστευεις μειζω ~~μειζων~~ τουτων οψη ~~οψει~~
fig tree you believe greater of these you, yourself, will see ~~you will see~~
B cυκηc πιcτευειc μειζω τουτων οψη
א cυκηc πιcτευειc μειζονα τουτων οψη
P66 cυκηc πιcτευειc μειζονα τουτων οψη
P75 cυκηc πιcτευειc μειζω τουτων οψη

(pres,act,ind,3p,sing) (pres,act,ind,1p,sing) (fut,mid,ind,2p,pl) (2 perf,act,ptc,acc,sing,masc)
λεγω λεγω οραω ανοιγω
Jn.1:51:52:51 και λεγει αυτω αμην αμην λεγω υμιν ~~απ αρτι~~ οψεσθε τον ουρανον ανεωγοτα
and He says to him amen amen I say to you all ~~from now~~ you all will see the heaven having opened
B και λεγει αυτω αμην αμην λεγω υμιν οψεcθε τον ουρανον ανεωγοτα
א και λεγει αυτω αμην αμην λεγω υμιν οψεcθαι το ουρανον ηνεωγοτα
P66 και λεγει αυτω αμην αμην λεγω υμιν οψεcθε τον ουρανον ανεωγοτα
P75 και λεγει αυτω αμην αμην λεγω υμιν οψεcθε τον ουρανον ανεωγοτα

(pres,act,ptc,acc,pl,masc) αναβαινω (pres,act,ptc,acc,pl,masc) καταβαινω
W& H και τους αγγελους του θεου αναβαινοντας και καταβαινοντας επι τον υιον του ανθρωπου
and the angels of the God ascending and descending upon the Son of the Man
B και τους αγγελους του θυ αναβαινοντας και καταβαινοντας επι τον υιον του ανθρωπου
ℵ και τους αγγελους του θυ αναβαινοντας κ(αι) καταβαινοντας επι τον υν του αν
P66 και τους αγγελους του θυ αναβαινοντας και καταβαινοντας επι τον υιον του ανου
P75 και τους αγγελους του θυ αναβαινοντας και καταβαινοντας επι τον υν του ανου

John Chapter 2

(2aor,mid,ind,3p,sing) γινομαι (imperf,act,ind,3p,sing) ειμι
Jn.2:1 και τη ημερα τη τριτη γαμος εγενετο εν κανα της γαλιλαιας και ην
and the day the third a wedding she happened in Cana of the Galilee and she was
B και τη1 ημερα3 τριτη γαμος εγενετο εν κανα της γαλειλαιας και ην
ℵ και τη ημερα τη τριτη γαμος εγενετο εν κανα της γαλιλαιας και ην
P66 και τη ημερα τη τριτη γαμος εγενετο εν κανα της γαλιλαιας και ην
P75 και τη ημερα τη τριτη γαμος εγενετο εν τν κανα της γαλιλαιας και ην

W& H η μητηρ του ιησου εκει
the mother of the Jesus there
B η μητηρ του ιυ εκει
ℵ η μητηρ του ιυ εκει
P66 η μητηρ του ιυ εκει
P75 η μητηρ του ιυ εκει

(1aor,pass,ind,3p,sing) καλεω
Jn.2:2 εκληθη δε και ο ιησους και οι μαθηται αυτου εις τον γαμον
and <> He was invited also the Jesus and the disciples of Him to the wedding
B εκληθη δε και ο ις και οι μαθηται αυτου εις τον γαμον
ℵ εκληθη δε και ο ις και οι μαθηται αυτου εις τον γαμον
P66 εκληθη δε και ο ις και οι μαθηται αυτου εις τον γαμον
P75 εκληθη δε και ο ις και οι μαθηται αυτου εις τον γαμον

(1aor,act,ptc,gen,sing,masc) υστερεω (pres,act,ind,3p,sing) λεγω
Jn.2:3 και υστερησαντος οινου λεγει η μητηρ του ιησου προς αυτον οινον ουκ
and having been in need of wine she says the mother of the Jesus to Him wine not
B και υστερησαντος οινου λεγει η μητηρ του ιυ προς αυτον οινον ουκ
ℵ και υστερησαντος οινου λεγει7 η8 μητηρ9 του10 ιυ11 προς12 αυτον13 οινος14 ουκ
P66 και υστερησαντος οινου λεγει η μητηρ του ιυ προς αυτον οινον ουκ
P75 και υστερησαντος οινου λεγει η μητηρ του ιυ προς αυτον οινον ουκ

(pres,act,ind,3p,pl) εχω hiatus
W& H εχουσιν ~~εχουσι~~
they have
B εχουσιν
ℵ εστιν ελεσθη ο οινος του γαμου ειτα
P66 εχουσιν
P75 εχουσιν

(pres,act,ind,3p,sing) λεγω (pres,act,ind,3p,sing) ηκω
Jn.2:4 και λεγει αυτη ο ιησους τι εμοι και σοι γυναι ουπω ηκει η ωρα μου
and He says to her the Jesus what *(is it)* to Me and to you woman not yet she arrives the hour of Me
B και λεγει αυτη ο ις τι εμοι και σοι γυναι ουπω ηκει η ωρα μου
ℵ λεγει αυτη ο ις τι εμοι και σοι γυναι ουπω ηκει η ωρα μου
P66 και λεγει αυτη ο ις τι εμοι και σοι γυναι ουπω ηκει η ωρα μου
P75 λεγει αυτη ο ις τι εμοι και σου γυναι ουπω ηκει η ωρα μου

(pres,act,ind,3p,sing) (pres,act,subj,3p,sing) (1aor,act,imper,2p,pl)
λεγω λεγω ποιεω

Jn.2:5 λεγει η μητηρ αυτου τοις διακονοις ο τι αν λεγη υμιν ποιησατε
she says the mother of Him to the house slaves the one what ever He might say to you all you all do
B λεγει η μητηρ αυτου τοιc διακονοιc ο τι αν λεγη υμιν ποιηcατε
ℵ λεγει η μητηρ αυτου τοιc διακονοιc οτι ο1 αν2 λεγη3 υμι ποιηcατε
P66 λεγει η μητηρ αυτου τοιc διακονοιc ο τι εαν λεγη υμιν ποιηcαται
P75 λεγει η μητηρ αυτου τοιc διακονοιc ο τι εαν λεγη υμιν ποιηcατε

(imperf,act,ind,3p,pl)
ειμι

Jn.2:6 ησαν δε εκει1 λιθιναι3 υδριαι2 εξ4 κατα6 τον7 καθαρισμον8 των9 ιουδαιων10
and <> they were there stone water pitchers six for the cleansing of the Jews
B ηcαν δε εκει λιθιναι υδριαι εξ κατα τον καθαριcμον των ιουδαιων
ℵ ηcαν δε εκει λιθιναι υδριαι εξ κατα τον καθαριcμον των ιουδαιων
P66 ηcαν δε εκει λιθιναι υδριαι εξ κατα τον καθαριcμον των ιουδαιων
P75 ηcαν δε εκει λιθιναι υδριαι εξ κατα τον καθαριcμον των ι[[ου]]δαιων

(pres,mid,ptc,nom,pl,fem) (pres,act,ptc,nom,pl,fem)
κειμαι χωρεω

W& H κειμεναι5 χωρουσαι11 ανα μετρητας δυο η τρεις
existing containing of up to measures two or three
B κειμεναι χωρουcαι ανα μετρηταc δυο η τρειc
ℵ κειμεναι χωρουcαι ανα μετρηταc δυο η τρειc
P66 κειμεναι χωρουcαι ανα μετρηταc δυο η τρειc
P75 κειμεναι χωρηcαι ανα μ[[ε]]τρ[[ητ]]αc β η γ

(pres,act,ind,3p,sing) (1aor,act,imper,2p,pl) (1aor,act,ind,3p,pl)
λεγω γεμιζω γεμιζω

Jn.2:7 λεγει αυτοις ο ιησους γεμισατε τας υδριας υδατος και εγεμισαν αυτας εως ανω
He says to them the Jesus you all fill the water pitchers *(with)* water and they filled them to the point of above
B λεγει αυτοιc ο ιc γεμιcατε ταc υδριαc υδατοc και εγεμιcαν αυταc εωc ανω
ℵ και λεγει αυτοιc ο ιc γεμιcατε ταc υδριαc υδατοc και εγεμιcαν αυταc εωc α
P66 λεγει αυτοιc ο ιc γεμιcατε ταc υδριαc υδατοc και εγεμιcαν αυταc εωc ανω
P75 λεγει αυτοιc ο ιc γεμιcατε ταc υδριαc υδατοc και εγεμιcαν αυταc εωc ανω

(pres,act,ind,3p,sing) (1aor,act,imper,2p,pl) (pres,act,imper,2p,pl)
λεγω αντλεω φερω

Jn.2:8 και λεγει αυτοις αντλησατε νυν και φερετε τω αρχιτρικλινω
and He says to them you all draw out now and you all bear to the chief steward
B και λεγει αυτοιc αντληcατε νυν και φερετε τω αρχιτρικλεινω
ℵ και λεγει αυτοιc αντληcατε νυν και φερετε τω αρχιτρικλινω
P66 και λεγι αυτοιc αντληcαται νυν και φερεται τω αρχιτρικλινω
P75 και λεγει αυτοιc αντληcατε νυν και φερετε τω αρχι[τ]ρικλεινω

(1aor,act,ind,3p,pl)
φερω

W& H ~~και~~ οι δε ηνεγκαν
~~and~~ and <> the ones they bore/carried
B οι δε ηνεγκαν
ℵ οι δε ηνεγκαν
P66 οι δε ηνεγκαν
P75 οι δε ηνεγκαν

(1aor,mid,ind,3p,sing) (perf,pass,ptc,acc,sing,neut)
γευομαι γινομαι

Jn.2:9 ως δε εγευσατο ο αρχιτρικλινος το υδωρ οινον γεγενημενον και
and <> when he, himself, tasted the chief steward the water wine having become and
B ωc δε εγευcατο ο αρχιτρικλειvοc το υδωρ οινον γεγενημενον και
ℵ ωc δε εγευcατο ο αρχιτλικινοc το υδωρ οινον γεγενημενον και
P66 ωc δε εγευcατο ο αρχιτρικλεινοc το υδωρ οινον γεγενημενον και
P75 ωc δε εγευ[c]ατο ο αρχιτρικλεινοc το υδωρ οινον γεγενημενον και

(plupf,act,ind,3p,sing) οιδα (pres,act,ind,3p,sing) ειμι (plupf,act,ind,3p,pl) οιδα (perf,act,ptc,nom,pl,masc) αντλεω (pres,act,ind,3p,sing) φωνεω

W& H ουκ ηδει ποθεν εστιν οι δε διακονοι ηδεισαν οι ηντληκοτες το υδωρ φωνει τον
not he had known from where he is but <> the house slaves they had known the ones having drawn the water he calls the
B ουκ ηδει ποθ εστιν οι δε διακονοι ηδειcαν οι ηντληκοτεc το υδωρ φωνει τον
ℵ ουκ ηδει ποθεν εστιν οι δε διακονοι ηδειcαν οι ηντληκοτεc το υδωρ φωνει τον
P66 ουκ ηδει ποθεν εcτιν οι δε διακονοι ηδειcαν οι ηντληκοτεc το υδωρ φωνι τον
P75 ουκ ηδει ποθεν [ε]cτιν οι δε διακονοι ηδειcαν οι ηντλη[κο]τεc το υδωρ φωνει τον

W& H νυμφιον ο αρχιτρικλινος
groom the chief steward
B νυμφιον ο αρχιτρικλειναc
ℵ νυμφιον ο αρχιτρικλι
P66 νυμφιον ο αρχι τρικλειναc
P75 γυμφιον [ο] αρχιτρικλειμοc

(pres,act,ind,3p,sing) λεγω (pres,act,ind,3p,sing) τιθημι hiatus

Jn.2:10 και λεγει αυτω πας ανθρωπος πρωτον τον καλον οινον τιθησιν ~~τιθησι~~ και οταν
and he says to him every man first the good wine he places and after
B και λεγει αυτω παc ανθρωποc πρωτον τον καλον οινον τιθηcιν και οταν
ℵ και λεγει παc ανθρωποc πρωτον τον καλον οινον τιθηcιν και οταν
P66 λαι [λ]εγει αυτω παc <u>ανοc</u> πρωτον τον καλον οινον τιθηcιν και οταν
P75 και λεγει αυτω παc <u>ανοc</u>$_1$ πρ[ω]τον$_5$ τον$_2$ κα[λ]ον$_3$ οινον$_4$ τιθηcιν$_6$ και οταν

(1aor,pass,subj,3p,pl) μεθυσκω hiatus (perf,act,ind,2p,sing) τηρεω

W& H μεθυσθωσιν ~~μεθυσθωσι~~ ~~τοτε~~ τον ελασσω συ τετηρηκας τον καλον οινον εως αρτι
they should have become drunk ~~then~~ the lesser you you have kept the good wine until now
B μεθυcθωcι τον ελαccω cυ τετηρηκαc τον καλον οινον εωc αρτι
ℵ μεθυcθωcι τον ελαccω cυ δε τετηρηκαc τον καλον οινον εωc αρτι
P66 μεθυcθωcιν τον ελαccω cυ τετηρηκαc τον καλον οινον εωc αρτι
P75 μεθυcθωcιν τον ελαccω cυ τετηρηκαc [τ]ον [καλ]ον οινον εωc αρτι

(1aor,act,ind,3p,sing) ποιεω

Jn.2:11 ταυτην εποιησεν ~~την~~ αρχην των σημειων ο ιησους εν κανα της γαλιλαιας
this He did ~~the~~ beginning of the signs the Jesus in Cana of the Galilee
B ταυτην εποιηcεν αρχην των cημιων ο <u>ιc</u> εν κανα τηc γαλειλαιαc
ℵ ταυτην εποιηcεν την αρχην των cημιων ο <u>ιc</u> εν κανα τηc γαλιλαιαc
P66 ταυτην$_1$ εποιηcεν$_3$ αρχην$_2$ των$_4$ cημειων ο <u>ιc</u> εν κανα τη γαλειλαιαc
P75 ταυτην επ[οι]ηcεν αρχην των cημειων ο <u>ιc</u> εν κανα τηc γαλιλαιοc

(1aor,act,ind,3p,pl) φανεροω hiatus (1aor,act,ind,3p,pl) πιστευω

W& H και εφανερωσεν ~~εφανερωσε~~ την δοξαν αυτου και επιστευσαν εις αυτον οι μαθηται αυτου
and they made known the glory of Him and they believed in Him the disciples of Him
B και εφανερωcεν την δοξαν αυτου και επιcτευcαν ειc αυτον οι μαθηται αυτου
ℵ και εφανερωcεν τη δοξαν και επιcτευcαν$_1$ ειc$_5$ αυτον$_6$ οι$_2$ μαθηται$_3$ αυτου$_4$
P66 και εφανερωcεν την δοξαν αυτου και επιcτευcαν ειc αυτον οι μαθηται αυτου
P75 και εφανερωcεν την δοξαν αυτου και επιcτευcαν ειc αυτον οι μαθηται αυτο[υ]

(2aor,act,ind,3p,sing) καταβαινω

Jn.2:12 μετα τουτο κατεβη εις καφαρναουμ ~~καπερναουμ~~ αυτος και η μητηρ αυτου και οι
with/after these He went down to Capernaum He also the mother of Him and the
B μετα τουτο κατεβη ειc καφαρναουμ αυτοc και η μητηρ αυτου και οι
ℵ μετα τουτο κατεβη ειc καφαρναουμ αυτοc και η μητηρ αυτου και οι
P66 μετα τουτο κατεβη ειc καφαρναουμ αυτοc και η μητηρ αυτου και οι
P75 μετα τουτο κατεβη ειc καφαρναου[μ] αυτοc και η μητηρ αυτ[ου]

(1aor,act,ind,3p,pl) μενω

W& H αδελφοι ~~αυτου~~ και οι μαθηται αυτου και εκει εμειναν ου πολλας ημερας
brothers ~~of Him~~ and the disciples of Him and there they remained not many days
B αδελφοι και οι μαθηται αυτου και εκει εμειναν ου πολλαc ημεραc
ℵ αδελφοι αυτου και εκει εμιναν ου πολλαc ημεραc
P66 αδελφοι και οι μαθηται αυτου και εκει εμειναν ου πολλαc ημεραc
P75 και εκει εμειναν ου πολλαc ημεραc

(imperf,act,ind,3p,sing) (2aor,act,ind,3p,sing)
ειμι αναβαινω

Jn.2:13 και εγγυς ην το πασχα των ιουδαιων και ανεβη εις ιεροσολυμα ο ιησους
and near it was the Passover of the Jews and He went up to Jerusalem the Jesus
B και εγγυς ην το πασχα των ιουδαιων και ανεβη εις ιεροσολυμα ο ις
א εγγυς δε ην το πασχα των ιουδαιων και ανεβη ις ιεροσολυμα ο ις
P66 και εγγυς ην το πασχα των ιουδαιων και ανεβη$_1$ εις$_4$ ιεροσολυμα$_5$ ο$_2$ ις$_3$
P75 και εγγυς ην το πασχα των ιουδαιων και ανεβη$_1$ εις$_4$ ιεροσολυμα$_5$ ο$_2$ ις$_3$

(2aor,act,ind,3p,sing) (pres,act,ptc,acc,pl,masc)
ευρισκω πωλεω

Jn.2:14 και ευρεν εν τω ιερω τους πωλουντας βοας και προβατα και περιστερας και
and He found in the temple the ones selling oxen and sheep and doves and
B και ευρεν εν τω ιερω τους πωλουντας βοας και προβατα και περιστερας και
א και ευρε εν τω ιερω τους πωλουντας$_1$ βοας$_6$ και$_2$ τα$_3$ προβατα$_4$ και$_5$ περιστερας$_7$ και
P66 και ευρεν εν τω ιερω τους πωλουντας βοας και προβατα και περιστερας και
P75 και ευρεν εν τω ιερω τους πωλουντας βοας και προβατα και περιστερας και

(pres,mid,ptc,acc,pl,masc)
καθημαι

W& H τους κερματιστας καθημενους
the money-changers sitting down
B τους κερματιστας καθημενους
א τους κερματιστας καθημενους
P66 τους κερματιστας καθημενους
P75 τους κερματιστας καθημενους

(1aor,act,ptc,nom,sing,masc) (2aor,act,ind,3p,sing)
ποιεω εκβαλλω

Jn.2:15 και ποιησας φραγελλιον εκ σχοινιων παντας εξεβαλεν εκ του ιερου τα τε
and having made a scourge from out of cords all He casted out from out of the temple both <>the
B και ποιησας φραγελλιον εκ σχοινιων παντας εξεβαλεν εκ του ιερου τα τε
א εποιησεν φραγελλιον εκ σχοινιων και παντας εξεβαλεν εκ του ιερου τα
P66 και ποιησας ως φραγελλιον εκ σχοινιων παντας εξεβαλεν εκ του ιερου τα τε
P75 και ποιησας ως φραγελλιον εκ σχοινιων παντας εξεβαλεν εκ του ιερου τα τε

(1aor,act,ind,3p,sing)
εκχεω hiatus

W& H προβατα και τους βοας και των κολλυβιστων εξεχεεν ~~εξεχεε~~ τα κερματα ~~το κερμα~~ και
sheep and the oxen and of the money-changes He poured out the coins and
B προβατα και τους βοας και των κολλυβιστων εξεχεεν τα κερματα και
א προβατα και τους βοας και τω κολλυβιστων εξεχεεν το κερμα και
P66 προβατα και τους βοας και των κολλυβιστων εξεχεεν τα κερματα και
P75 προβατα και τους βοας και των κολλυβιστων εξεχεεν τα κερματα και

(1aor,act,ind,3p,sing) (1aor,act,ind,3p,sing)
ανατρεπω αναστρεφω hiatus

W& H τας τραπεζας ανετρεψεν ~~ανεστρεψεν~~ ~~ανεστρεψε~~
the tables He overturned ~~He turned over~~
B τας τραπεζας ανετρεψεν
א τας τραπεζας κατεστρεψεν
P66 τας τραπεζας ανετρεψεν
P75 τας πειστερας ανεστρεψεν

(pres,act,ptc,dat,pl,masc) (2aor,act,ind,3p,sing) (1aor,act,imper,2p,pl)
πωλεω λεγω αιρω

Jn.2:16 και τοις τας περιστερας πωλουσιν ειπεν αρατε ταυτα εντευθεν μη
and to the ones the doves selling He said you all take these from here not
B και τοις τας περιστερας πωλουσιν ειπεν αρατε ταυτα εντευθεν μη
א και τοις τας περιστερας πωλουσιν ειπεν αρατε ταυτα εντευθεν μη
P66 και τοις τας περιστερας πωλουσιν ειπεν αραται ταυτα εντευθεν μη
P75 και τοις τας περιστερας πωλουσιν ειπεν αρατε ταυτα εντευθεν μη

(pres,act,imper,2p,pl)
ποιεω
W& H ποιειτε τον οικον του πατρος μου οικον εμποριου
you all make the House of the Father of Me a house of trade
B ποιειτε τον οικον του πατροc μου οικον εμποριου
ℵ ποιειται τον οικον του πατροc μου οικον εμποριου
P66 ποιειτε τον οικον του πατροc μου οικον εμποριου
P75 ποιειτε τον οικον του προc μου οικο[[ν]] εμποριου

(1aor,pass,ind,3p,pl) (perf,pass,ptc,nom,sing,neut) (pres,act,ind,3p,sing)
μιμνησκω γραφω ειμι
Jn.2:17 εμνησθησαν ~~δε~~ οι μαθηται αυτου οτι[1] γεγραμμενον[3] εστιν[2] ο ζηλος του οικου
~~and~~ <> they were reminded the disciples of Him that having been written he is the zeal of the house
B εμνηcθηcαν οι μαθηται αυτου οτι1 γεγραμμενον3 εcτιν2 ο4 ζηλοc του οικου
ℵ εμνηcθηcαν οι μαθηται αυτου οτι γεγραμμενον εcτιν ο ζηλοc του οικου
P66 εμνηcθηcαν οι μαθηται αυτου οτι γεγραμμενον εcτιν ο ζηλοc του οικου
P75 εμνηcθηcαν οι μαθηται αυτου οτι γεγραμμενον εcτιν ο ζηλοc του οικου

(fut,mid,ind,3p,sing) (2aor,act,imper,2p,sing)
κατεσθιω κατεσθιω hiatus
W& H σου καταφαγεται ~~καταφαγεν~~ ~~καταφαγε~~ με
of You it, itself, will consume ~~you consumed~~ Me *(Ps.69:9)*
B cου καταφαγεται με
ℵ cου καταφαγεται με
P66 cου καταφαγεται με
P75 cου καταφαγεται με

(1aor,act,ind,3p,pl) (2aor,act,ind,3p,pl) (2aor,act,ind,3p,pl) (pres,act,ind,2p,sing)
αποκρινομαι λεγω λεγω δεικνυμι
Jn.2:18 απεκριθησαν ουν οι ιουδαιοι και ειπαν ~~ειπον~~ αυτω τι σημειον δεικνυεις
therefore <> they answered the Jews and they said ~~they said~~ to Him what sign do you present
B απεκριθηcαν ουν οι ιουδαιοι και ειπαν αυτω τι cημειον δεικνυειc
ℵ απεκριθηcαν ου οι ιουδαιοι και ειπον αυτω τι cημιον δικνυειc
P66 απεκριθηcαν ουν οι ιουδαιοι και ειπον αυτω τι cημιον δικνυειc
P75 απεκριθηcαν ουν οι ιουδαιοι και ειπαν αυτω τι cημειον δεικνυειc

(pres,act,ind,2p,sing)
ποιεω
W& H ημιν οτι ταυτα ποιεις
to us that these things You do
B ημιν οτι ταυτα ποιειc
ℵ ημι οτι ταυτα ποιειc
P66 ημεν οτι ταυτα ποιεc
P75 οτι ταυτα ποιειc

(1aor,pass,ind,3p,sing) (2aor,act,ind,3p,sing) (1aor,act,imper,2p,pl)
αποκρινομαι λεγω λυω
Jn.2:19 απεκριθη ~~ο~~ ιησους και ειπεν αυτοις λυσατε τον ναον τουτον και [εν] τρισιν
He did answer ~~the~~ Jesus and He said to them you all destroy the temple this and in three
B απεκριθη ιc και ειπεν αυτοιc λυcατε τον ναον τουτον και τριcιν
ℵ απεκριθη ο ιc και ειπεν αυτοιc λυcατε τον ναον τουτον και εν τριcιν
P66 απεκριθη ιc και ειπεν αυτοιc λυcαται τον ναον τουτον και εν τριcιν
P75 απεκριθη ιc και ειπεν αυτοιc λυcατε τον ναον τουτον και εν τριcιν

(fut,act,ind,1p,sing)
εγειρω
W& H ημεραις εγερω αυτον
days I will cause to stand it
B ημεραιc εγερω αυτον
ℵ ημεραιc εγερω αυτον
P66 ημεραιc εγερω αυτον
P75 ημεραιc εγερω αυτον

(2aor,act,ind,3p,pl)
V **(2aor,act,ind,3p,pl)** **(1aor,pass,ind,3p,sing)**
λεγω **λεγω** **οικοδομεω**
Jn.2:20 ειπαν ~~ειπον~~ ουν οι ιουδαιοι τεσσερακοντα ~~τεσσαρακοντα~~ και εξ ετεσιν οικοδομηθη
therefore <> they said ~~they said~~ the Jews forty ~~forty~~ and six years it was being built
B ειπαν ουν οι ιουδαιοι τεσσε^{α}ρακοντα και εξ ετεσιν οικοδομηθη
ℵ ειπον ουν οι ιουδαιοι τεσσερακοντα και εξ ετεσι
P66 ειπαν ουν οι ιουδαιοι τεσσερακοντα και εξ ετεσιν οικοδομηθη
P75 ειπαν ουν οι ιουδαιοι μ και εξ ετεσιν οικοδομηθη

(1aor,pass,ind,3p,sing) **(fut,act,ind,2p,sing)**
οικοδομεω **εγειρω**
W& H ~~οικοδομηθη~~ ο ναος ουτος και συ εν τρισιν ημεραις εγερεις αυτον
~~it was being built~~ the temple this and You in three days You will raise it
B ο^{ω}ικοδομηθη ο ναος ουτος και συ εν τρισιν ημεραις εγερεις αυτον
ℵ οικοδομεω ο ναος ουτος και συ τρισιν ημεραις εγερεις αυτον
P66 ο ναος ουτος και συ εν τρισιν ημεραις εγερεις αυτον
P75 ο ναος ουτος και συ εν τρισιν ημεραις εγερεις αυτον

(imperf,act,ind,3p,sing)
λεγω **hiatus**
Jn.2:21 εκεινος δε ελεγεν ~~ελεγε~~ περι του ναου του σωματος αυτου
but <> this He was saying concerning the temple of the body of Him
B εκεινος δε ελεγεν περι του ναου του σωματος αυτου
ℵ εκεινος δε ελεγεν περι του ναου του σωματος
P66 εκεινος δε ελεγεν περι του ναου του σωματος αυτου
P75 εκεινος δε ελεγε περι του ναου του σωματος αυτου

(1aor,pass,ind,3p,sing) **(1aor,pass,ind,3p,pl)** **(imperf,act,ind,3p,sing)**
εγειρω **μιμνησκω** **λεγω**
Jn.2:22 οτε ουν ηγερθη εκ ~~των~~ νεκρων εμνησθησαν οι μαθηται αυτου οτι τουτο ελεγεν
therefore <> when He was raised from out ~~of the~~ of deaths they were reminded the disciples of Him that this He was saying
B οτε ουν ηγερθη εκ νεκρων εμνησθησαν οι μαθηται αυτου οτι τουτο ελεγεν
ℵ οτε ουν ηγερθη εκ νεκρων εμνησθησαν οι μαθηται αυτου οτι τουτο ελεγεν
P66 οτε ουν ηγερθη εκ νεκρων εμνησθησαν οι μαθηται αυτου οτι τουτο ελεγεν
P75 οτε ουν ηγερθη εκ νεκρων εμνησθησαν οι μαθηται αυτου οτι τουτο ελεγεν

(imperf,act,ind,3p,sing) **(2aor,act,ind,3p,sing)**
πιστευω *(acc)* *(dat)* **λεγω**
W& H ~~αυτοις~~ και επιστευσαν τη γραφη και τω λογω ον ~~ω~~ ειπεν ο ιησους
~~to them~~ and they were believing the scripture and in the word which ~~which~~ He spoke the Jesus
B και επιστευσαν τη γραφη και τω λογω ον ειπεν ο ις
ℵ και επιστευσαν τη γραφη και τω λογω ον ειπεν ο ις
P66 και επιστευσαν τη γραφη και τω λογω ον ειπεν ο ις
P75 και επιστευσαν τη γραφη και τω λογω ον ειπεν ο ις

(imperf,act,ind,3p,sing) **(1aor,act,ind,3p,pl)**
ειμι **πιστευω**
Jn.2:23 ως δε ην εν τοις ιεροσολυμοις εν τω πασχα εν τη εορτη πολλοι επιστευσαν εις
and <> as He was in the Jerusalem at the Passover on the holiday many they believed in
B ως δε ην εν τοις ιεροσολυμοις εν τω πασχα τη εορτη πολλοι επιστευσαν εις
ℵ ως δε ην εν τοις ιεροσολυμοις εν τω πασχα εν τη εορτη πολλοι επιστευσαν εις
P66 ως δε ην εν τοις ιεροσολυμοις εν τω πασχα εν τη εορτη πολλοι επιστευσαν εις
P75 ως δε ην εν τοις ιεροσολυμοις εν τω πασχα εν τη εορτη πολλοι επιστευσαν εις

(pres,act,ptc,nom,pl,masc) **(imperf,act,ind,3p,sing)**
θεωρεω **ποιεω**
W& H το ονομα αυτου θεωρουντες αυτου τα σημεια α εποιει
the Name of Him seeing of Him the signs the ones He did
B το ονομα αυτου θεωρουντες αυτου τα σημεια α εποιει
ℵ το ονομα αυτου θεωρουντες αυτου τα σημια α εποιει
P66 το ονομα αυτου θεωρουντες αυτου τα σημια α εποιει
P75 το ονομα αυτου θεωρουντες αυτου τα σημεια α εποιει

(imperf,act,ind,3p,sing) πιστευω — (pres,act,inf) γινωσκω

Jn.2:24 αυτος δε ~~ο~~ ιησους ουκ επιστευεν αυτον ~~εαυτον~~ αυτοις δια το αυτον γινωσκειν
and <> Himself ~~the~~ Jesus not He was trusting Him(self) ~~Himself~~ to them on account of the Him to know
B αυτος δε ις ουκ επιστευεν αυτον αυτοις δια το αυτον γινωσκειν
א αυτος δε ο ις ουκ επιστευεν αυτον αυτοις δια το
P66 αυτος δε ις ουκ επιστευεν εαυτον αυτοις δια το αυτον γινωσκειν
P75 αυτος δε ις ουκ επιστευεν αυτοις δια το αυτον

W& H παντας
all things
B παντας
א γιγνωσκιν παντας
P66 παντας
P75 γεινωσκειν παντας

(imperf,act,ind,3p,sing) εχω — (1aor,act,subj,3p,sing) μαρτυρεω

Jn.2:25 και οτι ου χρειαν ειχεν ινα τις μαρτυρηση περι του ανθρωπου
and that not need He was having so that any he should witness concerning the man(kind)
B και οτι ου χρειαν ειχεν ινα τις μαρτυρηση περι του ανθρωπου
א και οτι1 ουκ3 χριαν2 ειχε4 ινα τις μαρτυρηση περι του ανθρωπου
P66 και οτι ου χρειαν ειχεν ινα τις μαρτυρηση περι του ανου
P75 και οτι ου χρειαν ειχεν ινα τις μαρτυρηση περι του ανου

(imperf,act,ind,3p,sing) γινωσκω — hiatus — (imperf,act,ind,3p,sing) ειμι

W& H αυτος γαρ εγινωσκεν ~~εγινωσκε~~ τι ην εν τω ανθρωπω
for <> He He was knowing what it was in the man
B αυτος γαρ εγινωσκεν τι ην εν τω ανθρωπω
א αυτος γαρ εγινωσκεν τι ην εν τι ην εν τω ανθρωπω
P66 αυτος γαρ εγινωσκεν τι ην εν τω ανω
P75 αυτος γαρ εγεινωσκεν τι ην εν τω ανω

John Chapter 3

(imperf,act,ind,3p,sing) ειμι

Jn.3:1 ην δε ανθρωπος εκ των φαρισαιων νικοδημος ονομα
and<> he was a man from out of the Pharisees Nicodemus name
B ην δε ανθρωπος εκ των φαρεισαιων νικοδημος ονομα
א ην δε ανθρωπος εκ των φαρισαιω νικοδημος ονομα τι
P66 ην δε ανος εκ των φαρισαιων νεικοδημος ονομα
P75 ην δε ανος εκ των φαρισαιων νεικοδημος ονομα

W& H αυτω αρχων των ιουδαιων
to him a ruler of the Jews
B αυτω αρχων των ιουδαιων
א αρχων των ιουδαιων
P66 αυτω αρχων των ιουδαιων
P75 αυτω αρχων των ιουδαιων

(2aor,act,ind,3p,sing) ερχομαι — (2aor,act,ind,3p,sing) λεγω — (perf,act,ind,1p,pl) οιδα

Jn.3:2 ουτος ηλθεν προς αυτον ~~τον ιησους~~ νυκτος και ειπεν αυτω ραββι οιδαμεν
this one he came to Him ~~the Jesus~~ by night and he said to Him Rabbi we have known
B ουτος ηλθεν προς αυτον νυκτος και ειπεν αυτω ραββει οιδαμεν
א ουτος ηλθεν1 προς3 αυτον4 νυκτος2 και5 ειπεν6 αυτω ραββει οιδαμεν
P66 ουτος ηλθεν προς αυτον νυκτος και ειπεν αυτω ραββει οιδαμεν
P75 ουτος ηλθεν προς αυτον νυκτος και ειπεν αυτω ραββει οιδαμεν

(2 perf,act,ind,2p,sing) ερχομαι — (pres,pass,ind,3p,sing) δυναμαι

W& H οτι απο θεου εληλυθας διδασκαλος ουδεις γαρ1 δυναται5 ταυτα2 τα3 σημεια4
that from God You have come a teacher for <> no one he is able these things the signs
B οτι απο θυ εληλυθας διδασκαλος ουδεις γαρ δυναται ταυτα τα σημεια
א οτι απο θυ εληλυθας διδασκαλος και ουδις δυναται ταυτα τα σημια
P66 οτι απο θυ εληλυθας διδασκαλος ουδεις γαρ δυναται ταυτα τα σημια
P75 οτι απο θυ εληλυθας διδασκαλος ουδεις γαρ δυναται ταυτα τα σημεια

	(pres,act,inf) (pres,act,ind,2p,sing) (pres,act,subj,3p,sing)
	ποιεω ποιεω ειμι
W& H	ποιειν$_5$ α συ ποιεις εαν μη η ο θεος μετ αυτου
	to do which You You do if not/unless He should be the God with him
B	ποιειν α cυ ποιειc εαν μη η ο θc μετ αυτου
א	ποιειν α cυ ποιειc εαν μη η ο θc μετ αυτου
P66	ποιειν α cυ ποιειc εαν μη η ο θc μετ αυτου
P75	ποιειν α cυ ποιειc εαν μη η ο θc μετ αυτου

	(1aor,pass,ind,3p,sing) (2aor,act,ind,3p,sing) (pres,act,ind,1p,sing)
	αποκρινομαι λεγω λεγω
Jn.3:3	απεκριθη ~~ο~~-ιησους και ειπεν αυτω αμην αμην λεγω σοι εαν μη τις
	He did give answer ~~the~~ Jesus and He said to him amen, amen I say to you if not/except anyone
B	απεκριθη ιc και ειπεν αυτω αμην αμην λεγω cοι εαν μη τιc
א	απεκριθη ο ιc αμη αμην λεγω cοι εαν μη τιc
P66	απεκριθη ιc και ειπεν αυτω αμην αμην λεγω cοι εαν μη τιc
P75	απεκριθη ιc και ειπεν αυτω αμην αμην λεγω cοι εαν μη τιc

	(1aor,pass,subj,3p,sing) (pres,pass,ind,3p,sing)(2aor,act,infin)
	γενναω δυναμαι οραω
W& H	γεννηθη ανωθεν ου δυναται ιδειν την βασιλειαν του θεου
	he should be born from above/again not he is able to see the Kingdom of the God
B	γεννηθη ανωθεν ου δυναται ιδειν την βαcιλειαν του θυ
א	γεννηθη ανωθεν ου δυναται ιδειν την βαcιλειαν του θυ
P66	γεννηθη ανωθεν ου δυναται ιδειν την βαcιλειαν του θυ
P75	γεννηθη ανωθεν ου δυναται ιδειν την βαcιλειαν του θυ

	(pres,act,ind,3p,sing) (pres,pass,ind,3p,sing) (1aor,pass,infin)(pres,act,ptc,nom,sing,masc)
	λεγω δυναμαι γενναω ειμι
Jn.3:4	λεγει προς αυτον [ο] νικοδημος πως δυναται ανθρωπος γεννηθηναι γερων ων
	he said to Him the Nicodemus how is he able a man to be born aged being
B	λεγει προc αυτον νεικοδημοc πωc δυναται ανθρωποc γεννηθηναι γερων ων
א	λεγει προc αυτον ο νικοδημοc πωc δυναται ανθρωποc$_1$ γεννηθηναι$_4$ γερων$_2$ ων$_3$
P66	λεγει προc αυτον νικοδημοc πωc δυναται$_1$ ανθρωποc$_3$ γεννηθηναι$_2$ γερων$_4$ ων
P75	λεγει προc αυτον νικοδημοc πωc δυναται ανοc γεννηθηναι γερων ων

	(pres,pass,ind,3p,sing) (2aor,act,infin) (1aor,pass,infin)
	δυναμαι εισερχομαι γενναω
W& H	μη δυναται εις την κοιλιαν της μητρος αυτου δευτερον εισελθειν και γεννηθηναι
	not he is able into the womb of the mother of him a second *(time)* to enter and to be born
B	μη δυναται ειc την κοιλιαν τηc μητροc αυτου δευτερον ειcελθειν και γεννηθηναι
א	μη δυναται ειc την κοιλιαν τηc μητροc αυτου δευτερον ειcελθιν και γεννηθηναι
P66	μη δυναται ειc την κοιλιαν τηc μητροc αυτου δευτερον ειcελθιν και γεννηθηναι
P75	μη δυναται ειc την κοιλιαν τηc μητροc αυτου δευτερον ειcελθειν και γεννηθηναι

	(1aor,pass,ind,3p,sing) (pres,act,ind,1p,sing) (1aor,pass,subj,3p,sing)
	αποκρινομαι λεγω γενναω
Jn.3:5	απεκριθη [ο] ιησους αμην αμην λεγω σοι εαν μη τις γεννηθη εξ υδατος
	He did answer the Jesus amen amen I say to you if not/except/unless anyone he should have been born from out water
B	απεκριθη ο ιc αμην αμην λεγω cοι εαν μη τιc γεννηθη εξ υδατοc
א	απεκριθη ιc αμην αμην λεγω cοι εαν μη τιc$_1$ γεννηθη$_6$ εξ$_2$ υδατοc$_3$
P66	απεκριθη ιc αμην αμην λεγω cοι εαν μη τιc γεννηθη εξ υδατοc
P75	απεκριθη ιc αμην αμην λεγω cοι εαν μη τιc γεννηθη εξ υδατοc

	(pres,pass,ind,3p,sing) (2aor,act,infin)
	δυναμαι εισερχομαι
W& H	και πνευματος ου δυναται εισελθειν εις την βασιλειαν του θεου
	and Spirit not he is able to enter into the Kingdom of the God
B	και πνευματοc ου δυναται ειcελθειν ειc την βαcιλειαν του θυ
א	και$_4$ πνc ου δυναται ειδειν την βαcιλιαν των ουρανων
P66	και πνc ου δυναται ειcελθειν ειc την βαcιλιαν του θυ
P75	και πνc ου δυναται ειcελθειν ειc την βαcιλειαν του θυ

(perf,pass,ptc,nom,sing,neut) (pres,act,subj,3p,sing) (perf,pass,ptc,nom,sing,neut)
γενναω εiμι hiatus γενναω
Jn.3:6 το γεγεννημενον εκ της σαρκος σαρξ εστιν ~~εστι~~ και το γεγεννημενον
the one having been born from out of the flesh flesh she is and the one having been born
B το γεγεννημενον εκ της σαρκος σαρξ εστιν και το γεγεννημενον
ℵ το γεγεννημενον εκ της σαρκος σαρξ εστιν και το γεγεννημενο
P66 το γε[[γε]]ννημενον εκ της σαρκος σαρξ εστιν και γεγεννημενον
P75 το γεγεννημενον εκ της σαρκος σαρξ εστιν και το γεγεννημενον

(pres,act,subj,3p,sing)
ειμι hiatus
W& H εκ του πνευματος πνευμα εστιν ~~εστι~~
from out of the Spirit Spirit it is
B εκ του πνευματος πνευμα εστιν
ℵ εκ του πνς πνα εστι
P66 εκ του πνς πνευμα εστιν
P75 εκ του πνς πνα εστιν

(1aor,act,subj,2p,sing) (2aor,act,ind,1p,sing) (pres,act,impers, 3p,sing) (1aor,pass,infin)
θαυμαζω λεγω δεω γενναω
Jn.3:7 μη θαυμασης οτι ειπον σοι δει υμας γεννηθηναι ανωθεν
not you should marvel that I said to you all it is necessary for you all to be born from above/again
B μη θαυμασης οτι ειπον σοι δει υμας γεννηθηναι ανωθεν
ℵ μη θαυμασης οτι ειπον σοι δι υμας γεννηθηναι ανωθεν
P66 μη θαυμασης οτι ειπον σοι δει υμας γεννηθηναι ανωθεν
P75 μη θαυμασης οτι ειπον σοι δει υμας γεννηθηναι ανωθεν

(pres,act,ind,3p,sing)(pres,act,ind,3p,sing) (pres,act,ind,2p,sing) (2 perf,act,ind,2p,sing)
θελω πνεω ακουω οιδα
Jn.3:8 το πνευμα οπου θελει πνει και την φωνην αυτου ακουεις αλλ ουκ οιδας ποθεν
the wind where it wishes it blows and the sound of it you hear but not you have known whence/how/why
B το πνευμα οπου θελει πνει και την φωνην αυτου ακουεις αλλα ουκ οιδας ποθεν
ℵ το πνα οπου θελει πνι και την φωνην αυτου ακουεις αλλ ουκ οιδας ποθεν
P66 το πν[[ευ]]α*οπου θελει πνει και την φωνην αυτου ακουεις αλλ ουκ οιδας ποθεν
P75 το πνα οπου θελει πνει**και την φωνην αυτου ακουεις αλλ ουκ οιδες ποθεν
[P66 * πνευ *changed to nomen sacrum* πνα] [P75** *verb written with overbar in text here shown with underbar indicates a nomen sacrum, translating to "The Spirit spirits where it wills"*]

(pres,act,ind,3p,sing)
(pres,mid,ind,3p,sing) V (pres,act,ind,3p,sing) (perf,pass,ptc,nom,sing,masc)
ερχομαι υπαγω ειμι hiatus γενναω
W& H ερχεται και που υπαγει ουτως εστιν ~~εστι~~ πας ο γεγεννημενος εκ του πνευματος
it comes and where it departs so it is for all/every the one having been born from out of the Spirit
B ερχεται και που υπαγει ουτως εστιν πας ο γεγεννημενος εκ του πνευματος
ℵ ερχεται και που υπαγει ουτως εστιν πας ο γεγεννημενος εκ του₁ πνς₅ και₃ του₄υδατος₂
P66 ερχεται και που υπαγει ουτως εστιν πας ο γεγεννημενος εκ του πνς
P75 ερχεται και που υπαγει ουτως εστιν πας ο γεγεννημενος εκ του πνς

(1aor,pass,ind,3p,sing) (2aor,act,ind,3p,sing) (pres,act,ind,3p,sing) (2aor,pass,infin)
αποκρινομαι λεγω δυναμαι γινομαι
Jn.3:9 απεκριθη νικοδημος και ειπεν αυτω πως δυναται ταυτα γενεσθαι
he did answer Nicodemus and he said to Him how is it possible for these*(things)* to happen/to be
B απεκριθη νεικοδημος και ειπεν αυτω πως δυναται ταυτα γενεσθαι
ℵ απεκριθη νικοδημος και ειπεν αυτω πως δυναται ταυτα γενεσθαι
P66 απεκριθη νικοδημος και ειπεν αυτω πως δυναται ταυτα γενεσθαι
P75 απεκριθη νικοδημος και ειπεν αυτω πως δυναται ταυτα γενεσθαι

(1aor,pass,ind,3p,sing) (2aor,act,ind,3p,sing) (pres,act,ind,2p,sing)
αποκρινομαι λεγω ειμι
Jn.3:10 απεκριθη ιησους και ειπεν αυτω συ ει ο διδασκαλος του ισραηλ και ταυτα ου
He did give answer Jesus and He said to him you you are the teacher of the Israel and these *(things)* not
B απεκριθη ις και ειπεν αυτω συ ει ο διδασκαλος του ισραηλ και ταυτα ου
ℵ απεκριθη ο ις και ειπε αυτω συ ει ο διδασκαλος του ιηλ και ταυτα ου
P66 απεκριθη ις και ειπεν αυτω συ ει ο διδασκαλος του ισραηλ και ταυτα ου
P75 απεκριθη ις και ειπεν αυτω συ ει ο διδασκαλος του ιηλ και ταυτα ου

	(pres,act,ind,2p,sing) γινωσκω
W& H	γινωσκεις
	you know
B	γεινωcκειc
ℵ	γινωcκιc
P66	γεινωcκειc
P75	γεινωcκειc

			(pres,act,ind,1p,sing) λεγω				(perf,act,ind,1p,pl) οιδα	(pres,act,ind,1p,pl) λαλεω			(perf,act,ind,1p,pl) οραω
Jn.3:11	αμην	αμην	λεγω	σοι	οτι	ο	οιδαμεν	λαλουμεν	και	ο	εωρακαμεν
	amen	amen	I say	to you	that	the one	we have known	we speak	and	the one	we have seen
B	αμην	αμην	λεγω	cοι	οτι	ο	οιδαμεν	λαλουμε	και	ο	εωρακαμεν
ℵ	αμην	αμη	λεγω	cοι	οτι	ο	οιδαμεν	λαλουμε	και	ο	εωρακαμεν
P66	αμην	αμην	λεγω	cοι	οτι	ο	οιδαμεν	λαλουμεν	και	ο	εορακαμεν
P75	αμην	αμην	λεγω	cοι	οτι	ο	οιδαμεν	λαλουμεν	και	ο	εωρακαμεν

	(pres,act,ind,1p,pl) μαρτυρεω						(pres,act,ind,2p,pl) λαμβανω
W& H	μαρτυρουμεν	και	την	μαρτυριαν	ημων	ου	λαμβανετε
	we witness	and	the	witness	of us	not	you all receive
B	μαρτυρουμεν	και	την	μαρτυριαν	ημων	ου	λαμβανετε
ℵ	μαρτυρουμεν	και	την	μαρτυριαν	ημων	ου	λαμβανεται
P66	μαρτυρουμεν	και	την	μαρτυριαν	ημων	ου	λαμβανεται
P75	μαρτυρουμεν	και	την	μαρτυριαν	ημων	ου	λαμβανετε

				(2aor,act,ind,1p,sing) λεγω				(pres,act,ind,2p,pl) πιστευω			(2aor,act,subj,1p,sing) λεγω	
Jn.3:12	ει	τα	επιγεια	ειπον	υμιν	και	ου	πιστευετε	πως	εαν	ειπω	υμιν
	if	the ones	earthly	I told	to you all	and	not	you all believe	how	if	I should speak	to you all
B	ει	τα	επιγεια	ειπον	υμιν	και	ου	πιcτευετε	πωc	εαν	ειπω	υμιν
ℵ	ει	τα	επιγια	ειπο	υμιν	και	ου	πιcτευεται	πωc	εαν	ειπω	υμιν
P66	ει	τα	επιγια	ειπον	υμειν	και	ου	πιcτευετε	πωc	εαν	ειπω	υμειν
P75	ει	τα	επιγεα	ειπον	υμιν	και	ου	πιcτευετε	πωc	εαν	ειπω	υμιν

		(fut,act,ind,2p,pl) πιστευω
W& H	τα επουρανια	πιστευσετε
	the *(things)* heavenly	will you all believe
B	τα επουρανια	πιcτευcετε
ℵ	τα επουρανια	πιcτευcεται
P66	τα επουρανια	πιcτευcεται
P75	τα επουρανια	πιcτευcετε

			(perf,act,ind,3p,sing) αναβαινω									
Jn.3:13	και	ουδεις	αναβεβηκεν	εις	τον	ουρανον	ει	μη	ο	εκ	του	ουρανου
	and	no one	he has ascended	into	the	heaven	if not/except		the One	from out	of the	heaven
B	και	ουδειc	αναβεβηκεν	ειc	τον	ουρανον	ει	μη	ο	εκ	του	ουρανου
ℵ	και	ουδειc	αναβεβηκε	ειc	τον	ουρανον	ει	μη	ο	εκ	του	ουρανου
P66	και	ουδιc	αναβεβηκεν	ειc	τον	ουρανον	ει	μη	ο	εκ	του	ουρανου
P75	και	ουδειc	αναβεβηκεν	ειc	τον	ουρανον	ει	μη	ο	εκ	του	ουρανου

	(2aor,act,ptc,nom,sing,masc) καταβαινω					(pres,act,ptc,nom,sing,masc) ειμι			
W& H	καταβας	ο	υιος	του	ανθρωπου	~~ο~~	~~ων~~	~~εν~~	~~των ουρανω~~
	having come down	the	Son	of the	Man	~~the One~~	~~being~~	~~in~~	~~the heaven~~
B	καταβαc	ο	υιοc	του	ανθρωπου				
ℵ	καταβαc	ο	υc	του	ανθρωπου				
P66	καταβαc	ο	υc	του	ανθρωπου				
P75	καταβαc	ο	υc	του	ανου				

(1aor,act,ind,3p,sing) υψοω hiatus (1aor,pass,infin) υψοω

Jn.3:14 και καθως μωυσης ~~μωσης~~ υψωσεν ~~υψωσε~~ τον οφιν εν τη ερημω ουτως υψωθηναι

and as Moses raised up the serpent in the wilderness so to have been raised up

B και καθως μωυcηc υψωcεν τον οφιν εν τη ερημω ουτωc υψωθηναι

א και καθωc μωυcηc υψωcεν τον οφι εν τη ερημω ουτωc ο υψωθηναι

P66 και καθωc μωυcηc υψωcεν τον οφιν εν τη ερημω ουτωc υψωθηναι

P75 και καθωc μωυcηc υψωcεν τον οφιν εν τη ερημω ουτωc υψωθηναι

(pres,act,impers,3p,sing) δεω

W& H δει τον υιον του ανθρωπου

it is necessary the Son of the Man

B δει τον υιον του ανθπωπου

א δι τον υν του ανου

P66 δει τον υν του ανθπωπου

P75 δει τον υιον του ανου

(pres,act,ptc,nom,sing,masc) πιστευω (2aor,mid,subj,3p,sing) απολλυμι (pres,act,subj,3p,sing) εχω

Jn.3:15 ινα πας ο πιστευων εν αυτω ~~μη απολῃται αλλ~~ εχη ζωην αιωνιον

so that all /every the one believing in Him ~~not he might himself be destroyed but~~ he should have life eternal

B ινα παc ο πιcτευων εν αυτω εχη ζωην αιωνιον

א ινα παc ο πιcτευων ειc αυτον εχη ζωην αιωνιον

P66 ινα παc ο πιcτευων επ αυτω εχη ζωην αιωνιον

P75 ινα παc ο πιcτευων εν αυτω εχη ζωην αιωνιον

(1aor,act,ind,3p,sing) αγαπαω (1aor,act,ind,3p,sing) διδωμι

Jn.3:16 ουτως γαρ ηγαπησεν ο θεος τον κοσμον ωστε τον υιον ~~αυτου~~ τον μονογενη εδωκεν

for <> thus He loved the God the world so that the Son ~~of Him~~ the only begotten He gave

B ουτωc γαρ ηγαπηcεν ο θc τον κοcμον ωcτε τον υιον τον μονογενη εδωκεν

א ουτωc γαρ ηγαπηcεν ο θc τον κοcμο ωcτε τον υν τον μονογενη

P66 ουτωc γαρ ηγαπηcεν ο θc τον κοcμον ωcτε τον υν τον μονογενη εδωκεν

P75 ουτωc γαρ ηγαπηcεν ο θc τον κοcμον ωcτε τον υιον τον μονογενη εδωκεν

(pres,act,ptc,nom,sing,masc) πιστευω (2aor,mid,subj,3p,sing) απολλυμι (pres,act,subj,3p,sing) εχω

W&H ινα πας ο πιστευων εις αυτον μη απολῃται αλλ εχη ζωην αιωνιον

so that all/every the one believing in Him not he should himself be destroyed but he should have life eternal

B ινα παc ο πιcτευων ειc αυτον μη αποληται αλλα εχη ζωην αιωνιον

א ινα παc ο πιcτευων ειc αυτον μη αποληται αλλ εχη ζωην αιωνιον

P66 ινα παc ο πιcτευων ειc αυτον μη αποληται αλλ εχη ζωην αιωνιον

P75 ινα παc ο πιcτευων ειc αυτον μη αποληται αλλ εχη ζωην αιωνιον

(1aor,act,ind,3p,sing) αποστελλω (pres,act,subj,3p,sing) κρινω

Jn.3:17 ου γαρ απεστειλεν ο θεος τον υιον ~~αυτου~~ εις τον κοσμον ινα κρινη

for <> not He sent the God the Son ~~of Him~~ into the world so that He should judge/condemn

B ου γαρ απεcτειλεν ο θc τον υιον ειc τον κοcμον ινα κρεινη

א ου γαρ απεcτιλεν ο θc τον υιον ειc τον κοcμον ινα κρινη

P66 ου γαρ απεcτιλεν ο θc τον υν ειc τον κοcμον

P75 ου γαρ απεcτειλεν ο θc τον υιον ειc τον κοcμον ινα κρινη

(1aor,pass,sub,3p,sing) σωζω

W& H τον κοσμον αλλ ινα σωθη ο κοσμος δι αυτου

the world but so that He should be saved the world through/on account of Him

B τον κοcμον αλλ ινα cωθη ο κοcμοc δι αυτου

א τον κοcμον αλλ ινα cωθη ο κοcμοc δι αυτου

P66 αλλ ινα cωθη ο κοcμοc δι αυτου

P75 τον κοcμον αλλ ινα cωθη ο κοcμοc δι αυτου

(pres,act,ptc,nom,sing,masc) (pres,pass,ind,3p,sing) (pres,act,ptc,nom,sing,masc) (perf,pass,ind,3p,sing)
πιστευω κρινω πιστευω κρινω

Jn.3:18 ο πιστευων εις αυτον ου κρινεται ο ~~δε~~ μη πιστευων ηδη κεκριται
the one believing in Him not he is condemned ~~but~~ <> the one not believing already he has been condemned
B ο πιστευων εις αυτον ου κρειναται ο μη πιστευων ηδη κεκριται
ℵ ο πιστευων εις αυτον ου κρινεται ο μη πιστευων ηδη κεκριται
P66 ο πιστευων εις αυτον ου κρινεται ο μη πιστευων ηδη κεκριται
P75 ο πιστευων εις αυτον ου κρινεται ο δε μη πιστευων ηδη κεκριται

(perf,act,ind,3p,sing)
πιστευω

W& H οτι μη πεπιστευκεν εις το ονομα του μονογενους υιου του θεου
because not he has believed in the Name of the only begotten Son of the God
B οτι μη πεπιστευκεν εις το ονομα του μονογενους υιου του θυ
ℵ οτι μη πεπιστευκεν εις το ονομα του μονογενους υιου του θυ
P66 οτι μη πεπιστευκεν εις το ονομα του μονογενους υιου του θυ
P75 οτι μη πεπιστευκεν εις το ονομα του μονογενους υυ του θυ

(pres,act,ind,3p,sing) (perf,act,ind,3p,sing) (1aor,act,ind,3p,pl)
ειμι ερχομαι αγαπαω

Jn.3:19 αυτη δε εστιν η κρισις οτι το φως εληλυθεν εις τον κοσμον και ηγαπησαν
and <> this she is the judgment that the Light It has come into the world and they loved
B αυτη δε εστιν η κρισις οτι το φως εληλυθεν εις τον κοσμον και ηγαπησαν
ℵ αυτη δε εστιν η κρισις οτι το φως εληλυθεν εις τον κοσμον και1 ηγαπησα4
P66 αυτη δε εστιν η κρισις οτι το φως εληλυθεν εις τον κοσμον και ηγαπησαν1
P75 αυτη δε εστιν η κρισις οτι το φως [ε]ληλυθεν εις τον κοσμον και ηγαπησαν

(imperf,act,ind,3p,sing)
ειμι

W& H [ο]1 ανθρωποι μαλλον το σκοτος η το φως ην γαρ1 αυτων3 πονηρα2 τα4 εργα
the men rather the darkness than the Light for <> it was of them evil the works
B οι ανθρωποι μαλλον το σκοτος η το φως ην γαρ αυτων πονηρα τα εργα
ℵ οι2 ανθρωποι3 μαλλον7 το5 σκοτος6 η8 το φως ην γαρ αυτων πονηρα τα εργα
P66 οι3 ανθρωποι4 μαλλον2 το5 σκοτος η το φως ην γαρ αυτων πονηρα τα εργα
P75 οι ανοι μαλλον το σκοτος η το φως ην γαρ αυτων πονηρα τα εργα

(pres,act,ptc,nom,sing,masc) (pres,act,ind,3p,sing) (pres,mid,ind,3p,sing)
πρασσω μισεω ερχομαι

Jn.3:20 πας γαρ ο φαυλα πρασσων μισει το φως και ουκ ερχεται προς
for <> all/every the one bad/vile doing he hates the Light and not he comes to
B πας γαρ ο φαυλα πρασσων μεισει το φως και ουκ ερχεται προς
ℵ πας γαρ ο φαυλα πρασσων μεισει το φως* *κ(αι) ουκ ερχεται προς*
P66 πας γαρ ο φαυλα πρασσων μεισι το φως και ουκ ερχεται προς
P75 πας γαρ ο φαυλα πρασσων μεισει το φως και ουκ ερχεται προς

[ℵ * *blue italized text is a correction written into margin by one of the three scribes who wrote* ℵ.]

(1aor,pass,subj,3p,sing)
ελεγχω

W& H το φως ινα μη ελεγχθη τα εργα αυτου
the Light so that not it should be rebuked the works of him
B το φως ινα μη ελεγχθη τα εργα αυτου
ℵ *το φως* ινα μη ελεγχθη τα εργα αυτου
P66 το φως ινα μη ελεγξθη τα εργα αυτου
P75 το φως ινα μη ελεγχθη1 τα3 εργα4 αυτου2

(pres,act,ptc,nom,sing,masc) (pres,mid,ind,3p,sing) (1aor,pass,subj,3p,sing)
ποιεω ερχομαι φανεροω

Jn.3:21 ο δε ποιων την αληθειαν ερχεται προς το φως ινα φανερωθη αυτου τα
but <> the one doing the truth he comes to the Light so that it might be shown of him the
B ο δε ποιων την αληθειαν ερχεται προς το φως ινα φανερωθη αυτου τα
ℵ **ο δε ποιων την* αληθιαν ερχετα[ι] προς το φως ινα φανερωθη1 αυτου4 τα2
P66 ο δε ποιων την αληθιαν ερχεται προς το φως ινα φανερωθη αυτου τα
P75 ο δε ποιων την αληθειαν ερχεται προς το φως ινα φανερωθη αυτου τα

[ℵ * *see note on* ℵ *text above* Jn.3:20]

(pres,act,ind,3p,sing) (perf,pass,ptc,nom,pl,neut)
ειμι εργαζομαι
W& H εργα οτι εν θεω εστιν ειργασμενα
works that in God it is having been worked
B εργα οτι εν θω εστιν ειργασμενα
א εργα3 οτι εν θω εστιν ειργασμενον
P66 εργα οτι εν θω εστιν ηργασμενα
P75 εργα οτι εν θω εστιν ειργασμενα

(2aor,act,ind,3p,sing)
ερχομαι
Jn.3:22 μετα ταυτα ηλθεν ο ιησους και οι μαθηται αυτου εις την ιουδαιαν γην και εκει
after these *(things)* He went the Jesus and the disciples of Him into the Judean land and there
B μετα ταυτα ηλθεν ο ις και οι μαθηται αυτου εις την ιουδαιαν γην και εκει
א μετα ταυτα ηλθεν ο ις1 και6 οι7 μαθηται8 αυτου9 εις2 την3 ιουδαιαν4 γην5 κακει
P66 μετα ταυτα ηλθεν ο ις και οι μαθηται αυτου εις την ιουδαιαν γην και εκει
P75 μετα ταυτα ηλθεν ο ις και οι μαθηται αυτου εις την ιουδαιαν γην και εκει

(imperf,act,ind,3p,sing) (imperf,act,ind,3p,sing)
διατριβω hiatus βαπτιζω
W& H διετριβεν ~~διετριβε~~ μετ αυτων και εβαπτιζεν
He was staying with them and He was baptizing
B διετρειβεν μετ αυτων και εβαπτιζεν
א διετριβε μετ αυτων και εβαπτιζεν
P66 δειετριβεν μετ αυτων και εβαπτιζεν
P75 διετρειβεν μετ αυτων και εβαπτιζεν

(imperf,act,ind,3p,sing) (pres,act,ptc,nom,sing,masc)
ειμι βαπτιζω
Jn.3:23 ην δε και [ο] ιωαννης βαπτιζων εν αινων εγγυς του σαλειμ ~~σαλημ~~ οτι υδατα
but <> he was also the John baptizing in Aenon near the Salim because water
B ην δε και ο ιωανης βαπτιζων εν αινων εγγυς του σαλειμ οτι υδατα
א ην δε και ιωαννης βαπτιζων εν αινων ενγυς του σαλειμ οτι υδατα
P66 ην δε και ιωαννης βαπτιζων εν αινων ενγυς του σαλειμ οτι υδατα
P75 νη δε και ιωαννης βαπτιζων εν αινων εγγυς του σαλειμ οτι υδατα

(imperf,act,ind,3p,sing) (imperf,mid,ind,3p,pl) (imperf,pass,ind,3p,pl)
ειμι παραγινομαι βαπτιζω
W& H πολλα ην εκει και παρεγινοντο και εβαπτιζοντο
much it was there and they were appearing and they were being baptized
B πολλα ην εκει και παρεγεινοντο και εβαπτιζοντο
א πολλα ην εκει και παρεγεινοτο και εβαπτιζοντο
P66 πολλα ην εκει και παρεγεινοντο και εβαπτιζοντο
P75 πολλα ην εκει και παρεγινοντο και εβαπτιζοντο

(imperf,act,ind,3p,sing) (perf,pass,ptc,nom,sing,masc)
ειμι βαλλω
Jn.3:24 ουπω γαρ ην βεβλημενος εις την φυλακην ~~ο~~ ιωαννης
for <> not yet he was having been cast into the prison ~~the~~ John
B ουπω γαρ ην βεβλημενος εις την φυλακην ιωανης
א ουπω γαρ ην βεβλημενος εις τη φυλακην ιωαννης
P66 ουπω γαρ ην βεβλημενος εις τη φυλακην ο ιωαννης
P75 ουπω γαρ ην βεβλημενος εις την φυλακην ο ιωαννης

(2aor,mid,ind,3p,sing)
γινομαι
Jn.3:25 εγενετο ουν ζητησις εκ των μαθητων ιωαννου μετα
therefore <> she happened an inquiy from out of the disciples of John with
B εγενετο ουν ζητησις εκ των μαθητων των ιωανου μετα
א εγενετο δε συν ζητησις εκ των μαθητων ιωαννου μετα
P66 εγενετο ουν ζητησις εκ των μαθητων των ιωαννου μετα
P75 εγενετο ουν ζητησις εκ των μαθητων των ιωαννου μετα

W& H ιουδαιου ~~ιουδαιων~~ περι καθαρισμου
a Jew ~~Jews~~ concerning purification
B ιουδαιου περι καθαριcμου
א ιουδαιων περι καθαριcμου
P66 ιουδαιων περι καθαριcμου
P75 ιουδαιου περι καθαριcμου

(2aor,act,ind,3p,pl) ερχομαι (2aor,act,ind,3p,pl) λεγω (2aor,act,ind,3p,pl) λεγω (imperf,act,ind,3p,sing) ειμι
Jn.3:26 και ηλθον προς τον ιωαννην και ειπαν ~~ειπον~~ αυτω ραββι ος ην
and they came to the John and they said ~~they said~~ to him Rabbi the One He was
B και ηλθαν προς τον ιωανην και ειπαν αυτω ραββει οc ην
א και ηλθον προς τον ιωαννην και ειπον αυτω ραββει οc ην
P66 και ηλθον προς τον ιωαννην και ειπαν αυτω ραββει οc ην
P75 και ηλθαν προς τον ιωαννην και ειπαν αυτω ραββει οc ην

(perf,act,ind,2p,sing) μαρτυρεω (imperative used as interjection) ειδον
W&H μετα σου περαν του ιορδανου ω συ μεμαρτυρηκας ιδε ουτος
with you on the other side of the Jordan to Whom you you have witnessed behold this One
B μετα cου περαν του ιορδανου ω cυ μεμαρτυρηκαc ιδε ουτοc
א μετα cου περα του ιορδανου ωc cυ μεμαρτυρηκαc ιδε ουτοc
P66 μετα cου περαν του ιορδανου ω cυ μεμαρτυρηκαc ιδε ουτοc
P75 μετα cου περαν του ιορδανου ω cυ μεμαρτυρηκαc ιδε ουτοc

(pres,act,ind,3p,sing) βαπτιζω (pres,mid,ind,3p,pl) ερχομαι
W& H βαπτιζει και παντες ερχονται προς αυτον
He is baptizing and all they are coming to Him
B βαπτιζει και παντεc ερχονται προc αυτον
א βαπτιζι και παντεc ερχονται προc αυτον
P66 βαπτιζει και παντεc ερχονται προc αυτον
P75 βαπτιζει και παντεc ερχονται προc αυτον

(1aor,pass,ind,3p,sing) αποκρινομαι (2aor,act,ind,3p,sing) λεγω (pres,pass,ind,3p,sing) δυναμαι (pres,act,inf) λαμβανω
Jn.3:27 απεκριθη ιωαννης και ειπεν ου δυναται ανθρωπος λαμβανειν
he did answer John and he said not he is able a man to receive
B απεκριθη ιωανηc και ειπεν ου δυναται ανθρωποc λαμβαινειν
א απεκριθη ιωαννηc και ειπεν ου δυναται ανθρωποc λαβιν
P66 απεκριθη ιωαννη[c] και ειπεν ου δυναται <u>ανοc</u> λαμβαινειν
P75 απεκριθη ιωανηc και ειπεν ου δυναται ανθρωποc λαμβανει[[ν]]

(pres,act,subj,3p,sing) ειμι (perf,pass,ptc,nom,sing,neut) διδωμι
W& H ουδεν εαν μη η δεδομενον αυτω εκ του ουρανου
nothing not/except if not it should be having been given to him from out of the heaven
B ουδε εν αν μη η δεδομενον αυτω εκ του ουρανου
א ουδεν εαν μη η δεδομενον αυτω εκ του ουρανου
P66 ουδε εν αν μη ην δεδομενον αυτω εκ του ουρανου
P75 ουδε εν αν μη η δεδομενον αυτω εκ του ουρανου

(pres,act,ind,2p,pl) μαρτυρεω (2aor,act,ind,1p,sing) λεγω (pres,act,ind,1p,sing) ειμι
Jn.3:28 αυτοι υμεις μοι μαρτυρειτε οτι ειπον [εγω] ~~[οτι]~~ ουκ ειμι εγω ο χριστος
yourselves you all to me you all witness that I said I ~~that~~ not I am I the Christ
B αυτοι υμειc μοι μαρτυρειτε οτι ειπον εγω ουκ ειμι εγω ο <u>χc</u>
א αυτοι υμιc μαρτυριται οτι ειπον ουκ ειμι εγω ο <u>χc</u>
P66 αυτοι υμειc μοι μαρτυρειτε οτι ειπον εγω οτι ουκ ειμι εγω ο <u>χc</u>
P75 αυτοι υμειc μαρτυρειτε οτι ειπον εγω ουκ ειμι εγω ο <u>χc</u>

(perf,pass,ptc,nom,sing,masc) (pres,act,ind,1p,sing)
αποστελλω εıμı
W&H αλλ οτι απεσταλμενος ειμι εμπροσθεν εκεινου
but that having been sent I am in front of / before that One
B αλλ οτι απεσταλμενος ειμι εμπροσθεν εκεινου
ℵ αλλ οτι απεσταλμενος ειμι εμπροσθεν εκεινου
P66 αλλ οτι απεσταλμενος ειμι εμπροσθεν εκεινου
P75 αλλ οτι απεσταλμενος ειμι εμπροσθεν εκεινου

(pres,act,ptc,nom,sing,masc) (pres,act,ind,3p,sing) (perf,act,ptc,nom,sing,masc)
εχω ειμι ιστημι
Jn.3:29 ο εχων την νυμφην νυμφιος εστιν ο δε φιλος του νυμφιου ο εστηκως και
the one having the bride bridegroom he is but <> the one a friend of the bridegroom the one having stood and
B ο εχων την νυμφην νυμφιος εστιν ο δε φιλος του νυμφιου ο εστηκως και
ℵ ο εχων την νυμφην νυμφιος εστιν ο δε φιλος του νυμφιου ο εστηκως1 και3
P66 ο εχων την νυμφην νυμφιος εστιν ο δε φιλος του νυμφιου ο εστηκως και
P75 ο εχων την νυμφην νυμφιος εστιν ο δε φιλος του νυμφιου ο εστηκως και

(pres,act,ptc,nom,sing,masc) (pres,act,ind,3p,sing)
ακουω χαιρω
W& H ακουων αυτου χαρα χαιρει δια την φωνην του νυμφιου αυτη ουν η χαρα η
hearing of him with joy he rejoices on account of the voice of the bridegroom therefore <> this the joy the one
B ακουων αυτου χαρα χαιρει δια την φωνην του νυμφιου αυτη ουν η χαρα η
ℵ ακουων4 αυτου2 χαρα5 χαιρει δια την φωνην του νυμφιου αυτη ουν η χαρα η
P66 ακουων αυτου χαρα χαιρει δια την φωνην του νυμφιου αυτη ουν η χαρα η
P75 ακουων αυτου χαρα χαιρει δια την φωνην του νυμφιου αυτη ουν η χαρα η

(perf,pass,ind,3p,sing)
πληροω
W& H εμη πεπληρωται
my it has been fulfilled
B εμη πεπληρωται
ℵ εμη πεπληρωται
P66 εμη πεπληρωται
P75 εμη πεπληρωται

(pres,act,impers,3p,sing) (pres,act,inf) (pres,pass,inf)
δει αυξανω ελαττοω
Jn.3:30 εκεινον δει αυξανειν εμε δε ελαττουσθαι
that One it is necessary to increase but <> me to be made less
B εκεινον δει αυξανειν εμε δε ελαττουσθαι
ℵ εκεινον δει αυξανιν εμε δε ελαττουσθαι
P66 εκεινον δει αυξανειν εμε δε ελαττουσθαι
P75 εκεινον δει αυξανειν εμε δε ελαττουσθαι

(pres,mid,ptc,nom,sing,masc) (pres,act,ind,3p,sing) (pres,act,ptc,nom,sing,masc) (pres,act,ind,3p,sing)
ερχομαι ειμι ειμι ειμι hiatus
Jn.3:31 ο ανωθεν ερχομενος επανω παντων εστιν ο ων εκ της γης εκ της γης εστιν ~~εστι~~
the One from above coming above all He is the one being from out of the earth from out of the earth he is
B ο ανωθεν ερχομενος επανω παντων εστιν ο ων εκ της γης εκ της γης εστιν
ℵ ο ανωθεν ερχομενος επανω παντων εστιν ο δε ω επι της γης εκ της γης εστιν
P66 ο ανωθεν ερχομενος επανω παντων εστιν ο ων εκ της γης εκ της γης εστιν
P75 ο ανωθεν ερχομενος επανω παντων εστιν ο ων εκ της γης εκ της γης εστιν

(pres,act,ind,3p,sing) (pres,mid,ptc,nom,sing,masc) (pres,act,ind,3p,sing)
λαλεω ερχομαι ειμι hiatus
W& H και εκ της γης λαλει ο εκ του ουρανου ερχομενος επανω παντων εστιν ~~εστι~~
and from out of the earth he speaks the One from out of the heaven coming above all He is
B και εκ της γης λαλει ο εκ του ουρανου ερχομενος επανω παντων εστιν
ℵ και εκ της γης λαλει ο εκ του ουνου ερχομενος
P66 *[και] εκ της γης λαλει ο [[ων]] εκ του ουρανου ερχομενος επανω παντων εστιν
P75 και εκ της γης λαλει ο εκ του ουρανου ερχομενος

[P66 * *Insert mark follows: lower margin contains* [και] εκ της γης λαλει *given in blue ink* *]

(perf,act,ind,att,3p,sing) (1aor,act,ind,3p,sing) (pres,act,ind,3p,sing)
ορaω hiatus ακουω hiatus μαρτυρεω

Jn.3:32 ~~και~~ ο εωρακεν ~~εωρακε~~ και ηκουσεν ~~ηκουσε~~ τουτο μαρτυρει και την μαρτυριαν
~~and~~ the one He has seen and He heard this One He witnesses and the testimony
B ο εωρακεν και ηκουσεν τουτο μαρτυρει και την μαρτυριαν
א ον εωρακε και ηκουσε μαρτυρει και την μαρτυριαν
P66 ο εωρακεν και ηκουσεν τουτο μαρτυρει και την μαρτυ[ρι]αν
P75 ο εωρακεν και ηκουσεν τουτο μαρτυρει και την μαρτυριαν

(pres,act,ind,3p,sing)
λαμβανω

W& H αυτου ουδεις λαμβανει
of Him no one he receives
B αυτου ουδειc λαμβανει
א αυτου ουδιc λαμβανει
P66 αυτου ουδειc λαμβανει
P75 αυτου ουδειc λαμβανει

(2aor,act,ptc,nom,sing,masc) (1aor,act,ind,3p,sing) (pres,act,ind,1p,sing)
λαμβανω σφραγιζω ειμι

Jn.3:33 ο λαβων αυτου την μαρτυριαν εσφραγισεν οτι ο θεος αληθης εστιν
the one receiving of Him the witness he sets a seal that the God true He is
B ο λαβων αυτου την μαρτυριαν εσφραγιcεν οτι ο θc αληθηc εστιν
א ο λαβων αυτου την μαρτυριαν εσφραγιcεν οτι ο θc αληθηc εστιν
P66 ο [λα]βων αυτου την μαρτυριαν αυτοc εσφραγιcεν οτι ο θc αληθηc εστιν
P75 ο λαβων αυτου την μαρτυριαν εσφραγιcεν οτι ο θc αληθηc εστιν

(1aor,act,ind,3p,sing) (pres,act,ind,3p,sing)
αποστελλω λαλεω

Jn.3:34 ον γαρ απεστειλεν ο θεος τα ρηματα του θεου λαλει ου γαρ εκ
for <> the One He sent the God the sayings of the God He speaks for <> not from out
B ον γαρ απεστειλεν ο θc τα ρηματα του θυ λαλει ου γαρ εκ
א ον γαρ απεστιλεν ο θc τα ρηματα του θυ λαλει ου γαρ εκ
P66 ον γαρ απεστιλεν ο θc τα ρηματα του θυ λαλει ου γαρ εκ
P75 ον γαρ απεστειλεν ο θc τα ρηματα του θυ λαλει ου γαρ εκ

(pres,act,ind,3p,sing)
διδωμι

W& H μετρου διδωσιν ~~ο θεος~~ το πνευμα
of measure He gives ~~the God~~ the Spirit
B μετρου διδωcιν
א μετρου διδωcι το πνα
P66 μετρου διδωcι το πνα
P75 μετρου διδωcι το πνα

(pres,act,ind,3p,sing) (perf,act,ind,3p,sing)
αγαπαω διδωμι

Jn.3:35 ο πατηρ αγαπα τον υιον και παντα δεδωκεν εν τη χειρι αυτου
the Father He loves the Son and all *(things)* He has given in to the hand of Him
B ο πατηρ αγαπα τον υιον και παντα δεδωκεν εν τη χειρι αυτου
א ο πατηρ αγαπα τον υν και παντα δεδωκεν εν τη χειρι αυτου
P66 ο πηρ αγαπα τον υν και παντα δεδωκεν εν τη χειρι αυτου
P75 ο πατηρ αγαπα τον υιον και παντα δεδωκεν εν τη χειρι αυτου

(pres,act,ptc,nom,sing,masc) (pres,act,ind,3p,sing) (pres,act,ptc,nom,sing,masc)
πιστευω εχω απειθεω

Jn.3:36 ο πιστευων εις τον υιον εχει ζωην αιωνιον ο δε απειθων τω υιω ουκ
the one believing in the Son he has life eternal but <> the one disobeying / not believing the Son not
B ο πιστευων ειc τον υιον εχει ζωην αιωνιον ο δε απειθων τω υιω ουκ
א ο πιστευων ειc τον υν εχει ζωην αιωνιον ο απιθων τω υιω ουκ
P66 ο πιστευων ειc τον υν εχει ζωην αιωνιον ο δε απειθων τω υω ουκ
P75 ο πιστευων ειc τον υν εχει ζωην αιωνιον ο δε απειθων τω υιω ουκ

(fut,mid,ind,3p,sing) (pres,act,ind,3p,sing)
οραω μενω
W& H οψεται ~~την~~ ζωην αλλ η οργη του θεου μενει επ αυτον
he, himself, will see ~~the~~ life but the wrath of the God she remains upon him
B οψεται ζωην αλλ η οργη του θυ μενει επ αυτον
ℵ εχει ζωην αλλ η οργη του θυ1 μενει4 επ2 αυτον3
P66 οψεται ζωην αλλ η οργη του θυ μενει επ αυτον
P75 οψεται ζωην αλλ η οργη του θυ μενει επ αυτον

John Chapter 4

(2aor,act,ind,3p,sing) (1aor,act,ind,3p,pl)
γινωσκω ακουω
Jn.4:1 ως ουν εγνω ο κυριος οτι ηκουσαν οι φαρισαιοι οτι ιησους πλειονας
therefore <> as He knew the Lord that they heard the Pharisees that Jesus more
B ωc ουν εγνω ο κc οτι ηκουcαν οι φαρειcαιοι οτι ιc πλειοναc
ℵ ωc ουν εγνω ο ιc οτι ηκουcαν οι φαριcαιοι οτι ιc πλειοναc
P66 ωc ουν εγνω ο κc* οτι ηκουcαν οι φαρειcαιοι οτι ιc πλειοναc
P75 ωc ουν εγνω ο κc οτι ηκουcαν οι φαριcαιοι οτι ιc πλειοναc
[P66* ιc *was changed to* κc *by corrector*]

(pres,act,ind,3p,sing) (pres,act,ind,3p,sing)
ποιεω βαπτιζω
W& H μαθητας ποιει και βαπτιζει [η] ιωαννης
disciples He is making and He is baptizing than John
B μαθηταc ποιει και βαπτιζει η ιωανηc
ℵ μαθηταc ποιει και βαπτιζει η ιωαννηc
P66 μαθηταc ποιει και βαπτιζει η ιωαννηc
P75 μαθηταc ποιει και βαπτιζει η ιωανηc

(imperf,act,ind,3p,sing)
βαπτιζω
Jn.4:2 καιτοιγε ιησους αυτος ουκ εβαπτιζεν αλλ οι μαθηται αυτου
though indeed Jesus Himself not He was baptizing but the disciples of Him
B καιτοιγε ιc αυτοc ουκ εβαπτιζεν αλλ οι μαθηται αυτου
ℵ καιτοιγε ιc αυτοc ουκ εβαπτιζε αλλ οι μαθηται αυτου
P66 καιτοιγε ιc αυτοc ουκ εβαπτιζεν αλλ οι μαθηται αυτου
P75 καιτοιγε ιc αυτοc ουκ εβαπτιζεν αλλ οι μαθηται αυτου

(1aor,act,ind,3p,sing) (2aor,act,ind,3p,sing)
αφιημι hiatus απερχομαι
Jn.4:3 αφηκεν ~~αφηκε~~ την ιουδαιαν και απηλθεν παλιν εις την γαλιλαιαν
He departed from the Judea and He went away again into the Galilee
B αφηκεν την ιουδαιαν και απηλθεν εις την γαλειλαιαν
ℵ αφηκεν τη ιουδαιαν και απηλθεν παλιν εις τη γαλιλαιαν
P66 αφηκεν την ιουδαιαν και απηλθεν παλιν εις την γαλιλαιαν
P75 αφηκεν την ιουδαιαν και απηλθεν παλιν εις την γαλιλαιαν

(imperf,act,impers,3p,sing) (pres,mid,inf)
δει διερχομαι
Jn.4:4 εδει δε αυτον διερχεσθαι δια της σαμαρειας
but <> it was necessary for Him to cross over through the Samaria
B εδει δε αυτον διερχεcθαι δια τηc cαμαρειαc
ℵ εδει δε αυτον διερχεcθαι δια τηc cαμαριαc
P66 εδει δε αυτον διερχεcθαι δια τηc cαμαριαc
P75 εδει δε αυτον διερχεcθαι δια τηc cαμαρειαc

(pres,mid,ind,3p,sing) (pres,mid,ptc,acc,sing,fem)
ερχομαι λεγω
Jn.4:5 ερχεται ουν εις πολιν της σαμαρειας λεγομενην συχαρ πλησιον του χωριου ο
therefore <> He came into a city of the Samaria being herself called Sychar neighboring the place the one
B ερχεται ουν ειc πολιν τηc cαμαρειαc λεγομενην cυχαρ πληcιον του χωριου ο
ℵ λεγομενην cυχαρ πληcιον του χωριου ο
P66 ερχεται ουν ειc πολιν τηc cαμαριαc λεγομενην cυχαρ πληcιον του χωριου ου
P75 εερχε[[ται]] * λεγομενην cυχαρ πληcιον του χωριου ο
[P75 * ται *deleted by erasure: inset marks for* ουν ειc πολιν τηc cαμαρειαc]

(1aor,act,ind,3p,sing)
διδωμι
W& H εδωκεν ιακωβ [τω] ιωσηφ τω υιω αυτου
he gave Jacob to the Joseph to the son of him
B εδωκεν ιακωβ τω ιωσηφ τω υιω αυτου
א εδωκεν ιακωβ τω ιωσηφ τω υιω αυτου
P66 εδωκεν ιακωβ τω ιωσηφ τω υιω αυτου
P75 εδωκεν ιακωβ τω ιωσηφ τω υιω αυτου

(imperf,act,ind,3p,sing) (perf,act,ptc,nom,sing,masc)
ειμι κοπιαω
Jn.4:6 ην δε εκει πηγη του ιακωβ ο ουν ιησους κεκοπιακως εκ της οδοιποριας
and <> she was there *(the)* spring of the Jacob therefore <> the Jesus having become tired from the journey
B ην δε εκει πηγη του ιακωβ ο ουν ις κεκοπιακως εκ της
א ην δε εκει πηγη του ιακωβ ο ουν ις κεκοπιακως εκ της οδοιποριας
P66 ην [δε] εκει πηγη του ιακωβ ο ουν ις κεκοπιακως εκ της οδοιποριας
P75 ην δε εκει πηγη του ιακωβ ο ουν ις κεκοπιακως εκ της οδοιποριας

(perf,act,ptc,nom,sing,masc) (imperf,act,ind,3p,sing)
καθεζομαι ειμι
W& H εκαθεζετο ουτως επι τη πηγη ωρα ην ως ~~ωσει~~ εκτη
having sat down thus at the spring hour she was like ~~about~~ sixth
B οδοιπορειας εκαθεζετο ουτω επι τη πηγη ωρα ην ως εκτη
א εκαθεζετο ουτως επι τη πηγη ωρα η ως εκτη
P66 εκαθεζετο ουτως επι τη πηγη ωρα ην ως εκτη
P75 εκαθεζετο ουτως επι τη πηγη ωρα ην ως εκτη

(pres,mid,ind,3p,sing) (1aor,act,infin) (pres,act,ind,3p,sing)
ερχομαι αντλεω λεγω
Jn.4:7 ερχεται γυνη εκ της σαμαρειας αντλησαι υδωρ λεγει αυτη ο ιησους
she comes a woman from out of the Samaria to draw water He says to her the Jesus
B ερχεται γυνη εκ της σαμαρειας αντλησαι υδωρ λεγει αυτη ο ις
א ερχεται τις γυνη εκ της σαμαριας αντλησαι υδωρ λεγει αυτη ο ις
P66 ερχεται τις γυνη εκ της σαμαριας αντλησαι υδωρ λεγει αυτη ο ις
P75 ερχεται γυνη εκ της σαμαρειας αντλησαι υδωρ λεγει αυτη ο ις

(2aor,act,imper,2p,sing) (pres,act,inf)
διδωμι πινω
W& H δος μοι πειν
you give to Me to drink
B δος μοι πειν
א δος μοι πιν
P66 δος μοι πειν
P75 δος μοι πειν

(plupf,act,ind,3p,pl) (1aor,act,subj,3p,pl) haitus
απερχομαι αγοραζω
Jn.4:8 οι γαρ μαθηται αυτου απεληλυθεισαν εις την πολιν ινα τροφας αγορασωσιν ~~αγορασωσι~~
for <> the disciples of Him they had gone forth into the city so that provisions they might buy
B οι γαρ μαθηται αυτου απεληλυθεισαν εις την πολιν ινα τροφας αγορασωσιν
א οι γαρ μαθηται αυτου απεληλυθισαν εις τη πολιν ινα τροφας αγορασωσιν
P66 οι γαρ μαθηται αυτου απεληλυθεισαν εις την πολιν ινα τροφας αγορασωσιν
P75 οι γαρ μαθηται αυτου απεληλυθεισαν εις την πολιν ινα τροφας αγορασωσιν

(pres,act,ind,3p,sing) (pres,act,ptc,nom,sing,masc)
λεγω ειμι
Jn.4:9 λεγει ουν αυτω η γυνη η σαμαριτις ~~σαμαρειτις~~ πως συ ιουδαιος ων
therefore <> she says to Him the woman the Samaritan How *(can)* You a Jew being
B λεγει ουν αυτω η γυνη η σαμαρειτις πως συ ιουδαιος ων
א λεγει αυτω η γυνη η σαμαριτις πως συ ιουδαιος ων
P66 λεγει ουν αυτω η γυνη η σαμαρειτις πως συ ιουδαιος ων
P75 λεγει ουν αυτω η γυνη η σαμαρειταις πως συ ιουδαιος ων

(pres,act,inf) (pres,act,ind,2p,sing) (pres,act,ptc,gen,sing,fem)
πινω αιτεω ειμι

W& H παρ εμου πειν αιτεις$_1$ γυναικος$_3$ σαμαριτιδος ~~σαμαρειτιδος~~$_4$ ουσης$_2$
from me to drink you ask a woman of Samaritans being
B παρ εμου πειν αιτεις γυναικος σαμαρειτιδος ουσης
ℵ παρ εμου πιν αιτις γυναικος σαμαριτιδος ουσης
P66 παρ εμου$_1$ πειν$_3$ αιτεις$_2$ γυναικος$_4$ σαμαρειτιδος ουσης
P75 παρ εμου πειν αιτεις γυναικος$_1$ σαμαρειτιδος$_3$ ουσης$_2$

(pres,mid,ind,3p,pl)
συγχραομαι

W& H [ου$_5$ γαρ συγχρωνται ιουδαιοι σαμαριταις] ~~σαμαρειταις~~
for <> not they themselves associate Jews with Samaritans
B ου γαρ συνχρωτα η ουδαιοις σαμαρειταις
ℵ
P66 ου γαρ συνχρωται ιουδαιοι σαμαρειταις
P75 ου γαρ συνχρωται ιουδαιοι σαμαρειταις

(1aor,pass,ind,3p,sing) (2aor,act,ind,3p,sing) (plupf,act,ind,2p,sing) (pres,act,ind,3p,sing)
αποκρινομαι λεγω οιδα ειμι

Jn.4:10 απεκριθη ιησους και ειπεν αυτη ει ηδεις την δωρεαν του θεου και τις εστιν
He did answer Jesus and He said to her If you had known the gift of the God and Who He is
B απεκριθη ις και ειπεν αυτη ει ηδεις την δωρεαν του θυ και τις εστιν
ℵ απεκριθη ις και ειπε αυτη ει ηδις την δωρεαν του θυ και τις εστιν
P66 απεκριθη ις και ειπεν αυτη ει ηδεις την δωρεαν του θυ και τις εστιν
P75 απεκριθη ις και ειπεν αυτη ει ηδεις την δωρεαν του θυ και τις εστιν

(pres,act,ptc,nom,sing,masc) (2aor,act,imper,2p,sing) (pres,act,inf) (2aor,act,infin) (1aor,act,ind,2p,sing)
λεγω διδωμι πινω πινω αιτεω

W& H ο λεγων σοι δος μοι πειν ~~πιειν~~ συ αν ητησας αυτον και
the One speaking to you you give to Me to drink ~~to drink~~ you would you asked Him and
B ο λεγων σοι δος μοι πειν συ αν ητησας αυτον και
ℵ ο λεγων σοι δος μοι πιν συ αν ητησας αυτον και
P66 ο λεγων σοι δος μοι πειν συ αν ητησας αυτον και
P75 ο λεγων σοι δος μοι πειν συ αν ητησας αυτον και

(1aor,act,ind,3p,sing) (pres,act,ptc,nom,sing,masc)
διδωμι ζαω

W& H εδωκεν αν σοι υδωρ ζων
He would have given to you water living
B εδωκεν αν σοι υδωρ ζων
ℵ εδωκεν αν σοι υδωρ ζων
P66 εδωκεν αν σοι υδωρ ζων
P75 εδωκεν αν σοι υδωρ ζων

(pres,act,ind,3p,sing) (pres,act,ind,2p,sing) (pres,act,ind,3p,sing)
λεγω εχω ειμι hiatus

Jn.4:11 λεγει αυτω ~~η γυνη~~ κυριε ουτε αντλημα εχεις και το φρεαρ εστιν ~~εστι~~ βαθυ
she says to Him ~~the woman~~ Lord nothing to draw with You have and the well it is deep
B λεγει αυτω κε ουτε αντλημα εχεις και το φρεαρ εστιν βαθυ
ℵ λεγει αυτω εκεινη κε ουτε αντλημα εχεις κ(αι) το φρεαρ εστιν βαθυ
P66 λεγει αυτω η γυνη κε ουτε αντλημα εχεις και το φρεαρ εστιν βαθυ
P75 λεγει αυτω κε ουτε αντλημα εχεις και το φρεαρ εστιν βαθυ

(pres,act,ind,2p,sing) (pres,act,ptc,nom,sing,masc)
εχω ζαω

W& H ποθεν ουν εχεις το υδωρ το ζων
therefore <> from where have You the water the living
B ποθεν ουν εχεις το υδωρ το ζων
ℵ ποθεν εχεις το υδωρ το ζων
P66 ποθεν ουν εχεις το υδωρ το ζων
P75 ποθεν ουν εχεις το υδωρ το ζων

(pres,act,ind,2p,sing) ειμι — (1aor,act,ind,3p,sing) διδωμι

Jn.4:12 μη συ μειζων ει του πατρος ημων ιακωβ ος εδωκεν ημιν το φρεαρ
not you greater you are of the/than the father of us Jacob who he gave to us the well
B μη cυ μειζων ει του πατροc ημων ιακωβ οc εδωκεν ημιν το φρεαρ
א μη cυ μειζον ει του πατροc ημων ιακωβ οc τιc εδωκεν ημι το φρεαρ1
P66 μη cυ μειζων ει του πρc ημων ιακωβ οc δεδωκεν ημιν το φρεαρ
P75 μη cυ μειζων ει του πατροc ημων ιακωβ οc δεδωκεν ημιν το φρεαρ

(2aor,act,ind,3p,sing) πινω hiatus

W& H και αυτος εξ αυτου επιεν ~~επιε~~ και οι υιοι αυτου και τα θρεμματα αυτου
and himself from out of it he drank and the sons of him and the livestock of him
B και αυτοc εξ αυτου επιεν και οι υιοι αυτου και τα θρεμματα αυτου
א και3 αυτοc2 εξ4 αυτου επιεν και οι υιοι αυτου και τα θρεμματα αυτου
P66 και αυτοc εξ αυτου επιεν και οι υιοι αυτου και τα θρεμματα αυτου
P75 και αυτοc εξ αυτου επιεν και οι υιοι αυτου και τα θρεμματα αυτου

(1aor,pass,ind,3p,sing) αποκρινομαι — (2aor,act,ind,3p,sing) λεγω — (pres,act,ptc,nom,sing,masc) πινω

Jn.4:13 απεκριθη ~~ο~~ ιησους και ειπεν αυτη πας ο πινων εκ του υδατος τουτου
He did give answer ~~the~~ Jesus and He said to her all/every the one drinking from out of the water this
B απεκριθη ις και ειπεν αυτη παc ο πεινων εκ του υδατοc τουτου
א απεκριθη ις και ειπεν αυτη παc ο πινων εκ του υδατοc τουτου
P66 απεκριθη ις και ειπεν αυτη παc ο πεινων εκ του υδατοc τουτου
P75 απεκριθη ις και ειπεν αυτη παc ο πεινων εκ του υδατοc τουτου

(fut,act,ind,3p,sing) διψαω

W& H διψησει παλιν
he will thirst again
B διψηcει παλιν
א διψηcει παλι
P66 διψηcει παλιν
P75 διψηcει παλιν

(2aor,act,subj,3p,sing) πινω — (fut,act,ind,1p,sing) διδωμι

Jn.4:14 ος δ αν πιη εκ του υδατος ου εγω δωσω αυτω ου μη
but<> the one/whoever he should drink from out of the water which I I will give to him not not/certainly not/ in no way
B οc δ αν πιη εκ του υδατοc ου εγω δωcω αυτω ου μη
א ο δε πινων εκ του υδατοc ου εγω δωcω αυτω ου μη
P66 οc δ αν πιη εκ του υδατοc ου εγω δωcω αυτω ου μη
P75 οc δ αν πιη εκ του υδατοc ου εγω δω[cω] αυτω ου μη

(fut,act,ind,3p,sing) διψαω — (1aor,act,subj,3p,sing) διψαω — (fut,act,ind,1p,sing) διδωμι — (fut,mid,ind,3p,sing) γινομαι

W& H διψησει ~~διψηση~~ εις τον αιωνα αλλα το υδωρ ο δωσω αυτω γενησεται
he will thirst ~~he should thirst~~ into the eon but the water the one I will give to him it will become
B διψηcει ειc τον αιωνα αλλα το υδωρ ο δωcω αυτω γενηcεται
א διψηcει ειc τον αιωνα αλλα το υδωρ ο εγω δωcω γενηcεται
P66 διψηcη ειc τον αιωνα αλλα το υδωρ ο δωcω αυτω γενηcεται
P75 διψηcει ειc τον αιωνα αλλα το υδωρ ο δωcω αυτω γενηcεται

(pres,mid,ptc,gen,sing,neut) αλλομαι

W& H εν αυτω πηγη υδατος αλλομενου εις ζωην αιωνιον
in him a spring of water bubbling up into life eternal
B εν αυτω πηγη υδατοc αλλομενου ειc ζωην αιωνιον
א εν αυτω πηγη υδατοc αλλομενου ειc ζωην αιωνιον
P66 εν αυτω πηγη υδατοc αλλομενου ειc ζωην αιωνιον
P75 εν αυτω πηγη υδατοc αλλομενου ειc ζωην αιωνιον

(pres,act,ind,3p,sing) λεγω (2aor,act,imper,2p,sing) διδωμι (pres,act,subj or ind,1p,sing) διψαω

Jn.4:15 λεγει προς αυτον η γυνη κυριε δος μοι τουτο το υδωρ ινα μη διψω

she says to Him the woman Lord You give to me this the water so that not / neither I should thirst *(or)* I thirst

B λεγει προς αυτον η γυνη κε δος μοι τουτο το υδωρ ινα μη διψω

א λεγει προς αυτον η γυνη κε δος μοι τουτο το υδωρ ινα μη δειψω

P66 λεγει προς αυτον η γυνη κε δος μοι τουτο το υδωρ ινα μη διψω

P75 λεγει προς αυτον η γυνη κε δος μοι τουτο το υδωρ ινα μη διψω

(pres,mid,subj,1p,pl) διερχομαι (pres,mid,subj,1p,pl) ερχομαι (pres,act,inf) αντλεω

W& H μηδε διερχωμαι ~~ερχωμαι~~ ενθαδε αντλειν

and not/nor we should come to ~~we should come~~ here to draw

B μηδε διερχομαι ενθαδε αντλειν

א μηδε διερχωμαι ωδε αντλειν

P66 μηδε διερχωμαι ενθαδε αντλειν

P75 μηδε διερχωμαι ενθαδε αντλειν

(pres,act,ind,3p,sing) λεγω (pres,act,imper,2p,sing) υπαγω (1aor,act,imper,2p,sing) φωνεω (2aor,act,imper,2p,sing) ερχομαι

Jn.4:16 λεγει αυτη ~~ο ιησους~~ υπαγε φωνησον1 σου4 τον2 ανδρα3 και5 ελθε ενθαδε

He said to her ~~the Jesus~~ you go you call of you the husband and you come here

B λεγει αυτη υπαγε φωνησον σου τον ανδρα και ελθε ενθαδε

א λεγει αυτη ις καλ* υπαγε φωνησον1 σου4 τον2 ανδρα3 και5 ελθε ενθαδε

P66 λεγει αυτη υπαγε φωνησον1 σου4 τον2 ανδρα3 και5 ελθε ενθαδε

P75 λεγει αυτη υπαγε φωνησον1 σου4 τον2 ανδρα3 και5 ελθε ενθαδε

[א * καλ deleated by corrector]

(1aor,pass,ind,3p,sing) αποκρινομαι (2aor,act,ind,3p,sing) λεγω (pres,act,ind,1p,sing) εχω (pres,act,ind,3p,sing) λεγω

Jn.4:17 απεκριθη η γυνη και ειπεν [αυτω] ουκ εχω ανδρα λεγει αυτη ο ιησους

she did answer the woman and she said to Him not I have a husband He says to her the Jesus

B απεκριθη η γυνη και ειπεν αυτω ουκ εχω ανδρα λεγει αυτη ο ις

א απεκριθη η γυνη1 ουκ3 εχω4 ανδρα2 λεγει αυτη ο ις

P66 απεκριθη η γυνη και ειπεν αυτω ουκ εχω ανδρα λεγει αυτη ο ις

P75 απεκριθη η γυνη και λεγει αυτω ουκ εχω ανδρα λεγει αυτη ο ις

(2aor,act,ind,2p,sing) λεγω (pres,act,ind,1p,sing) εχω

W& H καλως ειπας οτι ανδρα ουκ εχω

well you spoke that/" a husband not I have"

B καλως ειπες οτι ανδρα ουκ εχω

א καλως ειπες οτι ανδρα ουκ εχις

P66 καλως ειπες οτι ανδρα ουκ εχω

P75 καλως ειπας οτι ανδρα [ο]υκ εχω

(2aor,act,ind,2p,sing) εχω (pres,act,ind,2p,sing) εχω (pres,act,ind,3p,sing) ειμι hiatus

Jn.4:18 πεντε γαρ ανδρας εσχες και νυν ον εχεις ουκ εστιν ~~εστι~~ σου ανηρ τουτο αληθες

for <> five husbands you had and now the one you have not he is of you husband this truly

B πεντε γαρ ανδρας εσχες και νυν ον εχεις ουκ εστιν σου ανηρ τουτο αληθες

א πεντε γαρ ανδρας εσχες και νυν ον εχις ουκ εστιν σου ανηρ τουτο αληθως

P66 πεντε γαρ ανδρας εσχες και νυν ον εχεις ουκ εστιν σου ανηρ τουτο αληθες

P75 ε γαρ ανδρας εσχες και νυν ον εχεις ουκ εστιν σου ανηρ τουτο αληθες

(perf,act,ind,2p,sing) ειπον

W& H ειρηκας

you have said

B ειρηκας

א ειρηκας

P66 ειρηκας

P75 ειπας

(pres,act,ind,3p,sing) (pres,act,ind,1p,sing) (pres,act,ind,2p,sing)
λεγω θεωρεω ειμι
Jn.4:19 λεγει αυτω η γυνη κυριε θεωρω οτι προφητης ει συ
she says to Him the woman Lord I see/perceive that a prophet You are You
B λεγει αυτω η γυνη κε θεωρω οτι προφητηc ει cυ
ℵ λεγει αυτω η γυνη θεωρω οτι προφητηc ει cυ
P66 λεγει αυτω η γυνη κε θεωρω οτι προφητηc ει cυ
P75 λεγει αυτω η γυνη κε θεωρω οτι προφητηc ει cυ

(1aor,act,ind,3p,pl) (pres,act,ind,2p,pl)
προσκυνεω λεγω
Jn.4:20 οι πατερες ημων εν τω ορει τουτω προσεκυνησαν και υμεις λεγετε οτι εν
the fathers of us in the mountain this they did worship and You all You all say that in
B οι πατερεc ημων εν τω ορει τουτω προσεκυνηcαν και υμειc λεγετε οτι εν
ℵ οι πατερεc ημω εν τω ορι τουτω προσεκυνηcαν και υμειc λεγεται οτι εν
P66 οι πρεc ημων εν τω ορει τουτω προσεκυνηcαν και υμειc λεγεται οτι εν
P75 οι πατερεc ημων εν τω ορει τουτω προσεκυνηcαν και υμειc λεγετε οτι εν

(pres,act,ind,3p,sing) (pres,act,inf) (pres,act,impers, 3p,sing)
ειμι προσκυνεω δει
W& H ιεροσολυμοις εστιν ο τοπος οπου1 προσκυνειν3 δει2
Jerusalems he is the place where to worship it is necessary
B ιεροcολυμοιc εcτιν ο τοποc οπου προcκυνειν δει
ℵ ιεροcολυμοιc εcτιν οπου προcκυνιν δει
P66 ιεροcολυμοιc εcτιν ο τοποc οπου προcκυνειν δει
P75 ιεροcολυμοιc εcτιν ο τοποc οπου προcεκυνειν δει

(pres,act,ind,3p,sing) (pres,act,imper,2p,sing)(1aor,act,imper,2p,sing) (pres,mid,imper,3p,sing)
λεγω πιστευω πιστευω ερχομαι
Jn.4:21 λεγει αυτη ο ιησους1 πιστευε ~~πιστευσον~~3 μοι4 γυναι2 οτι5 ερχεται ωρα οτε ουτε εν τω
He said to her the Jesus believe you ~~believe you~~ Me woman that she is coming an hour when neither on the
B λεγει αυτη ο ιc πιcτευε μοι γυναι οτι ερχεται ωρα οτε ουτε εν τω
ℵ λεγει αυτη ο ιc πιcτευε μοι γυναι οτι ερχεται ωρα οτε ουτε εν τω
P66 λεγει αυτη ο ιc πιcτευε μοι γυναι οτι ερχεται ωρα οτε ουτε εν τω
P75 λεγει αυτη ο ιc πιcτευε μοι γυναι οτι ερχεται ωρα οτε ουτε εν τω

(fut,act,ind,2p,pl)
προσκυνεω
W& H ορει τουτω ουτε εν ιεροσολυμοις προσκυνησετε τω πατρι
mountain this nor in Jerusalem you all will worship to the Father
B ορει τουτω ουτε εν ιεροcολυμοιc προcκυνηcετε τω πατρι
ℵ ορει τουτω ουτε εν ιεροcολυμοιc προcκυνηcεται τω πατρι
P66 ορι τουτω ουτε εν ιεροcολυμοιc προcκυνηcεται τω πρι
P75 ορει τουτω ουτε εν ιεροcολυμοιc προcκυνηcετε τω πρι

(pres,act,ind,2p,pl) (perf,act,ind,2p,pl) (pres,act,ind,1p,pl) (perf,act,ind,1p,pl)
προσκυνεω οιδα προσκυνεω οιδα
Jn.4:22 υμεις προσκυνειτε ο ουκ οιδατε ημεις προσκυνουμεν ο οιδαμεν
you all you all worship the One not you all have known we we worship the One we have known
B υμειc προcκυνειτε ο ουκ οιδατε ημειc προcκυνουμεν ο οιδαμεν
ℵ υμιc προcκυνειτε ο ουκ οιδατε ημιc προcκυνουμεν ο οιδαμεν
P66 υμειc προcκυνιτε ο ουκ οιδατε ημειc προcκυνουμεν ο οιδαμεν
P75 υμειc προcκυνειτε ο ουκ οιδατε ημειc προcκυνουμεν ο οιδαμεν

(pres,act,ind,3p,sing)
ειμι
W& H οτι η σωτηρια εκ των ιουδαιων εστιν
because the salvation from out of the Jews she is
B οτι η cωτηρια εκ των ιουδαιων εcτιν
ℵ οτι η cωτηρια εκ των ιουδαιων εcτιν
P66 οτι η cωτηρια εκ των ιουδαιων εcτιν
P75 οτι η cωτηρια εκ των ιουδαιων εcτιν

	(pres,mid,ind,3p,sing) ερχομαι			(pres,act,ind,3p,sing) ειμι					(fut,act,ind,3p,pl) προσκυνεω
Jn.4:23	αλλα ερχεται ωρα	και	νυν	εστιν	οτε	οι	αληθινοι	προσκυνηται	προσκυνησουσιν
	but she comes an hour	and	now	she is	when	the ones	true	worshipers	they will worship
B	αλλα ερχεται ωρα	και	νυν	εστιν	οτε	οι	αληθινοι	προσκυνηται	προσκυνησουσιν
ℵ	αλλα ερχεται ωρα	και	νυ	εστιν	οτε	οι	αληθινοι	προσκυνηται	προσκυνησουσιν
P66	αλλα ερχεται ωρα	και	νυν	εστιν	οτε	οι	αληθινοι	προσκυνηται	προσκυνησουσιν
P75	αλλα ερχεται ωρα	και	νυν	εστιν	οτε	οι	αληθινοι	προσκυνηται	προσκυνησουσι

											(pres,act,ind,3p,sing) ζητεω	
W& H	τω	πατρι	εν	πνευματι	και	αληθεια	και	γαρ	ο	πατηρ	τοιουτους	ζητει	τους
	to the	Father	in	spirit	and	truth	for <>	also	the	Father	these ones	He seeks	the ones
B	τω	πατρι	εν	πνευματι	και	αληθεια	και	γαρ	ο	πατηρ	τοιουτους	ζητει	τους
ℵ	τω	πατρι	εν	πνι	και	αληθεια	και	γαρ	ο	πατηρ	τοιουτους	ζητι	τους
P66	τω	πρι	εν	πνι	και	αληθια	και	γαρ	ο	πηρ	τοιουτους	ζητει	τους
P75	τω	πρι	εν	πνι	και	αληθεια	και	γαρ	ο	πρ	τοιουτους	ζητει	τους

	(pres,pass,ptc,acc,pl,masc) προσκυνεω	
W& H	προσκυνουντας	αυτον
	worshiping	Him
B	προσκυνουντας	αυτον
ℵ	προσκυνουτας	αυτω
P66	προσκυνου[[ν]]τας	αυτον
P75	προσκυνουντας	αυτον

						(pres,act,ptc,acc,pl,masc) προσκυνεω				
Jn.4:24	πνευμα	ο	θεος	και	τους	προσκυνουντας	αυτον	εν	πνευματι	και αληθεια
	Spirit (is)	the	God	and	the ones	worshiping	Him	in	spirit	and truth
B						προσκυνουντας	αυτον	εν	πνευματι	και αληθεια
ℵ	πνα	ο	θς		και	τους προσκυνουντας		εν	πνι	αληθειας1
P66	πνα	ο	θς		και	τους προσκυνουντας	αυτον	εν	πνι	και αληθια
P75	πνα	ο	θς		και	τους προσκυνουντας	αυτον	εν	πνι	και αληθεια

	(pres,act,impers, 3p,sing) δει	(pres,act,inf) προσκυνεω
W& H	δει	προσκυνειν
	it is necessary	to worship
B	δει	προσκυνειν
ℵ	δει3	προσκυνι 2
P66	δει	προσκυνειν
P75	δει	προσκυνειν

	(pres,act,ind,3p,sing) λεγω	(perf,act,ind,1p,sing) οιδα			(pres,mid,ind,3p,sing) ερχομαι		(pres,pass,ptc,nom,sing,masc) λεγω		
Jn.4:25	λεγει αυτω η γυνη	οιδα	οτι	μεσσιας	ερχεται	ο	λεγομενος	χριστος	οταν
	she says to Him the woman	I have known	that	Messiah	He is coming	the One	being called	Christ	whenever
B	λεγει αυτω η γυνη	οιδα	οτι	μεσσιας	ερχεται	ο	λεγομενος	χς	οταν
ℵ	λεγει αυτω η γυνη	οιδα	οτι	μεσσιας	ερχεται	ο	λεγομενος	χς	οταν
P66	λεγει αυτω η γυνη	οι δαμεν	οτι	μεσσιας	ερχεται	ο	λεγομενος	χς	οταν
P75	λεγει αυτω η γυνη	οιδα	οτι	μεσσιας	ερχεται	ο	λεγομενος	χς	οταν

	(2aor,act,subj,3p,sing) ερχομαι		(fut,act,ind,3p,sing) αναγγελλω		
W& H	ελθη	εκεινος	αναγγελει	ημιν	απαντα ~~παντα~~
	He should come	that One	He will announce	to us	all ~~all (things)~~
B	ελθη	εκεινος	αναγγελει	ημιν	απαντα
ℵ	ελθη	εκεινος	αναγγελλει	ημιν	απαντα
P66	ελθη	εκεινος	αναγγελει	ημειν	απαντα
P75	ελθη	εκεινος	αναγγελει	ημιν	απαντα

(pres,act,ind,3p,sing) (pres,act,ind,1p,sing) (pres,act,ptc,nom,sing,masc)
λεγω ειμι λαλεω
Jn.4:26 λεγει αυτη ο ιησους εγω ειμι ο λαλων σοι
He says to her the Jesus I I am the One speaking to you
B λεγει αυτη ο ις εγω ειμι ο λαλων cοι
ℵ λεγει αυτη ο ις εγω ειμι ο λαλων cοι
P66 λεγει αυτη ο ις εγω ειμι ο λαλων cοι
P75 λεγει αυτη ο ις εγω ειμι ο λαλων cοι

(2aor,act,ind,3p,pl) (imperf,act,ind,3p,pl) (1aor,act,ind,3p,pl)
ερχομαι θαυμαζω θαυμαζω
Jn.4:27 και επι τουτω ηλθαν οι μαθηται αυτου και εθαυμαζον ~~εθαυμασαν~~ οτι μετα
and upon this they came the disciples of Him and they were marveling ~~they marvel~~ because with
B και επι τουτω ηλθαν οι μαθηται αυτου και εθαυμαζον οτι μετα
ℵ και εν τουτω επηλθαν οι μαθηται αυτου και εθαυμαζο οτι μετα
P66 και επι τουτω ηλθον οι μαθηται αυτου και εθαυμαζον οτι μετα
P75 και επι τουτω ηλθαν οι μαθηται αυτου και εθαυμαζον οτι μετα

(imperf,act,ind,3p,sing) (2aor,act,ind,3p,sing) (pres,act,ind,2p,sing) (pres,act,ind,2p,sing)
λαλεω λεγω hiatus ζητεω λαλεω
W& H γυναικος ελαλει ουδεις μεντοι ειπεν ~~ειπε~~ τι ζητεις η τι λαλεις μετ αυτης
a woman He was talking no one however he said what do You seek or why are You talking with her
B γυναικος εαλαλει ουδεις μεντοι ειπε τι ζητεις η τι λαλεις μετ αυτης
ℵ γυναικος ελαλει ουδεις μεντοι ειπεν αυτω τι ζητις η τι λαλεις μετ αυτης
P66 γυναικος ελαλει ουδεις μεντοι ειπεν τι ζητεις η τι λαλεις μετ αυτης
P75 γυναικος ελαλει ουδεις μεντοι ειπεν τι ζητεις η τι λαλεις μετ αυτης

(1aor,act,ind,3p,sing) (2aor,act,ind,3p,sing) (pres,act,ind,3p,sing)
αφιημι απερχομαι λεγω
Jn.4:28 αφηκεν ουν την υδριαν αυτης η γυνη και απηλθεν εις την πολιν και λεγει τοις
therefore <> she left the water-pitcher of her the woman and she went forth into the city and she says to the
B αφηκεν ουν την υδριαν αυτης η γυνη και απηλθεν εις την πολιν και λεγει τοις
ℵ αφηκε ουν την υδριαν αυτης η γυνη και απηλθεν εις την πολιν και λεγει τοις
P66 αφηκεν ουν την υδριαν αυτης η γυνη και απηλθεν εις την πολον και λεγει τοις
P75 αφηκεν ουν την υδριαν αυτης η γυνη και απηλθεν εις την πολιν και λεγει τοις

W& H ανθρωποις
men
B ανθρωποις
ℵ ανθρωποις
P66 ανοις
P75 ανοις

(pres,imper,adv.pl.) (2aor,act,imper,2p,pl) (2aor,act,ind,3p,sing) (1aor,act,ind,1p,sing)
δευρο οραω λεγω hiatus ποιεω
Jn.4:29 δευτε ιδετε ανθρωπον ος ειπεν ~~ειπε~~ μοι παντα α ~~οσα~~ εποιησα
you all come here see you all a man the One He said to me all the ones ~~as much as~~ I did
B δευτε ιδετε ανθρωπον ος ειπε μοι παντα α εποιηcα
ℵ δευτε ιδετε ανθρωπο ος ειπε μοι παντα α εποιηcα
P66 δευτε ιδεται ανον ος ειπεν μοι παντα οcα εποιηcα
P75 δευτε ιδετε ανον ος ειπεν μοι παντα οcα εποιηcα

(pres,act,ind,3p,sing)
ειμι
W& H μητι ουτος εστιν ο χριστος
maybe this One He is the Christ
B μητι ουτος εστιν ο χc
ℵ μητι ουτος εστιν ο χc
P66 μητι ουτος εστιν ο χc
P75 μητι ουτος εστιν ο χc

(2aor,act,ind,3p,pl) (imperf,mid,ind,3p,pl)
εξερχομαι ερχομαι
Jn.4:30 εξηλθον ~~ουν~~ εκ της πολεως και ηρχοντο προς αυτον
~~therefore~~ <> they came forth from out of the city and they were coming to Him
B εξηλθον εκ της πολεως και ηρχοντο προς αυτον
א εξηλθον ουν εκ της πολεως και ηρχοντο προς αυτον
P66 εξηλθον ουν εν της πολεως και ηρχοντο προς αυτον
P75 εξηλθον εκ της πολεως και ηρχοντο προς αυτον

(imperf,act,ind,3p,pl) (pres,act,ptc,nom,pl,masc) (2aor,act,imper,2p,sing)
ερωταω λεγω εσθιω
Jn.4:31 εν ~~δε~~ τω μεταξυ ηρωτων αυτον οι μαθηται λεγοντες ραββι φαγε
~~but~~ <> in the between they were asking Him the disciples saying Rabbi You eat
B εν τω μεταξυ ηρωτων αυτον οι μαθηται λεγοντες ραββει φαγε
א εν τω μεταξυ ηρωτων αυτον οι μαθηται λεγοντες ραββει φαγε
P66 εν τω μετοξυ ηρωτων αυτον οι μαθηται λεγοντες ραββει φαγε
P75 εν δε τω μεταξυ ηρωτων αυτον οι μαθηται λεγοντες ραββει φαγε

(2aor,act,ind,3p,sing) (pres,act,ind,1p,sing)(2aor,act,infin) (perf,act,ind,att,2p,sing)
λεγω εχω εσθιω οιδα
Jn.4:32 ο δε ειπεν αυτοις εγω βρωσιν εχω φαγειν ην υμεις ουκ οιδατε
but <> He He said to them I food I have to eat which you all not you all have known
B ο δε ειπεν αυτοις εγω βρωσιν εχω φαγειν ην υμεις ουκ οιδατε
א ο δε ειπεν αυτοις εγω βρωσιν εχω φαγιν ην υμις ουκ οιδατε
P66 ο δε ειπεν αυτοις εγω βρωσιν εχω φαγειν ην υμεις ουκ οιδατε
P75 ο δε ειπεν αυτοις εγω βρωσιν εχω φαγειν ην υμεις ουκ οιδατε

(imperf,act,ind,3p,pl) (1aor,act,ind,3p,sing) (2aor,act,infin)
λεγω φερω εσθιω
Jn.4:33 ελεγον ουν οι μαθηται προς αλληλους μη τις ηνεγκεν αυτω φαγειν
therefore <> they were saying the disciples to one another not anyone he brought to Him to eat
B ελεγον ουν οι μαθηται προς αλληλους μη τις ηνεγκεν αυτω φαγειν
א λεγουσι οι μαθηται προς αλληλους μη τις ηνεγκεν αυτω φαγειν
P66 ελεγον ουν οι μαθηται προς αλληλους μη τις ηνεγκεν αυτω φαγειν
P75 ελεγον ουν οι μαθηται προς αλληλους μη τις ηνεγκεν αυτω φαγειν

(pres,act,ind,3p,sing) (pres,act,ind,3p,sing) (fut,act,ind,1p,sing) (pres,act,ind or subj,1p,sing)
λεγω ειμι ποιεω ποιεω
Jn.4:34 λεγει αυτοις ο ιησους εμον βρωμα εστιν ινα ποιησω ~~ποιω~~ το θελημα του
He said to them the Jesus My food it is so that I will do ~~I do /I should do~~ the will of the One
B λεγει αυτοις ο ις εμον βρωμα εστιν ινα ποιησω το θελημα του
א λεγει αυτοις ο ις εμον βρωμα εστιν ινα ποιω το θελημα του
P66 λεγει αυτοις ο ις εμον βρωμα εστιν ινα ποιησω το θελημα του
P75 λεγει αυτοις ο ις εμον βρωμα εστιν ινα ποισω το θελημα του

(1aor,act,ptc,gen,sing,masc) (1aor,act,subj,1p,sing)
πεμπω τελειοω
W& H πεμψαντος με και τελειωσω αυτου το εργον
having sent Me and I should complete of Him the work
B πεμψαντος με και τελειωσω αυτου το εργον
א πεμψαντος με και τελιωσω αυτου το εργον
P66 πεμψαντος με και τελιωσω αυτου το εργον
P75 πεμψαντος με και τελειωσω αυτου το εργον

(pres,act,ind,2p,pl) (pres,act,ind,3p,sing) (pres,mid,ind,3p,sing)
λεγω ειμι haitus ερχομαι
Jn.4:35 ουχ υμεις λεγετε οτι ετι τετραμηνος εστιν ~~εστι~~ και ο θερισμος ερχεται
do not you all you all say that/ " still four months he is and the harvest he comes
B ουχ υμεις λεγετε οτι ετι τετραμηνος εστιν και ο θερισμος ερχεται
א ουχ υμις λεγεται οτι ετι τετραμηνος εστιν και ο θερισμος ερχεται
P66 ουχ υμεις λεγεται οτι ετι τετραμηνος εστιν και ο θερισμος ερχεται
P75 ουχ υμεις λεγετε οτι ετι τετραμηνος εστιν και ο θερισμος ερχεται

(2aor,mid,imper,2p,sing) (pres,act,ind,1p,sing) (1aor,act,imper,2p,pl)
ειδον λεγω επαιρω
W& H ιδου λεγω υμιν επαρατε τους οφθαλμους υμων και
you behold I say to you all you all raise the eyes of you all and
B ιδου λεγω υμιν επαρατε τους οφθαλμους υμων και
ℵ ιδου λεγω υμιν επαρατε τους οφθαλμους υμων και
P66 ιδου λεγω υμιν επαραται τους οφθαλμους υμων και
P75 ιδου λεγω υμιν απαατε τους οφθαλμους υμων και

(1aor,mid,imper,2p,pl) (pres,act,ind,3p,pl)
θεαομαι ειμι
W& H θεασασθε τας χωρας οτι λευκαι εισιν προς θερισμον ηδη
you all look at the fields because white they are for harvest already
B θεασασθε τας χωρας οτι λευκαι εισιν προς θερισμον ηδη
ℵ θεασασθε τας χωρας οτι λευκαι εισιν προς θερισμον ηδη
P66 θεασασθε τας χωρας οτι λευκαι εισιν προς θερισμον ηδη
P75 θεασασθε τας χωρας οτι λευκαι εισιν προς θερισμον ηδη

(pres,act,ptc,nom,sing,masc) (pres,act,ind,3p,sing) (pres,act,ind,3p,sing)
θεριζω λαμβανω συναγω
Jn.4:36 ~~και~~ ο θεριζων μισθον λαμβανει και συναγει καρπον εις ζωην αιωνιον ινα και
~~and~~ the one reaping a wage he receives and he gathers fruit to life eternal so that also
B ο θεριζων μισθον λαμβανει και συναγει καρπον εις ζωην αιωνιον ινα
ℵ ο θεριζων μισθον λαμβανει και συναγι καρπον εις ζωην αιωνιον ινα και
P66 ο θεριζων μεισθον λαμβανει και συναγει καρπον εις ζωην αιωνιον ινα
P75 ο θεριζων μισθον λαμβανει και συναγει καρπον εις ζωην αιωνιον ινα

(pres,act,ptc,nom,sing,masc) (pres,act,subj,3p,sing) (pres,act,ptc,nom,sing,masc)
σπειρω χαιρω θεριζω
W& H ο σπειρων ομου χαιρη και ο θεριζων
the one sowing together he should rejoice also the one harvesting
B ο σπειρων ομου χαιρη και ο θεριζων
ℵ ο σπιρων ομου χαιρη και ο θεριζων
P66 ο σπιρων ομου χαιρη και [[ο]] θεριζων
P75 ο σπειρων ομου χαιρη και ο θεριζων *
[P75 * *omitts Jn.4:37*]

(pres,act,ind,3p,sing) (pres,act,ind,3p,sing) (pres,act,ind,3p,sing) (pres,act,ptc,nom,sing,masc)
ειμι ειμι σπειρω θεριζω
Jn.4:37 εν γαρ τουτω ο λογος εστιν ~~ο~~ αληθινος οτι αλλος εστιν ο σπειρω και αλλος ο θεριζων
for <> in this the word he is ~~the~~ truth because another he is the one sowing and another the one reaping
B εν γαρ τουτω ο λογος εστιν αληθινος οτι αλλος εστιν ο σπειρων και αλλος ο θεριζων
ℵ εν γαρ τουτω ο λογος εστιν ο αληθινος οτι αλλος εστιν ο σπιρων κ(αι)
P66 εν γαρ τω ο λογος εστιν ο αληθινος οτι αλλος εστιν ο σπειρων και αλλος ο θεριζων

(1aor,act,ind,1p,sing) (pres,act,inf) (perf,act,ind,2p,pl) (perf,act,ind,3p,pl)
αποστελλω θεριζω κοπιαω κοπιαω
Jn.4:38 εγω απεστειλα υμας θεριζειν ο ουχ υμεις κεκοπιακατε αλλοι κεκοπιακασιν
I I sent you all to reap the one not you all you all have labored others they have labored
B εγω απεστειλα υμας θεριζειν ο ουχ υμεις κεκοπιακατε αλλοι κεκοπιακασιν
ℵ εγω απεσταλκα υμας θεριζειν ο ουχ υμεις κεκοπιακατε αλλοι κεκοπιακασιν
P66 εγω απεστιλα υμας θεριζειν ο ουχ υμεις κεκοπιακατε αλλοι κεκοπιακασιν
P75 εγω απεστειλα υμας θεριζειν ο ουχ υμεις κεκοπιακατε αλλοι κεκοπιακασιν

hiatus (2 perf,act,ind,2p,pl)
εισερχομαι
W& H ~~κεκοπιακασι~~ και υμεις εις τον κοπον αυτων εισεληλυθατε
and you all into the fruit of them you all have entered
B και υμεις εις τον κοπον αυτων εισεληλυθατε
ℵ και υμεις εις τον κοπον αυτων εισε ληλυθατε
P66 και υμεις εις τον κοπον αυτων εισεληλυθαται
P75 και υμεις εις τον κοπον αυτων εισεληλυσατε

(1aor,act,ind,3p,pl)
πιστευω
Jn.4:39 εκ δε της πολεως εκεινης πολλοι επιστευσαν εις αυτον των σαμαριτων
and <> from out of the city that many they believed in Him of the Samaritans
B εκ δε της πολεως εκεινης πολλοι επιστευσαν εις αυτον των
ℵ εκ δε της πολεως εκινης πολλοι επιστευσαν των σαμαριτων
P66 εκ δε της πολεως εκεινης πολλοι επιστευσαν εις αυτον των σαμαριτων
P75 εκ δε της πλοεως εκεινης πολλοι επιστευσαν εις αυτον των

(pres,act,ptc,gen,sing,fem) (2aor,act,ind,3p,sing)
μαρτυρεω λεγω hiatus
W& H ~~σαμαρειτων~~ δια τον λογον της γυναικος μαρτυρουσης οτι ειπεν ~~ειπε~~ μοι παντα
on account of the word of the woman testifying that/“ He said to Me all
B σαμαρειτων δια τον λογον της γυναικος μαρτυρουσης οτι ειπεν μοι παντα
ℵ της γυναικος μαρτυρουσης οτι ειπε μοι παντα
P66 δια τον λογον της γυναικος μα[[ρ]]τυρουσης οτι ειπεν μοι παντα οσα
P75 σαμαρειτων δια τον λογον της γυναικος μαρτυρουσης οτι ειπεν μοι παντα

(1aor,act,ind,1p,sing)
ποιεω
W& H α εποιησα
the ones I did”
B α εποιησα
ℵ α εποιησα
P66
P75 α εποιησα

(2aor,act,ind,3p,pl) (imperf,act,ind,3p,pl)
ερχομαι ερωταω
Jn.4:40 ως ουν^{2} ηλθον^{1} προς^{3} αυτον οι σαμαριται ~~σαμαρειται~~ ηρωτων αυτον
therefore <> as they came to Him the Samaritans they were asking Him
B ως ουν υη ηλθον ουν προς αυτον οι σαμαρειται ηρωτων αυτον
ℵ ως ουν ηλθον προς αυτον οι σαμαριται ηρωτων αυτο
P66 ως ουν ηλθον προς αυτον οι σαμαριται ηρωτων αυτον
P75 ως ουν ηλθον ουν προς αυτον οι σαμαρειται ηρωτων αυτον

(1aor,act,infin) (1aor,act,ind,3p,sing)
μενω μενω
W& H μειναι παρ αυτοις και εμεινεν εκει δυο ημερας
to remain with them and He remained there two days
B μειναι παρ αυτοις και εμεινεν εκει δυο ημερας
ℵ μειναι παρ αυτοις και εμινεν παρ αυτοις$_{1}$ δυο$_{3}$ ημερας$_{2}$
P66 μιναι παρ αυτοις και εμεινεν εκει δυο ημερας
P75 μειναι παρ αυτοις και εμεινεν εκει β̲ ημερας

(1aor,act,ind,3p,pl)
πιστευω
Jn.4:41 και πολλω πλειους επιστευσαν δια τον λογον αυτου
and many more they believed on account of the word of Him
B και πολλω πλειους επιστευσαν δια τον λογον αυτου
ℵ και πολλω πλειους επιστευσαν δια τον λογον αυτου
P66 και πολλω πλειους επιστευσαν δια τον λογον αυτου
P75 και πολλω πλειους επιστευσαν δια τον λογον αυτου

(imperf,act,ind,3p,pl)
λεγω
Jn.4:42 τη τε γυναικι ελεγον [οτι] ουκετι δια την σην λαλιαν
and <> to the woman they were saying that/ “ no longer on account of the your speech
B τη τε γυναικι ελεγον ουκετι δια την$_{1}$ σου$_{3}$ λαλιαν$_{2}$
ℵ και$_{1}$ τη$_{3}$ γυναικι$_{4}$ ελεγον$_{2}$ οτι$_{5}$ ουκετι δια την σην μαρτυριαν
P66 τη τε γυναικι ελεγον οτι ουκετι δια την σην λαλειαν
P75 τη τε γυναικι ελεγον οτι ουκετι δια την$_{1}$ σου$_{3}$ λαλιαν$_{2}$

(pres,act,ind,1p,pl) (2 perf,act,ind,1p,sing) (perf,act,ind,1p,pl)
πιστευω ακουω οιδα
W& H πιστευομεν αυτοι γαρ ακηκοαμεν και οιδαμεν οτι ουτος
we believe for <> ourselves we have heard and we have known that this One
B πιστευομεν4 αυτοι γαρ ακηκοαμεν και οιδαμεν οτι ουτος
ℵ πιστευομε αυτοι γαρ ακηκοαμεν παρ αυτου · και οιδαμεν οτι1 ουτος3
P66 πιστευομεν αυτοι γαρ ακηκοαμεν και οιδαμεν οτι ουτος
P75 πιστευομεν4 αυτοι γαρ ακηκοαμεν και οιδαμεν οτι ουτος

(pres,act,ind,3p,sing)
ειμι
W& H εστιν αληθως ο σωτηρ του κοσμου ~~ο χριστος~~
He is truly the Savior of the world ~~the Christ~~
B εστιν αληθως ο σωτηρ του κοσμου
ℵ εστιν4 αληθως2 ο5 σωρ του κοσμου
P66 εστιν αληθως ο σωτηρ του κοσμου
P75 εστιν αληθως ο σωτηρ του κοσμου

(2aor,act,ind,3p,sing) (2aor,act,ind,3p,sing)
εξερχομαι απερχομαι
Jn.4:43 μετα δε τας δυο ημερας εξηλθεν εκειθεν ~~και απηλθεν~~ εις την γαλιλαιαν
and <> after the two days He went out from there ~~and He returned~~ to the Galilee
B μετα δε τας δυο ημερας εξηλθεν εκειθεν εις την γαλειλαιαν
ℵ μετα δε τας δυο ημερας εξηλθεν εκειθεν εις την γαλιλαιαν
P66 μετα δε τας δυο ημερας εξηλθεν εκειθεν εις την γαλιλαιαν
P75 μετα δε τας β ημερας εξηλθεν εκειθεν εις την γαλιλαιαν

(1aor,act,ind,3p,sing) (pres,act,ind,3p,sing)
μαρτυρεω εχω
Jn.4:44 αυτος γαρ ~~ο~~ ιησους εμαρτυρησεν οτι προφητης εν τη ιδια πατριδι τιμην ουκ εχει
for <> Himself ~~the~~ Jesus He testified that a prophet in the own fatherland value/honor not He has.
B αυτος γαρ ις εμαρτυρησεν οτι προφητης εν τη ιδια πατριδι τειμην ουκ εχει
ℵ αυτος γαρ ις εμαρτυρησεν οτι προφητης εν τη ιδια πατριδι τιμην ουκ εχει
P66 αυτος γαρ ις εμαρτυρησεν οτι προφητης εν τη ιδια πατριδι τιμην ουκ εχει
P75 αυτος γαρ ις εμαρτυρησεν οτι προφητης εν τη ιδια πατριδι τιμην ουκ εχει

(2aor,act,ind,3p,sing) (1aor,mid,ind,3p,pl)
ερχομαι δεχομαι
Jn.4:45 οτε ουν ηλθεν εις την γαλιλαιαν εδεξαντο αυτον οι γαλιλαιοι
therefore <> when He came to the Galilee they welcomed Him the Galileans
B οτε ουν ηλθεν εις την γαλειλαιαν εδεξαντο αυτον οι γαλειλαιοι
ℵ ως ουν ηλθεν εις την γαλιλαιαν οι1
P66 οτε ουν ηλθεν εις την γαλιλαιαν εδεξαντο αυτον οι γαλιλαιοι
P75 οτε ουν ηλθεν εις την γαλιλαιαν εδεξαντο αυτον οι γαλιλαιοι

(perf,act,ptc,nom,pl,masc) (1aor,act,ind,3p,sing)
οραω ποιεω
W& H παντα εωρακοτες οσα ~~α~~ εποιησεν εν ιεροσολυμοις εν τη εορτη και
all *(things)* having seen as much as ~~which~~ He did in Jerusalem during the holiday also
B παντα εωρακοτες οσα εποιησεν εν ιεροσολυμοις εν τη εορτη και
ℵ πατα3 εωρακοτες2 α4 εποιησεν εν ιεροσολυμοις εν τη εορτη και
P66 παντα εωρακοτες οσα εποιησεν εν ιεροσολυμοις εν τη εορτη και
P75 παντα εωρακοτες οσα εποιησεν εν ιεροσολυμοις εν τη εορτη και

(2aor,act,ind,3p,pl)
ερχομαι
W& H αυτοι γαρ ηλθον εις την εορτην
for <> they they went to the holiday
B αυτοι γαρ ηλθον εις την εορτην
ℵ αυτοι γαρ εληλυθισαν εις την εορτην
P66 αυτοι γαρ ηλθον εις την εορτην
P75 αυτοι γαρ ηλθον εις την εορτην

(2aor,act,ind,3p,sing)
ερχομαι
Jn.4:46 ηλθεν ουν ~~ο ιησους~~ παλιν εις την κανα της γαλιλαιας οπου
therefore <> He came ~~the Jesus~~ again into the Cana of the Galilee where
B ηλθεν ουν παλιν εν κανα της γαλειλαιας οπου
ℵ ηλθαν ουν παλι εις την καναν της γαλιλαιας οπου
P66 ηλθεν ουν παλιν εις την κανα της γαλιλαιας οπου
P75 ηλθεν ουν παλιν εις την κανα της γαλιλαιας [οπ]ου

(1aor,act,ind,3p,sing) hiatus (imperf,act,ind,3p,sing) (imperf,act,ind,3p,sing)
ποιεω ειμι ασθενεω
W& H εποιησεν ~~εποιησε~~ το υδωρ οινον και ην τις βασιλικος ου ο υιος ησθενει
He made the water wine and he was a certain royal one of whom the son he was ill
B εποιησεν το υδωρ οινον και ην τις βασιλικος ου ο υιος ησθενει
ℵ εποιησαν το υδωρ οινον ην δε τις βασιλικος ου ο υιος ησθενι
P66 εποιησεν το υδωρ οινον και ην τις βασιλικος ου ο υιος ησθενει
P75 εποιησεν το υδωρ οινον και ην τις βασιλικος ου ο υιος ησθενει

W& H εν καφαρναουμ ~~καπερναουμ~~
in Capernaum
B εν καφαρναουμ
ℵ εν καφαρναουμ
P66 εν καφαρναουμ
P75 εν καφαρναουμ

(pres,act,ptc,nom,sing,masc) (pres,act,ind,3p,sing)
ακουω ηκω
Jn.4:47 ουτος ακουσας οτι ιησους ηκει εκ της ιουδαιας εις την γαλιλαιαν
this one hearing that Jesus He comes from out of the Judea into the Galilee
B ουτος ακουσας οτι ις ηκει εκ της ιουδαιας εις την γαλειλαιαν
ℵ ακουσας οτι ο ις ηκι εκ της ιουδαιας εις την γαλιλαιαν
P66 ουτος ακουσας οτι ις ηκει εκ της ιουδαιας εις την γαλιλαιαν
P75 ουτος ακουσας οτι ιης ηκει εκ της ιουδαιας εις την γαλιλαιαν

(2aor,act,ind,3p,sing) hiatus (imperf,act,ind,3p,sing) (2aor,act,subj,3p,sing)
απερχομαι ερωταω καταβαινω
W& H απηλθεν ~~απηλθε~~ προς αυτον και ηρωτα ~~αυτον~~ ινα καταβη και
he went forth to Him and He asked ~~Him~~ so that He should come down and
B απηλθεν προς αυτον και ηρωτα ινα καταβη και
ℵ ηλθεν ουν προς αυτον και ηρωτα ινα καταβη και
P66 απηλθεν προς αυτον και ηρωτα ινα καταβη και
P75 απηλθεν και ηρωτα ινα καταβη και

(1aor,mid,subj,3p,sing) (imperf,act,ind,3p,sing) (pres,act,inf)
ιαομαι μελλω αποθνησκω
W& H ιασηται αυτου τον υιον ημελλεν γαρ αποθνησκειν
He should heal of him the son for <> he was about to to die
B ιασηται αυτου τον υιον ημελλεν γαρ αποθνησκειν
ℵ ιασηται αυτου τον υν ημελλε γαρ αποθνησκειν
P66 ιασηται αυτου τον υιον ημελλεν γαρ αποθνησκειν
P75 ιασηται αυτου τον υιον ημελλεν γαρ αποθνησκειν

(2aor,act,ind,3p,sing) (2aor,act,subj,3p,sing)
λεγω οραω
Jn.4:48 ειπεν ουν ο ιησους προς αυτον εαν μη σημεια και τερατα ιδητε
therefore <> He said the Jesus to him if not signs and portents/powerful works you all should have seen
B ειπεν ουν ο ις προς αυτον εαν μη σημεια και τερατα ιδητε
ℵ ειπεν ουν ο ις προς αυτον εαν μη σημια και τερατα ιδητε
P66 ειπεν ουν ο ις προς αυτον εαν μη σημια και τερατα ιδητε
P75 ειπεν ουν ο ις προς αυτον εαν μη σημεια και τερατα ιδητε

(1aor,act,subj,2p,pl)
πιστευω
W& H ου μη πιστευσητε
not not/certainly not you all would have believed
B ου μη πιστευcητε
ℵ ου μη πιστευcηται
Ᵽ66 ου μη πιστευcηται
Ᵽ75 ου μη πιστευcητε

(pres,act,ind,3p,sing) (2aor,act,imper,2p,sing) (pres,act,inf)
λεγω καταβαινω αποθνησκω
Jn.4:49 λεγει προς αυτον ο βασιλικος κυριε καταβηθι πριν αποθανειν το παιδιον μου
he said to Him the royal one Lord You come down before to die the child of me
B λεγει προς αυτον ο βασιλικος κε καταβηθι πριν αποθανειν το παιδιον μου
ℵ λεγει προς αυτο ο βασιλικος κε καταβηθι πριν αποθανιν τον παιδα μου
Ᵽ66 λεγει προς αυτον ο βασιλικος κε καταβηθι πριν αποθανειν το παιδιον μου
Ᵽ75 λεγει προς αυτον ο βασιλικος κε καταβηθι πριν αποθανειν το παιδιον μου

(pres,act,ind,3p,sing) (pres,mid,imper,2p,sing) (pres,act,ind,3p,sing)(1aor,act,ind,3p,sing)
λεγω πορευομαι ζαω πιστευω
Jn.4:50 λεγει αυτω ο ιησους πορευου ο υιος σου ζη ~~και~~ επιστευσεν ο ανθρωπος τω
He said to him the Jesus you, yourself, go the son of you he lives ~~and~~ he believed the man the
B λεγει αυτω ο ις πορευου ο υιος σου ζη επιστευσεν ο ανθρωπος τω
ℵ λεγει αυτω ο ις πορευου ο υς σου ζη επιστευσεν ο ανθρωπος τω
Ᵽ66 λεγει αυτω ο ις πορευου ο υς σου ζη επιστευσεν ο ανθρωπος τω
Ᵽ75 λεγει αυτω ο ις πορευου ο υιος σου ζη επιστευσεν ο ανος τω

(2aor,act,ind,3p,sing) (imperf,mid,ind,3p,sing)
λεγω πορευομαι
W& H λογω ον ~~ω~~ ειπεν αυτω ο ιησους και επορευετο
word the one ~~the one~~ He said to him the Jesus and he was journeying forth
B λογω ον ειπεν αυτω ο ις και επορευετο
ℵ λογω του ιυ και επορευετο
Ᵽ66 λογω ω ειπεν αυτω ο ις και επορευετο
Ᵽ75 λογω ον ειπεν αυτω ο ις και επορευετο

(pres,act,ptc,gen,sing,masc) (1aor,act,ind,3p,pl) (1aor,act,ind,3p,pl)
καταβαινω υπανταω απανταω
Jn.4:51 ηδη δε αυτου καταβαινοντος οι δουλοι αυτου υπηντησαν ~~απηντησαν~~ αυτω ~~και~~
but <> already of him coming down the slaves of him they drew near ~~they met~~ to him ~~and~~
B ηδη δε αυτου καταβαινοντος οι δουλοι αυτου υπηντησαν αυτω
ℵ ηδη δε αυτου καταβαινοντος οι δουλοι υπηντησαν αυτω
Ᵽ45 * [υπ]ηντ[ησαν]
Ᵽ66 ηδη δε αυτου καταβαινοντος οι δουλοι αυτου υπηντησαν αυτω
Ᵽ75 ηδη δε αυτου καταβαινοντος οι δουλοι αυτου υπηντησαν αυτω
[Ᵽ45 * *fragments begin here*]

(pres,act,ptc,nom,sing,masc) (pres,act,ind,3p,sing)
λεγω ζαω
W& H λεγοντες οτι ο παις αυτου ~~σου~~ ζη
saying that the child of him ~~of you~~ he lives
B λεγοντα^{ε}ις οτι ο παις αυτου
ℵ και ηγγειλαν οτι ο παις αυτου ζη
Ᵽ66 και1 λεγοντες3 απηγγιλαν2 οτι4 ο υιος * σου ζη
Ᵽ75 λεγοντες οτι ο παις αυτου ζη
[Ᵽ66 * παις αυτου *was changed to* υιος σου *by a corrector.*]

(2aor,mid,ind,3p,sing)
πυνθανομαι
Jn.4:52 επυθετο ουν1 την4 ωραν5 παρ2 αυτων3 εν6 η κομψοτερον
therefore <> he inquired the hour of them in the one/which much better
B επυθετο ουν την ωραν εκεινην εν η κομψοτερον
ℵ επυθετο ουν την ωραν παρ αυτων εν η κομψοτερον
Ᵽ45 [επυθ]ετο ου[ν] [Ᵽ45 fragments only]
Ᵽ66 επυθετο ουν την ωραν παρ αυτων εν η κομψοτερον
Ᵽ75 επυθετο ουν την ωραν εκεινην εν η κομφοτερον

(2aor,act,ind,3p,sing)(2aor,act,ind,3p,pl)(2aor,act,ind,3p,pl) (2aor,act,ind,3p,sing)
εχω hiatus λεγω λεγω αφιημι
W& H εσχεν ~~εσχε~~ ~~και~~ ειπαν ~~ειπον~~ ουν αυτω οτι εχθες ~~χθες~~ ωραν εβδομην αφηκεν
he had ~~and~~ therefore <> they said ~~they said~~ to him that/" yesterday ~~yesterday~~ hour seventh he departed
B εσχεν ειπον ουν αυτω οτι εχθες ωραν εβδομην αφηκεν
א εσχεν και ειπον αυτω οτι εχθες ωραν εβδομην αφηκεν
P45 [P45 fragments only] [ου]ν οτι ε[χθες]
P66 εσχεν ειπον1 *
P75 εσχεν ειπον ουν αυτω οτι εχθες ωραν εβδομην αφηκεν
[P66 * *text numbering jumps to 4:53 in it's text presentation*; *actual word order is by subscript*]

W& H αυτον ο πυρετος
him the fever
B αυτην ο πυρετος
א αυτο ο πυρετος
P75 αυτον ο πυρετος

(2aor,act,ind,3p,sing) (2aor,act,ind,3p,sing)
γινωσκω λεγω
Jn.4:53 εγνω ουν ο πατηρ οτι ~~εν~~ εκεινη τη ωρα εν η ειπεν αυτω
therefore <> he knew the father that ~~in~~ that the hour in the one/which He said to him
B εγνω ουν ο πατηρ οτι εκεινη τη ωρα εν η ειπεν αυτω
א εγνω ουν ο πατηρ οτι εκεινη τη ωρα εν η ειπεν αυτω
P66 ουν2 ο πατηρ αυτου οτι εν εκεινη τη ωρα εν η ειπεν αυτω
P75 εγνω ουν ο πατηρ οτι εκεινη τη ωρα εν η ειπεν αυτω

(pres,act,ind,3p,sing) (1aor,act,ind,3p,sing)
ζαω πιστευω
W& H ο ιησους ~~οτι~~ ο υιος σου ζη και επιστευσεν αυτος και η οικια αυτου ολη
the Jesus ~~that~~ the son of you he lives and he believed Him and the house of him whole/entire
B ο ις ο υιος σου ζη και επιστευσεν αυτος και η οικια αυτου ολη
א ο υιος σου ζη και επιστευσεν αυτος και η οικια αυτου ολη
P66 ο ις ο υιος σου ζη και επιστευσεν αυτος και η οικια αυτου ολη
P75 ο ις ο υιος σου ζη και επιστευσεν αυτος και η οικια αυτου ολη

(1aor,act,ind,3p,sing) (2aor,act,ptc,nom,sing,masc)
ποιεω ερχομαι
Jn.4:54 τουτο [δε] παλιν δευτερον σημειον εποιησεν ο ιησους ελθων εκ της
and <> this again *(was)* a second sign He did the Jesus having come from out of the
B τουτο δε παλιν δευτερον σημειον εποιησεν ο ις ελθων εκ της
א τουτο παλιν δευτερον1 σημιο3 εποιησεν2 ο4 ις ελθων εκ της
P45 τ[ο]υ[το] [P45 fragments only]
P66 τουτο δε παλιν δευτερον σημειον εποιησεν ο ις ελθων εκ της
P75 τουτο δε παλιν1 δευτερον3 σημειον4 εποιησεν2 ο5 ις ελθων εκ της

W& H ιουδαιας εις την γαλιλαιαν
Judea into the Galilee
B ιουδαιας εις την γαλειλαιαν
א ιουδαιας εις την γαλιλαιαν
P45 [ι]ουδ[αιας]
P66 ιουδαας εις την γαλιλαιαν
P75 ιουδαιας εις την γαλιλαιαν

John Chapter 5

(imperf,act,ind,3p,sing) (2aor,act,ind,3p,sing)
ειμι αναβαινω
Jn.5:1 μετα ταυτα ην εορτη των ιουδαιων και ανεβη ~~ο~~ ιησους εις ιεροσολυμα
after these things she was a holiday of the Jews and He ascended ~~the~~ Jesus into Jerusalem
B μετα ταυτα ην εορτη των ιουδαιων και ανεβη ις εις ιεροσολυμα
א μετα ταυτα ην η εορτη των ιουδαιω και ανεβη ο ις εις ιεροσολυμα
P45 * [~~ιουδαιω~~]ν και [~~ανεβη~~]
P66 μετα ταυτα ην εορτη των ιουδαιων και ανεβη ις εις ιεροσολυμα
P75 μετα ταυτα ην εορτη των ιουδαιων και ανεβη ις εις ιεροσολυμα
[P45 * *fragments only*]

(pres,act,ind,3p,sing) ειμι hiatus (pres,pass,ptc,nom,sing,fem) επιλεγω

Jn.5:2 εστιν ~~εστι~~ δε εν τοις ιεροσολυμοις επι τη προβατικη κολυμβηθρα η επιλεγομενη
and <> she is in the Jerusalem at the sheep *(gate)* a pool the one being named
B εστιν δε εν τοιc ιεροcολυμοιc επι τη προβατικη κολυμβηθρα η επιλεγομενη
ℵ εντιν δε εν τοιc ιεροcολυμοιc προβατικη κολυμβηθρα το λεγομενον
P45 [P45 fragments only] [~~ιεροcολυ~~]μοιc
P66 εcτιν δε εν τοιc ιεροcολυμοιc επι τη προβατικη κολυμβηθρα η επιλεγομενη
P75 εcτιν δε εν τοιc ιεροcολυμοιc επι τη προβατικη κολυμβηθρα η επιλεγομενη

(pres,act,ptc,nom,sing,fem) εχω

W& H εβραιστι βηθζαθα ~~βηθεσδα~~ πεντε στοας εχουσα
in Hebrew Bethesda ~~Bethesda~~ five stoas/porches having
B εβραιcτι βηθcαιδ πεντε cτοαc εχουcα
ℵ εβραιcτι βηθζαθα πεντε cτοαc εχουcα
P 45 * ε[~~βραιcτι~~]
P 66 εβραιcτι βηδcαιδα πεντε cτοαc εχουcα
P 75 εβραιcτι βηθcαιδα ε̲ cτοαc εχουcα
[P45 * *fragments only*]

(imperf,mid,ind,3p,sing) κατακειμαι (pres,act,ptc,gen,pl,masc) ασθενεω

Jn.5:3 εν ταυταις κατεκειτο πληθος ~~πολυ~~ των ασθενουν των τυφλων χωλων ξηρων
in these he reclined a multitude ~~many/great~~ of the ones ailing / being sick of the blind lame withered
B εν ταυταιc κατεκειτο πληθοc των αcθενουν των τυφλων χωλων ξηρων
ℵ εν ταυταιc κατεκειτο πληθοc των αcθενουν τω τυφλων χωλων ξηρων
P 66 εν ταυταιc κατεκειτο πληθοc των αcθενουν των τυφλων χωλων ξηρων
P 75 εν ταυταιc κατεκειτο πληθοc των αcθενουν των τυφλων χωλων ξηρων

(pres,act,ptc,gen,pl,masc) εκδεχομαι

W& H ~~εκδεχομενων την του υδατος κινησιν~~
~~waiting for the one of the water a movement~~

(imperf,act,ind,3p,sing) καταβαινω (imperf,act,ind,3p,sing) ταρασσω hiatus

Jn.5:4 ~~αγγελος γαρ κατα καιρον κατεβαινεν εν τη κολυμβηθρα και εταρασσεν~~ ~~εταρασσε~~
~~for <> an angel at times he was coming down in to the pool and he was stirring up~~

(2aor,act,ptc,nom,sing,masc) εμβαινω (imperf,act,ind,3p,sing) γινομαι

~~το υδωρ ο ουν πρωτος εμβας μετα την ταραχην του υδατος υγιης εγινετο~~
~~the water therefore <> the one first having stepped into after the movement of the water healthy he became~~

(imperf,pass,ind,3p,sing) κατεχω

~~ω δηποτε κατειχετο νοσηματι~~
~~to the one whatsoever he was being possessed disease~~

(imperf,act,ind,3p,sing) ειμι (pres,act,ptc,nom,sing,masc) εχω

Jn.5:5 ην δε τις ανθρωπος εκει τριακοντα [και] οκτω ετη εχων εν τη ασθενεια αυτου
and <> there was a certain man there thirty and eight years having in the illness of him
B ην δε τιc ανθρωποc εκει τριακοντα οκτω ετη εχων εν τη αcθενεια αυτου
ℵ ην δε τιc ανθρωποc εκει τριακοντα οκτω ετη εχων εν τη αcθενεια αυτου
P 66 ην δε τιc1 ανθρωποc3 εκει2 λ̲η̲ ετη εχων εν τη αcθενεια αυτου
P 75 ην δε τιc α̲ν̲ο̲c̲ εκει λ̲η̲ ετη εχων εν τη αcθενια αυτου

(2aor,act,ptc,nom,sing,masc) οραω (pres,mid,ptc,acc,sing,masc) κατακειμαι (2aor,act,ptc,nom,sing,masc) γινωσκω

Jn.5:6 τουτον ιδων ο ιησους κατακειμενον και γνους οτι πολυν ηδη χρονον
this one having seen the Jesus reclining and knowing that much already time
B τουτον ιδων ο ι̲c̲ κατακειμενον και γνουc οτι πολυν ηδη χρονον
ℵ τουτον ιδων ο ι̲c̲ ανακειμενον και γνουc οτι πολυν χρονον
P 66 τουτον ειδων ο ι̲c̲ κατακειμενον και γνουc οτι πολυν ηδη1 χρονον3
P 75 τουτον ιδων ο ι̲c̲ κατακειμενον και γνουc οτι πολυν ηδη χρονον ηδη

(pres,act,ind,3p,sing) (pres,act,ind,3p,sing) (pres,act,ind,2p,sing) (2aor,act,infin)
εχω λεγω θελω γινομαι
W& H εχει λεγει αυτω θελεις υγιης γενεσθαι
he has He says to him wish you healthy to become
B εχει λεγει αυτω θελις υγιηc γενεcθαι
ℵ εχει λεγει αυτω θελιc υγιηc γενεcθαι
P 66 εχει2 λεγει4 αυτω θελειc υγιηc γενεcθαι
P 75 εχει λεγει αυτω θελειc υγιηc γενεcθαι

(1aor,pass,ind,3p,sing) (pres,act,ind,1p,sing) (1aor,pass,subj,3p,sing)
αποκρινομαι εχω ταρασσω
Jn.5:7 απεκριθη αυτω ο ασθενων κυριε ανθρωπον ουκ εχω ινα οταν ταραχθη το
he did give answer to Him the one of ailing Lord a man not I have so that whenever it should be stirred up the
B απεκριθη αυτω ο αcθενων κε ανθρωπον ουκ εχω ινα οταν ταραχθη το
ℵ απεκριθη αυτω ο αcθενων κε ανθρωπον ουκ εχω ινα οταν ταραχθη το
P 66 απεκριθη αυτω ο αcθενων κε ανον ουκ εχω ινα οταν ταραχθη το
P 75 απεκριθη αυτω ο αcθενων κε ανον ουκ εχω ινα οταν ταραχθη το

(2aor,act,subj,3p,sing) (pres,mid,ind,1p,sing)
βαλλω ερχομαι
W& H ~~του~~ υδωρ βαλη με εις την κολυμβηθραν εν ω δε ερχομαι
~~of the~~ water he might cast me into the pool but <> in the one I come
B υδωρ βαλη με ειc την κολυμβηοραν εν ω δε ερχομαι
ℵ υδωρ βαλη με ειc την κολυμβηθρα εν ω δε ερχομαι
P 66 υδωρ βαλημαι ειc την κολυμβηθραν εν ω δε ερχομαι
P 75 υδωρ βαλη με ειc την κολυμβηοραν εν ω δε ερχομαι

(pres,act,ind,3p,sing)
καταβαινω
W& H εγω αλλος προ εμου καταβαινει
I another before me he goes down
B εγω αλλοc προc εμου καταβαινι
ℵ εγω αλλοc προ εμου καταβαινι
P 66 εγω αλλοc προ εμου καταβαινει
P75 εγω αλλοc προ εμου καταβαινει

(pres,act,ind,3p,sing)(pres,act,imper,2p,sing)(1aor,act,infin)(1aor,act,imper,2p,sing)
λεγω εγειρω εγειρω αιρω
Jn.5:8 λεγει αυτω ο ιησους εγειρε ~~εγειραι~~ αρον τον
He says to him the Jesus you stand up ~~to arise~~ you take up the
B λεγει αυτω ο ιc εγειρε αρον τον
ℵ λεγει αυτω ο ιc εγειρε αρον τον
P 66 λεγει αυτω ο ιc εγειρε αρον τον
P 75 λεγει αυτω ο ιc εγειρε αρον τον

(pres,act,imper,2p,sing)
περιπατεω
W& H κραβαττον ~~κραβατον~~ ~~κραββατον~~ σου και περιπατει
mattress/bed of you and you walk
B κραββαττον cου και περιπατει
ℵ κραβακτον cου και περιπατει
P 66 κραβαττον cου και περιπατει
P 75 κραββαττον cου και περιπατει

(2aor,mid,ind,3p,sing) (1aor,act,ind,3p,sing)
γινομαι αιρω hiatus
Jn.5:9 και ευθεως εγενετο υγιης ο ανθρωπος και ηρεν ~~ηρε~~ τον κραβαττον ~~κραβατον~~
and immediately he became healthy the man and he took up the mattress/bed
B και ευθεωc εγενετο υγιηc ο ανθρωποc και ηρε τον κραβατον
ℵ εγενετο υγιηc ο ανθρωποc και ηγερθη και ηρε τον
P 66 και ευθεωc εγενετο υγιηc ο ανοc και ηρεν τον κραβαττον
P 75 [κ]αι ηρε τον

(imperf,act,ind,3p,sing)(imperf,act,ind,3p,sing)
περιπατεω εiμι

W& H ~~κραββατον~~ αυτου και περιεπατει ην δε σαββατον εν εκεινη τη ημερα
of him and he was walking around but <> it was a Sabbath on that the day
B αυτου και περιεπατει ην δε cαββατον εν εκεινη τη ημερα
ℵ κραβακτο αυτου και περιεπατει ην δε cαββατον εν εκινη τη ημερα
P 66 αυτου και περιεπατει ην δε cαββατον εν εκεινη τη ημερα
P 75 κραββατον αυτου και περιεπατει ην δε cαββατον εν εκεινη τη ημερα

(imperf,act,ind,3p,pl) (perf,pass,ptc,dat,sing,masc) (pres,act,impers,3p,sing)
λεγω θεραπευω εξειμι

Jn.5:10 ελεγον ουν οι ιουδαιοι τω τεθεραπευμενω σαββατον εστιν και ουκ εξεστιν
therefore <> they were saying the Jews to the one having been healed a Sabbath it is and not it is lawful
B ελεγον ουν οι ιουδαιοι τω τεθεραπευμενω cαββατον εστιν και ουκ εξεστιν
ℵ ελεγον ουν οι ιουδαιοι τω τεθεραπευμενω cαββατον εστιν και ουκ
P 66 ελεγον ουν οι ιουδαιοι τω τεθεραπευμενω cαββατον εστιν και ουκ εξεστιν
P 75 ελεγον ουν οι ιουδαιοι τω τεθεραπευμενω cαββατον εστιν και ουκ εξεστιν

hiatus (1aor,act,infin)
αιρω

W& H ~~εξεστι~~ σοι αραι τον κραβαττον ~~κραβατον~~ ~~κραββατον~~
for you to take up the mattress/bed
B cοι αραι τον κραβαττιο
ℵ εξεcτι cοι αραι τον κραβακτον cου
P 66 cοι αραι τον κραβαττον cου
P 75 cοι αραι τον κραβαττον cου

(1aor,pass,ind,3p,sing) (1aor,act,ptc,nom,sing,masc)
αποκρινομαι ποιεω

Jn.5:11 ος ~~ο~~ δε απεκριθη αυτοις ο ποιησας με υγιη εκεινος μοι
but <> ~~the one~~ who/he he did give answer to them the One having made me healthy that One to me
B ος δε απεκριθη αυτοιc ο ποιηcαc με υγιη εκεινοc μοι
ℵ <u>ο</u> δε λθι απεκρινατο αυτοιc ο ποιηcαc με υγιην εκεινοc μοι
P 66 ο δε λθι απεκρινατο αυτοιc ο ποιηcαc με υγιην εκεινοc μοι
P 75 ος δε απεκτιθη αυτοιc ο ποιηcαc με υγιη εκεινοc μοι

(2aor,act,ind,3p,sing)) (1aor,act,imper,2p,sing)
λεγω αιρω

W& H ειπεν αρον τον κραβαττον ~~κραβατον~~ ~~κραββατον~~ σου
He said you take up the matterss/bed of you
B ειπεν αρον τον κραβαττον cου
ℵ ειπεν αραι τον κραβακτον
P 66 ειπεν αρον τον κραβαττον cου
P 75 ειπεν αρον τον κραβαττον cου

(pres,act,imper,2p,sing)
περιπατεω

W& H και περιπατει
and you walk
B και περιπατει
ℵ και περιπατειν
P 66 και περιπατει
P 75 και περιπατει

(1aor,act,ind,3p,pl) (pres,act,ind,3p,sing) (2aor,act,ptc,nom,sing,masc) (1aor,act,imper,2p,sing)
ερωταω εiμι λεγω αιρω

Jn.5:12 ηρωτησαν ~~ουν~~ αυτον τις εστιν ο ανθρωπος ο ειπων σοι αρον
~~therefore~~ <> they asked him Who He is the Man the One having said to you you take up
B ηρωτηcαν αυτον τιc εcτιν ο ανθρωποc ο ειπων cοι αρον
ℵ ηρωτηcαν αυτο τιc εcτιν ο ανθρωποc ο ειπων cοι αραι
P 66 ηρωτηcαν αυτον τιc εcτιν ο ανθρωποc ο ειπων cοι αρον
P 75 ηρωτηcαν ουν τιc εcτιν ο <u>ανοc</u> ο ειπων cοι αρον

(pres,act,imper,2p,sing)
περιπατεω
W& H ~~τον κραββατον σου~~ και περιπατει
~~the matterss/bed of you~~ and you walk
B και περιπατει
א και περιπατι
P 66 και περιπατει
P 75 και περιπατει

(1aor,pass,ptc,nom,sing,masc)(plupf,act,ind,3p,sing)(pres,act,ind,3p,sing) (1aor,act,ind,3p,sing)
ιαομαι οιδα ειμι εκνευω
Jn.5:13 ο δε ιαθεις ουκ ηδει τις εστιν ο γαρ ιησους εξενευσεν
but <> the one having been healed not having had known Who He is for <> the Jesus He left without notice
B ο δε ιαθεις ουκ ηδει τις εστιν ο γαρ ις εξενυσεν
א ο δε ιαθεις ουκ ηδει τις εστιν ο γαρ ις
P66 ο δε ιαθεις ουκ ηδει τις εστιν ο γαρ ις εξενευσεν
P75 ο δε ιαθεις ουκ ηδει τις εστιν ο δε ις εξενυσεν

(pres,act,ptc,gen,sing,masc)
ειμι
W& H οχλου οντος εν τω τοπω
a crowd being in the place
B οχλου οντος εν τω τοπω
א ενευσεν οχλου οντος εν τω μεσω
P 66 οχλου οντος εν τω τοπω
P 75 οχλου οντος εν τω τοπω

(pres,act,ind,3p,sing) (2aor,act,ind,3p,sing)
ευρισκω λεγω
Jn.5:14 μετα ταυτα ευρισκει αυτον [ο] ιησους εν τω ιερω και ειπεν αυτω
after these things He finds him the Jesus in the temple and He said to him
B μετα ταυτα ευρισκει αυτον ις εν τω ιερω και ειπεν αυτω
א μετα ταυτα ευρισκει ο ις τον τεθεραπευμενον εν τω ιερω και λεγει αυτω
P 66 μετα ταυτα ευρισκει αυτον ο ις εν τω ιερω και ειπεν αυτω
P 75 μετα ταυτα ευρισκει αυτον ο ις εν τω ιερω και ειπεν αυτω

(pres,act,imper,2p,sing) (2 perf,act,ind,2p,sing) (pres,act,imper,2p,sing) (2aor,mid,subj,3p,sing)
ειδον γινομαι αμαρτανω γινομαι
W& H ιδε υγιης γεγονας μηκετι αμαρτανε ινα μη χειρον$_1$ σοι$_3$ τι$_2$ γενηται$_4$
you behold healthy you have become no longer you sin so that not worse to you something it should happen
B ιδε υγιης γεγονας μηκετι αμαρτανε ινα μη χειρον σοι τι γενηται
א ιδε υγιης γεγονας μηκετι αμαρτανε ινα μη χειρον$_1$ σοι$_3$ τι$_2$ γενηται$_4$
P 66 ιδε υγιης γενονας μηκετι αμαρτανε ινα μη χειρον σοι τι γενηται
P 75 ιδε υγιης γεγονας μηκετι αμαρτανε ινα μη χειρον σοι τι γενηται

(2aor,act,ind,3p,sing) (2aor,act,ind,3p,sing) (1aor,act,ind,3p,sing)
απερχομαι λεγω αναγγελλω hiatus
Jn.5:15 απηλθεν ο ανθρωπος και ειπεν ~~ανηγγειλεν~~ ~~ανηγγειλε~~ τοις ιουδαιοις
he went away the man and he said ~~he informed~~ to the Jews
B απηλθεν ο ανθρωπος και ανηιγειλεν τοις ιουδαιοις
א απηλθεν ο ανθρωπος και ειπεν τοις ιουδαιοις
P 66 απηλθεν ο ανθρωπος και ανηγγιλεν τοις ιουδαιοις
P 75 απηλθεν ο ανθρωπος και ανηιγγειλεν τοις ιουδαιο[[ι]]ς

(pres,act,ind,3p,sing) (1aor,act,ptc,nom,sing,masc)
ειμι ποιεω
W& H οτι ιησους εστιν ο ποιησας αυτον υγιη
that Jesus He is the One having made him healthy
B οτι ις εστιν ο ποιησας αυτον υγιη
א οτι ις εστιν ο ποιησας αυτον υγιη
P 66 οτι ις εστιν ο ποιησας αυτον υγιη
P 75 οτι ις εστιν ο ποιησας αυτον υγιη

(imperf,act,ind,3p,pl) διωκω (imperf,act,ind,3p,pl) ζητεω
Jn.5:16 και δια τουτο εδιωκον1 οι4 ιουδαιοι5 τον2 ιησουν3 ~~και~~6 ~~εζητουν αυτον~~
and because of this they were persecuting the Jews the Jesus ~~and they were seeking Him~~
B και δια τουτο εδιωκον οι ιουδαιοι τον ιν
א και δια τουτο εδιωκον οι ιουδαιοι τον ιν
P 66 και δια τουτο εδιωκον οι ιουδαιοι τον ιν
P 75 και δια τουτο εδιωκον οι ιουδαιοι τον ιν

(1aor,act,infin) αποκτεινω (imperf,act,ind,3p,sing) ποιεω
W& H ~~αποκτειναι~~ οτι ταυτα εποιει εν σαββατω
~~to kill~~ because these *(things)* He was doing on a Sabbath
B οτι ταυτα εποιει εν σαββατω
א οτι ταυτα εποιει εν σαββατω
P 66 οτι ταυτα εποιει εν σαββατω
P 75 οτι ταυτα εποιησεν εν σαββατω

(1aor,mid,ind,3p,sing) αποκρινομαι
Jn.5:17 ο δε [~~ιησους~~] απεκρινατο αυτοις ο πατηρ μου εως αρτι
but <> the One ~~Jesus~~ He, Himself, answered them the Father of Me until now
B ο δε απεκρεινατο αυτοις ο πατηρ μου εως αρτι
א ο δε απεκρινετο αυτοις ο πατηρ μου εως αρτι
P 66 ο δε ις απεκρινατο αυτοις ο πατηρ μου εως αρτι
P 75 ο δε απεκρεινατο αυτοις ο πατηρ μου εως αρτι

(pres,mid,ind,3p,sing) εργαζομαι (pres,mid,ind,1p,sing) εργαζομαι
W& H εργαζεται καγω εργαζομαι
He works and I I work
B εργαζεται καγω εργαζομαι
א εργαζετε καγω εργαζομαι
P 66 εργαζεται καγω εργαζομαι
P 75 εργαζεται καγω εργαζομαι

(imperf,act,ind,3p,pl) ζητεω (1aor,act,infin) αποκτεινω
Jn.5:18 δια τουτο ουν μαλλον εζητουν αυτον οι ιουδαιοι αποκτειναι οτι ου μονον
therefore <> on account of this more they were seeking Him the Jews to kill because not only
B δια τουτο ουν μαλλον εζητουν αυτον οι ιουδαιοι αποκτειναι οτι ου μονον
א δια τουτο μαλλον εζητου αυτον οι ιουδαιοι αποκτιναι οτι ου μονον
P 66 δια τουτο ουν μαλλον1 εζητουν4 αυτον5 οι2 ιουδαιοι3 αποκτιναι6 οτι ου μονον
P 75 δια τουτο ουν μαλλον εζητουν αυτον οι ιουδαιοι αποκτειναι οτι ου μονον

(imperf,act,ind,3p,sing) λυω hiatus (imperf,act,ind,3p,sing) λεγω (pres,act,ptc,nom,sing,masc) ποιεω
W& H ελυεν ~~ελυε~~ το σαββατον αλλα και πατερα ιδιον ελεγεν τον θεον ισον εαυτον ποιων
He untied the Sabbath but also Father *His* Own He was calling the God equal Himself making
B ελυε το σαββατον αλλα και πατερα ιδιον ελεγεν τον θν ισον εαυτον ποιων
א ελυε το σαββατον αλλα και πατερα ιδιον ελεγε τον θν ισο εαυτον ποιων
P66 ελυε το σαββατον αλλα και πρα ιδιον ελεγεν τον θν ισον εαυτον ποιων
P75 ελυε το σαββατον αλλα και πατερα ιδιον ελεγεν τον θν ισον εαυτον ποιων

W& H τω θεω
to the God
B τω θω
א τω θω
P 66 τω θω
P 75 τω θω

(1aor,mid,ind,3p,sing) αποκρινομαι (imperf,act,ind,3p,sing) λεγω (2aor,act,ind,3p,sing) λεγω (pres,act,ind,1p,sing) λεγω
Jn.5:19 απεκρινατο ουν [ο ιησους] και ελεγεν ~~ειπεν~~ αυτοις αμην αμην λεγω υμιν ου
therefore <> He answered the Jesus and He was saying ~~He said~~ to them amen amen I say to you all not
B απεκρινατο ου
א ο4 ις5 ελεγεν1 ου2 αυτοις3 αμην6 λεγω υμιν ου
P 66 απεκρινατο ουν ο ις και ελεγεν αυτοις αμην αμην λεγω υμιν ου
P 75 απεκρινατο ουν και ελεγεν αυτοις αμην αμην λεγω υμιν ου

(pres,pass,ind,3p,sing) (pres,act,inf) (pres,act,subj,3p,sing)
δυναμαι ποιεω βλεπω
W& H δυναται ο υιος ποιειν αφ εαυτου ουδεν εαν μη τι βλεπη τον πατερα
He is being able the Son to do from Himself anything if not/unless/except what He should see the Father
B δυναται ο υιος ποιειν αφ εαυτου ουδεν αν μη τι βλεπη τον πατερα
א δυναται ο υς ποιειν αφ εαυτου ουδεν αν μη τι βλεπη τον πατερα
P 66 δυναται ο υς ποιειν αφ εαυτου ουδε εν εαν μη τι βλεπη τον πρα
P 75 δυναται ο υιος ποιειν αφ εαυτου ουδεν εαν μη τι βλεπη τον πατερα

(pres,act,ptc,acc,sing,masc) (pres,act,subj,3p,sing) (pres,act,ind,3p,sing)
ποιεω ποιεω ποιεω
W& H ποιουντα α γαρ αν εκεινος ποιη ταυτα και ο υιος ομοιως ποιει
doing for <> what ever that One He should do these *(things)* also the Son likewise He does
B ποιουντα α γαρ αν εκεινος ποιη ταυτα και ο υιος ομοιως ποιει
א ποιουντα α γαρ αν εκεινος ποιη ταυτα και ο υς1 ομοιως3 ποιει2
P66 ποιουντα α γαρ εαν εκεινος ποιη ταυτα και ο υιος ομοιως ποιει
P75 ποιουντα α γαρ αν εκεινος ποιη ταυτα και ο υς ομοιως ποιει

(pres,act,ind,3p,sing) (pres,act,ind,3p,sing) (pres,act,ind,3p,sing)
φιλεω δεικνυμι ποιεω
Jn.5:20 ο γαρ πατηρ φιλει τον υιον και παντα δεικνυσιν αυτω α αυτος ποιει
for <> the Father He loves the Son and all *(things)* He shows to Him the ones He He is doing
B ο γαρ πατηρ φιλει τον υιον και παντα δεικνυσιν αυτω α αυτος ποιει
א ο γαρ πατηρ φιλι το υν και παντα δικνυσιν αυτω α αυτος ποιει
P 66 ο γαρ πηρ φιλει τον υν και παντα δεικνυσιν αυτω α αυτος ποιει
P 75 ο γαρ πηρ φιλει τον υιον και παντα δικνυσιν αυτω α αυτος ποιει

(fut,act,ind,3p,sing) (pres,act,subj,2p,pl)
δεικνυμι θαυμαζω
W& H και μειζονα τουτων δειξει αυτω εργα ινα υμεις θαυμαζητε
and greater of/than these He will show to Him works so that you all you all should marvel.
B και μειζονα τουτων δειξει αυτω εργα ινα υμεις θαυμαζητε
א και μιζονα τουτων1 δειξει3 αυτω4 εργα2 ινα5 υμεις θαυμαζετε
P 66 και μειζονα τουτων δειξει αυτω εργα ινα υμεις θαυμαζηται
P 75 και μειζονα τουτων δειξει αυτω εργα ινα υμεις θαυμασητε

(pres,act,ind,3p,sing) (pres,act,ind,3p,sing) (pres,act,ind,3p,sing)
εγειρω ζωοποιεω θελω
Jn.5:21 ωσπερ γαρ ο πατηρ εγειρει τους νεκρους και ζωοποιει ουτως και ο υιος ους θελει
for <> just as the Father He raises the dead and He makes alive so also the Son the ones He wishes
B ωσπερ γαρ ο πατηρ εγειρει τους νεκρους και ζωοποιει ουτως και ο υιος ους θελει
א ως γαρ ο πατηρ εγειρει τους νεκρους και ζωοποιει ουτως και ο υς ους θελει
P 45 *ωσπ[ερ γα[ρ *θε]λει
P 66 ωσπερ γαρ ο πηρ εγειρει τους νεκρους και ζωοποιει ουτως και υος ους θελει
P 75 ωσπερ γαρ ο πατηρ εγειρει τους νεκρους και ζωοποιει ουτως και ο υιος ους θελει
[P45 * *fragments only*]

(pres,act,ind,3p,sing)
ζωοποιεω
W& H ζωοποιει
He makes alive
B ζωοποιει
א ζωοποιει
P 45 ζ[ωοποιει] *
P 66 ζωοποιει
P 75 ζωοποιει
[P45 * *continues again at* Jn.10:7]

(pres,act,ind,3p,sing) (perf,act,ind,3p,sing) hiatus
κρινω διδωμι
Jn.5:22 ουδε γαρ ο πατηρ κρινει ουδενα αλλα την κρισιν πασαν δεδωκεν ~~δεδωκε~~ τω υιω
for <> and not the Father He judges not anyone but the judgment all He has given to the Son
B ουδε γαρ ο πατηρ κρινει ουδενα αλλα την κρισιν πασαν δεδωκεν τω υιω
א ουδε γαρ ο πατηρ κρινει ουδενα αλλα τη κρισιν πασαν δεδωκεν τω υιω
P 66 ουδε γαρ ο πατηρ κρινει ουδενα αλλα την κρισιν πασαν δεδωκεν τω υιω
P 75 ουδε γαρ ο πατηρ κρινει ουδενα αλλα την κρισιν πασαν δεδωκεν τω υιω

(pres,act,subj,3p,pl) (pres,act,subj,3p,pl)
τιμαω hiatus τιμαω hiatus

Jn.5:23 ινα παντες τιμωσιν ~~τιμωσι~~ τον υιον καθως τιμωσιν ~~τιμωσι~~ τον πατερα
so that all they should honor the Son as they should honor the Father
B ινα παντες τιμωσι τον υιον καθως τειμωσι τον πατερα
ℵ ινα παντες τιμωσι τον υν καθως τιμωσι τον πατερα
P 66 ινα παντες τιμωσι τον υν καθως τιμωσι τον [π]ατερα
P 75 ινα παντες τιμωσιν τον υιον καθως τιμωσι τον πρα

(pres,act,ptc,nom,sing,masc) (pres,act,ind,3p,sing) (1aor,act,ptc,acc,sing,masc)
τιμαω τιμαω πεμπω

W& H ο μη τιμων τον υιον ου τιμα τον πατερα τον πεμψαντα αυτον
the one not honoring the Son not he honors the Father the One having sent Him
B ο μη τειμων τον υιον ου τειμα τον πατερα τον πεμψαντα αυτον
ℵ ο μη τιμων το υν ου τειμα τον πατερα τον πεμψαντα αυτον
P 66 ο μη τιμων τον υν ου τιμα τον πρα τον πεμψαντα αυτον
P 75 ο μη τιμων τ[ον υιον ου τιμα τον] πατερα τον πεμ[ψαντα αυτον]

(pres,act,ptc,nom,sing,masc)
(pres,act,ind,1p,sing) (pres,act,ptc,nom,sing,masc) V (1aor,act,ptc,dat,sing,masc)
λεγω ακουω πιστευω πεμπω

Jn.5:24 αμην αμην λεγω υμιν οτι ο τον λογον μου ακουων και πιστευων τω πεμψαντι με
amen amen I say to you all that/" the one the word of Me hearing and believing the One having sent Me
B αμην αμην λεγω υμιν οτι ο τον λογο ου ακουων και πιστευων τω πεμψαντι με
ℵ αμην αμην λεγω υμιν οτι ο τον λογο μου ακουων και πιστευων τω πεμψαντι με
P 66 αμην αμην λεγω υμιν οτι ο τον λογον μου ακουων και πιστευων τω πεμψαντι με
P 75 [α]μην αμην λεγω υμιν οτ[ι ο] τον [λογον] μου ακουων και πιστευων ω [πεμψ]αντι με

(pres,act,ind,3p,sing) (pres,mid,ind,3p,sing) (perf,act,ind,3p,sing) (perf,act,ind,3p,sing)
εχω ερχομαι μεταβαινω μεταβαινω

W& H εχει ζωην αιωνιον και εις κρισιν ουκ ερχεται αλλα μεταβεβηκεν ~~μεταβεβηκαν~~
he has life eternal and into judgment not he comes but he has passed over
B εχει ζωην αιωνιον και εις κρισιν ουκ ερχεται αλλα μεταβεβηκεν
ℵ εχει ζωην αιωνιον και εις κρισιν ουκ ερχεται αλλα μεταβεβηκεν
P 66 εχι ζωην αιωνιον και εις κρισιν ουκ ερχεται αλλα μεταβεβηκεν
P 75 εχει ζωην αιων[ι]ον κ[αι εις] κρισιν ουκ ερχεται αλλα μ[ε]ταβ[ε]βηκεν

W& H εκ του θανατου εις την ζωην
from out of the death into the life
B εκ του θανατου εις την ζωην
ℵ εκ του θανατου εις την ζωην
P 66 εκ του θανατου εις την ζωην
P 75 εκ του θανατου εις την ζωην

(pres,act,ind,1p,sing) (pres,mid,ind,3p,sing) (pres,act,ind,3p,sing) (fut,act,ind,3p,pl)
λεγω ερχομαι ειμι ακουω

Jn.5:25 αμην αμην λεγω υμιν οτι ερχεται ωρα και νυν εστιν οτε οι νεκροι ακουσουσιν
amen amen I say to you all that she comes an hour and now she is when the dead ones they will hear
B αμην αμην λεγω υμιν οτι ερχεται ωρα και νυ εστιν οτε οι νεκροι ακουσουσιν
ℵ αμην αμην λεγω υμιν οτι ερχεται ωρα οτε οι νεκροι
P 66 αμην αμην λεγω υμειν οτι ερχεται ωρα και νυν εστιν οτε οι νεκροι
P 75 α[μην α]μην λεγω υμιν οτι ερχεται και νυ[ν ε]στιν οτε [ο]ι νεκροι ακουσουσιν

(fut,mid,ind,3p,sing) (1aor,act,ptc,nom,pl,masc)
ακουω ακουω

W& H ~~ακουσονται~~ της φωνης του υιου του θεου και οι ακουσαντες
~~they themselves will hear~~ the voice of the Son of the God and the ones having heard
B της φωνης του υιου του θυ και οι ακουσαντες
ℵ ακουσωσι της φωνης του υιου του θυ και ακουσαντες
P 66 ακουσωσιν της φωνης του υιου του θυ και ακουσαντες
P 75 της [φω]νης του υιου του θυ και οι ακουσαν[τες

(fut,act,ind,3p,pl) (fut,mid,ind,3p,pl)
ζαω ζαω

W& H ζησουσιν ~~ζησονται~~
they will live ~~they themselves will live~~
B ζησουσιν
ℵ ζησουσιν
P 66 ζησουσιν
P 75 ζησουσιν

Jn.5:26 (pres,act,ind,3p,sing) εχω; (1aor,act,ind,3p,sing) διδωμι; hiatus

W&H: ωσπερ γαρ ο πατηρ εχει ζωην εν εαυτω ουτως₁ και₃ τω₄ υιω₅ εδωκεν ~~εδωκε~~₂ ζωην₆
for <> as the Father He has life in Himself thus also to the Son He gave life

B: ωςπερ γαρ ο πατηρ εχει ζωην εν εαυτω ουτωc και τω υιω εδωκεν ζωην

א: ωc γαρ ο πατηρ ζωη

P 66: ωςπερ γαρ ο πηρ εχι ζωην εν εαυτω ουτωc και τω υιω εδωκεν ζωην

P 75: ωςπερ γαρ ο πατηρ εχει [ζω]ην εν εαυτω ουτωc και τω υιω εδω[κεν] ζωην

W&H: (pres,act,inf) εχω: εχειν εν εαυτω
to have in Himself

B: εχειν εν εαυτω

א: εχει εν εαυτω

P 66: εχειν εν εαυτω

P 75: εχειν εν εαυτω

Jn.5:27 (1aor,act,ind,3p,sing) διδωμι; (pres,act,inf) ποιεω; (pres,act,ind,3p,sing) ειμι; hiatus

W&H: και εξουσιαν εδωκεν αυτω ~~και~~ κρισιν ποιειν οτι υιος ανθρωπου εστιν ~~εστι~~
and authority He gave to Him ~~and~~ judgment to do because Son of man He is

B: και εξουσιαν εδωκεν αυτω κρισιν ποιειν οτι υιοc ανθρωπου εστιν

א: και₁ εξουσιαν₅ εδωκεν₃ αυτω₄ κρισιν₂ ποιειν₆ οτι υc ανθρωπου εστιν

P 66: και εξουσιαν εδωκεν αυτω κρισιν ποιειν οτι υc ανθρωπου εστιν

P 75: και εξουσιαν [εδ]ωκεν α[υ]τω κρισιν ποιειν ο[τι] υιοc ανου εστιν

Jn.5:28 (pres,act,imper,2p,pl) θαυμαζω; (pres,mid,ind,3p,sing) ερχομαι

W&H: μη θαυμαζετε τουτο οτι ερχεται ωρα εν η παντες οι εν τοις
not you all be amazed at this because she comes an hour in which all the ones in the

B: μη θαυμαζετε τουτο οτι ερχεται ωρα εν η παντεc ο εν τοιc

א: μη θαυμαζεται τουτο οτι ερχεται ωρα εν η παντεc οι εν τοιc

P 66: μη θαυμαζεται τουτο οτι ερχεται ωρα εν η παντεc οι εν τοιc

P 75: μη θαυμαζ[ετε του]το οτι ερχεται ωρα εν η παντεc [οι εν] τοιc

W&H: (fut,act,ind,3p,pl) ακουω; (fut,mid,ind,3p,pl) ακουω
μνημειοις ακουσουσιν ~~ακουσονται~~ της φωνης αυτου
tombs they will hear ~~they themselves will hear~~ the voice of Him

B: μνημειοιc ακουcουcιν τηc φωνηc αυτου

א: μνημιοιc ακουcωcιν τηc φωνηc αυτου

P 66: μνημειοιc * ακουcωcιν τηc φωνηc αυτου

P 75: μνημειοιc ακουcουcιν τη[c φω]νηc αυτου

[P66 * τη ερημω *was changed to* τοιc μνημειοιc *by a corrector*]

Jn.5:29 (fut,mid,ind,3p,pl) εκπορευομαι; (1aor,act,ptc,nom,pl,masc) ποιεω

W&H: και εκπορευσονται οι τα αγαθα ποιησαντες εις αναστασιν ζωης οι ~~δε~~
and they will go out the ones the good *(things)* having done into resurrection of life ~~but~~<> the ones

B: και εκπορευcονται οι τα αγαθα ποιηcαντεc ειc αναcταcιν ζωηc οι

א: κ(αι) εκπορευcονται οι τα αγαθα ποιηcαντεc ειc αναcταcιν ζωηc οι δε

P 66: και εκπορευcονται οι τα αγαθα ποιηcαντεc ειc αναcταcιν ζωηc οι

P 75: και εκπορευcοντα[ι οι τα] αγαθα ποιηcαντεc ειc αναcτ[αcιν ζωηc] οι δε

W&H: (1aor,act,ptc,nom,pl,masc) πρασσω
τα φαυλα πραξαντες εις αναστασιν κρισεως
the bad having done into a resurrection of judgment

B: τα φαυλα πραξαντεc ειc αναcταcιν κριcεωc

א: τα φαυλα πραξατεc ειc αναcταcιν κριcεωc

P 66: τα φαυλα πραξαντεc ειc αναcταcιν κριcεωc

P 75: τα φαυλα πραξαντεc [ειc αναcταcιν] κριcεωc

(pres,pass,ind,1p,sing) (pres,act,inf)
δυναμαι ποιεω
Jn.5:30 ου δυναμαι εγω ποιειν απ εμαυτου
not I am able I to do of/from Myself
B ου δυναμαι εγω ποιειν απ εμαυτου
א ου δυναμαι1 εγω3 ποιειν2 απ4 εμαυτου ουδε ουτως και τω υιω εδωκεν ζωην
P 66 ου δυναμαι εγω ποιειν απ εμαυτου
P 75 ου δυναμαι εγω ποιε[ιν απ εμ]αυτου

(pres,act,ind,1p,sing)(pres,act,ind,1p,sing)
ακουω κρινω
W& H ουδεν καθως ακουω κρινω και η κρισις η εμη
anything as I hear I judge and the judgment the one My
B ουδεν καθως ακουω κρεινω και η κρισις η εμη
א εδωκεν εχιν εχιν εν εαυτω καθως ακουω κρινω η κρισις η εμη
P 66 ουδε εν καθως ακουω κρινω και η κρισις η εμη
P 75 ουδεν καθως ακουω κρι[νω] και η κρι[σ]ις η εμη

(pres,act,ind,3p,sing) (pres,act,ind,3p,sing) (1aor,act,ptc,gen,sing,masc)
ειμι ζητεω πεμπω
W& H δικαια εστιν οτι ου ζητω το θελημα το εμον αλλα το θελημα του πεμψαντος με
righteous/just she is because not I seek the will the one My but the will of the One having sent Me
B δικαια εστιν οτι ου ζητω το θελημα το εμον αλλα το θελημα του πεμψαντος με
א δικαια εστιν οτι ου ζητω το θελημα το εμον αλλα το θελημα του πεμψαντος με
P 66 δικαια εστιν οτι ου ζητω το θελημα το εμον αλλα το θελημα του πεμψαντος με
P 75 [δικαια εσ]τιν ο[τι] ου ζητω το θελημα το εμον α[λ]λα τ[ο θε]λη[μα του] πεμψαντος με

W& H ~~πατρος~~
~~Father~~

(1aor,act,ptc,gen,sing,masc) (pres,act,ind,3p,sing)
μαρτυρεω ειμι
Jn.5:31 εαν εγω μαρτυρω περι εμαυτου η μαρτυρια μου ουκ εστιν αληθης
if I I witness concerning Myself the witness of Me not she is true/valid
B εαν εγω μαρτυρω περι εμαυτου η μαρτυρια μου ουκ εστιν αληθης
א εαν εγω μαρτυρω περι εμαυτου η μαρτυρια μου ουκ εστιν αληθης
P 66 εαν εγω μαρτυρω περι εμαυτου η μαρτυρια μου ουκ εστιν αληθης
P 75 ε[α]ν ε[γω μαρ]τυ[ρω πε]ρι εμαυτου η μαρ[τυρια μου ουκ ε]στιν αληθης

(pres,act,ind,3p,sing) (perf,act,ind,1p,sing) (pres,act,ind,3p,sing)
ειμι οιδα ειμι
Jn.5:32 αλλος εστιν ο μαρτυρων περι εμου και οιδα οτι αληθης εστιν η μαρτυρια
another He is the One witnessing concerning Me and I have known that true/valid she is the witness
B αλλος εστιν ο μαρτυρων περι εμου και οιδα οτι αληθης εστιν η μαρτυρια
א αλλος εστιν ο μαρτυρων περι εμου και οιδαται οτι αληθης εστιν η μαρτυρια
P 66 αλλος εστιν ο μαρτυρων περι εμου και οιδα οτι αληθης εστιν η μαρτυρια
P 75 αλ[λο]ς εστιν [ο μαρτυρων] περι εμου και οιδα οτι αλη[θης εστιν η μ]αρτυρια

(pres,act,ind,3p,sing)
μαρτυρεω
W& H ην μαρτυρει περι εμου
the One she testifies concerning Me
B ην μαρτυρει περι εμου
א ην μαρτυρι περι εμου
P 66 ην μαρτυρι περι εμου
P 75 ην μαρτυρε[ι περι εμου]

(perf,act,ind,2p,pl) (perf,act,ind,3p,sing)
αποστελλω μαρτυρεω hiatus
Jn.5:33 υμεις απεσταλκατε προς ιωαννην και μεμαρτυρηκεν ~~μεμαρτυρηκε~~
you you all have sent to John and he has witnessed
B υμεις απεσταλκατε προς ιωανην και μεμαρτυρηκε
א υμεις απεσταλκατε προς ιωαννην και μεμαρτυρηκε
P 66 υμεις απεσταλκαται προς ιωανην και μεμαρτυρηκε
P 75 υμει[ς] απ[εσταλκατε προς ιωαννην] και μ[εμαρτυρηκεν

W& H τη αληθεια
to the truth
B τη αληθεια
א τη αληθια
P 66 τη αληθεια
P 75 τη αληθεια

(pres,act,ind,1p,sing) (pres,act,ind,1p,sing)
λαμβανω λεγω
Jn.5:34 εγω δε ου παρα ανθρωπου την μαρτυριαν λαμβανω αλλα αλλ ταυτα λεγω ινα
but <> I not from man the testimony I receive but but these things I say so that
B εγω δε ου παρα ανθρωπου την μαρτυριαν λαμβανω αλλα ταυτα λεγω ινα
א εγω δε ου παρα ανθρωπου την μαρτυριαν λαμβανω αλλα ταυτα λεγω ινα
P 66 εγω δε ου παρα ανου την μαρτυριαν λαμβανω αλλα ταυτα λεγω ινα
P 75 εγω] δε ου πα[ρα ανου1] τη[ν μα]ρτυριαν [λαμβανω2] α[λλα ταυτα λεγ]ω ινα

(1aor,pass,subj,2p,pl)
σωζω
W& H υμεις σωθητε
you all you all might be saved
B υμειc cωθητε
א υμειc cωθητε
P 66 υμειc cωθητε
P 75 υμειc cωθητε

(imperf,act,ind,3p,sing) (pres,pass,ptc,nom,sing,masc) (pres,act,ptc,nom,sing,masc) (1aor,act,ind,2p,pl)
ειμι καιω φαινω εθελω
Jn.5:35 εκεινος ην ο λυχνος ο καιομενος και φαινων υμεις δε ηθελησατε
that one he was the light the one being burned and shining and <> you all you all wished
B εκεινοc ην ο λυχνοc ο καιομενοc και φαινων υμιc δε ηθεληcατε
א εκεινοc ην ο λυχνοc ο καιομενοc και φαινων υμιc ηθεληcαται
P 66 εκεινοc ην ο λυχνοc ο καιομενοc και φαινων υμειc δε ηθεληcαται
P 75 [εκεινοc ην ο λ]υχνοc ο καιομενοc κα[ι φαινων υμειc δε ηθε]ληcα[τε]

(1aor,pass,infin)
αγαλλιαω
W& H αγαλλιαθηναι προς ωραν εν τω φωτι αυτου
to have been extremely joyful for an hour in the light of him
B αγαλλιαθηναι προc ωραν εν τω φωτι αυτου
א αγαλλιαθηναι προc ωραν εν τω φωτι αυτου
P 66 αγαλλιαθηναι προc ωραν εν τω φωτι αυτου
P 75 αγαλλι[αθηναι προc ωραν εν] τ[ω φω]τι α[υτου]

(pres,act,ind,1p,sing) (perf,act,ind,3p,sing)
εχω διδωμι hiatus
Jn.5:36 εγω δε εχω την μαρτυριαν μειζω του ιωαννου τα γαρ εργα α δεδωκεν εδωκε
but <> I I have the witness greater of the/than John for <> the works the ones He has given
B εγω δε εχω την μαρτυριαν μειζων του ιωανου τα γαρ εργα α δεδωκεν
א εγω δε εχω μαρτυριαν μειζω του ιωαννου τα γαρ εργα α δεδωκεν
P 66 εγω δε εχω την μαρτυριαν μειζων του ιωαννου τα γαρ εργα α δεδωκεν
P 75 [εγω δε εχω την μαρτυριαν] με[ιζω του ι]ωαν[νου τα γαρ ε]ρ[γα α δεδωκεν]

(1aor,act,subj,1p,sing) (pres,act,ind,1p,sing)
τελειοω ποιεω
W& H μοι ο πατηρ ινα τελειωσω αυτα αυτα τα εργα α εγω ποιω
to Me the Father so that I should complete them themselves the works the ones I I do
B μοι ο πατηρ ινα τελειωcω αυτα αυτα τα εργα α ποιω
א μοι ο πατηρ ινα τελιωcω αυτα αυτα τα εργα α ποιω
P 66 μοι ο πηρ ινα τελιωcω αυτα αυτα τα εργα α ποιω
P 75 μοι ο πατηρ ινα τ]ε[λειωcω αυτα αυτα] τα εργ[α α π]οιω

(pres,act,ind,3p,sing) (perf,act,ind,3p,sing)
μαρτυρεω αποστελλω hiatus
W& H μαρτυρει περι εμου οτι ο πατηρ με απεσταλκεν απεσταλκε
it witnesses concerning Me that the Father Me He has sent
B μαρτυρει περι εμου οτι ο πατηρ με απεcταλκεν
א μαρτυρι περι εμου οτι ο πατηρ εμε απεcταλκεν
P 66 μαρτυρι περι εμου οτι ο πηρ με απεcταλκεν
P 75 μ[αρτυρει περι εμου ο]τι ο πατηρ με απε[cταλκεν]

(1aor,act,ptc,nom,sing,masc) (perf,act,ind,3p,sing)
πεμπω μαρτυρεω
Jn.5:37 και ο πεμψας με πατηρ εκεινος ~~αυτος~~ μεμαρτυρηκεν περι εμου ουτε
and the One having sent Me Father that One ~~He~~ He has witnessed concerning Me neither/and not
B και ο πεμψας με πατηρ εκεινος μεμαρτυρηκεν περι εμου ουτε
א και ο πεμψας με πατηρ εκεινος μεμαρτυρηκεν περι εμου ουτε
𝔓 66 και ο πεμψας με πηρ αυτος μεμαρτυρηκεν περι εμου ουτε
𝔓 75 [και ο πε]μψας με πατηρ εκει[ν]ος μ[εμαρτυρη]κεν π[[ερ]]ι [ε]μου [ουτε]

(2 perf,act,ind,Att,2p,pl) (perf,act,ind,Att,2p,pl)
ακουω οραω
W& H φωνην αυτου$_1$ πωποτε$_3$ ακηκοατε$_2$ ουτε$_4$ ειδος αυτου εωρακατε
voice of Him at any time have you all heard nor/and not appearance of Him have you all seen
B φωνην αυτου πωποτε ακηκοατε ουτε ειδος αυτου εωρακατε
א φωνην αυτου πωποτε ακηκοατε ουτε ειδος αυτου εωρακατε
𝔓 66 φωνην αυτου πωποτε ακηκοατε ουτε ειδος αυτου εωρακατε
𝔓 75 [φων]ην αυτου πωποτ[ε ακηκοατε] ου[τ]ε ειδ[ο]ς αυτου εωρακατε

(pres,act,ind,2p,pl) (pres,act,ptc,acc,sing,masc)
εχω μενω
Jn.5:38 και τον λογον αυτου ουκ εχετε$_1$ εν$_3$ υμιν$_4$ μενοντα$_2$ οτι$_5$ ον
and the word of Him not you all have in you all remaining because the One
B και τον λογον αυτου ουκ εχετε εν υμιν μενοντα οτι ον
א και τον λογον αυτου ουκ εχετε εν υμιν μενοντα οτι ον
𝔓 66 και τον λογον αυτου ουκ εχεται εν υμιν μενοντα οτι ον
𝔓 75 [και τον]ν λο[γο]ν αυτου ουκ εχετε εν [υμιν] μεν[ο]ντα οτι ον

(1aor,act,ind,3p,sing) (1aor,act,ind,3p,sing)
πεμπω πιστευω
W& H απεστειλεν εκεινος τουτω υμεις ου πιστευετε
He sent that One in this One you all not you all believe
B απεστιλεν εκεινος τουτω υμεις ου πιστευετε
א απεστιλεν εκινος τουτω υμις ου πιστευετε
𝔓 66 απεστιλεν εκεινος τουτω υμεις ου πιστευεται
𝔓 75 απεστιλεν [εκειν]ος τ[ου]τω υμεις ου πιστευετε

(pres,act,imper,2p,pl) (pres,act,ind,2p,pl) (pres,act,inf)
ευρισκω δοκεω εχω
Jn.5:39 ερευνατε τας γραφας οτι υμεις δοκειτε εν αυταις ζωην αιωνιον εχειν
you all search the scriptures because you all you all think in them life eternal to have
B ερευνατε τας γραφας οτι υμεις δοκειτε εν αυταις ζωην αιωνιον εχιν
א ερευνατε τας γραφας οτι υμεις δοκειται εν αυταις ζωην αιωνιον εχι
𝔓 66 ερευναται τας γραφας οτι υμεις δοκειτε εν αυταις ζωην αιωνιον εχειν
𝔓 75 [ερευν]ατε τας γραφας οτι υμει[ς] δοκει[τε] εν αυταις ζωην αιωνιον εχειν

(pres,act,ind,3p,pl) (pres,act,ptc,nom,pl,fem)
ειμι μαρτυρεω
W& H και εκειναι εισιν αι μαρτυρουσαι περι εμου
and these they are the ones testifying concerning Me
B και εκειναι εισιν αι μαρτυρουσαι περι εμου
א και εκειναι εισι αι μαρτυρουσαι περι εμου
𝔓 66 και εκειναι εισιν αι μαρτυρουσαι περι εμου
𝔓 75 [κ]αι εκειναι εισιν αι μαρτυρουσαι περι εμου

(pres,act,ind,2p,pl) (2aor,act,infin) (pres,act,subj,2p,pl)
θελω ερχομαι εχω
Jn.5:40 και ου θελετε ελθειν προς με ινα ζωην εχητε
and not you all wish to come to Me so that life you all might have
B και ου θελετε ελθειν προς με ινα ζωη εχητε
א και ου θελετε ελθειν προς με ινα ζωην εχητε
𝔓 66 και ου θελεται ελθειν προς με ινα ζωη εχηται
𝔓 75 και ου θελετε ελθειν προς με ινα ζωην εχητε

(pres,act,ind,1p,sing)
λαμβανω
Jn.5:41 δοξαν παρα ανθρωπων ου λαμβανω
glory from men not I receive
B δοξαν παρα ανθρωπων ου λαμβανω
ℵ δοξαν παρα ανθρωπων ου λαμβανω
P 66 δοξαν παρα ανων ου λαμβανω
P 75 δοξαν παρ[α α]νων ου λαμβανω

(perf,act,ind,1p,sing) γινωσκω ... (pres,act,ind,2p,pl) εχω
Jn.5:42 αλλα ~~αλλ~~ εγνωκα υμας οτι την αγαπην του θεου ουκ εχετε εν εαυτοις
but I have known you all that the love of the God not you all have in yourselves
B αλλα εγνωκα υμας οτι την αγαπην του θυ ουκ εχετε εν εαυτοις
ℵ αλλ εγνωκα υμας οτι ~~ουκ εχετε~~ την αγαπην του θυ ουκ εχετε εν εαυτοις
P 66 αλλ εγνωκα υμας οτι την αγαπην του θυ ουκ εχετε εν εαυτοις
P 75 αλλα εγνωκα υμ[ας οτι] την αγαπην του θυ ουκ εχετε εν εα[υ]τοις

(2 perf,act,ind,1p,sing) ερχομαι ... (pres,act,ind,2p,pl) λαμβανω ... (2aor,act,subj,3p,sing) ερχομαι
Jn.5:43 εγω εληλυθα εν τω ονοματι του πατρος μου και ου λαμβανετε με εαν αλλος ελθη
I I have come in the Name of the Father of Me and not you all receive Me if another he should come
B εγω εληλυθα εν τω ονοματι του πατρος μου και ου λαμβανετε με εαν αλλο ελθη
ℵ εγω εληλυθα εν τω ονοματι του πατρος μου και ου λαμβανετε με εαν αλλ ελθη
P 66 εγω εληλυθα εν τω ονοματι του πατρος μου και ου λαμβανετε [[με]] εαν αλλος ελθη
P 75 εγω εληλυθα εν τω ονοματι τ[ου π]ρος μου και ου λαμ[βα]νετε με εαν [αλλος] ελθη

(fut,mid,ind,2p,pl) λαμβανω
W& H εν τω ονοματι τω ιδιω εκεινον λημψεσθε
in the name to the one his own that one you yourselves will receive.
B εν τω ονοματι τω ιδιω εκεινον λημψεσθε
ℵ τω ονοματι τω ιδιω εκεινον λημψεσθαι
P 66 εν τω ονοματι τω ιδιω εκεινον λημψεσθε
P 75 εν τω ονοματι τω ιδιω [εκειν]ον λημψεσθε

(pres,pass,ind,2p,pl) δυναμαι ... (1aor,act,infin) πιστευω ... (pres,act,ptc,nom,pl,masc) λαμβανω
Jn.5:44 πως δυνασθε υμεις πιστευσαι δοξαν παρα αλληλων λαμβανοντες και την
how are you all able you all to believe glory from one another receiving and the
B πως δυνασθε υμεις πιστευσαι δοξαν παρα αλληλων λαμβανοντες και την
ℵ πως δυνασθαι υμις πιστευσαι δοξαν παρα αλληλων λαμβανοντες και την
P 66 πως δυνασθαι υμεις πιστευσαι δοξαν παρα αλληλων λαμβανοντες και την
P 75 πως δυνασθε [υμει]ς πιστευσαι δοξαν παρα αλλη[λων λα]μβανοντες και την

(pres,act,ind,2p,pl) ζητεω
W& H δοξαν την παρα του μονου [θεου] ου ζητειτε
glory the one from the only God not you all are seeking
B δοσαν την παρα του μονου ου ζητειτε
ℵ δοξα την παρα του μονου θυ ου ζητουντες
P 66 δοσαν την παρα του μονου ου ζητειται
P 75 δοσαν [την παρα το]υ μονου ου ζητειτε

(pres,act,imper,2p,pl) δοκεω ... (fut,act,ind,1p,sing) κατηγορεω ... (pres,act,ind,3p,sing) V ειμι ... (pres,act,ptc,nom,sing,masc) κατηγορεω
Jn.5:45 μη δοκειτε οτι εγω κατηγορησω υμων προς τον πατερα εστιν ο κατηγορων
not think you all that I I will accuse you all before the Father he is the one accusing
B μη δοκειτε οτι εγω κατηγορησω υμων προς τον πατερα εστιν ο κατηγορων
ℵ μη δοκειται οτι εγω κατηγορησω υμων προς το πρα εστιν ο κατηγορων
P 66 μη δοκειτε οτι εγω κατηγορησω υμων προς τον πρα εστιν ο κατηγορων
P 75 μη [δοκειτε οτι] εγω κατηγορησω υμων [προς] τον πρα εστιν ο κατη[γ]ορων

(perf,act,ind,2p,pl)
ελπιζω
W& H υμων μωσης ~~μωυσης~~ ~~μωσης~~ εις ον υμεις ηλπικατε
you all Moses in the one whom you all you all have hoped
B υμων προς τον πατερα μωυσηc εις ον υμειc ηλπικατε
ℵ υμων μωυσηc εις ον υμειc ηλπικατε
Ᵽ 66 υμων μωυσηc εις ον υμειc ηλπικατε
Ᵽ 75 [υμω]ν μωυσηc εις ον υμειc ηλπι[κατε]

(imperf,act,ind,2p,pl) πιστευω (imperf,act,ind,2p,pl) πιστευω
Jn.5:46 ει γαρ επιστευετε μωσει ~~μωυσει~~ ~~μωυση~~ ~~μωσει~~ επιστευετε αν
for <> if you all were believing Moses you all would be believing
B ει γαρ επιcτευετε μωυcει επιcτευετε
ℵ ει γαρ επιcτευετε μωcει επιcτευετε αν
Ᵽ 66 ει γαρ επιcτευεται μωυcει επιcευετε αν
Ᵽ 75 ει γα[ρ] επι[c]τ[ε]υ[ε]τε μωυcει επι[cτευ]ετε [α]ν

(1aor,act,ind,3p,sing)
γραφω
W& H εμοι περι γαρ εμου εκεινος εγραψεν
Me for <> concerning Me that one he wrote
B εμοι περι γαρ εμου εκεινοc εγραφεν
ℵ εμοι περι γαρ εμου εκεινοc γεγραφεν
Ᵽ 66 εμοι περι γαρ
Ᵽ 75 εμοι περι γαρ [εμ]ου εκει[νοc εγ]ραφεν

(pres,act,ind,2p,pl)
πιστευω
Jn.5:47 ει δε τοις εκεινου γραμμασιν ου πιστευετε πως τοις εμοις ρημασιν
but <> if in the ones of that one's writings not you all believe how in the My command
B ει δε τοιc εκεινου γραμμαcιν ου πιcτευετε πωc τοιc εμοιc ρημαcιν
ℵ ει δε τοιc εκεινου γραμμαcιν ου πιcτευεται πωc τοιc εμοιc ρημαcιν
Ᵽ 66 ει δε τοιc εκινου γραμμαcιν ου πιcτευεται πωc τοιc εμοιc ρημαcιν
Ᵽ 75 ει δε τοιc εκειν[ου γρα]μ[μαcιν ου π]ιcτευετε πωc τ[οιc εμοι]c [ρημαcιν]

(fut,act,ind,2p,pl)
πιστευω
W& H ~~ρημασι~~ πιστευσετε
will you all believe
B πιcτευετε
ℵ πιcτευcετε
P66 πιcτευcετε
Ᵽ 75 [π]ιcτευcετε

John Chapter 6

(2aor,act,ind,3p,sing)
απερχομαι
Jn.6:1 μετα ταυτα απηλθεν ο ιησους περαν της θαλασσης της γαλιλαιας
after these *(things)* He went away the Jesus on the other side of the lake of the Galilee
B μετα ταυτα απηλθεν ο ιc περαν τηc θαλαccηc τηc γαλειλαιαc
ℵ μετα ταυτα απηλθεν ο ιc περαν τηc θαλαccηc τηc γαλιλαιαc
Ᵽ 66 μετα ταυτα απηλθεν ο ιc περαν τηc θαλαccηc τηc γαλιλαιαc
Ᵽ 75 μετα τα[υτ]α [απηλθεν ο] ιc περαν τηc θαλαccηc τηc [γαλιλαιαc]

W& H της τιβεριαδος
of the Tiberias
B τηc τιβεριαδοc
ℵ τηc τιβεριαδοc
Ᵽ 66 τηc τιβεριαδοc
Ᵽ 75 [τηc] τιβεριαδοc

(imperf,act,ind,3p,sing) ακολουθεω (imperf,act,ind,Att,3p,pl) θεωρεω (imperf,act,ind,Att,3p,pl) οραω

Jn.6:2 ~~και~~ ηκολουθει δε αυτω οχλος πολυς οτι εθεωρουν ~~εωρων~~ ~~αυτου~~
~~and~~ and <> he followed Him a crowd great because they were looking at ~~they were seeing~~ ~~of Him~~
B ηκολουθει δε αυτω οχλος πολυς οτι εθεωρωυν
א ηκολουθει δε αυτω1 οχλος3 πολυς2 οτι4 εωρων
P 66 ηκολουθι δε αυτω οχλος πολυς οτι εθεωρουν
P 75 ηκολουθ[ει δε αυτω οχλος πολυς οτ]ι εθεωρω[ν]

(imperf,act,ind,3p,sing) ποιεω (pres,act,ptc,gen,pl,masc) ασθενεω

W& H τα σημεια α εποιει επι των ασθενουντων
the signs the ones He was doing upon the ones being ill
B τα σημεια α εποιει επι των ασθενουντων
א τα σημεια α εποιει περι των ασθενουντων
P 66 τα σημια α εποιει επι των ασθενουντων
P 75 [τα σημεια α εποιει επι των ασθε]νουντων

(2aor,act,ind,3p,sing) ανερχομαι hiatus (imperf,act,ind,3p,sing) καθημαι

Jn.6:3 ανηλθεν ~~ανηλθε~~ δε εις το ορος ~~ο~~ ιησους και εκει εκαθητο μετα των
and <> He moved up into the mountain ~~the~~ Jesus and there He was sitting down with the
B ανηλθεν δε εις το ορος ις και εκει εκαθητο μετα των
א και απηλθε εις το ορος ις και εκαθεζετο μετα των
P 66 ανηλθεν δε εις το ορος ις και εκει εκαθεζετο μετα των
P 75 ανη[λθεν δε εις το ορος ις] κ[α]ι εκει εκαθη[το μετα των]

W& H μαθητων αυτου
disciples of Him
B μαθητων αυτου
א μαθητων αυτο
P 66 μαθητων αυτου
P 75 [μα]θητων αυτου

(imperf,act,ind,3p,sing) ειμι

Jn.6:4 ην δε εγγυς το πασχα η εορτη των ιουδαιων
and <> she was near the Passover the holiday of the Jews
B ην δε εγγυς το πασχα η εορτη των ιουδαιων
א ην δε εγγυς το πασχα η εορτη των ιουδαιων
P 66 ην δε εγγυς το πασχα η εορτη των ιουδαιων
P 75 ην [δε εγγυς το πα]σχα η εορτη τω[ν ιουδαιων]

(1aor,act,ptc,nom,sing,masc) επαιρω (1aor,mid,ptc,nom,sing,masc) θεαομαι

Jn.6:5 επαρας ουν1 τους4 οφθαλμους5 ο2 ιησους3 και6 θεασαμενος οτι πολυς οχλος
therefore <> having raised the eyes the Jesus and having looked at that a great crowd
B επαρας ουν τους οφθαλμους ις και θεασαμενος οτι πολυς οχλος
א επαρας ουν τους οφθαλμους ις και θεασαμενος οτι1 πολυς3 οχλος2
P 66 επαρας ουν τους οφθαλμους ο ις και θεσαμενος οτι πολυς οχλος
P 75 [επαρας ουν] τους οφθαλμο[υς ο ις και θεασαμενος ο]τι πολ[υς οχλος]

(pres,mid,ind,3p,sing) ερχομαι (pres,act,ind,3p,sing) λεγω (1aor,act,subj,1p,sing) αγοραζω (fut,act,ind,1p,pl) αγοραζω

W& H ερχεται προς αυτον λεγει προς ~~τον~~ φιλιππον ποθεν αγορασωμεν ~~αγορασομεν~~
he comes to Him He says to ~~the~~ Philip from where might we buy ~~will we buy~~
B ερχεται προς αυτον λεγει προς φιλιππον ποθεν αγορασωμεν
א ερχεται προς αυτον λεγει προς φιλιππον ποθεν αγορασωμεν
P 66 ερχεται προς αυτον λεγει προς φιλιππον ποθεν αγορασωμεν
P 75 ερχεται [προς αυτον] λεγει π[ρος φ[ιλιππον] π[ο]θε[ν αγορα]σωμιν

			(2aor,act,subj,3p,pl) εσθιω	
W& H	αρτους	ινα	φαγωσιν	ουτοι
	food/bread	so that	they should eat	these
B	αρτουc	ινα	φαγωcιν	ουτοι
א	αρτουc	ινα1	φαγωcιν3	ουτοι2
P 66	αρτουc	ινα	φαγωcιν	ουτοι
P 75	[αρ]τ[ουc	ιν]α	φαγ[ωcιν	ουτοι]

			(imperf,act,ind,3p,sing) λεγω	hiatus	(pres,act,ptc,nom,sing,masc) πειραζω					(plupf,act,ind,3p,sing) οιδα	
Jn.6:6	τουτο	δε	ελεγεν	~~ελεγε~~	πειραζων	αυτον	αυτος	γαρ		ηδει	τι
	and <> this		He was saying		testing	him	for	<> He		He had known	what
B	τουτο	δε	ελεγεν		πειραζων	αυτον	αυτος	γαρ		ηδει	τι
א	τουτο	γαρ	ελεγεν		πιραζων	αυτον	αυτος		δε	ηδει	τι
P 66	τουτο	δε	ελεγεν		πιραζων	αυτον	αυτος	γαρ		ηδει	τι
P 75	[τουτο	δε	ελε]γε[ν		π]ειραζ[ων	αυτον	αυτος	γαρ		ηδει	τι]

	(imperf,act,ind,3p,sing) μελλω	hiatus		(pres,act,inf) ποιεω
W& H	εμελλεν	~~εμελλε~~		ποιειν
	He was about to			to do
B	εμελλεν			ποιειν
א		εμελλε		ποιειν
P 66			ημελλεν	ποιειν
P 75	[εμελλ]εν			ποιειν

	(1aor,pass,ind,3p,sing) αποκρινομαι									
Jn.6:7	απεκριθη			αυτω		φιλιππος	διακοσιων	δηναριων	αρτοι	ουκ
	he did give answer			to Him		Philip	of two hundred	denarii	bread loaves	not
B	απεκριθη			αυτω		φιαιππος	διακοcιων	δηναριων	αρτοι	ουκ
א		αποκρινεται	ουν		ο	φιλιππος	διακοcιων	δηναριων	αρτοι	ουκ
P 66	απεκριθη		ουν	αυτω	ο	φιαιππος	διακοcιων	δηναριων	αρτοι	ουκ
P 75	απεκριθη			αυτω		φιλιπ[πος	διακοcι]ων	[δην]αριων	αρτοι	ου[κ]

	(pres,act,ind,3p,pl) αρκεω							(2aor,act,subj,3p,sing) λαμβανω
W& H	αρκουσιν	αυτοις	ινα	εκαστος	~~αυτων~~	βραχυ	~~τι~~	λαβη
	they are sufficient	for them	so that	each	~~of them~~	a little/some	~~what~~	he might receive
B	αρκουcιν	αυτοιc	ινα	εκαcτοc		βραχυ		λαβη
א	αρκουcιν		ινα	εκαcτοc		βραχυ	τι	λαβη
P 66	αρκουcιν	αυτοιc	ινα	εκαcτοc		βραχυ	τι	λαβη
P 75	[αρκουcιν]	αυτο[ιc	ι]να	[εκ]αcτοc		βραχυ		λαβη

	(pres,act,ind,3p,sing) λεγω												
Jn.6:8	λεγει	αυτω	εις	εκ	των	μαθητων	αυτου	ανδρεας		ο	αδελφος	σιμωνος	πετρου
	he said	to Him	one	from out of	the	disciples	of Him	Andrew		the	brother	of Simon	Peter
B	λεγει	αυτω	ειc	εκ	των	μαθητων	αυτου		ανδρειαc	ο	αδελφοc	cιμωνοc	πετρου
א	λεγει	αυτω	ειc	εκ	τω	μαθητων	αυτου	ανδρεαc		ο	αδελφοc	cιμωνοc	πετρου
P 66	λεγει	αυτω	ειc	εκ	των	μαθητων	αυτου	ανδρεαc		ο	αδελφοc	cιμωνοc	πετρου
P 75	λεγει	αυτω	[ειc]	εκ	[τω]ν	μαθητων	αυτου	ανδρεαc		ο	αδελ[φοc	cι]μωνοc	πετρου

	(pres,act,ind,3p,sing) ειμι	hiatus						(pres,act,ind,3p,sing) εχω							
Jn.6:9	εστιν	~~εστι~~	παιδαριον	~~εν~~	ωδε	ος	~~ο~~	εχει	πεντε	αρτους	κριθινους	και	δυο	οψαρια	αλλα
	he is		a boy	~~one~~	here	he	the one	he has	five	bread loaves	of barley	and	two	fish	but
B	εcτιν		παιδαριον		ωδε	οc		εχει	πεντε	αρτουc	κριθινουc	και	δυο	οψαρια	αλλα
א	εcτιν		παιδαριον		ωδε		ο	εχει	πεντε	αρτουc	κριθινουc	και	δυο	οψαρια	αλλα
P 66	εcτιν		παιδαριον		ωδε	οc		εχει	πεντε	αρτουc	κριθινουc	και	δυο	οψαρια	αλλα1
P 75	εcτιν		παιδαριον		ωδε	[οc		ε]χει	ε̲	αρτουc	κριθινουc	και	β̲	οψαρια	αλ[λα]

	(pres,act,ind,3p,sing)
	ειμι
W& H	ταυτα τι εστιν εις τοσουτους
	these *(things)* what is it for so many
B	ταυτα τι εστιν εις τοσουτους
ℵ	ταυτα τι εστιν εις τοσουτους
P 66	ταυτα3 τι2 εστιν4 εις τοσουτους
P 75	ταυτα τι εστιν εις τοσουτους

	(2aor,act,ind,3p,sing) (1aor,act,imper,2p,pl) (2aor,act,infin)
	λεγω hiatus ποιεω αναπιπτω
Jn.6:10	ειπεν ~~ειπε δε~~ ο ιησους ποιησατε τους ανθρωπους αναπεσειν
	~~and~~ <> He said the Jesus you all make the men to recline
B	ειπεν ο ις ποιησατε τους ανθρωπους αναπεσειν
ℵ	ειπεν ουν ο ις ποιησατε τους ανθρωπους αναπεσιν
P 66	ειπεν ουν ο ις ποιησαται τους ανους αναπεσιν
P 75	ειπεν [ο] ις ποιησατε τους ανους αναπε[σ]ειν

	(imperf,act,ind,3p,sing) (1aor,act,ind,3p,pl) (2aor,act,ind,3p,pl)
	ειμι αναπιπτω αναπιπτω
W& H	ην δε χορτος πολυς εν τω τοπω ανεπεσαν ~~ανεπεσον~~ ουν οι ανδρες
	and <> he was grass much in the place therefore <> they reclined ~~they reclined~~ the men
B	ην δε χορτος πολυς εν τω τοπω ανεπεσαν ουν οι ανδρες
ℵ	ην δε1 πολυς3 εν4 τοπος2 ανεπεσαν5 ουν οι ανδρες
P 66	ην δε χορτος πολυς εν τω τοπω ανεπεσαν ουν οι ανδρες
P 75	η[ν δε χο]ρτ[ος πολ]υ[ς εν τω] τοπω ανεπε[σαν ουν οι ανδρες

W& H	τον αριθμον ως ~~ωσει~~ πεντακισχιλιοι
	the number as ~~approximately~~ five thousand
B	τον αριθμον ος πεντακισχειλιοι
ℵ	τον αριθμον ως τρισχιλιοι
P 66	τον αριθμον ωσει πεντακισχειλιοι
P 75	τον αριθμ]ον ως πεντα[κισχιλιοι]

	(2aor,act,ind,3p,sing) (1aor,act,ptc,nom,sing,masc)
	λαμβανω hiatus ευχαριστεω
Jn.6:11	ελαβεν ~~ελαβε~~ ουν ~~δε~~ τους αρτους ο ιησους και ευχαριστησας
	~~and~~ therefore <> He took the bread the Jesus and having given thanks
B	ελαβεν ουν τους αρτους ο ις και ευχαριστησας
ℵ	ελαβεν δε τους αρτους ο ις και ευχαριστησεν και
P 66	ελαβεν ουν τους αρτους ο ις και ευχαριστησας
P 75	[ελαβεν ουν] τους αρ[τ]ου[ς ο ις και ευχαριστησα]ς

	(1aor,act,ind,3p,sing) (pres,mid,ptc,dat,pl,masc)
	διαδιδωμι hiatus ανακειμαι
W& H	διεδωκεν ~~διεδωκε~~ ~~τοις μαθηταις οι δε μαθηταις~~ τοις ανακειμενοις ομοιως
	He gave out to the ~~disciples and <> the disciples~~ to the ones reclining to eat likewise
B	διεδωκεν τοις ανακιμενοις ομοιως
ℵ	εδωκεν τοις ανακιμενοις ομοιως
P 66	εδωκεν τοις ανακιμενοις ομοιως
P 75	[δι]εδωκεν τ[οις ανακιμενο]ις ομοιως

	(imperf,act,ind,3p,pl)
	θελω
W& H	και εκ των οψαριων οσον ηθελον
	also from out of the fish as much as they were wishing
B	και εκ των οψαριων οσον ηθελον
ℵ	και εκ των οψαριων οσον ηθελον
P 66	*
P 75	και [ε]κ τω[ν οψαριων] οσον ηθελον

[P66 * *missing due to loss of two leaves begins again* @ 6:35]

	(1aor,pass,ind,3p,pl) (pres,act,ind,3p,sing) (2aor,act,imper,2p,pl)
	εμπιπλημι λεγω συναγω
Jn.6:12	ως δε ενεπλησθησαν λεγει τοις μαθηταις αυτου συναγαγετε
	and <> as they were satisfied with food He says to the disciples of Him you all gather
B	ως δε ενεπλησθησαν λεγει τοις μαθηταις αυτου συναγαγετε
ℵ	ως δε ενεπλησθησαν λεγι τοις μαθηταις αυτου συναγαγεται
P 75	ως δε [ενε]π[λησθησαν λε]γει τοις μαθη[ταις αυτ]ου συναγαγετ[ε]

(1aor,act,ptc,acc,pl,neut) (2aor,mid,ind,3p,sing)
περισσευω απολλυμι
W& H τα περισσευσαντα κλασματα ινα μη τι αποληται
the having abundance pieces so that not any it might be lost
B τα περισσευοντα κλασματα ινα μη τι αποληται
א τα περισσευσαντα κλασματα ινα μη τι αποληται
P75 [τα π]εριςςευ[ςαντ]α κλα[ς]ματα ινα μη τι αποληται

(2aor,act,ind,3p,pl) (1aor,act,ind,3p,pl)
συναγω γεμιζω
Jn.6:13 συνηγαγον ουν και εγεμισαν δωδεκα κοφινους κλασματων εκ των
therefore <> they gathered together and they filled twelve large baskets of pieces from out of the
B συνηγαγον ουν και εγεμισαν δωδεκα κοφινους κλασματων εκ των
א συνηγαγον ουν και εγεμισαν δωδεκα κοφινους κλασματω εκ των
P75 συνηγαγον ουν και εγεμισαν ιβ κοφινους κλασματων εκ των

(1aor,act,ind,3p,pl) (1aor,act,ind,3p,sing)
περισσευω περισσευω hiatus
W& H πεντε αρτων των κριθινων α επερισσευσαν ~~επερισσευσεν~~ ~~επερισσευσε~~
five loaves of the barley the ones they had abounded ~~they had abounded~~
B πεντε αρτων των κρειθινων α επερισσευσαν
א πεντε αρτων των κριθινω α επερισσευσεν
P75 ε αρτων τ[ων κρ]ιθινων [α] επερισσευσαν

(perf,act,ptc,dat,pl,masc)
βιβρωκω
W& H τοις βεβρωκοσιν
to the ones having eaten
B τοις βεβρωκοσιν
א τοις βεβρωκοσιν
P75 τοις β[εβ]ρ[ωκο]σιν

(2aor,act,ptc,nom,pl,masc) (1aor,act,ind,3p,sing)
οραω ποιεω hiatus
Jn.6:14 οι ουν ανθρωποι ιδοντες α ~~ο~~ εποιησεν ~~εποιησε~~ σημεια ~~σημειον~~ ~~ο ιησους~~
therefore <> the men having seen the ones ~~what~~ He did signs ~~sign~~ ~~the Jesus~~
B οι ουν ανθρωποι ιδοντες α εποιησεν σημεια
א οι ουν ανθρωποι ιδοντες ο εποιησεν σημειον
P 75 οι [ο]υν ανοι ιδοντες α εποιησεν σημεια

(imperf,act,ind,3p,pl) (pres,act,ind,3p,sing) (pres,mid,ptc,nom,sing,masc)
λεγω ειμι ερχομαι
W& H ελεγον οτι ουτος εστιν αληθως ο προφητης ο ερχομενος εις τον κοσμον
they were saying that/" this One He is truly the Prophet the One coming into the world
B ελεγον οτι ουτος εστιν αληθως ο προφητης ο ερχομενος εις τον κοσμον
א ελεγον ουτος εστιν αληθως ο προφητης ο1 ερχομενος5 εις2 τον3 κοσμο4
P 75 ελεγον [ο]τι ουτος εστιν αληθως ο προφητης ο ερχομενος εις τον κοσμον

(2aor,act,ptc,nom,sing,masc)(pres,act,ind,3p,pl)(pres,mid,inf) (pres,act,inf)
γινωσκω μελλω ερχομαι αρπαζω
Jn.6:15 ιησους ουν γνους οτι μελλουσιν ερχεσθαι και αρπαζειν αυτον ινα
therefore <> Jesus having known that they are about to come and to seize Him so that
B ις ουν γνους οτι μελλουσιν ερχεσθε και αρπαζειν αυτον ινα
א ις ουν γνους οτι μελλουσιν ερχεσθαι και αρπαζειν αυτον και
P 75 ις ουν γνους οτι μελλουσιν ερχεσθαι και αρ[π]αζειν αυτον ινα

(1aor,act,subj,3p,pl) (1aor,act,ind,3p,sing)
ποιεω αναχωρεω
W& H ποιησωσιν ~~αυτον~~ βασιλεα1 ανεχωρησεν3
they should make ~~Him~~ king He withdrew
B ποιησωσι βασιλεα ανεχωπησε
א αναδιναδ κυυναι βασιλεα φευγει
P 75 π[ο]ιησωσιν βασιλεα ανεχωρησεν

W& H παλιν2 εις4 το ορος αυτος μονος
again into the mountain Himself alone
B παλιν εις το ορος αυτος μονος
ℵ παλιν εις το ορος1 αυτος3 μονος2
P 75 παλιν εις το [ο]ρος αυτος μονος

(2aor,mid,ind,3p,sing) γινομαι (2aor,act,ind,3p,pl) καταβαινω
Jn.6:16 ως δε οψια εγενετο κατεβησαν οι μαθηται αυτου επι την θαλασσαν
and <> as late it became they went down the disciples of Him to the lake
B ως δε οψια εγενετο κατεβησαν οι μαθηται αυτου επι την θαλασσαν
ℵ ως δε οψια εγενετο κατεβησαν οι μαθηται αυτου επι την θαλασσαν
P75 ως δε οψια εγενετο κα[τεβ]ησαν οι μαθηται αυτου επι την [θαλασσαν]

(2aor,act,ptc,gen,pl,masc) εμβαινω (imperf,mid,ind,3p,pl) ερχομαι
Jn.6:17 και εμβαντες εις ~~το~~ πλοιον ηρχοντο περαν της θαλασσης εις καφαρναουμ
and embarking into ~~the~~ boat they were going to other side of the lake to Capernaum
B και εμβαντες εις πλοιον ηρχοντο περαν της θαλασσης εις καφαρναουμ
ℵ και εμβαντες εις πλοιον ερχονται περαν της θαλασσης εις καφαρναουμ
P75 και εμβαντες εις πλοιον ηρχ[οντο πε]ραν της θαλασσης εις καφαρν[αουμ

(plupf,act,ind,3p,sing) γινομαι (plupf,act,ind,3p,sing) ερχομαι
W& H ~~καπερναουμ~~ και σκοτια ηδη εγεγονει και ουπω ~~ουκ~~ εληλυθει
~~Capernaum~~ and darkness already it had happened and not yet ~~not~~ He had come
B και σκοτια ηδη εγεγονει και ουπω1 εληλυθει4
ℵ κατελαβεν δε αυτους η σκοτια και ουπω εληλυθει
P 75 και] σκοτια ηδη εγεγονει και [ουπ]ω

W& H προς αυτους ο ιησους
to them the Jesus
B προς2 αυτους3 ο5 ις6
ℵ προς1 αυτους3 ις2
P 75 προς2 αυτους3 εγεγον[ε]ι ο5 ις6

(pres,act,ptc,gen,sing,masc) πνεω (imperf,pass,ind,3p,sing) διεγειρω (imperf,pass,ind,3p,sing) διεγειρω
Jn.6:18 η τε θαλασσα ανεμου μεγαλου πνεοντος διεγειρετο ~~διηγειρετο~~
also <> the lake of a wind of a great blowing she was awakened
B η τε θαλασσα ανεμου μεγαλου πνεοντος διεγειρετο
ℵ η τε θαλασσα ανεμου μεγαλου πνεοντος διηγειρετο
P 75 η δ[ε θα]λασσα ανεμου μεγαλου πνεοντος δ[ιηγειρα]το

(perf,pass,ptc,nom,Att,pl,masc) ελαυνω (pres,act,ind,3p,pl) θεωρεω
Jn.6:19 εληλακοτες ουν ως σταδιους εικοσι πεντε ~~εικοσιπεντε~~ η τριακοντα θεωρουσιν
therefore <> having rowed about stadiums twenty five or thirty they observe
B εληλακοτες ουν ως σταδιους εικοσι πεντε η τριακοντα
ℵ εληλακοτες ου ως σταδια εικοσι πεντε η τριακοντα θεωρουσιν
P 75 εληλακοτες ου[ν] ως σταδιου[ς κε] η λ

hiatus (pres,act,ptc,acc,sing,masc) περιπατεω
W& H ~~θεωρουσι~~ τον ιησουν περιπατουντα επι της θαλασσης και εγγυς του πλοιου
the Jesus walking upon the lake and near of the boat
B θεωρουσι τον ιν περιπατουντα επι της θαλασσης και εγγυς του πλοιου
ℵ το ιν περιπατουντα επι της θαλασσης και εγγυς του πλοιου
P 75 θεωρουσι τ[ον ιν] περιπατου[ντα επι] της θαλασσ[αν και] εγγυς του [πλοιου]

(pres,mid,ptc,acc,sing,masc) (1aor,pass,ind,3p,pl)
γινομαι φοβεω
W& H γινομενον και εφοβηθησαν
becoming and they became afraid
B γεινομενον και εφοβηθηcαν
ℵ γινομενον κ(αι) εφοβηθηcαν
Ᵽ 75 [γει]νομενον και [εφο]βηθηcα[ν]

(pres,act,ind,3p,sing) (pres,act,ind,1p,sing) (pres,mid,imper,2p,pl)
λεγω ειμι φοβεω
Jn.6:20 ο δε λεγει αυτοις εγω ειμι μη φοβεισθε
and <> the One He says to them I I am not you,yourselves, fear
B ο δε λεγει αυτοιc εγω ειμι μη φοβειcθε
ℵ και λεγει αυτοιc εγω ειμι μη φοβιcθαι
Ᵽ 75 ο δε λεγει αυτοιc εγω ε[ιμι μ]η φοβειcθε

(imperf,act,ind,3p,pl) (2aor,act,infin) (2aor,mid,ind,3p,sing)
θελω λαμβανω γινομαι
Jn.6:21 ηθελον ουν λαβειν αυτον εις το πλοιον και ευθεως$_1$ εγενετο$_4$
therefore <> they were wanting to take Him into the boat and immediately it became
B ηθελον το πλοιον και ευθεωc εγενετο
ℵ ηλθον ουν λαβιν αυτον εις το πλοιον και ευθεωc$_1$ εγενετο$_4$
Ᵽ 75 ηθελον ουν λαβειν α[υ]τον εις το πλ[οιον] και ευθε[ωc εγεν]ετο

(imperf,act,ind,3p,pl)
υπαγω
W& H το$_2$ πλοιον$_3$ επι$_5$ της γης εις ην υπηγον
the boat to the land into which they were going
B το πλοιον επι τηc γηc ειc ην υπηγον
ℵ το$_2$ πλοιον$_3$ επι$_5$ την γην ειc η υπηντηcεν
Ᵽ 75 το πλοιον [επι τ]η[c γηc ειc ην] υ[π]ηγον

(2aor,act,ptc,nom,sing,masc)
(perf,act,ptc,nom,sing,masc) (2aor,act,ind,3p,pl) V
ιστημι οραω οραω
Jn.6:22 τη επαυριον ο οχλος ο εστηκως περαν της θαλασσης ειδον ~~ιδων~~ οτι
the next day the multitude the one having stood on other side of the lake they saw ~~having seen~~ that
B τη επαυριον ο οχλοc ο εcτηκωc περαν τηc θαλαccηc ειδον οτι
ℵ τη επαυριον ο οχλοc ο εcτωc περαν τηc θαλαccηc ειδεν οτι
Ᵽ 75 τ[η επαυριον ο ο]χλοc ο ε[cτη]κ[ωc περαν τηc θαλαccη]c ειδον [οτι]

(imperf,act,ind,3p,sing) (2aor,act,ind,3p,pl)
ειμι εμβαινω
W& H πλοιαριον αλλο ουκ ην εκει ει μη εν ~~εκεινο εις ο ενεβησαν οι μαθηταις~~
boats other not it was there if not/except one ~~that one into the one they embarked the disciples~~
B πλοιαριον αλλο ουκ ην εκει ει μη εν
ℵ πλοιαριον αλλο ουκ ην εκει ει μη εν κεινο ειc ο ενεβηcαν οι μαθηται του ιυ
Ᵽ 75 πλοιαριον αλλο [ο]υκ ην εκει ε[ι μη ε]ν

(2aor,act,ind,3p,sing)
συνεισερχομαι hiatus
W& H ~~αυτου~~ και οτι ου συνεισηλθεν ~~συνεισηλθε~~ τοις μαθηταις
~~of Him~~ and that not He entered together with the disciples
B και οτι ου cυνειcηλθεν τοιc μαθηταιc
ℵ κ(αι) οπου cυνεληλυθι
Ᵽ 75 και [οτι ου cυν]ειcηλθεν [τοιc μαθη]ταιc

(2aor,act,ind,3p,pl)
απερχομαι
W& H αυτου ο ιησους εις το πλοιον ~~πλοιαριον~~ αλλα μονοι οι μαθηται αυτου απηλθον
of Him the Jesus into the boat ~~small boat~~ but alone the disciples of Him they went away
B αυτου ο ιc ειc το πλοιον αλλα μονοι οι μαθηται αυτου απηλθον
ℵ αυτοιc ο ιc ειc το πλοιαν αλλα μονοι οι μαθηται αυτου
Ᵽ 75 αυ[του ο ιc] ειc το πλοιο[ν αλλα] μονοι οι [μαθηται αυτου] απηλθον

(2aor,act,ind,3p,sing)
ερχομαι hiatus
Jn.6:23 αλλα δε ηλθεν ηλθε πλοια ~~πλοια[ρια]~~ εκ τιβεριαδος εγγυς
~~but~~ <> other they came boats ~~small boats~~ out from Tiberias near
B αλλα ηλθεν πλοια εκ της τιβεριαδος εγγυς
ℵ επελθοντων ου των πλοιων εκ τιβεριαδος εγγυς
P 75 αλλα ηλθεν πλοια εκ τιβεριαδος εγγυς

(2aor,act,ind,3p,pl) (1aor,act,ptc,gen,sing,masc)
εσθιω ευχαριστεω
W& H του τοπου οπου εφαγον τον αρτον ευχαριστησαντος του κυριου
the place where they ate the bread *(He)* having given thanks to the Lord
B του τοπου οπυ εφαγον τον αρτον ευχαριστηϲαντοϲ του κυ
ℵ ου ϲηϲ οπου και εφαγον αρτον ευχαριστηϲαντοϲ του κυ
P 75 του τοπου οπυ [ε]φ[α]γον τον αρτον ευχαριστηϲαντ[οϲ το]υ κυ

(2aor,act,ind,3p,sing) (pres,act,ind,3p,sing)
οραω ειμι
Jn.6:24 οτε ουν ειδεν ο οχλος οτι ιησους ουκ εστιν εκει ουδε οι μαθηται αυτου
therefore <> when he saw the crowd that Jesus not He is there nor the disciples of Him
B οτε ουν ειδεν ο οχλος οτι ιϲ ουκ εστιν εκει ουδε οι μαθηται αυτου
ℵ οτε ουν ιδεν ο οχλοϲ οτι1 ο5 ιϲ6 ουκ2 ην3 εκει4 ουδε7 οι μαθηται
P 75 οτε ουν ειδεν ο οχλος οτι ιϲ [ου]κ εστιν εκει ουδε οι μαθηται αυτ[ου]

(2aor,act,ind,3p,pl) (2aor,act,ind,3p,pl)
εμβαινω ερχομαι
W& H ενεβησαν ~~και~~ αυτοι εις τα πλοιαρια ~~πλοια~~ και ηλθον εις καφαρναουμ ~~καπερναουμ~~
they embarked ~~also~~ themselves into the boats and they came to Capernaum
B ενεβηϲαν αυτοι ειϲ τα πλοιαρια και ηλθον ειϲ καφαρναουμ
ℵ ανεβηϲαν
P 75 ανεβηϲαν αυτοι ειϲ τα πλοιαρια κα[ι] ηλθον ειϲ καφ[αρ]να[ουμ]

(pres,act,ptc,nom,sing,masc)
ζητεω
W& H ζητουντες τον ιησουν
seeking the Jesus
B ζητουνταειϲ τον ιν
ℵ ζητουντεϲ τον ιν
P 75 ζητουντεϲ τον] ιν

(2aor,act,ptc,nom,pl,masc) (2aor,act,ind,3p,pl) (2perf,act,ind,2p,sing)
ευρισκω λεγω γινομαι
Jn.6:25 και ευροντες αυτον περαν της θαλασσης ειπον αυτω ραββι ποτε ωδε γεγονας
and having found Him on other side of the lake they said to Him Rabbi how here have You happened
B και μη ευρονтеϲ αυτον περαν τηϲ θαλαϲϲηϲ ειπον αυτω ραββει ποτε ωδε γεγοναϲ
ℵ και ευροντεϲ αυτον περαν τηϲ θαλαϲϲηϲ ειπον αυτω ραββει ποτε ωδε ηλθεϲ
P 75 και ευρο[ντεϲ αυτον περαν τηϲ θαλαϲϲηϲ ειπ[ον αυτω ραββει ποτε ω]δε γεγοναϲ

(1aor,pass,ind,3p,sing) (2aor,act,ind,3p,sing) (pres,act,ind,1p,sing) (pres,act,ind,2p,pl)
αποκρινομαι λεγω λεγω ζητεω
Jn.6:26 απεκριθη αυτοις ο ιησους και ειπεν αμην αμην λεγω υμιν ζητειτε με ουχ οτι
He did give answer to them the Jesus and He said amen amen I say to you all you all seek Me not because
B απεκριθη αυτοιϲ ιϲ και ειπεν αμην αμην λεγω υμιν ζητειτε με ουκ[χ] οτι
ℵ απεκριθη αυτοιϲ ιϲ και ειπεν αμη αμην λεγω υμι ουχ οτι
P75 απ[ε]κρ[ιθη αυτοιϲ ιϲ και ει]πεν αμην αμην λεγω υ[μιν ζητειτε μ]ε ουχ οτι

(2aor,act,ind,2p,pl) (2aor,act,ind,2p,pl) (1aor,pass,ind,2p,pl)
οραω εσθιω χορταζω
W& H ειδετε σημεια αλλ οτι εφαγετε εκ των αρτων και εχορτασθητε
you all saw signs but because you all ate from out of the bread and you all ate your fill
B ειδετε ϲημεια αλλ οτι εφαγετε εκ των αρτων και εχορταϲθητε
ℵ ειδετε ϲημια αλλ οτι εφαγετε εκ των αρτων και εχορταϲθητε
P75 ειδετε ϲημεια α[λλ οτι εφαγε]τε εκ [των αρ]των και εχο[ρταϲθητε]

(pres,mid,imper,2p,pl) (pres,pass,ptc,acc,sing,fem)
εργαζομαι απολλυμι
Jn.6:27 εργαζεσθε μη την βρωσιν την απολλυμενην αλλα την βρωσιν την
work you all not *(for)* the food the one being destroyed but the food the one
B εργαζεcθε μη την βρωσιν την απολλυμενην αλλα την βρωσιν την
ℵ εργαζεcθαι1 μη3 βρωcι2 την4 απολλυμενην αλλα την
P75 [εργαζε]cθε μη [τ]ην βρωσιν [την] απολλυμενη[ν] αλλα την βρωσιν την

(pres,act,ptc,acc,sing,fem) (fut,act,ind,3p,sing)
μενω διδωμι
W& H μενουσαν εις ζωην αιωνιον ην ο υιος του ανθρωπου υμιν δωσει
remaining into life eternal the one the Son of the Man to you all He will give
B μενουcαν εις ζωην αιωνιον ην ο υιος του ανθρωπου υμιν δωcει
ℵ μενουcαν εις ζωην αιωνιον ην ο υιος του ανθρωπου1 υμι3 διδωcιν2
P75 μενουcαν εις ζωην αιωνιον ην ο υc του ανου υμιν δωcει

(1aor,act,ind,3p,sing)
σφραγιζω
W& H τουτον γαρ ο πατηρ εσφραγισεν ο θεος
for <> this One the Father He placed a seal the God
B τουτον γαρ ο πατηρ εcφραγιcεν ο θc
ℵ τουτον4 γαρ ο πατηρ ο θc
P75 τουτον [γαρ ο π]ατηρ εcφραγιcεν ο θc

(2aor,act,ind,3p,pl) (pres,act,subj,1p,pl) (pres,mid,subj,1p,pl)
λεγω ποιεω εργαζομαι
Jn.6:28 ειπον ουν προς αυτον τι ποιωμεν ινα εργαζωμεθα τα εργα του θεου
therefore <> they said to Him what should we do so that we might work the works of the God
B ειπον ουν προc αυτον τι ποιωμεν ινα εργαζωμεθα τα εργα του θυ
ℵ ειπον ουν προc αυτον τι ποιωμεν ιν εργαζωμεθα τα εργα του θυ
P75 ειπον ουν [π]ρ[οc α]υτον τι ποιωμεν ινα εργαζωμεθα τα εργα τ[ο]υ θυ

(1aor,pass,ind,3p,sing) (2aor,act,ind,3p,sing) (pres,act,ind,3p,sing)
αποκρινομαι λεγω ειμι hiatus
Jn.6:29 απεκριθη ο ιησους και ειπεν αυτοις τουτο εστιν ~~εστι~~ το εργον του θεου ινα
He did give answer the Jesus and He said to them this it is the work of the God that/"
B απεκριθη ιc και ειπεν αυτοιc τουτο εcτιν το εργον του θυ ινα
ℵ απεκριθη ιc και ειπεν αυτοιc τουτο εcτιν το εργον του θυ ινα
P75 απεκρ[ι]θη ιc και ειπεν αυτοιc τουτ[ο] εcτιν το ερ[γο]ν του θυ ινα

(pres,act,subj,2p,pl) (1aor,act,ind,3p,sing)
πιστευω αποστελλω
W& H πιστευητε εις ον απεστειλεν εκεινος
you all should believe in Whom He sent that One
B πιcτευητε εις ον απεcτειλεν εκεινοc
ℵ πιcτευηται εις ον απεcτιλεν εκεινοc
P75 πιcτευητε εις ον απ[εcτ]ειλεν εκεινοc

(2aor,act,ind,3p,pl) (pres,act,ind,2p,sing) (2aor,act,subj,1p,pl)
λεγω ποιεω οραω
Jn.6:30 ειπον ουν αυτω τι ουν ποιεις συ σημειον ινα ιδωμεν και
therefore <> they said to Him therefore <> what do You do You a sign so that we might see and
B ειπον ουν αυτω τι ουν ποιειc cυ cημειον ινα ειδωμεν και
ℵ ειπον ουν αυτω τι ποιειc1 cυ3 cημιο2 ινα4 ειδωμεν και
P75 ειπον ουν αυτω τι ουν ποιειc cυ cημειον ινα ιδωμεν και

(1aor,act,subj,1p,pl)
πιστευω
W& H πιστευσωμεν σοι τι εργαζη
we should believe in You what work
B πιcτευcωμεν cοι τι εργαζη
ℵ πιcτευcωμε cοι τι εργαζη
P75 πιcτευcωμεν cοι τι εργαζη

(2aor,act,ind,3p,pl) εσθιω (pres,act,ind,3p,sing) ειμι (perf,pass,ptc,nom,sing,neut) hiatus γραφω

Jn.6:31 οι πατερες ημων το μαννα εφαγον εν τη ερημω καθως εστιν εστι γεγραμμενον
the fathers of us the manna they ate in the wilderness as it is having been written
B οι πατερες ημων το μαννα εφαγον εν τη ερημω καθως εστιν γεγραμμενον
ℵ οι πατερες ημων το μαννα εφαγο εν τη ερημω καθως εστιν γεγραμμενον
P75 οι πατερες η[μω]ν το μαννα εφαγον εν τη [ερημω καθ]ως εστιν γεγραμμενον

(1aor,act,ind,3p,sing) διδωμι (2aor,act,infin) εσθιω

W& H αρτον εκ του ουρανου εδωκεν αυτοις φαγειν
bread from out of the heaven he gave to them to eat
B αρτον εκ του ουρανου εδωκεν αυτοις φαγειν
ℵ εκ του ουρανου δεδωκεν αυτοις φαγειν
P75 [αρτον ε]κ του ουρανου εδωκεν αυτοις φ[αγειν]

(2aor,act,ind,3p,sing) λεγω (pres,act,ind,1p,sing) λεγω (1aor,act,ind,3p,sing) διδωμι

Jn.6:32 ειπεν ουν αυτοις ο ιησους αμην αμην λεγω υμιν ου μωυσης μωσης εδωκεν
therefore <> He said to them the Jesus Amen Amen I say to you all not Moses he gave
B ειπεν ουν αυτοις ο ις αμην αμην λεγω υμιν ου μωυσης εδωκεν
ℵ ειπεν ουν αυτοις ο ις αμην αμην λεγω υμιν ου μωυσης
P75 ειπεν ουν αυτοις ο ις αμην αμ[ην λ]εγω υμιν ου μωυσης εδωκεν

(perf,act,ind,3p,sing) διδωμι (pres,act,ind,3p,sing) διδωμι

W& H δεδωκεν υμιν τον αρτον εκ του ουρανου αλλ ο πατηρ μου διδωσιν υμιν
he has given to you all the bread from out of the heaven but the Father of Me He gives to you all
B υμιν τον αρτον εκ του ουρανου αλλ ο πατηρ μου διδωσιν υμιν
ℵ δεδωκεν υμιν τον αρτον εκ του ουρανου αλλ ο πατηρ μου διδωσιν υμιν
P 75 δεδωκεν υμ[ιν το]ν αρτον εκ του ουρανου αλλ ο πα[τηρ] μου διδωσιν υμιν

W& H τον αρτον εκ του ουρανου τον αληθινον
the bread from out of the heaven the true One
B τον αρτον εκ του ουρανου τον αληθινον
ℵ τον αρτον εκ του ουρανου τον αληθινο
P 75 τον αρτον [εκ] του ουραν[ο]υ τον αληθινον

(pres,act,ind,3p,sing) ειμι (pres,act,ptc,nom,sing,masc) καταβαινω (pres,act,ptc,nom,sing,masc) διδωμι

Jn.6:33 ο γαρ αρτος του θεου εστιν ο καταβαινων εκ του ουρανου και ζωην διδους
for <> the bread of the God He is the One coming down from out of the heaven and life giving
B ο γαρ αρτος του θυ εστιν ο καταβαινων εκ του ουρανου και ζωην διδους
ℵ ο γαρ αρτος ο του θυ εστιν ο καταβαινων εκ του ουρανου και ζωην διδους
P 75 ο [γαρ αρτο]ς του θυ ε[στιν ο κ]αταβαινων [εκ του ου]ρανου και ζ[ωην] διδους

W& H τω κοσμω
to the world
B τω κοσμω
ℵ τω κοσμω
P 75 τω κο[σμω]

(2aor,act,ind,3p,pl) λεγω (2aor,act,imper,2p,sing) διδωμι

Jn.6:34 ειπον ουν προς αυτον κυριε παντοτε δος ημιν τον αρτον τουτον
therefore <> they said to Him Lord always You give to us the bread this
B ειπον ουν προς αυτον κε παντοτε δος ημιν τον αρτον τουτον
ℵ ειπον ουν προς αυτον1 κε3 παντοτε2 δος ημιν τον αρτον τουτον
P 75 [ει]πον ουν π[ρος α]υτον κε παν[τοτε δος] ημιν τ[ον αρ]τον τουτον

(2aor,act,ind,3p,sing) λεγω hiatus (pres,act,ind,1p,sing) ειμι (pres,mid,ptc,nom,sing,masc) ερχομαι

Jn.6:35 ειπεν ειπε δε αυτοις ο ιησους εγω ειμι ο αρτος της ζωης ο ερχομενος προς
and <> He said to them the Jesus I I am the bread of the life the one coming to
B ειπεν αυτοις ο ις εγω ειμι ο αρτος της ζωης ο ερχομενος προς
ℵ ειπεν ουν αυτοις ο ις εγω ειμι ο αρτος της ζωης ο ερχομενος προς
P 75 ει[πεν α]υτοις ο ι[ς] εγω [ε]ιμι ο αρτος της [ζωης] ο ερχομ[ε]νος [προ]ς

(1aor,act,subj,3p,sing) (pres,act,part,nom, sing macs) (fut,act,ind,3p,sing) (1aor,act,subj,3p,sing)
πειναω πιστευω διψαω V διψαω

W& H εμε ~~με~~ ου μη πειναση και ο πιστευων εις εμε ου μη διψησει ~~διψηση~~
Me ~~Me~~ not not/certainly not/ in no way he should hunger and the one believing in Me in no way will he thirst ~~should he thirst~~
B εμε ου μη πειναση και ο πιστευων εις εμε ου μη διψησει
ℵ εμε ου μη πιναση και ο πιστευων εις εμε ου μη διψησει
P 66 εις εμε ου μη διψησει
P 75 εμε ου μη [πειν]αση και [ο π]ιστ[ευων εις ε]με ου [μη διψησει]

W& H πωποτε
ever/at any time
B πωποτε
ℵ πωποτε
P 66 πωποται
P 75 πω[ποτε]

(2aor,act,ind,1p,sing) (perf,act,ind,2p,pl) (pres,act,ind,2p,pl)
λεγω οραω πιστευω

Jn.6:36 αλλ ειπον υμιν οτι και εωρακατε [με] και ου πιστευετε
but I said to you all that even you all have seen Me and not do you all believe/trust
B αλλ ειπον υμιν οτι και εωρακατε με και ου πιστευετε
ℵ αλλ ειπον υμιν οτι και εωρακατε και ου πιστευεται
P 66 αλλ ειπον υμειν οτι και εωρακατε με και ου πιστευεται
P 75 [αλλ ειπον υ]μιν ο[τι και εω]ρακα[τε με] και ου π[ιστευετε]

(pres,act,ind,3p,sing) (fut,act,ind,3p,sing) (pres,mid,ptc,acc,pl,masc)
διδωμι hiatus ηκω ερχομαι

Jn.6:37 παν ο διδωσιν ~~διδωσι~~ μοι ο πατηρ προς εμε ηξει και τον ερχομενον προς
all/every the one He gives to Me the Father to Me He will be present and the one coming to
B παν ο διδωσιν μοι ο πατηρ προς εμε ηξει και τον ερχομενον προς
ℵ παν ο διδωσιν μοι ο πατηρ προς εμε ηξει και τον ερχομενον προς
P 66 παν ο διδωσιν μοι ο πηρ προς εμε ηξει και τον ερχομενον προς
P 75 [παν ο δι]δωσιν [μοι ο] πατη[ρ π]ρ[ος εμε ηξει] και το[ν ερχομενο]ν προς

(2aor,act,subj,1p,sing)
εκβαλλω

W& H με ου μη εκβαλω εξω
Me not not/certainly not/ in no way I might cast away outside
B εμε ου μη εκβαλω εξω
ℵ εμε ου μη εκβαλω
P 66 εμε ου μη εκβαλω εξω
P 75 εμ[ε ου μη ε]κβαλω εξ[ω]

(perf,act,ind,1p,sing) (pres,act,ind,1p,sing)
καταβαινω ποιεω

Jn.6:38 οτι καταβεβηκα απο ~~εκ~~ του ουρανου ουχ ινα ποιω το θελημα το εμον
for I have come down from ~~from out~~ of the heaven not so that I do the will the one Mine
B οτι καταβεβηκα απο του ουρανου ουχ ινα ποιω το θελημα το εμον
ℵ οπου καταβεβηκα εκ του ουρανου ινα ποιησω το θελημα το εμον
P 66 οτι καταβεβηκα απο του ουρανου ουχ ινα ποιω το θελημα το εμον
P 75 [οτι κ]αταβεβηκα απο του ο]υρανου [ουχ ινα] ποιω το θελημα το εμον

(1aor,act,ptc,gen,sing,masc)
πεμπω

W& H αλλα το θελημα του πεμψαντος με
but the will of the One having sent Me
B αλλα το θελημα του πεμψαντος με
ℵ αλλα το θελημα το εμον αλλα το θελημα του πεμψαντος με
P 66 αλλα το θελημα του πεμψαντος με
P 75 αλλα το θελημα του π[εμψαν]τος με

(pres,act,ind,3p,sing) (1aor,act,ptc,gen,sing,masc) (perf,act,ind,3p,sing)
ειμι hiatus πεμπω διδωμι hiatus
Jn.6:39 τουτο δε εστιν ~~εστι~~ το θελημα του πεμψαντος με ~~πατρος~~ ινα παν ο δεδωκεν ~~δεδωκε~~
and <> this it is the will of the One having sent Me ~~Father~~ so that all the one He has given
B τουτο δε εστιν το θελημα του πεμψαντος με ινα παν ο δεδωκεν
ℵ ινα παν ο δεδωκεν
Ᵽ 66 τουτο δε εστιν το θελημα του πεμψαντος με ινα παν ο δεδωκεν
Ᵽ 75 τουτο δε εστιν το θελημα του π[εμ]ψαντος με ινα παν ο εδωκεν

(1aor,act,subj,1p,sing) (fut,act,ind,1p,sing)
απολλυμι ανιστημι
W& H μοι μη απολεσω εξ αυτου αλλα αναστησω αυτο ~~[εν]~~ τη εσχατη ημερα
to Me not I should loose from out of him but I will cause to stand him ~~in~~ the last day
B μοι μη απολεσω εξ αυτου αλλα αναστησω αυτο εν τη εσχατη ημερα
ℵ μοι μη απολεσω εξ αυτου αλλα αναστησω αυτο εν τη εσχατη ημερα
Ᵽ 66 μοι μη απολεσω εξ αυτου αλλα αναστησω αυτο εν τη εσχατη ημερα
Ᵽ 75 μοι μη απ[ο]λεσω εξ αυτου αλλα αναστησω αυτο τη εσχατη ημερα

(pres,act,ind,3p,sing) (1aor,act,ptc,gen,sing,masc) (pres,act,ptc,nom,sing,masc)
ειμι hiatus πεμπω θεωρεω
Jn.6:40 τουτο γαρ ~~δε~~ εστιν ~~εστι~~ το θελημα του πατρος ~~πεμψαντος~~ μου ~~με~~ ινα πας ο θεωρων
~~and~~ for <> this it is the will of the Father ~~having sent~~ of Me ~~Me~~ so that all/every the one looking at
B τουτο γαρ εστιν το θελημα του πατρος μου ινα πας ο θεωρων
ℵ τουτο γαρ εστιν το θελημα του πατρος μου ινα πας ο θεωρω
Ᵽ 66 *τουτο γαρ εστιν το θελημα του πρς ** μου ινα πας ο θεωρων
Ᵽ 75 τουτο εστιν το θελημα του πατρος μου ινα πας ο θεωρων
[* Ᵽ 66 *Insert mark follow; upper margin* τουτο γαρ ε[στιν τ]ο θελημα] [** του πρς *appears changed to* πατη[ρ]α.]

(pres,act,subj,3p,sing) (fut,act,ind,1p,sing)
εχω ανιστημι
W& H τον υιον και πιστευων εις αυτον εχη ζωην αιωνιον και αναστησω αυτον εγω τη
the Son and believing in Him he should have life eternal and I will cause to stand him I Myself on the
B τον υιον και πιστευων εις αυτον εχη ζωην αιωνιον και αναστησω αυτον εγω τη
ℵ τον υν και πιστευων εις αυτον εχη ζωην αιωνιον και αναστησω αυτον εγω εν τη
Ᵽ 66 τον υν και πιστευων εις αυτον εχει ζωην αιωνιον και αναστησω αυτον εν τη
Ᵽ 75 τον υιον και πιστευων εις αυτον εχη ζωην αιωνιον και αναστησω αυτον εγω τη

W& H εσχατη ημερα
last day
B εσχατη ημερα
ℵ εσχατη ημερα
Ᵽ 66 εσχατη ημερα
Ᵽ 75 εσχατη ημερα

(imperf,act,ind,3p,pl) (2aor,act,ind,3p,sing) (pres,act,ind,1p,sing)
γογγυζω λεγω ειμι
Jn.6:41 εγογγυζον ουν οι ιουδαιοι περι αυτου οτι ειπεν εγω ειμι ο αρτος ο
therefore <> they were complaining the Jews concerning Him because He said I I am the bread the One
B εγογγυζον ουν οι ιουδαιοι περι αυτου οτι ειπεν εγω ειμι ο αρτος ο
ℵ εγογγυζον ουν οι ιουδαιοι περι αυτου οτι ειπεν εγω ειμι ο αρτος ο
Ᵽ 66 εγογγυζον ουν οι ιουδαιοι περι αυτου οτι ειπεν εγω ειμι ο αρτος ο
Ᵽ 75 γογγυζον ουν οι ιουδαιοι περι αυτου οτι ειπεν εγω ειμι ο αρτος ο

(2aor,act,ptc,nom,sing,masc)
καταβαινω
W& H καταβας εκ του ουρανου
having come down from out of the heaven
B καταβας εκ του ουρανου
ℵ καταβας εκ του ουρανου
Ᵽ 66 καταβας εκ του ουρανου
Ᵽ 75 καταβας εκ του ουρανου

(imperf,act,ind,3p,pl) (pres,act,ind,3p,sing) (2 perf,act,ind,2p,pl)
λεγω εimι οιδα

Jn.6:42 και ελεγον ουχι ~~ουχ~~ ουτος εστιν ιησους ο υιος ιωσηφ ου ημεις οιδαμεν τον
and they said no indeed ~~not~~ this One He is Jesus the Son of Joseph of the One we we have known the
B και ελεγον ουχι ουτος εστιν ις ο υις ιωσηφ ου ημεις οιδαμεν τον
א και ελεγον ουχ ουτος εστιν ις ο υς ιωσηφ ου ημις οιδαμεν και τον
P 66 και ελεγον ουχ ουτος εστιν ις ο υιος ιωσηφ ου ημεις οιδαμεν
P 75 και ελεγον ουχι ουτος εστιν ις ο υις ιωσηφ ου ημεις οιδαμεν τον

(pres,act,ind,3p,sing)
λεγω

W& H πατερα και την μητερα πως νυν ~~ουν~~ λεγει ~~ουτος~~ οτι εκ του
father and the mother how ~~therefore~~ <> now He says ~~this One~~ that / " from out of the
B πατερα και την μητερα πως νυν λεγει οτι εκ του
א πατερα πως ουν1 λεγει3 ουτος2 εγω4 εκ του
P 66 πατη[ρ]α και την μητερα πως νυν λεγει οτι εκ του
P 75 πατερα και την μητερα πως ουν λεγει οτι εκ του

(perf,act,ind,1p,sing) (1aor,pass,ind,3p,sing) (2aor,act,ind,3p,sing)
καταβαινω αποκρινομαι λεγω

Jn.6:43 ουρανου καταβεβηκα απεκριθη ~~ουν ο~~ ιησους και ειπεν αυτοις
heaven I have come down ~~therefore~~ <> He did give answer ~~the~~ Jesus and He said to them
B ουρανου καταβεβηκα απεκριθη ις και ειπεν αυτοις
א ουρανου καταβεβηκα απεκριθη ουν ις1 και3 ειπεν4 αυτοις2
P 66 απεκριθη ο ις και ειπεν αυτοις
P 75 ουρανου καταβεβηκα απεκ[ρ]ιθη ις [κα]ι ειπεν αυτο[ις]

(pres,act,imper,2p,pl)
γογγυζω

W& H μη γογγυζετε μετ αλληλων
not you all complain with one another
B μη γογγυζετε μετ αλληλων
א μη5 γογγυζεται μετ αλληλων
P 66 μη γογγυζεται
P 75 [μ]η [γο]γγυζ[ετε μετ αλλη]λων

(pres,pass,subj,3p,sing)(2aor,act,infin) (1aor,act,ptc,nom,sing,masc)
δυναμαι ερχομαι πεμπω

Jn.6:44 ουδεις δυναται ελθειν προς με εαν μη ο πατηρ ο πεμψας με
no one he is able to come to Me if not/except/unless the Father the One having sent Me
B ουδις δυναται ελθειν προς εμε εαν μη ο πατηρ ο πεμψας με
א ουδις δυναται ελθιν προς με εαν μη ο πατηρ ο πεμψας με
P 66 ουδεις δυναται ελθειν προς με εαν μη ο πηρ ο πεμψας με
P 75 ουδεις [δ]υνατ[αι ελθειν προς με] εαν μη ο πατηρ μου ο πεμψας με

(1aor,act,subj,3p,sing) (fut,act,ind,1p,sing)
ελκυω ανιστημι

W& H ελκυση αυτον καγω ~~και εγω~~ αναστησω αυτον εν τη εσχατη ημερα
He should draw him and I ~~and I~~ I will cause to stand him on the last day
B ελκυση αυτον καγω αναστησω αυτον εν τη εσχατη ημερα
א ελκυση αυτον καγω αναστησω αυτον τη εσχατη ημερα
P 66 ελκυση αυτον καγω αναστησω αυτον εν τη εσχατη ημερα
P 75 [ε]λκυση αυτον καγω αναστησω αυτον εν τη εσχατη ημερ[α]

(pres,act,ind,3p,sing) (perf,pass,ptc,acc,sing,neut) (fut,mid,ind,3p,pl)
ειμι hiatus γραφω ειμι

Jn.6:45 εστιν ~~εστι~~ γεγραμμενον εν τοις προφηταις και εσονται παντες διδακτοι του
it is having been written in the prophets and they,themselves, will be all instructed of the
B εστιν γεγραμμενον εν τοις προφηταις και εσονται παντες διδακτοι
א εστι γεγραμμενο εν τοις προφηταις και εσονται παντες διδακτοι
P 66 εστιν γεγραμμενον εν τοις προφηταις και εσονται παντες διδακτοι
P 75 [εσ]τιν γεγραμμενον εν τοις [προ]φητα[ις] και εσονται παντες διδακτο[ι]

(1aor,act,ptc,nom,sing,masc) (pres,act,ptc,nom,sing,masc) (2aor,act,ptc,nom,sing,masc)(pres,mid,ind,3p,sing)
ακουω ακουω μανθανω ερχομαι

W& H θεου πας ~~ουν~~ ο ακουσας ~~ακουων~~ παρα του πατρος και μαθων ερχεται
God ~~therefore~~ <> all the one having heard ~~hearing~~ from the Father and having learned by experience he comes
B θυ πας ο ακουσας παρα του πατρος και μαθω ερχεται
ℵ θυ πας ο ακουσας παρα του πατρος και μαθων ερχεται
P 66 θυ πας ο ακουσας παρα του πατρος και μαθων ερχεται
P 75 [θυ] πας ο ακ[ο]υσας παρα του π[ρ]ς και μαθω[ν ερχε]ται

W& H προς εμε ~~με~~
to Me ~~Me~~
B προς εμε
ℵ προς εμε
P 66 προς εμε
P 75 πρ[ος] εμε

(perf,act,ind,3p,sing) (pres,act,ptc,nom,sing,masc)
οραω ειμι

Jn.6:46 ουχ οτι τον πατερα$_1$ εωρακεν$_3$ τις$_2$ ει$_4$ μη ο ων παρα [του] θεου
not that the Father he has seen anyone if not/except the One being from of the God
B ουχ οτι τον πατερα εορακε τις ει μη ο ων παρα θυ
ℵ ουχ οτι τον πατερα εωρακεν τις ει μη ο ων παρα του πατρος
P 66 ουχ οτι τον πρα εωρακεν τις ει μη ο ων παρα του θυ
P 75 ουχ οτι τ[ο]ν πρα ε[ωρακε τις ει μη ο ων] π[αρα τ]ου θυ

(perf,act,ind,3p,sing)
οραω hiatus

W& H ουτος εωρακεν ~~εωρακε~~ τον πατερα
this One He has seen the Father
B ουτος εορακεν το πατερα
ℵ ουτος εωρακεν τον θν
P 66 ουτος εωρακεν τον πρα
P 75 [ουτος] [εωρα]κεν το[ν πατερα]

(pres,act,ind,1p,sing) (pres,act,ptc,nom,sing,masc) (pres,act,ind,3p,sing)
λεγω πιστευω εχω

Jn.6:47 αμην αμην λεγω υμιν ο πιστευων ~~εις εμε~~ εχει ζωην αιωνιον
amen amen I say to you all the one believing ~~in Me~~ he has life eternal
B αμην αμην λεγω υμιν ο πιστευω εχει ζωην αιωνιον
ℵ αμην αμην λεγω υμιν οτι ο πιστευων εχει ζωην αιωνιον
P 66 αμην αμην λεγω υμιν οτι ο πιστευων εχει ζωην αιωνιον
P 75 [αμην α]μην λ[εγω υμιν] ο πιστε[υων εχει ζω]ην [αιωνιον]

(pres,act,ind,1p,sing)
ειμι

Jn.6:48 εγω ειμι ο αρτος της ζωης
I I am the bread of the life
B εγω ειμι ο αρτος της ζωης
ℵ εγω ειμι ο αρτος της ζωης
P 66 εγω ειμι ο αρτος της ζωης
P 75 [εγω] ειμι ο αρτος της ζωης

(2aor,act,ind,3p,pl) (2aor,act,ind,3p,pl)
εσθιω αποθνησκω

Jn.6:49 οι πατερες υμων εφαγον$_1$ εν$_4$ τη$_5$ ερημω$_6$ το$_2$ μαννα$_3$ και$_7$ απεθανον
the fathers of you all they ate in the wilderness the manna and they died
B οι πατερες υμω εφαγον εν τη ερημω το μαννα και απεθανο
ℵ οι πατερες υμων εφαγον$_1$ εν$_4$ τη$_5$ ερημω$_6$ το$_2$ μαννα$_3$ και$_7$ απεθανο
P 66 οι πατερες υμων εφαγον$_1$ εν$_4$ τη$_5$ ερημω$_6$ το$_2$ μαννα$_3$ και$_7$ απεθανον
P 75 οι π[ατερες υμω]ν εφαγον [εν τη ερημω το μαννα και] απεθανο[ν]

(pres,act,ind,3p,sing) (pres,act,ptc,nom,sing,masc)
ειμι καταβαινω

Jn.6:50 ουτος εστιν ο αρτος ο εκ του ουρανου καταβαινων ινα τις
this One He is the bread the One from out of the heaven coming down so that whoever
B ουτος εστιν ο αρτος ο εκ του ουρανου καταβαινων ινα τις
ℵ ουτος εστιν ο αρτος ο εκ του ουρανου καταβαινω ινα τις
P 66 ουτος εστιν ο αρτος ο εκ του ουρανου καταβαινων ινα τις
P 75 [ουτος εστιν ο αρτος ο εκ του ο]υρανου κ[αταβαινων ινα τις$_1$]

(2aor,act,subj,3p,sing) εσθιω — (2aor,act,subj,3p,sing) αποθνησκω

W& H εξ αυτου φαγη και μη αποθανη
from out of Him he should eat also not he should die
B εξ αυτου φαγη και μη αποθνησκη
א εξ αυτου φαγη και μη αποθανη
P 66 εξ αυτου φαγη και μη αποθανη
P 75 [εξ3 αυτ]ου4 [φαγη2] και5 [μη αποθνησκη]

(pres,act,ind,3p,sing) ειμι — (pres,act,ptc,nom,sing,masc) ζαω — (2aor,act,ptc,nom,sing,masc) καταβαινω — (2aor,act,subj,3p,sing) εσθιω

Jn.6:51 εγω ειμι ο αρτος ο ζων ο εκ του ουρανου καταβας εαν τις φαγη εκ
I I am the bread the One living the One from out of the heaven having come down if any he should eat from out
B εγω ειμι ο αρτος ο ζων ο εκ του ουρανου καταβας εαν τις φαγη εκ
א εγω ειμι ο αρτος ο ζων ο εκ του ουρανου καταβας εαν τις φαγη εκ
P 66 εγω ειμι ο αρτος ο ζων ο εκ του ουρανου καταβας εαν τεις φαγη εκ
P 75 [εγω ειμι ο αρ]τος ο ζων ο εκ [του ουρανου καταβας ε]αν τις φα[γ]η εκ

(fut,act,ind,3p,sing) ζαω — (fut,act,ind,1p,sing) διδωμι

W& H τουτου του αρτου ζησει εις τον αιωνα και ο αρτος δε ον εγω δωσω
of this of the bread he will live into the eternity also but <> the bread the one which I I will give
B τουτου του αρτου ζησται εις τον αιωνα και ο αρτος δε ον εγω δωσω
א του εμου αρτου ζησει εις τον αιωνα ο αρτος ον εγω δωσω
P 66 τουτου του αρτου ζησται εις τον αιωνα και ο αρτος δε ον εγω δωσω
P 75 τ[ουτου του αρτου ζησει] εις τον [αι]ωνα [και] ο [αρτος δε ον εγω δ]ωσω

(pres,act,ind,3p,sing) ειμι — (fut,act,ind,1p,sing) διδωμι

W& H η σαρξ μου εστιν ~~ην εγω δωσω~~ υπερ της του κοσμου ζωης
the flesh of Me she is ~~which I I will give~~ for of the1 of the3 world4 life2
B η σαρξ μου εστιν υπερ της του κοσμου ζωης
א μου εστιν υπερ της του κοσμου ζωης
P 66 η σαρξ μου εστιν υπερ της του κοσμου ζωης
P 75 η σαρ[ξ [μου εστι]ν υπ[ερ της του κο]σμου ζωη[ς]

(imperf,mid,ind,3p,pl) μαχομαι — (pres,act,ptc,nom,pl,masc) λεγω

Jn.6:52 εμαχοντο ουν προς αλληλους οι ιουδαιοι λεγοντες
therefore <> they themselves were clashing severly/quarreling with one another the Jews saying
B εμαχοντο ουν προς αλληλους οι ιουδαιοι λεγοντες
א εμαχοντο ουν προς αλληλους οι ιουδαιοι λεγοντες
P 66 εμαχοντο ουν προς αλληλους οι ιουδαιοι λεγοντες
P 75 [εμαχο]ντο [ουν1] προς4 αλλ[ηλους5 οι2 ιουδα]ιοι3 [λεγο]ντες6

(pres,pass,subj,3p,sing) δυναμαι — (2aor,act,infin) διδωμι — (2aor,act,infin) εσθιω

W& H πως δυναται ουτος ημιν δουναι την σαρκα [αυτου] φαγειν
how is He able this One to us all to give the flesh of Him to eat
B πως δυναται ουτος ημιν δουναι την σαρκα αυτου φαγειν
א πως ουν δυναται1 ουτος3 ημιν2 δουναι4 την σαρκα φαγιν
P 66 πως δυναται ουτος1 ημιν3 δουναι2 την4 σαρκα αυτου φαγειν
P 75 π[ως δυν]ατ[α]ι ου[τος ημιν δουναι] την [σαρκα φ]αγειν

(2aor,act,ind,3p,sing) λεγω — (pres,act,ind,1p,sing) λεγω — (2aor,act,subj,2p,pl) εσθιω

Jn.6:53 ειπεν ουν αυτοις [ο] ιησους αμην αμην λεγω υμιν εαν μη φαγητε την
therefore <> He said to them the Jesus amen amen I say to you all if not/except you all should have eaten the
B ειπεν ουν αυτοις ις αμην αμην λεγω υμιν εαν μη φαγηται την
א ειπεν ουν αυτοις ο ις αμην αμην λεγω υμιν αν μη φαγηται την
P 66 ειπεν ουν αυτοις ις αμην αμην λεγω υμιν εαν μη φαγηται την
P 75 [ειπεν ουν αυτοις] ις [α]μην αμην λε[γω υ]μ[ιν εαν μ]η φα[γητε] την

(2aor,act,subj,2p,pl) πινω — (pres,act,ind,2p,pl) εχω

W& H σαρκα του υιου του ανθρωπου και πιητε αυτου το αιμα ουκ εχετε
flesh of the Son of the Man and you all should have drunk of Him the blood not you all have
B σαρκα του υιου του ανθρωπου και πιητε αυτου το αιμα ουκ εχετε
ℵ σαρκα του υυ του ανθρωπου και πιητε1 αυτου4 το2 αιμα3 ουκ5 εχεται6
P 66 σαρκα του υιου του ανου και1 πιητε5 αυτου4 το2 αιμα3 ουκ5 εχετε
P 75 σαρκ[α] τ[ο]υ υι[ο]υ [το]υ ανου κ[αι πιητε αυτου το αιμα ουκ εχετε]

W& H ζωην εν εαυτοις
life in yourselves
B ζωην εν εαυτοις
ℵ ζωην7 εν9 εαυτοις10 αιωνιον8
P 66 ζωην εν εαυτοις
P 75 [ζ]ωην εν εαυτοις

(pres,act,ptc,nom,sing,masc) τρωγω — (pres,act,ptc,nom,sing,masc) πινω — (pres,act,ind,3p,sing) εχω

Jn.6:54 ο τρωγων μου την σαρκα και πινων μου το αιμα εχει ζωην αιωνιον
the one eating/chewing of Me the flesh and drinking of Me the blood he has life eternal
B ο τρωγων μου τη σαρκα και πεινω μου το αιμα εχει ζωην αιωνιον
ℵ ο τρωγων μου τη σαρκα και πινω μου το αιμα εχει ζωην αιωνιον
P 66 ο τρω*νων μου το αιμα εχει ζωην αιωνιον
P 75 ο τρωγων μου τη σαρκα κ[α]ι [πι]νων μου το αιμα εχει ζωην [αιωνι]ον
[P66 * 19 *letter skip follows; right margin contains* γων μου το σαρκα και πι, *making text read* τρωγων μου την σαρκα και πινων]

(fut,act,ind,1p,sing) ανιστημι

W& H καγω ~~και εγω~~ αναστησω αυτον τη εσχατη ημερα
and I ~~and I~~ I will cause to stand him on the last day
B καγω αναστησω αυτον τη εσχατη ημερα
ℵ καγω αναστησω αυτον τη εσχατη ημερα
P 66 καγω αναστησω αυτον τη εσχατη ημερα
P 75 καγω αναστησω αυτον τη [εσ]χατη ημερα

(pres,act,ind,3p,sing) ειμι hiatus — (pres,act,ind,3p,sing) ειμι hiatus

Jn.6:55 η γαρ σαρξ μου αληθης εστιν ~~εστι~~ βρωσις και το αιμα μου αληθης εστιν ~~εστι~~ ποσις
for <> the flesh of Me truly She is food and the blood of Me truly It is drink
B η γαρ σαρξ μου αληθης εστιν βρωσις και το αιμα μου αληθης εστιν ποσις
ℵ η γαρ σαρξ μου αληθως εστι ποτον
P 66 η γαρ σαρξ μου αληθης εστιν βρωσις και το αιμα μου αληθης εστιν ποσις
P 75 η γαρ σαρξ μου αληθης [ε]στιν βρωσις και το αιμα μου αληθης εστιν ποσις

(pres,act,ptc,nom,sing,masc) τρωγω — (pres,act,ptc,nom,sing,masc) πινω — (pres,act,ind,3p,sing) μενω

Jn.6:56 ο τρωγων μου την σαρκα και πινων μου το αιμα εν εμοι μενει καγω εν αυτω
the one eating of Me the flesh and drinking of Me the blood in Me he remains and I in him
B ο τρωγων μου την σαρκα και πεινων μου το αιμα εν εμοι μενει καγω εν αυτω
ℵ ο τρωγω μου την σαρκα και πινων μου το αιμα εν εμοι μενει καγω εν αυτω
P 66 ο τρωγων μου την σαρκα και πινων μου το αιμα εν εμοι μενει καγω εν αυτω
P 75 ο τρωγων μου την σαρκα και πεινων μου το αιμα εν εμοι μενει καγω εν αυτω

(1aor,act,ind,3p,sing) αποστελλω hiatus — (pres,act,ptc,nom,sing,masc) ζαω — (pres,act,ind,1p,sing) ζαω

Jn.6:57 καθως απεστειλεν ~~απεστειλε~~ με ο ζων πατηρ καγω ζω δια τον
as He sent Me the living Father and I I live on account of the
B καθως απεστειλεν με ο ζων πατηρ καγω ζω δια τον
ℵ καθως απεστιλεν με ο ζων καγω ζω δια τον
P 66 καθως απεσταλκεν με ο ζων πατηρ καγω ζω δια τον
P 75 καθως απεστειλεν με ο ζων πατηρ καγω ζω δια τον

(pres,act,ptc,nom,sing,masc) τρωγω (fut,act,ind,3p,sing) ζαω (fut,mid,ind,3p,sing) ζαω

W& H πατερα και ο τρωγων με κακεινος ζησει ~~ζησεται~~ δι εμε
Falther also the one eating/chewing Me that one he will live ~~he, himself, will live~~ through/ because of Me
B πατερα και ο τρωγων με κακεινος ζησει δι εμε
ℵ πρα και ο τρωγων με κακεινος ζησει δι εμε
Ƥ 66 πρα και ο τρωγων με κακεινος ζησεται δι εμε
Ƥ 75 πατερα μου και ο τρωγων με κακεινος ζησει δι εμε

(pres,act,ind,3p,sing) ειμι (2aor,act,ptc,nom,sing,masc) καταβαινω (2aor,act,subj,3p,pl) εσθιω

Jn.6:58 ουτος εστιν ο αρτος ο εξ ~~εκ του~~ ουρανου καταβας ου καθως εφαγον οι
this One He is the bread the One from out ~~from out of the~~ of heaven having come down not as they ate the
B ουτος εστιν ο αρτος ο εξ ουρανου καταβας ου καθως εφαγον οι
ℵ εστιν ο αρτος ο εκ του ουρανου καταβαινων ου καθως1 εφαγον4 οι2
Ƥ 66 ουτος εστιν ο αρτος ο εκ του ουρανου καταβας ου καθως εφαγον οι
Ƥ 75 ουτος εστιν ο αρτος ο εξ ουρανου καταβας ου καθως εφαγον οι

(2aor,act,ind,3p,pl) αποθνησκω (pres,act,ptc,nom,sing,masc) τρωγω (fut,act,ind,3p,sing) ζαω (fut,mid,ind,3p,sing) ζαω

W& H πατερες ~~υμων το μαννα~~ και απεθανον ο τρωγων τουτον τον αρτον ζησει ~~ζησεται~~
fathers ~~of you the manna~~ and they died the one eating/chewing this the bread he will live ~~he, himself, will live~~
B πατερες και απεθανον αρτον ζησει
ℵ πατερες3 και5 απεθανον ο τρωγω τουτον τον αρτο ζησει
Ƥ 66 πατερες και απεθανον ο τρωγω τουτον τον αρτο ζησει
Ƥ 75 πατερες και απεθανον ο τρωγων τουτον τον αρτον ζησει

W& H εις τον αιωνα
into the eons/forever
B εις τον αιωνα ιωνα
ℵ εις τον αιωνα
Ƥ 66 εις τον αιωνα
Ƥ 75 εις τον αιωνα

(2aor,act,ind,3p,sing) λεγω (pres,act,ptc,nom,sing,masc) διδασκω

Jn.6:59 ταυτα ειπεν εν συναγωγη διδασκων εν καφαρναουμ ~~καπερναουμ~~
these things He said in synagogue teaching in Capernaum
B ταυτα ειπεν εν συναγωγη διδασκων εν καφαρναουμ
ℵ ταυτα ειπεν εν συναγωγη διδασκω εν καφαρναουμ
Ƥ 66 ταυτα ειπεν εν συναγωγη διδασκων εν καφαρναουμ
Ƥ 75 ταυτα ειπεν εν συναγωγη διδασκων εν καφαρναουμ

(1aor,act,ptc,nom,pl,masc) ακουω (2aor,act,ind,3p,pl) λεγω (2aor,act,ind,3p,pl) λεγω (pres,act,ind,3p,sing) ειμι

Jn.6:60 πολλοι ουν ακουσαντες εκ των μαθητων αυτου ειπαν ~~ειπον~~ σκληρος εστιν1 ο3
therefore <> many having heard from out of the disciples of Him they said ~~they said~~ harsh he is the
B πολλοι ουν ακουσαντες εκ των μαθητων αυτου ειπον σκληρος εστιν ο
ℵ πολλοι ουν ακουσαντες εκ των μαθητων αυτου ειπον σκληρος εστιν ο
Ƥ 66 πολλοι ουν ακουσαντες εκ των μαθητων αυτου ειπον σκληρος εστιν ο
Ƥ 75 πολλοι [ου]ν ακουσαντες εκ των μαθητων αυ[του ειπαν σ]κληρος εστ[ιν1] ο3

(pres,pass,ind,3p,sing) δυναμαι (pres,act,inf) ακουω

W& H λογος4 ουτος2 τις5 δυναται αυτου ακουειν
word this who he is able of Him to hear
B λογος ουτος τις δυναται αυτου ακουειν
ℵ λογος ουτος τις δυναται αυτου ακουειν
Ƥ 66 λογος ουτος τις δυναται αυτου ακουειν
Ƥ 75 λογος4 [ο]υτος2 [τις5 δυν]ατα[ι] αυτο[υ ακο]υειν

(perf,act,ptc,nom,sing,masc) (pres,act,ind,3p,pl)
οιδα γογγυζω hiatus
Jn.6:61 ειδως δε ο ιησους εν εαυτω οτι γογγυζουσιν ~~γογγυζουσι~~ περι τουτου οι μαθηται
but <> having known the Jesus in Himself that they are complaining concerning this the disciples
B ειδωc δε ο ιc εν εαυτω οτι γογγυζουcιν περι τουτου οι μαθηται
ℵ εγνω ουν ιc εν εαυτω οτι γογγυζουcιν περι τουτου οι μαθηται
P66 ειδωc δε ο ιc εν εαυτω οτι γογγυζουcιν περι τουτου οι μαθηται
P75 ειδωc δε ο ιc εν εαυτω οτ[ι] γογγυζουcιν περι τουτου οι μαθηται

(2aor,act,ind,3p,sing) (pres,act,ind,3p,sing)
λεγω σκανδαλιζω
W& H αυτου ειπεν αυτοις τουτο υμας σκανδαλιζει
of Him He said to them this you it causes no longer to believe /trust/ it causes to stumble
B αυτου ειπεν αυτοιc τουτο υμαc cκαδαλιζει
ℵ αυτου και ειπεν αυτοιc τουτο υμαc cκανδαλιζι
P66 αυτου ειπεν αυτοιc ιc τουτο υμαc cκαδαλιζει
P75 αυτου ειπεν αυτοιc τουτο υμα[c] cκαδα[λι]ζει

(pres,act,subj,2p,pl) (pres,act,ptc,acc,sing,masc) (imperf,act,ind,3p,sing)
θεωρεω αναβαινω ειμι
Jn.6:62 εαν ουν θεωρητε τον υιον του ανθρωπου αναβαινοντα οπου ην
therefore <> if you all should see the Son of the Man ascending where He was
B εαν ουν θεωρητε τον υιον του ανθρωπου αναβαινοντια οπου ην
ℵ εαν θεωρηται1 το3 υν4 του5 ανθρωπου6 αναβενοντα2 οπου7 ην
P 66 εαν ουν θεωρηcηται τον υν του ανου αναβενοντα2 οπου7 ην
P 75 εαν ουν θεωρητε τον υιον τ[ου] ανου αναβαινοντα [ο]που ην

W& H το προτερον
the before/formerly
B το προτερον
ℵ το προτερον
P 66 το προτερον
P 75 το πρ[ο]τερον

(pres,act,ind,3p,sing) (pres,act,ptc,nom,sing,neut) (pres,act,ind,3p,sing)
ειμι hiatus ζωοποιεω ωφελεω
Jn.6:63 το πνευμα εστιν ~~εστι~~ το ζωοποιουν η σαρξ ουκ ωφελει ουδεν τα ρηματα α εγω
the Spirit it is the One making alive the flesh not it helps not one the sayings the ones I
B το πνευμα εστιν το ζωοποιουν η σαρξ ουκ ωφελει ουδεν τα ρηματα α εγω
ℵ πνα εςτιν το ζωοποιουν η *
P 66 το πνα** εστιν το ζωοποιουν η σαρξ ουκ ωφελει ουδεν τα ρηματα α εγω
P 75 τ[ο π]να εστ[ιν] το ζωοποιου[ν] η σαρξ ο[υκ ωφελ]ε[ι] ουδ[ε]ν τα ρηματ[α α εγω]
[P66** πνευ *was changed to* πνα]

*[ℵ * *divergent*] εαν ┬ θεωρηται αναβενοντα το υν του ανθρωπου οπου ην το προτερον ζωη

(perf,act,ind,1p,sing) (pres,act,ind,1p,sing) (pres,act,ind,3p,sing) (pres,act,ind,3p,sing)
λαλεω λαλεω ειμι hiatus ειμι
W& H λελαληκα ~~λαλω~~ υμιν πνευμα εστιν ~~εστι~~ και ζωη εστιν
I have spoken ~~I speak~~ to you all spirit it is and life it is
B λελααηκα υμιν πνευμα εστιν και ζωη εστιν
ℵ *
P 66 λελααηκα υμιν πνα εστιν ζωη εστιν
P 75 [λελαληκα] υμιν [πνα εστιν κ]αι ζ[ωη εστιν]
[ℵ * *see divergent text before this text space*]

(pres,act,ind,3p,pl) (pres,act,ptc,dat,pl,masc) (plupf,act,ind,3p,sing)
ειμι πιστευω οιδα
Jn.6:64 αλλ εισιν εξ υμων τινες οι ου πιστευουσιν ηδει γαρ εξ αρχης
but they are from out of you all some the ones not believing for <> He had known from out of beginning
B αλλ εcιν εξ υμων τινεc οι ου πιστευουcιν ηδει γαρ εξ αρχηc
ℵ αλλ1 ειcιν4 εξ2 υμων3 τινεc5 οι ου πιcτευουcιν ηδει γαρ απ αρχηc
P 66 αλλ ειcιν1 εξ3 υμων4 τινεc2 οι5 ου πιcτευουcιν ηδει γαρ εξ αρχηc
P 75 [αλλ ειc]ιν ε[ξ υμων τινε]c οι ου πιc[τευουcιν] ηδ[ει γαρ απ αρχηc]

(pres,act,ind,3p,pl) (pres,act,ptc,nom,pl,masc) (pres,act,ind,3p,sing)
ειμι πιστευω ειμι
W& H ο ιησους τινες εισιν οι μη πιστευοντες και τις εστιν ο
the Jesus who they are the ones not believing and who he is the one
B ο ις τινες ειςιν οι μη πιςτευοντες και τις εςτιν ο
ℵ ο ςωτηρ τινες ειςιν οι πιςτευοντες και ην ο μελλων$_1$
P 66 ο ις * τις ην ο μελλων$_1$
P 75 ο ις τινες [ειςιν οι μη πιςτευοντες] και τις εςτ[ιν ο]
[P66 * *insert mark fellows; upper margin contains* τινες ειςιν οι μη πιςτευοντες και]

(fut,act,ptc,nom,sing,masc)
παραδιδωμι
W& H παραδωσων αυτον
will be handing over / betaying Him
B παραδωςων αυτον
ℵ παραδιδοναι$_3$ αυτον$_2$
P 66 παραδιδοναι$_3$ αυτον$_2$
P 75 [παραδωςων αυτον]

(imperf,act,ind,3p,sing) (2 perf,act,ind,1p,sing) (pres,pass,ind,3p,sing) (2aor,act,infin)
λεγω hiatus λεγω δυναμαι ερχομαι
Jn.6:65 και ελεγεν ~~ελεγε~~ δια τουτο ειρηκα υμιν οτι ουδεις δυναται ελθειν προς με
and He was saying on account of this I have said to you all that no one he is able to come to Me
B και ελεγεν δια τουτο ειρηκα υμιν οτι ουδεις δυναται ελθειν προς εμε
ℵ και ελεγεν δια τουτο ειρηκα υμιν οτι ουδις δυναται ελθειν προς εμε
P 66 και ελεγεν δια τουτο ειρηκα υμιν οτι ουδεις δυναται ελθειν προς με
P 75 [και] ελεγεν δι[α τουτο ειρηκα υμιν οτι ουδ]εις δυνατα[ι ελθειν προς με]

(pres, act, subj, 3p,sing) (perf,pass,ptc,nom,sing,neut)
ειμι διδωμι
W& H εαν μη η δεδομενον αυτω εκ του πατρος μου
if not/except it should be having been given to him from of the Father of Me
B εαν μη η δεδομςνον αυτω εκ του πατροc
ℵ εαν μη η δεδομενον εκ του πατροc
P 66 εαν μη ην δεδομςνον αυτω εκ του πρς
P 75 [εαν μη η δε]δομεν[ον αυτω εκ του πατροc]

(2aor,act,ind,3p,pl)
απερχομαι
Jn.6:66 εκ τουτου πολλοι$_1$ [εκ] των$_3$ μαθητων$_4$ αυτους$_5$ απηλθον$_2$ εις$_6$ τα οπισω
from out of this many from out of the disciples of Him they went away to the rear
B εκ τουτου πολλοι εκ των μαθητων αυτου απηλθον εις τα οπιςω
ℵ εκ τουτου ουν πολλοι των μαθητω απηλθον εις τα οπιςω
P 66 εκ τουτου ουν πολλοι εκ των μαθητων αυτου απηλθον εις τα οπιςω
P 75 [εκ] το[υ]του πολλο[ι εκ των μαθητω]ν αυτ[ο]υ απηλθ[ον εις τα οπιςω]

(imperf,act,ind,3p,pl)
περιπατεω
W& H και ουκετι μετ αυτου περιεπατουν
and no longer with Him they were walking
B και ουκετι μετ αυτου περιεπατουν
ℵ και ουκετι μετ αυτου περιεπατουν
P 66 και ουκετι μετ αυτου περιεπατουν
P 75 κ[αι ου]κε[τι] μετ αυτο[υ περιεπατ]ουν

(2aor,act,ind,3p,sing) (pres,act,ind,2p,pl) (pres,act,inf)
λεγω θελω υπαγω
Jn.6:67 ειπεν ουν ο ιησους τοις δωδεκα μη και υμεις θελετε υπαγειν
therefore <> He said the Jesus to the twelve not also you all you all wish to go away
B ειπεν ουν ο ις τοις δωδεκα μη και υμεις θελετε υπαγειν
ℵ ειπεν ουν ο ις τοις δωδεκα μη και υμις θελεται υπαγειν
P 66 ειπεν ουν ο ις τοις δωδεκα μη και υμεις θελετε υπαγειν
P 75 [ειπεν ου]ν ο ις τοις ιβ μη και] υμει[ς θελετε υ]παγειν

(1aor,pass,ind,3p,sing) (fut,mid,ind,1p,pl)
αποκρινομαι απερχομαι
Jn.6:68 απεκριθη ~~ουν~~ αυτω σιμων πετρος κυριε προς τινα απελευσομεθα ρηματα ζωης
~~therefore~~ <> he did answer Him Simon Peter Lord to whom will we go away to *(the)* words of life
B απεκριθη αυτω σιμων πετρος κε προς τινα απελευσομεθα ρηματα ζωης
א απεκριθη αυτω σιμων πετρος κε προς τινα απελευσομεθα ρηματα ζωης
P 66 απεκριθη αυτω σιμων πετρος κε προς τινα απελευσομεθα ρηματα ζωης
P 75 απ[ερκριθη] αυτω [σιμων πε]τρος κε π[ρος τινα απελευσομεθα ρημ]ατα ζω[ης]

(pres,act,ind,2p,sing)
εχω
W& H αιωνιου εχεις
eternal You have
B αιωνιου εχεις
א αιωνιου εχεις
P 66 αιωνιου εχεις
P 75 [αι]ων[ιου εχεις]

(perf,act,ind,1p,pl) (perf,act,ind,1p,pl) (pres,act,ind,2p,sing)
πιστευω γινωσκω ειμι
Jn.6:69 και ημεις πεπιστευκαμεν και εγνωκαμεν οτι συ ει ο αγιος ~~χριστος~~
and we we have believed and we have known that You You are the One Holy ~~Christ~~
B και ημις πεπιστευκαμεν και εγνωκαμεν οτι συ ει ο αγιος
א και ημις πεπιστευκαμεν κ(αι) εγνωκαμεν οτι συ ει ο αγιος
P 66 και ημεις πεπιστευκαμεν και εγνωκαμεν οτι συ ει ο χς ο αγιος
P 75 [και ημε]ις πεπιστ[ευκα]μεν κ[αι εγνωκα]μ[εν ο]τι συ ει ο α[γιος]

(pres,act,ptc,gen,sing,masc)
ζαω
W& H ~~ο υιος~~ του θεου ~~του ζωντος~~
~~the Son~~ of the God ~~the One living~~
B του θυ
א του θυ
P 66 του θυ
P 75 του θυ

(1aor,pass,ind,3p,sing) (1aor,mid,ind,1p,sing)
αποκρινομαι εκλεγομαι
Jn.6:70 απεκριθη αυτοις ο ιησους ουκ εγω υμας τους δωδεκα εξελεξαμην και
He did give answer to them the Jesus not I you all the twelve I chose and
B απεκριθη αυτοις ο ις ουκ εγω υμας τους δωδεκα εξελεξαμην και
א απεκριθη₁ και₃ ειπεν₄ αυτοις₅ ις₂ ουχι₆ εγω₇ υμας₈ δωδεκα₁₀ εξελεξαμην₉ και₁₁
P 66 απεκριθη αυτοις ις ουκ εγω υμας τους ιβ εξελεξαμην και
P 75 απ[εκ]ριθη [αυ]τοις ο ις [ουκ] εγω υμας τους ιβ εξελεξαμην και

(pres,act,ind,3p,sing)
ειμι
W& H εξ υμων εις διαβολος εστιν
from out of you all one a devil he is
B εξ υμων εις διαβολος εστιν
א εξ υμω διαβολος εστιν
P 66 εξ υμων εις διαβολος εστιν
P 75 εξ υμων εις διαβολος εστιν

(imperf,act,ind,3p,sing)
λεγω hiatus
Jn.6:71 ελεγεν ~~ελεγε~~ δε τον ιουδαν σιμωνος ισκαριωτου ~~ισκαριωτην~~
but <> He was speaking *(of)* the Judas *(son of)* Simon of Iscariot ~~Iscariot~~
B ελεγεν δε τον ιουδαν σιμωνος ισκαριωτου
א ελεγεν δε ιουδα σιμωνος απο καρυωτου
P 66 ελεγεν δε τον ιουδαν σιμωνος ισκαριωτου
P 75 ελεγεν δε τ[ο]ν ιουδαν σιμωνος ισκαριωτου

(imperf,act,ind,3p,sing) μελλω (pres,act,inf) παραδιδωμι (pres,act,ptc,nom,sing,masc) ειμι
W& H ουτος γαρ εμελλεν1 παραδιδοναι3 αυτον2 εις4 ~~ων~~ εκ των δωδεκα
for <> this one he was about to to give over/up Him one ~~being~~ from out of the twelve
B ουτος γαρ εμελλεν παραδιδοναι αυτον εις εκ των δωδεκα
ℵ ουτος γαρ και εμελλον1 παραδιδοναι3 αυτον2 εις4 ων εκ τω δωδεκα
P 66 ουτος γαρ ημελλεν1 παραδιδοναι3 αυτον2 εις4 εκ των δωδεκα
P 75 [ο]υτο[ς γ]αρ εμ[ελλε]ν παραδιδοναι αυτον εις [εκ] των ιβ

John Chapter 7

(imperf,act,ind,3p,sing) περιπατεω (imperf,act,ind,3p,sing) θελω
Jn.7:1 και1 μετα5 ταυτα6 περιεπατει2 [ο]3 ιησους4 εν7 τη γαλιλαια ου γαρ ηθελεν
and after these *(things)* He was walking the Jesus in the Galilee for <> not He was desiring
B και μετα ταυτα περιεπατει ις εν τη γαλειλαια ου γαρ ηθελεν
ℵ μετα ταυτα περιεπατει ο ις εν τη γαλιλαια ου γαρ ηθελεν
P 66 μετα ταυτα περιεπατει ο ις εν τη γαλιλαια ου γαρ ηθελεν
P 75 και μετα ταυτα περι]επα[τ]ει ο ις εν [τη γαλι]λαια ου γαρ ηθελεν

(pres,act,inf) περιπατεω (imperf,act,ind,3p,sing) ζητεω (1aor,act,infin) αποκτεινω
W & H εν τη ιουδαια περιπατειν οτι εζητουν αυτον οι ~~ο~~ ιουδαιοι αποκτειναι
in the Judea to walk because they were seeking Him the ~~the~~ Jews to kill
B εν τη ιουδαια περιπατειν οτι εζητουν αυτον οι ιουδαιοι αποκτειναι
ℵ εν τη ιουδαια περιπατειν οτι εζητουν αυτον οι ιουδαιοι αποκτιναι
P 66 εν τη ιουδαια περιπατειν οτι εζητουν αυτον οι ιουδαιοι αποκτειναι
P 75 εν τ[η ι]ουδαι[α] π[ε]ριπατειν οτι εζητουν αυτ[ο]ν οι ιουδαιοι αποκτειναι

(imperf,act,ind,3p,sing) ειμι
Jn.7:2 ην δε εγγυς η εορτη των ιουδαιων η σκηνοπηγια
and <> she was near the festival of the Jews the one Tabernacles
B ην δε εγγυς η εορτη των ιουδαιων η σκηνοπηγια
ℵ ην δε εγγυς η εορτη των ϊουδαιω η σκηνοπηγια
P66 ην δε εγγυς η εορτη των ιουδαιων η σκηνοπηγια
P75 ην δε εγγυ[ς η] εορτη των ιουδαιων η σκηνοπη[γι]α

(2aor,act,ind,3p,pl) λεγω (2aor,act,imper,2p,sing) μεταβαινω (pres,act,imper,2p,sing) υπαγω
Jn.7:3 ειπον ουν προς αυτον οι αδελφοι αυτου μεταβηθι εντευθεν και υπαγε εις την
therefore <> they said to Him the brothers of Him leave You from here and go You into the
B ειπον ουν προς αυτον οι αδελφοι αυτου μεταβηθι εντευθεν και υπαγε εις την
ℵ ειπον ουν1 προς5 αυτον6 οι2 αδελφοι3 αυτου4 μεταβηθι7 εντευθεν και υπαγε εις την
P 66 ειπαν ουν1 προς5 αυτον6 οι2 αδελφοι3 αυτου4 μεταβηθι7 εντευθεν και υπαγε εις την
P 75 ειπον ουν π[ρος α]υ[τ]ον οι αδελφοι α[υτ]ου μεταβηθ[ι εντευ]θεν και υπαγε εις την

(fut,act,ind,3p,pl) θεωρεω
W & H ιουδαιαν ινα και οι μαθηται σου θεωρησουσιν [σου]
Judea so that also the disciples of You they will see of You
B ιουδαια ινα και οι μαθηται σου θεωροωυσιν σου
ℵ ιουδαιαν ινα και οι μαθηται σου θεωρουσιν
P 66 ιουδαιαν ινα και οι μαθηται σου θεορησωσι σου
P 75 [ιο]υδαια [ινα και ο]ι μαθηται [σο]υ θεωρουσιν σο[[υ]]

(pres,act,ind,2p,sing) ποιεω
W & H τα εργα α ποιεις
the works the ones You are doing
B τα εργα α ποιεις
ℵ τα εργα α ποιεις
P 66 τα εργα α ποιεις
P 75 τ[α εργα α] ποιεις

(pres,act,ind,3p,sing) (pres,act,ind,3p,sing)
ποιεω ζητεω
Jn.7:4 ουδεις γαρ$_1$ τι$_4$ εν$_2$ κρυπτω$_3$ ποιει$_5$ και ζητει αυτος εν παρρησια
for <> no one anything in secret he does and he seeks himself in public/open manner
B ουδειc γαρ τι εν κρυπτω ποιει και ζητει αυτο εν παρρηcια
א ουδιc γαρ τι εν κρυπτω ποιων ζητι αυτοc εν παρρηcια
P 66 ουδειc γαρ$_1$ τι$_4$ εν$_2$ κρυπτω$_3$ ποιει$_5$ και ζητει αυτοc εν παρρηcια
P 75 ου[δ]ειc γαρ τι ε[ν] κρυπτ[ω ποιει κα]ι ζητει [αυτ]οc εν π[αρ^{ρ}ηcια]

(pres,act,inf) (pres,act,ind,2p,sing) (1aor,act,imper,2p,sing)
ειμι ποιεω φανεροω
W & H ειναι ει ταυτα ποιεις φανερωσον σεαυτον τω κοσμω
to be if these *(things)* You do You cause to be seen Yourself to the world
B ειναι ει ταυτα ποιειc φανερωcον cεαυτον τω κοcμω
א ειναι ει ταυτα ποιειc φανερωcον cεαυτον τω κοcμω
P 66 ειναι ει ταυτα ποιειc φανερωcον cεαυτον τω κοcμω
P 75 ειναι ει τα]υτα π[ο]ιειc [φανερωcον cεαυτον τω κο]cμω

(imperf,act,ind,3p,pl)
πιστευω
Jn.7:5 ουδε γαρ οι αδελφοι αυτου επιστευον εις αυτον
for <> not even the brothers of Him they were believing in Him
B ουδε γαρ οι αδελφοι αυτου επιcτευον ειc αυτον
א ουδε γαρ οι αδελφοι αυτου επιcτευον ει[c αυτον]
P 66 ουδε γαρ οι αδελφοι αυτου επιcτευον ειc αυτον
P 75 ουδε [γαρ οι αδελφοι αυτου επιc]τευον ειc αυτον

(pres,act,ind,3p,sing) (pres,act,ind,3p,sing)
λεγω παρειμι
Jn.7:6 λεγει ουν αυτοις ο ιησους ο καιρος ο εμος ουπω παρεστιν ο δε καιρος ο
therefore <> He says to them the Jesus the time the one for Me *(is)* not yet he is here but <> the time the one
B λεγει ουν αυτοιc ιc ο καιροc ο εμοc ουπω παρεcτιν ο δε καιροc ο
א λεγει αυτοιc ιc ο καιροc ο εμοc ου παρεcτιν ο δε καιροc ο
P 66 λεγει ουν αυτοιc ο ιc ο καιροc ο εμοc ουπω παρεcτιν ο δε καιροc ο
P 75 [λεγει] ουν αυ[τοιc ο ιc ο] καιροc [ο ε]μοc [ουπω π]αρεcτιν [ο δε καιρο]c ο

(pres,act,ind,3p,sing)
ειμι
W & H υμετερος παντοτε εστιν ετοιμος
yours always he is ready/prepared
B υμετεροc παντοτε παρεcτιν ετοιμοc
א υμετεροc παντοτε εcτιν ετοιμοc
P 66 υμετεροc παντοτε εcτιν ετοιμοc
P 75 υ[με]τερο[c παντ]οτε εcτιν [ετοι]μοc

(pres,act,ind,3p,sing) (pres,act,inf) (pres,act,ind,3p,sing) (pres,act,ind,1p,sing)
δυναμαι μισεω μισεω μαρτυρεω
Jn.7:7 ου δυναται ο κοσμος μισειν υμας εμε δε μισει οτι εγω μαρτυρω
not he is able the world to hate you all but <> Me he hates because I I witness
B ου δυναται ο κοcμοc μειcειν υμαc εμε δε μειcει οτι εγω μαρτυρω
א ου$_3$ δυναται$_4$ ο$_1$ κοcμοc$_2$ μιcειν$_5$ υμαc εμε δε μιcει οτι μαρτυρω
P 66 ου δυναται ο κοcμοc μιcειν υμαc εμε δε μειcει οτι εγω μαρτυρω
P 75 ου δυναται ο κ[οcμ]οc μειcειν υμαc εμε δε μειcει οτι [εγω] μαρτυρω

(pres,act,ind,3p,sing)
ειμι
W & H περι αυτου οτι τα εργα αυτου πονηρα εστιν
concerning him that the works of him evil it is
B περι αυτου οτι τα εργα αυτου πονηρα εcτιν
א οτι τα εργα αυτου πονηρα εcτιν
P 66 περι αυτου οτι τα εργα αυτου πονηρα εcτιν
P 75 περι αυτου οτι τα εργα αυ[το]υ πονηρα εcτιν

(2aor,act,imper,2p,pl) (pres,act,ind,1p,sing)
αναβαινω αναβαινω
Jn.7:8 υμεις αναβητε εις την εορτην ~~ταυτην~~ εγω ουπω ~~ουκ~~ ~~ουπω~~ αναβαινω εις
you you all go up to the feast ~~this~~ I not yet ~~not~~ ~~not yet~~ I am going up for
B υμειc αναβητε ειc την εορτην εγω ουπω αναβαινω ειc
ℵ υμειc αναβηται ειc την εορτην ταυτην εγω ουκ αναβαινω ειc
P 66 υμειc αναβηται ειc την εορτην ταυτην ονω1 εγω5 ουπω6 αναβαινω7 ειc2
P 75 υμειc αναβητε ει[c τ]ην εορτην εγω ουπω αναβαι[νω ε]ιc

(perf,pass,ind,3p,sing)
πληροω
W & H την εορτην ταυτην οτι ο1 εμος4 καιρος2 ~~ο3~~ ουπω5 πεπληρωται
the feast this because/" the My time ~~the one~~ not yet he has been fulfilled
B την εορτην ταυτην οτι ο εμοc καιροc ουπω πεπληρωται
ℵ την εορτην ταυτην οτι εμοc καιροc ουπω πεπληρωται
P 66 την3 εορτην4 ειc8 την εορτην ταυτην οτι ο εμοc καιροc ουπω πεπληρωται
P 75 την εορτην ταυτη[ν] οτι ο εμοc [καιρο]c ουπω πεπληρωτα[ι]

(2aor,act,ptc,nom,sing,masc) (1aor,act,ind,3p,sing)
λεγω μενω
Jn.7:9 ταυτα δε ειπων αυτοις εμεινεν εν τη γαλιλαια
and <> these *(things)* having said to them He remained in the Galilee
B ταυτα δε ειπων αυτοιc εμεινεν εν τη γαλειλαια
ℵ ταυτα ειπων αυτοc εμινεν εν τη γαλιλαια
P 66 ταυτα ειπων αυτοc εμεινεν εν τη γαλιλαια
P 75 [τ]αυτα δε [ει]πω[ν] αυτοιc εμεινεν εν [τη γ]αλειλαια

(2aor,act,ind,3p,pl) (2aor,act,ind,3p,sing)
αναβαινω αναβαινω
Jn.7:10 ως δε ανεβησαν οι αδελφοι αυτου1 εις6 την7 εορτην8 τοτε2 και3 αυτος4 ανεβη5 ου9
but <> when they went up the brothers of Him for the feast then also He He went up not
B ωc δε ανεβηcαν οι αδελφοι αυτου ειc την εορτην τοτε και αυτοc ανεβη ου
ℵ ωc δε ανεβηcαν οι αδελφοι αυτου ειc την εορτην τοτε και αυτοc ανεβη ου
P 66 ωc δε ανεβηcαν οι αδελφοι αυτου ειc την εορτην τοτε και αυτοc ανεβη ου
P 75 [ω]c δε ανεβηcαν οι αδελ[φοι αυτου ειc] την [εο]ρτην τ[ο]τε και αυτοc [ανεβη ου]

W & H φανερως αλλα ~~αλλ~~ ως εν κρυπτω
openly but as in secret
B φανερωc αλλα ως εν κρυπτω
ℵ φανερωc αλλ εν κρυπτω
P 66 φανερωc αλλα ως εν κρυπτω
P 75 [φαν]ε[ρω]c αλλ[α] ως εν κρυπτω

(imperf,act,ind,3p,pl) (imperf,act,ind,3p,pl) (pres,act,ind,3p,sing)
ζητεω λεγω ειμι
Jn.7:11 οι ουν ιουδαιοι εζητουν αυτον εν τη εορτη και ελεγον που εστιν εκεινος
therefore <> the Jews they were seeking Him at the feast and they were saying where is He that One
B οι ουν ιουδαιοι εζητουν αυτον εν τη εορτη και ελεγον που εcτιν εκεινοc
ℵ οι ουν ιουδαιοι εζητουν αυτον εν τη εορτη και ελεγον που εcτιν εκινοc
P 66 οι ουν ιουδαιοι εζητουν αυτον εν τη εορτη και ελεγον που εcτιν εκεινοc
P 75 οι ου[ν ιουδαιο]ι εζητουν αυτον εν τη εορτη και ελεγον π[ο]υ [εc]τιν εκεινοc

(imperf,act,ind,3p,sing) (imperf,act,ind,3p,pl)
ειμι λεγω
Jn.7:12 και γογγυσμος1 περι3 αυτου4 ην5 πολυς2 εν6 τοις οχλοις οι μεν ελεγον
and murmuring concerning Him He was much in the crowds the ones on the one hand they were saying
B και γογγυcμοc περι αυτου ην πολυc εν τοιc οχλω οι με ελεγον
ℵ και γογγυcμοc1 περι4 αυτου5 ην3 πολυc2 εν6 τω οχλω οι με ελεγον
P 66 και γογγυcμοc1 περι3 αυτου4 ην2 πολυc5 εν6 τω οχλω οι μεν ελεγον
P 75 και γογγυcμοc περι αυ[τ]ου ην πολυc εν το[ι]c οχλω οι με ελεγον

(pres,act,ind,3p,sing) ειμι | (imperf,act,ind,3p,pl) λεγω | (pres,act,ind,3p,sing) πλαναω

W & H οτι αγαθος εστιν αλλοι [δε] ελεγον ου αλλα πλανα τον οχλον
that good He is but on the other hand <> others they were saying not but He deceives the crowd
B αγαθος εστιν αλλοι δε ελεγον ου αλλα πλανα τον οχλον
א οτι αγαθος εστιν αλλοι ελεγο ου αλλα πλανας το οχλον
P 66 οτι αγαθος εστιν αλλοι ελεγον ου αλλα πλανα τον οχλον
P 75 [οτι αγαθο]ς εστιν[αλ]λοι δε ελεγ[ο]ν ουκ αλλα π[λα]να τον οχλ[ον]

(imperf,act,ind,3p,sing) λαλεω

Jn.7:13 ουδεις μεντοι παρρησια ελαλει περι αυτου δια τον φοβον των ιουδαιων
no one however in an open manner/openly he was speaking concerning Him because of the fear of the Jews
B ουδεις μεντοι παρρησια ελαλει περι αυτου δια τον φοβον των ιουδαιων
א ουδις μεντοι παρρησια1 ελαλει4 περι2 αυτου3 δια5 τον φοβον των ιουδαιων
P 66 ουδεις μεντοι παρρησια1 ελαλει3 περι2 δια4 τον φοβον των ιουδαιων
P 75 ουδεις μεντοι παρρης[ια ε]λαλει υπ[ερ αυ]του δια τον φοβον τ[ων] ιουδαιων

(pres,act,ptc,gen,sing,fem) μεσοω | (2aor,act,ind,3p,sing) αναβαινω | (imperf,act,ind,3p,sing) διδασκω

Jn.7:14 ηδη δε της εορτης μεσουσης ανεβη ~~ο~~ ιησους εις το ιερον και εδιδασκεν
but <> now of the feast being half over He went up ~~the~~ Jesus into the temple and He was teaching
B ηδη δε της εορτης μεσουσης ανεβη ις εις το ιερον και εδιδασκεν
א ηδη δε της ερτης μεσουσης ανεβη ις εις το ιερον και εδιδασκεν
P 66 ηδη δε της εορτης μεσ[[αζ]]ουσης ανεβη ις εις το ιερον και εδιδασκεν
[ηδ]η δε της εορτης με[σουσ]ης ανεβη ις εις το ιερον και εδιδα[σκεν]

hiatus
W & H ~~εδιδασκε~~

(imperf,act,ind,3p,pl) θαυμαζω | (pres,act,ptc,nom,pl,masc) λεγω | (perf,act,ind,3p,sing) οιδα hiatus

Jn.7:15 ~~και~~ εθαυμαζον ουν οι ιουδαιοι λεγοντες πως ουτος γραμματα οιδεν ~~οιδε~~
and therefore <> they were marveling the Jews saying How this One letters He has known
B εθαυμαζον ουν οι ιουδαιοι λεγοντες πως ουτος γραμματα οιδεν
א εθαυμαζον ουν οι ιουδαιοι λεγοντες πως ουτος γραμματα οιδεν
P 66 εθαυμαζον ουν οι ιουδαιοι λεγοντες πως ουτος γραμματα οιδεν
P 75 εθαυ[μ]αζον ουν οι ιου[δ]αιοι λεγ[οντε]ς πως [ου]τος γραμματα [οι]δεν

(perf,act,ptc,nom,sing,masc) μανθανω

W & H μη μεμαθηκως
not having learned
B μη μεμαθηκως
א μη μεμαθηκως
P 66 μη μεμαθηκως
P 75 [μη με]μαθηκ[ως]

(1aor,pass,subj,3p,sing) αποκρινομαι | (2aor,act,ind,3p,sing) λεγω | (pres,act,ind,3p,sing) ειμι

Jn.7:16 απεκριθη ουν αυτοις ~~ο~~ ιησους και ειπεν η εμη διδαχη ουκ εστιν εμη αλλα
therefore <> He did give answer to them ~~the~~ Jesus and He said the My teaching not it is Mine but
B απεκριθη ουν αυτοις ις και ειπεν η εμη διδαχη ουκ εστιν εμη αλλα
א απεκριθη ουν αυτοις ις και ειπεν η εμη διδαχη ουκ εστιν εμη αλλα
P 66 απεκριθη ουν αυτοις ο ις και ειπεν η εμη διδαχη ουκ εστιν εμη αλλα
P 75 [απεκ]ρ[ιθ]η ου]ν αυτ[οις ις] και ει[πεν η] εμη διδαχη ουκ εστι[ν ε]μη αλ[λα]

(1aor,act,ptc,gen,sing,masc) πεμπω

W & H του πεμψαντος με
of the One having sent Me
B του πεμψαντος με
א του πεμψαντος με
P 66 του πεμψαντος με
P 75 [του] πεμψαντος με

(pres,act,subj,3p,sing) (pres,act,inf) (fut,mid,ind,3p,sing)
θελω ποιεω γινωσκω

Jn.7:17 εαν τις θελη το θελημα αυτου ποιειν γνωσεται περι της διδαχης ποτερον εκ
if anyone he might wish the will of Him to do he, himself, will know concerning the teaching whether from out
B εαν τις θελη το θελημα αυτου ποιειν γνωσεται περι της διδαχης ποτερον εκ
א εαν τις θελη το θελημα αυτου ποιειν γνωσεται περι της διδαχης ποτερον εκ
Ᵽ 66 εαν τις θελη το θελημα αυτου ποιειν γνωσεται περι της διδαχης ποτερον εκ
Ᵽ 75 εαν [τις] θελη [το θ]ελημα αυτου γνωσεται πε[ρι] τη[ς διδα]χης ποτερον εκ

(pres,act,ind,3p,sing) (pres,act,ind or subj,1p,sing)
ειμι λαλεω

W & H του θεου εστιν η εγω απ εμαυτου λαλω
of the God she is or I from Myself I speak / I should speak
B θυ εστιν η εγω απ εμαυτου λαλω
א θυ εστιν η εγω απ εμαυτου λαλω
Ᵽ 66 θυ εστιν η εγω απ εμαυτου λαλω
Ᵽ 75 του θυ εστιν [η εγω] απ [εμ]αυτου λαλω

(pres,act,ptc,nom,sing,masc) (pres,act,ind,3p,sing) (pres,act,ptc,nom,sing,masc)
λαλεω ζητεω ζητεω

Jn.7:18 ο αφ εαυτου λαλων την δοξαν την ιδιαν ζητει ο δε ζητων την δοξαν
the one from himself speaking the glory the one his own he seeks but <> the One seeking the glorify
B ο αφ εαυτου λαλων την δοξαν την ιδιαν ζητι ο δε ζητων την δοξαν
א ο αφ εαυτου λαλω την δοξαν την ιδιαν ζητι και ο ζητων την δοξα
Ᵽ 66 ο αφ εαυτου λαλων την δοξαν την ιδιαν ζητει ο δε ζητων την δοξαν
Ᵽ 75 ο αφ εαυτ[ου λα]λων τ[ην]$_{1}$ δοξαν την ιδιαν$_{2}$ ζητει$_{3}$ ο δε ζητ[ων τ]ην δοξα[ν]

(1aor,act,ptc,gen,sing,masc) (pres,act,ind,3p,sing) (pres,act,ind,3p,sing)
πεμπω ειμι hiatus ειμι

W & H του πεμψαντος αυτον ουτος αληθης εστιν ~~εστι~~ και αδικια εν αυτω ουκ εστιν
of the One having sent Him this One true He is and unrighteousness in Him not she is
B του πεμψαντος αυτον ουτος αληθης εστιν και αδικια εν αυτω ουκ εστιν
א του πεμψαντος αυτον ουτος αληθης εστιν και αδικια εν αυτω ουκ εστι
Ᵽ 66 του πεμψαντος αυτον ουτος αληθης εστιν και αδικια εν αυτω ουκ εστιν
Ᵽ 75 του πεμψαντος αυτον [ου]τος αλ[ηθης] εστιν και αδικια εν αυτω ουκ ες[τι]ν

(1aor,act,ind,3p,sing) (perf,act,ind,3p,sing)
διδωμι διδωμι

Jn.7:19 ου μωυσης ~~μωσης~~ εδωκεν ~~δεδωκεν~~ υμιν τον νομον και ουδεις εξ
not Moses he gave ~~he has given~~ to you all the law and not one from out
B ου μωυσης εδωκεν υμιν τον νομον και ουδεις εξ
א ου μωυσης δεδωκεν υμιν τον νομον και ουδις εξ
Ᵽ 66 ου μωυσης δεδωκεν υμιν τον νομον και ουδεις εξ
Ᵽ 75 ου μωυσης δεδωκεν υμιν τ[ον] νομον

(pres,act,ind,3p,sing) (pres,act,ind,2p,pl) (1aor,act,infin)
ποιεω ζητεω αποκτεινω

W & H υμων ποιει τον νομον τι με ζητειτε αποκτειναι
of you all he does the law why Me do you all seek to kill
B υμων ποιει τον νομον τι με ζητειτε αποκτειναι
א υμων ποιει τον νομον τι με ζητειται αποκτιναι
Ᵽ 66 υμων πιει τον νομον τι με ζητειτε αποκτειναι
Ᵽ 75 τ[ι με ζη]τειτε αποκτ[ειν]αι

(1aor,pass,ind,3p,sing) (2aor,act,ind,3p,sing) (pres,act,ind,2p,sing) (pres,act,ind,3p,sing) (1aor,act,infin)
αποκρινομαι λεγω εχω ζητεω αποκτεινω

Jn.7:20 απεκριθη ο οχλος ~~και ειπεν~~ δαιμονιον εχεις τις σε ζητει αποκτειναι
he did answered the crowd ~~and he said~~ a demon You have who You he seeks to kill
B απεκριθη ο οχλος δαιμονιον εχεις τις σε ζητει αποκτιναι
א απεκριθη ο οχλος δαιμονιον εχεις τις σε ζητι αποκτιναι
Ᵽ 66 απεκριθη ο οχλος δαιμονιον εχεις τις σε ζητει αποκτειναι
Ᵽ 75 απεκριθ[η ο οχλος] δαιμονι[ον] εχεις τις σε ζητ[ει αποκ]τειναι

(1aor,pass,ind,3p,sing) (2aor,act,ind,3p,sing) (1aor,act,ind,1p,sing) (pres,act,ind,2p,pl)
αποκρινομαι λεγω ποιεω θαυμαζω
Jn.7:21 απεκριθη ο ιησους και ειπεν αυτοις εν εργον εποιησα και παντες θαυμαζετε
He did give answer the Jesus and He said to them one work I did and all you all are amazed
B απεκριθη ις και ειπεν αυτοις εν εργον εποιηcα και παντες θαυμαζετε
ℵ απεκριθη ις και ειπεν αυτοις εν εργον εποιηcα και παντες θαυμαζετε
Ᵽ 66 απεκριθη ις και ειπεν αυτοις εν εργον εποιηcα και παντες θαυμαζετε
Ᵽ 75 απεκριθη ις και ειπ[εν αυτοι]c εν εργον εποιηcα και παντ[ες θαυμα]ζε[τε]

(perf,act,ind,3p,sing)
διδωμι
Jn.7:22 δια τουτο μωυσης μωσης δεδωκεν υμιν την περιτομην ουχ οτι εκ του μωυσεως
because of this Moses Moses he has given to you all the circumcision not that from out of the Moses
B δια τουτο μωυcηc δεδωκεν υμιν την περιτομην ουκ[χ] οτι εκ του μωυcεωc
ℵ ο μωυcηc δεδωκεν υμιν την περιτομην ουχ οτι εκ του
Ᵽ 66 δια τουτο μωυcηc δεδωκεν υμειν την περιτομην ουχ οτι εκ του μωυcεωc
Ᵽ 75 δ]ια τουτο μωυcηc δ[εδωκεν υμιν την π]ερι[το]μην ουχ [οτι εκ του μωυcεωc]

(pres,act,ind,3p,sing) (pres,act,ind,2p,pl)
ειμι περιτεμνω
W & H μωσεως εστιν αλλ εκ των πατερων και [εν] σαββατω περιτεμνετε ανθρωπον
Moses she is but from out of the fathers and on Sabbath you all circumcise a man
B εcτιν αλλ εκ των πατερων και cαββατω περιτεμνετε ανθρωπον
ℵ μωcεωc εcτιν αλλ οτι εκ των πατερων και εν cαββατω περιτεμνετε ανθρωπον
Ᵽ 66 εcτιν αλλ εκ των πατερων και εν cαββατω περιτεμνετε ανον
Ᵽ 75 [εcτιν αλ]λ εκ [των πατερ]ων και [εν cαββατω πε]ριτε[μνετε] ανον

(pres,act,ind,3p,sing) (1aor,pass,subj,3p,sing)
λαμβανω λυω
Jn.7:23 ει περιτομην λαμβανει [ο] ανθρωπος εν σαββατω ινα μη λυθη ο νομος μωυσεως
if circumcision he receives the man on Sabbath so that not he is untied the Law of Moses
B ει περιτομην λαμβανει ο ανθρωποc εν cαββατω ινα μη λυθη ο νομοc μωυcεωc
ℵ ει περιτομην λαμβανι ανθρωποc εν cαββατω ινα μη λυθη ο νομοc ο μωυcεωc
Ᵽ 66 ει περιτομην λαμβανει ο ανοc εν cαββατω ινα μη λυθη ο νομοc μωυcεωc
Ᵽ 75 ει [περιτομην] λαμβανε[ι ανο]c εν cαββα[τω ιν]α μη λυθη ο νομοc μωυcεωc

(pres,act,ind,2p,pl) (1aor,act,ind,1p,sing)
χολαω ποιεω
W & H μωσεως εμοι χολατε οτι ολον ανθρωπον υγιη εποιησα εν σαββατω
of Moses with Me you all are very angry because a whole/complete man healthy I made on a Sabbath
B εμοι χολαται οτι ολον ανθρωπον υγιη εποιηcα εν cαββατω
ℵ εμοι χολαται οτι ολον ανθρωπον υγιη εποιηcα εν cαββατω
Ᵽ 66 εμοι χολαται οτι ολον ανον υγιη εποιηcα εν cαββατω
Ᵽ 75 ε[μοι χο]λαται οτι1 ολον3 ανον2 υγιη4 εποιηcα [εν cα]ββατω

(1aor,act,ind or imper,2p,pl) (1aor,act,imper,2p,pl) (1aor,act,imper,2p,pl)
κρινω κρινω κρινω
Jn.7:24 μη κρινετε κατ οψιν αλλα την δικαιαν κρισιν κρινετε κρινατε
not you all decide according to appearance but the righteous judgment you all judge decide you all
B μη κρεινετε κατ οψιν αλλα την δικαιαν κριcιν κρινετε
ℵ μη κρινετε κατ οψιν αλλα την δικαιαν κριcιν κρινατε
Ᵽ 66 μη κρινε κατ οψιν αλλα την δικαιαν κριcιν κρινετε
Ᵽ 75 μη κρινε[τ]ε κατ οψιν αλλα τ[ην] δικαιαν κριcιν κρινετε

(imperf,act,ind,3p,pl)
λεγω
Jn.7:25 ελεγον ουν τινες εκ των ιεροσολυμιτων ουχ
therefore <> they were saying some from out of the ones of Jerusalem not
B ελεγον ουν τινεc εκ των ιεροcολυμειτων ουχ
ℵ ελεγον ουν τινεc των ιεροcολυμειτω ουκ
P66 ελεγον ουν τινεc των ιεροcυλυμειτων ουχ
P75 ελεγον [ου]ν τινεc εκ των ι[ε]ροcολυμειτων [ου]χ

		(pres,act,ind,3p,sing) ειμι		(pres,act,ind,3p,pl) ζητεω	(1aor,act,infin) αποκτεινω
W & H	ουτος	εστιν	ον	ζητουσιν	αποκτειναι
	this One	He is	the One Whom	they are seeking	to kill
B	ουτοϲ	εϲτιν	ον	ζητουϲιν	αποκτειναι
ℵ	ουτοϲ	εϲτιν	ον	ζητουϲιν	αποκτιναι
P 66	ουτοϲ	εϲτιν	ον	ζητουϲιν	αποκτειναι
P 75	ουτο[ϲ	εϲτιν	[ον]	ζητουϲιν	αποκτεινα[ι]

		(2aor,act,imper,2p,sing) ορaω		(pres,act,ind,3p,sing) λαλεω				(pres,act,ind,3p,pl) λεγω hiatus		
Jn.7:26	και	ιδε	παρρησια	λαλει	και	ουδεν	αυτω	λεγουσιν ~~λεγουσι~~	μηποτε	αληθως
	and	you see	in an open manner	He speaks	and	nothing	to Him	they say	perhaps	truly
B	και	ιδε	παρρηϲια	λαλει	και	ουδεν	αυτω	λεγουϲιν	μηποτε	αληθωϲ
ℵ	και	ιδε	παρρηϲια	λαλι	και	ουδεν	αυτω	λεγουϲιν		μη τι αληθωϲ
P 66	και	ιδε	παρρηϲια	λαλει	και	ουδεν	αυτω	λεγουϲιν	μηποτε	αληθωϲ
P 75	[και]	ιδε	π[αρρη]ϲια	λαλει	και	ουδεν	αυτ[ω	λε]γ[ο]υ[ϲιν	μηπο]τε	αληθωϲ

	(2aor,act,ind,3p,pl) γινωσκω					(pres,act,ind,3p,sing) ειμι			
W & H	εγνωσαν	οι	αρχοντες	οτι	ουτος	εστιν	~~αληθως~~	ο	χριστος
	they know	the	rulers	that	this One	He is	~~truly~~	the	Christ
B	εγνωϲαν	οι	αρχοντεϲ	οτι	ουτοϲ	εϲτιν		ο	χϲ
ℵ	εγνωϲαν	οι	αρχιερειϲ	οτι	ουτοϲ	εϲτιν		ο	χϲ
P 66	εγνωϲαν	οι	αρχοντεϲ	οτι	ουτοϲ	εϲτιν		ο	χϲ
P 75	εγνωϲαν	[οι	αρχοντεϲ	ο]τι	ουτοϲ	εϲτιν		[ο]	χϲ

			(perf,act,ind,1p,pl) οιδα		(pres,act,ind,3p,sing) ειμι					(pres,mid,subj,3p,sing) ερχομαι	
Jn.7:27	αλλα	τουτον	οιδαμεν	ποθεν	εστιν	ο	δε	χριστος	οταν	ερχηται	ουδεις
	but	this One	we have known	from where	He is	but <> the		Christ	whenever	He should come	no one
B	αλλα	τουτον	οιδαμεν	ποθεν	εϲτιν	ο	δε	χϲ	οταν	ερχηται	ουδιϲ
ℵ	αλλα	τουτον	οιδαμεν	ποθεν	εϲτιν	ο		χϲ1	οταν9	ερχεται	ουδιϲ
P 66	αλλα	τουτον	οιδαμεν	ποθεν	εϲτιν	ο1	δε3	χϲ2	οταν4	ελθη	ουδειϲ
P 75	αλλ[α	τουτον	ο]ιδαμεν	ποθεν	ε[ϲτι]ν	ο	δ[ε]	χϲ	οταν	ερχηται	ουδειϲ

ℵ οταν2 ελθη3 μη4 πλιονα5 ϲημια6 ποιηϲει7 η8

	(pres,act,ind,3p,sing) γινωσκω			(pres,act,ind,3p,sing) ειμι
W & H	γινωσκει		ποθεν	εστιν
	he knows		from where	He is
B	γεινωϲκει		ποθεν	εϲτιν
ℵ	γινωϲκει	αυτον	ποθεν	εϲτιν
P 66	γινωϲκει		ποθεν	εϲτιν
P 75	γεινωεϲκει		ποθεν	εϲτιν

	(1aor,act,ind,3p,sing) κραζω					(pres,act,ptc,nom,sing,masc) διδασκω				(pres,act,ptc,nom,sing,masc) λεγω		(perf,act,ind,2p,sing) οιδα
Jn.7:28	εκραξεν	ουν	εν	τω	ιερω	διδασκων	[ο]	ιησους	και	λεγων	καμε	οιδατε
	therefore <> He cried out		in	the	temple	teaching	the	Jesus	and	saying	and Me	you all have known
B	εκραξεν	ουν	εν	τω	ιερω	διδαϲκων	ο	ιϲ	και	λεγων	καμε	οιδατε
ℵ	εκραξεν	ουν1	εν4	τω5	ιερω6	διδαϲκων7	ο2	ιϲ3	και8	λεγων9	και10 εμε	οιδατε
P 66	εκραξεν δε		εν	τω	ιερω	διδαϲκων	ο	ιϲ	και	λεγων	καμε	οιδαται
P 75	εκραξεν	ουν	[ε]ν	τω	ιερω	διδαϲκων		ιϲ	και	λεγων	καμε	οιδατε

		(perf,act,ind,2p,sing) οιδα		(pres,act,ind,1p,sing) ειμι					(2 perf,act,ind,1p,sing) ερχομαι		(pres,act,ind,3p,sing) ειμι
W & H	και	οιδατε	ποθεν	ειμι	και	απ	εμαυτου	ουκ	εληλυθα	αλλ	εστιν
	and you all have known		from where	I am	and	of	Myself	not	I have come	but	He is
B	και	οιδατε	ποθεν	ειμι	και	απ	εμαυτου	ουκ	εληλυθα	αλλ	εϲτιν
ℵ	και	οιδατε	ποθε	ειμι	και	απ	εμαυτου	ουκ	εληλυθα	αλλα	εϲτιν
P 66	και	οιδαται	ποθεν	ειμι	και	απ	εμαυτου	ουκ	εληλυθα	αλλ	εϲτιν
P 75	κα[ι]	οιδατε	ποθεν	ειμ[ι]	και	απ	εμαυτου	ου[κ	ελ]ηλυθα	αλ[λ	εϲτιν]

(1aor,act,ptc,nom,sing,masc) πεμπω — (perf,act,ind,2p,sing) οιδα

W & H αληθινος ο πεμψας με ον υμεις ουκ οιδατε
true the One having sent Me Whom you all not you all have known
B αληθινοc ο πεμψαc με ον υμειc ουκ οιδατε
א αληθηc ο πεμψαc με ον υμειc ουκ οιδαται
P 66 αληθηc ο πεμψαc με ον υμειc ουκ οιδατε
P 75 αληθινοc ο πεμψα[c με] ον υμειc ο[υκ ο]ιδατε

(2 perf,act,ind,1p,sing) οιδα — (pres,act,ind,1p,sing) ειμι — (1aor,act,ind,3p,sing) αποστελλω

Jn.7:29 εγω οιδα αυτον οτι παρ αυτου ειμι κακεινος με απεστειλεν
I I have known Him that from Him I am and that One Me He sent
B εγω οιδα αυτον οτι παρ αυτου ειμι κακεινοc με απεστειλεν
א εγω δε οιδα αυτον οτι παρ αυτω ειμι κακεινοc με απεσταλκεν
P 66 εγω οιδα αυτον οτι παρ αυτου ειμι κακεινοc με απεσταλκεν
P 75 εγω οιδα α[υτο]ν οτι παρ αυ[το]υ ειμι κακεινοc με απεcτειλεν

(imperf,act,ind,3p,pl) ζητεω — (1aor,act,infin) πιαζω — (2aor,act,ind,3p,sing) επιβαλλω

Jn.7:30 εζητουν ουν αυτον πιασαι και ουδεις επεβαλεν επ αυτον την χειρα
therefore <> they were seeking Him to seize and no one he threw upon Him the hand
B εζητουν ουν αυτον πιαcαι και ουδειc επεβαλεν επ αυτον την χειρα
א οι δε εζητουν αυτον πιαcαι και ουδειc επεβαλεν επ αυτον την χειρα
P 66 εζητουν ουν αυτον πιαcαι και ουδειc επεβαλλεν επ αυτον την χειρα
P 75 [εζ]ητουν ουν αυτον πιαcαι και ουδ[ειc επ]εβαλεν επ αυτον τη[ν χ]ειρα

(plupf,act,ind,3p,sing) ερχομαι

W & H οτι ουπω εληλυθει η ωρα αυτου
because not yet she had come the hour of Him
B οτι ουπω εληλυθει η ωρα αυτου
א οτι ουπω εληλυθει η ωρα αυτου
P 66 οτι ουδεπω εληλυθει η ωρα αυτου
P 75 οτ[ι ου]πω εληλυθει η ω[ρα αυτ]ου

(1aor,act,ind,3p,pl) πιστευω — (imperf,act,ind,3p,pl) λεγω

Jn.7:31 εκ3 του4 οχλου5 δε2 πολλοι1 επιστευσαν6 εις αυτον και ελεγον ~~οτι~~ ο χριστος οταν
but <> from out of the crowd many they believed in Him and they were saying ~~that~~ the Christ whenever
B εκ του οχλου δε πολλοι επιcτευcαν ειc αυτον και ελεγον ο χc οταν
א εκ4 του5 οχλου6 δε2 πολλοι1 επιcτευcαν3 ειc7 αυτον και ελεγον ο χc οταν
P 66 εκ5 του6 οχλου7 δε1 πολλοι2 δε3 επιcτευcαν4 ειc8 αυτον και ελεγον ο χc οταν
P 75 εκ4 τ[ου5 οχ]λ[ου6] δε2 πολλοι1 επιcτ[ευcαν3] ειc7 αυτ[ον και ελ]εγον ο χc οταν

(2aor,act,subj,3p,sing) ερχομαι — (fut,act,ind,3p,sing) ποιεω — (1aor,act,ind,3p,sing) ποιεω

W & H ελθη μη ~~μητι~~ πλειονα σημεια τουτων ποιησει ων ουτος εποιησεν
He should come not ~~not will~~ more signs than these He will do which this One He did
B ελθη μη πλειονα cημεια ποιηcει ων ουτοc εποιηcεν
א ελθη μη πλιονα cημεια ποιηcει ω ουτοc ποιει
P 66 ελθη μη πλειονα cημεια ποιηcει ων ουτοc εποιηcεν
P 75 [ελθη] μη π[λειονα] cημεια ποιηcει ω[ν ου]τοc ε[ποι]ηcεν

(1aor,act,ind,3p,pl) ακουω — (pres,act,ptc,gen,sing,masc) γογγυζω

Jn.7:32 ηκουσαν οι φαρισαιοι του οχλου γογγυζοντος περι αυτου ταυτα και
they heard the Pharisees of the crowd murmuring concerning Him these *things* and
B ηκουcαν οι φαρειcαιοι του οχλου γογγυζοντοc περι αυτου ταυτα και
א ηκουcαν δε οι φαριcαιοι του οχλου γογγυζοντοc1 περι3 αυτου4 ταυτα2 και5
P 66 ηκουcαν δε οι φαριcαιοι του οχλου γογγυζοντοc1 περι3 αυτου4 ταυτα2 και5
P 75 ηκ[ου]cαν οι φα[ριcαιο]ι του ο[χ]λου γογγυζοντοc περι [αυτου] τα[υτ]α και

(1aor,act,ind,3p,pl)
αποστελλω
W & H απεστειλαν1 οι6 αρχιερεις7 και5 οι3 φαρισαιοι4 υπηρετας2
they sent the chief priests and the Pharisees officers
B απεστειλαν οι αρχιερειc και οι φαρειcαιοι υπηρεταc
ℵ απεcτιλαν6 οι9 αρχιερειc10 και11 οι12 φαριcαιοι13 τουc7 υπηρεταc8
P 66 απεcτιλαν6 οι8 αρχιερειc9 και10 οι11 φαριcαιοι12 υπηρεταc7
P 75 απεcτειλαν οι αρχ[ι]ερειc και οι φαριcαιοι υπηρεταc

(1aor,act,subj,3p,pl)
πιαζω
W & H ινα8 πιασωσιν αυτον
so that they might seize Him
B ινα πιαcωcιν αυτον
ℵ ινα14 πιαcωcιν αυτον
P 66 ινα13 πιαcωcιν αυτον
P 75 ινα πι[αcωcιν αυτον]

(2aor,act,ind,3p,sing) (pres,act,ind,1p,sing)
λεγω ειμι
Jn.7:33 ειπεν ουν ~~αυτοις~~ ο ιησους ετι1 χρονον3 μικρον2 μεθ4 υμων ειμι και
therefore <> He said ~~to them~~ the Jesus still time a little with you all I am and
B ειπεν ουν ο ιc ετι χρονον μειкρον μεθ υμων ειμι και
ℵ ειπεν ουν ο ιc ετι χρονον μικρον μεθ υμων ειμι και
P 66 ειπεν ουν ο ιc ετι χρονον μικρον μεθ υμων ειμι και
P 75 [ειπεν ουν] ιc ετι χ[ρο]νον μικρον μεθ υμων ειμι και

(pres,act,ind,1p,sing) (1aor,act,ptc,acc,sing,masc)
υπαγω πεμπω
W & H υπαγω προς τον πεμψαντα με
I am going away to the One having sent Me
B υπαγω προc τον πεμψαντα με
ℵ υπαγω προc τον πεμψαντα με
P66 υπαγω προc τον πεμψαντα με
P75 υπαγ[ω] προc τον πεμψαντα με

(fut,act,ind,2p,pl) (fut,act,ind,2p,pl) (pres,act,ind,1p,sing) (pres,pass,ind,2p,pl)
ζητεω ευρισκω ειμι δυναμαι
Jn.7:34 ζητησετε με και ουχ ευρησετε με και οπου ειμι εγω υμεις ου δυνασθε
you all will seek Me and not you will find Me and where I am I you all not you all are able
B ζητηcετε με και ουχ ευρηcετε με και οπου ειμι εγω υμιc ου δυναcθε
ℵ ζητηcετε με και ουχ ευρηcετε και οπου ειμι εγω υμιc ου δυναcθαι
P 66 ζητηcετε με και ουχ ευρηcεται και οπου ειμι εγω υμειc ου δυναcθε
P 75 [ζ]ητηcα[τ]ε με και ουχ ευρηcετε με [και] οπου ειμι εγω υμειc ου δυναcθε

(2aor,act,infin)
ερχομαι
W & H ελθειν
to come
B ελθειν εκει
ℵ ελθιν
P 66 ελθειν
P 75 [ε]λθειν

(2aor,act,ind,3p,pl) (pres,act,ind,3p,sing) (pres,mid,inf)
λεγω μελλω πορευομαι
Jn.7:35 ειπον ουν οι ιουδαιοι προς εαυτους που ουτος μελλει πορευεσθαι
therefore <> they said the Jews to each other where this One He is about to journey
B ειπον ουν οι ιουδαιοι προc εαυτουc που ουτοc μελλει πορευεcθαι
ℵ ειπον ουν οι ιουδαιοι που ουτοc μελλει πορευεcθε
P 66 ειπαν ουν οι ιουδαιοι προc εαυτουc που1 ουτοc3 μελλει2 πορευεcθαι4
P 75 ειπον ουν οι ιδαιοι προc ε[α]υτουc που ουτοc μελλει πορευεcθαι

(fut,act,ind,1p,pl) ευρισκω — (pres,act,ind,3p,sing) μελλω

W & H οτι ημεις ουχ ευρησομεν αυτον μη εις την διασποραν των ελληνων μελλει
that we not we will find Him not into the dispersion of the Greeks He is about
B οτι ημειc ουχ ευρηcομεν αυτον μη ειc την διαcπορα των ελληνων μελλει
א οτι ουχ ευρηcομεν αυτον μη ειc την διαcπορα των ελληνων μελλει
Ᵽ 66 οτι ημειc ουχ ευρηcομεν αυτον μη ειc την διαcποραν των ελληνων μελλει
Ᵽ 75 οτι [ημε]ιc ουχ ευρη[c]ομεν αυτον μη ειc τ[ην διαcποραν τ]ων ελληνων μελλει

(pres,mid,inf) πορευομαι — (pres,act,inf) διδασκω

W & H πορευεσθαι και διδασκειν τους ελληνας
to journey and to teach the Greeks
B πορευεcθαι και διδαcκειν τουc ελληναc
א πορευεcθε και διδαcκιν τουc ελληναc
Ᵽ 66 πορευεcθαι και διδαcκειν τουc ελληναc
Ᵽ 75 π[ορευεcθαι και δι]δαcκει[[ν]] τουc ελληναc

(pres,act,ind,3p,sing) ειμι — (2aor,act,ind,3p,sing) λεγω hiatus — (fut,act,ind,2p,pl) ζητεω — (fut,act,ind,2p,pl) ευρισκω

Jn.7:36 τις εστιν$_1$ ο$_3$ λογος$_4$ ουτος$_2$ ον$_5$ ειπεν ~~ειπε~~ ζητησετε με και ουχ ευρησετε
what is he the word this which He said you all will seek Me and not you all will find
B τι ο λογοc ουτοc ον ειπε ζητηcετε με και ουχ ευρηcετε
א τι εcτιν$_1$ ο$_3$ λογοc$_4$ ουτοc$_2$ ον$_5$ ειπε ζητηcετε με και ουχ ευρηcετε
Ᵽ 66 τιc εcτιν ο λογοc ουτοc ον ειπεν οτι ζητηcεται με και ουχ ευρηcετε
Ᵽ 75 τι[c εcτιν ο λογοc ο]υτοc ον ειπεν ζητηcετε με κα[ι ο]υ[χ ευρηcετε]

(pres,act,ind,1p,sing) ειμι — (pres,pass,ind,2p,pl) δυναμαι — (2aor,act,infin) ερχομαι

W & H με και οπου ειμι εγω υμεις ου δυνασθε ελθειν
Me and where I am I you all not you all are able to come
B με και οπου ειμι εγω υμειc ου δυναcθε ελθειν
א και οπου ειμι εγω υμιc ου δυναcθαι ελθι
Ᵽ 66 και οπου ειμι εγω ου δυναcθε ελθειν
Ᵽ 75 με και οπου ειμι εγω υμειc ου δυναcθε ελθειν

(plupf,act,ind,3p,sing) ιστημι — (1aor,act,ind,3p,sing) κραζω

Jn.7:37 εν δε τη εσχατη ημερα τη μεγαλη της εορτης ειστηκει ο ιησους και εκραξεν
and <> on the last day the one great of the feast He having stood the Jesus and He cried out
B εν δε τη εcχατη ημερα τη μεγαλη τηc εορτηc ειcτηκει ο ιc και
א εν δε τη εcχατη ημερα τη μεγαλη τηc εορτηc ιcτηκει ο ιc και εκραζεν
Ᵽ 66 εν δε τη εcχατη ημερα τη μεγαλη τηc εορτηc ιcτηκει ο ιc και εκραζεν
Ᵽ 75 εν δε τη εcχατη ημερα [τ]η μεγαλη τηc εορτηc ειcτηκει ο ιc [κ]αι

(pres,act,ptc,nom,sing,masc) hiatus λεγω — (pres,act,subj,3p,sing) διψαω — (pres,mid,imper,3p,sing) ερχομαι — (pres,act,imper,3p,sing) πινω

W & H ~~εκραξε~~ λεγων εαν τις διψα ερχεσθω προς με και πινετω
saying if anyone he should thirst let him come to Me and let him drink
B εκραζε λεγων εαν τιc διψα ερχεcθω προc εμε και πεινετω
א λεγων εαν τιc διψα ερχεcθω και πινετω
Ᵽ 66 λεγων εαν τιc διψα ερχεcθω προc εμε και πεινετω
Ᵽ 75 εκραζε λεγων εαν τιc διψα ερχεcθω * και πεινετω
[P66 * *Insert mark follows; lower margin contains* προς με]

(pres,act,ptc,nom,sing,masc) πιστευω — (2aor,act,ind,3p,sing) λεγω

Jn.7:38 ο πιστευων εις εμε καθως ειπεν η γραφη ποταμοι εκ της κοιλιας αυτου
the one believing in Me as she said the scripture rivers from out of the belly of him
B ο πιcτευων ει εμε καθωc ειπεν η γραφη ποταμοι εκ τηc κοιλιαc αυτου
א ο πιcτευων ειc εμε καθωc ειπεν η γραφη ποταμοι εκ τηc κοιλιαc αυτου
Ᵽ 66 ο πιcτευων ειc εμε καθωc ειπεν η γραφη ποταμοι εκ τηc κοιλιαc αυτου
Ᵽ 75 ο πιcτευων [ει]c εμε καθωc [ει]πεν [η] γραφη ποτα[μ]οι εκ τηc κοιλ[ια]c αυτ[ου]

(fut,act,ind,3p,pl) (pres,act,ptc,gen,sing,neut)
ρεω ζαω
W & H ρευσουσιν υδατος ζωντος
they will flow water living
B ρευcουcιν υδατοc ζωντοc
ℵ ρευcουcιν υδατοc ζωντοc
Ᵽ 66 ρευcουcιν υδατοc ζωντοc
Ᵽ 75 ρευcουcιν υδα[τοc ζ]ωντ[ο]c

(2aor,act,ind,3p,sing) (imperf,act,ind,3p,pl) (pres,act,inf)
λεγω hiatus μελλω λαμβανω
Jn.7:39 τουτο δε ειπεν ~~ειπε~~ περι του πνευματος ου εμελλον λαμβανειν
and <> these things He said concerning the Spirit of which they were about to receive
B τουτο δε ειπεν περι του πνευματοc ο εμελλον λαμβανειν
ℵ τουτο δε ελεγεν περι του πνc ου ημελλον
Ᵽ 66 τουτο δε ελεγεν περι του πνc ου εμελλον λαμβανειν
Ᵽ 75 [το]υτο δ[ε ει]πεν περι του [πνοc] ο εμελλον λαμβανειν

(1aor,act,ptc,nom,pl,masc) (imperf,act,ind,3p,sing)
πιστευω ειμι
W & H οι πιστευσαντες εις αυτον ουπω γαρ ην πνευμα ~~αγιον~~
the ones believing in Him for <> not yet It was Spirit ~~Holy~~
B οι πιcτευcαντεc ειc αυτον ουπω γαρ ην πνευμα αγιον δεδομενον
ℵ λαμβανιν οι πιcτευcαντεc ειc αυτον ουπω γαρ ην πνα
Ᵽ 66 οι πιcτευcαντεc ειc αυτον ουπω γαρ ην πνα [[αγιον]]*
Ᵽ 75 οι πιcτευ[cαν]τεc ειc αυτον ουπω γαρ ην πνα
[P66 * *word was deleted*]

(1aor,pass,ind,3p,sing)
δοξαζω
W & H οτι ~~ο~~ ιησους ουπω ~~ουδεπω~~ εδοξασθη
because ~~the~~ Jesus not yet ~~not yet~~ He was glorified
B ουπω εδοχαcοη
ℵ οτι ιc ουπω δεδοξαcτο
Ᵽ 66 οτι ιc ουδεπω εδοξαcθη
Ᵽ 75 [ο]τι ιc ουδεπω εδοξαcθη

(1aor,act,ptc,nom,pl,masc)
ακουω
Jn.7:40 εκ3 του4 οχλου5 ~~πολλοι~~1 ουν2 ακουσαντες6 των ~~τον~~ λογων ~~λογον~~
from of the crowd therefore <> ~~many~~ having heard of the ~~the~~ of words ~~word~~
B εκ του οχλου ουν ακουcαντεc των λογων
ℵ εκ του οχλου ουν ακουcατεc αυτου των λογων
Ᵽ 66 εκ2 του3 οχλου4 [[πολλοι1]]* ουν5 ακουcαντεc [[αυτου]]* των λογων
Ᵽ 75 εκ του οχλου [ου]ν ακουcαντεc των λογων
[P66 * *words in double brackets were deleted* - *]

(imperf,act,ind,3p,pl) (pres,act,ind,3p,sing)
λεγω ειμι
W & H τουτων ελεγον [οτι] ουτος εστιν αληθως ο προφητης
of these they were saying that this One He is truly the prophet
B τουτων ελεγον οτι ουτοc εcτιν αληθωc ο προφητηc
ℵ τουτων ελεγο1 ουτοc3 εcτιν4 αληθωc2 ο5 προφητηc
Ᵽ 66 τουτων ελεγον ουτοc εcτιν αληθωc ο προφητηc
Ᵽ 75 τουτων [ε]λεγον ουτοc εcτιν αληθωc ο προφητηc

(imperf,act,ind,3p,pl) (pres,act,ind,3p,sing) (imperf,act,ind,3p,pl)
λεγω ειμι λεγω
Jn.7:41 αλλοι ελεγον ουτος εστιν ο χριστος οι ~~αλλοι~~ δε ελεγον μη γαρ εκ της
others they were saying this One He is the Christ but <> the ones ~~others~~ they were saying for <> not from out of the
B αλλοι ελεγον ουτοc εcτιν ο χc οι δε ελετον μη γαρ εκ τηc
ℵ αλλοι ελεγον ουτοc εcτιν ο χc αλλοι ελεγον μη γαρ εκ τηc
Ᵽ 66 αλλοι ελεγον ουτοc εcτιν ο χc οι δε ελεγον μη γαρ εκ τηc
Ᵽ 75 αλλοι ελεγον ουτ[οc ε]cτιν ο χc οι δε ελεγον μ[η γα]ρ [εκ τη]c

(pres,mid,ind,3p,sing)
ερχομαι
W & H γαλιλαιας ο χριστος ερχεται
Galilee the Christ He comes
B γαλειλαιας ο χς ερχεται
א γαλιλαιας ο χς ερχεται
P 66 γαλιλαιας ο χς ερχεται
P 75 γαλιλαιας ο χς ερχεται

(2aor,act,ind,3p,sing)
λεγω
Jn.7:42 ουχ ~~ουχι~~ η γραφη ειπεν οτι εκ του σπερματος δαυιδ ~~δαβιδ~~ και απο
not ~~not~~ ? the scripture she said that from out of the seed of David and from
B ουκ1 η3 γραφη2 ειπεν4 οτι εκ του σπερματος δαυειδ και απο
א ουχι η γραφη ειπεν οτι εκ του σπερματος δαδ και απο
P 66 ουχ η γραφη ειπεν οτι εκ του σπερματος δαυειδ και απο
P 75 ουχι1 η3 [γ]ραφ[η2 ειπ]εν4 οτι εκ του σπερματος δαυειδ και απο

(imperf,act,ind,3p,sing) (pres,mid,ind,3p,sing)
ειμι ερχομαι
W & H βηθλεεμ της κωμης οπου ην δαυιδ ~~δαβιδ~~1 ερχεται4 ο2 χριστος3
Bethlehem of the town where he was David He comes the Christ
B βηθλεεμ της κωμης οπου ην δαυειδ ερχεται ο χς
א βηθλεεμ της κωμης οπου ην ο δαδ1 ερχεται4 ο2 χς3
P 66 βηθλεεμ της κωμης οπου ην δαυειδ1 ερχεται4 ο2 χς3
P 75 βηθλεεμ της κωμης οπου ην δαυειδ ερχεται ο χς

(2aor,mid,ind,3p,sing)
γινομαι
Jn.7:43 σχισμα ουν1 εγενετο5 εν2 τω3 οχλω4 δι6 αυτον
therefore <> a split it happened in the crowd on account of Him
B σχιμα ουν εγενετο εν τω οχλω δι αυτον
א σχισμα ουν εγενετο εν τω οχλω δι αυτον
P 66 σχισμα ουν εγενετο εν τω οχλω δι αυτον
P 75 σχιμα ουν εγενετο εν τω οχλω δι αυτον

(imperf,act,ind,3p,pl) (1aor,act,infin)
θελω πιαζω
Jn.7:44 τινες δε ηθελον εξ αυτων πιασαι αυτον αλλ ουδεις
and <> some they were wishing from out of them to seize Him but no one
B τινες δε ηθελον εξ αυτω πιασαι αυτον αλλ ουδις
א τινες δε ελεγον εξ αυτω πιασαι αυτον αλλ ουδις
P 66 τινες δε ηθελον εξ αυτω πιασαι αυτον αλλ ουδεις
P 75 τινες δε ηθελον εξ αυτων πιασαι α[υτο]ν αλλ ουδεις

(2aor,act,ind,3p,sing) (2aor,act,ind,3p,sing)
βαλλω επιβαλλω
W & H εβαλεν ~~επεβαλεν~~ επ αυτον τας χειρας
they casted ~~they casted upon~~ upon Him the hands
B εβαλεν επ αυτον τας χειρας
א επεβαλεν αυτω τας χιρας
P 66 επεβαλεν επ αυτον τας χειρας
P 75 εβαλεν επ αυτο[ν] τας χειρας

(2aor,act,ind,3p,pl)
ερχομαι
Jn.7:45 ηλθον ουν οι υπηρεται προς τους αρχιερεις και φαρισαιους
therefore <> they came the officers to the high priests and Pharisees
B ηλθον ουν οι υπηρεται προς τους αρχιερεις και φαρεισαιους
א ηλθον ουν οι υπηρεται προς τους αρχιερεις και φαρισαιους
P 66 ηλθαν ουν οι υπηρεται προς τους αρχιερεις και φαρισαιους
P 75 ηλθον ουν οι υπηρεται [προς] τους αρχ[ιερεις] και φαρισαιους

(2aor,act,ind,3p,pl) λεγω — (2aor,act,ind,2p,pl) αγω

W & H και ειπον αυτοις εκεινοι δια τι ουκ ηγαγετε αυτον
and they said to them those on account of why not did you all bring Him
B και ειπον αυτοιc εκεινοι δια τι ουκ ηγαγετε αυτον
ℵ και λεγουcιν αυτοιc εκεινοι ουκ ηγαγετε
P 66 και λεγουcιν αυτοιc εκεινοι δια τι διατι ουκ ηγαγεται αυτον
P 75 κ[αι ειπ]ον αυτ[οιc εκει]νοι δια τι ου[κ ηγ]αγετε α[υτον]

(1aor,pass,ind,3p,pl) αποκρινομαι — (1aor,act,ind,3p,sing) λαλεω

Jn.7:46 απεκριθησαν οι υπηρεται ουδεποτε1 ελαλησεν3
they did give answer the officers at no time He spoke
B απεκριθηcαν οι υπηρεται ουδεποτε ελαληcεν
ℵ απεκριθηcα5 αυτον1 οι2 δε3 υπηρεται4 ουδεποτε6 ελαληcεν9
P 66 απεκριθηcαν οι υπηρεται ουδεποτε1 ελαληcεν4
P 75 απεκριθηcαν ο[ι] υπηρετ[αι ουδε]π[[ο]]τε ελαληcεν

W & H ουτως2 ~~ο~~ ανθρωπος4 ~~ως ουτος ο ανθρωπος~~
thus ~~the~~ a man ~~as this the man~~
B ουτωc ανθρωποc
ℵ ουτωc7 ανθρωποc8 ωc10 ουτοc λαλει ο ανθρωποc
P 66 ουτωc2 ανοc3
P 75 [ο]υτωc αν[οc]

(1aor,pass,ind,3p,pl) αποκρινομαι

Jn.7:47 απεκριθησαν ουν [αυτοις] οι φαρισαιοι
therefore <> they did give answer to them the Pharisees
B απεκριθηcαν ουν οι φαρειcαιοι
ℵ απεκριθηcαν αυτοιc οι φαριcαιοι
P 66 [[ωc αυτοιc λαλει ο αν θρωποc]] * απεκριθηcαν ουν αυτοιc οι φαριcαιοι
P 75 [απε]κριθηcαν ουν αυ[το]ιc οι φαριcαιοι
[* P66 *The words in double brackets were deleted.*]

(perf,pass,ind,2p,pl) πλαναω

W & H μη και υμεις πεπλανησθε
not also you all you all have been deceived
B μη και υμειc πεπλανηcθε
ℵ μη και υμιc πεπλανηcθαι
P 66 μη και υμειc πεπλανηcθαι
P 75 μη και υμειc π[επλα]νηcθε

(1aor,act,ind,3p,sing) πιστευω

Jn.7:48 μη τις εκ των αρχοντων επιστευσεν εις αυτον η εκ των φαρισαιων
not anyone from out of the rulers he believed in Him or from out of the Pharisees
B μη τιc εκ των αρχοντων επιcτευcεν ειc αυτον η εκ των φαρειcαιων
ℵ μη τιc εκ των αρχοντων πιcτευει ειc αυτον η εκ τω φαριcαιων
P 66 μη τιc εκ των αρχοντων επιcτευcεν ειc αυτον η εκ των φαριcαιων
P 75 μ[η τιc εκ] των αρχοντων [επιcτευcεν ειc αυ]τον η εκ των φ[αριcαιω]ν

(pres,act,ptc,nom,sing,masc) γινωσκω

Jn.7:49 αλλα ~~αλλ~~ ο οχλος ουτος ο μη γινωσκων τον νομον επαρατοι ~~επικαταρατοι~~
but ~~but~~ the crowd this one the one not knowing the law cursed ~~accursed~~
B αλλα ο οχλοc ουτοc ο μη γεινωcκων τον νομον επαρατοι
ℵ αλλ ο οχλοc ουτοc ο μη γινωcκων τον νομον επαρατοι
P 66 αλλα ο οχλοc ουτοc ο μη γινωcκων τον νομον επαρατοι
P 75 α[λλ ο οχλοc ουτοc ο μη γεινωπ[cκ]ων τον ν[ομον] [[ε]]παρατοι

(pres,act,ind,3p,pl) ειμι

W & H εισιν
they are
B ειcιν
ℵ ειcιν
P 66 ειcιν
P 75 ειcιν

(pres,act,ind,3p,sing) (2aor,act,ptc,nom,sing,masc)
λεγω ερχομαι
Jn.7:50 λεγει νικοδημος προς αυτους ο ελθων ~~νυκτος~~ προς αυτον
he says Nicodemus to them the one having come ~~by night~~ to Him
B λεγει νεικοδημος προς αυτους ο ελων προς αυτον
א ειπεν δε νικοδημος προς αυτους
P 66 ειπεν δε νικοδημος προς αυτους ο ελων προς αυτον
P 75 λεγει νεικ[ο]δημος προς αυτους ο ελθων πρ[ος] αυτον

(pres,act,ptc,nom,sing,masc)
ειμι
W & H προτερον εις ων εξ αυτων
firstly one being of them
B προτερον εις ων εξ αυτων
א εις ων εξ αυτων
P 66 προτερον εις ων εξ αυτων
P 75 προτερον εις ων εξ αυτ[ω]ν

(pres,act,ind,3p,sing) (1aor,act,subj,3p,sing) (or) (fut,mid,ind,2p,sing)
κρινω ακουω (or) ακουω
Jn.7:51 μη ο νομος ημων κρινει τον ανθρωπον εαν μη ακουση1 ακουση1
not the law of us he judges the man if not he should have heard / you, yourself, will hear
B μη ο νομος ημων κρινει τον ανθρωπον εαν μη ακουση
א μη ο νομος ημω κρινι τον ανθρωπον εαν μη ακουση
P 66 μη ο νομος ημων κρινει τον <u>ανον</u> εαν μη ακουση
P 75 μη ο νομος ημων κρινει τ[ο]ν <u>ανον</u> εαν μη ακουση

(2aor,act,subj,3p,sing) (pres,act,ind,3p,sing)
γινωσκω ποιεω
W & H πρωτον ~~προτερον~~4 παρ2 αυτου3 και5 γνω τι ποιει
first ~~prior~~ from Him and He should have known what He is doing
B πρωτον παρ αυτου και γνω τι ποιει
א πρωτον και γνω τι ποιει
P 66 πρωτον παρ αυτου και γνω τι ποιει
P 75 πρωτον παρ αυτου και γνω τι π[ο]ιει

(1aor,pass,ind,3p,pl) (2aor,act,ind,3p,sing) (2aor,act,ind,3p,sing)
αποκρινομαι λεγω λεγω
Jn.7:52 απεκριθησαν και ειπαν ~~ειπον~~ αυτω μη και συ εκ της γαλιλαιας
they did give answer and they said to him not also you from out of the Galilee
B απεκριθησαν και ειπαν αυτω μη και συ εκ της γαλειλαιας
א απεκριθησαν και ειπον αυτω μη και συ εκ της γαλιλαιας
P 66 απεκριθησαν και ειπαν αυτω μη και συ εκ της γαλιλαιας
P 75 απεκριθησαν και ειπαν αυτω μη και συ εκ της γαλιλαιας

(pres,act,ind,2p,sing) (1aor,act,imper,2p,sing) (1aor,act,imper,2p,sing) (2aor,act,imper,2p,sing)
ειμι ερauνaω ερευναω οραω
W & H ει εραυνησον ~~ερευνησον~~ και ιδε οτι εκ της
are you try you to learn and see you that from out of the
B ει ερ[ε]αυνησον και ιδε οτι εκ της
א ει εραυνησον και ιδε1 εκ3 της4
P 66 ει ερευνησον και ιδε οτι εκ της
P 75 ει εραυνησον και ιδε οτι εκ της]

W & H γαλιλαιας προφητης ουκ εγειρεται
Galilee a prophet not he,himself, arises
B γαλειλαιας προφητης ουκ εγειρεται
א γαλιλαιας5 προφητης2 ουκ6 εγειρεται7
P 66 γαλιλαιας [[ο]] προφητης * ουκ εγειρεται **
P 75 γαλιλα[ιας ο προ]φ[η]τη[ς ου]κ εγειρεται **

[P66 *Transposition marks indicate a corrected reading το προφητης εκ της γαλαιλαιας. The scribe or corrector attempted to erase the article ο before προφητης, but the article still shows]

[P66 & P75 ** These manuscripts does not contain 7:53-8:11]

(Text "The Woman Caught in Adultery" is most likely not written by St. John and is not in the early reliable manuscripts of Second to Fifth Century)

"The Textual Commentary on the Greek New Testament" Second Edition by Bruce M. Metzger reads:

The evidence for the non-Johannine origin of the periscope of the adulteress is overwhelming. It is absent from such early and diverse manuscripts as **P66, 75** Alap, B, L, N T, W, X, Δ, θ, Psi, 0141, 0211, 22, 33, 124, 209, 788, 828, 1230, 1242, 1253, al. Codices A and C are defective in this part of John, but it is highly probable that neither contains the periscope, for careful measurements discloses that there would not have been space enough on the missing leaves to include the section along with the rest of the text. In the East the passage is absent from the oldest form of the Syriac version (syrc, s and the best manuscripts of syrp), as well as from Sahidic and the subAchmimic versions and the older Bohairic manuscripts. Some Armenian manuscripts, according to a note in Zohrab's edition of the Armenian version , " Only five of the thirty manuscripts we used preserve here the addition (i.e. the periscope of the adulteress) found in Latin manuscripts. The remainder usually agree with our exemplar in placing it as a separate section at the end of the Gospel, as we have done. But in six of the older manuscripts the passage is completely omitted in both places" (translated by Erroll F. Rhodes, who comments as follow in a note to the present writer: "When the periscope is found in manuscripts after 7:52, it is frequently accompanied with an asterisk or other symbol")

And the Old Georgian version omits it. In the West the passage is absent from the Gothic version and from several Old Latin manuscripts (it a, l*, q). No Greek Church Father prior to Euthymius Zigavenus (twelfth century) comments on the passage, and Euthymius declares that the accurate copies of the Gospel do not contan it. When one adds to this impressive diversified list of external evidence the consideration that the style and vocabulary of the periscope differ noticeably from the rest of the Fourth Gospel (see any critical commentary), and that it interrupts the sequence of 7:52 and 8:12 ff., the case against its being of Johannine authorship appears to be conclusive.

At the same time the account has all the earmarks of historical veracity. It is obviouly a piece of oral tradition which circulated in certain parts of the Western church and which was subsequently incorporated into various manuscripts at various places. Most copyists apparently thought that it would interrupt John's narrative least if it were inserted after 7:52 (D E (F) G H K M U Γ Π 28 700 892 *al*). Others placed it after 7:36 (ms 225) or after 7:44 (several Georgian mss.) or after 21:25 (1 565 1076 1570 1582 armmss) or after Lk.21:38 (f 13). Significantly enough, in many of the witnesses that contain the passage it is marked with asterisks or obeli, indicating that, though the scribes included the account, they were aware that it lacked satisfactory credentials.

Sometimes it is stated that the periscope was deliberately expunged from the Fourth Gosel because Jesus' words at the close were liable to be understood in a sense too indulgent to adultery. But, apart from the absence of any instance elsewhere of scribal excision of an extensive passage because of moral prudence, this theory fails "to explain why the three preliminary verses (7:53; 8:1-2), so important as apparently descriptive of the time and place at which all the discourses of c. viii were spoken, should have been omitted with the rest" (Hort, "Notes on Select Readings," pp.86 f.). Although the Committee was unanimous that the periscope was originally no part of the Fourth Gospel, in deference to the evident antiquity of the passage a majority decided to print it, enclosed within double square brackets, at its traditional place following Jn.7.52.

In as much as the passage is absent from the earlier and better manuscripts that normally serve to identify types of text, it is not always easy to make a decision among alternative readings. In any case it will be understood that the level of certainty ({A}) is within the framework of the initial decision relating to the passage as a whole.

(1aor,pass,ind,3p,pl) (1aor,act,ind,3p,sing)
πορευομαι **πορευομαι**
Jn.7:53 [[και επορευθησαν ~~επορευθη~~ εκαστος εις τον οικον αυτου
and they were journeyed -~~he journeyed~~ each to the house of him

John Chapter 8

(1aor,act,ind,3p,sing)
πορευομαι
Jn.8:1 ιησους δε επορευθη εις το ορος των ελαιων
and <> Jesus He journeyed to the mountain of the olives

B [*no text* B begins again @ 8:12]
ℵ [*no text* ℵ begins again @ 8: 12]
Ᵽ66 [*no text* Ᵽ66 begins again 8: 16]
Ᵽ75 [*no text* Ᵽ75 begins again 8: 12]

(2aor,mid,ind,3p,sing) **(imperf,mid,ind,3p,sing)**
παραγινομαι **ερχομαι**
Jn.8:2 ορθρου δε παλιν παρεγενετο εις το ιερον [και πας ο λαος ηρχετο προς αυτον
and <> at dawn again He Himself appears in the temple and all the people he was coming to Him

W & H
(1aor,act,ptc,nom,sing,masc) καθιζω (imperf,act,ind,3p,sing) διδασκω
και καθισας εδιδασκεν αυτους]
and having sat down He was teaching them

Jn.8:3
(pres,act,ind,3p,pl) αγω hiatus
αγουσιν αγουσι δε οι γραμματεις και οι φαρισαιοι προς αυτον γυναικα
and <> they bring the scribes and the Pharisees to Him a woman

W & H
(perf,pass,ptc,acc,sing,fem) καταλαμβανω (1aor,act,ptc,nom,pl,masc) ιστημι
επι εν μοιχεια κατειλημμενην και στησαντες αυτην εν μεσω
in in adultery having been overpowered and having placed her in midst

Jn.8:4
(pres,act,ind,3p,pl) λεγω (perf,pass,ind,3p,sing) καταλαμβανω (2aor,act,ind,1p,pl) ευρισκω
λεγουσιν αυτω διδασκαλε αυτη ταυτην η γυνη κατειληπται ευρομεν επ αυτοφωρω
they say to Him Teacher this this the woman she has been overpowered we found in in the act

W & H
(pres,mid,ptc,nom,sing,fem) μοιχευω
επαυτοφωρω μοιχευομενη
in the very act committing adultery

Jn.8:5
(1aor,mid,ind,3p,sing) εντελλομαι (pres,act,inf) λιθαζω
εν δε τω νομω [ημιν] ημων μωυσης μωσης ενετειλατο τας τοιαυτας λιθαζειν
and <> in the law to us of us Moses Moses he, himself, commanded the one for such kind to stone

W & H
(pres,pass,inf) λιθοβολεω (pres,act,ind,2p,sing) λεγω
λιθοβολεισθαι συ ουν τι λεγεις
to be stoned therefore <> You what say You

Jn.8:6
(imperf,act,ind,3p,pl) λεγω (pres,act,ptc,nom,pl,masc) πειραζω (pres,act,subj,3p,pl) εχω hiatus (pres,act,inf) κατηγορεω
[τουτο δε ελεγον πειραζοντες αυτον ινα εχωσιν εχωσι κατηγορειν κατηγοριαν κατ'
but <> this they were saying testing Him so that they might have to accuse a charge against

W & H
(1aor,act,ptc,nom,sing,masc) κυπτω (imperf,act,ind,3p,sing) καταγραφω (imperf,act,ind,3p,sing) γραφω
αυτου] ο δε ιησους κατω κυψας τω δακτυλω κατεγραφεν εγραφεν εις την γην
of Him but <> the Jesus down having stooped with the finger He was writing down He was writing on the ground

Jn.8:7
(imperf,act,ind,3p,pl) επιμενω (pres,act,ptc,nom,pl,masc) ερωταω (1aor,act,ind,3p,sing) ανακυπτω (1aor,act,ptc,nom,sing,masc) ανακυπτω (2aor,act,ind,3p,sing) λεγω hiatus
ως δε επεμενον ερωτωντες [αυτον] ανεκυψεν ανακυψας και ειπεν ειπε προς
but <> as they were remaining asking Him He straightened up having straightened up and He said to

W & H
(2aor,act,imper,3p,sing) βαλλω
[αυτοις] αυτους ο αναμαρτητος υμων πρωτος₁ επ₄ τον₂ αυτην αυτης₅ βαλετω₆ λιθον₃
to them them the one without sin of you all first at the her her let him cast a stone

Jn.8:8
(1aor,act,ptc,nom,sing,masc) κατακυπτω (imperf,act,ind,3p,sing) γραφω
και παλιν κατακυψας κατω κυψας εγραφεν εις την γην
and again stooping down low stooping He was writing on the ground

Jn.8:9a
(1aor,act,ptc,nom,pl,masc) ακουω (pres,pass,ptc,nom,pl,masc) ελεγχω (imperf,mid,ind,3p,pl) εξερχομαι
οι δε ακουσαντες και υπο της συνειδησεως ελεγχομενοι εξηρχοντο εις καθ εις
and <> the ones having heard and by of the consciences being rebuked they were going out one by one

(1aor,mid,ptc,nom,pl,masc) αρχω (1aor,pass,ind,3p,sing) καταλειπω
W & H καθεις αρξαμενοι απο των πρεσβυτερων εως των εσχατων και κατελειφθη μονος
having begun from of the older until the last and He having been left alone

(pres,act,ptc,nom,sing,fem) ειμι (pres,act,ptc,nom,sing,fem) ιστημι
W & H ο ιησους και η γυνη εν μεσω ουσα εστωσα
the Jesus and the woman in middle being standing

(1aor,act,ptc,nom,sing,masc) ανακυπτω (1aor,act,ptc,nom,sing,masc) θεαομαι (2aor,act,ind,3p,sing) λεγω
Jn.8:10 ανακυψας δε ο ιησους και μηδενα θεασαμενος πλην της γυναικος ειπεν αυτη
and <> having stood up the Jesus and no one seeing except the woman He said to her

(pres,act,ind,3p,pl) ειμι (1aor,act,ind,3p,sing) κατακρινω
W & H γυναι γυνη που εισιν εκεινοι οι κατηγοροι σου ουδεις σε κατεκρινεν
woman woman where are they those the accusers of you no one you he condemned

(2aor,act,ind,3p,sing) λεγω (2aor,act,ind,3p,sing) λεγω hiatus (pres,act,ind,1p,sing) κατακρινω
Jn.8:11 η δε ειπεν ουδεις κυριε ειπεν ειπε δε αυτη ο ιησους ουδε εγω σε κατακρινω
and <> the one she said no one Lord and <> He said to her the Jesus neither I you I condemn

(pres,mid,imper,2p,sing) πορευομαι (pres,act,imper,2p,sing) αμαρτανω
W & H πορευου [και] απο του νυν μηκετι αμαρτανε]]
you go/depart and from the now no longer sin you

(pres,act,ind,1p,sing) (1aor,act,ind,3p,sing) λαλεω hiatus (pres,act,ptc,nom,sing,masc) λεγω ειμι
Jn.8:12 παλιν ουν1a αυτοις1,4a ελαλησεν5a ελαλησε4 [ο]2, 2a ιησους3, 3a λεγων5, 6a εγω ειμι
therefore <> again to them He spoke the Jesus saying I I am
B παλιν ουν αυτοις ελαλησεν ις λεγων εγω ειμι
א παλι ουν αυτοις ελαλησεν ο ις λεγων εγω1 ειμι3
P75 πα[λιν ουν αυτοις ελ]αλησεν ις λεγων ε[γω ειμι]

(pres,act,ptc,nom,sing,masc) ακολουθεω (1aor,act,subj,3p,sing) περιπατεω (fut,act,ind,3p,sing) περιπατεω
W & H το φως του κοσμου ο ακολουθων μοι εμοι ου μη περιπατηση περιπατησει
the Light of the world the one following after Me Me not not/in no way he should walk he will walk
B το φως του κοσμου ο ακολουθων μοι ου μη περιπατηση
א φως2 του4 κοσμου ο ακολουθων εμοι ου μη περιπατηση
P75 [το φως τ]ου [κο]σμ[ο]υ [ο ακολο]υ[θων μ]οι ου μη πε[ριπατη]ση

(1aor,act,subj,3p,sing) περιπατεω (fut,act,ind,3p,sing) εχω
W & H περιπατηση εν τη σκοτια αλλ εξει το φως της ζωης
he should walk in the dark but he will have the Light of the life
B εν τη σκοτια αλλ εξει το φως της ζωης
א εν τη σκοτια αλλ εχει το φως της ζωης
P75 εν τη σκοτια αλλ εχει το φως της ζωης

(2aor,act,ind,3p,pl) λεγω (pres,act,ind,2p,sing) μαρτυρεω
Jn.8:13 ειπον ουν αυτω οι φαρισαιοι συ περι σεαυτου μαρτυρεις
therefore <> they said to Him the Pharisees You concerning Yourself You witness
B ειπον ουν αυτω οι φαρεισαιοι συ περι σεαυτου μαρτυρεις
א ειπον ουν αυτω οι φαρισαιοι συ περι σεαυτου μαρτυρις
P75 ειπον ουν αυτω οι φαρεισαιοι συ περι σεαυτου μαρτυρεις

(pres,act,ind,3p,sing)
ειμι
W & H η μαρτυρια σου ουκ εστιν αληθης
the witness of You not she is valid
B η μαρτυρια cου ουκ εστιν αληθηc
ℵ η μαρτυρια cου ουκ εcτιν αληθηc
Ᵽ75 η μαρτυρια cου ουκ εστιν αλη[θ]ηc

(1aor,pass,ind,3p,sing) (2aor,act,ind,3p,sing) (pres,act,ind,1p,sing)
αποκρινομαι λεγω μαρτυρεω
Jn.8:14 απεκριθη ιησους και ειπεν αυτοις καν εγω μαρτυρω περι εμαυτου[1] αληθης[5]
He did give answer Jesus and He said to them even if I I witness concerning Myself valid
B απεκριθη ιc και ειπεν αυτοιc καν εγω μαρτυρω περι εμαυτου1 αληθηc5
ℵ ο3 ιc4 ειπεν1 αυτοιc2 καν5 εγω6 μαρτυρω7 περι8 εμαυτου αληθηc
Ᵽ 39 * [και ειπεν] αυτοιc [καν εγω μ]αρτυρω [περι εμαυ]του1 αληθηc5
Ᵽ 75 απεκριθη ιc και ειπεν αυτοιc [κ]αν εγω μαρ[τ]υρω περι εμαυτου1 αληθ[η]c5
[Ᵽ 39 * begins here]

(pres,act,ind,3p,sing) (perf,act,ind,1p,sing)(2aor,act,ind,1p,sing) (pres,act,ind,1p,sing)
ειμι οιδα ερχομαι υπαγω
W & H εστιν[6] η[2] μαρτυρια[3] μου[4] οτι[7] οιδα ποθεν ηλθον και που υπαγω υμεις δε
she is the witness of Me because/" I have known from where I came and where I go but <> you all
B εcτιν6 η2 μαρτυρια3 μου4 οτι7 οιδα ποθεν ηλθον και που υπαγω υμειc δε
ℵ εcτιν η μαρτυρια μου οτι οιδα ποθεν ηλθον και που υπαγω υμιc
Ᵽ 39 [εcτιν]6 η2 μαρ[τυρια3 μου4 οτι7 ο]ιδα πο[θεν ηλθο]ν και που [υπαγω υ]μειc δε
Ᵽ 75 εcτιν6 η2 μαρτυρια3 μ[ου]4 οτι7 οιδα ποθεν [ηλ]θον και που υπαγω υμειc δε

(perf,act,ind,2p,pl) (pres,mid,ind,1p,sing) (pres,act,ind,1p,sing)
οιδα ερχομαι υπαγω
W & H ουκ οιδατε ποθεν ερχομαι η ~~και~~ που υπαγω
not you all have known from where I come or ~~and~~ where I go
B ουκ οιδατε ποθεν ερχομαι η που υπαγω
ℵ ουκ οιδαται ποθεν ερχομαι και που υπαγω
Ᵽ 39 [ουκ οιδατ]ε ποθεν [ερχομαι] η που υπα[γω]
Ᵽ 75 ου[κ ο]ιδατ[ε] π[ο]θεν ε[ρχο]μαι η που υπαγω

(pres,act,ind,2p,pl) (pres,act,ind,1p,sing)
κρινω κρινω
Jn.8:15 υμεις κατα την σαρκα κρινετε εγω ου κρινω ουδενα
you all according to the flesh you all judge I not I judge anyone
B υμειc κατα τα την cαρκα κρεινετε εγω ου κρεινω ουδενα
ℵ υμειc κατα την cαρκα κρινετε εγω ου κρινω ουδενα
Ᵽ75 υμειc κατ[α] την cαρκα κρινετε εγω δε ου κρειν[ω] ουδενα
Ᵽ 39 [υμειc] κατα την [cαρκα κρ]ινετε εγω [ου κριν]ω ουδενα

(pres,act,ind,1p,sing) (nom,sing,fem) (gen,sing,fem) (pres,act,ind,3p,sing)
κρινω ειμι
Jn.8:16 και εαν κρινω δε εγω η κρισις η εμη αληθινη ~~αληθινης~~ εστιν οτι
even if but <> I judge I the judgment the one Mine valid ~~valid~~ she is because
B και εαν κρεινω δε εγω η κριcιc η εμη αληθινη εcτιν οτι
ℵ καν κρινω δε εγω η κριcιc η εμη αληθηc εcτι οτι
Ᵽ 39 και εαν κ]ρινω δε [εγω η κρ]ιcιc η εμη αληθινη ε]cτιν ο[τι]
Ᵽ75 και εαν κρινω δε εγω η κριcιc η εμη αληθινη εcτιν οτι

(pres,act,ind,1p,sing) (1aor,act,ptc,nom,sing,masc)
ειμι πεμπω
W & H μονος ουκ ειμι αλλ εγω και ο πεμψας με [πατηρ]
alone not I am but I and the One having sent Me Father
B μονοc ουκ ειμι αλλ εγω και ο πεμψαc με πατηρ
ℵ μονοc ουκ ειμι αλλ εγω και ο πεμψαc με
Ᵽ39 [μονοc] ουκ ει[μι αλλ εγ]ω και ο [πεμψαc] με πηρ
Ᵽ66 πεμψαc με πηρ
Ᵽ75 μονοc ουκ ειμι αλλ εγω και ο πεμψαc με πατηρ

(perf,pass,ind,3p,sing)
γραφω
Jn.8:17 και εν τω νομω δε τω υμετερω γεγραπται οτι δυο ανθρωπων η
also but <> in the Law the one your it has been written that/" two of men the
B και εν τω νομω δε τω υμετερω γεγραπται οτι δυο ανθρωπων η
א και ε τω νομω δε τω υμετερω γεγραμμενον εστιν οτι δυο ανθρωπων η
P39 [και εν τω] νομω [δε τω υμ]ετερω [γεγραπτ]αι οτι δυ[α ανων η]
P66 και εν τω νομω δε τω υμετερω γεγραπται οτι δυο ανθρωπων η
P75 και εν τ[ω] νομω δε τω υμετερω γεγραπ[ται ο]τ[ι β ανων η

(pres,act,ind,3p,sing)
ειμι
W & H μαρτυρια αληθης εστιν
witness valid she is
B μαρτυρια αληθης εστιν
א μαρτυρια αληθης εστιν
P39 μαρτυρι [αληθης] εστιν
P66 μαρτυρια αληθης εστιν
P75 μαρτυρια$_1$ αλ[ηθ]ης$_3$ εστ[ιν$_2$]

(pres,act,ind,1p,sing) ειμι (pres,act,ptc,nom,sing,masc) μαρτυρεω (pres,act,ind,3p,sing) μαρτυρεω (1aor,act,ptc,nom,sing,masc) πεμπω
Jn.8:18 εγω ειμι ο μαρτυρων περι εμαυτου και μαρτυρει περι εμου ο πεμψας με πατηρ
I I am the One witnessing concerning Myself and He witnesses concerning Me the One having sent Me Father
B εγω ειμι ο μαρτυρων περι εμαυτου και μαρτυρει περι εμου ο πεμψας με πατηρ
א εγω ειμι ο μαρτυρων περι εμαυτου και μαρτυρει περι εμου ο πεμψας με πατηρ
P66 εγω ειμι ο μαρτυρων περι εμαυτου και μαρτυρι περι εμου ο πεμψας με πατηρ
P75 εγω ειμι ο μαρτυρων περι εμαυτου και$_1$ μαρτυρει$_4$ [[περι$_2$ εμου$_3$]] ο πεμψας με πατηρ

(imperf,act,ind,3p,pl) λεγω (pres,act,ind,3p,sing) ειμι (1aor,pass,ind,3p,sing) αποκρινομαι
Jn.8:19 ελεγον ουν αυτω που εστιν ο πατηρ σου απεκριθη ιησους ουτε εμε
therefore <> they were saying to Him where He is the Father of You He did give answer Jesus neither Me
B ελεγον ουν αυτω που εστιν ο πατηρ σου απεκριθη ις ουτε εμε
א ελεγο ουν αυτω που εστιν ο πατηρ σου απεκριθη ο ις και ειπεν ουτε εμε
P39 ε[λεγον ουν] αυτω [που εστιν ο] πηρ σο[υ απεκριθη] ιης ου[τε εμε]
P66 ελεγον ουν αυτω που εστιν ο πηρ σου απεκριθη ις ουτ εμε
P75 ελεγον ουν αυτω που εστιν ο πατηρ σου απεκριθη ις ουδε εμε

(perf,act,ind,3p,pl) οιδα (plupf,act,ind,2p,pl) οιδα (plupf,act,ind,2p,pl) οιδα
W & H οιδατε ουτε τον πατερα μου ει εμε ηδειτε και τον πατερα μου$_1$ αν$_3$ ηδειτε$_2$
you all have known nor the Father of Me if Me you all had known also the Father of Me would you all had known
B οιδατε ουτε τον πατερα μου ει εμε ηδειτε και τον πατερα μου αν ηδειτε
א οιδαται ουτε το πατερα μου ει εμε ηδειται και το πατερα$_1$ αν$_3$ ηδειται$_2$
P39 [οιδα]τε ουτ[ε τον πρα μου]ει εμε [ηδειτε και] τον πρ[α μου αν η]δειτε
P66 οιδαται ουτε τον πρα μου ει εμε ηδειτε και τον πρα μου αν ηδειται
P75 οιδατε ουτε τον [πρα] μου ει εμε ηδειτε κ[αι] τον πατ[ερα] μου αν ηδειτε

(1aor,act,ind,3p,sing) λαλεω (pres,act,ptc,nom,sing,masc) διδασκω
Jn.8:20 ταυτα τα ρηματα ελαλησεν ~~ο ιησους~~ εν τω γαζοφυλακιω διδασκων εν τω ιερω
these the words He spoke ~~the Jesus~~ in the treasury teaching in the temple
B ταυτα τα ρηματα ελαλησεν εν τω γαζοφυλακιω διδασκων εν τω ιερω
א ταυτα τα ρηματα ελαλησεν εν τω γαζοφυλακιω
P39 τ[αυτα τα ρη]ματα ελα[λησεν εν] τω γαζο[φυλακιω] διδασκω[ν εν τω] ιερω
P66 ταυτα τα ρη[[μα]]τα ελαλησεν εν τω γαζοφυλακιω διδασκων εν τω ιερω
P75 [ταυτα τα ρ]ηματα [ελαλ]ησεν εν τω [γαζοφυ]λακιω [διδα]σκων εν τω [ιερω]

(1aor,act,ind,3p,sing) πιαζω (plupf,act,ind,3p,sing) ερχομαι
W & H και ουδεις επιασεν αυτον οτι ουπω εληλυθει η ωρα αυτου
and no one he seized Him because not yet she had come the hour of Him
B και ουδεις επιασεν αυτον οτι ουπω εληλυθει η ωρα αυτου
א και ουδις επιασε αυτον οτι ουπω εληλυθει η ωρα αυτου
P39 κα[ι ουδεις] επιασε[ν αυτον ο]τι ουπ[ω εληλυθει] η ωρα α[υτου]
P66 και ουδεις επιασεν αυτον οτι ουπω εληλυθει η ωρα αυτου
P75 [κ]αι ουδεις [επι]ασεν αυτον ο[τι ουπω] εληλυ[θει] η ωρα αυτου

(2aor,act,ind,3p,sing) λεγω (pres,act,ind,1p,sing)(fut,act,ind,2p,pl) υπαγω ζητεω
Jn.8:21 ειπεν ουν παλιν αυτοις ~~ο ιησους~~ εγω υπαγω και ζητησετε με και εν τη αμαρτια
therefore <>He said again to them ~~the Jesus~~ I I am going away and you all will seek Me and in the sins
B ειπεν ουν παλιν αυτοιc εγω υπαγω και ζητηcετε με και εν τη αμαρτια
ℵ ελεγεν ου αυτοιc εγω υπαγω και ζητηcετε με και εν τη αμαρτια
Ᵽ39 [ειπεν] ουν πα[λιν αυτοιc] εγω υπ[αγω και ζη]τηcετε μ[ε και εν]τη αμαρτ[ια]
Ᵽ66 ειπεν ουν παλιν αυτοιc ο ιc εγω υπαγω και ζητηcετε με και εν τη αμαρτια
Ᵽ75 ει[πεν ου]ν παλιν [αυ]τοιc εγω υπαγω [και ζη]τηcετε μ[ε] και εν τη αμαρτια

(fut,mid,ind,2p,pl) αποθνησκω (pres,act,ind,1p,sing) υπαγω (pres,pass,ind,2p,pl) δυναμαι (2aor,act,infin) ερχομαι
W & H υμων αποθανεισθε οπου εγω υπαγω υμεις ου δυνασθε ελθειν
of you all you, yourselves, will die where I I go you all not you all are able to come
B υμων αποθανειcθε οπου εγω υπαγω υμειc ου δυναcθε ελθειν
ℵ υμων αποθανιcθαι οπου εγω υπαγω υμιc ου δυναcθαι ελθιν
Ᵽ39 [υμων] αποθαν[ειcθε ο]που εγω [υπαγω] υμειc ου [δυναcθε] ελθειν
Ᵽ66 υμων αποθανιcθαι οπου εγω υπαγω υμειc ου δυναcθαι ελθειν
Ᵽ75 [υμων] απ[οθανε]ι[c]θε οπου εγω υπα[γω υμειc ου δυνα]cθε ελθειν

(imperf,act,ind,3p,pl) λεγω (fut,act,ind,3p,sing) αποκτεινω (pres,act,ind,3p,sing) λεγω (pres,act,ind,1p,sing) υπαγω
Jn.8:22 ελεγον ουν οι ιουδαιοι μητι αποκτενει εαυτον οτι λεγει οπου εγω υπαγω
therefore <> they were saying the Jews maybe He will kill Himself because He says where I I am going
B ελεγον ουν οι ιουδαιοι μητι αποκτενει εαυτον οτι λεγει οπου εγω υπαγω
ℵ ελεγον ουν οι ιουδαιοι μητι αποκτενει εαυτον οτι λεγει οπου αν εγω υπαγω
Ᵽ39 ε[λεγον] *
Ᵽ66 λεγον ουν οι ιουδαιοι μητι αποκτενει εαυτον οτι λεγει οπου εγω υπαγω
Ᵽ75 ελε[γον ου]ν οι [ιουδα]ιοι μητι αποκτενει εαυτον οτι λεγει οπου εγω υπαγ[ω]
[Ᵽ39 * *ends here*]

(pres,pass,ind,2p,pl) δυναμαι (2aor,act,infin) ερχομαι
W & H υμεις ου δυνασθε ελθειν
you all not you all are able to come
B υμειc ου δυναcθε ελθειν
ℵ υμιc ου δυναcθαι ελθι
Ᵽ66 υμειc ου δυναcθαι ελθειν
Ᵽ75 υμειc ου δυναcθε ελθειν

(imperf,act,ind,3p,sing) λεγω (2aor,act,ind,3p,sing) λεγω (pres,act,ind,2p,pl) ειμι (pres,act,ind,1p,sing) ειμι
Jn.8:23 και ελεγεν ~~ειπεν~~ αυτοις υμεις εκ των κατω εστε εγω εκ των ανω ειμι
and He was saying ~~He said~~ to them you all from out of the below you all are I from out of the above I am
B και ελεγε αυτοιc υμειc εκ των κατω εcτε εγω εκ των ανω ειμι
ℵ ελεγεν ουν αυτοιc υμειc εκ των κατω εcτε εγω εκ τω ανω ειμι
Ᵽ66 ελεγεν ουν αυτοιc υμειc εκ των κατω εcτε εγω εκ των ανω ειμι
Ᵽ75 και ελεγε [α]υτοιc υμειc εκ των κατω εcτε ε[γ]ω εκ των ανω ειμι

(pres,act,ind,2p,pl) ειμι (pres,act,ind,1p,sing) ειμι
W & H υμεις εκ1 τουτου4 του2 κοσμου3 εστε5 εγω ουκ ειμι εκ του κοσμου τουτου
you all from out of this the world you all are I not I am from out of the world this
B υμειc εκ τουτου του κοcμου εcτε εγω ουκ ειμι εκ του κοcμου τουτου
ℵ υμειc εκ1 τουτου4 του2 κοcμου3 εcτε5 εγω ουκ ειμι εκ του κοcμου τουτου
Ᵽ66 υμειc εκ τουτου του κοcμου εcτε εγω ουκ ειμι εκ του κοcμου τουτου
Ᵽ75 υμειc εκ τουτου [τ]ου κοcμου εcτε εγω ουκ ειμι εκ του κ[ο]cμου εcτε

(2aor,act,ind,1p,sing) λεγω (fut,mid,ind,2p,pl) αποθνησκω
Jn.8:24 ειπον ουν υμιν οτι αποθανεισθε εν ταις αμαρτιαις υμων εαν γαρ μη
therefore <> I said to you all that/ " you, yourselves will die in the sins of you all for <> if not
B ειπον ουν υμειν οτι αποθανειcθε εν ταιc αμαρτιαιc υμων εαν γαρ μη
ℵ ειπον οτι αποθανιcθαι εν ταιc αμαρτιαιc υμων εαν γαρ μη
Ᵽ66 ειπον υμειν οτι αποθανιcθαι εν ταιc αμαρτιαιc υμων εαν γαρ μη
Ᵽ75 ειπον ουν υμιν οτι αποθανειcθε εν ταιc αμαρτιαιc υμων εαν γαρ μη

(1aor,act,subj,2p,pl) πιστευω (pres,act,ind,1p,sing) ειμι (fut,mid,ind,2p,pl) αποθνησκω
W & H πιστευσητε οτι εγω ειμι αποθανεισθε εν ταις αμαρτιαις υμων
you all should believe that I I am you all will die in the sins of you all
B πιστευσητε οτι εγω ειμι αποθανεισθε εν ταις αμαρτιαις υμων
ℵ πιστευσηται μοι οτι εγω ειμι αποθανισθαι εν ταις αμαρτιαις υμω
P66 πιστευσηται οτι εγω ειμι αποθανισθαι εν ταις αμαρτιαις υμων
P75 πιστευσητε οτι εγω ειμι αποθανεισθε εν ταις αμαρτιαις υμων

(imperf,act,ind,3p,pl) λεγω (pres,act,ind,2p,sing) ειμι (2aor,act,ind,3p,sing) λεγω
Jn.8:25 ελεγον ουν αυτω συ τις ει ~~και~~ ειπεν αυτοις [ο] ιησους την αρχην ο
therefore <> they were saying to Him You Who are You ~~and~~ He said to them the Jesus the beginning/source the One
B ελεγον ουν αυτω συ τις ει ειπεν αυτοις ις την αρχην ο
ℵ ελεγον αυτω συ τις ει ειπεν ουν αυτοις ο ις την αρχην ο
P66 και ελεγον αυτω συ τις ει ειπεν αυτοις ο ις * την αρχην ο
P75 ελεγον ουν αυτω συ τις ει ειπεν αυτοις ις [τ]ην αρχην ο
[P66 *Insert mark follows:* * *left margin contains* ειπον υμιν.]

(pres,act,subj,1p,sing) λαλεω
W & H τι και λαλω υμιν
what also should I say to you all
B τι και λαλω υμιν
ℵ τι και εν λαλω υμιν
P66 τι και λαλω υμιν
P75 τι και λαλω υμιν

(pres,act,ind,1p,sing) εχω (pres,act,inf) λαλεω (pres,act,inf) κρινω (1aor,act,ptc,nom,sing,masc) πεμπω
Jn.8:26 πολλα εχω περι υμων λαλειν και κρινειν αλλ ο πεμψας με αληθης
many things I have concerning you all to say and to judge but the One having sent Me true
B πολλα εχω περι υμων λαλειν και κρεινειν αλλ ο πεμψας με αληθης
ℵ πολλα εχω περι υμων λαλιν και κρινιν αλλ ο πεμψας με πατηρ αληθης
P66 πολλα εχων περι υμων λαλειν και κρινειν αλλ ο πεμψας με αληθης
P75 πολλα ε[χ]ω περι υμων λαλειν και κρινειν [α]λλ [ο] πεμψας με αληθης

(pres,act,ind,3p,sing) ειμι hiatus (1aor,act,ind,1p,sing) ακουω (pres,act,ind,1p,sing) λαλεω (pres,act,ind,1p,sing) λεγω
W & H εστιν ~~εστι~~ καγω α ηκουσα παρ αυτου ταυτα λαλω ~~λεγω~~ εις τον κοσμον
He is and I what I heard from Him these *(things)* I speak ~~I say~~ to the world
B εστιν καγω α ηκουσα παρ αυτου ταυτα λαλω εις τον κοσμον
ℵ εστιν καγω α ηκουσα παρ αυτω ταυτα λαλω εις τον κοσμον
P66 εστιν καγω α ηκουσα παρ αυτου ταυτα λαλω εις τον κοσμον
P75 εστιν καγω α ηκουσα παρ αυτω ταυτα λαλω εις τον κοσμον

(2aor,act,ind,3p,pl) γινωσκω (imperf,act,ind,3p,sing) λεγω
Jn.8:27 ουκ εγνωσαν οτι τον πατερα αυτοις ελεγεν
not they knew that the Father to them He was speaking
B ουκ εγνωσαν οτι τον πατερα αυτοις ελεγεν
ℵ ουκ εγνωσαν οτι τον πατερα αυτοις ελεγεν τον θν
P66 ουκ εγνωσαν οτι τον πρα αυτοις ελεγεν
P75 ουκ εγνωσαν οτι τον πατερα αυτοις ελεγεν

(2aor,act,ind,3p,sing) λεγω (1aor,act,subj,2p,pl) υψοω
Jn.8:28 ειπεν ουν ~~αυτοις~~ ο ιησους οταν υψωσητε τον υιον του ανθρωπου
therefore <> He said ~~to them~~ the Jesus when you all should lift up the Son of the Man
B ειπεν ουν ο ις οτι οταν υψωσητε τον υιον του ανθρωπου
ℵ ειπεν ουν αυτοις ο ις παλιν οταν υψωσητε τον υν του ανθρωπου
P66 ειπεν ουν αυτοις ο ις οτι οταν υψωσηται τον υιον του ανθρωπου
P75 ειπεν ουν αυτοις ο ις οτι οταν υψωσητε τον υιον του ανου

(fut,mid,ind,2p,pl) γινωσκω — (pres,act,ind,1p,sing) ειμι — (pres,act,ind,1p,sing) ποιεω

W & H τοτε γνωσεσθε οτι εγω ειμι και απ εμαυτου ποιω ουδεν αλλα καθως
then you, yourselves will know that I I am and from Myself I do nothing but as
B τοτε γνωϲεϲθε οτι εγω ειμι και απ εμαυτου ποιω ουδεν αλλα καθωϲ
ℵ τοτε γνωϲεϲθαι οτι εγω ειμι και απ εμαυτου ποιω ουδεν αλλα καθωϲ
P66 τοτε γνωϲεϲθε οτι εγω ειμι και απ εμαυτου ποιω ουδε εν αλλα καθωϲ
P75 τοτε γνωϲεϲθε οτι εγω ειμι και απ εμαυτου ποιω ουδεν αλλα καθωϲ

(1aor,act,ind,3p,sing) διδασκω — hiatus — (pres,act,ind,1p,sing) λαλεω

W & H εδιδαξεν ~~εδιδαξε~~ με ο πατηρ μου ταυτα λαλω
He taught Me the Father of Me these *(things)* I speak
B εδιδαξεν με ο πατηρ μου ταυτα λαλω
ℵ εδιδαξεν με ο πατηρ ουτωϲ λαλω
P66 εδειδαξεν με ο πατηρ ταυτα λαλω
P75 εδιδαξεν με ο πατηρ ταυτα λαλω

(1aor,act,ptc,nom,sing,masc) πεμπω — (1aor,act,ind,3p,sing) αφιημι — hiataus

Jn.8:29 και ο πεμψας με μετ εμου εστιν ουκ αφηκεν ~~αφηκε~~ με μονον ~~ο πατηρ~~
and the One having sent Me with Me He is not He left Me alone ~~the Father~~
B και ο πεμψαϲ με μετ εμου εϲτιν ουκ αφηκεν με μονον
ℵ και ο πεμψαϲ με μετ5 εμου6 εϲτιν7 ουκ1 αφηκε2 με3 μονον4
P66 και ο πεμψαϲ με μετ εμου εϲτιν ουκ αφηκεν με μονον
P75 και ο πεμψαϲ με μετ εμου εϲτιν ουκ αφηκεν με μονον

(pres,act,ind,1p,sing) ποιεω

W & H οτι εγω τα αρεστα αυτω ποιω παντοτε
because I the *(things)* pleasing to Him I do always
B οτι εγω τα αρεϲτα αυτω ποιω παντοτε
ℵ οτι8 εγω τα αρεϲτα αυτω ποιω παντοτε
P66 οτι εγω τα αρεϲτα αυτω ποιω παντοτε
P75 οτι εγω τα αρεϲτα αυτω ποιω παντοτε

(pres,act,ptc,gen,sing,masc) λαλεω — (1aor,act,ind,3p,pl) πιστευω

Jn.8:30 ταυτα αυτου λαλουντος πολλοι επιστευσαν εις αυτον
these *(things)* of Him saying many they believed in Him
B ταυτα αυτου λαλουντοϲ πολλοι επιϲτευϲαν ειϲ αυτον
ℵ ταυτα αυτου λαλουντοϲ πολλοι επιϲτευϲα ειϲ αυτον
P66 ταυτα αυτου λαλουντοϲ πολλοι επιϲτευϲαν ειϲ αυτον
P75 ταυτα αυτου λαλουντοϲ πολλοι επιϲτευϲαν ειϲ αυτον

(imperf,act,ind,3p,sing) λεγω — (perf,act,ptc,acc,pl,masc) πιστευω

Jn.8:31 ελεγεν ουν ο ιησους προς τους πεπιστευκοτας αυτω ιουδαιους εαν υμεις
therefore <> He was saying the Jesus to the ones having believed in Him Jews if you all
B ελεγεν ουν ο ιϲ προϲ τουϲ πεπιϲτευκοταϲ αυτω ιουδαιουϲ εαν υμειϲ
ℵ ελεγεν ουν ιϲ προϲ τουϲ πεπιϲτευκοταϲ αυτω ιουδαιουϲ εαν υμιϲ
P66 ελεγεν ουν ο ιϲ προϲ τουϲ πεπιϲτευκοταϲ αυτω ιουδαιουϲ εαν υμειϲ
P75 ελεγεν [ο]υν ο ιϲ προϲ τουϲ πεπιϲτευκοταϲ αυτω ιουδαιουϲ εαν υμειϲ

(1aor,act,subj,2p,pl) μενω — (pres,act,ind,2p,pl) ειμι

W & H μεινητε εν τω λογω τω εμω αληθως μαθηται μου εστε
you all should remain in the word the My truly disciples of Me you all are
B μεινητε εν τω λογω τω εμω αληθωϲ μαθηται μου εϲτε
ℵ μινητε εν τω λογω τω εμω αληθωϲ μαθηται εϲτε
P66 μεινηται εν τω λογω τω εμω αληθωϲ μαθηται μου εϲτε
P75 μενητε εν τω λογω τω εμω αληθωϲ μαθηται μου εϲτε

		(fut,mid,ind,2p,pl) **γινωσκω**			**(fut,act,ind,3p,sing)** **ελευθεροω**		
Jn.8:32	και	γνωσεσθε	την αληθειαν	και η αληθεια		ελευθερωσει	υμας
	and	you, yourselves, will know	the truth	and the truth		she will set free	you all
B	και	γνωσεσθε	την αληθειαν	και η αληθεια		ελευθερωσει	υμας
א	κ(αι)	γνωσεσθαι	την αληθειαν	και η	αληθια	ελευθερωσει	υμας
P66	και	γνωσεσθε	την αληθειαν	και η	αληθια	ελευθερωσει	υμας
P75	και	γνωσεσθε	την αλη[θ]ειαν	και η αληθεια		ελευθερωσει	υμας

	(1aor,pass,ind,3p,pl) **αποκρινομαι**					**(pres,act,ind,1p,pl)** **ειμι**			**(perf,act,ind,1p,pl)** **δουλευω**
Jn.8:33	απεκριθησαν	προς αυτον	~~αυτω~~	σπερμα	αβρααμ	εσμεν	και	ουδενι	δεδουλευκαμεν
	they did answer	to Him	~~to Him~~	seed	of Abraham	we are	and	to no one	have we been a slave
B	απεκριθησαν	προς αυτον		σπερμα	αβρααμ	εσμεν	και	ουδενι	δεδουλευκαμεν
א	απεκριθησαν	προς αυτον		σπερμα	αβρααμ	εσμεν	και	ουδενι	δεδουλευκαμεν
P66	απεκριθησαν	προς αυτον		σπερμα	αβρααμ	εσμεν	και	ουδενι	δεδουλευκαμεν
P75	απεκριθησαν	προς αυτον		σπερμα	αβρααμ	εσμεν	και	ουδενι	δεδουλευκαμεν

					(pres,act,ind,2p,sing) **λεγω**			**(fut,mid,ind,2p,pl)** **γινομαι**
W & H	πωποτε		πως	συ	λεγεις	οτι	ελευθεροι	γενησεσθε
	ever		How	You	You say	that	free	you all will become
B	πωποτε		πως	συ	λεγεις	οτι	ελευθεροι	γενησεσθε
א	πωποτε		πως	συ	λεγεις	οτι	ελευθεροι	γενησεσθε
P66	πωποτε	και	πως	συ	λεγεις	οτι	ελευθεροι	γενησεσθε
P75	πωποτε		πως	συ	λεγεις	οτι	ελευθεροι	γενησεσθε

	(1aor,pass,ind,3p,sing) **αποκρινομαι**						**(pres,act,ind,1p,sing)** **λεγω**					**(pres,act,ptc,nom,sing,masc)** **ποιεω**		
Jn.8:34	απεκριθη	αυτοις	[ο]	ιησους	αμην	αμην	λεγω	υμιν	οτι	πας	ο	ποιων	την	αμαρτιαν
	He did give answer	to them	the	Jesus	amen	amen	I say	to you all	that	all/every	the one	doing	the	sin
B	απεκριθη	αυτοις		ις	αμην	αμην	λεγω	υμιν	οτι	πας	ο	ποιων	την	αμαρτιαν
א	απεκριθη	αυτοις	ο	ις	αμην	αμην	λεγω	υμιν	οτι	πας	ο	ποιων	την	αμαρτιαν
P66	απεκριθη	αυτοις		ις	αμην	αμην	λεγω	υμιν	οτι	πας	ο	ποιων	την	αμαρτιαν
P75	απεκριθη			ις	αμην	αμην	λεγω	υμιν	οτι	πας	ο	ποιων	την	αμαρτιαν

		(pres,act,ind,3p,sing) **ειμι**	**hiatus**		
W & H	δουλος	εστιν	~~εστι~~	[της	αμαρτιας]
	a slave	he is		of the	sin
B	δουλος	εστιν		της	αμαρτιας
א	δουλος		εστι	της	αμαρτιας
P66	δουλος	εστιν		της	αμαρτιας
P75	δουλος	εστιν		της	αμαρτιας

					(pres,act,ind,3p,sing) **μενω**									**(pres,act,ind,3p,sing)** **μενω**			
Jn.8:35	ο	δε	δουλος	ου	μενει	εν	τη	οικια	εις	τον	αιωνα	ο	υιος	μενει	εις	τον	αιωνα
	and <> the		slave	not	he remains	in	the	house	into	the	eon	the	Son	He remains	into	the	eon
B	ο	δε	δουλος	ου	μενει	εν	τη	οικια	εις	τον	αιωνα	ο	υιος	μενει	εις	τον	αιωνα
א	ο	δε	δουλος	ου	μενει	εν	τη	οικια	εις	τον	αιωνα						
P66	ο	δε	δουλος	ου	μενει	εν	τη	οικια	εις	τον	αιωνα	ο δε	υς	μενει	εις	τον	αιωνα
P75	ο	δε	δουλος	ου	μενει	εν	τη	οικια	εις	τον	αιωνα	ο	υιος	μενει	εις	τον	αιωνα

						(1aor,act,subj,3p,sing) **ελευθεροω**				**(fut,mid,ind,2p,pl)** **ειμι**	
Jn.8:36	εαν	ουν	ο	υιος	υμας	ελευθερωση		οντως	ελευθεροι	εσεσθε	
	therefore <> if		the	Son	you all	He should free		really	free	you, yourselves, will be	
B	εαν	ουν	ο	υιος	υμας	ελευθερωση		οντως	ελευθεροι	εσεσθε	
א	εαν	ουν	ο	υς	υμας		ελευθερωθη	οντως	ελευθεροι	εσεσθαι	
P66	εαν	ουν	ο	υιος	υμας	ελευθερωση		οντως	ελευθεροι		εστε
P75	εαν	ουν	ο	υς	υμας	ελευθερωση		οντως	ελευθεροι	εσεσθε	

	(perf,act,ind,1p,sing) οιδα				(pres,act,ind,2p,pl) ειμι		(pres,act,ind,2p,pl) ζητεω		(1aor,act,infin) αποκτεινω		
Jn.8:37	οιδα	οτι	σπερμα	αβρααμ	εστε	αλλα	ζητειτε	με	αποκτειναι	οτι	ο λογος
	I have known	that	seed	of Abraham	you all are	but	you all seek	Me	to kill	because	the word
B	οιδα	οτι	σπερμα	αβρααμ	εστε	αλλα	ζητειτε	με	αποκτειναι	οτι	ο λογος
ℵ	οιδα	οτι	σπερμα	αβρααμ	εστε	αλλα	ζητειτε	με	αποκτειναι	οτι	ο λογος
P66	οιδα	οτι	σπερμα	αβρααμ	εσται	αλλα	ζητιτε	με	αποκτειναι	οτι	ο λογος
P75	οιδα	οτι	σπερμα	αβρααμ	εστε	αλλα	ζητειτε	με	αποκτειναι	οτι	ο λογος

				(pres,act,ind,3p,sing) χωρεω		
W & H	ο	εμος	ου	χωρει	εν	υμιν
	the one	My	not	he finds room	in	you all
B	ο	εμος	ου	χωρει	εν	υμιν
ℵ	ο	εμος	ου	χωρει	εν	υμι
P66	ο	εμος	ου	χωρει	εν	υμιν
P75	ο	εμος	ου	χωρει	εν	υμιν

				(perf,act,ind,1p,sing) οραω					(pres,act,subj,1p,sing) λαλεω						
Jn.8:38	α	εγω	~~ο~~	εωρακα	παρα	τω	πατρι	~~μου~~	λαλω	και	υμεις	ουν		α	~~ο~~
	what	I	~~the one~~	I have seen	by	the	Father	~~of Me~~	I speak	and	therefore <>	you all		what	~~the one~~
B	α	εγω		εωρακα	παρα	τω	πατρι		λαλω	και	υμεις	ουν		α	
ℵ	α	εγω		εωρακα	παρα	τω	πατρι	μου	λαλω	και	υμις	ουν		α	
P66	α	εγω		εωρακα	παρα	τω	πρι		λαλω	και	υμεις	ουν		α	
P75	α	εγω		εορακα	παρα	τω	πατρι		λαλω	και	υμεις	ουν		α	

	(1aor,act,ind,2p,pl) ακουω	(perf,act,ind,att,2p,pl) οραω					(pres,act,ind,2p,pl) ποιεω	
W & H	ηκουσατε	~~εωρακατε~~	παρα	του	πατρος	~~υμων~~	ποιειτε	
	you all heard	~~you all have seen~~	by	the	father	~~of you~~	you all do	
B	ηκουσατε		παρα	του	πατρος		ποιειτε	
ℵ		εωρακατε	παρα	του	πατρος	υμων	ποιειται	
P66		εωρακατε	παρα	του	πρς		ποιειτε	
P75	ηκουσατε		παρα	του	πατρος			λαλ[ειτε]

	(1aor,pass,ind,3p,pl) αποκρινομαι		(2aor,act,ind,3p,pl) λεγω	(2aor,act,ind,3p,pl) λεγω					
Jn.8:39	απεκριθησαν	και	ειπαν	~~ειπον~~	αυτω	ο	πατηρ	ημων	αβρααμ
	they did answer	and	they said	~~they said~~	to Him	the	father	of us	Abraham
B	απεκριθησαν	και	ειπαν		αυτω	ο	πατηρ	ημων	αβρααμ
ℵ	απεκριθησα	και	ειπαν		αυτω	ο	πατηρ	ημων	αβρααμ
P66	απεκριθησαν	και	ειπαν		αυτω	ο	πηρ	ημων	αβρααμ
P75	απεκριθησαν	και	ειπαν		αυτω	ο	π[ατ]ηρ	ημων	αβρααμ

	(pres,act,ind,3p,sing) (imperf,act,ind,2p,pl) ειμι	hiatus	(pres,act,ind,3p,sing) λεγω									(pres,act,ind,2p,pl) ειμι	ειμι
W & H	εστιν	~~εστι~~	λεγει			αυτοις	[ο]	ιησους	ει	τεκνα	του αβρααμ	εστε	~~ητε~~
	he is		He says			to them	the	Jesus	if	children	of the Abraham	you all are	~~you all were~~
B	εστιν		λεγει			αυτοις		ις	ει	τεκνα	του αβρααμ	εστε	
ℵ	εστιν			απεκριθη		αυτοις	ο	ις	ει	τεκνα	του αβρααμ	εστε	
P66	εστιν		λεγει		ουν	αυτοις		ις	ει	τεκνα	του αβρααμ	εστε	
P75	εστιν		λεγει			αυτ[οι]ς	ο	ις	ει	τεκνα	του αβρααμ	εστε	

					(pres,act,ind,2p,pl) ποιεω	(imperf,act,ind,2p,pl) ποιεω	
W & H	τα	εργα	του	αβρααμ	ποιειτε	~~εποιειτε αν~~	
	the	works	of the	Abraham	you all do	~~you all would do~~	
B	τα	εργα	του	αβρααμ	ποιειτε		
ℵ	τα	εργα	του	αβρααμ			εποιειται
P66	τα	εργα	του	αβρααμ			εποιειται
P75	τα	[ε]ργα	του	αβρααμ			εποιειται

			(pres,act,ind,2p,pl) ζητεω		(1aor,act,infin) αποκτεινω			
Jn.8:40	νυν	δε	ζητειτε	με	αποκτειναι	ανθρωπον	ος	την αληθειαν
	but <>	now	you all seek	Me	to kill	a Man	Who	the truth
B	νυν	δε	ζητειτε	με	αποκτειναι	ανθρωπον	οϲ	την αληθειαν
ℵ	νυν	δε	ζητιτε	με	αποκτιναι	ανθρωπο	οϲ	την αληθιαν
P66	νυν	δε	ζητιτε	με	αποκτιναι	ανον	οϲ	την αληθιαν
P75	νυν	δε	ζητειτε	με	αποκτειναι	ανθρωπον	[οϲ]	την αληθειαν

		(perf,act,ind,1p,sing) λαλεω		(1aor,act,ind,1p,sing) ακουω							(1aor,act,ind,3p,sing) ποιεω
W & H	υμιν	λελαληκα	ην	ηκουσα	παρα	του	θεου	τουτο	αβρααμ	ουκ	εποιησεν
	to you all	I have spoken	which	I heard	from	the	God	this	Abraham	not	he did
B	υμιν	λελαληκα	ην	ηκουσα	παρα	του	θυ	τουτο	αβρααμ	ουκ	εποιηϲεν
ℵ	υμιν	λελαληκα	η	ηκουσα	παρα	του	θυ	τουτο	αβρααμ	ουκ	εποιηϲεν
P66	υμιν	λελαληκα	ην	ηκουσα	παρα	του	θυ	τουτο	αβρααμ	ουκ	εποιηϲεν
P75	υμιν	λελαληκα	ην	ηκουσα	παρα	του	θυ	τουτο	αβρααμ	ουκ	εποιηϲεν

		(pres,act,ind,2p,pl) ποιεω						(2aor,act,ind,3p,pl) λεγω	(2aor,act,ind,3p,pl) λεγω			
Jn.8:41	υμεις	ποιειτε	τα	εργα	του	πατρος	υμων	ειπαν	~~ειπον~~	~~[ουν]~~	αυτω	ημεις
	you all	you all do	the	works	of the	father	of you all	~~therefore~~ <>	they said	~~they said~~	to Him	We
B	υμειϲ	ποιειτε	τα	εργα	του	πατροϲ	υμων	ειπαν			αυτω	ημειϲ
ℵ	υμειϲ	ποιειται	τα	εργα	του	πατροϲ	υμω	ειπαν			αυτω	ημιϲ
P66	υμειϲ	ποιειτε	τα	εργα	του	πρϲ	υμων	ειπαν		ουν	αυτω	ημειϲ
P75	υμειϲ	ποιειτε	τα	εργα	του	πατροϲ	υμων		ειπον	ουν	αυτω	ημειϲ

				(1aor,pass,ind,1p,pl) γενναω	(perf,pass,ind,1p,pl) γενναω			(pres,act,ind,1p,pl) εχω		
W & H	εκ πορνειας	ουκ	~~ου~~	εγεννηθημεν	~~γεγεννημεθα~~	ενα	πατερα	εχομεν	τον	θεον
	from out of fornication	not	~~not~~	we were begotten	~~we have been begotten~~	one	Father	we have	the	God
B	εκ πορνειαϲ	ουκ		εγεννηθημεν		ενα	πατερα	εχομεν	τον	θν
ℵ	εκ πορνιαϲ	ουκ		εγεννημεθα		ενα	πατερα	εχομεν	τον	θν
P66	εκ πορνιαϲ		ου		γεγενημεθα	ενα	πατερα	εχομεν	τον	θν
P75	εκ πορνειαϲ		ου		γεγεννημεθα	[ε]να	πατερα	εχομεν	τον	θν

	(2aor,act,ind,3p,sing) λεγω								(imperf,act,ind,3p,sing) ειμι	(imperf,act,ind,2p,pl) αγαπαω						
Jn.8:42	ειπεν	αυτοις	[ο]	ιησους	ει	ο θεος	πατηρ	υμων	ην	ηγαπατε	αν	εμε	εγω	γαρ	εκ	του
	He said	to them	the	Jesus	if	the God	Father	of you all	He was	you all would love		Me	for <>	I	from out	of the
B	ειπεν	αυτοιϲ		ιϲ	ει	ο θϲ	ο πατηρ	υμων	ην	ηγαπατε	αν	εμε	εγω	γαρ	εκ	του
ℵ	ειπεν ουν	αυτοιϲ	ο	ιϲ	ει	ο θϲ	πατηρ	ημων	ην	ηγαπατε	α	εμε	εγω	γαρ	εκ	του
P66	ειπεν	αυτοιϲ	ο	ιϲ	ει	ο θϲ	ο πηρ	υμων	ην	ηγαπατε	αν	εμε1		γαρ3	εκ2	του4
P75	ειπεν	αυτ[οι]ϲ	ο	ιϲ	ει	ο θ	πατηρ	υμων	ην	ηγαπατε	αν	εμε	εγω	γαρ		

		(2aor,act,ind,1p,sing) εξερχομαι		(pres,act,ind,1p,sing) ηκω					(2 perf,act,ind,1p,sing) ερχομαι			
W & H	θεου	εξηλθον	και	ηκω	ουδε	γαρ	απ	εμαυτου	εληλυθα	αλλ	εκεινος	με
	God	I came forth	and	I am present	not even	for <>	from	Myself	have I come	but	that One	Me
B	θυ	εξηλθον	και	ηκω	ουδε	γαρ	απ	εμαυτου	εληλυθα	αλλ	εκεινοϲ	με
ℵ	θυ	εξηλθον	και	ηκω	ουδε	γαρ	απ	εμαυτου	εληλυθα	αλλ	εκεινοϲ	με
P66	θυ	εξεληλυθα	και	ηκω	ου	γαρ	απ	εμαυτου	εληλυθα	αλλ	εκεινοϲ	με
P75							απ	εμαυτου	εληλυθα	αλλ	εκεινοϲ	με

	(1aor,act,ind,3p,sing) αποστελλω	hiatus
W & H	απεστειλεν	~~απεστειλε~~
	He sent	
B	απεστειλεν	
ℵ	απεστιλεν	
P66	απεσταλκεν	
P75	απεστειλεν	

(pres,act,ind,2p,pl)
γινωσκω
Jn.8:43 δια τι ~~διοτι~~ την λαλιαν την εμην ου γινωσκετε οτι ου
on account of what ~~why~~ the speech the one My not you all understand because not
B δια τι την λαλιαν την εμην ου γεινωσκετε οτι ου
א δια τι την λαλιαν την εμην ου γινωσκεται οτι ου
P66 δια τι την λαλιαν την εμην ου γινωσκεται οτι ου
P75 δια τι την λαλιαν την εμην ου γεινωσκετε οτι ου

(pres,pass,ind,2p,pl) (pres,act,inf)
δυναμαι ακουω
W & H δυνασθε ακουειν τον λογον τον εμον
you are all able to hear the word the My
B δυνασθε ακουειν τον λογον τον εμον
א δυνασθε ακουειν τον λογο τον εμον
P66 δυνασθαι ακουειν τον λογον τον εμον
P75 δυνασθε ακουειν τον λογον τον εμον

(pres,act,ind,2p,pl)
ειμι
Jn.8:44 υμεις εκ του πατρος του διαβολου εστε και τας επιθυμιας του πατρος υμων
you all from out of the father the devil you all are and the desires of the father of you all
B υμεις εκ του πατρος του διαβολου εστε και τας επιθυμιας του πατρος υμων
א υμεις εκ του πατρος του διαβολου εσται και τας επιθυμιας του πρς υμων
P66 υμεις εκ του πατρος του διαβολου εστε και τας επιθυμειας του πρς υμων
P75 υμεις εκ του πατρος του διαβολου εστε και τας επιθυμιας του πατρος υμων

(pres,act,inf) (pres,act,ind,2p,pl) (imperf,act,ind,3p,sing)
θελω ποιεω ειμι
W & H θελετε ποιειν εκεινος ανθρωποκτονος ην απ αρχης και εν τη αληθεια ουκ ~~ουχ~~
you all wish to do that one a man-killer he was from beginning and in the truth not ~~not~~
B θελετε ποιειν εκεινος ανθρωποκτονος ην απ αρχης και εν τη αληθεια ου$^{χ}_{κ}$
א θελετε ποιειν εκινος ανθρωποκτονος η απ αρχης και εν τη αληθια ουκ
P66 θελεται ποιειν εκινος ανθρωποκτονος ην απ αρχης και εν τη αληθια ουκ
P75 θελετε ποιειν εκεινος ανθρωποκτονος ην απ αρχης και εν τη αληθεια ουχ

(perf,act,ind,3p,sing) (pres,act,ind,3p,sing) (pres,act,subj,3p,sing)
ιστημι ειμι λαλεω
W & H εστηκεν οτι ουκ εστιν αληθεια εν αυτω οταν λαλη το ψευδος εκ των
he has stood because not she is truth in him whenever he should speak the lie from out of the ones
B εστηκεν οτι ουκ εστιν αληθεια εν αυτω οταν λαλη το ψευδος εκ των
א εστηκεν οτι ουκ εστι αληθια εν αυτω οταν λαλη το ψευδος εκ των
P66 εστηκεν οτι1 ουκ3 εστι4 αληθια2 εν5 αυτω οταν λαλη το ψευδος εκ των
P75 εστηκεν οτι ουκ εστιν αληθεια εν αυτω οτα λαλη το ψευδος εκ των

(pres,act,ind,3p,sing) (pres,act,ind,3p,sing)
λαλεω ειμι hiatus
W & H ιδιων λαλει οτι ψευστης εστιν ~~εστι~~ και ο πατηρ αυτου
his own he speaks because a liar he is and the father of it
B ιδιων λαλει οτι ψευστης εστιν και ο πατηρ αυτου
א ιδιων λαλει οτι ψευστης εστιν και ο πατηρ αυτου
P66 ιδιων λαλει οτι ψευστης εστιν και ο πηρ αυτου
P75 ιδιων λαλει οτι ψευστης εστιν και ο πατηρ αυτου

(pres,act,ind,1p,sing) (pres,act,ind,2p,pl)
λεγω πιστευω
Jn.8:45 εγω δε οτι την αληθειαν λεγω ου πιστευετε μοι
but <> I because/“ the truth I speak not you all believe Me
B εγω δε οτι την αληθειαν λεγω ου πιστευετε μοι
א εγω δε οτι την αληθιαν λεγω ου πιστευετε μοι
P66 εγω δε οτι την αληθιαν λεγω ου πιστευετε μοι
P75 εγω δε οτι την αληθειαν λεγω ου πιστευετε μοι

(pres,act,ind,3p,sing) ελεγχω — (pres,act,ind,1p,sing) λεγω

Jn.8:46 τις εξ υμων ελεγχει με περι αμαρτιας ει δε αληθειαν λεγω δια τι ~~διατι~~
who of you all he rebukes Me concerning sin but <> if truth I speak on account of what ~~why~~
B τις εξ υμων ελεγχει με περι αμαρτιας ει αληθειαν λεγω δια τι
א τις εξ υμων ελεγχει με περι αμαρτιας ει αληθιαν λεγω δια τι
P66 τις εξ υμων ελεγχει με περι αμαρτιας ει αληθειαν λεγω δια τι
P75 τις εξ υμων ελεγχει με περι αμαρτιας ει αληθειαν λεγω δια τι

(pres,act,ind,2p,pl) πιστευω

W & H υμεις ου πιστευετε μοι
you all not you all believe Me
B υμεις ου πιστευετε μοι
א υμεις ου πιστευεται μοι
P66 υμεις ου πιστευετε μοι
P75 υμεις ου πιστευετε μοι

(pres,act,ptc,nom,sing,masc) ειμι — (pres,act,ind,3p,sing) ακουω — (pres,act,ind,2p,pl) ακουω

Jn.8:47 ο ων εκ του θεου τα ρηματα του θεου ακουει δια τουτο υμεις ουκ ακουετε
the One being from out of the God the words of the God He hears on account of this you all not you all hear
B ο ων εκ του θυ τα ρηματα του θυ ακουει δια τουτο υμεις ουκ ακουετε
א ο ων εκ του θυ τα ρηματα του θυ ακουει δια τουτο υμεις ουκ ακουετε
P66 ο ων εκ του θυ τα ρηματα του θυ ακουει δια τουτο υμεις ουκ ακουεται
P75 ο ων εκ του θυ τα ρηματα του θυ ακουει δια τουτο υμεις ουκ ακουετε

(pres,act,ind,2p,pl) ειμι

W & H οτι εκ του θεου ουκ εστε
because from out of the God not you all are
B οτι εκ του θυ ουκ εστε
א οτι εκ του θυ ουκ εστε
P66 οτι εκ του θυ ουκ εστε
P75 οτι εκ του θυ ουκ εστε

(1aor,pass,ind,3p,pl) αποκρινομαι — (2aor,act,ind,3p,pl) λεγω — (2aor,act,ind,3p,pl) λεγω (ου questions expect a yes answer) — (pres,act,ind,1p,pl) λεγω

Jn.8:48 απεκριθησαν ~~ουν~~ οι ιουδαιοι και ειπαν ~~ειπον~~ αυτω ου καλως λεγομεν ημεις
~~therefore~~ <> they did answer the Jews and they said ~~they said~~ to Him (do)not well we speak we
B απεκριθησαν οι ιουδαιοι και ειπαν αυτω ου καλως λεγομεν ημεις
א απεκριθησαν οι ιουδαιοι και ειπα αυτω ου καλως λεγομεν ημεις
P66 απεκριθησαν οι ιουδαιοι και ειπον αυτω ου καλως1 λεγομεν3 ημεις2
P75 απεκριθησαν οι ιουδαιοι και ειπαν αυτω ου καλως λεγομεν ημεις

(pres,act,ind,2p,sing) ειμι — (pres,act,ind,2p,sing) εχω

W & H οτι σαμαριτης ~~σαμαρειτης~~ ει συ και δαιμονιον εχεις
that/" a Samaritan ~~a Samaritan~~ You are You and a demon You have
B οτι σαμαρειτης ει συ και δαιμονιον εχεις
א οτι σαμαριτης ει και δαιμονιον εχεις
P66 οτι σαμαριτης ει και δαιμονιον εχεις
P75 οτι σαμαρειτης ει συ και δαιμονιον εχεις

(1aor,pass,ind,3p,sing) αποκρινομαι — (pres,act,ind,1p,sing) εχω — (pres,act,ind,1p,sing) τιμαω

Jn.8:49 απεκριθη ιησους εγω δαιμονιον ουκ εχω αλλα τιμω τον πατερα μου
He did give answer Jesus I a demon not I have but I honor the Father of Me
B απεκριθη ις εγω δαιμονιον ουκ εχω αλλα τειμω τον πατερα μου
א απεκριθη ις και ειπεν εγω δαιμονιον ουκ εχω αλλα τιμω τον πατερα μου
P66 απεκριθη ις εγω δαιμονιον ουκ εχω αλλα τιμω τον πρα μου
P75 απεκριθη ις εγω δαιμονιον ουκ εχω αλλα τειμω τον πατερα μου

(pres,act,ind,2p,pl)
ατιμαζω

W & H και υμεις ατιμαζετε με
and you all you all treat shamefully/dishonor Me
B και υμειc ατειμαζετε με
ℵ και υμιc ατιμαζετε με
P66 και υμειc ατιμαζετε με
P75 και υμειc ατειμαζετε με

(pres,act,ind,1p,sing) ζητεω (pres,act,ind,3p,sing) ειμι (pres,act,ptc,nom,sing,masc) ζητεω (pres,act,ptc,nom,sing,masc) κρινω

Jn.8:50 εγω δε ου ζητω την δοξαν μου εστιν ο ζητων και κρινων
but <> I not I seek the glory of Me there is the One seeking and judging.
B εγω δε ου ζητω την δοξαν μου εστιν ο ζητων και κρεινων
ℵ εγω δε ου ζητω τη δοξαν μου εστι ο ζητων και κρινω
P66 εγω δε ου ζητω την δοξαν μου εστιν ο ζητων και κρινων
P75 εγω δε ου ζητω την δοξαν μου εστιν ο ζητων και κρεινων

(pres,act,ind,1p,sing) λεγω (1aor,act,subj,3p,sing) τηρεω

Jn.8:51 αμην αμην λεγω υμιν εαν τις τον1 ~~τον~~3 εμον4 λογον2 τηρηση5 θανατον
amen amen I say to you all if anyone the ~~the~~ My word he should keep death
B αμην αμην λεγω υμιν εαν τιc τον εμον λογον τηρηcη θανατον
ℵ αμην αμην λεγω υμιν εαν τιc τον εμον λογον τηρηcει θανατον
P66 αμην αμην λεγω υμιν εαν τιc τον1 τον3 εμον4 λογον2 τηρηcη5 θανατον
P75 αμην αμην λεγω υμιν εαν τιc τον εμον λογον τηρηcη θανατον

(1aor,act,subj,3p,sing)
θεωρεω

W & H ου μη θεωρηση εις τον αιωνα
not not / in no way/certainly not he should experience into the eon
B ου μη θεωρηcη ειc τον αιωνα
ℵ ου μη θεωρηcει ειc τον αιωνα
P66 ου μη ιδε ειc τον αιωνα
P75 ου μη θεωρηcη ειc τον αιωνα

(2aor,act,ind,3p,pl) λεγω (perf,act,ind,1p,pl) γινωσκω (pres,act,ind,2p,sing) εχω

Jn.8:52 ειπον ~~[ουν]~~ αυτω οι ιουδαιοι νυν εγνωκαμεν οτι δαιμονιον εχεις αβρααμ
~~therefore~~ <> they said to Him the Jews now we have learned that a demon You have Abraham
B ειπον αυτω οι ιουδαιοι νυν εγνωκαμεν οτι δαιμονιον εχειc αβρααμ
ℵ ειπα αυτω οι ιουδαιοι νυν εγνωκαμε οτι δαιμονιον εχειc αβρααμ
P66 ειπον αυτω οι ιουδαιοι νυν εγνωκαμεν οτι δαιμονιον εχειc αβρααμ
P75 ειπον ουν αυτω οι ιουδαιοι νυν εγνωκαμεν οτι δαιμονιον εχειc αβρααμ

(2aor,act,ind,3p,sing) αποθνησκω hiatus (pres,act,ind,2p,sing) λεγω (1aor,act,subj,3p,sing) τηρεω

W & H απεθανεν ~~απεθανε~~ και οι προφηται και συ λεγεις εαν τις τον λογον μου τηρηση
he died and the prophets also You You say if anyone the word of Me he should keep
B απεθανεν και οι προφηται και cυ λεγειc εαν τιc τον λογον μου τηρηcη1
ℵ απεθανεν και οι προφηται και cυ λεγειc εαν τιc τον λογον μου τηρηcη1
P66 απεθανεν και προφηται και cυ λεγειc εαν τιc1 τον3 λογον4 μου2 τηρηcη5
P75 απεθανεν και οι προφηται και cυ λεγειc οτι εαν τιc τον λογον μου τηρηcη

(1aor,mid,subj,3p,sing) γευομαι (fut,act,ind,3p,sing) γευομαι

W & H ου μη γευσηται ~~γευσεται~~ θανατου εις τον αιωνα
not not/certainly not/in no way he, himself should taste ~~he will taste~~ of death into the eon
B ου3 μη4 θεωρηcη8 θανατον2 ειc5 τον6 αιωνα7
ℵ ου μη γευcηται ειc τον αιωνα
P66 ου μη γευcηται θανατου ειc τον αιωνα
P75 ου μη γευcηται θανατου ειc τον αιωνα

(μη questions expect a no answer) (pres,act,ind,2p,sing) εἰμι (2aor,act,ind,3p,sing) αποθνησκω hiatus

Jn.8:53 μη συ μειζων ει του πατρος ημων αβρααμ οστις απεθανεν ~~απεθανε~~ και οι προφηται

not You greater You are of the father of us Abraham who he died and the prophets

B μη cυ μειζων ει του πατροc ημων αβρααμ οcτιc απεθανεν και οι προφηται

א μη cυ μιζων ει του πατροc ημων αβρααμ οcτιc απεθανεν και οι προφηται

P66 μη cυ μιζων ει του πατροc ημων αβρααμ οcτιc απεθανεν και οι προφηται

P75 μη cυ μειζων ει του πατροc ημων αβρααμ οcτιc απεθανεν και οι προφηται

(2aor,act,ind,3p,pl) αποθνησκω (pres,act,ind,2p,sing) ποιεω

W & H απεθανον τινα σεαυτον ~~συ~~ ποιεις

they died Whom Yourself ~~You~~ do You make

B απεθανον τινα cεαυτον ποιειc

א απεθανο τινα cεαυτον ποιειc

P66 απεθανον τινα cεαυτον ποιειc

P75 απεθανον τινα cεαυτον ποιειc

(1aor,pass,ind,3p,sing) αποκρινομαι (fut,act,ind,1p,sing) δοξαζω (pres,act,ind,3p,sing) εἰμι (pres,act,ind,3p,sing) εἰμι

Jn.8:54 απεκριθη ιησους εαν εγω δοξασω εμαυτον η δοξα μου ουδεν εστιν εστιν ο πατηρ

He did give answer Jesus if I I shall glorify Myself the glory of Me nothing she is He is the Father

B απεκριθη ις εαν εγω δοξαcω εμαυτον η δοξα μου ουδεν εcτιν εcτιν ο πατηρ

א απεκριθη ο ις εαν εγω δοξαcω εμαυτον η δοξα μου ουδεν εcτιν εcτιν ο πατηρ

P66 απεκριθη ις εαν εγω δοξαcω εμαυτον η δοξα μου ουδεν εcτιν εcτιν ο πηρ

P75 απεκριθη ις εαν εγω δοξαcω εμαυτον η δοξα μου ουδεν εcτιν εcτιν ο πατηρ

(pres,act,ptc,nom,sing,masc) δοξαζω (pres,act,ind,2p,pl) λεγω (pres,act,ind,3p,sing) εἰμι hiatus

W & H μου ο δοξαζων με ον υμεις λεγετε οτι θεος υμων εστιν ~~εστι~~

of Me the One glorifying Me Whom you all you all say that God of you all He is

B μου ο δοξαζων με ον υμειc λεγετε οτι θc [η]υμων εcτιν

א μου ο δοξαζων με ον υμειc λεγεται οτι θc υμων εcτιν

P66 μου ο δοξαζων με ον υμειc λεγεται οτι θc υμων εcτιν

P75 μου ο δοξαζων με ον υμειc λεγετε οτι θc ημων εcτιν

(perf,act,ind,2p,pl) γινωσκω (perf,act,ind,1p,sing) οιδα (2aor,act,ind,1p,sing) λεγω

Jn.8:55 και ουκ εγνωκατε αυτον εγω δε οιδα αυτον καν ~~και εαν~~ ειπω

and not you have known Him but <> I I have known Him and if ~~and if~~ I said

B και ουκ εγνωκατε αυτον εγω δε οιδα αυτον καν ειπω

א και ουκ εγνωκαται αυτον εγω δε οιδα αυτον καν ειπω

P66 και ουκ εγνωκατε αυτον εγω δε οιδα αυτον και εαν ειπω

P75 και ουκ εγνωκατε αυτον εγω δε οιδα αυτον καν ειπω υμιν

(perf,act,ind,1p,sing) οιδα (fut,mid,ind,1p,sing) εἰμι (perf,act,ind,1psing) οιδα

W & H οτι ουκ οιδα αυτον εσομαι ομοιος υμιν ~~υμων~~ ψευστης αλλα οιδα αυτον

that/ " not I have known Him I, Myself, will be like you all ~~of you all~~ a liar but I have known Him

B οτι ουκ οιδα αυτον εcομαι ομοιοc υμιν ψευcτηc αλλα οιδα αυτον

א οτι ουκ οιδα αυτον εcομαι ομοιοc υμων ψευcτηc αλλ οιδα αυτο

P66 οτι ουκ οιδα αυτον εcομαι1 ομοιοc3 υμων2 ψευcτηc4 αλλα οιδα αυτον

P75 οτι ουκ οιδα αυτον εcομαι ομοιοc υμιν ψευcτηc αλλα οιδα αυτον

(pres,act,ind,1p,sing) τηρεω

W & H και τον λογον αυτου τηρω

and the word of Him I keep

B και τον λογον αυτου τηρω

א και τον λογον αυτου τηρω

P66 και τον λογον αυτου τηρω

P75 και τον λογον αυτου τηρω

		(1aor,mid,ind,3p,sing) αγαλλιαω		(2aor,act,subj,3p,sing) οραω		
Jn.8:56	αβρααμ ο πατηρ υμων	ηγαλλιασατο	ινα	ιδη	την ημεραν την εμην και	
	Abraham the father of you all	he, himself, rejoiced greatly	so that	he should have seen	the day the one Mine and	
B	αβρααμ ο πατηρ υμων	ηγαλλιαcατο	ινα	ειδη	την ημεραν την εμην και	
ℵ	αβρααμ ο πηρ υμων	ηγαλλιαcατο	ινα	ειδη	την ημεραν την εμην και	
P66	αβρααμ ο πηρ υμων	ηγαλλιαcατο	ινα	ιδη	την ημεραν την εμην και	
P75	αβρααμ ο πατηρ υμων	ηγαλλιαcατο	ινα	ιδη	την ημεραν την εμην και	

	(2aor,act,ind,3p,sing) οραω	hiatus		(2aor,pass,ind,3p,sing) χαιρω
W & H	ειδεν	~~ειδε~~	και	εχαρη
	he saw		and	she was rejoiced
B	ειδεν		και	εχαρη
ℵ	ειδεν		κ(αι)	εχαρη
P66	ειδεν		και	εχαρη
P75		ιδεν	και	εχαρη

	(2aor,act,ind,3p,pl) λεγω		(2aor,act,ind,3p,pl) λεγω	(2aor,act,ind,3p,pl) λεγω	
Jn.8:57	ειπον		~~ειπαν~~	~~ειπον~~	ουν οι ιουδαιοι προς αυτον πεντηκοντα ετη ουπω
	therefore	<>	they said	~~they said~~ ~~they said~~	the Jews to Him fifty years not yet
B	ειπον				ουν οι ιουδαιοι προς αυτον πεντηκοντα ετη ουπω
ℵ			ειπαν		ουν οι ιουδαιοι προς αυτον πεντηκοντα ετη ουπω
P66	ειπον				ουν οι ιουδαιοι προς αυτον πεντηκοντα ετη ουπω
P75	ειπον				ουν οι ιουδαιοι προς αυτον πεντηκοντα ετη ουπω

	(pres,act,ind,2p,sing) εχω		(perf,act,ind,2p,sing) οραω			
W & H	εχεις	και αβρααμ	εωρακας			
	You have	and Abraham	You have seen			
B	εχειc	και αβρααμ		εορακ[ε^{α}]c		
ℵ	εχειc	και αβρααμ				εωρακεν
P66	εχειc	και αβρααμ		εορακαc		
P75	εχειc	και αβρααμ			εορακενcε	

	(2aor,act,ind,3p,sing) λεγω				(pres,act,ind,1p,sing) λεγω		(2aor,mid,infin) γινομαι	(pres,act,ind,1p,sing) ειμι
Jn.8:58	ειπεν αυτοις	~~ο~~	ιησους	αμην αμην	λεγω υμιν πριν αβρααμ		γενεσθαι εγω	ειμι
	He said to them	~~the~~	Jesus	Amen Amen	I say to you all before Abraham		to become I	I am
B	ειπεν αυτοιc		ιc	αμην αμην	λεγω υμιν πριν αβρααμ		γενεcθαι εγω	ειμι
ℵ	ειπεν αυτοιc	ο	ιc	αμην αμη	λεγω υμιν πριν αβρααμ		γενεcθαι εγω	ειμι
P66	ειπεν αυτοιc	ο	ιc	αμην αμην	λεγω υμιν πριν αβρααμ		γενεcθαι εγω	ειμι
P75	ειπεν αυτοιc		ιc	αμην αμην	λεγω υμιν πριν αβρααμ		γενεcθαι εγω	ειμι

	(1aor,act,ind,3p,pl) αιρω			(2aor,act,subj,3p,pl) βαλλω				(2aor,pass,ind,3p,sing) κρυπτω		(2aor,act,ind,3p,sing) εξερχομαι
Jn.8:59	ηραν		ουν λιθους ινα	βαλωσιν	επ αυτον	ιησους	δε	εκρυβη	και	εξηλθεν
	therefore <> they took up		stones so that	they might cast	at/upon Him	but <> Jesus		He was hidden	and	He went out
B	ηραν		ουν λιθουc ινα	βαλωcιν	επ αυτον	ιc		εκρυβη	και	εξηλθεν
ℵ	ηραν	ου	λιθουc ινα	βαλωcι	επ αυτον	ιc	δε	εκρυβη	και	εξηλθε
P66	ηραν		ουν λιθουc ινα	βαλωcιν	επ αυτον	ιc	δε	εκρυβη	και	εξηλθεν
P75	ηραν		ουν λιθουc ινα	βαλωcιν	επ αυτον	ιc	δε	εκρυβη	και	εξηλθεν

		(2aor,act,ptc,nom,sing,masc) διερχομαι	(imperf,act,ind,3p,sing) παραγω
W & H	εκ του ιερου	~~διελθων δια μεσου αυτων και~~	~~παρηγεν αυτως~~
	from out of the temple	~~going through midst of them and~~	~~passed by thus~~
B	εκ του ιερου		
ℵ	εκ του ιερου		
P66	εκ του ιερου		
P75	εκ του ιερου		

John Chapter 9

	(pres,act,ptc,nom,sing,masc) παραγω	(2aor,act,ind,3p,sing) οραω			
Jn.9:1	και παραγων	ειδεν ανθρωπον τυφλον		εκ γενετης
	and passing by	He saw a man blind		from birth
B	και παραγων	ειδεν ανθρωπον τυφλον		εκ γενετης
ℵ	και παραγων	ειδεν ανθρωπον	τυφλο	εκ γενετης
P66	και παραγων	ειδεν ανθρωπον τυφλον		εκ γενετης
P75	και παραγων	ειδεν ανθρωπον τυφλον		εκ γενετης

	(1aor,act,ind,3p,pl) ερωταω		(pres,act,ptc,nom,pl,masc) λεγω		(2aor,act,ind,3p,sing) αμαρτανω
Jn.9:2	και ηρωτησαν	αυτον οι μαθηται αυτου	λεγοντες	ραββι	τις ημαρτεν ουτος
	and they asked	Him the disciples of Him	saying	Rabbi	who sinned this one
B	και ηρωτησαν	αυτον οι μαθηται αυτου	λεγοντες	ραββει	τις ημαρτεν ουτος
ℵ	και ηρωτησαν	αυτον οι μαθηται αυτου	λεγοντες	ραββει	τις ημαρτεν ουτος
P66	και ηρωτησαν	αυτον οι μαθηται αυτου	λεγοντες	ραββει	τις ημαρτεν ουτος
P75	και ηρωτησαν	αυτον οι μαθηται αυτου	λεγοντες	ραββει	τις ημαρτεν ουτος

				(1aor,pass,subj,3p,sing) γενναω
W & H	η οι	γονεις	αυτου ινα τυφλος	γεννηθη
	or the	parents	of him so that blind	he should have been born
B	η οι	οι γονεις	αυτου ινα τυφλος	γεννηθη
ℵ	η οι	γονις	αυτου ινα τυφλος	γεννηθη
P66	η οι	οι γονεις	αυτου ινα τυφλος	γεννηθη
P75	η οι	οι γονεις	αυτου ινα τυφλος	γεννηθη

	(1aor,pass,ind,3p,sing) αποκρινομαι			(2aor,act,ind,3p,sing) αμαρτανω			
Jn.9:3	απεκριθη	~~ο~~ ιησους	ουτε ουτος	ημαρτεν	ουτε	~~οι ο~~	γονεις αυτου αλλ ινα
	He answered	the Jesus	neither this one	he sinned	nor	the the	parents of him but so that
B	απεκριθη	ις	ουτε ουτος	ημαρτεν	ουτε	οι	γονεις αυτου αλλ ινα
ℵ	απεκριθη	ις	ουτε ουτος	ημαρτεν	ουτε	οι	γονις αυτου αλλ ινα
P66	απεκριθη	ις	ουτε ουτος	ημαρτεν	ουτε	οι	γονεις αυτου αλλ ινα
P75	απεκριθη	ις	ουτε ουτος	ημαρτεν	ουτε	οι	γονεις αυτου αλλ ινα

	(1aor,pass,subj,3p,sing) φανεροω		
W & H	φανερωθη	τα εργα του θεου	εν αυτω
	it might be made known	the works of the God	in him
B	φανερωθη	τα εργα του θυ	εν αυτω
ℵ	φανερωθη	τα εργα του θυ	εν αυτω
P66	φανερωθη	τα εργα του θυ	εν αυτω
P75	φανερωθη	τα εργα του θυ	εν αυτω

		(pres,act,impers, 3p,sing) δει	(pres,mid,inf) εργαζομαι		(1aor,act,ptc,gen,sing,masc) πεμπω		
Jn.9:4	ημας ~~εμε~~	δει	εργαζεσθαι		τα εργα του πεμψαντος με		εως
	for us Me	It is necessary	to work		the works of the One having sent Me		while
B	ημας	δει		εργαζεσθε[αι]	τα εργα του πεμψαντος με		εως
ℵ	ημας	δει	εργαζεσθαι		τα εργα του πεμψαντος	ημας	εως
P66	ημας	δει	εργαζεσθαι		τα εργα του πεμψαντος	ημας	εως
P75	ημας	δει	εργαζεσθαι		τα εργα του πεμψαντος	ημας	εως

	(pres,act,ind,3p,sing) ειμι	(pres,mid,ind,3p,sing) ερχομαι		(pres,pass,ind,3p,sing) δυναμαι	(pres,mid,inf) εργαζομαι
W & H	ημερα εστιν	ερχεται νυξ	οτε ουδεις	δυναται	εργαζεσθαι
	day she is	she comes night	when no one	he is able	to work
B	ημερα εστιν	ερχεται νυξ	οτε ουδεις	δυναται	εργαζεσθαι
ℵ	ημερα εστιν	ερχεται νυξ	οτε ουδεις	δυναται	εργαζεσθαι
P66	ημερα εστιν	ερχεται νυξ	οτε ουδεις	δυνηται	εργαζεσθε
P75	ημερα εστιν	ερχεται νυξ	οτε ουδεις	δυναται	εργαζεσθαι

(pres,act,subj,1p,sing) (pres,act,ind,1p,sing)
ειμι ειμι

Jn.9:5 οταν εν τω κοσμω ω φως ειμι του ~~το~~ κοσμου
whenever in the world I should be Light I am of the ~~the~~ of world
B οταν εν τω κοσμω ω φως ειμι του κοσμου
א οταν εν τω κοσμω ω φως ειμι του κοσμου
P66 οταν εν τω κοσμω φως ειμι του κοσμου
P75 οταν εν τω κοσμω ω φως ειμι του κοσμου

(2aor,act,ptc,nom,sing,masc) (1aor,act,ind,3p,sing) (1aor,act,ind,3p,sing)
λεγω πτυω haitus ποιεω haitus

Jn.9:6 ταυτα ειπων επτυσεν ~~επτυσε~~ χαμαι και εποιησεν ~~εποιησε~~ πηλον εκ του
these *(things)* having said He did spit on ground and He made mud from out of the
B ταυτα ειπων επτυσεν χαμαι και εποιησεν πηλον εκ του
א ταυτα ειπω επτυσεν χαμαι και εποιησεν πηλον εκ του
P66 ταυτα ειπων επτυσεν χαμαι και εποιησεν πηλον εκ του
P75 ταυτα ειπων επτυσεν χαμαι και εποιησεν πηλον εκ του

(1aor,act,ind,3p,sing) (1aor,act,ind,3p,sing)
επιτιθημι επιχριω haitus

W & H πτυσματος και επεθηκεν ~~επεχρισεν~~ ~~επεχρισε~~ αυτου τον πηλον επι τους
spittle and He did put on ~~He smeared~~ him the mud on the
B πτυσματος και επεθηκεν αυτου τον πηλον επι τους
א πτυσματος και επεχρισεν αυτου τον πηλον επι τους
P66 πτυσματος και επεχρισεν αυτου τον πηλον επι τους
P75 πτυσματος και επεχρεισεν αυτου τον πηλον επι τους

W & H οφθαλμους ~~του τυφλου~~
eyes ~~of the blind one~~
B οφθαλμους
א οφθαλμους
P66 οφθαλμους
P75 οφθαλμους

(2aor,act,ind,3p,sing) (pres,act,imper,2p,sing) (1aor,mid,imper,2p,sing)
λεγω υπαγω νιπτω

Jn.9:7 και ειπεν αυτω υπαγε νιψαι εις την κολυμβηθραν του σιλωαμ
and He said to him you go you, yourself, wash in the pool of the Siloam
B και ειπεν αυτω υπαγε νιψαι εις την κολυμβηθραν του σιλωαμ
א και ειπεν αυτω υπαγε νιψαι εις τη κολυμβηθραν του σιλωαμ
P66 και ειπεν αυτω υπαγε νιψαι εις την κολυμβηθραν του σιλωαμ
P75 και ειπεν αυτω υπαγε νιψαι εις την κολυμβηθραν του σειλωαμ

(pres,pass,ind,3p,sing) (pres,pass,ptc,nom,sing,masc) (2aor,act,ind,3p,sing)
ερμηνευω αποστελλω απερχομαι

Jn.9:8 ο ερμηνευεται απεσταλμενος απηλθεν ουν και
the one he is translated being sent therefore <> he went out and
B ο ερμηνευετ_ε[αι] απεσταλμενος απηλθεν
א ο ερμηνευεται απεσταλμενος απηλθεν ουν και
P66 ο ερμηνευεται απεσταλμενος απηλθεν ουν και
P75 ο ερμηνευεται απεσταλμενος απηλθεν ουν και

(2aor,act,ind,3p,sing) (2aor,act,ind,3p,sing) (pres,act,ptc,nom,sing,masc)
νιπτω ερχομαι βλεπω

W & H ενιψατο και ηλθεν βλεπων
he washed and he came seeing
B ενιψατο βλεπων
א και ηλθεν βλεπω
P66 ενιψατο και ηλθεν βλεπων
P75 ενιψατο και ηλθεν βλεπω

(pres,act,ptc,nom,pl,masc)
θεωρεω

W & H οι ουν γειτονες και οι θεωρουντες αυτον το προτερον οτι προσαιτης ~~τυφλος~~
therefore <> the neighbors and the ones seeing/knowing him the prior that a begger ~~blind~~
B οι ουν γειτονες και οι οι θεωρουντες αυτον το προτερον οτι προσαιτης
א οι ουν γειτονες και οι θεωρουντες αυτον το προτερο οτι προσαιτης
P66 οι ουν γειτονες και οι θεωρουντες αυτον το προτερον οτι προσαιτης
P75 οι ουν γειτονες και οι θεωρουντες αυτον το προτερον οτι προσαιτης

(imperf,act,ind,3p,sing) (imperf,act,ind,3p,pl) (pres,act,ind,3p,sing) (pres,mid,ptc,nom,sing,masc) (pres,act,ptc,nom,sing,masc)
ειμι λεγω ειμι καθημαι προσαιτεω

W & H ην ελεγον ουχ ουτος εστιν ο καθημενος και προσαιτων
he was they said not this one is he the one sitting down and begging
B ην ελεγον ουχ ουτος εστιν ο καθημενος και προσαιτων
א ην ελεγον ουχ ουτος εστιν ο καθημενος και προσαιτω
P66 ην ελεγον ουχ ουτος εστιν ο καθημενος και προσαιτων
P75 ην ελεγον ουχ ουτος ο καθημενος και προσαιτων

(imperf,act,ind,3pl,sing) (pres,act,ind,3p,sing) (imperf,act,ind,3pl,sing) (pres,act,ind,3p,sing)
λεγω ειμι λεγω ειμι

Jn.9:9 αλλοι ελεγον οτι ουτος εστιν αλλοι ~~δε~~ ελεγον ουχι αλλα ~~οτι~~ ομοιος αυτω εστιν
others they said that this one he is ~~but~~ <> others they said no but ~~that~~ like to him he is
B αλλοι ελεγον οτι ουτος εστιν αλλοι ελεγον ουχι αλλα ομοιος αυτω εστιν
א αλλοι ελεγον ουτος εστιν αλλοι δε ελεγον ουχι αλλα ομοιος αυτω εστι
P66 αλλοι ελεγον ουτος εστιν αλλοι ελεγον ουχι αλλα ομοιος αυτω εστιν
P75 αλλοι ελεγον οτι ουτος εστιν αλλοι ελεγον ουχι αλλ ομοιος αυτω εστιν

(pres,act,ind,3p,sing) (pres,act,ind,1p,sing)
λεγω ειμι

W & H εκεινος ελεγεν οτι εγω ειμι
that one he said that /" I I am *(he)*."
B εκεινος ελεγεν οτι εγω ειμι
א εκεινος δε ελεγε οτι εγω ειμι
P66 εκεινος δε λεγεν οτι εγω ειμι
P75 εκεινος ελεγεν οτι εγω ε[ι]μι

(imperf,act,ind,3pl,sing) (1aor,pass,ind,3p,pl) (1aor,pass,ind,3p,pl)
λεγω ανοιγω ανοιγω

Jn.9:10 ελεγον ουν αυτω πως [ουν] ηνεωχθησαν ~~ανεωχθησαν~~ σου οι οφθαλμοι
therefore <> they were saying to him, therefore <>how were they opened of you the eyes
B ελεγον ουν αυτω πως ηνεωχθησαν σου οι οφθαλμοι
א ελεγα ουν οι ιουδαιο αυτω πως ουν ηνεωχθησαν σου οι οφθαλμοι
P66 ειπαν ουν αυτω πως ουν ηνεωχθησαν σου οι οφθαλμοι
P75 ελεγον ουν αυτω πως ηνεωχθη[σ]αν σου οι οφθαλμοι

(1aor,pass,ind,3p,sing) (2aor,act,ind,3p,sing) (pres,pass,ptc,nom,sing,masc) (1aor,act,ind,3p,sing)
αποκρινομαι λεγω λεγω ποιεω

Jn.9:11 απεκριθη εκεινος ~~και ειπεν~~ ο ανθρωπος ο λεγομενος ιησους πηλον εποιησεν και
he did give answer that one ~~and he said~~ the man the One being called Jesus mud He made and
B απεκριθη εκεινος ο ανθρωπος ο λεγομενος ις πηλον εποιησεν και
א απεκριθη εκεινος ο ανθρωπος ο λεγομενος ις πηλον εποιησεν και
P66 απεκριθη εκεινος ο ανος ο λεγομενος ις πηλον εποιησεν και
P75 απεκριθη εκεινος ανθρωπος ο λεγομενος ις πηλον εποιησεν και

(1aor,act,ind,3p,sing) (2aor,act,ind,3p,sing) (2aor,act,imper,2p,sing)
επιχριω haitus λεγω hiatus υπαγω

W & H επεχρισεν ~~επεχρισε~~ μου τους οφθαλμους και ειπεν ~~ειπε~~ μοι οτι υπαγε εις ~~την~~
He rubbed on of me the eyes and He said to me that / " Go you to ~~the~~
B επεχρεισεν μου τους οφθαλμους και ειπεν μοι οτι υπαγε εις
א επεχρισεν μου τους οφθαλμους και ειπεν μοι οτι υπαγε εις
P66 επεχρισεν μου τους οφθαλμους και ειπεν μοι οτι υπαγε εις
P75 επεχρεισε μου τους οφθαλμους και ειπεν μοι υπαγε εις

(1aor,mid,imper,2p,sing) (2aor,act,ptc,nom,sing,masc)
νιπτω απερχομαι

W & H ~~κολυμβηθραν~~ τον ~~του~~ σιλωαμ και νιψαι απελθων ουν ~~δε~~ και
~~pool~~ the ~~of the~~ Siloam and you, yourself, wash" therefore ~~and~~ <> having gone forth and
B τον σειλωαμ και νιψαι απελθων ουν και
א τον σιλωαμ και νιψαι απελθων ουν και
P66
P75 τον σειλωαμ και νιψαι απελθων ουν και

(1aor,mid,ptc,nom,sing,masc) (1aor,act,ind,1p,sing)
νιπτω αναβλεπω
W & H νιψαμενος ανεβλεψα
having washed I looked up/I gained sight
B νιψαμενοc ανεβλεψα
א νιψαμενοc ανεβλεψα
P66 νιψαμενοc ανεβλεψα
P75 νιψαμενοc ανεβλεψα

(2aor,act,ind,3p,pl) (2aor,act,ind,3p,pl) (pres,act,ind,3p,sing) (pres,act,ind,3p,sing) (perf,act,ind,1p,sing)
λεγω λεγω ειμι λεγω οιδα
Jn.9:12 και ειπαν ~~ειπον ουν~~ αυτω που εστιν εκεινος λεγει ουκ οιδα
and ~~therefore~~ <> they said ~~they said~~ to him where He is that One he says not I have known
B και ειπαν αυτω που εcτιν εκεινοc λεγει ουκ οιδα
א και ειπαν αυτω που εcτιν εκεινοc λεγει ουκ οιδα
P66 ειπαν ου αυτω που εcτιν εκεινοc λεγει ουκ οιδα
P75 και ειπον αυτω που εcτιν εκεινοc λεγει ουκ οιδα

(pres,act,ind,3p,pl)
αγω
Jn.9:13 αγουσιν αυτον προς τους φαρισαιους τον ποτε τυφλον
they lead him to the Pharisees the one at one time blind
B αγουcιν αυτον προc τουc φαρειcαιουc τον ποτε τυφλον
א αγουcιν αυτον προc τουc φαριcαιουc τον ποτε τυφλον
P66 αγουcιν αυτον προc τουc φαριcαιουc τον ποτε τυφλον
P75 αγουcιν αυτον προc τουc φαριcαιοι τον ποτε τυφλον

(imperf,act,ind,3p,sing) (1aor,act,ind,3p,sing) (1aor,act,ind,3p,sing)
ειμι ποιεω ανοιγω
Jn.9:14 ην δε σαββατον ~~οτε~~ εν η ημερα τον πηλον εποιησεν ο ιησους και ανεωξεν αυτου
and <> it was a Sabbath ~~when~~ on the day the mud He made the Jesus and He opened of him
B ην δε cαββατον εν η ημερα τον πηλον εποιηcεν ο ιc και ανεωξεν αυτου
א ην δε cαββατον εν η ημερα τον πηλον εποιηcεν ο ιc και ανεωξεν αυτου
P66 ην δε cαββατον εν η ημερα τον πηλον εποιηcεν ο ιc και ανεωξεν αυτου
P75 ην δε cαββατον εν η ημερα τον πηλον εποιηcεν ο ιc και ανεωξεν αυτου

W & H τους οφθαλμους
the eyes
B τουc οφθαλμουc
א τουc οφθαλμουc
P66 τουc οφθαλμουc
P75 τουc οφθαλμουc

(imperf,act,ind,3p,pl) (1aor,act,ind,3p,sing)
ερωταω αναβλεπω
Jn.9:15 παλιν ουν ηρωτων αυτον και οι φαρισαιους πως ανεβλεψεν
therefore <> again they were asking him also the Pharisees how he looked up/gained sight
B παλιν ουν ηρωτων αυτον και οι φαρειcαιοι πωc ανεβλεψεν
א παλιν ουν ηρωτων αυτον και οι φαριcαιοι πωc ανεβλεψεν
P66 παλιν ουν ηρωτων αυτον και οι φαριcαιοι πωc ανεβλεψεν
P75 παλιν ουν ηρωτων αυτον και οι φαρειcαιοι πωc ανεβλεψεν

(2aor,act,ind,3p,sing) (1aor,act,ind,3p,sing) (1aor,mid,ind,3p,sing)
λεγω επιτιθημι haitus νιπτω
W & H ο δε ειπεν αυτοις πηλον επεθηκεν ~~επεθηκε~~ μου επι τους οφθαλμους και ενιψαμην
and <> the one he said to them mud He put on of me upon the eyes and I, myself washed
B ο δε ειπεν αυτοιc πηλον επεθηκεν μου επι τουc οφθαλμουc και ενιψαμην
א ο δε ειπεν αυτοιc πηλο επεθηκεν μου επι τουc οφθαλμουc και ενιψαμην
P66 ο δε ειπεν αυτοιc πηλον επεθηκεν μου επι τουc οφθαλμουc και ενιψαμην
P75 ο δε ειπεν αυτοιc πηλον επεθηκεν μου επι τουc οφθαλμουc και ενιψαμην

(pres,act,ind,1p,sing)
βλεπω
W & H και βλεπω
and I see
B και βλεπω
א και βλεπω
P66 και βλεπω
P75 και βλεπω

Jn.9:16

	(imperf,act,ind,3p,pl) λεγω								(pres,act,ind,3p,sing) ειμι	haitus
Jn.9:16	ελεγον	ουν	εκ	των	φαρισαιους		τινες1	ουκ5	εστιν	~~εστι~~6
	therefore <> they were saying		from out of the		Pharisees		some	not	He is	
B	ελεγον	ουν	εκ	των	φαρειcαιων		τινεc	ουκ	εcτιν	
ℵ	ελεγαν	ουν	εκ	τω	φαριcαιων		τινεc	ουκ	εcτιν	
P66	ελεγον	ουν	εκ	των	φαριcαιων		τινεc	ουκ	εcτιν	
P75	ελεγον	ουν	εκ	των		φαρcαιων	τινεc	ουκ	εcτιν	

									(pres,act,ind,3p,sing) τηρεω	
W & H	ουτος2	παρα7	~~του~~8 θεου9	ο3	ανθρωπος4	οτι10	το σαββατον	ου	τηρει	αλλοι [δε]
	this One	from	~~of the~~ God	the	man	because	the Sabbath	not	He keeps	but <> others
B	ουτοc	παρα	θυ	ο	ανθρωποc	οτι	το cαββατον	ου	τηρει	αλλοι δε
ℵ	ουτοc	παρα	θυ	ο	ανθρωποc	οτι	το cαββατον	ου	τηρι	αλλοι δε
P66	ουτοc	παρα	θυ	ο	ανοc	οτι	το cαββατον	ου	τηρει	αλλοι
P75	ουτοc	παρα	θυ	ο	ανθρωποc	οτι	το cαββατον	ου	τηρει	αλλοι δε

	(imperf,act,ind,3p,pl) λεγω		(pres,pass,ind,3p,sing) δυναμαι						(pres,act,inf) ποιεω
W & H	ελεγον	πως	δυναται	ανθρωπος	αμαρτωλος	τοιαυτα	σημεια		ποιειν
	they were saying	how	is He able	a man	a sinner	of such kind	signs		to do
B	ελεγον	πωc	δυναται	ανθρωποc	αμαρτωλοc	τοιαυτα	cημεια		ποιειν
ℵ	ελεγον	πωc	δυναται	ανθρωποc	αμαρτωλοc	τοιαυτα		cημια	ποιει
P66	ελεγον	πωc	δυναται	ανοc	αμαρτωλοc	τοιαυτα	cημεια		ποιειν
P75	ελεγον	πωc	δυναται	ανθρωποc	αμαρτωλοc	τοιαυτα	cημεια		ποιειν

		(imperf,act,ind,3p,sing) ειμι		
W & H	και σχισμα	ην	εν	αυτοις
	and a division	it was	among	them
B	και cχιcμα	ην	εν	αυτοιc
ℵ	και cχιcμα	ην	εν	αυτοιc
P66	και cχιcμα	ην	εν	αυτοιc
P75	και cχι[[c]]μα	ην	εν	αυτοιc

Jn.9:17

	(pres,act,ind,3p,pl) λεγω	haitus							(pres,act,ind,2p,sing) λεγω					
Jn.9:17	λεγουσιν	~~λεγουσι~~	ουν	τω	τυφλω	παλιν1	τι3	συ2	λεγεις4	περι			αυτου	οτι
	therefore <>	they say		to the	blind one	again	what	you	you say	concerning			Him	because
B	λεγουcιν		ουν	τω	τυφλω	παλιν	τι	cυ	λεγειc	περι			αυτου	οτι
ℵ	λεγουcιν		ουν	τω1	τυφλω3	παλιν4	τι6	cυ7	λεγειc8		ποτε2	ουν5		οτι11
P66	λεγουcιν		ουν	τω	τυφλω	παλιν	τι	cυ	λεγειc	περι			αυτου	οτι
P75	λεγουcιν		ουν	τω	τυφλω	παλιν1	τι3	cυ2	λεγειc4	περι		cε	αυτου	οτιν

	(1aor,act,ind,3p,sing) ανοιγω	(1aor,act,ind,3p,sing) ανοιγω								(2aor,act,ind,3p,sing) λεγω
W & H	ηνεωξεν	~~ηνοιξε~~				σου	τους	οφθαλμους	ο	δε ειπεν οτι
	He opened					of you	the	eyes	and <> the one	he said that / "
B	ηνεωξεν					cου	τουc	οφθαλμουc	ο	δε ειπεν οτι
ℵ			ηνοιξεν12	περι9	cεαυτου10	cου13	τουc	οφθαλμουc	ο	δε ειπεν οτι
P66			ηνοιξεν			cου	τουc	οφθαλμουc	ο	δε ειπεν οτι
P75	ηνεωξεν					cου	τουc	οφθαλμουc	ο	δε ειπεν οτι

		(pres,act,ind,3p,sing) ειμι
W & H	προφητης	εστιν
	a prophet	He is "
B	προφητηc	εcτιν
ℵ	προφητηc	εcτιν
P66	προφητηc	εcτιν
P75	προφητηc	εcτιν

(1aor,act,ind,3p,pl) (imperf,act,ind,3p,sing) (1aor,act,ind,3p,sing)
πιστευω εἰμι αναβλεπω
Jn.9:18 ουκ επιστευσαν ουν οι ιουδαιοι περι αυτου οτι1 ην3 τυφλος2 και4 ανεβλεψεν εως
not therefore <> they believed the Jews concerning him that he was blind and he gained sight until
B ουκ επιστευcαν ουν οι ιουδαιοι περι αυτου οτι ην τυφλοc και ανεβλεψεν εωc
א ουκ επιστευcαν ουν οι ιουδαιοι περι αυτου οτι ην τυφλοc και ανεβλεψεν εωc
P66 ουκ επιστευcαν ουν οι ιουδαιοι περι αυτου οτι ην τυφλοc και ανεβλεψεν εωc
P75 ουκ επιστευcαν ουν οι ιουδαιοι περι αυτου οτι ην τυφλοc και ανεβλεψεν εωc

(1aor,act,ind,3p,pl) (1aor,act,ptc,gen,sing,masc)
φωνεω αναβλεπω
W & H οτου εφωνησαν τους γονεις αυτου του αναβλεψαντος
whenever they spoke the parents of him of the one gaining sight/ looking up
B οτου εφωνηcαν τουc γονειc αυτου του αναβλεψαντοc
א οτου εφωνηcαν τουc γονιc αυτου του αναβλεψα
P66 οτου εφωνηcαν τουc γονειc αυτου*
P75 οτου εφωνηcαν τουc γονειc αυτου του αναβλεψαντοc
[P66 * *Insert mark follows; upper margin contains* του αναβλεψαντοc]

(1aor,act,ind,3p,pl) (pres,act,ptc,nom,pl,masc) (pres,act,ind,3p,sing) (pres,act,ind,2p,pl)
ερωταω λεγω εἰμι λεγω
Jn.9:19 και ηρωτησαν αυτους λεγοντες ουτος εστιν ο υιος υμων ον υμεις λεγετε
and they asked them saying this one is he the son of you all whom you all you all say
B και ηρωτηcαν αυτουc λεγοντεc ουτοc εcτιν ο υιοc υμων ον υμειc λεγετε
א τοc και ηρωτηcαν αυτουc ει ουτοc εcτιν ο υc υμων ον υμειc λεγεται
P66 και ηρωτηcαν αυτουc λεγοντεc ουτοc εcτιν ο υιοc υμων ον υμιc λεγετε
P75 και ηρωτηcαν αυτουc λεγοντεc ουτοc εcτιν ο υιοc υμων ον υμειc λεγετε

(1aor,pass,ind,3p,sing) (pres,act,ind,3p,sing)
γενναω βλεπω
W & H οτι τυφλος εγεννηθη πως ουν1 βλεπει3 αρτι2
that blind he was born therefore <> how does he see now
B οτι τυφλοc εγεννηθη πωc ουν βλεπει αρτι
א οτι τυφλοc εγεννηθη πωc ουν βλεπι αρτι
P66 οτι τυφλοc εγεννηθη πωc ουν1 βλεπει3 αρτι2
P75 οτι τυφλοc εγεννηθη πωc ουν βλεπει αρτι

(1aor,pass,ind,3p,pl) (2aor,act,ind,3p,pl) (2aor,act,ind,3p,pl) (perf,act,ind,1p,pl)
αποκρινομαι λεγω λεγω οιδα
Jn.9:20 απεκριθησαν ~~αυτοις~~ ουν οι γονεις αυτου και ειπαν ~~ειπον~~ οιδαμεν
therefore <> they answered ~~to them~~ the parents of him and they said ~~they said~~ we have known
B απεκριθηcαν ουν οι γονειc αυτου και ειπαν οιδαμεν
א απεκριθηcαν ουν οι γονιc αυτου και ειπαν οιδαμεν
P66 απεκριθηcαν ουν οι γονειc αυτου και ειπαν οιδαμεν
P75 απεκριθηcαν ουν οι γονειc αυτου και ειπαν οιδαμεν

(pres,act,ind,3p,sing) (1aor,pass,ind,3p,sing)
εἰμι γενναω
W & H οτι ουτος εστιν ο υιος ημων και οτι τυφλος εγεννηθη
that this one he is the son of us and that blind he was born
B οτι ουτοc εcτιν ο υιοc ημων και οτι τυφλοc εγεννηθη
א οτι ουτοc εcτιν ο υc ημων και οτι τυφλοc εγεννηθη
P66 οτι ουτοc εcτιν ο υιοc ημων και οτι τυφλοc εγεννηθη
P75 οτι ουτοc εcτιν ο υιοc ημων και οτι τυφλοc εγεννηθη

(pres,act,ind,3p,sing) (perf,act,ind,1p,pl) (1aor,act,ind,3p,sing)
βλεπω οιδα ανοιγω
Jn.9:21 πως δε νυν βλεπει ουκ οιδαμεν η τις ηνοιξεν αυτου τους οφθαλμους ημεις ουκ
but <> how now he sees not we have known or Who He opened of him the eyes we not
B πωc δε νυν βλεπει ουκ οιδαμεν η τιc ηνοιξεν αυτου τουc οφθαλμουc ημειc ουκ
א πωc δε νυ βλεπει ουκ οιδαμεν η τιc ηνυξε αυτου τουc οφθαλμουc ημειc ουκ
P66 πωc δε νυν βλεπει ουκ οιδαμεν η τιc ηνοιξεν αυτου τουc οφθαλμουc ημειc ουκ
P75 πωc δε νυν βλεπει ουκ οιδαμεν η τιc ηνοιξεν αυτου τουc οφθαλμουc ημειc ουκ

(perf,act,ind,1p,pl) οιδα | (1aor,act,imper,2p,pl) ερωταω | (pres,act,ind,3p,sing) εχω | (fut,act,ind,3p,sing) λαλεω

W & H οιδαμεν$_1$ αυτον$_5$ ~~αυτος~~$_2$ ερωτησατε$_6$ ηλικιαν$_3$ εχει$_4$ αυτος$_7$ περι εαυτου ~~αυτου~~ λαλησει
we have known Him ~~He~~ you all ask age he has he concerning himself ~~himself~~ he will speak
B οιδαμεν αυτον ερωτησατε ηλικιαν εχει αυτος περι εαυτου λαλησει
א οιδαμεν αυτος ηλικιαν εχει περι εαυτου λαλησει
P66 οιδαμεν αυτον ερωτησατε ηλικιαν εχει αυτος περι εμαυτου λαλησει
P75 οιδαμεν αυτον ηλικιαν εχει αυτος περι εαυτου λαλησει

(2aor,act,ind,3p,sing) λεγω | (2aor,act,ind,3p,pl) λεγω | (imperf,pass,ind,3p,pl) φοβεω

Jn.9:22 ταυτα ειπαν ~~ειπον~~ οι γονεις αυτου οτι εφοβουντο τους ιουδαιους
these things they say ~~they said~~ the parents of him because they were fearing the Jews
B ταυτα ειπον οι γονεις αυτου οτι εφοβουντο τους ιουδαιους
א ταυτα ειπαν οι γονις αυτου οτι εφοβουτο τους ιουδαιους
P66 ταυτα ειπ[α]ν οι γονις αυτου οτι εφοβουντο τους ιουδαιους
P75 ταυτα ειπον οι γονεις αυτου οτι εφοβουντο τους ιουδαιους

(plupf,pass,ind,3p,pl) συντιθημι | (1aor,act,subj,3p,sing) ομολογεω

W & H ηδη γαρ συνετεθειντο οι ιουδαιοι ινα εαν τις αυτον ομολογηση χριστον
for <> already they having had agreed together the Jews so that if anyone Him he should profess Christ
B ηδη γαρ συνετεθειντο οι ιουδαιοι ινα εαν τις αυτον ομολογηση <u>χν</u>
א ηδη γαρ συνετεθιτο οι ιουδαιοι ινα εαν τις αυτον ομολογηση <u>χν</u>
P66 ηδη γαρ συνετεθειντο οι ιουδαιοι ινα εαν τις$_1$ αυτον$_3$ ομολογηση$_2$ <u>χν</u>
P75 ηδη γαρ συνετεθειν[το οι ιο]υδαιοι ινα αν τις$_1$ αυτον$_3$ ομολογηση$_2$ <u>χν</u>

(2aor,mid,subj,3p,sing) γινομαι

W & H αποσυναγωγος γενηται
put away from synagogue he should have become
B αποσυναγωγος γενηται
א αποσυναγωγος γενηται
P66 αποσυναγωγος γενηται
P75 αποσυναγωγος γενηται

(2aor,act,ind,3p,pl) λεγω | (2aor,act,ind,3p,pl) λεγω

Jn.9:23 δια τουτο οι γονεις αυτου ειπαν ~~ειπον~~ οτι ηλικιαν
on account of these things the parents of him they said ~~they said~~ that age
B δια τουτο οι γονεις αυτου ειπαν οτι ηλικιαν
א δια τουτο οι γονις αυτου ειπαν οτι ηλικιαν
P66 δια τουτο οι γονεις αυτου ειπον οτι ηλικιαν
P75 δια τουτο οι γονεις αυτου ειπαν οτι ηλικειαν

(pres,act,ind,3p,sing) εχω | (1aor,act, imper,2p,pl) επερωταω

W & H εχει αυτον επερωτησατε
he has him you all ask
B εχει αυτον επερωτησατε
א αυτον επερωτησαται
P66 εχει και αυτον επερωτησατε
P75 εχει αυτον επερωτησατε

(1aor,act,ind,3p,pl) φωνεω | (imperf,act,ind,3p,sing) ειμι | (2aor,act,ind,3p,pl) λεγω | (2aor,act,ind,3p,pl) λεγω

Jn.9:24 εφωνησαν ουν$_1$ τον$_4$ ανθρωπον$_5$ εκ$_2$ δευτερου$_3$ ος$_6$ ην τυφλος και ειπαν ~~ειπον~~ αυτω
therefore <> they called the man for a second *(time)* who he was blind and they said ~~they said~~ to him
B εφωνησαν ουν τον ανθρωπον εν δευτερου ος ην τυφλος και ειπαν αυτω
א εφωνησαν ουν τον ανθρωπον εκ δευτερου ος ην τυφλος και ειπαν αυτω
P66 εφωνησαν ουν τον <u>ανον</u> εκ δευτερου ος ην τυφλος και ειπαν αυτω
P75 εφωνησαν ουν τον <u>ανον</u> εν δευτερου ος ην τυφλος και ειπαν αυτω

(2aor,act,imper,2p,sing) (perf,act,ind,1p,pl) (pres,act,ind,3p,sing)
διδωμι οιδα ειμι
W & H δος δοξαν τω θεω ημεις οιδαμεν οτι$_{1a}$ ουτος$_{4a}$ ο$_{2a}$ ανθρωπος$_{3a}$ αμαρτωλος εστιν
you give glory to the God we we have known that/" this the Man a sinner He is
B δος δοξαν τω θω ημεις οιδαμεν οτι ουτος ο ανθρωπος αμαρτωλος εστιν
ℵ δος δοξαν τω θω ημις οιδαμεν οτι ουτος ο αθρωπος ο αμαρτωλος εστιν
P66 δος δοξαν τω θω ημεις οιδαμεν οτι ουτος ο ανθρωπος αμαρτωλος εστιν
P75 δος δοξαν τω θω ημεις οιδαμεν οτι ουτος ο ανος αμαρτωλος εστιν

(1aor,pass,ind,3p,sing) (2aor,act,ind,3p,sing) (pres,act,ind,3p,sing) (pref,act,ind,1p,sing) (pref,act,ind,1p,sing)
αποκρινομαι λεγω ειμι οιδα οιδα
Jn.9:25 απεκριθη ουν εκεινος ~~και ειπεν~~ ει αμαρτωλος εστιν ουκ οιδα εν οιδα
therefore <> he did give answer that one ~~and he said~~ if a sinner He is not I know one *(thing)* I have known
B απεκριθη ουν εκεινος ει αμαρτωλος εστιν ουκ οιδα εν οιδα
ℵ απεκριθη ουν εκεινος ει αμαρτωλος εστι ουκ οιδα εν δε οιδα
P66 απεκριθη ουν εκεινος ει αμαρτωλος εστιν ουκ οιδα εν οιδα
P75 απεκριθη ουν εκεινος ει αμαρτωλος εστιν ουκ οιδα εν οιδα

(pres,act,ptc,nom,sing,masc) (pres,act,ind,1p,sing)
ειμι βλεπω
W & H οτι τυφλος ων αρτι βλεπω
that blind being now I see
B οτι τυφλος ων αρτι βλεπω
ℵ οτι τυφλος ων αρτι βλεπω
P66 οτι τυφλος ων αρτι βλεπω
P75 οτι τυφλος ων αρτι βλεπω

(2aor,act,ind,3p,pl) (2aor,act,ind,3p,pl)(2aor,act,ind,3p,pl) (1aor,act,ind,3p,sing)
λεγω λεγω λεγω ποιεω haitus
Jn.9:26 ειπον ~~ειπαν~~ ~~ειπον~~ ουν δε αυτω ~~παλιν~~ τι εποιησεν ~~εποιησε~~
~~and~~ therefore <> they said ~~they said~~ ~~they said~~ to him ~~again~~ what did He do
B ειπον ουν αυτω τι εποιησεν
ℵ ειπα αυτω τι εποιησαν
P66 ειπον ουν αυτω παλιν τι εποιησεν
P75 ειπον ουν αυτω τι εποιησεν

(1aor,act,ind,3p,sing)
ανοιγω haitus
W & H σοι πως ηνοιξεν ~~ηνοιξε~~ σου τους οφθαλμους
to you how did He open of you the eyes
B σοι πως ηνοιξεν σου τους οφθαλμους
ℵ σοι πως ηνυξεν σου τους οφθαλμους
P66 σοι πως ηνεωξεν σου τους οφθαλμους
P75 σοι πως ηνοιξεν σου τους οφθαλμους

(1aor,pass,ind,3p,sing) (2aor,act,ind,1p,sing) (1aor,act,ind,2p,pl) (pres,act,ind,2p,pl)
αποκρινομαι λεγω ακουω θελω
Jn.9:27 απεκριθη αυτοις ειπον υμιν ηδη και ουκ ηκουσατε τι παλιν θελετε
he did give answer to them I told you all already and not you all heard why again do you all wish
B απεκριθη αυτοις ειπον υμιν ηδη και ουκ ηκουσατε τι ουν παλιν θελετε
ℵ απεκριθη αυτοις ειπον υμι ηδη και ουκ ηκουσατε τι παλιν θελεται
P66 απεκριθη αυτοις ειπον υμιν ηδη και ηκουσατε τι$_{1}$ παλιν$_{3}$ θελετε$_{2}$
P75 απεκριθη αυτοις ειπον υμιν ηδη και ουκ ηκουσατε τι ουν παλιν θελετε

(pres,act,inf) (pres,act,ind,2p,pl) (2aor,mid,infin)
ακουω θελω γινομαι
W & H ακουειν μη και υμεις θελετε αυτου μαθηται γενεσθαι
to hear not also you all do you all wish of Him disciples to become
B ακουειν μη και υμεις θελετε αυτου μαθηται γενεσθαι
ℵ ακουειν μη και υμις θελεται$_{1}$ αυτου$_{3}$ μαθηται$_{2}$ γενεσθαι$_{4}$
P66 ακουειν μη και υμεις θελεται$_{1}$ αυτου$_{3}$ μα[θ]ηται$_{2}$ γενεσθαι$_{4}$
P75 ακουειν μη και υμεις θελετε αυτου μαθηται γενεσθαι

(1aor,act,ind,3p,pl) λοιδορεω — (2aor,act,ind,3p,pl) λεγω — (pres,act,ind,2p,sing) ειμι

Jn.9:28 και ελοιδορησαν ~~ουν~~ αυτον και ειπον συ1 μαθητης3 ει2 εκεινου4 ημεις δε
and ~~therefore~~ <> they slandered him and they said you a disciple you are of this One but <> we
B και ελοιδορησαν αυτον και ειπον cυ μαθητηc ει εκεινου ημειc δε
א και ελοιδορηcαν αυτον και ειπαν cυ μαθητηc ει εκινου ημειc δε
P66 ελοιδορηcαν αυτον και ειπαν cυ μαθητηc1 ει3 εκεινου2 ημειc4 γαρ
P75 και ελοιδορηcαν αυτον και ειπον cυ μαθητηc ει εκεινου ημειc δε

(pres,act,ind,1p,pl) ειμι

W & H του μωυσεως ~~μωσεως~~ εσμεν μαθηται
of the Moses we are disciples
B του μωυcεωc εcμεν μαθηται
א του μωυcεωc εcμεν μαθηται
P66 μωυcεωc εcμεν μαθηται
P75 του μωυcεωc εcμεν μαθηται

(perf,act,ind,1p,pl) οιδα — (perf,act,ind,3p,sing) λαλεω — (perf,act,ind,1p,pl) οιδα

Jn.9:29 ημεις οιδαμεν οτι μωυσει ~~μωσει~~ λελαληκεν ο θεος τουτον δε ουκ οιδαμεν
we we have known that to Moses He has spoken the God but <> this One not we have known
B ημειc οιδαμεν οτι μωυcει λελαληκεν ο θc τουτον δε ουκ οιδαμεν
א ημιc οιδαμεν οτι μωυcει λελαληκεν ο θc τουτον δε ουκ οιδαμεν
P66 ημειc δε οιδαμεν οτι μωυcει λελαληκεν ο θc τουτον δε ουκ οιδαμεν
P75 ημειc οιδαμεν οτι μωυcει λελακηκεν ο θc τουτον δε ουκ οιδαμεν

(pres,act,ind,3p,sing) ειμι

W & H ποθεν εστιν
from what place He is
B ποθεν εcτιν
א ποθεν εcτιν
P66 ποθεν εcτιν
P75 ποθεν εcτιν

(1aor,pass,ind,3p,sing) αποκρινομαι — (2aor,act,ind,3p,sing) λεγω — (pres,act,ind,3p,sing) ειμι

Jn.9:30 απεκριθη ο ανθρωπος και ειπεν αυτοις εν1 τουτω3 γαρ2 το θαυμαστον4 εστιν οτι
he did give answer the man and he said to them for <> in this the one wonderful thing it is that
B απεκριθη ο ανθρωποc και ειπεν αυτοιc εν τουτω γαρ το θαυμαcτον εcτιν οτι
א απεκριθη ο ανθρωποc και ειπεν αυτοιc εν τουτω γαρ το θαυμαcτο εcτιν οτι
P66 απεκριθη ο ανοc και ειπεν αυτοιc τουτω γαρ το θαυμαcτον εcτιν οτι
P75 απεκριθη ο ανθρωποc και ειπεν αυτοιc εν τουτω γαρ το θαυμαcτον εcτιν οτι

(preφ,act,ind,3p,sing) οιδα — (pres,act,ind,3p,sing) ειμι hiatus — (1aor,act,ind,3p,sing) ανοιγω hiatus — (1aor,act,ind,3p,sing) ανοιγω

W & H υμεις ουκ οιδατε ποθεν εστιν ~~εστι~~ και ηνοιξεν ~~ηνοιξε~~ ~~ανεωξε~~ μου τους οφθαλμους
you all not you all have know from where He is and He opened ~~He opened~~ of me the eyes
B υμειc ουκ οιδατε ποθεν εcτιν και ηνοιξεν μου τουc οφθαλμουc
א υμειc ουκ οιδαται ποθεν εcτιν και ηνοιξε μου τουc οφθαλμουc
P66 υμειc ουκ οιδαται ποθεν εcτιν και ηνοιξεν μου τουc οφθαλμουc
P75 υμειc ουκ οιδατε ποθεν εcτιν και ηνοιξεν μου τουc οφθαλμουc

(perf,act,ind,2p,pl) οιδα — (pres,act,ind,3p,sing) ακουω

Jn.9:31 οιδαμεν ~~δε~~ οτι1 ο3 θεος4 αμαρτωλων2 ουκ5 ακουει αλλ εαν τις θεοσεβης
~~and~~ <> we have known that" the God sinners not He hears but if anyone godfearing / godly
B οιδαμεν οτι ο θc αμαρτωλων ουκ ακουει αλλα εαν τιc θεοcεβηc
א οιδαμεν οτι1 ο3 θc4 αμαρτωλων2 ουκ5 ακουει αλλ εαν τιc θεοcεβηc
P66 οιδαμεν οτι1 ο3 θc4 αμαρτωλων2 ουκ5 ακουει αλλ εαν τιc θεοcεβηc
P75 οιδαμεν οτι1 ο3 θc4 αμαρτωλων2 ουκ5 ακουει αλλ εαν τιc θεοcεβηc

(pres,act,subj,3p,sing) (pres,act,subj,3p,sing) (pres,act,ind,3p,sing)
ειμι ποιεω ακουω
W & H η και το θελημα αυτου ποιη τουτου ακουει
he might be and the will of Him he should do of this one He hears
B η και το θελημα αυτου ποιη τουτου ακουει
ℵ η και το θελημα αυτου ποιη τουτου ακουει
P66 ην και το θελημα αυτου ποιη τουτου ακουει
P75 η και το θελημα αυτου ποιη τουτου ακουει

(1aor,pass,ind,3p,sing) (1aor,act,ind,3p,sing)
ακουω ανοιγω haitus
Jn.9:32 εκ του αιωνος ουκ ηκουσθη οτι ηνεωξεν ~~ηνεωξε~~ τις οφθαλμους τυφλου
from out of the eon not it was heard that/“ he opened anyone eyes of a blind one
B εκ του αιωνος ουκ ηκουcθη οτι ηνεωξεν τις οφθαλμουc τυφλου
ℵ εκ του αιωνος ουκ ηκουcθη οτι ηνοιξεν τις οφθαλμουc τυφλου
P66 εκ του αιωνος ουκ ηκουcθη οτι ηνοιξεν τις οφθαλμουc τυφλου
P75 εκ του αιωνος ουκ ηκουcθη οτι ανεωξεν τις οφθαλμουc τυφλου

(perf,pass,ptc,gen,sing,masc)
γενναω
W & H γεγεννημενου
having been born
B γεγεννημενου
ℵ γεγεννημενου
P66 γεγεννημενου
P75 γεγεννημενου

(imperf,act,ind,3p,sing) (imperf,pass,ind,3p,sing) (pres,act,inf)
ειμι δυναμαι ποιεω
Jn.9:33 ει μη ην ουτος παρα θεου ουκ ηδυνατο ποιειν ουδεν
if not/unless He was this One from God not He would be able to do nothing
B ει μη ην ουτοc παρα θυ ουκ ηδυνατο ποιειν ουδεν
ℵ ει μη ην ουτοc παρα θυ ο ανον ουκ ηδυνατο ποιειν ουδεν
P66 ει μη ην αυτος παρα θυ ουκ ηδυνατο ποιειν ουδεν
P75 ει μη ην αυτος παρα θυ ουκ ηδυνατο ποιειν ουδεν

(1aor,pass,ind,3p,pl) (2aor,act,ind,3p,pl)(2aor,act,ind,3p,pl) (1aor,pass,ind,2p,sing)
αποκρινομαι λεγω λεγω γενναω
Jn.9:34 απεκριθησαν και ειπαν ~~ειπον~~ αυτω εν αμαρτιαις συ εγεννηθης ολος
they answered and they said ~~they said~~ to him in sin you you were born entirely
B απεκριθηcαν και ειπαν αυτω εν αμαρτιαις cυ εγεννηθηc ολοc
ℵ απεκριθηcα και ειπαν αυτω εν αμαρτιαις cυ εγεννηθηc ολοc
P66 απεκριθηcαν και ειπαν αυτω εν αμαρτια cυ εγεννηθηc ολοc
P75 απεκριθηcαν και ειπαν αυτω εν αμαρτιαις cυ εγεννηθηc ολοc

(pres,act,ind,2p,sing) (2aor,act,ind,3p,pl)
διδασκω εκβαλλω
W & H και συ διδασκεις ημας και εξεβαλον αυτον εξω
and you you teach us and they casted out him outside
B και cυ διδαcκειc ημαc και εξεβαλον αυτον εξω
ℵ και cυ διδαcκειc ημαc και εξεβαλο αυτον εξω
P66 και cυ διδαcκειc ημαc και εξεβαλον αυτον εξω
P75 και cυ διδαcκειc ημαc και εξεβαλαν αυτον εξω

(1aor,act,ind,3p,sing) (2aor,act,ind,3p,pl) (2aor,act,ptc,nom,sing,masc) (2aor,act,ind,3p,sing)
ακουω εκβαλλω ευρισκω λεγω
Jn.9:35 ηκουσεν ~~ο~~ ιησους οτι εξεβαλον αυτον εξω και ευρων αυτον ειπεν αυτω συ
He heard ~~the~~ Jesus that they cast him outside and having found him He said to him you
B ηκουcεν ιc οτι εξεβαλον αυτον εξω και ευρων αυτον ειπεν cυ
ℵ και ηκουcεν ιc οτι εξεβαλον αυτον εξω και ευρων αυτον ειπεν cυ
P66 ηκουcεν ο ιc οτι εξεβαλον αυτον εξω και ευρων αυτον ειπεν αυτω cυ
P75 ηκουcεν ιc οτι εξεβαλον αυτον εξω και ευρων αυτον ειπεν cυ

(pres,act,ind,3p,sing)
πιστευω
W & H πιστευεις εις τον υιον του ανθρωπου ~~θεου~~
believe you in the Son of the Man ~~God~~
B πιστευεις εις τον υιον του ανθρωπου
א πιστευεις εις τον υν του ανθρωπου
P66 πιστευεις εις τον υιον του ανου
P75 πιστευεις εις τον υιον του ανου

(1aor,pass,ind,3p,sing) (2aor,act,ind,3p,sing) (pres,act,ind,3p,sing) (1aor,act,subj,1p,sing)
αποκρινομαι λεγω haitus ειμι haitus πιστευω
Jn.9:36 απεκριθη εκεινος [και ειπεν ~~ειπε~~] και τις εστιν ~~εστι~~ κυριε ινα πιστευσω εις αυτον
he answered that one and he said and who is He Lord so that I should believe in Him
B και τις εστιν εφη κε ινα πιστευσω εις αυτον
א απεκριθη εκινος και ειπεν$_1$ τις$_3$ εστι$_4$ κε$_2$ ινα$_5$ πιστευσω εις αυτον
P66 απεκριθη εκεινος και τις εστιν κε ινα πιστευσω εις αυτον
P75 και τις εστιν εφη κε ινα πιστευσω εις αυτον

(2aor,act,ind,3p,sing) (perf,act,ind,2p,sing) (pres,act,ptc,nom,sing,masc)
λεγω haitus οραω λαλεω
Jn.9:37 ειπεν ~~ειπε~~ ~~δε~~ αυτω ο ιησους και εωρακας αυτον και ο λαλων
~~and~~ <> He said to him the Jesus both you have seen Him and the One speaking
B ειπεν αυτω ο ις και εο[ω]ρακας αυτον και ο λαλων
א εφη αυτω ο ις και εωρακας αυτο και ο λαλων
P66 ειπεν αυτω ις και εωρακας αυτον και ο λαλων
P75 ειπεν αυτω ο ις και εορακας αυτον και ο λαλων

(pres,act,ind,3p,sing)
ειμι
W & H μετα σου εκεινος εστιν
with you that One He is
B μετα σου εκεινος εστιν
א μετα σου εκεινος εστιν
P66 μετα σου εκεινος εστιν
P75 μετα σου εκεινος εστιν *
[P75 * *text 9:38 missing; begins again @ 9:39*]

(2aor,act,ind,3p,sing) (pres,act,ind,1p,sing) (1aor,act,ind,3p,sing)
φημι πιστευω προσκυνεω
Jn.9:38 ο δε εφη πιστευω κυριε και προσεκυνησεν αυτω
and <> the one he said I believe Lord and he worshiped/did obeisance to Him
B ο δε εφη πιστευω κε και προσεκυνησεν αυτω
א ο$_4$ δε$_5$ εφη$_6$ πιστευω$_7$ κε$_8$ και$_9$ προσεκυνησεν$_{10}$ αυτω$_{11}$
P66 ο δε εφη πιστευω κε και προσεκυνησεν αυτω

(2aor,act,ind,3p,sing) (2aor,act,ind,1p,sing)
λεγω ερχομαι
Jn.9:39 και ειπεν ο ιησους εις κριμα εγω εις τον κοσμον τουτον ηλθον ινα οι μη
and He said the Jesus for judgment I into the world this I came so that the ones not
B και ειπεν ο ις εις κριμα εγω εις τον κοσμον τουτον ηλθον ινα οι μη
א και$_{12}$ ειπεν$_{13}$ ις$_{14}$ εις$_1$ κριμα$_2$ εγω$_3$ εις$_{15}$ τον κοσμον τουτον ηλθον ινα οι μη
P66 και ειπεν ο ις εις κριμα εγω$_1$ εις$_3$ τον$_4$ κοσμον$_5$ ηλθον$_2$ ινα$_6$ οι μη
P75 εις κριμα εγω εις τον κοσμον τουτον ελθον ινα οι μη

(pres,act,ptc,nom,pl,masc) (pres,act,subj,3p,pl) (pres,act,ptc,nom,pl,masc) (2aor,mid,subj,3p,pl)
βλεπω βλεπω haitus βλεπω γινομαι
W & H βλεποντες βλεπωσιν ~~βλεπωσι~~ και οι βλεποντες τυφλοι γενωνται
seeing they might see and the ones seeing blind they themselves should become
B βλεποντες βλεπωσιν και οι βλεποντες τυφλοι γενωνται
א βλεποντες βλεπωσιν και οι βλεποντες τυφλοι γενωνται
P66 βλεποντες βλεπωσιν και οι βλεποντες τυφλοι γενωνται
P75 βλεποντες βλεπωσιν και οι βλεποντες τυφλοι γενωνται

(1aor,act,ind,3p,pl) (pres,act,ptc,nom,pl,masc)
ακουω εἰμι
Jn.9:40 ~~και~~ ηκουσαν εκ των φαρισαιων ταυτα οι1 μετ3 αυτου4 οντες2 και5
~~and~~ they heard from out of the Pharisees those the ones with Him being and
B ηκουσαν εκ των φαρειcαιων ταυτα οι μετ αυτου οντεc και
ℵ ηκουcαν εκ των φαριcαιων οι μετ αυτου οντεc και
P66 ηκουcαν εκ των φαριcαιων ταυτα οι μετ αυτου οντεc και
P75 ηκουcαν εκ των φαριcαιων ταυτα οι μετ αυτου οντεc και

(2aor,act,ind,3p,pl) (pres,act,ind,1p,pl)
λεγω εἰμι
W & H ειπον αυτω μη και ημεις τυφλοι εσμεν
they said to Him not also we blind ones we are
B ειπον αυτω μη και ημειc τυφλοι εcμεν
ℵ ειπαν αυτω μη και ημειc τυφλοι εcμεν
P66 ειπον αυτω μη και [[η]]μειc τυφλοι εcμεν
P75 ειπον αυτω μη και ημειc τυφλοι εcμεν

(2aor,act,ind,3p,sing) (imperf,act,ind,2p,pl) (imperf,act,ind,2p,pl) (pres,act,ind,2p,pl)
λεγω εἰμι εχω λεγω
Jn.9:41 ειπεν αυτοις [ο] ιησους ει τυφλοι ητε ουκ αν ειχετε αμαρτιαν νυν δε λεγετε
He said to them the Jesus if blind you all were not would you all were having sin but <> now you all say
B ειπεν αυτοιc ιc ει τυφλοι ητε ουκ αν ειχετε αμαρτιαν νυν δε λεγετε
ℵ ειπεν αυτοιc ο ιc ει τυφλοι ητε ουκ αν ειχετε αμαρτιαν νυν δε λεγετε
P66 ειπεν αυτοιc ιc ει τυφλοι ητε ουκ αν ειχεται αμαρτιαν νυν δε λεγετε
P75 ειπεν αυτοιc ιc ει τυφλοι ητε ουκ αν ειχετε αμαρτιαν νυν δε λεγετε

(pres,act,ind,1p,pl) (pres,act,ind,3p,sing)
βλεπω μενω
W & H οτι βλεπομεν η ~~ουν~~ αμαρτια υμων μενει
that we see ~~therefore~~ <> the sin of you all she remains
B οτι βλεπομεν η αμαρτια υμων μενει
ℵ οτι βλεπομεν η αμαρτια υμων μενει
P66 οτι βλεπομεν η αμαρτια υμων μενει
P75 οτι βλεπομεν και η αμαρτια υμων μενει

John Chapter 10

(pres,act,ind,1p,sing) (pres,mid,ptc,nom,sing,masc)
λεγω εισερχομαι
Jn.10:1 αμην αμην λεγω υμιν ο μη εισερχομενος δια της θυρας εις την αυλην των
amen amen I say to you all the one not entering through the door into the fold of the
B αμην αμην1 λεγω3 υμιν2 ο4 μη εισερχομενοc δια τηc θυραc ειc την αυλην των
ℵ αμην αμην λεγω υμιν ο μη εισερχομενοc δια τηc θυραc ειc την αυλην των
P66 αμην αμην λεγω υμειν ο μη εισερχομενοc δια τηc θυραc ειc την αυλην των
P75 αμην αμην1 λεγω3 υμιν2 ο4 μη εισερχομενοc δια τηc θυραc ειc την αυλην των

(pres,act,ptc,nom,sing,masc) (pres,act,ind,3p,sing)
αναβαινω εἰμι hiatus
W & H προβατων αλλα αναβαινων αλλαχοθεν εκεινος κλεπτης εστιν ~~εστι~~ και ληστης
sheep but ascending /going up by/from another that one a thief he is and a robber.
B προβατων αλλα αναβαινων αλλαχοθεν εκεινοc κλεπτηc εcτιν και ληcτηc
ℵ προβατων αλλα αναβαινων αλλαχοθεν εκεινοc κλεπτηc εcτι και ληcτηc
P66 προβατων αλλα αναβαινων αλλαχοθεν εκεινοc κλεπτηc εcτιν και ληcτηc
P75 προβατων αλλα αναβαινων αλλαχοθεν εκεινοc κλεπτηc εcτιν και ληcτηc

(pres,mid,ptc,nom,sing,masc) (pres,act,ind,3p,sing)
εισερχομαι εἰμι hiatus
Jn.10:2 ο δε εισερχομενος δια της θυρας ποιμην εστιν ~~εστι~~ των προβατων
but <> the one entering through the door shepherd he is of the sheep
B ο δε εισερχομενοc δια τηc θυραc ποιμην εcτιν των προβατων
ℵ ο δε εισερχομενοc δια τηc θυραc ποιμη εcτιν των προβατων
P66 ο δε εισερχομενοc δια τηc θυραc ποιμην εcτιν των προβατων
P75 ο δε εισερχομενοc δια τηc θυραc ποιμην εcτιν των προβατων

(pres,act,ind,3p,sing) ανοιγω — (pres,act,ind,3p,sing) ακουω

Jn.10:3 τουτω ο θυρωρος ανοιγει και τα προβατα της φωνης αυτου ακουει και τα ιδια
to this one the doorkeeper he opens and the sheep the voice of him he hears and the ones own
B τουτω ο θυρωρος ανοιγει και τα προβατα της φωνης αυτου ακουει και τα ιδια
ℵ τουτω ο θυρωρος ανυγει και τα προβατα της φωνης αυτου ακουει και τα ιδια
P66 τουτω ο θυρουρος ανοιγει και τα προβατα της φωνης αυτου ακουει και τα ιδια
P75 τουτω ο θυρωρος ανοιγει και τα προβατα της φωνης αυτου ακουει και τα ιδια

(pres,act,ind,3p,sing) φωνεω — (pres,act,ind,3p,sing) καλεω — (pres,act,ind,3p,sing) εξαγω

W & H προβατα φωνει ~~καλει~~ κατ ονομα και εξαγει αυτα
sheep he calls ~~he calls~~ by name and he leads out them
B προβατα φωνει κατ ονομα και εξαγει αυτα
ℵ προβατα φωνει κατ ονομα και εξαγει αυτα
P66 προβατια φωνι κατ ονομα και εξαγει αυτα
P75 προβατα φωνει κατ ονομα και εξαγει αυτα

(2aor,act,subj,3p,sing) εκβαλλω — (pres,mid,ind,3p,sing) πορευομαι

Jn.10:4 ~~και~~ οταν τα ιδια παντα ~~προβατα~~ εκβαλη εμπροσθεν αυτων πορευεται και τα
~~and~~ whenever the ones own all ~~sheep~~ he should send/cast out in front of of them he journeys and the
B οταν τα ιδια παντα εκβαλη εμπροσθεν αυτων πορευεται και τα
ℵ οταν τα ιδια εκβαλη εμπροσθεν αυτων πορευεται και τα
P66 οταν τα ιδια παντα εκβαλη εμπροσθεν αυτων πορευεται και τα
P75 οταν τα ιδια παντα εκβαλη εμπροσθεν αυτων πορευεται και τα

(pres,act,ind,3p,sing) ακολουθεω — (perf,act,ind,3p,pl) οιδα — hiatus

W & H προβατα αυτω ακολουθει οτι οιδασιν ~~οιδασι~~ την φωνην αυτου
sheep to him it follows because they have known the voice of him
B προβατα αυτω ακολουθει οτι οιδασι την φωνην αυτου
ℵ προβατα αυτω ακολουθι οτι οιδασιν την φωνην αυτου
P66 προβατα αυτω ακολουθει οτι οιδασι1 την3 φωνην4 αυτου2
P75 προβατα αυτω ακολουθει οτι οιδασι την φωνην αυτου

(perf,act,ind,3p,pl) ακολουθεω — (1aor,act,subj,3p,pl) ακολουθεω — (fut,mid,ind,3p,pl) φευγω

Jn.10:5 αλλοτριω δε ου μη ακολουθησουσιν ~~ακολουθησωσιν~~ αλλα φευξονται
but <> a stranger not not/certainly not/ in no way they will follow ~~they might follow~~ but they, themselves,will flee
B αλλοτριω δε ου μη ακολουθησουσιν αλλα φευξονται
ℵ αλλοτριω δε ου μη ακολουθησωσιν αλλα φευξονται
P66 αλλοτριω δε ου μη ακολουθησωσιν αλλα φευξονται
P75 αλλοτριω δε ου μη ακολουθησωσιν αλλα φευξονται

(perf,act,ind,3p,pl) οιδα — hiatus

W & H απ αυτου οτι ουκ οιδασιν ~~οιδασι~~ των αλλοτριων την φωνην
from him because not they have known of the strangers' the voice.
B απ αυτου οτι ουκ οιδασι των αλλοτριων την φωνην
ℵ απ αυτου οτι ουκ οιδασι τω αλλοτριων την φωνην
P66 απ αυτου οτι ουκ οιδασι των αλλοτριων την φωνην
P75 απ αυτου οτι ουκ οιδασι των αλλοτριων την φωνην

(2aor,act,ind,3p,sing) λεγω — (2aor,act,ind,3p,pl) γινωσκω — (imperf,act,ind,3p,sing) ειμι

Jn.10:6 ταυτην την παροιμιαν ειπεν αυτοις ο ιησους εκεινοι δε ουκ εγνωσαν τινα ην
this the proverb/ allegory He said to them the Jesus but <> those not they knew what it was
B ταυτην την παροιμιαν ειπεν αυτοις ο ις εκεινοι δε ουκ εγνωσαν τινα ην
ℵ ταυτην την παροιμιαν ειπεν αυτοις ο ις και ουκ εγνωσαν τινα ην
P66 ταυτην την παροιμιαν ειπεν αυτοις ο ις εκεινοι δε ουκ εγνωσαν τινα ην
P75 ταυτην την παροιμιαν ειπεν αυτοις ο ις εκεινοι δε ουκ εγνωσαν τινα ην

		(imperf,act,ind,3p,sing) λαλεω	
W & H	α	ελαλει	αυτοις
	the ones which	He was speaking	to them
B	α	ελαλει	αυτοιϲ
א	α	ελαλει	αυτοιϲ
P66	α	ελαλει	αυτοιϲ
P75	α	ελαλει	αυτοιϲ

	(2aor,act,ind,3p,sing) λεγω								(pres,act,ind,1p,sing) λεγω				(pres,act,ind,1p,sing) ειμι
Jn.10:7	ειπεν	ουν	παλιν	~~αυτοις~~	[ο]	ιησους	αμην	αμην	λεγω	υμιν	~~οτι~~	εγω	ειμι
	therefore	<> He said	again	~~to them~~	the	Jesus	amen	amen	I say	to you all	~~that~~	I	I am
B	ειπεν	ουν	παλιν			ιϲ	αμην	αμην1	λεγω3	υμιν2		εγω4	ειμι
א	ειπεν	ουν1	παλιν3	αυτοιϲ2	ο4	ιϲ5	αμη	αμην	λεγω	υμιν	οτι	εγω	ειμι
P45	[ειπ]ε[ν	ουν]		αυτοιϲ	ο	ιη	α[μην	αμην	λεγ]ω	υμιν	[οτι	εγω4	ειμι]
P66	ειπεν	ουν		αυτοιϲ	ο	ιϲ	αμην	αμην	λεγω	υμιν	οτι	εγω	ειμι
P75	ειπεν	ουν	παλιν		ο	ιϲ	αμην	αμην	λεγω	υμιν		εγω4	ειμι

W & H	η θυρα		των	προβατων
	the door		for the	sheep
B	η θυρα		των	προβατων
א	η θυρα		των	προβατω
P45	[η θυρα		των]	προβατων
P66	η θυρα		των	προβατων
P75		ο ποιμηνη	των	προβατων

			(2aor,act,ind,3p,pl) ερχομαι			(pres,act,ind,3p,pl) ειμι	hiatus					(1aor,act,ind,3p,pl) ακουω
Jn.10:8	παντες	οσοι	ηλθον	προ εμου	κλεπται	εισιν	~~εισι~~	και	λησται	αλλ	ουκ	ηκουσαν
	all	as many as	they came	before Me	thieves	they are		and	robers	but	not	they listened
B	παντεϲ	οϲοι	ηλθον	προ εμου	κλεπται	ειϲιν		και	ληϲται	αλλ	ουκ	ηκουϲαν
א	παντεϲ	οϲοι	ηλθο		κλεπται	ειϲιν		και	ληϲται	αλλ	ουκ	ηκουϲαν
P45	παντεϲ	οϲοι	[ηλθον		κλεπτα]ι	ειϲιν		και	ληϲται	α[λλ	ουκ	η]κουϲαν
P66	παντεϲ	οϲοι	ηλθον	προ εμου	κλεπτε	ειϲιν		και	ληϲται	αλλ	ουκ	ηκουϲαν
P75	παντεϲ	οϲοι	ηλθον		κλεπται	ειϲιν		και	ληϲται	αλλ	ουκ	ηκουϲαν

W & H	αυτων	τα	προβατα
	of them	the	sheep
B	αυτων	τα	προβατα
א	αυτων	τα	προβατα
P45	αυτων	τα	προβατα
P66	αυτων	τα	προβατα
P75	αυτων	τα	προβατα

			(pres,act,ind,1p,sing) ειμι							(2aor,act,subj,3p,sing) εισερχομαι	(fut,pass,ind,3p,sing) σωζω		(fut,mid,ind,3p,sing) εισερχομαι
Jn.10:9	εγω		ειμι	η	θυρα	δι	εμου	εαν	τις	εισελθη	σωθησεται	και	εισελευσεται
	I		I am	the	door	through	Me	if	anyone	he should have entered	he shall be saved	and	he, himself, will enter
B	εγω		ειμι	η	θυρα	δι	εμου	εαν	τιϲ	ειϲελθη	ϲωθηϲεται	και	ειϲελευϲεται
א	εγω	η	ειμι	η	θυρα	δι	εμου	εαν	τιϲ	ειϲελθη	ϲωθηϲεται	και	ειϲελευϲεται
P45	[εγω		ειμι	η]	θυ[ρ]	δι	εμου	εαν	τιϲ	ειϲ[ελθη	ϲωθη]ϲεται	και	ειϲελευϲεται
P66	εγω		ειμι	η	θυρα	δι	εμου	εαν	τιϲ	ειϲελθη	ϲωθηϲεται	και	ειϲελευϲεται
P75	εγω		ειμι	η	θυρα	δι	εμου	αν	τιϲ	ειϲελθη	ϲωθηϲεται	και	ειϲελευϲεται

		(fut,mid,ind,3p,sing) εξερχομαι			(fut,act,ind,3p,sing) ευρισκω
W & H	και	εξελευσεται	και	νομην	ευρησει
	and	he shall go forth	and	pasture	he will find.
B	και	εξελευϲεται	και	νομην	ευρηϲει
א	και	εξελευϲεται	και	νομην	ευρηϲει
P45	και	εξ[ε]λ[ε]υϲεται	και	νομην	ευρηϲει
P66	και	εξελευϲετε	και	νομην	ευρηϲει
P75	και	εξελευϲεται	και	νομην	ευρηϲει

(pres,mid,ind,3p,sing) ερχομαι (1aor,act,subj,3p,sing) κλεπτω (1aor,act,subj,3p,sing) θυω (1aor,act,subj,3p,sing) απολλυμι

Jn.10:10 ο κλεπτης ουκ ερχεται ει μη ινα κλεψη και θυση και απολεση εγω
the thief not he comes if not/except so that he might steal and he should sacrifice and he should destroy I
B ο κλεπτης ουκ ερχεται ι μη ινα κλεψη και θυση και απολεση εγω
ℵ ο κλεπτης ουκ ερχεται ει μη ινα κλεψη και θυση και απολεση εγω
P45 [ο κλεπτης] ουκ ερχεται ει μη ινα κλεψη και θυση και απολεση εγω
P66 ο κλεπτης ουκ ερχεται ει μη εινα κλεψη και θυση και απολεση εγω
P75 ο κλεπτης ουκ ερχεται ει μη ινα κλεψη και θυση και απολεση εγω

(2aor,act,ind,1p,sing) ερχομαι (pres,act,subj,3p,pl) εχω hiatus (pres,act,subj,3p,pl) εχω

W & H ηλθον ινα ζωην εχωσιν ~~εχωσι~~ και περισσον εχωσιν
I came so that life they should have and exceptional/abundant/extra they should have
B ηλθον ινα ζωην εχωσιν και περισσον εχωσιν
ℵ ηλθον ινα ζωη αιωνιον εχωσι και περισσον εχωσιν
P45 η[λθον] ινα ζωην εχωσι και περισσον εχωσιν
P66 ηλθον ινα ζωην εχωσιν *
P75 ηλθον ινα ζωην εχωσιν και περισσοτερον εχωσιν
[P66 * *Insert mark follows; left margin contains* και περισσον εχωσιν]

(pres,act,ind,1p,sing) ειμι (pres,act,ind,3p,sing) τιθημι

Jn.10:11 εγω ειμι ο ποιμην ο καλος ο ποιμην ο καλος την ψυχην αυτου τιθησιν υπερ των
I I am the Shepherd the good the Shepherd the good the life of Him He places for the
B εγω ειμι ο ποιμην ο καλος ο ποιμην ο καλος την ψυχην αυτου τιθησιν υπερ των
ℵ εγω ειμι ο ποιμην ο καλος ο ποιμην ο καλος την ψυχην αυτου διδωσιν υπερ τω
P45 εγω ειμι ο1 πο[~~ιμην~~]3 καλος2 ποιμην6 ο4 καλος5 την7 ψυχην αυτου διδωσιν υπερ των
P66 εγω ειμι ο ποιμην ο καλος ο ποιμην ο καλος την ψυχην αυτου τιθησιν υπερ των
P75 εγω ειμι ο ποιμην ο καλος ο ποιμην ο καλος την ψυχην αυτου τιθησιν υπερ των

W & H προβατων
sheep
B προβατων
ℵ προβατων
P45 προβ[~~ατων~~]
P66 προβατων
P75 προβατων

(pres,act,ptc,nom,sing,masc) ειμι (pres,act,ind,3p,sing) ειμι hiatus (pres,act,ind,3p,sing) θεωρεω

Jn.10:12 ο μισθωτος δε και ουκ ων ποιμην ου ουκ εστιν ~~εστι~~ τα προβατα ιδια θεωρει
~~but~~ <> The hireling also not being shepherd of which not he is the sheep one's own he looks at
B ο μισθωτος και ουκ ων ποιμην ου ουκ εστιν τα προβατα ιδια θεωρει
ℵ ο1 μισθωτος3 δε2 και4 ουκ ω ποιμην ου ουκ εστιν τα προβατα ιδια θεωρι
P45 [~~ο~~] μισθωτος και ουκ ων ποιμην ου ουκ εστιν1 το3 προβατα4 ιδια2 [~~θεωρει~~]5
P66 ο1 μισθωτος3 δε2 και4 ουκ ων ποιμην ου ουκ εστιν τα προβατα ιδια θεωρει
P75 ο μισθωτος και ουκ ων ποιμην ου ουκ εστιν τα προβατα τα ιδια θεωρει

(pres,mid,ptc,acc,sing,masc) ερχομαι (pres,act,ind,3p,sing) αφιημι hiatus (pres,act,ind,3p,sing) φευγω

W & H τον λυκον ερχομενον και αφιησιν ~~αφιησι~~ τα προβατα και φευγει και ο λυκος
the wolf coming and he departs from the sheep and he flees and the wolf
B τον λυκον ερχομενον και αφιησι τα προβατα και φευγει και ο λυκος
ℵ τον λυκον ερχομενον και αφιησιν τα προβατα και φευγει και ο λυκος
P45 τον λυκον ερχομενον και αφιησιν τα προβατα και φευγει κ[~~αι ο λυκος~~]
P66 τον λυκον ερχομενον και αφιησιν τα προβατα και φευγει και ο λυκος
P75 τον λυκον ερχομενον και αφιησιν τα προβατα και φευγει και ο λυκος

(pres,act,ind,3p,sing) αρπαζω (pres,act,ind,3p,sing) σκορπιζω

W & H αρπαζει αυτα και σκορπιζει ~~τα προβατα~~
he attacks them and he scatters ~~the sheep~~
B αρπαζει αυτα και σκορπιζει
ℵ αρπαζει αυτα και σκορπιζει
P45 [α]ρπ]αζει αυτα και σκορπιζει
P66 αρπαζει αυτα και σκορπιζει
P75 αρπαζει αυτα και σκορπιζει

(pres,act,ind,3p,sing) φευγω — (pres,act,ind,3p,sing) ειμι — hiatus — (pres,act,impers,3p,sing) μελω

Jn.10:13 ~~ο δε μισθωτος φευγει~~ οτι μισθωτος εστιν ~~εστι~~ και ου μελει αυτω περι των
~~And <> the hireling he flees~~ because a hireling he is and not it concerns him concerning the
B οτι μισθωτος εστιν και ου μελει αυτω περι των
ℵ οτι μιcθωτοc εcτιν και ου μελει αυτω περι των
P45 οτι μιcθωτοc εcτιν και ου μελ[ει αυτωι] περι των
P66 οτι μιcθωτοc εcτιν και ου μελι αυτω περι των
P75 οτι μιcθωτοc εcτιν και ου μελει αυτω περι των

W & H προβατων
sheep
B προβατων
ℵ προβατων
P45 προβατων
P66 προβατων
P75 προβατων

(pres,act,ind,1p,sing) ειμι — (pres,act,ind,1p,sing) γινωσκω — (pres,act,ind,3p,pl) γινωσκω

Jn.10:14 εγω ειμι ο ποιμην ο καλος και γινωσκω τα εμα και γινωσκουσιν
I I am the Shepherd the good and I know the ones mine and they know
B εγω ειμι ο ποιμην ο καλος και γεινωσκω τα εμα και γεινωσκουσι
ℵ εγω ειμι ο ποιμη ο καλος και γεινωcκω τα εμα κ(αι) γεινωcκουcι
P45 εγω ειμι ο ποιμην ο καλος και γειν[ωcκω τα] εμα και γεινωcκουcι
P66 εγω ειμι ο ποιμην ο καλος και γινωcκω τα εμα και
P75 εγω ειμι ο ποιμην ο καλος και γει[νωcκω] τα εμα και γεινωcκουcι

hiatus — (pres,pass,ind,1p,sing) γινωσκω

W & H ~~γινωσκουσι~~ ~~γινωσκομαι~~ με τα εμα ~~υπο των εμων~~
~~I am known~~ Me the ones mine ~~by the ones of Me~~
B με τα εμα
ℵ με τα εμα
P45 με τα εμα
P66 γινωcκουcι με τα εμα
P75 μ[ε τα [ε]μα

(pres,act,ind,3p,sing) γινωσκω — (pres,act,ind,1p,sing) γινωσκω

Jn.10:15 καθως γινωσκει με ο πατηρ καγω γινωσκω τον πατερα και
as He knows Me the Father also I I know the Father and
B καθωc γεινωcκει με ο πατηρ καγω γεινωcκω τον πατερα και
ℵ καθωc γινωcκι με ο πατηρ καγω γινωcκω τον πατερα και
P45 και καθωc γεινωcκει [με ο <u>πρ</u>] καγω γεινωcκω τον <u>πρα</u> και
P66 καθωc γεινωcκει με ο <u>πηρ</u> καγω γινωcκω τον πατερα και
P75 [κα]θωc γεινωcκει με ο [πατηρ καγω] γειν[ωcκω τ]ον πατερα κ[αι]

(pres,act,ind,1p,sing) τιθημι

W & H την ψυχην μου τιθημι υπερ των προβατων
the life of Me I place for the sheep
B την ψυχην μου τιθημι υπερ των προβατων
ℵ τη ψυχην μου διδωμι υπερ των προβατων
P45 την ψυχην μου διδωμι υπ[~~ερ των~~] προβατων
P66 την ψυχην μου διδωμι υπερ των προβατων
P75 [την] [ψυχην μου τιθημ]ι υπερ των π[ροβατων]

(pres,act,ind,1p,sing) εχω — (pres,act,ind,3p,sing) ειμι — (pres,act,impers,3p,sing) δει

Jn.10:16 και αλλα προβατα εχω α ουκ εστιν εκ της αυλης ταυτης κακεινα₁ δει₃
and other sheep I have the ones not he is from out of the fold this and those it is necessary
B και αλλα προβατα εχω α ουκ εστιν εκ τηc αυληc ταυτηc κακεινα δει
ℵ και αλλα προβατα εχω α ουκ εcτιν εκ τηc αυληc ταυτηc κακεινα δει
P45 και αλλα προβατα εχω απερ ουκ εcτιν εκ τηc [αυληc] ταυτηc κακεινα δει
P66 και αλλα δε προβατα εχω α ουκ εcτιν εκ τηc αυληc ταυτηc κακεινα δει
P75 [και αλλα] προβατα εχω α ου[κ εcτιν εκ τηc αυληc] ταυτηc κακεινα δει

(2aor,act,infin) αγω — (fut,act,ind,3p,pl) ακουω — hiatus

W & H με2 αγαγειν4 και της φωνης μου ακουσουσιν ~~ακουσουσι~~
Me to lead and the voice of Me they will hear
B με αγαγειν και της φωνης μου ακουσουσιν
ℵ με αγαγιν και της φωνης μου ακουσωσιν
P45 με αγαγειν και της φωνης μου α[~~κουσου~~]σιν
P66 με συναγαγειν και της φωνης μου ακουσουσιν
P75 μ[ε] αγαγειν και της φωνης μου ακουσουσ[ιν

(fut,mid,ind,3p,sing) γινομαι

W & H και γενησονται μια ποιμνη εις ποιμην
and they, themselves, will become one flock one Shepherd
B και γενησονται μια ποιμνη εις ποιμην
ℵ και γενησεται μια ποιμνη εις ποιμην
P45 και γενησονται μια ποιμνη εις ποιμην
P66 και γενησονται μια ποιμνη εις ποιμην
P75 και γενης]εται μια ποιμνη εις ποι[μην]

(pres,act,ind,3p,sing) αγαπαω — (pres,act,ind,1p,sing) τιθημι

Jn.10:17 δια τουτο1 με4 ο2 πατηρ3 αγαπα5 οτι εγω τιθημι την ψυχην μου ινα παλιν
on account of this Me the Father He loves because I I place the life of Me so that again
B δια τουτο με ο πατηρ αγαπα οτι εγω τιθημι την ψυχην μου ινα παλιν
ℵ δια τουτο με ο πατηρ αγαπα οτι εγω τιθημι την ψυχην μου ινα παλιν
P45 δια [~~τουτο με ο πρ~~] αγαπα οτι εγω τιθημι τη[~~ν~~] ψυχην μου ινα παλι[~~ν~~]
P66 δια τουτο με ο πηρ αγαπα οτι εγω τιθημι την ψυχην μου ινα παλιν
P75 [δια τουτο] με ο πατηρ [αγα]πα οτι [εγω τιθημι την ψυ]χην μου ινα π[α]λιν

(2aor,act,subj,1p,sing) λαμβανω

W & H λαβω αυτην
I should take it
B λαβω αυτην
ℵ λαβω αυτην
P45 [λαβω αυτην]
P66 λαβω αυτην
P75 λα[βω αυτην]

(1aor,act,ind,3p,sing) αιρω — (pres,act,ind,3p,sing) αιρω — (pres,act,ind,1p,sing) τιθημι

Jn.10:18 ουδεις ηρεν ~~αιρει~~ αυτην απ εμου αλλ εγω τιθημι αυτην απ
no one he took ~~he takes~~ it from Me but I I place it from
B ουδεις ηρεν αυτην απ εμου αλλ εγω τιθημι αυτην απ
ℵ ουδις ηρεν αυτην απ εμου αλλ εγω τιθημι αυτην απ
P45 ουδεις ηρεν αυτην απ εμ[~~ου~~] αλλα εγω τιθημι αυ[την απ]
P66 ουδεις ερι αυτην απ εμου αλλ εγω τιθημι αυτην απ
P75 [ουδεις αιπει] αυτην απ εμου α[λλ εγω τιθημι αυ]την απ

(pres,act,ind,1p,sing) εχω — (2aor,act,infin) τιθημι — (pres,act,ind,1p,sing) εχω — (2aor,act,infin) λαμβανω

W & H εμαυτου εξουσιαν εχω θειναι αυτην και εξουσιαν εχω παλιν λαβειν
Myself authority I have to place it and authority I have again to take
B εμαυτου εξουσιαν εχω θειναι αυτην και εξουσιαν εχω παλιν λαβειν
ℵ εμαυτου εξουσιαν εχω θειναι αυτην και εξουσιαν εχω παλιν λαβιν
P45 [~~εμαυτου~~] εξουσιαν εχω θειναι αυ[~~τη~~]ν και1 εξου[~~σιαν~~3 ~~εχω~~]4 παλιν2 [~~λαβειν~~]5
P66 εμαυτου εξουσιαν εχω θιναι αυτην και εξουσιαν εχω παλιν λαβιν
P75 εμαυτου εξουσιαν εχω [θειναι] αυτην και εξουσιαν εχω παλιν λαβει[ν

(2aor,act,ind,1p,sing) λαμβανω

W & H αυτην ταυτην την εντολην ελαβον παρα του πατρος μου
it this the commandment I received from the Father of Me
B αυτην ταυτην εντολην ελαβον παρα του πατρος μου
ℵ αυτην ταυτη την εντολην ελαβον παρα του πατρος μου
P45 [αυ]την6 ταυτην7 [ε]ντολην9 ελαβον8 παρα10 του πρς μου
P66 αυτην ταυτην την εντολην ελαβον παρα του πρς μου
P75 αυ]την ταυτην τ[η]ν εντολην ελαβον παρ[α] του π[ατρος μου]

			(2aor,mid,ind,3p,sing) γινομαι							
Jn.10:19	σχισμα	~~ουν~~ παλιν	εγενετο	εν	τοις	ιουδαιοις	δια	τους	λογους	τουτους
		~~therefore~~ <> a split again	it happened	in	the	Jews	on account of	the	words	these
B	σχισμα	παλιν	εγενετο	εν	τοις	ιουδαιοις	δια	τους	λογους	τουτους
א	σχισμα	παλιν	εγενετο	εν	τοις	ιουδαιοις	δια	τους	λογους	τουτους
P45	σχισμα	παλιν	[εγ]ενετο	εν	τοις	ιουδαιοις	[δ]ια	τους	λογους	του[τους]
P66	σχισμα	ουν παλιν	εγενετο	εν	τοις	ιουδαιοις	δια	τους	λογους	τουτους
P75	σχισμα	παλιν	εγεν[ε]το	εν	[τοις	ι]ουδαι[οι]ς	δια	τους	λογους	τ[ου]του[ς]

	(imperf,act,ind,3p,pl) λεγω						(pres,act,ind,3p,sing) εχω		(pres,mid,ind,3p,sing) μαινομαι		
Jn.10:20	ελεγον	δε	πολλοι	εξ	αυτων	δαιμονιον	εχει	και	μαινεται	τι	αυτου
	and <> they were saying		many	from out	of them	a demon	He has	and	He is insane	why	of Him
B	ελεγον	δε	πολλοι	εξ	αυτων	δαιμονιον	εχει	και	μαινεται	τι	αυτου
א	ελεγαν ουν		πολλοι	εξ	αυτω	δαιμονιον	εχει	και	μαινεται	τι	αυτου
P45	ελεγον	δε	πολ[λο]ι	εξ	αυτων	δαιμον[ιο]ν	εχει	και	μαινε[ται	τι	αυτου]
P66	ελεγον	δε	πολλοι	εξ	αυτων	δαιμονιον	εχει	και	μενεται	τι	αυτου
P75	[ελε]γον	δε	π[ο]λλοι	εξ	αυτων	[δαι]μονιο[ν	ε]χει	και	μα[ινε]ται	τι	αυτ[ου]

	(pres,act,ind,2p,pl) ακουω
W & H	ακουετε
	do you all listen
B	ακουετε
א	ακουεται
P45	[ακουετε]
P66	ακουετε
P75	[ακουετε]

		(imperf,act,ind,3p,pl) λεγω					(pres,act,ind,3p,sing) ειμι	hiatus	(pres,mid,ptc,gen,sing,masc) δαιμονιζομαι		
Jn.10:21	αλλοι	ελεγον	ταυτα	τα	ρηματα	ουκ	εστιν	~~εστι~~	δαιμονιζομενου	μη	δαιμονιον
	others	they were saying	these	the	words	not	He is		of being demon possessed	not	a demon
B	αλλοι	ελεγον	ταυτα	τα	ρηματα	ουκ	εστιν		δαιμονιζομενου	μη	δαιμονιον
א	αλλοι δε	ελεγον	ταυτα	τα	ρηματα	ουκ	εστιν		δαιμονιζομενου	μη	δαιμονιον
P45	[αλλ]οι	ελεγον	ταυτα	τα	ρη[μα]τα	ουκ	εστιν		δα[ιμονιζομενου	μη	δαι]μονιον
P66	αλλοι δε	ελεγον	ταυτα	τα	ρηματα	ουκ	εστιν		δαιμονιζομενου	μη	δαιμονιον
P75	[α]λλοι	ελεγ[ον	ταυτα	τα	ρηματα	ουκ	εστιν]		δαιμον[ιζο]μεν[ο]υ	[μη	δαιμονιον

	(pres,pass,ind,3p,sing) δυναμαι			(1aor,act,infin) ανοιγω	(pres,act,inf) ανοιγω
W & H	δυναται	τυφλων	οφθαλμους	ανοιξαι	~~ανοιγειν~~
	He is able	of blind ones	eyes	to open	~~to open~~
B	δυναται	τυφλων	οφθαλμους	ανοιξαι	
א	δυναται	τυφλων	οφθαλμους	ανυξαι	
P45	δυναται	τυ[~~φλ~~]ων	οφθαλμους	[~~ανοιξαι~~]	
P66	δυναται	τυφλων	οφθαλμους	ανοιξαι	
P75	[δυνα]ται	τυφλ[ω]ν	οφθαλ[μους	ανοιξαι]	

	(2aor,mid,ind,3p,sing) γινομαι										(imperf,act,ind,3p,sing) ειμι	
Jn.10:22	εγενετο	τοτε	~~δε~~	τα	εγκαινια	εν	τοις	ιεροσολυμοις	~~και~~	χειμων	ην	
	~~and~~ <> it took place	then		the	dedication	in	the	Jerusalem	~~and~~	winter	he was	
B	εγενετο	τοτε		τα	ενκαινια	εν	τοις	ιεροσολυμοις		χειμων	ην	
א	εγενετο		δε	τα	ενκαινια	εν		ιεροσολυμοις		χειμων	η	
P45	[εγενετο		δε	τα]	ενκαινια	εν		ιερος[ολυμο]ις		χειμων δε	[ην]	
P66	εγενετο	τοτε		τα	ενκαινια	εν	τοις	ιεροσολυμοις		χειμων	ην	
P75	[εγενε]το	τοτε		τα	[ε]νκαιν[ια	εν		ιεροσολυ]μοις		χειμων	η	

		(imperf,act,ind,3p,sing) περιπατεω											
Jn.10:23	και	περιεπατει	[ο]	ιησους	εν	τω	ιερω	εν	τη	στοα	του	σολομωνος
	and	He was walking around	the	Jesus	in	the	temple	in	the	porch	of the	Solomon
B	και	περιεπατει		ις	εν	τω	ιερω	εν	τη	στοα	του	σολομωνος
א	και	περιεπατει	ο	ις	εν	τω	ιερω	εν	τη	στοα		σολομωνος
P45	[και	περιεπατει		ιη	ε]ν	τω	ιερω	εν	τη	στ[οα	του	σ]ολομωνος
P66	και	περιεπατει	ο	ις	εν	τη	ιερω	εν	τη	στοα	του	σολομωνος
P75	κα[ι]	περιεπατει	[ο	ις	εν	τ]ω	ιερω	εν	τη	στοα	του	σολομω[νος]

(1aor,act,ind,3p,pl) (imperf,act,ind,3p,pl)
κυκλοω λεγω
Jn.10:24 εκυκλωσαν ουν αυτον οι ιουδαιοι και ελεγον αυτω εως ποτε την
therefore <> they surrounded Him the Jews and they were saying to Him until when the
B εκυκλευσαν ουν αυτον οι ιουδαιοι και ελεγον αυτω εωc ποτε την
א εκυκλωcαν ουν οι ιουδαιοι και ελεγον αυτω εωc ποτε την
P45 εκ[υκλωcαν ουν αυτον οι] ιουδαιοι και [ελε]γο[ν αυτωι] ε[ω]c ποτε τη[ν]
P66 εκυκλωcαν ουν αυτον οι ιουδαιοι και ελεγον αυτω εωc ποτε την
P75 εκυκλωcαν ουν αυτον οι ιουδαι[οι κα]ι ε[λ]εγον αυ[τω] εωc π[ο]τε την

(pres,act,ind,2p,sing) (pres,act,ind,2p,sing)(2aor,act,imper,2p,sing)(pres,act,imp,2p,sing)
αιρω ειμι λεγω ειπον
W & H ψυχην ημων αιρεις ει συ ει ο χριστος ειπον ~~ειπε~~ ημιν παρρησια
life of us You hold up if You You are the Christ You tell ~~You tell~~ us in an open manner
B ψυχην ημων αιρειc ει cυ ει ο χc ειπε ημιν παρρηcια
א ψυχην ημων ερειc ει cυ ει ο χc ειπον ημι παρρηcια
P45 [ψυχην ημων αιρειc ει c]υ ει [ο χρc ειπε ημιν παρρηcια]
P66 ψυξην ημων αιρειc ει cυ ει ο χc ειπε ημειν παρρηcια
P75 ψυχη[ν η]μ[ων] αιρειc [ει cυ ει ο χc ειπε ημιν] παρη[cι]α

(1aor,pass,ind,3p,sing) (2aor,act,ind,1p,sing) (pres,act,ind,2p,pl)
αποκρινομαι λεγω πιστευω
Jn.10:25 απεκριθη αυτοις [ο] ιησους ειπον υμιν και ου πιστευετε
He did give answer to them the Jesus I told you all and not you all believe
B απεκριθη αυτοιc ιc ειπον υμιν και ουκ επιcτευcατετε
א απεκριθη ο ιc ειπον υμι και ου πιcτευεται
P45 απε[κριθη αυτοιc ιc ειπον υμιν] *
P66 απεκριθη ο ιc ειπον υμειν και ου πιcτευεται
P75 απεκρ[ιθη] αυ[τ]οιc ιc ειπον υμιν και ου πιcτευτετε
[P45 * *Jn.10:26 -10:29 missing*]

(pres,act,ind,1p,sing) (pres,act,ind,3p,sing)
ποιεω μαρτυρεω
W & H τα εργα α εγω ποιω εν τω ονοματι του πατρος μου ταυτα μαρτυρει περι εμου
the works the ones I I do in the Name of the Father of Me these *(things)* it testifies concerning Me
B τα εργα α εγω ποιω εν τω ονοματι του πατροc μου ταυτα μαρτυρει περι εμου
א τα εργα α εγω ποιω εν ονοματι του πατροc μου ταυτα μαρτυρι περι εμου
P66 τα εργα α εγω ποιω εν τω ονοματι του πρc μου ταυτα μαρτυρει περι εμου
P75 τα εργα α εγω ποιω εν τω ονοματι του πατροc μου ταυτα μαρτυρει περι εμου

(pres,act,ind,2p,pl) (pres,act,ind,2p,pl)
πιστευω ειμι
Jn.10:26 αλλα ~~αλλ~~ υμεις ου πιστευετε οτι ουκ ~~ου γαρ~~ εστε εκ των προβατων
but ~~but~~ you all not you all believe because not ~~for~~ <> ~~not~~ you all are from out of the sheep
B αλλα υμειc ου πιcτευετε οτι ουκ εcτε εκ των προβατων
א αλλα υμιc ου πιcτευετε οτι ουκ εcται εκ των προβατων
P66 αλλα υμειc ου πιcτευεται οτι ουκ εcτε εκ των προβατων
P75 αλλα υ[μει]c ου πιcτευετε οτι ουκ εcτε [ε]κ τω[ν π]ροβατων

(2aor,act,ind,1p,sing)
λεγω
W & H των εμων ~~καθως ειπον υμιν~~
of the ones of Me as I told to you all
B των εμων
א των εμω
P66 των εμων [[καθωc ειπον υμειν οτι]] *
P75 των εμων
[P66 * *words in double brackets were deleted and Comfort & Barrett text numbers assign this as the beginning of* Jn.10:27]

(pres,act,ind,3p,pl) (pres,act,ind,3p,sing) (pres,act,ind,1p,sing)
ακουω ακουω γινωσκω
Jn.10:27 τα προβατα τα εμα της φωνης μου ακουουσιν ~~ακουει~~ καγω γινωσκω αυτα
the sheep the ones My of the voice of Me they hear ~~he hears~~ and I I know them
B τα προβατα τα εμα τηc φωνηc μου ακουουcιν καγω γεινωcκω αυτα
א τα προβατα τα εμα τηc φωνηc μου ακουουcιν και γινωcκω αυτα
P66 τα προβατα τα εμα τηc φωνηc μου ακουουcιν καγω γινωcκω αυτα
P75 τα προβατα τα εμα τηc φω[ν]ηc μου α[κ]ουει καγω γεινωcκ[ω αυ]τα

	(pres,act,ind,3p,pl) ακολουθεω — hiatus
W & H	και ακολουθουσιν ~~ακολουθουσι~~ μοι
	and they follow Me
B	και ακολουθουςιν μοι
ℵ	και ακολουθουςιν μοι
P66	και ακολουθουςιν μοι
P75	και α[κολο]υθουςιν [μοι]

	(pres,act,ind,1p,sing) διδωμι — (2aor,mid,subj,3p,pl) απολλυμι
Jn.10:28	καγω$_1$ διδωμι$_4$ αυτοις$_5$ ζωην$_2$ αιωνιον$_3$ και$_6$ ου μη απολωνται εις τον
	and I I give to them life eternal and not not/ certainly not/ not in any way they should perish into the
B	καγω διδωμι αυτοις ζωην αιωνιον και ου μη απολωνται εις τον
ℵ	καγω διδωμι αυτοις ζωην αιωνιον και ου μη αποληται εις τον
P66	καγω$_1$ διδωμι$_4$ αυτοις$_5$ ζωην$_2$ αιωνιον$_3$ και$_6$ ου μη απολωνται εις τον
P75	κα[γω διδ]ωμι αυ[τοις ζ]ωην α[ιω]νιον [και ου] μη απο[λω]νται εις τον

	(fut,act,ind,3p,sing) αρπαζω
W & H	αιωνα και ουχ αρπασει τις αυτα εκ της χειρος μου
	eon and not he will snatch anyone them from out of the hand of Me
B	αιωνα και ουχ αρπασει τις αυτα εκ της χειρος μου
ℵ	αιωνα και ου μη αρπαση τις αυτα εκ της χειρος μου
P66	αιωνα και ουχ αρπαση τις αυτα εκ της χειρος μου
P75	αιωνα [και ο]υχ αρπα[σει] τις αυτα εκ της χειρ[ος μο]υ

	(perf,act,ind,3p,sing) διδωμι — hiatus — (pres,act,ind,3p,sing) ειμι — hiataus
Jn.10:29	ο πατηρ μου ο ~~ος~~ δεδωκεν ~~δεδωκε~~ μοι$_1$ παντων$_3$ μειζον ~~μειζων~~$_2$ εστιν ~~εστι~~$_4$
	the Father of Me the One ~~Who~~ He has given to Me all things greater ~~greater than~~ He is
B	ο πατηρ μου ο δεδωκεν μοι παντων μειζον εστιν
ℵ	ο πατηρ ο δεδωκεν μοι παντω μειζων εστιν
P66	ο <u>πηρ</u> μου ος εδωκεν μοι μιζον εστιν
P75	ο πατηρ [μο]ι ος εδωκε[ν μοι παν]των μει[ζω]ν εστιν

	(pres,pass,ind,3p,sing) δυναμαι — (1aor,act,infin) αρπαζω
W & H	και$_5$ ουδεις δυναται αρπαζειν εκ της χειρος του πατρος ~~μου~~
	and no one he is able to seize from out of the hand of the Father ~~of Me~~
B	και ουδεις δυναται αρπαζειν εκ της χειρος του πατρος
ℵ	και ουδις δυναται αρπαζειν εκ της χειρος του πατρος
P45	* χειρος του <u>πρς</u>
P66	και ουδεις δυναται αρπαζειν εκ της χειρος του <u>πρς</u>
P75	και [ουδεις δυν]αται αρ[π]α[ζειν] εκ της χειρος του πατρο[ς]
	[P45 * *begins again here*]

	(pres,act,ind,1p,pl) ειμι
Jn.10:30	εγω και ο πατηρ εν εσμεν
	I and the Father one We are
B	εγω και ο πατηρ εν εςμεν
ℵ	εγω και ο πατηρ εν εςμεν
P45	[εγω και ο <u>πρ</u> εν εςμ]εν
P66	εγω και ο <u>πηρ</u> εν εςμεν
P75	εγω [και ο πατ]ηρ εν εςμεν

	(1aor,act,ind,3p,pl) βασταζω — (1aor,act,subj,3p,pl) λιθαζω
Jn.10:31	εβαστασαν ~~ουν~~ παλιν λιθους οι ιουδαιοι ινα λιθασωσιν αυτον
	~~therefore~~ <> they carried again stones the Jews so that they might stone to death Him
B	εβαςταςαν παλιν λιθουϲ οι ιουδαιοι ινα λιθαςωςιν αυτον
ℵ	εβαςταςαν παλιν λιθουϲ οι ιουδαιοι ινα λιθαςωςιν αυτο
P45	εβαςταςαν λιθ[ουϲ οι ιουδ]αιοι ινα λιθαςωϲ[ιν αυτον]
P66	εβαςταςαν ουν παλιν λιθουϲ οι ιουδαιοι ινα$_1$ λιθαςωςιν$_3$ αυτον$_2$
P75	εβαςτ[αϲ]αν [παλιν λιθουϲ ο]ι ιουδαιοι ινα λ[ιθαςωςιν αυτον]

	(1aor,pass,ind,3p,sing) αποκρινομαι						(1aor,act,ind,1p,sing) δεικνυμι					
Jn.10:32	απεκριθη αυτοις	ο	ιησους	πολλα1	εργα3		εδειξα4	υμιν5	καλα2	εκ6	του πατρος	~~μου~~
	He did give answer to them	the	Jesus	many	works		I presented	to you all	good	from out of the	Father	~~of Me~~
B	απεκριθη αυτοιc	ο	ις	πολλα	εργα		εδειξα	υμιν	καλα	εκ	του πατροc	
ℵ	απεκριθη αυτοιc	ο	ις	πολλα	εργα1		εδιξα3	υμιν4	καλα2	εκ5	του πατροc	
P45	[α]πεκριθη αυτοιc[ο		ιη	πολλα	εργα]1		εδειξα3	υμιν4	[κ]αλα2	εκ5	[του πρc]	
P66	απεκριθη αυτοιc	ο	ις	πολλα1	εργα3		εδιξα4	υμιν5	καλα2	εκ6	του πρc	μου
P75	[απεκρι]θη αυτοιc	ο	[ις	πολλα]1	εργα4		[εδειξα2	υ]μιν3	καλα	εκ	του πατροc	μου

							(pres,act,ind,3p,pl) λιθαζω	
W & H	δια	ποιον		αυτων	εργον1a	εμε ~~με~~3a	λιθαζετε2a	
	on account of	which		of them	work	Me ~~Me~~	do you all stone	
B	δια	ποιον		αυτων	εργον	εμε	λιθαζετε	
ℵ	δια	ποιον		αυτων	εργον	εμε	λιθαζετε	
P45	[δια]	ποιον		αυτων	εργον	εμε	[λιθα]ζετε	
P66	δια	ποιον	ουν	αυτων	εργον1	με		λιθαζεται
P75	δια	ποιον		αυτ[ω]ν	εργ[ο]ν	[εμε	λιθαζετε]	

	(1aor,pass,ind,3p,pl) αποκρινομαι				(pres,act,ptc,nom,pl,masc) λεγω				(pres,act,ind,1p,pl) λιθαζω	
Jn.10:33	απεκριθησαν	αυτω	οι	ιουδαιοι	~~λεγοντες~~	περι	καλου	εργου	ου λιθαζομεν	σε
	they did give answer	to Him	the	Jews	~~saying~~	concerning	a good	work	not we are stoning	You
B	απεκριθηcαν	αυτω	οι	ιουδαιοι		περι	καλου	εργου	ου λιθαζομεν	cε
ℵ	απεκριθηcαν	αυτω	οι	ιουδαιοι		περι	καλου	εργου	ου λιθαζομεν	cε
P45	απεκριθηcαν	[αυτωι	οι	ι]ουδαιοι		περι	καλου	εργου	ου λι[θαζο]μεν	cε
P66	απεκριθηcαν	αυτω	οι	ιουδαιοι		περι	καλου	εργου	ου λιθαζομεν	cε
P75	απεκριθηc[αν]	αυτω	[οι	ιουδαιοι		περ]ι	καλου	εργου	ου λιθα[ζομεν	cε

								(pres,act,ptc,nom,sing,masc) ειμι	(pres,act,ind,2p,sing) ποιεω
W & H	αλλα	περι	βλασφημιας		και	οτι	συ ανθρωπος	ων	ποιεις
	but	concerning	blasphemy		and	that	You a man	being	You make
B	αλλα	περι	βλαcφημιαc		και	οτι	cυ ανθρωποc	ων	ποιειc
ℵ	αλλα	περι	βλαcφημιαc			οτι	cυ ανθρωποc	ων	ποιειc
P45	αλλα	περι	βλαcφημιαc		και	οτι	cυ ανθρωποc	ων	[ποιε]ιc
P66	αλλα	περι		βλαcφημειαc	και	οτι	cυ ανοc	ων	ποιειc
P75	αλλ]α	περ[ι]	[βλ]αcφημι[αc		και	οτι	cυ ανθ]ρωποc	ων	ποιειc

W & H	σεαυτον		θεον
	Yourself		God
B	cεαυτον		θν
ℵ	cεαυτον		θν
P45	cεαυτον		θν
P66	cεαυτον	[[τον]]*	θν
P75	cε[αυτον		θ]ν

[P66 * *The word in the double bracket was deleted*]

	(1aor,pass,ind,3p,sing) αποκρινομαι							(pres,act,ind,3p,sing) ειμι	hiatus	(perf,pass,ptc,nom,sing,neut) γραφω
Jn.10:34	απεκριθη αυτοις	[ο]	ιησους				ουκ	εστιν	~~εστι~~	γεγραμμενον
	He did give answer to them	the	Jesus				not	is it		having been written
B	απεκριθη αυτοιc		ις				ουκ	εστιν		γεγραμμενον
ℵ	απεκριθη αυτοιc	ο	ις				ουκ	εστιν		γεγραμμενον
P45	απεκριθη αυτοιc		ιη				ουκ	εστιν		γεγραμμενον [~~εν τη~~]ι γραφηι
P66	απεκριθη1 αυτοιc5	ο	ις2		και3	ειπεν4	ουκ6	εστιν		γεγραμμενον
P75	απεκριθη αυτοιc	ο	ις				ουκ	[εστ]ιν		γεγραμμενον

							(pres,act,ind,2p,pl) λεγω	(2aor,act,ind,1p,sing)		ειμι
W & H	εν	τω	νομω		υμων	οτι	εγω	ειπα	θεοι	εστε
	in	the	law		of you all	that/ "	I	I said	gods	you all are
B	εν	τω	νομω		υμων	οτι	εγω	ειπα	θι	εστε
ℵ	εν	τω	νομω			οτι		ειπα	θεοι	εστε
P45	εν	τωι	νομωι	οτι	υμων	οτι	εγω	ειπα	θεοι	εστε
P66	εν	τω	νομω		υμων	οτι	εγω	ειπα	θεοι	εστε
P75	εν	τω	νομω		υμων	οτι	εγω	ειπα	θι	εστε

(2aor,act,ind,3p,sing) λεγω hiatus (2aor,mid,ind,3p,sing) γινομαι (pres,pass,ind,3p,sing) δυναμαι

Jn.10:35 ει εκεινους ειπεν ~~ειπε~~ θεους προς ους ο λογος του θεου εγενετο και ου δυναται
if those He said of gods to whom the word of the God it became and not she is able
B ει εκεινους ειπεν θεους προς ους ο λογος του θυ εγενετο και ου δυναται
א ει εκεινους ειπεν θεους προς ους ο λογος του θυ εγενετο και ου δυναται
P45 ει εκεινους ε[ιπεν θ]εους και ου δυναται
P66 ει εκεινους ειπεν θεους προς ους ο λογος του θυ εγενετο και ου δυναται
P75 ει εκεινους ε[ι]πε θεο[υς προς ους ο] λογος του θυ εγενε[τ]ο και ου [δυνα]ται

(1aor,pass,infin) λυω

W & H λυθηναι η γραφη
to be untied the Scripture
B λυθηναι η γραφη
א λυθηναι η γραφη
P45 λυθηναι
P66 λυθηναι η γραφη
P75 [λ]υθηναι η γραφ[η]

(1aor,act,ind,3p,sing) αγιαζω (1aor,act,ind,3p,sing) αποστελλω (pres,act,ind,2p,pl) λεγω

Jn.10:36 ον ο πατηρ ηγιασεν και απεστειλεν εις τον κοσμον υμεις λεγετε
Whom the Father He raised up and He sent into the world you all you all say
B ον ο πατηρ ηγιασεν και απεστειλεν εις τον κοσμον υμεις λεγετε
א ον ο πατηρ ηγιασεν και απεστιλεν εις τον κοσμον υμεις λεγετε
P66 ον ο πηρ ηγιασεν και απεστειλεν εις κοσμον υμεις λεγεται
P75 ον ο πα[τηρ ηγ]ι[ασεν και απεστ[ει]λεν εις τ[ον κοσ]μον [υμεις λεγετε

(pres,act,ind,2p,sing) βλασφημεω (2aor,act,ind,1p,sing) λεγω (pres,act,ind,1p,sing) ειμι

W & H οτι βλασφημεις οτι ειπον υιος του θεου ειμι
that/ " You blaspheme because I said Son of the God I am
B οτι βλασφημεις οτι ειπον υιος του θυ ειμι
א οτι βλασφημις οτι ειπον υιος θυ ειμι
P45 οτι βλασφημεις οτι ειπον υ[ς του θυ] ειμι
P66 οτι βλασφημεις οτι ειπον υς του θυ ειμι
P75 ο]τι [βλας]φημεις ο[τι ειπον] υιος το[υ θ]υ ειμι

(pres,act,ind,1p,sing) ποιεω (pres,act,ind,2p,pl) πιστευω

Jn.10:37 ει ου ποιω τα εργα του πατρος μου μη πιστευετε μοι
if not I do the works of the Father of Me not believe you all Me
B ει ου ποιω τα εργα του πατρος μου μη πιστευετε μοι
א ει ου ποιω τα εργα του πατρος μου μη πιστευετε μοι
P45 ει ου ποιω τα εργα του πρς μου ην πιστευετε μοι
P66 ει ου ποιω τα εργα του πρς μου μη πιστευεται μοι
P75 ει [ου ποιω τα ε]ργα του π[α]τρος μου μ[η] πιστευετε μοι

(pres,act,subj,1p,sing) ποιεω (pres,act,subj,2p,pl) πιστευω (pres,act,ind,2p,pl) πιστευω (1aor,act,imper,2p,pl) πιστευω

Jn.10:38 ει δε ποιω καν εμοι μη πιστευητε τοις εργοις πιστευετε ~~πιστευσατε~~
but <> if I should do and if Me not You all should believe the works you all believe ~~all you all believe~~
B ει δε ποιω καν εμοι μη πιστευητε τοις εργοις πιστευετε
א ει δε ποιω καν εμοι μη πιστευεται τοις εργοις πιστευεται
P45 ει δε [ποιω] καν εμοι μη πιστευητε τοις εργοις πιστευσατε
P66 ει δε ποιω καν εμοι μη πιστευηται τοις εργοις πιστευσαται
P75 ε[ι] δε ποιω κα[ν] εμοι μη πιστευητε τοις εργ[οις] πιστευετε

(2aor,act,subj,2p,pl) γινωσκω (pres,act,subj,2p,pl) γινωσκω (pres,act,subj,2p,pl) πιστευω

W & H ινα γνωτε και γινωσκητε ~~πιστευσητε~~ οτι εν εμοι ο πατηρ
so that you might know and you all might continue to know ~~you all might believe~~ that in Me the Father
B ινα γνωτε και γεινωσκητε οτι εν εμοι ο πατηρ
א ινα γνωτε και πιστευητε οτι εν εμοι ο πατηρ
P45 ινα γνωτε [και γ]εινωσκητε οτι εν εμοι εν εμοι ο πρ
P66 ινα γνωτε και γινωσκηται οτι εν εμοι ο πηρ
P75 ινα γνωτε και γειν[ω]σκητε οτι εν εμοι ο πατηρ

W & H	καγω and I	εν τω in the	πατρι Father	~~αυτω~~ ~~Him~~
B	καγω	εν τω	πατρι	
ℵ	καγω	εν τω	πατρι	
P45	καγω	εν		αυτωι
P66	καγω	εν τω	πρι	
P75	καγ[ω]	εν τω	π[α]τρι	

(imperf,act,ind,3p,pl) ζητεω — (1aor,pass,infin) πιαζω — (2aor,act,ind,3p,sing) εξερχομαι

Jn.10:39	εζητουν therefore <> they were seeking		[ουν]₁	αυτον₃ Him	παλιν₂ again	πιασαι₄ to seize	και and	εξηλθεν He went out	εκ from out	της χειρος of the hands	αυτων of them
B	^εζητουν₁			αυτον3	παλιν2	πιασαι4	και	εξηλθεν	εκ	της χειρος	αυτων
ℵ	εζητουν	ου		αυτον		πιασαι	και	εξηλθεν	εκ	της χειρος	αυτων
P45	εζητουν₁	δε		αυτον		[πιασαι]	και	εξηλθεν	εκ	της χειρος	αυτων
P66	εζητουν		ουν₁	αυτον₃	παλιν₂	πιασαι₄	και	εξηλθεν	εκ	της χειρος	αυτων
P75	ε[ζητ]ουν			αυτ[ο]ν	[παλιν	πιασαι	και	εξη]λθεν	ε[κ]	της χειρος	αυ[των]

(2aor,act,ind,3p,sing) απερχομαι — hiatus — (imperf,act,ind,3p,sing) ειμι

Jn.10:40	και and	απηλθεν He went out	~~απηλθε~~	παλιν again	περαν on the other side	του of the	ιορδανου Jordan	εις to	τον the	τοπον place	οπου where	ην he was
B	και	απηλθεν		παλιν	περαν	του	ιορδανου	εις	τον	τοπον	οπου	ην
ℵ	και	απηλθεν		παλιν	περαν	του	ιορδανου				οπου	ην
P45	και	απηλθεν		παλιν	πε[ραν	το]υ	ιορδανου	εις	τον	τοπον	οπου	ην
P66	και	απηλθεν₁		παλιν	περαν₂	του₃	ιορδανου	εις	τον	τοπον	ου	ην
P75	[κ]αι	απ[η]λ[θεν		πα]λιν	περαν	τ[ο]υ	ιορ[δανου	εις	τ[ο]ν	τοπο[ν]	οπου	ην

(pres,act,ptc,nom,sing,masc) βαπτιζω — (imperf,act,ind,3p,sing) μενω — (1aor,act,ind,3p,sing) μενω

W & H	ιωαννης John	το πρωτον (at) the first		βαπτιζων baptizing	και and	εμενεν He was remaining	~~εμεινεν~~ ~~He remained~~	εκει there
B	ιωανης	το πρωτον		βαπτιζων	και	εμενεν		εκει
ℵ	ιωαννης	το	προτερον	βαπτιζων	και	εμινεν		εκει
P45	ιωαννης	το	προτερον	βα[πτιζω]ν	και		εμεινεν	εκει
P66	ιωαννης	το πρωτον		βαπτιζων	και		εμεινεν	εκει
P75	ιωαννης	το πρωτον		βαπτιζων	και		εμεινεν	εκει

(2aor,act,ind,3p,pl) ερχομαι — (imperf,act,ind,3p,pl) λεγω

Jn.10:41	και and	πολλοι many	ηλθον they came	προς to	αυτον Him	και and	ελεγον they were saying	οτι that/"	ιωαννης John	μεν indeed/on the one hand	σημειον signs
B	και	πολλοι	ηλθον	προς	αυτον	και	ελεγον	οτι	ιωανης	μεν	σημειον
ℵ	και	πολλοι	ηλθον	προς	αυτον	και	ελεγον		ιωαννης	μεν	σημιον
P45	και	πολλοι	ηλθον	προς	αυτον	και	ελε[γον	οτι]	ιωαννης	μεν	σημειον
P66	και	πολλοι	ηλθον	προς	αυτον	και	ελεγον	οτι	ιωαννης	μεν	σημειον
P75	και	πολλοι	ηλθον	προς	αυτον	και	ελεγον	οτι	ιωαννης	μεν	σημειον

(1aor,act,ind,3p,sing) ποιεω — (2aor,act,ind,3p,sing) λεγω — (imperf,act,ind,3p,sing) ειμι

W & H	εποιησεν he did	ουδεν not		παντα but /on the other hand	δε <> all	οσα as much as	ειπεν he said	ιωαννης John	περι concerning	τουτου this One	αληθη true	ην it was
B	εποιησεν	ουδεν		παντα	δε	οσα	ειπεν	ιωανης	περι	τουτου	αληθη	ην
ℵ	εποιησεν	ουδεν		παντα	δε	οσα	ειπεν	ιωαννης	περι	τουτου	αληθη	ην
P45	εποιησεν		ουδε εν	παντα	δε	οσα₁	ειπεν₃	ιωαννης₂	περι	τουτου	αληθη	ην
P66	εποιησεν	ουδεν		παντα	δε	οσα	ειπεν	ιωαννης	περι	τουτου	αληθη	ην
P75	[εποι]ησεν	ουδεν		παντα	δε	οσα	ειπεν	ιωανν[η]ς	περι	τουτου	αληθη	ην

(1aor,act,ind,3p,pl) πιστευω

Jn.10:42	και₁ and	πολλοι₃ many	επιστευσαν₂ they believed	εις₅ in	αυτον₆ Him	εκει₄ there
B	και	πολλοι	επιστευσαν	εις	αυτον	εκει
ℵ	και	πολλοι	επιστευσαν	εις	αυτον	εκει
P45	και	πολλοι	επιστευσαν	ει[ς	αυτον]	
P66	και	πολλοι	επιστευσαν	εις	αυτον	εκει
P75	και	πο[λλοι	επι]ς[τ]ευσαν	εις	αυτον	εκε[ι]

John Chapter 11

(imperf,act,ind,3p,sing) (pres,act,ptc,nom,sing,masc)
ειμι ασθενεω

Jn.11:1	ην	δε	τις	ασθενων	λαζαρος	απο	βηθανιας	εκ	της	κωμης	
	and<> he was		a certain one	being sick	Lazarus	from	Bethany	from out	of the	town	
B	ην	δε	τις	ασθενων	λαζαρος	απο	βηθανιας	εκ	της	κωμης	
ℵ	ην	δε	τις	ασθενω	λαζαρος	απο	βηθανιας	εκ	της	κωμης	της
P45	[~~ην~~]	δε	τις	ασθενων	λαζαρος	απο	βηθανιας	εκ	της	κωμη~~[ς]~~	
P66	ην	δε	τις	ασθενων	λαζαρος	απο	βηθανιας	εκ	της	κωμης	
P75	ην	δε	τ]ις	ασθε]νων	[λα]ζαρος	[απο	β]ηθανεια[ς	εκ]	της	κωμ[η]ς	

W & H	μαριας	και	μαρθας	της	αδελφης	αυτης
	of Mary	and	Martha	the	sister	of her
B	μαριας	και	μαρθας	της	αδελφης	αυτης
ℵ	μαριας	και	μαρθας	της	αδελφης	αυτης
P45	[μαριας]	και	μαρθας	της	αδελφης	αυτης
P66	μαριας	και	μαρθας	της	αδελφης	αυτης
P75	μαρια[ς	και]	μαρθα[ς	τη]ς	αδελφης	αυτης

(imperf,act,ind,3p,sing) (1aor,act,ptc,nom,sing,fem) (1aor,act,ptc,nom,sing,fem)
ειμι αλειφω εκμασσω

Jn.11:2	ην	δε		μαριαμ	η	αλειψασα	τον	κυριον	μυρω	και	εκμαξασα
	and <> she was			Mary	the one	anointing	the	Lord	with perfumed liquid	and	she wiped dry
B	ην	δε		μαριαμ	η	αλειψασα	τον	κυριον	μυρω	και	εκμαξασα
ℵ	ην	δε		μαρια	η	αλιψασα	τον	κν	μυρω	και	εκμαξασα
P45	ην	δε	αυτη	μαρ[ια	η	αλειψασα	το]ν	κν	μυρω	και	[εκμαξας]α
P66	ην	δε		μαρια	η	αλιψασα	τον	κν	μυρω	και	εκμαξασα
P75	η[ν	δε]		μαρια[μ	η	α]λ[ει]ψ[ασα]	τον	κν	μυρ[ω]	και	

W & H		τους	ποδας	αυτου	ταις	θριξιν	αυτης	ης	ο	αδελφος	λαζαρος
		the	feet	of Him	with the	hair	of her	whose	the	brother	Lazarus
B		τους	ποδας	αυτου	ταις	θριξιν	αυτης	ης	ο	αδελφος	λαζαρος
ℵ		τους	ποδας	αυτου	ταις	θριξιν	αυτης	ης	ο	αδελφος	λαζαρος
P45		τους	ποδας	αυτου	ταις	θρι[ξιν	αυτης	ης]	ο	αδελφος	λαζαρ
P66		τους	ποδας	αυτου	ταις	θριξιν	αυτης	ης	ο	αδελφος	λαζαρος
P75	εκμ[αξασα	τους]	ποδας	αυτου	τ[αις]	θριξιν	α[υτης	ης	ο]	αδελφος	λαζα[ρος]

(imperf,act,ind,3p,sing)
ασθενεω

W & H	ησθενει
	he was sick
B	ησθενει
ℵ	ησθενι
P45	[ησθε]νει
P66	ησθενει
P75	[η]σθενει

(1aor,act,ind,3p,pl) (pres,act,ptc,nom,pl,fem)(2aor,act,imper,2p,sing) (pres,act,ind,2p,sing) \/ (pres,act,ind,3p,sing)
αποστελλω λεγω οραω φιλεω ασθενεω

Jn.11:3	αποστειλαν	ουν	αι	αδελφαι	προς	αυτον	λεγουσαι	κυριε	ιδε	ον	φιλεις	ασθενει
	therefore <> they sent		the	sisters	to	Him	saying	Lord	You behold	whom	You love	he is sick
B	απεστειλαν	ουν	αι	αδελφαι	προς	αυτον	λεγουσαι	κε	ιδε	ον	φιλεις	ασθενει
ℵ	απεστιλαν	ουν1	αι4	αδελφαι5	προς2	αυτον3	λεγουσαι6	κε	ιδε	ον	φιλεις	ασθενει
P45	απεστειλαν	[ου]ν	αι	αδε[λφαι	προς	αυτωι	λεγο]υσαι	κε	ιδε	ον	φ[ιλ]εις	ασθενει
P66	απεστιλαν	ουν	αι	αδελφαι	προς	αυτον	λεγουσαι	κε	ιδε	ον	φιλεις	ασθενει
P75	α[πε]στειλαν	ουν	αι	αδελ[φαι	προς	αυτ]ον	λεγουσαι	κε	ιδε	ον	φ[ιλεις	ασθεν]ει
P75	*[[αποστειλαν	ουν	αι	αδελφ[αι	προς	αυτ]ον]]**						

[P75 * *Line repeated with correction noted*] [P75 ** *deleted by parentheses above the words*]

(1aor,act,ptc,nom,sing,masc) (2aor,act,ind,3p,sing) (pres,act,ind,3p,sing)
ακουω λεγω ειμι haitus
Jn.11:4 ακουσας δε ο ιησους ειπεν αυτη η ασθενεια ουκ εστιν ~~εστι~~ προς θανατον αλλ
and <> hearing the Jesus He said this the sickness not it is to death but
B ακουσας δε ο ις ειπεν αυτη η ασθενεια ουκ εστιν προς θανατον αλλ
ℵ ακουσας δε ο ις ειπεν αυτη η ασθενεια ουκ εστιν προς θανατον αλλ
P45 ακουσας δ[ε ο ιη ειπεν αυτη η α]σθενεια ουκ εσ[τ]ιν προς θανατον αλλ
P66 ακουσας δε ο ις ειπεν αυτη η ασθενια ουκ εστιν προς θανατον αλλ
P75 ακουσας δε ο ις ειπεν αυ[τη η ασθ]ενεια ουκ ε[στι]ν προς θ[α]νατον [αλλ]

(1aor,pass,subj,3p,sing)
δοξαζω
W & H υπερ της δοξης του θεου ινα δοξασθη ο υιος του θεου δι αυτης
for the glory of the God so that He should be glorified the Son of the God through her
B υπερ της δοξης του θυ ινα δοξασθη ο υιος του θυ δι αυτης
ℵ υπερ της δοξης του θυ αλλ ινα δοξασθη ο υς του θυ δι αυτης
P45 [υπερ της δοξης το]υ θυ ινα δοξασθη [ο] υς αυτου θυ δι αυτης
P66 υπερ της δοξης του θυ ινα δοξασθη ο υς δι αυτης
P75 [υπερ της δοξης το]υ θυ ινα δ[ο]ξασθη ο υς [του] θυ δι αυτης

(imperf,act,ind,3p,sing)
αγαπαω
Jn.11:5 ηγαπα δε ο ιησους την μαρθαν και την αδελφην αυτης και τον λαζαρον
and <> He was loving the Jesus the Martha and the sister of her and the Lazarus
B ηγαπα δε ο ις την μαρθαν και την αδελφην αυτης και τον λαζαρον
ℵ ηγαπα δε ο ις την μαρθαν και την αδελφην αυτης και τον λαζαρον
P45 ηγαπ[α δε ο ιη την μαρθαν] και την αδελφη[ν] αυτης και τον λαζαρον
P66 ηγαπα δε ο ις την μαρθαν και την αδελφην και τον λαζαρον
P75 ηγαπα δε ο[ις] την μαρ[θαν και την] αδελφη[[ν]] αυτης και τον λαζα[ρο]ν

(1aor,act,ind,3p,sing) (pres,act,ind,3p,sing) (1aor,act,ind,3p,sing) (imperf,act,ind,3p,sing)
ακουω ασθενεω μενω ειμι
Jn.11:6 ως ουν ηκουσεν οτι ασθενει τοτε μεν εμεινεν εν ω ην
therefore <> when He heard that he is sick then indeed He remained in the one He was
B ως ουν ηκουσεν οτι ασθενει τοτε μεν εμεινεν εν ω ην
ℵ ως ουν ηκουσε οτι ασθενει τοτε μεν εμινεν εν ω ην
P45 [ως ουν ηκουσεν οτι] ασθενει τοτε με[ν ε]μεινεν επι τωι
P66 ως ουν ηκουσεν οτι ασθενει τοτε μεν εμεινεν εν ω ην
P75 ως ου[ν ηκο]υσεν οτι ασθενει τοτε μεν [εμ]εινεν εν [ω ην]

W & H τοπω δυο ημερας
at *(the)* place two days
B τοπω δυο ημερας
ℵ τοπω δυο ημερας
P45 τοπ[ωι δυο ημερας]
P66 τοπω δυο ημερας
P75 [το]πω δυο ημερας

(pres,act,ind,3p,sing) (pres,act,subj,1p,pl)
λεγω αγω
Jn.11:7 επειτα μετα τουτο λεγει τοις μαθηταις αγωμεν εις την ιουδαιαν παλιν
later after this He says to the disciples we should lead/go into the Judea again
B επειτα μετα τουτο λεγει τοις μαθηταις αγωμεν εις την ιουδαιαν παλιν
ℵ επιτα μετα τουτο λεγει τοις μαθηταις αγωμε εις την ιουδαια
P45 [επειτα] μετα τουτο λεγε[ι αγ]ωμεν εις την ιουδα[ιαν παλιν]
P66 ειτα μετα τουτο λεγει τοις μαθηταις αγωμε εις την ιουδαιαν παλιν
P75 ε[πει]τα μετα τ[ουτο λε]γει τοις μαθηταις [αγ]ωμεν εις τ[ην ιουδαι]αν παλιν

(pres,act,ind,3p,pl) (imperf,act,ind,3p,pl) (1aor,act,infin)
λεγω ζητεω λιθαζω
Jn.11:8 λεγουσιν αυτω οι μαθηται ραββι νυν εζητουν σε λιθασαι οι
they say to Him the disciples Rabbi now they were seek You to stone the
B λεγουσιν αυτω οι μαθηται ραββει νυν εζητουν σε λιθασαι οι
ℵ λεγουσιν αυτω οι μαθηται ραββει νυν εζητουν σε λιθασε οι
P45 [λεγουσιν α]υτωι οι μαθητα[ι ραβ]βει νυν εζητουν σε λ[ιθασαι οι]
P66 λεγουσιν αυτω οι μαθηται ραββει νυν εζητουν σε λιθασαι οι
P75 λεγου[σ]ιν [αυ]τω οι μαθ[ηται ραβ]βι νυν εζητο[υν σε] λιθασαι οι

				(pres,act,ind,2p,sing) υπαγω	
W & H	ιουδαιοι	και	παλιν	υπαγεις	εκει
	Jews	and	again	You are going	there
B	ιουδαιοι	και	παλιν	υπαγεις	εκει
ℵ	ιουδαιοι	και	παλιν	υπαγεις	εκει
P45	[ιουδαιοι	και	π]αλιν	υπαγεις	[εκει]
P66	ιουδαιοι	και	παλιν	υπαγεις	εκει
P75	ι[ουδαιοι	και]	παλιν	υπαγ[εις	εκε]ι

	(1aor,pass,ind,3p,sing) αποκρινομαι						(pres,act,ind,3p,pl) ειμι					(pres,act,subj,3p,sing) περιπατεω
Jn.11:9	απεκριθη	~~ο~~	ιησους	ουχι	δωδεκα1	ωραι3	εισιν2	της4	ημερας	εαν	τις	περιπατη
	He did give answer	~~the~~	Jesus	not	twelve	hours	they are	of the	day	if	anyone	he should walk
B	απεκριθη		ις	ουχι	δωδεκα	ωραι	εισιν	της	ημερας	εαν	τις	περιπατη
ℵ	απεκριθη		ις	ουχι	δωδεκα	ωραι	εισι	της	ημερας	εαν	τις	περιπατη
P45	[α]πεκριθη	ο	ιη	ουχι	δω[δεκα	ωραι	εισιν	της]	ημερας	εαν	[τις]1	περιπατη5
P66	απεκριθη		ις	ουχι	δωδεκα	ωραι	εισιν	της	ημερας	εαν	τις	περιπατη
P75	απεκριθη		ις	ουχ[ι	δ]ωδεκα	[ωραι	εισιν	της	η]μερας	εαν	τις	πε[ρι]πατη

					(pres,act,ind,3p,sing) προσκοπτω								(pres,act,ind,3p,sing) βλεπω
W & H	εν	τη	ημερα	ου	προσκοπτει	οτι	το	φως	του	κοσμου	τουτου		βλεπει
	in	the	day	not	he stumbles	because/"	the	light	of the	world	this		he sees
B	εν	τη	ημερα	ου	προσκοπτει	οτι	το	φως	του	κοσμου	τουτου		βλεπει
ℵ	εν	τη	ημερα	ου	προσκοπτει	οτι	το	φως	του	κοσμου		του	βλεπει
P45	[εν2	τη3]	ημερα4	[ου6	προσκοπτει	οτι	το	φ]ως	του	κο[σμου	τουτου		βλεπει]
P66	εν	τη	ημερα	ου	προσκοπτει	οτι	το	φως	του	κοσμου	τουτου		βλεπει
P75	εν	[τη	ημερα	ο]υ	προσκοπτει	οτι	το	φως	του	κο[σμ]ου	τουτου		βλεπει

				(pres,act,subj,3p,sing) περιπατεω					(pres,act,ind,3p,sing) προσκοπτω					(pres,act,ind,3p,sing) ειμι		
Jn.11:10	εαν	δε	τις	περιπατη	εν	τη	νυκτι	προσκοπτει	οτι	το	φως	ουκ	εστιν	εν	αυτω
	but <>	if	anyone	he should walk	in	the	night	he stumbles	because	the	light	not	it is	in	him
B	εαν	δε	τις	περιπατη	εν	τη	νυκτι	προσκοπτει	οτι	το	φως	ουκ	εστιν	εν	αυτω
ℵ	εαν	δε	τις	περιπατη	εν	τη	νυκτει	προσκοπτει	οτι	το	φως	ουκ	εστιν	εν	αυτω
P45	[εαν		τις]	περιπ[ατη]*											
P66	εαν	δε	τις	περιπατη	εν	τη	νυκτι	προσκοπτει	οτι	το	φως	ουκ	εστιν	εν	αυτω
P75	εαν	δε	τις	περιπα[τη]	εν	τη	νυκτι	προσκοπτει	οτι	το	φως	[ου]κ	εστιν	εν	αυτω

[P45 * *missing* Jn.11:11-17]

		(2aor,act,ind,3p,sing) λεγω	haitus				(pres,act,ind,3p,sing) λεγω						
Jn.11:11	ταυτα	ειπεν	~~ειπε~~	και	μετα	τουτο	λεγει	αυτοις	λαζαρος	ο	φιλος	ημων
	these *things*	He said		and	after	this	He said	to them	Lazarus	the	friend	of us
B	ταυτα υτα	ειπεν		και	μετα	τουτο	λεγει	αυτοις	λαζαρος	ο	φιλος	ημων
ℵ	ταυτα	ειπεν		και	μετα	τουτο	λεγει	αυτοις	λαζαρος	ο	φιλος	ημων
P66	ταυτα	ειπεν		και	μετα	τουτο	λεγει	αυτοις	λαζαρος	ο	φιλος	ημων
P75	ταυτα	ειπεν		και	με[τα]	τουτο	λε[γ]ει	αυτοις	[λαζαρο]ς	[[ο]]	φιλος	[ημ]ων

	(perf,pass,ind,3p,sing) κοιμαω		(pres,mid,ind,1p,sing) πορευομαι		(1aor,act,subj,1p,sing) εξυπνιζω		
W & H	κεκοιμηται	αλλα	πορευομαι	ινα	εξυπνισω	αυτον	
	he has been caused to fall asleep	but	I journey/go	so that	I should cause to wake up	him	
B	κεκοιμηται	αλλα	πορευομαι	ινα	εξυπνισω	αυτον	
ℵ	κεκοιμηται	αλλα	πορευομαι	ινα	εξυπνισω		αυτο
P66	κεκοιμηται	αλλα	πορευομαι	ινα	εξυπνισω	αυτον	
P75	κ[εκ]οιμητα[ι]	[αλλα	π]ορευομαι	[ινα]	εξυπν[ισ]ω	αυτ[ο]ν	

	(2aor,act,ind,3p,sing) λεγω		(2aor,act,ind,3p,sing) λεγω								(perf,pass,ind,3p,sing) κοιμαω	(fut,pass,ind,3p,sing) σωζω
Jn.11:12	ειπαν		~~ειπον~~	ουν	οι	μαθηται	αυτω	~~αυτου~~	κυριε	ει	κεκοιμηται	σωθησεται
	therefore	<>	they said ~~they said~~		the	disciples	to Him	~~of Him~~	Lord	if	he has been caused to fall asleep	he will be saved
B			ειπον	ουν	οι	μαθηται	αυτω		κε	ει	κεκοιμηται	σωθησεται
ℵ	ειπαν			ουν1	οι3	μαθηται4	αυτω2		κε5	ει	κεκοιμηται	σωθησεται
P66	ειπαν			ουν	οι	μαθηται	αυτω		κε	ει	κεκοιμηται	σωθησεται
P75			ειπον	ο[υ]ν	οι	μαθηται	αυτω		κ[ε]	ει	κεκοιμηται	

P75 εγερθησεται

(plupf,act,ind,3p,sing) (1aor,act,ind,3p,pl)
ειπον δοκεω
Jn.11:13 ειρηκει δε ο ιησους περι του θανατου αυτου εκεινοι δε εδοξαν οτι περι της
but <>He had spoken the Jesus concerning of the death of him but <> they they thought that concerning of the
B ειρηκει δε ο ιc περι του θανατου αυτου εκεινοι δε εδοξαν οτι περι της
א ειρηκι δε ο ιc περι του θανατου εκεινοι δε εδοξαν οτι περι της
P66 ειρηκει δε ο ιc περι του θανατου αυτου εκεινοι δε εδοχαν οτι περι της
P75 ειρηκε[ι δε ο] ιc περι του θανατου αυτου εκεινοι δε εδοξαν περι της

(pres,act,ind,3p,sing)
λεγω
W & H κοιμησεως του υπνου λεγει
rest of the sleep He is speaking
B κοιμησεως του υπνου λεγει
א κοιμησεως του υπνου λεγει
P66 κοιμησεως του υπνου λεγει
P75 κοιμησεως του υπνου λεγει

(2aor,act,ind,3p,sing) (2aor,act,ind,3p,sing)
λεγω αποθνησκω hiatus
Jn.11:14 τοτε ουν ειπεν αυτοις ο ιησους παρρησια λαζαρος απεθανεν ~~απεθανε~~
therefore <> then He said to them the Jesus in an open manner/ with courage Lazarus he died
B τοτε ουν ειπεν αυτοις ιc παρρησια λαζαρος απεθανεν
א τοτε ουν ειπεν αυτοις ιc παρησια λαζαρος απεθανεν
P66 τοτε ουν ειπεν αυτοις ιc παρρησια λαζαρος απεθανεν
P75 τοτ[ε ο]υν ειπεν αυτοις ο ιc παρρησια [λαζα]ρος [απε]θανεν

(pres,act,ind,1p,sing) (1aor,act,subj,2p,pl) (imperf,act,ind,1p,sing)
χαιρω πιστευω ειμι
Jn.11:15 και χαιρω δι υμας ινα πιστευσητε οτι ουκ ημην εκει αλλα ~~αλλ~~
and I rejoice on account of you all so that you might believe because not I was there but
B και χαιρω δι υμας ινα πιστευσητε οτι ουκ ημην εκει αλλ
א και χαιρω δι υμας ινα πιστευσητε οτι ουκ ημη εκι αλλα
P66 και χαιρω δι υμας ινα πιστευσηται οτι ουκ ημην εκει αλλ
P75 και χαιρω δι υμας [ινα πι]στευσ]ητε οτι ουκ ημην ε[κει αλλ

(pres,act,subj,1p,pl)
αγω
W & H αγωμεν προς αυτον
we should go to him
B αγωμεν προς αυτον
א αγωμεν προς αυτον εις βηθανιαν
P66 αγωμεν προς αυτον
P75 αγ]ωμεν πρ[ος λαζαρον]

(2aor,act,ind,3p,sing) (pres,pass,ptc,nom,sing,masc) (pres,act,subj,1p,pl)
λεγω λεγω αγω
Jn.11:16 ειπεν ουν θωμας ο λεγομενος διδυμος τοις συμμαθηταις αγωμεν και ημεις
therefore <> he said Thomas the one being called Didymus to the fellow disciples we should go also ourselves
B ειπεν ουν θωμας ο λεγομενος διδυμος τοις συνμαθηταις αγωμεν και ημεις
א ειπεν ουν θωμας ο λεγομενος διδυμος τοις συνμαθηταις αγωμεν και ημις
P66 ειπεν ουν θωμας ο λεγομενος διδυμος τοις συνμαθηταις αγωμεν και ημεις
P75 ειπεν ουν θωμας ο λεγομ[ενος διδ]υμος τοις συμμαθηται[ς αγωμεν] και ημεις

(2aor,act,subj,1p,pl)
αποθνησκω
W & H ινα αποθανωμεν μετ αυτου
so that we might have died with Him
B ινα αποθανωμεν μετ αυτου
א ινα αποθανωμεν μετ αυτου
P66 ινα αποθανωμεν μετ αυτου
P75 ινα αποθα[νωμεν μετ α]υ[του]

(2aor,act,ptc,nom,sing,masc) (2aor,act,ind,3p,sing) (pres,act,ptc,acc,sing,masc)
ερχομαι ευρισκω εχω
Jn.11:17 ελθων ουν ο ιησους ευρεν αυτον τεσσαρας$_1$ ηδη$_3$ ημερας$_2$ εχοντα$_4$
therefore <> having come the Jesus He found him four already days having
B ελθω ουν ο ις ευρεν αυτον τεσσαρας ηδη ημερας εχοντα
ℵ ελθω ουν ο ις ευρεν αυτον τεσσαρες$_1$ ηδη$_3$ ημερας$_2$ εχοντα$_4$
P66 ελθων ουν ο ις ευρεν αυτον$_1$ τεσσαρα$_3$ ηδη$_2$ ημερας$_4$ εχοντα$_8$
P75 ελθω [ο]υν ο[ι]ς ε[υρεν αυτο]ν τεσσαρας ηδη ημερας ε[χοντα]

W & H εν τω μνημειω
in the grave
B εν τω μνημειω
ℵ εν$_5$ τω μνημιω
P66 εν$_5$ τω$_6$ μνημειω$_7$
P75 [εν] τω μνημειω

(imperf,act,ind,3p,sing)
ειμι
Jn.11:18 ην δε ~~η~~ βηθανια εγγυς των ιεροσολυμων ως απο σταδιων δεκαπεντε
and <> she was ~~the~~ Bethany near of the Jerusalem about from stadiums fifteen
B ην δε βηθανια εγγυς των ιεροσολυμων ως απο σταδιων δεκαπεντε
ℵ ην δε βηθανια εγγυς των ιεροσολυμων ως απο σταδιω δεκαπεντε
P45 *[εγγυς τω]ν ιε[ροσολυμων ως απο σταδιων δεκα]πεντε
P66 ην δε η βηθανια εγγυς των ιεροοσολυμων ως απο σταδιων δεκαπεντε
P75 ην δε [β]ηθα[νια εγ]γυς των ιεροσολυμων [ως απο στα]διων δεκαπεντε
[P45 * *continues again here*]

(plupf,act,ind,3p,pl)
ερχομαι
Jn.11:19 ~~και~~ πολλοι δε εκ των ιουδαιων εληλυθεισαν προς ~~τας περι~~ την
~~and~~ but <> many from out of the Jews they had come to ~~the ones around~~ the
B πολλοι δε εκ των ιουδαιων εληλυθειcαν προς την
ℵ πολλοι δε εκ των ιουδαιων εληλυθιcαν προς την
P45 πο[λλοι δε εκ] των [ιου]δαιων εληλυ[θειcαν προς τας περ]ι
P66 πολλοι δε εκ των ιουδαιων εληλυθειc[αν] προς την
P75 πολλοι δ[ε εκ τ]ων ι[ο]υδαιων εληλυθει[c]αν [προς τη]ν

(1aor,mid,subj,3p,pl)
παραμυθεομαι
W & H μαρθαν και μαριαμ ινα παραμυθησωνται αυτας περι του αδελφου ~~αυτων~~
Martha and Mary so that they might have consoled them concerning the brother ~~of them~~
B μαρθαν και μαριαμ ινα παραμυθηcωνται αυταc περι του αδελφου
ℵ μαρθαν και μαριαν ινα παραμυθηcωνται αυταc περι του αδεφου
P45 μαρθαν και μ[αριαν] ινα παραμυθηcωνται αυ[ταc] πε[ρι τ]ου αδελφου
P66 μαρθαν και μαριαμ ινα παραμυθηcωνται αυταc περι του αδελφου
P75 μ[αρθα]ν και μαριαμ [ιν]α παραμυθηcωντ[αι αυ]ταc πε[ρι το]υ αδελφου

(1aor,act,ind,3p,sing) (pres,mid,ind,3p,sing) (1aor,act,ind,3p,sing)
ακουω ερχομαι υπανταω
Jn.11:20 η ουν μαρθα ως ηκουσεν οτι ~~ο~~ ιησους ερχεται υπηντησεν αυτω
therefore <> the Martha when she heard that ~~the~~ Jesus He comes she met Him
B η ουν μαρθα ως ηκουσεν οτι ις ερχεται υπηντηcεν αυτω
ℵ η ουν μαρθα ως ηκουσεν οτι ις ερχεται υπηντηcε αυτω
P45 η ουν μαρθα ω[c ηκ]ουσεν οτι ιη ερχεται υπη[ν]τηc[εν] αυτωι
P66 η ουν μαρθα ως ηκουσεν οτι ις ερχεται υπηντηcεν αυτω
P75 η ουν μ[α]ρθα ως η[κουσεν] οτι ις ερχεται υπηντη[cεν αυτ]ω

(imperf,mid,ind,3p,sing)
καθεζομαι
W & H μαριαμ δε εν τω οικω εκαθεζετο
but <> Mary in the house she was sitting down
B μαρια δε εν τω οικω εκαθεζετο
ℵ μαρια δε εν τω οικω εκαθεζετο
P45 μαρια δε εν τω οικ[~~ωι~~] εκαθεζετο
P66 μαρια δε εν τω οικω εαυτης εκαθεζετο
P75 μαρια δε εν [τω] οικω εκαθε[ζετ[ο]

(2aor,act,ind,3p,sing) λεγω — (imperf,act,ind,3p,sing) ειμι — (2aor,act,ind,3p,sing) αποθνησκω

Jn.11:21 ειπεν ουν η μαρθα προς ~~τον~~ ιησουν κυριε ει ης ωδε1 ουκ5 αν6 απεθανεν7 ο2
therefore <> she said the Martha to ~~the~~ Jesus Lord if You were here not would he have died the
B ειπεν ουν η μαρθα προς ιν ει ηc ωδε ουκ αν απεθανεν ο
ℵ ειπεν ουν η μαρθα προc ιν κε ει ηc ωδε ουκ αν απεθανεν ο
P45 ειπεν ουν μαρθ[α] προς τον ιη κε ει ηc ωδε ο
P66 ειπεν ουν η μαρθα προς τον ιν κε ει ηc ωδε1 ουκ5 αν6 απεθανεν7 ο2
P75 ειπεν ου[ν] η μαρθα προς τ[ο]ν ιν κ[ε] ει ηc ωδε ουκ αν απεθανεν ο

W & H αδελφος3 μου4
brother of me
B αδελφος μου
ℵ αδελφοc μου
P45 α[δελ]φοc μου
P66 αδελφοc3 μου4
P75 [αδ]ελφοc μου

(2 perf,act,ind,1p,sing) οιδα — (1aor,mid,subj,2p,sing) αιτεω — (fut,act,ind,3p,sing) διδωμι

Jn.11:22 ~~αλλα~~ και νυν οιδα οτι οσα αν αιτηση τον θεον δωσει σοι ο θεος
~~but~~ even now I have known that as much as even You, Yourself, should ask the God He will give to You the God
B και νυν οιδα οτι οcα αν αιτηcη τον θν δωcει coι ο θc
ℵ και νυν οιδα οτι οcα εαν αιτηcει τον θν δωcει coι ο θc
P45 αλ[λα κα]ι νυν οι[δ]α οτι οc[α] αν αιτ[η]cη τον θν δωcει coι ο θc
P66 αλλα και νυν οιδα οτι οcα αν αιτηcηc τον θεον δωcι coι ο θc
P75 και νυν οιδα οτι οcα εαν αιτηcη τον θν δωcει c[οι] ο θc

(pres,act,ind,3p,sing) λεγω — (fut,mid,ind,3p,sing) ανιστημι

Jn.11:23 λεγει αυτη ο ιησους αναστησεται ο αδελφος σου
He says to her the Jesus he, himself, will rise the brother you
B λεγει αυτη ο ιc αναcτηcεται ο αδελφοc cου
ℵ λεγει αυτη ο ιc αναcτηcεται ο αδελφοc cου
P45 λεγει α[υτηι ο ιη αν]αcτηc[εται ο] αδελφοc cου
P66 λεγει αυτη ο ιc αναcτηcεται ο αδελφοc cου
P75 λεγει αυτη ο ιc αν[αcτηcεται] ο αδελφοc cου

(pres,act,ind,3p,sing) λεγω — (2 perf,act,ind,1p,sing) οιδα — (fut,mid,ind,3p,sing) ανιστημι

Jn.11:24 λεγει αυτω η μαρθα οιδα οτι αναστησεται εν τη αναστασει εν τη εσχατη
she says to Him the Martha I have known that he, himself, will rise in the resurrection on the last
B λεγει αυτω η μαρθα οιδα οτι αναcτηcεται εν τη αναcτ^{α}ηcει εν τη εcχατη
ℵ λεγι αυτω μαρθα οιδα οτι αναcτηcεται εν τη αναcταcει εν τη εcχατη
P45 λεγει αυτωι μαρθα οιδα [οτι αναcτη]cεται εν τ[ηι αναcτα]cει εν τηι εcχατη
P66 λεγει αυτω η μαρθα οιδα οτι αναcτηcεται εν τη αναcταcει εν τη
P75 λ[ε]γε[ι αυτ]ω η μαρθα οιδα οτι αναcτη[cεται ε]ν τη αναcταcει εν τη [εcχατη]

W & H ημερα
day
B ημερα
ℵ ημερα
P45 ημερα
P66 αναcταcει εν τη εcχατη ημερα
P75 [η]μερα

(2aor,act,ind,3p,sing) λεγω — (pres,act,ind,1p,sing) ειμι — (pres,act,ptc,nom,sing,masc) πιστευω

Jn.11:25 ειπεν αυτη ο ιησους εγω ειμι η αναστασις και η ζωη ο πιστευων εις εμε καν
He said to her the Jesus I am the resurrection and the life the one believing in Me even if
B ειπεν αυτη ο ιc εγω ειμι η αναcταcιc και η ζωη ο πιcτευων ειc εμε καν
ℵ ειπεν δε αυτη ο ιc εγω ειμι η αναcταcιc και η ζωη ο πιcτευων ειc εμε καν
P45 ειπεν αυτηι ο ιη εγω ειμ[ι η αναcτα]cιc ο πιcτευων ειc εμε [κ]αν
P66 ειπεν αυτη ιc εγω ειμ η αναcταcιc και η ζωη ο πιcτευων ειc εμε καν
P75 [ε]ιπεν αυ[τη ο ιc εγω] ειμι η α[ν]αcταcιc και η [ζωη ο πιc]τευων [ειc] εμ[ε] καν

	(2aor,act,subj,3p,sing) αποθνησκω	(fut,mid,ind,3p,sing) ζαω
W & H	αποθανη	ζησεται
	he should have died	he, himself, will live
B	αποθανη	ζηcεται
א	αποθανη	ζηcεται
P66	αποθανη	ζηcεται
P75	[αποθανη	ζ]ηcεται
P45	[αποθανη	ζηc]ει

			(pres,act,ptc,nom,sing,masc) ζαω		(pres,act,ptc,nom,sing,masc) πιστευω				(2aor,act,subj,3p,sing) αποθνησκω
Jn.11:26	και	πας ο	ζων	και	πιστευων	εις	εμε	ου μη	αποθανη
	and	all the one	living	and	believing	in	Me	not not/ certainly not/in no wise/by no means	he should have died
B	και	πας ο	ζων	και	πιστευων	εις	εμε	ου μη	αποθανη
א	και	πας ο	ζων	και	πιστευων	εις	εμε	ου μη	αποθανη
P45	κα[ι	πας ο	ζων]	και	πιστευων	εις	εμε	ου μη	απ[οθανη]
P66	και	πας ο	ζων	και	πιστευων	εις	εμε	ου μη	αποθανη
P75	και	[πας ο]	ζων	κα[ι	πι]στευων	εις	εμε	ου μη	αποθανη

				(pres,act,ind,2p,sing) πιστευω	
W & H	εις	τον	αιωνα	πιστευεις	τουτο
	into	the	eons	believe you	this
B	εις	τον	αιωνα	πιστευεις	τουτο
א	εις	τον	αιωνα	πιστευεις	τουτο
P45	[εις	τον	αιωνα	πιστευεις]	τουτο
P66	εις	τον	αιωνα	πιστευεις	τουτο
P75	εις	τον	αιωνα	π[ις]τε[υ]εις	τουτο

	(pres,act,ind,3p,sing) λεγω						(perf,act,ind,1p,sing) πιστευω			(pres,act,ind,2p,sing) ειμι				
Jn.11:27	λεγει	αυτω	ναι	κυριε		εγω	πεπιστευκα	οτι	συ	ει	ο	χριστος	ο	υιος
	she said	to Him	yes	Lord		I	I have believed	that/"	You	You are	the	Christ	the	Son
B	λεγει	αυτω	ναι	κε		εγω	ιπε πιστευκα	οτι	cυ	ει	ο	χc	ο	υιοc
א	λεγει	αυτω	ναι	κε		εγω	πεπιστευκα	οτι	cυ	ει	ο	χc	ο	υc
P45	λεγει	αυτωι	ναι	κε		εγω	π[επιστευκα	οτι	cυ	ει	ο	χc	ο	υc]
P66	λεγι	αυτω	ναι	κε	πιστευω	εγω	πεπιστευκα	οτι	cυ	ει	ο	χc	ο	υιοc
P75	λεγει	αυτω	ναι	κε		εγω	πεπιστευκα	οτι	cυ	ει	ο	χc	ο	υιοc

							(pres,mid,ptc,nom,sing,masc) ερχομαι
W & H	του	θεου	ο	εις	τον	κοσμον	ερχομενος
	of the	God	the One	into	the	world	coming
B	του	θυ	ο	εις	τον	κοσμον	ερχομενοc
א	του	θυ	ο	εις	τον	κοσμον	ερχομενοc
P45	[του]	θυ	ο	εις	τον	κοσμον	ερχομενο[c]
P66	του	θυ	ο	εις	τον	κοσμον	ερχομενοc
P75	του	θυ	ο	εις	τον	κοσμο[ν]	ερχομενοc

			(2aor,act,ptc,nom,sing,fem) λεγω	(2aor,act,ind,3p,sing) απερχομαι	hiatus		(1aor,act,ind,3p,sing) φωνεω		
Jn.11:28	και	τουτο	ειπουσα	απηλθεν	~~απηλθε~~	και	εφωνησεν	μαριαμ	την
	and	these *(things)*	having said	she went forth		and	she called	Mary	the
B	και	τουτο	ειπουcα	απηλθεν		και	εφωνηcεν	μαριαμ	την
א	και	τουτο	ειπουcα	απηλθεν		και	εφωνηcεν	μαριαν	την
P45	και	τουτο	ειπουcα	απηλθεν		και	εθωνηcεν	μαριαν	την
P66	και	ταυτα	ειπουcα	απηλθεν		κα[ι]	εφωνηcεν	μαριαν	την
P75	και	τουτο	ειπου[c]α	απηλθεν		και	εφ[ωνηc]εν	μαριαμ	την

	(2aor,act,ptc,nom,sing,fem) λεγω	(pres,act,ind,3p,sing) παρειμι	(pres,act,ind,3p,sing) φωνεω
W & H	αδελφην αυτης λαθρα ειπουσα ο διδασκαλος παρεστιν και φωνει σε		
	sister of her secretly having said the Teacher He is present and He calls for you		
B	αδελφην αυτηc λαθρα ειπαcα ο διδαcκαλοc παρεcτιν και φωνει cε		
ℵ	αδελφην αυτηc λαθρα ειπουcα ο διδαcκαλοc παρεcτιν και φωνει cε		
P45	αδελ[φην αυτηc λαθρα ειπαcα ο δι]δ[α]cκαλοc παρεcτιν και φωνει cε		
P66	αδελφην αυτηc λαθρα ειπαcα οτι ο διδαcκαλοc παρεcτιν και φωνει c[ε]		
P75	αδε[λ]φην αυτηc λαθρα ειπ[ουcα ο] διδ[α]cκαλ[ο]c παρεcτιν κα[ι] φωνει cε		

Jn.11:29 (1aor,act,ind,3p,sing) ακουω; (pres,mid,ind,3p,sing) εγειρω; (pres,mid,ind,3p,sing) ερχομαι; (imperf,mid,ind,3p,sing) ερχομαι; (pres,mid,ind,3p,sing) ερχομαι

W & H	εκεινη δε ως ηκουσεν ηγερθη ~~εγειρεται~~ ταχυ και ηρχετο ~~ερχεται~~
	and <> that one when she heard she herself rises up quickly and she was coming ~~she comes~~
B	εκεινη δε ωc ηκουcεν ηγερθη ταχυ και ηρχετο
ℵ	εκεινη δε ωc ηκουcεν ηγερθη ταχυ και ηρχετο
P45	[εκεινη δε ωc ηκουcεν εγ]ειρεται ταχυ και ερχεται
P66	εκεινη δε ωc ηκουcεν εγειρετα[ι] ταχυ και ερχεται
P75	εκεινη δε ωc ηκου[c]εν ηγερθη ταχυ και ηρχετ[ο]

W & H	προς αυτον
	to Him
B	προc αυτον
ℵ	προc αυτον
P45	προc [αυ]τον
P66	προc αυτον
P75	προc αυτον

Jn.11:30 (plupf,act,ind,3p,sing) ερχομαι; (imperf,act,ind,3p,sing) ειμι

W & H	ουπω δε εληλυθει ο ιησους εις την κωμην αλλ ην ετι εν τω τοπω οπου
	but <> not yet He had come the Jesus into the village but He was still in the place where
B	ουπω δε εληλυθει ις εις την κωμην αλλ ην ετπ εν τω τοπω οπου
ℵ	ουπω δε εληλυθει ο ις εις την κωμην αλλ ην ετι εν τω τοπω οπου
P45	ο[υπω δε εληλυθει ο ιη] εις τ[ην] κωμην αλλ ην επι τ[ωι] τοπω [οπου]
P66	ουπω δε1 εληλυθει3 ις2 εις4 την κωμην αλλα ην ετι επι τω τοπω οπου
P75	ουπ[ω] δε εληλυθει ο ις εις την κωμην [αλ]λ ην ετι εν τω τοπω οπου

(1aor,act,ind,3p,sing) υπανταω

W & H	υπηντησεν αυτω η μαρθα
	she drew near to Him the Martha
B	υπηντηcεν αυτω η μαρθα
ℵ	υπηντηcε αυτω η μαρθα
P45	[υπηντηcεν αυ]τωι μ[αρθα]
P66	υπηντηcεν αυτω η μαρθα
P75	υπη[ντηc]εν αυτω η μαρθα

Jn.11:31 (pres,act,ptc,nom,pl,masc) ειμι; (pres,mid,ptc,nom,pl,masc) παραμυθεομαι

W & H	οι ουν ιουδαιοι οι οντες μετ αυτης εν τη οικια και παραμυθουμενοι αυτην
	therefore <> the Jews the ones being with her in the house and themselves consoling her
B	οι ουν ιουδαιοι οι οντεc μετ αυτηc εν τη οικια και παραμυθουμενοι αυτην
ℵ	οι ουν ιουδαιοι οι οντεc μετ αυτηc εν τη οικια και παραμυθουμενοι αυτην
P45	οι ουν ιουδαιοι οι οντ[εc] μετ α[υτηc εν τηι οικια [και] παραμ[υ]θουμενοι αυτην
P66	οι ουν ιουδαιοι οι οντεc μετ αυτηc εν τη οικια και παραμυθουμενοι αυτην
P75	οι ουν ιου[δαιοι οι ον]τεc μετ αυτηc εν τη οικια και παραμυθουμενοι αυτην

(2aor,act,ptc,nom,pl,masc) οραω; (2aor,act,ind,3p,sing) ανιστημι; (2aor,act,ind,3p,sing) ερχομαι; (1aor,act,ind,3p,pl) ακολουθεω

W & H	ιδοντες την μαριαμ οτι ταχεως ανεστη και εξηλθεν ηκολουθησαν
	having seen the Mary that quick she rose up and she went out they followed
B	ιδοντεc την μαριαμ οτι ταχεωc ανεcτη και εξηλθεν ηκολουθηcαν
ℵ	ιδοντεc την μαριαν οτι ταχεωc ανεcτη και εξηλθεν ηκολουθηcαν
P45	ιδοντ[εc τ]ην μ[αριαν οτι ταχεωc ανεcτη] κα[ι ε]ξηλθεν ηκολουθη[c]αν]
P66	ιδοντεc την παριαν οτι1 ταχεωc3 ανεcτη2 και4 εξηλθεν ηκολουθηcαν
P75	ιδοντεc την μαριαμ οτι [ταχεωc ανεc]τη και εξηλθεν και ηκο[λουθηcαν]

	(pres,act,ptc,nom,pl,masc) δοκεω	(1aor,act,ptc,nom,pl,masc) λεγω		(pres,act,ind,3p,sing) υπαγω			
W & H	αυτη her	δοξαντες having thought	~~λεγοντες~~ ~~saying~~	οτι that	υπαγει she is going	εις to	το the	μνημειον tomb
B	αυτη	δοξαντες		οτι	υπαγει	εις	το	μνημειον
ℵ	αυτη	δοξαντες		οτι ις	υπαγει	εις	το	μνημιον
P45	[αυτη1 δοξαν]τε[ς			οτι1	υπαγει5	εις2	το3	μνη]μειο[ν4]
P66	αυτη		λεγοντες	οτι	υπαγει	εις	το	μνημειον
P75	[αυ]τη	δοξ[α]ζοντες		οτι	υπ[αγει	εις	το	μ]νημε[ιο]ν

		(1aor,act,subj,3p,sing) κλαιω	
W & H	ινα so that	κλαυση she might weep	εκει there
B	ινα	κλαυση	εκει
ℵ	ινα	κλαυση	εκει
P45	ινα6	κλαυση	εκ[ει]
P66	ινα	κλαυση	εκει
P75	ινα	[κλαυση	[εκει]

					(2aor,act,ind,3p,sing) ερχομαι		(imperf,act,ind,3p,sing) ειμι		(2aor,act,ptc,nom,sing,fem) οραω		(2aor,act,ind,3p,sing) πιπτω	
Jn.11:32	η	ουν therefore <> the	μαριαμ Mary	ως when	ηλθεν she came	οπου where	ην He was	ιησους Jesus	ιδουσα beholding	αυτον Him	επεσεν she fell	αυτου of Him
B	η	ουν	μαριαμ	ως	ηλθεν	οπου	ην	ις	ιδουσα	αυτον	επεσεν	αυτου
ℵ	η	ουν	μαρια	ως	ηλθεν	οπου	ην	ις	ιδουσα	αυτον	επεσεν	αυτου
P45	[η	ουν	μαρ]ιαμ	ως	η[λθεν	οπου]	ην ο	ιη [κα]ι	ιδουσα	αυτον	επες[εν	αυτου]
P66	η	ουν	μαριαμ	ως	ηλθεν	οπου	ην	ις	ιδουσα	αυτον	επεσεν	αυτου
P75	[η	ουν]	μαριαμ	ως	ηλθεν	οπου	[ην	ις και	ιδουσα]	αυτον	επεσεν	αυτου

				(pres,act,ptc,nom,sing,fem) λεγω			(imperf,act,ind,2p,sing) ειμι					(2aor,act,ind,3p,sing) αποθνησκω		
W & H	προς to	τους the	ποδας feet	λεγουσα saying	αυτω to Him	κυριε Lord	ει ης if You were	ωδε here	ουκ not	αν would	μου of me	απεθανεν he died	ο the	αδελφος brother
B	προς	τους	ποδας	λεγουσα	αυτω	κε	ει ης	ωδε	ουκ	αν	μου	απεθανεν	ο	αδελφος
ℵ	προς	τους	ποδας	λεγουσα	αυτω	κε	ει ης	ωδε	ουκ	αν	μου	απεθανεν	ο	αδελφος
P45	[προς	το]υς	ποδ[ας]	λεγους[α	αυτω]	κε	ει ης	ωδε	ουκ	αν	μου	απεθανεν	ο	αδελφος
P66	εις	τους	ποδας	λεγουσα		κε	ει ης	ωδε	ουκ	αν	μου	απεθανεν	ο	αδελφος
P75	[προς	τους	π]οδας	λεγουσα	αυτω	κε	ει ης	[ωδε	ου]κ	αν	μου	απεθανεν	ο	αδελφ[ος]

				(2aor,act,ind,3p,sing) οραω		(pres,act,ptc,acc,sing,fem) κλαιω			(2aor,act,ptc,acc,pl,masc) συνερχομαι
Jn.11:33	ιησους Jesus	ουν therefore <>	ως as	ειδεν He saw	αυτην her	κλαιουσαν crying	και and	τους the ones	συνελθοντας coming with
B	ις	ουν	ως	ειδεν	αυτην	κλαιουσαν	και	τους	συνελθοντας
ℵ	ις	ουν		ειδεν	αυτη	κλαιουσαν	και	τους	συνελθοντας
P45	ιη	[ουν	ως	ειδεν	αυ]την	κλαιουσαν	κα[ι	τους1]	ς[υνεληλυθ]οντας5
P66	ις	ουν	ως	ειδεν	αυτην	κλαιουσαι	και	τους	συνεληλυθοτας
P75	ις	ουν	ως	ειδεν	αυτην	[κλαιο]υσαν	[και	του]ς	συνελθοντας

				(pres,act,ptc,acc,pl,masc) κλαιω		(1aor,mid,ind,3p,sing) εμβριμαομαι
W & H		αυτη her	ιουδαιους Jews	κλαιοντας weeping		ενεβριμησατο He groaned/ snorted/became very angry
B		αυτη	ιουδαιους	κλαιοντας		ενεβρειμησατο
ℵ		αυτη	ιουδαιους	κλαιοντας		εβριμησατο
P45		αυτη16	[ιουδαιους2	κλαιο]ντας3	τους4	[ενβριμ]ουμενο[ς11]
P66	συν	αυτη	ιουδαιους2	κλαιοντας1		εμβριμωμενος7
P75		αυ[τη	ιο]υδ[αιους	κ]λαι[οντ]ας		ενεβρειμησατο

					(1aor,act,ind,3p,sing) ταρασσω	
W & H	τω in the	πνευματι spirit	και and		εταραξεν He was troubled / cause great distress	εαυτον Himself
B	τω	πνευματι	και		εταραξεν	[εα]υτον
ℵ	τω	πνι	και		εταραξεν	εαυτον
P45	[τω18	πνι9		ως]10	εταρα[χθη]7	
P66	τω4	πνι5		ως6	εταραχθη3	
P75	τ[ω	πνι	και		ετα]ραξε[ν	εα]υτον

		(2aor,act,ind,3p,sing)			(perf,ind,act,2p,pl)		(pres, act ind, 3p.pl)			(pres,act,imper,2p,sing)	
		λεγω	hiatus		τιθημι		λεγω			ερχομαι	
Jn.11:34	και	ειπεν	~~ειπε~~	που	τεθεικατε	αυτον	λεγουσιν	αυτω	κυριε	ερχου	και
	and	He said		where	have you all put	him	they say	to Him	Lord	You come	and
B	και	ειπεν		που	τεθεικατε	αυτον	λεγουϲιν	αυτω	κε	ερχου	και
א	και	ειπεν		που	τεθικαται	αυτον	λεγουϲιν	αυτω	κε	ερχου	και
P45	και	λεγει		[π]ου	τεθεικατε	αυ[τον	λεγουϲιν	αυτωι	κε	ερχου	και]
P66	και	ειπεν		του	τεθικαται	αυτον	λεγουϲιν	αυτω	κε	ερχου	και
P75	και	ειπεν		π[ο	τεθεικατ]ε	αυτ[ον	λε]γουϲι	αυτω	κ[ε	ερχου	και]

	(2aor,act,imper,2p,sing)		(1aor,act,ind,3p,sing)		
	οραω		δακρυω		
Jn.11:35	ιδε		εδακρυσεν	ο	ιησους
	see You		He wept	the	Jesus
B	ιδε		εδακρυϲεν	ο	ιϲ
א	ιδε	και	εδακρυϲεν		ιϲ
P45			[εδακρυϲεν	ο	ι]η
P66	ειδε*		εδακ[[ρ]]υϲεν	ο	ιϲ
P75	[ιδε	και	ε]δα[κ]ρ[υϲεν	ο	ιϲ]

[P66 * ειδε *assigned to* 11:34 by Comfort & Barrett *vice* 11:35]

	(imperf,act,ind,3p,pl)				(2aor,act,imper,2p,sing)		(imperf,act,ind,3p,sing)	
	λεγω				οραω		φιλεω	
Jn.11:36	ελεγον	ουν	οι	ιουδαιοι	ιδε	πως	εφιλει	αυτον
	therefore <> they were saying		the	Jews	behold you	how	He was loving/ continues to love	him
B	ελεγον	ουν	οι	ιουδαιοι	ιδε	πωϲ	εφιλει	αυτον
א	ελεγαν	ουν	οι	ιουδαιοι	ιδε	πωϲ	εφιλει	αυτον
P45	ελεγον	ου[ν	οι	ιουδαιοι	ιδε	πωϲ	εφιλει	αυτον]
P66	ελεγον	ουν	οι	ιουδαιοι	ειδε	πωϲ	εφιλει	αυτον
P75	[ελεγον	ουν	οι	ιουδαιοι	ι]δε	πωϲ	ε[φιλει	αυτον]

				(2aor,act,ind,3p,pl)	(2aor,act,ind,3p,pl)		(imperf,pass,ind,3p,sing)	(imperf,pass,ind,3p,sing)	
				λεγω	λεγω		δυναμαι	δυναμαι	
Jn.11:37	τινες δε	εξ	αυτων	ειπαν	~~ειπον~~	ουκ	εδυνατο	~~ηδυνατο~~	ουτος
	but <> some	from out	of them	they said	~~they said~~	not	He was able	~~He was able~~	this One
B	τινεϲ δε	εξ	αυτων		ειπον	ουκ	ε^{η}δυνατο		ουτοϲ
א	τινεϲ δε	εξ	αυτων	ειπαν		ουκ		ηδυνατο	ουτοϲ
P45	[τινεϲ δε	*							
P66	τινεϲ δε$_1$	εξ$_3$	αυτων$_4$		ειπον$_2$	ουκ$_5$	εδυνατο		ουτοϲ
P75	[τινεϲ δε	ε]ξ	αυτων		[ε]ιπον	[ουκ	εδυνατο		ουτοϲ]

[P45 * *missing text begins again* @ 11:42a]

		(1aor,act,ptc,nom,sing,masc)					(1aor,act,infin)					(2aor,act,subj,3p,sing)
		ανοιγω					ποιεω					αποθνησκω
W & H	ο	ανοιξας	τους	οφθαλμους	του	τυφλου	ποιησαι	ινα	και	ουτος	μη	αποθανη
	the One	opening	the	eyes	of the	blind one	to have done	so that	also	this one	not	he should have died.
B	ο	ανοιξαϲ	τουϲ	οφθαλμουϲ	του	τυφλου	ποιηϲαι	ινα	και	ουτοϲ	μη	αποθανη
א	ο	ανοιξαϲ	τουϲ	οφθαλμουϲ	του	τυφλου	ποιηϲαι	ινα	και	ουτοϲ	μη	αποθανη
P66	ο	ανοιξαϲ	τουϲ	οφθαλμουϲ	του	τυφλου	ποιηϲαι	ινα	και	ουτοϲ	μη	αποθανη
P75	[ο	αν]οιξαϲ	τουϲ	ο[φθαλμουϲ	του	τυφλου]	ποιηϲ[αι	ι]να	κ[αι	ουτοϲ	μη	αποθανη]

				(pres,mid,ptc,nom,sing,masc)			(pres,mid,ind,3p,sing)		
				εμβριμαομαι			ερχομαι		
Jn.11:38	ιησους	ουν	παλιν	εμβριμωμενος	εν	εαυτω	ερχεται	εις	το
	therefore <> Jesus		again	He, Himself groaning/ snorting/ becoming angry	in	Himself	He comes	to	the
B	ιϲ	ουν	παλιν	εν^{μ}βρειμωμενοϲ	εν	εαυτω	ερχεται	ειϲ	το
א	ιϲ	ουν	παλιν	εμβριμουμενοϲ	εν	εαυτω	ερχεται	ειϲ	το
P66	ιϲ	ουν	παλιν	εμβριμωμενοϲ	εν	εαυ[[αυ]]τω	ερχεται	ειϲ	το
P75	[ι]ϲ	ουν	πα[λιν	ε]μβρει[μωμενοϲ	εν	εαυτ]ω	ερχεται	[ειϲ	το]

		(imperf,act,ind,3p,sing)					(imperf,mid,ind,3p,sing)		
		ειμι					επικειμαι		
W & H	μνημειον	ην	δε	σπηλαιον	και	λιθος	επεκειτο	επ	αυτω
	tomb	and <>	it was	a cave	and	a stone	he, himself, was lying	on/upon	it.
B	μνημειον	ην	δε	ϲπηλαιον	και	λιθοϲ	επεκειτο	επ	αυτω
א	μνημιον	ην	δε	ϲπηλαιον	και	λιθοϲ	επεκειτο		αυτω
P66	μνημειον	ην	δε	ϲπηλαιον	και	λιθοϲ	επεκειτο	επ	αυτω
P75	[μνημειον	ην	δε	ϲπη]λαιον	και	[λιθοϲ	επεκειτο	επ	αυ]τω

(pres,act,ind,3p,sing) (1aor,act,imper,2p,pl) (pres,act,ind,3p,sing) (perf,act,ptc,gen,sing,masc)
λεγω αιρω λεγω τελευταω
Jn.11:39 λεγει ο ιησους αρατε τον λιθον λεγει αυτω η αδελφη του τετελευτηκοτος
He says the Jesus you all take away the stone she says to Him the sister of the one having died
B λεγει ις αρατε τον λιθον λεγει αυτω η αδελφη του τετελευτηκοτος
א λεγει ο ις αρατε τον λιθον λεγι αυτω η αδελφη του τετελευτηκοτος
P66 λεγε ο ις αραται τον λιθον λεγει αυτω η αδελφη του τετελευτηκοτος
P75 λε[γ]ει ο ις αρα[τε τον λιθον λεγει αυ]τω η αδελφη του [τετελευτηκοτος]

(pres,act,ind,3p,sing) (pres,act,ind,3p,sing)
οζω ειμι
W & H μαρθα κυριε ηδη οζει τεταρταιος γαρ εστιν
Martha Lord already he stinks for <> fourth *(day)* it is
B μαρθα κε ηδη οζει τεταρτε[αι]ος γαρ εστιν
א μαρθα κε ηδη οζει τεταρταιος γαρ εστιν
P66 μαρθα ηδη οζει τεταρταιος γαρ εστιν
P75 μαρθα κε ηδη οζε[ι τετα]ρταιος γαρ εστιν]

(pres,act,ind,3p,sing) (2aor,act,ind,1p,sing) (1aor,act,subj,2p,sing) (fut,mid,ind,2p,sing) (fut,act,ind,2p,sing)
λεγω λεγω πιστευω οραω οραω
Jn.11:40 λεγει αυτη ο ιησους ουκ ειπον σοι οτι εαν πιστευσης οψη ~~οψει~~ την
He say to her the Jesus not I said to you that if you should believe you, yourself, will see ~~you will see~~ the
B λεγει αυτη ο ις ουκ ειπον σοι οτι εαν πιστευσης οψη την
א λεγει αυτη ο ις ουκ ειπον σοι οτι εαν πιστευσης οψη την
P66 λεγει αυτη ις ουκ ειπον σοι εαν πιστευσης οψη την
P75 λεγει [αυτη ο] ις [ουκ] ειπον σοι οτ[ι εαν πις]ευσης [οψη] την

W & H δοξαν του θεου
glory of the God
B δοξαν του θυ
א δοξαν του θυ
P66 δοξαν του θυ
P75 [δο]ξαν του θυ

(1aor,act,ind,3p,pl) (imperf,act,ind,3p,sing) (perf,act,ptc,nom,sing,masc)(pres,act,ptc,nom,sing,masc)
αιρω ειμι θνηκω κειμαι
Jn.11:41 ηραν ουν τον λιθον ~~ου ην ο τεθνηκως κειμενος~~ ο δε ιησους
therefore <> they took away the stone ~~where he was the one having died lying~~ and <> the Jesus
B ηραν ουν τον λιθον ο δε ις
א ηραν ουν τον λιθον ο δε ις
P66 ηραν ουν τον λιθον ο δε ις
P75 ηρα[ν ου]ν τον λιθο[ν ο] δε ις

(1aor,act,ind,3p,sing) (2aor,act,ind,3p,sing) (pres,act,ind,1p,sing) (1aor,act,ind,2p,sing)
αιρω λεγω ευχαριστεω ακουω
W & H ηρεν τους οφθαλμους ανω και ειπεν πατερ ευχαριστω σοι οτι ηκουσας μου
lifted the eyes upward and He said Father I thank You that You heard Me
B ηρεν τους οφθαλμους ανω και ειπεν πατερ ευχαριστω σοι οτι ηκουσας μου
א ηρεν τους οφθαλμους ανω κ(αι) ειπεν πατερ ευχαριστω σοι οτι ηκουσας μου
P66 ηρεν τους οφθαλμους ανω και ειπεν περ ευχαριστω σοι οτι ηκουσας μου
P75 [ηρ]εν τους οφθ[αλ]μους ανω κα[ι ει]πεν [πατερ] ευχαριστω σοι οτι ηκο[υσα]ς μου

(plupf,act,ind,1p,sing) (pres,act,ind,2p,sing)
οιδα ακουω
Jn.11:42 εγω δε ηδειν οτι παντοτε μου ακουεις αλλα δια τον οχλον τον
and <> I I have known that always of Me You hear but on account of the crowd the one
B εγω δε ηδειν οτι παντοτε μου ακουεις αλλα δια τον οχλον τον
א εγω δε ηδειν οτι παντοτε μου ακουεις αλλα δια τον οχλον το
P66 εγω δε ηδειν οτι παντοται μου ακουεις αλλα δια τον οχλον τον
P75 [εγω δε ηδειν οτι] παντοτε μου ακουεις [αλλα δια τον οχλον το]ν

(perf,act,ptc,acc,sing,masc) (2aor,act,ind,1p,sing) (1aor,act,subj,3p,pl) (1aor,act,ind,2p,sing)
περιιστημι λεγω πιστευω αποστελλω
W & H περιεστωτα ειπον ινα πιστευσωσιν οτι συ με απεστειλας
having stood around I spoke so that they should believe that You Me You did send
B περιεστωτα ειπον ινα πιστευσωσιν οτι συ με απεστειλας
א περιεστωτα ειπο ινα πιστευσωσι οτι συ με απεστιλας
P45 * [ωτα ειπον ινα πιστευσωσιν οτι συ με απεστ]ειλα[ς]
P66 περιεστωτα ειπον ινα πιστευσωσιν οτι συ με απεστειλας
P75 περιεστωτα [ειπον ινα πιστευσωσι] ο[τι σ]υ με απε[στειλας]
[P45 * *begins again here with fragments*]

(2aor,act,ptc,nom,sing,masc) λεγω (1aor,act,ind,3p,sing) κραυγαζω
Jn.11:43 και ταυτα ειπων φωνη μεγαλη εκραυγασεν λαζαρε
and these things having said with a voice great He cried out Lazareth
B και ταυτα ειπων φωνη μεγαλη εκραυγασεν λαζαρε
א και ταυτα ειπων φωνη μεγαλη εκραυγαζε λαζαρ
Ᵽ45 κ[αι] ταυτα [ειπων φω]νηι μεγα[ληι εκραυγας]εν [λαζαρε]
Ᵽ66 και ταυτα ειπων φωνη μεγαλη εκραυγασεν λαζαρε
Ᵽ75 και ταυτα ειπω[ν φ]ωνη μεγα[λη εκραυγασεν λ]αζαρε

(adv. used as imperative)
W & H δευρο εξω
you come (hither) out
B δευρο εξω
א δευρο εξω
Ᵽ45 δευρο ελθε εξω
Ᵽ66 δευρο εξω
Ᵽ75 δε[υρ]ο ε[ξω]

(2aor,act,ind,3p,sing) εξερχομαι (perf,act,ptc,nom,sing,masc) θνησκω (perf,pass,ptc,nom,sing,masc) δεω
Jn.11:44 ~~και~~ εξηλθεν ο τεθνηκως δεδεμενος τους ποδας και τας χειρας κειριαις
~~and~~ he came forth the one having died having been bound the feet and the hands with grave clothes
B εξηλθεν ο τεθνηκως δεδεμενος τους ποδας και τας χειρας κειριαις
א και εξηλθεν ο τεθνηκως δεδεμενος τους ποδας και τας χιρας κιριαις
Ᵽ 45 κ[αι εξηλθεν ο τεθ]νηκως δεδε[μενος το]υς π[οδ]ας τας χειρας κειριαις
Ᵽ 66 εξηλθεν ο τεθνηκως δεδεμενος τους ποδας και τας χειρας κηριαις
Ᵽ 75 ε[ξηλθεν ο τεθνηκω]ς δεδεμεν[ο]ς του[ς ποδας και τας χειρα]ς κειριαις

(plupf,pass,ind,3p,sing) περιδεω (pres,act,ind,3p,sing) λεγω
W & H και η οψις αυτου σουδαριω περιεδεδετο λεγει1 [ο3] ιησους4
and the face of him with a handkerchief having had been wrapped up He says the Jesus
B και η οψις αυτου σουδαριω περιεδεδετο λεγει ις
א και η οψις αυτου σουδαριω περιεδεδετο λεγει1 ο3 ις4
Ᵽ45 και [η ο]ψις αυτου σουδαριωι εδ[εδετο λε]γει1 ο3 ιη4
Ᵽ66 και η οψις αυτου σουδαριω περιεδεδετο λεγει αυτοις ο ις
Ᵽ75 και η οψις αυ[του σουδ]αριω περιεδεδετο λεγει ις

(1aor,act,imper,2p,pl) λυω (2aor,act,imper,2p,pl) αφιημι (pres,act,inf) υπαγω
W & H αυτοις2 λυσατε αυτον και αφετε αυτον υπαγειν
to them you all set free him and you all let him to go forth
B αυτοις λυσατε αυτον και αφετε αυτον υπαγειν
א αυτοις2 λυσατε5 αυτον και αφεται υπαγειν
Ᵽ45 αυτοις2 λυσατε5 αυτον και [α]φετε αυτον υπαγειν
Ᵽ66 λυσαται αυτον και αφεται αυτον υπαγειν
Ᵽ75 αυ[τοις] λυσατε αυτον και αφετε αυτον [υπα]γειν

(2aor,act,ptc,nom,pl,masc) ερχομαι
Jn.11:45 πολλοι ουν εκ των ιουδαιων οι ελθοντες προς την μαριαμ
therefore <> many from out of the Jews the ones having come to the Mary
B πολλοι ουν εκ των ιουδαιων οι ελθοντες προς την μαριαμ
א πολλοι δε εκ των ιουδαιων οι ελθοτες προς την
Ᵽ45 πολ[λο]ι εκ [τω]ν ιπυδαιων οι ελθοντες προς [τ]ην μαριαμ
Ᵽ66 πολλοι ουν εκ των ιουδαιων οι ελθοντες προς την
Ᵽ75 πο[λ]λοι ουν εκ των ιουδαι[ων οι ελθοντες προς την] μαρ[ια]μ *
[Ᵽ75 * 10 *lines missing begins again*@ 11:48]

(1aor,mid,ptc,nom,pl,masc) θεαομαι (1aor,act,ind,3p,sing) ποιεω (1aor,act,ind,3p,pl) πιστευω

W & H ~~μαριαν~~ και θεασαμενοι ο ~~α~~ εποιησεν ~~ο ιησους~~ επιστευσαν εις αυτον
~~Mary~~ and having themselves beheld the one ~~the one~~ He did ~~the Jesus~~ they believed in Him
B και θεασαμενοι ο εποιησεν επιστευσαν εις αυτον
ℵ μαριαν και θεασαμενοι α εποιησεν ις επιστευσαν εις αυτον
P45 και εωρακοτες ο α [ε]ποι[ησ]εν επιστευσαν εις αυτον
P66 μαριαν εωρακοτες οσα εποιησεν επιστευσαν εις αυτον

(2aor,act,ind,3p,pl) απερχομαι (2aor,act,ind,3p,pl) λεγω

Jn.11:46 τινες δε εξ αυτων απηλθον προς τους φαρισαιους και ειπαν
but <> some from out of them they went forth to the Pharisees and they told
B τινες δε εξ αυτων απηλθον προς τους φαρεισαιους και
ℵ τινες δε εξ αυτων απηλθον προς τους φαρισαιους και ειπαν
P45 τι[ν]ες δε [εξ αυ]τω[ν απηλθον] προς [το]υς φαρεισαιους και
P66 τινες δε εξ αυτων απηλθαν προς τους φαρεισαιους και ειπαν

(2aor,act,ind,3p,sing) λεγω (1aor,act,ind,3p,sing) ποιεω

W & H ~~ειπον~~ αυτοις α εποιησεν ~~ο~~ ιησους
~~he told~~ to them the ones He did ~~the~~ Jesus
B ειπον αυτοις α εποιησεν ις
ℵ αυτοις α εποιησεν ο ις
P45 ειπον αυ[τοις α επ]οιησεν [ιη]
P66 αυτοις α εποιησεν ις

(2aor,act,ind,3p,pl) συναγω (imperf,act,ind,3p,pl) λεγω

Jn.11:47 συνηγαγον ουν οι αρχιερεις και οι φαρισαιοι συνεδριον και ελεγον
therefore <> they gathered together the chief priests and the Pharisees *(the)* Sanhedrin and they were saying
B συνηγαγον ουν οι αρχιερεις και οι φαρεισαιοι συνεδριον και ελεγον
ℵ συνηγαγον ουν οι αρχιερεις και οι φαρισαιοι συνεδριον και
P45 [συνηγα]γον [ο]υν οι αρχιερεις και οι φαρεισαι[οι συνε]δριον και [ελεγον]
P66 συνηγαγον ουν οι αρχιερεις και οι φαρισαιοι συνεδριον και ελεγον

(pres,act,ind,1p,pl) ποιεω (pres,act,ind,3p,sing) ποιεω

W & H τι ποιουμεν οτι ουτος ο ανθρωπος πολλα₁ ποιει₃ σημεια₂
what are we doing because/" this the Man many He is doing signs
B τι ποιουμεν οτι ουτος ο ανθρωπος πολλα ποιει σημεια
ℵ ελεγαν τι ποιουμεν οτι ουτος ο ανθρωπος πολλα ποιει σημια
P45 [τι π]οιουμεν ουτος ο ανθρωπος πολ[λα ποιει] σημεια
P66 τι ποιουμεν οτι ουτος ο ανος πολλα ποιει σημεια

(2aor,act,subj,1p,pl) αφιημι (fut,act,ind,3p,pl) πιστευω

Jn.11:48 εαν αφωμεν αυτον ουτως παντες πιστευσουσιν εις αυτον και
if we should let Him thus all they will believe in Him and
B εαν αφωμεν αυτον ουτως παντες πιστευσουσιν εις αυτον και
ℵ εαν αφωμεν αυτον ουτως παντες πιστευουσιν εις αυτον και
P45 [εαν αφωμ]εν α[υ]τον ουτως παντες πιστευ[σουσιν εις αυτον και]
P66 εαν αφωμεν αυτον ουτως παντες πιστευσωσιν εις αυτον και

(fut,mid,ind,3p,pl) ερχομαι (fut,act,ind,3p,pl) αιρω

W & H ελευσονται οι ρωμαιοι και αρουσιν ημων και τον τοπον και το εθνος
they, themselves, will come the Romans and they will take of us both the place and the nation.
B ελευσονται οι ρωμαιοι και αρουσιν ημων και τον τοπον και το εθνος
ℵ ελευσοναι οι ρωμαιοι και αρουσιν ημων και τον τοπον κ(αι) το εθνος
P45 [ελευσοντα]ι οι [ρω]μαιοι και αρουσιν ημων [και τον τοπον και το εθνος]
P66 ελευσονται οι ρωμαιοι και αρουσιν ημων και τον τοπον και το εθνος
P75 * [και] τ[ο εθνος]
[P75* *continues again*]

								(pres,act,ptc,nom,sing,masc) ειμι				(2aor,act,subj,3p,sing) λεγω
Jn.11:49	εις	δε	τις	εξ	αυτων	καιαφας	αρχιερευς	ων	του	ενιαυτου	εκεινου	ειπεν
	but <> one		a certain one	from out	of them	Caiaphas	high priest	being	of the	year	of that	he said
B	εις	δε	τις	εξ	αυτων	καιαφας	αρχιερευς	ων	του	ενιαυτου	εκεινου	ειπεν
א	εις	δε	τις	εξ	αυτων	καιαφας	αρχιερευς	ων	του	ενιαυτου	εκεινου	ειπεν
P45	εις	δε	[τ]ις	εξ	αυτων	καιαφας	αρχιε[ρευς	ων	του	ενιαυτου	εκειν]ου	ειπ[ε]ν
P66	εις	δε		εξ	αυτων	καιαφας	αρχιερευς	ων	του	ενιαυτου	εκεινου	ειπεν
P75	[εις	δ]ε	τις	εξ	αυτων	καιαφ[ας	αρχιερευ]ς	ων	του	ενιαυτου	ε[κεινου	ειπεν]

				(2 perf,act,ind,2p,pl) οιδα	
W & H	αυτοις	υμεις	ουκ	οιδατε	ουδεν
	to them	you all	not	you all have know	nothing
B	αυτοις	υμεις	ουκ	οιδατε	ουδεν
א	αυτοις	υμις	ουκ	οιδατε	ουδεν
P45	αυτοις	υμεις	ουκ	οιδατε	ου[δεν]
P66	αυτοις	υμεις	ουκ	οιδαται	ουδεν
P75	[α]υτοις	υμεις	ουκ	ο[ιδατε	ουδεν]

		(pres,mid,ind,2p,pl) λογιζομαι	(pres,mid,ind,2p,pl) διαλογιζομαι		(pres,act,ind,3p,sing) συμφερω				
Jn.11:50	ουδε	λογιζεσθε	~~διαλογιζεσθε~~	οτι	συμφερει	υμιν	~~ημιν~~	ινα	εις
	nor	you consider	~~you reason thoroughly~~	that	it is advantageous	for us	~~for you all~~	so that	one
B	ουδε	λογιζεσθε		οτι	συμφερει	υμιν		ινα	εις
א	ουδε	λογιζεσθε		οτι	συμφερει			ινα	εις
P45	[ουδε	λογιζεσθε		οτι	συμ]φερει	υμιν		ινα	εις
P66	ουδε	λογιζεσθαι		οτι	συμφερει	υμιν		ινα	εις
P75	[ουδε	λογιζεσθε		οτι]	σ[υ]μ[φερει	υμιν		ινα	εις]

		(2aor,act,subj,3p,sing) αποθνησκω									(2aor,mid,subj,3p,sing) απολλυμι
W & H	ανθρωπος	αποθανη	υπερ	του	λαου	και	μη	ολον	το	εθνος	αποληται
	man	He should die	on behalf	of the	people	and	not	whole/entire	the	nation	it, itself, should have perished
B	ανθρωπος	αποθανη	υπερ	του	λαου	και	μη	ολον	το	εθνος	αποληται
א	ανθρωπος	αποθανη	υπερ	του	λαου	και	μη	ολον	το	εθνος	αποληται
P45	ανθρωπος	απο[θανη	υπερ	του	λαου	και	μη	ολ]ον	το	ε[θ]νος	αποληται
P66	ανος	αποθανη	υπερ	του	λαου	και	μη	ολον	το	εθνος	αποληται
P75	[ανος	α]ποθαν[η	υπερ	του	λαου	και	μη	ολο]ν	το	εθνο[ς	αποληται]

						(2aor,act,ind,3p,sing) λεγω			(pres,act,ptc,nom,sing,masc) ειμι			
Jn.11:51	τουτο	δε	αφ	εαυτου	ουκ	ειπεν	αλλα	αρχιερευς	ων	του	ενιαυτου	εκεινου
	but <> this		from	himself	not	he spoke	but	high priest	being	of the	year	of that
B	τουτο	δε	αφ	εαυτου	ουκ	ειπεν	αλλα	αρχιερευς	ων	του	ενιαυτου	εκεινου
א	τουτο	δε	αφ	εαυτου	ουκ	ειπεν	αλλα	αρχιερευς	ων	του	ενιαυτου	εκινου
P45	τουτο	δε	αφ	ε[α]υτου	[ουκ	ειπεν	αλλα	αρχι]ερευ[ς	ω]ν			
P66	τουτο	δε	αφ	εαυτου	ουκ	ειπεν	αλλα	αρχιερευς	ων	του	ενιαυτου	
P75	[τουτο	δε]	αφ	εαυτου	[ουκ	ειπεν	αλλα	αρχιερε]υς	ων	του	εν[ιαυτου	εκεινου]

	(1aor,act,ind,3p,sing) προφητευω		(imperf,act,ind,3p,sing) μελλω			(pres,act,inf) αποθνησκω
W & H	επροφητευσεν	οτι	εμελλεν	~~ο~~	ιησους	αποθνησκειν
	he prophesied	that/“	He was about to	~~the~~	Jesus	to die
B	επροφητευσεν	οτι	ημελλεν		ις	αποθνησκειν
א	επροφητευσε	οτι	εμελλεν		ις	αποθνησκιν
P45	επροφητευσεν	οτι	ημελ[~~λ~~]εν		ιης	[~~αποθνησκειν~~]
P66	επροφητευσεν	οτι	ημελλεν		ις	αποθνησκειν
P75	[επροφ]ητευσεν	[οτι	ημελλεν		ις	αποθνη]σκειν

W & H	υπερ	του	εθνους
	on behalf	of the	nation
B	υπερ	του	εθνους
א	υπερ	του	εθνους
P45	[~~υπερ~~]	του	ε[~~θν~~]ους
P66	υπερ	του	εθνους
P75	υ[πε]ρ	[το]υ	[εθνους]

Jn.11:52 και ουχ υπερ του εθνους μονον αλλ ινα και τα τεκνα του θεου τα
and not on behalf of the nation only but so that also the children of the God the ones
B και ουχ υπερ του εθνουc μονον αλλ ινα και τα τεκνα του θυ τα
ℵ και ουχ υπερ του εθνουc μονον αλλ ινα και τα τεκνα του θυ τα
P45 και ουχ υπερ τ[ο]υ εθνο[υc μ]ονο[ν αλλα ινα και τα τεκν]α του θ[υ] τα
P66 και ουχ υπερ του εθνουc μονον αλλ ινα και τα τεκνα του θυ τα
P75 [και ουχ υπερ] του εθνουc μο[νον αλλα ινα και τα] τεκνα του θυ τ[α]

(perf,pass,ptc,acc,pl,neut) διασκορπιζω (2aor,act,subj,3p,sing) συναγω
W & H διεσκορπισμενα συναγαγη εις εν
having been scattered He would gather into one
B διεcκορπιcμενα cυναγαγη ειc εν
ℵ διεcκορπιcμενα cυναγαγη ειc εν
P45 εcκορπιcμενα cυναγα[γη] ειc εν
P66 εcκορπιcμενα cυναγαγη ειc εν
P75 [διεcκορπιcμενα] cυνα[γα]γη ειc εν

(1aor,mid,ind,3p,pl) βουλευομαι (1aor,mid,ind,3p,pl) συμβουλευω
Jn.11:53 απ εκεινης ουν της ημερας εβουλευσαντο ~~συνεβουλευσαντο~~ ινα
therefore <> from that the day they themselves thought about carefully ~~they, themselves, plotted~~ so that
B απ εκεινηc ουν τηc ημεραc εβουλευcαντο ινα
ℵ απ εκεινηc ουν τηc ημεραc εβουλευcαντο ινα
P45 [απ εκεινηc ουν] τηc η[~~με~~]ραc εβουλευcαντο ι[~~να~~]
P66 απ εκεινηc ουν τηc ημεραc εβουλευcαντο ινα
P75 [απ εκεινηc ουν] τ[ηc ημε]ραc εβ[ουλευcαν[το ινα

(pres,act,subj,3p,pl) αποκτεινω
W & H αποκτεινωσιν αυτον
they might kill Him
B αποκτεινωcιν αυτον
ℵ αποκτινωcιν αυτον
P45 [α]ποκ[τεινωcιν αυτον]
P66 αποκτινωcιν αυτον
P75 απ[ο]κ[τει]νωcιν αυ[το]ν

(imperf,act,ind,3p,sing) περιπατεω
Jn.11:54 ο ουν ιησους ουκετι ~~ουκ ετι~~ ~~ουκετι~~ παρρησια περιεπατει εν τοις ιουδαιοις αλλα
therefore <> the Jesus no longer ~~not still~~ ~~no longer~~ openly He was walking among the Jews but
B ο ουν ιc ουκετι παρρηcια περιεπατει εν τοιc ιουδαιοιc αλλα
ℵ ο ουν ιc ουκετι παρρηcια περιεπατει εν τοιc ιουδαιοιc αλλα
P45 [ο ουν ιη ουκετι] παρρηcια περιεπατε[ι εν το]ιc ιο[υδαιοιc αλλ]α
P66 ο δε ιc ουκετι παρρηcια περιεπατει εν τοιc ιουδαιοιc αλλα
P75 ο ουν ιc ουκετι [π]αρρηcια περ[ιε]πατει εν τοιc ιο[υδαι]οιc αλλα

(2aor,act,ind,3p,sing) ερχομαι
W & H απηλθεν εκειθεν εις την χωραν εγγυς της ερημου εις εφραιμ
He went away from there into the country near the wilderness into Ephraim
B απηλθεν εκειθεν ειc την χωραν εγγυc τηc ερημου ειc εφραιμ
ℵ απηλθεν εκειθεν ειc την χωραν εγγυc τηc ερημου ειc εφρεμ
P45 απη[~~λθεν εκειθεν ειc τη~~]ν χωραν εγγυc τηc ε[~~ρημου ειc ε~~]φ[~~ραιμ~~]
P66 απηλθεν εκειθεν ειc την ξωραν εγγυc τηc ερημου εφραιμ
P75 απηλθεν εκειθεν ειc [τη]ν χωραν εγ[γυc τηc ε]ρ[ημου] ειc εφραιμ

(pres,mid,ptc,acc,sing,fem) λεγω (1aor,act,ind,3p,sing) μενω
W & H λεγομενην πολιν κακει εμεινεν μετα των μαθητων
being called a city and there He remained with the disciples.
B λεγομενην πολιν κακει εμεινεν μετα των μαθητων
ℵ λεγομενην πολι κακει εμινεν μετα των μαθητω
P45 λεγομε[νην πολιν] κακει διετρεβεν μ[ετα των μαθητων]
P66 λεγομενη πολιν κακει εμεινεν μετα των μαθητων
P75 λ[εγομενην πολιν κα]κει εμεινεν [μετα των μαθητων]

(imperf,act,ind,3p,sing) (2aor,act,ind,3p,pl)
ειμι αναβαινω
Jn.11:55 ην δε εγγυς το πασχα των ιουδαιων και ανεβησαν πολλοι εις ιεροσολυμα
and <> it was near to the Passover of the Jews and they went up many into Jerusalem
B ην δε εγγυc το παcχα των ιουδαιων και ανεβηcαν πολλοι ειc ιεροcολυμα
ℵ ην δε εγγυc το παcχα των ιουδαιων και ανεβηcαν πολλοι ειc ιεροcολυμα
P45 η[ν δε εγγυc το παcχ]α των ιουδαιων και [ανεβηcαν] πολλοι ειc [ιεροcολυμα]
P66 ην δε εγγυc το παcχα των ιουδαιων και ανεβηcαν πολλοι ειc ιεροcολυμα
P75 ην δε [εγγυc το παcχα των ιουδαι]ων κα[ι αν]εβηcα[ν πολλοι ειc ιεροcολ]υμα

(1aor,act,subj,3p,pl)
αγνιαζω
W & H εκ της χωρας προ του πασχα ινα αγνισωσιν εαυτους
from out of the country before the Passover so that they might purify themselves
B εκ τηc χωραc προ του παcχα ινα αγνιcωcιν εαυτουc
ℵ εκ τηc χωραc προ του παcχα ινα αγνιcωcιν εαυτουc
P45 [εκ τηc χ]ωραc προ του παcχα ιν[α αγνιcω]cιν εαυ[τουc]
P66 εκ τηc χωραc προ του παcχα ινα αγνιcωcιν εαυτουc
P75 [ε]κ τη[c] χωρα[c προ του παcχα] ινα α[γ]νιcωcιν εαυ[τουc]

(imperf,act,ind,3p,pl) (imperf,act,ind,3p,pl) (pres,act,ptc,nom,pl,masc)
ζητεω λεγω ιστημι
Jn.11:56 εζητουν ουν τον ιησουν και ελεγον μετ αλληλων εν τω ιερω εστηκοτες
therefore <> they were seeking the Jesus and they were saying with one another in the temple standing
B εζητουν ουν τον ιν και ελεγον μετ αλληλων εν τω ιερω εcτηκοτεc
ℵ εζητουν ουν τον ιν και ελεγαν μετ αλληλων εν τω ιερω εcτηκοτεc
P45 [εζητουν ουν τον ι]ν και ελεγον μετ [αλληλων εν τω ιερωι εcτηκοτεc
P66 εζητουν ουν τον ιν και ελεγον μετ αλληλων εν τω ιερω εcτηκοτεc
P75 εζητουν ουν τον ιν και ελεγ[ον μετ αλληλων] εν τω ιερω εcτηκοτεc

(pres,act,ind,3p,sing) (2aor,act,subj,3p,sing)
δοκεω ερχομαι
W & H τι δοκει υμιν οτι ου μη ελθη εις την εορτην
what does it seem to you all that certainly not/no way He would come to the temple
B τι δοκει υμιν οτι ου μη ελθη ειc την εορτην
ℵ τι δοκει υμιν οτι ου μη ελθη ειc την εορτη
P45 [τι δοκει υμ]ιν οτι ου μη ελθ[η ειc την εορτην]
P66 τι δοκι υμειν οτι ου μη ελθη ειc την εορτην
P75 [τι δοκει] υμιν οτι ου μη ελθη ειc την ε[ορ]τ[η]ν

(plupf,act,ind,3p,pl)
διδωμι
Jn.11:57 δεδωκεισαν δε οι αρχιερεις και οι φαρισαιοι εντολας
and <> they had given the chief priests and the Pharisees a command
B δεδωκειcαν δε οι αρχιερειc και οι φαρειcαιοι εντολαc
ℵ δεδωκιcαν δε οι αρχιεριc και οι φαριcαιοι εντολαc
P45 [δεδωκειcαν δε οι αρχιερειc] και οι πρεc[βυτεροι] *
P66 δεδωκειcαν δε οι αρχιερειc και οι φαριcαιοι εντολαc
P75 δεδωκειcαν [δ]ε οι αρχιε[ρειc και οι φαριcα]ι[οι εντολαc]
[P45 * ends here]

(2aor,act,subj,3p,sing) (pres,act,ind,3p,sing) (1aor,act,subj,3p,sing) (1aor,act,subj,3p,pl)
γινωσκω ειμι hiatus μηνυω πιαζω
W & H ινα εαν τις γνω που εστιν εστι μηνυση οπως πιασωσιν αυτον
so that if anyone he should have known where He is he should inform/reveal so that they might arrest Him
B ινα εαν τιc γνω που εcτιν μηνυcη οπωc πιαcωcιν αυτον
ℵ ινα εαν τιc γνω που εcτιν μηνυcη οπωc πιαcωcιν αυτον
P66 ινα εαν τιc γνω που εcτιν μνυcη οπωc πιαcωcιν αυτον
P75 ινα εαν *
[P75 * 11 *lines missing begins again* @ 12:3]

John Chapter 12

(2aor,act,ind,3p,sing) ερχομαι (imperf,act,ind,3p,sing) ειμι

Jn.12:1 ο ουν ιησους προ εξ ημερων του πασχα ηλθεν εις βηθανιαν οπου ην λαζαρος
Therefore <> the Jesus before six days the Passover He came into Behany where he was Lazarus
B ουν ις προ εξ ημερων του πασχα ηλθεν εις βηθανιαν οπου ην λαζαρος
א ο ουν ις προ εξ ημερων του πασχα ηλθεν εις βηθανιαν οπου ην λαζαρος
P66 ο ουν ις προ εξ ημερων του πασχα ηλθεν εις βηθανιαν οπου ην λαζαρος

(perf,act,ptc,nom,sing,masc) θνησκω (1aor,act,ind,3p,sing) εγειρω

W&H ~~ο τεθνηκως~~ ον ηγειρεν εκ νεκρων ιησους
~~the one having died~~ whom He raised from out of deaths Jesus
B ον ηγειρεν εκ νεκρων ις
א ον ηγειρεν1 εκ3 νεκρων4 ις2
P66 ο τεθνηκως ον ηγειρεν εκ νεκρων ις

(1aor,act,ind,3p,pl) ποιεω (imperf,act,ind,3p,sing) διακονεω (imperf,act,ind,3p,sing) ειμι

Jn.12:2 εποιησαν ουν αυτω δειπνον εκει και η μαρθα διηκονει ο δε λαζαρος εις ην
therefore <> they made to /(for) Him a supper there also the Martha she was serving and <> the Lazarus one he was
B εποιησαν ουν αυτω δειπνον εκει και η μαρθα διηκονει ο δε λαζαρος εις ην
א εποιησαν ουν αυτω δειπνον εκει και η μαρθα διηκονι ο δε λαζαρος εις ην
P66 εποιησεν ουν αυτω δειπνον εκει και μαρθα διηκονει ο δε λαζαρος εις ην

(pres,mid,ptc,gen,pl,masc) ανακειμαι (pres,mid,ptc,gen,pl,masc) ~~συν~~ανακειμαι

W&H εκ των ανακειμενων συν ~~συνανακειμενων~~ αυτω
from out of the ones reclining at table with ~~with reclining at table~~ Him
B εκ των ανακειμενων συν αυτω
א εκ των ανακειμενων συν αυτω
P66 εκ των ανακειμενων συν αυτω

(1aor,act,ptc,nom,sing,fem) λαμβανω

Jn.12:3 η ουν μαριαμ ~~μαρια~~ λαβουσα λιτραν μυρου ναρδου πιστικης πολυτιμου
therefore <> the Mary having taken a liter of perfume spikenard perhaps pure valuable
B η ουν μαριαμ λαβουσα λειτραν μυρου ναρδου πιστικης πολυτειμου
א η ουν μαρια λαβουσα λιτραν μυρου ναρδου πιστικης πολυτιμου
P66 η ουν μαρια λαβουσα λειτραν μυρου ναρδου πιστικης πολυτιμου

(1aor,act,ind,3p,sing) αλειφω hiatus (1aor,act,ind,3p,sing) εκμασσω hiatus

W&H ηλειψεν ~~ηλειψε~~ τους ποδας [του] ιησου και εξεμαξεν ~~εξεμαξε~~ ταις θριξιν αυτης τους
she anointed the feet of the Jesus and wiped clean with the hair of her the
B ηλειψεν τους ποδας ιυ και εξεμαξεν ταις θριξιν αυτης τους
א ηλιψεν τους ποδας του ιυ και εξεμαξεν ταις θριξιν αυτης τους
P66 ηλειψεν τους ποδας του ιυ και εξεμαξεν ταις θριξιν αυτης τους

(1aor,pass,ind,3p,sing) πληροω

W&H ποδας αυτου η δε οικια επληρωθη εκ της οσμης του μυρου
feet of Him and <> the house she became filled from out of the scent of the perfume
B ποδας αυτου η δε οικια επλησθη εκ της οσμης του μυρου
א ποδας αυτου η δε οικια επληρωθη εκ της οσμης του μυρου
P66 ποδας αυτου η δε οικια επληρωθη εκ της οσμης του μυρου
P75 * κια επ[ληρωθη ε]κ της οσμης του μ[υ]ρου
[P75 * *begins again*]

(pres,act,ind,3p,sing) λεγω

Jn.12:4 λεγει1 [δε] ~~ουν~~ ιουδας7 ο ~~σιμωνος~~ ισκαριωτης8 εις2 ~~εκ~~3 των4 μαθητων5 αυτου6 ο9
~~therefore~~ <> but <> he says Judas the ~~Simon's (son)~~ Iscariot one ~~from out~~ of the disciples of Him the one
B λεγει [δε] ιουδας ο ισκαριωτης εις των μαθητων αυτου ο
א λεγει δε ιουδας ο ισκαριωτης εις εκ τω μαθητων αυτου ο
P66 λεγει δε ιουδας ο ισκαριωτης εις των μαθητων αυτου ο
P75 λ[εγει δε ιο]υδας ο ισκαριωτης [ε]ι[ς] των [μα]θητων αυτου ο

	(pres,act,ptc,nom,sing,masc) μελλω		(pres,act,inf) παραδιδωμι
W&H	μελλων[10]	αυτον	παραδιδοναι
	being about to	Him	to hand over
B	μελλων	αυτον	παραδιδοναι
ℵ	μελλων	αυτον	παραδιδοναι
P66	μελλων	αυτον	παραδιδοναι
P75	μελλων	αυτον	[πα]ραδιδοναι

								(1aor,pass,ind,3p,sing) πιπρασκω				(1aor,pass,ind,3p,sing) διδωμι
Jn.12:5	δια	τι	~~διατι~~	τουτο	το	μυρον	ουκ	επραθη	τριακοσιων	δηναριων	και	εδοθη
	on account of	what/why	~~why~~	this	the	perfume	not	was it sold	of three hundred	denarii	and it became given	
B	δια	τι		τουτο	το	μυρον	ουκ	επραθη	τριακοσιων	δηναριων	και	εδοθη
ℵ			διατι	τουτο	το	μυρον	ουκ	επραθη	τριακοσιων	δηναριων	και	εδοθη
P66	δια	τι		τουτο	το	μυρον	ουκ	επραθη	τριακοσιων	δηναριων	και	εδοθη
P75	δια	τι		τουτο	το	μυρον	[ουκ	επρ]αθη	τριακοσιων	δηναριων	[και	εδο]θη

W&H	πτωχοις
	to poor
B	πτωχοιϲ
ℵ	πτωχοιϲ
P66	πτωχοιϲ
P75	πτωχοιϲ

	(2aor,act,ind,3p,sing) λεγω	hiatus								(imperf,act,ind,3p,sing) μελω					
Jn.12:6	ειπεν	~~ειπε~~	δε	τουτο	ουχ	οτι	περι	των	πτωχων	εμελεν	~~εμελλεν~~	αυτω	αλλ	οτι	κλεπτης
	but <>	he said	these *(things)*		not	because	concerning	the	poor	he was caring		for him	but	because	a thief
B	ειπεν		δε	τουτο	ουχ	οτι	περι	των	πτωχων	εμελεν		αυτω	αλλ	οτι	κλεπτηϲ
ℵ	ειπεν		δε	τουτο	ουχ	οτι	περι	τω	πτωχων	εμελε		αυτω	αλλ	οτι	κλεπτηϲ
P66	ειπεν		δε	τουτο	ουχ	οτι	περι	των	πτωχων	εμελεν		αυτω	αλλ	οτι	κλεπτηϲ
P75	ε[ι]πεν		δε	τουτο	ουχ	[οτι	περι	τ]ων	πτ[ωχων]	εμελεν		αυτω	[αλ]λ	οτι	κλ[ε]πτηϲ

	(imperf,act,ind,3p,sing) ειμι				(pres,act,ptc,nom,sing,masc) εχω	(imperf,act,ind,3p,sing) εχω	hiatus			(pres,pass,ptc,nom,pl,neut) βαλλω	(imperf,act,ind,3p,sing) βασταζω
W&H	ην	και	το	γλωσσοκομον	εχων	~~ειχεν~~	~~ειχε~~	~~και~~	τα	βαλλομενα	εβασταζεν
	he was	and	the	container/ purse	having	~~he was having~~		~~and~~	the ones	being cast in	he was carrying
B	ην	και	το	γλωϲϲοκομον	εχων				τα	βαλλομενα	εβαϲταζεν
ℵ	ην	και	το	γλωϲϲοκομον	εχων				τα	βαλλομενα	εβαϲταζεν
P66	ην	και	το	γλωϲϲοκομον	ειχων			και	τα	βαλλομενα	εβαϲταζεν
P75	η[ν	και]	το	γλωϲϲοκο[μ]ον	εχων				τα	βαλλομεν[α	ε]βαϲταζεν

	(2aor,act,ind,3p,sing) λεγω				(2aor,act,imper,2p,sing) αφιημι								
Jn.12:7	ειπεν	ουν	ο	ιησους	αφες	αυτην	ινα	εις	την	ημεραν	του	ενταφιασμου	μου
	therefore <> He said		the	Jesus	you leave alone	her	so that	for	the	day	of the	entombing	of Me
B	ειπεν	ουν	ο	ιϲ	αφεϲ	αυτην	ινα	ειϲ	την	ημεραν	του	ενταφιαϲμου	μου
ℵ	ειπεν	ουν	ο	ιϲ	αφεϲ	αυτην	ϊνα	ειϲ	τη	ημεραν	του	ενταφιαϲμου	μου
P66	ειπεν	ουν	ο	ιϲ	αφεϲ	αυτην	ινα	ειϲ	την	ημεραν	του	ενταφιαϲμου	μου
P75	[ει]πεν	ουν	ο	ιϲ	αφεϲ	αυτην	ινα	ειϲ	την	[η]μεραν	του	ενταφιαϲμου	μου

	(1aor,act,subj,3p,sing) τηρεω	(perf,act,ind,3p,sing) τηρεω	
W&H	τηρηση	~~τετηρηκεν~~	αυτο
	she should keep	~~she has kept~~	it
B	τηρηϲη		αυτο
ℵ	τηρηϲη		αυτο
P66	τηρηϲη		αυτο
P75	[τηρηϲ]η		αυτο

(pres,act,ind,2p,pl) εχω ... (pres,act,ind,2p,pl) εχω

Jn.12:8 τους πτωχους γαρ παντοτε εχετε μεθ εαυτων εμε δε ου παντοτε εχετε
for <> the poor at all times you all have with you all but <> Me not at all times you all have.
B τουc πτωχουc γαρ παντοτε εχετε μεθ εαυτων εμε δε ου παντοτε εχετε
ℵ τουc πτωχουc γαρ πατοτε εχετε μεθ εαυτων εμε δε ου παντοτε εχετε
P66 τουc πτωχουc γαρ παντοτε εχεται μεθ εαυτων εμε δε ου παντοτε εχεται
P75 τουc πτωχουc γα[ρ] παντοτε [ε]χετε *
[P75 *no text till 12:9]

(2aor,act,ind,3p,sing) γινωσκω ... (pres,act,ind,3p,sing) ειμι hiatus (2aor,act,ind,3p,pl) ερχομαι

Jn.12:9 εγνω ουν ο οχλος πολυς εκ των ιουδαιων οτι εκει εστιν ~~εστι~~ και ηλθον ου
therefore <> He knew the crowd many from out of the Jews because there He is and they came not
B εγνω ουν ο οχλοc πολυc εκ των ιουδαιων οτι εκει εcτιν και ηλθον ου
ℵ εγνω ουν ο οχλοc πολυc εκ των ιουδαιων οτι εκει εcτιν και ηλθον ου
P66 εγνω ουν ο οχλοc ο πολυc εκ των ιουδαιων οτι εκει εcτιν και ηλθον ου
P75 εγνω ουν ο οχλοc πολυc εκ των [ιουδ]αιων οτι εκει εcτιν και ηλθον ου

(2aor,act,subj,3p,pl) οραω (1aor,act,ind,3p,sing) εγειρω

W&H δια τον ιησουν μονον αλλ ινα και τον λαζαρον ιδωσιν ον ηγειρεν εκ νεκρων
on account of the Jesus only but so that also the Lazarus they might see the one He raised from out of deaths
B δια τον ιν μονον αλλ ινα και τον λαζαρον ιδωcιν ον ηγειρεν εκ νεκρων
ℵ δια τον ιν μονο αλλ ινα και τον λαζαρον ιδωcιν ον ηγειρεν εκ νεκρων
P66 δια τον ιν μονον αλλ ινα και τον λαζαρον ιδωcιν ον ηγιρεν εκ νεκρων
P75 δι[α] τον ιν μονον αλλ ινα και τον λαζα[ρον] ιδωc[ιν ο]ν ηγειρεν εκ νεκρων

(1aor,mid,ind,3p,sing) βουλομαι ... (pres,act,subj,3p,pl) αποκτεινω

Jn.12:10 εβουλευσαντο δε οι αρχιερεις ινα και τον λαζαρον αποκτεινωσιν
but <> they intended/decided the chief priests so that also the Lazarus they should kill
B εβουλευcαντο δε και οι αρχιερειc ινα και τον λαζαρον αποκτεινωcιν
ℵ εβουλευcατο δε οι αρχιερειc ινα και τον λαζαρον αποκτινωcι
P66 εβουλευcαντο δε οι αρχιερειc ινα και τον λαζαρον αποκτεινωcιν
P75 ε[βου]λευ[cαντο δε οι α]ρχιερειc ινα [και] τον [λα]ζαρον αποκτ[ε]ινω[c]ιν

(imperf,act,ind,3p,pl) υπαγω ... (imperf,act,ind,3p,pl) πιστευω

Jn.12:11 οτι πολλοι δι αυτον υπηγον των ιουδαιων και επιστευον εις τον ιησουν
because many on account of him they were leaving the Jews and they were believing in the Jesus
B οτι πολλοι δι αυτον υπηγον των ιουδαιων και επιcτευον ειc τον ιν
ℵ οτι πολλοι δι αυτον υπηγον τω ιουδαιων και επιcτευον ειc το ιν
P66 οτι πολλοι δι αυτον των ιουδαιων επιcτευcαν ειc τον ιν
P75 [οτι πολλοι] δι [αυ]τον υπηγον τω [ιο]υδ[αιων και επ]ι[c]τευον ειc το ιν

(2aor,act,ptc,nom,sing,masc) ερχομαι ... (1aor,pass,ptc,nom,pl,masc) ακουω (pres,mid,ind,3p,sing) ερχομαι

Jn.12:12 τη επαυριον ο οχλος πολυς ο ελθων εις την εορτην ακουσαντες οτι ερχεται
the next day the crowd great the one having come to the festival having heard that/“ He comes
B τη επαυριον ο οχλοc πολυc ο ελθων ειc την εορτην ακουcαντεc οτι ερχεται
ℵ τη επαυριον οχλοc πολυc ελθων ειc την εορτην ακουcαντεc οτι ερχεται
P66 τη επαυριον ο οχλοc ο πολυc ο ελθων ειc την εορτην ακουcαντεc οτι ερχεται
P75 τη [ε]παυριον [ο οχλοc π]ολυc ο ελθων ειc την [ε]ορτην [ακουcα]ντεc οτι ερχεται

W&H ~~ο~~ ιησους εις ιεροσολυμα
~~the~~ Jesus to Jerusalem
B ο ιc ειc ιεροcολυμα
ℵ ιc ειc ιεροcολυμα
P66 ο ιc ειc ιεροcολυμα
P75 ο ιc [ει]c ιεροc[ολυμα]

	(2aor,act,ind,3p,pl) λαμβανω				(2aor,act,ind,3p,pl) εξερχομαι			
Jn.12:13	ελαβον	τα βαια	των	φοινικων	και εξηλθον	εις υπαντησιν		αυτω
	they took	the palm fronds	of the	palm trees	and they went forth	to meet		Him
B	ελαβον	τα βαια	των	φοινικων	και εξηλθον	εις υπαντησιν		αυτω
א	ελαβον	τα βαια	των	φοινικω	και εξηλθον	εις υπαντησιν		αυτω
P66	ελαβαν	τα βαια	των	φοινικων	και εξηλθον	εις	υπαντησι	αυτω
P75	[ελαβ]ον	τα βαια	των	φοι[νικω]ν	και εξηλθ[ο]ν	εις υπαντησιν		αυ[τω]

	(imperf,act,ind,3p,pl) κραυγαζω	(imperf,act,ind,3p,pl) κραζω			(perf,pass,ptc,nom,sing,masc) ευλογεω	(pres,mid,ptc,nom,sing,masc) ερχομαι		
W&H	και εκραυγαζον	~~εκραζον~~		ωσαννα	ευλογημενος	ο ερχομενος	εν	ονοματι
	and they were crying out	~~they were crying out~~		hosanna	having been blessed	the One coming	in	name
B	και εκραυγαζον			ωcαννα	ευλογημενος	ο ερχομενος	εν	ονοματι
א	και εκραυγαζον		λεγοντες	ωcαννα	ευλογημενος	ο ερχομενος	εν	ονοματι
P66	και εκραυγαcαν		λεγοντες	ωcαννα	ευλογημενος	ο ερχομενος	εν	ονοματι
P75	[κ]αι εκραυγαζον			ωcαννα	ευλογημ[ε]νος	ο ερχομενος	εν	ονοματι

W&H	κυριου	[και]	ο	βασιλευς	του ισραηλ
	of Lord	and	the	King	of the Israel
B	κυ	και	ο	βαcιλευc	του ιcραηλ
א	κυ	και	ο	βαcιλευc	του ιηλ
P66	κυ		ο	βαcιλευc	του ιcραηλ
P75	κυ	κα[ι	ο]	βαcιλευc	του ιηλ

	(2aor,act,ptc,nom,sing,masc) ευρισκω				(1aor,act,ind,3p,sing) καθιζω			(pres,act,ind,3p,sing) ειμι	haitus
Jn.12:14	ευρων	δε ο ιησους	οναριον		εκαθισεν	επ αυτο	καθως	εστιν	~~εστι~~
	and <> He having found	the Jesus	a coat of a donkey		He sat	upon it	as	it is	
B	ευρων	δε ο ιc	οναριον		εκαθιcεν	επ αυτο	καθωc	εcτιν	
א	ευρων	δε ο ιc	οναριον		εκαθιcεν	επ αυτο	καθωc		εcτι
P66	ευρων	δε ο ιc	οναριον		εκαθιcεν	επ αυτο	καθωc	εcτιν	
P75	ευρων	δε ο ιc		α[ναρ]ιον	εκα[θιcε]ν	επ αυτο	καθωc	[εcτιν]	

	(perf,pass,ptc,nom,sing,neut) γραφω
W&H	γεγραμμενον
	having been written
B	γεγραμμενον
א	γεγραμμενον
P66	γεγραμμενον
P75	[γ]εγραμμε[νν]

	(pres,mid,imper,2p,sing) φοβεω				(2aor,mid,imper,2p,sing) ειδον			(pres,mid,ind,3p,sing) ερχομαι	(pres,mid,ptc,nom,sing,masc) καθιζω	
Jn.12:15	μη φοβου	θυγατηρ	~~θυγατερ~~	σιων	ιδου	ο βασιλευς	σου	ερχεται	καθημενος	επι
	not you, yourself, fear	daughters	~~daughters~~	of Zion	you, yourself behold	the King	of you	He comes	sitting	upon
B	μη φοβου	θυγατηρ		cιων	ιδου	ο βαcιλευc	cου	ερχεται	καθημενοc	επι
א	μη φοβου	θυγατερ		cιων	ιδου	ο βαcιλευc	cου	ερχεται	καθημενοc	επι
P66	μη φοβου	θυγατηρ		cειων	ιδου	ο βαcιλευc	cου	ερχεται	καθημενοc	επι
P75	μη φοβου	θ[υγατηρ		cειων	ιδου	ο βαcι]λευc	cου	ερχεται	κ[αθη]με[νοc	επι]

W&H	πωλον ονου
	a foal of an ass/a donkey
B	πωλον ονου
א	πωλον ονου
P66	πωλον ονου
P75	πωλον ονου

			(2aor,act,ind,3p,pl) γινωσκω						(1aor,pass,ind,3p,sing) δοξαζω		
Jn.12:16	ταυτα	~~δε~~	ουκ εγνωσαν1	αυτου4	οι2	μαθηται3	το5	πρωτον	αλλ οτε εδοξασθη	~~ο~~	ιησους
	~~but~~ <> these *(things)*		not they knew	of Him	the	disciples	the	first	but when He was glorified	~~the~~	Jesus
B	ταυτα		ουκ εγνωcαν	αυτου	οι	μαθηται	το	πρωτον	αλλ οτε εδοξαcθη		ιc
א	ταυτα		ουκ εγνωcαν	αυτου	οι	μαθηται	το	πρωτον	αλλ οτε εδοξαcθη		ιc
P66	ταυτα		ουκ εγνωcαν1	αυτου4	οι2	μαθηται3	το5	πρωτον	αλλ οτε εδοξαcθη	ο	ιc
P75	ταυτα		[ουκ εγνωcαν	α]υτου	οι	μαθηται	τ[ο	πρω[τ]ον	αλλ οτε εδο[ξα]cθη		ιc

(1aor,pass,ind,3p,pl) (imperf,act,ind,3p,pl) (perf,pass,ptc,acc,pl,neut) (1aor,act,ind,3p,pl)
μιμνησκομαι ειμι γραφω ποιεω
W&H τοτε εμνησθησαν οτι ταυτα ην επ αυτω γεγραμμενα και ταυτα εποιησαν αυτω
then they did remember that these *(things)* they were about Him having been written and these *(things)* they did to Him
B τοτε εμνηcθηcαν οτι ταυτα ην επ αυτω γεγραμμενα και ταυτα εποιηcαν αυτω
א τοτε εμνηcθηcαν οτι ταυτα επ αυτω η γεγραμμενα και ταυτα εποιηcαν αυτω
P66 τοτε εμνηcθηcαν οτι ταυτα ην επ αυτω γεγραμμενα και ταυτα εποιηcαν αυτω
P75 τοτε εμνηcθ[η]cαν οτι ταυ[τα] ην επ αυτω *
[P75 * *stops and begins again* @ 12:17]

(imperf,act,ind,3p,sing) (pres,act,ptc,nom,sing,masc) (1aor,act,ind,3p,sing)
μαρτυρεω ειμι φωνεω
Jn.12:17 εμαρτυρει ουν ο οχλος ο ων μετ αυτου οτε τον λαζαρον εφωνησεν εκ του
therefore <> they were witnessing the crowd the one being with Him when the Lazarus He called from out of the
B εμαρτυρει ουν ο οχλοc ο ων μετ αυτου οτε τον λαζαρον εφωνηcεν εκ του
א εμαρτυρι ουν ο οχλοc ο ων μετ αυτου οτε τον λαζαρον εφωνηcεν εκ του
P66 εμαρτυρει ουν ο οχλοc ο ων μετ αυτου οτε τον λαζαρον εφωνηcεν εκ του
P75 εμαρτυρει ουν ο οχλοc ο ων με[τ] αυτου οτ[ε] τον λαζαρον εφωνηcεν εκ του

(1aor,act,ind,3p,sing)
εγειρω
W&H μνημειου και ηγειρεν αυτον εκ νεκρων
tomb and He raised him from out of deaths
B μνημειου και ηγειρεν αυτον εκ νεκρων
א μνημιου και ηγειρεν αυτον εκ νεκρων
P66 μνημειου και ηγειρεν αυτον εκ νεκρων
P75 μνη[με]ιου και ηγειρεν αυτον εκ νεκρων

(1aor,act,ind,3p,sing) (1aor,act,ind,3p,pl) (1aor,act,ind,3p,sing)
υπανταω ακουω ακουω haitus
Jn.12:18 δια τουτο και υπηντησεν αυτω ο οχλος οτι ηκουσαν ~~ηκουσεν~~ ~~ηκουσε~~
on account of this and they met Him the crowd because they heard ~~he heard~~
B δια τουτο1 και4 υπηντηcεν2 αυτω3 ο5 οχλοc οτι ηκουcαν
א δια τουτο και υπητηcεν αυτω οχλοc πολυc οτι ηκουcαν1
P66 δια τουτο και υπηντηcεν αυτω ο οχλοc οτι ηκουcαν1
P75 δια τ[ο]υτ[ο] υπηντηcεν αυτω ο οχλοc οτι ηκου[cαν]

(perf,act,infin)
ποιεω
W&H τουτο αυτον πεποιηκεναι το σημειον
this Him to have done the sign
B τουτο αυτον πεποιηκεναι το cημειον
א τουτο3 αυτον2 πεποιηκεναι4 το cημειον
P66 τουτο3 αυτον2 πεποιηκεναι4 το cημιον
P75 τουτ[ο α]υτον π[ε]ποιηκεναι το [cημ]ειον

(2aor,act,ind,3p,pl) (2aor,act,ind,3p,pl) (pres,act,imper,2p,pl)
λεγω λεγω θεωρεω
Jn.12:19 οι ουν φαρισαιοι ειπαν ~~ειπον~~ προς εαυτους θεωρειτε οτι ουκ
therefore <> the Parisees they said ~~they said~~ to each other see you all that/ " not
B οι ουν φαρειcαιοι ειπαν προc εαυτουc θεωρειτε οτι ουκ
א οι ουν φαριcαιοι ειπαν προc εαυτουc θεωρειτε οτι ουκ
P66 οι ουν φαριcαιοι ειπαν προc εαυτουc θεωριτε οτι ουκ
P75 [οι ου]ν φαριcαιοι ει[παν προc εαυτουc θεωρει]τε οτι ουκ

(pres,act,ind,2p,pl) (2aor,act,imper,2p,sing) (2aor,act,ind,3p,sing)
ωφελεω ειδον απερχομαι
W&H ωφελειτε ουδεν ιδε ο κοσμος οπισω αυτου απηλθεν
we accomplish nothing behold the world after Him He went forth
B ωφελειτε ουδεν ιδε ο κοcμοc οπιcω αυτου απηλθεν
א ωφελειτε ουδεν ειδε ο κοcμοc οπιcω αυτου απηλθεν
P66 ωφελειτε ουδεν ιδε ο κοcμοc οπιcω αυτου απηλθεν
P75 [ω]φελειτε ουδεν ιδε [ο κοcμοc οπι]cω αυτου απηλθεν

(imperf,act,ind,3p,pl) ειμι — (pres,act,ptc,gen,pl,masc) αναβαινω — (1aor,act,subj,3p,pl) προσκυνεω

Jn.12:20 ησαν δε₁ ελληνες₃ τινες₂ εκ₄ των αναβαινοντων ινα προσκυνησωσιν εν τη εορτη
but <> they were Greeks certain from out of the ones ascending so that they might worship during the feast
B ηcαν δε ελληνεc τινεc εκ των αναβαινοντων ινα προcκυνηcωcιν εν τη εορτη
א ηcαν δε ελληνεc τινεc εκ των αναβαινοντων ινα προcκυνηcωcιν εν τη εορτη
P66 ηcαν δε ελληνεc τινεc εκ των αναβαινοντων ινα προcκυνηcωcιν εν τη εορτη
P75 ηcαν δε ελλη[ν]εc τινεc εκ των αναβαινοντων [ιν]α προcκυνηcωcιν εν τη εορτ[η]

(2aor,act,ind,3p,pl) προσερχομαι

Jn.12:21 ουτοι ουν προσηλθον φιλιππω τω απο βηθσαιδα της γαλιλαιας και
therefore <> they they approached Philip the one from Bethsaida of the Galilee and
B ουτοι ουν προcηλθον φιλιππω τω απο βηθcαιδα τηc γαλειλαιαc και
א ουτοι ουν προcηλθον φιλιππω τω απο βηθcαιδα τηc γαλιλαιαc και
P66 ουτοι ουν προcηλθον φιλιππω τω απο βηδcαιδα τηc γαλιλαιαc και
P75 [ου]τοι ουν προcηλθον φιλιππω [τω] απο βηθcαιδ[α τηc] γαλιλαιαc [και]

(imperf,act,ind,3p,pl) ερωταω — (pres,act,ptc,nom,pl,masc) λεγω — (pres,act,ind,1p,pl) θελω — (2aor,act,infin) οραω

W&H ηρωτων αυτον λεγοντες κυριε θελομεν τον ιησουν ιδειν
they were asking him saying lord we wish the Jesus to see
B ηρωτων αυτον λεγοντεc κε θελομεν τον ιν ιδειν
א ηρωτων αυτο λεγοντεc κε θελομεν τον ιν ιδιν
P66 ηρωτων αυτον λεγοντεc κε θελομεν τον ιν ιδειν
P75 [ηρω]των αυτον [λεγον]τ[[εc] κε θ[ελο]μεν τον ιν ιδει[ν]

(pres,mid,ind,3p,sing) ερχομαι — (pres,act,ind,3p,sing) λεγω — (pres,mid,ind,3p,sing) ερχομαι

Jn.12:22 ερχεται ο φιλιππος και λεγει τω ανδρεα ~~και παλιν~~ ερχεται ανδρεας
he goes the Philip and he says to the Andrew ~~and again~~ he comes Andrew
B ερχεται ο φιλιπποc και λεγει τω ανδρεα ερχεται ανδρεαc
א ερχεται φιλιπποc και λεγει τω ανδραια και παλιν ερχεται ανδρεαc
P66 ερχεται ο φιλιπποc και λεγει τω ανδρεα [[και παλιν ο]] ερχεται ανδρεαc δε
P75 ερχεται ο φι[λι]πποc και λεγει [τ]ω ανδρεα ερχεται ανδρεαc

(pres,act,ind,3p,pl) λεγω — hiatus

W&H και φιλιππος και λεγουσιν ~~λεγουσι~~ τω ιησου
and Philip and they speak to the Jesus
B και φιλιπποc και λεγουcιν τω ιυ
א και φιλιπποc κ(αι) λεγουcιν τω ιυ
P66 και φιλιπποc και λεγουcιν τω ιυ
P75 [και] φιλιπποc κα[ι] λεγουcιν τω ιηυ

(pres,mid,ind,3p,sing) αποκρινομαι — (1aor,mid,ind,3p,sing) αποκρινομαι — (pres,act,ptc,nom,sing,masc) λεγω — (2perf,act,ind,3p,sing) ερχομαι

Jn.12:23 ο δε ιησους αποκρινεται ~~απεκρινατο~~ αυτοις λεγων εληλυθεν
but <> the Jesus He answers ~~He answered~~ them saying she has come
B ο δε ιc αποκρεινεται αυτοιc λεγων εληλυθεν
א ο δε ιc αποκρινεται αυτοιc λεγων εληλυθεν
P66 ο δε ιc αποκρινεται αυτοιc λεγων εληλυθεν
P75 ο δε ιc αποκ[ρι]νεται αυτοιc λεγων εληλυθεν

(1aor,pass,subj,3p,sing) δοξαζω

W&H η ωρα ινα δοξασθη ο υιος του ανθρωπου
the hour so that He should be glorified the Son of the Man
B η ωρα ινα δοξαcθη ο υιοc του ανθρωπου
א η ωρα ινα δοξαcθη ο υιοc του ανθρωπου
P66 η ωρα ινα δοξαcθη ο υc του ανου
P75 η ωρα ινα δοξαcθη ο υc του ανου

(pres,act,ind,1p,sing) (2aor,act,ptc,nom,sing,masc) (2aor,act,subj,3p,sing)
λεγω πιπτω αποθνησκω
Jn.12:24 αμην αμην λεγω υμιν εαν μη ο κοκκος του σιτου πεσων εις την γην αποθανη
amen amen I say to you all if not/except/unless the kernel of the grain having fallen into the earth he should die
B αμην αμην λεγω υμιν εαν μη ο κοκκος του σειτου πεσων εις την γην αποθανη
ℵ αμην αμην λεγω υμιν εαν μη ο κοκκος του σιτου πεσων εις την γην αποθανη
P66 αμην αμην λεγω υμειν εαν μη ο κοκκος του σιτου πεσων εις την γην αποθανη
P75 αμην αμην λεγω υμιν [ε]αν μη ο κοκκος του σιτου πεσων εις την γην αποθανη

(pres,act,ind,3p,sing) (2aor,act,subj,3p,sing) (pres,act,ind,3p,sing)
μενω αποθνησκω φερω
W&H αυτος μονος μενει εαν δε αποθανη πολυν καρπον φερει
he alone he remains but <> if he should die much fruit he bears
B αυτος μονος μενει εαν δε αποθανη πολυν καρπον φερει
ℵ αυτος μονος μενει εαν δε αποθανη πολυν καρπον φερει
P66 αυτος μονος μενει εαν δε αποθανη πολυν καρπον φερει
P75 αυτος μον[ος μ]ενει ε[αν δε] αποθανη πο[λ]υ[ν καρπον] φερ[ε]ι

(pres,act,ptc,nom,sing,masc) (pres,act,ind,3p,sing) (fut,act,ind,3p,sing) (pres,act,ptc,nom,sing,masc)
φιλεω απολλυμι απολλυμι μισεω
Jn.12:25 ο φιλων την ψυχην αυτου απολλυει ~~απολεσει~~ αυτην και ο μισων την
the one loving the life of him he destroys ~~he will destroy~~ him and the one hating the
B ο φιλων την ψυχην αυτου απολλυει αυτην και ο μειςων την
ℵ ο φιλων την ψυχην αυτου απολλυει αυτην και ο μειςων την
P66 ο φιλων την ψυχην αυτου απολλυει αυτην και ο μιςων την
P75 ο φ[ιλων την ψ]υχην αυτου απολλυε[ι αυτη]ν κα[ι ο μ]ειςω[ν] την

(fut,act,ind,3p,sing)
φυλασσω
W&H ψυχην αυτου εν τω κοσμω τουτω εις ζωην αιωνιον φυλαξει αυτην
life of him in the world this into life eternal he will guard closely him
B ψυχην αυτου εν τω κοσμω τουτω εις ζωην αιωνιον φυλαξει αυτην
ℵ ψυχην αυτου εν τω κοσμω τουτω εις ζωην αιωνιον
P66 ψυχην αυτου εν τω κοσμω τουτω εις ζωην αιωνιον φυλαξει αυτην
P75 ψυχην [αυτου] εν τω κ[ο]σμω τ[ο]υτω [ε]ις ζω[ην αιω]νιον φυ[λα]ξει αυτ[η]ν

(pres,act,subj,3p,sing) (pres,act,imper,3p,sing) (pres,act,ind,1p,sing)
διακονεω ακολουθεω ειμι
Jn.12:26 εαν εμοι1 τις3 διακονη2 εμοι4 ακολουθειτω και οπου ειμι
if to Me anyone he might serve Me let him follow and where I am
B εαν εμοι τις διακονη εμοι ακολουθειτω και οπου ειμι
ℵ εαν εμοι τις διακονη εμοι ακολουθιτω και οπου ειμι
P66 εαν εμοι τις διακονη [[εμοι τις διακονη]] * εμοι ακολουθιτω και οπου1 ειμι3
P75 εαν εμοι τ[ις] διακ[ον]η εμοι ακολουθειτω και οπου [ειμι]
[P66 * *words in double brackets were deleted.*]

(fut,act,ind,3p,sing) (pres,act,subj,3p,sing)(fut,act,ind,3p,sing)
ειμι διακονεω τιμαω
W&H εγω εκει και ο διακονος ο εμος εσται ~~και~~ εαν τις εμοι διακονη τιμησει
I there also the servant the one My he will be ~~and~~ if anyone Me he should serve He will honor
B εγω εκει και ο διακονος ο εμος εσται εαν τις εμοι διακονη τιμησει
ℵ εγω εκει και ο διακονος ο εμος εσται εαν τις εμοι διακονη σειμησει
P66 εγω2 εκει4 και ο διακονος ο εμος εστε εαν δε τις εμοι διακονη τιμησει
P75 [ε]γω εκει και ο διακονο[ς] ο εμος εστα[ι] εαν τις εμοι διακονη τιμησει

W&H αυτον ο πατηρ
him the Father
B αυτον ο πατηρ
ℵ αυτον ο πατηρ
P66 αυτον ο πηρ μου
P75 αυτον ο πατηρ

(perf,pass,ind,3p,sing) ταρασσω (2aor,act,subj,1p,sing) λεγω (1aor,act,imper,2p,sing) σωζω
Jn.12:27 νυν η ψυχη μου τεταρακται και τι ειπω πατερ σωσον με εκ της
now the soul of Me she has been caused great distress and what should I say Father You save Me from out of the
B νυν η ψυχη μου τεταρακται και τι ειπω πατερ cωcον με εκ τηc
א νυν η ψυχη μου τεταρακται και τι ειπω πατερ cωcο με εκ τηc
P66 νυν η ψυχη μου τεταρακται και τι ειπω περ cωcον με εκ τηc
P75 νυν η ψυχη μου τετα[ρακ]ται και τι ειπω πατερ cωcον με [εκ τ]ηc

(2aor,act,ind,1p,sing) ερχομαι
W&H ωρας ταυτης αλλα δια τουτο ηλθον εις την ωραν ταυτην
hour this but on account of this I came into the hour this
B ωραc ταυτηc αλλα δια τουτο ηλθον ειc την ωραν ταυτην
א ωραc ταυτηc αλλα δια τουτο ηλθον ειc την ωραν ταυτην
P66 ωραc ταυτηc αλλα δια τουτο ηλθον ειc την ωραν ταυτην
P75 ωραc ταυτηc α[λλ]α δια τουτο η[λθον ειc] την ωραν τα[υ την]

(1aor,act,imper,2p,sing) δοξαζω (2aor,act,ind,3p,sing) ερχομαι
Jn.12:28 πατερ δοξασον σου το ονομα ηλθεν ουν φωνη εκ του ουρανου και
Father You glorify of You the Name therefore <> She came a Voice from out of the heaven even
B πατερ δοξαcον μ[ου] το ονομα ηλθεν ουν φωνη εκ του ουρανου και
א πατερ δοξαcον cου το ονομα ηλθεν ουν φωνη εκ του ουρανου και
P66 περ δοξαcον cου το ονομα ηλθεν ουν φωνη εκ του ουρανου και
P75 [πατερ] δοξαcον cου το ονομ[α ηλθεν ουν] φωνη εκ του ουραν[ου και]

(1aor,act,ind,1p,sing) δοξαζω (fut,act,ind,1p,sing) δοξαζω
W&H εδοξασα και παλιν δοξασω
I glorified and again I will glorify
B εδοξαcα και παλιν δοξαcω
א εδοξαcα και παλιν δοξαcω
P66 εδοξαcα και παλιν δοξαcω
P75 [ε]δοξαcα και παλιν δοξαcω

(perf,act,ptc,acc,sing,masc) ιστημι (1aor,act,ptc,nom,sing,masc) ακουω (imperf,act,ind,3p,sing) λεγω (perf,act,infin) γινομαι
Jn.12:29 ο [ουν] οχλος ο εστως και ακουσας ελεγεν βροντην γεγονεναι
therefore <> the crowd the one having stood and having heard they were saying thunder to have happened
B ο οχλοc ο εcτωc και ακουcαc ελεγεν βροντην γεγονεναι
א ο ουν οχλοc ο εcτωc ακουcαc ελεγεν βροντην γεγονεναι
P66 ο ουν οχλοc ο εcτωc και ακουcαc ελεγον βροντην γεγονεναι
P75 ο [ουν ο]χλοc ο εcτωc και ακου[cαc] ελεγεν [β]ροντην γεγονεναι

(imperf,act,ind,3p,pl) λεγω (perf,act,ind,3p,sing) λαλεω
W&H αλλοι ελεγον αγγελος αυτω λελαληκεν
others they were saying an angel to Him he has spoken
B αλλοι ελεγον αγγελοc αυτω λελαληκεν
א αλλοι ελεγον αγγελοc αυτω λελαληκεν
P66 αλλοι ελεγον αγγελοc αυτω ελαληκεν
P75 αλ[λο]ι ελεγον αγγελοc αυτω λελαληκεν

(1aor,pass,ind,3p,sing) αποκρινομαι (2aor,act,ind,3p,sing) λεγω (2 perf,act,ind,3p,sing) γινομαι
Jn.12:30 απεκριθη1 και4 ειπεν5 ο2 ιησους3 ου6 δι7 εμε8 η10 φωνη11 αυτη9 γεγονεν12
He did give answer and He said the Jesus not on account of Me the Voice this She has happened
B απεκριθη και ειπεν ιc ου δι εμε η φωνη αυτη γεγονεν
א απεκριθη ιc ου δι εμε η φωνη αυτη γεγονεν
P66 απεκριθη1 και3 ειπεν4 ιc2 ου5 δι εμε η φωνη αυτη ηλθεν
P75 απεκριθη κ[αι ειπεν [ι]c ου δι εμε η φωνη αυτη γεγονεν

W&H	αλλα	δι	υμας
	but	on account of	you all
B	αλλα	δι	υμαc
א	αλλα	δι	υμαc
P66	αλλα	δι	υμαc
P75	αλλα	δι	υμαc

			(pres,act,ind,3p,sing) εἰμι	hiatus										
Jn.12:31	νυν	κρισις	εστιν	εστι	του	κοσμου	τουτου		νυν	ο	αρχων	του	κοσμου	τουτου
	now	judgment	she is		of the	world	this		now	the	ruler	of the	world	this
B	νυν	κριcιc	εcτιν		του	κοcμου	τουτου		νυν	ο	αρχων	του	κοcμου	τουτου
א	νυν	κριcιc	εcτιν		του	κοcμου	τουτου	και	νυν$_2$	ο$_3$	αρχων$_4$	του$_5$	κοcμου$_6$	τουτου$_7$
P66	νυν	κριcιc	εcτιν		του	κοcμου	τουτου		νυν	ο	αρχων	του	κοcμου	τουτου
P75	νυν	κριcιc	εcτιν		του	κοcμου	τουτου		νυν	ο	αρχων	του	κο[c]μου	του[τ]ου

	(fut,pass,ind,3p,sing) εκβαλλω		
W&H	εκβληθησεται		εξω
	he will be cast out		outside
B	εκβληθηcεται		εξω
א	εκβλη$_1$θηcεται$_8$		εξω
P66		βληθηcεται	εξω
P75	εκβληθηcεται		εξω

			(1aor,pass,subj,1p,sing) υψοω						(fut,act,ind,1p,sing) ελκυω			
Jn.12:32	καγω	εαν	υψωθω	εκ	της	γης	παντας		ελκυσω	προς	εμαυτον	
	and I	if	I should be raised up	from out	of the	earth	all		I will draw	to	Myself	
B	καγω	αν	υψωθω	εκ	τηc	γηc	πανταc		ελκυcω	προc	εμαυτον	
א	καγω	εαν	υψωθω	εκ	τηc	γηc		παντα	ελκυcω	προc		εμαυτο
P66	καγω	εαν	υψωθω	εκ	τηc	γηc		παντα	ελκυcω	προc	εμαυτον	
P75	[καγ]ω	εαν	[υψω]θω	εκ	τηc	γηc	παντα[c		ελκυ]cω	π[ροc	εμα]υτον	

				(imperf,act,ind,3p,sing) λεγω	hiatus	(pres,act,ptc,nom,sing,masc) σημαινω			(imperf,act,ind,3p,sing) μελλω		(pres,act,inf) αποθνησκω
Jn.12:33	τουτο		δε	ελεγεν	ελεγε	σημαινων	ποιω	θανατω	ημελλεν		αποθνησκειν
	and <>		this	He was saying		predicting/signifying	what kind	death	He was about		to die
B	τουτο		δε	ελεγεν		cημαινων	ποιω	θανατω	ημελλεν		αποθνηcκειν
א		τουτον	δε	ελεγεν		cημαινων	ποιω	θανατω		εμελλεν	αποθνηcκειν
P66	τουτο		δε	ελεγεν		cημαινων	ποιω	θανατω	ημελλεν		αποθνηcκειν
P75	τουτο		δε	ε[λεγεν		cημαινων	ποιω	θανατ]ω	ημελλεν		αποθνη[cκειν]

	(1aor,pass,ind,3p,sing) αποκρινομαι							(1aor,act,ind,1p,pl) ακουω						
Jn.12:34	απεκριθη	ουν	αυτω	ο	οχλος	ημεις		ηκουσαμεν	εκ	του	νομου	οτι	ο	χριστος
	therefore <> he gave answered		to Him	the	crowd	we		we heard	from out	of the	law	that/ “	the	Christ
B	απεκριθη	ουν	αυτω	ο	οχλοc	ημειc		ηκουcαμεν	εκ	του	νομου	οτι	ο	χc
א	απεκριθη	ουν	αυτω	ο	οχλοc		ημιc	ηκουcαμεν	εκ	του	νομου	οτι	ο	χc
P66	απεκριθη	ουν	αυτω	ο	οχλοc		ημιc	ηκουcαμεν	εκ	του	νομου	οτι	ο	χc
P75	[απεκ]ρι[θη	ο]υν	αυτω	ο	οχλοc	ημειc		ηκουcαμεν	[εκ	το]υ	νομου	οτι	ο	χc

	(pres,act,ind,3p,sing) μενω						(pres,act,ind,2p,sing) λεγω				(pres,act,impers,3p,sing) δει		(1aor,pass,infin) υψοω				
W&H	μενει	εις	τον	αιωνα	και	πως$_1$	λεγεις$_3$		συ$_2$	οτι$_4$	δει		υψωθηναι	τον	υιον		του
	He remains	into	the	eon	and	how	You say		You	that/ “	it is necessary		to be lifted up	the	Son		of the
B	μενει	ειc	τον	αιωνα	και	πωc	λεγειc		cυ	οτι	δει		υψωθηναι	τον	υιον		του
א	μενει	ειc	τον	αιωνα	και	πωc$_1$		λεγιc$_3$	cυ$_2$	οτι$_4$	δει		υψωθηναι	τον		υν	του
P66	μενει	ειc	τον	αιωνα	και	πωc$_1$	λεγειc$_3$		cυ$_2$	οτι$_4$		δι	υψωθηναι	τον		υν	του
P75	μενει	ειc	τον	αι[ωνα	κ]αι	πωc	λεγειc		[c]υ		δει		υψωθηναι	[τον]	υιον		του

(pres,act,ind,3p,sing)
ειμι
W&H ανθρωπου τις εστιν ουτος ο υιος του ανθρωπου
Man Who He is this the Son of the Man
B ανθρωπου τις εστιν ουτος ο υιος του ανθρωπου
ℵ ανθρωπου τις εστιν ουτος ο υς του ανθρωπου
P66 ανου τις εστι ουτος ο υς του ανου
P75 α[νθρω]που

(2aor,act,ind,3p,sing)
λεγω
Jn.12:35 ειπεν ουν αυτοις ο ιησους ετι μικρον χρονον το φως [ε]ν ~~μεθ~~ υμιν ~~υμων~~
therefore <> He said to them the Jesus yet/still a little time the Light among ~~with~~ you all ~~you all~~
B ειπεν ουν αυτοις ο ις ετι μεικρον χρονον το φως εν υμιν
ℵ ειπεν ουν αυτοις ο ις ετι μικρον χρονον το φως εν υμιν
P66 ειπεν ουν αυτοις ο ις ετι μικρον χρονον το φως εν υμιν
P75 ειπεν ουν [αυτ]οις ο ις ετι μει[κρο]ν χρονον το φως [ε]ν υμιν

(pres,act,ind,3p,sing) (pres,act,imper,2p,pl) (pres,act,ind,2p,pl)
ειμι hiatus περιπατεω εχω
W&H εστιν ~~εστι~~ περιπατειτε ως ~~εως~~ το φως εχετε ινα μη σκοτια υμας
He is You all walk while ~~while~~ the Light you all have so that not darkness you all
B εστιν περιπατειτε ως το φως εχετε ινα μη σκοτια υμας
ℵ εστι περιπατειτε1 ως4 εως2 το3 εχετε5 ινα μη σκοτια υμας
P66 εστιν περιπατειτε εως το φως εχεται ινα μη σκοτια υμας
P75 εστιν [περιπ]ατ[ει]τε ως το φως εχετε ινα μη σ[κοτια υ]μας

(2aor,act,subj,3p,sing) (pres,act,ptc,nom,sing,masc) (perf,act,ind,3p,sing) (pres,act,ind,3p,sing)
καταλαμβανω περιπατεω οιδα hiatus υπαγω
W&H καταλαβη και ο περιπατων εν τη σκοτια ουκ οιδεν ~~οιδε~~ που υπαγει
she should overpower /overtake and the one walking in the darkness not he has known where he departs/goes
B καταλαβη και ο περιπατων εν τη σκοτια ουκ οιδεν που υπαγει
ℵ καταλαβη και ο περιπατων εν τη σκοτια ουκ οιδεν που υπαγει
P66 καταλαβη και ο περιπατων εν τη σκοτια ουκ οιδεν που υπαγει
P75 καταλαβη [κ]αι ο περιπατων [εν τη σ]κοτια ουκ οιδεν που υπαγει

(pres,act,ind,2p,pl) (pres,act,ind,2p,pl) (2aor,mid,subj,2p,pl)
εχω πιστευω γινομαι
Jn.12:36 ως ~~εως~~ το φως εχετε πιστευετε εις το φως ινα υιοι φωτος γενησθε
while ~~while~~ the Light you all have trust you all in the Light so that sons of Light you all should have become
B ως το φως εχετε πιστευετε εις το φως ινα υιοι φωτος γενησθε
ℵ ως το φως εχετε πιστευεται εις το φως ινα υιοι φωτος γενησθε
P66 εως το φως εχεται πιστευεται εις το φως ινα υιοι φωτος γενησθαι
P75 ως [τ]ο φ[ως] εχετε πιστευε[τ]ε εις το φως ινα υιοι φωτος γενη[σθ]ε

(1aor,act,ind,3p,sing) (2aor,act,ptc,nom,sing,masc) (2aor,pass,ind,3p,sing)
λαλεω απερχομαι κρυπτω
W&H ταυτα ελαλησεν ~~ο~~ ιησους και απελθων εκρυβη απ αυτων
these *(things)* He spoke ~~the~~ Jesus and having gone away He was hidden from them
B ταυτα ελαλησεν ις και απελθων εκρυβη απ αυτων
ℵ ταυτα ελαλησεν ις και απελθων εκρυβη απ αυτων
P66 ταυτα ελαλησεν ις και απελθων εκρυβη απ αυτων
P75 ταυτα ελαλησεν ο ις και απελθων εκρυβη απ αυτων

(perf,act,ptc,gen,sing,masc)
ποιεω
Jn.12:37 τοσαυτα δε αυτου σημεια πεποιηκοτος εμπροσθεν αυτων ουκ
but <> such great of Him signs having done in front of of them not
B τοσαυτα δε αυτου σημεια πεποιηκοτος εμπροσθεν αυτων ουκ
ℵ τοσαυτα δε αυτου σημια πεποιηκοτος εμπροσθεν αυτω ουκ
P66 τοσαυτα δε αυτου σημεια πεποιηκοτος εμπροσθεν αυτων ουκ
P75 τοσ[α]υτα δε αυτου σημεια π[εποιηκο]τ[ος εμ]προσθεν αυτων [ο]υκ

(imperf,act,ind,3p,pl)
πιστευω
W&H επιστευον εις αυτον
they were believing in Him
B επιστευον εις αυτον
א επιστευον εις αυτον
P66 επιστευσαν εις αυτον
P75 επιστ[ευον εις αυτον]ν

(1aor,pass,subj,3p,sing) πληροω (2aor,act,ind,3p,sing) λεγω (1aor,act,ind,3p,sing) πιστευω
Jn.12:38 ινα ο λογος ησαιου του προφητου πληρωθη ον ειπεν κυριε τις επιστευσεν
so that the word of Isaiah the prophet he should be fulfilled which he said Lord who he believed
B ινα ο λογος ησαιου του προφητου πληρωθη ον ειπεν κε τις επιστευσεν
א ινα ο λογος ησαιου του προφητου πληρωθη ον ειπεν κε τις επιστευσεν
P66 ινα ο λογος ησαιου του προφητου πληρωθη ον ειπεν κε τις επιστευσεν
P75 ινα ο λογος ησαιου του προφη[του πληρω]θη κε τις επιστευσεν

hiatus (1aor,pass,ind,3p,sing) αποκαλυπτω
W&H ~~επιστευσε~~ τη ακοη ημων και ο βραχιων κυριου τινι απεκαλυφθη
the report of us and the arm of Lord to whom was she/he revealed
B τη ακοη ημων και ο βραχιων κυ τινι απεκαλυφθη
א τη ακοη ημων και ο βραχιων κυ τινι απεκαλυφθη
P66 τη ακοη ημων και ο βραχειων κυ τινι απεκαλυφθη
P75 τη [α]κοη ημων και ο βραχιων κυ τινι απεκαλυφθη

(imperf,pass,ind,3p,pl) δυναμαι (pres,act,inf) πιστευω (2aor,act,ind,3p,sing) λεγω
Jn.12:39 δια τουτο ουκ ηδυναντο πιστευειν οτι παλιν1 ειπεν3 ησαιας2
on account of this not they were able to believe because again he said Isaiah
B δια τουτο ουκ ηδυναντο πιστευειν οτι παλιν ειπεν ησαιας
א δια τουτο ουκ ηδυναντο πιστευειν οτι παλιν ειπεν ησαιας
P66 δια τουτο ουκ εδυναντο πιστευειν οτι παλιν ειπεν ησαιας
P75 δια τουτο ουκ ηδυναντο πιστευειν οτι παλιν ειπεν ησαιας

(perf,act,ind,3p,sing) τυφλοω (1aor,act,ind,3p,sing) πωροω (perf,act,ind,3p,sing) πωροω
Jn.12:40 τετυφλωκεν αυτων τους οφθαλμους και επωρωσεν ~~πεπωρωκεν~~ αυτων την
He has made not to understand/blinded of them the eyes and he made stubborn ~~he has made stubborn~~ of them the
B τετυφλωκεν αυτων τους οφθαλμους και πεπωρωκεν αυτων την
א τετυφλωκεν αυτω τους οφθαλμους και επηρωσεν αυτων την
P66 τετυφλωκεν αυτων τους οφθαλμους και επηρωσεν αυτων την
P75 τετυφλωκεν αυτων τους οφθαλμους και επηρωσεν αυτων την

(2aor,act,subj,3p,pl) οραω hiatus (1aor,act,subj,3p,pl) νοεω
W&H καρδιαν ινα μη ιδωσιν ~~ιδωσι~~ τοις οφθαλμοις και νοησωσιν τη
heart so that not they should have seen with the eyes and they should understand with the
B καρδιαν ινα μη ιδωσιν τοις οφθαλμοις και νοησωσι τη
א καρδιαν ινα μη ειδωσιν τοις οφθαλμοις και1 συνωσιν4 τη2
P66 καρδιαν ινα μη ιδωσι τοις οφθαλμοις και νοησωσι τη
P75 [καρδια]ν ινα μη ιδωσι[ν] τοις οφ[θαλμοι]ς [και] νοησω[σιν τ] φ

(2aor,pass,subj,3p,pl) στρεφω (2aor,pass,subj,3p,pl) επιστρεφω hiatus (fut,mid,ind,1p,sing) ιαομαι
W&H καρδια και στραφωσιν ~~επιστραφωσιν~~ ~~επιστραφωσι~~ και ιασομαι αυτους
heart and they should have been turned ~~they should have been caused to change beliefs~~ and I will heal/restore them
B καρδια και στραφωσι και ιασομαι αυτους
א καρδια3 και5 στραφωσι και ιασομαι αυτου
P66 καρδια και στραφωσι και ειασομαι αυτους
P75 καρδια κ[αι σ]τραφω[σ]ι[ν και] ιασομαι αυτους

(2aor,act,ind,3p,sing) λεγω — (2aor,act,ind,3p,sing) οραω hiatus — (1aor,act,ind,3p,sing) λαλεω hiatus

Jn.12:41 ταυτα ειπεν ησαιας οτι ~~οτε~~ ειδεν ~~ειδε~~ την δοξαν αυτου και ελαλησεν ~~ελαλησε~~ περι αυτου
these *(things)* he said Isaiah because ~~when~~ He saw the glory of Him and He spoke concerning Him
B ταυτα ειπεν ηcαιαc οτι ειδεν την δοξαν αυτου και ελαληcεν περι αυτου
ℵ ταυτα ειπεν ηcαιαc οτι ειδεν την δοξαν αυτου και ελαληcεν περι αυτου
P66 ταυτα ειπεν ηcαιαc οτι ειδεν την δοξαν αυτου και ελαληcεν περι αυτου
P75 ταυτα ειπεν ηcαι[αc] οτι ειδεν την δοξαν αυτου και ελαληcεν περι αυτου

(1aor,act,ind,3p,pl) πιστευω

Jn.12:42 ομως μεντοι και εκ των αρχοντων πολλοι επιστευσαν εις αυτον αλλα δια τους
even however also from out of the rulers many they believed in Him but on account of the
B ομωc μεντοι και εκ των αρχοντων πολλοι επιcτευcαν ειc αυτον αλλα δια τουc
ℵ ομωc μεντοι και εκ των αρχοντω πολλοι επιcτευcαν ειc αυτον αλλα δια τουc
P66 ομωc μεντοι και εκ των αρχοντων πολλοι επιcτευcαν ειc αυτον αλλα δια τουc
P75 ομωc μεντοι και [εκ τ]ων αρχοντων πολλοι επιcτευcαν ε[ιc] αυτον αλλα δια τουc

(imperf,act,ind,3p,pl) ομολογεω — (*pl,masc,noun*) — (2aor,mid,subj,3p,pl) γινομαι

W&H φαρισαιους ουχ ωμολογουν ινα μη αποσυναγωγοι γενωνται
Pharisees not they professed so that not expelled/excluded from synagogue they should have become
B φαρειcαιουc ουχ ωμολογουν ινα μη αποcυναγωγοι γενωνται
ℵ φαριcαιουc ουχ ωμολογουν ινα μη αποcυναγωγοι γενωνται
P66 φαριcαιουc ουχ ωμολογουν ινα μη αποcυναγωγοι γενωνται
P75 φαριcαιουc ουχ ωμολογουν ινα μη αποcυναγωγοι γενωνται

(1aor,act,ind,3p,pl) αγαπαω

Jn.12:43 ηγαπησαν γαρ την δοξαν των ανθρωπων μαλλον ηπερ την δοξαν του θεου
for <> they loved the glory of the men more than the glory of the God
B ηγαπηcαν γαρ την δοξαν των ανθρωπων μαλλον ηπερ την δοξαν του θυ
ℵ ηγαπηcαν γαρ την δοξαν των ανθρωπων μαλλον υπερ την δοξαν του θυ
P66 ηγαπηcαν γαρ την δοξαν των ανων μαλλον υπερ την δοξαν του θυ
P75 ηγαπηcαν γαρ την δοξαν τω[ν] ανθρωπων μαλλον ηπερ την δοξα[ν] του θυ

(1aor,act,ind,3p,sing) κραζω hiatus — (2aor,act,ind,3p,sing) λεγω — (pres,act,ptc,nom,sing,masc) πιστευω — (pres,act,ind,3p,sing) πιστευω

Jn.12:44 ιησους δε εκραξεν ~~εκραξε~~ και ειπεν ο πιστευων εις εμε ου πιστευει εις εμε
and <> Jesus He cried out and He said the one believing in Me not He believes in Me
B ιc δε εκραξεν και ειπεν ο πιcτευων ειc εμε ου πιcτευει ειc εμε
ℵ ιc δε εκραξεν και ειπεν ο πιcτευων ειc εμε ου πιcτευει ειc εμε
P66 ιc δε εκραξεν και ειπεν ο πιcτευων ειc εμε ου πιcτευει ειc εμε
P75 ιc δε εκραξεν και ειπεν ο πιcτε[υ]ων ειc εμε ου πιcτευει ειc εμε

(1aor,act,ptc,acc,sing,masc) πεμπω

W&H αλλα εις τον πεμψαντα με
but in the One having sent Me
B αλλα ειc τον πεμψαντα με
ℵ αλλα ειc το πεμψαντα με
P66 αλλα ειc τον πεμψαντα με
P75 αλλα ειc τον πεμψαντα με

(pres,act,ptc,nom,sing,masc) θεωρεω — (pres,act,ind,3p,sing) θεωρεω — (1aor,act,ptc,acc,sing,masc) πεμπω

Jn.12:45 και ο θεωρων εμε θεωρει τον πεμψαντα με
and the one observing Me he observes the One having sent Me
B και ο θεωρων εμε θεωρει τον πεμψαντα με
ℵ και ο θεωρων εμε θεωρει τον πεμψαντα με
P66 και ο θεωρων εμε θεωρει τον πεμψαντα με
P75 και ο θεωρων εμε θεωρει τον πεμψαντα με

(2 perf,act,ind,1p,sing) (pres,act,ptc,nom,sing,masc)
ερχομαι πιστευω
Jn.12:46 εγω φως εις τον κοσμον εληλυθα ινα πας ο πιστευων εις εμε εν τη σκοτια μη
I light to the world I have come so that all the one believing in Me in the darkness not
B εγω φως εις τον κοσμον εληλυθα ινα ο πιστευων εις εμε εν τη σκοτια μη
ℵ εγω φως εις το κοσμον εληλυθα ινα πας ο πιστευω εις εμε εν τη σκοτια μη
P66 εγω φως εις τον κοσμον εληλυθα ινα πας ο πιστευων εις εμε εν τη σκοτια μη
P75 εγω φως [ε]ις τον κοσμον εληλυθα ινα ο πιστευων εις εμε εν τη [σ]κοτια μ[η

(1aor,act,subj,3p,sing)
μενω
W&H μεινη
he should remain
B μεινη
ℵ μινη
P66 μεινη
P75 [μεινη]

(1aor,act,subj,3p,sing) (1aor,act,subj,3p,sing) (1aor,act,subj,3p,sing) (pres,act,ind,1p,sing)
ακουω φυλασσω πιστευω κρινω
Jn.12:47 και εαν τις μου ακουση των ρηματων και μη φυλαξη ~~πιστευση~~ εγω ου κρινω
and if anyone of Me he should have heard the words and not he should obey ~~he should believe~~ I not I judge
B και εαν τις μου ακουση των ρηματων και μη φυλαξη εγω ου
ℵ και εαν τις μου ακουση των ρηματων και μη φυλαξη εγω ου κρινω
P66 και εαν τις μου ακουση των ρηματων και [[μη]] φυλαξη αυτα εγω ου
P75 και εαν τις μου ακουση [των ρ]ημ[ατων] και μη φυλαξη εγω ου [κρι]νω

(2aor,act,ind,1p,sing) (pres,act,ind,1p,sing) (fut,act,ind,1p,sing)
ερχομαι κρινω σωζω
W&H αυτον ου γαρ ηλθον ινα κρινω τον κοσμον αλλ ινα σωσω τον κοσμον
him for <> not I came so that I judge the world but so that I will save the world
B κρεινω αυτον ου γαρ ηλθον ινα κρεινω τον κοσμον αλλ ινα σωσω τον κοσμον
ℵ αυτον ου γαρ ηλθον ινα κρινω τον κοσμον αλλ ινα σωσω το κοσμον
P66 αυτον ου γαρ ηλθον ινα κρινω τον κοσμον αλλ εινα σωσω τον κοσμον
P75 αυτον ου γαρ ηλθον ινα κ[ρινω] τον κοσμον [αλ]λ ινα σωσω το]ν κοσμον

(pres,act,ptc,nom,sing,masc) (pres,act,ptc,nom,sing,masc) (pres,act,ind,3p,sing) (pres,act,ptc,acc,sing,masc)
αθετεω λαμβανω εχω κρινω
Jn.12:48 ο αθετων εμε και μη λαμβανων τα ρηματα μου εχει τον κρινοντα
the one rejecting Me and not receiving the words of Me he has the one judging
B ο αθετων εμε και μη λαμβανων τα ρηματα μου εχει τον κρεινοντα
ℵ ο αθετω εμε και μη λαμβανων τα ρηματα μου εχει τον κρινοντα
P66 ο αθετων εμε και μη λαμβανων τα ρηματα μου εχει τον κρινοντα
P75 ο αθετων με και μη λαμβανων τα ρηματα μου εχ[ει] τον κρονοντα

(1aor,act,ind,1p,sing) (fut,act,ind,3p,sing)
λαλεω κρινω
W&H αυτον ο λογος ον ελαλησα εκεινος κρινει αυτον εν τη εσχατη ημερα
him the word which I spoke that he will judge him on the last day
B αυτον ο λογος ον ελαλησα εκεινος κρεινει αυτον εν τη εσχατη ημερα
ℵ αυτον ο λογος ον ελαλησα εκεινος κρινει αυτον εν τη εσχατη ημερα
P66 αυτον ο λογος ον ελαλησαι εκεινος κρινει αυτον τη εσχατη ημερα
P75 αυτον ο λογος ον ελαλησ[α εκειν]ος [κρ]ινει αυτον εν τ[η εσχα]τ[η η]με[ρα]

(1aor,act,ind,1p,sing) (1aor,act,ptc,nom,sing,masc)
λαλεω πεμπω
Jn.12:49 οτι εγω εξ εμαυτου ουκ ελαλησα αλλ ο πεμψας με πατηρ αυτος μοι εντολην
because I of Myself not I spoke but the One having sent Me Father He to Me a command
B οτι εγω εξ εμαυτου ουκ ελαλησα αλλ ο πεμψας με πατηρ αυτος μοι εντολην
ℵ οτι εγω εξ εμαυτου ουκ ελαλησα αλλ ο πεμψας με πατηρ αυτος μοι εντολην
P66 οτι εγω εξ εμαυτου ουκ ελαλησα αλλ ο πεμψας με πηρ αυτος μοι εντολην
P75 [οτι εγω] εξ εμαυτο[υ ουκ ελαλησα αλλ ο πεμψας μ]ε πατηρ αυτ[ος μοι εντολην]

	(perf,act,ind,3p,sing) διδωμι	(1aor,act,ind,1p,sing) διδωμι	hiatus	(2aor,act,subj,1p,sing) λεγω			(1aor,act,subj,1p,sing) λαλεω
W&H	δεδωκεν	~~εδωκεν~~	~~εδωκε~~	τι ειπω	και	τι	λαλησω
	He has given	~~He gave~~		what I should say	and	what	I should speak.
B	δεδωκεν			τι ειπω	και	τι	λαλησω
ℵ	δεδωκεν			τι ειπω	και	τι	λαλησω
P66	δεδωκεν			τι ειπω	και	τι	λαλησω
P75	[δεδωκεν			τι ει]πω	και	τι	λα[λησω]

	(perf,act,ind,1p,sing) οιδα							(pres,act,ind,3p,sing) ειμι				(pres,act,ind,1p,sing) λαλεω
Jn.12:50	και οιδα	οτι	η	εντολη	αυτου	ζωη	αιωνιος	εστιν	α	ουν₁	εγω₃	λαλω₂
	and I have known	that/"	the	commandment	of Him	life	eternal	she is		therefore <> what	I	I say
B	και οιδα	οτι	η	εντολη	αυτου	ζωη	αιωνιος	εστιν	α	ουν	εγω	λαλω
ℵ	και οιδα	οτι	η	εντολη	αυτου	ζωη	αιωνιος	εστιν	α	ουν	εγω	λαλω
P66	και οιδα	οτι	η	εντολη	αυτου	ζωη	αιωνιος	εστιν	α	ουν	εγω	λαλω
P75	[και οιδα	οτι	η	εντολ]η	[α]υτου	ζωη	[αιωνιος	εστιν	α	ουν	εγω	λ]αλω

		(perf,act,ind,3p,sing) ειπον	hiatus					(pres,act,ind,1p,sing) λαλεω
W&H	καθως₄	ειρηκεν	~~ειρηκε~~₅	μοι	ο	πατηρ	ουτως	λαλω
	as	He has said		to Me	the	Father	so	I speak
B	καθως	ειρηκεν		μοι	ο	πατηρ	ουτως	λαλω
ℵ	καθως	ειρηκεν		μοι	ο	πατηρ	ουτως	λαλω
P66	καθως	ειρηκεν		μοι	ο	πηρ	ουτω	λαλω
P75	καθως	[ειρηκεν		μοι	ο	πατηρ	ου]τως	λαλω

John Chapter 13

							(perf,act,ptc,nom,sing,masc) οιδα				(2aor,act,ind,3p,sing) ερχομαι	(2 perf,act,ind,3p,sing) ερχομαι			
Jn.13:1	προ	δε	της	εορτης	του	πασχα	ειδως	ο	ιησους	οτι	ηλθεν	~~εληλυθεν~~	αυτου	η	ωρα
		but <> before	the	holiday	of the	Passover	knowing	the	Jesus	that	she came	~~she has come~~	of Him	the	hour
B	προ	δε	της	εορτης	του	πασχα	ειδως	ο	ις	οτι	ηλθεν		αυτου	η	ωρα
ℵ	προ	δε	της	εορτης	του	πασχα	ειδως	ο	ις	οτι	ηλθεν		αυτου	η	ωρα
P66	προ	δε	της	εορτης	του	πασχα	ειδως	ο	ις	οτι		ηκενι	αυτου	η	ωρα
P75	[προ	δε	της	εορτης	μου	πας]χα	ει[δ]ω[ς	ο	ις	οτι	ηλθεν		αυτου	η	ωρ]α

		(2aor,act,subj,3p,sing) μεταβαινω								(1aor,act,ptc,nom,sing,masc) αγαπαω	
W&H	ινα	μεταβη	εκ	του	κοσμου	τουτου	προς	τον	πατερα	αγαπησας	τους
	so that	He should cross over	from out	of the	world	of this	to	the	Father	having loved	the ones
B	ινα	μεταβη	εκ	του	κοσμου	τουτου	προς	τον	πατερα	αγαπησας	τους
ℵ	ινα	μεταβη	εκ	του	κοσμου	τουτου	προς	τον	πατερα	αγαπησας	τους
P66	ινα	μεταβη	εκ	του₁	κοσμου₃	τουτου₂	προς₄	τον	πρα	αγαπησας	τους
P75	ινα	[μεταβη	εκ	του	κοσμου	τουτου]	π[ρος	τον] *			

[P75 * *4 lines missing continues in* 13:2]

								(1aor,act,ind,3p,sing) αγαπαω	
W&H	ιδιους	τους	εν	τω	κοσμω	εις	τελος	ηγαπησεν	αυτους
	His own	the ones	in	the	world	to	*(the)* end	He loved	them
B	ιδιους	τους	εν	τω	κοσμω	εις	τελος	ηγαπησεν	αυτους
ℵ	ιουδαιους	τους	εν	τω	κοσμω	εις	τελος	ηγαπησεν	αυτους
P66	ιδιους	τους	εν	τω	κοσμου	εις	τελος	ηγαπησεν	αυτους

			(pres,mid,ptc,gen,sing,neut) γινομαι					(perf,act,ptc,gen,sing,masc) βαλλω		
Jn.13:2	και	δειπνου	γινομενου		του	διαβολου	ηδη	βεβληκοτος	εις	την
	and	supper	happening		the	devil	already	having cast	into	the
B	και	δειπνου	γινομενου		του	διαβολου	ηδη	βεβληκοτος	εις	την
ℵ	και	διπνου	γεινομενου		του	διαβολου	ηδη	βεβληκοτος	εις	τη
P66	και	διπνου		γεγανομενου	του	διαβολου	ηδη	βεβληκοτος	εις	τη

(2aor,act,subj,3p,sing) (2aor,act,subj,1p,or 3p sing)
παραδιδωμι παραδιδωμι

W&H	καρδιαν₁	ινα₅	παραδοι	~~παραδω~~₇	αυτον₆	ιουδας	~~ιουδα~~₂	σιμωνος₃	ισκαριωτης
	heart	so that	he should hand over	~~he should hand over~~	Him	Judas	~~Judas~~	of Simon	of Iscariot
B	καρδιαν	ινα	παραδοι		αυτον	ιουδας		σιμωνος	ισκαριωτης
ℵ	καρδιαν	ινα	παραδοι		αυτον	ιουδας		σιμωνος	ισκαριωτης
P66	καρδιαν	ινα	παραδοι		αυτον	ιουδας		σιμωνος	ισκαριωτης
P75	[παραδοι				αυτον]	ιουδας		σιμωνος	ισκαριωτης

W&H ~~ισκαριωτου~~₄
~~of Iscariot~~

(perf,act,ptc,nom,sing,masc) οιδα — (1aor,act,ind,3p,sing) διδωμι — (perf,act,ind,3p,sing) διδωμι

Jn.13:3	ειδως	~~ο ιησους~~	οτι παντα	εδωκεν	~~δεδωκεν~~	αυτω	ο πατηρ	εις	τας	χειρας
	knowning	~~the Jesus~~	that all things	He gave	~~He has given~~	to Him	the Father	into	the	hands
B	ειδως		οτι παντα	εδωκεν		αυτω	ο πατηρ	εις	τας	χειρας
ℵ	ιδως		οτι πατα	εδωκεν		αυτω	ο πατηρ	εις	τας	χιρας
P66	ειδως		οτι παντα		δεδωκεν	αυτω	ο <u>πηρ</u>	εις	τας	χειρας
P75	ειδως		οτι παντα	εδωκεν		[αυτω	ο] *			

[P75 * *continues* @13:6 *8 lines of text missing*]

(2aor,act,ind,3p,sing) εξερχομαι — hiatus — (pres,act,ind,3p,sing) υπαγω

W&H	και	οτι	απο	θεου	εξηλθεν	~~εξηλθε~~	και προς	τον	θεον	υπαγει
	and	because	from	God	He came forth		and to	the	God	He goes
B	και	οτι	απο	<u>θυ</u>	εξηλθεν		και προς	τον	<u>θν</u>	υπαγει
ℵ	και	οτι	απο	<u>θυ</u>	εξηλθεν		και προς	τον	<u>θν</u>	υπαγει
P66	και	οτι	απο	<u>θυ</u>	εξηλθεν		και προς	τον	<u>θν</u>	υπαγει

(pres,mid,ind,3p,sing) εγειρω — (pres,act,ind,3p,sing) τιθημι — hiatus — (2aor,act,ptc,nom,sing,masc) λαμβανω

Jn.13:4	εγειρεται	εκ	του	δειπνου	και	τιθησιν	~~τιθησι~~	τα ιματια	και	λαβων	λεντιον
	He, Himself, rises	from out	of the	dinner	and	He places *(aside)*		the garments	and	taking	a linen towel
B	εγειρεται	εκ	του	δειπνου	και	τιθησιν		τα ιματια	και	λαβων	λεντιον
ℵ	εγειρεται	εκ	του	διπνου	και	τιθησιν		τα ιματια	και	λαβων	λεντιον
P66	εγειρετε	εκ	του	διπνου	και	τιθησιν		τα ιματια	και	λαβων	λεντιον

(1aor,act,ind,3p,sing) διαζωννυμι

W&H	διεζωσεν	εαυτον
	He girded up	Himself
B	διεζωσεν	εαυτον
ℵ	διεζωσεν	εαυτον
P66	διεζωσεν	εαυτον

(pres,act,ind,3p,sing) βαλλω — (1aor,mid,ind,3p,sing) αρχω — (pres,act,inf) νιπτω

Jn.13:5	ειτα	βαλλει	υδωρ	εις	τον	νιπτηρα	και	ηρξατο	νιπτειν	τους	ποδας	των
	then	He casts	water	into	the	washbasin	and	He, Himself, began	to wash	the	feet	of the
B	ειτα	βαλλει	υδωρ	εις	τον	νιπτηρα	και	ηρξατο	νιπτειν	τους	ποδας	τω
ℵ	ειτα	βαλλει	υδωρ	εις	τον	νιπτηρα	και	ηρξατο	νιπτειν	τους	ποδας	των
P66	ειτα	βαλλει	υδωρ	εις	τον	ποδονιπτηρα	και	ηπξατο	νιπτειν	τους	ποδας	τω

(pres,act,inf) εκμασσω — (imperf,act,ind,3p,sing) ειμι — (perf,pass,ptc,nom,sing,masc) διαζωννυμι

W&H	μαθητων	και	εκμασσειν	τω	λεντιω	ω	ην	διεζωσμενος
	disciples	and	to wipe	with the	linen towel	the one which	He was	having been girded
B	μαθητων	και	εκμασσειν	τω	λεντιω	ω	ην	διεζωσμενος
ℵ	μαθητων	κ(αι)	εκμασσειν	τω	λεντιω	ω	ην	διεζωσμενος
P66	μαθητων	και	εκμασσειν	τω	λεντιω	ω	ην	διεζωσμενος

(pres,mid,ind,3p,sing) ερχομαι — (pres,act,ind,3p,sing) λεγω — (pres,act,ind,2p,sing) νιπτω

Jn.13:6	ερχεται	ουν	προς	σιμωνα	πετρον	~~και~~	λεγει	αυτω	~~εκεινος~~	κυριε	συ μου	νιπτεις
	He comes	therefore <>	to	Simon	Peter	~~and~~	he says	to Him	~~that one~~	Lord	You of me	You wash
B	ερχεται	ουν	προς	σιμωνα	πετρον		λεγει	αυτω		<u>κε</u>	συ μου	νιπτεις
ℵ	ερχεται	ουν	προς	σιμωνα	πετρον	και	λεγι	αυτω			συ μου	νιπτις
P66	ερχεται	ουν	προς	σιμωνα	πετρον		λεγει	αυτω		<u>κε</u>	συ μου	νιπτεις
P75				*[σειμωνα	πετρον]		λεγει	αυτω		[<u>κε</u>	συ]*	

[P75 * *begins again here*] [P75 * 2 *lines missing*]

W&H τους ποδας
the feet
B τουϲ ποδαϲ
ℵ τουϲ ποδαϲ
P66 τουϲ ποδαϲ

(1aor,pass,ind,3p,sing) αποκρινομαι (2aor,act,ind,3p,sing) λεγω (pres,act,ind,1p,sing) ποιεω (perf,act,ind,2p,sing) οιδα (fut,mid,ind,2p,sing) γινωσκω
Jn.13:7 απεκριθη ιησους και ειπεν αυτω ο εγω ποιω συ ουκ οιδας αρτι γνωση δε
He did give answer Jesus and He said to him the one I I do you not you have known now but <> you,yourself will know
B απεκριθη ις και ειπεν αυτω ο εγω ποιω ϲυ ουκ οιδαϲ αρτι γνωϲη δε
ℵ απεκριθη ις και ειπε αυτω α εγω ποιω ϲυ ουκ οιδαϲ αρτι γνωϲη δε
P66 απεκριθη ις και ειπεν αυτω ο εγω ποιω ϲυ ουκ οιδαϲ αρτι γνωϲη δε
P75 * [οιδαϲ] αρτι [γνωϲη δε]
[P75 * *begins again*]

W&H μετα ταυτα
after these *(things)*
B μετα ταυτα (τα superscript)
ℵ μετα ταυτα
P66 μετα ταυτα
P75 [μετα ταυτα]

(pres,act,ind,3p,sing) λεγω (1aor,act,subj,2p,sing) νιπτω
Jn.13:8 λεγει αυτω πετρος ου μη νιψης1 μου4 τους2 ποδας3 εις5 τον6 αιωνα7
he says to Him Peter not not /certainly not/never should You washed of me the feet into the eon/eternity
B λεγει αυτω πετροϲ ου μη νιψηϲ μου τουϲ ποδαϲ ειϲ τον αιωνα
ℵ λεγει αυτω πετροϲ ου μη νιψηϲ1 μου4 τουϲ2 ποδαϲ3 ειϲ5 τον αιωνα
P66 λεγει αυτω πετροϲ ου μη νιψηϲ μου τουϲ ποδαϲ ειϲ τον αιωνα
P75 [λεγει αυτω πετροϲ ου μη νειψηϲ μου τουϲ ποδαϲ ει]ϲ τον αιωνα

(1aor,pass,ind,3p,sing) αποκρινομαι (1aor,act,subj,1p,sing) νιπτω (pres,act,ind,2p,sing) εχω
W&H απεκριθη8 ~~ο~~10 ιησους11 αυτω9 εαν12 μη νιψω σε ουκ εχεις μερος μετ εμου
He did give answer ~~the~~- Jesus to him if not /except I should washed you not you have a part with Me
B απεκριθη ις αυτω εαν μη νιψω ϲε ουκ εχειϲ μεροϲ μετ εμου
ℵ απεκριθη1 ο3 ις4 αυτω2 εαν5 μη νιψω ϲε ουκ εχειϲ μεροϲ μετ εμου
P66 απεκριθη1 ις3 αυτω2 εαν4 μη νιψω ϲε ουκ εχειϲ μεροϲ μετ εμου
P75 [απεκ]ριθη ις αυτω εαν μη] νιψω ϲε ουκ εχε[ιϲ μεροϲ μετ εμου]

(pres,act,ind,3p,sing) λεγω
Jn.13:9 λεγει αυτω σιμων πετρος κυριε μη τους ποδας μου μονον αλλα και τας
he says to Him Simon Peter Lord not the feet of me only but also the
B λεγει αυτω1 ϲιμων3 πετροϲ2 κε4 μη τουϲ ποδαϲ μου μονον αλλα και ταϲ
ℵ λεγει αυτω ϲιμω πετροϲ μη τουϲ ποδαϲ μου μονον αλλα και ταϲ
P66 λεγι αυτω ϲιμων πετροϲ κε μη τουϲ ποδαϲ μονον αλλα και ταϲ
P75 λεγει α[υτω ϲιμω]ν πετροϲ κε μη τουϲ π]οδ[αϲ μου μο]ν[ο]ν [αλλα και ταϲ

W&H χειρας και την κεφαλην
hands and the head
B χειραϲ και την κεφαλην
ℵ χιραϲ και την κεφαλην
P66 χειραϲ και την κεφαλην
P75 χειρα]ϲ κα[ι την κε]φαλην

(pres,act,ind,3p,sing) λεγω (perf,pass,ptc,nom,sing,masc) λουω (pres,act,ind,3p,sing) εχω
Jn.13:10 λεγει αυτω ~~ο~~ ιησους ο λελουμενος ουκ ~~ου~~1 εχει3 χρειαν2 [ει μη ~~η~~4 τους5 ποδας]
He says to him ~~the~~ Jesus the one having been washed not ~~not~~ he has need if not /except ~~than~~ the feet
B λεγει αυτω ις ο λελουμενοϲ ουκ εχει χρειαν ει μη τουϲ ποδαϲ
ℵ λεγει αυτω ο ις ο λελουμενοϲ ουκ εχι χρειαν
P66 λεγει αυτω ο ις λελουμενοϲ ουκ εχει χρειαν ει μη τουϲ ποδαϲ μονον
P75 λεγει αυτω [ις] ο λελουμενοϲ ουκ *
[P75 * 2 *lines missing and* 1 *leaf missing continues again* @ 14:7]

(1aor,mid,infin) (pres,act,ind,3p,sing) (pres,act,ind,2p,pl)
νιπτω ειμι hiatus ειμι
W&H νιψασθαι αλλ εστιν ~~εστι~~ καθαρος ολος και υμεις καθαροι εστε αλλ ουχι παντες
to wash but he is clean entirely and you all clean you all are but not all
B νιψασθαι αλλ εστιν καθαρος ολος και υμεις καθαροι εστε αλλ ουχι παντες
א νιψασθαι αλλα εστιν καθαρος ολος και υμεις καθαροι εστε αλλ ουχι παντες
P66 νιψασθαι αλλ εστιν καθαρος ολος και υμεις καθαροι εστε αλλ ουχι παντες

(plupf,act,ind,3p,sing) (pres,act,ptc,acc,sing,masc) (2aor,act,ind,3p,sing) (pres,act,ind,2p,pl)
οιδα παραδιδωμι λεγω ειμι
Jn.13:11 ηδει γαρ τον παραδιδοντα αυτον δια τουτο ειπεν οτι ουχι παντες καθαροι εστε
for <> He knew the one giving over Him on account of this He said that/" not all clean you all are"
B ηδει γαρ τον παραδιδοντα αυτον δια τουτο ειπεν οτι ουχι παντες καθαροι εστε
א ηδει γαρ τον παραδιδοντα αυτον δια τουτο ειπεν ουχι παντες καθαροι εστε
P66 ηδει γαρ τον παραδιδοντα αυτον δια τουτο ειπεν οτι ουχι παντες καθαροι εστε

(1aor,act,ind,3p,sing) (2aor,act,ind,3p,sing)
νιπτω hiatus λαμβανω hiatus
Jn.13:12 οτε ουν ενιψεν ~~ενιψε~~ τους ποδας αυτων και ελαβεν ~~ελαβε~~ τα ιματια αυτου
therefore <> when He washed the feet of them and He took the gramets of Him
B οτε ουν ενιψεν τους ποδας αυτων και ελαβεν τα ιματια αυτου
א οτε ου ενιψεν τους ποδας αυτων ελαβε τα ιματια αυτων
P66 οτε ουν ενιψεν τους ποδας αυτων ελαβεν τα ιματια αυτου

(2aor,act,ind,3p,sing)(2aor,act,ptc,nom,sing,masc)(2aor,act,ind,3p,sing)(pres,act,ind,2p,pl) (perf,act,ind,1p,sing)
αναπιπτω αναπιπτω λεγω γινωσκω ποιεω
W&H και ανεπεσεν ~~αναπεσων~~ παλιν ειπεν αυτοις γινωσκετε τι πεποιηκα υμιν
and He reclined to eat ~~having reclined to eat~~ again He said to them you all know what I have done for you all
B και ανεπεσεν παλιν ειπεν αυτοις γεινωσκετε τι πεποιηκα υμιν
א και ανεπεσεν παλιν ειπεν αυτοις γεινωσκεται τι πεποιηκα υμιν
P66 και αναπεσων παλιν ειπεν αυτοις γινωσκετε τι πεποιηκα υμιν

(pres,act,ind,2p,pl) (pres,act,ind,2p,pl) (pres,act,ind,1p,sing)
φωνεω λεγω ειμι
Jn.13:13 υμεις φωνειτε με ο διδασκαλος και ο κυριος και καλως λεγετε ειμι γαρ
you all you all call Me the Teacher and the Lord and well you all say for <> I am
B υμεις φωνειτε με ο διδασκαλος και ο κς και καλως λεγετε ειμι γαρ
א υμις φωνειτε με ο διδασκαλος και ο κς και καλως λεγεται ειμι γαρ
P66 υμεις φωνιτε με ο διδασκαλος και ο κς και καλως λεγεται ειμι γαρ

(1aor,act,ind,1p,sing)
νιπτω
Jn.13:14 ει ουν εγω ενιψα υμων τους ποδας ο κυριος και ο διδασκαλος
therefore <> if I I washed of you all the feet the One *(being)* Lord and the Teacher
B ει ουν εγω ενιψα υμων τους ποδας ο κς και ο διδασκαλος ει ουν εγω ενιψα υμων τους
א ει ουν εγω ενιψα υμων τους ποδας ο κς και ο διδασκαλος
P66 ει ουν εγω ενιψα υμων τους ποδας ο κς και ο διδασκαλος

(pres,act,ind/imper,2p,pl) (pres,act,inf)
οφειλω νιπτω
W&H και υμεις οφειλετε αλληλων νιπτειν τους ποδας
also you all you all ought of one another to wash the feet
B ποδας ο κς και ο διδασκαλος και υμεις οφειλετε αλληλων νιπτειν τους ποδας
א και υμεις οφιλεται1 αλληλων3 νιπτειν2 τους4 ποδδας
P66 και υμεις οφειλετε αλληλων νιπτειν τους ποδας

(1aor,act,ind,1p,sing) (1aor,act,ind,1p,sing) (pres,act,subj,2p,pl)
διδωμι ποιεω ποιεω
Jn.13:15 υποδειγμα γαρ εδωκα υμιν ινα καθως εγω εποιησα υμιν και υμεις ποιητε
for <> an example I gave the to you all so that as I I did for you all also you all you all do
B υποδειγμα γαρ εδωκα υμιν ινα καθως εγω εποιησα υμιν και υμεις ποιητε
א υποδιγμα γαρ δεδωκα υμιν ινα καθως εγω εποιησα υμιν και υμις ποιηται
P66 υποδιγμα γαρ δεδωκα υμειν ινα καθως εγω εποιησα υμιν και υμεις ποιηται

(pres,act,ind,1p,sing) (pres,act,ind,3p,sing)
λεγω ειμι hiatus
Jn.13:16 αμην αμην λεγω υμιν ουκ εστιν ~~εστι~~ δουλος μειζων του κυριου αυτου ουδε
amen amen I say to you all not he is a slave greater than the lord of him and not/nor
B αμην αμην λεγω υμιν ουκ εστι δουλος μειζων του κυριου αυτου ουδε
א αμην αμην λεγω υμιν ουκ εστιν δουλος μιζων του κυ αυτου ουδε
P66 αμην αμην λεγω υμιν ουκ εστιν δουλος μειζων του κυ αυτου ουδε

(1aor,act,ptc,gen,sing,masc)
πεμπω
W&H αποστολος μειζων του πεμψαντος αυτον
an apostle greater than the one having sent him
B αποστολος μειζων του πεμψαντος αυτον
א αποστολος μειζων του πεμψαντος αυτο
P66 αποστολος του πεμψαντος αυτον

(perf,act,ind,2p,pl) (pres,act,ind,2p,pl) (pres,act,subj,2p,pl)
οιδα ειμι ποιεω
Jn.13:17 ει ταυτα οιδατε μακαριοι εστε εαν ποιητε αυτα
if these *things* you all have known blessed are you all if you all should do them
B ει ταυτα οιδατε μακαριοι εστε εαν ποιητε αυτα
א ει ταυτα οιδατε μακαριοι εστε εαν ποιητε αυτα
P66 ει ταυτα οιδατε μακαριοι εστε εαν ποιηται αυτα

(pres,act,ind,1p,sing) (perf,act,ind,1p,sing) (1aor,mid,ind,1p,sing)
λεγω οιδα εκλεγομαι
Jn.13:18 ου περι παντων υμων λεγω εγω οιδα τινας ~~ους~~ εξελεξαμην αλλ ινα η γραφη
not concerning all of you all I say I I have known whom ~~whom~~ I, Myself, chose but so that the Scripture
B ου περι παντων υμων λεγω εγω οιδα τινας εξελεξαμην αλλ ινα η γραφη
א ου περι παντων υμω λεγω εγω γαρ οιδα τινας εξελεξαμην αλλ ινα η γραφη
P66 ου περι παντων υμων λεγω εγω οιδα ους εξελεξαμην αλλ ινα η γραφη

(1aor,pass,subj,3p,sing)(pres,act,ptc,nom,sing,masc) (1aor,act,ind,3p,sing)
πληροω τρωγω επαιρω
W&H πληρωθη ο τρωγων ~~μετ~~ μου ~~εμου~~ τον αρτον επηρεν επ εμε την πτερναν αυτου
she might be fullfilled the one eating ~~with~~ of Me ~~of Me~~ the bread he raised against Me the heel of him
B πληρωθη ο τρωγων μου τον αρτον επηρεν εμε την πτερναν αυτου
א πληρωθη ο τρωγων μετ εμου το αρτον επηρκεν επ εμε την πτερναν αυτου
P66 πληρωθη ο τρωγων μετ εμου τον αρτον επηρεν επ εμε την πτερναν αυτου*

(pres,act,ind,1p,sing) (2aor,mid,infin) (pres,act,subj,2p,pl) (2aor,mid,subj,3p,sing)
λεγω γινομαι πιστευω γινομαι
Jn.13:19 απ αρτι λεγω υμιν προ του γενεσθαι ινα₁ πιστευητε₄ οταν₂ γενηται₃ οτι₅
from just now I tell you all before the one to happen so that you all should believe whenever it should happen that/"
B απ αρτι λεγω υμιν προ του γενεσθαι ινα πιστευητε οταν γενηται οτι
א απ αρτι λεγω υμιν προ του γενεσθαι ινα πιστευσηται οτα γενηται οτι
P66 *απ αρτι λεγω υμιν προ** του γενεσθαι ινα πιστευσηται οταν γενηται οτι
[* P66 *Insert mark follows* απ αρτι λεγω υμιν προ *added superlinearly.* *]

(pres,act,ind,1p,sing)
ειμι
W&H εγω ειμι
I I am
B εγω ειμι
א εγω ειμι
P66 εγω μι

(pres,act,ind,1p,sing) (pres,act,ptc,nom,sing,masc) (fut,act,ind,1p,sing) (pres,act,ind,3p,sing)
λεγω λαμβανω πεμπω λαμβανω
Jn.13:20 αμην αμην λεγω υμιν ο λαμβανων αν τινα ~~εαν τινα~~ πεμψω εμε λαμβανει ο δε
amen amen I say to you all the one receiving whom ever ~~whomsoever~~ I shall send Me he receives but <> the one
B αμην αμην λεγω υμιν ο λαμβανων αν τινα πεμψω εμε λαμβανει ο δε
א αμην αμην λεγω υμιν ο λαμβανω αν τινα πεμψω εμε λαμβανει ο δε
P66 αμην αμην λεγω υμειν ο λαμβανω εαν τινα πεμψω εμε λαμβανει ο δε

(pres,act,ptc,nom,sing,masc) (pres,act,ind,3p,sing) (1aor,act,ptc,acc,sing,masc)
λαμβανω λαμβανω πεμπω
W&H εμε λαμβανων λαμβανει τον πεμψαντα με
Me receiving he receives the One having sent Me
B εμε λαμβανων λαμβανει τον πεμψαντα με
ℵ εμε λαμβανων λαμβανι τον πεμψαντα με
P66 εμε λαμβανων λαμβανει τον πεμψαντα με

(2aor,act,ptc,nom,sing,masc) (1aor,pass,ind,3p,sing) (1aor,act,ind,3p,sing) hiatus
λεγω ταρασσω μαρτυρεω
Jn.13:21 ταυτα ειπων ~~ο~~ ιησους εταραχθη τω πνευματι και εμαρτυρησεν ~~εμαρτυρησε~~ και
these *(things)* having said ~~the~~ Jesus being stirred up in the Spirit and He witnessed and
B ταυτα ειπων ις εταραχθη τω πνευματι και εμαρτυρησεν και
ℵ ταυτα ειπων ις εταραχθη τω πνι και εμαρτυρησεν και
P66 ταυτα ειπων ο ις εταραχθη τω πνι και εμαρτυρησεν και

(2aor,act,ind,3p,sing) (pres,act,ind,1p,sing) (fut,act,ind,3p,sing)
λεγω λεγω παραδιδωμι
W&H ειπεν αμην αμην λεγω υμιν οτι εις εξ υμων παραδωσει με
He said amen amen I say to you all that/" one from out of you all he will give over Me
B ειπεν αμην αμην1 λεγω3 υμιν2 οτι4 εις εξ υμων παραδωσει με
ℵ ειπεν αμην αμη λεγω υμιν οτι εις εξ υμων παραδωσει με
P66 ειπεν αμην αμην λεγω υμιν οτι εις εξ υμων παραδωσει με

(imperf,act,ind,3p,pl) (pres,mid,ptc,nom,pl,masc)(pres,act,ind,3p,sing)
βλεπω απορεω λεγω
Jn.13:22 εβλεπον ~~ουν~~ εις αλληλους οι μαθηται απορουμενοι περι τινος λεγει
~~therefore~~ <> they were looking at/to one another the disciples being themselves in doubt and perplexity about what He says
B εβλεπον εις αλληλους οι μαθηται απορουμενοι περι τινος λεγει
ℵ εβλεπον ου ουν οι ιουδαιοι εις αλληλους οι μαθηται απορουμενοι περι τινος λεγει
P66 εβλεπον ουν εις αλληλους οι μαθηται αυτου απορουμενοι περι τινος λεγει

(imperf,act,ind,3p,sing) (pres,mid,ptc,nom,sing,masc)
ειμι ανακειμαι
Jn.13:23 ην δε ανακειμενος εις εκ των μαθητων αυτου εν τω κολπω του ιησου ον
~~and~~ <> He was He reclining to eat one from out of the disciples of Him on the bosom of the Jesus whom
B ην ανακειμενος εις εκ των μαθητων αυτου εν τω κολπω του ιυ ον
ℵ ην δε ανακειμενος εις εκ των μαθητων αυτου εν τω κολπω του ιυ ον
P66 ην δε ανακειμενος εις εκ των μαθητων αυτου εν τω κολπω του ιυ ον

(imp, act, ind, 3p,sing)
αγαπαω
W&H ηγαπα [ο] ιησους
He was loving the Jesus
B ηγαπα ις
ℵ ηγαπα ο ις
P66 ηγαπα ο ις

(pres,act,ind,3p,sing) (pres,act,ind,3p,sing) (pres,act,imper,2p,sing) (pres,act,ind,3p,sing)
νευω λεγω ειπον ειμι
Jn.13:24 νευει ουν τουτω σιμων πετρος και λεγει αυτω ειπε ~~πυθεσθαι~~ τις εστιν
therefore <> he gestures to this one Simon Peter and he says to him you say ~~to inquire about~~ who he is
B νευει ουν τουτω σιμων πετρος και λεγει αυτω ειπε τις εστιν
ℵ νευει ουν τουτω σιμων πετρος πυθεσθαι τις
P66 νευει ουν τουτω σιμων πετρος πυθεσθαι τις

(pres,opt,act,3p,sing) (pres,act,ind,3p,sing)
ειμι λεγω
W&H ~~αν ειη~~ περι ου λεγει
~~it may be~~ concerning of whom He says
B περι ου λεγει
ℵ αν ειη περι ου λεγει
P66 αν ειη περι ου ειπεν

(2aor,act,ptc,nom,sing,masc) αναπιπτω **(2aor,act,ptc,nom,sing,masc)** επιπιπτω **(pres,act,ind,1p,sing)** λεγω

Jn.13:25 αναπεσων ~~επιπεσων~~ δε εκεινος ουτως επι το στηθος του ιησου λεγει αυτω
having reclined to eat ~~and <> having pressed~~ that one thus upon the breast of the Jesus he said to Him
B αναπεσων εκεινος ουτως επι το στηθος του ιυ λεγει αυτω
ℵ επιπεσων ουν εκεινος επι το στηθος του ιυ λεγει αυτω
P66 επιπεσων ουν εκεινος ουτως επι το στηθος του ιυ λεγει αυτω

(pres,act,ind,3p,sing) ειμι

W&H κυριε τις εστιν
Lord who he is
B κε τις εστιν
ℵ κε τις εστιν
P66 κε τις εστιν

(pres,mid,ind,3p,sing) αποκρινομαι **(pres,act,ind,3p,sing)** ειμι **(fut,act,ind,1p,sing)** βαπτω

Jn.13:26 αποκρινεται ουν [ο] ιησους εκεινος εστιν ω εγω βαψω
therefore <> He answers the Jesus that one he is to whom I I will dip in
B αποκρειεται ουν ις εκεινος εστιν ω εγω βαψω
ℵ αποκρινεται ο ις και λεγει εκεινος εστιν ω εγω
P66 αποκρινεται ις εκεινος εστιν ω εγω

(1aor,act,ptc,nom,sing,masc) βαπτω **(fut,act,ind,1p,sing)** διδωμι **(fut,act,ind,1p,sing)** επιδιδωμι **(1aor,act,ptc,nom,sing,masc)** βαπτω

W&H ~~βαψας~~ το ψωμιον και δωσω ~~επιδωσω~~ αυτω ~~και~~ βαψας ουν
~~having dipped~~ the morsel and I will give ~~I will give to~~ to Him ~~and~~ therefore <> having dipped
B το ψωμιον και δωσω αυτω βαψας ουν
ℵ βαψας το ψωμιον επιδωσω βαψας ουν
P66 βαψας το ψωμιον επιδωσω και

(1aor,act,ptc,nom,sing,masc) εμβαπτω **(pres,act,ind,3p,sing)** λαμβανω **(pres,act,ind,3p,sing)** διδωμι

W&H ~~εμβαψας~~ [το] ψωμιον λαμβανει και διδωσιν ιουδα σιμωνος ισκαριωτου
~~having dipped in~~ the morsel He took and He gives to Judas *(son)* of Simon of Iscariot
B ψωμιον λαμβανει και διδωσι[v] ιουδα σιμωνος ισκαριωτου
ℵ το ψωμιο διδωσιν ιουδα σιμωνος ισκαριωτου
P66 εμβαψας το ψωμιον διδωσιν ιουδα σιμωνος ισκαριωτη

(2aor,act,ind,3p,sing) εισερχομαι **(pres,act,ind,3p,sing)** λεγω

Jn.13:27 και μετα το ψωμιον τοτε εισηλθεν εις εκεινον ο σατανας λεγει ουν
and with the morsel then he entered into that one the Satan therefore <> He says
B και μετα το ψωμιον τοτε εισηλθεν εις εκεινον ο σατανας λεγει ουν
ℵ και μετα το ψωμιον εισηλθε εις εκεινον ο σατανας λεγει ουν
P66 και μετα το ψωμιον τοτε εισηλθεν εις εκεινον ο σατανας λεγει ουν

(pres,act,ind,2p,sing) ποιεω **(1aor,act,imper,2p,sing)** ποιεω

W&H αυτω ~~ο~~ ιησους ο ποιεις ποιησον ταχιον
to him ~~the~~ Jesus the one you do do you quickly
B αυτω ις ο ποιεις ποιησον ταχειον
ℵ αυτω ο ις ο ποιεις ποιησον ταχειον
P66 αυτω ο ις ο ποιεις ποιησον ταχειον

(2aor,act,imper,3p,sing) γινωσκω **(pres,mid,ptc,gen,pl,masc)** ανακειμαι **(2aor,act,ind,3p,sing)** λεγω

Jn.13:28 τουτο [δε] ουδεις εγνω των ανακειμενων προς τι ειπεν αυτω
but <> this no one he knew of the ones reclining at meal about what He said to him
B τουτο ουδεις εγνω των ανακειμενων προς τι ειπεν αυτω
ℵ τουτο δε ουδεις εγνω των ανακειμενω προς τι ειπεν αυτω
P66 τουτο δε ουδεις εγνω των ανακειμενων προς τι ειπεν αυτω

(imperf,act,ind,3p,pl) δοκεω (imperf,act,ind,3p,sing) εχω (pres,act,ind,3p,sing) λεγω
Jn.13:29 τινες γαρ εδοκουν επει το γλωσσοκομον ειχεν ~~ο~~ ιουδας οτι λεγει αυτω ~~[ο]~~ ιησους
for <> some they were supposing since the money bag he was possessing ~~the~~ Judas that He says to him ~~the~~ Jesus
B τινες γαρ εδοκουν επει το γλωσσοκομον ειχεν ιουδας οτι λεγει αυτω ις
א τινες γαρ εδοκουν επι το γλωσσοκομον ειχεν ιουδας οτι λεγει αυτω ις
P66 τινες δε εδοκουν επι το γλωσσοκομον ειχεν ο ιουδας οτι λεγει αυτω ο ις

(1aor,act,imper,2p,sing) αγοραζω (pres,act,ind,1p,pl) εχω (2aor,act,subj,3p,sing) διδωμι
W&H αγορασον ων χρειαν εχομεν εις την εορτην η τοις πτωχοις ινα τι δω
you buy of the ones need we have for the feast or to the poor so that something he should give
B αγορασον ων χρειαν εχομεν εις την εορτην η τοις πτωχοις ινα τι δω
א αγορασο ων χριαν εχομεν εις την εορτην η τοις πτωχοις ινα τι δω
P66 αγορασον ων χρειαν εχομεν εις την εορτην η τοις πτωχοις ινα τι δω

(2aor,act,ptc,nom,sing,masc) λαμβανω (2aor,act,subj,3p,sing) εξερχομαι (imperf,act,ind,3p,sing) ειμι
Jn.13:30 λαβων ουν το ψωμιον εκεινος₁ εξηλθεν₃ ευθυς ~~ευθεως~~₂ ην₄ δε νυξ
therefore <> having received the morsel that one he went out immediately ~~immediately~~ and <> she was night
B λαβων ουν το ψωμιον εκεινος εξηλθεν ευθυς ην δε νυξ
א λαβων ουν το ψωμιον εκεινος εξηλθεν ευθυς ην δε νυξ
P66 λαβων ουν το ψωμιον εκεινος εξηλθεν ευθυς ην δε νυξ

(2aor,act,ind,3p,sing) εξερχομαι (pres,act,ind,3p,sing) hiatus λεγω (1aor,pass,ind,3p,sing) δοξαζω
Jn.13:31 οτε ουν εξηλθεν ~~εξηλθε~~ λεγει ~~ο~~ ιησους νυν εδοξασθη ο υιος του ανθρωπου και
therefore <> when he went out He says ~~the~~ Jesus now He was glorified the Son of the Man and
B οτε ουν εξηλθεν λεγει ις νυν εδοξασθη ο υιος του ανθρωπου και
א οτε ουν εξηλθεν λεγει ις νυ εδοξασθη ο υς του ανου και
P66 οτε ουν εξηλθεν λεγει ις νυν εδοξασθη ο υς του ανου και

(1aor,pass,ind,3p,sing) δοξαζω
W&H ο θεος εδοξασθη εν αυτω
the God He was glorified in Him
B ο θς εδοξασθη εν αυτω
א ο θς εδοξασθη εν αυτω
P66 ο θς εδοξασθη εν αυτω

(1aor,pass,ind,3p,sing) δοξαζω (fut,act,ind,3p,sing) δοξαζω
Jn.13:32 και ~~ει~~ ο θεος ~~εδοξασθη εν αυτω και ο θεος~~ δοξασει αυτον εν αυτω ~~εαυτω~~
and ~~if~~ the God ~~He was glorified in Him also the God~~ He will glorify Him in Him ~~Himself~~
B και ο θς δοξασει αυτον εν αυτω
א και ο θς δοξασει αυτον εν αυτω
P66 και ο θς δοξασει αυτον εν αυτω

(fut,act,ind,3p,sing) δοξαζω
W&H και ευθυς δοξασει αυτον
and immediately He will glorify Him
B και ευθυς δοξασει αυτον
א και ευθυς δοξασει αυτον
P66 και ευθυς δοξασει αυτον

(pres,act,ind,1p,sing) ειμι (fut,act,ind,2p,pl) ζητεω (2aor,act,ind,1p,sing) λεγω
Jn.13:33 τεκνια ετι μικρον μεθ υμων ειμι ζητησετε με και καθως ειπον
children yet a little with you all I am you will seek Me and as I said
B τεκνια ετι μεικρον μεθ υμων ειμι ζητησετε με και καθως ειπον
א τεκνια ετι μεικρο χρονον μεθ υμω ειμι ζητησεται με και καθως ειπο
P66 τεκνια ετι μικρον μεθ υμων ειμι ζητησεται με και καθως ειπον

(pres,act,ind,1p,sing) (pres,pass,ind,2p,pl)(2aor,act,infin) (pres,act,ind,1p,sing)
υπαγω δυναμαι ερχομαι λεγω
W&H τοις ιουδαιοις οτι οπου1 εγω3 υπαγω2 υμεις ου4 δυνασθε ελθειν και υμιν λεγω αρτι
to the Jews that/" where I I go you all not you all will be able to go also to you all I say now
B τοιc ιουδαιοιc οτι οπου εγω υπαγω υμειc ου δυναcθε ελθειν και υμιν λεγω αρτι
א τοιc ιουδαιοιc οπου εγω υπαγω υμειc ου δυναcθαι ελθιν και υμιν λεγω αρτι
P66 τοιc ιουδαιοιc οπου υπαγω υμιc ου δυναcθαι ελθειν και υμειν λεγω αρτι

(pres,act,ind,1p,sing) (pres,act,imper,2p,pl) (1aor,act,ind,1p,sing)
διδωμι αγαπαω αγαπαω
Jn.13:34 εντολην καινην διδωμι υμιν ινα αγαπατε αλληλους καθως ηγαπησα υμας ινα
a commandment new I give to you all so that you all love one another as I loved you all so that
B εντολην καινην διδωμι υμιν ινα αγαπατε αλληλουc καθωc ηγαπηcα υμαc ινα
א εντολην καινην διδωμι υμιν ινα αγαπατε αλληλουc καθωc ηγαπηcα υμαc
P66 εντολην καινην διδωμι υμιν ινα αγαπατε αλληλουc καθωc εγω ηγαπηcα υμαc ινα

(pres,act,imper,2p,pl)
αγαπαω
W&H και υμεις αγαπατε αλληλους
also you all you all love one another
B και υμειc αγαπατε αλληλουc
א και υμειc αγαπατε αλληλουc
P66 και υμειc1 αγαπατε3 αλληλουc2

(fut,mid,ind,3p,pl) (pres,act,ind,2p,pl) (pres,act,subj,2p,pl)
γινωσκω ειμι εχω
Jn.13:35 εν τουτω γνωσονται παντες οτι εμοι μαθηται εστε εαν αγαπην εχητε εν
by this they will know all that of Me disciples you all are if love you all should have among
B εν τουτω γνωcονται παντεc οτι εμοι μαθηται εcτε εαν αγαπην εχητε εν
א εν τουτω γνωcονται παντεc οτι εμοι μαθηται εcτε εαν αγαπην εχηται μετ
P66 εν τουτω γνωcονται παντεc οτι εμου μαθηται εcται εαν αγαπην εχηται εν

W&H αλληλοις
one another
B αλληλοιc
א αλληλω
P66 αλληλοιc

(pres,act,ind,3p,sing) (pres,act,ind,2p,sing) (1aor,pass,ind,3p,sing)
λεγω υπαγω αποκρινομαι
Jn.13:36 λεγει αυτω σιμων πετρος κυριε που υπαγεις απεκριθη [~~αυτω~~] ~~ο~~ ιησους οπου
he says to Him Simon Peter Lord where are You going He did give answer ~~to him~~ ~~the~~ Jesus where
B λεγει αυτω cιμων πετροc κε που υπαγειc απεκριθη ιc οπου
א λεγει αυτω cιμω πετροc κε που υπαγειc απεκριθη αυτω ο ιc οπου εγω
P66 λεγει αυτω cιμων πετροc κε που υπαγειc απεκριθη αυτω ιc οπου

(pres,act,ind,1p,sing)(pres,pass,ind,2p,sing) (1aor,act,infin) (fut,act,ind,2p,sing)
υπαγω δυναμαι ακολουθεω ακολουθεω
W&H υπαγω ου δυνασαι μοι νυν ακολουθησαι1 ακολουθησεις4 δε3 υστερον2 μοι5
I am going not you are able Me now to follow but <> you all will follow afterward Me
B υπαγω ου δυναcαι μοι νυν ακολουθηcαι ακολουθηcειc δε υcτερον
א υπαγω ου δυναcαι μοι νυν ακολουθηcαι ακολουθηcειc δε υcτερον
P66 υπαγω ου δυναcαι μοι νυν ακολουθηcαι ακολουθηcιc δε υcτερον

(pres,act,ind,3p,sing) (pres,act,ind,1p,sing) (pres,act,inf)
λεγω δυναμαι ακολουθεω
Jn.13:37 λεγει αυτω [ο] πετρος κυριε δια τι ~~διατι~~ ου δυναμαι σοι ακολουθειν
he says to Him the Peter Lord on account of why ~~why~~ not I am able You to follow
B λεγει αυτω ο πετροc κε δια τι ου δυναμαι cοι ακολουθειν
א λεγει αυτω πετροc διατι ου δυναμε cοι
P66 λεγει αυτω ο πετροc κε δια τι ου δυναμε cοι ακολουθηcε

(1aor,act,infin) ακολουθεω (fut,act,ind,1p,sing) τιθημι
W&H ~~ακολουθησαι~~ αρτι την ψυχην μου υπερ σου θησω
~~to follow~~ now the life of Me for You I will place
B αρτι την ψυχην μου υπερ σου θησω
א ακολουθησαι αρτι1 την4 ψυχη5 μου6 υπερ2 σου3 θησω7
P66 αρτι1 την4 ψυχην5 μου6 υπερ2 σου3 θησω7

(pres,mid,ind,3p,sing) αποκρινομαι (1aor,pass,ind,3p,sing) αποκρινομαι (fut,act,ind,2p,sing) τιθημι
Jn.13:38 αποκρινεται ~~αποκριθη αυτω ο~~ ιησους την ψυχην σου υπερ εμου θησεις
He answers ~~He did give answer him the~~ Jesus the life of you for Me will you place
B αποκρεινεται ις την ψυχην σου υπερ εμου θησεις
א αποκρινεται ις τη ψυχην σου υπερ εμου θησεις
P66 αποκρινεται ις τη ψυχην σου υπερ εμου θησεις

(pres,act,ind,1p,sing) λεγω (1aor,act,subj,3p,sing) φωνεω (fut,act,ind,3p,sing) φωνεω
W&H αμην αμην λεγω σοι ου μη αλεκτωρ φωνηση ~~φωνησει~~ εως ου
amen amen I say to you not not/ certainly not a rooster he should cry out ~~he will cry out~~ until of which
B αμην αμην λεγω σοι ου μη αλεκτωρ φωνηση εως ου
א αμη αμην λεγω σοι ου μη αλεκτωρ φωνηση εως ου
P66 αμην αμην λεγω σοι ου μη αλεκτωρ φωνηση εως ου

(fut,mid,ind,2p,sing) αρνεομαι (fut,mid,ind,2p,sing) απαρνεομαι
W&H αρνηση ~~απαρνηση~~ με τρις
you, yourself, will deny ~~you, yourself, will deny~~ Me three *times*
B αρνηση με τρις
א απαρνηση με τρις
P66 αρνηση με τρις

John Chapter 14

(pres,pass,imper,3p,sing) ταρασσω (pres,act,ind,2p,pl) πιστευω (pres,act,ind or imp,2p,pl) πιστευω
Jn.14:1 μη ταρασσεσθω υμων η καρδια πιστευετε εις τον θεον και εις εμε πιστευετε
not let she be troubled of you all the heart you all believe in the God also in Me you all believe
B μη ταρασσεσθω υμων η καρδια πιστευετε εις τον θν και εις εμε πιστευετε
א μη ταρασσεσθω υμων η καρδια πιστευεται εις τον θν και εις εμε πιστευετε
P66 μη ταρασσεσθω υμων η καρδια πιστευεται εις τον θν και εις εμε πιστευεται

(pres,act,ind,3p,pl) ειμι (2aor,act,ind,1p,sing) λεγω
Jn.14:2 εν τη οικια του πατρος μου μοναι πολλαι εισιν ει δε μη ειπον αν υμιν οτι
in the house of the Father of Me rooms many they are but<>if not I would have told you all but/"
B εν τη οικια του πατρος μου μοναι πολλαι εισιν ει δε μη ειπον αν υμιν οτι
א εν τη οικια του πατρος μου μοναι πολλαι εισι ει δε μη ειπον υμιν οτι
P66 εν τη οικια του πρς μου μοναι πολλαι εισιν ει δε μη1 ειπον3 αν2 υμειν4 οτι5

(pres,mid,ind,1p,sing) πορευομαι (1aor,act,infin) ετοιμαζω
W&H πορευομαι ετοιμασαι τοπον υμιν
I journey to prepare a place for you all
B πορευομαι ετοιμασαι τοπον υμιν
א πορευομαι ετοιμασαι τοπον υμιν
P66 πορευομε6 ετοιμασαι7 τοπον υμειν

(1aor,act,subj,1p,sing) πορευομαι (1aor,act,subj,1p,sing) ετοιμαζω (pres,mid,ind,1p,sing) ερχομαι
Jn.14:3 και εαν πορευθω και ετοιμασω1 τοπον3 υμιν2 παλιν4 ερχομαι
and whenever I should go and I should prepare a place for you all again I come
B και εαν πορευθω και ετοιμασω τοπον υμιν παλιν ερχομαι
א και εαν πορευθω και ετοιμασω τοπον υμι παλιν ερχομαι
P66 και εαν πορευθω και ετοιμασω1 τοπον3 υμειν2 [[παλιν4 ερχομαι5]]*παλιν ερχομαι
[P66 * *Words in double brackets were deleted*]

(fut,mid,ind,1p,sing) (pres,act,ind,1p,sing) (pres,act,subj,2p,pl)
παραλαμβανω ειμι ειμι
W&H και παραλημψομαι υμας προς εμαυτον ινα οπου ειμι εγω και υμεις ητε
and I, Myself, will take you all to Myself so that where I am I also you all you all should be
B και παραλημψομαι υμας προς εμαυτον ινα οπου ειμι εγω και υμεις ητε
א και παραλημψομαι υμας προς εμαυτον ινα οπου ειμι εγω και υμις ητε
Ƥ66 και παραλημψομαι υμας προς εμαυτον ινα οπου ιμι εγω και υμεις ητε

(pres,act,ind,1p,sing) (perf,act,ind,2p,pl) (perf,act,ind,2p,pl)
υπαγω οιδα οιδα
Jn.14:4 και οπου εγω υπαγω οιδατε ~~και~~ την οδον ~~οιδατε~~
and where I I go you all have known ~~also~~ the way ~~you all have known~~
B και οπου εγω υπαγω οιδατε την οδον
א και οπου εγω υπαγω οιδατε τη οδον
Ƥ66 και οπου εγω υπαγω οιδαται [[και]]* την οδον [[οιδαται]]*
[Ƥ66 * *Words in double brackets were deleted ……………………*]

(pres,act,ind,3p,sing) (perf,act,ind,1p,pl) (pres,act,ind,2p,sing) (perf,act,ind,1p,pl) (pres,act,ind,1p,pl)
λεγω οιδα υπαγω οιδα δυναμαι
Jn.14:5 λεγει αυτω θωμας κυριε ουκ οιδαμεν που υπαγεις ~~και~~ πως οιδαμεν ~~δυναμεθα~~ την
he said to Him Thomas Lord not we all have known where You are going ~~also~~ how do we know ~~are we able~~ the
B λεγει αυτω θωμας κε ουκ οιδαμεν που υπαγεις πως οιδαμεν την
א λεγει αυτω θωμας κε ουκ οιδαμεν που υπαγεις και πως1 δυναμεθα5 την2
Ƥ66 λεγει αυτω θωμας κε ουκ οιδαμεν που υπαγεις πως δυναμεθα την

(perf,act,infin)
οιδα
W&H οδον ~~ειδεναι~~
the way ~~to know~~
B οδον
א οδον3 ειδεναι4
Ƥ66 οδον ειδεναι

(pres,act,ind,3p,sing) (pres,act,ind,1p,sing) (pres,mid,ind,3p,sing)
λεγω ειμι ερχομαι
Jn.14:6 λεγει αυτω ~~[ο]~~ ιησους εγω ειμι η οδος και η αληθεια και η ζωη ουδεις ερχεται προς
He says to him ~~the~~ Jesus I I am the way and the truth and the life no one he comes to
B λεγει αυτω ις εγω ειμι η οδος και η αληθεια και η ζωη ουδεις ερχεται προς
א λεγει αυτω ις εγω ειμι η οδος και η αληθεια και η ζωη ουδις ερχεται προς
Ƥ66 λεγει αυτω ις εγω ειμι η οδος και η αληθεια και η ζωη ουδεις ερχεται προς

W&H τον πατερα ει μη δι εμου
the Father if not/ except through Me
B τον πατερα ει μη δι εμου
א τον πατερα ει μη δι εμου
Ƥ66 τον πρα ει μη δι εμου

(plupf,act,ind,2p,pl) (plupf,act,ind,2p,pl) (plupf,act,ind,2p,pl)
γινωσκω οιδα γινωσκω
Jn.14:7 ει εγνωκειτε με και τον πατερα μου ηδειτε αν ~~εγνωκειτε~~
If you all had known Me also the Father of Me you all have had known would ~~you all had known~~
B ει εγνωκειτε με και τον πατερα μου1 ηδειτε3 αν2
א ει εγνωκατε εμε και τον πατερα μου γνωσεσθαι
Ƥ66 ει εγνωκαται με και τον πρα μου1 γνωσεσθε

(pres,act,ind,2p,pl) (perf,act,ind,2p,pl)
γινωσκω οραω
W&H ~~και~~ απ αρτι γινωσκετε αυτον και εωρακατε ~~αυτον~~
~~also~~ from now on you all know Him and you all have seen ~~Him~~
B απ4 αρτι γεινωσκετε αυτον και εωρακατε
א και απ αρτι γνωσεσθαι αυτον και εωρακαται αυτον
Ƥ66 και απ αρτι γινωσκεται αυτον και εωρακαται αυτον

(pres,act,ind,3p,sing) (1aor,act,imper,2p,sing) (pres,act,ind,3p,sing)
λεγω δεικνυμι αρκεω
Jn.14:8 λεγει αυτω φιλιππος κυριε δειξον ημιν τον πατερα και αρκει ημιν
He says to Him Philip Lord You show to us the Father and it suffices for us
B λεγει αυτω φιλιππος κε δειξον ημιν τον πατερα και αρκει ημιν
א λεγει αυτω ο φιλιππος κε δειξο ημιν τον πατερα και αρκει ημιν
Ƥ66 λεγει αυτω φιλιππος κε δειξον ημειν τον πρα και αρκει ημειν
Ƥ75 *μιν
[Ƥ75 * *continues again here*]

(pres,act,ind,3p,sing) (pres,act,ind,1p,sing) (perf,act,ind,2p,sing)
λεγω εἰμι γινωσκω
Jn.14:9 λεγει αυτω [ο] ιησους τοσουτον χρονον μεθ υμων ειμι και ουκ εγνωκας
He says to him the Jesus so much time with you all I am and not you have known
B λεγει αυτω ο ις τοσουτον χρονον μεθ υμων ειμι και ουκ εγνωκας
א λεγει αυτω ο ις τοσουτω χρονω μεθ υμων ειμι και ουκ εγνωκας
P66 λεγει αυτω ις τοσουτον χρονον μεθ υμων ειμι και ουκ εγνωκας
P75 λεγι αυτω ο ι[ς τοσουτω χρονω μεθ] υμων ειμι και ουκ εγνωκας

(perf,act,ptc,nom,sing,masc) (perf,act,ind,3p,sing) (pres,act,ind,2p,sing)
οραω οραω hiatus λεγω
W&H με φιλιππε ο εωρακως εμε εωρακεν εωρακε τον πατερα πως συ λεγεις
Me Phillip the one having seen Me he has seen the Father how *do* you you say
B με φιλιππε ο εωρακως εμε εωρακεν τον πατερα πως ςυ λεγεις
א με φιλιππε ο εωρακως εμε εωρακεν το πατερα πως ςυ λεγις οτι
P66 με φιλιππε ο εωρακως εμαι εωρακεν τον πρα πως ςυ λεγεις
P75 μ[ε φιλιππε ο εωρακως] εμε εωρακεν και τον πατ[ερα πως ςυ λεγεις]

(1aor,act,imper,2p,sing)
δεικνυμι
W&H δειξον ημιν τον πατερα
You show to us the Father
B δειξον ημιν τον πατερα
א δειξον ημιν τον πατερα
P66 δειξον ημιν τον πρα
P75 [δει]ξον ημιν τον πατερα

(pres,act,ind,2p,sing) (pres,act,ind,3p,sing)
πιστευω ειμι hiatus
Jn.14:10 ου πιστευεις οτι εγω εν τω πατρι και ο πατηρ εν εμοι εστιν εστι τα ρηματα
not you believe that I *(am)* in the Father and the Father in Me He is the words
B ου πιστευςεις οτι εγω εν τω πατρι και ο πατηρ εν εμοι εςτιν τα ρηματα
א ου πιςτευεις οτι εγω εν τω πατρι και ο πατηρ εν εμοι εςτιν τα ρηματα
P66 ου πιςτευεις οτι εγω εν τω πρι και ο πηρ εν εμοι εςτιν τα ρηματα
P75 ου [πιςτευεις ο]τ[ι εγω] εν τω πατρι και ο πατ[ηρ εν] εμοι εςτιν τ[α] ρηματα

(pres,act,ind,1p,sing) (pres,act,ind,1p,sing) (pres,act,ind,1p,sing)
λεγω λαλεω λαλεω
W&H α εγω λεγω λαλω υμιν απ εμαυτου ου λαλω ο δε πατηρ ο
the ones which I I say I speak to you all from Myself not I speak but <> the Father the One
B α εγω λεγω υμιν απ εμαυτου ου λαλω ο δε πατηρ
א α εγω λαλω υμιν απ εμαυτου ου λαλω ο δε πατηρ ο
P66 α εγω λαλω υμειν απ εμαυτου ου λαλω ο δε πηρ
P75 α εγω λεγω υμ[ιν α]π εμαυτου ου λαλω ο δε πατηρ

(pres,act,ptc,nom,sing,masc) (pres,act,ind,3p,sing)
μενω ποιεω
W&H εν εμοι μενων αυτος ποιει τα εργα αυτου
in Me remaining that One He does the works of Him
B εν εμοι μενων ποιει τα εργα αυτου
א εν εμοι μενων ποιει τα εργα αυτου
P66 εν εμοι μενων ποιει τα εργα αυτου
P75 εν εμοι μ[ενων] ποιει τα εργα αυτος

(pres,act,ind,2p,pl) (pres,act,ind,3p,sing)
πιστευω ειμι
Jn.14:11 πιστευετε μοι οτι εγω εν τω πατρι και ο πατηρ εν εμοι εστιν ει δε μη
you all trust/believe Me that I in the Father and the Father in Me He is but <> if not
B πιςτευετε μοι οτι εγω εν τω πατρι και ο πατηρ εν εμοι ει δε μη
א πιςτευεται μοι οτι εγω εν τω πατρι και ο πατηρ εν εμοι ει δε μη
P66 πιςτευεται μοι οτι εγω εν τω πρι και ο πηρ εν εμοι ει δε μη
P75 πιςτευετε μοι οτι [εγω εν τ]ω πρι και ο πρ εν εμοι ει δε μη

(pres,act,ind,2p,pl)
πιστευω

W&H δια τα εργα αυτα πιστευετε
on account of the works themselves you all believe
B δια τα εργα αυτου πιστευετε μοι
ℵ τα εργα αυτα πιστευετε
P66 δια τα εργα αυτα πιστευεται
P75 δια τα [εργα αυτ]ου πιστευετε

(pres,act,ind,1p,sing) λεγω (pres,act,ptc,nom,sing,masc) πιστευω (pres,act,ind,1p,sing) ποιεω

Jn.14:12 αμην αμην λεγω υμιν ο πιστευων εις εμε τα εργα α εγω ποιω κακεινος
amen amen I say to you all the one believing in Me the works the ones I I do even that one
B αμην αμην λεγω υμιν ο πιστευων εις εμε τα εργα α εγω ποιω κακεινος
ℵ αμην αμην λεγω υμιν ο πιστευων εις εμε τα εργα α εγω ποιω κακεινος
P66 αμην αμην λεγω υμιν ο επιστευων εις εμε τα εργα α εγω ποιω κακεινος
P75 αμην αμην λεγω υμ[ι]ν ο πι[ς]τευων εις εμε τα εργα α εγω ποιω κακειν[ο]ς

(fut,act,ind,3p,sing) ποιεω (fut,act,ind,3p,sing) ποιεω (pres,mid,ind,1p,sing) πορευομαι

W&H ποιησει και μειζονα τουτων ποιησει οτι εγω προς τον πατερα ~~μου~~ πορευομαι
he shall do even greater of/than these he will do because I to the Father ~~of Me~~ I journey
B ποιησει και μειζονα τουτων ποιησει οτι εγω προς τον πατερα πορευομαι
ℵ ποιησει και μειζονα τουτων ποιησει οτι εγω προς τον πατερα πορευομαι
P66 ποιησι και μιζονα ποιησει οτι εγω προς τον <u>πρα</u> πορευομαι
P75 ποιησει και μειζονα τουτων ποιησει οτ[ι ε]γω προς τον <u>πρα</u> πορευομαι

(1aor,act,subj,2p,pl) αιτεω (fut,act,ind,1p,sing) ποιεω

Jn.14:13 και ο τι αν αιτησητε εν τω ονοματι μου τουτο ποιησω ινα
and the one whatever you all might have asked in the Name of Me this I will do so that
B και ο τι αν αιτηται εν τω ονοματι μου τουτο ποιησω ινα
ℵ και ο τι αν αιτησητε ε τω ονοματι μου τουτο ποιησω ινα
P66 και ο τι εαν αιτησηται εν τω ονοματι μου τουτο ποιησω ινα
P75 και ο [τ]ι αν αιτ[ητε] εν τω ονοματι μου τουτο ποι[η]σω ινα

(1aor,pass,subj,3p,sing)
δοξαζω

W&H δοξασθη ο πατηρ εν τω υιω
He should be glorifed the Father in/by the Son
B δοξασθη ο πατηρ εν τω υιω
ℵ δοξασθη ο πατηρ εν τω υιω
P66 δοξασθη ο πατηρ εν τω υιω
P75 [δοξασθη ο <u>π]ηρ</u> εν τω υιω

(1aor,act,subj,2p,pl) αιτεω (fut,act,ind,1p,sing) ποιεω

Jn.14:14 εαν τι αιτησητε [με] εν τω ονοματι μου τουτο ~~εγω~~ ποιησω
if anything you all should ask Me in the name of Me this ~~I~~ I will do
B εαν τι αιτησητε με εν τω ονοματι μου τουτο ποιησω
ℵ εα τι αιτησητε με εν τω ονοματι μου εγω ποιησω
P66 εαν τι αιτησηται μαι εν τω ονοματι μου τουτο εγω ποιησω
P75 εαν τι αιτ[ησητ]ε [με εν τω ο]νοματι μου τουτο ποιησ[ω]

(pres,act,ind,2p,pl) αγαπαω (fut,act,ind,2p,pl) τηρεω (fut, act,imper,2p,pl) τηρεω

Jn.14:15 εαν αγαπατε με τας εντολας τας εμας τηρησετε ~~τηρησατε~~
if you all love Me the commandments the ones of Me you all will keep ~~you all shall keep~~
B εαν αγαπατε με τας εντολας τας εμας τηρησετε
ℵ εαν αγαπατε τας εντολας τας εμας τηρησητε
P66 εαν αγαπαται με τας εντολας τας εμας τηρησηται
P75 [εαν αγαπατε] με τας εντολας τας εμας τηρη[σε]τε

		(fut,act,ind,1p,sing) ερωταω	(fut,act,ind,3p,sing) διδωμι
Jn.14:16	καγω ~~και εγω~~ ερωτησω		τον πατερα και αλλον παρακλητον δωσει υμιν ινα
	and I ~~and I~~ I will ask urgently		the Father and another Comforter He will give to you all so that
B	καγω	ερωτησω	τον πατερα και αλλον παρακλητον δωσει υμιν ινα
ℵ	καγω	τηρησω	τον πατερα και αλλον παρακλητον δωσει υμιν ινα1
P66	καγω	ερωτησω	τον πατερα και αλλον παρακλητον δωσει υμειν ινα
P75	κ[αγω]	ερωτησω	τον πρα και αλλον παρακλητον δωσει υμιν ινα1

	(pres,act,subj,3p,sing) ειμι	(pres,act,subj,3p,sing) μενω				
W&H	η	μενη	μεθ	υμων	εις τον	αιωνα
	He should	He might remain	with	you all	into the	eternity/eon
B	η7		μεθ2	υμων3	εις4 τον5	αιωνα6
ℵ	η4		μεθ2	υμω3	εις5 τον	αιωνα
P66		μενη	μεθ	υμων	εις τον	αιωνα
P75	η7		μεθ2	υμων3	εις4 τον5	αιωνα6

			(pres,pass,ind,3p,sing) δυναμαι	(2aor,act,infin) λαμβανω (pres,act,ind,3p,sing) θεωρεω
Jn.14:17	το πνευμα της αληθειας	ο ο κοσμος ου	δυναται	λαβειν οτι ου θεωρει αυτο
	the Spirit of the Truth	the One the world not	he is able	to receive because not he understands It
B	το πνευμα της αληθειας	ο ο κοσμος ου	δυναται	λαβειν οτι ου θεωρει αυτο
ℵ	το πνα της αληθιας	ο ο κοσμος ου	δυναται	λαβειν οτι ου θεωρει αυτο
P66	το πνα της αληθιας	ο ο κοσμος ου	δυναται	λαβειν οτι ου θεωρει αυτο[[ν]]*
P75	το πνα της αληθειας	ο ο κοσμος ου	δυ[ν]αται	λαβειν οτι ου θεωρει αυτο

[P66 * αυτον *was changed to* αυτο]

		(pres,act,ind,3p,sing) γινωσκω		(pres,act,ind,2p,pl) γινωσκω		
W&H	ουδε	γινωσκει	~~αυτο~~ υμεις ~~δε~~	γινωσκετε	αυτο οτι	παρ
	and not/nor	he knows	~~It~~ ~~but~~ <> you all	You all know	It because/“	with
B	ουδε	γεινωσκει	υμεις	γεινωσκετε	αυτο οτι	παρ
ℵ	ουδε	γινωσκει	υμις	γεινωσκετε	αυτο οτι	παρ
P66	ουδε	γεινωσκει	αυτο υμεις	γεινωσκεται	αυτο οτι	παρ
P75	ο[υ]δε	γεινωσκει	υμεις	γεινωσκετε	αυτο οτι	παρ

		(pres,act,ind,3p,sing) μενω		(pres,act,ind,3p,sing) ειμι	(fut,act,ind,3p,sing) ειμι
W&H	υμιν	μενει και	εν υμιν	εστιν	~~εσται~~
	you all	It remains and	in you all	It is	~~It will be~~
B	υμιν	μενει και	εν υμιν	εστιν	
ℵ	υμιν	μενει και	εν υμιν		εσται
P66	υμειν	μενει	εν υμιν		εσται**
P75	υμιν	μενει κα[ι	εν υμιν		εστ]αι

[P66 ** εστιν *was changed to* εσται]

	(fut,act,ind,1p,sing) αφιημι		(pres,act,ind,1p,sing) ερχομαι	
Jn.14:18	ουκ αφησω	υμας ορφανους	ερχομαι	προς υμας
	not I will leave	you all orphans	I am coming	to you all
B	ουκ αφησω	υμας ορφανους	ερχομαι	προς υμας
ℵ	ουκ αφησω	υμας ορφανους	ερχομαι	προς υμας
P66	ουκ αφησω	υμας ορφανους	ε[ρ]χομαι	προς υμας
P75	[ουκ αφ]η[σω]	υμας ορφανου[ς	ερχομ]αι	προς υμ[ας]

			(pres,act,ind,3p,sing) θεωρεω		(pres,act,ind,2p,pl) θεωρεω	(pres,act,ind,1p,sing) ζαω
Jn.14:19	ετι μικρον	και ο κοσμος με ουκετι	θεωρει	υμεις δε	θεωρειτε με οτι εγω	ζω
	yet a little	and the world Me no longer	he sees	but <> you all	you all see Me because I	I live
B	ετι μεικρον	και ο κοσμος με ουκετι	θεωρει	υμεις δε	θεωρειτε με οτι εγω	ζω
ℵ	ετι μικρον	και ο κοσμος με ουκετι	θεωρει	υμεις δε	θεωρειτε με οτι εγω	ζω
P66	ετι μικρον	και ο κοσμος με ουκετι	θεωρει	υμεις	θεωρειτε με οτι εγω	ζω
P75	ετι μεικρον	[κ]αι ο κοσμος με [ο]υκετι	θεωρει	υμεις δε	θεωρειτε με οτι1 εγω3	ζω2

(fut,act,ind,2p,pl) (fut,mid,ind,2p,pl)
ζαω ζαω
W&H και υμεις ζησετε ~~ζησεσθε~~
also you all you all will live ~~you yourselves will live~~
B και υμεις ζησετε
ℵ και υμεις ζησεσθαι
P66 και υμεις ζησεσθε
P75 και4 υμε[ις] ζησετε

(fut,mid,ind,2p,pl)
γινωσκω
Jn.14:20 εν εκεινη τη ημερα1 υμεις3 γνωσεσθε2 οτι4 εγω εν τω πατρι μου
in that the day you all you, yourselves, will know that/" I in the Father of Me
B εν εκεινη τη ημερα υμεις γνωσεσθε οτι εγω εν τω πατρι μου
ℵ εν εκινη τη ημερα γνωσεσθαι υμις οτι εγω εν τω πατρι μου
P66 εν εκει[νη] τη ημερα γνωσεσθε οτι εγω εν τω πρι μου
P75 εν εκεινη τη ημερα υμεις γνωσεσθε υμεις [οτι] εγω εν τω πρι μου

W&H και υμεις εν εμοι καγω εν υμιν
and you all in Me and I in you all
B και υμεις εν εμοι καγω εν υμιν
ℵ και υμις εν εμοι καγω εν υμιν
P66 και υμ[εις εν εμοι καγω εν υμιν
P75 και υμεις εν εμοι καγω εν υμιν

(pres,act,ptc,nom,sing,masc) (pres,act,ptc,nom,sing,masc) (pres,act,ind,3p,sing)(pres,act,ptc,nom,sing,masc)
εχω τηρεω ειμι αγαπαω
Jn.14:21 ο εχων τας εντολας μου και τηρων αυτας εκεινος εστιν ο αγαπων με ο δε
the one having the Commandments of Me and keeping them that one he is the one loving Me and <> the one
B ο εχων τας εντολας μου και τηρων αυτας εκεινος εστιν ο αγαπων με ο δε
ℵ ο εχων τας εντολας μου και τηρω αυτας εκεινος εστιν ο αγαπων με ο δε
P66 ο [ε]χων τας εντολας μου και [τη]ρων αυτας εκεινος εστιν ο αγ[α]πων με ο δε
P75 ο εχων τας εντολας μου και τηρων αυτας εκεινος εστιν ο αγαπων με [ο δ]ε

(pres,act,ptc,nom,sing,masc)(fut,pass,ind,3p,sing) (fut,act,ind,1p,sing)
αγαπαω αγαπαω αγαπαω
W&H αγαπων με αγαπηθησεται υπο του πατρος μου καγω ~~και εγω~~ αγαπησω
loving Me he shall be loved by the Father of Me and I ~~and I~~ I will love
B αγαπων με αγαπηθησεται υπο του πατρος μου καγω αγαπησω
ℵ αγαπων με αγαπηθησεται υπο του πατρος μου καγω αγαπησω
P66 αγαπων με αγαπηθησεται υπο του πρς μου καγω αγαπησω
P75 αγαπων με τηρηθησεται υπο του πατρος μου καγω αγαπησω

(fut,act,ind,1p,sing)
εμφανιζω
W&H αυτον και εμφανισω αυτω εμαυτον
him and I will make known/reveal to him Myself
B αυτον και εμφανισω αυτω εμαυτον
ℵ αυτον και εμφανισω αυτω εμαυτον
P66 αυτον και εμφανισω αυτω εμαυτον
P75 αυ[τον και] εμφανισω αυτω εμαυτον

(pres,act,ind,3p,sing) (2 perf,act,ind,3p,sing) (pres,act,ind,2p,sing)
λεγω γινομαι μελλω
Jn.14:22 λεγει αυτω ιουδας ουχ ο ισκαριωτης κυριε τι γεγονεν οτι ημιν μελλεις
he said to Him Judas not the one of Iscariot Lord what it has happened that to us You are about
B λεγει αυτω ιουδας ουχ ο ισκαριωτης κε τι γεγονεν οτι ημιν μελλεις
ℵ λεγει αυτω ιουδας ουχ ο ισκαριωτης κε και τι γεγονεν οτι ημιν μελλεις
P66 λεγι προς αυτω ιουδας ουχ ο ισκαριωτης κε και τι γεγονεν οτι ημειν μελλεις
P75 λεγει αυ[τω ιου]δας ουχ ισκαριωτης κε τι γεγονεν [οτι] η]μιν μελλεις

(pres,act,inf)
εμφανιζω
W&H εμφανιζειν σεαυτον και ουχι τω κοσμω
to reveal Yourself and not to the world
B εμφανιζειν σεαυτον και ουχι τω κοσμω
ℵ εμφανιζειν σεαυτον και ουχι τω κοσμω
P66 εμφανιζειν σεαυτον και ουχι τω κοσμω
P75 εμφανιζειν σεαυ[τ]ον και ουχι τω κοσμω

Jn.14:23
(1aor,pass,ind,3p,sing) αποκρινομαι — (2aor,act,ind,3p,sing) λεγω — (pres,act,ind,3p,sing) αγαπαω — (fut,act,ind,3p,sing) τηρεω
απεκριθη ο ιησους και ειπεν αυτω εαν τις αγαπα με τον λογον μου τηρησει και
He did give answer the Jesus and He said to him if anyone he loves Me the word of Me he will keep and
B απεκριθη ις και ειπεν αυτω εαν τις αγαπα με τον λογον μου τηρησει και
ℵ απεκριθη ις και ειπεν αυτω εαν τις αγαπα με τον λογον μου τηρηση και
P66 απε[κ]ριθη ις και ειπεν αυτω εαν τις [α]γαπα με τον λογον μου τηρη[σει] και
P75 απεκριθη ις και ειπεν αυτω εαν τις αγαπα με τον λογον μου τηρησει και

W&H
(fut,act,ind,3p,sing) αγαπαω — (fut,mid,ind,1p,pl) ερχομαι — (noun used as verb)
ο πατηρ μου αγαπησει αυτον και προς αυτον ελευσομεθα και μονην παρ αυτω
the Father of Me He will love him and to him We will come and abode/dwell with him
B ο πατηρ μου αγαπησει αυτον και προς αυτον ελευσομεθα και μονην παρ αυτω
ℵ ο πατηρ μου αγαπησει αυτον και προς αυτο ελευσομεθα και μονην παρ αυτω
P66 ο πηρ μου αγαπησει αυτον [και] προς αυτον ελευσομεθα [και] μονην παρ αυτω
P75 ο πατηρ μου αγαπησει αυτον και προς αυτον ελευσομεθα και μονην παρ [αυτω]

W&H
(fut,mid,ind,1p,pl) ποιεω — (fut,act,ind,1p,pl) ποιεω
ποιησομεθα ~~ποιησομεν~~
We,ourselves,will make ~~We will make~~
B ποιησομεθα
ℵ ποιησομεθα
P66 ποιησο[με]θα
P75 [π]οιησομεθα

Jn.14:24
(pres,act,ptc,nom,sing,masc) αγαπαω — (pres,act,ind,3p,sing) τηρεω — (pres,act,ind,2p,pl) ακουω — (pres,act,ind,3p,sing) ειμι
ο μη αγαπων με τους λογους μου ου τηρει και ο λογος ον ακουετε ουκ εστιν
The one not loving Me the words of Me not he keeps and the word the ones you all hear not it is
B ο μη αγαπων με τους λογους μου ου τηρει και ο λογος ον ακουετε ουκ εστιν
ℵ ο μη αγαπων με τους λογους μου ου τηρει και ο λογος ον ακουεται ουκ εστιν
P66 ο μη αγαπων με τους λογους [μο]υ ου τηρει και ο λογος ον ακου[ετ]αι ουκ εστιν
P75 ο μη αγαπων με τ[ους λο]γου[ς μου] ου τηρει και ο λογος ον ακουετε ουκ ε[στι]ν

W&H
(1aor,act,ptc,gen,sing,masc) πεμπω
εμος αλλα του πεμψ[α]ντος με πα[τρ]ος
Mine but of the One having sent Me Father
B εμος αλλα του πεμψαντος με πατρος
ℵ εμος αλλα του πεμψαντος με πατρος
P66 εμος αλλα του [π]εμψαντος με πρς
P75 εμος αλλα του πεμψαντος με πατρος

Jn.14:25
(perf,act,ind,1p,sing) λαλεω — (pres,act,ptc,nom,sing,masc) μενω
ταυτα λελαληκα υμιν παρ υμιν μενων
these *(things)* I have spoken to you all with you all remaining
B ταυτα λελαληκα υμιν παρ υμιν μενων
ℵ ταυτα λελαληκα υμιν παρ υμιν μενω
P66 ταυτα λελαληκα υμιν παρ υμειν μενων
P75 ταυτα λελαληκα υμιν παρ υμιν [μεν]ων

Jn.14:26
(fut,act,ind,3p,sing) πεμπω
ο δε παρακλητος το πνευμα το αγιον ο πεμψει ο πατηρ εν τω ονοματι
but <> the Comforter the Spirit the Holy the One He will send the Father in the Name
B ο δε παρακλητος το πνευμα το αγιον ο πεμψει ο πατηρ εν τω ονοματι
ℵ ο δε παρακλητος₁ το₃ πνα₄ το₅ αγιον₆ πεμψει₂ ο₇ πατηρ εν τω ονοματι
P66 ο δε παρακλητος το πνα το αγιον ο πεμψει υμιν ο πατηρ εν τω ονοματι
P75 ο δε παρακλητος [το πνα το αγιον ο πεμψει ο πατ]ηρ [ε]ν τω [ονοματι]

(fut,act,ind,3p,sing) διδασκω (fut,act,ind,3p,sing) υπομιμνησκω (2aor,act,ind,1p,sing) λεγω

W&H μου εκεινος υμας διδαξει παντα και υπομνησει υμας παντα α ειπον υμιν [εγω]
of Me that One you all He will teach all *(things)* and He will remind you all all *(things)* the ones I said to you all I
B μου εκεινος υμας διδαξει παντα και υπομνησει υμας παντα α ειπον υμιν εγω
א μου εκεινος υμας διδαξει παντα και υπομνησει υμας παντα α ειπον υμιν
Ᵽ66 μου εκεινος υμας διδαξει παντα και υπομνησει υμας παντα α ειπον υμειν
Ᵽ75 [μου εκεινος] υμας διδαξει πα[ντα και υπομνησει] υμας παντα α [ειπον υμιν]

(pres,act,ind,1p,sing) αφιημι (pres,act,ind,1p,sing) διδωμι

Jn.14:27 ειρηνην αφιημι υμιν ειρηνην την εμην διδωμι υμιν ου καθως ο κοσμος
peace I leave with you all peace the of Me I give to you all not as the world
B ειρηνην αφιημι υμιν ειρηνην την εμην διδωμι υμιν ου καθως ο κοσμος
א ειρηνην αφιημι υμιν ειρηνην τη εμην διδωμι υμι ου καθως ο κοσμος
Ᵽ66 [ειρηνην αφιημι υμει]ν [ειρηνην την εμην διδωμι υμειν ου καθως ο κοσμος]
Ᵽ75 [ειρηνην αφιη]μ[ι υμιν ειρηνην την ε]μην δι[δωμι υμιν] ου [καθως ο κοσμος]

(pres,act,ind,3p,sing) διδωμι (pres,act,ind,1p,sing) διδωμι (pres,pass,imper,3p,sing) ταρασσω (pres,act,imper,3p,sing) δειλιαω

W&H διδωσιν εγω διδωμι υμιν μη ταρασσεσθω υμων η καρδια μηδε δειλιατω
he gives I I give to you all not let she be troubled of you all the heart and <> not/nor let she be cowardly/timid
B διδωσιν εγω διδωμι υμιν μη ταρασσεσθω υμων η καρδια μηδε δ^ε^ιλιατω
א διδωσιν εγω διδωμι υμιν μη ταρασσεσθω υμω η καρδια μηδε διλιατω
Ᵽ66 [διδωσιν εγω διδωμι υμε]ι[ν μη ταρασσεσθω υμων η] καρ[δια μηδε δειλιατω] *
Ᵽ75 διδωσιν [εγω διδωμι υμιν μη ταρασσεσθω υμω[ν καρδια μηδε δειλιατω

[Ᵽ66 * *from this point text has 5 lines missing continues @* 14:29]

(1aor,act,ind,2p,pl) ακουω (2aor,act,ind,1p,sing) λεγω (pres,act,ind,1p,sing) υπαγω (pres,mid,ind,1p,sing) ερχομαι (imperf,act,ind,2p,pl) αγαπαω

Jn.14:28 ηκουσατε οτι εγω ειπον υμιν υπαγω και ερχομαι προς υμας ει ηγαπατε με
You heard that I I said to you all I am going away and I am coming to you all if you all were loving Me
B ηκουσατε οτι εγω ειπον υμιν υπαγω και ερχομαι προς υμας ει ηγαπατε με
א ηκουσατε οτι εγω ειπον υμιν υπαγω και ερχομαι προς υμας ει ηγαπατε με
Ᵽ75 [η]κουσατ[ε οτι εγω ειπον υμιν υπαγω και] ερχομα[ι] π[ρος υμας ει ηγαπατε με]

(2aor,pass,ind,2p,pl) χαιρω (2aor,act,ind,1p,sing) λεγω (pres,mid,ind,1p,sing) πορευομαι

W&H εχαρητε αν οτι ~~ειπον~~ πορευομαι προς τον πατερα οτι ο πατηρ ~~μου~~ μειζων
you all would *have* rejoiced because ~~I said~~ I am going to the Father because the Father ~~of Me~~ greater
B εχαρητε αν οτι πορευομαι προς τον πατερα οτι ο πατηρ μειζων
א εχαρητε αν οτι πορευομαι προς τον πατερα οτι ο πατηρ μου μειζων
Ᵽ75 [εχαρητε] αν ο[τι πορευομαι προς τον πατερα οτι ο] πατ[ηρ μειζων]

(pres,act,ind,3p,sing) ειμι hiatus

W&H μου εστιν ~~εστι~~
than Me He is
B μου εστιν
א μου εστι
Ᵽ75 [μου εστιν]

(perf,act,ind,1p,sing) ειπον (2aor,mid,infin) γινομαι (2aor,act,subj,2p,sing) γινομαι (1aor,act,subj,2p,sing) πιστευω

Jn.14:29 και νυν ειρηκα υμιν πριν γενεσθαι ινα οταν γενηται πιστευσητε
and now I have told to you all before to happen so that whenever it should happened you all might believe
B και νυν ειρηκα υμιν πριν γενεσθαι ινα οταν γενηται πιστευσητε
א και νυν ειρηκα υμιν πριν γενεσθε ιν οταν γενηται πιστευσητε
Ᵽ66 [ειρηκα υ]μειν πριν[γενεσθαι ινα οτα]ν γενητι πιστευ[σητε]
Ᵽ75 [και νυν ει]ρη[κ]α [υ]μιν πριν γενεσθαι ινα οταν γενητ[αι πιστευσητε]

(fut,act,ind,1p,sing) λαλεω (pres,mid,ind,3p,sing) ερχομαι

Jn.14:30 ουκετι πολλα λαλησω μεθ υμων ερχεται γαρ ο του κοσμου αρχων και εν εμοι
no longer many *(things)* I will speak with you all for <> he comes the one of the world ruler and with Me
B ουκετι πολλα λαλησω μεθ υμων ερχεται γαρ ο του κοσμου αρχων και εν εμοι
א ουκετι πολλα λαλησω μεθ υμων ερχεται γαρ ο του κοσμου αρχων και εν εμοι
Ᵽ66 [ουκετι] πολλα λαλησω μ[εθ υμων ερ]χεται γαρ ο του [κοσμου] αρ[χων και εν εμοι]
Ᵽ75 ουκετι πολλα λαλησω **

[Ᵽ75** *is missing 20 lines, continues again @* 15:6]

(pres,act,ind,3p,sing)
εχω
W&H ουκ εχει ουδεν
not he has nothing/not one thing
B ουκ εχει ουδεν
א ουκ εχει ουδεν
P66 ουκ εχει ου] ***
[P66 *** is missing 3 lines of text, continues again @ 15: 1]

(2aor,act,subj,3p,sing) (pres,act,ind,1p,sing) (noun,acc. sing) (1aor,mid,ind,3p,sing)
γινωσκω αγαπαω εντολη εντελλομαι
Jn.14:31 αλλ ινα γνω ο κοσμος οτι αγαπω τον πατερα και καθως εντολην ~~ενετειλατο~~
but so that he should know the world that/" I love the Father and as a Commandment ~~He Himself commanded~~
B αλλ ινα γνω ο κοσμος οτι αγαπω τον πατερα και καθως εντολην
א αλλ ινα γνω ο κοσμος οτι αγαπω τον πατερα και καθως

(1aor,act,ind,3p,sing) (pres,act,ind,1p,sing) (pres,mid,imper,2p,pl)(pres,act,subj,1p,pl)
διδωμι ποιεω εγειρω αγω
W&H εδωκεν μοι ο πατηρ ουτως ποιω εγειρεσθε αγωμεν εντευθεν
He gave to Me the Father so I do You all arise we should go forth from here
B εδωκεν μοι ο πατηρ ουτως ποιω εγειρεσθε αγωμεν εντευθεν
א ενετιλατο μοι ο πατηρ ουτως ποιω εγειρεσθε αγωμε εντευθεν

John Chapter 15

(pres,act,ind,1p,sing) (pres,act,ind,3p,sing)
ειμι ειμι hiatus
Jn.15:1 εγω ειμι η αμπελος η αληθινη και ο πατηρ μου ο γεωργος εστιν ~~εστι~~
I I am the grape vine the True and the Father of Me the grower/vinedresser He is
B εγω ειμι η αμπελος η αληθινη και ο πατηρ μου ο γεωργος εστιν
א εγω ειμι η αμπελος η αληθινη και ο πατηρ μου ο γεωργος εστιν
P66 εγω [ειμι η αμπελος]η [αληθινη και] *
[P66 * 4 lines missing continues @ end of 15:2]

(pres,act,ptc,nom,sing,neut) (pres,act,ind,3p,sing) (pres,act,ptc,nom,sing,neut)
φερω αιρω φερω
Jn.15:2 παν κλημα εν εμοι μη φερον καρπον αιρει αυτο και παν το καρπον φερον
every branch in Me not bearing fruit He takes it and every the one fruit bearing
B παν κλημα εν εμοι μη φερον καρπον αιρει αυτο και παν το καρπον φερον
א παν κλημα εν εμοι μη φερον καρπον αιρει αυτο και παν το καρπον φερο

(pres,act,ind,3p,sing) (pres,act,subj,3p,sing)
καθαιρεω φερω
W&H καθαιρει αυτο ινα₁ καρπον₃ πλειονα₂ φερη₄
He cleans/prunes it so that fruit more it might bear
B καθαιρει αυτο ινα καρπον πλειονα φερη
א καθαιρει αυτον ινα καρπον πλειω φερη
P66 *[πλειο]να [φερη]
[P66 * continues]

(pres,act,ind,2p,pl) (perf,act,ind,1p,sing)
ειμι λαλεω
Jn.15:3 ηδη υμεις καθαροι εστε δια τον λογον ον λελαληκα υμιν
already you all clean you all are through the word which I have spoken to you all
B ηδη υμεις καθαροι εστε δια τον λογον ον λελαληκα υμιν
א ηδη υμεις καθαροι εστε δια τον λογον ον λελαληκα υμιν
P66 [ηδη υμεις καθαροι] εστε δια τον [λογον ον λελαλη]κα υμειν

(1aor,act,imper,2p,pl) (pres,pass,ind,3p,sing) (pres,act,inf)
μενω δυναμαι φερω
Jn.15:4 μεινατε εν εμοι καγω εν υμιν καθως το κλημα ου δυναται καρπον φερειν αφ
you all remain in Me and I in you all as the branch not it is able fruit to bear of
B μεινατε εν εμοι καγω εν υμιν καθως το κλημα ου δυναται καρπον φερειν αφ
א μινατε εν εμοι καγω εν υμιν καθως το κλημα ου δυναται καρπον φερειν αφ
P66 μ[εινατε εν ε]μοι καγω εν υμ[ειν καθως] το κλημα ου δυν[αται καρπον φ]ερειν αφ

(pres,act,subj,3p,sing)
μενω
W&H εαυτου εαν μη μενη εν τη αμπελω ουτως ουδε υμεις εαν μη εν
itself if not/unless it should abide in the grape vine neither <> in the same way you all if not/ unless in
B εαυτου εαν μη μενη εν τη αμπελω ουτωc ουδε υμειc εαν μη εν
א εαυτου εαν μη μενη εν τη αμπελω ουτωc ουδε υμιc εαν μη εν
P66 εαυτ[ου ε]αν μη μει[ν]η εν τη αμπελ[ω] ουτωc κα[ι ο ε]ν

(pres,act,subj,2p,pl)
μενω
W&H εμοι μενητε
Me you all should remain
B εμοι μενητε
א εμοι μενητε
P66 εμοι μενων

(pres,act,ind,1p,sing) εμι (pres,act,ptc,nom,sing,masc) μενω
Jn.15:5 εγω ειμι η αμπελος υμεις τα κληματα ο μενων εν εμοι καγω εν αυτω
I I am the grapevine you all *(are)* the branches the one remaining in Me and I in him
B εγω ειμι η αμπελοc υμειc τα κληματα ο μενων εν εμοι καγω εν αυτω
א εγω ειμι η αμπελοc υμιc τα κληματα ο μενων εν εμοι καγω εν αυτω
P66 εγω ειμι η [α]μπελοc υμειc τα κληματ[α ο μ]ενων εν εμοι καγω ε[ν αυτ]ω

(pres,act,ind,3p,sing) φερω (pres,pass,ind,2p,pl) δυναμαι (pres,act,inf) ποιεω
W&H ουτος φερει καρπον πολυν οτι χωρις εμου ου δυνασθε ποιειν ουδεν
this one he bears fruit much because apart from Me not you all are able to do not one thing
B ουτοc φερει καρπον πολυν οτι χωριc εμου ου δυναcθε ποιειν ουδε εν
א ουτοc φερει καρπον πολυν οτι χωριc εμου ου δυναcθαι ποιειν ουδεν
P66 ουτοc φερει καρπον πολυν [οτι χω]ριc εμου ου δυναcθε π[οιειν ουδ]εν

(pres,act,subj,3p,sing) μενω (1aor,act,subj,3p,sing) μενω (1aor,pass,ind,3p,sing) βαλλω
Jn.15:6 εαν μη τις μενη ~~μεινη~~ εν εμοι εβληθη εξω ως το κλημα
if not / unless anyone he should remain ~~he should have remained~~ in Me he has been cast outside as the branch
B εαν μη τιc μενη εν εμοι εβληθη εξω ωc το κλημα
א εα μη τιc μενη εν εμοι εβληθη εξω ωc το κλημα
P66 εαν μη τιc μενη εν [εμοι εβλη]θη εξω ωc το κλημα

(pres,pass,ind,3p,sing) ξηραινω (pres,act,ind,3p,pl) συναγω (pres,act,ind,3p,pl) βαλλω hiatus (pres,pass,ind,3p,sing) καιω
W&H και εξηρανθη και συναγουσιν αυτα και εις το πυρ βαλλουσιν ~~βαλλουσι~~ και καιεται
and it is withered and they gather them and into the fire they are cast and it is burned
B και εξηρανθη και cυναγουcιν αυτα και ειc το πυρ βαλλουcιν και καιεται
א και εξηρανθη και cυναγουcιν αυτο και ειc το πυρ βαλλουcιν και καιεται
P66 [και εξη]ρανθη και cυναγουcιν [αυτα κα]ι ει[c το] πυρ βαλλουcιν [αυ]τα και καιεται
P75 * [καιεται]
[P75 * *continues*]

(1aor,act,subj,2p,pl) μενω (1aor,act,subj,3p,sing) μενω
Jn.15:7 εαν μεινητε εν εμοι και τα ρηματα μου εν υμιν μεινη ο εαν
if you all should remain in Me and the words of Me in you all it should have abided the one if/whatever
B εαν μη μεινητε εν εμοι και τα ρηματα μου εν υμιν μεινη ο αν
א εαν μεινητε εν εμοι και τα ρηματα μου εν υ εαν *
P66 εα[ν μη μεινητε εν] εμοι και τα ρηματ[α μου εν υμειν μεινη ο εαν
P75 [εαν] μεινη[τε εν εμοι και τα] ρη[ματα μου εν υ]μ[ι]ν [μεινη ο εαν]
[א * *divergent reading continues following* ** *below*]

א ** ταc εντολαc μου τηρηcεται μενιται εν τη αγαπη τη εμη

(pres,act,subj,2p,pl) θελω (1aor,mid,imper,2p,pl) αιτεω (fut,mid,ind,3p,sing) γινομαι
W&H θελητε αιτησασθε και γενησεται υμιν
you all should wish you, yourselves, ask and he shall happen to you all
B θεληтε αιτηcαcθε και γενηcεται υμιν
א θελητε αιτηcεcθε και γενηcεται υμιν
P66 θελητ[ε αιτηcαcθαι και γ[ενη]cεται
P75 [θελ]ητ[ε αιτηcαcθε και γ]ενηcεται υμιν

(1aor,pass,ind,3p,sing) (pres,act,subj,2p,pl) (fut,mid,ind,2p,pl)
δοξαζω φερω γινομαι
Jn.15:8 εν τουτω εδοξασθη ο πατηρ μου ινα καρπον πολυν φερητε και γενησθε
in this He is glorified the Father of Me so that fruit much you all should bear and you will be
B εν τουτω εδοξασθη ο πατηρ μου ινα καρπον πολυν φερητε και γενησθε
א εν τουτω εδοξασθη ο πατηρ μου ινα καρπον πολυν φερηται και
P66 εν τουτω εδοξασθ[η ο πηρ μου ινα κα[ρπον πλιονα φερηται και
P75 [εν το]υ[τω εδοξασθ]η ο π[ατηρ μ]ου [ινα καρ]π *
[P75 * *ends*]

(fut,act,ind,2p,pl)
γινομαι
W&H ~~γενησεσθε~~ εμοι μαθηται
~~you all will be~~ to Me disciples
B εμοι μαθηται
א γενησεσθαι μοι μαθηται
P66 γεν[ησ]θαι μου μαθηται

(1aor,act,ind,3p,sing) (1aor,act,ind,1p,sing) (1aor,act,imper,2p,pl)
αγαπαω hiatus αγαπαω μενω
Jn.15:9 καθως ηγαπησεν ~~ηγαπησε~~ με ο πατηρ καγω$_1$ υμας$_3$ ηγαπησα$_2$ μεινατε$_4$ εν τη
as He loved Me the Father also I you all I loved you all remain in the
B καθως ηγαπησεν με ο πατηρ καγω υμας ηγαπησα μεινατε ε^{ν} τη
א καθως ηγαπησεν με ο πατηρ καγω$_1$ υμας$_3$ ηγαπησα$_2$ μεινατε$_4$ εν τη
P66 καθως η[γαπ]ησεν με ο πηρ καγω$_1$ υμας$_3$ ηγαπησα$_2$ [με]ινατε$_4$ εν τ[η]

W&H αγαπη τη εμη
love the one Mine
B αγαπη τη εμη
א αγαπη τη εμη
P66 [α]γαπη τη εμη

(1aor,act,subj,2p,pl) (fut,act,ind,2p,pl)
τηρεω μενω
Jn.15:10 εαν τας εντολας μου τηρησητε μενειτε εν τη αγαπη μου καθως εγω$_1$
if the Commandments of Me you all should keep you all will remain in the love of Me as I
B εαν τας εντολας μου τηρησητε μενειτε εν τη αγαπη μου καθως εγω
א καθως καγω
P66 * τηρησηται μεν[ειται εν τη αγαπη μου καθως εγω
[P66 * εαν τας εντολας μο[υ] *was added superlinearly*]

(perf,act,ind,1p,sing) (pres,act,ind,1p,sing)
τηρεω μενω
W&H του$_4$ πατρος$_5$ τας$_2$ εντολας$_3$ ~~μου~~$_6$ τετηρηκα και μενω αυτου εν τη αγαπη
of the Father the Commandments ~~of Me~~ I have kept and I remain of Him in the love.
B του πατρος τας εντολας τετηρηκα και μενω αυτου εν τη αγαπη
א του πατρος μου τας εντολας μου ετηρησα και μενω αυτου εν τη αγαπη
P66 του πρς τας εντολας τετηρηκα και μενω αυτου εν τη αγαπη

(perf,act,ind,1p,sing) (1aor,act,subj,3p,sing) (pres,act,subj,3p,sing)
λαλεω μενω ειμι
Jn.15:11 ταυτα λελαληκα υμιν ινα η χαρα η εμη εν υμιν ~~μεινη~~ η και η χαρα
these *(things)* I have spoken to you all so that the joy the one Mine in you all ~~she should remain~~ she should be and the joy
B ταυτα λελαληκα υμιν ινα η χαρα η εμη εν υμιν η και η χαρα
א ταυτα λελαληκα υμιν ινα η χαρα η εμη εν υμιν μεινη και η χαρα
P66 τ]αυτα λελαληκα [υμειν ινα η χαρα] η εμη [εν] υμ[ειν η και η χαρα]

(1aor,pass,subj,3p,sing)
πληροω
W&H υμων πληρωθη
of you all she should be filled
B υμων πληρωθη
א υμων πληρωθη
P66 [υ]μω[ν πλ]ηρωθη

(pres,act,ind,3p,sing) (pres,act,ind,2p,pl) (1aor,act,ind,1p,sing)
ειμι αγαπαω αγαπαω
Jn.15:12 αυτη εστιν η εντολη η εμη ινα αγαπατε αλληλους καθως ηγαπησα υμας
this she is the Commandment the one My so that you all love one another as I loved you all
B αυτη εστιν η εντολη η εμη ινα αγαπατε αλληλουc καθωc ηγαπηcα υμαc
א αυτη εστιν η εντολη η εμη ινα αγαπατε αλληλουc καθωc ηγαπηcα υμαc
P66 α[υτη εστιν] η εντολη η εμη ιν[α αγαπατε αλ]ληλουc ωc ηγ[απηcα υμαc]

(pres,act,ind,3p,sing) (2aor,act,subj,3p,sing)
εχω τιθημι
Jn.15:13 μειζονα ταυτης αγαπην ουδεις εχει ινα τις την ψυχην αυτου θη
greater of/than this love no one he has so that anyone the life/soul of him he should have placed
B μειζονα ταυτηc αγαπην ουδε ειc εχει ινα τιc την ψυχην αυτου θη
א μειζονα ταυτηc αγαπη ουδιc εχει ινα τη ψυχην αυτου θη
P66 [με]ιζονα ταυτηc [α]γαπην ο[υ]δειc εχει ινα την ψυχην την εαυτου θ[η]

W&H υπερ των φιλων αυτου
for the friend of him
B υπερ των φιλων αυτου
א υπερ των φιλων αυτου
P66 υπερ των φιλων αυτου

(pres,act,ind,2p,pl) (pres,act,subj,2p,pl) (pres,mid,ind,1p,sing)
ειμι ποιεω εντελλομαι
Jn.15:14 υμεις φιλοι μου εστε εαν ποιητε ~~οσα~~ ο ~~α~~ εγω εντελλομαι υμιν
you all friends of Me you all are if you all should do ~~as much as~~ the one ~~what~~ I I command you all
B υμειc φιλοι μου εστε εαν ποιητε ο εγω εντελλομαι υμιν
א υμειc γαρ φιλοι μου εστε εαν ποιηται α εγω εντελλομαι υμιν
P66 υμειc φιλ[οι] μου εστε εαν ποιηται α εγω εντελλ[ο]μαι υμιν

(pres,act,ind,1p,sing) (perf,act,ind,3p,sing) (pres,act,ind,3p,sing)
λεγω οιδα hiatus ποιεω
Jn.15:15 ουκετι1 λεγω3 υμας2 δουλους4 οτι ο δουλος ουκ οιδεν ~~οιδε~~ τι ποιει αυτου ο κυριος
no longer do I call you all slaves because the slave not he has known what he does of him the lord
B ουκετι λεγω υμαc δουλουc οτι ο δουλοc ουκ οιδεν τι ποιει αυτου ο κc
א ουκετι λεγω υμαc δουλουc οτι ο δουλοc ουκ οιδε τι ποιει αυτου ο κc
P66 ουκετι λεγω υμαc δουλουc οτι ο δουλοc ουκ οιδεν τι ποιει α[υ]του ο κc

(perf,act,ind,1p,sing) (1aor,act,ind,1p,sing)
ειπον ακουω
W&H υμας δε ειρηκα φιλους οτι παντα α ηκουσα παρα του πατρος μου
but <> you all I have called friends because/" all *(things)* which I heard from the Father of Me
B υμαc δε ειρηκα φιλουc οτι παντα α ηκουcα παρα του πατροc μου
א υμαc δε ειρηκα φιλουc οτι παντα α ηκουcα παρα του πατροc μου
P66 υμαc δε λεγω [φι]λουc οτ[ι πα]ντα α η[κο]υcα παρα το[υ πρc μου

(1aor,act,ind,1p,sing)
γνωριζω
W&H εγνωρισα υμιν
I made known to you all
B εγνωριcα υμιν
א εγνωριcα υμιν
P66 εγνωριcα υμιν

(1aor,mid,ind,2p,pl) (1aor,mid,ind,1p,sing) (1aor,act,ind,3p,sing)
εκλεγομαι εκλεγομαι τιθημι
Jn.15:16 ουχ υμεις με εξελεξασθε αλλ εγω εξελεξαμην υμας και εθηκα υμας ινα υμεις
not you all Me you chose but I I chose you all and I appointed you all so that you all
B ουχ υμειc με εξελεξαcθ^ε^αι αλλ εγω εξελεξαμην υμαc και εθηκα υμαc ινα υμειc
א ουχ υμιc εξελεξαcθαι αλλ εγω εξελεξαμην υμαc και εθηκα υμαc ινα υμιc
P66 ουχ υμιc [με εξελεξαcθαι αλλ εγω εξ[ελεξαμην] υμαc και εθηκα1 υμα[c]3 ινα2

(pres,act,subj,2p,pl) (pres,act,subj,2p,pl) (1aor,act,subj,3p,sing)
υπαγω φερω μενω
W&H υπαγητε και καρπον φερητε και ο καρπος υμων μενη ινα ο τι αν
you all should go and fruit you all should bear and the fruit of you all he should remain so that the one whatever
B υπαγητε και καρπον φερητε και ο καρπος υμων μενη ινα ο τι αν
ℵ υπαγητε και καρπον φερηται και ο καρπος υμων μενη ο τι εαν
P66 [υπαγη]ται4 και καρπον φερηται κ[αι ο καρπος] υμων μ[ε]νη ινα ο τι αν

(1aor,act,subj,2p,pl) (2aor,act,subj,3p,sing)
αιτεω διδωμι
W&H αιτησητε τον πατερα εν τω ονοματι μου δω υμιν
you all should have asked the Father in the Name of Me He should give to you all
B αιτητε τον πατερα εν τω ονοματι μου δω υμιν
ℵ αιτησηται τον πατερα εν τω ονοματι μου δωσει υμιν
P66 α[ιτησητε τον πρα [εν] τω ον[ο]ματι μο[υ δε υμειν

(pres,mid,ind,1p,sing) (pres,act,ind,2p,pl)
εντελλομαι αγαπαω
Jn.15:17 ταυτα εντελλομαι υμιν ινα αγαπατε αλληλους
these things I command you all so that you all love one another
B ταυτα εντελλομαι υμιν ινα αγαπατε αλληλους
ℵ ταυτα εντελλομαι υμιν ινα αγαπατε αλληλους
P66 ταυτα ε[ντ]ελλομαι υμιν ιν[α] αγαπαται αλληλ[ου]ς

(pres,act,ind,3p,sing)(pres,act,ind,2p,pl) (perf,act,ind,3p,sing)
μισεω γινωσκω μισεω
Jn.15:18 ει ο κοσμος υμας μισει γινωσκετε οτι εμε πρωτον υμων μεμισηκεν
if the world you all he hates you all know that Me first of you all he has hated
B ει ο κοσμος υμας μεισει γεινωσκετε οτι εμε πρωτον υμων μεμεισηκεν
ℵ ει ο κοσμος υμας μεισει γινωσκετε οτι εμε πρωτον εμισηκεν
P66 ει ο κοσμος υμας εμισει γινωσκετε οτι εμε πρ[ωτ]ον υμων μ[ε]μεισηκεν

(imperf,act,ind,2p,pl) (imperf,act,ind,3p,sing)
ειμι φιλεω
Jn.15:19 ει εκ του κοσμου ητε ο κοσμος αν το ιδιον εφιλει οτι δε εκ του
if of the world you all were the world would the ones its own he was loving but <> because from out of the
B ει εκ του κοσμου ητε ο κοσμος αν το ιδιον εφιλει οτι δε εκ του
ℵ ει εκ του κοσμου ητε ο κοσμος αν το ιδιο εφιλει οτι δε εκ του
P66 ει εκ του κοσμου ητ[ε] ο κοσμος αν το ιδιον εφιλει οτ[ι] δε1 εκ3 του4

(pres,act,ind,2p,pl) (1aor,mid,ind,1p,sing) (pres,act,ind,3p,sing)
ειμι εκλεγομαι μισεω
W&H κοσμου ουκ εστε αλλ εγω εξελεξαμην υμας εκ του κοσμου δια τουτο μισει
world not you all are but I I chose you all from out of the world because of this he hates
B κοσμου ουκ εστε αλλ εγω εξελεξαμην υμας εκ του κοσμου δια τουτο μεισει
ℵ κοσμου ουκ εστε αλλ εγω εξελεξαμην υμας εκ του κοσμου δια τουτο1 μισει4
P66 κοσμου5 ουκ2 εστε6 αλλ εγω εξελεξαμην υμας εκ του κοσμου δ[ι]α τουτο1a μισει3a

W&H υμας ο κοσμος
you all the world
B υμας ο κοσμος
ℵ υμας5 ο2 κοσμος3
P66 υμας2a ο4a κοσμος

(pres,act,imper,2p,pl) (2aor,act,ind,1p,sing) (pres,act,ind,3p,sing)
μνημονευω λεγω ειμι hiatus
Jn.15:20 μνημονευετε του λογου ου εγω ειπον υμιν ουκ εστιν εστι
you all remember the word which I I spoke to you all not he is
B μνημονευετε του λογου ου εγω ειπον υμιν ουκ εστιν
ℵ μνημονευεται τον λογον ον ελαλησα υμασιν ουκ εστι
P66 μνημονευεται του λογου ου εγω ειπον υ[μει]ν ουκ εστιν

(gen. of comparison) (1aor,act,ind,3p,pl) διωκω (fut,act,ind,3p,pl) διωκω
W&H δουλος μειζων του κυριου αυτου ει εμε εδιωξαν και υμας διωξουσιν ει τον λογον
a slave greater than the lord of him if Me they persecuted also you all they will persecute if the word
B δουλος μειζων του κυριου αυτου ει εμε εδιωξαν και υμας διωξουσιν ει τον λογον
ℵ δουλος μειζων του κυ αυτου ει εμε εδιωξαν και υμας διωξουσιν ει τον λογον
P66 δουλος μειζων του κυ αυτου [ει εμε εδι]ωξαν και υμας διωξουσιν [ει το]ν λογον

(1aor,act,ind,3p,pl) τηρεω (fut,act,ind,3p,pl) τηρεω
W&H μου ετηρησαν και τον υμετερον τηρησουσιν
of Me they keep also the one yours they will keep
B μου ετηρησαν και τον υμετερον τηρησουσιν
ℵ μου ετηρησαν και τον υμετερον τηρησωσι
P66 μου ετηρησαν και τον υμετερον τηρη[σουσιν]

(fut,act,ind,3p,pl) ποιεω
Jn.15:21 αλλα ταυτα παντα ποιησουσιν εις υμας ~~υμιν~~ δια το ονομα μου οτι ουκ
but these *things* all they will do to you all ~~to you all~~ because of the Name of Me because not
B αλλα ταυτα παντα ποιησουσιν εις υμας δια το ονομα μου οτι ουκ
ℵ αλλα ταυτα παντα ποιησουσιν δια το ονομα μου οτι ουκ
P66 [αλ]λα ταυ[τα π]αντα ποιουσιν εις υμ[α]ς δια το [ονομα μ]ου οτι ουκ

(perf,act,ind,3p,pl) οιδα hiatus (1aor,act,ptc,acc,sing,masc) πεμπω
W&H οιδασιν ~~οιδασι~~ τον πεμψαντα με
they have known the One having sent Me
B οιδασι τον πεμψαντα με
ℵ οιδασιν τον πεμψαντα με
P66 οιδας[ι] τον πεμ[ψαντα] με

(2aor,act,ind,1p,sing) ερχομαι (1aor,act,ind,1p,sing) λαλεω (imperf,act,ind,3p,pl) εχω (imperf,act,ind,3p,pl) εχω
Jn.15:22 ει μη ηλθον και ελαλησα αυτοις αμαρτιαν ουκ ειχοσαν ~~ειχον~~ νυν δε προφασιν
if not/unless I came and I spoke to them sin not they were having ~~they were having~~ but <>now an excuse
B ει μη ηλθον και ελαλησα αυτοις αμαρτιαν ουκ ειχοσαν νυν δε προφασιν
ℵ ει μη ηλθον και ελαλησα αυτοις αμαρτιαν ουκ ειχοσαν νυν προφασιν
P66 ει μη ηλθον και ελαλη[σα αυτοι]ς αμαρτιαν ουκ [ε]ιχοσαν [νυν δε π]ροφας[ι]ν

(pres,act,ind,3p,pl) εχω
W&H ουκ εχουσιν περι της αμαρτιας αυτων
not they have concerning the sins of them
B ουκ εχουσιν περι της αμαρτιας αυτων
ℵ ουκ εχουσι περι της αμαρτιας αυτων
P66 ουκ εξουσιν περι τη[ς α]μαρτιας [αυ]των

(pres,act,ptc,nom,sing,masc) μισεω (pres,act,ind,3p,sing) μισεω
Jn.15:23 ο εμε μισων και τον πατερα μου μισει
the one Me hating also the Father of Me he hates
B ο εμε μεισων και τον πατερα μου μεισει
ℵ ο εμε μεισων και τον πατερα μου μισει
P66 ο εμε μ[ισ]ων και τον πρα μου μισει

(1aor,act,ind,1p,sing) ποιεω (1aor,act,ind,3p,sing) ποιεω (perf,act,ind,3p,sing) ποιεω
Jn.15:24 ει τα εργα μη εποιησα εν αυτοις α ουδεις αλλος εποιησεν ~~πεποιηκεν~~
if the works not I did among them which no one other he did ~~he has done~~
B ει τα εργα μη εποιησα εν αυτοις α ουδεις αλλος εποιησεν
ℵ ει τα εργα μη εποιησα εν αυτοις α ουδις αλλος εποιησεν
P66 ει τα [ερ]γα μη εποιη[σα ε]ν αυτοις α μηδ[ις] αλλος εποιη[σε]ν

(imperf,act,ind,3p,pl) (imperf,act,ind,3p,pl) (perf,act,ind,3p,pl)
εχω εχω οραω hiatus
W&H αμαρτιαν ουκ ειχοσαν ~~ειχον~~ νυν δε και εωρακασιν ~~εωρακασι~~ και
sin not they were having ~~they were having~~ but <> now also they have seen and
B αμαρτιαν ουκ ειχοσαν νυν δε και εωρακασιν και
א αμαρτιαν ουκ ειχοσαν νυν δε και εωρακασιν και
P66 αμαρτιαν ουχ ειχοσαν νυν δε και εορακασιν και

(perf,act,ind,3p,pl)
μισεω hiatus
W&H μεμισηκασιν ~~μεμισηκασι~~ και εμε και τον πατερα μου
they have hated even Me also the Father of Me
B μεμεισηκασιν και εμε και τον πατερα μου
א μεμισηκασιν και εμε και τον πατερα μου
P66 μεμεισηκασιν εμε και τον πρα μου

(1aor,pass,subj,3p,sing) (perf,mid,ptc,nom,sing,masc)
πληροω γραφω
Jn.15:25 αλλ ινα πληρωθη ο λογος ο1 εν3 τω4 νομω5 αυτων6 γεγραμμενος2
but so that he should be fulfilled the word the one in the law of them having been written
B αλλ ινα πληρωθη ο λογος ο εν τω νομω αυτων γεγραμμενος
א αλλ ινα πληρωθη ο λογος ο ε τω κοσμω αυτω γεγραμμενος
P66 αλλ ινα πληρωθη ο λογος ο εν τω [ν]ομω αυ[των γεγραμμενος]

(1aor,act,ind,3p,pl)
μισεω
W&H οτι7 εμισησαν με δωρεαν
that/" they hated Me for no reason/cause
B οτι εμεισησαν με δωρεαν
א οτι εμισησαν με δωρεαν
P66 οτι εμισησαν με δωρεαν

(2aor,act,subj,3p,sing) (fut,act,ind,1p,sing)
ερχομαι πεμπω
Jn.15:26 οταν ~~δε~~ ελθη ο παρακλητος ον εγω πεμψω υμιν παρα του πατρος το πνευμα της
~~but~~ <> when He should come the Comforter Whom I I will send to you all from the Father the Spirit of the
B οταν ελθη ο παρακλητος ον εγω πεμψω υμιν παρα του πατρος το πνευμα της
א οταν ελθη ο παρακλητος ον εγω πεμψω υμιν παρα του πατρος το πνα της
P66 [οταν ελθη ο π]αρα[κλητος ον] *
[P66 * 9 *lines from text missing continues again @* 16:2]

(pres,mid,ind,3p,sing) (fut,act,ind,3p,sing)
εκπορευομαι μαρτυρομαι
W&H αληθειας ο παρα του πατρος εκπορευεται εκεινος μαρτυρησει περι εμου
of Truth the One from the Father He journeys forth that One He will witness concerning Me
B αληθειας ο παρα του πατρος εκπορευεται εκεινος μαρτυρησει περι εμου
א αληθειας ο παρα του πατρος εκπορευεται εκεινος μαρτυρησει περι εμου

(pres,act,ind,2p,pl) (pres,act,ind,2p,pl)
μαρτυρομαι ειμι
Jn.15:27 και υμεις δε μαρτυρειτε οτι απ αρχης μετ εμου εστε
but also <> you all you all are witnesses because/" from beginning / first with Me you all are
B και υμεις δε μαρτυρειτε οτι απ αρχης μετ εμου εστε
א και υμεις δε μαρτυριτε οτι απ αρχης μετ εμου εστε

John Chapter 16

(perf,act,ind,1p,sing) (1aor,pass,subj,2p,pl)
λαλεω σκανδαλιζω
Jn.16:1 ταυτα λελαληκα υμιν ινα μη σκανδαλισθητε
these things I have spoken to you all so that not you all should be caused to no longer believe/give up faith
B ταυτα λελαληκα υμιν ινα μη σκανδαλισθητε
א ταυτα λελαληκα υμιν ινα σκανδαλισθητε

(fut,act,ind,3p,pl) ποιεω (pres,mid,ind,3p,sing) ερχομαι

Jn.16:2 αποσυναγωγους ποιησουσιν υμας αλλ ερχεται ωρα ινα πας ο
from out of synagogue they will make you all but she comes an hour so that all the one
B αποσυναγωγους ποιησουσιν υμας αλλ ερχεται ωρα ινα πας ο
א αποσυναγωγους γαρ ποιησωσιν υμας αλλα ερχεται ωρα ινα πας ο

(1aor,act,ptc,nom,sing,masc) αποκτεινω (1aor,act,subj,3p,sing) δοκεω (pres,act,ind,3p,sing) προσφερω

W&H αποκτεινας [υμας] δοξη λατρειαν προσφερειν τω θεω
having killed you all he should suspose a service he offers to the God
B αποκτεινας δοξη λατρειαν προσφερειν τω θω
א αποκτινας υμας δοξη λατριαν προσφεριν τω θω
P66 * [φεριν τ]ω θ[ω
[P66 * *continues in fragments*]

(fut,act,ind,3p,pl) ποιεω (pres,mid,ind,3p,sing) γινωσκω

Jn.16:3 και ταυτα ποιησουσιν οτι ουκ εγνωσαν τον πατερα ουδε εμε
and these things they will do because not they,themselves, know the Father nor Me
B και ταυτα ποιησουσιν οτι ουκ εγνωσαν τον πατερα ουδε εμε
א και ταυτα ποιησωσιν υμιν οτι ουκ εγνωσαν τον πατερα ουδε εμε
P66 [και ταυτα ποιησουσιν οτι ουκ εγ]νω[σαν τον πρα ουδε εμε]

(perf,act,ind,1p,sing) λαλεω (2aor,act,subj,3p,sing) ερχομαι (pres,act,subj,2p,pl) μνημονευω

Jn.16:4 αλλα ταυτα λελαληκα υμιν ινα οταν ελθη η ωρα1 αυτων3 μνημονευητε2
but these things I have spoken to you all so that whenever she should come the hour of them you all should remember
B αλλα ταυτα λελαληκα υμιν ινα οταν ελθη η ωρα αυτων μνημονευητε
א αλλα ταυτα λελαληκα υμιν ινα αν ελθη η ωρα μνημονευηται
P66 [αλλα ταυτ]α λε[λαληκα υμειν ινα οταν ελθη η] ωρα [αυτων μνημονευητε]

(2aor,act,ind,1p,sing) λεγω (2aor,act,ind,1p,sing) λεγω (imperf,mid,ind,1p,sing) ειμι

W&H αυτων4 οτι εγω ειπον υμιν ταυτα δε υμιν εξ αρχης ουκ ειπον οτι μεθ υμων ημην
of them that I I said to you all but <> these things to you all from beginning not I said because with you all I Myself was
B αυτων οτι εγω ειπον υμιν ταυτα δε υμιν εξ αρχης ουκ ειπον οτι μεθ υμων ημην
א αυτων οτι εγω ειπον ταυτα δε υμι εξ αρχης ουκ ειπο οτι μεθ υμων ημην
P66 [αυτων ο]τι εγ[ω ειπον υμειν ταυτα δε υμιν ε]ξ αρξ[ης ουκ ειπον οτι [μεθ υμιν ημην]

(pres,act,ind,1p,sing) υπαγω (1aor,act,ptc,acc,sing,masc) πεμπω (pres,act,ind,3p,sing) ερωταω (pres,act,ind,2p,sing) υπαγω

Jn.16:5 νυν δε υπαγω προς τον πεμψαντα με και ουδεις εξ υμων ερωτα με που υπαγεις
but <>now I go forth to the One having sent Me and not one from out of you all he asks Me where go You
B νυν δε υπαγω προς τον πεμψαντα με και ουδεις εξ υμων ερωτα με που υπαγεις
א νυν δε εγω υπαγω προς τον πεμψαντα με και ουδις εξ υμων ερωτα με που υπαγει
P66 [νυν δε υπαγω προς τον πεμψαντα με και ουδεις εξ υ]μων ερωτα με π[ου υπαγεις]

(perf,act,ind,1p,sing) λαλεω (perf,act,ind,3p,sing) πληροω

Jn.16:6 αλλ οτι ταυτα λελαληκα υμιν η λυπη πεπληρωκεν υμων την καρδιαν
but because these things I have spoken to you all the distress she has filled of you all the heart
B αλλ οτι ταυτα λελαληκα υμιν η λυπη πεπληρωκεν υμων την καρδιαν
א αλλ οτι ταυτα λελαληκα υμιν η λυπη πεπληρωκεν υμω την καρδιαν
P66 [αλ]λ οτι ταυτ[α λελ]αληκα υ[μιν η λυπη] *
[P66 * 10 *lines missing continues* @ 6:10]

(pres,act,ind,1p,sing) λεγω (pres,act,ind,3p,sing) συμφερω (2aor,act,subj,1p,sing) απερχομαι

Jn.16:7 αλλ εγω την αληθειαν λεγω υμιν συμφερει υμιν ινα εγω απελθω εαν γαρ εγω μη
but I the truth I say to you all it is advantages for you all that I I should go forth for <> if + not
B αλλ εγω την αληθειαν λεγω υμιν συμφερει υμιν ινα εγω απελθω εαν γαρ μη
א αλλ εγω την αληθεια λεγω υμιν συμφερει υμιν ινα εγω απελθω εαν γαρ μη

(2aor,act,subj,1p,sing) απερχομαι (2aor,act,subj,3p,sing) ερχομαι (fut,act,ind,3p,sing) ερχομαι (1aor,act,subj,1p,sing) πορευομαι
W&H απελθω ο παρακλητος ου μη ~~ουκ~~ ελθη ~~ελευσεται~~ προς υμας εαν δε πορευθω
I should go forth the Comforter not not/certainly not ~~not~~ He should come ~~He will come~~ to you all but <> if I should go
B απελθω ο παρακλητος ου μη ελθη προς υμας εαν δε πορευθω
א απελθω ο παρακλητος ουκ ελευσεται προς ημας εαν δε πορευθω

(fut,act,ind,1p,sing) πεμπω
W&H πεμψω αυτον προς υμας
I will send Him to you all
B πεμψω αυτον προς υμας
א πεμψω αυτον προς υμας

(2aor,act,ptc,nom,sing,masc) ερχομαι (fut,act,ind,3p,sing) ελεγχω
Jn.16:8 και ελθων εκεινος ελεγξει τον κοσμον περι αμαρτιας και περι δικαιοσυνης
and having come that One He will rebuke the world concerning sin and concerning righteousness,
B και ελθων εκεινος ελεγξει τον κοσμον περι αμαρτιας και περι δικαιοσυνης
א και ελθων εκεινος ελεγξει το κοσμον περι αμαρτιας και περι δικαιοσυνης

W&H και περι κρισεως
and concerning judgment
B και περι κρισεως
א και περι κρισεως

(pres,act,ind,3p,pl) πιστευω
Jn.16:9 περι αμαρτιας μεν οτι ου πιστευουσιν εις εμε
concerning sin on the one hand because not they believe in Me
B περι αμαρτιας μεν οτι ου πιστευουσιν εις εμε
א περι αμαρτιας μεν οτι πιστευουσιν εις εμε

(pres,act,ind,1p,sing) υπαγω (pres,act,ind,2p,pl) θεωρεω
Jn.16:10 περι δικαιοσυνης δε οτι προς τον πατερα ~~μου~~ υπαγω και ουκετι θεωρειτε με
concerning on the other hand <> righteousness because to the Father ~~of Me~~ I depart and no longer you all will see Me
B περι δικαιοσυνης δε οτι προς τον πατερα υπαγω και ουκετι θεωρειτε με
א περι δικαιοσυνης δε οτι προς τον πατερα υπαγω και ουκετι θεωρειτε με
P66 *[υπαγω και ουκετι θε]ω[ρειτε με]
[P66 * *continues in fragments*]

(perf,pass,ind,3p,sing) κρινω
Jn.16:11 περι δε κρισεως οτι ο αρχων του κοσμου τουτου κεκριται
and <> concerning judgment because the ruler of the world of this he has been judged.
B περι δε κρισεως οτι ο αρχων του κοσμου τουτου κεκριται
א περι δε κρισεως οτι ο αρχων του κοσμου τουτου κεκριται
P66 [περι δε κρισ]εω[ς οτι ο αρχων του κοσμου τουτ]ου κ[εκριται]

(pres,act,ind,1p,sing) εχω (pres,act,inf) λεγω (pres,pass,ind,2p,pl) δυναμαι (pres,act,inf) βασταζω
Jn.16:12 ετι πολλα εχω$_1$ υμιν$_3$ λεγειν$_2$ αλλ$_4$ ου δυνασθε βασταζειν αρτι
still many things I have to you all to say but not you all are able to bear *(them)* just now
B ετι πολλα εχω υμιν λεγειν αλλ ου δυνασθε βασταζειν αρτι
א ετι πολλα εχω υμιν λεγειν αλλ ου δυνασθαι βασταζειν
P66 [ετι πολλα εχω υμειν] λεγει[ν αλλ ου δυνασθε βασταζειν αρ]τι

(2aor,act,subj,3p,sing) ερχομαι (fut,act,ind,3p,sing) οδηγεω
Jn.16:13 οταν δε ελθη εκεινος το πνευμα της ~~την~~ αληθειας οδηγησει υμας εις$_1$
but <> whenever He should come that One the Spirit of the ~~the~~ Truth He will guide you all into
B οταν δε ελθη εκεινος το πνευμα της αληθειας οδηγησει υμας εις
א οταν δε ελθη εκεινος το πνα της αληθιας οδηγησει υμας εν
P66 ο[ταν δε ελθη εκεινος το πνα της] αληθ[ειας οδ[ηγησει υμας εν]

(fut,act,ind,3p,sing) λαλεω (pres,act,ind,3p,sing) ακουω

W&H την3 αληθειαν4 πασαν2 ου5 γαρ λαλησει αφ εαυτου αλλ οσα ~~αν~~ ακουει
the truth all for <> not He will speak from Himself but as much as ~~ever~~ He hears

B την αληθειαν πασαν ου γαρ λαλησει αφ εαυτου αλλ οσα ακουσει

א τη αληθεια ου γαρ λαλησει αφ εαυτου αλλ οσα ακουει

P66 [τη αληθεια] [παση ου γαρ λαλησει αφ εαυτο]υ αλλ ο[σα ακουσει]

(1aor,act,subj,3p,sing) ακουω (fut,act,ind,3p,sing) λαλεω (pres,mid,ptc,acc,pl,neut) ερχομαι (fut,act,ind,3p,sing) αναγγελλω

W&H ~~ακουση~~ λαλησει και τα ερχομενα αναγγελει υμιν
~~He should hear~~ He will speak and the ones coming He will announce to you all

B λαλησει και τα ερχομενα αναγγελει υμιν

א λαλησει και τα ερχομενα αναγγελλει ημιν

P66 [λαλησει και τα ερ]χομεν[α αναγγελει υμιν]

(fut,act,ind,3p,sing) δοξαζω (fut,mid,ind,3p,sing) λαμβανω (fut,act,ind,3p,sing) αναγγελλω

Jn.16:14 εκεινος εμε δοξασει οτι εκ του εμου λημψεται και αναγγελει υμιν
that one Me He will glorify because from out of the one of Me He will take and He will announce to you all

B εκεινος εμε δοξασει οτι εκ του εμου λημψεται και αναγγελει υμιν

א εκεινος εμε δοξασει οτι εκ του εμου λημψεται κ(αι) αναγγελλει υμιν *

P5 **[οτι εκ του εμου λημψετ]αι και ανα[γγελει υμειν]

P66 [εκεινος εμε] δο[ξασει οτι εκ του εμου λημψεται και] αναγγ[ελει υμιν]*

[P5 ** *leaf 2 recto continues here*] [א and P66 * *does not contain* 16:15]

(pres,act,ind,3pT,sing) εχω (pres,act,ind,3p,sing) ειμι hiatus (2aor,act,ind,1p,sing) λεγω

Jn.16:15 παντα οσα εχει ο πατηρ εμα εστιν ~~εστι~~ δια τουτο ειπον οτι εκ του εμου
all as much as He has the Father Mine it is because of this I said that from out of the one of Me

B παντα οσα εχει ο πατηρ εμα εστιν δια τουτο ειπον οτι εκ του εμου

P 5 [παντα οσ]α εχει ο πρ ε[μα εστιν δια τουτο ειπο]ν οτι εκ τ[ου εμου]

(pres,act,ind,3p,sing) λαμβανω (fut,act,ind,3p,sing) αναγγελλω

W&H λαμβανει και αναγγελει υμιν
He takes and He will announce to you all

B λαμβανει και αναγγελει υμιν

P5 [λαμβανει κα]ι αν[αγ]γελει υμειν

(pres,act,ind,2p,pl) θεωρεω (fut,act,ind,2p,pl) οραω

Jn.16:16 μικρον και ουκετι ~~ου~~ θεωρειτε με και παλιν μικρον και οψεσθε
a little *(while)* and no longer ~~not~~ you all see Me and again a little *(while)* and you all will see

B μεικρον και τι θεωρειτε με και παλιν μεικρον και οψεσθε

א μεικρον και ουκετι θεωρειτε με και παλιν μικρον και οψεσθε

P5 [μεικρον και ουκετι τι θεωρειτε με κ]αι παλιν μεικρον κ]αι οψεσθε

P66 μικ[ρ]ον και [ουκε]τι θεωριτ[αι με κ]αι παλιν μικρον και οψεσ[θαι]

(pres,act,ind,1p,sing) υπαγω

W&H με ~~οτι υπαγω προς τον πατερα~~
Me ~~because I depart to the Father~~

א *παντα οσα εχι ο πηρ εμα εστιν δια τουτο ειπον υμιν οτι εκ του εμου λαμβανι κ(αι) αναγγελι υμιν

[א * divergent text]

(2aor,act,ind,3p,pl) λεγω (2aor,act,ind,3p,pl or 1p, sing) λεγω (pres,act,ind,3p,sing) ειμι hiatus

Jn.16:17 ειπαν ~~ειπον~~ ουν εκ των μαθητων αυτου προς αλληλους τι εστιν ~~εστι~~ τουτο
therefore <> they said ~~they said~~ from out of the disciples of Him to one another What is it this

B ειπαν ουν εκ των μαθητων αυτου προς αλληλους τι εστι τουτο

א ειπο ουν εκ των μαθητων αυτου προς αλληλους τι εστιν τουτο

P5 ειπα]ν [ουν τινες εκ των μ]αθητων αυτου [προς αλληλους τι] εστιν τουτο

P66 ειπαν ουν εκ των μαθητων αυτου π[ρ]ος αλληλους τι εστιν τουτο

(pres,act,ind,3p,sing) (pres,act,ind,3p,sing) (pres,act,ind,2p,pl)
λεγω ειμι θεωρεω
W&H ο λεγει ημιν εστιν και ου θεωρειτε με και παλιν μικρον
the one He says to us it is and not you all will see Me and again a little
B ο λεγει ημιν μεικρον και ου θεωρειτε με και παλιν μεικρον
א ο λεγει ημι μικρον και ου θεωριται με και παλιν μικρον
P5 ο λε[γει ημειν μεικρον και ου] θεωρειτε με [και παλιν μεικρον]
P66 ο λεγ[ει] ημειν μικρον και ου θεωριται μ[ε κ]αι παλιν μικρον

(fut,act,ind,2p,pl) (pres,act,ind,1p,sing)
οραω υπαγω
W&H και οψεσθε με και οτι ~~εγω~~ υπαγω προς τον πατερα
and you all will see Me and because I depart to the Father
B και οψεσθε με και οτι υπαγω προς τον πατερα
א και οψεσθε με και ω υπαγω προς τον πατερα
P5 [και οψ]εcθε με και [cτ]ι [υπαγω προς τον] πρα
P66 και οψεσθε με κα[ι οτι] υπαγω προ[c] τον πρα

(imperf,act,ind,3p,pl) (pres,act,ind,3p,sing) (pres,act,ind,3p,sing) (perf,act,ind,1p,pl)
λεγω ειμι λεγω οιδα
Jn.16:18 ελεγον ουν1 τι3 εστιν4 τουτο2 ο5 λεγει ~~το~~ μικρον ουκ οιδαμεν
therefore <> they were saying what is it this the one He says ~~the~~ a little not we have known
B ελεγον ουν τι εστι τουτο ο λεγει μεικρον ουκ οιδαμεν
א ελεγον ουν τι εστιν τουτο το μικρον ουκ οιδαμεν
P5 ελεγον ουν [τι εστιν τουτο] μεικρον ουκ οιδα[μεν]
P66 ελεγον ο[υ]ν [τι] εc[τιν] τουτο μικ[ρ]ον ου[κ] οιδαμεν

(pres,act,ind,3p,sing)
λαλεω
W&H [τι λαλει]
what He is saying
א τι λαλει
P5 [τι λαλερι]
P66 τι λαλει

(pres,act,inf)
(2aor,act,ind,3p,sing) (imperf,act,ind,3p,pl) (2aor,act,ind,3p,sing)
γινωσκω εθελω ερωταω λεγω
Jn.16:19 εγνω ~~ουν~~ [~~ο~~] ιησους οτι ηθελον αυτον ερωταν και ειπεν
~~therefore~~ <>He knew ~~the~~ Jesus that they were wanting Him to ask and He said
B εγνω ις οτι ηθελον αυτον ερωταν και ειπεν
א εγνω ο ις οτι ημελλον αυτο ερωταν και ειπεν
P5 [ε]γνω ο ιηc οτι η[θ]ελον [αυτον ερωταν] και ειπεν
P66 εγνω [ις οτι] ημελλον [[και ηθελον]]** αυτον [ερω]ταν και ειπεν
[P66 ** *The words in double brackets were deleted*]

(pres,act,ind,2p,pl) (2aor,act,ind,1p,sing)
ζητεω λεγω
W&H αυτοις περι τουτου ζητειτε μετ αλληλων οτι ειπον μικρον
to them concerning this you all seek with one another that I said a little
B αυτοιc περι τουτου ζητειτε μετ αλληλων οτι ειπον μεικρον
א αυτοιc περι τουτου ζητειτε μετ αλληλων οτι ειπον μικρον
P5 αυτ[ο]ιc [περι τουτου ζητ]ειτε μετ αλληλω[ν οτι ειπον μεικρ]ον
P66 α[υτ]οιc [περι] τουτου ζητε[ιτα]ι προς αλληλουc [οτι] ει[πον μεικρον]

(pres,act,ind,2p,pl) (fut,act,ind,2p,pl)
θεωρεω οραω
W&H και ου θεωρειτε με και παλιν μικρον και οψεσθε με
and not you all see Me and again a little and you all will see Me
B και ου θεωρειτε με και παλιν μεικρον και οψεcθε με
א και ου θεωρειτε με και παλι μικρον και οψεcθε με
P5 και ου θεωρει[τε]με και παλιν μεικρο]ν και οψεcθε με
P66 [και ου θεωρειτε με και παλιν μικρον και οψεcθε με]

(pres,act,ind,1p,sing) (fut,act,ind,2p,pl) (fut,act,ind,2p,pl)
λεγω κλαιω θρηνεω
Jn.16:20 αμην αμην λεγω υμιν οτι κλαυσετε και θρηνησετε υμεις ο δε κοσμος
amen amen I say to you all that you all will weep and you all will wail you all but <> the world
B αμην αμην λεγω υμιν οτι κλαυσετε και θρηνησετε υμεις ο δε κοσμος
א αμην αμην λεγω υμιν οτι κλαυσετε και θρηνησητε υμις ο δε κοσμος
P5 [αμην αμην λεγ]ω υμειν οτ[ι κ]λα[υσετε και θρηνης]ετε υμεις ο δε [κοσμος]
P66 [αμην α]μην [λεγω υμειν οτι κλαυσετε και θρηνησετε υμεις ο δε κοσμος]

(fut,pass,ind,3p,sing) χαιρω (fut,pass,ind,2p,pl) λυπεω (fut,mid,ind,3p,sing) γινομαι
W&H χαρησεται υμεις δε λυπηθησεσθε αλλ η λυπη υμων εις χαραν γενησεται
he will be rejoice but <> you all you all will be distressed but the distress of you all into joy it will become
B χαρηcεται υμειc λυπηθηcεcθε αλλ η λυπη υμων ειc χαραν γενηcεται
א χαρηcεται υμιc λυπηθηcεcθαι αλλ η λυπη υμων ειc χαραν γενηcεται
P5 [χαρηcετ]αι υμειc λυπηθη[cεcθε αλλ η λυπ]η υμων ειc χαραν [γενηcεται]
P66 [χαρηcεται υμειc λυπηθηcεc]θε [αλλ] η [λυπη υμων ειc χαραν γεν]ηcεται

(pres,act,subj,3p,sing) τικτω (pres,act,ind,3p,sing) V εχω (2aor,act,ind,3p,sing) ερχομαι (1aor,act,subj,3p,sing) γενναω
Jn.16:21 η γυνη οταν τικτη λυπην εχει οτι ηλθεν η ωρα αυτης οταν δε γεννηση
the woman whenever she might give birth distress she has because she came the hour of her but <> whenever she should bear
B η γυνη οταν τικτη λυπην εχει οτι ηλθεν η ωρα αυτηc οταν δε γεννηcη
א η γυνη οταν τικτη λυπην εχει οτι ηλθεν η ωρα αυτηc οταν δε γεννηcη
P5 [η γυν]η οταν τικτη λυ[πην εχει οτι ηλθεν] η ωρα αυτηc [οταν δε γεννηcη]
P66 η γυνη οταν [τικτη λ]υπην εχει οτι ηλθεν η ημ[ερα αυ]τηc οταν δε γεννηcη

(pres,act,ind,3p,sing) μνημονευω (1aor,pass,ind,3p,sing) γενναω
W&H το παιδιον ουκετι μνημονευει της θλιψεως δια την χαραν οτι εγεννηθη
the child no longer she remembers of the affliction on account of the joy that he was born
B το παιδιον ουκετι μνημονευει τηc θλειψεωc δια την χαραν οτι εγεννηθη
א το παιδιον ουκετι μνημονευει τηc θλιψεωc δια την χαρα οτι εγεννηθη ο
P5 [το] παιδ[ι]ον ουκε[τι μνημονευει τηc θλ]ειψ[ε]ωc δι
P66 το παιδιον [ο]υκετι μνημονευ[ει] τηc θλειψεωc δια την χαραν οτ[ι εγ]εννηθη

W&H ανθρωπος εις τον κοσμον
a man into the world
B ανθρωποc ειc τον κοcμον
א αθρωποc ειc τον κοcμον
P5 [ποc ειc τον κοcμον]
P66 ανθρω[πο]c ειc τον κο[cμ]ον

(pres,act,ind,2p,pl) εχω (fut,mid,ind,1p,sing) οραω
Jn.16:22 και υμεις ουν$_1$ νυν$_4$ μεν$_3$ λυπην$_2$ εχετε$_5$ παλιν δε οψομαι υμας και
and therefore <> you all now on the one hand distress you all have on the other hand <> again I myself will see you all and
B και υμειc ουν νυν μεν λυπην εχετε παλιν δε οψομαι υμαc και
א και υμειc$_1$ ουν$_4$ νυ$_2$ μεν$_3$ λυπην$_5$ εχεται παλιν δε οψομαι υμαc και
P5 και υμειc ουν νυν μεν [λυπην εχετε παλιν δε] οψομαι υμ[αc και]
P66 και υμειc ουν [ν]υν μεν λυπ[η]ν εξεται παλιν δε οψομαι υμαc και

(2 fut,pass,ind,3p,sing) χαιρω (pres,act,ind,3p,sing) αιρω
W&H χαρησεται υμων η καρδια και την χαραν υμων ουδεις αρει αφ υμων
she will be rejoice of you all the heart and the joy of you all no one he takes from you all
B χαρηcεται υμων η καρδια και την χαραν υμων ουδειc αρει αφ υμων
א χαρηcεται υμων η καρδια και την χαραν υμων ουδιc αιρει αφ υμων
P5 [χαρηcεται υμων] η καρδια [και την χαραν υμων ου]δειc αρει [αφ] υ[μων]
P66 χαρη[c]εται υμων η καρδια και την χαραν υμων [ουδειc] ερι αφ υ[μων]

(fut,act,ind,2p,pl) ερωταω (pres,act,ind,1p,sing) λεγω
Jn.16:23 και εν εκεινη τη ημερα εμε ουκ ερωτησετε ουδεν αμην αμην λεγω υμιν
and in that the day Me not you all will ask nothing amen amen I say to you all
B και εν εκεινη τη ημερα εμε ουκ ερωτηcετε ουδεν αμην αμην λεγω υμιν
א και εν εκεινη τη ημερα εμε ουκ ερωτηcηται ουδεν αμην αμην λεγω υμιν
P5 [και εν εκεινη] τη ημερ[α] ε[μ]ε [ουκ ερωτηcετε] ουδεν [α]μην α[μην λεγω]
P66 κα[ι ε]ν εκεινη τη [ημ]ε[ρα εμε ο]υκ ερ[ωτηcετε ουδ]εν [αμην αμην λεγω υμειν]

(1aor,act,subj,2p,pl) αιτεω — (fut,act,ind,3p,sing) διδωμι
W&H ~~οτι οσα~~ αν τι αιτησητε τον πατερα$_1$ δωσει$_6$ υμιν$_7$ εν$_2$ τω$_3$
~~that as much as~~ ever what you all should ask the Father He will give to you all in the
B αν τι αιτησητε τον πατερα δωσει υμιν εν τω
ℵ οτι ο αν αιτησηται τον πατερα δωσει υμιν εν τω
P5 [υμιεν] αν τι αιτη[c]ητε τον πρα δωσει υμιν εν τω
P66 [αν τι αιτη]cacθαι τον πρα]$_1$ δωcει$_6$ υμειν$_7$ εν$_2$ τ[ω]$_3$

W&H ονοματι$_4$ μου$_5$
Name of Me
B ονοματι μου
ℵ ονοματι μου
P5 ον[ο]ματ[ι μου]*
P66 [ονοματι$_4$ μ]ο[υ$_5$
[P5* *Comfort & Barrett*, "There appears to be a scribble error here; εν τω ονοματι [μου εως αρτι η] τ [ησατε ουδεν] *has been added in the lower margin by a different scribe*]

(1aor,act,ind,2p,pl) αιτεω — (pres,act,imper,2p,pl) αιτεω — (fut,mid,ind,2p,pl) λαμβανω
Jn.16:24 εως αρτι ουκ ητησατε ουδεν εν τω ονοματι μου αιτειτε και λημψεσθε
until now not you all asked anything in the name of Me you all ask and you, yourselves, will receive
B εως αρτι ουκ ητηcατε ουδεν εν τω ονοματι μου αιτειτε και λημψεcθε
ℵ εωc αρτι ουκ ητηcαται ουδεν εν τω ονοματι μου αιτηcαcθαι και λημψεcθε
P5 [αιτειτε και] λημψεcθε
P66 εωc αρτι ουκ ητηcαται ουδ[εν εν τω ονοματι μου αιτηcαcθαι [και λημψεcθαι]

(pres,act,subj,3p,sing) ειμι — (perf,pass,ptc,nom,sing,fem) πληροω
W&H ινα η χαρα υμων η πεπληρωμενη
so that the joy of you all she might be having been fulfilled / filled up
B ινα η χαρα υμων η πεπληρωμενη
ℵ ινα η χαρα υμων η πεπληρωμενη
P5 ι[να η χαρα υμων η] πεπληρω[μ]ε[ν]η
P66 [ινα η χα]ρα υμω[ν η πεπληρωμενη]

(perf,act,ind,1p,sing) λαλεω — (pres,mid,ind,3p,sing) ερχομαι
Jn.16:25 ταυτα εν παροιμιαις λελαληκα υμιν ερχεται ωρα οτε ουκετι εν παροιμιαις
these things in proverbs/allegories I have spoken to you all she comes an hour when no longer in proverbs/allegories
B ταυτα εν παροιμιαιc λελαληκα υμιν ερχεται ωρα οτε ουκετι εν παροιμιαιc
ℵ ταυτα εν παροιμιαιc λελαληκα υμι ερχεται ωρα οπου ουκετι εν παροιμιαιc
P5 [ταυτα εν παροι]μιαιc λελ[α]ληκα [υμειν ερχεται] ωρα οτε ουκετ[ι εν παροιμιαιc]
P66 [ταυ]τα εν π[αροιμιαιc λ]ελαλη[κα υμειν ε]ρχετ[αι ωρα] οτε ουκετι εν πα[ροιμιαιc]

(fut,act,ind,1p,sing) λαλεω
W&H λαλησω υμιν αλλα παρρησια περι του πατρος
I will speak to you all but in an open manner concerning the Father
B λαληcω υμιν αλλα παρηcια περι του πατροc
ℵ λαληcω υμιν αλλα παρρηcια περι του πατροc
P5 [λα]ληcω υμειν αλ[λα παρρηcια περι] του πρc
P66 [λαληcω] υμειν αλλ[α] παρρ[η]cια περι [του πρ]c [[λαληcω υμειν]] *
[P66 * *Words in double brackets were deleted*]

(fut,act,ind,1p,sing) απαγγελλω — (fut,act,ind,1p,sing) αναγγελλω
W&H απαγγελω ~~αναγγελω~~ υμιν
I will declare ~~I will announce~~ to you all
B απαγγελω υμιν
ℵ απαγγελλω υμιν
P5 απαγγε[λω υμειν]
P66 απαγγελω [υ]μειν

(fut,mid,ind,2p,pl) αιτεω; (pres,act,ind,1p,sing) λεγω

Jn.16:26 εν εκεινη τη ημερα εν τω ονοματι μου αιτησεσθε και ου λεγω υμιν
in that the day in the Name of Me you, yourselves, shall ask and not I say to you all
B εν εκεινη τη ημερα εν τω ονοματι μου αιτησεσθε και ου λεγω υμιν
ℵ εν εκεινη τη ημερα$_1$ εν$_3$ τω$_4$ ονοματι$_5$ μου$_6$ αιτησασθαι$_2$ και ου λεγω υμιν
P5 [εν ε]κεινη τη ημερα [εν τω ονοματι] μου αιτησεσθε [και ου λεγω υμειν]
P66 [εν εκε]ινη τη ημερα εν τω [ο]νομα[τι μου αιτησεσ]θαι και ου λε[γω] υμ[ειν]

(fut,act,ind,1p,sing) ερωταω

W&H οτι εγω ερωτησω τον πατερα περι υμων
that I I will ask the Father concerning you all
B οτι εγω ερωτησω τον πατερα περι υμων
ℵ οτι εγω ερωτησω τον πατερα περι υμων
P5 [ο]τι εγω ερωτης[ω τον πρα]
P66 [οτι εγω ε]ρωτησω τον πρ[α]

(pres,act,ind,3p,sing) φιλεω; (perf,act,ind,2p,pl) φιλεω; (perf,act,ind,2p,pl) πιστευω

Jn.16:27 αυτος γαρ ο πατηρ φιλει υμας οτι υμεις εμε πεφιληκατε και πεπιστευκατε οτι
for <> Himself the Father He loves you all because you all Me you all have loved and you all have believed that
B αυτος γαρ ο πατηρ φιλει υμας οτι υμεις εμε πεφιληκατε και πεπιστευκατε οτι
ℵ αυτος γαρ ο πατηρ φιλει υμας οτι υμεις με πεφιληκατε και πεπιστευκατε οτι
P5 [αυτος γ]αρ ο πρ φιλει υμ[ας οτι υμεις εμε] πεφιληκατε και [πεπιστευκατε] οτι
P66 [αυτος γα]ρ ο πηρ [φιλει] υμας οτι [υμεις ε]με πε[φιληκατε και] πεπιστ[ευκατε] οτι

(2aor,act,ind,1p,sing) εξερχομαι

W&H εγω παρα του πατρος ~~θεου~~ εξηλθον
I from the Father ~~God~~ I have come forth
B εγω παρα του πατρος εξηλθον
ℵ εγω παρα θυ εξηλθον
P5 παρα θυ εξηλθ[ον
P66 [εγω παρα θ]υ εξηλθον

(2aor,act,ind,1p,sing) εξερχομαι; (2aor,act,ind,1p,sing) ερχομαι; (pres,act,ind,1p,sing) αφιημι

Jn.16:28 εξηλθον εκ ~~παρα~~ του πατρος και εληλυθα εις τον κοσμον παλιν αφιημι τον
I have come forth from out ~~from~~ of the Father and I have come into the world again I depart the
B εξηλθον εκ του πατρος και εληλυθα εις τον κοσμον παλιν αφιημι τον
ℵ εξηλθον παρα του πατρος και εληλυθα εις τον κοσμον παλιν αφιημι τον
P5 [εξηλθον] παρα του πρς και ε[ληλυθα εις τον] κοσμον παλιν α[φιημι τον]
P66 [εξηλθον παρα του πρς και] ε[ληλυθα εις τον κοσμον παλι]ν αφιη[μι τον]

(pres,mid,ind,1p,sing) πορευομαι

W&H κοσμον και πορευομαι προς τον πατερα
world and I journey to the Father
B κοσμον και πορευομαι προς τον πατερα
ℵ κοσμο και πορευομαι προς τον πατερα
P5 κοσμον] και πορευομαι προ[ς τον πρα
P66 [κοσμον και π]ορευο[μαι προς τον πρα

(pres,act,ind,3p,pl) λεγω; (2aor,act,imper,2p,sing) οραω; (pres,act,ind,2p,sing) λαλεω

Jn.16:29 λεγουσιν ~~αυτω~~ οι μαθηται αυτου ιδε νυν εν παρρησια λαλεις και παροιμιαν
they say ~~to Him~~ the disciples of Him see You now in an open manner you speak and a proverb/an allegory
B λεγουσιν οι μαθηται αυτου ιδε νυν εν παρρησια λαλεις και παροιμιαν
ℵ λεγουσιν$_1$ αυτω$_4$ οι$_2$ μαθηται$_3$ ιδε$_5$ νυν εν παρρησια λαλεις και παροιμιαν
P5 λε]γουσιν οι [μαθηται αυτου ιδε νυν εν] παρρησια λ[αλεις και παροιμιαν]
P66 [λεγουσιν οι μ]αθ[ηται αυτου ι]δε [νυν εν παρρησια λαλεις κ]αι παρο[ι]μιαν

		(pres,act,ind,2p,sing) λεγω
W&H	ουδεμιαν not one thing/nothing	λεγεις You say
B	ουδεμιαν	λεγειc
ℵ	ουδεμιαν	λεγειc
P5	[ου]δεμιαν	λ[εγειc]
P66	[ουδεμιαν	λεγειc]

		(perf,act,ind,1p,pl) οιδα		(perf,act,ind,2p,sing) οιδα					(pres,act,ind,2p,sing) εχω				(pres,act,subj,3p,sing) ερωταω	
Jn.16:30	νυν now	οιδαμεν we have known	οτι that	οιδας You have known	παντα all	και and	ου not	χρειαν need	εχεις You have	ινα so that	τις anyone	σε You	ερωτα he should ask	εν in
B	νυν	οιδαμεν	οτι	οιδαc	παντα	και	ου	χρειαν	εχειc	ινα	τιc	cε	ερωτα	εν
ℵ	νυ	οιδαμεν	οτι	οιδαc	παντα	και	ου	χριαν	εχειc	ινα	τιc	cε	ερωτα	εν
P5	νυν	οιδαμεν]	οτι	οιδαc	πα[ντα	και	ου	χρειαν	εχειc] *					
P66	[νυν]	οιδαμεν	ο[τι	οιδαc	παντα	και	ου	χρει]αν	εχειc	[ινα	τιc	c]ε	ε[ρω]τα	εν

[P5 * *stops here and begins again* @ 20:11]

		(pres,act,ind,3p,pl) πιστευω				(2aor,act,ind,2p,sing) εξερχομαι
W&H	τουτω this	πιστευομεν we believe	οτι that	απο from	θεου God	εξηλθες You came forth.
B	τουτω	πιcτευομεν	οτι	απο	θυ	εξηλθεc
ℵ	τουτω	πιcτευομεν	οτι	απο	θυ	εξηλθεc
P66	[τουτω]	πιcτευομε[ν]	οτι	απο	θυ	εξηλ[θεc]

	(1aor,pass,ind,3p,sing) αποκρινομαι					(pres,act,ind,2p,pl) πιστευω
Jn.16:31	απεκριθη He did give answer	αυτοις to them	~~ο~~ ~~the~~	ιησους Jesus	αρτι now	πιστευετε you all are believing
B	απιεκριθη	αυτοιc		ιc	αρτι	πιcτευετε
ℵ	απεκριθη	αυτοιc	ο	ιc	αρτι	πιcτευεται
P66	[απε]κριθη	αυτοιc		ιc	αρτι	πιcτευ[ετε]

	(2aor,mid,imper,2p,sing) ειδον	(pres,mid,ind,3p,sing) ερχομαι				(perf,act,ind,3p,sing) ερχομαι			(1aor,pass,subj,2p,pl) σκορπιζω
Jn.16:32	ιδου behold you	ερχεται she comes	ωρα an hour	και and	~~νυν~~ ~~now~~	εληλυθεν she has come		ινα so that	σκορπισθητε you all will be scattered
B	ιδου	ερχεται	ωρα	και		εληλυθεν		ινα	cκορπιcθητε
ℵ	ιδου	ερχεται	ωρα	και		εληλυθε	η ωρα	ινα	cκορπιcθητε
P66	[ι]δε	ερ[χ]εται	ωρα	και		εληλυθεν		[ινα	cκορπιcθ]η

							(2aor,act,subj,2p,pl) αφιημι			(pres,act,ind,1p,sing) ειμι		
W&H	εκαστος each	εις to	τα the one	ιδια his own	καμε ~~και εμε~~ and Me ~~and Me~~	μονον alone	αφητε you all should leave	και and	ουκ not	ειμι I am	μονος alone	οτι because
B	εκαcτοc	ειc	τα	ιδια	καμε	μονον	αφητε	και	ουκ	ειμι	μονοc	οτι
ℵ	εκαcτοc	ειc	τα	ιδια	καμε	μονον	αφητε	και	ουκ	ειμι	μονοc	οτι
P 66						μον[ον	αφητε	κ]α[ι]	ουκ	ει[μ]ι	μονοc	[ο]τι

				(pres,act,ind,3p,sing) ειμι hiatus
W&H	ο the	πατηρ Father	μετ with	εμου Me	εστιν ~~εστι~~ He is
B	ο	πατηρ	μετ	εμου	εcτιν
ℵ	ο	πατηρ	μετ	εμου	εcτιν
P66	ο	πηρ	μ[ετ	εμου	εc]τιν

		(perf,act,ind,1p,sing) λαλεω						(pres,act,subj,2p,pl) εχω				
Jn.16:33	ταυτα these *(things)*	λελαληκα I have spoken	υμιν to you all	ινα so that	εν in	εμοι Me	ειρηνην peace	εχητε you all might have	εν in	τω the	κοσμω world	θλιψιν tribulation
B	ταυτα	λελαληκα	υμιν	ινα	εν	εμοι	ειρηνην	εχητε	εν	τω	κοcμω	θλειψιν
ℵ	ταυτα	λελαληκα	υμιν	ινα	εν	εμοι	ειρηνην	εχηται	εν	τω	κοcμω	θλιψιν
P66	ταυτα δε	[λελαλ]ηκα	[υμιν	ινα	εν	εμ]οι	ειρη[ν]ην	[εχητε]				

	(pres,act,ind,2p,pl) εχω		(pres,act,imper,2p,pl) θαρσεω	(perf,act,ind,1p,sing) νικαω			
W&H	εχετε	αλλα	θαρσειτε	εγω	νενικηκα	τον	κοσμον
	you all have	but	you all have courage	I	I have conquered	the	world
B	εχετε	αλλα	θαρσειτε	εγω	νενικηκα	τον	κοσμον
ℵ	εχετε	αλλα	θαρσειται	εγω	νενικηκα	τον	κοσμο
P66	εχετε	[α]λλα	[θαρσειτ]αι	εγω	νε[νι]κη[κα	τον	κ]ο[σμον]

John Chapter 17

	(1aor,act,ind,3p,sing) λαλεω			(1aor,act,ptc,nom,sing,masc) επαιρω	(1aor,act,ind,3p,sing) επαιρω	hiatus			
Jn.17:1	ταυτα ελαλησεν	ο ιησους	και	επαρας	επηρεν	επηρε	τους	οφθαλμους	αυτου
	these things He spoke	the Jesus	and	having lifted	He lifted		the	eyes	of Him
B	ταυτα ελαλησεν	ις	και	επαρας			τους	οφθαλμους	αυτου
ℵ	ταυτα λελαληκεν	ις	και	επαρας			τους	οφθαλμους	αυτου
P66	ταυτα [ελαλησε]ν	[ις	και	ε]παρας			τους ο	[οφθαλμους	αυτου]
P107		[ιης]	και	επ[αρας			τους	οφθαλμους	αυτου]

					(2aor,act,ind,3p,sing) λεγω	hiatus		(2 perf,act,ind,3p,sing) ερχομαι			(1aor,act,imper,2p,sing) δοξαζω				
W&H	εις	τον	ουρανον	και	ειπεν	ειπε	πατερ	εληλυθεν	η	ωρα	δοξασον	σου	τον	υιον	ινα
	to	the	heaven	and	He said		Father	she has come	the	hour	You glorify	of You	the	Son	so that
B	εις	τον	ουρανον		ειπεν		πατερ	εληλυθεν	η	ωρα	δοξασον	σου	τον	υιον	ινα
ℵ	εις	τον	ουρανον		ειπεν		πατερ	εληλυθεν	η	ωρα	δοξασον	σου	τον	υν	ινα
P66	[εις	τον	ουρανον		ειπεν		περ	εληλυθεν	η	ωρα	δοξασον	σου]	τ[ο]ν	υν	ινα
P107	[ει]ς	τον	[ουρανον		ειπεν		περ	ε[ληλυ]θεν	η	[ωρα	δοξασον	σου	τον	υν]	ινα

				(1aor,act,subj,3p,sing) δοξαζω	
W&H	και	ο υιος	σου	δοξαση	σε
	also	the Son	of You	He might glorify	You
B		ο υιος		δοξαση	σε
ℵ		ο υς		δοξαση	σε
P66		[ο υς		δοξαση	σε]
P107	κ[αι]	[ο υς		δ]οξ[αση	σε]

		(1aor,act,ind,2p,sing) διδωμι								(perf,act,ind,2p,sing) διδωμι		(fut,act,ind,3p,sing) διδωμι
Jn.17:2	καθως	εδωκας	αυτω	εξουσιαν	πασης	σαρκος	ινα	παν	ο	δεδωκας	αυτω	δωσει
	as	You gave	to Him	authority	of all	flesh	so that	all	the one	You have given	to Him	He will give
B	καθως	εδωκας	αυτω	εξουσιαν	πασης	σαρκος	ινα	παν	ο	δεδωκας	αυτω	δωσει
ℵ	καθως	εδωκας	αυτω	εξουσιαν	πασης	σαρκος	ινα	παν	ο	δεδωκας	αυτω	δωσω
P66	[καθως	ε]δωκας	αυτ[ω	εξουσιαν	πασης	σαρ]κος	ινα	πα[ν	ο	δεδωκας	αυτω]	
P107	[καθω]ς	εδωκας	αυτω	ε[ξουσιαν	πασης]ς	σαρκος	ινα	παν	[ο	δεδωκας	αυ]τω *	

[P107 * ends here and continues @ 17:11)

	(1aor,act,subj,3p,sing) διδωμιε			
W&H	δωση	αυτοις	ζωην	αιωνιον
	He might have given	to them	life	eternal
B		αυτοις	ζωην	αιωνιον
ℵ		αυτω	ζωην	αιωνιον
P66	[δωση]	αυτοις	ζωην	[αιω]νιο[ν]
P107	δως	α[υ]τω	ζω[ην] *	

(P107 * ends here continues @ 7:11)

								(pres,act,subj,3p,pl) γινωσκω	hiatus			
Jn.17:3	αυτη	δε	εστιν	η	αιωνιος	ζωη	ινα	γινωσκωσιν	γινωσκωσι	σε	τον	μονον
	and <> this		she is	the	eternal	life	so that	they might know		You	the	only
B	αυτη	δε	εστιν	η	αιωνιος	ζωη	ινα	γεινωσκωσι		σε	τον	μονον
ℵ	αυτη	δε	εστιν	η	αιωνιος	ζωη	ινα	γινωσκωσι		σε	τον	μονον
P66	[αυτη	δε	ες]τιν	η	αιω[νιος]	ζωη	ιν[α	γεινωσκωσιν]		σε	τον	μονο[ν]

(1aor,act,ind,2p,sing)
αποστελλω
W&H αληθινον θεον και ον απεστειλας ιησουν χριστον
true God and the One, Whom You sent Jesus Christ
B αληθινον θν και ον απεστειλας ιν χν
א αληθινον θν και ον απεστιλας ιν χν
Ᵽ66 [α]ληθινο[ν θν και ον απ]εμψας ιν χν

(1aor,act,ind,1p,sing) δοξαζω (1aor,act,ptc,nom,sing,masc) τελειοω (1aor,act,ind,1p,sing) τελειοω (perf,act,ind,2p,sing) διδωμι
Jn.17:4 εγω σε εδοξασα επι της γης το εργον τελειωσας ~~ετελειωσα~~ ο δεδωκας
I You I glorified upon the earth the work having finished ~~I finished~~ the one You have given
B εγω cε εδοξαcα επι τηc γηc το εργον τελειωcαc ο δεδωκαc
א εγω cε εδοξαcα επι τηc γηc το εργο τελιωcαc ο δεδωκαc
Ᵽ66 εγω c[ε ε]δοξα[c]α επι τηc γηc το εργον τ[ελει]ωcαc [ο δε]δωκαc

(1aor,act,subj,1p,sing)
ποιεω
W&H μοι ινα ποιησω
to Me so that I should do
B μοι ινα ποιηcω
א με ινα ποιηcω
Ᵽ66 μο[ι] ινα ποιη[cω]

(1aor,act,imper,2p,sing) δοξαζω (imperf,act,ind,1p,sing) εχω
Jn.17:5 και νυν δοξασον με συ πατερ παρα σεαυτω τη δοξη η ειχον προ
and now glorify You Me You Father with Yourself with the Glory the one I was having before
B και νυν δοξαcον με cυ πατερ παρα cεαυτω τη δοξη η ειχον προ
א και νυν δοξαcον με cυ πατερ παρα cεαυτω τη δοξη ην ειχον προ
Ᵽ66 και νυν δοξαc[ον μ]ε cυ πρ [π]αρα cεαυτω τη δ[οξη η] ειχον πα[ρ]α cε προ

(pres,act,inf)
ειμι
W&H του τον κοσμον ειναι παρα σοι
the one the world to be with You
B του τον κοcμον ειναι παρα cοι
א του τον κοcμον ειναι παρα cοι
Ᵽ66 το[υ τον κοcμ]ον ειναι πα[ρα cοι]

(1aor,act,ind,1p,sing) φανεροω (1aor,act,ind,2p,sing) διδωμι (perf,act,ind,2p,sing) διδωμι
Jn.17:6 εφανερωσα σου το ονομα τοις ανθρωποις ους εδωκας ~~δεδωκας~~ μοι εκ
I made known of You the Name to the men whom You gave ~~You have given~~ Me from out
B εφανερωcα cου το ονομα τοιc ανθρωποιc ουc εδωκαc μοι εκ
א εφανερωcα cου το ονομα τοιc ανθρωποιc ουc εδωκαc μοι εκ
Ᵽ66 ε[φανε]ρωcα [cου το ονομα τοιc ανιc ουc εδωκαc μο]ι ε[κ το]υτου

(dative of possession) (1aor,act,ind,2p,sing) διδωμι (perf,act,ind,2p,sing) διδωμι
W&H του κοσμου σοι ησαν καμοι ~~και εμοι~~ αυτους εδωκας ~~δεδωκας~~ και
of the world to You /Yours they were and to Me ~~and to Me~~ them You gave ~~You have given~~ and
B του κοcμου cοι ηcαν καμοι αυτουc εδωκαc και
א του κοcμου cοι ηcαν και εμοι αυτουc εδωκαc και
Ᵽ66 του κοcμο[υ cοι ηcαν κ]α[μοι] αυτουc εδωκα[c και]

(perf,act,ind,3p,pl) τηρεω (perf,act,ind,3p,pl) τηρεω
W&H τον λογον σου τετηρηκαν ~~τετηρηκασι~~
the word of You they have kept ~~they have kept~~
B τον λογον cου τετηρηκαν
א τον λογον cου ετηρηcαν
Ᵽ66 [το]ν [λογον c]ου τετ[η]ρ[ηκαν]

(perf,act,ind,3p,pl) γινωσκω (1aor,act,ind,2p,sing) διδωμι (perf,act,ind,2p,sing) διδωμι (pres,act,ind,3p,pl) ειμι

Jn.17:7 νυν εγνωκαν οτι παντα οσα εδωκας ~~δεδωκας~~ μοι παρα σου εισιν
now they have known that all things as many as You gave ~~You have given~~ to Me from You they are
B νυν εγνωκαν οτι παντα οσα εδωκες μοι παρα σου εισιν
ℵ νυν εγνων οτι παντα οσα δεδωκας μοι παρα σου εισιν
P66 [νυν εγνω]κα[ν οτι παντ]α οσα [δεδωκας μοι παρα σου εισιν]

(1aor,act,ind,2p,sing) διδωμι (perf,act,ind,2p,sing) διδωμι (perf,act,ind,1p,sing) διδωμι (2aor,act,ind,3p,pl) λαμβανω

Jn.17:8 οτι τα ρηματα α εδωκας ~~δεδωκας~~ μοι δεδωκα αυτοις και αυτοι ελαβον και
for the words the ones You gave ~~You have given~~ to Me I have given to them and they they received and
B οτι τα ρηματα α εδωκες μοι δεδωκα αυτοις και αυτοι ελαβον και
ℵ οτι τα ρηματα α δεδωκας μοι δεδωκα αυτοις και αυτοι ελαβον
P66 [οτι τα ρηματα α εδωκας μοι δεδ]ωκα αυτοις κα[ι]

(2aor,act,ind,3p,pl) γινωσκω (2aor,act,ind,1p,sing) εξερχομαι (1aor,act,ind,3p,pl) πιστευω (1aor,act,ind,2p,sing) αποστελλω

W&H εγνωσαν αληθως οτι παρα σου εξηλθον και επιστευσαν οτι συ με απεστειλας
they knew truly that from You I came forth and they believed that You Me You sent
B εγνωσαν αληθως οτι παρα σου εξηλθον και επιστευσαν οτι συ με απεστειλας
ℵ αληθως οτι παρα σου εξηλθον και επιστευσας οτι συ με απεστιλας
P66 [εγνωσαν αληθως οτι πα]ρα σου εξ[η]λ[θον και επιστευσ]αν οτι συ με [απεστειλας]

(pres,act,ind,1p,sing) ερωταω (pres,act,ind,1p,sing) ερωταω (perf,act,ind,2p,sing) διδωμι

Jn.17:9 εγω περι αυτων ερωτω ου περι του κοσμου ερωτω αλλα περι ων δεδωκας
I concerning them I ask not concerning the world I ask but concerning the ones You have given
B εγω περι αυτων ερωτω ου περι του κοσμου ερωτω αλλα περι ων δεδωκας
ℵ εγω περι αυτων ερωτω ου περι του κοσμου ερωτω αλλα περι ων δεδωκας
P66 [εγω πε]ρι αυτων ου [περι του κοσμου ερ]ωτω αλλα πε[ρι ων δεδω]κας

(dative of possession) (pres,act,ind,3p,pl) ειμι hiatus

W&H μοι οτι σοι εισιν ~~εισι~~
to Me that to You / Yours they are
B μοι οτι σοι εισιν
ℵ μοι οτι σοι εισιν
P66 μ[οι οτ]ι [σοι] εισιν

(pres,act,ind,3p,sing) ειμι hiatus

Jn.17:10 και τα εμα παντα σα εστιν ~~εστι~~ και τα σα εμα και
and the ones Mine all Yours it is and the ones Yours Mine and
B και τα εμα παντα σα εστιν και τα σα εμα και
ℵ και εμοι αυτους εδωκα και
P66 [και τα εμ]α παντ[α σα εσ]τιν και τα σα ε[μα] και

(perf,pass,ind,1p,sing) δοξαζω

W&H δεδοξασμαι εν αυτοις
I have been glorified in them
B δεδοξασμαι εν αυτοις
ℵ δεδοξασμε εν αυτοις
P66 δεδοξασμε εν αυτοις

(pres,act,ind,1p,sing) ειμι (pres,act,ind,3p,pl) ειμι hiatus

Jn.17:11 και ουκετι ειμι εν τω κοσμω και αυτοι εν τω κοσμω εισιν ~~εισι~~ καγω ~~και εγω~~
and no longer I am in the world also they in the world they are and I ~~and I~~
B και ουκετι ειμι εν τω κοσμω και αυτοι εν τω κοσμω εισιν καγω
ℵ και ουκετι ειμι εν τω κοσμω και αυτοι εν τω κοσμω εισιν καγω
P66 και [ουκ]ετι ειμι εν τω κοσμω και [εν] τω κοσμω εισιν και [εγω]
P107 *[κοσμω και αυτοι εν] τω [κοσμω εισιν και εγω]

[P107 * continues here]

(pres,mid,ind,1p,sing) ερχομαι (1aor,act,imper,2p,sing) τηρεω

W&H προς σε ερχομαι πατερ αγιε τηρησον
to You I come Father Holy You keep
B προς cε ερχομαι πατηρ αγιε τηρηcον
ℵ προς cε ερχομαι πατερ αγιε τηρηcον
P66 προc c[ε ερ]χομαι [π]ερ αγιε τηρ[ηcον]
P107 [προc] cε ερχ[ομαι [ουκετι ειμι ε]ν τω [κοcμω και εν] τω κοcμω ειμι [περ αγιε τη]ρηcον

(perf,act,ind,2p,sing) διδωμι (pres,act,subj,3p,pl) ειμι

W&H αυτους εν τω ονοματι σου ω ~~ους~~ δεδωκας μοι ινα ωσιν εν καθως ημεις
them in the name of You the one which ~~whom~~ You have given to Me so that they might be one as We
B αυτουc εν τω ονοματι cου ω δεδωκαc μοι ινα ωcι εν καθωc και ημειc
ℵ αυτουc εν τω ονοματι cου ω εδωκαc μοι ινα ωcιν εν καθωc ημειc
P66 αυ[του]c εν τω ο[νομ]ατι cου ω [δεδω]καc μοι*
P107 αυτουc εν [τω ονοματι co]υ ω εδωκαc μοι [ινα ωcιν] εν καθωc και ημειc**
[P107 ** *ends*] [P66 **Insert marks follows; Comfort and Barret suggests that lower margin probably contained* ινα ωcι εν καθωc και ημειc]

(imperf,mid,ind,1p,sing) ειμι (imperf,act,ind,1p,sing) τηρεω

Jn.17:12 οτε ημην μετ αυτων ~~εν τω κοσμω~~ εγω ετηρουν αυτους εν τω ονοματι σου
when I Myself was with them ~~in the world~~ I I was keeping them in the Name of You
B οτε ημεν μετ αυτων εγω ετηρουν αυτουc εν τω ονοματι cου
ℵ οτε ημην μετ αυτων εγω ετηρουν αυτουc εν τω ονοματι κ cου
P66 οτε [ημην με]τ αυτων [ε]γω ετη[ρουν αυτουc εν τ]ω ονοματι cου

(perf,act,ind,2p,sing) διδωμι (1aor,act,ind,1p,sing) φυλασσω (2aor,mid,ind,3p,sing) απολλυμι

W&H ω ~~ους~~ δεδωκας μοι και εφυλαξα και ουδεις εξ αυτων απωλετο
the One, which ~~whom~~ You have given to Me and I guarded and not one from out of them he, himself, perished
B ω δεδωκαc μοι και εφυλαξα και ουδειc εξ αυτων απωλετο
ℵ και εφυλαccον και ουδιc εξ αυτω απωλετο
P66 ω [δεδωκαc μοι] και ε[φυ]λαξ[α και ο]υδειc εξ αυτω[ν] α[πωλετο]

(1aor,pass,subj,3p,sing) πληροω

W&H ει μη ο υιος της απωλειας ινα η γραφη πληρωθη
if not/except the son of the distruction so that the Scripture she might be fulfilled
B ει μη ο υιοc τηc απωλειαc ινα η γραφη πληρωθη
ℵ ει μη ο υc τηc απωλιαc ινα η γραφη πληρωθη
P66 [ει μη ο υc] τηc απ[ωλειαc] ιν[α η γραφη πληρωθη]

(pres,mid,ind,1p,sing) ερχομαι (pres,act,ind,1p,sing) λαλεω (pres,act,subj,3p,pl) εχω hiatus

Jn.17:13 νυν δε προς σε ερχομαι και ταυτα λαλω εν τω κοσμω ινα εχωσιν ~~εχωσι~~
but <> now to You I come and these *things* I say in the world so that they might have
B νυν δε προc cε ερχομαι και ταυτα λαλω εν τω κοcμω ινα εχωcι
ℵ νυν δε προc cε ερχομαι και ταυτα λαλω εν τω κοcμω ινα εχωcιν
P66 νυν δε [προc] cε [ερ]χομαι [και ταυτα λαλω εν]τω κοcμ[ω ινα εχωcι]

(perf,pass,ptc,acc,sing,fem) πληροω

W&H την χαραν την εμην πεπληρωμενην εν εαυτοις ~~αυτοις~~
the joy the one Mine having been fulfilled in themselves ~~them~~
B την χαραν την εμην πεπληρωμενην εν εαυτοιc
ℵ την χαραν την εμην πεπληρωκενην εν αυτοιc
P66 [την χαραν] την εμην [πεπληρω]μεν[ην ε]ν αυτοιc

(perf,act,ind,1p,sing) διδωμι (1aor,act,ind,3p,sing) μισεω

Jn.17:14 εγω δεδωκα αυτοις τον λογον σου και ο κοσμος εμισησεν αυτους οτι ουκ
I have given to them the word of You and the world he hated them because not
B εγω δεδωκα αυτοιc τον λογον cου και ο κοcμοc εμειcηcεν αυτουc οτι ουκ
ℵ εγω δεδωκα αυτοιc τον λογον cου και ο κοcμοc εμιcηcεν αυτουc οτι ουκ
P66 εγω [δε]δωκα αυτο[ιc τον] λογον cου κ[αι ο] κοcμοc εμ[ιcηcεν αυτουc οτι [ουκ]

(pres,act,ind,3p,pl) **(pres,act,ind,1p,sing)**
ειμι **ειμι**
W&H ειςιν εκ του κοσμου καθως εγω ουκ ειμι εκ του κοσμου
they are from out of the world as I not I am from out of the world
B ειcιν εκ του κοcμου καθωc εγω ουκ ειμι εκ του κοcμου
ℵ ειcιν εκ του κοcμου καθωc ουκ ειμι εκ του κοcμου
Ᵽ66 ειcιν εκ του κο[c]μου*
[Ᵽ66 * *Insert marks follows; according to* Comfort & Barrett *the upper margin contains* : καθωc εγω$_1$ [ουκ$_5$ ειμι$_6$] εκ$_2$ τ[ου$_3$ κοcμου$_4$]

(pres,act,ind,1p,sing) (1aor,act,subj,2p,sing) **(1aor,act,subj,2p,sing)**
ερωταω **αιρω** **τηρεω**
Jn.17:15 ουκ ερωτω ινα αρης αυτους εκ του κοσμου αλλ ινα τηρησης αυτους
not I ask so that You might take them from out of the world but so that You might keep them
B ουκ ερωτω ινα αρηc αυτουc
ℵ ουκ ερωτω ινα αρηc αυτουc εκ του κοcμου αλλ ινα τηρηcηc αυτουc
Ᵽ66 ουκ ερωτω ινα αρηc αυτ[ουc ε]κ του κοcμου αλλ ινα τηρηcη[c] αυτουc

W&H εκ του πονηρου
from out of the evil one
B εκ του πονηρου
ℵ εκ του πονηρου
Ᵽ66 εκ του πονηρου

(pres,act,ind,3p,pl) **(pres,act,ind,1p,sing)**
ειμι hiatus **ειμι**
Jn.17:16 εκ του κοσμου ουκ εισιν ~~εισι~~ καθως εγω$_1$ ουκ$_5$ ειμι$_6$ εκ$_2$ του$_3$ κοσμου$_4$
from out of the world not they are as I not I am from out of the world
B εκ του κοcμου ουκ ειcιν καθωc εγω ουκ ειμι εκ του κοcμου
ℵ εκ του κοcμου ουκ ειcιν καθωc εγω ουκ ειμι εκ του κοcμου
Ᵽ66 [[εκ [τ]ου κοcμου ουκ ε[ι]cιν καθωc$_1$ ουκ$_5$ ειμι$_6$ [ε]κ$_2$ του$_3$ [κοcμου]$_4$]]**
[Ᵽ66 ** *according to Comfort & Barrett verse* 17:16 *was deleted by dots above the letters and parenthese*]

(1aor,act,imper,2p,sing) **(pres,act,ind,3p,sing)**
αγιαζω **ειμι hiatus**
Jn.17:17 αγιασον αυτους εν τη αληθεια ~~σου~~ ο λογος ο σος αληθεια εστιν ~~εστι~~
You make holy them in the truth ~~of You~~ the word the one Yours truth he is
B αγιαcον αυτουc εν αληθεια ο λογοc ο coc η αληθεια εcτιν
ℵ αγιαcον αυτουc εν τη αληθια εcτιν
Ᵽ66 αγιαcον αυτουc εν [τη αληθ[ια ο λογοc ο coc αληθε[ι]α ε[cτιν]

(1aor,act,ind,2p,sing) **(1aor,act,ind,1p,sing)**
αποστελλω **αποστελλω**
Jn.17:18 καθως εμε απεστειλας εις τον κοσμον καγω απεστειλα αυτους εις τον κοσμον
as Me You sent into the world also I I sent them into the world
B καθωc εμε απεcτειλαc ειc τον κοcμον καγω απεcτειλα αυτουc ειc τον κοcμον
ℵ καθωc εμε απεcτιλαc ειc τον κοcμον καγω απεcτιλα αυτουc ειc τον κοcμον
Ᵽ66 [κα]θω[c ε]με απεcτιλαc [ειc τον κοcμον] καγω

(pres,act,ind,1p,sing)
αγιαζω
Jn.17:19 και υπερ αυτων [εγω] αγιαζω εμαυτον
and because of them I I sanctify Myself
B καγω απεcτειλα αυτουc ειc τον κοcμον και υπερ αυτων εγω αγιαζω εμαυτον
ℵ κ(αι) υπερ αυτων αγιαζω εμαυτον
Ᵽ66 και υπερ αυτων [αγιαcζω εμαυτ]ον

(pres,act,subj,3p,pl)
ειμι
W&H ινα$_1$ ωσιν$_4$ και$_2$ αυτοι$_3$ ηγιασμενοι$_5$ εν αληθεια
so that they might be also they having been sanctified in Truth
B ινα ωcιν και αυτοι ηγιαcμενοι εν αληθ^{ε}ια
ℵ ινα ωcιν και αυτοι ηγιαcμενοι εν αληθια
Ᵽ66 ινα ωcιν και αυ[τοι] ηγιαc[μενο]ι εν αλ[ηθεια]

(pres,act,ind,1p,sing) ερωταω — (pres,act,ptc,gen,pl,masc) πιστευω — (fut,act,ptc,gen,pl,masc) πιστευω

Jn.17:20 ου περι τουτων δε ερωτω μονον αλλα και περι των πιστευοντων ~~πιστευσοντων~~
not concerning but <> these I ask only but also concerning the ones believing ~~going to believe~~
B ου περι τουτων δε ερωτω μονον αλλα και περι των πιστευοντων
א ου περι τουτων δε ερωτω μονον αλλα και περι των πιστευοντων
P66 [ου περι τουτων δε ερωτω μονον αλλα και περι των πιστευο]ντων

W&H δια του λογου αυτων εις εμε
on account of the word of them in Me
B δια του λογου αυτων εις εμε
א δια του λογου αυτων εις εμε
P66 [δ]ια του [λογου αυτων εις εμε]

(pres,act,subj,3p,pl) ειμι — hiatus

Jn.17:21 ινα παντες εν ωσιν ~~ωσι~~ καθως συ πατηρ ~~πατερ~~ εν εμοι καγω εν σοι ινα και
so that all one they might be as You Father in Me and I in You so that also
B ινα παντες εν ωσιν καθως συ πατηρ εν εμοι καγω εν σοι ινα και
א ινα παντες εν ωσιν καθως συ πατερ εν εμοι καγω εν σοι ινα κ(αι)
P66 [ινα] παντες [εν ωσιν] κ[αθως συ περ] εν εμοι [καγω] εν σοι ινα κ[αι]

(pres,act,subj,3p,pl) ειμι — (pres,act,subj,3p,sing) πιστευω — (1aor,act,ind,2p,sing) αποστελλω

W&H αυτοι εν ημιν ~~εν~~ ωσιν ινα ο κοσμος πιστευη οτι συ με απεστειλας
they in Us ~~one~~ they might be so that the world he might believe that You Me You sent
B αυτοι εν ημιν ωσιν ινα ο κοσμος πιστευη οτι συ με απεστειλας
א αυτοι εν ημιν εν ωσιν ινα ο κοσμος πιστευη οτι συ με απεστιλας
P66 αυτοι εν ημιν ωσιν ινα ο κοσμος πιστευη οτι συ με απεστειλας

(perf,act,ind,2p,sing) διδωμι — (perf,act,ind,1p,sing) διδωμι — (pres,act,subj,3p,pl) ειμι

Jn.17:22 καγω ~~και εγω~~ την δοξαν ην δεδωκας μοι δεδωκα αυτοις ινα ωσιν εν καθως
and I ~~and I~~ the glory the one You have given to Me I have given to them so that they might be one as
B καγω την δοξαν ην δεδωκας μοι δεδωκα αυτοις ινα ωσιν εν καθως
א καγω την δοξαν ην δεδωκας μοι εδωκα αυτοις ινα ωσι εν καθως
P66 καγω [τη]ν δοξαν ην [δε]δωκας μοι δεδωκα αυτοις ινα [ωσ]ιν εν καθως
P108 *[η]ν [δεδωκας μοι δεδωκα αυτοις ινα ωσιν εν καθως]
[P108 * starts here]

(pres,act,ind,1p,pl) ειμι

W&H ημεις εν ~~εσμεν~~
We *(are)* one ~~We are~~
B ημεις εν
א ημεις
P66 ημεις εν
P108 [ημεις εν]

(pres,act,subj,3p,pl) ειμι — hiatus — (perf,pass,ptc,nom,pl,masc) τελειοω — (pres,act,subj,3p,sing) γινωσκω

Jn.17:23 εγω εν αυτοις και συ εν εμοι ινα ωσιν ~~ωσι~~ τετελειωμενοι εις εν ~~και~~ ινα γινωσκη
I in them and You in Me so that they should be having been perfected into one ~~and~~ so that he might know
B εγω εν αυτοις και συ εν εμοι ινα ωσιν τετελειωμενοι εις εν ινα γεινωσκη
א εγω εν αυτοις και συ εν εμοι ινα ωσιν τετελιωμενοι εις εν και γινωσκη
P66 εγω [εν αυ]τοις και συ εν εμοι ινα ωσιν τετελειωμενοι εις εν και γινωσκη
P108 [εγω] εν [αυτοις και συ εν εμοι ινα] ωσι[ν τετελειωμενοι εις εν ινα] γειν[ωσκη]

(1aor,act,ind,2p,sing) αποστελλω — (1aor,act,ind,2p,sing) αγαπαω — (1aor,act,ind,2p,sing) αγαπαω

W&H ο κοσμος οτι συ με απεστειλας και ηγαπησας αυτους καθως εμε ηγαπησας
the world that You Me You sent and You loved them as Me You loved
B ο κοσμος οτι συ με απεστειλας και ηγαπησας αυτους καθως εμε ηγαπησας
א ο κοσμος οτι συ με απεστιλας και ηγαπησας αυτους καθως εμε ηγαπησας
P66 ο κοσμ[ος ο]τι συ με απ[εσ]τιλας και ηγαπησας
P108 [ο κοσμος οτι συ με α]πεστ[ειλ]ας και [ηγαπησας αυτους] καθως εμε η[γαπησας]

Jn.17:24
(perf,act,ind,2p,sing) (pres,act,subj,3p,pl) (pres,act,ind,1p,sing) (pres,act,subj,3p,pl)
διδωμι θελω ειμι ειμι haitus
πατηρ ~~πατερ~~ ο ~~ους~~ δεδωκας μοι θελω ινα οπου ειμι εγω κακεινοι ωσιν ~~ωσι~~ μετ
Father the one ~~them~~ You having given Me I wish so that where I am I also those they should be with
B πατηρ ο δεδωκας μοι θελω ινα οπου ειμι εγω κακεινοι ωcιν μετ
ℵ πατερ ο δεδωκας μοι θελω ινα οπου ειμι εγω κακεινοι ωcιν μετ
P66 π[ερ ο δεδ]ω[κ]ας μοι θελω ιν[α οπου ει]μι [κα]κεινοι ωcιν μ[ετ]
P108 περ ο] δεδω[κ]ας μοι [θελω ινα οπου ει]μι εγω κακειν[οι ωcιν μετ]

W&H
(pres,act,subj,3p,pl) (perf,act,ind,2p,sing) (1aor,act,ind,2p,sing)
θεωρεω hiatus διδωμι διδωμι
εμου ινα θεωρωσιν ~~θεωρωσι~~ την δοξαν την εμην ην δεδωκας ~~εδωκας~~ μοι οτι
Me so that they should see the glory the Mine the one You have given ~~You gave~~ to Me because/"
B εμ^ο^υ ινα θεωρωcι την δοξαν την εμην ην εδωκας μοι οτι
ℵ εμου ινα θεωρωcιν την δοξαν την εμην ην δεδωκας μοι οτι
P66 [εμου ινα θεωρωcιν] την δο[ξαν] την [εμην ην δεδωκας μ]οι [οτι
P108 [εμου] ιν[α θ]εωρωcι[ν την δοξαν την ε]μη[ν] ην εδ[ωκας μοι οτι]

W&H
(1aor,act,ind,2p,sing)
αγαπαω
ηγαπησας με προ καταβολης κοσμου
You loved Me before foundation of world
B ηγαπηcας με προ καταβοληc κοcμου
ℵ ηγαπηcας με προ καταβοληc κοcμου
P66 ηγα[πηcας με προ καταβοληc κοcμου]
P108 [ηγαπη]cας με προ κ[αταβοληc κοcμου]*
[*P108 *verso ends, recto begins* @ 18:1]

Jn.17:25
(2aor,act,ind,3p,sing) (2aor,act,ind,1p,sing) (2aor,act,ind,3p,pl)
γινωσκω γινωσκω γινωσκω
πατηρ ~~πατερ~~ δικαιε και ο κοσμος σε ουκ εγνω εγω δε σε εγνων και ουτοι εγνωσαν
Father righteous also the world You not he knew but <> I You I knew and these they knew
B πατηρ δικαιε και ο κοcμος cε ουκ εγνω εγω δε cε εγνων και ουτοι εγνωcαν
ℵ πατερ δικαιε και ο κοcμος cε ουκ εγνω εγω δε cε εγνων και ουτοι εγνωcαν
P66 [περ δικαιε και ο κοcμοc cε ουκ εγ]νω [εγω δε cε εγνων και ουτοι εγ]νω[c]αν

W&H
(1aor,act,ind,2p,sing)
αποστελλω
οτι συ με απεστειλας
that You Me You sent
B οτι cυ με απεcτειλας
ℵ οτι cυ με απεcτιλαc
P66 [οτι cυ με απεcτιλαc]

Jn.17:26
(1aor,act,ind,1p,sing) (fut,act,ind,1p,sing) (1aor,act,ind,2p,sing)
γνωριζω γνωριζω αγαπαω
και εγνωρισα αυτοις το ονομα σου και γνωρισω ινα η αγαπη ην ηγαπησας με
and I made known to them the Name of You and I will make *(it)* known so that the love the one You loved Me
B και εγνωριcα αυτοιc το ονομα cου και γνωριcω ινα η αγαπη ην ηγαπηcας με
ℵ και εγνωριcα αυτοιc το ονομα cου και γνωριcω ινα η αγαπη ην ηγαπηcας
P66 [και εγνω]ριcα αυ[τοιc το ονομα cου και γ]νωρ[ιcω [ινα η αγαπη ην ηγαπηcαc με]

W&H
(pres,act,subj,3p,sing)
ειμι
εν αυτοις η καγω εν αυτοις
in them she should be and I in them
B εν αυτοιc η καγω εν αυτοιc
ℵ αυτουc εν αυτοιc η καγω εν αυτοιc
P66 εν αυ[τοιc] ην κ[αγω εν αυτοιc

John Chapter 18

(2aor,act,ptc,nom,sing,masc) λεγω (2aor,act,ind,3p,sing) εξερχομαι hiatus

Jn.18:1 ταυτα ειπων ~~ο~~ ιησους εξηλθεν ~~εξηλθε~~ συν τοις μαθηταις αυτου περαν του
these *(things)* having said ~~the~~ Jesus He came forth with the disciples of Him on the other side of the
B ταυτα ειπων ις εξηλθεν συν τοις μαθηταις αυτου περαν του
ℵ ταυτα ειπων ις εξηλθεν συν αυτοις μαθηταις αυτου περαν του
P66 [ταυ]τα ει[πων] ις εξ[ηλθεν συν τοις] μαθη[ταις αυ]του [περαν του]

(imperf,act,ind,3p,sing) ειμι (2aor,act,ind,3p,sing) εισερχομαι

W&H χειμαρρου των κεδρων οπου ην κηπος εις ον εισηλθεν αυτος και
rushing stream of the Kidron where he was a garden into which He entered He and
B χειμαρρου των κεδρων οπου ην κηπος εις ον εισηλθεν αυτος και
ℵ χιμαρρου του κεδρου οπου ην κηπος εις ον εισηλθεν αυτος και
P66 [χειμ]αρρου τ[ου κεδρων οπου ην κηπος] εις ον εισηλθεν αυτος και
P108 * [αυτος και]
[* P108 *recto begins*]

W&H οι μαθηται αυτου
the disciples of Him
B οι μαθηται αυτου
ℵ οι μαθηται αυτου
P66 [οι μαθηται αυτ]ου
P108 [οι μαθηται] αυτ[ου]

(plupf,act,ind,3p,sing) οιδα (pres,act,ptc,nom,sing,masc) παραδιδωμι (1aor,pass,ind,3p,sing) συναγω

Jn.18:2 ηδει δε και ιουδας ο παραδιδους αυτον τον τοπον οτι πολλακις συνηχθη
but he had known also Judas the one handing over Him the place because often He was assembled
B ηδει δε και ιουδας ο παραδιδους αυτον τον τοπον οτι πολλακις συνηχθη
ℵ ηδει δε κ(αι) ιουδας ο παραδιδους αυτον τον τοπον οτι πολλακις συνηχθη
P66 ηδει δε και ο παραδιδους [αυτον] τον τ[οπον οτι πολλακι]ς συνηχθ[η]
P108 [ηδει δε και ιουδας ο παρα]διδο[υς αυτον τον τοπον οτι πολλα]κις συν[ηχθη

W&H ~~ο~~ ιησους εκει μετα των μαθητων αυτου
~~the~~ Jesus there with the disciples of Him
B ις1 εκει6 μετα2 των3 μαθητων4 αυτου5
ℵ ις εκει μετα των μαθητων αυτου
P66 [ις εκει μετα των μα]θητων αυτ[ου]
P108 [ο ιης εκει μετα των] μαθη[των αυτου]

(2aor,act,ptc,nom,sing,masc) λαμβανω

Jn.18:3 ο ουν ιουδας λαβων την σπειραν και εκ των αρχιερεων και [εκ] των
therefore <> the Judas taking the cohort and from out of the chief priests and from out of the
B ο ουν ιουδας λαβων την σπειραν και εκ των αρχιερεων και των
ℵ ο ου ιουδας λαβων τη σπειραν και εκ τω αρχιερεων και εκ των
P66 ο [ουν ιουδας λαβων] την σπιρα[ν και εκ των αρχιερεων] κα[ι εκ των]
P108 [ο ουν ιουδας] λαβων τη[ν σπειραν και εκ] τω[ν αρχ]ιερεων [και

(pres,mid,ind,3p,sing) ερχομαι

W&H φαρισαιων υπηρετας ερχεται εκει μετα φανων και λαμπαδων και οπλων
Pharisees officers he comes there with torches and lamps and weapons
B φαρεισαιων υπηρετας ερχεται εκει μετα φανων και λαμπαδων και οπλων
ℵ φαρισαιων υπηρετας ερχεται μετα φανων και λαμπαδων και οπλων
P66 [φαρισαιων υπηρετας] ερ[χεται εκει μετα φανων και λαμ]π[α]δων και οπλων
P108 [φαρισαειω]ν υπηρετας ερχε[ται εκει μετ]α φανων και λαμπαδων και οπλ[ων]

(perf,act,ptc,nom,sing,masc) οιδα (pres,mid,ptc,acc,pl,neut) ερχομαι (2aor,act,ind,3p,sing) εξερχομαι (2aor,act,ptc,nom,sing,masc) εξερχομαι

Jn.18:4 ιησους ουν ειδως παντα τα ερχομενα επ αυτον εξηλθεν ~~εξελθων~~ και
therefore <> Jesus having known all *(things)* the ones coming upon Him He came forth ~~having come forth~~ and
B ις ουν ειδως παντα τα ερχομενα επ αυτον εξηλθε και
ℵ ις δε ειδως παντα τα ερχομενα επ αυτον εξελθων
P66 ις ουν ειδως [πα]ντα τ[α ερχομενα επ αυτον ε]ξ[ελ]θω[ν]
P108 [ιης δε ειδως παντα τα ερχ]ομενα επ αυτον [εξελθων]

(pres,act,ind,3p,sing) (2aor,act,ind,3p,sing) (pres,act,ind,2p,pl)
λεγω λεγω ζητεω
W&H λεγει ~~ειπεν~~ αυτοις τινα ζητειτε
He says ~~He said~~ to them whom seek you all
B λεγει αυτοις τινα ζητειτε
ℵ ειπε αυτοις τινα ζητειτε
P66 [ειπεν αυτοις τινα ζητειτε]
P108 [ειπε]ν αυτοις τ[ι]να ζη[τειτε]

(1aor,pass,ind,3p,pl) (pres,act,ind,3p,sing) (pres,act,ind,1p,sing)
αποκρινομαι λεγω ειμι
Jn.18:5 απεκριθησαν αυτω ιησουν τον ναζωραιον λεγει αυτοις ~~ο ιησους~~ εγω ειμι
they did give answer to Him Jesus the Nazarene He said to them ~~the Jesus~~ I I am
B απεκριθησαν αυτω ιν τον ναζωραιον λεγει αυτοις1 ις4 εγω2 ειμι3
ℵ απεκριθησαν αυτω ιν τον ναζωραιον λεγει αυτοις ις εγω ειμι
P66 απ[εκριθησαν αυτω ιν τον να]ζ[ω]ρ[αιον λεγει αυτοις εγω ειμι]
P108 [απεκριθη]σαν αυτω ιην [τον ναζωραιο]ν λεγει αυτοι[ς] **
[P108 ** *ends*]

(plupf,act,ind,3p,sing) (pres,act,ptc,nom,sing,masc)
ιστημι παραδιδωμι
W&H ειστηκει δε και ιουδας ο παραδιδους αυτον μετ αυτων
and <> had having stood also Judas the one handing over Him with them
B ιστηκει δε και ιουδας ο παραδιδους αυτον μετ αυτων
ℵ ιστηκει δε και ιουδας ο παραδιδους αυτον μετ αυτων
P66 ιστηκ[ει δε και ιουδας* μετ α[υτων]
[P66 * ο παραδιδους αυτον *was added superlinearly according to Comfort & Barrett*]

(2aor,act,ind,3p,sing) (pres,act,ind,1p,sing) (2aor,act,ind,3p,pl) (1aor,act,ind,3p,pl)
λεγω ειμι απερχομαι πιπτω
Jn.18:6 ως ουν ειπεν αυτοις ~~οτι~~ εγω ειμι απηλθον εις τα οπισω και επεσαν
therefore <> as He said to them ~~that~~ I I am they went back to the behind and they fell down
B ως ουν ειπεν αυτοις εγω ειμι απηλθαν εις τα οπισω και επεσαν
ℵ ως ουν ειπεν εγω ειμι απηλθαν εις τα οπισω και επεσαν
P66 ως ου[ν ειπεν αυτοις εγω ει]μι α[πηλθον εις τα οπισω και επεσαν]

(2aor,act,ind,3p,pl)
πιπτω
W&H ~~επεσον~~ χαμαι
~~they fell down~~ to the ground
B χαμαι
ℵ χαμαι
P66 [χαμαι]

(1aor,act,ind,3p,sing) (pres,act,ind,2p,pl) (2aor,act,ind,3p,pl)
επερωταω hiatus ζητεω λεγω
Jn.18:7 παλιν ουν1 επηρωτησεν ~~επηρωτησε~~3 αυτους2 τινα4 ζητειτε οι δε ειπαν
therefore<> again He asked them whom seek you all and <> the ones they said
B παλιν ουν επηρωτησεν αυτους τινα ζητειτε οι δε ειπον
ℵ παλιν ουν1 επηρωτησεν3 αυτους2 τινα4 ζητειτε οι δε ειπον
P66 [παλιν ουν1 επηρ]ωτη[σεν3 αυτους2 τινα4 ζητειτε ο]ι δε ειπαν

W&H ιησουν τον ναζωραιον
Jesus the Nazarene
B ιν τον ναζωραιον
ℵ ιν το ναζωραιον
P66 ιν τον ναζωραιον

(1aor,pass,ind,3p,sing) (2aor,act,ind,1p,sing) (pres,act,ind,1p,sing) (pres,act,ind,2p,pl)(2aor,act,imper,2p,pl) (pres,act,inf)
αποκρινομαι λεγω ειμι ζητεω αφιημι υπαγω
Jn.18:8 απεκριθη ~~ο~~ ιησους ειπον υμιν οτι εγω ειμι ει ουν εμε ζητειτε αφετε τουτους υπαγειν
He did give answer ~~the~~ Jesus I said to you all that/" I I am therefore <> if Me you all seek you all let/dismiss these to go
B απεκριθη ις ειπον υμιν οτι εγω ειμι ει ουν εμε ζητειτε αφετε τουτους υπαγειν
ℵ απεκριθη ις ειπον υμιν οτι εγω ειμι ει ουν εμε ζητειτε αφετε τουτους υπαγειν
P66 απ[εκριθη ις ειπον υ]μιν οτι εγ[ω ειμι ει ουν εμε ζη]τειτε αφε[τε τουτους υπαγειν]

(1aor,pass,subj,3p,sing) (2aor,act,ind,3p,sing) (perf,act,ind,2p,sing) (1aor,act,ind,1p,sing)
πληροω λεγω διδωμι απολλυμι
Jn.18:9 ινα πληρωθη ο λογος ον ειπεν οτι ους δεδωκας μοι ουκ απωλεσα εξ αυτων
so that it might be fulfilled the word the one He said that/" whomYou have given to Me not I lost from out of them
B ινα πληρωθη ο λογος ον ειπεν οτι ους δεδωκας μοι ουκ απωλεσα εξ αυτων
ℵ ινα πληρωθη ο λογος ον ειπεν οτι ους δεδωκας μοι ουκ απωλεσα εξ αυτω
P66 [ι]να πληρω[θη ο λογος ον ειπεν οτι] ους εδωκας μοι ου[κ α]πωλ[εσα] εξ α[υτων]

W&H ουδενα
not one
B ουδενα
ℵ ουδενα
P66 [ουδενα]

(pres,act,ptc,nom,sing,masc) (1aor,act,ind,3p,sing) (1aor,act,ind,3p,sing)
εχω ελκυω παιω hiatus
Jn.18:10 σιμων ουν πετρος εχων μαχαιραν ειλκυσεν αυτην και επαισεν ~~επαισε~~ τον
therefore<>Simon Peter having a sword he drew it and he struck the
B σιμων ουν πετρος εχων μαχαιραν ειλκυσεν αυτην και επαισε τον
ℵ σιμων ουν πετρος εχων μαχαιραν ειλκυσεν αυτην και επεσεν1 τον2
P66 σιμω[ν] ου[ν πετρος εχων μα]χαιραν [ει]λκ[υσεν αυτην κατ επ]εσεν1 τον2

(1aor,act,ind,3p,sing)
αποκοπτω
W&H του αρχιερεως δουλον και απεκοψεν αυτου το ωταριον ~~ωτιον~~
of the high priest slave and he did cut off of him the ear ~~ear~~
B του αρχιερεως δουλον και απεκοψεν αυτου το ωταριον
ℵ του4 αρχιερεως5 δουλον3 και6 απεκοψεν αυτου το ωταριον
P66 [του4 αρχι]ε[ρεω]ς5 [δο]υλ[ο]ν3 και6 απε[κοψ]εν7 αυτου10 το8 [ωτον]9

(imperf,act,ind,3p,sing)
ειμι
W&H το δεξιον ην δε ονομα τω δουλω μαλχος
the right and <> it was name to the slave Malchus
B το δεξιον ην δε ονομα τω δουλω μαλχος
ℵ το δεξιον ην δε ονομα τω δουλω μαλχος
P66 το11 δεξιο[ν η]ν δε ο[νομα] τω δουλ[ω μα]λχος

(2aor,act,ind,3p,sing) (2aor,act,imper,2p,sing)
λεγω βαλλω
Jn.18:11 ειπεν ουν ο ιησους τω πετρω βαλε την μαχαιραν ~~σου~~ εις την θηκην το ποτηριον
therefore<>He said the Jesus to the Peter throw you the sword ~~of you~~ into the holder/sheath the cup
B ειπεν ουν ο ις τω πετρω βαλε την μαχαιραν εις την θηκην το ποτηριον
ℵ ειπεν ουν ο ις τω πετρω βαλε την μαχαιραν εις την θηκην το ποτηριον
P66 ειπ[ε]ν ου[ν ι]ς τω πετρω [βαλε] την μαχαριαν εις την [θηκην το] ποτηριον

(perf,act,ind,3p,sing) (2aor,act,subj,1p,sing)
διδωμι hiatus πινω
W&H ο δεδωκεν ~~δεδωκε~~ μοι ο πατηρ ου μη πιω αυτο
the one He has given to Me the Father not not / by no means should I drink it
B ο δεδωκεν μοι ο πατηρ ου μη πιω αυτο
ℵ ο δεδωκεν μοι ο πατηρ ου μη πιω αυτο
P66 ο δεδωκεν μ[οι ο πηρ [μ]ου ου μη πιω αυτ[ο]

Jn.18:12 η ουν σπειρα και ο χιλιαρχος και οι υπηρεται των ιουδαιων
therefore <> the cohort and the commander and the officers of the Jews
B η ουν σπειρα και ο χειλιαρχος και οι υπηρεται των ιουδαιων
ℵ η ουν σπιρα καιο χιλιαρχος και οι υπηρεται των ιουδαιων
P66 η ουν σ[πιρα κ]αι ο χιλιαρχ[ος] και οι υπηρε[ται των ι]ουδαιων

(2aor,act,ind,3p,pl) (1aor,act,ind,3p,pl)
συλλαμβανω δεω
W&H συνελαβον τον ιησουν και εδησαν αυτον
they seized the Jesus and they bound Him
B συνελαβον τον ιν και εδησαν αυτον
ℵ συνελαβον τον ιν και εδησαν αυτον
P66 συ[ν]ελαβον τ[ον] ιν [και εδησ]αν αυτο[ν]

(2aor,act,ind,3p,pl) (2aor,act,ind,3p,pl) (imperf,act,ind,3p,sing)
αγω αγω ειμι
Jn.18:13 και ηγαγον ~~απηγαγον αυτον~~ προς ανναν πρωτον ην γαρ πενθερος του καιαφα
and they led ~~they led away Him~~ to Annas first for <> he was father-in-law of the Caiaphas
B και ηγαγον προς ανναν πρωτον ην γαρ πενθερος του καιαφα
א και ηγαγον προς ανναν πρωτον η γαρ πενθερος του καιαφα
Ƥ66 και ηγαγ[ον] προ[ς ανναν πρ]ωτο[ν] ην γα[ρ πεν]θερο[ς του καια]φα

(imperf,act,ind,3p,sing)
ειμι
W&H ος ην αρχιερευς του ενιαυτου εκεινου
who he was chief priest of the year of that
B ος ην αρχιερευς του ενιαυτου εκεινου
א ος ην αρχιερευς του ενιαυτου εκεινου
Ƥ66 [ος ην αρχιερ]ευς τ[ου ενιαυτου] ε[κεινου

(imperf,act,ind,3p,sing) (1aor,act,ptc,nom,sing,masc) (pres,act,ind,3p,sing)
ειμι συμβουλευω συμφερω
Jn.18:14 ην δε καιαφας ο συμβουλευσας τοις ιουδαιοις οτι συμφερει ενα ανθρωπον
and <> he was Caiaphas the one having advised the Jews that/ " it is advantages *(for)* one man
B ην δε καιαφας ο συμβουλευσας τοις ιουδαιοις οτι συμφερει ενα ανθρωπον
א ην δε καιαφας ο συμβουλευσας τοις ιουδαιοις οτι συμφερει ενα ανθρωπον
Ƥ66 [ην δε] καια[φας ο συμβουλευσας τοι]ς ιουδα[ιοις] ο[τι συμφ]ερε[ι ενα] ανο[ν]

(2aor,act,infin) (1aor,act,infin)
αποθνησκω απολλυμι
W&H αποθανειν ~~απολεσθαι~~ υπερ του λαου
to die ~~to destyroy~~ for the people
B αποθανειν υπερ του λαου
א αποθανιν υπερ του λαου
Ƥ66 αποθ[ανειν υπερ του λαο]υ

(imperf,act,ind,3p,sing) (imperf,act,ind,3p,sing)
ακολουθεω ειμι
Jn.18:15 ηκολουθει δε τω ιησου σιμων πετρος και αλλος μαθητης ο δε μαθητης εκεινος ην
and <> he was following the Jesus Simon Peter and an other disciple but <> the disciple that one he was
B ηκολουθει δε τω ιυ σιμων πετρος και αλλος μαθητης ο δε μαθητης εκεινος1 ην3
א ηκολουθι δε τω ιυ σιμων πετρος και αλλος μαθητης ο δε μαθητης εκεινος ην
Ƥ66 ηκ[ολουθι δ]ε τω ιυ σιμων πε]τρ[ο]ς και αλλος μα[θητης]*
[Ƥ66 * *Insert mark follows and upper margine contains:* [ο δε μαθητης εκε]ινο[ς ην γνωσ]τος τω αρχιερε[ι]

(2aor,act,ind,3p,sing) hiatus
συνεισερχομαι
W&H γνωστος τω αρχιερει και συνεισηλθεν ~~συνεισηλθε~~ τω ιησου εις την αυλην του αρχιερεως
known to the chief priest and he entered together with the Jesus into the courtyard of the high priest
B γνωστος2 τω4 αρχιερει και συνεισηλθεν τω ιυ εις την αυλην του αρχιερεως
א γνωστος τω αρχιερει και συνεισηλθεν τω ιυ εις την αυλη του αρχιερεως
Ƥ66 [και]συν[ει]σηλθεν τω ιυ ει[ς την] αυλη του αρχιερεως

(plupf,act,ind,3p,sing) (2aor,act,ind,3p,sing)
ιστημι εξερχομαι
Jn.18:16 ο δε πετρος ειστηκει προς τη θυρα εξω εξηλθεν ουν ο μαθητης ο αλλος
but <> the Peter he having had stood by the door outside therefore <> he went out the disciple the other
B ο δε πετρος [ε]ιστηκει προς τη θυρα εξω εξηλθεν ουν ο μαθητης ο αλλος
א ο δε πετρος ιστηκει1 προς3 τη4 θυρα5 εξω2 εξηλθεν6 ουν ο μαθητης ο αλλος
Ƥ66 ο δ[ε πετ]ρος ις[τηκ]ει προς τη θυρα εξω ε[ξ]ηλθεν ουν ο μαθη[της]

(imperf,act,ind,3p,sing) (2aor,act,ind,3p,sing)
ειμι *(gen)* *(dat)* λεγω hiatus
W&H ο ~~ος ην~~ γνωστος του ~~τω~~ αρχιερεως ~~αρχιερει~~ και ειπεν ~~ειπε~~ τη θυρωρω και
the one ~~who was~~ known by the ~~to the~~ high priest ~~high priest~~ and he spoke to the door keeper and
B ο γνωστος του αρχιερεως και ειπεν τη θυρωρω και
א ος ην γνωστος τω αρχιερει και ειπεν τη θυρωρω και
Ƥ66 [ος] ην γν[ω]στος τ[ο]υ αρχιερε[ως] [και ει]πεν [τ]η θυρουρω και

(2aor,act,ind,3p,sing)
εισαγω
W&H εισηγαγεν τον πετρον
he brought in the Peter
B εισηγαγε τον πετρον
א εισηνεγκε τον πετρον
P66 ει[c]ηγαγε[ν τον π]ετρον

(pres,act,ind,3p,sing)
λεγω
Jn.18:17 λεγει ουν$_1$ τω$_6$ πετρω$_7$ η$_2$ παιδισκη$_3$ η$_4$ θυρωρος$_5$ μη$_8$ και συ εκ των μαθητων
therefore <> she says to the Peter the slave girl the doorkeeper not also you from out of the disciples
B λεγει ουν^{v} τω πετρω η παιδισκη η θυρωρος μη και cυ εκ των μαθητων
א λεγει ουν$_1$ τω$_6$ πετρω$_7$ η$_2$ παιδισκη$_3$ η$_4$ θυρωρος$_5$ μη$_8$ και cυ εκ των μαθητων
P66 λεγει ουν$_1$ τω$_6$ πετ[ρ]ω$_7$ η$_2$ παιδισκ[η$_3$ η$_4$ θυρο]ρυος$_5$ μη$_8$ και cυ ε[κ τ]ων [μα]θητων

(pres,act,ind,2p,sing) (pres,act,ind,2p,sing) (pres,act,ind,1p,sing)
ειμι λεγω ειμι
W&H ει του ανθρωπου τουτου λεγει εκεινος ουκ ειμι
are you of the Man of this he says that one not I am
B ει του ανθρωπου τουτου λεγει εκεινος ουκ ειμι
א ει του ανθρωπου τουτου λεγει εκεινος ουκ ειμι
P66 ει τ[ο]υ ανθρωπου [το]οτο[υ] λεγει εκ[ει]νος ουκ ειμ[ι]

(plupf,act,ind,3p,pl) (perf,act,ptc,nom,pl,masc)
ιστημι ποιεω
Jn.18:18 ειστηκεισαν δε οι δουλοι και οι υπηρεται ανθρακιαν πεποιηκοτες
and <> they had having stood the slaves and the officers a charcoal bed having made
B ^{ε}ιστηκειcαν δε οι δουλοι και οι υπηρεται ανθρακιαν πεποιηκοτες
א ιστηκιcαν δε και οι δουλοι και οι υπηρεται ανθρακιαν πεποιηκοτες
P66 [ιc]τηκ[ειcαν δ]ε οι δ[ο]υλοι κ[αι οι υπηρεται ανθρακιαν]

(imperf,act,ind,3p,sing)(imperf,mid,ind,3p,pl)(imperf,act,ind,3p,sing)
ειμι θερμαινω ειμι
W&H οτι ψυχος ην και εθερμαινοντο ην δε$_1$ και ο$_4$ πετρος$_5$
because cold it was and they were warming themselves and <> he was also the Peter
B οτι ψυχος ην και εθερμαινοντο ην δε και ο πετρος
א οτι ψυχος ην και εθερμαινοντο η δε και ο πετρος
P66 επ[οιηκοτες] οτι ψυχ[ος ην κα]ι ε[θερμαινοντο ην δε] και ο π[ετρος]

(perf,act,ptc,nom,sing,masc) (pres,mid,ptc,nom,sing,masc)
ιστημι θερμαινω
W&H μετ$_2$ αυτων$_3$ εστως$_6$ και θερμαινομενος
with them having stood and warming himself
B μετ αυτων εστως και θερμαινομενος
א μετ αυτων εστως και θερμαινομενος
P66 [μετ αυτων εστως] [κ]αι θερμαινομενος

(1aor,act,ind,3p,sing)
ερωταω hiatus
Jn.18:19 ο ουν αρχιερευς ηρωτησεν ~~ηρωτησε~~ τον ιησουν περι των μαθητων αυτου
therefore <> the chief priest he asked the Jesus concerning the disciples of Him
B ο ουν αρχιερευς ηρωτησεν τον ιν περι των μαθητων αυτου
א ο ουν αρχιερευς ηρωτησε τον ιν περι των μαθητων αυτου
P66 ο ο[υν αρχιερευς ηρωτης]εν τον ιν [πε]ρι [των μαθητω]ν αυτου

W&H και περι της διδαχης αυτου
and about the teaching of Him
B και περι της διδαχης αυτου
א και περι της διδαχης αυτου
P66 και περι [της διδα]χης αυτου

(1aor,pass,ind,3p,sing) (perf,act,ind,1p,sing) (1aor,act,ind,1p,sing)
αποκρινομαι λαλεω λαλεω
Jn.18:20 απεκριθη αυτω ~~ο~~ ιησους εγω παρρησια λελαληκα ~~ελαλησα~~ τω κοσμω εγω
He did give answer to him ~~the~~ Jesus I in an open manner I have spoken ~~I spoke~~ to the world I
B απεκριθη αυτω ις εγω παρρησια λελαληκα τω κοσμω εγω
ℵ και απεκριθη1 αυτω3 ις2 εγω4 παρρησια λελαληκα τω κοσμω εγω
P66 απ]εκριθη αυτω ι[ς εγω παρρησια ελ]ηcα τω κοc[μω εγω]

(1aor,act,ind,1p,sing) nom,pl,masc adv
διδασκω πας πας
W&H παντοτε εδιδαξα εν ~~τη~~ συναγωγη και εν τω ιερω οπου παντες ~~παντοτε~~
at all times I taught in ~~the~~ synagogue and in the temple where all ~~always~~
B παντοτε εδιδαξα εν συναγωγη και εν τω ιερω οπου παντες
ℵ παντοτε εδιδαξα εν συναγωγη και εν τω ιερω οπου παντες
P66 [παν]τοται εδιδ[αξα εν συναγωγη κ]αι εν τω [ιερω οπου παντες]

(pres,mid,ind,3p,pl) (1aor,act,ind,1p,sing)
συνερχομαι λαλεω
W&H οι ιουδαιοι συνερχονται και εν κρυπτω ελαλησα ουδεν
the Jews they come together and in secret I taught not one thing.
B οι ιουδαιοι συνερχονται και εν κρυπτω ελαληcα ουδεν
ℵ οι ιουδαιοι συνερχοται και εν κρυπτω ελαληcα ουδεν
P66 [οι ι]ουδαιο[ι συνερχ]ο[νται και εν κρυ]πτω ελ[α]ληcα [ουδεν]

(pres,act,ind,2p,sing) (pres,act,ind,2p,sing)(1aor,act,imper,2p,sing) (1aor,act,imper,2p,sing) (perf,act,ptc,acc,pl,masc)
ερωταω επερωταω ερωταω επερωταω ακουω
Jn.18:21 τι με ερωτας ~~επερωτας~~ ερωτησον ~~επερωτησον~~ τους ακηκοοτας τι
why Me are you asking ~~are you asking~~ you ask ~~you ask~~ the ones having heard what
B τι με ερωταc ερωτηcον τουc ακηκοοταc τι
ℵ τι με ερωταc ερωτηcον τουc ακηκοοταc τι
P66 [τι με ερωτ]αc ερωτηcον [τουc ακηκοοτ]αc τ[ι]

(1aor,act,ind,1p,sing) (2aor,act,imper,2p,sing) (perf,act,ind,3p,pl) (2aor,act,ind,1p,sing)
λαλεω οραω οιδα λεγω
W&H ελαλησα αυτοις ιδε ουτοι οιδασιν α ειπον εγω
I spoke to them see you these they know what I said I
B ελαληcα αυτοιc ιδε ουτοι οιδαcιν α ειπον εγω
ℵ ελαληcα αυτοιc ιδε ουτοι οιδαcιν α ειπον εγω
P66 [ελ]αληcα αυτοι[c ιδε ουτο]ι οιδ[αcιν α] ειπον εγω

(2aor,act,ptc,gen,sing,masc) (1aor,act,ind,3p,sing)
λεγω διδωμι hiatus
Jn.18:22 ταυτα δε αυτου ειποντος εις1 παρεστηκως4 των2 υπηρετων3 εδωκεν ~~εδωκε~~5 ραπισμα
but <> these (words) of Him having said one standing by of the officers he gave a slap
B ταυτα δε αυτου ειποντοc ειc παρεcτηκωc των υπηρετων εδωκε ραπιcμα
ℵ ταυτα δε αυτου ειποτοc ειc παρεcτηκωc των υπηρετων εδωκεν ραπιcμα
P66 [ταυτα δε αυτου ειπον]τοc[ειc παρεcτηκωc των υπηρε]των εδ[ωκε ραπιcμα]

(2aor,act,ptc,nom,sing,masc) (pres,mid,ind,2p,sing)
λεγω αποκρινομαι
W&H τω ιησου ειπων ουτως αποκρινη τω αρχιερει
to the Jesus having said thus do you answer the chief priest
B τω ιυ ειπων ουτωc αποκρεινη τω αρχιερει
ℵ τω ιυ ειπω ουτωc αποκρινη τω αρχιερει
P66 [τω ιυ] ειπων [ουτωc αποκρεινη τω] αρχιερει

(1aor,pass,ind,3p,sing) (1aor,act,ind,1p,sing) (1aor,act,imper,2p,sing)
αποκρινομαι λαλεω μαρτυρεω
Jn.18:23 απεκριθη αυτω ~~ο~~ ιησους ει κακως ελαλησα μαρτυρησον
He did give answer to him ~~the~~ Jesus if evil I spoke you bear witness
B απεκριθη αυτω ις ει κακωc ελαληcα μαρτυρηcον
ℵ ο1 δε2 ειπεν4 αυτω5 ις3 ει6 κακωc7 ειπον μαρτυρηcον
P66 [απεκριθη αυτω ις ει κα]κωc [ελαληcα μαρτυρηcον]

(pres,act,ind,2p,sing)
δερω
W&H περι του κακου ει δε καλως τι με δερεις
concerning the evil but <> if well why Me do you strike
B περι του κακου ει δε καλωc τι με δερειc
א περι του κακου ει δε καλωc τι με δεριc
P66 [περι τ]ου [κακου ει δε καλωc τι με δ]ερειc

(1aor,act,ind,3p,sing) (perf,pass,ptc,acc,sing,masc)
αποστελλω δεω
Jn.18:24 απεστειλεν ουν αυτον ο αννας δεδεμενον προς καιαφαν τον αρχιερεα
therefore <> he sent Him the Annas having been bound to Caiaphas the chief priest
B απεστειλεν ουν αυτον ο αννας δεδεμενον προς καιαφαν τον αρχιερεα
א απεστιλεν δε αυτον ο αννας δεδεμενον προς καιαφαν τον αρχιερεα
P66 απ[εστιλεν ουν αυτον ο α]νν[ας] δεδεμε[νον προς καιαφα]ν τον αρχιερεα

(imperf,act,ind,3p,sing) (perf,pass,ptc,nom,sing,masc) (pres,mid,ptc,nom,sing,masc) (2aor,act,ind,3p,pl)
ειμι ιστημι θερμαινω λεγω
Jn.18:25 ην δε σιμων πετρος εστως και θερμαινομενος ειπον ουν αυτω μη και συ
but <> he was Simon Peter having stood and he is warming himself therefore <> they said to him not also you
B ην δε cιμων πετροc εcτωc και θερμαινομενοc ειπον ουν αυτω μη και cυ
א ην δε cιμων πετροc εcτωc και θερμαινομενοc ειπον ουν αυτω μη και cυ
P66 [ην δε cιμων πε]τροc εcτωc κα[ι θερμαινομενοc ε]ιπαν ουν αυτω [μη και cυ]

(pres,act,ind,2p,sing) (1aor,mid,ind,3p,sing) (2aor,act,ind,3p,sing) (pres,act,ind,1p,sing)
ειμι αρνεομαι λεγω ειμι
W&H εκ των μαθητων αυτου ει ηρνησατο εκεινος και ειπεν ουκ ειμι
from out of the disciples of Him are you he denied that one and he said not I am
B εκ των μαθητων αυτου ει ηρνηcατο εκεινοc και ειπεν ουκ ειμι
א εκ των μαθητων αυτου ει ηρνηcατο εκεινοc και ειπεν ουκ ειμι
P66 [εκ των μ]αθητων α[υτου ει ηρνηcατο ε]κ[ειν]οc και ειπ[εν ουκ ειμι]

(pres,act,ind,3p,sing) (pres,act,ptc,nom,sing,masc) (1aor,act,ind,3p,sing)
λεγω ειμι αποκοπτω
Jn.18:26 λεγει εις εκ των δουλων του αρχιερεως συγγενης ων ου απεκοψεν
he says one from out of the slaves of the chief priest a relative being of whom he cut off
B λεγει ειc εκ των δουλων του αρχιερεωc cυγγενηc ων ου απεκοψε
א λεγει ειc εκ των δουλων του αρχιερεωc cυνγενηc ων ου απεκοψε
P66 λεγ]ει [ει]c εκ των [δουλων του αρχι]ερεωc cυνγγεν[ηc ων ου απεκοψ]εν

(2aor,act,ind,1p,sing)
οραω
W&H πετρος το ωτιον ουκ εγω σε ειδον εν τω κηπω μετ αυτου
Peter the ear not I you I saw in the garden with Him
B πετροc το ωτιον ουκ εγω cε ειδον εν τω κηπω μετ αυτου
א πετροc το ωτιον ουκ εγω cε ιδον εν τω κηπω μετ αυτου
P66 πετροc το ω[τιον ουκ εγω c]ε ειδ[ο]ν εν τω κητω μετ [αυτου]

(1aor,mid,ind,3p,sing) (1aor,act,ind,3p,sing)
αρνεομαι φωνεω
Jn.18:27 παλιν ουν ηρνησατο ~~ο~~ πετρος και ευθεως αλεκτωρ εφωνησεν
therefore <> again he, himself denied ~~the~~ Peter and immediately a rooster he called out
B παλιν ουν ηρνηcατο πετροc και ευθεωc αλεκτωρ εφωνηcεν
א παλιν ουν ηρνηcατο ο πετροc και ευθεωc αλεκτωρ εφωνηcεν
P66 παλι[ν ουν ηρ[ν]ηcατο πετ[ροc και ε]υ[θ]υc α[λ]εκτωρ] εφω[νηcεν]

(pres,act,ind,3p,pl) (imperf,act,ind,3p,sing)
αγω ειμι
Jn.18:28 αγουσιν ουν τον ιησουν απο του καιαφα εις το πραιτωριον ην δε πρωι
therefore <> they lead the Jesus from the Caiaphas to the praetorium and <> it was early morning
B αγουcιν ουν τον ιν απο του καιαφα ειc το πραιτωριον ην δε πρωι
א αγουcι ουν τον ιν απο του καιαφα ειc το πραιτωριον ην δε πρωι
P66 [αγουcιν ουν] τον ιν α[πο του καιαφα ειc το πρα]ιτωριο[ν ην δε πρωι]

(2aor,act,ind,3p,pl) εισερχομαι — (1aor,pass,subj,3p,pl) μιαινω

W&H ~~πρωια~~ και αυτοι ουκ εισηλθον εις το πραιτωριον ινα μη μιανθωσιν
~~early morning~~ and they not they entered into the praetorium so that not they should be defiled
B και αυτοι ουκ εισηλθον εις το πραιτωριον ινα μη μιανθωσιν
א και αυτοι ουκ εισηλθον εις το πραιτωριον ινα μη μιανθωσιν
P66 [και αυτοι ουκ ει[σηλθον εις το πραιτωρι]ον ιν[α] μη μιανθωσιν

(2aor,act,subj,3p,pl) εσθιω — hiatus

W&H αλλα ~~αλλ᾽ ινα~~ φαγωσιν ~~φαγωσι~~ το πασχα
but ~~but so that~~ they could eat the Passover
B αλλα φαγωσιν το πασχα
א αλλα φαγωσι το πασχα
P66 αλλα φαγω]σιν [το] πασχα

(2aor,act,ind,3p,sing) εξερχομαι — (pres,act,ind,3p,sing) φημι

Jn.18:29 εξηλθεν ουν ο πιλατος εξω προς αυτους και φησιν
therefore <> he went out the Pilate outside to them and he says
B εξηλθεν ουν ο πειλατος εξω προς αυτους και φησιν
א εξηλθεν ουν1 ο4 πιλατος5 εξω6 προς2 αυτους3 και7 φησιν
P66 [εξηλθεν ουν ο πι]λατ[ος] εξω κ[αι] φησιν

(2aor,act,ind,3p,sing) λεγω hiatus — (pres,act,ind,2p,pl) φερω

W&H ~~ειπεν~~ ~~ειπε~~ τινα κατηγοριαν φερετε ~~κατα~~ του ανθρωπου τουτου
~~he said~~ what charge do you all bring ~~against~~ the Man this
B τινα κατηγοριαν φερετε του ανθρωπου τουτου
א τινα κατηγοριαν φερετε του ανθρωπου τουτου
P66 τινα [κ]ατηγοριαν φερετ[αι] κατα του ανο[υ του]του

(1aor,pass,ind,3p,pl) αποκρινομαι — (2aor,act,ind,3p,pl) λεγω — (2aor,act,ind, 3p,pl) λεγω — (imperf,act,ind,3p,sing) ειμι — (pres,act,ptc,nom,sing,masc) ποιεω

Jn.18:30 απεκριθησαν και ειπαν ~~ειπον~~ αυτω ει μη ην ουτος κακον ποιων ~~κακοποιος~~
they did give answer and they said ~~they said~~ to him if not He was this One evil doing ~~doing evil~~
B απεκριθησαν και ειπαν αυτω ει μη ην ουτος κακον ποιων
א απεκριθησαν και ειπαν αυτω ει μη ην ουτος κακον ποιησας
P66 απεκριθησαν κ[αι ειπαν] αυτω ει μη νη ουτος κα[κον ποιων]

(1aor,act,ind,3p,pl) παραδιδωμι

W&H ουκ αν σοι παρεδωκαμεν αυτον
not would to you we have given over Him
B ουκ αν σοι παρεδωκαμεν αυτον
א ουκ αν σοι παρεδωκειμεν αυτον
P66 [ο]υκ αν1 σοι3 παρεδωκιμεν2 αυτον4

(2aor,act,ind,3p,sing) λεγω — (2aor,act,imper,2p,pl) λαμβανω

Jn.18:31 ειπεν ουν αυτοις ~~ο~~ πιλατος λαβετε αυτον υμεις
therefore <> he said to them ~~the~~ Pilate you all take Him yourselves
B ειπεν ουν αυτοις πειλατος λαβετε αυτον υμεις
א ειπεν ουν αυτοις ο πιλατος λαβετε αυτον υμις
P66 [ει]πεν ουν αυτο[ις ο π]ειλατ[ος λαβετε] ουν αυ[τον υμεις]

(1aor,act,imper,2p,pl) κρινω — (2aor,act,ind, 3p,pl) λεγω

W&H και κατα τον νομον υμων κρινατε αυτον ειπον ~~ουν~~ αυτω οι ιουδαιοι
and according to the law of you all you all judge Him ~~therefore~~ <> they said to him the Jews
B και κατα τον νομον υμων κρεινατε αυτον ειπον αυτω οι ιουδαιοι
א και κατα το νομον υμων κρινατε ειπον ουν αυτω οι ιουδαιοι
P52 * οι ιουδαιοι
P66 [και κατα τον] νομον υμων κρινατε ειπον αυ]τω οι ιο[υδαιοι]

[P52 * *begins here*]

(pres,act,impers,3p,sing) (1aor,act,infin)
εξειμι αποκτεινω
W&H ημιν ουκ εξεστιν αποκτειναι ουδενα
to us not it get to/allowed to to kill no one/any one
B ημιν ουκ εξεστιν αποκτειναι ουδενα
א ημιν ουκ εξεστι αποκτιναι ουδενα
P52 ημε[ιν ουκ εξεστιν αποκτειναι] ουδενα
P66 ημιν ουκ εξε]στ[ι]ν αποκ[τειναι ουδενα]

(1aor,pass,subj,3p,sing) (2aor,act,ind,3p,sing) (pres,act,ptc,nom,sing,masc)
πληροω λεγω hiatus σημαινω
Jn.18:32 ινα ο λογος του ιησου πληρωθη ον ειπεν ~~ειπε~~ σημαινων ποιω θανατω
so that the word of the Jesus he might be fulfilled which He said indicating/foretelling what kind of death
B ινα ο λογος του ιυ πληρωθη ον ειπεν σημαινων ποιω θανατω
א ινα ο λογος του ιυ πληρωθη σημαινω ποιω θανατω
P52 ινα ο λο[γος του ιηυ πληρωθη ον ει]πεν σημαινω[ν ποιω θανατω]
P66 [ι]να ο λογος του ιυ [πληρωθη ον ε]ιπεν σημαινω[ν ποιω θανα]τ[ω]

(imperf,act,ind,3p,sing) (pres,act,inf)
μελλω αποθνησκω
W&H ημελλεν αποθνησκειν
He was about to to die
B ημελλεν αποθνησκειν
א ημελλεν αποθνησκιν
P52 [ημελλεν απο]θνησκειν
P66 [ημε]λλεν αποθνησκειν]

(2aor,act,ind,3p,sing) (1aor,act,ind,3p,sing)
εισερχομαι φωνεω hiatus
Jn.18:33 εισηλθεν ουν$_1$ παλιν$_5$ εις$_2$ το$_3$ πραιτωριον$_4$ ο$_6$ πιλατος και εφωνησεν ~~εφωνησε~~
therefore <> he entered again into the praetorium the Pilate and he called
B εισηλθεν ουν παλιν εις το πραιτωριον ο πειλατος και εφωνησε
א εισηλθεν ουν$_1$ παλιν$_5$ εις$_2$ το$_3$ πραιτωριον$_4$ ο$_6$ πιλατος και εφωνησεν
P52 [ισηλθεν ουν παλιν εις το πραιτω]ριον ο π[ειλατος και εφωνησε]
P66 ει]σηλθ[εν ου]ν παλιν [εις το πραιτ]ωριον ο π[ειλα]τος και[εφωνησεν]

(2aor,act,ind,3p,sing) (pres,act,ind,2p,sing)
λεγω ειμι
W&H τον ιησουν και ειπεν αυτω συ ει ο βασιλευς των ιουδαιων
the Jesus and he said to Him You You are the King of the Jews
B τον ιν και ειπεν αυτω συ ει ο βασιλευς των ιουδαιων
א τον ιν και ειπεν αυτω συ ει ο βασιλευς των ιουδαιων
P52 τον ιην] και ειπ[εν αυτω συ ει ο βασιλευς των ιουδ]αιω[ν]
P66 το[ν] ιν κ[αι ει]πεν [αυτω συ ει ο βασιλευς των ιουδαιων]

(1aor,pass,ind,3p,sing) (pres,act,ind,2p,sing)
αποκρινομαι λεγω
Jn.18:34 απεκριθη ~~αυτω ο~~ ιησους απο ~~αφ~~ σεαυτου ~~εαυτου~~ συ τουτο λεγεις η αλλοι$_1$
He did give answer ~~to him the~~ Jesus from ~~from~~ of yourself ~~yourself~~ you this you say or others
B απεκριθη ις απο σεαυτου συ τουτο λεγεις η αλλοι
א απεκριθη αυτω ο ις απο σεαυτου ┬ τουτο ειπας η αλλοι$_1$
P52 [απεκριθη ις απο σεαυτου συ]*
P66 απεκρινα[τ]ο ις απο σεαυ[του σ]υ τουτο λε[γεις η αλ]λοι
[* P52 *stops here and continues again @18:37*]

(2aor,act,ind,3p,pl)
λεγω
W&H ειπον$_3$ σοι$_2$ περι$_4$ εμου
they said to you concerning Me
B ειπον σοι περι εμου
א ειπον$_3$ σοι$_2$ περι$_5$ εμου
P66 ε[ι]π[[ο]]ν σο[ι πε]ρι εμου

(1aor,pass,ind,3p,sing) (μητι = interrogatively used, generally expecting a negative answer) (pres,act,ind,1p,sing)
αποκρινομαι εiμι

Jn.18:35 απεκριθη ο πιλατος μητι εγω ιουδαιος ειμι το εθνος το σον και οι
he did give answer the Pilate not what (is it) I a Jew am I the nation the one yours also the
B απεκριθη ο πειλατος μητι εγω ιουδαιος ειμι το εθνος το σον και οι
א απεκριθη ο πιλατος μη εγω ιουδαιος ειμι το εθνος το σον και ο
P66 απεκρ[ιθη ο πει]λατος μη γαρ εγω ιου[δαιος ειμι] το εθνος το σον και οι

(1aor,act,ind,3p,pl) (1aor,act,ind,2p,sing)
παραδιδωμι ποιεω

W&H αρχιερεις παρεδωκαν σε εμοι τι εποιησας
chief priests they gave over You to me what did You do
B αρχιερεις παρεδωκαν σε εμοι τι εποιησας
א αρχιερευς παρεδωκα σε εμοι τι εποιησας
P66 α[ρχιερεις π]αρεδωκαν σε εμοι τ[ι εποιησα]ς

(1aor,pass,ind,3p,sing) (pres,act,ind,3p,sing)
αποκρινομαι ειμι

Jn.18:36 απεκριθη ~~ο~~ ιησους η βασιλεια η εμη ουκ εστιν εκ του κοσμου τουτου ει εκ του
He did give answer ~~the~~ Jesus the kingdom the one Mine not she is from out of the world this if from out of the
B απεκριθη ις η βασιλεια η εμη ουκ εστιν εκ του κοσμου τουτου ει εκ του
א απεκριθη ις η$_1$ βασιλεια$_3$ η εμη$_2$ ουκ$_4$ εστιν εκ του κοσμου τουτου ει εκ του
P66 απε[κρι]θη ις η βασι[λεια η εμη ουκ εστιν εκ του κ]οσμο[υ τουτου ει εκ$_1$ του$_3$]
P90 * [βας]ιλεια η εμ[η ουκ εστιν εκ του κοσμου τουτου ει εκ το]
[P90 * begins here]

(imperf,act,ind,3p,sing)
ειμι

W&H κοσμου τουτου ην η βασιλεια η εμη οι υπηρεται$_1$ οι$_3$ εμοι$_4$
world this she was the kingdom the one My the officers the ones Mine
B κοσμου τουτου ην η βασιλεια η εμη οι υπηρεται οι εμοι
א κοσμου τουτου ην η$_1$ βασιλια$_3$ εμη$_2$ αι$_4$ οι υπηρεται οι εμοι
P66 [κ]οσμου$_3$ [τουτου]$_2$ ην$_4$ η [βασιλεια η εμη οι υπ]ηρεται οι ε[μοι]
P90 [βας]ιλεια η εμ[η οι υπηρεται οι εμοι]

(imperf,mid,ind,3p,pl) (1aor,pass,subj,1p,sing)
αγωνιζομαι παραδιδωμι

W&H ηγωνιζοντο$_5$ αν$_2$ ινα$_6$ μη παραδοθω τοις ιουδαιοις νυν δε η βασιλεια
they would have continued fighting so that not I should have been given over to the Jews but <> now the kingdom
B ηγωνιζοντο ινα μη παραδοθω τοις ιουδαιοις νυν δε η βασιλεια
א ηγωνιζοντο αν ινα μη παραδοθω τοις ιουδαιοις νυ δε η$_1$ βασιλεια$_3$
P66 [ηγωνιζοντο ινα μη] παραδοθω τοις [ιουδαιοις νυν] δε η βασιλει[α]
P90 [ηγ]ωνιζοντο α[ν][ινα μη παραδοθω] τοις ιου[δ]αιοις [νυν δε η βασιλεια]

(pres,act,ind,3p,sing)
ειμι

W&H η εμη ουκ εστιν εντευθεν
the one My not she is from here
B η εμη ουκ εστιν εντευθεν
א εμη$_2$ ουκ$_4$ εστιν εντευθεν
P66 [η εμη ουκ εστιν εν]τευθε[ν]
P90 [η] εμη ουκ [ε]στιν [εντευθεν]

(2aor,act,ind,3p,sing) (pres,act,ind,2p,sing) (1aor,pass,ind,3p,sing)
λεγω ειμι αποκρινομαι

Jn.18:37 ειπεν ουν αυτω ο πιλατος ουκουν βασιλευς ει συ απεκριθη [ο] ιησους
therefore <> he said to Him the Pilate not therefore a king You are You He did give answer the Jesus
B ειπεν ουν αυτω ο πειλατος ουκουν βασιλευς ει συ απεκριθη ο ις
א ειπεν ουν αυτω ο πιλατος ουκουν βασιλευς ει συ απεκριθη ο ις
P66 [ειπεν ουν αυτω ο πειλα]τος ο[υκο]υν βασι[λευς ει συ α]πεκρ[ιθη] ις
P90 [ειπεν] ουν αυτω [ο π]ε[ιλατος ουκουν βασι]λευς ει συ απ[εκριθη ο ιης]

	(pres,act,ind,2p,sing) λεγω (pres,act,ind,1p,sing) ειμι (perf,pass,ind,1p,sing) γενναω
W&H	συ λεγεις οτι βασιλευς ειμι εγω εις τουτο γεγεννημαι και εις τουτο
	you you say that/“ a king I am I for this I have been born and for this
B	ϲυ λεγειϲ οτι βαϲιλευϲ ειμι εγω ειϲ τουτο γεγεννημαι και ειϲ τουτο
ℵ	ϲυ λεγειϲ οτι βαϲιλευϲ ειμι εγω ειϲ τουτο γεγεννημαι και ειϲ τουτο
P52	* βαϲιλευϲ ειμι εγω ειϲ το]υτο γ[ε]γεννημαι [και]
P66	κ[α]ι ειπεν ϲυ λεγειϲ οτι βαϲιλε[υϲ ε[ι]μι [εγω ειϲ τουτο γεγεννημαι και ειϲ τουτο]
P 90	[ϲυ λεγειϲ]οτι βαϲιλευϲ [ειμι εγω ειϲ τουτο] γεγεννημα[ι και ειϲ τουτο
	[P52 * *continues*]

	(2 perf,act,ind,1p,sing) ερχομαι (1aor,act,subj,1p,sing) μαρτυρεω (pres,act,ptc,nom,sing,masc) ειμι
W&H	εληλυθα εις τον κοσμον ινα μαρτυρησω τη αληθεια πας ο ων
	I have come into the world so that I should witness to the Truth all the one being
B	εληλυθα ειϲ τον κοϲμον ινα μαρτυρηϲω τη αληθεια παϲ ο ων
ℵ	εληλυθα ειϲ το κοϲμον ινα μαρτυρηϲη περι τηϲ αληθιαϲ παϲ ο ω
P52	[εληλυθα ειϲ τον κο]ϲμον ινα μαρτυ[ρηϲω τη αληθεια παϲ ο ων]
P66	[ελ]ηλυθ[α]ειϲ τ[ον] κοϲμον [ινα μαρτυ]ρηϲω τ[η] αληθεια παϲ ο ων
P 90	εληλυ]θ[α] ειϲ τ[ον κοϲμον ινα μαρτυρη]ϲω τη αλ[ηθεια παϲ ο ων]

	(pres,act,ind,3p,sing) ακουω
W&H	εκ της αληθειας ακουει μου της φωνης
	from out of the Truth he hears of Me the voice
B	εκ τηϲ αληθειαϲ ακουει μου τηϲ φωνηϲ
ℵ	τηϲ αληθιαϲ ακουει μου τηϲ φωνηϲ
P52	εκ τηϲ αληθε[ιαϲ ακουει μου τηϲ φωνηϲ]
P66	εκ τηϲ αληθει[αϲ] ακουει μου τηϲ φωνηϲ
P90	[εκ τηϲ]αλ[η]θει[αϲ ακουει μου τηϲ φωνηϲ]

	(pres,act,ind,3p,sing) λεγω (pres,act,ind,3p,sing) ειμι (2aor,act,ptc,nom,sing,masc) λεγω (2aor,act,ind,3p,sing) ξερχομαι hiatus
Jn.18:38	λεγει αυτω ο πιλατος τι εστιν αληθεια και τουτο ειπων παλιν εξηλθεν εξηλθε
	he says to Him the Pilate what is she Truth and this having said again he went out
B	λεγει αυτω ο πειλατοϲ τι εϲτιν αληθεια και τουτο ειπων παλιν εξηλθεν
ℵ	λεγει αυτω ο πιλατοϲ τιϲ εϲτι αληθεια και τουτο ειπων παλιν εξηλθεν
P52	λεγει αυτω [ο πειλατοϲ τι εϲτιν αληθεια κ]αι τουτο [ειπων παλιν εξηλθεν]
P66	λεγει ουν αυτω πειλατοϲ τι εϲτιν αληθι[α] και τουτο ειπων παλ[ιν]εξηλθ[εν]
P90	λεγει αυτω ο π[ειλατοϲ τι εϲτιν] αληθεια και το[υτο ειπων παλιν] εξηλθεν

	(pres,act,ind,3p,sing) λεγω (pres,act,ind,1p,sing) ευρισκω
W&H	προς τους ιουδαιους και λεγει αυτοις εγω ουδεμιαν₁ ευρισκω₃ εν₄ αυτω₅ αιτιαν₂
	to the Jews and he says to them I not one thing I find in Him fault
B	προϲ τουϲ ιουδαιουϲ και λεγει αυτοιϲ εγω ουδεμιαν ευριϲκω εν αυτω αιτιαν
ℵ	προϲ τουϲ ιουδαιουϲ και λεγει αυτοιϲ εγω ουδεμιαν₁ ευριϲκω₃ εν₄ αυτω₅ αιτιαν₂
P52	[προϲ τουϲ ιο[υδαιουϲ και λεγει αυτοιϲ εγω ουδ]εμι[αν]*
P66	[π]ροϲ τουϲ ιουδαιουϲ [και λεγει αυτο]ι[ϲ εγω ουδεμιαν ευριϲκω]₁εν₃ αυτω₄ αι[τι]αν₂
P90	προϲ τ[ουϲ ιουδαιουϲ κ]αι λεγει αυτοιϲ [εγω ουδεμιαν] ευριϲκω εν αυ[τω αιτιαν]
	[P52 * *ends here*]

	(pres,act,ind,3p,sing) ειμι hiatus (1aor,act,subj,1p,sing) απολυω
Jn.18:39	εστιν εστι δε συνηθεια υμιν ινα ενα₁ απολυσω₃ υμιν₂ [εν]₄ τω πασχα
	but <> she is a custom with you all so that one I should loosen to you all during/in the Passover
B	εϲτιν δε ϲυνηθεια υμιν ινα ενα απολυϲω υμιν τω παϲχα
ℵ	εϲτιν δε ϲυνηθια υμιν ινα ενα απολυϲω υμιν εν τω παϲχα
P66	εϲτιν [δε ϲυνηθεια υμιν] ινα ενα α[πολυϲω υμιν εν τω] παϲχα
P90	[εϲτιν δε] ϲυνηθ[ει]α υμ[ειν ινα ενα απολυ]ϲω υμειν [εν τω παϲχα]

	(pres,mid,ind,2p,pl) βουλομαι (1aor,act,subj,1p,sing) απολυω
W&H	βουλεσθε ουν₁ₐ απολυσω₃ₐ υμιν₂ₐ τον₄ₐ βασιλεα των ιουδαιων
	therefore <> do you all want I should loose to you all the King of the Jews
B	βουλεϲθε ουν απολυϲω υμιν τον βαϲιλεα των ιουδαιων
ℵ	βουλεϲθε ουν ινα απολυϲω υμιν το βαϲιλεα των ιουδαιων
P66	β[ο]υ[λεϲθε ουν απολυ]ϲω υμιν το[ν β]αϲιλ[εα των ιου]δαιων
P90	[βουλε]ϲθε ουν ινα [απολυϲω υμειν τον] βαϲιλεα τ[ων ιουδαιων]

(1aor,act,ind,3p,pl) (pres,act,ptc,nom,pl,masc)
κραυγαζω λεγω
Jn.18:40 εκραυγασαν ουν παλιν ~~παντες~~ λεγοντες μη τουτον αλλα τον βαραββαν
therefore <> they cried out again ~~all~~ saying not this One but the Barabbas
B εκραυγασαν ουν παλιν λεγοντες μη τουτον αλλα τον βαραββαν
ℵ εκραυγασα ουν παλιν λεγοντες μη τουτον αλλα τον βαραββα
P66 εκ[ραυγασαν ουν παλιν παν]τες λεγοντες μη τουτο[ν α]λλα [τον βαραβ]βαν
P90 [εκραυγ]ασαν ουν π[αλιν λεγοντες μη] του[το]ν αλ[λα τον βαραββαν]

(imperf,act,ind,3p,sing)
ειμι
W&H ην δε ο βαραββας ληστης
but <> he was the Barabbas a thief
B ην δε ο βαραββας ληστης
ℵ ην δε ο βαραββας ληστης
P66 ην δε ο β[αραββας λης]της
P90 [ην] δε ο βαραββ[ας ληστης]

John Chapter 19

(2aor,act,ind,3p,sing) (1aor,act,ind,3p,sing)
λαμβανω μαστιγοω hiatus
Jn.19:1 τοτε ουν ελαβεν ο πιλατος τον ιησουν και εμαστιγωσεν ~~εμαστιγωσε~~
therefore <> then he took the Pilate the Jesus and he beat with a whip
B τοτε ουν ελαβεν ο πειλατος τον ιν και εμαστειγωσεν
ℵ τοτε ουν λαβων ο πιλατος το ιν εμαστιγωσεν
P66 [τοτε ουν]1 ελαβεν4 [ο2 πειλατος3] τ[ον5 ιν] και ε[μ]αστ[ιγωσεν]
P90 [τοτε ουν] λαβων ο πειλ[ατος τον ιην εμαστιγωσεν]

(1aor,act,ptc,nom,pl,masc) (1aor,act,ind,3p,pl)
πλεκω επιτιθημι
Jn.19:2 και οι στρατιωται πλεξαντες στεφανον εξ ακανθων επεθηκαν αυτου
and the soldiers having twisted together a crown from out of thorns they placed it
B και οι στρατιωται πλεξαντες στεφανον εξ ακανθων επεθηκαν αυτου
ℵ και οι στρατιωται πλεξαντες στεφανον εξ ακανθων επεθηκεν αυτου
P66 κ[αι ο]ι στρατιω[τ]αι πλεξαντες1 στεφανον4 εξ2 [α]κανθων3 επεθηκαν5 αυτου
P90 [και οι στ]ρατιωται π[λεξαντες στεφανο]ν εξ ακανθω[ν επεθηκαν αυτ]ου

(2aor,act,ind,3p,pl)
περιβαλλω
W&H τη κεφαλη και ιματιον πορφυρουν περιεβαλον αυτον
to the head and a cloak of purple they cast around Him
B τη κεφαλη και ιματιον πορφυρουν περιεβαλον αυτον
ℵ τη κεφαλη και ιματιον πορφυρουν περιεβαλον αυτο
P66 τη κε[φ]αλη και ιματιον πορφυρουν περιεβαλον αυτον
P90 τη [κε]φαλη και [ιματιον πορφυρ]ου[ν] περιεβα[λον αυτον]

(imperf,mid,ind,3p,pl) (imperf,act,ind,3p,pl)
ερχομαι λεγω
Jn.19:3 και ηρχοντο προς αυτον και ελεγον χαιρε ο βασιλευς των ιουδαιων και
and they came to Him and they were saying hail the King of the Jews and
B και ηρχοντο προς αυτον και ελεγον χαιρε ο βασιλευς των ιουδαιων και
ℵ και ηρχοντο προς αυτον και ελεγον χαιρε βασιλευ τω ιουδαιων και
P66 και ηρχοντο προς αυτον και ελεγο[ν] χαιρε ο βασιλευ των ιουδα[ιων] και
P90 [και ηρ]χ[ο]ντο προς αυ[τον και ελεγον] χαιρε ο βασιλευ[ς των ιουδαιων] και

(imperf,act,ind,3p,pl) (imperf,act,ind,3p,pl)
διδωμι διδωμι
W&H εδιδοσαν ~~εδιδουν~~ αυτω ραπισματα
they were giving ~~they were giving~~ to Him slaps/blows
B εδιδοσαν αυτω ραπισματα
ℵ εδιδοσαν αυτω ραπισματα
P66 ε[δ]ιδοσαν αυτω ραπι[σματα]
P90 εδ[ι]δοσαν αυ[τω ραπισματα]

(2aor,act,ind,3p,sing) (pres,act,ind,3p,sing) (2aor,act,imper,2p,sing)
εξερχομαι λεγω οραω
Jn.19:4 και εξηλθεν ~~ουν~~ παλιν εξω ο πιλατος και λεγει αυτοις ιδε
and ~~therefore~~ <> he went out again outside the Pilate and he says to them behold you
B και εξηλθε παλιν εξω ο πειλατος και λεγει αυτοις ιδε
ℵ εξηλθεν παλιν1 εξω4 ο2 πιλατος3 και λεγει αυτοις ιδε
P66 και [εξ]ηλθεν ουν παλιν εξω [ο π]ειλα[τος κα]ι λεγει αυτ[οις ιδε
P90 εξηλθεν παλιν [ο πειλατος και λεγει] αυτοις ιδε

(pres,act,ind,1p,sing) (2aor,act,subj,2p,pl) (pres,act,ind,1p,sing)
αγω γινωσκω ευρισκω
W&H αγω υμιν αυτον εξω ινα γνωτε οτι1 ουδεμιαν4 αιτιαν5 ευρισκω6
I bring to you all Him outside so that you all might know that not one fault I find
B αγω υμιν αυτον εξω ινα γνωτε οτι ουδεμιαν αιτιαν ευρισκω
ℵ αγω υμιν αυτο εξω ινα γνωτε τι1 ουδεμιαν3 αιτιαν2 ευρισκω4
P66 αγω υμειν αυτο[ν ε[ξ]ω ινα γνω[τε οτι αιτιαν1 ουχ4 ευρισκω5
P90 [αγω υμιν αυτον εξ]ω ινα [γ]νω[τε οτι αιτιαν1] ουχ4 ευρις[κω]5

W&H εν2 αυτω3
in Him
B εν αυτω
ℵ
P66 εν2 [αυτ]ω3
P90 [ε]ν2 αυτω3

(2aor,act,ind,3p,sing) (pres,act,ptc,nom,sing,masc)
εξερχομαι φερω
Jn.19:5 εξηλθεν ουν [ο] ιησους εξω φορων τον ακανθινον στεφανον και
therefore <> He went out the Jesus outside bearing the thorny crown and
B εξηλθεν ουν ις εξω φορων τον ακανθινον στεφανον και
ℵ εξηλθεν ου ο ις εξω φορων το ακανθινον στεφανον και
P66 [εξηλθεν] ου[ν ο ις ε[ξ[ω] εχων τ[ον ακανθιν]ο[ν σ]τεφανον και
P90 [εξηλθεν ο]υν ιης εξω φο[ρων τον ακαν]θινον στεφανον [και]

(pres,act,ind,3p,sing) (2aor,mid,imper,2p,sing) (2aor,act,imper,2p,sing)
λεγω οραω οραω
W&H το πορφυρουν ιματιον και λεγει αυτοις ιδου ~~ιδε~~ ο ανθρωπος
the purple cloak and he said to them you, yourself, behold ~~you behold~~ the Man
B το πορφυρουν ιματιον και λεγει αυτοις ιδου ανθρωπος
ℵ πορφυρουν ιματιον και λεγει αυτοις ιδου ο ανθρωπος
P66 [το πορφυρουν] ιματι]ον*
P90 το πορφυρ]ουν ιματιον κ[αι λεγει αυτοις ι]δου ο ανθρωπο[ς]
[P66 * *Inset mark follows: upper martin probably contained* και λεγει αυτοις ιδου ο ανος *according to Comfort & Barrett*]

(2aor,act,ind,2p,pl) (pres,act,ptc,nom,pl,masc)
οραω (1aor,act,ind,3p,pl) V
κραυγαζω λεγω
Jn.19:6 οτε ουν ειδον αυτον οι αρχιερεις και οι υπηρεται εκραυγασαν λεγοντες
therefore <> when they saw Him the chief priests and the officers they shouted out saying
B οτε ουν ειδο αυτον οι αρχιερεις και οι υπηρεται εκραυγασαν λεγοντες
ℵ οτε ουν ιδον αυτο οι αρχιερεις και οι υπηρεται εκραξα
P66 οτε ουν ε[ιδον αυτον] οι αρ[χιερεις κ]αι ο[ι] υπηρετα[ι ε]κρ[αυγασαν λ]εγοντες
P90 [οτε ουν ειδο α]υτον ο[ι] αρχιερε[ις και οι υπηρεται] εκραυγασαν λ[εγοντες]

(1aor,act,imper,2p,sing) (1aor,act,imper,2p,sing) (pres,act,ind,3p,sing) (2aor,act,imper,2p,pl)
σταυροω σταυροω λεγω λαμβανω
W&H σταυρωσον σταυρωσον ~~αυτον~~ λεγει αυτοις ο πιλατος λαβετε αυτον
you crucify you crucify ~~Him~~ he says to them the Pilate you all take Him
B σταυρωσον σταυρωσον λεγει αυτοις ο πειλατος λαβετε αυτον
ℵ σταυρωσον σταυρωσον αυτον και λεγει αυτοις ο πιλατος λαβετε αυτο
P66 σρον σρον λεγει ο πειλατος λαβεται αυτον
P90 [σταυρωσον σταυρωσον α]υ[τον λεγε[ι αυτοις ο πειλατος λαβ]ετε1 [αυτο]ν3

(1aor,act,imper,2p,pl) σταυροω · (pres,act,ind,1p,sing) ευρισκω

W&H υμεις και σταυρωσατε εγω γαρ ουχ ευρισκω εν αυτω αιτιαν
yourselves and you all crucify for <> I not I find in Him fault
B υμεις και σταυρωcατε εγω γαρ ουχ ευρισκω εν αυτω αιτιαν
ℵ υμειc και σταυρωcατε εγω γαρ ουχ ευριcκω εν αυτω αιτιαν
P66 υ[μειc]$_2$ σρατε$_4$ εγω γαρ ουχ ευρ[ιc]κ[ω εν αυτω αιτιαν]
P90 υμειc$_2$ [και$_4$ σταυρωc]ατε εγω γαρ [ουχ ευριcκω εν αυτ]ω αιτιαν

(1aor,pass,ind,3p,pl) αποκρινομαι · (pres,act,ind,1p,pl) εχω

Jn.19:7 απεκριθησαν αυτω οι ιουδαιοι ημεις νομον εχομεν και κατα τον νομον ~~ημων~~
they did give answer to him the Jews we a law we have and according to the law ~~of us~~
B απεκριθηcαν αυτω οι ιουδαιοι ημειc νομον εχομεν και κατα τον νομον
ℵ απεκριθηcαν οι ιουδαιοι ημειc νομον εχομεν και κατα τον νομο
P66 απεκριθηcαν ο[ι ι]ουδαι[οι ημειc νο]μον εχομεν και κατα τον νομ[ον]
P90 [απεκριθηcαν οι ιουδ]αιοι ημειc [νομον εχομεν κα]ι κατα τον *
[P90 **Ends here*]

(pres,act,ind,3p,sing) οφειλω · (2aor,act,infin) αποθνησκω · (1aor,act,ind,3p,sing) ποιεω

W&H οφειλει αποθανειν οτι$_1$ υιον$_3$ θεου$_4$ εαυτον$_2$ εποιησεν$_5$
He must to die because Son of God Himself He made
B οφειλει αποθανειν οτι υιον θυ εαυτον εποιηcεν
ℵ οφειλει αποθανι οτι υν θυ εαυτο εποιηcεν
P66 οφιλει αποθανειν οτι υν θυ [α]υτον εποιηcεν

(1aor,act,ind,3p,sing) ακουω · (1aor,pass,ind,3p,sing) φοβεω

Jn.19:8 οτε ουν ηκουσεν ο πιλατος τουτον τον λογον μαλλον εφοβηθη
therefore <> when he heard the Pilate this the word more he was amazed in terror
B οτε ουν ηκουcεν ο πειλατοc τουτον τον λογον μαλλον εφοβηθη
ℵ οτε ου ηκουcεν ο πιλατοc$_1$ τουτον$_4$ τον$_2$ λογον$_3$ μαλλον$_5$ εφοβηθη
P66 οτε ουν ηκουcε[ν] ο πειλα[τ]οc [τ]ου[το]ν το[ν] λογον μαλλ[ο]ν εφοβη[θη]

(2aor,act,ind,3p,sing) εισερχομαι · (pres,act,ind,3p,sing) λεγω · (pres,act,ind,2p,sing) ειμι

Jn.19:9 και εισηλθεν εις το πραιτωριον παλιν και λεγει τω ιησου ποθεν ει συ
and he entered into the Praetorium again and he says to the Jesus from where are You You
B και ειcηλθεν ειc το πραιτωριον παλιν και λεγει τω ιυ ποθεν ει cυ
ℵ και ειcηλθεν ειc το πραιτωριο και λεγει τω ιυ ποθεν ει cυ
P66 [και ειcηλ]θεν ειc το π[ρ]αιτωριον παλιν [κα]ι λεγει τω ιυ [π]οθεν$_1$ ει$_3$ [cυ]$_2$

(1aor,act,ind,3p,sing) διδωμι

W&H ο δε ιησους αποκρισιν ουκ εδωκεν αυτω
but <> the Jesus an answer not He gave to him
B ο δε ιc αποκριcιν ουκ εδωκεν αυτω
ℵ ο δε ιc αποκριcιν ουκ εδωκεν αυτω
P66 ο$_4$ δε ιc α[π]οκριcιν ουκ εδ[ωκεν] αυτω

(pres,act,ind,3p,sing) λεγω · (pres,act,ind,2p,sing) λαλεω · (perf,act,ind,2p,sing) οιδα · (pres,act,ind,1p,sing) εχω

Jn.19:10 λεγει ουν αυτω ο πιλατος εμοι ου λαλεις ουκ οιδας οτι εξουσιαν εχω$_1$
therefore <> he said to Him the Pilate to me not You speak not You have known that authority I have
B λεγει ουν αυτω ο πειλατοc εμοι ου λαλειc ουκ οιδαc οτι εξουcιαν εχω
ℵ λεγει αυτω ο πιλατοc εμοι ου λαλιc ουκ οιδαc οτι εξουcιαν εχω
P66 λεγ[ει] ουν αυτω ο πειλ[ατοc ε]μοι ου λαλε[ιc ου]κ οιδαc οτι ε[ξουcιαν] εχω$_1$

(1aor,act,infin) απολυω · (pres,act,ind,1p,sing) εχω · (1aor,act,infin) σταυροω

W&H απολυσαι$_7$ σε$_3$ και$_4$ εξουσιαν$_5$ εχω$_6$ σταυρωσαι$_2$ σε$_8$
to dismiss You and authority I have to crucify You
B απολυcαι cε και εξουcιαν εχω σταυρωcαι cε
ℵ απολυcαι cε και εξουcιαν εχω σταυρωcαι cε
P66 απο[λυc]αι$_7$ c[ε]$_8$ και$_4$ εξουcιαν$_5$ εχω$_6$ σταυ[ρωcα]ι$_2$ cε$_3$

	(1aor,pass,ind,3psing) απoκρινoμαι				(imperf,act,ind,2p,sing) εχω					(imperf,act,ind,3p,sing) ειμι				
Jn.19:11	απεκριθη	αυτω ~~ο~~	ιησους	ουκ	ειχες	εξουσιαν1	κατ3	εμου4	ουδεμιαν2	ει5	μη6	ην7		
	He did give answer	to him ~~the~~	Jesus	not	you were having	authority	against	Me	in anything	if not/except		she was		
B	απεκριθη	αυτω	ιc	ουκ	ειχεc	εξουcιαν	κατ	εμου	ουδεμιαν	ει	μη	ην		
ℵ	απεκριθη	αυτω ο	ιc	ουκ	εχιc	εξουcιαν	κατ	εμου	ουδεμιαν	ει	μη	ην		
P66	απεκ[ριθη		ιc]	ουκ	ειχεc	[εξ]ουcιαν	κατ	ε[μου	ουδεμ[ιαν	ει	μη]	ην		

	(perf,pass,ptc,nom,sing,neut) διδωμι						(2aor,act,ptc,nom,sing,masc) παραδιδωμι	(pres,act,ptc,nom,sing,masc) παραδιδωμι	
W&H	δεδομενον9	σοι8	ανωθεν	δια	τουτο	ο	παραδους	~~παραδιδους~~	με
	having been given	to you	from above	on account of	this	the one	having given over	~~giving over~~	Me
B	δεδομενον	coι	ανωθεν	δια	τουτο	ο	παραδουc		με
ℵ	δεδομενον	coι	ανωθε	δια	τουτο	ο	παραδουc		με
P66	δεδομ[ενον	coι	ανωθεν	δια	το]υτο	[ο	παραδουc		με]

				(pres,act,ind,3p,sing) εχω
W&H	σοι	μειζονα	αμαρτιαν	εχει
	to you	greater	sin	he has
B	coι	μειζονα	αμαρτιαν	εχει
ℵ	coι	μειζονα	αμαρτιαν	εχει
P66	[coι	μειζονα	α]μα[ρτιαν	εχει]

					(imperf,act,ind,3p,sing) ζητεω	(1aor,act,infin) απολυω				
Jn.19:12	εκ	τουτου1	ο3	πιλατος4	εζητει2	απολυσαι5	αυτον	οι	δε	ιουδαιοι
	from out	of this	the	Pilate	he was seeking	to dismiss	Him	but <>	the	Jews
B	εκ	τουτου	ο	πειλατοc	εζητει	απολυcαι	αυτον	οι	δε	ιουδαιοι
ℵ	εκ	τουτου	ο	πιλατοc	εζητει	απολυcαι	αυτον	οι	δε	ιουδαιοι
P66	[εκ	τουτου	ο	πειλ]ατ[ο]c	εζητει1	[απολυcαι]3	αυτον2	οι4	δ[ε	ιο]υδαιοι

	(1aor,act,ind,3p,pl) κραυγαζω	(imperf,act,ind,3p,pl) κραζω	(pres,act,ptc,nom,pl,masc) λεγω			(1aor,act,subj,2p,sing) απολυω	(pres,act,ind,2p,sing) ειμι		
W&H	εκραυγασαν	~~εκραζον~~	λεγοντες	εαν	τουτον	απολυσης	ουκ	ει	φιλος
	they shouted out	~~they were crying out~~	saying	if	this one	you should dismiss	not	you are	a friend
B	εκραυγαcαν		λεγοντεc	αν	τουτον	απολυcηc	ουκ	ει	φιλοc
ℵ			ελεγον	εαν	τουτον	απολυcηc	ουκ	ει	φιλοc
P66	εκραυ[γα]cα[ν]		λεγοντεc	εαν	τουτον	απολυ[c]ηc	ουκ	ει	φιλοc

							(pres,act,ptc,nom,sing,masc) ποιεω	(pres,act,ind,3p,sing) αντιλεγω		
W&H	του	καισαρος	πας	ο	βασιλεα	εαυτον	ποιων	αντιλεγει	τω	καισαρι
	of the	Caeser	all/every	the one	king	himself	making	he opposes	the	Caeser
B	του	καιcαροc	παc	ο	βαcιλεα	εαυτον	ποιων	αντιλεγει	τω	καιcαρι
ℵ	του	καιcαροc	παc	ο	βαcιλεα	εαυτον	ποιων	αντιλεγει	τω	καιcαρι
P66	του	καιφαρο[c]	παc	ο	βαcιλεα	εαυτον	ποιων	α[ν]τιλε[γ]ει	τω	κα[ιc]αρι

				(1aor,act,ptc,nom,sing,masc) ακουω							(2aor,act,ind,3p,sing) αγω
Jn.19:13	ο	ουν	πιλατος	ακουσας1	των	~~τον~~3	λογων	~~λογον~~4	τουτων	~~τουτον~~2	ηγαγεν5
	therefore	<> the	Pilate	having heard	the	~~the~~	words	~~word~~	these	~~this~~	he brought
B	ο	ουν	πειλατοc	ακουcαc	των		λογων		τουτων		ηγαγεν
ℵ	ο	ουν	πιλατοc	ακουcαc	των			λογω	τουτων		ηγαγεν
P66	ο	ουν	πειλα[τ]οc	ακουcαc	[των		λογων		τουτω]ν		ηγαγεν

					(1aor,act,ind,3p,sing) καθιζω						(pres,pass,ptc,acc,sing,masc) λεγω	
W&H	εξω	τον	ιησουν	και	εκαθισεν	επι	~~του~~	βηματος	εις	τοπον	λεγομενον	λιθοστρωτον
	Outside	the	Jesus	and	he sat down	upon	~~the~~	judgment seat	in	a place	being called	Lithostratus
B	εξω	τον	ιν	και	εκαθιcεν	επι		βηματοc	ειc	τοπον	λεγομενον	λιθοcτρωτον
ℵ	εξω	τον	ιν	και	εκαθιcεν	επι		βηματοc	ειc	τοπον	λεγομενον	λιθοcτρωτον
P66	εξ[ω	τον	ιν]	και	[εκα]θιcεν	επι		βημ[ατ]οc*				λιθο[cτρω]τον

[P66 * *Insert mark follows; upper margin contains* ειc τοπ[ον λεγομενον]]

W&H εβραιστι δε γαββαθα
but <> in Hebrew Gabbatha
B εβραιστι δε γαββαθα
ℵ εβραιστι γολγοθα
P66 εβραιστι δε [λεγ]ομενον [γαββα]θα

(imperf,act,ind,3p,sing) (imperf,act,ind,3p,sing) (pres,act,ind,3p,sing)
ειμι ειμι λεγω
Jn.19:14 ην δε παρασκευη του πασχα ωρα ~~δε~~ ην ως ~~ωσει~~ εκτη και λεγει τοις
and <> she was preparation of the Passover ~~and~~ <> hour she was about ~~about~~ sixth and he says to the
B ην δε παρασκευη του πασχα ωρα ην ωc εκτη και λεγει τοιc
ℵ ην δε παρασκευη του πασχα ωρα η ωc εκτη και λεγει τοιc
P66 ην δε πα[ραcκ]ευη του [παcχα] ωρα ην ωc εκτη [και] λεγει τοιc

(2aor,act,imper,2p,sing)
οραω
W&H ιουδαιοις ιδε ο βασιλευς υμων
Jews behold you the King of you all
B ιουδαιοιc ιδε ο βαcιλευc υμων
ℵ ιουδαιοιc ιδε ο βαcιλευc υμω
P66 [ιουδαι]οιc ιδε ο βαc[ιλε]υc υμων

(1aor,act,ind,3p,pl) (1aor,act,imper,2p,sing) (1aor,act,imper,2p,sing) (1aor,act,imper,2p,sing)
κραυγαζω αιρω αιρω σταυροω
Jn.19:15 ~~οι~~ δε εκραυγασαν ουν εκεινοι αρον αρον σταυρωσον αυτον
~~but~~ <> ~~the ones~~ therefore <> they shouted out those you take *(Him)* you take *(Him)* you crucify Him
B εκραυγαcαν ουν εκεινοι αρον αρον cταυρωcον αυτον
ℵ οι δε ελεγον αρον αρον cταυρωcο αυτον
P66 [εκ]ραυγαcαν αρον αρον c[ρο]ν αυτον

(pres,act,ind,3p,sing) (fut,act,ind,1p,sing) (1aor,pass,ind,3p,pl)
λεγω σταυροω αποκρινομαι
W&H λεγει αυτοις ο πιλατος τον βασιλεα υμων σταυρωσω απεκριθησαν οι
he says to them the Pilate the King of you shall I crucify they did answer the
B λεγει αυτοιc ο πειλατοc τον βαcιλεα υμων cταυρωcω απεκριθηcαν οι
ℵ λεγει αυτοιc ο πιλατοc τον βαcιλεα υμων cταυρωcω απεκριθηcαν οι
P66 [λεγει αυτοιc ο πειλατοc] τον βα[cιλεα υμω]ν cτρω[cω απεκριθηcαν οι]

(pres,act,ind,1p,pl)
εχω
W&H αρχιερεις ουκ εχομεν βασιλεα ει μη καισαρα
chief priests not we have a king if not /except Caeser
B αρχιερειc ουκ εχομεν βαcιλεα ει μη καιcαρα
ℵ αρχιερειc ουκ εχομεν βαcιλεα ει μη καιcαρα
P66 [αρχιερειc ουκ εχομεν β]αcιλεα ει μη καιc[αρα]

(1aor,act,ind,3p,sing) (1aor,pass,subj,3p,sing)
παραδιδωμι σταυροω
Jn.19:16 τοτε ουν παρεδωκεν αυτον αυτοις ινα σταυρωθη
therefore <> then he handed over Him to them so that He should be crucified
B τοτε ουν παρεδωκεν αυτον αυτοιc ινα cταυρωθη
ℵ τοτε ουν παρεδωκεν1 αυτο3 αυτοιc2 ινα4 cταυρωθη οι δε
P66 τοτε ουν [π]αρεδωκεν α[υτον αυτοι]c ι[να] cρθη α[υτον δε]

(2aor,act,ind,3p,pl) (2aor,act,ind,3p,pl)
παραλαμβανω αγω
W&H παρελαβον ουν ~~δε~~ τον ιησουν ~~και ηγαγον~~
~~and~~ <>therefore <> they took the Jesus ~~and they led~~
B παρελαβον ουν τον ιν
ℵ λαβοντεc τον ιν τον
P66 [πα]ρελ[αβοντεc] αυτον [απηγαγο]ν

(pres,act,ptc,nom,sing,masc) βασταζω — (2aor,act,ind,3p,sing) εξερχομαι — (pres,pass,ptc,acc,sing,masc) λεγω

Jn.19:17 και βασταζων εαυτω τον σταυρον ~~αυτου~~ εξηλθεν εις τον λεγομενον
and bearing His own the cross ~~of Him~~ He went out to the being called
B και βασταζων αυτω τον σταυρον εξηλθεν εις τον λεγομενον
ℵ και βασταζω εαυτω τον σταυρον εξηλθεν εις τον λεγομενον
P66 εις$_{1}$ τον λ[εγο]μεν[ον]$_{3}$

(pres,pass,ind,3p,sing) λεγω

W&H κρανιου τοπον ο ~~ος~~ λεγεται εβραιστι γολγοθα
of a Skull place the one ~~which~~ he is called in Hebrew Golgotha
B κρανιου τοπον ο λεγετ$^{\alpha\iota}$ε εβραιστι γολγοθ
ℵ κρανιου τοπον ο λεγεται εβραιστι γολγοθα
P66 κρανι]ου$_{4}$ το[π]ον$_{2}$ ω$_{5}$ ο λεγεται εβρα[ι]στι γο[λγοθα]

(1aor,act,ind,3p,pl) σταυροω

Jn.19:18 οπου αυτον εσταυρωσαν και μετ αυτου αλλους δυο εντευθεν και εντευθεν
where Him they crucified and with Him others two one here and one here
B οπου αυτον εσταυρωσαν και μετ αυτου αλλους δυο εντευθεν και εντευθεν
ℵ οπου αυτον εσταυρωσαν και μετ αυτου αλλους δυο εντευθεν και εντευθε
P66 [ο]που αυτον <u>εσραν</u> και με[τ αυτου αλλ]ους δυο εντευθεν κα[ι εντε]υθεν

W&H μεσον δε τον ιησουν
and <> in the middle the Jesus
B μεσον δε τον <u>ιν</u>
ℵ μεσον δε τον <u>ιν</u>
P66 [μ]εσον δε τον <u>ιν</u>

(1aor,act,ind,3p,sing) γραφω hiatus — (1aor,act,ind,3p,sing) τιθημι — (imperf,act,ind,3p,sing) ειμι

Jn.19:19 εγραψεν ~~εγραψε~~ δε και τιτλον ο πιλατος και εθηκεν επι του σταυρου ην δε
and <> he wrote also a title the Pilate and he put *(Him)* upon the cross and <> He was
B εγραψεν δε και τιτλον ο πειλατος και εθηκεν επι του σταυρου ην δε
ℵ εγραψεν δε και τιτλον ο πιλατος και εθηκεν επι του σταυρου ην δε
P66 εγ[ραψεν] δε κα[ι τ]ιτλον ο πε[ιλα]το[ς και ε]θηκεν [επι τ]ου <u>σρου</u> η[ν] δε

(perf,pass,ptc,nom,sing,neut) γραφω

W&H γεγραμμενον ιησους ο ναζωραιος ο βασιλευς των ιουδαιων
had having been written Jesus the Nazarene the King of the Jews
B γεγραμμενον <u>ις</u> ο ναζωραιος ο βασιλευς των ιουδαιων
ℵ γεγραμμενον <u>ις</u> ο ναζωραιος ο βασιλευς των ιουδαιων
P66 [γεγραμμενον <u>ις</u> ο ν]α[ζω]ραι[ος] ο βα[σιλευς των ιουδαιω]ν

(2aor,act,ind,3p,pl) αναγινωσκω — (imperf,act,ind,3p,sing) ειμι

Jn.19:20 τουτον ουν τον τιτλον πολλοι ανεγνωσαν των ιουδαιων οτι εγγυς ην ο τοπος της
therefore <> this the title many they read of the Jews because near he was the place of the
B τουτον ουν τον τιτλον πολλοι ανεγνωσαν των ιουδαιων οτι εγγυς ην ο τοπος της
P66 του[τον] τον [τιτλον πολ]λοι α[νε]γν[ωσαν] των ιουδαιων οτι [εγ]γυ[ς ην ο το]πος της

(1aor,pass,ind,3p,sing) σταυροω — (imperf,act,ind,3p,sing) ειμι — (perf,pass,ptc,nom,sing,neut) γραφω

W&H πολεως οπου εσταυρωθη ο ιησους και ην γεγραμμενον εβραιστι$_{1}$ ρωμαιστι$_{3}$
city where He was crucified the Jesus and he was having been written in Hebrew in Roman
B πολεως οπου εσταυρωθη ο <u>ις</u> και ην γεγραμμενον εβραιστι ρωμαιστι
P66 πολ[εως οπου <u>εσ[ρθη</u> ο <u>ις</u> κα]ι η[ν γεγρ]αμ[μενον] εβ[ραιστι ρ]ω[μαιστι

W&H ελληνιστι$_{2}$
in Greek
B ελληνιστι
P66 ελ]ληνιστ[ι]

(imperf,act,ind,3p,pl) (pres,act,imper,2p,sing)
λεγω γραφω
Jn.19:21 ελεγον ουν τω πιλατω οι αρχιερεις των ιουδαιων μη γραφε ο βασιλευς
therefore <> they were saying to the Pilate the chief priests of the Jews not you write the King
B ελεγον ουν τω πειλατω οι αρχιερεις των ι ουδαιων μη γραφε ο βασιλευς
P66 [ελεγον ο]υν [τω] πειλατω οι αρχ[ιερεις των ι]ου[δ]αιων μη γραφ[ε ο β]α[σιλε]υς

(2aor,act,ind,3p,sing) (pres,act,ind,1p,sing)
λεγω hiatus ειμι
W&H των ιουδαιων αλλ οτι εκεινος ειπεν ~~ειπε~~ βασιλευς1 των3 ιουδαιων4 ειμι2
of the Jews but that that One He said King of the Jews I am
B των ιουδαιων αλλ οτι εκεινος ειπε βασιλευς των ιουδαιων ειμι
ℵ αλλ οτι εκεινος ειπεν βασιλευς1 των3 ιουδαιων4 ειμι2
P66 τω[ν ιουδα]ι[ω]ν αλλ [ο]τι εκε[ι]νος ειπ[εν βας]ιλευς1 των3 ιουδαι[ων]4 ειμι2

(1aor,pass,ind,3p,sing) (perf,act,ind,1p,sing) (perf,act,ind,1p,sing)
αποκρινομαι γραφω γραφω
Jn.19:22 απεκριθη ο πιλατος ο γεγραφα γεγραφα
he did give answer the Pilate the one I have written I have written
B απεκριθη ο πειλατος ο γεγραφα γεγραφα
ℵ απεκριθη ο πιλατος ο γεγραφα γεγραφα
P66 [απεκ]ριθη [ο] πειλατος ο γεγρ[αφα γεγ]ραφα

(1aor,act,ind,3p,pl) (2aor,act,ind,3p,pl)
σταυροω λαμβανω
Jn.19:23 οι ουν στρατιωται οτε εσταυρωσαν τον ιησου ελαβον τα ιματια αυτου
therefore <> the soldiers when they crucified the Jesus they took the garments of Him
B οι ουν στρατιωται οτε εσταυρωσαν τον ιν ελαβον τα ιματια αυτου
ℵ οι ουν στρατιωται οι σταυρωσαντες τον ιν ελαβον τα ιματια αυτου
P66 οι ουν στρατιω[ται οτε ε]σταυρωσαν τον ιν ελ[αβον το ιματια] αυτου

(1aor,act,ind,3p,pl
ποιεω
W&H ~~αυτον~~ και εποιησαν τεσσαρα μερη εκαστω στρατιωτη μερος και τον χιτωνα
~~Him~~ and they made four parts to each soldier a part and the tunic
B και εποιησαν τεσσαρα μερη εκαστω στρατιωτη μερος και τον χιτωνα
ℵ και εποιησαν τεσσερα μερη εκαστω στρατιωτη μερος
P66 και [ε]ποιησα[ν τε]σσερα μερη εκ[αστ]ω στρα[τιω]τη μ[ερ]ος κ[αι τον χι]τω[να]

(imperf,act,ind,3p,sing)
ειμι
W&H ην δε ο χιτων αραφος ~~αρραφος~~ εκ των ανωθεν υφαντος δι ολου
but <> he was the tunic seamless ~~seamless~~ from out of the top woven through entire/whole
B ην δε ο χιτων αρραφος εκ των ανωθεν υφαντος δι ολου
ℵ ην δε ο χιτων αραφος εκ των ανωθεν υφαντος δι ολου
P66 [ην] δε [ο χιτ]ων αραφος εκ των αν]οθεν υφαν[τος δι ολου]

(2aor,act,ind,3p,pl)(2aor,act,ind,3p,pl) (1aor,act,subj,1p,pl)
λεγω λεγω σχιζω
Jn.19:24 ειπαν ~~ειπον~~ ουν προς αλληλους μη σχισωμεν αυτον ~~αυτου~~ αλλα
therefore <> they said ~~they said~~ to one another not we should divide him ~~of him~~ but
B ειπον ουν προς αλληλους μη σχισωμεν αυτον αλλα
ℵ ειπαν ουν προς αυτους μη σχισωμε αυτον αλλα
P66 [ειπαν ου]ν [προς αλληλους μη σχισω]μεν [αυτον] αλλα

(2aor,act,subj,1p,pl) (fut,mid,ind,3p,sing) (1aor,pass,subj,3p,sing)
λαγχανω ειμι πληροω
W&H λαχωμεν περι αυτου τινος εσται ινα η γραφη πληρωθη ~~η~~ ~~λεγουσα~~
we should choose by lot for him whose he shall be so that the Scripture she should be fulfilled ~~the one~~ ~~saying~~
B λαχωμεν περι αυτου τινος εσται ινα η γραφη πληρωθη
ℵ λαχωμεν περι αυτου τινος εσται ινα η γραφη πληρωθη
P66 λαχω[μεν πε]ρι αυ[τ]ου τι[νος εστ]αι ιν[α η γραφη π]λη[ρ]ωθη [η λεγουσα]

(2aor,mid,ind,3p,pl) **διαμεριζω** ... **(2aor,act,ind,3p,pl)** **βαλλω**
W&H διεμερισαντο τα ιματια μου εαυτοις και επι τον ιματισμον μου εβαλον
they divided the garments of Me among themselves and over the clothes of Me they cast
B διεμερισαντο τα
ℵ διεμερισαντο$_1$ τα$_3$ ιματια$_4$ μου$_2$ εαυτοις$_5$ και επι τον ιματισμον μου εβαλο
P66 δ[ιεμερισ]αν[το$_1$ τα$_3$ ιματια$_4$ μ]ου$_2$ [εαυτοις$_5$ και ε]πι τον ιματισμον μου εβ[αλον]

(μεν .... δε construction = on the ones hand, on the other) **(1aor,act,ind,3p,pl)** **ποιεω**
W&H κληρον οι μεν ουν στρατιωται ταυτα εποιησαν
a lot the ones therefore <> indeed on the one hand soldiers these thing they did
ℵ κληρον οι μεν ου στρατιωται ταυτα εποιησαν
P66 [κ]ληρον οι μεν ουν [στ]ρατ[ιω]ται [τ]αυτα ε[ποιησαν]

(plupf,act,ind,3p,pl) **ιστημι**
Jn.19:25 ειστηκεισαν δε παρα τω σταυρω του ιησου η μητηρ αυτου και η
but/ on the other hand <> they stood by the cross of the Jesus the mother of Him and the
B [ε]ιστηκεισαν δε παρα τω σταυρω του ιυ η μητηρ αυτου και η
ℵ ιστηκισαν δε παρα τω σταυρω του ιυ η μητηρ αυτου και η
P66 ι[στηκεισ]αν δ[ε π]αρα τω [σ]ρω του ιυ η] μητηρ α[υ]του και [η]

W&H αδελφη της μητρος αυτου μαρια η του κλωπα και μαρια η μαγδαληνη
sister of the mother of Him Mary the one of the Klopas and Mary the Magdalene
B αδελφη της μητρος αυτου μαρια η του κλωπα και μαρια η μαγδαληνη
ℵ αδελφη της μητρος αυτου μαριαμ η του κλωπα και μαριαμ η μαγδαληνη
P66 [α]δε[λφη τ]ης μητρος [αυτ]ου μαρι[α η] του κλωπα και μαρ[ια η μαγδαληνη]

(2aor,act,ptc,nom,sing,masc) **οραω** ... **(perf,act,ptc,acc,sing,masc)** **παριστημι** **(imperf,act,ind,3p,sing)** **αγαπαω**
Jn.19:26 ιησους ουν ιδων την μητερα και τον μαθητην παρεστωτα ον ηγαπα
therefore <> Jesus having seeing the Mother and the disciple standing by whom He loved
B ις ουν ιδων την μητερα και τον μαθητην παρεστωτα ον ηγαπα
ℵ και τον μαθητην παρεστωτα ον ηγαπα και
P66 ις ουν ιδων τη[ν μητερα και το]ν μαθητη π[αρεστωτα ον ηγαπ]α

(pres,act,ind,3p,sing) **λεγω** **(2aor,act,imper,2p,sing)** **οραω**
W&H λεγει τη μητρι ~~αυτου~~ γυναι ιδε ο υιος σου
He says to the mother ~~of Him~~ woman you behold the son of you
B λεγει τη μητρι γυναι ιδε ο υιος σου
ℵ λεγει τη μητρι γυναι ιδου ο υιος σου
P66 λεγει τη μ[ητρι γυναι ιδε ο υ]ιος σου

(pres,act,ind,3p,sing) **λεγω** **(2aor,act,imper,2p,sing)** **οραω** **(2aor,act,imper,2p,sing** ***or particle calling attention*****)** **οραω**
Jn.19:27 ειτα λεγει τω μαθητη ιδε ~~ιδου~~ η μητηρ σου και απ εκεινης της
afterwards He says to the disciple you behold ~~you behold~~ the mother of you and from that the
B ειτα λεγει τω μαθητη ιδε η μητηρ σου και απ εκεινης της
ℵ ειτα λεγει τω μαθητη ειδε η μητηρ σου και απ εκινης της
P66 ειτ[α λεγει τω μαθητη ιδε] η μητηρ σου [και απ εκεινης της]

(2aor,act,ind,3p,sing) **λαμβανω**
W&H ωρας ελαβεν$_1$ ο$_3$ μαθητης$_4$ αυτην$_2$ εις$_5$ τα ιδια
hour he took the disciple her for the his own
B ωρας ελαβεν ο μαθητης αυτην εις τα ιδια
ℵ ωρας ελαβεν αυτη ο μαθητης εις τα ιδια
P66 ωρας ελα[βεν ο μαθητη]ς α[υτ]ην εις τα ιδια

	(perf,act,ptc,nom,sing,masc)	(2aor,act,ptc,nom,sing,masc)					(perf,pass,ind,3p,sing)	
	οιδα	οραω					τελεω	
Jn.19:28	μετα τουτο ειδως	ιδων	ο ιησους	οτι1 ηδη3	παντα2		τετελεσται4	ινα
	after this knowning	having seen/known	the Jesus	that already	all things		it has been completed	so that
B	μετα τουτο1 ειδως3		ις2	οτι4 ηδη5	παντα		τετελεσται	ινα
א	μετα τουτο ειδως		ο ις	οτι1 ηδη3	παντα2		τετελεσται4	ινα
P66	μ[ετα τουτο1 ειδως4		ο2 ι]ς3	οτι5 ηδη	παν[τα		τετελ]εσ[ται	*ινα

	(1aor,pass,subj,3p,sing)		(pres,act,ind,3p,sing)	(pres,act,ind,1p,sing)
	τελειοω		λεγω	διψαω
W&H	τελειωθη	η γραφη	λεγει	διψω
	she should be perfected	the Scripture	He says	I thirst
B	τελειωθη	η γραφη	λεγει	διψω
א			λεγει	διψω
P66	*	πληρωθη η [γ]ραφη]	λεγ]ει	διψω

[P66 * *Insert mark follows; lower margin contains* ινα πληρωθη η [γ]ραφη]

			(imperf,mid,ind,3p,sing)					(1aor,act,ptc,nom,pl,masc)
			κειμαι					πιμπλημι
Jn.19:29	σκευος1	ουν	εκειτο3 οξους4	μεστον5	σπογγον9 ουν2	μεστον	οι6	δε7 πλησαντες8
	therefore <> a vessel		he was existing of vinegar	full	therefore <> a sponge	full		and <> the ones having filled completely
B	σκευος		εκειτο οξους	μεστον	σπογγον ουν	μεστον		
א	σκευος	δε	εκειτο οξους	μεστον	σπογγον ουν	μεστον		
P66	σκε[υος		εκ]ειτο [οξους	μ]εστον	[σπογγον ο]υν	μεστο[ν		

					(2aor,act,ptc,nom,pl,masc)	(1aor,act,ind,3p,pl)			
					περιτιθημι	προσφερω			
W&H	του	οξους10	και	υσσωπω	περιθεντες	προσηνεγκαν	αυτου	τω	στοματι
	of the	vinegar	and	hyssop	putting around	they brought near	of Him	to the	mouth
B	του	οξους		υσσωπω	περιθεντες	προσηνεγκαν	αυτου	τω	στοματι
א		οξους		υσσωπω	περιθεντες	προσηνεγκαν	αυτου	τω	στοματι
P66	[το]υ	οξου[ς		υσσω]π[ω	π]εριθεντες	προσηνεγκαν	αυτου	τ[ω	σ]τοματι

		(2aor,act,ind,3p,sing)			(2aor,act,ind,3p,sing)	(perf,pass,ind,3p,sing)		(1aor,act,ptc,nom,sing,masc)
		λαμβανω			λεγω hiatus	τελεω		κλινω
Jn.19:30	οτε	ουν ελαβεν	το οξος [ο]	ιησους	ειπεν ειπε	τετελεσται	και	κλινας
	therefore <> when	He took	the vinegar the	Jesus	He said	it has been completed	and	having bowed
B	οτε	ουν ελαβεν	το οξος	ις	ειπεν	τετελεσται	και	κλεινας
א	οτε	ουν ελαβεν	το οξος		ειπεν	τετελεσται	και	κλεινας
P66	οτε	ουν ελ[αβ]εν	το ο[ξος ο]	ις	[ειπεν]	τετελες[ται	κ]αι	κλι[νας]

			(1aor,act,ind,3p,sing)	
			παραδιδωμι	
W&H	την	κεφαλην	παρεδωκεν	το πνευμα
	the	head	He gave over	the Spirit
B	τη	κεφαλην	παρεδωκεν	το πνευμα
א	την	κεφαλην	παρεδωκεν	το πνα
P66	[την	κ]εφ[αλη]ν	παρ[εδωκεν	το πν[α]

						(imperf,act,ind,3p,sing)		(1aor,mid,subj,3p,sing)			
						ειμι		μενω			
Jn.19:31	οι	ουν	ιουδαιοι1	επει13	παρασκευη14	ην15	ινα2	μη3 μεινη4	επι	του6	σταυρου7
	therefore <> the		Jews	since	preparation day	she was	so that	not it should remain	upon	the	cross
B	οι	ουν	ιουδαιοι	επ[ε]ι	παρασκευη	η	ινα	μη μεινη	επι	του	σταυρου
א	οι	ουν	ιουδαιοι	επει	παρασκευη	ην	ινα	μη μινη	επι	του	σταυρου
P66	[οι]	ου[ν	ι]ουδαιο[ι	ε]πι	παρασκευη	ην	ι[να]	μη μειν[η	επι]	του	σρου

						(imperf,act,ind,3p,sing)					
						ειμι					
W&H	τα8	σωματα9	εν10	τω11	σαββατω12	ην16	γαρ	μεγαλη	η ημερα	εκεινου	του σαββατου
	the	bodies	during	the	Sabbath	for <> she was		great	the day	that one	of the Sabbath
B	τα	σωματα	εν	τω	σαββατω	ην	γαρ	μεγαλη	η ημερα	εκεινου	του σαββατου
א	τα	σωματα	εν	τω	σαββατω	ην	γαρ	μεγαλη	ημερα	εκεινου	του σαββατου
P66	τα	σωμ[ατα	εν	τω	σαββ]ατω	ην	γαρ	[μεγαλη	η ημερα	εκει]νου	του σα[ββατου]

(1aor,act,ind,3p,pl) ερωταω (2aor,pass,subj,3p,pl) καταγνυμι (1aor,pass,subj,3p,pl) αιρω
W&H ηρωτησαν τον πιλατος ινα κατεαγωσιν αυτων τα σκελη και αρθωσιν
they asked the Pilate so that they should be broken of them the legs and they should be removed
B ηρωτηϲαν τον πειλατον ινα κατεαγωϲιν αυτων τα ϲκελη και αρθωϲιν
א ηρωτηϲαν ουν τον πιλατον ινα κατεαγωϲιν αυτων τα ϲκελη και αρθωϲιν
Ƥ66 [ηρωτηϲαν] τον πιλατ[ον ινα κατεαγνϲι]ν αυτων τ[α ϲκελη και α]ρθωϲιν

(2aor,act,ind,3p,pl) ερχομαι (1aor,act,ind,3p,pl) καταγνυμι
Jn.19:32 ηλθον ουν οι στρατιωται και του μεν πρωτου κατεαξαν τα σκελη και του αλλου
therefore <> they came the soldiers and of the one first they broke the legs and of the other
B ηλθον ουν οι ϲτρατιωται και του μεν πρωτου κατεαξαν τα ϲκελη και του αλλου
א ηλθον ουν οι ϲτρατιωται και του μεν πρωτου κατεαξαν τα ϲκελη και του αλλου
Ƥ66 ηλθον [ουν οι ϲτρατιωται και του μεν πρω[του κατεαξα]ν τα ϲκε[λη] κα[ι του αλ]λου

(1aor,pass,ptc,gen,sing,masc) συσταυροω
W&H του συσταυρωθεντος αυτω
of the one having been crucified with Him
B του ϲυνϲταυρωθεντοϲ αυτω
א του ϲυνϲταυρωθεντοϲ αυτω
Ƥ66 το[υ ϲυνϲτ[αυρωθεντοϲ αυτω]

(2aor,act,ptc,nom,pl,masc) ερχομαι (2aor,act,ind,3p,pl) οραω (perf,act,ptc,acc,sing,masc) θνησκω
Jn.19:33 επι δε τον ιησουν ελθοντες ως ειδον$_1$ ηδη$_3$ αυτον$_2$ τεθνηκοτα$_4$ ου
but <> to the Jesus having come when they saw already Him having died not
B επι δε τον ιν ελθοντεϲ ωϲ ειδον ηδη αυτον τεθνηκοτα ου
א επι δε τον ιν ελθοντεϲ ευρο ηδη$_2$ αυτον$_1$ τεθνηκοτα$_3$ και$_4$ ου$_5$
Ƥ66 [ε]πι δε [τον ιν] ελθον[τεϲ ωϲ ειδο]ν ηδ[η α]υτον τεθνη[κοτα ου]

(1aor,act,ind,3p,pl) καταγνυμι
W&H κατεαξαν αυτου τα σκελη
they broke of Him the legs
B κατεαξαν αυτου τα ϲκελη
א κατεαξαν αυτου τα ϲκελη
Ƥ66 [κατεαξαν αυτου τα ϲκ]ελη

(1aor,act,ind,3p,sing) νυσσω hiatus (2aor,act,ind,3p,sing) εξερχομαι
Jn.19:34 αλλ εις των στρατιωτων λογχη αυτου την πλευραν ενυξεν ~~ενυξε~~ και$_1$ εξηλθεν$_3$
but one of the soldiers with a lance of Him the side he pierced and came out
B αλλ ειϲ των ϲτρατιωτων λογχη αυτου την πλευραν ενυξεν και εξηλθεν
א αλλ ειϲ των ϲτρατιωτων λογχη αυτου την πλευραν ενυξεν και εξηλθεν
Ƥ66 [αλλ ειϲ των ϲτρατιωτων λογχη αυτου τη]ν πλευρα[ν] ενυξ[εν] και εξη[λθε]ν

W&H ευθυς$_2$ αιμα$_4$ και υδωρ
immediately blood and water
B ευθυϲ αιμα και υδωρ
א ευθυϲ αιμα και υδωρ
Ƥ66 ευθυϲ α[ι]μα και υ[δ]ωρ

(perf,act,ptc,nom,sing,masc) οραω (perf,act,ind,3p,sing) μαρτυρεω hiatus (pres,act,ind,3p,sing) ειμι
Jn.19:35 και ο εωρακως μεμαρτυρηκεν ~~μεμαρτυρηκε~~ και αληθινη$_1$ αυτου$_5$ εστιν$_2$ η$_3$
and the one having seen he has witnessed and true of him she is the
B και ο εωρακωϲ μεμαρτυρηκε και αληθινη αυτου εϲτιν η
א και ο εωρακωϲ μεμαρτυρηκεν και αληθηϲ αυτου εϲτιν η
Ƥ66 κα[ι ο ε]ωρακωϲ [μ]εμα[ρ]τυ[ρη]κεν [και αλ]ηθιν[η]$_1$ [α]υτου$_3$ [ε]ϲτιν$_2$ η$_4$

(perf,act,ind,3p,sing) (pres,act,ind,3p,sing)
οιδα λεγω
W&H μαρτυρια[4] και εκεινος ~~κακεινος~~[6] οιδεν[7] οτι αληθη λεγει ινα και υμεις
witness and that one ~~and that one~~ he has known that true he speaks so that also you all
B μαρτυρια και εκεινος οιδεν οτι αληθη λεγει ινα και υμεις
ℵ μαρτυρια κακεινος οιδεν οτι αληθη λεγει ινα και υμις
P66 μα[ρτυρι]α κα[ι εκ]εινος οι[δε]ν οτι αλ[ηθη λε]γε[ι ιν]α κα[ι υμ]εις

(pres,act,subj,2p,pl)
πιστευω
W&H πιστευητε
you all might believe
B πιστευητε
ℵ πιστευητε
P66 πιστε[υητ]αι

(2aor,mid,ind,3p,sing) (1aor,pass,subj,3p,sing) (fut,pass,ind,3p,sing)
γινομαι πληροω συντριβω
Jn.19:36 εγενετο γαρ ταυτα ινα η γραφη πληρωθη οστουν ου συντριβησεται αυτου
for <> it happened these thing so that the Scripture she might be fulfilled a bone not it was broken of Him
B εγενετο γαρ ταυτα ινα η γραφη πληρωθη οστουν ου συντριβησεται αυτου
ℵ εγενετο γαρ ταυτα ινα η γραφη πληρωθη οστουν ου συντριβησεται απ αυτου
P66 εγ[ε]νετ[ο γαρ τα]υτα [ινα η] γραφη πλ[ηρωθη ο]στου[ν ου συ]ντριβησετ[αι απ αυτου]

(pres,act,ind,3p,sing) (fut,mid,ind,3p,pl) (1aor,act,ind,3p,pl)
λεγω οραω εκκεντεω
Jn.19:37 και παλιν ετερα γραφη λεγει οψονται εις ον εξεκεντησαν
and again another Scripture she says they shall look on Whom they pierced
B και παλιν ετερα γραφη λεγει οψονται εις ον εξεκεντησαν
ℵ και παλιν ετερα γραφη λεγει οψονται εις ον εξεκεντησαν
P66 [κ]αι πα[λιν ετερ]α γραφη λ[ε]γει οψον[ται] εις ον [εξεκ]εντησαν

(1aor,act,ind,3p,sing)
ερωταω hiatus
Jn.19:38 μετα δε ταυτα ηρωτησεν ~~ηρωτησε~~ τον πιλατος ~~ο~~ ιωσηφ ~~ο~~ απο αριμαθαιας
but <> after these *(things)* he asked the Pilate ~~the~~ Joseph ~~the one~~ from Arimathea
B μετα δε ταυτα ηρωτησεν τον πειλατον ιωσηφ απο αρειμαθαιας
ℵ μετα δε ταυτα ηρωτησεν τον πιλατο ιωσηφ ο απο αριμαθαιας
P66 [μετα δε] ταυτα η[ρωτη]σεν το[ν πειλατον ιω]σηφ ο απ[ο αριμα]θαια[ς]

(pres,act,ptc,nom,sing,masc) (perf,pass,ptc,nom,sing,masc) (1aor,act,subj,3p,sing)
ειμι κρυπτω αιρω
W&H ων μαθητης [του] ιησου κεκρυμμενος δε δια τον φοβον των ιουδαιων ινα αρη
being a disciple of the Jesus but <> having been hidden on account of the fear of the Jews so that he should take
B ων μαθητης ιυ κεκρυμμενος δε δια τον φοβον των ιουδαιων ινα αρη
ℵ ων μαθητης του ιυ κεκρυμμενος δε δια τον φοβον των ιουδαιων ινα αρη
P66 ων μα[θητης του ιυ κεκρυμμενος δε] δια [τον φοβον των ιουδαιων ινα] αρ[η]

(1aor,act,ind,3p,sing) (2aor,act,ind,3p,sing) (1aor,act,ind,3p,sing)
επιτρεπω ερχομαι αιρω hiatus
W&H το σωμα του ιησου και επετρεψεν ο πιλατος ηλθεν ουν και ηρεν ~~ηρε~~ το
the body of the Jesus and he allowed the Pilate therefore <> he came and he took the
B το σωμα του ιυ και επετρεψεν ο πειλατος ηλθεν ουν και ηρεν το
ℵ το σωμα του ιυ και επετρεψεν ο πιλατος ηλθον ουν και ηραν
P66 [το σωμα του ιυ] ηλθ[εν ουν και] ηρεν το

W&H σωμα αυτου ~~του ιησου~~
body of Him ~~of the Jesus~~
B σωμα αυτου
ℵ αυτον
P66 [σ]ωμα αυτο[υ]

(2aor,act,ind,3p,sing) (2aor,act,ptc,nom,sing,masc)
ερχομαι ερχομαι
Jn.19:39 ηλθεν δε και νικοδημος ο ελθων προς αυτον ~~τον ιησουν~~ νυκτος το πρωτον
and <> he came also Nicodemus the one having come to Him ~~the Jesus~~ by night the at first
B ηλθεν δε και νεικοδημος ο ελθων προς αυτον νυκτος το πρωτον
א ηλθεν δε και νικοδημος ο ελθων προς το ιν νυκτος το πρωτο
P66 [ηλθεν δε] και νικοδημος ο ελ[θω]ν προς α[υτο]ν νυκ[τ]ος το πρ[ω]τ[ον]

(pres,act,ptc,nom,sing,masc)
φερω
W&H φερων ελιγμα ~~μιγμα~~ σμυρνης και αλοης ως λιτρας εκατον
bearing a wrapping ~~a mixture~~ of myrrh and aloes about liters a hundred
B φερων ελιγμα cμυρνηc και αλοηc ωc λειτραc εκατον
א εχων ελιγμα cζμυρνηc και αλοηc ωc λιτραc εκατον
P66 [φε]ρων μ[ιγμα cμ]υ[ρν]ηc κα[ι αλοηc ω]cει λ[ιτραc] εκ[ατο]ν

(2aor,act,ind,3p,pl) (1aor,act,ind,3p,pl)
λαμβανω δεω
Jn.19:40 ελαβον ουν το σωμα του ιησου και εδησαν αυτο οθονιοις μετα των αρωματων
therefore <> they took the body of the Jesus and they bound it with strips of cloth with the aromatics
B ελαβον ουν το cωμα του ιυ και εδηcαν αυτο οθονιοιc μετα των αρωματων
א ελαβον ουν το cωμα του ιυ και εδηcαν αυτο οθονιοιc μετα των αρωματων
P66 ε[λαβον] ουν το c[ωμα] του ι[υ κ]αι ε[δηcα]ν αυτο οθ[ονιοι]c μ[ετ] των [αρω]ματων

(pres,act,ind,3p,sing) (pres,act,inf)
ειμι hiatus ενταφιαζω
W&H καθως εθος εστιν ~~εστι~~ τοις ιουδαιοις ενταφιαζειν
as custom it is with the Jews to prepare for burrial
B καθωc εθοc εcτι τοιc ιουδαιοιc ενταφιαζει
א καθωc εθοc ην τοιc ιουδαιοιc ενταφιαζειν
P66 [καθωc] εθοc εcτ[ι]ν τ[οιc ιο]υδα[ιοιc εν]ταφιαζειν

(imperf,act,ind,3p,sing) (1aor,pass,ind,3p,sing)
ειμι σταυροω
Jn.19:41 ην δε εν τω τοπω οπου εσταυρωθη κηπος και εν τω κηπω μνημειον
and <> he was in the place where He was crucified a garden and in the garden a sepulcher
B ην δε εν τω τοπω οπου εcταυρωθη κηποc και εν τω κηπω μνημειο
א ην δε εν τω τοπω οπου εcταυρωθη κηποc και εν τω κηπω μνημιον
P66 [ην δ]ε εν [τω] τοπω οπου [εcτα]υρ[ω]θη κ[ηποc κα]ι εν τω [κη]πω μνημ[ειον]

(imperf,act,ind,3p,sing) (perf,pass,ptc,nom,sing,masc) (1aor,pass,ind,3p,sing)
ειμι τιθημι τιθημι
W&H καινον εν ω ουδεπω ουδεις ην τεθειμενος ~~ετεθη~~
new in which not yet no one he was having been put ~~was placed~~
B καινον εν ω ουδειc ην τεθειμενοc
א καινον εν ω1 ουδεπω3 ουδιc2 ην4 τεθειμενοc
P66 [καιν]ον εν [ω ου]δεπ[ω] ου[δειc ην τεθει]με[νοc]

(imperf,act,ind,3p,sing)
ειμι
Jn.19:42 εκει ουν δια την παρασκευην των ιουδαιων οτι εγγυς ην
therefore <> there on account of the prepration of the Jews because near it was
B εκει ουν δια την παραcκευην των ιουδαιων οτι εγγυc ην
א εκει ου δια την παραcκευη των ιουδαιων οτι εγγυc ην
P66 [εκει] ουν δια [την παραcκευην των ιουδαιων οτι] εγγ[υc η]ν

(1aor,act,ind,3p,pl)
τιθημι
W&H το μνημειον εθηκαν τον ιησουν
the sepulchre they placed the Jesus
B το μνημειον εθηκαν τον ιν
א το μνημιον οπου εθηκαν τον ιν
P66 το μνημειον ε[θη]καν [το]ν ιν

John Chapter 20

(pres,mid,ind,3p,sing)
ερχομαι
Jn.20:1 τη δε μια των σαββατων μαρια η μαγδαληνη ερχεται πρωι σκοτιας
but <> on the one of the of week Mary the Magdalene she comes early darkness
B τη δε μια των cαββατων μαρια η μαγδαληνη ερχεται πρωι cκοτιαc
ℵ τη δε μια των cαββατων μαριαμ η μαγδαληνη ερχεται πρωι · cκοτιαc
P66 [τη] δε μι[α] των cαβ[βατ]ων μαρια] η μα[γδαλ]ηνη ερχ[εται πρωι cκ]οτια[c]

(pres,act,ptc,gen,sing,fem) (pres,act,ind,3p,sing) (perf,pass,ptc,acc,sing,masc)
ειμι βλεπω αιρω
W&H ετι ουσης εις το μνημειον και βλεπει τον λιθον ηρμενον εκ
yet being to the sepulchre and she sees the stone having been removed from out
B ετι ουcηc ειc το μνημειον και βλεπει τον λιθον ηρμενον εκ
ℵ ετι ουcηc ειc το μνημειον και βλεπει τον λιθον ηρμενο απο τηc θυραc εκ
P66 [ε]τι ουcηc ε[ιc το μνημειον και βλ]επει τον [λιθον ηρμενον εκ]

W&H του μνημειου
of the tomb
B του μνημειου
ℵ του μνημιου
P66 [το]υ μ[νη]με[ιου]

(pres,act,ind,3p,sing) (pres,mid,ind,3p,sing)
τρεχω ερχομαι
Jn.20:2 τρεχει ουν και ερχεται προς σιμωνα πετρον και προς τον αλλον μαθητην
therefore <> she runs and she comes to Simon Peter and to the other disciple
B τρεχει ουν και ερχεται προc cιμωνα πετρον και προc τον αλλον μαθητην
ℵ τρεχει ου και ερχεται προc το cιμωνα πετρον και προc τον αλλο μαθητην
P66 [τρεχει ουν και ερ]χεται προc c[ιμωνα πετρον κ]αι προc τον [αλλον] μαθητη[ν]

(imperf,act,ind,3p,sing) (pres,act,ind,3p,sing) (1aor,act,ind,3p,pl)
φιλεω λεγω αιρω
W&H ον εφιλει ο ιησους και λεγει αυτοις ηραν τον κυριον εκ του μνημειου και
whom He loved the Jesus and she says to them they took away the Lord from out of the tomb and
B ον εφιλει ο ις και λεγει αυτοιc ηραν τον κν εκ του μνημειου και
ℵ ον εφιλει ο ις και λεγει αυτοιc ηραν τον κν εκ του μνημιου και
P66 [ο]ν εφιλει ο ις κ[αι λεγει αυτοιc ηρ[α]ν τον κν εκ του [μ]νημειου κα[ι]

(perf,act,ind,1p,pl) (1aor,act,ind,3p,pl)
οιδα τιθημι
W&H ουκ οιδαμεν που εθηκαν αυτον
not we have known where they placed Him
B ουκ οιδαμεν που εθηκαν αυτον
ℵ ουκ οιδαμεν που εθηκαν αυτον
P66 [ο]υκ οιδαμεν π[ο]υ εθη[κ]αν αυτον

(2aor,act,ind,3p,sing) (imperf,mid,ind,3p,pl)
εξερχομαι ερχομαι
Jn.20:3 εξηλθεν ουν ο πετρος και ο αλλος μαθητης και ηρχοντο εις το μνημειον
therefore <> he went forth the Peter and the other disciple and they were going to the tomb
B εξηλθεν ουν ο πετροc και ο αλλοc μαθητηc και ηρχοντο ειc το μνημειον
ℵ εξηλθεν ουν ο πετροc και ο αλλοc μαθηταc και ηρχοντο ειc το μνημιον και
P66 [εξ]ηλθεν [ο]υν ο πε[τ]ροc και ο [αλλ]οc μαθ[ητ]ηc και η[ρχ]οντο ειc το μνημ[ειον]

(imperf,act,ind,3p,pl) (2aor,act,ind,3p,sing)
τρεχω προτρεχω hiatus
Jn.20:4 ετρεχον δε οι δυο ομου και ο αλλος μαθητης προεδραμεν προεδραμε ταχιον
and <> they were runing the two together and the other disciple he ran in front quickly
B ετρεχον δε οι δυο ομου και ο αλλοc μαθητηc προεδραμεν ταχειον
ℵ ετρεχον1 δε6 οι2 δυο3 ομου4 προεδραμεν5 ταχιον6
P66 ετρε[χ]ον δε οι δυο ομου [και ο αλλοc μα]θητη[c προεδρα[μ]εν ταχιον

(2aor,act,ind,3p,sing)
ερχομαι hiatus

W&H του πετρου και ηλθεν ~~ηλθε~~ πρωτος εις το μνημειον
of the Peter and he came first to the tomb

B του πετρου και ηλθε πρωτοϲ ειϲ το μνημειον

א του$_{7}$ πετρου$_{8}$ και$_{9}$ ηλθεν$_{10}$ πρωτοϲ$_{14}$ ειϲ$_{11}$ το$_{12}$ μνημιο$_{13}$

P66 του [πετρου και ηλθεν πρωτοϲ ειϲ το] μν[ημ]ειον

(1aor,act,ptc,nom,sing,masc) παρακυπτω (pres,act,ind,3p,sing) βλεπω (pres,mid,ptc,acc,pl,neut) κειμαι (2aor,act,ind,3p,sing) εισερχομαι

Jn.20:5 και παρακυψας βλεπει κειμενα τα οθονια ου μεντοι εισηλθεν
and leaning over he sees lying the linen cloths not however he entered

B και παρακυψαϲ βλεπει κειμενα τα οθονια ου μεντοι ειϲηλθεν

א και παρακυψαϲ βλεπει τα οθο ου μεντοι ειϲηλθεν

P66 και παρακυψ[αϲ βλεπει] κει[με]να τα οθον[ια] ου μεν[τοι ειϲηλθεν]

(pres,mid,ind,3p,sing) ερχομαι (pres,act,ptc,nom,sing,masc) ακολουθεω (2aor,act,ind,3p,sing) εισερχομαι

Jn.20:6 ερχεται ουν και σιμων πετρος ακολουθων αυτω και εισηλθεν εις το μνημειον
therefore <> he comes also Simon Peter following him and he entered into the tomb

B ερχεται ουν και ϲιμων πετροϲ ακολουθων αυτω και ειϲηλθεν ειϲ το μνημειον

א ερχεται ουν και ϲιμω πετροϲ ακολουθων αυτω και ειϲηλθεν ειϲ το μνημιον

P66 [ερχετ]αι ουν κα[ι ϲι]μων πε[τροϲ ακολουθ]ων αυτω [και ειϲηλθεν ειϲ το μνημ]ειον

(pres,act,ind,3p,sing) θεωρεω (pres,mid,ptc,acc,pl,neut) κειμαι

W&H και θεωρει τα οθονια κειμενα
and he looks at the linen cloths lying

B και θεωρει τα οθονια κειμενα

א και θεωρι τα οθονια κειμενα

P66 και θ[ε]ωρε[ι τα οθονια κειμενα]

(imperf,act,ind,3p,sing) ειμι (pres,mid,ptc,acc,sing,masc) κειμαι

Jn.20:7 και το σουδαριον ο ην επι της κεφαλης αυτου ου μετα των οθονιων κειμενον
and the hankerchief the one it was upon the head of Him not with the linen clothes lying

B και το ϲουδαριον ο ην επι τηϲ κεφαληϲ αυτου ου μετα των οθονιων κειμενον

א και το ϲουδαριον ο ην επι τηϲ κεφαληϲ αυτου ου μετα των οθονιων κειμενο

P66 και το [ϲουδαριον ο ην επι τηϲ κεφαλη]ϲ αυ[το]υ ο[υ μετα των οθονιων κε]ιμενον

(perf,pass,ptc,acc,sing,neut) εντυλισσω

W&H αλλα χωρις εντετυλιγμενον εις ενα τοπον
but separate from having been wrapped up in one place

B αλλα χωριϲ εντετυλιγμενον ειϲ ενα τοπον

א αλλα χωριϲ εντετυλιγμενον ειϲ ενα τοπον

P66 α[λλα χωριϲ εντετυλιγ]μενον ειϲ εν[α τοπον]

(2aor,act,ind,3p,sing) εισερχομαι hiatus (2aor,act,ptc,nom,sing,masc) ερχομαι

Jn.20:8 τοτε ουν εισηλθεν ~~εισηλθε~~ και ο αλλος μαθητης ο ελθων πρωτος εις το
therefore <> then he entered and the other disciple the one having come first to the

B τοτε ουν ειϲηλθεν και ο αλλοϲ μαθητηϲ ο ελθων πρωτοϲ ειϲ το

א τοτε ουν ειϲηλθεν και ο αλλοϲ μαθητηϲ ο ελθων πρωτοϲ ειϲ το

P66 [τοτε ουν] ειϲηλθεν κ[αι ο αλ]λοϲ μα[θητηϲ ο ε]λθων πρωτοϲ [ειϲ] το

(2aor,act,ind,3p,sing) οραω hiatus (1aor,act,ind,3p,sing) πιστευω hiatus

W&H μνημειον και ειδεν ~~ειδε~~ και επιστευσεν ~~επιστευσε~~
tomb and he saw and he believed

B μνημειον και ειδεν και επιϲτευϲεν

א μνημιον και ειδεν και επιϲτευϲεν

P66 μνημειο[ν] και ειδεν και ε[πι]ϲτευϲεν

(plupf,act,ind,3p,pl) οιδα (pres,act,impers,3p,sing) δει (2aor,act,infin) ανιστημι

Jn.20:9 ουδεπω γαρ ηδεισαν την γραφην οτι δει αυτον εκ νεκρων αναστηναι
for <> not yet they knew the Scripture that it is necessary for Him from out of deaths to be raised up
B ουδεπω γαρ ηδειcαν την γραφην οτι δει αυτον εκ νεκρων αναcτηναι
א ουδεπω γαρ ηδει την γραφην οτι δει αυτον εκ νεκρων αναcτηναι
P66 [ο]υδεπ[ω] γ[α]ρ ηδειc[αν τ]ην γραφ[ην ο]τι δει αυ[τον] εκ νεκ[ρω]ν αναc[την]αι

(2aor,act,ind,3p,pl) απερχομαι

Jn.20:10 απηλθον ουν παλιν προς αυτους ~~εαυτους~~ οι μαθηται
therefore <> they went forth again to themselves ~~themselves~~ the disciples
B απηλθον ουν παλιν προc αυτουc οι μαθηται
א απηλθον ουν παλιν προc αυτουc οι μαθηται
P66 απη[λθο]ν ουν π[αλι]ν προc [αυτουc οι μ]αθηται

(plupf,act,ind,3p,sing) ιστημι (pres,act,ptc,nom,sing,fem) κλαιω

Jn.20:11 μαρια δε ειστηκει προς τω ~~τῳ~~ μνημειω$_1$ εξω$_3$ κλαιουσα$_2$ ως$_4$ ουν
but <> Mary she stood at the ~~the~~ tomb outside weeping therefore <> as
B μαρια δε ειcτηκει προc τω μνημειω εξω κλαιουcα ωc ουν
א μαριαμ δε ιcτηκει εν τω μνημιω κλαιουcα ωc ουν
P5 * μνημ[ειω εξω κλαιουcα ωc ουν
P66 μαριαμ δε [ειcτηκει προ]c τω μν[η]μειω ε[ξω κλαιουcα ωc ουν]
[P5* *leaf three recto begins*]

(imperf,act,ind,3p,sing) κλαιω hiatus (1aor,act,ind,3p,sing) παρακυπτω

W&H εκλαιεν ~~εκλαιε~~ παρεκυψεν εις το μνημειον
she was weeping she leaned over into the tomb
B εκλαιεν παρεκυψεν ειc το μνημειον
א εκλαιεν παρεκυψεν ειc το μνημιον
P5 εκλαιεν] παρεκυ[ψεν ειc το μνημειον]
P66 [εκλαιεν παρεκυψεν ειc το μνημειον]

(pres,act,ind,3p,sing) θεωρεω (pres,mid,ptc,acc,pl,masc) καθεζομαι

Jn.20:12 και θεωρει δυο αγγελους εν λευκοις καθεζομενους ενα προς τη κεφαλη και
and she sees two angeles in white being seated one at the head and
B και θεωρει δυο αγγελουc εν λευκοιc καθεζομενουc ενα προc τη κεφαλη και
א και θεωρει αγγελουc εν$_2$ λευκοιc$_3$ καθεζομενουc$_1$ ενα$_4$ προc τη κεφαλη και
P5 [και θεω]ρει δυο [αγγελουc εν λευκοιc καθεζομε]ν[ουc ενα προc τη κεφαλη και]
P66 [και θεωρε]ι δυο [αγγε]λουc εν λευ[κοιc καθεζ]ομ[ενου]c ενα προc τ[η κεφαλη κ]α[ι]

(imperf,mid,ind,3p,sing) κειμαι

W&H ενα προς τοις ποσιν οπου εκειτο το σωμα του ιησου
one at the feet where it was laid the body of the Jesus
B ενα προc τοιc ποcιν οπου εκειτο το cωμα του ιυ
א ενα προc τοιc ποcι οπου εκειτο το cωμα του ιυ
P5 [ενα προc] τ[οιc ποcιν οπου εκειτο το cωμα του ιηυ]
P66 [ενα π]ροc τοιc ποcι [οπου εκειτο το cωμα] του ιυ

(pres,act,ind,3p,pl) λεγω (pres,act,ind,2p,sing) κλαιω (pres,act,ind,3p,sing) λεγω (1aor,act,ind,3p,pl) αιρω

Jn.20:13 και λεγουσιν αυτη εκεινοι γυναι τι κλαιεις λεγει αυτοις οτι ηραν τον
and they say to her those ones woman why do you weep she says to them that/" they took the
B και λεγουcιν αυτη εκεινοι γυναι τι κλαιειc και λεγει αυτοιc οτι ηραν τον
א λεγουcιν αυτη εκεινοι γυναι τι κλαιειc λεγει αυτοιc οτι ηραν τον
P5 [και λεγουcιν αυτη εκεινοι γυναι τι κλαιειc λεγει αυτοιc οτι ηραν τον]
P66 και λ[εγουcιν αυτ]η [εκινου] γυν[αι] τι [κλαιειc λεγει α]υτοι[c] οτ[ι η]ραν [τ]ον

(2 perf,act,ind,1p,sing) οιδα (1aor,act,ind,3p,pl) τιθημι

W&H κυριον μου και ουκ οιδα που εθηκαν αυτον
Lord of me and not I have known where they placed Him
B κυριον μου και ουκ οιδα που εθηκαν αυτον
א κν μου κ(αι) ουκ οιδα που εθηκαν αυτον
P5 [κν] μου [και ουκ οιδα που εθηκαν αυτον]
P66 κν [μου και] ουκ οιδα πο[υ] εθηκαν αυ[τον]

		(2aor,act,ptc,nom,sing,fem) λεγω	(2aor,pass,ind,3p,sing) στρεφω			(pres,act,ind,3p,sing) θεωρεω		(perf,act,ptc,acc,sing,masc) ιστημι
Jn.20:14	~~και~~ ταυτα	ειπουσα	εστραφη	εις τα οπισω	και	θεωρει τον	ιησουν	εστωτα
	~~and~~ these *(things)*	having said	she was turned	to the rear	and	she sees the	Jesus	having stood
B	ταυτα	ειπουcα	εcτραφη	ειc τα οπιcω	και	θεωρει τον	ιν	εcτωτα
ℵ	ταυτα	ειπουcα	εcτραφη	ειc τα οπιcω	κ(αι)	θεωρει τον	ιν	εcτωτα
P5	ταυτα	[ειπουcα	εcτραφη	ειc τα οπι]cω	και	[θεωρει τον	ιην	εcτωτα
P66	[τ]αυτα	ειπουcα	εc[τρ]αφη	ειc τα οπι[c]ω	και	θεωρει [το]ν	ιν	εcτ[ω]τα

		(plupf,act,ind,3p,sing) οιδα			(pres,act,ind,3p,sing) ειμι hiatus
W&H	και ουκ	ηδει	οτι	ιησους	εστιν ~~εστι~~
	and not	she had having known	that	Jesus	He is
B	και ουκ	ηδει	οτι	ιc	εcτιν
ℵ	και ουκ	ηδει	οτι	ιc	εcτιν
P5	[και ου]κ	ηδει	[οτι	ιηc	εcτιν]
P66	και ουκ	ηδει	οτι	ιc	εcτιν

	(pres,act,ind,3p,sing) λεγω			(pres,act,ind,2p,sing) κλαιω	(pres,act,ind,2p,sing) ζητεω		(pres,act,ptc,nom,sing,fem) δοκεω	
Jn.20:15	λεγει	αυτη ~~ο~~ ιησους	γυναι	τι κλαιεις τινα	ζητεις	εκεινη	δοκουσα	οτι ο
	He says	to her ~~the~~ Jesus	woman	why do you weep whom	do you seek	that one	supposing	that the
B	λεγει	αυτη ιc	γυναι	τι κλαιειc τινα	ζητειc	εκεινη	δοκουcα	οτι ο
ℵ	λεγει	αυτη ιc	γυναι	τι κλαιειc τινα	ζητειc	εκεινη δε	δοκουcα	οτι ο
P5	[λεγει	αυτη ιηc]	γυναι	[τι κλαιειc τινα	ζητειc	εκεινη]	δοκου[cα	οτι ο
P66	λ[εγ]ει	[αυτ]η ιc	γυναι	τι κλαιειc τι[να	ζητ]ειc	[ε]κ[ι]νη	δοκουcα	οτ[ι ο]

		(pres,act,ind,3p,sing) ειμι hiatus	(pres,act,ind,3p,sing) λεγω				(1aor,act,ind,2p,sing) βασταζω		(2aor,act,imper,2p,sing) λεγω
W&H	κηπουρος	εστιν ~~εστι~~	λεγει	αυτω	κυριε	ει συ	εβαστασας	αυτον	ειπε
	gardener	He is	she says	to Him	Lord	if You	You removed	Him	You tell
B	κηπουροc	εcτιν	λεγει	αυτω	κε	ει cυ	εβαcταcαc	αυτον	ειπε
ℵ	κηπουροc	εcτιν	λεγει	αυτω	κε	ει cυ ει ο	βαcταcαc	αυτον	ειπε
P5	κηπουροc	[εcτιν	λεγει]	αυτω	[κε	ει cυ	εβαcταcαc	αυτον	ειπε]
P66	κη[π]ουροc	[εcτιν	λ]εγει	αυτω	κ[ε]	ει c[υ	εβ]αcτα[cαc]	[αυτο]ν	ειπ[ε]

			(1aor,act,ind,2p,sing) τιθημι				(fut,act,ind,1p,sing) αιρω
W&H	μοι	που	εθηκας	αυτον	καγω	αυτον	αρω
	to me	where	You put	Him	and I	Him	I will take
B	μοι	που	εθηκαc	αυτον	καγω	αυτον	αρω
ℵ	μοι	που	εθηκαc	αυτον	καγω	αυτον	αρω
P5	μοι	π[ου	εθηκαc	αυτον	καγω	αυτον]	αρω
P66	[μοι]	πο[υ	εθηκαc	αυτον	καγω]1	α[υτον3	αρ]ω2

	(pres,act,ind,3p,sing) λεγω				(2aor,pass,ptc,nom,sing,fem) στρεφω		(pres,act,ind,3p,sing) λεγω			
Jn.20:16	λεγει	αυτη ~~ο~~ ιησους	μαριαμ ~~μαρια~~		στραφεισα	εκεινη	λεγει	αυτω	εβραιστι	ραββουνι
	He says	to her ~~the~~ Jesus	Mary		having been turned	that one	she says	to Him	in Hebrew	Rabboni
B	λεγει	αυτη ιc	μαριαμ		cτραφειcα	εκεινη	λεγει	αυτω	εβραιcτι	
ℵ	λεγει	αυτη ο ιc	μαριαμ		cτραφειcα δε	εκεινη	λεγει	αυτω	εβραιcτι	ραββουνι
P5	[λεγει	αυτη ιηc	μαριαμ		cτραφειcα	εκεινη	λεγει	αυτω	εβραιcτι	ραβ]β[ουνι]
P66	[λεγει	αυτη ι]c	μ[αριαμ		cτ]ραφ[ειcα	εκεινη	λε]γει	αυτω	[εβραιcτι	ραββουνι]

				(pres,pass,ind,3p,sing) λεγω	
W&H			ο	λεγεται	διδασκαλε
			the One	He is being called	Teacher
B	ραββουνει		ο	λεγεται	διδαcκαλε
ℵ			ο	λεγεται	διδαcκαλε
P5		[κε μου]			
P66			[ο	λ]εγετ[αι	διδαcκαλε]

(pres,act,ind,3p,sing) λεγω | (pres,mid,imper,2p,sing) απτω | (perf,act,ind,1p,sing) αναβαινω

Jn.20:17 λεγει αυτη ~~ο~~ ιησους μη μου απτου ουπω γαρ αναβεβηκα προς τον πατερα ~~μου~~
He said to her ~~the~~ Jesus not Me you,yourself,touch for <> not yet have I ascended to the Father ~~of Me~~
B λεγει αυτη ις μη1 μου3 απτου2 ουπω4 γαρ αναβεβηκα προς τον πατερα
ℵ λεγει αυτη ο ις μη μου απτου ουπω γαρ αναβεβηκα προς τον πατερα
P5 [λεγει αυτη ιης μη] μ[ου απτου ουπω γαρ αναβεβηκα προς] τ[ον πρα]
P66 [λεγει αυτη ις μη1 μου3 απτου2 ουπ]ω4 γαρ αναβ[εβηκ]α π[ρος τον πρ]α μου

(pres,mid,imper,2p,sing) πορευομαι | (2aor,act,imper,2p,sing) λεγω | (pres,act,ind,1p,sing) αναβαινω

W&H πορευου δε προς τους αδελφους μου και ειπε αυτοις αναβαινω προς τον
but <> you, yourself go to the brothers of Me and you tell to them I am ascending to the
B πορευου δε προς τους αδελφους μου και ειπε αυτοις αναβαινω προς τον
ℵ πορευου δε προς τους αδελφους και ειπε αυτοις ιδου αναβαινω προς το
P5 [παρευου δε προς τους αδελφους]*
P66 πορευ[ου δε προς τους αδελ]φους μου κ[αι ειπε αυτοις αν]αβαι[ν]ω π[ρος το]ν
[P5 * *continues again @* 20:19]

W&H πατερα μου και πατερα υμων και θεον μου και θεον υμων
Father of Me and Father of you all and God of Me and God of you all
B πατερα μου και πατερα υμων και θν μου και θν υμων
ℵ πατερα μου και πατερα υμων και θν μου και θν υμων
P66 πρ[α μου κα]ι πρα [υ]μων και θν [μου και] θν [υμων

(pres,mid,ind,3p,sing) ερχομαι | (pres,act,ptc,nom,sing,fem) αγγελλω

Jn.20:18 ερχεται μαριαμ ~~μαρια~~ η μαγδαληνη αγγελλουσα τοις μαθηταις οτι
she comes Mary the Magdalene reporting to the disciples that/"
B ερχεται μαριαμ η μαγδαληνη αγγελλουσα τοις μαθηταις οτι
ℵ ερχεται μαριαμ η μαγδαληνη αγγελλουσα τοις μαθηταις οτι
P66 ε[ρ]χεται μαριαμ [η μα]γδ[αλ]ηνη απαγ[γε]λλουσα τοις μ[α]θη[τ]αις οτι

(perf,act,ind,1p,sing) οραω | (perf,act,ind,3p,sing) οραω hiatus | (2aor,act,ind,3p,sing) λεγω

W&H εωρακα ~~εωρακεν~~ εωρακε τον κυριον και ταυτα ειπεν αυτη
I have seen ~~she has seen~~ the Lord and these *(things)* He said to her
B εωρακα τον κν και ταυτα ειπεν αυτη
ℵ εωρακα τον κν και ταυτα ειπεν αυτη
P66 εωρακα τον κν κα[ι ταυ]τα ειπεν αυτη

(pres,act,ptc,gen,sing,fem) ειμι

Jn.20:19 ουσης ουν οψιας τη ημερα εκεινη τη μια ~~των~~ σαββατων και των θυρων
therefore <> being late/evening on the day on that on the one/ first ~~of the~~ of Sabbaths/week and of the doors
B ουσης ουν οψιας τη ημερα εκεινη τη μια σαββατων και των θυρων
ℵ ουσης ουν οψιας τη ημερα εκεινη μια σαββατων και των θυρων
P66 ουσης ουν [ο]ψιας τη ημερα εκεινη τη [μια] σαβ[β]ατων και τ[ων] θυρω[ν]

(perf,pass,ptc,gen,pl,masc) κλειω | (imperf,act,ind,3p,sing) ειμι | (perf,pass,ptc,nom,pl,masc) συναγω

W&H κεκλεισμενων οπου ησαν οι μαθηται ~~συνηγμενοι~~ δια τον φοβον των
having been shut where he was the disciples ~~having been gathered together~~ because of the fear of the
B κεκλεισμενων οπου ησαν οι μαθηται δια τον φοβον των
ℵ κεκλισμενων οπου ησαν οι μαθηται δια τον φοβον τω
P5 * [φοβον των]
P66 [κ]εκ[λει]σμενω[ν οπο]υ ησαν [οι μα]θη[ται συνηγμενοι δια τον φοβ]ον των]
[P5 * *continues here*]

(2aor,act,ind,3p,sing) ερχομαι | (2aor,act,ind,3p,sing) ιστημι | (pres,act,ind,3p,sing) λεγω

W&H ιουδαιων ηλθεν ο ιησους και εστη εις το μεσον και λεγει αυτοις ειρηνη υμιν
Jews He came the Jesus and He stood in the midst and He says to them peace to you all
B ιουδαιων ηλθεν ο ις και εστη εις το μεσον και λεγει αυτοις ειρηνη υμιν
ℵ ιουδαιων ηλθεν ο ις και εστη εις το μεσον και λεγει ιρηνη υμιν
P5 [ιουδαιων] η[λθεν ο ιης και εστη εις το μεσο]ν και λεγει [ειρηνη υμειν]
P66 [ιουδαιων ηλθεν ο ις και εστη] εις το μ[εσον και λεγει αυτο]ις ειρην[η υμειν]

(2aor,act,ptc,nom,sing,masc) (1aor,act,ind,3p,sing)
λεγω δεικνυμι
Jn.20:20 και τουτο ειπων εδειξεν$_{1}$ και τας$_{3}$ χειρας$_{4}$ και$_{5}$ την$_{6}$ πλευραν$_{7}$
and this having said He showed/presented both the hands and the side
B και τουτο ειπων εδειξεν και τας χειρας και την πλευραν
ℵ και τουτο ειπων εδιξεν τας χιρας και την πλευραν
P5 [και τ]ουτο ειπων [εδειξεν τας χειρας και την πλε]υ[ραν
P66 [και τουτο ειπων εδειξεν αυτοις τα]ς χειρα[ς και την πλευραν

(2aor,pass,ind,3p,pl) (2aor,act,ptc,nom,pl,masc)
χαιρω οραω
W&H αυτοις$_{2}$ ~~αυτου~~$_{8}$ εχαρησαν ουν οι μαθηται ιδοντες τον κυριον
to them ~~His~~ therefore <> they were rejoiced the disciples having seen the Lord
B αυτοις εχαρησαν ουν οι μαθηται ιδοντες τον <u>κν</u>
ℵ αυτοις εχαρησα ουν οι μαθηται ιδοντες τον <u>κν</u>
P5 [εχαρησαν ουν οι μαθητ]αι ι *
P66 αυτο]υ εχαρη[σαν ουν οι μα[θηται ιδοντ]ες τ[ον <u>κν</u>]
[P5 * *3 lines missing continues again* @ 20:22]

(2aor,act,ind,3p,sing) (perf,act,ind,3p,sing)
λεγω αποστελλω hiatus
Jn.20:21 ειπεν ουν αυτοις [ο ιησους] παλιν ειρηνη υμιν καθως απεσταλκεν ~~απεσταλκε~~
therefore <> He said to them the Jesus again peace to you all as He has sent
B ειπεν ουν αυτοις ο <u>ις</u> παλιν ειρηνη υμιν καθως απεσταλκεν
ℵ ειπεν ουν αυτοις παλιν ειρηνη υμιν καθως απεσταλκεν
P66 [ειπεν ουν αυτοις παλιν ειρηνη υμειν καθως απεσταλκεν]

(pres,act,ind,1p,sing)
πεμπω
W&H με ο πατηρ καγω πεμπω υμας
Me the Father I also I send you all
B με ο πατηρ καγω πεμπω υμας
ℵ με ο πατηρ καγω πεμψω υμας
P66 [εμε ο <u>πηρ</u> καγω πεμπω υμας]

(2aor,act,ptc,nom,sing,masc) (1aor,act,ind,3p,sing) (pres,act,ind,3p,sing) (2aor,act,imper,2p,pl)
λεγω εμφυσαω hiatus λεγω λαμβανω
Jn.20:22 και τουτο ειπων ενεφυσησεν ~~ενεφυσησε~~ και λεγει αυτοις λαβετε πνευμα αγιον
and this having said He breathed onto *(them)* and He says to them receive you all Spirit Holy
B και τουτο ειπων ενεφυσησε και λεγει αυτοις λαβετε πνευμα αγιον
ℵ και τουτο ειπων ενεφυσησε και λεγει αυτοις λαβετε <u>πνα</u> αγιον
P5 [και τουτο ειπων ενεφυσησε και λεγει αυτοις λαβετε <u>π]να</u> α[γιον
P66 [και τουτο] ει[πων ενεφυσησεν και λεγ]ει αυτ[οις λαβετε <u>πνα</u> αγιον]

(2aor,act,subj,2p,pl) (perf,pass,ind,3p,pl) (pres,pass,ind,3p,pl)
(*conditional particle*) αφιημι αφιημι αφιημι
Jn.20:23 αν τινων αφητε τας αμαρτιας αφεωνται ~~αφιενται~~
of whom so<> ever you should forgive the sins they have been forgiven ~~they are being forgiven~~
B αν τινος αφητε τας αμαρτιας αφει[ε]ονται
ℵ αν τινων αφηται τας αμαρτιας αφεθησεται
P5 [αν τινων αφητε τας αμ]αρτιας [αφεωνται]
P66 [α]ν τινω[ν αφ*
[P66 * *seven lines missing*]

(pres,act,subj,2p,pl) (perf,pass,ind,3p,pl)
κρατεω κρατεω
W&H αυτοις αν τινων κρατητε κεκρατηνται
to them of whom so <> ever you should hold they have been held
B αυτοις αν τινος κρατητε κεκρατηνται
ℵ αυτοις εαν δε τινων$_{1}$ κεκρατην$_{3}$ κεκρατηνται$_{2}$
P5 [αυτοις αν τινων] κρατητε κεκρατηνται

(pres,mid,ptc,nom,sing,masc) (imperf,act,ind,3p,sing)
λεγω ειμι
Jn.20:24 θωμας δε εις εκ των δωδεκα ο λεγομενος διδυμος ου ην μετ αυτων οτε
but <> Thomas one from out of the twelve the one being called Didymus not he was with them when
B θωμας δε εις εκ των δωδεκα ο λεγομενος διδυμος ουκ η μετ αυτων οτε
ℵ ται θωμας δε εις εκ των δωδεκα ο λεγομενος διδυμος ουκ ην μετ αυτων οτε ουν
P5 [θωμας εις εκ τω]ν δω[δεκα ο λεγομενος διδυμος ο]υκ ην [μετ αυτων οτε

(2aor,act,ind,3p,sing)
ερχομαι
W&H ηλθεν ~~ο~~ ιησους
He came ~~the~~ Jesus
B ηλθεν ις
ℵ ηλθεν ις
Ꝑ5 [ηλθ]εν ιης

(imperf,act,ind,3p,pl) (perf,act,ind,1p,pl)
λεγω οραω
Jn.20:25 ελεγον ουν αυτω οι αλλοι μαθηται εωρακαμεν τον κυριον ο δε
therefore <> they were saying to him the other disciples we have seen the Lord but <> the one
B ελεγον ουν αυτω οι αλλοι μαθηται ε$^{\omega}$ορακαμεν τον κν ο δε
ℵ ελεγον αυτω οι μαθηται εωρακαμεν τον κν ο δε
Ꝑ5 [ελεγον αυτω οι μαθηται εω]ρακα[μεν τον κν ο δε]
Ꝑ66 ελεγον ουν αυτω οι αλλοι μαθηται ε$^{\omega}$ορακαμεν τον κν ο δε

(2aor,act,ind,3p,sing) (2aor,act,subj,1p,sing)
λεγω οραω
W&H ειπεν αυτοις εαν μη ιδω εν ταις χερσιν αυτου τον τυπον των ηλων και
he said to them if not/unless I should see in the hands of Him the mark of the nails and
B ειπεν αυτοις εαν μη ιδω εν ταις χερσιν αυτου τον τυπον των ηλων και
ℵ ειπεν αυτοις εαν μη ειδω εν ταις χερσιν το τυπον των ηλω και
Ꝑ5 [ειπεν αυτοι]ς εαν [μη ιδω εν ταις χερσιν τον τυ]πον*
Ꝑ66 [**τοις εαν μη] ειδω [εν ταις χερσιν αυτου τους] τυπους [των ηλων και
[Ꝑ66 ** *continues again here*] [Ꝑ5 * *ends here*]

(2aor,act,subj,1p,sing) (2aor,act,subj,1p,sing)
βαλλω βαλλω
W&H βαλω τον δακτυλον μου εις τον τυπον των ηλων και βαλω
I should have cast the finger of me into the print of the nails and I should have cast
B βαλω τον δακτυλον μου εις τον τυπον των ηλων και βαλω
ℵ βαλω1 τον3 δακτυλον4 μου2 εις5 την χειραν αυτου και βαλω
Ꝑ66 βαλ]ω1 τον δ[ακτυλον μου]*
[Ꝑ66 * *4 lines missing from this point*]

(fut,act,ind,1p,sing)
πιστευω
W&H μου την χειρα εις την πλευραν αυτου ου μη πιστευσω
of me the hand into the side of Him not not/certainly not I will believe
B μου την χειραν εις την πλευραν αυτου ου μη πιστευσω
ℵ μου την χειρα εις την πλευρα αυτου ου μη πιστευσω

(imperf,act,ind,3p,pl) (pres,mid,ind,3p,sing)
ειμι ερχομαι
Jn.20:26 και μεθ ημερας οκτω παλιν ησαν εσω οι μαθηται αυτου και θωμας μετ αυτων ερχεται
and after days eight again they were inside the disciples of Him and Thomas with them He comes
B και μεθ ημερας οκτω παλιν ησαν εσω οι μαθηται αυτου και θωμας μετ αυτων ερχεται
ℵ και μεθ ημερας οκτω παλιν ησαν εσω οι μαθηται και θωμας μετ αυτων ερχεται
Ꝑ66 * [εσω οι μαθ]ητ[αι αυτου και θωμας με]τ αυτ[ων ερχεται]
[Ꝑ66 * *continues at this point*]

(perf,pass,ptc,gen,pl,masc) (2aor,act,ind,3p,sing) (2aor,act,ind,3p,sing)
κλειω ιστημι λεγω
W&H ο ιησους των θυρων κεκλεισμενων και εστη εις το μεσον και ειπεν ειρηνη υμιν
the Jesus of the doors having been shut and He stood in the midst and He said Peace to you all
B ο ις των θυρων κεκλεισμενων και εστη εις το μεσον και ειπεν ειρηνη υμιν
ℵ ο ις των θυρων κεκλισμενων και εστη εις το μεσον και ειπεν ιρηνη υμιν
Ꝑ66 [ο ις των θυρ]ων κ[εκλεισμενων και] *
[Ꝑ66 * *6 lines missing from this point*]

(pres,act,ind,3p,sing) (pres,act,imper,2p,sing) (2aor,act,imper,2p,sing) (pres,act,imper,2p,sing)
λεγω φερω οραω φερω
Jn.20:27 ειτα λεγει τω θωμα φερε τον δακτυλον σου ωδε και ιδε τας χειρας μου και φερε
afterward He said to the Thomas bring you the finger of you here and behold you the hands of Me and bring you
B ειτα λεγει τω θωμα φερε τον δακτυλον σου ωδε και ιδε τας χειρας μου και φερε
ℵ ειτα λεγει τω θωμα φερε τον δακτυλον σου ωδε και ιδε τας χειρας μου και φερε

(2aor,act,imper,2p,sing) (pres,mid,imper,2p,sing)
βαλλω γινομαι
W&H την χειρα σου και βαλε εις την πλευραν μου και μη γινου απιστος αλλα πιστος
the hand of you and cast you into the side of Me and not you be unbelieving but believing
B την χειρα cου και βαλε εις την πλευραν μου και μη γεινου απιcτοc αλλα πιcτοc
ℵ την χειρα cου και βαλε εις την πλευραν μου και μη γινου απιcτοc αλλα πιcτοc
P66 *[κα]ι μη γινου απ[ιcτοc αλλα πιcτοc]
[P66 * *continues here*]

(1aor,pass,ind,3p,sing) (2aor,act,ind,3p,sing)
αποκρινομαι λεγω
Jn.20:28 ~~και~~ απεκριθη ~~ο~~ θωμας και ειπεν αυτω ο κυριος μου και ο θεος μου
~~and~~ he did answer ~~the~~ Thomas and he said to Him the Lord of me and the God of me
B απεκριθη θωμαc και ειπεν αυτω ο κc μου και ο θc μου
ℵ απεκριθη ο θωμαc και ειπεν αυτω ο κc μου και ο θc μου
P66 απεκριθη θω[μαc και ειπεν α]υτω ο κc μου κ[αι ο θc μου]

(pres,act,ind,3p,sing) (perf,act,ind,2p,sing) (perf,act,ind,2p,sing)
λεγω οραω πιστευω
Jn.20:29 λεγει αυτω [ο] ιησους οτι εωρακας με πεπιστευκας μακαριοι
He says to him the Jesus because you have seen Me you have believed blessed
B λεγει αυτω ιc οτι εωρακαc με πεπιcτευκαc μακαριοι
ℵ ειπεν δε αυτω ο ιc οτι εωρακαc με και πεπιcτευκαc μακαριοι
P66 [λεγει α]υτω ιc οτι ε[ωρακαc με πεπιcτ]ευκαc μα[κα]ριο[ι

(2aor,act,ptc,nom,pl,masc) (1aor,act,ptc,nom,pl,masc)
οραω πιστευω
W&H οι μη ιδοντες και πιστευσαντες
the ones not having seen and having believed
B οι μη ιδοντεc και πιcτευcαντεc
ℵ οι μη ιδοντεc με και πιcτευcατεc
P66 [οι μη ιδοντ]εc και πι[cτ]ευc[αντεc]

(1aor,act,ind,3p,sing)
ποιεω
Jn.20:30 πολλα μεν ουν και αλλα σημεια εποιησεν ο ιησους ενωπιον των μαθητων ~~αυτου~~
therefore <> many indeed also other signs He did the Jesus in the presence of of the disciples ~~of Him~~
B πολλα μεν ουν και αλλα cημεια εποιηcεν ο ιc ενωπιον των μαθητων
ℵ πολλα μεν ουν και αλλα cημεια εποιηcεν ο ιc ενωπιον τω μαθητων αυτου
P66 [πολ]λα μεν ουν και[αλλα cημεια] εποιηcεν ο ιc ενωπ[ιον των] μαθητων αυτου

(pres,act,ind,3p,sing) (perf,pass,ptc,nom,pl,neut)
ειμι hiatus γραφω
W&H α ουκ εστιν ~~εστι~~ γεγραμμενα εν τω βιβλιω τουτω
the ones *(which)* not it is having been written in the book this
B α ουκ εcτιν γεγραμμενα εν τω βιβλιω τουτω
ℵ α ουκ εcτιν γεγραμμενα εν τω βιβλιω τουτω
P66 α ου[κ εcτιν γε]γραμμενα [ε]ν τω βιβλ[ιω τουτ]ω

(perf,pass,ind,3p,sing) (pres,act,subj,2p,pl) (pres,act,ind,3p,sing)
γραφω πιστευω ειμι
Jn.20:31 ταυτα δε γεγραπται ινα πιστευητε οτι ~~ο~~ ιησους εστιν ο χριστος ο υιος
but <> these *(things)* it has been written so that you all might believe that ~~the~~ Jesus He is the Christ the Son
B ταυτα δε γεγραπται ινα πιcτευητε οτι ιc εcτιν ο χc ο υιοc
ℵ ταυτα δε γεγραπται ινα πιcτευητε οτι ιc εcτιν ο χc ο υc
P66 ταυτα δε γεγραπται [ινα πιc]τευητε οτι ιc εc[τιν ο χc ο υc]

(pres,act,ptc,nom,pl,masc) (pres,act,subj,2p,pl)
πιστευω εχω
W&H του θεου και ινα πιστευοντες ζωην εχητε εν τω ονοματι αυτου
of the God and so that believing life you all might have in the Name of Him
B του θυ και ινα πιcτευοντεc ζωην εχητε εν τω ονοματι αυτου
ℵ του θυ ινα πιcτευοντεc ζωην αιωνιον εχητε εν τω ονοματι αυτου
P66 [του θυ] και ινα π[ιcτευοντεc ζωην εχητε εν τω ονο]μα[τι αυτου]

John Chapter 21

(1aor,act,ind,3p,sing)
φανεροω
Jn.21:1 μετα ταυτα εφανερωσεν εαυτον παλιν ~~ο~~ ιησους τοις μαθηταις επι της θαλασσης
after these *(thing)* He caused to be seen Himself again ~~the~~ Jesus to the disciples at the lake
B μετα ταυτα εφανερωσεν εαυτον παλιν ις τοις μαθηταις επι της θαλασσης
א μετα ταυτα εφανερωσεν1 εαυτον3 παλιν2 ο4 ις τοις μαθηταις επι της θαλασσης
P66 μ[ετα ταυτ]α εφαν[ε]ρω[σ]εν [εαυτον παλιν ις] τοις μαθητα[ις επι της θαλασσης]

(1aor,act,ind,3p,sing) hiatus
φανεροω
W&H της τιβεριαδος εφανερωσεν ~~εφανερωσε~~ δε ουτως
of the Tiberias and <> He caused to be seen thusly
B της τιβεριαδος εφανερωσεν δε ουτως
א της τιβεριαδος εφανερωσεν δε ουτως
P66 της τιβεριαδ[ος εφανερωσεν δε ο]υτως

(imperf,act,ind,3p,pl) (pres,pass,ptc,nom,sing,masc)
ειμι λεγω
Jn.21:2 ησαν ομου σιμων πετρος και θωμας ο λεγομενος διδυμος και ναθαναηλ ο απο
they were together Simon Peter and Thomas the one being called Didymust and Nathanael the one from
B ησαν ομου σιμων πετρος και θωμας ο λεγομενος διδυμος και ναθαναηλ ο απο
א ησαν ομου σιμων πετρος και θωμας ο λεγομενος διδυμος και ναθαναηλ ο απο
P66 ησα[ν ομου σιμων πετρο]ς και θωμ[ας ο λεγομενος] δ[ι]δυμος και [ναθαναηλ ο απ]ο

W&H κανα της γαλιλαιας και οι του ζεβεδαιου και αλλοι εκ των μαθητων αυτου
Cana of the Galilee and the ones of the Zebedee and others from out of the disciples of Him
B κανα της γαλειλαιας και οι του ζεβεδαιου και αλλοι εκ των μαθητων αυτου
א κανα της γαλιλαιας και οι υιοι ζεβεδαιου και αλλοι εκ των μαθητων αυτου
P66 κα[να της] γαλ[ιλαιας και] οι του ζεβεδα[ι]ου κ[αι αλλοι] εκ των μαθητων αυ[του]

W&H δυο
two
B δυο
א δυο
P66 [δυο]

(pres,act,ind,3p,sing) (pres,act,ind,1p,sing) (pres,act,inf) (pres,act,ind,3p,pl) (pres,mid,ind,1p,pl)
λεγω υπαγω αλιευω λεγω ερχομαι
Jn.21:3 λεγει αυτοις σιμων πετρος υπαγω αλιευειν λεγουσιν αυτω ερχομεθα και
he says to them Simon Peter I am going to fish they say to him we are coming also
B λεγει αυτοις σιμων πετρος υπαγω αλιευειν λεγουσιν αυτω ερχομεθα και
א λεγει αυτοις σιμω πετρος υπαγω αλιευειν λεγουσιν αυτω ερχομεθα κ(αι)
P66 [λ]εγει αυ[τοι]ς σιμων π[ετρος υπα]γω α[λιε]υε[ι]ν λεγο[υσιν αυτω ε]ρχο[μεθα και]

(2aor,act,ind,3p,pl) (2aor,act,ind,3p,pl) (2aor,act,ind,3p,pl)
εξερχομαι εμβαινω αναβαινω
W&H ημεις συν σοι εξηλθον και ενεβησαν ~~ανεβησαν~~ εις το πλοιον ~~ευθυς~~
we with you they went out and they embarked ~~they went up~~ into the boat ~~immediately~~
B ημεις συν σοι εξηλθον και ενεβησαν εις το πλοιον
א ημεις συν σοι εξηλθον ουν και ενεβησαν εις το πλοιον
P66 [η]με[ις συν σοι] εξηλθον και ενεβ]ης[αν εις *
[P66 * *3 lines missing from here*]

(1aor,act,ind,3p,pl)
πιαζω
W&H και εν εκεινη τη νυκτι ουδεν επιασαν
and in that one the night nothing they seized
B και εν εκεινη τη νυκτι ουδεν επιασαν
א και εν εκινη τη νυκτι ουδεν2 εκοπιασαν1

(pres,mid,ptc,gen,sing,fem)(2aor,act,ptc,gen,sing,fem)(2aor,act,ind,3p,sing)
γινομαι γινομαι ιστημι
Jn.21:4 πρωιας δε ηδη γινομενης ~~γενομενης~~ εστη ~~ο~~ ιησους εις τον
and <> morning already happening ~~having happened~~ He stood ~~the~~ Jesus on the
B πρωιας δε ηδη γεινομενης εστη ις εις τον
א πρωιας δε γενομενης εστη ις επι τον
Ꝑ66 * [τον
[Ꝑ66 * *continues here*]

(plupf,act,ind,3p,pl) (pres,act,ind,3p,sing)
οιδα ειμι hiatus
W&H αιγιαλον ου μεντοι ηδεισαν οι μαθηται οτι ιησους εστιν ~~εστι~~
shore not however they had known the disciples that Jesus He is
B αιγιαλον ου μεντοι ηδειcαν οι μαθηται οτι ις εστιν
א αιγιαλον ου μεντοι εγνωcαν οι μαθηται οτι ις εστιν
Ꝑ66 [αι]γιαλ[ον ου μεντοι] εγνω[cαν οι μαθηται οτι ις εc]τιν

(pres,act,ind,3p,sing) (pres,act,ind,2p,pl) (1aor,pass,ind,3p,pl)
λεγω εχω αποκρινομαι
Jn.21:5 λεγει ουν αυτοις ~~ο~~ ιησους παιδια μη τι προσφαγιον εχετε απεκριθησαν αυτω ου
therefore <> He says to them ~~the~~ Jesus children not any fish have you all they did answer Him no
B λεγει ουν αυτοιc ις παιδια μη τι προcφαγιον εχετε απεκριθηcαν αυτω ου
א λεγει ουν αυτοιc ις παιδια μη προcφαγιον εχετε απεκριθηcαν αυτω ου
Ꝑ66 λε[γει ουν αυτοιc ις παιδι]α μ[η τι προcφαγιον εχετε] α[πεκρι]θη[cαν αυτω ου]

(2aor,act,ind,3p,sing) (2aor,act,imper,2p,pl) (fut,act,ind,2p,pl)
λεγω βαλλω ευρισκω
Jn.21:6 ο δε ειπεν αυτοις βαλετε εις τα δεξια μερη του πλοιου το δικτυον και ευρησετε
and <> the One He said to them you all cast to the right parts of the boat the net and you all will find
B ο δε ειπεν αυτοιc βαλετε ειc τα δεξια μερη του πλοιου το δικτυον και ευρηcετε
א λεγει αυτοιc βαλετε ειc τα δεξια μερη του πλοιου το δικτυον και ευρηcετε
Ꝑ66 [ο δε ει]πεν αυ[το]ιc β[αλετε ειc]τα δεξια μερη τ[ου πλοιου το δικτ]υον και

(imperf,act,ind,3p,pl)
(2aor,act,ind,3p,pl) (1aor,act,infin) V (1aor,act,ind,3p,pl)
βαλλω ελκυω ισχυω ισχυω
W&H εβαλον ουν και ουκετι αυτο ελκυσαι ισχυον ~~ισχυσαν~~ απο του
therefore <> they cast and no longer it to draw were they able ~~they could~~ because of of the
B εβαλον ουν και ουκετι αυτο ελκυcαι ιcχυον απο του
א οι δε εβαλον και ουκετι αυτο ιλκυcαι ιcχυον απο του
Ꝑ66 ευρηcετα[ι] οι δε **
[Ꝑ66 ** *divergent reading begins below*]

Ꝑ66 **ειπαν δι ολης νυκτος [εκοπια cαμε]ν και ουδε[ν] ελαβ[ομεν επι δε τω] cω [ο]νομ[ατι

Ꝑ66 [χαλαcω τα] *
[Ꝑ66 * *eight lines missing; begins again @ 21:7*]

W&H πληθους των ιχθυων
multitude of the fish
B πληθουc των ιχθυων
א πληθουc των ιχθυων

(pres,act,ind,3p,sing) (imperf,act,ind,3p,sing) (pres,act,ind,3p,sing)
λεγω αγαπαω ειμι hiatus
Jn.21:7 λεγει ουν ο μαθητης εκεινος ον ηγαπα ο ιησους τω πετρω ο κυριος εστιν ~~εστι~~
therefore <> he says the disciple that one whom He loved the Jesus to the Peter the Lord He is
B λεγει ουν ο μαθητηc εκεινοc ον ηγαπα ο ις τω πετρω ο κc εcτιν
א λεγει ου ο μαθητηc εκεινοc ον ηγαπα ο ις τω πετρω ο κc εcτι

(1aor,act,ptc,nom,sing,masc) (pres,act,ind,3p,sing) (1aor,mid,ind,3p,sing)
ακουω ειμι hiatus διαζωννυμι
W&H σιμων ουν πετρος ακουσας οτι ο κυριος εστιν ~~εστι~~ τον επενδυτην διεζωσατο
therefore <> Simon Peter having heard that the Lord He is the outer garment he girded up
B cιμων ουν πετροc ακουcαc οτι ο κc εcτιν τον επενδυτην διεζωcατο
א cιμων ουν πετροc ακουcαc οτι ο κc εcτιν τον επενδυτην διεζωcατο
Ꝑ66 * [κc] εcτι[ν τον επενδυ]την δ[ιεζωcα]το
[Ꝑ66 * *continues again*]

(imperf,act,ind,3p,sing)
ειμι
W&H ην γαρ γυμνος και
for <> he was naked and
B ην γαρ γυμνος και
א ην γαρ γυμνος κ(αι) * οι δε ειπον δι ολης της νυκτος εκοπιασαμεν
P66 [ην γαρ γυμνος και]
[א * divergent reading here and next line]

א και ουδεν ελαβομεν επι δε τω σω ρηματι βαλουμεν

(2aor,act,ind,3p,sing)
βαλλω
W&H εβαλεν εαυτον εις την θαλασσαν
he threw himself into the lake
B εβαλεν εαυτον εις την θαλασσαν
א εβαλεν εαυτον εις την θαλασσαν
P66 [εβαλεν ε]α[υ]τον [εις την θαλασσαν]

(2aor,act,ind,3p,pl) ερχομαι; (imperf,act,ind,3p,pl) ειμι
Jn.21:8 οι δε αλλοι μαθηται τω πλοιαριω ηλθον ου γαρ ησαν μακραν απο της
but <> the other disciples with the boat they came for <> not they were far from the
B οι δε αλλοι μαθηται τω πλοιαριω ηλθον ου γαρ ησαν μακραν απο της
א οι δε αλλοι μαθηται τω αλλω πλοιαριω ηλθον ου γαρ ησαν μακραν απο της
P66 [ο]ι δ[ε αλλοι] μ[αθηται τω πλοιαριω η]λθο[ν ου] γαρ η[σαν μακραν απο τ]η[ς]

(pres,act,ptc,nom,sing,masc)
συρω
W&H γης αλλα ~~αλλ~~ ως απο πηχων διακοσιων συροντες το δικτυον των ιχθυων
land but ~~but~~ as from cubit two hundred dragging along the net of the fish
B γης αλλα ως απο πηχων διακοσιων συροντες το δικτυον των ιχθυων
א γης αλλα ως απο πηχων διακοσιων συροντες το δικτυον των ιχθυων
P66 γης αλλ ως απο [πηχων διακο]σιων συροντες τ[ο δικτυον τ]ων ιχθυων

(2aor,act,ind,3p,pl) αποβαινω; (pres,act,ind,3p,pl) βλεπω; (pres,mid,ptc,acc,sing,fem) κειμαι
Jn.21:9 ως ουν απεβησαν εις την γην βλεπουσιν ανθρακιαν κειμενην
therefore <> as they disembarked onto the land they see a charcoal bed lying
B ως ουν απεβησαν εις την γην βλεπουσιν ανθρακιαν κειμενην
א ως ουν ανεβησαν εις την γην βλεπουσιν ανθρακιαν κειμενην
P66 ως ουν [απερησαν εις] την [γ]ην βλεπου[σιν ανθρακιαν κειμε]νην

(pres,mid,ptc,acc,pl,neut)
επικειμαι
W&H και οψαριον επικειμενον και αρτον
and fish lying upon and bread
B και οψαριον επικειμενον και αρτον
א και οψαριον επικειμενον και αρτον
P66 και *
[P66 * *8 lines missing continues again @ 21:12*]

(pres,act,ind,3p,sing) λεγω; (1aor,mid,imper,2p,pl) φερω; (1aor,act,ind,2p,pl) πιαζω
Jn.21:10 λεγει αυτοις [ο] ιησους ενεγκατε απο των οψαριων ων επιασατε νυν
He says to them the Jesus you all bring from of the fish which you all seized/caught just now
B λεγει αυτοις ις ενεγκατε απο των οψαριων ων επιασατε νυν
א λεγει αυτοις ο ις ενεγκαται απο τω οψαριων ων επιασατε νυν

(2aor,act,ind,3p,sing) αναβαινω; (2aor,act,ind,3p,sing) ελκυω
Jn.21:11 ανεβη ουν σιμων πετρος και ειλκυσεν το δικτυον εις ~~επι~~ την γην μεστον
therefore <> he went up Simon Peter and he dragged the net onto ~~upon~~ the land full
B ανεβη ουν σιμων πετρος και ειλκυσεν το δικτυον εις την γην μεστον
א ενεβη ουν σιμων πετρος και ειλκυσεν το δικτυον εις την γην μεστο

W&H ιχθυων μεγαλων εκατον πεντηκοντα τριων ~~πεντηκοντατριων~~ και
of fish of great a hundred fifty three ~~fifty-three~~ and
B ιχθυων μεγαλων εκατον πεντηκοντα τριων και
א ιχθυων μεγαλω εκατον πεντηκοτα τριων και

(pres,act,ptc,gen,pl,masc) (1aor,pass,ind,3p,sing)
ειμι σχιζω
W&H τοσουτων οντων ουκ εσχισθη το δικτυον
so many being not it was torn the net
B τοcουτων οντων ουκ εcχιcθη το δικτυον
א τοcουτων οντων ουκ εcχιcθη το δικτυον

(pres,act,ind,3p,sing) (adv, pl, used as an imper)(1aor,act,imper,2p,pl) (imperf,act,ind,3p,sing)
λεγω δευριτε αριστaω τολμαω
Jn.21:12 λεγει αυτοις [ο] ιησους δευτε αριστησατε ουδεις ~~δε~~ ετολμα των μαθητων
He says to them the Jesus here / hither *come* you all eat breakfast no one ~~but~~ <> he was daring of the disciples
B λεγει αυτοιc ιc δευτε αριcτηcατε ουδειc ετολμα των μαθητων
א λεγει αυτοιc ο ιc δευτε αριcτηcατε ουδιc δε ετολμα των μαθητω
Ᵽ66 * τοιc ο ιc δευτε αριcτηcατε **
[Ᵽ66 * *continues here*] [Ᵽ66 ** *16 lines missing,; continues again* @ 21:17]

(1aor,act,infin) (pres,act,ind,2p,sing) (perf,act,ptc,nom,pl,masc) (pres,act,ind,3p,sing)
εξεταζω ειμι οιδα ειμι
W&H εξετασαι αυτον συ τις ει ειδοτες οτι ο κυριος εστιν
to inquire/question Him You Who You are had having known that the Lord He is
B εξεταcαι αυτον cυ τιc ει ειδοτεc οτι ο κc εcτιν
א εξεταcαι αυτον cυ τιc ει ειδοτεc οτι ο κc εcτιν

(pres,mid,ind,3p,sing) (pres,act,ind,3p,sing) (pres,act,ind,3p,sing)
ερχομαι λαμβανω διδωμι
Jn.21:13 ερχεται ~~ουν ο~~ ιησους και λαμβανει τον αρτον και διδωσιν αυτοις και το οψαριον ομοιως
~~therefore~~ <> He comes ~~the~~ Jesus and He takes the bread and He gives to them also the fish in like manner
B ερχεται ιc και λαμβανει τον αρτον και διδωcιν αυτοιc και το οψαριον ομοιωc
א ερχεται ο ιc και λαμβανει τον αρτον και διδωcιν αυτοιc κ(αι) το οψαριον ομοιωc

(1aor,pass,ind,3p,sing) (1aor,pass,ptc,nom,sing,masc)
φανεροω εγειρω
Jn.21:14 τουτο ηδη τριτον εφανερωθη ~~ο~~ ιησους τοις μαθηταις αυτου εγερθεις εκ νεκρων
this already third He was made visible ~~the~~ Jesus to the disciples of Him having been caused to stand from out of deaths
B τουτο ηδη τριτον εφανερωθη ιc τοιc μαθηταιc εγερθειc εκ νεκρων
א τουτο δε ηδη τριτον εφανερωθη ο ιc τοιc μαθηταιc εγερθειc εκ νεκρων

(1aor,act,ind,3p,pl) (pres,act,ind,3p,sing)
αριστaω λεγω
Jn.21:15 οτε ουν ηριστησαν λεγει τω σιμωνι πετρω ο ιησους σιμων ιωαννου ~~ιωνα~~
therefore <> when they ate the meal He said to the Simon Peter the Jesus Simon of John ~~of Jonas~~
B οτε ουν ηριcτηcαν λεγει τω cιμωνι πετρω ο ιc cιμων ιωανου
א οτε ουν ηριcτηcαν λεγει τω cιμωνι πετρω ο ιc cιμων

(pres,act,ind,2p,sing) (pres,act,ind,3p,sing) (perf,act,ind,2p,sing)(pres,act,ind,1p,sing)
αγαπαω λεγω οιδα φιλεω
W&H αγαπας με πλεον ~~πλειον~~ τουτων λεγει αυτω ναι κυριε συ οιδας οτι φιλω σε
love you Me more ~~more~~ than these he says to Him Yes Lord You You have know that I love You
B αγαπαc με πλεον τουτων λεγει αυτω ναι κε cυ οιδαc οτι φιλω cε
א αγαπαc με πλεον τουτω λεγει αυτω ναι κε cυ οιδαc οτι φιλω cε

(pres,act,ind,3p,sing) (pres,act,imper,2p,sing)
λεγω βοσκω
W&H λεγει αυτω βοσκε τα αρνια μου
He says to him you feed the lambs of Me
B λεγει αυτω βοcκε τα αρνια μου
א λεγει αυτω βοcκε τα αρνια μου

(pres,act,ind,3p,sing) (pres,act,ind,2p,sing)(pres,act,ind,3p,sing)
λεγω αγαπαω λεγω
Jn.21:16 λεγει αυτω παλιν δευτερον σιμων ιωαννου ~~ιωνα~~ αγαπας με λεγει αυτω ναι
He says to him again second *(time)* Simon of John ~~of Jonas~~ love you Me he says to Him yes
B λεγει αυτω παλιν δευτερον σιμω ιωανου αγαπας με λεγει αυτω ναι
ℵ λεγει$_2$ αυτω$_3$ παλιν$_1$ σιμων$_4$ ιωαννου αγαπας με λεγει αυτω

(perf,act,ind,2p,sing) (pres,act,ind,1p,sing)(pres,act,ind,3p,sing) (pres,act,imper,2p,sing)
οιδα φιλεω λεγω ποιμαινω
W&H κυριε συ οιδας οτι φιλω σε λεγει αυτω ποιμαινε τα προβατια μου
Lord You You have known that I love You He says to him you shepherd the sheep of Me
B κε συ οιδας οτι φιλω σε λεγει αυτω ποιμαινε τα προβατια μου
ℵ κε συ οιδας οτι φιλω σε λεγει αυτω ποιμαινε τα προβατα μο

(pres,act,ind,3p,sing) (pres,act,ind,2p,sing) (1aor,pass,ind,3p,sing)
λεγω φιλεω λυπεω
Jn.21:17 λεγει αυτω το τριτον σιμων ιωαννου ~~ιωνα~~ φιλεις με ελυπηθη ο πετρος
He says to him the third Simon of John ~~of Jonas~~ love you Me he was saddened the Peter
B λεγει αυτω το τριτον σιμων ιωανου φιλεις με ελυπηθη ο πετρος
ℵ λεγει αυτω το τριτο σιμων ιωαννου φιλεις με ελυπηθη δε ο πετρος
P66 * λεγει αυτω το τριτον σιμων **
[P66 * *begins here for final time.*] [P66 ** *ends here*]

(2aor,act,ind,3p,sing) (pres,act,ind,2p,sing) (2aor,act,ind,3p,sing) (perf,act,ind,2p,sing)
λεγω φιλεω λεγω οιδα
W&H οτι ειπεν αυτω το τριτον φιλεις με και ειπεν αυτω κυριε$_1$ παντα$_3$ συ$_2$ οιδας$_4$ συ
because He said to Him the third do you love Me and he said to Him Lord all things You You have known You
B οτι ειπεν αυτω το τριτον φιλεις με και ειπεν κε παντα συ οιδας συ
ℵ οτι ειπεν αυτω το τριτον και φιλεις με και λεγει αυτω κε παντα συ οιδας συ

(pres,act,ind,2p,sing (pres,act,ind,1p,sing) (pres,act,ind,3p,sing) (pres,act,imper,2p,sing)
γινωσκω φιλεω λεγω βοσκω
W&H γινωσκεις οτι φιλω σε λεγει αυτω ~~ο~~ ιησους βοσκε τα προβατια μου
You know that I love You He says to him ~~the~~ Jesus you feed the sheep of Me
B γεινωσκεις οτι φιλω σε λεγει αυτω ις βοσκε τα προβατια μου
ℵ γινωσκεις οτι φιλω σε και λεγει αυτω βοσκε τα προβατα μου

(pres,act,ind,1p,sing) (imperf,act,ind,2p,sing) (imperf,act,ind,2p,sing) (imperf,act,ind,2p,sing)
λεγω ειμι ζωννυω περιπατεω
Jn.21:18 αμην αμην λεγω σοι οτε ης νεωτερος εζωννυες σεαυτον και περιεπατεις οπου
amen amen I say to you when you were younger you were dressing yourself and you were walking around where
B αμην αμην λεγω σοι οτε ης νεωτερος εζωννυες σεαυτον και περιεπατεις οπου
ℵ αμην αμην λεγω σοι οτε ης νεωτερος εζωννυες σεαυτον και περιεπατεις οπου

(imperf,act,ind,2p,sing) (fut,mid,ind,2p,sing) (fut,act,ind,2p,sing)
θελω γηρασκω εκτεινω
W&H ηθελες οταν δε γηρασης εκτενεις τας χειρας σου και
you were wanting but <> when you shall grow old you shall stretch out the hands of you and
B ηθελες οταν δε γηρασης εκτενεις τας χειρας σου και
ℵ ηθελες οταν δε γηρασης εκτενις τη χιραν σου και
P109 *[λες οταν δε γηρασης εκτε]νει[ς τας χειρας σου] και
[P109 * *starts here*]

(fut,act,ind,3p,sing) (fut,act,ind,3p,sing) (pres,act,ind,2p,sing)
ζωννυω φερω θελω
W&H αλλος$_1$ ζωσει$_3$ σε$_2$ και$_4$ οισει οπου ου θελεις
another he will dress you and he will bring you where not you want.
B αλλος ζωσει σε και οισει οπου ου θελεις
ℵ αλλοι ζωσουσιν σε και ποιησουσιν σοι οσα ου θελις
P109 [αποι] * ουσιν σε [οπου ου θελεις]
[P109 * *line missing about 12 letters long*]

(2aor,act,ind,3p,sing) (pres,act,ptc,nom,sing,masc) (fut,act,ind,3p,sing) (2aor,act,ptc,nom,sing,masc)
λεγω σημαινω δοξαζω λεγω
Jn.21:19 τουτο δε ειπεν σημαινων ποιω θανατω δοξασει τον θεον και τουτο ειπων
and <> this He said foretelling by what death He will honor the God and this having said
B τουτο δε ειπεν σημαινων ποιω θανατω δοξασει τον θν και τουτο ειπων
ℵ τουτο δε ειπεν σημαινων ποιω θανατω δοξασει τον θν και τουτο ειπων
P109 [τ]ουτο δε [ειπεν σημαινων ποιω] θα[νατω δοξασει τον θν και τουτο ειπων]

(2aor,act,ind,3p,sing) (pres,act,imper,2p,sing)
λεγω ακολουθεω
W&H λεγει αυτω ακολουθει μοι
He said to him you follow Me
B λεγει αυτω ακολουθει μοι
ℵ λεγει αυτω ακολουθι μοι
P109 [λεγει αυ]τω ακο[λουθει μοι]

(2aor,pass,ptc,nom,sing,masc) (pres,act,ind,3p,sing) (imperf,act,ind,3p,sing) (pres,pass,ptc,acc,sing,masc)
επιστρεφω βλεπω αγαπαω ακολουθεω
Jn.21:20 επιστραφεις ~~δε~~ ο πετρος βλεπει τον μαθητην ον ηγαπα ο ιησους ακολουθουντα ος
~~and~~ <> having turned the Peter he sees the disciple whom He loved the Jesus following who
B επιστραφεις ο πετρος βλεπει τον μαθητην ον ηγαπα ο ις ακολουθουντα οс
ℵ επιστραφεις δε ο πετρος βλεπι το μαθητην ον ηγαπα ο ις
P109 [επιστραφ]εις ο [πετρος βλεπει τον] μαθη *
[P109 * *recto side ends here - verso begins @ 21:23*]

2aor,act,ind,3p,sing) (2aor,act,ind,3p,sing) (pres,act,ind,3p,sing)
αναπιπτω λεγω hiatus ειμι
W&H και ανεπεσεν εν τω δειπνω επι το στηθος αυτου και ειπεν ~~ειπε~~ κυριε τις εστιν
also he reclined at the dinner upon the breast of Him and he said Lord who he is
B και ανεπεσεν εν τω δειπνω επι το στηθος αυτου και ειπεν κε τις εστιν
ℵ και ανεπεσεν εν τω δειπνω επι το στηθος αυτου και λεγει αυτω κε τις εστιν

(pres,act,ptc,nom,sing,masc)
παραδιδωμι
W&H ο παραδιδους σε
the one giving over You
B ο παραδιδους сε
ℵ ο παραδιδους сε

(2aor,act,ptc,nom,sing,masc) (pres,act,ind,3p,sing)
οραω λεγω
Jn.21:21 τουτον ουν ιδων ο πετρος λεγει τω ιησου κυριε ουτος δε τι
therefore <> this one having seen the Peter he says to the Jesus Lord and <> this one what
B τουτον ουν ιδων ο πετρος λεγει τω ιυ κε ουτος δε τι
ℵ τουτο ουν ιδων ο πετρος ειπεν τω ιυ ουτος δε τι

(pres,act,ind,3p,sing) (pres,act,ind,1p,sing) (pres,act,inf) (pres,mid,ind,1p,sing)
λεγω θελω μενω ερχομαι
Jn.21:22 λεγει αυτω ο ιησους εαν αυτον θελω μενειν εως ερχομαι τι προς σε
He says to him the Jesus if him I wish to remain until I come what to you
B λεγει αυτω ο ις εαν αυτον θελω μενειν εως ερχομαι τι προς сε
ℵ λεγει αυτω ο ις εαν αυτον θελω μενιν εως ερχομαι τι προς сε

(pres,act,imper,2p,sing)
κολουθεω
W&H συ$_1$ μοι$_3$ ακολουθει$_2$
you Me you follow
B сυ μοι ακολουθει
ℵ сυ μοι ακολουθι

(2aor,act,ind,3p,sing)
εξερχομαι
Jn.21:23 εξηλθεν ουν$_1$ ουτος$_4$ ο$_2$ λογος$_3$ εις$_5$ τους αδελφους οτι ο μαθητης εκεινος ουκ
therefore <> he went out this the word to the brothers that the disciple that one not
B εξηλθεν ουν ουτος ο λογος εις τους αδελφους οτι ο μαθητης εκεινος ουκ
ℵ εξηλθεν ουν ουτος ο λογος εις τους αδελφους οτι ο μαθητης εκεινος ουκ

(pres,act,ind,3p,sing) (2aor,act,ind,3p,sing) (pres,act,ind,3p,sing)
αποθνησκω λεγω αποθνησκω
W&H αποθνησκει ~~και~~ ουκ ειπεν ~~δε~~ αυτω ο ιησους οτι ουκ αποθνησκει αλλ εαν αυτον
he dies -~~and~~ not but <> He said to him the Jesus that not he dies but if him
B αποθνησκει ουκ ειπεν δε αυτω ο ις οτι ουκ αποθνησκει αλλ εαν αυτον
ℵ αποθνησκει ουκ ειπεν δε αυτω ο ις οτι ουκ αποθνησκει αλλ εαν αυτον

(pres,act,ind,1p,sing) (pres,act,inf) (pres,act,ind,1p,sing)
θελω μενω ερχομαι
W&H θελω μενειν εως ερχομαι τι προς σε
I want to remain until I come what to you
B θελω μενειν εως ερχομαι τι προς cε
א θελω μενειν εως ερχομαι
P109 * μ[ε]νε[ιν εως ερχομαι τι] προς c[ε]
[P109 * *continues again here*]

(pres,act,ind,3p,sing) (pres,act,ptc,nom,sing,masc) (1aor,act,ptc,nom,sing,masc)
ειμι μαρτυρεω γραφω
Jn.21:24 ουτος εστιν ο μαθητης ο μαρτυρων περι τουτων και ο γραψας ταυτα και
this he is the disciple the one witnessing concerning these things and the one having written these things and
B ουτοc εcτιν ο μαθητηc ο και μαρτυρων περι τουτων και ο γραψαc ταυτα και
א ουτοc εcτιν ο μαθητηc ο μαρτυρων περι τουτων και γραψαc ταυτα και
P109 [ουτοc εcτιν ο μα]θητηc [ο μαρτυρων πε]ρι του[ων και ο γραψαc] ταυ[τα και]

(perf,act,ind,1p,pl) (pres,act,ind,3p,sing)
οιδα ειμι
W&H οιδαμεν οτι αληθης$_1$ αυτου$_5$ η$_3$ μαρτυρια$_4$ εστιν$_2$
we have known that true of him the witness she is
B οιδαμεν οτι αληθηc αυτου η μαρτυρια εcτιν
א οιδαμεν οτι αληθηc$_1$ αυτου$_5$ η$_3$ μαρτυρια$_4$ εcτιν$_2$
P109 [οιδαμεν οτι αληθηc$_1$ αυτου$_5$ η$_3$ μαρτυρια]$_4$ εc[τιν]$_2$
[*For* א *the first hand initially omitted verse 25 and drew the coronis* (§) *to complete the Gospel at the end* @ 21:24]

(pres,act,ind,3p,sing) (1aor,act,ind,3p,sing) (pres,pass,subj,3p,sing)
ειμι hiatus ποιεω γραφω
Jn.21:25 εστιν ~~εστι~~ δε και αλλα πολλα α ~~οσα~~ εποιησεν ο ιησους ατινα εαν γραφηται
but <> there are also other things many which ~~as much as~~ He did the Jesus which if it should have been written
B δε και αλλα πολλα α εποιηcεν ο ις ατινα εαν γραφηται
א εcτιν δε και αλλα πολλα α εποιηcεν ο ιc ατινα εαν γραφηται
P109 [δε και αλλ[α α εποιηcεν ο ιηc α]τινα [εαν γραφηται]

(pres,mid,ind,1p,sing) (1aor,act,infin) (1aor,act,infin) (pres,pass,ptc,acc,pl,neut)
οιομαι χωρεω χωρεω γραφω
W&H καθ εν ουδ ~~ουδε~~ αυτον οιμαι τον κοσμον χωρησειν ~~χωρησαι~~ τα γραφομενα
by one/singly not ~~not even~~ itself I suppose the world to contain ~~to contain~~ the ones being written
B καθ εν ουδ αυτον οιμαι τον κοcμον χωρηcειν τα γραφομενα
א καθ εν ουδ αυτον οιμαι τον κοcμον χωρηcει τα γραφομενα
P109 [καθ εν] ουδ [αυτον οιμαι τον κοcμον]*
[**P109** * *verso ends here*]

W&H βιβλια αμην
books Amen
B βιβλια
א βιβλια

B **ΚΑΤΑ ΙΩΑΝΗΝ**

Appendix A

NOMEN SACRUM are the abbreviations of certain words in the Scripture that professional scribes used as they copied the texts. The abbreviations were formed by taking the first two letters and the last two letters of the Greek word. This combination changes as is observed by reviewing the most common of the abbreviations recorded below. In the original texts the abbreviated words had a line above them. I have put the line under the abbreviation because my word process program can not do this and keep the line tied to the letters.

nomen sacrum

ανθρωποc = ανοc
ανθρωπου = ανου αν
ανθρωπων = ανων
ανθρωπω = ανω
ανθρωπον = ανον
ανθρωπουc = ανουc
θεον = θν
θεος = θc
θεω = θω
ιερουσαλημ = ιαημ ιηλμ

ιησους = ιc ιηc ιη
ιησου = ιυ ιηυ
ιησουν = ιν ιην
ισραηλ = ιcλ ιηλ
ουρανου = ουνου
κυριε = κε
κυριου = κυ

πατηρ = πηρ πρ
πατρος = πρc
πατερα = πρα
πατρι = πρι
πνευματοc = πνc πνοc
σταυρωσον = cρον
σταυρωσατε = cρατε
εσταυρωσαν = εcραν
υιον = υν
υιος = υc υιc
χριστος = χc
χριστου = χυ

Parsing Abbreviations

case
nom. = nominative
gen. = genitive
dat. = dative
acc. = accusative

gender
mas. = masculine
fem. = feminine
neut. = neuter

person
1p. = first person
2p. = second person
3p. = third person

number
sing. = singular
pl. = plural

verbs tense
pres. = present
fut. = future
imperf = imperfect
aor. = aorist
perf. = perfect
plupf. = pluperfect

voice
act. = active
mid. = middle
pass. = passive

mood
ind. = indicative
subj. = subjunctive
opt. = optative
imper = imperative
inf. = infinitive
ptc. = participle

Number Equivalents

Scribes and Christian writers used letters of the alphabet to indicate page numbers and sometimes numbers within the text. Lines were often drawn above the letters similar to the *nomen sacrum* to mark and identify them as numbers. In this work I have place the line under rather than over them for the same reason as for the *nomen sacrum.* Besides the twenty-four letters of the Greek alphabet, three obsolete letters were used: stigma (ϛ= 6), koppa (ϙ = 90), and sampi (ϡ= 900).

These twenty-seven, the first nine are used for numbers 1-9, the second nine 10-90, and the third nine 100-900. The sequence begins again at 1000. The small mark at the bottom left of the letter marks the sequence in the 1000s on up. Example: (/ ͵α)

The Greek Alphabet and the corresponding numbers are as follows:

Alpha	= 1	= α	= Α
Beta	= 2	= β	= Β
Gamma	= 3	= γ	= Γ
Delta	= 4	= δ	= Δ
Epsilon	= 5	= ε	= Ε
Stigma	= 6	= ϛ	= Ϛ
Zeta	= 7	= ζ	= Ζ
Eta	= 8	= η	= Η
Theta	= 9	= θ	= Θ
Iota	= 10	= ι	= Ι
Kappa	= 20	= κ	= Κ
Lambda	= 30	= λ	= Λ
Mu	= 40	= μ	= Μ
Nu	= 50	= ν	= Ν
Xi	= 60	= ξ	= Ξ
Omicron	= 70	= ο	= Ο
Pi	= 80	= π	= Π
Koppa	= 90	= ϙ	= Ϙ
Rho	= 100	= ρ	= Ρ
Sigma	= 200	= c	= C
Tau	= 300	= τ	= Τ
Upsilon	= 400	= υ	= Υ
Phi	= 500	= φ	= Φ
Chi	= 600	= χ	= Χ
Psi	= 700	= ψ	= Ψ
Omega	= 800	= ω	= ω
Sampi	= 900	= ϡ	
	= 1000	= ͵α	= ͵Α

numbers often utilized

δυο = β = 2

τρειc = γ = 3

πεντε = ε = 5

δωδεκα = ιβ = 12

τριακοντα [και]οκτω = λη = 38

Appendix B

The Text of the Earliest New Testament Greek Manuscripts used in This Work:

Papyri and early Uncial Text Sourse:

All Papyri texts came from Philip Wesley Comfort & David P. Barret text titled THE TEXT OF THE EARLIEST NEW TESTAMENT GREEK MANUSCRIPTS Vol. 1 & 2 3rd edition 2019 and available on Amazon.

The Text of the Earliest PAPYRI AND Uncials for Revelation:

P 18 = Papyrus 18	Rev.1: 4-7	mid 3rd cent.	250 AD	written by untrained scribe
P 24 = Papyrus 24	Rev.5:5-8; 6:5-8	mid 3rd cent.	250 AD	untrained scribe
P 47 = Papyrus 47	Rev.9:10-11:3; 11:5-16:15; 16:17-17:2	early 3rd cent.	225-250	Document hand
P 85 = Papyrus 85	Rev.9:19-10:1, 5-9	early to mid 3rd cent.	225-250 AD	Alexandrian
P 98 = Papyrus 98	Rev.1:13-2:1	early 2nd century	110-125 AD	common hand
P 115 = Papyrus 115	Rev.2:1-3, 13-15, 27-29; 3:10-12; 5:8-0; 6:5-6;8:3-8, 11-13; 9:1-5,7-16, 18-21; 10:1-4, 8-11; 11:1-5, 8-15, 18-19; 12:1-5, 8-10, 12-17; 13:1-3, 6-16; 18:14:1-3, 5-7, 10-11, 14-15, 18-20; 15:1, 4-7	early to mid. 3rd cent.	200-250 AD aligns with A and C *(textual witness regarded as the best testimony to the original text superior to P 47)*	reformed documentary hand

Early Uncials

P 0163	Rev.16:17 – 20	middle 4th cent.	350 AD	in agreement with Vaticanus B
P 0169 =	Rev. 3:19 – 4:3	early 4th century	310 – 335 AD	in agreement with Vaticanus B
P 0207	Rev.9:2-5	2nd half of 3rd cent.	250 – 275 AD	in agreement with Sinaiticus
P 0308	Rev.11:15-18	late 3rd century.	275 – 295 AD	too small to determine

The Text of the Earliest PAPYRI AND Uncials for the epistles of St. John:

P 9	1 Jn. 4:11-12, 14-17	early 3rd century	225 to 250 A.D.	common hand.

(*The handwriting is crude and irregular and contains some unintelligible spellings.*)

Early Uncials

P 0232	2John 1-9	early 3rd century	210 to 225 A.D.	text is Alexandrian
P 0251	3 John 12-15	4th /5th century	350 to 425 A.D.	textual character too small to determine.

The Text of the Earliest New Testament Greek Manuscripts used in This Work the Gospel according to John

Manuscript	Dating	quality of writing	Text recorded	Discription
P 5	early 3rd. century 200 – 225 A.D.	documentary hand	Jn.1:23-31,33-40; 16:14-30; 20:11-17, 19-20,22-25	relatively accurate text, agrees more with **B** first part and more with א in the second 1/2, manifesting a normal amount of error and idiosyncrasy.—tendency to brevity
P 39	late 2nd early 3rd 175 – 200 A.D.	Professional Scribe written for church use	Jn.8:12-22	Agrees verbatim with B and nearly so with p 75 & strict text —considered a most reliable text by Comfort & Barrrett vol. 1 pg.20
P45	late 2nd to early 3rd maybe before Diocletian Persecution?	codex Christian product professional reformed	Jn.4:51,54; 5:21,24; 10:7-25; 10:30-11:10,18-36, 42-57	a codex of the 4 Gospels documentary hand Scribe is judged to not have intention of exactly reproducing his source.
P52	beginning 2nd century A.D. 100 – 125	seems Alexandrian	Jn.18:31-33,37-38	Its value is its early date.
P66	early middle 2nd century 120 – 140 AD	Large print to be read aloud to Christian congregation The Adulteress woman 7:35-8:11 is not in text; *Earliest witness of it missing*	Jn.1:1-6:11; 6:35-14:26, 29-30; 15:2-26; 164,6-7; 6:10-20:20,22-23; 20:25-21:9,12,17	practiced calligraphic hand 1st Scribe was quite free in his interaction with text. The corrector, *diorhotes, corrects much of this. Variant reading display the scribe's interactions with the text.*

P75	mid to late 2nd century 150 – 185 A.D.	Attractive vertical uncial—elegant and well-crafted, large typeface composed to be read aloud to Christian congregation.	Jn.1:1-11:45, 48-57; 12:3-13:1,8-10; 14:8-29; 15:7-8 does not include 7:53-8:11	Professional, Christian scribe. The text is very accurate. And was of the sort used to formulating Codex Vaticanus; Textual scholars have a high regard for P75's textual reliability. Judged a "strict text."
P90	early to mid 2nd century 110 – 140 A.D.	reformed documentary hand Has affinity with P66.	Jn.18:36 – 19:7	Decorated rounded.
P106	middle third century 210 – 240 A.D.	documentary	Jn.1:29 – 35, 40 – 46	most likely a single codex of John's Gospel
P107	end of second century 185 – 200 A.D.	handwriting is more common than documentary.	Jn.17:1 – 2,11	erratic text
P108	late 2nd to early 3rd century 190 – 210 A.D.	reformed documentary	Jn.17:23 – 24; 18:1 – 5	agreement with א
P109	early to mid 2nd century 100 – 150 A.D.	reformed documentary	Jn.21:18 – 20; 23 – 25	resembles P 66

Unciales of the 4th century :

Codex Alexandrinus (A) (*utilized on for Revelation text comparison*)

This uncial is a late 4th to early 5th century manuscript containing most of the New Testament but with lacunae (gaps) in Matthew, John, and II Corinthians, plus the inclusion of the extracanonical I and II Clement. According to an Arabic note on the reverse of the first volume of the manuscript, it was written by Thecla, the martyr, a notable lady of Egypt, shortly after the Council of Nice (A.D. 325). Cyril Lucaris believed in Thecla›s authorship, but declares that the uncial cannot be older than from late 4th century. Since Codex Alexandrinus contains the Epistle of Athanasius on the Psalms to Marcellinus, it cannot be considered earlier than AD 373 (***terminus post quem***). In the Acts and Epistles we cannot find such chapter divisions, whose authorship is ascribed to Euthalius, Bishop of Sulci, coming into vogue before the middle of the fifth century. This is ***terminus ad quem***. The presence of Epistle of Clement, which was once read in Churches highlights a period when the canon of Scripture was in some areas not quite settled. It is certain that the writing of the manuscript appears to be somewhat later than that of the Vaticanus or Sinaiticus. It is written a generation after codices Sinaiticus and Vaticanus. Codex Alexandrinus writing style still belongs to the fourth century. This uncial cannot be later than the beginning of the fifth century.

Codex Alexandrinus was brought to Constantinople in 1621 by Cyril Lucaris (first a patriarch of Alexandria, then later a patriarch of Constantinople). Lucaris was involved in a complex struggle with the

Turkish government, the Catholic Church, and his own subordinates. He was supported by the English government and he presented Alexandrinus to James I in 1624, in gratitude for his help. The codex was presented through the hands of Thomas Roe (together with minuscule 49), the English ambassador at the court of the Sultan. King James died before the manuscript started for England. In 1627 Alexandrinus was therefore presented to King Charles I of England by the Patriarch of Constantinople. It was saved from the fire at Ashburnham House (the Cotton library) on October 23, 1731, by the librarian, Richard Bentley. It became a part of the Royal Library, British_Museum. Since 1973 the British Library has possession of Alexandrinus and it is in the British Museum, in London on display with Sinaiticus.

In Louis A Brighton's Commentary on Revelation, copyright 1999, CPH, St. Louis, he states: "The single most important witness to the Greek text of Revelation is codex Alexandrinus (A). The value of its witness to the original text is attested by the fact that it retains many Semiticisms not found in other manuscripts." In Wikiopedia the following is recorded for Alexandrinus: "…in the Book of Revelation and in several books of the Old Testament, it has the best text of all manuscripts. In the Gospels, the text is Byzantine type, but, in the rest of the New Testament, it is Alexandrian."

Codex Sinaiticus (א) : (*utilized for all text of St. John*)

On line web address: https://codexsinaiticus.org./en/

Codex Sinaiticus "Sinai Bible" is one of the four great uncials. It is a codex, ancient, handwritten copy of a Christian Bible in Greek.

The codex is an Alexandrian text-type manuscript written in uncial = capital letters on parchment and dated to the mid 4th century. Scholarship considers the Codex Sinaiticus to be one of the most important Greek texts of the New Testament, along with the Codex Vaticanus. Until Constantin von Tischendorf's discovery of Sinaiticus in 1844, the Codex Vaticanus was supreme. (*information on Vaticanus follows after Sinaiticus*)

Some of Codex Sinaiticus was saved from being burned by Constantin von Tischendorf in the 19th century at Saint Catherine's Monastery in the Sinai Peninsula. More of the uncial was discovered in the 20th and 21st centuries. The history of the discovery of this manuscript and its early history from Tischendorf's own pen is given in *The Mount Sinai Manuscript of the Bible*, 3rd Ed, by Book Tree, San Diego, Ca. Parts of this codex is shared across four libraries around the world; most of the manuscript is held today in the British Library in London, where it is on public display. The joint venture of the Siniaticus Project brings together all of Siniaticus for scholarly on line examination.

In June 2005, a team of experts from the UK, Europe, Egypt, Russia and USA undertook a joint project to produce a new digital edition of the manuscript (involving all four holding libraries), and a series of other studies was announced. This was to include the use of hyperspectral imaging to photograph the manuscripts, looking for hidden information like erased or faded text. All of the manuscript is publicly available on the Codex Sinaiticus Website in digital form and available for scholarly study. The online version has a fully transcribed set of digital pages, including amendments to the text, and two images of each page, with both standard lighting and raked lighting to highlight the texture of the parchment.

Large portions of the Old Testament are missing, but it is assumed that the codex originally contained all of the New and Old Testaments. About half of the Greek Old Testament (Septuagint) survived, along with a complete New Testament, the entire Deuterocanonical books, the Epistle of Barnabas and portions of The Shepherd of Hermas.

Codex Vaticanus. (B) (*utilized for the Gospel and the Epistles of John*)

On line web address: https://digi.vatlib.it/view/MSS_Vat.gr.1209

Codex Vaticanus is one of the oldest copies of the Bible; it is one of four great uncial codices. It is named after its place of its conservation, the Vatican Library, where it has been preserved since at least the 15th century. Written on 759 leaves of premium vellum in uncial letters, it is dated to the 4th century.

The manuscript became known to Western scholars as a result of correspondence between Erasmus and the prefects of the Vatican Library. Portions of the codex were collated by several scholars, but numerous errors were made during this process. Scholars were initially unaware of its value, and the text differed significantly from the Textus Receptus. This changed in the 19th century when transcriptions of the full codex were completed. Scholars realized this was the most important codex in their possession.

Reputable scholars consider the Codex Vaticanus to be one of the most important witnesses to the Greek text of the New Testament, followed by the Codex Sinaiticus. Until the discover by Tischendorf of Sinaiticus, Vaticanus was unequaled by all known texts. It was extensively used by Westcott and Hort in their edition of *The New Testament in the Original Greek* in 1881. The most widely sold editions of the Greek New Testament are the eclectic text which is largely based on the text of the Codex Vaticanus. Codex Vaticanus was regarded as "the oldest extant copy of the Bible" until the discovery of the Dead Sea Scrolls.

Codex Vaticanus originally contained a complete copy of the Septuagint ("LXX"), lacking only 1-4 Maccabees and the Prayer of Manasseh. The original 20 leaves containing Genesis 1:1 – 46:28a (31 leaves) and Psalm 105:27 – 137:6b have been lost and were replaced by pages transcribed by a later hand in the 15th century. 2 Kings 2:5 – 7, 10-13 are also lost because of a tear to one of the pages. The order of the Old Testament books in the Codex is as follows: Genesis to 2 Chronicles as normal; 1 Esdras; 2 Esdras (Ezra - Nehemiah; the Psalms; Proverbs; Ecclesiastes; Song of Songs; Job; Wisdom; Ecclesiasticus; Ester; Judith; Tobit; the minor prophets from Hosea to Malachi; Isaiah Jeremiah; Baruch; Lamentations and the Epistle of Jeremiah; Ezekiel and Daniel. The New Testament of the Vaticanus contains the Gospel, Acts, the General epistles, the Pauline epistles, and the Epistle to the Hebrews (up to Hebrews 9:14). Besides the missing part of Hebrews the New Testament of Vatacanus also lacks 1 and 2 Timothy, Titus, Philemon, and Revelation. The missing part of Hebrews and Revelation were supplemented by a 15th-century minuscule hand (folios 760 – 768). This is catalogued separately as minuscule Codex 1957.

The manuscript is one of the very few New Testament manuscripts to be written with three columns per page. The other two Greek codices written in that way are Uncial 048 and Uncial 053. Codex Vaticanus comprises a single quarto volume of 759 thin and delicate vellum leaves. The lettering in the Codex is small and neat, without ornamentations. The Greek is written continuously in small neat writing; all the letters are equal distance from each other; no word is separated from the other; each line appears to be one long word. Punctuation is very rare. All accents and breathings were added by a later hands. The Old Testament citations are marked by an inverted *comma* (>), like in Alexandrinus. There are no enlarged initials; no divisions into chapters or sections; no stops or accents as are found in later manuscripts.

In the New Testament, the Greek text of the codex is a representative of the Alexandrian text-type. In the Gospels of Luke and John, it has been found to agree very closely with the text of Bodmer P75. Codex Vaticanus accurately reproduces an earlier text from these two biblical books, which reinforces the reputation the codex held amongst Biblical scholars.

The original home of the Vatican Codex is uncertain. Hort thought it was written at Rome; others attribute it to Asia Minor. A more common opinion maintains that it was written in Egypt. Armitage Robinson believes that both the Vaticanus and the Sinaiticus were originally together in some ancient library. His opinion is based on the fact that in the margins of both manuscripts is found the same special system of chapters for the Acts of the Apostles, taken from the division of Euthalius, and found in two other important codices (Amiatinus and Fuldensis) of the Latin Vulgate. Tischendorf believed that three hands had worked at the transcription of the Vatican Codex. This primitive text was revised, shortly after its original transcription, with the aid of a different manuscript, by a corrector B2. Six centuries after a third hand retraced the faded letters, leaving but very little of the original untouched. According to Fabiani, however, this retracing was done early in the fifteenth century by the monk Clemens (*qui saeculo XV ineunte floruisse videtur*). In modern times (fifteenth-sixteenth century) the missing folios were added to the codex. Old catalogues show that it was there in the fifteenth century. The addition to the New Testament was listed by Scrivener as Cod. 263 (in Gregory, 293) for the Epistle to the Hebrews, and Cod. 91 for the Apocalypse. Napoleon I had Vadicanus brought to Paris which enabled Hug to study it. It was later returned to the Vatican Library where it is today.

Appendix C

Bibliography

1. The Holy Bible: Greek New Testament (Wescott-Hort) URL: http://www.ccel.org/ccel/bible/gntwh.html Author(s): Anonymous Publisher: Grand Rapids, MI: Christian Classics Ethereal Library This Bible translation was converted automatically from data files made available by the Unbound Bible project. The Unbound Bible Language: Greek Rights: Public Domain Date Created: 2002-12-31 CCEL
2. Novum Testamentum Graece, 28th Revised Edition Editd by Institute for New Testament Textual Research, Deutsche Bibelgesellschaft, copyright 2012 Deutsche Bibelgesellschaft, Stuttgart, Printed in Germany ISBN 978-3-438-05140-0
3. Novum Testamentum Graece, 26. Auflage, nach dem 7. Revidierten Druk, © 1898 und 1979 Deutsche Bibelgsellschaft Stuttgart, Gewsamtherstellung Biblia-Druck Stuttgart, Printed in Germany ISBN 3 43805103 6
4. Greek New Testament, 3rd corrected Edition, © 1966,1968,1975,1983 by United Bible Society, Federal Republic of Germany, Biblia-Druck GmbH, Stuttgart; USB—1988-25M, ISBN 3438051133
5. The Interlinear Literal Translation of the GREEK New Testament with the Authorized Version by George Ricker Berry, PH.D. University of Chicago & Colgatre University Department of Semitic Languges, Chicago, WILCOX & Follett Company © 1944.
6. Apostolic Bible Polyglot, 1st Edition © 1996, by Charles Van der Pool, The Apostolic Press, Newport, OR, Printed in United States, 93765 apostolicbible.com
7. The Analytical Greek Lexicon, Zondervan Publishing House Grand Rapids, Michigan. 9th printing 1973.
8. A GREEK-ENGLISH LEXICON OF THE NEW TESTAMENT AND OTHER EARLY CHRISTIAN LITERATURE—THIRD Edition (BDAG) revised and Edited by FREDERICK WILLIAM DANKER based on Walter Bauer's Griechisch-Deutsches WorterBuch Zu Den Schriften Des Neuen Testaments und der Fruhchristlichen Literature, Sixth Edition, Edited By Kurt Aland and Barbara Aland, with Viktor Reichmann and on Previous English Editions by William F. Arndt, F. Wilbur Gingrich, and F. W. Danker, The University of Chicago Press © 1957,1979, 2000.
9. Analytical Lexicon to the Septuagint Expanded Edition, Bernard A. Taylor with Word Definitions by J. Lust, E Eynikel, and K Hauspie, © 2009 by Hendrickson Publishers Marketing, LLC, Peabody, Mass.

10. Analytical Greek New Testament, Greek-Text Analysis Edited by Barbara Friberg and Timothy Friberg, Greek Text Edited by Kurt Aland, Matthew Black, Carlo M. Martini, Bruce M. Metzger and Allen Wikgren in cooperation with the Institute for New Testament Textual Research, © 1981 Backer Book House Company, Greek Text © 1966, 1968 and 1975 BY United Bible Societies (by American Bible Society, British Bible and Foreign Bible Society, National Bible Society of Scotland, Netherlands Bible Society, and Wurttemberg Bible Society).
11. A Parsing Guide to the Greek New Testament, by Nathan E Han © 1971, Herald Press, Scottdale, PA.
12. The Text of The Earliest New Testament Greek Manuscripts Papyri 1-72 Volume1, by Philip Wesley Comfort & David P Barrett © 1999,2001, 2019, Kregel Academic
13. The Text of The Earliest New Testament Greek Manuscripts Papyri 75 - 139 and Uncials Volume 2, by Philip Wesley Comfort © 1999, 2001, 2019, Kregel Academic
14. Facsimile of the CODEX ALEXANDRINUS, TRUSTEES, SOLD AT THE BRITISH MUSEUM, 1879.
15. BIBLIORUM SACRORUM GRAECUS CODEX VATICANUS AUSPICE POI IX PONTIFICE MAXIMO COLLATIS STUDIIS CAROLI VERCELLONE SODALIS BARNABITAE ET JOSEPHI COZZA MONACHI BASILIANI EDITUS, Facsimile Publisher, Ashok Vihar, Delhi, India
16. A Full Collation of the Codex Sinaiticus with the Received Text of the New Testament: To which is prefixed a Critical Introduction by Frederick H Scrivener, M.A. Rector of St. Gerrans, Cornwall Cambridge: Deighton, Bell, and Co. London 1864, Gilbert and Rivington, Printers, St. John's Square. 1863 republished by Forgotten Books ©1217, London England.
17. New Testament Greek Manuscripts /Variant Readings Arranged in Horizontal Line Against Codex Vaticanus John, Reuben Swanson, Editor © 1995, Sheffield Academic Press, Sheffield England.
18. A Select Library of NICENE AND POST-NICENE FATHERS OF The Christian Church Second Series, Philip Schaff, and Henry Wace, Volume XIV THE SEVEN ECUMENICAL COUNCILS REPRINTE 1988, Eerdmans Printing Company, Grand Rapids, Michigan.
19. A Textual Coommentary on the Greek New Testament 2nd Ed., Bruce M. Metzger © 1944 Deutsche Bibelgesellschaft/German Bible Society, Stuttgart © 1971 ;United Bible Societies, Printed in Germany by Freiburger Graphische Betriebe, Freiburg.
20. Concordia Commentary Revelation, Louis A. Brighton, © 1999 CPH, St. Louis, MO.
21. Concordia Commentary John 1:1-7:1, William C. Weinrich, © 2015 CPH, St. Louis, MO.
22. Concordia Commentary 1-3 John, Bruce G. Schuchard, © 2012 CPH, St. Louis, MO.
23. Fundamental Greek Grammar 3rd. Revised Edition, James W. Voelz, ©1986,1993, 2007, 2011 CPH, St. Louis, MO.

CPSIA information can be obtained
at www.ICGtesting.com
Printed in the USA
LVHW061814110123
736787LV00013B/120